思源教材系列/主编 张国良

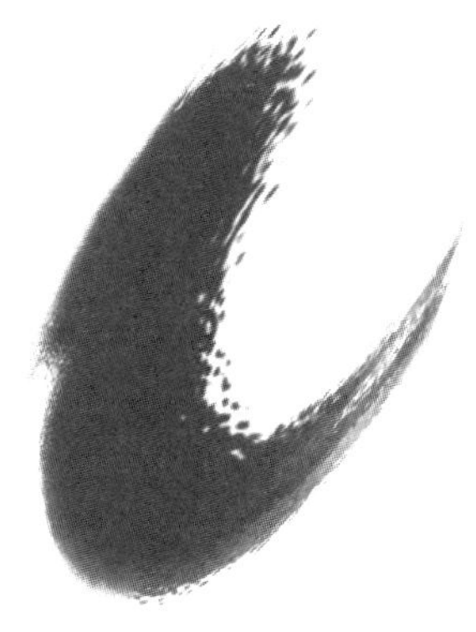

人际传播学

（新 版）

薛 可 余明阳 主编

上海人民出版社

总　序

转眼，上海交通大学媒体与设计学院成立10周年了。

10年前，为了加强文科建设，促进学科融合，把上海交通大学建成综合性、研究型、国际化的世界一流大学，媒体与设计学院应运而生。

相对于拥有116年历史（居中国第二）的上海交通大学，媒体与设计学院显得格外年轻，正如师生们达成的共识那样：因其年轻，而充满活力。

10年来，在学校领导和各界同仁的大力扶持下，在全体师生员工的非凡努力下，学院的教学、科研、创作、学科建设、社会服务等各项工作，蒸蒸日上，生机勃勃，整体发展迅速，面貌焕然一新。

略举几个标志性的事实如下：

2007年，被“中华传媒网”（中国大陆权威网站）评为全国5所“最具发展潜力的学院”之一；

2008年，在教育部一级学科评估中，跃居第13位；

2012年，在QS（世界大学排行四大榜单之一）学科排名中，跻身世界百强（中国大陆仅有6所院校）。

可谓：十载耕耘，春华秋实；桃李不言，下自成蹊。

总结10年来的经验，最为关键的理念莫过于：以人（学生、教师）为本，争创一流（追求卓越、尊重规律）。以此为据，学院确立了以下办院方针：公正民主、求真务实、团结奉献、开拓创新。10年来的实践证明，这一方针是学院不断进步的思想动力和制度保障。

为了切实有效地承前启后、继往开来，学院决定在各个方面认真反思不足、加大改革力度，以早日实现建成世界一流学院的目标。

其中，就人才培养的层面而言，一个重要举措是，在原有的教学资源积累的良好基础上，进一步强化、优化教材建设的时代性、系统性、科学性、交叉性。为此，结合学校“985”三期建设，与上海人民出版社合作，郑重推出上海交通大学“思源教材系列”。

本系列秉持好中选优、精益求精的原则，选定了第一批书目，共计30本，其显著特点为：集学院四大（新闻传播、影视艺术、创意设计、文化产业）学科精粹，由一线优秀主讲教师执笔；引领时代发展潮流，满足培育英才需求。

尤其值得一提的是，这支作者队伍里，包括了教育部“跨世纪优秀人才”、“新世纪优秀人才”，全国“大学生艺术节”一等奖、全国大学生“挑战杯”特等奖、“纽约广告节”金奖、“釜山广告节”金奖作品指导教师，上海市“育才奖”、上海市优秀教材一等奖、上海交通大学“十大最受欢迎教师”称号获得者，等等，如此众多的教坛精英，一道来打造教材精品，使其质量获得可靠保证。

我深信，未来10年，只要全院师生员工齐心协力、众志成城，媒体与设计学院将如鲲鹏展翅，飞得更高、更远，为中国高等教育事业做出更多、更大贡献，在此过程中，本教材系列也将发挥其重要功效。

最后，诚挚地期待广大学子和各界读者不吝指正。

上海交通大学特聘教授
媒体与设计学院院长
全球传播研究院院长

张国良

2012年11月30日

序

学术界把“衣食住行传”理解为人类最基本的活动是非常有道理的。因为没有传播，人类便无法群居与生存，无法组织生产、繁衍后代、建立秩序，无法构建社会、形成社会制度。可以说，人类是伴随传播而成长起来的，人类的发展与传播的发展互为因果、相辅相成。

然而，在整个传播学大家庭中，人际传播这一最基础、最普遍、最悠久的传播现象却是研究得非常不够的。大凡高校传播学院总是格外重视大众传播而忽视人际传播。个中原因，主要是大多传播学院的毕业生从就职的角度讲，大多去了大众传播媒体和企业事业单位的新闻、广告、宣传、公关部门，大众传播的方法与技巧能成为谋生手段，而人与人之间的传播仿佛“无师自通”，不需要学习。

事实上，当今的大学生，人际传播能力普遍比较缺乏，沟通障碍、自闭症者不在少数，口才差、演讲水平低、谈判能力弱、融群障碍多，这些对于他们择业就业、恋爱婚姻、职场升迁、商务谈判等带来了大多的困扰，严重影响了他们的发展与职业目标的达成。

而且，人际传播理论中信息、编码、解码、干扰、通道等理论本身就是整个传播学的学科基础，许多大众传播理论都是在这一基础上发展起来的。中国台湾地区的著名传播学家祝振华教授(笔名老康)与我们有 20 年的交往，1992 年我们在台北交流时，他告诉我们，他在美国就学人际传播，回国后一直致力口头传播的研究，并将这一志向成为其终身学术方向。这样的学者，在国内的确很少，令人敬佩。

新世纪互联网的兴起，为人际传播理论的研究带来全新的机会。人际传播一旦借助于网络，就显得格外强大与迅速，尤其是博客和微博的勃兴，使人际传播的影响力迅速放大，不但受众以超越大众传播，更由于其具有良好便利的互动效果，而深受年轻人的喜爱。当今“80 后”、“90 后”人士，每天不看报，不听广播，不看杂志，不看电视的大有人在。但一天不上网，不发微博的人却越来越少。人际传播的方式在改变，作用在放大，影响在升级。无论是大学里的传播学院还是其他专业，对人际传播重视前所未有。

我们从 80 年代中叶开始关注人际传播研究。80 年代末、90 年代初先后出版了《交际成功的奥秘》(译著，延边大学出版社 1988 年版)、《实用交际技法》(安徽人民出版社 1988 年版)、《幽默艺术》(吉林大学出版社 1989 年版)、《交际学基础》(吉林大学出版社 1993 年版)、《谈判艺术》(吉林大学出版社 1993 年版)等专著、译著与教材。1991 年 9 月更是在中山大学出版社出版了《人际传播学》教材，成为中国最早的人际传播学教材之一。

2007 年 1 月，我们在同济大学出版社出版了 45 万字的《人际传播学》教材，成为国内容量最大，体系最完整的专业教材之一。出版后被诸多高校选为本科生、研究生教材，并被一些高校指定为研究生入学考试指定教材，并持续成为当当网、卓越网人际传播学学科销量排名第一的由中国学者撰写的人际传播学教材，是中国最具影响力的人际传播学教材之一，并且早已脱销。考虑到学科的发展和人际传播环境的最新而深刻的变化，在征得同济大学出版社责任编辑林武军教授的同意并得到明确答复的前提下，我们将经过大幅修改的新版《人际传播学》教材，交由上海人民出版社重新出版。

《人际传播学》(新版)包括传播与人际传播、人际传播学的基本问题、人际传播过程、人际传播心理、人际传播的文化差异、人际传播的语言、人际传播的非语言传播、网络中的人际传播、人际传播的礼仪、人际传播的技巧、人际传播场景差异、人际传播的发展趋势共13章，比原版书增加了4章，总文字容量超过60万字，并全面更新了原来的案例。在形式上配有“学习目标”、“基本概念”、“研读专栏”、“研读小结”、“思考题”等内容，更有利于学习与对核心内容的掌握。

在上海交通大学，“人际传播学”被评为上海市精品课程与重点课程，有专门的网页、PPT、视频资料、延伸阅读等辅助手段。原版《人际传播学》还被评为上海交通大学优秀教材二等奖。

本教材是集体劳动的结晶品，主编负责设计全书框架、确定核心理论、界定学术边界、取舍学科内容、协调编写进度。参与写作的人员包括：薛可、余明阳、仪丽君、衷雅璇、黄林霞、谢满红、高昉、邵帅、陈慧谦、董啸、梁熹、孙茜婧、王舒瑶、卢晰义、黄炜琳、赵诗祺、朱立祎等。本教材的出版特别感谢上海交通大学媒体与设计学院院长张国良教授和上海人民出版社责任编辑郭立群老师的大力支持。同时，也对原书编辑林武军老师理解与支持表示感激。

本教材在编写中吸收了大量人际传播学者的研究成果，在此特向他们表示感激与敬意。同时，我们深知自己才疏学浅，能力有限，其中错误、缺点在所难免，我们诚挚欢迎各位读者提出宝贵的意见，我们希望通过不断的修订，使其日臻完美。

薛　可
余明阳
2012年10月22日
于上海交通大学

目　录

图目录

表目录

第一章
传播与人际传播

◆ **学习目标**

学习完本章，你应该能够：

(1) 了解人际传播的起源；

(2) 了解人际传播的概念、内涵、分类、特点及功能；

(3) 了解人际传播的类型与要素；

(4) 对人际传播特点及其在当下的变化有初步了解。

◆ **基本概念**

人际传播的概念　人际传播的类型　人际传播的特点

第一节　传播概述

一、传播与人类社会的发展

自从宇宙出现了生物，就开始有了传播。传播是生物链中最高级的动物——人类生存的基本需求。正常的人是不可能一生独立于世的，就连漂泊至荒岛的鲁滨逊都需要与“星期五”相处交流，否则难以支撑。因为交流信息是人类生存发展的基础，没有了信息的交流就难以表达情感、沟通心灵、传承思想，所以古人说：立言可使人死而不朽。[①]可见，传播不是一种暂时的社会现象，而是长久、永恒的人类活动，是与人类的发展同节奏的。

传播既是空间的连接体，使信息不受高山大川的阻隔而传之万里；也是时间的传导体，使信息不受沧桑岁月的磨损而留之千年；传播更是人类的连接体，使人类的文化遗产得以传承和发扬光大。美国传播学的集大成者施拉姆(Schramm)在总结传播理论时，对传播学的意义进行了多维深层的反思。他认为：传播是社会形成的一种重要的工具。传播一词(communication)与社会一词(community)有着共同的词根，这一现象绝非偶然。没有传播，就不会有人类生活的社区。马克思指出：人是自然人，也是社会的人。所谓社会的人，即是自然人在社会交流和社会传播中得到塑造和发展，受到进一步的规范和组织。通过与别人的交流与合作，扩展了人们内心的经验、丰富了人们的精神世界，巩固并

---

① 出自《左传·襄公二十四年》：“太上有立德，其次有立功，其次有立言，虽久不废，此之谓不朽。”

强化了社会知识结构,成就了纷繁复杂的人类社会,促进了社会沿着活跃积极的方向发展、完善。信息需要的永恒性导致了信息传播的永恒性,而信息传播的永恒性又伴随着人类社会的繁衍与发展不断地持续下去。因此,传播对于人类社会的发展是不可或缺、休戚与共的。

追溯人类的传播历史,我们不难发现在人类的语言文字产生之前,人类就已经用眼神、表情、手势、动作等体态语言来表达自己的思想感情,但是这样的交流方式有严格的限制,需要在同一时空才能进行适时的交流活动。人类的语言文字产生之后,就用语言文字来进行交流,这样的交流方式比体态语言的限制低,不需要在同样的时空中发生,如书信的传递、文化的流传等。随着社会经济的发展进步,传播技术也有了突飞猛进的变化,出现了如报纸、广播、电视、电话等等,这些媒体独特的特点与功能,使传播的方式得到大大的丰富和发展,比如广播是一个人通过声音对一大群人传播信息的过程;电话是两个人异地但必须同时进行交流的过程;电视则是通过声音和图像向社会传播信息的过程;报纸是通过大量的可被复制的文字信息的发行来达到向大众传递信息的目的。进入 20 世纪 90 年代,计算机与网络技术的飞速发展,大大改变了人们的日常生活,新媒体如网络、手机等以一种更快、更新的传播方式呈现在人们的眼前。网络就是一个"虚拟的社会",它有各种各样的传播方式,比如发送电子邮件属于个人与个人之间的传播;在网站上发布消息则属于多向传播;而网络的 BBS、博客、电子讨论广场等则可以归结为是多人多向网状交流模式。而近年来出现的 facebook、twitter、微博、人人网等社交网络,以及飞信、QQ 演进中出现的飞聊、微信等工具,使得人们随时随地与他人进行双向传播与信息分享成为可能,同时信息的传播也呈现出碎片化、去中心化的趋势,人际传播在网络时代有了新的传播方式,每个网民也能够以个人作为传播单位参与到公共话题中来。可见,传播方式的更新是随着人类社会的不断进步而深化的。传播活动与人类是共同发展的,人类的文明需要依靠传播活动来继承与发扬,而人类文明的每一次推进反过来又推动了传播活动由低级向高级的不断提升。所以,人类文明的发展与传播活动的进步是一个互动的过程。

二、传播的内涵

"传播",是一个有着较长历史积淀的概念。中国最早具有"传播"意义的词汇可以从先秦开始。中文中"传播"的含义为长久而广泛地宣布、传扬。同时,"传播"也是一个涵盖创新的概念,需要随着实践的发展而不断完善。我们所说的"传播学"中的传播概念对应于英语中的"Communication"。在英语中,"Communication"的含义主要有:传递、交流、通信、传达、交往、沟通、传染等。"Communication"与"传播"相比,不仅具有单向的精神内容的传布、扩散和物质实体的传染(病菌)、撒扬(花粉),而且具有双向的人际交往、信息交流、思想沟通、意义共享、物质交换等意蕴。与古老的"传播"概念相比,它显得含义丰富而又具有弹性,意蕴深厚而又不乏灵动,更加能够描绘出传播的深刻内涵。

传播学者施拉姆认为,传播理论的研究吸引了社会心理学家、社会学家、人类学家、政治学家、经济学家、数学家、历史学家和语言学家。这些不同学科背景的专家对传播有自己不同的理解与界定,这不仅使"传播"的概念有了百家之言,也给我们提供了多种认识问题的角度和方法。1976 年,美国学者丹斯(Frank Dance)在《人类传播功能》一书中统计了关于传播的定义达到126种之多。自那以后，每年仍有一些新的定义相继问世。每一位传播学者都会根据自己的研究所得有一个属于自己的定义，这充分反映了研究者在具体研究中因时因地而异、因事因文而异的特点。而今传播的定义多达140多种，将各种传播的概念进行梳理和总结，可以归为以下五个角度：①

（一）共享性

从辞源学来说，“Communication”一词源于拉丁文中的“Communicare”，原来的意义是“使共同”。持有这种定义的很多学者强调“使共同”或者“共享”的概念。代表性人物有：舍蒙特和鲁宾、霍本、亚历山大·戈德、施拉姆等。

这一类定义强调了传播者与接受者对符号的共有性和共享性，重视传播双方的积极互动，但是没有明确地指出：传受两者要分享的到底是什么，是符号、是意义，还是二者兼有？按照塞弗·芬德（W. Sevefinand）、W. 坦卡德（W. Tankard）的观点，同样的事情或者是符号对两个不同的人来说可能是完全不同的意义，这个人认为是非常有价值的，而另一个人可能认为是一钱不值的。共享是需要一定条件的，在一些特定的环境和条件下传播双方很难实现共享。

（二）影响性

持有这种观点的学者认为，传播是影响他人的过程。代表性人物有：美国著名传播学者霍夫兰、贾尼斯和凯利、米勒、奥斯古德等。

这一角度的定义强调传播过程中作为传播者的主动性地位，侧重于传播的实际效果，有一定的实际应用价值，现今不少的传播活动在某种程度上都是强调这种影响力。但这一角度缺乏对受者反应的考虑。

（三）反应性

这一角度吸收了心理学中的刺激—反应等理论，强调客观事物对某种刺激所作出的反应。无论何种事物遇到外界的刺激，总是会作出一定的反应，即为传播。代表性学者是史蒂文斯和理兹。

这类定义比之前的“共享”和“影响”注意到了受传者的反馈，但是它夸大了反馈而忽视了传播的社会性和受者的能动性。同时，它也把传播的外延扩大了，甚至有点混淆了人类传播与动物传播，传播学与心理学、生物学之间的界限与区别，使传播学成了一门无所不包的百科全书，反而丧失了现代传播学的专业个性。

---

① 根据段京肃、罗锐：《基础传播学》，兰州大学出版社1996年版，第43—48页；董天策：《传播学导论》，四川大学出版社1995年版，第17—20页；石庆生：《传播学原理》，安徽大学出版社2001年版，第53—56页；邵培仁：《传播学导论》，浙江大学出版社1997年版，第1—5页；《传播概念的演变》，http://student.zjzk.cn综合而成。

(四) 互动性

持有这种定义的代表性学者是鲁士奇、米德、G. 格伯纳和瓦茨罗维克等人。

他们借用社会学术语和研究方法，强调了传播者与受传者之间通过信息传播相互作用、相互影响的双向性和互动性。但是，忽略了人类传播毕竟不是一种简单意义上的一来一往的信息互动，而是一种复杂的、多向的、有目的和需求的信息交流与沟通。同时，随着信息传播的持续进行，每个参与交流的人所拥有的信息不会对等地增加和累积，因而交换也不会完全对等，因而互动会是一个复杂的过程。

(五) 过程性

这一角度强调把整个传播看作是一个连续的过程。代表人物是：希伯特、彼德、德弗勒和丹尼斯。这种定义既标明了信息传播的轨迹，也指定了传播研究的要素，已被不少国内外传播学者所采用，但它仍有模糊、宽泛和难以把握的缺陷。

上述几种定义从不同的角度出发，阐述了各自对“传播”的认定。由于受各自所处的时代和个人经验、知识背景所限，往往只看到了问题的一个方面而忽视了其他方面，不够全面。目前传播学界还没有一个公认的统一的对于传播的定义，这也反映了传播学科的不成熟性。本书为了讨论方便起见，在综合考虑多家之言的基础上，给传播下一个简单的定义：传播是人们通过符号和媒介交流信息的互动过程。

这个定义首先指出传播是人类的活动，以与气象学家所指的自然的传播和动物学家所指的动物的传播相区别。其次，指出传播是一种信息的双向交流过程。

信息是传播的内容。在传播者和受传者之间信息交流是双向、互动的，传播者并非只是把信息发布出去，还要接收对方的反馈，受传者也并非被动地接收信息，要积极反馈，并且这是一个多次的循环过程。最后，定义还指出，传播离不开符号和媒介。媒介负载符号，符号负载信息。也就是说，语言、副语言等符号是信息的表现形式，而报纸、电话、网络等媒介则是符号赖以传播的载体。

三、传播的分类

从外延来看，传播的分类方法很多，常见的有以下几种分类(见图 1-1)。

第一种：根据信息的不同特质，我们可以把传播分为政治传播、文化传播、经济传播、教育传播等。实际上这样一种分类方式是不能穷尽的，我们可以根据环境的变化而对它进行不断地补充。

第二种：根据信息的表达形式——符号来进行分类，人类的符号系统主要分为语言符号和副语言符号，因此分为语言传播和非语言传播。

第三种：人类传播过程必须依赖一定的媒介，根据传播过程各种媒介特征的不同，可以分为人际传播与大众传播。人际传播指两个人以上面对面的交流以及运用个人性技术媒介所进行的人与人之间的交流，大众传播主要依赖广播、报纸、电视等大众媒介进行交流。

第四种：传播主体从总体上说可以分为个人、组织、国家这样有本质区别的形式，因此可以分为个人传播、组织传播和国家传播，其中个人传播和人际传播的含义基本重合。

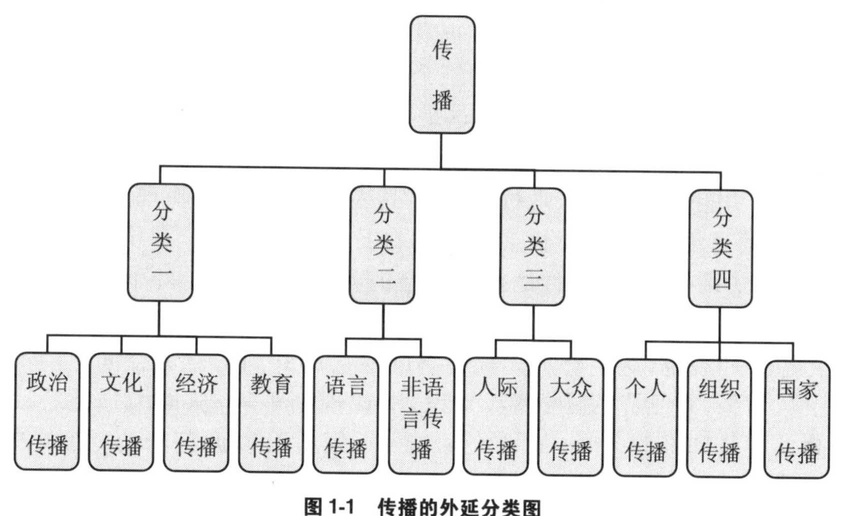

图 1-1 传播的外延分类图

四、传播的功能

传播最基本的功能就是传递和接受信息，关于传播的功能目前传播学界有多种看法。①我们在此介绍两种学说。

(一) 心理学角度——“两功能”说

“两功能”说主要来自于心理学家 E. 托尔曼和 W. 斯蒂芬森，他们是从心理学的角度来阐述传播功能的。E. 托尔曼认为传播是一种工具行为，人讲话所起的作用与绳子、盒子和棍子等工具所起的作用没有本质的差别，主张传播的工具理性；W. 斯蒂芬森关注的问题和托尔曼几乎是相反的，虽然也论及传播的工具性，但是更为关注的是作为一种自我满足和寻求快乐的自给自足的传播，主张传播的消遣性。因此，对于传播的两种功能主要分为适用性传播和娱乐性传播，即传播是适用性和娱乐性的结合。

客观上来说，这两种功能在现实中都是存在的，而且两者之间是不可替代的。传播既可能是社会性的，具有明确的目的性和工具理性；同时还可以是娱乐性的，是自身的一种传播，不关涉他人，主要以自我为中心。从总体上来看，“两功能”说主要是从个人的角度来看待传播的功能，可以看到它的起点还不是很高的，传播所限定的外延还是比较狭窄、比较笼统的。

① 根据张迈曾编著：《传播学引论》，西安交通大学出版社 2002 年版，第 271—273 页；石庆生：《传播学原理》，安徽大学出版社 2001 年版，第 101—114 页；董天策：《传播学导论》，四川大学出版社 1995 年版，第 21—26 页综合而成。

(二) 社会学角度——“四功能”说

“四功能”说主要是社会学领域的研究成果。1948 年,拉斯韦尔在《社会传播的构造与功能》一书中提出了人类社会信息传播的三个主要功能:对外部世界的检测;协调社会各部分以适应环境;传递文化和知识遗产。这是对于传播功能的经典划分。1960 年,赖特对于拉斯韦尔的功能进行了一定的补充,增加了第四个功能:娱乐。

环境检测的功能被人们形象地称为社会雷达,是指准确反映现实生活中的真实情况,为人们提供信息资料,它对于社会和人们自身的发展有着非常积极的作用;传播的第二个功能——协调社会各部门,是指把社会的各个部分、各个环节、各个阶层进行协调,产生联系、接触,从而形成一个整体以适应环境的变化发展;第三个功能——传播社会的文化遗产和规范,这能够加大社会不同层次的共同的意义空间,保护社会基本的礼节、礼仪、习俗,包括先人的经验、知识、法律规则等等,从而增强社会凝聚力,拓宽社会的公共规范和经验基础;第四个功能——娱乐可以调节身心,使人放松舒适。娱乐的内容除了有助于解决公众日常生活中遇到的困难以外,还有助于受众打发闲暇时光。

从总体上来说,“四功能”说是传播学史在总结前人理论的基础上提出的比较成功的界定,对于之后更详尽、更准确的功能划分是很好的启示。

第二节　人际传播的含义

一、人际传播是最基本的传播形式

人际传播行为是人类的一种基本行为,它与人俱在。因为人是一种群体的、社会化的动物,个人的物质生存和精神生存都必须能够和他人进行交流。从原始社会到现代社会,作为人要想在这个世界生存发展下去就必须学会与别人交流和合作,否则人将无法生存发展下去。每一个人都生活在各种各样的、现实的关系网络中。如施拉姆所言:我们是传播的动物,传播渗透到我们所做的一切事情中。传播是一种自然而然的、必需的、无所不在的活动。我们建立传播关系是因为我们要同环境,特别是我们周围的人类环境相联系。当代犹太哲学家马丁·布伯(Martin Buber,1878—1965)曾经写过:人生存的基本事实是彼此关联着的人。人无法逃避与他人发生关系。我与你相遇,我和你彼此关联,即使我们的交往是一场相互斗争。即使在彼此的关联中,我已不完全是我,你也不完全是你。但只有在生动的关联中,才能直接认识人所特有的本性。

“人产生于人的接触”,“传播是界定我们是谁的一个过程”。也就是说,人需要经历与他人的关系才能存在,成为一个完整的人,一个有自我属性的人。爱默生说过:“一个人只有一半是他自己,另一半则是表达。”表达或交流是人不可分离的一部分。“一个人要成为一个人，必须要通过某种表达；若脱离表达，就不可能有更高形式的存在。”①人生命之际本能的传播是人际传播。人际传播是人类社会关系的基础，是最基础的社会传播活动，同时对个人形成自我认知具有重要意义。人际传播体现了个人在社会化过程中的作用，体现了人类社会传播的本质属性，对群体或组织传播乃至大众传播都产生了影响，是传播学研究的基础领域。从这个意义上讲，人际传播可以看作是人类传播的基本形式，它构成其他传播形式的基本组成单位。人际传播是人类最广泛、最重要和最复杂的社会行为之一，它在维系和形成人类社会、孕育和延续文化方面起着举足轻重的作用。

二、国内外学者对人际传播的界定

因人际传播的形式复杂，对人际传播的界定也就众说纷纭。我们拟从国内外学者的论述中归纳出几种具有代表性的学说。

(一) 国外学者对人际传播的界定②

传播学在西方发展相对比较成熟，西方研究人际传播的著作也比较多，其论述主要分为以下几个方面：

1. 从人际传播意义的角度论述

20世纪80年代中期，美国学者麦克罗斯基(J. C. McCroskey)等人联合出版了人际传播学的著作《一对一，人际传播的基础》，对于人际传播这一概念及其界定有了新的理解，他们重新梳理了人际传播概念的要素，将人际传播置于双人的，一对一的传播情境中，确立了人际传播是人与人意见交流的观点。他们认为，交换信息和激发意义是传播的两种不同的功用。通常，人们也是在这两种不同的情况下，使用传播这一词语的。但是人们并未意识到，当传播服务于交换信息时，这一词语(communications)是用复数形式表达的，此时传播具有工具的性质。然而，传播被用作强调意义的创造时，这一词语所指称的是事物在人心中被引发出来的过程，传播如同刺激物一样。基于这样的认识他们将传播定义为“一个人运用语言或副语言信息在另一个人心中引发意义的过程”。王怡红认为他们“对人际传播有自己选择性的理解”，突出传播中意义的存在，也即“人际传播关心的不是信息的传递，而是意义的生发”。这也是这一概念最有特色的地方。

2. 从人际传播情境的角度论述

特伦赫姆、米勒和威尔莫特等人把人际传播放到人的传播这一更大的历史背景下，从他

① 查尔斯·霍顿·库利：《人类本性与社会秩序》，华夏出版社1999年版。

② 根据王怡红：《西方人际传播定义辨析》，《新闻与传播研究》1996年第4期，第72—79页；石庆生：《传播学原理》，安徽大学出版社2001年版，第118—121页综合而成。

们自己提出的传播语境的四条边界规定范围(即交往者的人数、相互间身体的距离及亲密程度、交往者所能使用的感官渠道的数量以及反馈的直接性与及时性)出发对人际传播下定义,批评了在对人际传播探讨中将四条边界中交往者人数看得最为重要的观点〔这种观点认为,人际传播应该被限制为双人交流(in a dyad),因为只要有第三人加入进来就会发生重要的质变〕。特伦赫姆认为,从传播的语境角度界定人际传播可以超越人数的界限,交往者可以是两个人、三个人或更多的人,在后两种情况中,人际传播与其他传播的差别在于,人际传播的交往者可以最大限度地使用感官渠道,可以最大限度地互相观看、倾听、言说、品味、触摸。

这一类概念主要的落脚点在传播情境,特伦赫姆等人强调的是人际传播的直接性。他认为从传播的情境入手界定人际传播可以超越人数的限制,转向对传播渠道的关注。人际传播与其他传播模式最大的不同之处在于人际传播的交往者可以最大限度地使用感官渠道;人际传播最大的特点是语言与副语言传播全部在场;人际传播通常还是非结构的,没有目的的,没有目标的,传播是即兴发生的。美国人际传播学者泰勒·罗斯格兰特、迈耶·桑普莱斯也在他们的著作中表达了同样的思想,指出:"人际一词的'inter'和'personal'两个部分意味着人际沟通是指两个人之间的沟通,但它也包括整个人类的沟通。我们认为,把人际沟通定义为参与者拥有一对一关系的沟通是较为合理的。实际上,这些情境通常包括两到八个人。人际沟通的本质特征是参与者在一对一基础上的直接沟通。"①

3. 从人际传播社会性的角度来论述

英国谢菲尔德·哈勒姆大学的哈特利从揭示人际传播的应用范围及含义方面入手,研究人际传播。首先,他规定了人际传播的三个基本评判标准:一是人际传播是一个个体向另一个个体的传播;二是传播是面对面的;三是传播的方式与内容反映个体的个性特征并反映他们的社会角色及其关系。哈特利进而又把人际传播的现象进行了分层:(1)人际传播是两个交往者面对面的相遇;(2)人际传播包括两个角色不同的人及其相互间的关系,角色包括正式的和非正式的;(3)人际传播永远是双向的、互动的、有来有往的,交往者既是信息源又是信息的接受者;(4)人际传播不仅包括交换信息还包括创造和交换意义;(5)交往者大都具有交往的目标和意旨;(6)人际传播是一个持续展开的过程,而不是一个事件或一系列相关事件;(7)人际传播是跨越时间的一种积累,人与人当下的交往是建立在以往的经验之上的。

哈特利定义的特点主要是强调人际传播的社会性特征。在他看来人是社会性的动物,人际传播同样是一个社会过程,会受到各种社会因素的制约,其通过建造自己的传播模式着重说明人际传播是在社会情境中发生的。交往者围绕社会身份、社会观念、编码,完成这样一个叙述与再叙述的双向传播过程。

4. 从人际传播特性的角度来论述

美国学者斯图阿特(J. Stewart)在 20 世纪 70 年代编辑了人际传播学著作《桥,不是

① 泰勒等:《人际传播新论》,朱进东等译,南京大学出版社 1992 年版,第 16 页。

墙——人际传播论》。他借用了当时著名的德国思想家伽达默尔的“语言既是桥又是墙”的观点，改动成为“人际传播是桥，不是墙”，突出唯有通过传播才能获得人与人之间理解的观点。他在《桥，不是墙——人际传播论》的序言中写道：“虽然我并非想让你们在能与他或她交往之前，先得打探一下某个人生的全部细节，我是说，人际传播发生在人与人之间，而非角色之间、面具之间或者条条框框之间。只有当我们每个人能够发现使我们生性成为一个人，同时也意识到使他人成为人的事物时，人际传播才能在你我之间发生。”斯图阿特在论述中坚持一个重要的观点就是人际传播是人与人之间的交往（contact），要理清人际传播与其他类型传播的差别就必须关注两个词语的含义：“人际的”和“事际的”是两个描述我们与他人关系类型的关键词。

斯图阿特对于人际传播的研究发展了德国哲学家布伯（Martin Buber，1878—1965）的观点。布伯认为人在两种情形中与世界发生关系，人置身于二重世界中：“其一是‘我与你’；其二是‘我与它’。”“我与你”是“心灵对话的世界，是沐浴精神关系的世界”，“我与它”是指“我”在社会生活中与社会事务及人发生关系，“它”是满足“我”的利益需要和欲求的工具，这是一个由“我与你”和“我与它”相互对立、相互依存的关系世界。布伯指出，虽然人总是生存在“我与它”的关系世界中，没有这个世界人不能生存，但只依赖于“它”的世界生活的人，并非真正意义上的人。

斯图阿特站在布伯的这一思想高度，将传播分为“人际的”与“事际的”。他认为，人际传播只能与最大限度展示人性的特点有关。为此，他将人性的特点分为五个方面：(1)人是独特的，是不能相互置换的；(2)人是不可测量的，因为人有“情感”、“感觉”和“精神”；(3)人具有选择的能力，不仅能反映现实，而且能回应问题，把握未来；(4)人能够反思，即不仅思考周围的现实，还能反思自己的思维；(5)人具有言说的能力，能与人交谈，能互相回应。

因此，斯图阿特对人际传播的定义为：人际传播是两个或者更多的人愿意，并能够作为人相遇，发挥他们那些独一无二的、不可测量的特性及选择、反思和言说的能力，同时，意识到其他的存在者，并与人发生共鸣时所出现的那种交往方式、交往类型或交往质量。

5. 从人际传播动机的角度来论述

美国心理学家疏兹（W. C. Schuts）提出人际传播的“需求论”，认为人际传播来源于人的三种人际需求：一是包容性人际需求（the interpersonal need for inclusion）；二是控制性人际需求（the interpersonal need for control）；三是情感性人际需求（the interpersonal need for affection）。每种需求又被分为主动、被动两个方面：包容性需求可分为交往、沟通、融合、相属、参与的需求与期待别人邀请并接纳之的需求；控制性需求可分为支配、领导、控制、超越、管理的需求与希望彼此制衡、社会受到控制但宁可听人指挥、接受指导的需求；情感性需求则可分为喜爱、同情、照顾的需求与期待别人对他进行亲密性传播的需求。

除此之外，哈瑞斯（Thomas Harris）认为人际传播的效果与“生活见解”（life positions）密切相关。他认为有四种基本的生活见解，不同的生活见解对传播的影响截然不同。这四种不同的生活见解分别是：“我不好，你好”；“我好，你不好”；“我不好，你不好”，

“我好，你好”。还有学者从人际传播内容的抚慰性角度进行研究，认为人际传播内容有其抚慰性的一面，人际传播的抚慰性大小不一样，加大抚慰性，可改善人际传播的效果。提示我们在人际传播中，加大正面的抚慰性，减少负面的抚慰性。

（二）国内学者对人际传播的界定

学者段京肃、罗锐认为：“人际传播是指个体与个体之间的信息传播，其中包括了面对面的交流和非面对面的交流（如通过书信、电话等媒介进行的交流）。人际传播是建立人际关系和其他社会关系的必要手段与过程。”①

学者周庆山认为：“人际传播在广义上使用，就是人与人之间的信息交流。大凡个人与个人、个人与群体、群体与群体之间通过个人性媒介（面对面传播时所使用的自身感知器官与非面对面时使用的个人性通信媒介）进行的信息交流，都是人际传播的范畴。”②

学者张迈曾认为：“如果要对人际传播下一个定义，就是：人际传播是确定的个人之间的符号相互作用。这样的定义，可以使人际传播同组织传播、大众传播等区别开来。”③

学者李彬认为：“所谓人际传播，一般使指人们相互之间面对面的亲身传播，所以又称面对面传播，人对人传播。人际传播的实质在于人们经由符号而结成的一种关系……人际传播……是经由符号建立起来的。用施拉姆的话说是，‘两个人（或两个人以上的人）由于一些他们共同感兴趣的信息符号聚集在一起’就叫人际传播。”④

学者黄晓忠等人认为：“人际传播通常指个人与个人之间的双向互动传播。它可能在两个或两个以上的人之间进行，但是该领域研究的关注点通常是放在一个基本的传播结构即两个个体之间的传播形态上的。”⑤

学者胡春阳认为研究者用两种方式来划分人际传播的定义，“一种是从质的角度，一种是从量的角度”。一种是从人际传播的理论和理想状态出发的“量的定义”，“是发生在两个人之间的以建立一种关系为目标的有意义的互动过程”。另一种是从传播的现实层面出发的“质的定义”，即“人际传播是这样一种传播，它发生于人们以个人到场最大化方式来谈论和倾听，当人际传播强调参与其中的个人而不是其角色或者刻板印象，人际传播就得以发生，它不是基于牵涉的人数的数量或者是否在同一场所，它强调关系的内在回报性而不是追求外在现实利益回报”。⑥

以上学者的观点主要集中在从人与人之间的关系上来进行阐述和理解，这是因为人际传播的本质应该是深至精神的，即人与人之间意义的创造和交往。人际传播强调的就是人际传播为人与人交流提供了直接的知觉环境，能带来直接的意义的创造和即时的反馈、心灵与心灵的碰撞和人性的沟通。只有意义的直接交流，才能使个人间的交往关系得到充分的发展。这也是人际传播与其他人类传播样式的本质区别。正因为如此，德国哲

① 段京肃、罗锐：《基础传播学》，兰州大学出版社 1996 年版，第 91 页。
② 周庆山：《传播学概论》，北京大学出版社 2004 年版，第 59 页。
③ 张迈曾编著：《传播学引论》，西安交通大学出版社 2002 年版，第 95 页。
④ 李彬：《传播学引论》，新华出版社 2003 年版，第 147 页。
⑤ 黄晓忠等编著：《传播学关键术语解读》，四川大学出版社 2005 年版，第 3 页。
⑥ 胡春阳：《人际传播学：学科与概念》，2007 年 7 月第 7 期，第 36—40 页。

学家卡西尔(Cassier)在《人论》中认为:“只有在我们与人类的直接交往中,我们才能洞察人的特性。要理解人,就必须在实际上面对着人,必须面对面地与人来往。”①

在综合众多学者研究的基础上,我们认为,人际传播从广义上来讲,是个体与个体、个体与群体、群体与群体之间通过个人性媒介(面对面传播时所使用的自身感知器官与非面对面时使用的个人性通信媒介)进行的信息交流,以实现良好的信息传递和彼此相互理解或共鸣的目的。它是其他传播形式顺利进行的前提和基础。

[研读专栏]

人际传播:学科与概念②

我国传播学教育已经走过了近30年春秋,近十年来,更是急速升温,燎原发展——本科、硕士与博士的招生人数以及开设传播学课程的院系数量的增长速度在全球都遥遥领先。传播学教育取得进步的同时,也面临着无数问题,学科细化进展不大始终是发展的一大瓶颈。

在传播学的重镇美国,人际传播始终是传播学的一大支柱分支学科,而在包括中国在内的以儒家文化为传统的东方国家里,人际传播一直未能发展为主要科目。这种情况虽然尽可以解释为学科成熟和细化需要一个自然历史过程,但恐怕与儒家文化的特殊性大有渊源。

而对于“人际传播”一词的理解,人们至今基本只有一个望而生义的解释:作为行为是指一切发生在人与人之间的传播,作为学科是指处理发生在人与人之间的传播的知识领域。可是,除了人内传播,一切传播不都是发生在人与人之间的吗?显然,这样宽泛的定义无助于我们把人际传播作为一个专门的领域来研究和对待。

因此,在传播学走过近30年光阴之际,在身处急剧社会转型期的中国人人际压力和冲突无限增大之时,正是我们清理人际传播地基的时候,这有利于推动我国人际传播知识和学科领域的发展。

一、作为重要分支学科的人际传播学

人际传播的知识起源可以追溯到古希腊诸如亚里士多德和柏拉图等哲学家谈论修辞或者作为参与市民生活技巧的公共传播。后来扩展为包括许多种类的互动,包括小组讨论、家庭传播、口语传播和人际传播。尽管人际传播的现代知识起源可以追溯到芝加哥学派,以及当时在一些院校的英语系开设的公共演讲课程,但人际传播学并非源于公共演说与大众传播学,而是由特殊语境所催生的——美国社会的变迁,精神病学对人际困扰的兴趣,等等。

20世纪60年代,人际传播逐渐成形,很快脱离以修辞学为基础的个人口语技巧训练。而当时方兴未艾的大众传播关注的重点是传媒对众人的劝说,对个人与个人之间的互动并不

① 卡西尔:《人论》,上海译文出版社1985年版。
② 胡春阳:《人际传播学:学科与概念》,《国际新闻界》2009年第7期,第36—40页。

感兴趣。于是，到了70年代，人际传播走上学科化道路并迅速成为传播学的主轴。越来越多的学校提供了人际传播课程，演讲传播协会（SCA NCA的前身）、美国国家研究委员会（NRC）、国家传播协会（NCA）、新闻与大众传播教育协会（AEJMC）以及国际传播学会（ICA）都把人际传播作为主要研究项目并成为最有活力的理论领域和学科领域，美国传播学者马克·L·科纳普（Mark L. Knapp）和杰拉德·R. 米勒（Gerald R. Miller）等人从1985年开始，约每隔10年时间（1985，1994，2002）出版一册《人际传播手册》，详细记录该学科的发展与变迁。

人际传播的主要理论和课题在60年代以实用为主，后来提升到理论高度；70年代主要集中在"不确定性递减"、"规则理论"、"意义协调管理理论"、"建构主义"、"传播匹配论"；80年代重点放在"情谊"与"讯息"上；90年代重点解释"非口语行为"、"人际传播黑暗面"。新的主题也不断出现，网络传播、文化研究以及女性主义为人际传播理论提供了新思维。研究者越来越集中于如下问题：传播如何创造和保持关系？关系伴侣们如何在时间中进行传播？如何处理关系遇到的正常的与独特的挑战，以便保持亲密？如何重新调整以便满足双方变化了的需求和身份？如何学会敏感地倾听和谈话，使亲密者的亲密关系能够穿越漫长岁月？在2002年的《人际传播手册》中，添加了话语分析、网络传播、人格冲突等章节。

量化是人际传播的传统研究方法，也就是通过问卷调查测量各种变因。人格特质、传播特质、认知能力、沟通恐惧、自我表白、归因倾向等等都是由问卷来完成的。但当代方法越来越多样化，注重宏微观：从传统的量化到质化研究、情景假设反应、准实验室法、录音与录像、访谈法、文献法与历史资料研究、文本批判研究等等。

早期的人际传播课程大多数讲授实用技能，内容包括传播智能、自我表达、角色扮演、印象修饰、冲突管理、关系发展、家庭传播、亲密关系等等。在当代，大多数美国传播学院都有人际传播专业，大多数传播学博士项目中，都设置有人际传播方向，而且课程都非常细化。以在人际传播博士教育领域享有盛誉的得克萨斯大学奥斯汀分校为例，其人际传播方向除了"人际传播理论"等基础理论和方法课外，还开设了"人际传播的黑暗面"（包括如下主题：关系违背、主题回避和保密、社会敏感反应、语词和身体侵犯以及围捕等）、"应用人际传播"、"非言语传播"等细化研究课程。

二、 作为职业领域的人际传播

人际传播领域不但在教育和理论研究方面取得了巨大成就，而且在广阔的职业领域里也大显身手。今天，我们为数量急剧膨胀的传播学专业毕业生的就业前景而担忧之时，是否应该考虑在学科细化的基础上，为学生们提供更专门化的传播知识，为催生出新的职业领域而准备条件呢？

在美国，教师、销售人员、律师、咨询师、外交人员、谈判人员在接受专业训练前往往被要求主修或者辅修人际传播课程。即便并非每个人都会从事律师、教师、推销员或者雄辩家职业，但仍然需要人际传播技巧。比如，要与工作对象面谈，游说老板加薪、提拔，与同事合作。如果是在管理行业发展事业，有效传播的能力将成为管理目标实现的关键。好的管理者必须善于倾听，有效表达自己观念，建立协同的、支持性的环境，既能够激励下属努力完成工作目标，又要能够提供人际关怀。

培训和咨询领域也是一个广阔的人际传播运用领域，有人际传播知识背景的人日益受到这些行业的青睐。许多公司越来越重视训练员工的人际传播技能，甚至有专门的训练部门，有人际传播背景的人经常加入这些部门对员工进行培训。还有人加入或者创建专业的咨询公司，为政府和商业提供特殊的传播训练，比如如何促进人们合作互动完成工作目标、如何帮助政治家提高表述能力和演讲辞令。在一些发达国家，还有许多专业的咨询事务所为个人关系提供咨询，比如，婚姻关系咨询、亲子关系咨询、为个人应对诸如出席法庭等危机提供言语和行为建议，等等。因此，有较好人际传播能力和技巧的人可以在以下领域发展事业：公共关系、人事部门、谈判、客户关系，以及发展与资金募集。

三、 儒家人伦：学科难以成形之根源

儒家把五种伦常关系看作所有社会关系的基础，即君臣关系、父子关系、夫妇关系、朋友关系、昆弟关系。五伦关系以及其他关系又不过是血亲和姻亲关系的拟制或者扩展，比如，君臣关系是父子关系的扩展，朋友（结拜与金兰之交）是兄弟关系的拟制。五伦为基，中国人人相连，代代相传，建立起了复杂而又和谐的人际关系网络。

但是，这个庞大的关系网络与其说是源于传播不如说是基于道德义务，与其说是依赖于传播技巧和理性自觉，不如说是有赖于人生智慧和直觉。儒家以“仁”来调节包括人际关系在内的所有社会关系和行为，“己所不欲，勿施于人”就是一条具体的协调规范。然而，这种“推己及人”并不具有技能操作性，而是内含着道德标准——“正己”然后能推人，如果离开了道德准则，以己之好恶推及他人既害了别人，也损害了自己的仁德之心。“做人要方，处事要圆”，要“深藏不露”，是古人总结的人际关系的日常要领，这也是需要智慧去把握的，而非一时一地的技巧。因此，“五伦”不是外在行为，而是操练、发展个人仁心的场所，是道德实践的领域。因此，在人际关系中，除了个人的道德实践和内心自省，岂有它哉？虽然我们也强调说话（与传播有关）要“拿捏得当，进退有方”，但这难道不也就是基于人伦和等第的有关权衡的智慧吗？既然如此，人际关系的奥妙怎可能来自外在技巧呢？人际传播的技巧又怎能通过书本而学来呢？于是，无法发展出西方的人际传播学，似在情理中。

由于中国人的社会行为特别镶嵌在人际关系上，谁都懂得并会实践“生时靠人带，死时靠人拜”，“在家靠父母，出门靠朋友”。所以，在一些人看来，中国人天生就是人际关系的专家，谁还需要专门的人际关系及其传播知识呢？这在一定程度上也挤压了作为一个知识领域的人际传播发展。

在中国文化价值观中，会说话的人被赋予“巧舌如簧”，“三寸不烂之舌”含有贬义的称谓，而“君子讷于言而敏于行”也贬低了“言”的重要。如此比附而来，人际传播不过是蛊惑人心、败坏世道人心的雕虫小技。这也许是人际传播无法发展为专门领域的又一个原因。

由于倡导“礼之用，和为贵”，中国人际关系显示出重人情、崇血缘、重乡情的温情面，但也发展出极端的另一面——表面的和谐和暗斗、窝里斗并存；“为朋友两肋插刀”，“士为知己者死”的帮里不帮外的义气导致重情不重法、不讲理的褊狭。中国的官文化里“观察风向，避免冲突”的圆滑大概也源于“和”文化。因此，对庸俗、虚伪的人际关系深恶痛绝的人们也可能会对发展一个所谓的人际传播知识领域不以为然。推动人际传播学科化当“交流”成为问题时正是在传播媒介日新月异革新的时代，人们普遍感觉到传播处处以空

前的规模在被摧毁。人们越是渴望交流，交流越是缺乏；越是交流缺乏，人们越是渴望交流。“不能拥抱的遥远”，“无奈的交流”（彼得斯）；“丧失亲密交谈能力的社会”，“孤独症社会”（吉登斯）等等成为这个传播繁盛又凋敝的时代的写照。人类大到在具有不同政治经济体系的国家之间如果没有战争就难以沟通，中有族群偏见/歧视、性别歧视以及国际旅游带来的“游客凝视”（吉登斯）所产生的不同（亚）文化之间的冲突，小到家庭暴力、代沟以及用暴力来解决日常冲突等等。冲突和纷争乃是“在于人们无法倾听彼此的声音”，在中观和微观层面上，更是由于人们缺乏适当的人际传播能力与人际关系建立和维护能力。

冲突和压力不断增长的时候，也正是改变和解决问题的时候。尽管社会冲突的根源异常复杂，其改变也是一个多因素参与的系统过程，但人际传播始终应该是其中一个重要因素。

四、“关系”：生命中无法承受之重

中国社会正处于一个剧烈转型时期，社会结构、组织结构以及家庭结构的巨大变迁大大改变了中国人的人际传播模式并促进了人际关系网络的重组。今日中国的人际传播与交往模式混杂着传统的“伦理本位”与现代社会的工具理性。崇尚“交情”的传统价值观使我们人际关系的祛魅顽强而持久，而工具理性的算计——“交易而退，各得其所”的本质又使人际关系非常之脆弱。人们煞费苦心地经营着某些关系，同时又强烈地想要摆脱某些关系。人们大方地索取由“交情”和“交换”带来的自我利益但却坚决不愿承受“伦理本位”的枷锁与工具理性的被算计。

交往价值观的改变及其不适意使中国人正承受着前所未有的巨大人际压力，面临无处不在的人际传播和人际关系处理适应性的夹缝——在上下级关系中，是服膺于现代科层制基于职位分工的沟通规则，还是遵循传统社会基于人伦等第的沟通规则？在一般人际交往中，在社会政治和经济资源不断重新分配以及社会阶层属性不断分化的状态下，工具理性的交换利用特征与传统社会重“情”尚“义”看来水火不容；男女的社会角色和家庭贡献越来越趋同时，夫妻关于家务琐事、子女养育以及家庭角色分工的谈判看来越来越频繁，两性角色趋同的现实与两性角色的传统安排激烈碰撞而导致家庭关系紧张；不一而足。总之，在人际交往的价值观和行为选择方面，传统的和现代的在我们身上决斗，角色关系的处理规则和亲密关系规则无处不在地充满含混和冲突。许许多多的人际相逢和相遇都充满选择的痛苦和煎熬。

在一个制度和规则失据的社会里，一切个人福利和利益的获取都有赖于种种关系。传统社会如此，利益诱惑更为多元化的当代还是如此，只不过后者对资源的嗜血本质使关系争夺更盛。关系，还是关系，成为我们非常强烈和普遍的焦虑。

面对这无法承受之重，正是我们需要学习人际传播和人际关系知识的时候。然而，无论传统社会还是现代社会，我们都没有发展出专门的人际传播知识领域。有趣的是，人际传播知识似乎又在被海量生产出来，比比皆是的“心灵鸡汤”恶补着我们人际传播知识的饥渴。但我们不得不思考这个知识系统的本质，难道它不是“一切皆为我所用”的以自我为中心的功利系统？“不准动我的奶酪”是其根本原则。这种强调外在报酬而不是内在报酬的关系到底是人—人关系（人际的），还是人—物关系抑或物—物关系？

如果我们对现实人际传播和人际关系状态还有遗憾甚至悲哀，那我们一定还需要有关这方面的健全知识。可是，何方可求呢？在我们每个人的成长中，谁告诉过我们如何与他人互动？谁给我们提供了处理与我们生命息息相关的各种人际关系冲突的指南？

基于以上原因，必须推进人际传播的学科化发展，推动的前提似乎应对“人际传播”这个基本概念做一个全面理解。

五、定义“人际传播”

研究者是以两种方式来定义人际传播的，一种是从质的角度，一种是从量的角度；或者说，一种是理想的、作为理论的人际传播，一种是现实的、作为操作技能层面上的人际传播。

（一）量的定义

二人首位(dyadic primacy)被社会学家看作是最自然的也是最根本的社会生活形态，是“发生在两个人之间的以建立一种关系为目标的有意义互动的过程”，即便你有三人关系（三个人一组，三个人是好朋友），但二者间关系仍然是最根本的。比如，在家庭里，我们有包括爸爸、妈妈、兄弟姐妹、配偶和子女等多人关系，但是，二人一组的关系的根本性没有改变，家庭关系成为多种二人关系的总和：父女/子关系，母女/子关系，夫妻关系。因此，在这种量化的定义中，二元传播(dyadic communication)和人际传播可以互换使用。

按照这个定义，店员和顾客之间，警察和被罚款的司机之间是人际关系，而老师和班级之间、表演者和观众之间不是人际关系。但你也可能不同意这种定义，因为你感到店员和顾客的互动与你和朋友之间谈论个人问题的互动显然不同，你在路上向陌生人问路与你和父母谈论学校生活也大相径庭。另外，人们更经常把二人互动限制在面对面，也就是作为肉体的人本身必须亲身到场，但我们又如何理解经由传播媒介而进行的亲密关系？看来，量的定义还无法更好更全面地理解人际传播。

（二）质的定义

两个人之间的互动无处不在，但有时这种互动让我们有诸如“我好像在和机器说话”的感觉，这促使人们用另一种关注质的方式来定义人际传播。受马丁·布伯关于“我与你”关系的思考的影响，传播学者认为“人际传播存在于一个从极端非人的(impersonal)到高度人际(interpersonal)的渐变区间上”（如图1-2所示）。在渐变区间最左面，是极端非人的传播——在我们忽视他人或者把他人当作物（“it”），这是一个“充满功利、生存、实用的需要”的工具世界，这个世界越是扩张，“人的关系力量便消退减弱”。虽然我们总是被各种关系包围，但常常感到与人没有连结，感到隔绝和冷漠。

人际传播的渐变区间

在这个渐变区间的右端，是“你的国度”，它是相遇，是“凝神观照”，它摆脱了工具利用，更符合人性的关系。亦即，每个人成为他人手段的异化关系转变为每个人成为他人目的关系。

在这两个极端中间有很多渐次演变程度——是我们把他人当作人但却不是亲密者的状态。人类至今就在这个中间阶段，“我与你”成为人际传播值得追求的方向和理想。

在我们现实的各种关系序列中也有渐变层次。我们以两种互动方式与他人打交道——有时作为角色填充物，“非个人地”(impersonally)对待彼此。有时我们彼此互动则是“人际地”(interpersonally)，即把他人看作是独一无二的个体。如人际传播的渐变区间图所示，最左边的传播是基于社会角色及其交换，传播者的个性身份出场最少。比如在麦当劳和收银员互动，在政府机构与公务员打交道，等等。这可以叫做人类联合(association)，但很难说是人类联系(contact)。联合是外在的，联系则是“打断骨头连着筋”的内在关系。因此，我们越把对方看作独一无二的个体来互动，传播越是人际的。由此我们可以说，和亲密朋友的深入谈话比和一个偶然的店员的交谈更具有人际性。

以上是从人性的复杂性来说的。对于个人来说，这二者并没有尖锐的对立，现实的传播总是在非人的和人际的互动之间来来回回，任何人际关系都包含一种“我与它”和“我与你”的混合态度。如果“你”在关键时刻能被真正考虑到，已经是非常有价值的关系了。这也就是布伯把“我与你”关系看作对整个社会具有重要决定意义的事来强调的现实意义，而不仅仅是一种理想主义和伦理。

因此，人际传播是“这样一种传播，它发生于人们以个人到场最大化方式来谈论和倾听时”，“当传播强调参与其中的个人而不是其角色或者刻板性格，人际传播就得以发生”，“它不是基于牵涉的人的数量或者是否在同一场所”，它强调关系的内在回报性而不是追求外在现实利益回报。

质的人际传播只是互动行为中很小的一部分，大部分传播是非个性的。但稀少性并不等于没有，也不等于不值得期待，正因为稀少所以特别。

研读小结

人际传播已经成为传播学中重要的学科分支，并且与我们的生活息息相关。作为人际传播的研究来说，还需要采用科学化的社会学科的方法进行，从而得出规范合理的理论。作为人际传播理论的使用者来说，首先要学会形成合理的思路去思考问题，并且在实践中根据情境选择合适的方式去进行人际交往。

文中作者分析了中国为什么难以形成人际传播学这一学科，但是儒家文化的特点是其中一方面，更多背后的原因可以留给我们去发现。

三、人际传播的功能

从个人的角度来说，人际传播的每一个参与者总是怀着这样或者那样的目的介入各式各样的人际传播活动，它们也对参与主体有着这样或者那样的作用；从社会的角度来说，由于人际传播是社会传播的一个重要的组成部分，人际传播是社会成员实现信息交流的渠道，是实现社会协作的重要纽带，也是传承社会文化的重要工具，人际传播的状态如何，是社会物质文明和精神文明的重要体现。因此，人际传播的功能也就具有了对于个体和社会的不同作用。我们这里主要是从这两个角度进行阐述。

（一）从个体的角度来说①

1. 实现自我认知

古人云："人，贵有自知之明。"正确的自我评价，对个人的心理生活及其行为表现，对协调社会生活中的人际关系有较大影响。20 世纪初期，心理学家柯里就指出：在人们的心理活动，自尊和自卑的自我评价意识有很大作用。人们经常会把自己看作是有价值的、令人喜欢的、优越的、能干的人。如果一个人看不到自己的价值，只能看到自己的不足，什么都不如别人，处处低人一等，就会丧失信心，产生厌恶自己并否定自己的自卑感，这样的人就会缺乏朝气，缺乏积极性。因此，自我认知对于个人的生存和发展有着重要的作用，人际传播就帮助人们实现了这一目的。

所谓自我认知指的是主观的我对客观自我的评价与认知，即对自己存在的察觉，也就是认识自己的一切，包括认识自己的生理状况（身高、体重、形态等）、心理特征（兴趣、爱好、能力、性格、气质等），以及自己与他人的关系（如自己与周围人们相处的关系、自己在集体中的位置与作用等）。自我认识的范畴是比较丰富的，包括对自己的认识、体验与控制，可以分为三个方面的内容：物质的自我、社会的自我和精神的自我（见表 1-1）。

表 1-1　自我的构成

自　我	自我认识	自我感情	自我控制
物质的自我	对自己的生活状况以及服饰、家属、财产等的认识	自豪感或自卑感	追求生理、外表的物质欲望的满足，维护家庭利益等
社会的自我	对自己的社会关系、人际关系、公共团体中的地位、作用、名望的认识	自豪感或自卑感	追求名誉地位、与他人协作或竞争、取得他人的好感等
精神的自我	对自己的智力、性格、兴趣、气质等特点的认识	自豪感或自卑感	追求信仰、注意行为符合社会规范、要求自己智慧才能的发挥等

资料来源　董天策：《传播学导论》，四川大学出版社 1995 年版，第 138 页。

关于生理状况方面的认识可以通过自我观察和体格检查来加以认识，而对于心理特征和与他人的关系方面，往往要和他人加以沟通比较才能表现出自己的个性来。简单来

① 根据董天策：《传播学导论》，四川大学出版社 1995 年版，第 138—142 页；周庆山：《传播学概论》，北京大学出版社 2005 年版，第 67 页；张迈曾编著：《传播学引论》，西安交通大学出版社 2002 年版，第 96—97 页；郭庆光：《传播学教程》，中国人民大学出版社 2004 年版，第 83—84 页综合而成。

说，即指在一定情况下，自我认识必须通过社会比较来实现。

正如美国社会心理学家费斯汀格(Festinger)的“社会比较理论”，个体对自己的价值是通过与他人的能力和条件的比较而实现的，是一个社会比较过程。费斯汀格指出，个人为了更好地适应环境必须十分清楚地了解自己及其周围的环境；假如对于自己的环境不十分了解就会产生不安与焦虑，甚至会神经紧张，不知道自己的定位，尤其是当处于一个新的环境时，很想了解自己的能力与观点在群体中所处的位置，自己对于群体起着什么样的作用。这时就需要运用社会比较对自己进行定位，而社会比较过程所获得的信息很大程度需要依赖人际传播来获得。

达赖尔·贝姆(Darrell Newcomb)也指出：“个人部分是通过观察自己公开的行为以及自己行为发生的环境来了解自己的态度、情感和其他内在性格的”①。有时两人聊天看似没有什么收获，但是可以通过感情产生共鸣而得到精神上的安慰和愉悦。相反，如果是剥夺了人的这种正常交往的权力，就会造成严重的心理疾病，社会心理学家所说的娱乐和保健的功能就是要实现这样一种认识自我的功能。由此可见，与周围的人接触并同他们进行信息交流正是自我认知的基本途径。关于这个传播方面的理论证实可以参见第三章对于“约哈瑞窗口”的相关介绍，它证明了人际传播的自我认知的功能。

综合各家所言，不难看出，人际传播在个人实现自我认知方面有非常重要的作用。

当我告诉老公Shopping花了多少钱时……

我觉得我看起来是这样

但在他眼中……

图 1-2 通过交流认知自我

资料来源 http://www.flickr.com/photos/8671041@N07/6860543351/.

2. 建立和谐关系

人类是群居的动物，几乎是所有的人都在与他人的交往中过完自己的一生，一个人长时间与世隔绝，甚至是与他人老死不相往来是不可想象的。历史上曾经出现的“狼孩”、“熊孩”等就是说明了这样一个问题：如果没有人际交往只能变成动物，而渐渐失去了人的一些特征。社会以隔离和囚禁惩罚背离社会规范的人，正是说明了人类害怕孤独，害怕与人隔绝。即使未必能弹出高山流水，我们依然渴望知音无限，正如大雄离不开哆啦A梦

① K.杜加克斯、L.S.赖茨曼：《八十年代社会心理学》，矫佩民等译，生活·读书·新知三联书店1988年版，第73页。

(见图 1-3)。但是人际关系建立之后,如果是缺乏必要的正常沟通,就会使得关系停滞,有时还会因某种原因而产生障碍,这时如果停止沟通,就可能使得关系中断或者恶化。因此,我们时时刻刻都要同他人沟通交流,缺少了和谐的人际关系我们是很难与他人共处的。我们需要不断与共处的人建立和谐的人际关系,并不断地对其进行改善,使之朝着健康、积极的方向发展。

图 1-3 通过人际传播建立和谐关系

资料来源 http://wenwen.soso.com/z/q278412081.htm.

对于怎样建立和谐的人际关系,学者西奥多·纽科姆 1953 年在《对传播行为的研究》一文中提出了一个均衡模式来阐述人们是如何来寻求一致,从而协调关系的。关于这一模式的详细内容我们将在第三章中进行介绍。人际传播的过程就是促使双方关系更加协调的过程,的确起到了建立和谐关系的作用。

3. 认识与控制环境

哲学大师哈贝马斯(Habermas)曾经说过,人类最终的问题可归因于缺少理想的沟通(communication)情境。一个人不能独立的存在于这个世界,必须同周围的环境打交道才能生存和发展下去,所以我们就必须要认识和学会控制我们的环境。通过与他人多方面的交往接触和信息交流,我们就可以广泛地接受来自四面八方的信息,使自己能够清醒地意识到自己所处环境的状态,从而能够更好地适应环境,找到相应的对策。在人际传播过程中,我们可以观察周围环境的动态,及时审时度势,预测和应付各种变化,便于防患于未然;在不顺当的时候,找出症结所在,确定摆脱逆境的对策,使得事态向着有利于自己的方向发展。

人际沟通可以成为政治家了解公众意见的渠道,可以成为商家了解消费者兴趣的所在,也可以成为改善我们生活方式的途径。在信息时代中,世界每天千变万化,要想知道自己该往哪走,应该去哪里获得资源就要不断地与他人进行交流。比如有朋友通过微博分享了一家不错的餐厅,你就可以与朋友约在此处对饮。而当与他人沟通较少时,则往往不能够得到充分的信息。因此,人际传播能够有效地扩大人们信息的拥有量,能够更好地认识环境,从而对于环境的瞬息万变采取相应的对策,更好地控制环境,使人生更加精彩多姿。

4. 交流人生经验,实现信息沟通

人的生命有限,经历有限,交往范围有限,但是宇宙之大、世界之广、事物之博却是无限的,我们显然是没有足够的精力与时间“事必躬亲”去一点一滴地积累经验和教训。所以,人们总是乐于从他人的发展中吸取有益的启示,“择其善者从之,择其不善者而改之”,所谓“与君一席话,胜读十年书”就是这样一个道理;同时也非常乐于把自己的知识、经验、意见传递给他人,在帮助他人提高的同时来提高自己,“教学相长”就是充分阐述这个道理的一个辩证关系。人际关系作为双向性的相互交流,能够使传播参与者博采众长,取长补短,不断提高和完善自身。网络使我们可以更方便地与朋友、父母、师长进行交流,也能够分享陌生人的人生经历;一个人的故事也可以带给很多人以思考和启发,比如微博中的名人薛蛮子、于建嵘等通过微博打拐的事件不只给予了弱势群体以关怀,也激发了我们关注公共事件、为他人贡献自己一份力量的热情。

图 1-4 微博打拐:通过人际传播实现信息沟通

资料来源 http://www.morning.sc.cn/new/html/tfzb/20110216/tfzb449853.html.

5. 满足情感需要

人的需要是个丰富而多变的动态系统,人们通过各种方式和手段使自身需要获得满足,人际传播的一个重要作用就是满足人的情感需求。比如一个人遭遇到不顺心的事情,心里闷得发慌,找个好朋友倾诉一番,则如释重负。这种一吐为快的人际传播给人带来的主要是情感的宣泄和由此产生的情感满足。当然,这种情感满足的内涵在现实中各有差异。老年人同儿孙辈的絮絮叨叨谈论往事,是为了赢得尊敬,避免寂寞;儿童和父母说起这事那事，是为了表现对父母的依赖；恋人之间轻声细语，是为了情爱的满足。总之，人们正是通过人际传播而获得各式各样情感满足来调节各自的情绪状态，形成积极的心理氛围，从而使自己能够拥有积极的人生。

图 1-5　执子之手，与子偕老：英国女王伊丽莎白二世与菲利普亲王的钻石婚纪念日

资料来源　http://iamdee.blog.163.com/blog/static/901055262010433934947/.

（二）从社会的角度来说①

从社会的角度来说，人际传播具有多种多样的社会功能。社会功能指的是人们通过沟通形成一定的社会关系，并在沟通中互相影响，促进健康的社会思想传播以及人们良好的社会行为规范与习惯的形成。良好、健康的人际传播对于社会的发展有着重要的作用。

1. 传递社会文化遗产

一个社会的文化，不论是物质的生活方式还是精神的生活方式，只有一代一代地传递

① 根据郭庆光：《传播学教程》，中国人民大学出版社 2004 年版，第 84—85 页；奚洁人等编著：《简明人际关系学》，华东师范大学出版社 1991 年版，第 206—207 页；沙道仪编著：《实用社交学》，科学技术文献出版社 1992 年版，第 7—12 页综合而成。

下去，人类文明的结晶才能继承和发扬光大，社会才能前进。世界各国、各民族的文化发展离不开国际之间、民族之间的文化交流，历史证明，交往的扩大是社会文化发展必不可少的条件。一个民族如果长时间处于对外隔绝的状态是不可能进入世界前进民族行列的。横向的交往如此，纵向的交往也是如此。人类文化要发展就需要世世代代不断积累、继承、增加，实现协作共同发展，传承社会文化。

2. 推动国家建设事业发展

对于国家发展来说在封闭的状态下是不能有所发展和创新的，必须加快跨文化之间的传播交流，同世界各国建立广泛的联系，实行对外开放，学习各国的先进经验才能，以开放、创新、宽广的胸怀容纳各国；从国内来说，要加强不同领域、团体的信息沟通和交往联系，使得整个社会生活充满生机和活力，增强团体乃至社会的安定团结，消除社会上的不良风气，建立与发展新型的人际关系，推动国家建设事业的发展，加快我国发展的步伐，保持和谐、有序、稳定、健康的社会关系。

在当今时代，随着改革开放的逐步深入，政治改革成为重要的内容。要进行政治改革，其中重要的一点是增加公民对社会问题的参与，并提高公民参与的能力。人际传播的发展有利于增强公民参与社会公共议题的积极性与能力，既自上而下，又自下而上地双向推动政治改革的进行。

第三节　人际传播的类型

在人际传播学界有很多不同的分类方式，我们这里主要介绍三类不同的分法，旨在为大家开阔视野，了解不同的学术观点①。

一、人际传播类型的三分法

从广义上的人际传播来说，个人与个人、个人与群体、群体与群体之间通过个人性的媒介（面对面传播时使用的自身感知器官与非面对面时使用的个人性的通信媒介，如电话、手机、信函等）所进行的信息交流，都是人际传播的范畴。那么，从这个意义上来说，就可以把人际传播分为三种类型，即两人之间的传播、小群体传播和公众传播。

（一）两人之间的传播

顾名思义，两个人之间的信息交流就是两人之间的传播。两人之间的传播构成了人际传播的基本单位，其他形式的传播也就是由这样一个个不同的单位进行不同的组合而

① 根据周庆山：《传播学概论》，北京大学出版社2004年版，第59—60、63—65页综合而成。

成的。

人类早期进行的人际传播都是直接的面对面的信息交流，不借助任何媒介。如交谈、交往、约谈、讨论、对话等，均是属于直接交流的情况。在面对面的情况下，我们会接收更多的信息，可以更多地了解对方。面对面交谈时，传播是卓有成效的，因为我们更易于捕捉交流对象的微妙特点，特殊音调和强调的重点。当我们面对面时，会更确切地感觉到对方的情绪，因此，就更有可能领会全部信息。两人面对面的传播可以采用语言符号系统进行沟通，也可以采用副语言符号系统。语言符号系统主要包括口语和书面语，副语言符号系统可以是眼神、动作、穿着打扮、时空距离等等。这些副语言符号系统往往最能传达一些隐秘的信息。

两人之间的传播也可以是经过一定的个人性技术媒介而发生的信息交流活动，比如电话、书信、网络等。在网络人际传播中，仅仅有文字交流显然不够，各种形式的表情、特殊符号、图片与视频应运而生也实现了面对面交流中副语言系统所具有的功能。

(二) 小群体传播

小群体内部成员之间的信息交流被称为小群体传播。小群体传播的途径和面对面的传播差不多，主要也是使用语言符号系统和副语言符号系统。传播研究者对于小群体的关注主要集中于信息交流在小群体形成和维持过程中所起的作用、信息在小群体内传播的途径与网络结构、信息交流在小群体内展开与实施的过程以及影响信息交流的相关因素等等一系列问题。小群体传播是一种两人之间传播的扩大形式，虽然已经突破了两人之间的范围，具有一定的公开性，但是它的传播范围还是局限在小群体内，具有一定的“私下性质”。在组织中往往也会形成一定的小群体，而这种小群体往往通过传播结成紧密的关系，小群体有时会稀释群体的约束力，所以处理小群体与整个组织的关系就变得非常微妙。

(三) 公众传播

公众传播是发生在诸如大礼堂、露天广场等公开场合的传播行为，类似于古希腊时期的公众演说，传播的时间、地点一般都是按照事先的计划进行，传播的过程具有明显的行为标准和进行程序。公众传播是一种“公开的说话”，可以是一个人也可以是几个人在特定的环境中向面临共同问题的社会群众即公众进行面对面的交流。在这里，公众是一个开放的整体，既可以是高度组织化的群体，也可以是分散的个体，他们是由于某种问题而临时集合在一起的群体。所以，公众是一个动态的开放系统，公众传播是一种社会性比较强的传播活动。将公众传播纳入人际传播研究的题中之义，大大扩展了人际传播的研究范围，具有较强的现实意义。如今公众传播的传播范围已经不局限于广场和礼堂，而是能够通过现场直播传递给更广泛的受众，而受众也可以通过网络与传播者进行实时的互动，同时能将自己的反馈传播出去。比如很多活动会将网友的反馈通过大屏幕呈现出来，既能实时互动，又能传播受众的反馈。

二、效果与动机分类法

按照人际传播的效果和动机分类，可以把人际传播分为满足性交流和手段性交流。

（一）满足性交流

满足性交流主要是为了使得受众在精神、情感、心理方面得到满足和愉悦，而没有什么直接功利性目的。从这个意义上来说，满足性交流主要是为参与者提供精神娱乐的。

典型满足性交流的基本特质主要着重于交流过程本身以及交流对于人的社会性需要，尤其是人际感情需要的满足功能。娱乐性交流是满足性交流的主力，它是使交流的参与者受到某种娱乐和愉悦的交流。从宽泛的意义上来讲，任何娱乐性的交流都具有一定的社会性、功利性的目的，但是这种目的并不是刻意作出的。

（二）手段性交流

这里可以把手段性交流理解成传播者处于一定的社会目的去有意识地影响对象的一种交流形式，在交流中已经不同于满足性交流了，具有明显的目的性。这一种交流具有告知、劝服、激励等作用。各个交流实际形态在某一功能方面有所侧重，也就形成了不同的传播类型。

1. 告知性交流

这是一种主要以告知为主要目的，在于使得受众接受传者信息的交流形式。当告知和传播信息成为某种交流情境的最主要、甚至是唯一目的意向时，我们就把这种交流的情境称为“告知性”交流。在告知性交流里面，传播者的主要意向是发送某种信息，告知受众有这样的信息存在，提高受众的信息拥有量。例如发布通知、通告就是典型的告知性交流。

2. 劝服性交流

这种交流的方式已经不仅仅局限于对于受众传递信息，而是越发强调这些信息的重要性和正确性，以“劝服”为重心，以使受众在信仰、行为、思想、价值观和态度上朝着传播者所希望的方向发展。在这样的传播中，不单是包括告知性交流，还在着力于“说服”受众。早在中国战国时期的著名的说客苏秦、张仪通过“合纵”、“连横”策略各自去说服其他各国加入自己的势力，使得战国的局势一度扑朔迷离。

3. 激励性交流

这种交流方式不仅仅包括告知性和劝服性交流，而且也力图使受众朝积极向上的方向发展，着力于“激励”。传播较为关心的是如何强化受众已有的各种信仰、思想、行为和态度，并进一步激起他们的热情。例如现代体育竞技中，每个教练都会在赛前给予自己的队员一定的鼓励和刺激，就是激励性交流的集中体现。比如，曼联足球俱乐部的主教练弗格森爵士的训话因其严厉而有“吹风机”之称。

图 1-6　弗格森与激励性交流

资料来源　http://news.7m.cn/news/20080512/145840.shtml.

从上面来看，尽管都是同属于手段性的交流，但是由于传播者对于传播目的的主观倾向性使得在不同的情况下传播的类型也是不一样的。

三、符号分类法

按人际传播过程中使用的符号手段，可以分为语言符号传播和副语言符号传播。

(一) 语言符号传播

语言是人类社会约定俗成的并且比较高级和复杂的符号，是人类区别于其他动物的一个显著的标志，也是人类社会赖以存在和发展的必要条件。

语言符号是人类独有的、基本的传播工具。人们用语言符号进行信息交流，传递思想、情感、观念和态度，达到沟通目的的过程，是人际沟通中最重要的一种形式。语言符号有一定的线条性、任意性、强生成性、基础性、社会性以及变化性。

作为语言符号传播的参与者在传播的过程中要有一定的目的性，根据不同的对象调整自己的传播方式，传播时不仅要看到对方的经验范围，同时还要看到对象的知识水平和他们的心理状态，也要把对方同自己的人际关系情形考虑在内；要根据情境、利用时空中的特定情境、气氛来巧妙的组织语言形式和活动；再者，语言符号的传播活动要根据时代的变化而变化；最后还要坚持本色的原则，使得言语形式能够与自己的身份经历相适应，也要和自己的思想性格相吻合，这样达到语言与传播的水乳交融，创造良好的传播沟通氛围。

(二) 副语言符号传播

美国口语传播学者雷蒙德·罗斯(Raymond Ross)认为，在人际传播活动中，人们所获得的信息总量中只有35%是语言符号传播的，而其余65%的信息是副语言符号传达的，其中仅面部表情就可传递65%中的55%的信息。可见，传播并不全是通过语言进行传播的，副语言符号在传播中显示了重要的作用。

作为一种符号系统，它同语言符号一样，都使用某一符号来代表其他事物。副语言符号涵盖了各种各样的语言符号类型，从表情到情感，从政治经济政策到时装、音乐、时尚，从某种意义上来说，一切不经过语言表达的符号都是副语言符号。在传播过程中，副语言符号的功能决不亚于语言符号。副语言传播的外延包括说和写(语言)之外的信息传递，比如手势、身体姿态、音调(副语言)、身体空间和表情等。

总体上来说，对于一项传播活动来说，副语言传播能够告诉接受者如何解释其他信息，具有重复、补充、强调、代替语言传播的功能，有助于判断或表达传播者的内心状态，形成印象，掌控传播活动，但某些时候会传达出与传播者的语言符号相矛盾的内容，所以必须谨慎小心。副语言传播也可以独立存在，但在一些情况下，副语言传播常常具有模糊性或者多义性。副语言传播实际上是一种文化传播现象，存在着很多文化上的决定因素与变异形式。

第四节　人际传播的特点

一、人际传播具有双向交流、反馈及时的特点

在人际传播中，人们之间是信息的交流，每个人既是信息的发送者又是信息的接受者，参与者的传播行为共同构成了这样一个传播过程。双方的信息传受是以一来一往的方式进行，传播者与接受者不断地变换着角色，要求每一活动参与者都有自己的积极性，不要把对方看作是一种客体，而是在传达信息的过程中必须理解、分析其动机、目的、需要等，在这期间每一方都可以根据对方的反应对自己的传播行为进行相应的修改、补充传播内容或者改变传播方法，进行及时的调整以把握传播效果。施拉姆和奥斯古德的研究也都论证了这点。

施拉姆认为，人际传播的双向性质与参与者的双重角色有关。在一个完整的传播过程中，传播的参与者都充当着传播者和接受者的角色，正是由于这种双重角色使得信息交流不断进行传播、进行反馈，从而保证了传播的双向性，无论从我们日常的人际交往活动还是网络互动无不体现了这种双向性。

实际上，在施拉姆之前奥斯古德的“传播单位”的论述也阐明了传播参与者在传播过程中的双重角色。在奥斯古德看来，参与传播活动的人就是一个传播单位。在接受信息的过程中进行解释，而后又将解码的结果进行编码，传递与之相关的信息。两者在这方面的思想是一脉相承的。

传播双方的双向性并不是说在实际的传播过程中参与双方在地位上是完全平等的并能够完全平等地进行交流。按照实际情况而言往往是相反的，传播的信息、能力和时间是不平等的。在我们日常的交往中，总是会有一方比另一方更加积极主动些，但是仍然不能从本质上否定传授双方的双向互动和反馈。即使在网络中有更多的异步传播，但依然是建立在双方互动与反馈的基础上才能进行的。比如你不回复对方在 SNS 上的留言，你们双方之间的对话就难以进行。

二、人际传播具有信息接收渠道多样化的特点

人际传播可以是面对面的，也可以是非面对面的。在面对面的传播中，不但可以运用语言来交流思想感情，同时还可以使用副语言符号来表达意义，比如眼神、表情、动作等手段。在一定的情况下，副语言的符号系统往往显得更加重要，传送出语言符号所不能表达的意思，很多时候关键性的问题是需要观察副语言符号系统来获得，副语言符号系统也常常让参与者把本想隐藏的秘密暴露。可以说，人际传播不仅运用语言符号作为交流手段，而且也运用副语言符号作为交流的手段。所以说，人际传播采用双重交流手段，受传者接收信息的渠道也是多样灵活的。

在传播的过程中，作为语言线索的言语交际是一种可以控制的行为，每个人可以对自己交流中的语言进行反复的琢磨和组合，但作为副语言线索的非言语行为却既有可控制的部分，比如说人的手势和表情，也有不可控制的一部分，就是在无意中泄漏了参与者内心秘密的部分。比如说在审讯犯人的时候，尽管犯人对于一些罪名矢口否认，但是机智的警察还是能够从犯人的言语疏漏和神情举止中发现犯人在说假话，因为犯人在回答问话的过程中无意间传播了他不愿意供认的事实。在现实生活中，即使一个人沉默不语也是在传递着一种信息，我们可以从其穿着打扮、行走姿势、脸色神情等等找到一些“蛛丝马迹”。这无疑告诉我们副语言传播具有一种无意识性，常常使得人际传播的参与者在不知不觉的情况下传播出信息。“明白人们无法不传播这一事实，会使我们每时每刻都更加注意自己的行为举止。我们在他人面前可能会暴露的关于自身的情况，远远超出我们所能意识到的范围。”①

三、人际传播具有较强的情境传播特点

不管参与者是否意识到，人际传播总是发生在一定的社会环境中，总是“在特定的时间和地点，一定的物质和时间的背景中进行的。他们可能站着或者坐着，走着或同乘一辆车。他们可能在人群之中或者单独在一起，在朋友中间或在陌生人中间，在房间里，在大教堂里或在街上。所有这些因素又都可能在交谈过程中起作用，但都不是谈话的内容。我们在什么时间、什么地方、同谁在一起等情况可能限制我们谈话的内容和方式……对于某些事物来说，有适宜谈论它们的时间和地点，同样也有不适宜他们谈论他们的时间和地点。”②这里的时间、地点、参与者和话题等各种因素构成了我们现在所说的传播情境。“我们进行交际所采用的

---

① 理查德·威瓦尔：《交际技巧与方法》，学苑出版社 1989 年版，第 12 页。

② 皮特·科德：《应用语言学导论》，上海外语教育出版社 1983 年版，第 27 页。

方式会在各方面受到语言环境的制约:如果环境嘈杂,我们就得大声说话;如果谈话范围过于广泛,我们就得加以紧缩;如果在正式场合,我们就应选用一套非正式场合下所用的完全不同的词语。”①由此可见,人际传播并没有一个固定的模式,而是需要根据传播环境的不同相应地调整自己的传播措施,采用不同的传播方式以适应外界环境的变化。

这一特点克劳佩弗在1988年提出的人际传播模式中就有明显的体现。它明确地告诉我们,在人际传播中不能忽视“噪音”的干扰,即传播干扰。传播干扰主要分为外部干扰和内部干扰。外部干扰主要表现在传播环境中的物质性干扰,比如日常生活中流言的产生就是因为在传播的过程中受到了其他因素的干扰,使得传播的信息内容发生这样或那样的变化,脱离本貌;内部干扰主要是一种心理干扰,在人际传播中存在的有意无意的偏见就是传播内部干扰的一种重要表现,这些都是传播中的软性干扰因素,内部干扰由于大都是心理干扰,所以常常被我们忽视。比如说人与人之间在面对面的传播沟通中会随着传播现场情境的变化而变化。

人际传播情境因素提醒我们,要时刻考虑到外界环境的变化,把外界一些干扰因素考虑在内,同时也要做好自己的心理准备,防止内部干扰,使得我们能够顺利掌握环境的变动,保证信息畅通顺利的实现交流沟通。

四、人际传播具有非制度化的自发性的特点

与组织传播和大众传播相比,人际传播属于一种非制度化的传播,这里的非制度化并非说人际传播不受任何制度的约束和影响。相反,人际传播也是一种社会关系的体现,参与的双方虽然都是拥有独立意志的主体,但他们都是由一定的社会关系,例如夫妻关系、父子关系、长幼关系、上下级关系、朋友关系、同僚关系等等相连接的;在人际传播内容中,传受双方所使用的词语、语气、态度等等,无一例外,都是这些关系的体现。这里所说的非制度化传播,主要是指传播关系的成立上具有自发性、自主性和非强制性的特点,人际传播主要是建立在自愿和合意基础上的活动。在人际传播中,双方都没有强制对方的权力,也没有强制接受的义务,这就从某种程度上意味着人际传播是一种相对自由和平等的传播活动。③从这一意义上讲,互联网的出现使得传播更加自由平等,趋向于向人际传播回归。

五、人际传播具有高频度互动的特点

无论人们用什么样的方式进行人际传播活动,其结果都将对传播的参与双方产生较大的影响,从社会学上来说就是产生较强的互动。所谓互动,是社会上人与人、群体与群体之间通过接近、接触或手势、语言等信息的传播而发生的心理交感和行为交往的过程。传统意义上的互动基本上是通过面对面的人际传播所形成的直接互动,现代社会的互动已经超越了时空的界限,形成了以大众传播为媒介的间接互动。但是,从互动的深度来说,人际传播所形成的直接互动的影响在一般情况下显然远远超过大众传播所形成的间接互动。

---

① 皮特·科德:《应用语言学导论》,上海外语教育出版社1983年版,第27页。

③ 郭庆光:《传播学教程》,中国人民大学出版社1999年版,第84页。

人际传播互动性强，首先是由于传播参与者双方是相对明确的。不管是两人之间的传播还是小群体传播，或者是公众传播、组织传播，传受双方总是明确的、固定的，有一定范围的。这样，人际关系总是处于比较特定的人际关系中，通过信息的交流、沟通，就能有效地影响或改变对方的心理或行为，从而进一步影响彼此的人际关系。比如，经过一番耐心的沟通与交流，原本互相有矛盾的朋友能够互相理解，握手言和；经过组织的一次会议，大家统一意见，协调行动，等等。

人际传播互动性较强，还与传播内容的保密性有关系。人际传播的内容一般是不公开的。传播内容的公开也是在一定的传播范围内公开，超过这一范围的人了解到信息的可能性就比较小了。因为通常情况下人际传播的内容都关系到参与者双方自身的利益，所以人际传播的内容是比较保密的。也只有做到这些，参与者双方在传播过程中就有十分强烈的愿望心理卷入或者行为卷入，从而使得双方在情绪、态度和行为等方面发生比较明显的互动变化。

传播学研究的一些成果证实人际传播的互动性较强。比如说，拉扎斯菲尔德的“两级传播理论”、罗杰斯和休梅克的“创新扩散理论”都充分揭示了人际传播的影响比大众传播的影响更为有效。

六、人际传播具有受社会性与心理性障碍影响的特点

在人际传播过程中，可能会遇到社会性、心理性的障碍。这些障碍可能与沟通的渠道、编码解码的过程无关，而是由参与者之间不同的历史文化背景、政治态度的差异以及参与者个性之间的差异、心理特征或双方的某些特殊心理关系造成的。因此，在人际传播过程中，必须充分考虑到参与者之间自身的一些差异，并且对这些差异做好充分的理解和关照，这样才能在彼此友好的基础上进行传播。比如说跨文化传播就是在综合参与者个体之间不同的社会、文化等差异基础上的传播活动，如果不能充分考虑人际传播背后的因素，那么沟通和交流将是很难进行下去的。例如来自不同地域的人交流时容易存在一些障碍，比如对其他地域的偏见甚至地域歧视，只有当我们暂时撇开这些偏见客观地去感知对方时，才能够更加自在地与对方沟通。

七、人际传播在网络、移动终端并起时代的新特点

网络和移动终端的出现与演进不仅意味着大众传播翻天覆地的变化，而且也革新了人际传播的方式和渠道，赋予人际传播新的特征。其中，移动终端的出现更加扩大了网络的这种影响力。麦克卢汉提出的两个理论有助于我们理解这种变革。一方面“媒介是人的延伸”，即媒介是由人身体中的各种功能延伸的，例如书籍是人类的视觉延伸，广播是人类听觉的延伸。如此看来，网络人际传播与现实中的人际传播有共通之处，譬如网络符号与表情是现实中人表情的虚拟化，而网络中的讨论与表达是现实中人思维和观点的延伸。也就是说，网络和移动终端的人际传播在一定程度上是现实中人际传播的延伸。而另一方面，麦克卢汉认为“媒介即讯息”，也就是说一种媒介的出现并不仅仅是技术的变革，也意味着人类新的传播实践(practice)的出现，对人的传播、交往方式和社会发展有很大影响作用。网络媒介、移动终端的革新也意味着人际传播新特点的出现。

(一) 信息来源的变化:多样化和去中心化

随着 web2.0 的发展,各类社交网站出现使得信息传播不再仅能够从大众媒体流向大众,而使得每个人都可能成为传播的一个节点,每个节点都有机会把自己的信息传达给其他人。因而如今信息的来源不再仅仅是个人体验和大众媒体,个人成为了非常重要的信息源。因此,人际传播获得的信息、讨论的话题有了更广泛的来源。我们与他人所沟通的信息,可能来源于转发的一条短信、一条微博、某个名人的博客等等,而不仅仅是传统媒体所传递的内容。这也就是为什么有学者认为大众传播与人际传播趋向于融合:大众传播趋向于个性化,为个人定制要传播的信息,并且更加注重管理受众的反馈;网络中人际传播所传递的信息也可能像大众传播一样面向不确定的大众。对于人际传播来说,这样一种趋势无疑使得人际传播更多元、更复杂,同时公开的人际传播也有可能发挥更大的社会影响力。

但是,需要注意的是,这种去中心化并不意味着人际传播的内容不会受到政府、商业力量的控制。政府依然能够通过对信息发布源头的控制实施对网络的监控,商业力量依然能够通过各种营销与传播活动渗透到人际传播的信息中。但是这样一种去中心化至少意味着公众有更多的途径获取信息,能够通过更多的方式对信息进行比较和鉴别。

(二) 参与者的变化:身份标识与符号化

在网络人际传播中,每一位参与者在网络上都通过昵称、头像、签名、介绍等方式赋予自己在网络中的身份一个标识。这种标识可以是虚拟的,也可以是真实的,将自己参与者的身份符号化。网民给自己贴一个标签就是这种符号化的体现,诸如吃货、宅男、文艺青年、知名作家、学者等等,都是个人在现实中身份的符号化,有助于展示自己的身份与个性,也有利于他人迅速地了解自己。

图 1-7 网络身份标识符号化

资料来源 http://123.125.41.247/read_4723346_1_0.html.

而随着网络进一步发展，有学者认为 web2.0 代表了一种从匿名化变为假名化（或称为真名化）的趋势，也就是说网络人际传播的参与者都有自己较为长期稳定的身份标识，这也是参与者为了能够更方便、持续地参加网络人际交往的考虑。这也意味着网络人际传播逐渐地接近现实中的人际传播，参与到其中的身份更加具有真实性，成为现实中人身份的延伸，而非仅仅一个虚拟的符号。

（三）传播的超时空性与时间自由选择性

网络的出现使得不同时间和不同空间的人以网络为媒介进行交流，而移动终端的技术变革则使得网络的覆盖能力更强，每个人有机会能够随时随地与其他时间和空间的人进行交流。通过邮件、MSN、飞信、TWITTER 等多种工具，我们能与异国他乡的朋友进行交流，也能够在顷刻之间与不同的人分享我们的心情感悟和思想观点。网络使得人际传播所受到的时间与空间的拘束更小。

而另一方面，网络与移动终端的存在使得人际传播的参与者能够自由地选择时间上的同步还是异步传播。自古以来，人们就通过信件、字条等书面方式实现了异步的人际传播，但选择还是非常少的。而在今天人们可以根据自己的需要选择反馈时间长短不一的媒介。如果需要即时的互动，我们除了通过面对面的传播外还可以通过打电话、视频聊天等方式与他人进行沟通；如果需要一段时间间隔后的反馈，可以通过短信、邮件、社交网络上的评论与留言等方式进行。而新近出现的微信、飞聊等软件，不但能够快捷地异步传播文字信息，还能够传递语音信息，这使得人际传播的参与者能够更加自由地选择反馈和传播时间，避免了一时语塞的尴尬，同时也能够传递更加丰富的信息。

（四）信息内容多样化：公共议题与商业信息的传播的变化

信息时代的信息量呈现爆炸式增长，每天有无数的信息都可能成为人们谈论的焦点，这大大丰富了人际传播所包含的信息内容。与此同时，公共议题和商业信息的传播也发生了变化。

前面提到网络发展呈现出去中心化的趋势，这使得每个人都有机会将自己的信息传递给公众，人际传播发挥更大的社会影响力。这为人们讨论公共议题提供了新的途径，社会公共议题更加有可能成为人际传播的焦点，并且会发挥更大的影响力。这与网络时代公民参与意识的提高也相辅相成。

而网络和移动终端使得人际传播更加方便、快捷、多元，这也使得企业必须更多地从消费者和社会公众的角度出发去思考问题，尊重消费者的利益。但与此同时，企业也能够从公众的人际交流中得到更多的反馈和信息，从而有针对性的进行营销传播，这使得商业信息进一步渗透到人际传播中。一段病毒视频广告、一个吸引消费者的公关活动，都有可能成为社交网站等网络媒介中被人广泛讨论与传播。

（五）传播平台多元化与传播符号的人性化

网络和移动终端的发展为人们提供了更多样的人际传播方式，丰富了人们的生活。

这并不代表传统的传播方式会被取代，一个礼貌的握手、一个温暖的拥抱或者几个老友相对而坐共度的一个下午都还具有不可取代的价值。但同时旅行中通过只言片语、几张照片与远方朋友分享心灵体悟，利用闲暇的几分钟与网友进行观点的交锋会成为更多人的选择。当然，这也意味着更多零散的时间都可以用来进行人际传播。

在网络人际传播中，传播符号作为现实中符号的延伸，也经历了从简单到复杂、从贫乏到丰富的过程。现在我们既可以看到像“:”、“==”这样的简单符号，也能看到视频、动态图片等丰富的符号，也逐步能够接近现实中人际传播的语言与非语言符号，能够更加人性化。

图 1-8　网络符号人性化

资料来源　http://www.bbrtv.com/2011/0901/91585.html.

[研读专栏]

人际传播媒介形态变化①

人类现有的传播活动基本上分为两大类型，即人际传播和大众传播。李彬认为，所谓人际传播(interpersonal communication)，一般是指人们相互之间面对面的亲身传播，所以又称面对面传播，人对人传播。人际传播是人类传播活动中最古老也最基本的形式，一切其他形式的传播都无不以人际传播为基础，都是人际传播的某种延伸或变形。大众传播活动是随着传播技术的发展于近代出现的。从严格的意义上来说，第一张著名廉价报纽约《太阳报》的问世，才称得上真正的大众传播时代到来的标志。此后，随着电报、电话和无线电技术的发展，从19世纪末到20世纪30年代，就成了现代大众传媒业迅速发展的一个重要时期。正是在这段时间，现代大众传媒业形成了基本格局，“人类社会传播全面进入了现代大众传播时代”。从传播学诞生后传播学界研究的主流来看，传播学几乎等同于大众传播学。这是由大众传播事业的迅猛发展和现代社会的政治经济和文化需要决定的。即使如此，与大众传播研究著述的丰富相比，人际传播领域也不乏人问津。但已有的人际传播研究多集中在人际关系和人际交流领域，从学科上来说，大致可归为社会心理学范畴。从传播学媒介分析角度对人际传播媒介的研究是罕见的。

---

① 梁小建:《人际传播媒介形态的变化》,《传播学论坛》2005年4月,http://www.chuanboxue.net。

随着传播技术的发展，人际传播超出了面对面传播的限制。文字产生以后，为异地人际传播提供了很好的媒介。王人恩在《古代家书发展史略》中提出，现存的年代最早的家书，产生于战国末、秦代初。湖北省博物馆等单位于1975年在湖北省云梦县城关西郊睡虎地4号墓发掘出土木牍两件，均两面墨书秦隶，内容为从军出征的士卒黑夫和惊兄弟俩写给家里兄弟中（亦作“衷”）的家信。这是我国出土的最早的两封家书实物，也是迄今发现的古代最早的两封家书。1988年，美国学者桑德拉·鲍尔-洛基奇和凯思林·里尔登在《独白、对话和电子对话》一文中，提出了电子对话（telelog）的概念。她们认为传播技术本身并不能构成传播形态，诸如视传电信会议、电子布告栏、双通道（双向）有线电视等信息传播新技术同人际传播及大众传播分享的共同点，分别超出了其互动性（交互性）和电子性的表面特征。它们同人际传播及大众传播形态或多或少地分享着一连串特征，正是这些共享的特征使之成为传播形态。她们认为，大众传播是独白式的传播形态，人际传播是对话式的传播形态，而以信息传播新技术为手段的传播，则是电子对话式的传播形态。桑德拉的传播形态三分法不管是不是科学的，但提出了电子对话的概念，是很有启发意义的。

斯蒂文·小约翰认为，任何大众传播研究的核心都是媒介。媒介：media，原意为中间、适中、平均、调节人、传导体等，也可解释为手段、工具等。传播学意义上的媒介，是指承载并传递信息的物理形式与机构，是传者与受传者之间进行传通活动的桥梁。对传播学而言，媒介分析是一个重要领域。人类传播活动的历史同时是人类传播媒介变迁演进的历史。麦克卢汉认为，任何媒介的使用或人的延伸都改变着人际依存模式，正如它改变我们的各种感觉的比率一样。即使是对人际关系领域来说，研究人际传播媒介的演变也是很有帮助的。对传播学来讲，关于媒介的研究也需要细化到人际传播领域。罗春明在《西南师范大学学报》1998年第5期撰文指出，人际传播媒介就是人际传播活动中使用的中介物，指那些“介于从事传播活动的个体之间的物理中介形式”。人际传播媒介的本质表现在它能够将信息传送给身份明确的、特定的社会个体。罗春明认为，在当前的“媒介革命”中，媒介演变的总趋势是传播主体个人化。传统的大众传媒正丧失其某些重要性质，甚至丧失根本性质，人际传媒进入高速发展时期。信息高速公路将逐步贯通全球，最终演变为以人际传媒为主体的全球一体化点网状媒介系统。罗春明提出人际传播媒介概念，是很有启发意义的。

美国传播学家A.哈特把有史以来的传播媒介分为三类：(1)示现的媒介系统。即人们面对面传递信息的媒介，主要指人类的口语，也包括表情、动作、眼神等副语言符号，它们是由人体的感官或器官本身来执行功能的媒介系统。(2)再现的媒介系统。包括绘画、文字、印刷和摄影等等。在这一类系统中，对信息的生产和传播者来说需要使用物质工具或机器，但对信息接收者来说则不需要。(3)机器媒介系统。包括电信、电话、唱片、电影、电视、计算机通信等等。这些媒介不但传播一方需要使用机器，接收一方也必须使用机器。

哈特的媒介三分法已经把人际传播领域纳入传播学媒介分析的视野。我们发现，电子对话形态借助的媒介属于哈特划分的机器媒介系统。

因此，我们有理由认为，随着人体的延伸，人际传播媒介也在不断的变化演进。这一演进过程总体上是一个人类传播的媒介手段日趋丰富的过程，也是人体的信息功能日益向外扩展、体外化信息系统逐渐获得相对独立性的过程。下面我们就对人际传播媒介的变迁作一初步分析。

一、 面对面传播：示现媒介系统时期

在传播媒介演进发展史中，丰富的语言文化资源记录了各种人际传播现象。例如耳提面命、道路以目、颐指气使、三人成虎、指鹿为马等。这都是面对面的人际传播现象。在面对面人际传播中，有三个必要的要素，即两个以上的传播参与者、传播符号和意义（信息）与人际传播媒介（语言、声波、光波、听觉、触觉、嗅觉、视觉、肌肉运动、助听器、服饰等工具或载体）。示现媒介系统时期主要的传播媒介是口语和人的听觉。“听觉……具有高度的审美功能，它是精微细腻的、无所不包的。”口头文化在行动的同时要作出反应。面对面传播是高效的和即时的。

传播参与者是指传播者和受传者（人际传播中一般情况下两者是频繁交替的）。符号按感觉方式可分为听觉符号和视觉符号两大类，对应于面对面传播，听觉符号和视觉符号分别是语言符号和副语言符号。在这里我们不过多涉及符号的分类，因为本文的主题关注的是人际传播媒介形态变化。如上所述，媒介是指承载并传递信息的物理形式与机构，是传者与受传者之间进行传通活动的桥梁。符号本身也是运载意义的媒介。对应于面对面的人际传播，媒介不仅指符号，还包括运载和传递符号本身的载体，例如声光电荷各种传播“道具”。

李彬认为，人际传播的特征在于符号互动。根据符号互动论者戈夫曼的观点，人际传播的过程就是人们表演“自我”的过程，但这个“自我”并非真实的自我，而是经符号乔装打扮了的“自我”。因此，人际传播者实际上是带着符号制作的“假面具”的表演者。我们如果把人际传播置于典型的环境——话剧舞台上，那么关于面对面传播也需要媒介就很清楚了。舞台上的演员不论表演什么节目，毫无疑问的是他们之间在进行某种人际传播，同时，演员和观众之间也在进行人际传播。这两种传播要进行下去，必须依赖声光电等物理媒介。同时，传播者和受传者都要具备编码、释码和译码的能力，即有视觉和听觉。我们很难想象漆黑一团寂静无声的舞台和剧院的传播效果。正如“盲人骑瞎马，夜半临深池”一样，缺少媒介的人际传播不但是停滞的、不可能的，而且是危险的。

模式是对真实世界理论化和简约化的一种表达方式。传播模式可以帮助人们认清具体繁杂的传播过程，解释力强的传播模式对人际传播媒介研究是很有帮助的。施拉姆曾经在奥斯古德模式的启发下提出过一个人际传播的循环互动模式。这个模式是这样的：

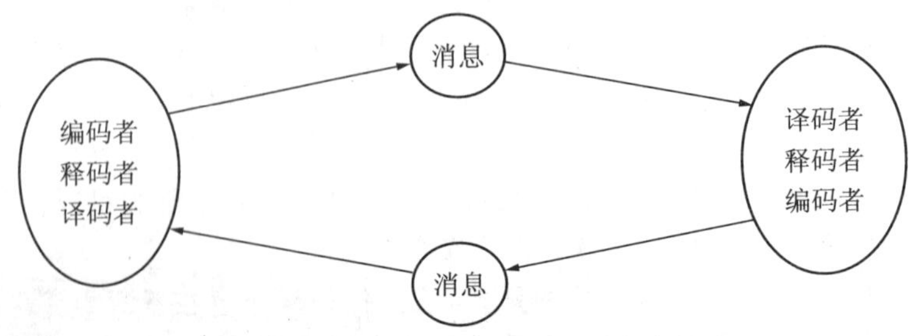

这个模式对于面对面人际传播过程有一定解释力。该模式没有传播者和受传者的概

念，传播双方都是人际传播的主体，通过信息的授受处于你来我往的相互作用之中，强调了人际传播的互动性。但是该模式没有涉及人际传播渠道中的各个环节，即没有媒介的概念。如上所述，我们认为人际传播是有媒介参与的。因此笔者试图在这个模式的基础上加入媒介环节，增加这个传播模式的解释力和准确性。

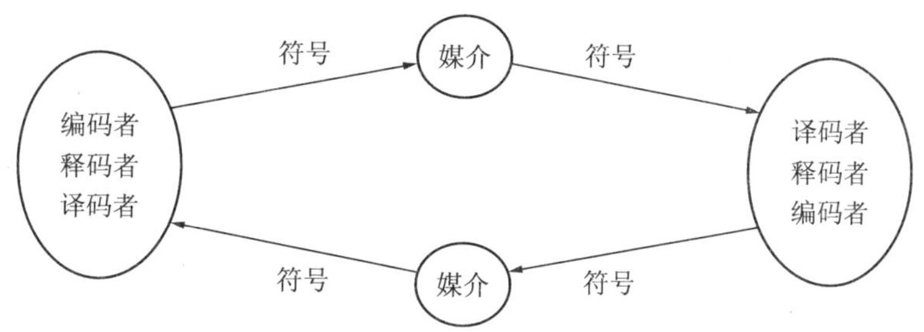

笔者认为，经过编码的信息只是符号代码。传播者和受传者都是释码者，同时也都是编码者和译码者，这是从传播者体内的自身传播系统来说的。因为语言只是人的意识的符号。意识要以语言为媒介传播给对方，神经系统就必须先对意识进行编码，然后传达给人的发声器官，人的发声器官进行译码和释码并转换成声带的震动，通过空气传达到对方的耳膜，耳膜和神经系统对震动进行译码、释码和编码，把信号传送给受传者的大脑形成意识。如此循环，完成一次人际传播过程。在这个过程中，语言符号的传播要使用的媒介有空气、声波、神经系统、发声系统、收听系统等，副语言符号的传播要使用的媒介有光、光波、神经系统、视觉系统、触觉、味觉等感觉系统。这么多的媒介，最终传播的是传播双方的意识。

面对面的人际传播受到时间和空间的束缚。随着传播技术的发展，人际传播必定要摆脱面对面传播的局限。随着人类传播经验的积累和文字的出现，人际传播媒介进入了体外媒介系统时代。

二、延时传播：再现媒介系统时期

再现媒介系统是人的体内传播系统的技术延伸，特别是视觉系统的延伸，从此人类的传播活动摆脱了本能，进入了技术传播时代。文字是异地传播的主要媒介。我国丰富的文学遗产中描述文字传播的比比皆是，例如罄竹难书、“人生自古谁无死，留取丹心照汗青”、“烽火连三月，家书抵万金”、“唯恐说不尽，临行又拆封”、“独下千行泪，开君万里书”等。文字和书信对古人来说是跨越时空的唯一媒介形态，我国语言中流传下来的这些关于文字和书信的诗句表现了再现媒介系统的巨大价值和曾经的不可替代性。延时人际传播过程的要素有三个，即传播者、受传者和媒介（绘画、文字、纸张、印刷机、油墨、邮政系统和时间等）。

延时传播的传播者和受传者角色转换是延时的（书信），甚至是不可逆的（报纸、书籍、古人流传下来的文字作品、绘画、建筑、雕塑、碑文等）。绘画是人类最古老的延时传播媒介，据考古发现，人类用图形或绘画来传递信息从旧石器时代晚期就开始了，那时人们将对自然界及自身的认识绘成简单的图画，刻在岩壁或各种石器上。关于文字产生的时间，多数学者推定在公元前3000年左右。我国的汉字，如果从仰韶文化晚期刻绘在陶器山的几何图形或符号算起，其形成与发展至少已有5 000年的历史。文字作为人类掌握的第一套体外化符号系统，对人际传播具有重大的意义，使人际传播在时间和空间上都发生了重大变革。

语言产生于人们相互交流的动机，而文字的创立一开始并非由于迫切地传播愿望所致。文字最初只是作为一种保障经济正常运行的手段，而不是或者说不主要是作为传播的基元。人们一旦找到一种适合的文字体系，就把它用到人类活动的其他方面。借助以文字为代表的体外化传播媒介，人际传播过程出现了新的特点。从积极方面来看，体外化传播媒介使人摆脱了面对面传播的限制，延伸了人际传播领域。相隔万里的人们可以借助书信互通音信，相隔千年的人们可以借助文字体验共同的情感和永恒的人性。

文字媒介给人际传播带来了时间上的延时性和空间上的拓展性，同时也把人际传播引向了隔膜和疏离。人类是通过图像而非抽象符号看世界的物种，习惯于对口头语言作出即时反应。这些以及其他前技术传播形式中的人际传播都丧失在了印刷中，口头传播丧失在了抽象而延迟的全球性传播中，所有的一切都变得碍手碍脚。麦克卢汉认为，媒介作为我们感知的延伸，必然要形成新的比率。不但各种感知会形成新的比率，而且它们之间在相互作用时也会形成新的比率。作为视觉功能的强化和延伸，拼音字母在任何有文字的社会中，都要削弱其他官能（声觉、触觉和味觉）的作用。麦克卢汉认为，听觉是高清晰度和低卷入度的热媒介，视觉是低清晰度的、高度抽象的冷媒介。文字是视觉的延伸，拼音文化“赋予人行动是压抑情感和情绪的手段。只行动而不用作出反应，不用卷入其间”。麦克卢汉对听觉和视觉有过精辟的阐述：耳朵世界的拥抱性和包容性远远胜过眼睛世界的拥抱性和包容性。耳朵是极为机敏的。眼睛却是冷峻的和超然的。耳朵把人推向普遍惊恐的心态。相反，由于眼睛借助文字和机械时间而实现了延伸，所以其留下了一些沟壑和安全岛，使人免受无孔不入的声音压力的回响。

文字是一种沉默的和匿名的人际传播媒介，传达性和反馈性差。文字是符号的符号，是一种纯粹的体外媒介系统。作为符号的符号，文字本身没有意义，它不是一种自明的符号系统，必须首先进入受传者的注意范围。文字的人际传播效果，受到选择性定律的约束。选择性定律是就受众对信息的接受、理解和存储而言的，它包括选择性接触、选择性理解和选择性记忆三层含义。这条定律的基本思想是说，受众在接受信息的过程势必都要根据个人的需要和意愿而有所选择、有所侧重，甚至有所曲解，以便使所接受的信息同自己固有的价值体系和既定的思维方式尽量地协调一致。选择性接触、选择性理解和选择性记忆就像保护着受众的三道防卫墙。在人际传播中，以书信为代表的文字传播媒介往往会形成传而不通的现象。这一方面是文字传播的延时性造成的，另一方面就是受传者的选择性机制在起作用。并不是寄出去的每封书信都能达到传通的目的，即使受传人阅读了书信，信息也不一定会反馈给传播者。法国大文学家雨果收到过一封信，信封上写着“法国最伟大的诗人收”，他没有拆，而是把信寄给缪塞，而缪塞又寄给拉马丁。这些文坛巨人都自认为没有资格来拆开这封信。这封信也成了一封没有被人开启的信。历史上投递时间最长的信是哥伦布写给意大利皇后的“瓶装信”，这封信在海上漂流了359年才被人发现。

李忱在《对话——传播的本质回归》一文中，通过对传播发展历史进程的理性观照，揭示了“传播的本质具有对话的特征”这一道理，并深入分析了传播本质的对话特征由肯定到异化，再到回归的变化脉络。我们认为，对话是人际传播的本质。对于所表达的事物而言，语言是直接符号，文字则是间接符号，或者说是代表符号的符号。

朱光烈认为，一切传播媒体都是语言的载体和奴仆。他认为，原始人类生活在纯粹的自然环境中，当人类创造了第一件工具的时候就开始了自己制造另一个生存环境的过程。在所有的人造环境中，语言是人类给自己制造的最根本、最伟大、最全面的人造环境。从此，作为人专有的对于自然环境的认识再也不是自然环境直接的反映，而是经过语言的代码加以改造、结构之后的环境反映，经过这样的改造和结构，人类对于环境的认识不断深化，社会也借重于这种不断深化的认识不断发展。这个过程也是人类与自然不断磨合的过程。随着这种磨合的需要，这个过程又是媒介不断发展的过程。虽然媒介对于语言有影响，但是，就其本身来说，所有的媒介都是语言的载体和奴仆……

行文至此，好像人际传播媒介已经山重水复疑无路，既然人际传播本质是施者和受者的对话，那么，文字和印刷媒介的延时传播岂不是偏离了人际传播的本质而走入了歧途？其实，针对人际传播媒介变迁的分期并不是前后代替的线性排列，而是一个媒介系统的叠加过程。本文所列的人际传播媒介分期如下图所示：

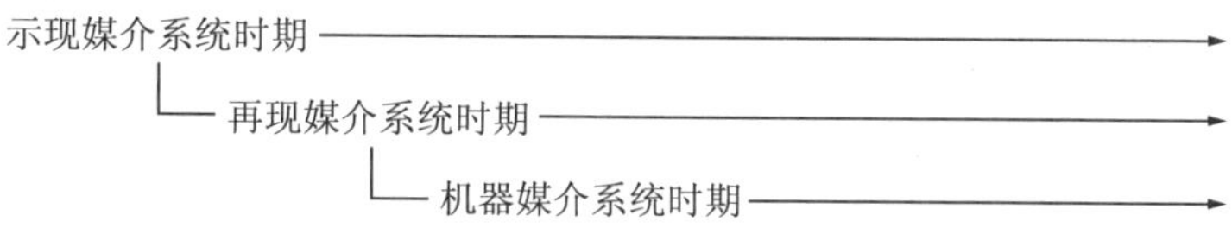

如上图所示，示现媒介系统时期贯穿在人际传播媒介形态变化的全程。公元前3000年左右，以文字的出现并应用于人际传播为标志，人际传播媒介又增添了再现媒介系统。在再现媒介系统中，信息的流通与物质的流通、人的流通是等速度的，换句话说，信息的传递也是通过交通工具进行的，书籍、报刊、信件的运输并不比人流和物流的速度更快。因此，信息传播的速度是延时的。1837年，美国人塞缪尔·莫尔斯发明了第一台实用电报机。电子通信工具的出现使得远隔万里、重洋阻绝不再成为人类沟通信息的严重障碍。信息的发送和接收借助机器可实现瞬间传输。人际传播媒介增添了机器媒介系统。

三、电子对话：机器媒介系统时期

1988年，美国学者桑德拉·鲍尔-洛基奇和凯思林·里尔登在《独白、对话和电子对话》一文中，提出了电子对话（telelog）的概念。这对本文人际传播媒介的分类提供了典型参照系，但二者外延并不一致，机器媒介系统使人类借助机器实现了空间距离和速度上的突破，它形成了人类体外化的声音信息系统和体外化影像信息系统。电子对话是人际传播机器信息系统的典型的和鲜活的代表。通过电话、手机、手机短信和互联网等机器系统，人们可以实现异地即时人际传播。

肖复兴在《一辈子能写多少信》中不无痛心地哀叹了手写信函的衰落。谁都知道，现代化的通讯设备越是发达，人们越是懒得动笔写信。几个电话一打，什么事情都说清楚了，什么事情都解决了。尤其是电子时代的到来，“伊妹儿”和手机短信更简便易行地成为手写书信的替代品。有时候,真觉得科技是人类情感的杀手,用貌似最迅速的速度和最新颖的手段,扼杀人类心底最原始的也是最朴素的诉说。只是手指在键盘上轻轻几下击打的"伊妹儿",不仅将人们相互情感的表达变得懒惰,冰冷冷的缺少了身体的温度,更变得千篇一律的格式化。

手写信函是文字出现之后产生的古老人际传播媒介。传统家书作为中华民族民间优秀文化的组成部分,是文学、美学、书法、礼仪、邮政、包装、纸张等文化的综合载体。千百年来,它承载着中华民族生生不息的血缘文化,维系着人间的亲情,展示了个性的光芒,也真实地记录了时代的变迁。家书映照出美好的人际关系、高尚的生活准则、优良的行为操守与道德传统。家书是中华民族凝聚力和亲和力的体现。随着电报、电话等即时人际传播媒介的出现,具有延时性的信函慢慢演变成礼仪性媒介,信件本身的感情色彩越来越浓厚(公函和商业信函除外)。手写信函的邮寄速度已经难以适应人们生活节奏的加快和人口流动性的增加。据报道,北京地区每天多达 9 万封信件无法投递,人口流动性增加是重要的原因。可见,手写信函的衰落也是不无原因的。这是科技发展带来的必然结果,谁也无法逆转。可以想见,在不久的将来,我们的下一代也许将不知家书为何物。2005 年 4 月 11 日,新华网收藏频道发表了费孝通等 46 位文化名人抢救民间家书的倡议书,认为为国家计,为民族计,为子孙计,抢救民间家书,迫在眉睫!有人戏称,现在的人越来越"言而无信"。我们认为,人际传播从耳提面命到言而有信再到言而无信,现在则变成了"言而短信"、"言而彩信",这是人际传播媒介从多媒体到视觉媒体再到听觉视觉媒体的一次螺旋式上升过程,是一种传播本质的回归。

对于传播媒体的"人性回归",被学界称为"媒介哲学家"的保罗·利文森曾提出过一份三段提纲,即人们(1)最初享受一个虽未扩展但却平衡的传播环境(视觉、听觉和记忆是其极限);(2)发展媒介打破这些限制,但作为突破的代价牺牲了平衡和人类的其余要素(从字母文字到真实世界总体而言缺乏类同之处就是首要的例证);(3)日益探寻那些保持和继续过去的延伸性突破,同时又可获取曾经丢失的人类传播世界中的自然性要素的媒介。在电信、电话、唱片、电影、电视、计算机通信这些机器媒介系统中,人际传播方面的最新方式,要数手机、手机短信和互联网人际传播了。

南开大学文学博士张一玮对电影《手机》中的人际关系进行了传播学解读。他认为,手机作为最重要的个人通讯工具充当着私人生活中的超级帮助者或者超级反对者,在众声喧哗之中短暂地承载着瞬间即逝的语词文本,演绎和见证着无数悲剧或喜剧。悲剧与喜剧的精神都渗透和表现在人际交往中,在承载着交往信息的各类文本中打下了烙印。影片展示了手机作为一种通讯工具为人际传播带来的影响。这在影片中主要表现为以下几点:(1)在群体交往之中,手机对话是群体对话的干扰因素。(2)通过手机进行的对话行为丧失了面对面现场感,接受者一方接受的信息有限,助长了谎言。费墨说:手机连着你的嘴,嘴巴连着你的心,拿起手机你就言不由衷。影片中这种谎话连篇状况的确有些夸大,但现场感的丧失确实为交往行为中的谎言创造了条件。(3)手机是个人随身携带的私人通讯工具,一定程度上可以代表一个人的身份和存在。拨通某人的手机似乎就等于对某人讲话,而实际情况却未必如此。电影开头的一幕,严守一把手机忘在家里,结果妻子接听了情人的电话,结局是一个家庭的解体。

张一玮博士对手机持批判的态度。但不可否认的是,在生活节奏加快和人们活动范围扩大的现代社会，手机是有史以来最便利的通讯工具。张一玮博士认为，通过现代媒体工具进行的言语行为中，人的言语和身体则被最大限度地间离了。但我们认为，正是人的言语与身体的分离，体现了机器时代人际传播的特点。如前所述，在人际传播机器媒介时代，机器媒介系统使人类借助机器实现了空间距离和速度上的突破，它形成了人类体外化的声音信息系统和体外化影像信息系统。对于不得不进行异地传播的人们来说，它延伸了人的听觉（语音）和视觉（手机短信和彩信）两种感官，机器媒介系统为人际传播提供了很好的沟通方式。

计算机和互联网媒体为人际传播提供了新方式，出现了CMC人际传播方式。茅丽娜认为，CMC人际传播即指借助计算机和互联网进行的非面对面信息交流活动，而因此建立、维持和发展的相互关系就叫CMC人际关系。

对互联网人际传播，目前存在着两种观点。一种观点认为，由于CMC运用计算机和互联网这两种前所未有的传播工具进行传播，其在动机、性质、手段、外在影响上就必然与传统人际传播存在差异。但CMC拥有的最大优点是：它极大地拓展了人类的交往空间和交际范围，促进了不同民族、不同文化之间的理解和融合，加快了人类全球化进程，这正是人类文明进步的标志。彭兰曾概括了网络人际传播的五个特点，即以文字交流为主、广泛性、偶然性、匿名性和多重性。她认为网络人际传播过程是一个从全面试探逐步走向深入的过程。这些观点着重提出网络人际传播同现实人际传播的不同之处以及它可能带来的影响。另外一些观点则对网络人际传播这种新事物给予了很高的评价。李国庆认为，以电脑为媒介的传播不仅具有人际传播的特点，而且还具有超人际传播的特性。在电脑媒介传播过程中，交际双方有时比面对面交流更易于建立一种亲密的人际关系。电脑媒介的特点和它所依赖的视觉语言符号（文字、图像、图形）的特点使通过电脑媒介的人际传播具有超人际传播的特性。电脑的特点表现在超时空性和理性化设计对方和认识自我。视觉符号包括文字和拟态文字符号。

以上两种观点，对网络人际传播或审视或赞誉，都是一时之论。随着网络技术的快速发展，任何观点都有可能成为明日黄花。现在点对点网络、音频、视频聊天室泛滥成灾，网络人际传播已经超出了文字符号的限制。据了解，新浪网聊天室几乎全部改为音频或视频聊天，其他各大网站也有这种趋势。据公安部透露，“点对点”网络、“BT”论坛和视频聊天室在宽带网用户和学生中使用十分普遍，注册用户达到几千万。P2P是peer-to-peer的缩写，peer在英语里有“（地位、能力等）同等者”、“同事”和“伙伴”等意义。这样一来，P2P也就可以理解为“伙伴对伙伴”的意思，或称为对等联网。P2P直接将人们联系起来，让人们通过互联网直接交互。P2P使得网络上的沟通变得容易、更直接，真正地消除了中间环节。每个人可以直接连接到其他用户的计算机交换文件，而不是像过去那样连接到服务器去浏览与下载。P2P另一个重要特点是改变互联网现在的以大网站为中心的状态，重返“非中心化”，并把权力交还给用户。借助点对点技术，网络人际传播更加明确和自由，排除了把关人的参与；音频和视频聊天则为网络人际传播增添了多媒体功能。这可以说实现了保罗·利文森所说的“人性的回归”。

根据麦克卢汉的观点，拼音文字是从听觉空间到视觉空间的延伸，电子技术是从肢体延伸走向大脑的延伸。他说，在机械化时代，我们实现了自身的空间延伸。如今，在经历了一个多世纪的电子技术的发展之后，我们一再全球范围内使中枢神经系统得到延伸，在全球范围内消除了时空差别。目前我们正在很快地接近人的延伸的最后阶段——意识的技术模拟阶段。在这个阶段,知识的创造性过程将被集体地、共同地延伸至整个人类社会,如同我们已通过各种媒介使感官和神经系统延伸一样。麦氏的意识的技术模拟,就是人工智能。借助日益发达的计算机技术,人工智能已越来越清晰,但目前我们还不能判断独立自主的人工智能的可能性。但毫无疑问的是,人类的传播技术不会停滞不前,在不远或者是遥远的将来,人际传播媒介必将出现新的变革,这是技术进步和人类选择的必然结果。

研读小结

人际传播对人类来说有着很漫长的历史,自从人类诞生自己的语言起,人们之间的语言交流,很自然地就形成了一种人际传播,发挥着它应有的作用。人际传播是人类传播活动中最古老也是最基本的形式,一切其他形式的传播都无不以人际传播为基础,都是人际传播的某种延伸或变形。

随着历史的推进和经济的发展,传播的媒介发生了巨大的变化,人际传播在经历了面对面传播、延时传播和电子传播三种形态时,相对应的传播媒介分别以语言、文字和电信号为代表。人际传播媒介系统由此也相应分为三个时期:示现媒介系统时期、再现媒介系统时期和机器媒介系统时期。根据这种分类,介绍在这三种时期中人际传播媒介的形态变化过程。

人际传播是一个成长速度非常快的领域。这一变化发展过程,一方面代表了人际传播的进步和发展;另一方面,在更广阔的时代背景下,反映了社会的进步、经济的发展和文化的提升。因此,传播学习者要能够根据时代的变迁,并结合自己的实践经验,在理解人际传播的基础上有所创新和发展。

[思考题]

1. 如何理解传播的内涵?传播可以分为哪些类型?
2. 什么是人际传播?人际传播有哪些功能?
3. 结合实际说明人际传播的常见分类。
4. 人际传播的特点是什么?
5. 请用生活中的例子来说明网络与移动终端使人际传播产生了怎样的变化。
6. 如何理解“媒介即讯息”?试从媒介演进带来的人际传播变革分析。
7. 我们每天打开手机,与朋友通过短信、电话问候,打开新款的APP交流自己的心得、所在位置、所做事情,通过微博对社会热点发表观点,思考这些行为都属于哪种传播的范畴,其中的人际传播具有怎样的特点?

第二章

人际传播学的基本问题

◆ **学习目标**

学习完本章，你应该能够：

(1) 明白人际传播在研究什么；

(2) 知道人际传播的基本性质；

(3) 对人际传播的发展概况有初步印象。

◆ **基本概念**

人际传播研究对象　人际传播学科性质　人际传播发展轨迹　人际传播研究方法

第一节　人际传播学的研究对象和学科性质

传播学是第二次世界大战之后，特别是随着当代电子传播媒介的飞速发展和行为科学的建立而产生和发展起来的一门新兴科学，而人际传播学则是这门学科一个重要的分支和崭新的研究方向，是一门边缘性、综合应用的社会科学，要很好地对这门学科进行系统的研究，就必须了解它的研究对象、学科界定及性质。正如毛泽东所说：科学研究的区分，就是根据科学研究对象所具有的特殊矛盾性。因此，对于某一现象的领域所特有的某一种矛盾的研究，就构成某一门科学的对象。作为一门学科必须有自己的研究对象和基本问题，并界定自己的学科性质，这一节我们就来解决这些问题。

一、人际传播学的研究对象

人际传播学是以人与人之间的交往这一人类社会最古老、最常见、最频繁的社会活动为主要的研究对象，并有所侧重地吸收各门学科的新成果，系统地探讨人们如何通过相互间的交往建立和维护一定的人际关系，并着重研究人类社会交往在人际关系中所起作用的学科。简而言之，人际传播学就是研究人际传播活动及其规律的科学。对于这门学科的研究，我们首先必须了解其研究的对象，做到有的放矢。人际传播的研究对象从宏观上来说主要分成以下三个部分①：

---

① 根据高玉祥等编著：《人际交往心理学》，中国社会科学出版社 1990 年版，第 1—4 页；郭庆光：《传播学教程》，中国人民大学出版社 2004 年版，第 84—85 页综合而成。

(一) 信息交流机制

信息交流是人际传播的重要内容,也是传播学研究的五大领域之一。揭示信息交流机制对于人际传播的发展以及了解其中的规律是非常有意义的。传播学早期的许多理论研究都是从信息交流机制的研究开始的。人际传播过程中通常把信息的交流机制分成几个组成部分,分别是信源、信息、渠道、受者以及信息传播中的反馈与干扰。对于这每一部分的说明,我们将在第三章有详细的阐述,这里就不赘述了。

(二) 人与人之间的交往

人际传播的过程并不是简单的由某种传播系统发送信息和另一系统进行接受的机械的"信息运动"。传播双方都是积极的人,双方的交流都伴有主客体的各自复杂的感受和心理活动。作为信息的发送者都有一定的目的和动机,其发出的信息内容以及发送方式都具有自己的个性特点。为了能够有效地影响对方,必须对于受者的情况有所分析,而且还要预料到将要得到什么样的反馈。信息的发送者某些情况下是作为主体而存在的。同时,信息的接受者也是积极的主体,并非机械的接受信息,而是根据自己的知识经验、价值观、态度的中介等决定自己如何反馈。既在确定如何改变交往伙伴行为的符号交流,也在确定如何组织彼此之间的协同活动。在这里,有很多对于人际传播的主客体、交往中的礼仪、沟通技巧以及对于人际传播调试等的研究。

人际传播是双方作为积极的主客体在发生着相互影响和作用,实现着知识和经验、思想和见解、需要和愿望、理想和信念、感情和意志的相互交流,达到彼此沟通。

(三) 人际传播的社会性

人际传播并非是主客体之间封闭式的信息传递,而是必须在社会这样一个大环境下。人际传播从一开始就是人类祖先向现代人演化过程中,为了适应群体协作的方式而产生的。

人类祖先生活在一个自然群体里面,在获得食物和抵御猛兽的过程中,群体成员在行动上的互相配合越来越完善,最终导致制造和使用工具,进行物质资料的生产劳动。在生产劳动中,人和客观事物发生了更为复杂的联系,尤其是产生了动物界所没有的,也不可能有的那种在劳动中的人际交往。这就从根本上改造了人类祖先的自然群体,而代之以劳动为基础的人类社会。集体劳动必须有分工协作,彼此要相互协调,个人的活动必须服从集体关系,个人的活动目的必须服从集体活动的目的,这就要求个体清楚地意识到自己和他人、集体的关系,反思自己的行动及其结果,这样才有利于群体的协作。这些都充分表现出了人际传播过程中的社会性。

人际传播的社会性还表现在人们是运用在劳动中所发展起来的语言系统进行交流。在劳动的分工协作中,人们彼此之间需要及时有效地调整自己和他人的行动,因此,劳动的一方就必须使对方及时地知道自己已经做了什么,现在在做什么,将要做什么,并且希望对方做什么，只有这样，彼此才能很好地协作，保证大家行动的协调。这就需要内容丰富的、不受时间限制的调节行动的特殊信号，语言也就是在这种情况下产生的。当然，在人际传播过程中，并不是只依靠这一工具，人们还可以利用面部、姿势、声音等表情动作来辅助交往。但是，随着人类社会生活和文化生活的发展与丰富，许多原来只有适应意义的表情动作，已获得了新的社会功能，成为社会上通行的交际工具，用它来表达思想感情。人类的副语言符号成为独特的“情绪语言”，使人的语言表达更为生动有力，是辅助语言交往不可缺少的工具。

目前，学界对于人际传播社会功能的研究主要集中在两个领域，一是个人在社会化过程中的作用，另一个是对大众传播效果的影响。所谓社会化，指的是一个人出生以后从一个“自然人”成长为“社会人”的过程。从个人的角度来说，指的是个人学习语言、知识、技能、行为准则等等以适应社会环境的过程；从社会角度来说，指的是社会成员形成大体一致的观念、价值和社会规范体系，从而使社会维持秩序、社会连续发展等。个人观念的社会化包括两个方面，一是自我观念的形成，二是社会观念的形成(包括对他人和社会的基本看法、社会价值和行为规范的接受等等)。无论是哪个方面，人际传播特别是在初级群体中的人际传播起着重要的作用，对人格的形成有重要的作用。在第三章我们将要讲到的库利的“镜中我”理论、米德的“主我与客我”理论、社会心理学家 G. 塔尔德的“社会模仿”理论等等，都是揭示人际传播在个人社会化过程中的重要作用的研究成果。人际传播社会功能的另一个重要领域是人际传播对大众传播过程与效果的影响，主要的研究成果有“意见领袖”与“两级传播”理论、“创新—扩散”理论等等。

因为人际传播学科具有交叉性和边缘性的特点，所以研究对象也会因为与不同学科的结合衍生出不同的研究领域。随着市场营销、网络、信息安全等学科与实践的发展，在与人际传播的结合中也产生了整合营销传播、网络人际传播等研究内容。

人际传播在社会各个领域都扮演着重要的角色，而市场营销中也存在着越来越重视人际传播的趋势，近 20 年兴起的整合营销传播就是人际传播与市场营销结合的产物。历史上市场营销经历了四个发展阶段：第一个阶段是以生产为导向的阶段，因为社会生产力还较低，供不应求，处于卖方市场，所以商家认为主要是看自己生产什么，而不去顾及消费者的想法；第二个阶段是以产品为导向，当消费者对产品有一定的鉴别后，商家认为应当生产高质量的产品，才能吸引消费者，当然这只是从商人自身思考出发得出的结论；第三个阶段是以销售为导向的，商家认为仅仅有好的产品还不够，还应当诱导消费者去购买，但不管消费者是否喜欢他们的产品；第四个阶段是以营销为导向的，自 20 世纪 50 年代以来，才有研究者和商家认为应当重视消费者的需要和感受，为他们提供自己想要的产品。而在此之后有了菲利普·科特勒所言的全方位营销，把企业的各个层面统领起来为消费者服务。从中我们也能看到市场营销在发展中逐渐倾向于了解并关注消费者的感受与反馈、趋向于与人际传播相结合的过程。其中整合营销传播的概念是唐·舒尔茨于 80 年代末提出的理论，它强调深入地了解消费者并与消费者展开互动，把消费市场看作是由个人和群体组成的，而非模糊的市场概念。因而他倡导在消费者能够接触到商家的每一个“接触点”上，传递一致、合理的信息，以期达到预期的传播效果和营销价值。整合营销传播关注与个人、群体所展开的互动，而人际传播学的知识对此至关重要。只有通过合理的传播与互动方式，才能引起消费者的兴趣、关注和共鸣，达成传播效果。

网络人际传播则是人际传播在网络发展下的新变化。第一章我们介绍过一些网络环境下人际传播的新特点，可以说网络的出现使得人际传播有了更加坚实的翅膀，能够飞得更远、更高，超越了部分时间和空间的界限。开始的网络传播还仅仅是简单的符号和象征，后来逐渐趋向于向人际传播的方向回归，网络技术的发展使得我们能够在线模拟或还原更多的现实人际传播中的内容，比如通过网络语言和符号模拟人的表情、情感，通过动态图片模拟现实中动作和肢体语言，通过视频聊天和语音信息还原现实中的对话。这些都是在网络发展中出现的新的研究主题，通过对这些现象的观察与研究，有助于我们加深对人际传播学及其本质的理解，并思考人际传播未来的发展方向。

随着信息科学、信息安全等学科的发展，人际传播也有了更多科学技术的成分，有了更加广阔的视野，结合信息传播的流程，人际传播有了新的研究内容。

对于研究对象分析的目的是找出影响人际关系发展的因素，确定对人际关系的研究重点在哪里，找出那些伴随着关系发展而促进人际吸引和信息改变的种种可变因素，以及阻碍或加速关系变化的传播过程等，从而更好地保证人际传播学科的良性发展。

二、人际传播学的学科性质

（一）人际传播学的边缘多学科性

与人际传播学有重要联系的学科分别是社会学、伦理学、心理学、社会心理学、传播学、行为科学、管理学、人际关系学、市场营销学等等。人际传播学也正是从这些学科中吸取精华，为己所用。

1. 人际传播学与社会学

150 年前，法国的实证主义学者孔德提出了“社会学”的概念以及关于建立这门学科的大体设想。社会学是关于社会的学问，主要内容有社会结构、社会关系、社会群体、社会交往、社会分层、社会变迁、社会问题、社会控制、社会舆论、社会行为、社会制度以及社会现代化等问题。社会学研究的社会交往是多层次、多侧面的，侧重于宏观上的研究。而人际传播学主要是侧重于人际传播中的主体、客体、传播情境、传播媒介、信息的传播方式等与人类息息相关的部分，其中任何一个部分都离不开社会这一大的历史环境，社会学所研究的社会互动、社会交往、社会关系等内容为人际传播的发展提供了理论和基础。人际传播活动具有强烈的社会性，需要在一定的社会关系中进行交往和发展，因此人际传播学的研究不能脱离社会学的研究。

2. 人际传播学与伦理学

伦理学是人类对于自己的日常生活进行道德思考的结晶，原来是哲学的一个组成部分，主要是研究社会关系中的道德伦理问题，即处理人与人之间关系所应遵循的道德准则。人际传播学是研究人与人之间的交往、沟通的学问，当然也离不开道德准则对于人际传播行为的一定约束。伦理学为人际传播学的研究提供了一定的社会准则、政治准则和道德准则。

3. 人际传播学与传播学

传播学是一门新兴的学科，它耸立在多门学科汇合交叉的地带，其理论基础较多地来自于心理学、社会学、政治学、人类学、新闻学等许多学科。它既有多门学科的"遗传因子"，又反映了各种知识交叉、融汇、整合的轨迹，饱含后来者居上的超越意识，有一种作为学科所独有的新颖理论体系和框架，是一门非常具有发展潜力的学科。

传播真正被研究是 20 世纪 40 年代的事情，至今几十年发展之后，形成了一系列的传播门类。传播学在研究内容上主要分成五大领域：控制研究（传者）、内容分析（信息）、媒介分析（媒介）、受众分析和效果分析；而在研究领域上，传播学主要研究传播的信息系统、人际传播、组织传播、大众传播、跨文化与发展传播、政治传播、整合营销传播、教育与发展传播、卫生保健传播、传播哲学、网络传播、传播新技术、公共关系等。其中，公认的最完整和最重要的是指人际传播、组织传播和大众传播三大门类。

那么，这三大传播门类之间又是什么样的关系呢？

先看看人际传播与组织传播的关系。人际传播主要指个人之间的传播，而组织传播则偏重于组织之中个人传播和组织之间个人传播，因此，组织传播是人际传播的一种特殊方式。组织传播完全是以人际传播为基础，人际传播基础理论完全适用于组织传播，难怪有些学者干脆只提人际传播与大众传播两大类，将组织传播纳入人际传播的范畴之中，这不无道理。

再看看人际传播与大众传播的关系。大众传播说得通俗一些是指借助于大众媒介的人际传播。换言之，大众传播也是发生于人与人之间，只不过是借助了大众媒介而已。随着科技发展、社会进步，人与人之间的传播不能够光依靠单纯的人际手段，而须有现代大众媒介的介入从而放大人际传播的范围，因而出现了大众传播。也就是说，大众传播是在人际传播的基础上发展起来的。大众传播学还是以人际传播基础理论为基础，但由于大众传播媒介非常复杂，因而其独特性很强，而成了专门的学科，即构成了大众传播与人际传播的并列。而随着网络的发展，人际传播进一步渗透到大众传播中，大众传媒中出现了向人际传播回归的趋势，微博、校内、Facebook、twitter 等社交网站，让信息更多的以个人为节点传播，信息的扩散不单单是从一个中心到多个点，而是在更广阔、复杂的人际网络中传播，人际传播在信息传播中扮演越来越重要的角色。

由此不难看出，人际传播是整个传播学科的基石，任何一种传播方式都离不开对人的深入研究。人际传播学是传播学一个重要的分支，是一种基本的传播方式，为其他传播方式的研究奠定了基础。传播学的研究为其提供了一定的方法和视角。同时，人际传播学的发展也会对传播学的深化研究有所促进。

4. 人际传播学与社会心理学

社会心理学是社会学和心理学的交叉学科，它主要研究个人、组织与社会相互作用中的心理活动规律，包括个体心理学、群体心理学以及个体、群体相互作用、相互影响的心理学问题。在其研究的基本问题中，有许多社会心理现象也是人际传播的题中之义，如人们在人际交往中所产生的感知、模仿、暗示、沟通、理解、冲突等等。

个人与个人之间的交往和互动从来就是社会心理学关注的重点，有关这些问题的研究成果，构成了传播学关于人际传播的基本内容。例如社会心理学中的“相互作用分析理论”常常被看作是对人际传播行为的典型形式的分析。这种理论认为，在与他人的交往中每个人都可能有三种“自我状态”，即(1)“父母”自我状态；(2)成年自我状态；(3)“儿童”自我状态。在交往中，交往的双方处于不同的自我状态时，就形成不同的沟通类型。再如，社会心理学互动研究中揭示的“相倚”现象，也十分透彻地分析了人际传播的各种表现形式。另外，互动研究中的“日常生活方法论”，则强调了人际间的沟通必须以某些共同的、不言自明的规则为前提，如果撇开了日常互动中的基本规则，人际间的沟通就没法正常进行下去。所有这些关于人际互动的研究，不仅广泛地分析了人际传播学的具体形式，而且还深刻地揭示了人际传播学的基本规律。

人际传播活动不仅受到社会的制约，更重要的是受到人与人之间相互作用的影响，这一影响正是通过人的心理来展示的，对于人际传播学的研究离不开社会心理学的研究。

5. 人际传播学与行为科学

行为科学兴起于20世纪50年代的美国，主要是用实验法和观察法来研究在自然环境和社会环境中人的行为的科学。广义上说的行为科学是研究人类和动物行为的自然科学、社会科学、边缘学科的学科群，其中包括控制论、信息论、系统论、社会学、经济学、法学等等，以及与研究行为有关的科学。而狭义上的行为科学主要指的是专门研究人的一门学科。探讨在特定环境中人的行为特征和规律、产生人的行为的原因以及影响效率的社会因素、调试人与人之间的关系，这些都是和人际传播的研究内容不谋而合的。人际传播学要研究人的行为，很多方面都需要借助行为科学，因此与行为科学的关系也是非常密切的。

6. 人际传播学与心理学

心理学是研究人的心理发生、发展及其规律的一门科学。其主要专注于心理过程和个性心理等现象的研究：心理过程包括认识过程、情感过程和意志过程；而个性心理包括个性心理特征和个性倾向特征，有能力、气质、性格、需要、态度、兴趣、理想、信念和世界观等。在研究人际传播学的过程中，这些问题都要被考虑在内，只有注意到传播主客体各自的内在心理因素，才能使得人际传播更加稳固与健康。

7. 人际传播学与人际关系学

对于人际关系的系统研究最早发展也是在20世纪20年代的时候，许多国家开始研究人际关系学并将其应用在各个方面。人类必须通过交往与其他人建立各种各样的关系才能生存和发展下去，人们的交往一方面受到这些关系的制约，另一方面又影响着关系中的其他个体，使得关系不断的变化与发展。而人际传播学的研究就无法脱离开人际关系的影响，交往是人际传播的形成、建立、发展的基础和途径。人际关系对于人际传播有一定的依赖，而人际传播则需要在人际关系中展开，因此，对于人际传播学的研究离不开人际关系学的研究。

8. 人际传播学与市场营销学

正如前文所述，市场营销学在发展过程中呈现出更加尊重作为个体或群体的消费者的存在，越来越重视与每一个消费者个体或群体进行信息的交流与沟通，人际传播与其关系逐渐密切。同时前文论述过人际传播学实际上是传播学的基础，任何信息的传播归根究底都是围绕着人展开。而在市场营销更加重视消费者利益的情况下，要传递理想的信息和价值，势必要更加倚重人际传播。

（二）人际传播学的综合应用性

人际传播是真正意义上的多媒体传播。人际传播在本质上来说是个人之间相互交换精神内容的活动，精神内容交换的质量如何，很大程度上取决于交换的媒体。而人际传播的传递和接受信息的渠道多，方法灵活，这一特性体现在相关学科知识、技能和技巧的整合，并结合实际和具体情况在现实中有广泛应用。

在本书中的后面章节，我们会详细论述人际传播学在现实社会中的广泛应用。对人际传播过程进行深入地分析，翔实地分析人际传播中语言与副语言符号的运用，以及对于在不同的人际传播场合中所应采取的不同的礼仪和沟通技巧进行剖析。在阐述的过程中，我们将综合多学科的知识，充分发挥人际传播的多学科优势和实践应用性。

第二节　人际传播学的发展轨迹

一、人际传播学的沿革

（一）人际传播学的渊源[①]

西方从理论上探讨人际传播学，最早可以追溯到古希腊和古罗马时代的修辞术，即演说的艺术。公元前 5 世纪，柏拉图和亚里士多德创立了西方最初的传播理论，这就是以柏拉图的《高尔期亚篇》和《斐德若篇》为代表的“论辩术”和亚里士多德的《修辞学》。到公元 300—400 年，古典时代结束后开始出现专门的传播研究。早期所谓的传播理论是围绕劝

① 根据王怡红：《西方人际传播研究的人文关心》，《国际新闻界》1996 年第 6 期，第 52—56 页整理。

服性的论辩和公共传播两个领域而建立的。例如，在雅典的法律系统中，公民受到起诉或者审判时，不能雇请律师为他们辩护，他们必须为自己辩护。而且每个公民都要轮流参加法庭的陪审团。因此，在此之前，他们每个人都要锻炼自己的公共演讲能力及演讲技巧。同样，在实行民主投票决定公共政策时，公共机构的人员也要学会清楚表达自己的思想，以利于公民在大会上的讨论和投票。总之，早期的希腊传播理论就是注重影响他人的技巧，是依照"劝服技巧"而建立起来的修辞学。亚里士多德给修辞学下的定义是"一种能给任何一个问题找出可能的说服方式的功能"。最早且影响最大的修辞模式之一大约出现于公元前3世纪到1世纪之间。这个模式将传播过程分为五个部分。它们包括："发现"(invention)——讲演者选择信息内容的过程；"风格"(style)——将内容转换成适当的词语；"调整"(arrangement)——适当组织信息的过程；"记忆"(memory)——存储内容；"讲演"(delivery)——信息的制作与传播。后来，修辞学家进一步发展了这一模式。例如，他们利用"发现"，探索知识的本质，通过"风格"的研究，寻找语言的性质，通过"调整"研究信息的排列和相互关联的过程，通过"记忆"接触信息的存储和可恢复性以及信息转换所存在的问题等，这一从修辞学开始的传播研究及其成果被看作是古典传播理论。

然而，经过中世纪和文艺复兴，传播理论未取得进展，而古典的研究范式成为断简残片。直到17世纪，传播的研究才再次返回修辞学。20世纪前，现代修辞学仍是传播研究的主体，修辞传统并未动摇。道格拉斯·埃宁格(Douglas Ehninger)发现，在现代修辞学统治下，这一时期的传播研究具有四种倾向。其一是"古典的"(classical)倾向。现代修辞学重新引进古典方法，并对古典的范式进行详尽说明。其二是"认识论的—心理学的"(epistemological—psychological)倾向。这一类研究者注重探讨传播行为中的心理过程，并从认识论上提出人类如何才能了解传播和进行传播的问题。其三是"演说家"(elocutionist)纯文学的倾向。集中研究一个演说家用来美化自己的语言传播与副语言行为的表达及规则。其四是现代修辞学驾驭传播研究的历史，持续到20世纪，并形成了人文主义的修辞学传统。

纵观传播学研究的历史，修辞学传统源远流长，直到19世纪后科学方法的影响才使传播研究发生了根本的转向，并进入社会科学研究的领域。20世纪以来，社会科学的当代趋势就是采用科学的方法。例如，霍夫兰等人通过控制实验，寻求变量之间精确的功能关系，以获得传播效果的有关理论。社会科学塑造的传播理论开始牢固建立，并占据研究的中心位置。但是，自60年代以来，具有人文传统的传播研究再次打破了研究的既定秩序。欧洲批判学派的崛起给传播研究注入了人文色彩。正是在这两种传统精神的培育下，人际传播学的研究开始了自己的历史。与大众传播研究相比较，人际传播学的研究比较晚，但其似乎是站在人文与社科两个传统之上，开始探究自己的问题。

(二) 真正意义上的人际传播学发展①

20世纪初，欧洲的思想家马丁·布伯(Martin Buber)在自己的经典著作《我与你》(*I and You*)中详细描述了人际传播属性。她认为人际传播是人在两种情形中与世界发生

---

① 根据王怡红：《西方人际传播研究的人文关心》，《国际新闻界》1996年第6期，第52—56页整理。

联系，即“我与它”和“我与你”。阐明了在人际传播中人是一个独特的存在，一个充满个性的人，一个能进行情思交流的人，一个可以自由选择的交往者。在这种意义上，人际传播得以建立。从某种程度上说，这为人际传播的发展奠定了基础。从 60 年代末、70 年代初起，真正意义上，人际传播学作为西方传播学研究的重要理论体系之一开始建立，八九十年代逐步走向成熟。这一重要标志就是詹姆斯·麦克罗斯基(Janes Mccroskey)、卡尔·拉森(Carl Larson)和麦克·纳普(Mark Knappp)的《人际传播引论》(*An Introduction to Interpersonal Communication*)等一批人际传播学著作的问世，以及詹姆斯·麦克罗斯基和约翰·斯图尔特(John Stewart)等人对人际传播学理论的深入阐述。与大众传播研究发展过程不同的是，人际传播学更多的受到其他学科的影响并进行了不同程度的借鉴，比如哲学、语言学、符号学、解释学、文化人类学、定性社会学、心理学及批判理论等等，研究者从不同的角度入手研究传播的基本问题，并从根本上纠正了人们对传播概念的错误理解。但是，从目前的研究情况来说，对于人际传播学这一领域的研究要大大地弱于对其他传播方式的研究，还有待于加强。

[研读专栏]

美国的人际传播研究及代表性理论①

人类的交流问题有史以来都是人类社会存在的重要方面。没有交流就没有人类社会的形成，交流是人类摆脱了动物世界的孤独境地，组织起来对抗未知世界的种种风险。但是，交流问题真正成为一个社会科学关注的议题是 20 世纪才发生的事情。20 世纪的两次世界大战不但成就了美国经济的繁荣，而且把世界各国为避免战祸的知识精英推向了美国的怀抱，促进了美国学术研究的繁荣，由此诞生了一门研究人类交流的社会科学——人际传播学。在人际传播学研究领域，无论从数量还是质量来讲，最优秀的理论成果都出现在美国。美国的人际传播研究从 20 世纪后半期逐渐进入了一种快速的发展状态，这个新兴学术领域的版图在半个世纪的时间里集腋成裘，很快形成显学。迄今为止，美国学术界创立的人际传播理论有五十余个，其中大多数的理论植根于人类人际传播的实践传统和现实土壤，对人类传播行为有高度的概括性、解释力和预测力。但是，纵观这些理论成果，基本的视角归纳却是屈指可数，而研究视角正是了解或者发展一个研究领域的精髓所在。本文力图在回顾和梳理美国人际传播理论的基础上，探究人际传播理论规范、合理而有效的研究视角，寻找能够进入人际传播研究学术殿堂的钥匙，期望对中国的人际传播研究提供多元的理论视角。

一、美国人际传播研究视角文献回顾

1978 年，美国密歇根大学的杰拉德·米勒(Gerald R. Miler)在一篇名为《人际传播理论与研究的现状》的论文中，将以往的人际传播理论研究的视角或者方法分为四个类型。

---

① 刘蒙之：《美国的人际传播研究及代表性理论》，《国际新闻界》2009 年第 3 期，第 123—128 页。

第一个类型是情境的视角(The Situational Approach),认为人们在区别各种人际传播形式的时候主要是通过描绘不同的场合、情境和环境来实现的。第二种类型是发展的视角(The Developmental Approach),认为人类的交往和传播处在一种线形的发展态势当中。发展的观点后来被“过程”的观点所取代,这是因为人们的关系并不都是处在一种良性的“发展”态势当中,一段关系也有可能是倒退的,而“过程”这个概念则有很大的灵活性和延伸性,可以描述前进和倒退的关系类型。第三种类型是规律的视角(The Law—Governed Approach),认为人际交往和传播中存在着一些基本的规律,这些规律决定着人们的交往和传播。最后一种类型是规则的视角(The Rule—Governed Approach),认为支配人际关系和传播的是一些具体的规则,在通常条件下,人们都是通过遵守这些规则来行事,但也有可能打破规则,只不过打破规则的人要受到某种方式的惩罚。1999 年,格伦·思登(Glen H. Stamp)在内容分析的基础上,提出了更为细化的分类标准。格伦·思登通过研究 1975 年到 1999 年 25 年间发表在《人类传播研究》上的 28 篇关于人际传播研究的文章,将这些文章的研究路径归为 17 个大类。分别是:(1)认识;(2)非语言传播;(3)获得顺从;(4)讯息类型;(5)人格;(6)人际影响;(7)谈话;(8)亲密关系;(9)认知;(10)欺骗传播;(11)初次交往;(12)文化;(13)关系发展;(14)理解;(15)自我暴露;(16)交流能力;(17)人际冲突。这 17 种分类的优点是深入、细化和具体,但是在概括性和抽象程度上有所缺憾。巴克斯特和布莱斯维特在两人合作编著的传播学教材《走进人际传播理论:多元的视角》中将人际传播理论分为:(1)以个人为中心的人际传播理论;(2)以话语和互动为中心的人际传播理论;(3)以关系为中心的人际传播理论。在第一种类型中,巴克斯特和布莱斯维特归纳出的代表性理论有建构主义理论和不确定性管理等人际传播理论。在第二种类型中,他们归纳出传播、会话分析和礼貌等人际传播理论。最后一种是以关系为中心的人际传播理论,他们认为感情交换理论、传播隐私管理、关系辩证理论、社会交换理论属于这一个类别。这种分类和整理框架宏大、简洁,但是过于简单,有化约主义之嫌。在人际传播理论的研究成果不断丰富的过程中,还有很多其他的分类,比如有学者还将人际传播理论分为一般理论、认知关系、关系发展、关系维修和人际影响五个视角。这种分类方法认为对话理论、礼貌理论等属于一般理论,社交渗透理论和不确定性减少理论等理论属于关系发展视角下的人际传播理论,建构主义理论等理论属于认知关系视角下的人际传播理论,互动理论和关系的辩证理论等理论属于关系维修视角下的人际传播理论,社会判断理论属于人际影响视角下的人际传播理论。这种分类标准的内涵比较模糊,标准也存在重合的现象。此外,还有人将以往的人际传播理论成果分为情境的视角、关系的视角、定量的视角和功能的视角等四个类型。以上所列举的这些对以往的人际传播理论成果的分类方法都有自己的分类标准,有一定的合理性,但是也都存在问题,比如分类标准之间没有互斥性和排他性,存在内涵交合的问题。本文在回顾和梳理美国人际传播理论代表性理论的时候,参考了以上的分类标准,同时也有所改进。这主要因为人际传播领域的理论研究成果是不断发展变化的,新近几年的理论创新视角独特,用以往的参考框架来进行分析无异于刻舟求剑,不能对美国人际传播理论进行客观的认识与评价。鉴于此,本文在对美国人际传播研究的理论成果进行分析研究的基础上,梳理出八种人际传播研究的视角,分别是情境、能力、关系、过程、规则、功能、文化和心理视角。

本文将用上述八种视角为框架,展开对西方人际传播代表性理论的评述。

二、美国人际传播研究的理论视角和代表性理论

（一）情境视角下的人际传播理论

情境视角下的人际传播理论着重研究发生在人们之间传播的特定背景，代表性理论有传播适应理论和社会比较理论。传播适应理论是加利福尼亚大学的霍华德·吉利斯教授提出来的，研究的是交往中人们彼此影响的方式。传播适应理论认为，在一个给定的情境下，在每一种不同的关系中我们都必须调整自己的语言。传播适应理论中有几个重要的概念：(1)集中的意思是在不同的交往情境中个体改变他们的言语模式；(2)分歧的情况是强调和自己原来的传播行为不同的交流方式；(3)保持就是保持本色，我行我素，不做太大的改变。传播适应理论承认人们语言的每一个方面不是都会在不同情境下改变的，在各种谈话中都有一些经常不会改变的方面。保持就是在不同的情境中个体不改变自己的传播行为的现象。社会比较理论是费斯汀格在1954年的一篇名为《社会比较过程理论》的学术论文中所提出。在这篇论文中，费斯汀格指出团体中的个体具有将自己与他人进行比较，以确定自我价值的心理倾向。受到社会情境之影响，个体时而与条件胜于自己者相比较，时而与条件劣于自己者相比较，两者皆旨在追寻自我价值。费斯汀格(1954)认为，个体内心有一种依靠外部的形象来评价他们自己的意见和能力的驱动力。这些外部形象可能是一个物理世界的参考框架或者与其他人进行比较。人们认为其他人描述的形象是真实的，因此人们就在他们自己、他人和理想的形象之间进行比较。

（二）能力视角下的人际传播理论

人际传播理论的能力视角关注优秀的传播者的传播能力何以可能的问题，代表性的理论有传播能力理论和建构主义理论。传播能力理论的代表人物斯皮伯格和库帕克1984年出版了名为《人际传播能力》的学术专著，成为该理论的发端之作。传播能力理论认为，沟通能力是在一个特定的情境下人们选择适当和有效的传播行为的能力。人经常被用来说明这种能力的是构成模型。这个模型包括三个组成部分：知识、技能和动机。知识就是明白在一个特定的情境中应该采用什么样的传播行为才是正确的。技能就是在一个特定的情境中采用正确的沟通行为的能力。动机是用一种自信的姿态去与别人进行沟通的期望程度。知识—技能—动机理论认为，一个好的沟通需要具备三种能力：认识到什么样的传播行为是恰如其分的，拥有实现恰当的传播行为的能力；怀有用有效和恰当的方式进行沟通的愿望。创立建构主义理论的学者是杰西·德里亚。他在1952年《人类传播理论》上发表的《传播研究的建构主义路经》一文，开创了人际传播中建构主义研究视角的先河。建构主义的人际传播理论认为：那些对于认知他人有综合能力的人，他们拥有实现积极的传播效果的复杂能力。他们能采用一种修辞性的信息设计逻辑，生产个人中心的信息，这些信息可以同时追求多重的传播效果。作为一个理论，建构主义的人际传播理论涉及一个认知过程，这个过程在一个既定的情况下促进了实际的交流过程。测量和观察这个认知过程可以说是一个困难的事情。但是，我们认为那些善于在特定情境中操控信息的人比那些不善于这样做的人在人际传播上将会更加成功。另外，从认识论上来讲，建构主义的人际传播理论认为存在着多种多样的真实性，真实性决定于传播者和接受者在创造和

理解复杂信息上的能力。古语“话有三说,巧者为妙”,就富有建构主义的思想。

(三) 关系视角下的人际传播理论

关系视角下的人际传播理论认为人际传播就是信息的发送者和信息的接受者为了创造共同的意思而同时交流信息的过程,这个理论视角强调传播是一种人与人之间的信息关系。关系视角下的有代表性的人际传播理论有人际传播的语用理论、期望违背理论、人际欺骗理论等。

人际传播语用理论重要的理论家是瓦兹拉维克和比文。他们在1967年发表了人际传播学的重要文献《人类传播的语用学》,指出传播语用理论依赖特定的情境,认为错误传播的产生是因为人们没“使用相通的语言”。之所以出现这种语言的差异,是因为人们对他们所说的事情有不同的观点。当人们交流的内容和关系不匹配的时候,错误传播就可能发生。

违背期望理论关注的是人们对个体行为的预期及这些预期被违背时人们的反应。每种文化都有一定的行为规范,让人们可以借以预期他人的行为。预期建立在社会准则、规范以及个人行为模式的基础上。偏离预期的行为会激怒他人或使他人警觉。至于何为偏离预期的行为,则要看传播者的衡量标准。传播者的衡量标准是指个人的个性特征。

人际欺骗理论的主要理论家是布勒和伯贡,他们于1996年提出了人际欺骗理论。人际欺骗理论的基本内容是,传播的发送者一方试图操控虚假的信息,这些虚假的信息促使他们忧惧自己错误的信息会被对方发现。同时,传播的接收者总是试图揭露或者察觉那条信息的有效性,引起对信息发送者是否正在欺骗自己的猜疑。人际欺骗理论有三个假设:(1)欺骗和其他的传播形式没有什么不同,这是因为人类是以目的为导向的。人际传播都是为了达到一些重要目的,如保持人际关系和谐、使交谈更加顺利、劝说他人接受自己的建议等等。(2)人际传播的基础是信息管理。人们可以选择通过操控讯息的准确度、完全度、正确性、相关性来进行欺骗。(3)在欺骗传播中,信息的接收者是影响欺骗事件进程和最后结果的积极参与者。

(四) 过程视角下的人际传播理论

人际传播理论的过程视角是从人际传播理论前期阶段的发展视角逐渐完善和改进而来的,它认为关系总是处在某种特定的过程中,过程是关系的存在状态。关系有可能是发展进步的,也可能是倒退的。过程视角的人际传播理论代表性的理论有社会渗透理论、关系发展理论和不确定性减少理论。社交渗透理论认为随着人际间关系的发展,人们之间的传播交流会从一个相对狭窄、非亲密的层面向更深、更个人的层面发展。社交渗透理论的代表学者是奥尔特曼和泰勒,奥尔特曼和泰勒在1973年出版了《社会渗透:人际关系的发展》的专著。奥尔特曼和泰勒用洋葱来形容自我坦露的发展过程。所有关于个体的信息都存在于“洋葱”里的某个地方。这个洋葱分为四层:表面、次表面、中间层和核心层。随着信息的逐渐坦露,这个洋葱的外层被剥开,表示关系的发展。表面的信息包括那些仅仅通过看到就可以了解的事情(比如性别、种族和大致年龄);“次表面”这个层面包括个体与别人分享的任何社会详细信息;中间层包含个体偶尔与别人分享,不是严格隐藏的信息；最后，剥掉中间层上面的表皮就是核心层，这里的信息都是私密的并且被小心地坦露。关系发展理论的主要代表学者是马克·科纳普，论述关系发展理论最早的文章是他在1984年发表的《人际传播和人类关系》一文中。关系发展理论根据人们关系亲密层次的变化来识别和理解人们的人际传播和关系发展。科纳普在社会渗透理论的阶段基础上发展自己的关系发展和恶化的阶段。科纳普选择的比喻是上楼梯，每一个不同的关系阶段用不同的梯级来表示。关系发展用左手边的向上的楼梯来代表，关系淡化用右手边的向下的楼梯来代表。在两种阶段之间的一个静止的阶段，如果关系状态被双方接受关系就可以维持。不确定性减少理论在1975年被伯格和加尔布雷思首次提出。伯格和加尔布雷思把人们的交往分成了三个阶段：建立阶段、人际交往阶段和退出阶段。这个理论能够预测和解释两个陌生人之间的关系发展。

（五）规则视角下的人际传播理论

规则视角下的人际传播理论认为人际传播都是因循一定的规则进行的。规则可能是微观意义的共同协商和确定，也可能是人际交往中的规范和"潜规则"，总之，它们制约和决定了人们的交往和传播。规则视角下的代表性人际传播理论是意义的共同管理理论。意义的共同管理理论兴起于20世纪80年代，代表性的理论家是皮尔斯和克罗伦。皮尔斯和克罗伦1980年的论文《传播、行为与意义：社会现实的建构》是这一理论的发端之作。皮尔斯和克罗伦认为意义建构的过程取决于有特定和具体的情境和背景。意义被创造出来进而被理解的过程可能是在不断的改变过程之中，这就是对真实的多重性的界定和理解。在讨论建构背景的时候，各个层次上人们的经验、信仰和价值观在每个情境下都发挥着作用。插话、关系和文化等因素也发挥着作用。意义的共同管理理论认为，传播是一种协调和一种对个人行为在规则和规则下的行动意义的协调。按照意义的共同管理理论，有效传播应该包括两个部分的作用：一是共享的规则体系；二是行为意义的协调管理。以规则为基础，人们更重视的是规则的一致性以减少传播过程中的不确定性，争取最大获益和最小损失。

（六）功能视角下的人际传播理论

功能论的视角把传播看作是为了达成某种目的而进行的互动活动，强调传播的目的性。功能视角下的代表性人际传播理论有社会交换理论和基本人际关系导向理论。社会交换理论可以追溯到社会学家霍曼斯，它有着经济学和社会心理学的根源。社会学家霍曼斯采用经济学的概念来解释人的社会行为，提出了社会交换理论。他认为人和动物都有寻求奖赏、快乐并尽少付出代价的倾向，在社会互动过程中，人的社会行为实际上就是一种商品交换。人们所付出的行为肯定是为了获得某种收获，或者逃避某种惩罚，希望能够以最小的代价来获得最大的收益。基本人际关系导向理论认为人们之所以进行社会交往和传播是为了满足三种基本的人际需要。这个理论首次被提出是在1958年，代表性的理论家是舒茨，他在1958年发表了一篇名为《人际行为的一个三维理论》中提出了基本人际关系导向理论。舒茨认为，每一个个体在人际互动过程中，都有三种基本的需要，即包容需要、支配需要和情感需要。这三种基本的人际需要决定了个体在人际交往中所采用的行为以及如何描述、解释和预测他人行为。

（七）文化视角下的人际传播理论

文化视角下的人际传播理论认为人们的交往过程和交往特征是由人们的文化所塑造的，是长期的文化规范塑造和积淀的产物和结果。文化视角下的人际传播理论的代表性理论有角色理论和礼貌理论。角色理论认为，我们大多数的日常活动都是为了实现自己的社会角色或者他人的期望。“角色”一词本是戏剧舞台中常用的一个概念，它的原意是指演员根据剧本扮演某一特定人物。20世纪初，美国著名社会学家G.米德把“角色”一词引入社会心理学领域，以此来说明人的社会化行为。美国学者狄鲍特和凯认为角色这一概念可以从以下三个方面加以理解：首先，角色是社会中存在的对个体行为的期望系统，该个体在与其他个体的互动中占有一定的地位；其次，角色是占有一定地位的个体对自身的期望系统；最后，角色是占有一定地位的个体外显的可观察的行为。角色理论还认为：角色是社会地位的外在表现；角色是人们的一整套权利、义务的规范和行为模式。角色是人们对于处在特定地位上的人们行为的期待；角色是社会群体或社会组织的基础。社会角色是一个人在特定的情境下的普遍的权利和义务（比如父亲、士兵、教师）。礼貌是文化的产物。礼貌理论首先是布朗与莱文森提出的。礼貌理论的核心概念是面子威胁行为。该理论认为：人都有想保持被他人理解、称赞的积极面和不想被他人打扰的消极面的两面性的需求，威胁到这个两面性的行为叫做面子威胁行为。面子威胁行为是说话人与听话人的权力、说话人与听话人的社会距离以及所涉及行为的强迫程度三者的总和。一般认为，强迫程度因文化的不同而不同。根据心理的负担程度受到归属文化的影响这一事实，可以将礼貌作为其归属的社会文化的一个指标。

（八）心理视角下的人际传播理论

心理视角下的人际传播理论关注的是人们进行社会交往和传播的内在心理过程以及从心理过程到外化行动的机制。心理视角下的代表性人际传播理论有想象的互动理论和社会判断理论。想象的互动理论是建立在符号互动主义基础上的一种社会认知和人际交往理论。通过想象的互动行为，人们想象自己为了各种目的同重要的他人进行谈话。想象的互动理论为我们研究人际传播提供了一个有益的工具。想象的互动是一种白日梦，它有很多功能：包括预演、自我理解、关系保持、冲突管理、宣泄和补偿。社会判断理论是由穆扎法·谢里夫和卡尔·霍夫兰提出的一个人际传播理论。社会判断理论起源于社会学和心理学的传统，它关注的是个体对讯息进行判断的内在过程。改变态度是说服传播的基本目标。社会判断理论试图去解释说服性讯息在什么样的情况下最有可能成功，在什么样的情形下会发生态度改变，并且试图预测态度改变的方向和内容。总而言之，社会判断理论的研究者努力发展出一个这样的理论：一个人改变自己立场的可能性，态度可能改变的方向，个体对他人立场的容忍度，对自己立场或是观点坚持的程度，等等。

结语

当代世界正处在一个剧烈的转型与变革之中，特别是互联网时代的来临，使人际传播研究面临着崭新而又巨大的挑战。本文从情境、能力、关系、过程、规则、功能、文化、心理八个研究视角对美国代表性的人际传播理论进行梳理和归纳，对于深入了解西方人际传播理论精髓，以及对于更好地开展新媒体环境下人际传播的理论研究和富有中国特色的人际传播研究都具有重要的借鉴意义。

研读小结

人际传播在传入中国前已经经历了一段时间的发展过程，由于人际传播学的多元学科背景，实际上也在不同学科的相互交融中形成了自己的理论积淀。

在文章中提出的理论分类方式值得关注，但同时也应该在对这种分类方式批判吸收的基础上形成对人际传播学科范围大体的了解和概括。而随着人际传播学的发展，会有新的研究涌现出来，形成新的研究分支，可以试想当下哪些新的技术会对现有的研究带来更新或变革。

二、人际传播学研究方法

人际传播学的研究方法同传播学的研究方法是属于同一发展过程的。对于人际传播学研究方法变迁的阐述将依托传播学研究方法的变迁为主要思路。传播学的发展过程中，由于各国历史发展、社会制度的不同，学者们在研究的过程中就会存在不同的学术观点和立场，由此也就形成了不同的传播学研究的学派，这就使得传播学的研究方法也是多姿多彩的。这里我们主要介绍传播学的两大学派及其不同的研究方法，以此作为研究人际传播学的借鉴。

在传播学的发展历史上，批判学派和经验学派的研究方法对于传播的发展有着不可替代的作用。1941 年，拉扎斯菲尔德在美国《哲学社会科学研究》上发表了题为《论传播学中的管理研究和批判研究》的文章，首次提出了这两个学派的分歧。学界一般意义上认为这一分歧开始于 1977 年英国批判学派学者 J. 柯瑞的《大众传播与社会》中的论述①。

（一）经验学派的研究方法

所谓的经验学派主要指的是以美国的传播学派为主要力量的主流传播学，他们主要是从经验事实出发，运用经验性方法考察研究社会现象。“经验”代表了一种方法论、社会观和传播观念。所谓的经验性方法，就是说运用可以观察、可测定的、可量化的经验材料来对社会现象或社会行为进行考察研究，是一种实证主义传统。它开始于 19 世纪后期，传播学中许多经典理论与模式多出自于这一派，如“两级传播模式”、“强大的效果模式”、“有限效果模式”、“适度效果模式”、“议程设置模式”、“最合适效果跨度”、“沉默的螺旋模式”、“劝服传播”、“拉斯韦尔模式”、“奥斯古德模式”、“施拉姆大众传播模式”、“纽科姆模式”、“香农—韦佛的数学模式”、“罗杰斯的创新扩散理论”、“使用与满足模式”、“选择性注

① 根据周庆山：《传播学概论》，北京大学出版社 2004 年版，第 361—372 页；黄晓忠等编著：《传播学关键术语解读》，四川大学出版社 2005 年版，第 156 页综合而成。

意、理解和记忆理论”等等。

经验性的方法和实证主义的方法是联系在一起的，它认为人类社会普遍存在自身的客观规律并且可以被揭示，认为人有能力揭示这些社会现象。经验性的研究方法主要坚持的原则是：(1)研究程序应具有客观性和可重复性，用于调查和分析的方法与技术不能随意变更，要为其他的学者提供验证的手段；(2)社会科学家的主要目标是收集和提供关于理论假设的无可争议的科学数据和材料；(3)通过公开的学术讨论，建构关于社会现象的一般理论模式或定理。

作为经验性的研究是反对从观念到观念对社会现象进行主观抽象说明的，比较强调切实可靠的材料和客观的数据，主张从外部的变量来揭示社会现象和人们行为的原因以及客观规律。

从总体上来说，经验主义学派的研究方法也不是非常完善的，本身也有着严重的缺陷。首先，社会现象和人的活动是复杂多变的，作为实证的、可供测量的、可供量化的材料同纷繁复杂的传播现象相比是非常少的，尤其作为人的精神世界的活动是极其复杂难以数据化的。因此，在很多的情况下，不能单纯的使用经验性的材料来加以说明。其次，到目前为止，经验性的研究主要依托的是程序或者是技术性比较强的调查研究、内容分析、实验研究、实地考察、个案研究等方法，他们在一定条件下所得到的经验性数据虽然具有一定的代表性，并且经验性研究所依赖的主要是个人或者是小群体层面上的经验性材料，往往是有一定限制的，所以不能代表纷繁复杂的社会现实情况，在考察广泛意义上的历史发展和宏观的社会结构方面还是非常欠缺的。最后，即便是经验学派的学者们主张用实证主义的方法来进行分析，而在实际活动的过程中往往不能完全做到，每一个学者都受到自己意义空间的限制，有自己独特的文化背景、社会价值和意识形态，这使得学者们自己的研究多少带有一些特定的倾向。所谓的采用纯自然的方法和态度来考察社会现实，只是一种美妙的想象而已。

(二) 批判学派的研究方法

所谓的批判学派指的是在社会科学法兰克福学派的影响下，以欧洲的学者为主要阵营形成和发展起来的学派。1923 年，几乎在美国开始经验性传播研究的同时，欧洲出现了一部分学者从马克思主义理论出发对资本主义进行批判性的研究，指出西方马克思主义思索的核心问题主要是文化，而不是经济抑或政治。主要提出了一些有建设性的方法和观点，如“解构主义”、“批判理论”、“话语理论”、“文化期待”、“视觉文本”、“女权主义”、“权力话语”、“跨文化传播”等等，他们的主要代表人物是霍克海默、马尔库塞、阿多诺等人。

批判学派从一开始就对美国的实用主义和实证主义的研究方法进行了无情的批判和抨击。批判学派主要从深刻反思资本主义社会制度开始认为传播制度的不合理，指出大众传播在本质上是少数垄断资本对大多数人统治的意识形态工具，他们把资本主义制度作为自己批判的靶心。

批判学派的研究主要有以下几个特点：(1)对于现行的资本主义制度持否定和批判的态度，认为“促销文化”是现代资本主义社会的一般倾向，着重分析大众传媒对于这一倾向的表现和强化，这也是作为攻击经验学派的证据之一；(2)不是孤立的研究传播，而是将很多的传播理论与社会理论相结合，着重考察社会结构和意识形态等的问题，关注的是资本主义垄断媒介符合剥夺了人的自由和尊严，寻求恢复这些权力的途径和方法，而这些正是实证主义研究者所忽略的；(3)批判学派从诞生之日起就与经验学派划疆而治，在方法论上以思辨为主，极力反对实证主义。

从总体上而言，经验学派比较注重于传播的小规律而批判学派比较注重传播的大问题；经验学派旨在维持现状而批判学派旨在否定传播现状。换言之，经验学派提出了很多有利于传播学发展的传播理论，但是却不能对传播现象提出根本性的质疑，而批判学派虽然对于社会现实进行无情的鞭挞旨在构建新的传播，但是在传播学理论的发展建树不多，没有提出很多有利于传播学发展的科学学说。两个学派各有所侧重，并且对于传播学的发展都有不同程度的作用，这也就更加凸显了人际传播学研究方法的新的方向——经验学派和批判学派的汇流和统合，这也是人际传播学发展的呼唤。

三、中国的人际传播学研究

中国传播研究起步较晚，而“传播学研究本土化”的提出则更晚。在中国台湾地区，第一部传播学著作是徐佳士教授在1966年出版的《大众传播理论》。在中国香港地区，余也鲁教授在1978年首次译述出版了宣伟伯的《传播学概论：传媒、信息与人》，在1980年出版了《门内门外：与现代青年谈现代传播》。在中国大陆，虽然刘同舜、郑北渭、张隆栋三位先生分别在1956年和1958年翻译发表了介绍西方传播学的文章，但研究性的文章直到1978年才出现。这一年7月，郑北渭发表了《公共传播学的研究》和《美国资产阶级新闻学：公众传播学》两篇文章，引起了大陆新闻学界的兴趣。作为第一次全国传播学研讨会的论文集《传播学(简介)》，于1983年面世。1988年，戴元光、邵培仁、龚炜出版了大陆第一部传播学专著——《传播学原理与应用》。但是，这些还都不是本土化的传播学研究。本土化研究有一个复杂而艰难的过程。①

1982年“传播学之父”威尔伯·施拉姆到中国讲学两年之后，传播学课程开始走上中国大学讲台。当时作为选修课，主要讲授西方传播学理论，核心内容是美国的传播学理论。到1986年，部分大学开始把传播学作为必修课对待。当时，没有教材，只有部分发表在新闻学术刊物上的资料可用。1988年开始，全国有10多所新闻院系开设传播学课程，部分学校还将传播学课程列为专业必修课，复旦大学在国内首先开设传播学课程。1988年底，兰州大学出版社出版了《传播学原理与应用》(戴元光、邵培仁、龚炜著)，成为中国人编的第一部传播学教材。教材在介绍西方传播学的同时，已开始注意传播学的本土化问题。90年代以来，传播学已成为新闻学、传播学、社会学等专业的专业基础课程。同时，许多学校开设了不少同传播学相关的课程，如西方传播学思潮、传播学的研究方法等。②

但是对于人际传播学的研究要远远晚于传播学的研究。1991年，学者熊源伟、余明阳

---

① 邵培仁：《传播学本土化研究的回顾与前瞻》，《中国新闻研究中心》网站，http://www.cddc.net。

② 根据《课程概况》，http://etsc.hnu.cn/jxzy/xxjp/2005/cbxgl/cn/index1.htm 整理。

在中山大学出版社出版了《人际传播学》，一定意义上可称为国内第一部研究人际传播学的著作。2003年人民出版社出版了《人与人的相遇——人际传播论》。另外，还有一些论及人际传播主要理论观点的文章，如人际传播中的对话理论等。这些研究成果初步奠定了我国人际传播研究的基础。2004年的中国传播学界，有些杂志开始关注人际传播学的研究。一些大众传播学界的学者也开始对人际传播学理论产生兴趣，比如有文章通过对符号互动论的代表人物欧文·戈夫曼(Erving Goffman)的传播思想进行系统阐述，对人际传播的内涵和特点进行了独到的论述。①

近几年来国内的人际传播研究主要集中于以下四个方面：

首先是人际传播历史和基础理论的梳理和引介，有学者梳理了国内外人际传播的发展历程，并对符号互动论、约哈里窗口等经典理论进行了介绍与讨论，还有学者试图从中国传统文化中寻找中国人际传播思想的渊源。譬如学者胡春阳在《人际传播：学科与概念》中，梳理了人际传播的发展历程，结合儒家文化分析为什么中国无法首先形成人际传播学科，并将对人际传播的定义划分为"质"和"量"两种定义。学者陈力丹在《试论人际传播》和《试论人际传播与人际关系》中也对一些基本的概念和人际传播包含的因素作出了界定。在对国外研究梳理上，学者刘蒙之在《美国的人际传播研究及代表性理论》一文中回顾了美国人际传播的基本理论和发展历程，将其分为情境视角、能力视角、关系视角、过程视角、规则视角、功能视角、文化视角和心理视角八个部分。对于国内研究的总结上，王怡红在《中国大陆人际传播研究与问题探讨(1978—2008)》一文中回顾了中国30年的人际传播发展过程，并提出了自己的发展建议。

其次是人际传播与大众传播、组织传播相结合的研究。胡河宁将人际传播与组织传播相结合，在《组织中的人际传播：权力游戏与政治知觉》一文中探究了在组织的权力争夺中人际传播所扮演的角色。在与大众传播的结合中，有学者的研究，比如谢越在《谣言中的人际传播与大众传播——以"谣盐"事件实证研究为例》一文中，通过对抢盐事件的分析，分析了人际传播与大众传播在信息传播中所扮演的不同角色。另外也有业界人士对电视、网络等媒介与人际传播的结合作出了实践性的探讨。

再次，与新媒体相关的人际传播正逐步增多。网络与移动终端等新媒体的发展使得人际传播的边界得以延伸，与此相关的研究也大量涌现。其中包含宏观的网络人际传播研究，比如张放在2010年《网络人际传播效果研究的基本框架、主导范式与多学科传统》一文中，对网络人际传播中体现的经验主义为主导的范式和多学科融合的传统进行了论述。微观方面的研究主要集中于手机与人际传播的研究、微博等社交网络与人际传播的研究。比如薛可、陈晞、梁海在2011年《微博VS茶馆：对人际传播的回归与延伸》一文中，对微博与传统茶馆中的信息传播模式进行了比较，体现了网络环境下人际传播更加渗透进大众媒介的趋势，也体现了人际传播的不断扩展。另外还有针对网络人际传播的特点和由此产生的社会影响的研究，譬如王依玲在《网络人际交往与网络社区归属感——对沿海发达城市网民的实证研究》一文中，对网络对人际传播和人际关系带来的冲击进行了探索。

最后，还出现了针对特定群体的研究和针对特定情境下的研究。外来人口、大学生成

① 明安香、姜飞：《2004年中国传播学研究综述》，http://www.mediaresearch.cn/user/erjiview.php?TxtID=1875&list=。

为被关注的焦点。比如周保华在2010年《城市新移民的媒体使用与人际交往——以"新上海人"抽样调查为例》一文中，关注到了上海的外来人口对媒介的使用与人际交往、融入当地社会之间的相互关系。而刘肖岑、桑标、张文新则关注到了大学生群体的人际交往，在《自利和自谦归因影响大学生人际交往的实验研究》一文中，他们通过实验的方法，对两种归隐导致的人际交往不同进行了研究。

目前在西北大学、复旦大学、上海交通大学等高校都相继开设了人际传播学的课程，由于能够在实际社会生活中给予良好的引导与建议，受到了广大学生的欢迎。

人际传播被人们视为进行传播研究的逻辑起点，自有其不可动摇的理论地位和作用。在众多的传播形式中，人际传播是人类社会中进行得最为频繁、传播的信息总量最多、传播的实际影响也可能是最大的。这是因为它具有最大的双向性和产生效果的即时性，而且它是其他传播学科顺利进行的基础理论，因为任何一种传播方式都离不开人类的作用，所以必须要做好对于人际传播理论的研究和探索。

总而言之，由于传播学是一个舶来品，我们在进行研究时受到了很多国外研究的影响，大众传播从开始就是传播学研究的重镇，而忽略了对于人际传播这一基础学科的研究。近代科学反复证明了这样的事实：一门学科成熟与否，在于其基础理论的成熟与否，而不在于其表象形态的丰富。人际传播学现在虽然可以被冠以"学"字，但是它的理论基础还是非常薄弱的，还需要我们在未来的人际传播中加强对于人际传播的研究和探索，从而使得它更好地为其他传播学科奠定良好的基础，促进传播学的快速发展。

[研读专栏]

都市生活的现代性心理对人际传播的影响①

人从诞生之日起，就掌握了各种方式和手段与外界沟通、交流。在所有的方式中，人最先熟知和熟练运用的就是人际传播。人际传播，"是个人与个人之间的信息传播活动，也是由两个个体系统相互连接组成的新的信息传播系统"。人际传播的方式灵活多样，内容和意义丰富复杂，受环境和条件制约的程度比较小，互动频度高、反馈及时，"是一种最典型的社会传播活动"，也是最基础的社会传播活动。

随着社会的发展，科学技术的进步，传播手段的更新，人际传播作为最基础的社会传播活动，也随之发生着改变。正如麦克卢汉所言："媒介即信息"，尤其是现代社会，科技的迅猛发展和变化给人类带来的巨大冲击不仅表现在技术手段上，还表现在思维方式和叙述方式上，科技的发展造就了具有现代性特征的话语环境。被称为"社会学之父"的齐美尔早在其1890年的著作《论社会分化》中，就针对社会分化后的现代性社会生活方式对人以及人的精神方式的改变提出："富有人情意味的生活制度和方式，为本质上机械的、外在的和毫无心肝的制度和方式所取代。"并无不忧虑地指出："抽离了活动中的精神要素的分化产生了广泛的影响，是精神层面与机械层面对峙而立，各行其道。……活动中的精神要素已被机器接受，客观化于其中。因此，社会体制、等级和交往越发变得机械、

① 肖宇：《都市生活的现代性心理对人际传播的影响》，《传播学论坛》2005年10月，http://www.chuanboxue.net/。

客观和外化。”

生产和生活方式的转变属于物质层面的转变，精神方式和思维方式则属于精神层面的转变。在物质层面和精神层面都发生改变的情况下，作为“最典型的社会传播活动”的人际传播无论在形式还是内容方面，都不可避免的发生着改变。

针对现代社会中人际传播的各个方面，学术界的很多专家学者都已经作出了比较系统的研究，也有比较完善的论述。本文是在各位专家学者研究的启迪下，试图以齐美尔对现代性都市生活心理特征的总结为立足点，分析这些特征在现代都市人的人际关系中的表现所造成的人际关系的变化，进而分析人际传播的动机、内容、形式，最后，探讨现代性人际传播的特点。

一、齐美尔在其现代性诊断中，对都市生活的现代性心理特征的总结

现代性形成于社会分化和社会分化不断蔓延而形成的货币经济。社会分化使个体行为已经不再代表他所属的群体的意志，群体对个人的束缚削弱了，个人有了足够的自由进入社会化进程，当个人随着社会化进入社会分化的某一个系统后，他的专业化程度和社会化程度提高了。如果将从反面来看这个过程，社会分工日益细化、人们的专业化程度日益提高，个人能做的事情就越少，个人在社会中的地位就越低，个人对社会中他人的依赖也就越发强烈。这样看来，个人原先所属的群体对个人的约束削弱了，取而代之的是社会作为个人所属的一个大群体对个人的约束。社会分化的过程与个人社会化的过程中，社会分化与个人分化的矛盾逐渐凸显出来，即社会的高效率所要求的单一性、片面性带来的个体地位的降低，与个体自我意识的觉醒对个体作用降低的排斥之间的矛盾。齐美尔认为，现代性展示得最充分，也是个体感受现代性最强烈的地方，莫过于现代大都市。长期生活在矛盾中的现代都市人，就出现了许多与生活在乡村的人们不同的心理特征。成伯清所著的《格奥尔格·齐美尔：现代性的诊断》，是成伯清在阅读齐美尔原著之后，以原著为基础，忠于原著思想，写下的解释齐美尔思想的著作。书中，成伯清将齐美尔对现代性和现代都市人的心理的研究和描述总结为五个特征，并对五个特征都做了详细解释：理智至上、计算性格、傲慢冷漠、矜持保留以及自我表现。笔者将这五个特征概括为：保护自我、计算自我和寻找自我。

（一）保护自我

社会随时都在变化，个人置身于其中，如果不随社会的变化而变化，必定被社会生活淘汰。为了适应变化带来神经刺激的增多，使自己免于遭到他人的伤害，生活在现代都市环境中的人越来越多的运用自己的理智，而隐匿情感。理智，是我们内在力量中最具有适应性和调节性的能力，与情感比较，理智更能够在瞬息变幻的社会环境中保护自己，形成一种“保护器官”，那么，当遭遇无法预计和连续不断的外界变迁的时候，人才能够不经过任何内在的震撼和剧变、不经历任何感情的创伤和痛苦，而适应环境。

由于现代都市生活中的专门化、速度快、流量大等特点，人们会连续不断地接触许多不同的人，所以，他们不可能像乡村的人们，对每次接触的人都投注情感。此外，正如齐美尔所说：“因为都市中拥挤的人群和混杂的交往，若是没有这种心理距离，则就简直无法忍

受。”并且，人与人之间的交往很多时候只不过是货币经济下的“买主”和“卖主”的关系，他们的接触统统以货币为媒介，是短暂的、匿名的，不存在任何感情色彩，也不需要任何情感付出，常常伴随着公式化的冷漠与无情。但是，人在本质上是需要与他人真诚交流的，在这种情况下，典型的“容器人”的心态表现出来了。大多数现代人希望他人了解自己，也渴望理解他人，同时，他们害怕因为与他人的接触受到伤害，所以，为了满足交流的需要，他们选择与他人进行无关紧要的交流、漠然地处理与他人的关系。

（二）计算自我

齐美尔认为：“现代心灵已经变得越来越带有计算性。”他认为，货币经济使一切交换的媒介都简化为货币，所有特性都可以从质化转化为量化，所有价值都可以从定性的转变为定量的。都市生活的复杂性与广泛性要求人们在有限的时间内，利用有限的资源处理复杂而广泛的关系。人们与他人打交道的时候，会下意识地对他们所接触的人的价值、个性等作出估算，并根据估算的结果，“合理”掌握与其交往的尺度，情感因素被忽略了，人与人之间的交往过程被迫经济化和简单化了。

对于齐美尔提到的“计算人格”这个概念，笔者认为现代都市人心理的量化特征是由于社会科学发展过程中对自然科学研究方法的模仿。社会科学的研究虽然被要求客观、系统、积累、公开接受挑战和公开辩驳，但是，由于社会科学以假设为前提，而假设建立在资料搜集之前，所以，社会科学在模仿了自然科学的研究方法以后，传统的科学界才勉强承认它具有了一些科学性。但是，自然科学的研究方法中大量涉及的是公式、指数、表格等数上和量上的概念；而社会科学研究的却是寓于现象中的本质，很多时候需要的是那种“依靠观察、直觉和个人洞察力”的定性研究，为了获得传统科学界的承认，社会科学模仿自然科学将现象量化，同时也借用了自然科学的测量方法，产生了计算公式、指数和表格，比如：应用范围最广的利克特量表、应用于一系列问题测量的指数测量、用于测量误差水平的标准差概念和标准差计算公式。这种研究方法事实上是将现象强制归类到一类数码符号，然后计算得出数上和量上的结果，再将这些量拆分开看，进行分析得出质上的结论。这个过程造成的后果是，我们每个人都习惯于以量为标准判断事物，因为每个事件都可以忽略其特性之后被归于一类，比如我们的学号、入行以后的职员编号，比如我们常常以“第一名”或者“最后五十名”指代一个刚刚被告知考试成绩的孩子。由此，我们的性格被数字化了、特征被数字化了，面对数字，我们理所当然地进行计算。

（三）寻找自我

“现代都市的扩展，使得任何个体都无法控制这个局面，但作为这种扩展的逻辑和历史的补充，是个体获得了更大的自由。”都市生活使个体可以强烈地感受到自身存在的独立，“每个人最终拥有的独特性和不可比拟性，并将之表现在一种生活方式中”。但是，“相互的矜持和冷漠，也就意味着谁都不愿积极充当社会控制的代理者”。其实，谁也没有能力控制整个社会。

社会分化让个人拥有自由却丧失了在小群体中举足轻重的地位，使得都市人感到缺乏安全感和确定感，他们尝试以无止境的追逐来填补这种缺失感，因此，他们的行为方式古怪、癖性反复无常和妆饰矫揉造作。“对于旅游的狂热，对于竞争的嗜好，在趣味、风格、观念和个人关系上的朝三暮四”，都是为了在都市的迷失中寻找自我，表现自己与他人的不同，希望能够由此获得一些关注和重视。

其次，发达的交通工具、通讯工具和媒介技术，给现代人创造了见多识广的条件，很多曾经能引起骚动的新鲜玩意都已经见惯不怪了。同时，也让都市中的现代人丧失了发现美的眼睛。人们失去了好奇的眼睛，产生了“腻烦态度”，对一切事物都缺乏兴趣，感觉单调乏味、灰暗模糊。“腻烦态度”导致人们对人和事的意义、价值的体会迟钝了，成为自我认知和认知他人的障碍。于是，不确定的感觉和不安全的感觉进一步加深了。

二、现代性心理特征给现代人际关系带来的变化

人的行为是受到人的心理特征的影响的。现代都市人由于具有保护自我、计算自我和寻找自我这些与居住在乡村的人不同的心理特征，因此，现代都市人的人际关系就会受到这些特征的影响而呈现出以下五个变化：(1)简单→复杂；(2)固定→松散；(3)亲密→疏远；(4)开放→封闭；(5)深刻→肤浅。

三、现代人际关系下人际传播的变化

“社会关系具体表现为现实而具体的人际关系，在这种关系下发生传播，传播中双方或各方显示或暗示的身份和地位(人际关系)，相当程度决定了人际传播的内容和方向。”人们进行交流的方式是由他们的关系决定的，现代人际关系在现代性和现代性心理特征的影响下的变化，就决定了人际传播的动机、内容和形式都会随之发生改变。

(一) 人际传播动机的变化

郭庆光所著的《传播学教程》，在谈到人际传播时，将一般情况下健全的、有理性的人际传播的动机归结为获得信息、自我认知和与他人的相互认知、建立与他人的社会协作关系、满足人社会性的精神和心理需求。现代性以及现代性心理造成的人际传播动机的变化可以概括为：两个减弱、一个加强和一个假象。

两个减弱：一是人际传播对于满足现代人获取生产生活信息这一动机的作用逐渐减弱。媒介科学的高速发展，使个人获得信息的手段不仅限于人际的和小群体内部的交流、传达；个体从家族群体走出来，走进社会大群体，越来越复杂的人际交往使他的社会化程度越来越高。如德弗勒(Defleur, 1970)所言：“在我们的社会中，个人可能没有得到来自大家庭的支持作为引导，因而我们越来越依赖媒体作为信息来源。”二是现代人际传播中，自我认知和与他人的相互认知的动机减弱。现代都市生活复杂多样、范围广阔，人们每天要与无数的他人产生各种类型的接触，发生各种类型的关系，为了保护自己、防止受到外来的伤害，人们在交往中尽量避免提及有关自己的真实信息，隐藏自己的个性，而对他人对自己开放完全真实的信息也不抱很大希望，大家都尽量与他人保持和谐的声音，避免冲突。这样，人际传播中截然不同的人也可以表现出同一副面孔，能够辨别、评价自我和他人的信息真假掺杂，信息的表现形式趋同，个性色彩被覆盖，人们在人际传播中认识自我和他人的期望就慢慢降低了。同时，见惯不怪的“腻烦态度”导致人们对于人和事的意义、

价值的体会迟钝了，成为自我认知和认知他人的障碍。

一个加强：人际传播中个人希望建立与他人的社会协作关系这一动机明显加强。现代社会分工精细，专门化程度高，人的需求是多种多样、涉及社会生活的方方面面，不可能仅仅依靠自己满足所有需求，因此，个人对他人的依赖程度越来越深，这就要求人们主动与他人不断发生联系，获得他人认可，保持一种防止被遗忘的合作关系。

一个假象：现代都市生活中现存的、满足人社会性的精神和心理需求动机的形式是一个假象。都市人怀着一种惧怕的心理与人交往，他们感觉到似乎是“不得不”封闭自己，这使得现代都市人认为，自己与他人的交往和互动的目的不过是为了满足人作为社会动物对人际关系这种形式的需求，是为了交往而交往的形式，内容只不过是一个载体。另外，由于人们对自我的不确定和对安全的不确定，他们会寻求一些形式古怪的行为方式和看似神秘独特的癖好，例如“对于旅游的狂热，对于竞争的嗜好，在趣味、风格、观念和个人关系上的朝三暮四”等方式，试图弥补真诚的人际交往的缺席。事实上，这种形式上的交流和对怪异的追求只能暂时释放精神和心理上的不和谐，并不能真正满足人社会性的精神和心理上对真诚的人际交流的需要。

（二）人际传播内容的影响

笔者要指出的是，本文对现代性人际传播内容变化的探讨，并不是研究现代性人际传播具体是什么信息或者涉及社会的哪几个方面，而是探讨这些内容的范围、成分、时效性、可信度和意义明确程度。

传播的动机影响了传播内容的选择，从以上总结的现代性人际传播动机来看，现代都市人对人际传播形式的重视和依赖伴着对传播内容的忽视，使人际传播的内容呈现出以下特点：

第一，人际传播内容涉及范围广，但探讨比较浅表、意义含糊。人际关系的复杂化使人们有机会接触到社会各个阶层、各色各样的人，因此，人们在进行人际传播时，引入的话题可能来自社会各个领域；然而，人际关系的松散化和疏远化，又使人们相互之间的了解不如原先那么深入，在讨论某个问题的时候，为了不给自己树敌，一般会保留自己的真实意见，隐藏自己的个性，跟随主流，泛泛而谈，当个体一定要表达自己的意见时，他就会选择一些比较中型、温和的词语，或者选择一些比较折衷的方法，比如选择使用复数第一人称而不使用单数第一人称。

第二，人际传播信息的情感成分比例下降。美国著名社会学家杜威认为，“工业革命已经引起个人社会关系的变化——将他由比较亲近的村庄关系推向工业化大都市里纯粹契约式的关系”。生活在现代都市的人具有较高的社会化程度，为了免于受伤害，比起固定在部族村落里生活的人来说，他们的思考和行动理智至上，很少运用情感，所以，他们在和他人发生人际传播的时候，传递的信息一般是“契约式”的就事论事，内容很少含有情感成分。

第三，人际传播中内容的时效性和可信度下降。在使用手机短信和E-MAIL保持人际关系的时候，人们通常有两个感受：一是信息发出之后，等待回信的时间比较长；二是等待的这段时间有可能会对之前发出去的信息内容感到不满，但是很难纠正。这是因为，人际传播的形式“大致可分为两种，一种是面对面的传播，另一种是借助某种有形的物质的传播”。当电话、传真、手机、网络等电子技术和产品普及之后,“借助于某种有形的物质的传播”突出表现为“人—机—机—人”的形式。“人—机—机—人”这种形式是以各种各样的机器作为置放信息的场所,无论对方在哪里、时间过了多久,信息仍然存在,对方仍然可以对接受的信息产生反馈;同时,这种形式留给人们足够长的时间反应、分析信息内容,再过滤出最恰当的信息、选择最恰当的语言,经过精心修饰之后反馈给他人。在香港电影《后备甜心》里有一句对白:“手机不是用眼球控制的。”但是,如果采取面对面的人际传播形式,则可以用眼睛控制,起码可以用眼神影响。机器屏蔽了体态传播双方的眼神、表情、动作等副语言符号携带的信息,把威胁现代人心理安全的风险大大降低了,人们就像躲在面具后面进行交流,不必担心表情或者眼神传达出和语言相悖的信息引起的尴尬,也不必担心自己与他人不一致时缺乏考虑的语言会损坏自己的人际关系网络,人们甚至可以对他人传递过来的信息保持缄默以免除争执。

总结:现代性人际传播的特点

郭庆光的《传播学教程》认为“人际传播,尤其是面对面的人际传播”具有以下特点:传递和接受信息渠道多、传播的信息和意义丰富复杂、双向性强、反馈及时、互动频度高、非制度化。

根据齐美尔对现代性和现代性心理的总结,基于以上对现代性下人际关系和人际传播的分析,笔者认为,与没有受到现代性和现代性心理特征影响的人际传播相比,现代性人际传播呈现出以下特点:(1)形式更突出的表现为“人—机—机—人”的形式;(2)传播形式重于传播内容,人们对人际传播更多的是对这种传播形式的需要,比较忽视传播内容;(3)由于“人—机—机—人”的传播形式,传播中的互动可以是不同时发生的,滞时现象严重;(4)非制度化特征更强,即“传播关系的成立上具有的自发性、自主性和非强制性”特征更明显,人们对人际传播中信息的传递和反馈更为自由。

研读小结

人际传播的研究一直以来都是大众传播研究的重要组成部分,针对现代社会生活中人际传播的各个方面,学术界的很多专家学者都已经作出了比较系统的研究,也有比较完善的论述。那么,人际传播作为社会一种重要的交往形式,显然会随着社会发展给人们带来的变化而起变化,在原来的基础上有所创造和发展。

我们在各位专家学者研究的启迪下,试图以齐美尔对现代性和现代性都市生活心理特征的总结为立足点,分析这些特征在现代都市人的人际关系中的表现所造成的人际关系的变化,进而分析现代性人际关系下人际传播动机、形式和内容的变化,最后探讨现代性人际传播的特征。

我们希望读者在读完本章内容后,理解传统的人际传播基本知识的同时,能够再结合研读专栏穿插进行理解,认识到人际传播并不仅仅局限于那些知识,而是会随着实践的发展而有所完善和进步的,并希望在学习中能够有新的体验和创新。学习不是最终的目的,是为了能够更好的理解,并进行力所能及的创造和发展。

［**思考题**］

1. 为什么说人际传播学是一门边缘多学科性质的新兴学科?
2. 你认为人际传播学应当采用怎样的研究方法?
3. 你在平时观察到哪些学科与人际传播学存在交集?试举一个实例说明。
4. 试着提出一个有关人际传播学的话题或研究问题,并思考:它属于人际传播学的哪种研究对象?它会用到哪些学科的知识?它适合用什么样的研究方法?

第三章
人际传播学基本理论与模式

◆ **学习目标**

学习完本章，你应该能够：

(1) 对人际传播的基础理论有所了解；

(2) 了解人际传播的模式；

(3) 对人际传播的大致构架与轮廓有初步印象。

◆ **基本概念**

人际传播理论　人际传播模式

第一节　人际传播学的基本理论

任何一个门类的学科都有自己的理论体系，理论架构是一门学科的学术基础，是人们对于这门学科学习的一种知识总结和整理，是学科知识积累的一种形式。任何一门学科的发展进步都离不开理论的充实和完善，学者在各种各样的理论中得到各种各样的启示，引发了不断创新，促使学科永不停息地向前发展。人际传播学同样也是有相应的理论来支撑的。

回顾人际传播研究的历史，曾出现许多富有启发性的思想、理论。传播学是一门年轻的学科，需要借助于其他学科的支持与帮助，因此我们在这里介绍的人际传播的理论也将会不拘泥于传播学本身，它们很多是来自于社会学、心理学等基础性学科的理论与知识，它们同样促进了人际传播的发展与进步，给人际传播的研究提供了启示。

一、符号互动论①

符号互动论又称“象征相互作用论”或“符号互动主义”，一种主要从互动个体的日常自然环境去研究人类群体生活的社会学和社会心理学理论流派。符号互动论起源于美国实用主义哲学家 W. 詹姆斯和乔治·赫伯特·米德的著作。美国社会学家 H. G. 布鲁默最早使用“符号互动”这一术语。1937 年，他用这一术语指称美国许多学者诸如 C. H. 库

① 根据侯均生编著：《西方社会学理论教程》，南开大学出版社 2005 年版，第 216—226 页整理。

利、乔治·赫伯特·米德、J. 杜威、W. I. 托马斯、W. 詹姆斯、R. E. 帕克、F. W. 兹纳尼茨基等人的著作中所隐含的“社会心理状态”。

这些学者中，詹姆斯的主我与客我的理论、库利的“镜中我”理论、托马斯的“情境定义”以及杜威的实用主义都对这一理论的创建有较大影响。由此，在某种程度上而言，符号互动理论不专属于某一个人，而是属于一个团体。西方学术界曾有人把符号互动论分为两派：以布鲁默为代表的芝加哥学派和以 M. 库恩为首的艾奥瓦学派。1930—1950 年，布鲁默及其同事、学生们出版的一系列著作确定了该理论的主要观点。

符号互动论的基本假定是：(1)人对事物所采取的行动是以这些事物对人的意义为基础的；(2)这些事物的意义来源于个体与其同伴的互动，而不存在于这些事物本身之中；(3)当个体在应付他所遇到的事物时，他通过自己的解释去运用和修改这些意义。[①]米德认为，语言是一种表意符号或表意姿态，有声姿态特别适合成为表意符号。他说：“有声姿态具有特殊的重要性：它是一种社会性刺激，它对作出该姿态的那一有机体产生影响的方式同另一有机体作出该姿态时产生影响的方式是一样的。也就是说，我们可以听见我们自己讲话，而我们讲的话的含义对我们自己和对其他人都是一样的。”[②]他认为，语言作为一个表意姿态（互动过程中的一个刺激）可以激活态度。要在互动双方激活相同或类似的态度有两种可能：首先，假如互动双方具有相同的本能（如同一物种），那么，对一个刺激作出的本能的反应应当是相同的或相似的。其次，双方具有相同的文化习惯。例如，当别人对你说：“你好！”你应该同样以“你好！”作应答；但是如果别人对你说：“谢谢！”你却不能同样以“谢谢！”应答，而只能说：“不客气！”

这就是说，意义的交换有一个前提，即交换的双方必须有共通的意义空间。共通的意义空间有两层含义：一是传播中使用的语言、文字等符号含义的共通的理解；二是有大体一致或接近的生活经验和文化背景。由于社会生活的多样性，每个社会成员的意义空间不可能完全重合，但意义的交换或互动只能是通过共通的部分来进行。这个关系可以用图 3-1 表示。

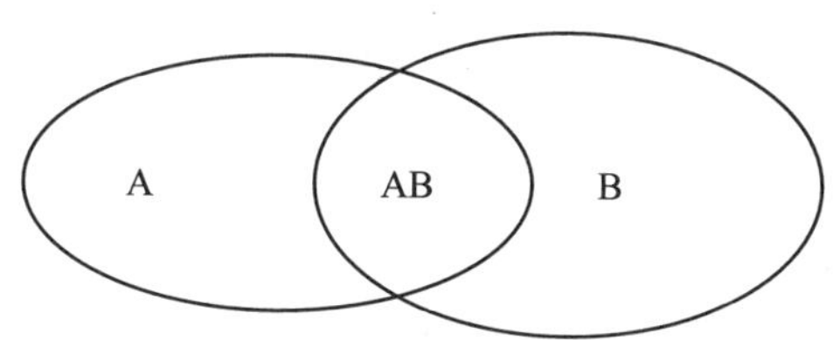

图 3-1　传播双方的意义空间

资料来源　郭庆光：《传播学教程》，中国人民大学出版社 1999 年版，第 53 页。

在图 3-1 中，A 表示传播者的意义空间，B 表示受传者的意义空间，AB 表示双方共有的意义空间。A、B 不可能重合，双方的意义交换只能通过 AB 进行；随着意义交换的活跃化和持续进行，AB 则有不断扩大的趋势。[③]熟人之间好说话，就是因为熟人之间共通的意

---

① 郭庆光：《传播学教程》，中国人民大学出版社 1999 年版，第 52 页。
② 米德：《心灵、自我与社会》，上海译文出版社 1992 年版，第 41 页。
③ 郭庆光：《传播学教程》，中国人民大学出版社 1999 年版，第 53 页。

义空间大,这已经成为人际交往的经验之谈。随着互联网等新媒体的崛起,全球化的加剧,个人知识结构在各个国家和民族的交互传播中日趋重要,民族情感、社区习惯等非理性因素在传播中的作用日益减弱。可以预见的是,个人知识结构最终将打破国家、民族和社区的藩篱,成为社会公民的"个人身份证",个人知识结构相近的人在相互传播中互动性越强,这种互动性的活跃也反过来促进自我传播的发展,从而协调个人的内心活动。因此,实行大众化的教育,增加人与人之间共通的意义空间,避免知识鸿沟的扩大,使社会公民的知识结构在一定程度上的一致,是保持社会稳定、协调个人内心矛盾的重要举措。

符号互动论的方法论特征是:倾向于自然主义的、描述性的和解释性的方法论,偏爱参与观察、生活史研究、人种史、不透明的被脉络化了的互动片断或行为标本等方法,强调研究过程,而不是研究固定的、静止的、结构的属性;必须研究真实的社会情境,而不是通过运用实验设计或调查研究来构成人造情境。符号互动论不运用正式的数据搜集法和数据分析法,而代之以概括性的和一般的方法论的指令,这些指令要求对被调查对象采取"尊重"态度。这一系列理论对于人际传播的解释力量非常大。他们借助于语言、副语言等符号进行的人际传播是构成社会、形成自我意识、获得社会角色和调整社会关系的基础,也即它们在形成思想、自我和社会中具有不可取代的作用。这一理论还强调符号讯息超越时间和空间的限制而使传播双方产生相互作用。

而作为人际传播本身就不是单纯的由"讯息"、"通道"、"主体"、"噪音"、"反馈"等因素组成而外在于人的机械过程,而是人与人之间的直接相遇,是主体与主体之间的"符号互动"。以下就介绍这个学派中有代表性的人物的观点。

(一) 库利的"镜中我"理论①

查尔斯·霍顿·库利(Charles Horton Cooley, 1864—1929)是美国早期著名的社会学家和社会心理学家,也是美国传播学研究的鼻祖,1890 年,他进入密西根大学主修政治经济学和社会学,1894 年他以《交通理论》(*The Theory of Transportation*, 1894)完成经济学和社会学博士学位论文,并在密西根大学度过其学术生涯。1892 年在密西根大学任政治经济学讲师,1899 年成为社会学的助理教授,1907 年获得教授职位。1918 年被选为美国社会学会主席,该学会是他在 1905 年帮助建立的。库利理论研究的重点是探讨个人如何社会化,并贯穿于他的三部极具分量的著作——《人类本性与社会秩序》(1902)、《社会组织》(1909)和《社会过程》(1918)之中。在库利的作品中,我们可以发现他对于杜威的思想影响,对帕克的深刻启迪,对米德的学术帮助,也找到了后来的互动论、戏剧论、符号学和自我传播论、人际传播论的直接源头。他的"镜中我"理论在传播学的发展初期作出了巨大的贡献,揭示了人际传播的主要动机和源头。

库利认为人是分为"镜中我"和"社会我"的。他认为我们通过想象别人对我们的行为和外貌的感觉来理解我们自己,"人们彼此都是一面镜子,映照着对方"。这里的自我反应了别人的意见,即为"镜中我"。自我是社会活动的产物,库利把它分为三个阶段:第一是对自己的行为给别人造成的音像的知觉;第二是对别人对我们行为的评价的知觉;第三是

① 根据邵培仁:《论库利在传播研究史上的学术地位》,《杭州师范学院学报(人文社会科学版)》2001 年第 5 期改编。

对他人评价的感觉。我们就是在人际传播中通过别人的反应来评价自己的，同别人的交流帮助我们形成自我的概念，就像是一面镜子。正是人与人之间的一种相遇，在彼此生动的关联中认识到人所具有的本性。

按照库利的观点，要形成“镜中我”就需要通过“传播”，而且这也是“唯一”的关键要素，“传播”也是个人与社会互相融合的一种方法。他认为一个人不能完全脱离传播，完全与他人相区别的自我是不存在的。无论是“社会我”抑或“镜中我”，都是离不开自我的社会交流的。库利认为，传播是个人社会化的一个方法和途径，认为在首属群体中人际传播能够使自我得到充分发展，家庭就是首属群体中典型的代表，友谊、服从、忠诚、崇敬和个人自由这样的品质都来自于家庭。

可以说，库利的思想对于人际传播的研究做了很好的铺垫，是人际传播的理论源头。首先，库利的“镜中我”理论对人际传播和内向传播的产生作出了贡献。“在人际传播过程中，（库利的）自我概念是非常重要的。它影响接受的内容、怎样理解接受的内容和如何反应……对我们如何传播产生的影响最大。”①自我概念是我们所拥有的思想、情感以及态度的全部情节，是人的重要组成部分。同时，它也启发了米德对于“主我”和“客我”各自特征和互动情况的精细辨析，丰富和深化了自我传播的研究内涵，并引发了芝加哥学派符号互动论的研究。美国传播学者小约翰曾指出，米德等芝加哥学派的观点“并非呈现在某一孤独思想者的脑海中，追本溯源，最先出力的当属心理学家詹姆斯和库利”等人。②其次，库利的思想对于欧文·戈夫曼(Erving Goffman)的研究也有一定的影响作用。戈夫曼一生最关心的是对短暂的人际传播中人们制造印象以及别人根据自己的印象作出反应过程的研究。他认为人际传播犹如演戏，而演出必须依赖“符号载体”，来理解和把握不熟悉的人。戈夫曼认为“日常生活中每个人都在演戏，通过参与‘演出’来创造某种印象，从而达到‘控制他人’的目的”。这让我们很自然地想到库利相应的一些观点。戈夫曼的一些观点实际上和库利是一脉相承的。再次，库利还从传播的角度分析了自然生命和社会生命、肉体我与社会我的联系与区别。库利认为人类的语言及其应用于信息交流是人类的重要特征，这样传播不仅成了人类进化的利器，也是人类自身的特征。第四，库利揭示了人类传播活动的连续性规律和传播内容的相似性。认为我们今天的任何一种传播活动都是人类历史过程的一部分，人类无法摆脱祖先所预设的“话语空间”而生活。最后，库利认为人际传播才是个人社会化的主要基石，反对遗传和个性是形成人格的主要因素的说法。切特罗姆(J. Czitrom)说库利是第一个为揭示传播媒介如何改变行为和文化作出了成功尝试的人，也是第一个为探索复杂的人际关系而付出辛勤努力的人。

（二）米德的象征性交往理论③

什么是人类的象征行为？所谓象征行为，就是指用具体事物来表示某种抽象概念或

① 泰勒等：《人际传播新论》，南京大学出版社 1992 年版。

② S. W. 小约翰：《传播理论》，台北远流出版公司 1993 年版。

③ 根据林秉贤：《社会心理学》，群众出版社 1985 年版。第 264—265 页；郭庆光：《传播学教程》，中国人民大学出版社 2004 年版，第 51—53 页综合而成。

思想感情的行为。象征行为具有智慧性、社会性、约定性，同时在许多场合还具有价值性、动机性和行为取向性。人类这种象征性的活动是推动社会进步、发展和变革的重要机制。

象征性互动理论的倡始人是20世纪初的美国社会心理学家乔治·赫伯特·米德。乔治·赫伯特·米德(1863—1931)曾是美国实用主义的带头人之一，也是当代社会心理学的创始人之一。米德1879年考入奥伯林学院，1887年进哈佛大学开始研究生学习。1888—1889年，他在莱比锡大学学习冯特的实验心理学。1891年受聘于密歇根大学，开设生理心理学、哲学史、康德与进化论等课程。1894年成为芝加哥大学哲学和心理学系助理教授，从此开始了在那里长达近40年的执教生涯。他在芝加哥大学最后10年对社会学系的影响使该系享有"米德的前哨"之称。之后其出版的《思想、自我与社会》对于这一理论的发展有着比较积极的影响。20世纪60年代以后，美国学者布鲁默、西布塔尼和特纳等学者对于这一理论进行了发展和论述。

米德对象征性交往理论做了比较系统的阐述。该理论把人看作具有具体象征行为的社会动物，把人类的象征活动看作是一个积极的、创造性的过程，是人类创造出广泛文化的一种活力，认为研究象征行为不仅对揭示人的本质，而且对理解现实的社会生活都有重要的意义。象征性互动理论的核心问题是考察以象征符号为媒介的人与人之间的互动关系，它有三个基本前提：(1)人是根据意义来行动的；(2)意义是在互动的过程中产生的；(3)意义是由人来解释的。由此来讲，意义、社会互动、解释是这一理论的三个关键词。

在实际的人际交往过程中，象征性互动是怎么完成的呢？在米德看来，符号是完成象征性互动的重要媒介，语言是一组符号，是社会所共有的，在语言里面包含了社会背景和文化背景，是思想交流、影响人际关系的重要因素，人们的自我认识也是通过符号来完成的。我们在下面的模式中阐述这一理论的具体应用(见图3-2)。

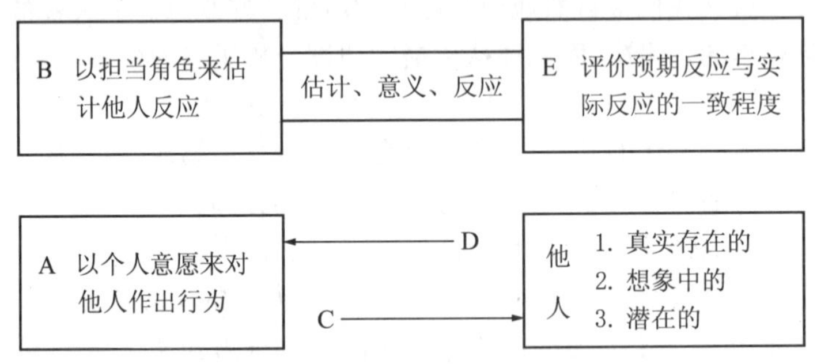

图3-2 米德的象征性交互理论模式图

资料来源 林秉贤：《社会心理学》，群众出版社1985年版，第265页。

一般人认为，似乎可以直接从A到C。但是米德认为，必须从A到B，然后再到C。他认为在一个人发出某种行动时，必须要估计到他人的反应。他认为可以通过担当(或想象中的角色)来估计他人的反应，即从A到B到C。这里的"他人"可以是实际上存在的人，也可以是想象中的他人或是潜在的人。这也就是社会学家奥尔波特所说的：社会心理学家把他们的训练看作为试图理解个人的思想、感觉、行为是如何为别人的实际上的、想象中的或潜在的存在所影响。

我们在人与人的交往中，首先要估计到可能会发生的事情，才能作出对他人的行为，同时也发出对别人的反应(D)，然后就可以评价预期反应和实际反应的一致程度(E)。在这样的过程之中，(B)是最主要的，也是最关键的，是象征性相互作用的第一步，是靠语言或其他符号起作用的。对于个人(自我)来说，他人可以分为重要性的他人和非重要性的他人。

(三) 布鲁默的象征性互动理论

美国社会学家 H. G. 布鲁默，是符号互动论的主要倡导者和定名人。1900 年 3 月 7 日生于美国密苏里州圣路易斯。1922 年在密苏里大学获硕士学位。1922—1925 年在密苏里大学讲授社会学，任讲师。1927 年获芝加哥大学博士学位，并受到乔治・赫伯特・米德、R. E. 帕克和 W. I. 托马斯等人的影响。主要著作有：《电影和品行》(1933)、《劳资关系中的社会理论》(1947)、《工业化与传统秩序》(1964)、《符号互动论：观点和方法》(1969)。

1937 年，布鲁默在一篇文章中偶然提到了"符号互动理论"这一术语，后来经过 30 多年的努力，直至在 1969 年出版的《符号互动主义》一书里，给予这一术语以系统的解释和论述，并将其上升为一种社会理论。他的主要观点有：(1)人类社会是由具有自我的个人组成的。人类创造并使用符号来表示周围的世界，他们既能视自己为客体，又能将任何客体置于互动情境中。(2)互动是个人与他人和群体之间意义理解和角色扮演的持续过程。在互动作用中，个人的行动具有创造性、建构性和可变性。(3)符号互动创造、维持和改变社会结构。社会结构也是行动者置入情境定义的客体之一，是一个动态的、不断展开的过程。(4)社会学方法必须着重于研究人们作出情境定义和选择行动路线的过程。研究活动本身应被视为一种符号互动过程，研究者应通过探索和检验过程使概念与经验世界结合起来。(5)理论应能解释互动过程，并指出一般行动和互动发生的条件。社会学家主要依靠敏感性概念来建构理论。演绎推理方法不适用于社会学，只有持续的参与观察—检验方法才适合于互动分析。①

在布鲁默看来，人的任何行动不但是有目的的，而且同时也是一种对于他人的回应。在解释中，他特别强调在人际交往中作为互动有两种，一种是"非符号的互动"，另一种是"符号的互动"。这两者最明显的区别在于是否完成了在互动过程中的必要的"解释"这一过程。那么进一步来说，解释的第一个阶段是互动的一方自己本身的对话，也就是传播中的内向传播，包括自身的愿望、目的、动机和计划等。这是一种自我互动，在本质上来说是一种与他人互动的内在化，也就是与他人的社会联系或社会关系在个人头脑中的反映。内向传播对个人具有重要的意义，通过自我传播人能够在与社会他人的联系上认识自己、改造自己，不断实现自我的发展和完善，从而使得自己能够更好地适应社会的需要，处理好各个方面的关系。解释的第二阶段就是要对自己现实化的行动进行选择、决定。从本质上来说，这是人的一种社会化互动，要将自己的内在通过人与人之间的互动进行传达。从某种程度上来说，人际传播是内向传播和人内传播的结合体。

布鲁默认为"符号互动"的产物可以分成三种。一种是物理性的东西。另一种是社会性的东西，如人的社会身份、关系、地位等。最后一种是抽象性的东西，如人际交往的规

① 《布鲁默，H. G》，http://www.xuas.com/bkview.asp?id=805&lm=28&page=6。

范、约定俗成的道德准则等等。布鲁默自己并没有讲明这三类产物之间的关系，只是认为都是社会化的产物。象征性社会互动理论的核心问题是考察以象征符（尤其是语言）为媒介的人与人之间的互动关系。由于象征符与意义是一个统一体，所以象征性社会互动又称为符号互动或意义互动。象征性社会互动首先是一个互动双方通过象征符来交流或交换意义的活动。布鲁默对于人际传播最为重要的贡献之一，莫过于提出同一事物对于不同的人具有不同的社会意义。产生这种现象是因为互动的对象是不同的，而且各自生活教育背景等是不一样的。加入互动的参与者对于同一客体存在不同的意见，那么要进行互动是非常困难的，人与人之间就会产生隔阂。布鲁默认为通过"移情"，从他人的角度去理解同一个客体的意义，那么人与人就可以顺利地进行交往。这就要求在传播中双方要具有共同的意义空间，具有对传播中所使用的语言、文字等符号的共同理解，拥有大体一致或接近的生活经验和文化背景。这是传播顺利进行的前提条件，而且还要求在传播过程中的控制要得当，如果控制得不好，则传者、受者和情境都会有不同的意义。从总体上来说，这个理论对于传播学的贡献还是很大的，社会科学家依着这样的思路进展下去能够揭示人类社会和人类团体生活的本质。

（四）戈夫曼的戏剧理论①

美国社会学家戈夫曼（E. Goffman，1922—1982）是符号互动论的代表人物，也是"拟剧论"的倡导人。1945 年毕业于多伦多大学，1953 年在芝加哥大学获博士学位。1945—1951 年间曾在设得兰群岛进行实地调查，并据此写出他的第一部重要著作《日常生活中的自我表现》，并成为学界最为推崇的一部著作，戈氏在这部著作中出色地介绍了"拟剧论"（或"编剧论"）在社会相互作用上的应用。

戈夫曼深受 H. G. 布鲁默等符号互动论者的影响。他以个人经验观察的结果为主要资料来源，对社会互动、邂逅、聚集、小群体和异常行为进行了大量研究。其理论观点主要有：(1)在人际交往形式的研究中首创"拟剧论"，认为社会行为就是社会表演，人们在互动过程中，小心翼翼地扮演自己的多种角色，从而使自身的形象能为自己的目的服务。(2)在对异常行为研究中提出"污记说"，即对能够损害某人（群体）声誉的社会标记的研究，并由此提出"越轨生涯"概念。

戈夫曼在社会研究的许多方面都有自己的重要见解，但他一生中最关心的还是对在短暂的人际交往中人们制造印象以及别人根据自己的印象作出反应过程的研究。认为交往是一种社会互动的过程，任何社会互动的关键都在于参加者借助于自己的言行向他人呈现自己的属性，通过呈现自我，对他人施加影响，控制他人的行为尤其是控制他人对自己的方式，这实际上是对他人施加压力，为自身树立某种形象，从而达到控制他人的目的，以此作为交往的动机。因此，戈夫曼把人际交往比作演戏，把"场所"（社会）比作剧场，社会成员则在这里按照社会剧本的需要扮演角色，以取得别人的赞许，而演出又受到十分警

① 根据《戈夫曼对梅氏的影响》，http://student.zjzk.cn/；芮必峰：《人际传播：表演的艺术——戈夫曼的传播思想》，《安徽大学学报（哲学社会科学版）》2004 年 7 月；乐国安等编著：《社会心理学理论》，兰州大学出版社 1997 年版，第 250—256 页综合而成。

觉的观众的鉴定。在日常生活中，每个人都在做戏，小心翼翼地表现自己，以把握自己给他人造成的印象，从而使自身形象能最好地为自己欲达到的目的服务。戈夫曼认为，一场演出要包括三种人：演员、观众和观察者。演员或集体表演，或演独角戏。他们使用“道具”，对照“剧本”，登上“舞台”，并活动于“前台”和“幕后”之间。戈夫曼把专门为陌生人或偶然结识的朋友所做的动作称为前台行为，而将只有关系更为密切的人才能看到的暴露演员真实感情的动作称之为幕后行为。例如，饭店的服务员在“前台”接待顾客时扮演的若是一种恭维的角色，但回到“幕后”——厨房以后扮演的也许是一种批评的角色：“你看他那副傻样！”所以，人类的演出一般都具有欺骗性，人不会在“前台”暴露自己的真实感情。

但是，有时演员在表现一种(前台)印象时，会由于他无意识地或不恰当地表现使观众觉察或观看到另一种(幕后)印象。例如，一个正在被面试的人可能会因表现得过分从容自如，而暴露出他内心十分紧张的一面。戈夫曼接着说，尽管人们常常知道人仅仅是在扮演各自的角色，他们还是要保护演员的角色。因为，如果印象受到挑战，演员“丢了脸”，就会使观众和演员都感到窘迫。因此，人们会有礼貌地装作没看见一个本来衣冠楚楚的绅士那半开的裤门，学生会有礼貌地不去指正教授在授课时的错别字和语病。

戈夫曼的理论遭到了杰克·道格拉斯等人(1980)的批评。他们说，戈夫曼所说的一切无非是怎样为了自己的利益来控制“社会形势”；他所强调的也只是自我表现的非常静止的一面，而忽略了它动态的一面。情境论学者梅罗维茨虽然接受“拟剧论”，认为这是一种观察社会角色及规则的既有用又有趣的意见，但也批评戈氏以静态的观点而不是以动态的观点分析问题的方法，同时指责他仅局限于短暂的面对面的人体交往范型的研究，而忽视了通过媒介所进行的大规模符号互动现象的研究。因此，梅罗维茨认为，必须把英尼斯、麦克卢汉的媒介理论同戈夫曼学说中的情境论融合起来，从而将戈氏的静态场所研究结合麦氏的媒介环境观点延伸为动态的情境分析，将自然环境和场所研究延伸到传播媒介所造成的社会环境研究，以更全面地揭示社会现实。

二、与群体因素相关的理论

人际传播的发生往往受到一定的群体因素的影响，即使是两个人之间的互动也会受到其他人看法、观点的影响，或者受到群体规范的影响。所以当我们考察人际传播的时候就要考察多种因素，以避免过分孤立地看待传播状况。我们选取其中几个具有代表性的理论进行介绍：

(一)“社会模仿”理论①

法国社会心理学家J.G.塔尔德提出“群体模仿”的概念，在1890年出版的《模仿的法则》一书中指出社会上的一切事物不是发明就是模仿，而“模仿是最基本的社会现象”，这一理论充分指出了人际传播对于人格形成的重要作用。他认为模仿分为无意模仿和有意

① 根据郭庆光：《传播学教程》，中国人民大学出版社2004年版，第97—98页；孔汪周等：《社会心理学新编》，辽宁大学出版社1987年版，第438—439页综合而成。

模仿,前者是个人在不自觉状态下对他人行为的反射性效仿,而后者则是基于一定的动机或目的的自觉效仿。人在社会化过程中的各种学习,也可以说是一种自觉的模仿或有意识的模仿。

在集合行为特别是高度密集的人群中的模仿与作为学习过程的模仿是完全不同的。换句话说,集合行为中的模仿更多地表现为无意识地、条件反射性的模仿。因为人们在面临突然或灾难性事件时,用常规方法很难应付局面,最简单的方法就是直接模仿周围人的行为,由此模仿行为产生。心理学认为,模仿与人的安全本能有着密切的关系,在具有高度不确定性的突发事件中,每个人都希望与在场的多数人保持一致,把它作为最有效的安全选择。但是,这种失去理性的相互模仿所带来的结果又可能是最不安全的。

在其他类型的集合行为中,这种非理性模仿的发生则是基于一些其他的原理,其一就是"匿名性原理"。研究人员在对一些街头破坏性骚乱中的越轨者进行调查时发现,他们并不都是劣迹斑斑的坏人,相反很多人平时都是循规蹈矩的人,因为在集合行为中没有人知道他们的确切信息,处于一种没有社会约束力的情况中,这样就使得他们失去了社会责任感和约束力,作出了种种本能冲动的行为。

和模仿行为的"本能论"相对立的是社会学习理论的观点。这一观点最初以米勒和多拉德为代表,他们以"强化理论"来说明人类模仿行为的产生。20 世纪 60 年代后,学者班杜拉结合人类的认知过程来研究人类的模仿行为,认为和人类的许多其他行为一样,模仿不是先天的、本能性的,而是在后天的社会化过程中逐渐习得的。他发现,先前理论的许多确实之处在于忽略了重要的社会性因素,亦即人和人之间的相互影响过程。据于此,班杜拉对攻击行为、性别角色差异、亲社会行为进行了深入研究,对模仿领域的研究作出了自己的贡献。

(二)"群体思维"理论

学者理查德·韦斯特和林恩·H. 特纳对"群体思维"的定义是:"在群体成员想保持一致的愿望超过了评估所有可能的行动计划的动机时所采取的谨慎的思维方式。"①

群体思维的概念最初是由欧文·贾尼斯在 1972 年出版的《群体思维的牺牲品》(*Victims of Groupthink*)一书中提出的,他认为当群体面临共同的目标时,大家就会服从于群体压力。这是他最初研究政府外交行为中发现的。

贾尼斯认为导致群体思维有三种因素:一是决策群体的凝聚力,凝聚力越高,就会形成越大的服从压力,让个体的观点趋于与群体一致;二是群体所在的环境具备特定的结构,其中群体受外界影响越小,就越容易形成一致,而如果决策的机制和程序不合理,就更容易使人们趋于达成一致的不合理的一致结论;三是由群体内、外所产生的压力,压力越大个体就越容易屈从于群体的结论。②

---

① 理查德·韦斯特、林恩·H. 特纳:《传播理论导引:分析与应用》(第 2 版),刘海龙译,中国人民大学出版社 2007 年版,第 262 页。

② 理查德·韦斯特、林恩·H. 特纳:《传播理论导引:分析与应用》(第 2 版),刘海龙译,中国人民大学出版社 2007 年版,第 267—269 页。

群体思维可能表现为多种症状，贾尼斯总结了其中几种，其中包括：寻求一致（而非坚持自己观点）；对群体评估过高，可能会认为自己所属的群体是完全正确的、道德完全崇高的，或出现不可战胜的幻觉；思考方式趋于封闭，群体外界的影响被选择性忽视；寻求一致的压力，认为大家都同意集体的观点，而以此为基础来审视、否定自己原来的观点。

对于如何避免群体思维，学者哈特给出了自己的建议：对群体进行监督和制约；鼓励成员提出反对意见；容忍反对的声音；在多数意见和少数意见之间寻找平衡。

从"群体思维"理论和"社会模仿"理论中我们可以看出，我们每个人都生活在几个或者更多的群体中，我们的人际传播极易受到群体的影响。尤其在网络时代，由于海量信息迅速传播，并且网络"去中心化"给每个人相对平等的发言机会，人们对公共话题有了更高的参与度，能够更好地行使公民权。有人称2008年为"中国公民社会元年"，因为这一年的汶川地震中NGO、普通公民参与到救灾中贡献了自己的力量，社会公众也积极关注并参与相关的活动。而在之后诸如强制拆迁、郭美美事件、小悦悦事件等诸多公共议题中，公民有了更广泛积极的关注。但是在更积极参与的同时，由于我国网络环境还不够理性，往往导致"群体极化"的发生。群体极化指的是在群体中最终形成的意见往往趋于一致和极端，因而当最终的结论是不合理的时候，就会产生很大的破坏力。药家鑫案就是其中一例，药家鑫显然受到了某些不公正的评论。所以由于社会模仿的存在，可以形成人人遵守的合理社会规范，但也可能会导致一些非理性的群体行为，在人际传播中应当保持独立的理性和判断能力。

三、"两级传播"与"意见领袖"①

"两级传播"理论属于有限效果理论的范畴，美国的社会学家保罗·拉扎斯菲尔德在1944年的《人民的选择》中提出了这一理论。拉氏认为"观念常常是从广播与报刊流向舆论领袖，然后由舆论领袖流向不太活跃的部分"。舆论领袖指的是群众中有一定权威性与代表性的人物，他们首先接触大众传播媒介，再将从媒介上获得的信息进行加工获得自己的理解，然后传播给周围的人，从而对周围的人施加一定的影响。虽然这一理论常常被用来研究大众传播效果，但是从某种意义上来说，这一理论表现了人际传播对大众传播的重要影响。按照拉扎斯菲尔德的观念来说，传播的效果是伴随着讯息的"两级传播"（大众媒介——舆论领袖——一般受众）过程而产生的。在这一传播过程中有很多人际传播的成分，如果把人际传播的效果减去，那么作为大众传播的效果是会大打折扣的。

1960年，学者卡拉珀·约瑟夫（Klapper Joseph）对于这一有限效果理论进行了总结，指出受众在接受大众传播的过程中，会对人际传播的内容进行"选择性注意，选择性理解，选择性记忆"，并且是倾向于那些与自己的观念相吻合的内容，另外还有团体规范的制约、群体过程、"意见领袖"的影响。剔除大众传播在最初对于舆论领袖的传播之外，剩下更多的是需要人际传播的力量。但是意见领袖除了具有人际传播的能力、在人际关系网中具有威望外，同样重要的是要有更高的通过非人际传播获取信息与吸收信息的能力。一个

① 根据丹尼斯·麦奎尔等：《大众传播模式论》（第2版），祝建华译，上海译文出版社2008年版，第69页；董天策：《传播学导论》，四川大学出版社1995年版，第312—314页整理。

普通人在网络时代短时期成为意见领袖的可能性更大，但是依然需要意见领袖能够更多地通过非人际传播的方式迅速、大量地了解信息，才能够在与其他人的沟通中掌握更大的话语权，取得更高的威信。

微博中加V认证的名人往往会成为意见领袖，对公众的意见产生相当大的影响。例如韩寒、贺卫方等知识分子，往往在公共事件发生后成为受关注的焦点。而当韩寒的地位受到方舟子挑战时，依然会有网民支持韩寒。

四、“创新—扩散”理论

美国著名的传播学家弗里特·罗杰斯在1962年出版的《创新发明的推广》一书中提出了曾经一时间主导传播研究范式的“创新—扩散理论”。这一理论把新事物的传播过程分成了几个重要的因素：①

第一，新事物。新事物指的是一种创新，即为一种被个人或其他采纳单位视为新颖的观念、实践或者是事物。在新事物是否被接受过程中要受到一些因素的制约，罗杰斯认为这些因素主要是一项创新优越于它所取代的旧观念的程度，与现有价值观、以往经验、预期采用者的需求共存的程度，创新理解和运用的难度，在有限基础上被试验的程度，创新结果能为他人所见的程度。罗杰斯指出：“一般说来，接受者认为较多的相对优越性、兼容性、可试验性、可观察性以及更少复杂性的创新比其他创新将更快被人们所采用。”

第二，发展阶段。罗杰斯认为对于创新事物的接受需要一定的传播阶段，主要分为五个阶段：获知—说服—决定—实施—确认。获知指的是接触创新并略知其如何运作的阶段；说服指的是有关创新态度的形成阶段；决定指的是确定采用或拒绝一项创新活动的阶段；实施指的是投入创新并运用的阶段；确认指的是强化或撤回关于创新的决定的阶段。

第三，人的因素。罗杰斯把创新的采用者分成五类，以区别创新采用率不同的个人或其他决策单位，他们分别是创新者—早期采用者—早期众多跟进者—后期众多跟进者—滞后者。不同的采用者有各自不同的特点：创新者，他们大胆，热衷于尝试新观念，比其他的人拥有更多更广的社会关系；早期采用者，他们地位受人尊敬，通常是社会系统内部最高层次的意见领袖；早期众多跟进者，他们深思熟虑，经常与同事进行沟通，但很少居于意见领袖的地位；后期众多跟进者，他们疑虑较多，采用创新常常是出于经济必要或者是社会关系的压力；滞后者，他们因循守旧，局限于地方观念，比较闭塞，往往参考的是以往的经验。

第四，传播的媒介。主要以大众媒介和人际传播为主，大众媒介在改变人的认知方面比较好，而人际传播在改变人的态度和行为上的效果比较好。

罗杰斯指出对于采用或拒绝一项创新后给个人或社会系统带来的变化指出三点，分别是：第一，满意或不满意的后果取决于创新效果在社会系统内是建设性还是破坏性；第二，直接或间接的后果取决于个人或社会系统的变迁是对创新的一种直接回应还是创新直接后果产生的二级结果；第三，预料之中还是预料之外的后果取决于变迁能否得到社会

① 根据申凡等：《当代传播学》，华中科技大学出版社2000年版，第53—54页；黄晓钟、杨效宏、冯钢主编：《传播学关键术语释读》，四川大学出版社2005年版，第102—103页综合而成。

系统成员的公认以及是否符合众人的期望。罗杰斯的"创新—扩散理论"同样也是人际传播对于大众传播影响的一个重要理论。

当一种新的传播媒介或传播技术产生后也会有一个逐渐扩散的过程。经过十几年的发展,根据 CNNIC 的统计,中国网民的数量从寥寥无几达到 5.13 亿,已经具有相当的规模,这也逐渐地改变着我们的人际传播习惯。

五、"约哈瑞窗口"

1955 年,美国心理学者约瑟夫·卢夫特(Joseph Luft)和哈瑞·英汉姆(Harry Ingham)提出了分析人际关系和传播的"约哈瑞窗口"(Johari window,两个人的名字各取一部分而成)理论①。说明了人际传播的自我认知功能。他们用四个方格,说明人际传播中信息流动的地带和状况(见图 3-3)。

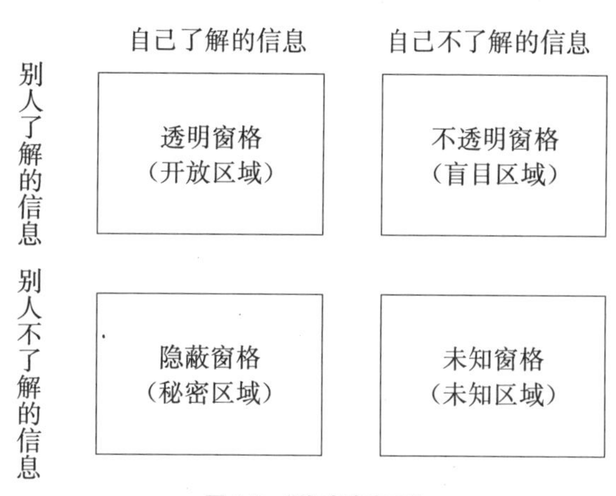

图 3-3 "约哈瑞窗口"

资料来源 周庆山:《传播学概论》,北京大学出版社 2004 年版,第 66 页。

第一个方格称为"开放区",在这里,传播各方的"我"均认为可以公开的信息都集中在这个方格内,包含了自己知道别人也知道的有关自我的信息,如性别、职业、年龄、家庭、行为等。

第二个方格称为"盲区",传播各方的"我"不知道的他人评价"我"的信息置于这个方格内,即为别人感受得到而自己却不知道的有关自我的信息,如我们平常在事件中经常说的"旁观者清"就是这样一个道理。这些信息"我"不知道,但是别人都知道,看得很清楚。

第三个方格称为"秘密区",传播各方的"我"均认为不能公开的纯私人信息,除了隐私,还包括不愿意暴露的"我"的弱点。有些甚至对至爱亲朋也不能说。即为那些只能为己知而不能为外人知的个人隐私,如个人所不愿意被他人知晓的一些行为、情感、态度和收入等这样一些秘密,我们将之称为"秘密区"。

第四个方格称为"未知区",传播各方都不知晓的信息置于这个方格中,即为自己不知

① 根据 http://www.chimaeraconsulting.com/johari.htm, MallanGroupTrainingandManagewentInc. 1999;周庆山:《传播学概论》,北京大学出版社 2004 年版,第 66 页;陈力丹:《试论人际关系与人际传播》,《国际新闻界》2005 年第 3 期,第 46—47 页综合而成。

道别人也不知道的区域。这是指每个人身上尚未开发出来的信息或潜能，遇到新情况或新问题时，这类信息会生成和表现出来，为传播各方的"我"和他人察觉。

在人际传播互动中，和他人进行交流时都可以画出这样一个窗口，窗口中每个部分的大小是因人而异的，一个人同他人情感交流的成分和领域是各不相同的。每个人都可能会获知部分盲区的信息，也会暴露部分封闭区的信息，同时从无知区生成新的信息。人际传播就是这样处于永恒的流动中，人们总是希望探求到更多的对方信息，但总是无法完全达到目的。

六、认知一致性理论

(一) 海德的平衡理论①

心理学家海德(Fritz Heider)最早提出了一致性理论(consistency theory)，他关心的是自己在认知结构中对彼此相关的人和事物形成态度时采用的方式。海德假定，不平衡的状态产生紧张，并产生恢复平衡的力量。他说："平衡的状态的概念是这样的：在这种状态中被感知的个体与所感觉的情绪无压力地共存。"

海德的图集中表现在两个人，一个人是"P"，是分析的对象；一个是另外的某人"O"；以及一个物质的客体、观念或事件"X"。海德关心的是，在一个人"P"的心目中，这三个实体之间的关系是怎么组成的。海德将此三者之间的关系分成两种情况，喜欢"L"和联合"U"的关系(因果、拥有、相似等等)。在海德的图中，"如果三者关系在所有的方面都是正面的，或者，如果两种关系是反面的，一种关系是正面的，那么平衡就会存在"。除此之外，其他的组合都是不平衡的(见图 3-4)。

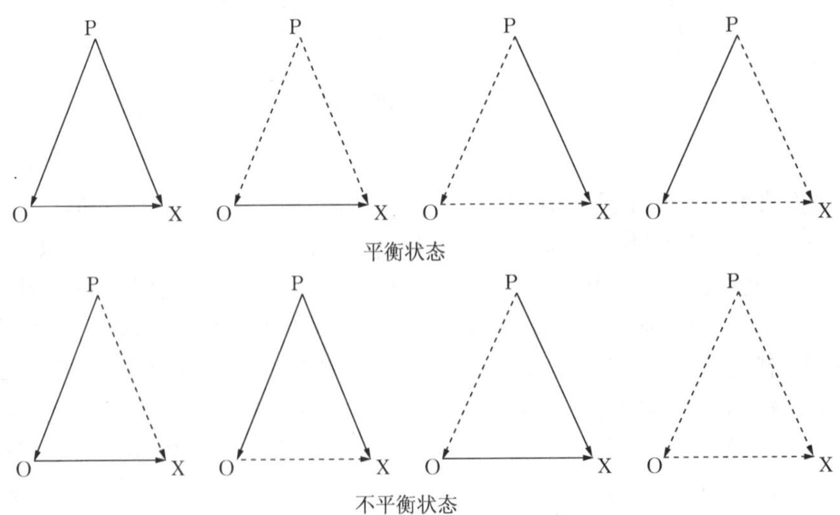

注：根据海德平衡定义的平衡状态和不平衡状态距离。
实线代表正面关系，虚线代表负面关系。

图 3-4　海德的平衡模式

资料来源　沃纳·塞佛林、小詹姆斯·坦卡德：《传播理论：起源、方法与应用》，华夏出版社 2000 年版，第 157 页。

① 沃纳·塞佛林、小詹姆斯·坦卡德：《传播理论：起源、方法与应用》，华夏出版社 2000 年版，第 156—157 页。

在海德的理解中，喜欢的程度无法区分；其中的关系不是正面的，即是负面的。它还假设，平衡的状态是稳定的，不受外界影响的，而不平衡的状态被假设为不稳定的，个人会产生心理紧张。这种紧张"只有在状态发生变化、达到平衡时才能缓解"。这个论点便是传播者对该理论感兴趣之焦点所在，因为它包含着一个态度改变和抗拒态度改变的模式。由于不稳定，不平衡状态便容易向平衡状态改变。由于稳定，平衡状态便抵制改变。一些学者在著作中讨论了支持海德平衡理论的研究数据。由此可见，海德的平衡理论虽然现在还是粗糙的、不完善的，但其理论非常切合人际传播中人与人之间的关系，在人际传播的发展中有很大的贡献和作用，在当时的传播发展中给了学者们很大的启示。

(二) 认知失调理论

认知失调理论首先是由社会学家费斯汀格(Festinger)提出的，他深受学者勒温的影响。勒温认为心理环境是相对独立于物理环境的心理场，人的行为是人与心理环境交互作用的产物，人的心理环境构成特定的力场，场中力的分布受人的需求的制约。勒温的上述思想实际已蕴含了认知矛盾的思想，因为心理环境依赖于特定的个人，特定的时间和空间，特定的主观状态，这必然使认知矛盾难以避免。费斯汀格在继承勒温思想的同时，将理论的参照点转移到了认知水平上，以主体内部认知要素之间的不一致来解释行为的动因，创立了认知失调论。尽管费斯汀格的理论是作为强化理论的对立面出现的，理论的观点具有独创性，但是他的观点的萌芽却深植于勒温的思想土壤中。正如阿隆森指出的那样，失调论是从勒温思想方法的观点中产生出来的，并且成为以后许多理论的基础。

1. 何谓认知失调①

费斯汀格假定，人有一种保持认知一致性的趋向。所谓认知是指任何一种知识，包括思想、态度、信念以及对行为的知觉等。这些思想、态度、信念以及对行为的知觉亦称作认知元素。人的认知元素是无穷无尽的。在现实社会中，由于各种因素的制约，人们常常不能达到心理或者是认知上的一致，这样就会产生心理上的痛苦。这种一个认知与另一个认知相对立的关系就叫做失调。认知失调指的就是假如两个认知要素是相关且互相独立的，那么我们可以由一个要素推出另一个要素，这两个要素就是失调关系。外部的不一致不一定表示内部的不一致，因为人们可以将外部行为的不一致理性化，达到内部心理或认知上的一致。认知失调理论认为：在一般情况下，个体的态度与行为是相协调的，因此不需要改变态度与行为。假如两者出现了不一致，比如做了一些与态度相违背的事，或没做想做的事，这时就产生了认知失调。认知失调会产生一种心理紧张，个体会力图解除这种紧张，以重新恢复平衡。人们都力求认知的一致性，即人们试图将其认知彼此同一和协调起来。比如说，A 从来不拿别人的东西，但他经常从办公室带些物品回家，他认为这是"公私有别"。这样认知元素发生矛盾，不协调就产生了。这时候人们就会试图寻找方法来减少认知不协调所

① 根据孔汪周等：《社会心理学新编》，辽宁人民出版社 1987 年版，第 181 页；乐国安等编著：《社会心理学理论》，兰州大学出版社 1997 年版，第 154—156 页综合而成。

带来的不舒适的感觉。认知失调最简单的方式有两种，一种是逻辑上的不一致，另一种是态度与行为的不一致或者说是同一个体的两种不同的行为可能导致失调。

2. 认知失调的程度

失调的程度决定于两个因素：第一，认知对于个人的重要性。当有关的认知同本人的关系不大时，即使他们处于不协调之中，程度也是较浅的。而当有关的认知同本人关系密切时，则可能产生程度较大的不协调，即对于个体而言，要素的重要性或价值越大，由此引发的失调程度也就越高。第二，不协调认知的数目与协调认知数目的相对比例。在决定认知失调的程度时，必须要考虑到认知结构中所有与失调有关的认知要素。在实际中，每一种失调都牵涉到两个以上的认知，除了主要的认知外，其他的认知也会对失调的程度产生或多或少的影响。其可以用下列公式来表示：

$$\text{不协调的程度} = \frac{\text{不协调认知项目的数量} \times \text{认知项目的重要性}}{\text{协调认知项目的数量} \times \text{认知项目的重要性}}$$

但是，失调的最高程度也没有上限，存在于两个认知要素之间的最大失调对较少抵抗元素变化的总体抵抗力量是等值的，假如失调程度超出这一最大极限，那么较少抵抗元素的变化就会发生困难，失调也就不能解决。在通常的情况下，由于各种因素的限制，使得失调无法最大限度的发挥，并不能达到它的最大值。个体往往会通过增加新的认知元素以减轻失调的强度。认知不协调是一种不愉快的心理感觉经验，具有动机的作用，会驱使个体设法减轻或消除失调的状态，使关联着态度与行为的认知变成比较协调。①

也有学者认为不协调的程度还包含第三个量，即理性化(rational)程度。理性化指的是运用什么样的推理逻辑去解释存在认知不协调的原因。如果能够采取更加理性的方式去认知不协调，那么不协调的程度就会降低。这跟归因也有很大的关系。如果人们更愿意认为这种不协调是由于客观的甚至不可抗的因素导致的(原理参见本书对归因理论的解释)，就会降低不协调的程度。

3. 改变认知失调的方法

费斯汀格认为减少认知失调的方法通常有以下四种：(1)改变认知：如果两个认知相互矛盾，我们可以改变其中一个认知，使它与另一个相一致。比如设法改变自己的意见或者是他人的意见。(2)增加新的认知：如果两个不一致的认知导致了失调，那么失调程度可由增加更多的协调认知来减少。比如引进新的认知元素，改变不协调的状况。(3)改变认知的相对重要性：因为一致和不一致的认知必须根据其重要性来加权，因此可以通过改变认知的重要性或最终选择的评估来减少失调。例如，增加对我们所选择的事物的正向评估，或贬低对所放弃的事物的评估都能减少失调。人们在决策后常倾向于增加对所选

① 根据孔汪周等：《社会心理学新编》，辽宁大学出版社1987年版，第184—185页整理。

事物的喜爱程度，而减少对没选择事物的喜爱。随着选择与放弃的方案之间主观差距的进一步扩大，失调也随之减少。(4)改变态度：改变自己的态度，使得其符合行为的要求。后来，费斯汀格和学者卡尔史密斯证实了认知不协调理论的存在，他们将认知失调中态度的转化过程分成四个必要的步骤。态度的矛盾必须产生于人们不愿意的消极影响，被试者必须对这种消极影响负有责任感。如果对于消极结果作出态度改变的选择，会体验到认知不协调，然而如果别人强迫你改变就不会产生对行为的责任感，也就不会产生认知不协调；生理唤醒是认知不协调过程中的重要组成部分。

而前三者发生的情况相对较多，改变态度则并不是那么容易。这是因为，社会心理学家讲的"信念固着"(attitude perseverance)现象，也就是说人的信念和态度是可以独立于支撑它的逻辑而存在的，即使支持它的证据被否定，它依然可以存在。通过实验表明，人们越是极力证明自己是正确的，就越对与之相矛盾的信息视而不见。人们可以通过用一种认知去否认另一种或者认为被自己抛弃的认知不重要来改变不协调。另外，人们可能会把不协调的部分单独归类，以创造新认知来改变这种情况，比如微博热议的"济南城管与商贩互相下跪"事件，假若有人认为所有的城管都是暴力执法的，就会认为这种温和执法是一种例外，以此把这个事件单独分类来改变认知不协调。

假若一个人的态度过于顽固，不能够改正自己某些不合理的态度，就容易在这件事的认知上走向极端。而在网民、公民参与到公共讨论的态度有待理性化的今天，我们应该如何让自己不过于顽固、极端以至于走向非理性呢？心理学家给我们指出一条途径：解释与我们相反的观点。假若我们能够移情，从他人的视角、从另一种观点的视角出发来作出思考，我们就能够更加理性、全面、客观地看待问题，避免自己走向极端。

七、人际需要的三维理论①

人际需要的三维理论是由舒茨(Schutz, 1958)提出的。他认为，人际关系的模式大致上可以通过三种人际需要来表示，即包容的需要、支配的需要和情感的需要。舒茨认为人际需要就是个体要求在自己与他人之间建立一种满意的关系，这种关系具体说就是自己与他人之间相互交换的总量以及他发送行为和接受行为信息的程度为自己所满意。其中最基本的人际需要为：

第一，包容的需要：指的是个体想要与别人建立并维持一种满意的相互关系的需要。包容主要是关于群体情境个体的隶属问题。人在到一个新的环境中时总是力图使自己融入团体，与他人创造良好和谐的关系。如果他感到受冷落了会变得更加孤僻，退到自己的孤独天地，或者是想办法扭转这样的局面。

包容的需要可以转化为动机，同时产生包容的行为。如果人的包容需求没有得到满足，那么他在人际关系中很容易产生低社会行为或超社会行为。低社会行为内倾、退缩、避免与他人建立关系，拒绝加入群体之中。他们一般会同别人保持一定的距离，也许不参加、不介入别人的活动。超社会行为比较外向，经常与他人接触，常常是表现性的，这种行为对于别人有很强的感染力。这种人在人际交往中也不会有什么障碍，能够随着环境的

① 根据时蓉华：《社会心理学》，浙江教育出版社1998年版，第341—344页整理。

变化对自己的行为作相应的改变。

第二,支配的需要:个体在权利关系上与他人建立并维持满意关系的需要。这种需要动机能够产生支配行为。支配行为是人们之间进行决策的过程。可以分为拒绝型、独裁型和民主型。拒绝型倾向于谦虚、服从,同人的交往中比较拒绝权利和责任,在人际关系中比较容易接受别人的领导,不能自作主张,甘愿充当配角。独裁型喜欢支配控制别人,喜欢权力地位,在人际关系中比较倾向于领导地位,喜欢替别人作决定,在人际传播中是一种强权的类型。民主型能够顺利的解决人际关系中的控制与权利的问题,能够根据环境的变化适时调整自己的行为,既能够顺从上级又能够处理好自己的权利关系,是人际关系中比较美满的类型。

第三,情感的需要:指的是个体与他人的关系中建立并维持亲密的情绪联系的需要。舒茨将这种需要定义为讨人喜欢、受人爱的需要。情感需要可以表现为低级的,也可以表现为高级的。舒茨将之分为低个人行为和超个人行为,较为理想的是低个人行为。低个人行为表现为避免亲密的人际关系,表面上表现得很友好,实际上希望别人保持一定的情绪距离并希望别人也这么做。超个人行为希望与别人建立亲密的关系,表现为格外具有人情味或对他人表示亲密。个人行为无论关系密切与否都能正确地看待,根据实际情况调节自己的行为。

舒茨根据以上三种人际需要行为组合成六种人际关系的行为模式(见表 3-1)。

表 3-1　人际关系行为模式

行为倾向 / 需要	主 动 性	被 动 性
包容	主动与他人交往	期待他人接纳自己
支配	支配他人	希望他人引导
感情	主动表示友爱	等待他人对自己亲密

资料来源　时蓉华:《社会心理学》,浙江教育出版社 1998 年版,第 344 页。

八、社会交换理论①

社会交换理论将人际传播重新概念化为“一种社会交换现象”(a social exchange phenomenon),认为人际传播的推动力量是“自我利益”(self—interest),人们出于交换包括爱情、地位、服务、货品、讯息和金钱等在内资源的需要进行相互间的传播活动。传播学认为,“社会交换论”的提出有其社会学、心理学、社会心理学等多学科根源。

美国社会学家霍曼斯(Homans)受到经济交易理论的启发,在 1958 年提出社会交换理论,强调社会互动过程中的社会行为是一种商品交换。该理论的基本假设是:人们所付出的行动要么是为了获得报酬或奖赏,要么是为了逃避惩罚,而且,人们是按照尽量缩小

① 根据时蓉华:《社会心理学》,浙江教育出版社 1998 年版,第 344—346 页;乐安国等编著:《社会心理学理论》,兰州大学出版社,1997 年版,第 269—287 页;章志光等编著:《社会心理学》,人民教育出版社 1996 年版,第 406—413 页;孙晔等编著:《社会心理学》,科学出版社 1988 年版,第 206—212 页综合而成。

代价、尽量提高收益的方式行动的。霍曼斯明确指出交换不仅是物质商品的交换，还包括赞许、荣誉或声望等非物质的交换。认为在人际交往中得到的是报酬，付出的是代价，精神利润就是报酬减去代价，除非双方得利，否则社会互动无法进行下去。良好的人际关系就是在这样的动机驱使下完成的。在我们现在的社会中竞争已不再是拼个鱼死网破，而强调的是竞争与合作，就是出于这样一个道理。霍曼斯交换理论最成功的是发展了分配上的公平原则。社会存在着一种制约社会交换的普遍规范，人们指望得到的报酬与其付出的代价是成比例的。若违反这一原则并损害了个人的既得利益，个人就会感到愤慨；如果得到利益而没有付出代价，就会内疚和不安。

根据一些社会学家和心理学家的观点，社会交换理论从分析人际关系中双方得到的报酬和付出的代价入手，更加能清楚地说明人际关系的本质。该理论认为人际关系首先并且最重要的是建立在自我利益的基础上，即人们要选择最能使自己获利的他人，同时，为了得到收益又必须给予他人。

学者西鲍特(Thibaut)和凯利(Kelley)在《群体社会心理学》中发展了代价与报酬的关系理论(cost—reward relation theory)。他们认为在人际互动模式中，人际关系的付出代价与获得报酬比人的个人特征更为重要。他们指出有三种基本的获得报酬与付出代价的关系，即为对称的获利、对称的吃亏和双方代价与报酬的不对称(见图 3-5)。

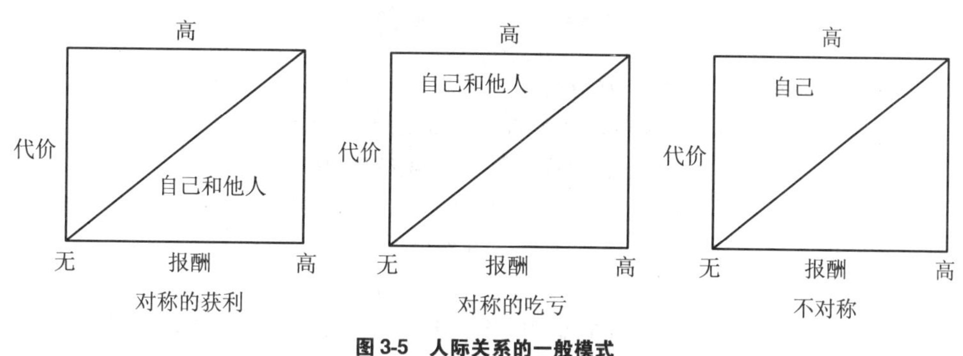

图 3-5 人际关系的一般模式

资料来源 转引自时蓉华:《社会心理学》，浙江教育出版社 1998 年版，第 345 页。

在第一种模式里，双方都知道，彼此付出的代价都最小而报酬最大。

在第二种模式里，双方都知道付出代价极大而双方的报酬根本不存在或几乎没有。

在第三种模式里，一方认为自己付出的代价较多而所获报酬最少，但对方所获报酬最大而付出代价最少，这样的人际关系就不利于自己而有利于对方。

西鲍特和凯利认为，在第一种关系中，即当一方认为人际关系中自己所获报酬大于付出的代价，同时看到对方也是如此时，那么双方的关系就会越来越巩固。这意味着一旦获得的报酬小于付出的代价，双方的关系就会趋于破裂。

另外一个鲜明的例子就是有名的"囚徒困境"(prisoner's dilemma)。这是鲁斯(R. Luce)和莱法(H. Raiffa)在 1957 年提出来的，用来说明人际传播中竞争和合作的重要研究典范。实验是根据囚犯的两难境遇提出来的，如果有两个被怀疑协同犯罪的嫌疑犯面临认罪和不认罪两种选择时，他们各自会作出什么样的选择呢？由于检察官认为两人都有罪，但是证据不足。所以，如果两个人都不认罪，他们就不能确认为犯了重罪，因此两人只能被轻判；假如一个人认罪，而另一个人不认罪，则认罪者将会因为协助破案有功而被释放，不认罪者则被加重判罚。这一囚徒困境可以从图 3-6 中清晰地显示。

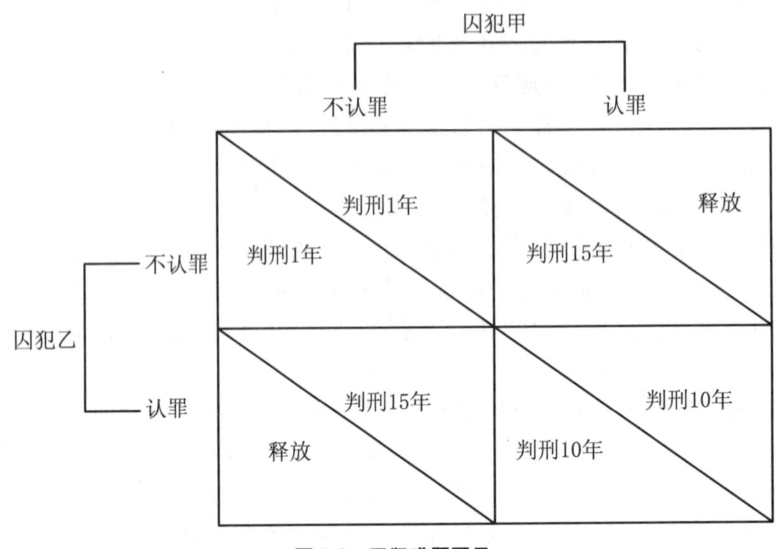

图 3-6 囚犯难题图示

资料来源 章志光编：《社会心理学》，人民教育出版社 1996 年版，第 411 页。

真正的囚犯面对这样两难的境地会是怎么样选择的呢？从分析上来讲，对两个罪犯来说最好的选择是都不认罪，这样两个人的处罚都是比较轻微的。但是，两个人是分开审问的，双方不能沟通信息，双方处于一直不互相信赖的地步，因此，假如一方选择了认罪，则另一方也必须揭发，否则就有被加重处罚的可能。显然，实际情况中罪犯会怎样选择我们是难以知晓的。这就是人际传播中关于竞争和合作的鲜明例子。

而后，学者海斯对于社会交换理论的继续研究表明，人们认为自己在人际关系中获益的方面是：陪伴、自信、情感支持、交换信息、物质或任务上的帮助、自尊及获得朋友的价值观。而对方付出的代价是：花费时间、增加责任、影响情绪、失去独立性及对其他人际关系的否定影响。

人际关系的发展到现在已经不仅仅局限于计算各自的得失，而是讲求一种竞争与合作，讲求多赢的效果。双方从单纯的关注个人利益发展到了关注双方的利益发展，交换法则在人际关系中发展到了更高的水平。交换法则在中西方的表现是不一样的，西方学者的研究途径与西方文化中的自我、互惠观念以及情感表达方式有关，特别表现了个人主义的文化传统，而在中国则强调群体和社会的整合，亲密的人际关系也常常表现为“有福同享，有难同当”等等。

但对于社会交换理论主要有三种批评意见①：第一是有的关系超越了社会交换的范畴，比如有人指出“真爱”、利他行为就是例外；第二是人未必自私自利，也有可能无偿地关照他人利益；第三是人们并非能够那么理性地进行交换，这是被广泛公认的批评，比如心理学家提到人有“自我服务偏见”(self serving bias)，也就是人们认为自己总要比别人要强

① 莱斯莉·A.巴克斯特，唐·O.布雷思韦特：《人际传播：多元视角之下》，上海译文出版社 2010 年版，第 503 页。

一些，或者做得好一些，最常见的例子莫过于家庭中夫妻双方都会认为自己比对方做了更多的家务。这使得人们不能够完全理性地评估自己的所得和付出，因而使得社会交换有了非理性的成分。

九、奥斯古德的调和理论[①]

奥斯古德理论是海德平衡理论中一个特殊的例子。虽然有些类似于平衡理论，但它是特别针对人们对于信息的来源及信息来源所主张的事物的态度。调和理论比平衡理论多了几个优点，包括能预测态度改变的方向和程度。调和模式假设："参考的判断结构倾向于最简化的模式"，因为极端的判断比准确的判断容易得出，因此，价值判断或者趋向两极，或者产生"一种朝向某极的持续压力"。除了最简化的模式，这种理论还有假设，与那种将细微差别仔细区分的做法不同，"非此即彼"的思想及其归类方法对事物的确认也是较单纯的。因此，相关的概念就可以用相似的方式来判断（见图 3-7）。

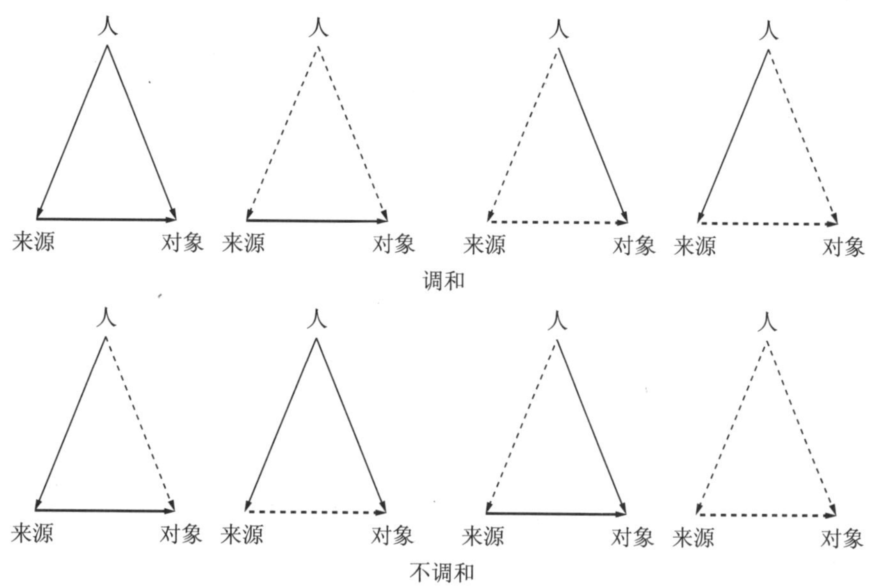

调和与不调和的例子。粗线代表主张，细线代表态度。
粗实线代表对来源表示正向态度的主张，粗虚线代表负向态度的主张，
细实线代表正向态度，细虚线代表负向态度。

图 3-7　奥斯古德调和理论模型

资料来源　沃纳·塞佛林、小詹姆斯·坦卡德：《传播理论：起源、方法与应用》，华夏出版社 2004 年版，第 159 页。

在调和理论的图示中，一个人（P）接受来源（S）的主张，对这个来源他或者她有自己的态度；这个主张是对客体（O）的，对这个客体他或者她也有自己的态度。在奥斯古德的模式中，P 对于 S 及 O 是否喜欢及喜欢的程度如何，将决定调和状态存在与否。

根据调和理论，当改变发生时，它通常朝主导参考结构（prevailing frame of reference）

① 沃纳·塞佛林、小詹姆斯·坦卡德：《传播理论：起源、方法与应用》，华夏出版社 2004 年版，第 156—157 页。

移动并与之较多调和。奥斯古德以语义上的区分来测量一个人喜欢信息的来源及其所主张的客体的程度。

其实,平衡与调和理论的定义是一样的。当人对来源和客体态度相似,而来源对客体主张否定时,或是当他对来源与客体的态度不同,而来源对客体主张肯定时,不调和都会存在。一个不平衡的状态要么只有一个否定关系,要么所有关系均是否定的。海德的平衡理论、纽科姆模式和奥斯古德的调和理论其实是一脉相承的,只是大家所关注的角度或者领域有所不同,学习的时候可以相互结合进行理解。

我们从以下这个例子来看一下奥斯古德的调和理论。坦嫩鲍姆(Percy Tannenbaum)让405位大学生评估了三种来源[劳工领袖们、《芝加哥论坛报》和参议员塔夫特(Robert Taft)]及三种客体(赌博、抽象艺术和大学课程的进度加快)的得分。过了一段时间,这些学生被示以剪报,其中包含以上来源对相关对象的主张。改变的方向由正号或负号表示,而改变的程度以一个或两个正负号表示(见表3-2)。

表3-2 人对来源和客体的态度的改变

人对来源的最初态度	来源对客体正向主张时人对客体的态度		来源对客体负向主张时人对客体的态度	
	正向	负向	正向	负向
	人对来源态度的改变			
正向	+	−−	−−	+
负向	++	−	−	++
	人对客体态度的改变			
正向	+	++	−−	−
负向	−−	−	+	++

资料来源 沃纳·塞佛林、小詹姆斯·坦卡德:《传播理论:起源、方法与应用》,华夏出版社2004年版,第159页。

十、关于判断的理论[①]

(一) 社会判断理论

这个理论是由心理学家穆萨弗·谢里夫(Muzafer Sherif)等人提出,主要研究人是如何对信息作出判断的。谢里夫参照早期心理学的研究方法——侧重分析人们对外界刺激的心理反应对于人们判断信息的方式进行研究。

他们的研究理论表明,人们是在支点或者参照物的基础上对事物作出判断的。同样的原理也适用于人们对传播信息作出判断时所起的作用。人们感知社会的基点是内在的,并且是建立在以往经验的基础上的。这些参照点或者支点是无所不在的,影响着人们对于信息作出回应的方式。比如某一事物对一个人的自我意识越是重要,支点对于人们认识产生的作用就越大。人们在对事物作出判断的时候容易受到"自我介入"的

① 根据斯蒂芬·李特约翰:《人类传播理论》,清华大学出版社2004年版,第154—164页整理。

影响，影响我们对于相关主题的信息进行回应。“自我介入”指的是个人与特定事物的相关程度，即一个人对某件事物的态度在多大程度上影响了自我概念或者是他对该事物重要性的估价。简言之，就是人们是以自身的支点和自我介入为基础来判断信息是否受到欢迎的。

社会判断有助于我们对于传播的理解，尤其体现在态度的变化上。首先，信息是在我们接受的范围内，有助于促使我们态度的变化。其次，如果信息在所排斥的范围内，那么态度的变化就比较小，甚至是没有。倘若信息与自我本身的立场大相径庭，反而会更加坚定自我的立场，即为“回力飞镖效应”。再次，信息在接受或中立的范围内，那么信息越是与自己的立场不一致，态度越是容易改变。最后，对于事物的自我介入程度越深，那么拒斥的范围就比较大，中立的范围就越小，态度变化也就越小。这是信息判断在我们态度改变中所起作用的表现。

从总体上来说，“自我介入”的概念是社会判断理论中一个非常重要的概念，但是这个理论比较多地关注了个人内在的因素，而较少地考虑到环境及其周围的影响。

（二）深思概率理论

社会心理学家理查德·培蒂（Richard Betty）和约翰·卡西奥普（John Cacioppo）在总结了各种态度变化理论精华的基础上发展出了“深思概率”（elaboration likelihood）。

该理论认为人是以不同的方式来评估信息的。所谓“深思概率”是指对论点进行批判式评估的可能性。深思概率取决于人们处理信息的方式，大致可以分为两种：中心路线（批判或者说是批判式思考）和边缘路线（一般性的思考抑或缺乏批判式思考）。当采取中心路线时，如态度改变将会较为持久，产生的作用也是深刻的；假如采用的是边缘路线，那么任何改变的影响可能是不大的；也可以采用两种路线。

批判式的思考取决于两个因素：动力和能力。当人的动力较大时采用的是中心路线来处理信息，反之则采用边缘路线。动力主要包括三个因素：首先是介入，与主题相关的程度越多越是可能采用中心路线；其次是论点的多样性，人们会对来自不同信源的论点进行深入地思考；最后是个人对批判式思维的偏好程度。但是不管人的动力如何，必须具备批判式思考的能力才行。

下面以两位学者的中心路线和边缘路线处理信息的过程（Petty & Cacioppo）来说明问题。

足够的动力、较强的信息处理能力使得人比较容易采取中心路线，反之则采用边缘路线；倘若在中心路线的过程中发现动力和能力不充分，也会转向采用边缘路线。在采用中心路线的时候，信息与原有态度的契合程度以及论点本身所具有的说服力起到重要的作用。较为契合的信息会得到正面的评价，反之则是负面的评价。而在采用边缘信息处理问题的时候，相反不会考虑论点是否具有说服力，而是较为注意一些简单的线索或者是多种线索，对于所见所闻匆忙地作出判断。

深思概率理论告诉我们人们在思考问题时候的内部过程，在评估信息的时候要深入而审慎的思考问题，但是实际生活中却不总是如此。人们在处理信息的时候通常是把中心路线和边缘路线结合起来，即使在动力和能力都不强的情况下，人们仍然会受到那些强势理论的影响，在采用中心路线处理信息时，人们的态度也会受到一些不具有批判色彩的边缘性因素的影响(见图 3-8)。

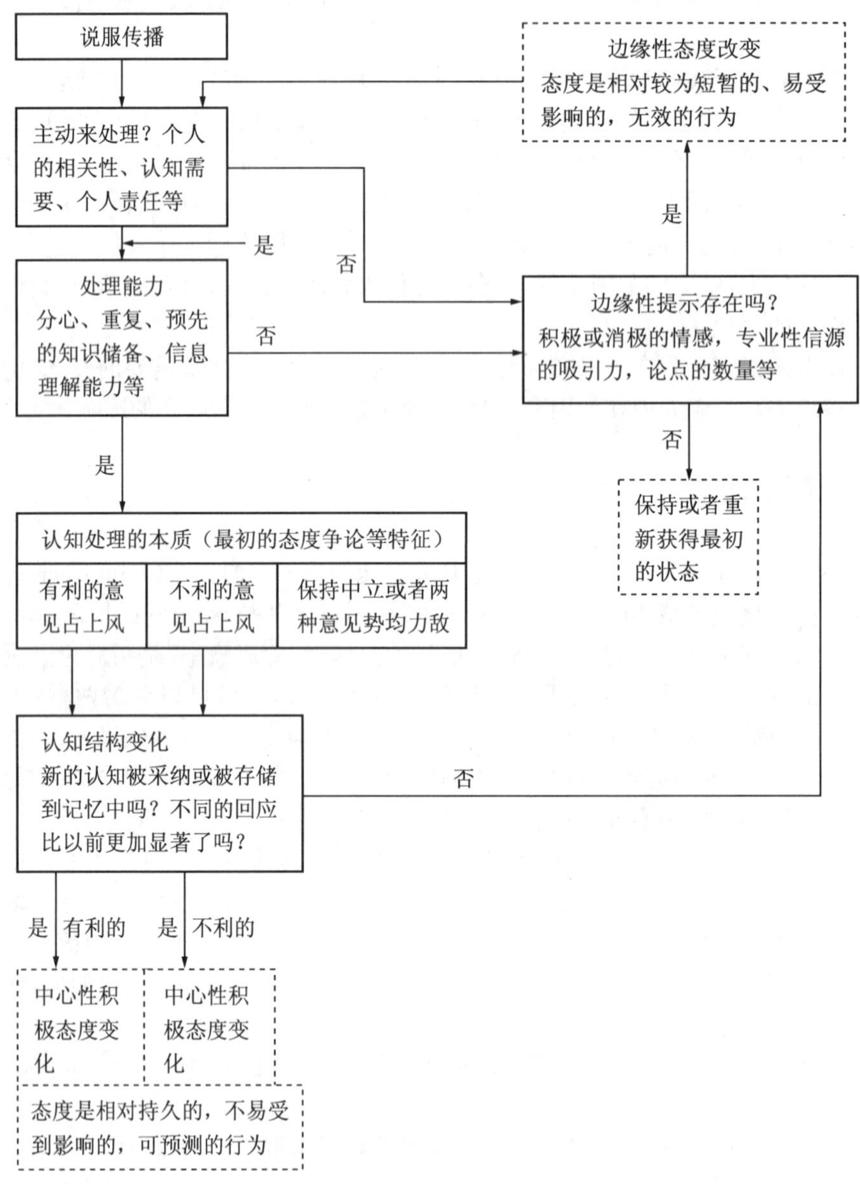

图 3-8 深思概率理论模型

资料来源 斯蒂芬·李特约翰:《人类传播理论》,清华大学出版社 2004 年版,第 158 页。

(三) 期望破坏理论

关于人们对期望被破坏是如何作出回应的，学者朱迪·伯古恩(Byrgoon & Hall)给予了充分的关注。从她的理论中我们可以知道每个人和另外的人进行交往是存在一定期望的。期望破坏理论的基本假设是:如果期望得以满足,那么他人的行为就可以得到正面的评价;反之,如果期望被破坏,那么其行为就会被判为负面的。期望主要取决于以下三个方面:社会规范、以往对于他人的了解和体验以及行为出现的具体情境。

不管评价好坏,期望破坏总是会引起观察者的兴趣。当人的期望得到满足的时候往往不会去注意这些行为;如果期望一旦遭到破坏,那么人的注意力就会转向那些行为上,导致人们对那些行为进行评价。这也是后来伯古恩通过研究发现的,这个期望理论的假设也不是完全成立的。另外在人际交往中有一个重要的因素就是"回报价值",这是一个重要的变量,是人们对于交流的评价,具体指的是交流的回报程度有多大(见图 3-9)。

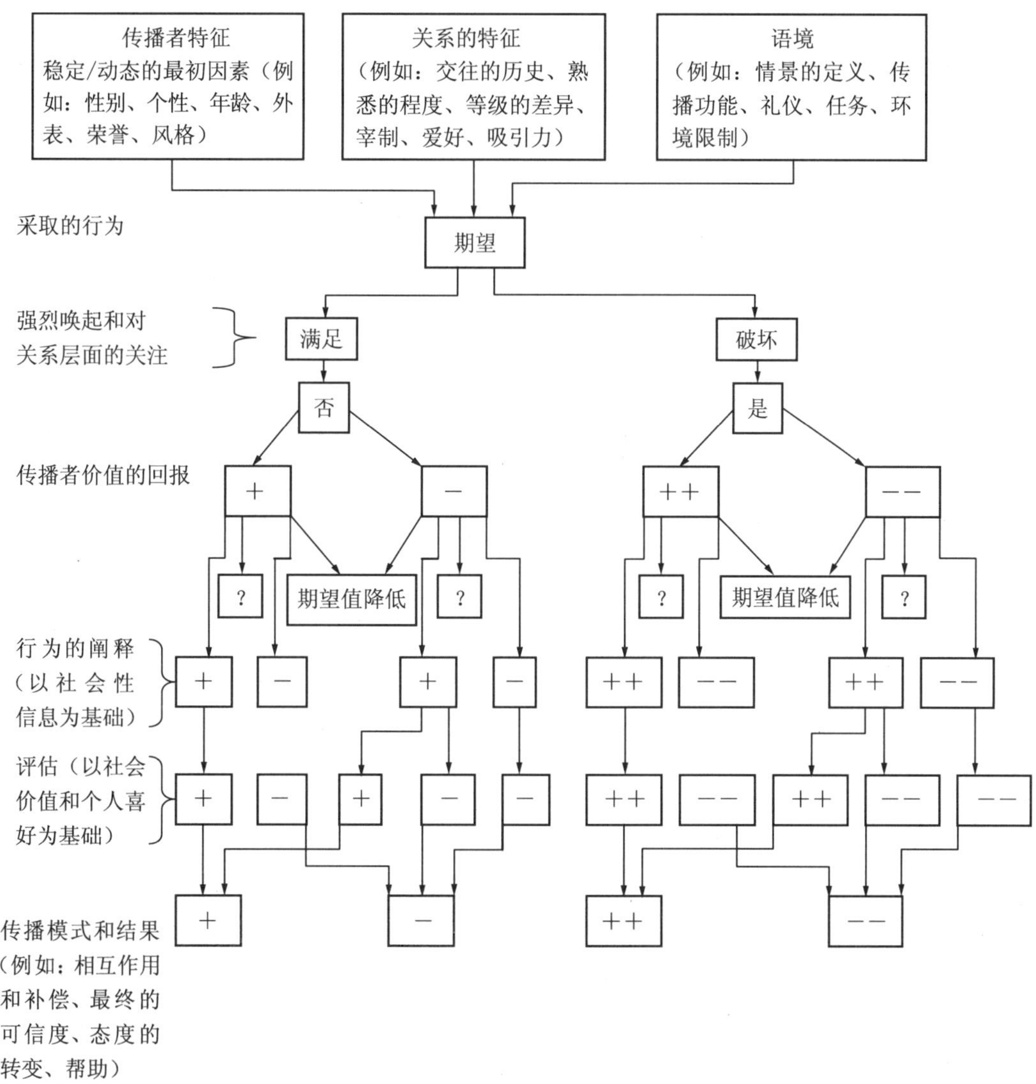

说明:为简化起见,"传播者的回报价值"、"行为阐释"、"行为评估"等因素被简化为正面(+)和负面(—),但实际上,上述因素是一个整体,"++"和"——"表示效应的加大和加强

图 3-9 副语言性的期望破坏价值

资料来源 斯蒂芬·李特约翰:《人类传播理论》,清华大学出版社 2004 年版,第 161 页。

从图 3-9 中我们可以看出，期望来源于以下三个因素：人们对双方特征的感知、双方关系的现状以及行为出现的具体语境。在过程之中，破坏对判断起了强化作用，另外交流另一方的回报价值也发挥了重要作用。一方的破坏行为引起了另一方的某种情绪，反过来又强化了对其行为、交流过程以及信息意义的评价。如果对于交流过程做了正面积极的评价，那么交流行为就具有了积极的意义，也就会出现相应的积极成果。

我们还从图 3-9 中发现其他的可能性。行为本身的意义或许是模糊不清的，无法对其进行确定，因此根据这个理论只要其是由一位有价值的交流者作出的，那么这行为也许被我们视为正面积极的；反之，则往往会被视为是负面消极的。在期望被破坏的情况下，这样的情况表现得更加明显。

(四) 人际欺骗理论

最近二十年来，传播学对人际欺骗理论如何发现欺骗进行了大量的研究。大卫·布勒和朱迪·伯古恩在期望破坏理论的基础上进行了拓展，总结并发展出了一套新型的“人际欺骗”理论。

他们把欺骗和发现欺骗看作交流者之间的你来我往、进行互动的过程。欺骗指的是通过对信息、行为和形象的精心设计，导致对方接受一个虚假的信念或者结论。信息的发出者——“骗子”通常会含有某种焦虑感，害怕自己的谎言被揭穿，而接受者也会产生某种程度上的疑心，怀疑自己被骗。他们这些“内在”想法往往会通过“外部”的行为表现出来。欺骗焦虑和怀疑会通过有节制的策略性行为表现出来，欺骗者有时候会努力把自己与其所发出的错误信息区别开来，会努力找出引起对方怀疑的细微之处，而作为接受者也会认真辨认发出者的行为，努力寻找谎言的蛛丝马迹，随着时间的推移都会各自认识到是否欺骗成功或被骗。

但是作为这样的欺骗与被骗更容易通过非策略性的行为表现出来，或者是出现行为失控的情况，或被称为泄漏。接受者怀疑发出者的一些不正常举动，发出者常常若无其事，而假如接受者要欺骗发出者常常会焦虑于自己的一些举动是不是会被发现等等。人们在实行欺骗的过程中会精心设计细节、操控信息、行为和形象，但是还是会有些失控的行为易于被大家发现。

在人际欺骗的过程中会受到一些因素的制约。首先是互动性。互动性是指在什么样的程度上进行充分的互动。互动性可以增加交流的直接性，增加交流者心理的亲密程度，那么交流者彼此的关系越紧密，对于彼此的行为越是了解，就容易掌握更多的信息，对于双方的意图和猜疑就会作出更准确的判断。但是有时候却不是这样，可能会恰恰相反。关系的亲密致使两者之间容易产生真理偏见，对于欺骗的戒心会大大减少，同时谎言偏见也会加深彼此的猜忌导致误会。其次是谈话的需求，就是说我们在谈话中要完成哪些内容。谈话内容的多寡决定了我们对于欺骗或者发现欺骗的细节的关注。另外，彼此的熟悉程度也为欺骗和发现欺骗带来很大的难度。最后是欺骗动机的强弱和进行、发现欺骗的技巧。欺骗的动机和技术都比较高明的时候，他被戳穿的恐惧就会大大降低，掌握并利用更多相关的技巧；同时，接受者对于欺骗者的疑心也会相应增加，对方也会倾向于转向掌握高超的发现骗术的技巧，防止自己被骗。从总体而言，欺骗的目的比较公式化。

十一、人际关系的管理理论[①]

（一）不确定性和焦虑情绪的管理

总体上来讲，这一理论流派是由学者查尔斯・伯格（Charles Berger）和威廉・葛迪昆斯特（William Gudykunst）等发展起来。他们主要关注的是人们如何有效地搜集他人的信息，这样做的原因及其后果是什么，专注于人们如何来控制其所处的社会环境，以增加对自己和外界的了解。伯格专注于不确定削减理论，葛迪昆斯特则在发展伯格思想的基础上总结提出了"焦虑情绪—不确定管理理论"。

1. 不确定性削减理论

不确定性削减理论主要是关注自我意识和对他人的了解。

伯格在社会心理学的基础上提出了自我意识的概念，把它分为客观性的自我意识和主观性的自我意识。在客观性的自我意识中人们更多关注的是自我而多于周围的事物，而在主观性的自我意识中人们更多关注的是把自我融入不同的环境中来体验。研究表明，客观性的自我更为常见。持久性的客观性自我意识被称为是自知之明具有高度自我控制倾向的人比较注意和当心自己留给别人的印象，反之，则是对自己和他人都不太敏感。

不确定性削减理论关注的焦点是人通过传播来获取对别人的了解。伯格指出由于不确定性的存在，双方在交流的过程中会经历一个困难的时期，由于我们希望能够预测对方的行动，所以便产生了了解别人的动机，因此这一削减不确定性的过程构成了人际传播发展最为重要的一个层面。伯格认为我们在交流中制定了如何实现目标的规划，形成要以自身的目标为基础，同时还要依赖在交流中获取对方的信息为基础。吸引力和归属感是削减不确定性的因素。

有学者提出了不确定性削减理论的八个公理：[②]（1）不确定性越少，语言传播数量越多；（2）非语言表达的亲密程度与不确定性呈负相关，同时不确定性减少也会增加非语言表达的亲密程度；（3）不确定性越高，信息搜寻的行为越多；（4）不确定性越高，传播内容的亲密性越低；（5）不确定性越高，互惠率越高；（6）相似性越高，不确定性越低；（7）不确定性越高，喜爱程度越低；（8）不确定性与同伴之间共享的传播网络相互影响，二者呈现负相关。

伯格坚持认为不确定性是人际关系发展中一个非常重要的因素。随着人们交流的不断深入，不确定性会慢慢减少。伯格对于获取别人的信息提出了以下几种方式：第一，被动性策略。首先是寻找反应，人们在人际交往中在特定的条件下作出一定的反应，这一步

① 根据斯蒂芬・李特约翰：《人类传播理论》（第7版），清华大学出版社2004年版，第285—303页；斯蒂芬・李特约翰：《传播理论》（第5版），中国社会科学出版社1999年版，第478—488页整理。

② 莱斯莉・A. 巴克斯特、唐・O. 布雷思韦特：《人际传播：多元视角之下》，上海译文出版社2010年版，第169—170页。

实际上在人际交往中已经实现了；其次是寻找解除禁忌，比如个人在非正式场合降低了自我控制，以更加自然的方式行动等。第二，主动性策略，主要包括向别人打听对方的情况或者为对象设计一些情境以使自己更好地了解别人。第三，互动性策略，主要是问答和自我信息的透露。在交流的过程中，一方透露一些关于自己的信息，对方也会透漏一些作为回报。

后来学者迈克尔·桑那弗兰克(Michael Sunnafrank)指出，我们获取信息并不是为了削减不确定性，而是为了对交流的潜在结果进行评估。

2. 焦虑情绪—不确定性管理理论

威廉·葛迪昆斯特在很多的方面发展了伯格的理论，最为显著的是把不确定性和焦虑管理放在跨文化的背景下进行研究。经过研究发现，几乎所有的文化都是在关系的初级阶段进行削减不确定性的工作，但是他们所采取的方式由于文化的不同而有所差别。通常情况下，高语境文化主要依赖总体的情况对事物进行阐释，在削减不确定性时主要依赖于副语言的提示性信息和有关个人背景的信息；而低语境文化则主要依赖信息当中明确的语言内容，在削减不确定性时则倾向于直截了当地提出有关体验、态度和信念的问题。

对于来自不同文化背景的人削减不确定性的过程也受到另外一些因素的制约。对于自我所属群体的认同度越高，那么交流中会把对方视为与自己不同的，较为容易产生焦虑情绪和不确定性；而当你对交流充满信心并认为是一种积极的活动，或者有在不同文化背景下生活的体验抑或掌握对方的语言，那么在面对来自不同群体交流的时候，就会大大降低焦虑情绪，削减不确定性，从而在交流中也就会更加的自信。在跨文化交流中，这种不确定性和焦虑情绪是无效交流和缺乏适应性的潜在原因。同时，学者霍夫施特德提到一个相关的概念叫做不确定性回避(uncertainty avoidance)，指的是对不确定性情景的逃避，即人们能够容忍不确定性的程度。不同文化的不确定性回避倾向是不同的，有的文化更多地认为不确定性是有趣的，有的文化则认为不确定是危险的。

对于什么是有困难和有问题的交流，不同的情况下并没有一条明确的界限，每个人产生焦虑的程度是不同的，因此，群体间交流的思想状况的不确定性和焦虑情绪处于这个“程度”的上下之间。

后来，葛迪昆斯特对这个理论进行了更为详尽的阐述，提出了近50种不同的观点，内容涉及自我概念、动机、对陌生人的反应、社会分类、情境化过程、与陌生人的联系以及其他一系列与焦虑情绪和交流有效性的问题。

(二) 面子的管理

学者丝黛拉·丁-图美(Stella Ting-Toomey)在研究的基础上发展出“面子—商议理论”，用来预测不同文化背景下人们如何完成与面子有关的活动。

所谓“面子”指的是在他人在场的情况下一个人的自我形象，包括有关的尊敬、荣誉、地位、联系、忠心和其他类似价值的感受，换言之，面子意味着一个人在自己文化许可的范围内以任何方式所获得良好的自我感觉。“面子工作”就是人们用来构建和保护自己面子以及用来保护、构建或者威胁别人面子的交流行为。面子是不同文化的人们所共同意识到的问题，无论是哪一种文化都有办法来完成预防性和修复性的面子工作。预防性面子指的是那些用来保护个人或者群体面子不受威胁的交流行为。修复性面子指的是在丢面子的事情发生以后用来重新构建面子的交流行为。另外，学者佩妮洛普·布朗和史蒂芬·来文森认为面子可以分为两种：积极的面子，即希望别人喜爱、崇拜自己；消极的面子，指不被他人所约束，保持一定的自主性。而有时，人们会面临积极面子与消极面子的两难选择。①

影响面子的文化因素主要是个人主义—集体主义和权力距离。不同的文化对于个人和集体或社群的关系是不一样的，因此也就产生了不同的面子工作。把个人置于集体之上的，强调个人因素，比较受制于“我的身份/认同”，是个人性的文化；而作为把个人置于集体之下的，强调集体的因素，比较受制于“我们的身份/认同”，是集体主义的文化。

从不同的文化形式来说，权力的距离是一个变量，在不同的文化中的影响大小是不一样的。不同的权力距离使得面子工作和人际间的冲突处理变得比较复杂。在低权力距离的文化中，咨询和参与是解决矛盾的良方，每个人都愿意参与到冲突的解决中来，人际间的交流变得更加直接、个人化；高权力距离的文化中，决策常常是较高社会地位的人做出来、被个人接受的。社会地位高的常常采用间接的方式，使得既维持自己的权威又避免威胁到社会地位较低的人的面子；社会地位低的则表现出较为明显的尊敬，承认较高地位的人拥有权力，避免突出个人。

以上影响面子的因素主要是围绕文化的因素来讲的，但是并不意味着文化是唯一的决定因素，必须把参与主体的个人因素考虑进去。独立意识性较强的个人注重更多的是直接的、能够解决问题的交流，而依赖思想较强的人则在处理面子问题时更关注的是关系。

从以上论述可见，学者丁-图美为我们的跨文化交流提出很好的方向。随着全球化的发展，当今世界跨文化和跨国际的交流会日益频繁，这就使得冲突在所难免，由于文化背景的不同使得处理起来比较复杂和困难。因此，我们必须对跨文化交流加以重视，培养自身与来自不同文化人的交流和沟通的技巧与方法，创造跨文化的和谐氛围。

（三）边界的管理

随着传播学研究的发展，学者们普遍认识到关系的发展是一个更为复杂的过程而不仅仅是自我信息暴露和相互交换的过程，他们把关系视为一种管理自我信息的过程，因此就必须来界定公共领域和私人领域的界域。现在来看几种有代表性的理论。

1. 社会穿透理论

这一理论的基本观点是认为随着交流者透露的自身信息不断增多，他们的关系也日

① 理查德·韦斯特、林恩·H. 特纳：《传播理论导引：分析与应用》（第2版），刘海龙译，中国人民大学出版社2007年版，第495页。

益密切,社交穿透是一个关系中信息透露与亲密增加的过程。这一理论的代表人物是厄文·艾尔特曼(Irwin Altman)和达尔马斯·泰勒(Dalmas Taylor),由他们创造了"社会穿透"一说并把人际交流下定义为穿透,认为人际传播是一种社会穿透的过程。

他们认为回报性和代价的关系会影响到关系的发展。如果是关系相对而言具有较高的回报性,那么就能维持下去,反之,如果代价过高,就会慢慢趋于冷淡。这一过程被称为"社会交换"的过程。交流者不仅会在特定的时空中对回报和代价进行评估,而且也会利用自己掌握的资料对二者进行一定的预测。

理论家们针对关系的发展提出了四个发展阶段。第一阶段是导向阶段,主要是非个人传播,交流者只需要透露一些公共的信息就可以进入下一个阶段。第二阶段是探索性情感交流,最开始获得信息得到扩展,信息的交流进入了深一层次的发展。第三阶段是情感交流,主要专注于更深层次的评估和批判性的情感,只有两者感到有实质性的回报存在时才会进入这个阶段。第四个阶段是稳定交流,两者具有亲密的关系,能够较为准确的预测出对方的行动和反应。

后来他们在原来理论的基础上进一步修改,把辩证分析的方法引入其中,指出关系的双方是在共享和梳理之间摇来摆去的,两者共同管理着对私密性需求和联系需求这一对矛盾问题。而后又指出在长期的关系中,这些矛盾是通过一种预测性的循环圈得以管理。换言之,双方关系的发展具有一定的规律性,以一种可以预测的节律在开放性和封闭性之间循环运动。在发展较为成熟的关系中,循环圈以一种可以预测的节律在开放性和封闭性之间循环运动。在发展较为成熟的关系中,循环圈的范围要比那些发展还不够成熟的关系大得多。依据社会穿透理论,关系发展的越成熟透露的信息就越多。就如我们在图 3-10 所看到的:双方解除的范围逐渐扩大,并且逐渐深入:

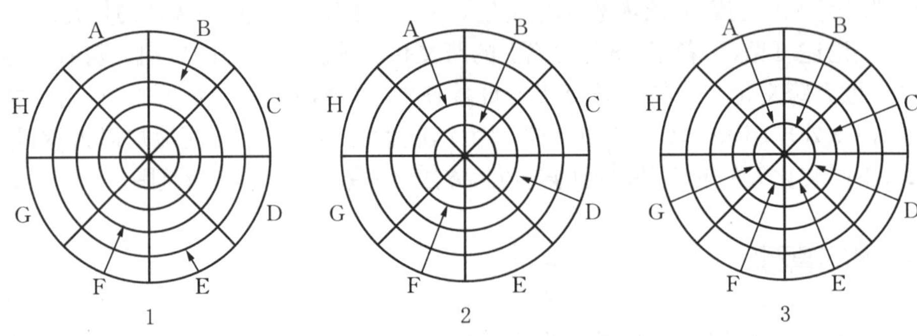

图 3-10 社会渗透理论

资料来源 约瑟夫·A. 德维托:《人际传播教程》(第 12 版),余瑞祥等译,中国人民大学出版社 2011 年版,第 258 页。

2. 边界管理理论

学者桑德拉·佩特罗尼奥(Sandra Petronio)对于信息透露的理论进一步研究,在自己研究和其他关于关系发展和信息透露的研究基础上提出了"传播边界管理理论"(Communication Boundary Management Theory)。所谓的边界,就是在思想上和感情上愿意与对方分享和不愿意分享之间的划界,或者说是私密性和非私密性事物之间的界限。

佩特罗尼奥指出关系中的各方实际是在不断的进行边界管理的工作，主要是管理公共领域和私人领域的边界。所谓的边界的渗透性，指的是边界应当开放或关闭的程度。边界的渗透性是会发生变化的，有的时候可以透露信息而有的时候则无法透露，具体的情况会导致边界的开放或者关闭。与人分享信息和保护自己的需求之间通常是矛盾的，这就要求双方在交流中商议和协调两者之间的边界。把信息透露给对方，对方就拥有了共享权，同时也对对方提出回应的要求。

佩特罗尼奥把边界管理看作是一个以规则为基础的过程，是一个如何管理信息规则的协商过程。边界管理的规则是在批评或判断的尺度和奉献评估的基础上发展起来的。所谓的“尺度”，包括特定的文化期望、性别差异、个人动机以及情境要求等。奉献评估指的是考虑透露信息的回报和代价之间的关系。但是作为边界的规则并不是一成不变的，是会随着具体情况的变化而变化的。

对于如何管理信息，双方需要达成成文或者不成文的协议。首先，双方必须就边界的渗透性规则进行商谈；其次，就有关边界的联系性规则进行商谈，对何人的参与、退出达成一致意见；最后，商谈边界的所有权，即作为共同所有者的权利和责任。

(四) 冲突的管理

作为关系的传播而言在很大程度上是一个管理冲突的过程。对于冲突的界定学界没有形成统一的标准。学者查尔斯·沃特金斯(Charles Watkins)对于冲突的主要条件，为我们提供了一个具有操作性的定义。①(1)矛盾冲突至少需要能彼此形成制约的两方参加；(2)矛盾冲突双方都渴望却都无法实现的目标的存在而引起；(3)矛盾冲突双方都有四种可供选择的行动方案：实现彼此都渴望的目标、结束冲突、对对手进行制裁、与对手做一定程度的交流；(4)冲突双方可能具有不同的价值观或知觉体系；(5)双方均具有由于实施不同的行动方案而引起增加或减少的资源；(6)矛盾冲突只有在双方均已对自己的输赢结果感到满意并且相信继续冲突的可能代价将超过结束冲突的可能代价时才会结束。

下面，我们对以传播为基础的关系冲突理论中具有代表性的两种理论进行介绍。

1. 博弈论

学者约翰·冯·诺伊曼(John Von Neumann)和奥斯卡·摩根斯顿(Oskar Morgenstern)在研究的基础上提出了作为研究经济行为工具的博弈论。博弈论本身并不是一种关系传播理论，但是对于关系传播的研究具有一定的意义，研究的是人与人之间采取行动和应对行动的过程，是一项非常具有潜力的研究。

博弈指的是由情境造成的，参加者轮流选择导致的不同结局的选择。所有的博弈中都强调理智的决策过程。因此，博弈论包括博弈战略。在这些博弈中，参加者作出基于他人行为会导致奖赏或惩罚的行动，目的是为了使受益最大损失降到最小。最为常见的例子就是博弈论中的“囚徒困境”，这个我们已经在社会交换理论中讲过了。

---

① Charles Watkins, “An Analytic Model of Conflict,” *Speech Monographs* 41(1974):1-5.

学者托马斯·斯塔恩法特和杰拉尔德·米勒在研究博弈论被应用于矛盾冲突的传播过程中提出三种来评价对方策略的方法。其一是多次观察对手的行动，通常参与者会根据对方的举动以决定下一步举动。其二是通观冲突全局，博弈者研究博弈矩阵试图猜测对手可能采取的策略。其三是直接交流。直接交流有三个好处：一是交流让互相之间传递想法，能够避免作出事后可能会后悔的举动；二是交流可能改变行动，减少冲突双方的争斗态势；三是交流可能导致改变对对方问题的倾向性看法，直接说服对方改变原先的想法。

博弈之前进行相应的交流能够增进彼此的合作，从冲突发生之时开始进行交流才会取得最佳的效应。学者们后来对于“多重动机博弈”也是旨在对于这样的竞争和合作的行为进行研究。

2. 冲突归因理论

冲突归因理论的前提是：人们通常会发展出各自的理论来解释冲突的原因，这些理论在很大程度上是归因的产物。归因是对行为的原因作出推断，人们如何解决冲突取决于如何归咎责任。学者阿兰·塞勒斯(Alan Sillars)就是基于这一前提提出冲突归因理论。这一理论整合了不少主流理论，归纳了冲突行为的各种类型。

塞勒斯指出在人际关系中解决冲突一般有三种策略：避免或减少矛盾冲突的策略、以赢为目标的策略以及试图使双方都获利的策略。可以把这三种策略归结为规避行为、竞争行为及合作行为。塞勒斯在研究中发现了多种策略(见表3-3)。

表3-3 矛盾冲突控制规则表

规避行为
1. 直接否认。明确否认矛盾的存在。
2. 间接否认。通过阐述否定的观点的原理暗示否认，尽管否认并未直接表示。
3. 规避语言。对方陈述或询问矛盾时拒绝承认或否认矛盾的存在。

话题控制
4. 转移话题。打断自然进行的讨论，将话题从当前正在讨论的问题引向直接当事人。不再过问事后话题转移这一点似乎已达到一个自然高超。
5. 话题回避。在矛盾未加充分讨论之前明确表示中止谈论的声明。

含糊其辞
6. 抽象言论。即抽象的原则、概括或假设。高度抽象地谈论事物，对直接当事人之间的事物的真实情况不作提及。
7. 含糊陈述。对矛盾的存在不置可否，既非规避性的回答、也非转移话题性的陈述。
8. 模糊问题。漫无目标的问题或对研究人员的问题的重新表述。
9. 程序性陈述。对矛盾的讨论取而代之的程序性陈述。

不相干的言论
10. 戏谑之词。打断或取代对问题严肃考虑的无恶言的戏言。

合作行为
分析言论
1. 说明。对问题性质及范围不加褒贬的实事求是的说明。
2. 限制。通过联系具体行为事件明确地限定问题的性质与范围的表述。

续表

3. 揭示。提供"无法观察的"信息:如思想、感情、倾向、行为原因或者当事人没有机会看到的问题与问题相关的过去的经验。 4. 恳请提示。询问与他人有关而自己可能没有机会观测到的具体信息(如思想、情感、意向、行为原因、经验等)。 5. 恳请批评。恳请批评自己的无恶意的问题。
抚慰言词 6. 移情或者支持。表示理解、支持,对对方的接受或对对方的优秀品质、共同兴趣、目标和相容性的评价。 7. 让步。表示愿意改变、显示灵活性、作出让步或者考虑双方均能接受的方案表述。 8. 承担责任。表示自己愿意承担引起的部分损失责任问题。
竞争行为 对抗性言论 1. 对个人的批评。对对方反面评价的陈述或暗示。 2. 拒绝。以暗示本人的拒绝或不同意见的方式反对对方的观点。 3. 非友善性命令。暗示谴责对方以及希望对方改变的威胁、命令、辩论或其他指令性表述。 4. 敌意的询问。挑剔或谴责对方的问题。 5. 恶意的嬉笑或嘲讽。用以挑剔别人的玩笑或嘲弄。 6. 强行归咎。将对方并不承认的思想、感情、倾向、事由归咎于对方。该规则为"恳请揭示"的反面。 7. 责任的拒绝接受。否认或尽量减少个人责任的陈述。

资料来源　斯蒂芬·李特约翰:《传播理论》,中国社会科学出版社 1999 年版,第 161 页。

塞勒斯最为重要的贡献在于将归因理论应用于对冲突行为的解释上。他认为至少在一个方面归因是冲突的定义和结局的重要决定因素。首先是冲突中的个人归因决定此人将选择何种战略来处理矛盾,归因不仅会影响一个人的反应和情感,而且还会因为过去发生的事情而影响到个人对未来的期望。其次,归因当中的偏见会降低使用整合策略的几率。第三,人们所选择的策略会影响到冲突的结果。合作性策略会加快冲突的解决并鼓励双方进行信息的交换;竞争性的策略会加剧冲突导致不太满意的冲突解决办法。

(五) 关系辩证理论

根据关系辩证理论,处在人际关系中的人会经历一些两两相反的动机和愿望。根据德维托的总结,这些矛盾主要包括:"紧密与开放的矛盾、自助与关系的矛盾、新奇感与预见性的矛盾"①。

"紧密与开放的矛盾"指的是人们既想与一部分人拥有尤其紧密的、专有的联系,但同时又想同其他人拥有联系的矛盾,这在紧密联系建立的初期更加突出。比如一对恋人希望两个人有更亲密的关系,但是又想保留时间用来跟自己的好朋友相处。"自主与关系的矛盾"指的是在人际关系的发展中既想保持自己的独立性,又想与他人保持紧密关系所产生的矛盾。比如一个人想拥有自己的时间安静休息,但又想参加朋友的聚会,二者不总是可以兼得。"新奇感和预见性的矛盾"指的是人们既想追逐新奇、刺激的体验,又想在保持

① 约瑟夫·A. 德维托:《人际传播教程》(第 12 版),余瑞祥等译,中国人民大学出版社 2011 年版,第 256 页。

稳定和可预见性，以防过分的不确定所带来的不适。就像相拥取暖的刺猬，既怕寒冷，又怕刺痛自己，处于两难之中。

由于人际关系中这些矛盾的存在，使得我们不得不对人际交往中的得失进行权衡，以作出决定。人们可能采取的几种途径来解决这种矛盾：接受矛盾一方，放弃另一方；退出与他人的关系；进行权衡，平衡矛盾双方的关系。

十二、归因理论

归因理论(attribution theory)原本是社会心理学的理论，但是由于其基础性，与人际传播同样有莫大的关系。归因理论源自我们日常生活中的一个简单的疑问：为什么？归因实际上就是对自己或他人行为的解释。归因是我们每天都离不开的一件事，如何归因直接影响到我们之后的行为。

弗里茨·海德被公认为归因理论的创始人。在他看来，人们都积极地去解释生活中所发生的事情，并通过逻辑思考等工具进行理解。这种解释也体现了人们希望能够了解并控制自己所处的环境。影响归因的因素包括这一事件是否是稳定的(stability)和这一事件是受自己控制还是受外部其他因素控制(locus of control)。

一般把归因分为两种：内部归因，即认为事物是由主体的个人特质所导致的，比如“他成绩好是因为他聪明”、“李刚儿子嚣张因为他是官二代”；外部归因(或情景归因)，指的是认为事物是由个人意外的环境因素或特殊情境导致的，比如“他没完成任务是因为他生病了”。

但并不是所有的归因都是合理的，人们有的时候会把在原因产生于外部的时候，依然归因于内部，就产生了基本归因谬误(fundamental attribution error)。比如炎热的夏天，有人跟你聊天时显得很烦躁。实际上是因为天气燥热所导致的，但你也可能因此认为“他是一个粗鲁、没有教养的人，所以才烦躁”。这样就会改变你对他的看法，并采取行动回应他的行为，比如斥责他没有礼貌。

基本归因谬误是由于多种因素导致的，也由此延伸出几个不同的理论，其中包括自我服务偏见(self-serving bias)、焦点效应(Spotlight effect error)等。自我服务偏见核心理论是：每个人认为自己比别人强。所以当我们对自己做得好的事情和他人做不好的事情往往进行内部归因：我很强，他们比我差，所以我比他们做得好。而对于自己做得不好或他人做得好的事情往往进行外部归因：我是因为运气太差，他不过刚好撞上好运罢了。焦点效应指的是：人会错误地认为自己是社会中的焦点，很多事情的发生往往与自己有关。所以人往往对自己做得好的事情进行内部归因。

归因理论给我们进行人际传播的启示是：对一个人行为原因的解释可能会影响到我们对这个人的认知、态度以至于行为。因而与人沟通中我们在思考“为什么”时，应当避免简单地把原因归结为对方是什么人，这样才能使我们看待别人或自我与他人的关系时采取更客观、理性的态度。

十三、信息生产的目标—计划—行动理论

我们在对“社会模仿”理论、“群体思维”理论、归因理论等论述中指出了人们对事物的

认知和解释并非完全理性的，但是这并不意味着人际传播行为是完全零散的、漫无目标的行为。而信息生产的目标—计划—行动理论恰恰是要来论证：人们对于人际传播有一定的目的性和计划性，人对自己要做什么是有想法的。这一理论具有科学传统，它跟科学一样认为世界上的事物大多遵循一定的模式、规律，而且是客观的，人际交往的过程所具有的一些特征是真实的、客观的。

这一理论认为人的信息生产分为三个首尾相连的阶段：第一阶段是"目标"，即人们希望通过自己的传播所达成的目的；第二阶段是"计划"，即对这一目的的具体表述；第三阶段是"行动"，即相关的实施行为。安德森等学者认为，最常见的传播目标包括：寻求帮助、给出建议、改变认知与态度、改变双方关系、获得许可等等。迪拉德认为计划的因素包括：所属等级，意即计划的宏观—微观层次，如战略计划、战术计划等；复杂程度，即计划中所包含的阶段数量与未知因素的多少；完整性，即所包含的内容是否是充实无缺漏的。

通过迪拉德等人的研究，发现有四个因素对理解计划十分关键：一是"明确度"(explicitness)，指的是信息传达的明确程度；二是"支配力"(dominance)，指的是传者相对于受着所拥有的权力；三是"争论性"(argument)，指的是信息内在逻辑的合理性；四是"结果控制"(control over outcomes)，指的是传播者对信息内在理由的控制力。

迪拉德以图 3-11 中的模型综合概括了这一理论的框架。

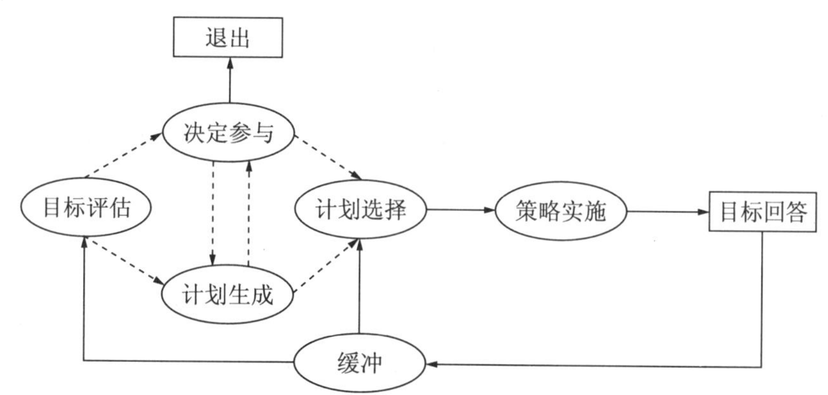

图 3-11　信息生产的目标—计划—行动理论

资料来源　莱斯利·A. 巴克斯特、唐·O. 布雷思韦特：《人际传播：多元视角之下》，上海译文出版社 2010 年版，第 93 页。

十四、六度分割理论与"150 法则"

美国心理学家斯坦利·米尔格拉姆在 1967 年于哈佛大学提出了六度分割理论(six degree separation)，这一理论又被称为"小世界理论"。这源自米尔格拉姆做的一个实验：50 名参与者被要求把一封信送给一个指定地点的股票经纪人最终经过六次以内的人际传递后，信的送达率达到了 97%。通过这次实验斯坦利·米尔格拉姆证明了：只需要六个人就可以把两个互不相识的人联系到一起。

六度分割理论并不意味着所有人之间的联系都要通过六个人，其核心思想是：通过一定的方式，必定能够使得两个素不相识的人联系到一起。实际上在商业运作中，商家希望客户能把产品推荐给其他人、企业进行公关活动并希望能够将信息传播更广都潜在地实践了这一理论。在斯坦利·米尔格拉姆之后，也有学者或业界进行了相关的研究，比如微软通过对 MSN 信息的研究，发现任何 MSN 使用者平均通过 6.6 个人就可以与整个数据库中的 1 800 亿配对产生关联，意味着有将近九成的使用者可以在 7 次连接以内就与其他人产生联系。①

而在 web2.0 时代，人际交往更加频繁，人际传播的作用也就更加凸显。

与此相关的一个理论叫做"150 法则"，是由英国学者罗宾·丹伯提出的。他认为："一个人不可能与超过 150 个人维持持续稳定的社会关系，社会交流的必须礼仪使我们友谊的范围限制在 150 人以内。如果群体变得太大，就会分出新的群体。"他认为这与人类处理人际关系的能力有关。

丹伯的理论更多地强调"稳定关系"，也就是人的强关系，强关系是需要相当的时间打理和维护的。而与此相对的是弱关系，其需要的时间和精力则相对较少。网络的发展使得我们能够更快捷、便利地与不同地点的人维持关系，但这种作用至少增强了我们维持弱关系的能力。看一下你自己微博、人人网或者 QQ 的好友，数量是不是有 150 个的几倍那么多？

前人提出的人际关系学理论无疑为我们今天的研究提供了广阔的思路和理论的基础。但任何的理论都会打上时代的烙印，人际传播学理论更是如此。因为人是社会的人，社会是在不断的变化发展的。所以，对于人际传播理论的研究和探讨还要不断地深化，才能真正达到指导人际传播学研究的目的。

第二节　人际传播学的基本模式

模式是对所描述事物的基本架构及关系的一种较为理论化的简约表达。模式表达的主要特征是：最简化、最直观地从某一特定角度显示事物的最基本因素及相互间的关系。它为我们提供了所描述事物的一种基本的结构乃至功能，使我们易于方便地从整体上把握事物，进而认真和深化地考察其中每一个因素及其相关性。

在传播学的研究历史上，不少学者对人际传播的方式、结构、各要素间的联系加以剖析，在人际传播的发展历史上产生了不少的理论模式。从一种模式到一种理论的飞跃通常非常快，以至于模式和理论经常被混淆，所以必须对于传播的模式进行深入的理解和把握。人际传播基本模式有一个从浅入深的、不断积累、深化和发展的过程，这里我们就从最简单的发展过程开始讲起。

一、亚里士多德(Aristotélès)的传播模式

最早对传播过程进行模式化的描述可以追溯到公元前 4 世纪的亚里士多德。

① 雷跃捷、辛欣：《网络传播概论》，中国传媒大学出版社 2010 年版，第 21 页。

亚里士多德在《修辞学》(*Rhetoric*)中一书中系统简洁地提出了传播的“线型模式”(见图 3-12),简单扼要的举出在传播中的五个要素:说话者、演讲内容(或是讯息)、阅听人、场合以及效果。这个模式从其结构中可以看出适用于公众演说,正如亚里士多德生活的年代那样崇尚自由演讲。它建议说话的人为了不同的效果,必须针对不同的场合,分析不同的阅听人来组织构思其演讲的内容,注意到了分析传播中的各个要素。但亚氏的模式只对传播过程中的静态因素及其关系描述,而对动态因素没作描述。传播是有一定的过程的,对于传播的过程没有明确的说明,而且对于信息传递的渠道以及干扰、反馈等因素未能说清楚。亚里士多德这一传播模式最适合用来描述公众传播的特征。

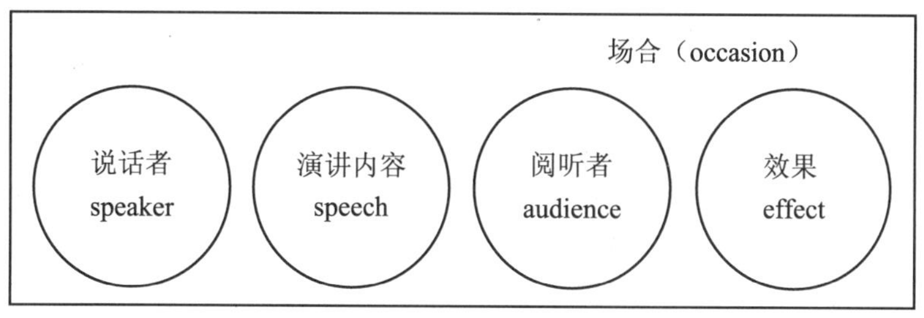

图 3-12　亚里士多德传播模式

资料来源　钟文、余明阳:《大众传播学》,湖南文艺出版社 1990 年版,第 210 页。

二、拉斯韦尔(Lasswell)模式①

传播学上具有奠基意义的是美国政治学家拉斯韦尔在其 1948 年发表的《传播在社会中的结构与功能》一文中,最早以建立模式的方法对人类社会的传播活动进行了分析,这便是著名的“5W”模式——“谁? 说什么? 通过什么渠道? 对谁? 有何效果?”的模式,谁(Who)→说什么(Says What)→通过什么渠道(In Which Channel)→对谁(To whom)→取得什么效果(With what effects)(见图 3-13)。

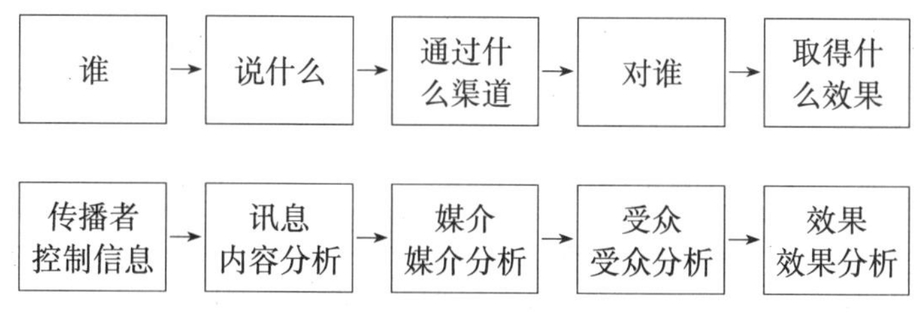

图 3-13　拉斯韦尔传播模式

资料来源　戴元光、金冠军编著:《传播学通论》,上海交通大学出版社 2000 年版,第 176 页。

---

① 根据戴元光、金冠军编著:《传播学通论》,上海交通大学出版社 2000 年版,第 176 页;黄晓忠编著:《传播学关键术语》,四川大学出版社 2005 年版,第 83—84 页综合而成。

“谁”就是传播者，在传播过程中担负着信息的收集、加工和传递的任务。传播者既可以是单个的人，也可以是集体或专门的机构。

“说什么”是指传播的讯息内容，它是由一组有意义的符号组成的信息组合。符号包括语言符号和副语言符号。

“渠道”，是信息传递所必须经过的中介或借助的物质载体。它可以是诸如信件、电话等人际之间的媒介，也可以是报纸、广播、电视、网络等大众传播媒介。

“对谁”，就是受传者或受众。受众是所有受传者如读者、听众、观众等的总称。它是传播的最终对象和目的地。

“效果”，是信息到达受众后在其认知、情感、行为各层面所引起的反应。它是检验传播活动是否成功的重要尺度。

拉斯韦尔模式是对古希腊亚里士多德模式的重要改革。“5W”模式界定了传播学的研究范围和基本内容，影响极为深远。此模式之所以在当时的传播辉煌一时被称为经典模式，是由于这个模式开始注意到了人的因素和社会的因素。“谁?”提出了信息的控制权问题(如对“把关人”的研究)；“说什么?”提出了传播的内容问题(如对特定电视节目的研究)；“通过什么渠道?”提出了媒介的问题(对某重大事件受众选择何种媒介的概率研究)；“对谁?”提出了受传者的问题(对总统选举中投票者态度的研究)；“取得什么效果?”提出了传播的效果研究，是衡量某项传播活动成败的重要尺度(如霍夫兰的“士兵看电影研究”为典型的效果研究)，以此比较完整的概括了传播的整个过程。同时，也是我们传播领域的“控制研究”、“内容分析”、“媒介分析”、“受众分析”和“效果分析”分类的一个重要依据。拉斯韦尔第一次把人的传播活动明确表述为由以上五个环节和要素组成，为人类理解传播过程的结构和特性提供了具体的出发点。

米夏艾尔·比勒(1980)称赞“拉斯韦尔模式”第一次准确地描述了构成“传播事实”的各个元素。赖利夫妇认为这个简单的模式有多种用途，特别有助于用来组织和规范关于传播问题的讨论。美国著名的传播学者塞佛林和坦卡德也赞扬道：“它和许多模式一样，已抓住了传播的主要方面。”

拉斯韦尔模式显示了早期线性传播模式的典型特性，即多少有点主观认为传播者具有某种打算影响接受者的意图。他把传播看作是一种影响性行为，具有主观性影响受传者的目的，是一种劝服性过程，以“任何讯息总是有效果的”为前提，因而助长了高估传播尤其大众传播效果的倾向。这同当时拉斯韦尔所处的社会环境是不无关系的：当时美国经济发展迅速，对外扩张加快，急切的需要对外进行政治宣传。但是，同样拉斯韦尔也如亚里士多德一样同样是把传播看作是一个直线传播过程，即使考虑到了传播的效果，依旧是忽视了传播的反馈，还忽略了传播动机的分析，即传播者为何而传播及受众为何选择媒介、接受信息，没有揭示人类社会传播的双向和互动性质。

但是，拉斯韦尔依旧促使了传播模式的向前发展，指出了问题的主要方面，突出了传播者、讯息、媒介、受传者这样的要素。后来，布雷多克认识到这一模式过于简单，在《“拉斯韦尔模式”的扩展》(1958)对其进一步做了补充，认为其五个问题并不能反映传播过程的全部内容，增加了两个“W”，即“在什么情况下(in what situation)?”和“为了什么目的(for what purpose)?”换言之，就是传播行为的两个方面即传递信息的具体环境和传播者发送讯息的意图。布雷多克的模式后来也被称作是“7W”模式(见图 3-14)。

谁 → 说什么? → 通过什么媒介? → 对谁? → 在什么情况下? → 为了什么目的? → 取得什么效果?

图 3-14　布雷多克的模式

资料来源　戴元光、金冠军编著:《传播学通论》,上海交通大学出版社 2000 年版,第 177 页。

三、格伯纳(Gerbner)的口语模式和图解模式

美国传播学者格伯纳把拉斯韦尔的五个要素进一步扩大成如下表 3-4 中的模式,其目的是要探索一种在多数情况下都具有广泛适用性的模式。该模式能够依具体情况的不同而以不同的形式对千变万化的传播现象进行描述,包含了传播学的 10 个领域,被称为“口语模式”(见表 3-4)。

表 3-4　格伯纳的传播模式

传播要素	研究范围
某人(Some one)	传播者及阅听人的研究
认知一个事象(Perceives an event)	认知研究和认知理论
反应(Reacts)	效果测量
是在一种情境中(In a situation)	物质情境研究和社会情境研究
通过某种工具(Through some means)	媒介研究
提供某些资讯(To make available materials)	资讯处理和资讯扩散研究
以某种形态(In some form)	内容结构、内容组织、内容形式
在某种情境架构中(And context)	可传播的情境
传递讯息内容(Conveying content)	内容分析,词义研究
产生某种效果(Of some consequence)	整个行为改变的研究

资料来源　钟文、余明阳著:《大众传播学》,湖南文艺出版社 1990 年版,第 218 页。

这是一条由感知到生产再到感知的信息传递链。

该模式的优点是适用广泛。它既可以描述人的传播过程,也能够描述机器如电脑的传播过程或人与机器的混合传播。依照这一模式,整个传播过程中所有的信息都始终与外界保持着密切的联系,可见人类传播是具有开放性的系统,而传播也是对纷繁复杂的事件、信息加以选择和传送的选择性的、多变的过程。

该模式的十个方面表明了传播的研究重点的变化,不是对传播学领域的硬性划分,它考虑到了传播中的社会背景和社会关系的因素,使得我们研究带有了很强的社会性色彩。但是这个模式只是对单向线性模式的改进,仍然缺乏对传播活动中反馈和双向性的描述,这是其不足之处。

伯格纳的模式不仅是对拉斯韦尔模式的延伸，他的图解模式包含了对“香农—韦佛模式”的比较，我们再次看到了“香农—韦佛模式”的影响力（见图 3-15）。

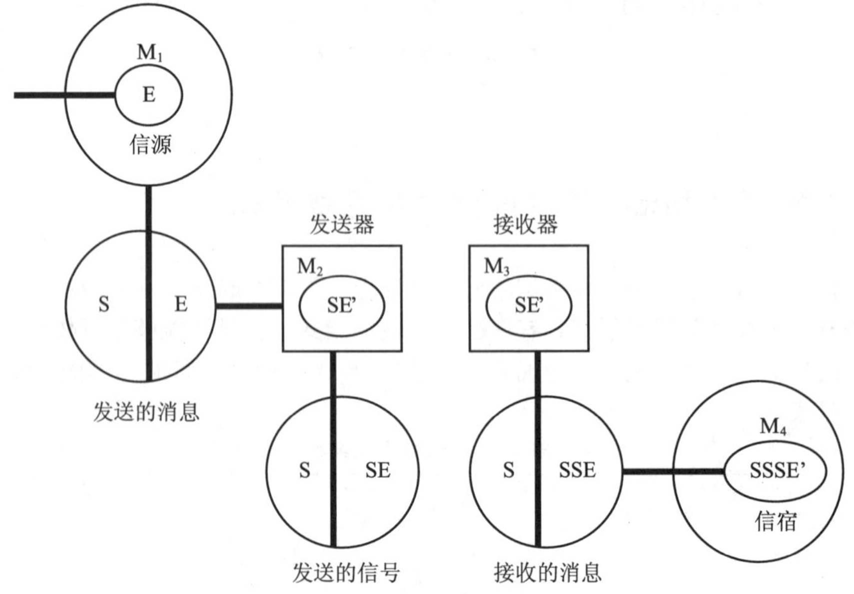

注：M 是不同的发送者和接收者，S 为传送信号，E 为时间内容。

图 3-15　伯格纳图解模式

资料来源　沃纳·塞佛林、小詹姆斯·坦卡德：《传播理论：起源、方法与应用》，华夏出版社 2000 年版，第 62 页。

四、贝罗(David Berlo)传播模式

在香农—韦弗模式的基础上，贝罗于 1960 年利用社会学的相关理论发展完善了一个新的线型传播模式——贝罗模式，也就是 S—M—C—R 模式。该模式分为四个基本要素，即信息源、信息、通道和接受者（见图 3-16）。

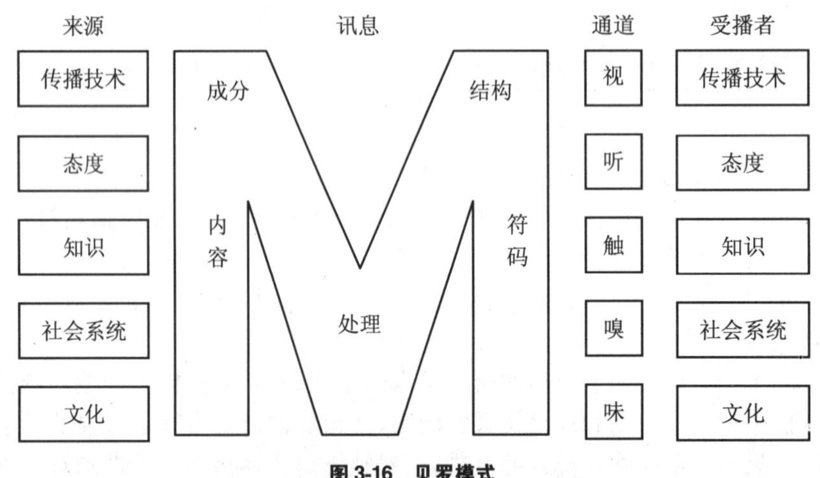

图 3-16　贝罗模式

资料来源　钟文、余明阳：《大众传播学》，湖南文艺出版社 1990 年版，第 219 页。

(一) 来源和制码者

对于来源和制码者的研究要考虑到传播技术(来源部分是指说话和写作,受播者部分是受听和阅读)、态度、知识程度、所处的社会系统和文化背景。(1)传播技术:来源与制码者不论以说或写作来传播,对于传播的方式必须思考或探究,才能保持讯息本身的真实性与趣味性。传播技术包括语言、文字、思想、手势及表情等,也包括如今网络中基于对这些因素的模拟所产生的网络语言、网络表情与动态图片等。信息技术的出现使得人类传播方式产生翻天覆地的变革,但我们还是能从最基础的传播技术中找到新技术的源头。(2)态度:传播者是否自信?对于传播的主题是否喜欢?对受播者是否了解?(3)知识:传播者对传播内容是否彻底了解?有无丰富的知识?(4)社会系统:诸如道德、法律等社会规范和社会其他机制在个人身上的体现。(5)文化:传播者的文化背景、受教育程度等等。

(二) 讯息

在传播过程中影响的讯息如下:(1)符码:主要包括语言、文字、音乐等。(2)内容:讯息内容是“来源”为达到其目的而选取的材料,它包括讯息和讯息的结构。(3)处理:是“来源”对选择及安排符码和内容所作的种种决定,所以应注意处理的方式是否得当。

(三) 通道

通道是传播讯息的各种工具。由于讯息的不同,因此对于通道的选择也会相应的有所区别,两者的关系是非常密切的。换言之,讯息的内容、符号及处理,均能影响通道的选择。

(四) 受播者与译码者

传播“来源”及“制码者”与“译码者”及“受播者”,虽然两者在传播的过程中所处的位置是不一样的,分处于传播的两端,但是由于传播活动通常情况下是一大串的连续活动,所以“来源”也可能变成“受播者”,“制码者”也可能变成“译码者”,那么从这个意义上说,影响“受播者”与“译码者”的因素可以是传播技术、态度、知识程度、所处的社会系统和文化背景。

总体上而言,贝罗模式把传播过程中的各个要素特征表达得十分明确,给人以新颖、独特的感觉,使人们能够站在一个新的角度去解读传播过程。它把抽象的传播理论具体化,使人们能够更加深刻地感受传播过程,理解传播当中四要素的构成特点及其作用;更为重要的是,贝罗模式能够指导人们有效处理信息,让信息更为顺利地传达到受众。

五、香农和韦佛的数学传播模式①

1949 年，信息论创始人、数学家克劳德·香农(Claude Shannon)与沃伦·韦佛(Weaver)在《传播的数学理论》(1949 年发表)一起提出了传播的数学模式(*The Mathematical Theory of Communication*)或者说是香农—韦佛模式。这可以说是传播模式中的一个经典模式，为后来的许多传播过程模式打下了基础，并且引起人们对从技术角度进行传播研究的重视。

香农和韦佛的模式是现代电子技术迅速发展，迫使数学家对传播的理论问题进行深入探讨的结果。1949 年，美国贝尔电话实验室工程师香农和韦佛在研究获得传播的最好效果时，从信息论角度提出了数学传播模式，运用通讯电路的原理探讨人类传播(见图 3-17)。

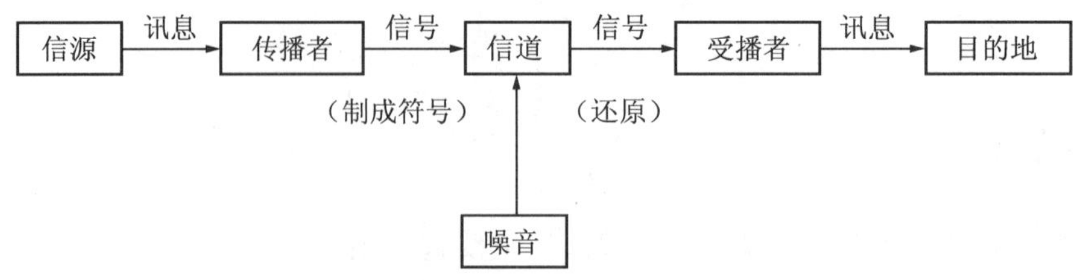

图 3-17　香农—韦佛传播模式

资料来源　戴元光等编著:《传播学通论》，上海交通大学出版社 2000 年版，第 178 页。

他们在提出传播模式时提到了传播的三个问题:一是技术层次，即传播的准确性问题;二是受传者对信息的理解和解释，是符号语言的层次;三是外在对传播的影响和传播效果的问题，即受传者的反应层次。实际上来讲，这三个层次都涉及现代语言学的问题。

香农—韦佛模式主要是描述电子通信过程的。依据这个模式来说，在图 3-17 中传播就是从左到右的一个简单的过程。资讯来源(就是信源)发出信息，由传递工具发射器等把讯息转化成要传送的讯号，经过传输渠道，由接收器将接受到的讯号转变成为讯息，从而将之传送到目的地。在传播的过程中，讯号可能会受到噪音等的干扰出现失真衰弱的现象。

香农和韦佛的这个数学模式在发展其他模式上一直是最重要、最有影响力的，它包含了制成符号和还原符号，特别是提到了传播中的“噪音”的干扰，表示讯息在传播的过程中会受到噪音的干扰。它指的是一切传播者意图以外的、对正常信息传递的干扰，表明传播并不是在真空的环境中进行的。过程内外的各种障碍因素会对信息形成干扰，如外界的干扰、机器本身的干扰、人为的干扰等等。克服噪音的办法是重复某些重要的信息。这样，传播的信息中就不仅仅包括“有效信息”，还包括重复的那部分信息即“冗余”。传播过程中出现噪音时，要力争处理好有效信息和冗余信息之间的平衡。冗余信息的出现会使一定时间内所能传递的有效信息有所减少。另一个方面来说，香农—韦佛模式对于一些技术和设备环节进行了分析，提高了传播学者对于信息科技在传播中的认识，对于现代发

① 根据戴元光、金冠军编著:《传播学通论》，上海交通大学出版社 2000 年版，第 177—178 页;黄晓钟、杨效宏、冯钢编著:《传播学关键术语释读》，四川大学出版社 2005 年版，第 97—99 页整理。

达的信息社会，互联网媒体的迅速崛起显得尤为重要，也对于我们传播考察的文理结合做了很好的铺垫。

但是香农—韦佛模式是用电路原理的直线性单向过程而提出的，依旧缺少反馈的环节，忽视了信息的内容、传播的社会效果和传播的环境，把这个模式应用于种类繁多的人类传播来说是非常不合理的。香农—韦佛模式如果应用在电子信息领域是毫无意义的，但是和人类社会有了交集就不是那么简单的事情了。香农—韦佛模式没有考虑到人的能动性因素。活生生的人不可能像机器那样没有任何反应能力，人同时也不可能不受任何条件制约的接受或传播信息。接受或传播信息和人的很多内在因素及其社会环境有很大的关系。如教育水平不同，文化程度高的人和文化程度较低的人，接受信息的层次是不一样的；再者还受到社会环境因素的制约，如社会制度、道德规范、传统观念、法律制度等。

这一模式不仅在信息论的范畴内加以讨论，同时也一直被行为科学家和语言学家们类推于各自的领域。虽然说技术问题不能和人类的传播问题相等同，但是在以后许多的人类传播模式中也可以很容易地发现香农—韦佛模式的一些痕迹。

六、德弗勒传播模式①

1966 年，传播学家德弗勒在论述发出讯息的含义与接受讯息的含义之间的一致性时，对“香农—韦佛的传播模式”进行了修改和补充，在一定意义上是他再次发展了香农—韦佛模式，提出了德弗勒传播模式(图 3-18)。

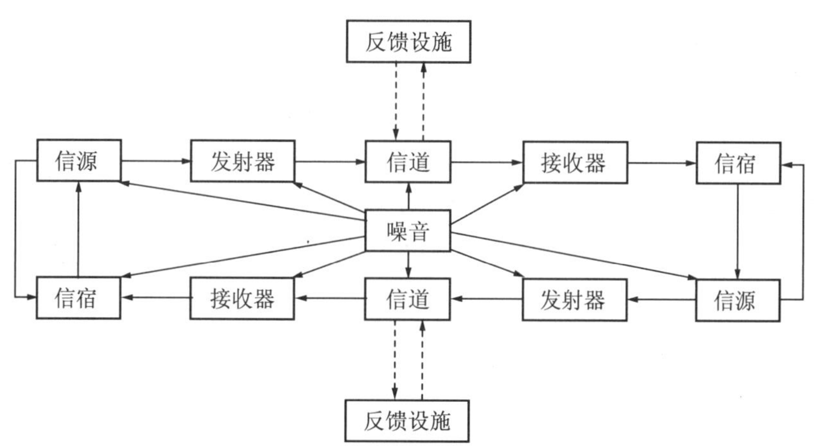

图 3-18 德弗勒传播模式

资料来源 戴元光等编著:《传播学通论》，上海交通大学出版社 2000 年版，第 171 页。

德弗勒指出在传播过程中“含义”被变换成“讯息”，利用循环模式图提出了一些重要的问题，如发射器如何将讯息变成信号，然后通过某一通道传递出去，即通过讯息的还原、转换和反馈等过程，可以来检验传播是否实现，如果传播出去的讯息和反馈回来的讯息完

① 根据戴元光等编著:《传播学通论》，上海交通大学出版社 2000 年版，第 171—172、178 页；钟文、余明阳:《大众传播学》，湖南文艺出版社 1990 年版，第 210—211 页综合而成。

全一致的话，说明传播实现了。德福勒比香农—韦佛模式的进步之处是他开始注意到反馈的存在，指出了噪音对于传播过程各个环节的干扰和影响，使香农—韦佛模式根本修改，传统直线性模式向循环性模式靠拢，德弗勒的理论在后面的格伯纳那里也得到了佐证，但一些根本的问题依旧没有得到解决。

总体上说，德弗勒模式对香农—韦佛模式作了重要的补充。由于香农—韦佛模式的直线性与缺乏反馈，因此一直受到人们的批评和质疑。这些特点在德弗勒的模式中均有所补充和说明。另外德弗勒认为噪音会影响到传播过程中的各个因素，而不仅仅是信道，这无疑让我们对噪音的发生与影响有了更深入的认识。

七、奥斯古德(Osgood)的传播模式①

美国心理学家C.E.奥斯古德在1954年针对“香农—韦佛的传播模式”提出挑战：香农—韦佛模式的技术性传播模式是发展应用于工程问题，从未为人的传播行为来设计。奥斯古德以自己的意义理论(theory of meaning)和一般的心理语言过程(psycholinguistic processes in general)发展出一个模式。

香农—韦佛模式首先排除了信息的“意义”，同时将信源、信宿、发送者和接受者表达为互相独立的因素。奥斯古德的模式强调的是传播的社会本质，提出一个人同时成为信息发送者和接受者的理论，并且把符号的“意义”列入考虑，而这些恰恰是“香农—韦佛的传播模式”所不能涉及的。“香农—韦佛的传播模式”主要是从技术的角度出发，忽视了人和社会等传播中的重要因素，把发送者和接受者截然分开。在机器系统中这样的模式是没有异议的，但是在人类的传播系统中就显得不那么合适。因为在人类传播中，受传者并不一直是被动的，受传者将接收到的信息翻译成自己的理解之后，再将部分信息反馈给信息发送者，受传者这时就成了传播者，因而也就具有了双重的身份。奥斯古德认为：香农—韦佛模式中完整的传播系统对每个人都存在，每个人都是一个“传播单位”，具有发送和接受的双重角色。在奥斯古德看来，每一个合适的传播模式至少要包括两个“传播单位”(见图3-19)，一个是来源单位，另一个是接收单位，两个单位之间靠信息来联系，成为一个完整的体系。

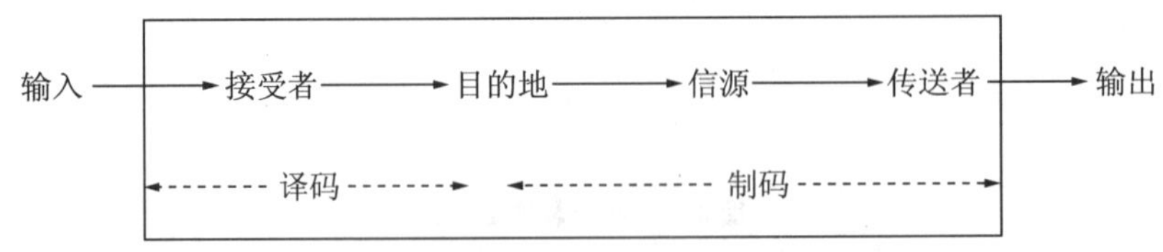

图3-19 奥斯古德的传播单位

资料来源 钟文、余明阳：《大众传播学》，湖南文艺出版社1990年版，第212页。

在模式中，“输入”的是物质能量或某种形式的“刺激”，变成感觉刺激而被接受。接受者通过几个心理过程，就对这“输入”或“刺激”加以工作，奥斯古德把这些过程称作“接受”

① 根据戴元光等编著：《传播学通论》，上海交通大学出版社2000年版，第170、178—180页；钟文、余明阳：《大众传播学》，湖南文艺出版社1990年版，第211—212页整理。

(reception)和“感知”(perception),而中间的“调节器”(meditor)提供一种“认知”(cognition,即对它附上意义或态度),并且,借着传送器(transmitter)进行“运动神经组织”及相关的操作。在刺激—反应连锁中,“讯息”就是来源的“输出”物和目的地的“输入”物。输入是由“译码”处理的,输出是由“制码”完成的。换言之,在奥斯古德模式中,目的单位与来源单位是相似的。因此,它可以应用在人的传播行为(尤其是个人传播)上。依照奥斯古德的观点,在“同语言群体”(speech community)情境中,每一个人被视为一个完全的传播系统。奥斯古德模式就是说一个个体同时具有发送和接受的功能,同时在个体以及个体之间形成了内外的循环,而且将符号意义列入了考虑范围,通过反馈机制对于传输中的信息既编码又解码,使得主体具有双重性,因此,“奥斯古德模式”又被称作“双行为模式”。

奥斯古德从其自身的“意义理论”和“一般心理语言过程”中提出了自己的“奥斯古德模式”(见图 3-20)。

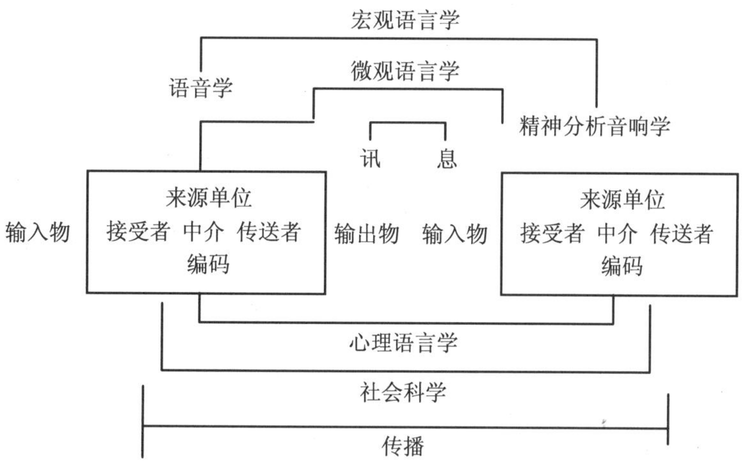

图 3-20 学科角度的传播过程

资料来源 戴元光等编著:《传播学通论》,上海交通大学出版社 2000 年版,第 180 页。

奥斯古德模式强调的是人类的传播系统而不是香农—韦佛模式的机械化传播,不仅仅关注于传播渠道的畅通与否,信息能否安全到达等技术细节上的问题,还关注于传播行为及其双方的关系转变,这就使得传播模式带有了很强的社会学意义,更加接近传播的本质。

奥斯古德同时还强调了传播的社会本质,说道:“因此,任何适当的模式至少应包括两个传播单位,一个信源单位(说话者)和一个信宿单位(听话者)。在任何两个这样的单位之间,将两者连接起来成为一个系统的,就是我们所说的消息。根据本报告的目的,我们将消息定义为从信源单位所有输出(反应)的那部分,同时也可能是所有输入(刺激)信宿单位的一部分。例如,当个体 A 和个体 B 说话时,他的姿势、面部表情,甚至对物体的操纵(例如,扔下一张纸牌,推开手边的一碗食物)均是消息的一部分,就如事件以声波传送一样。但是 A 所有行为的其他部分(例如,对 B 姿势的感受,环境中其余的线索)并不是来自 A 的行为。这些事情并不属于我们所谓消息的一部分。这种刺激—反应(R-S)消息(即一个给予他人刺激的人自己产生反应)可能是直接的,也可能是间接的——通常,面对说话表现为前者,而书面传播(以及音乐录音、艺术品等)表现为后者。”

八、奥斯古德—施拉姆传播模式

这个模式主要是针对人际传播形态的一种理论论述，是施拉姆在总结奥斯古德模式的基础上进行的创新。奥斯古德认为“香农—韦佛的传播模式”比较适合于机械的传播过程，并不符合实际中的人际传播过程；在实际的人际传播过程中每个人既是信息的发送者也是信息的接受者。传播学的集大成者施拉姆在参考奥斯古德思想的基础上，于 1954 年在《传播是如何进行的》一书中提出了针对“香农—韦佛传播模式”理论的三个传播模式的修正(见图 3-21、图 3-22、图 3-23)，图形更加简单，内容也更加丰富。学者们将最具有代表性和创新性的第三个模式归于奥斯古德和施拉姆两个人的名下，称之为“奥斯古德—施拉姆模式”。

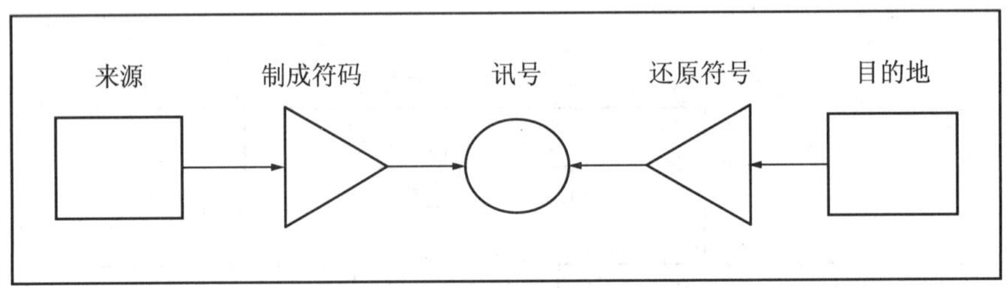

图 3-21　传播过程模式之一

资料来源　钟文、余明阳:《大众传播学》,湖南文艺出版社 1990 年版,第 213 页。

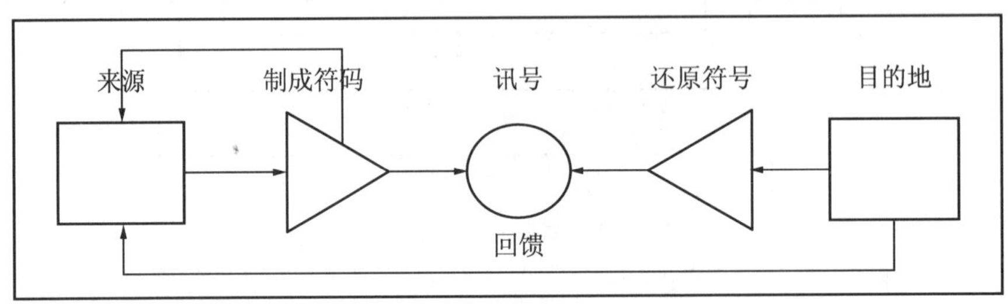

图 3-22　传播过程模式之二

资料来源　钟文、余明阳:《大众传播学》,湖南文艺出版社 1990 年版,第 213 页。

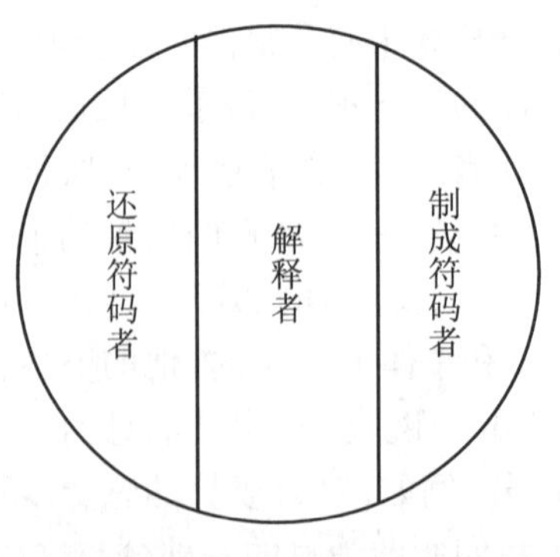

图 3-23　传播过程模式之三

资料来源　钟文、余明阳:《大众传播学》,湖南文艺出版社 1990 年版,第 214 页。

施拉姆认为：讯息的传播，首先有传播者（即来源），将讯息制成符码，使成为一种讯号，然后为对方所接受后，再把它还原成原来的符码，赋予意义后，才算到达目的地。但是在“制成符码”和“还原符码”两种阶段中，有一个很重要的先决条件，即制码者和还原符码者必须要有共同的经验范围（或知识），彼此才能沟通，以产生共识。

就传播活动而言，每个人都生活在一个符码的世界里：他制成符码，同时也把符码还原。接受符号同时也传出讯号。图3-23用来反映一个人自身的传播模式。自己是符号的还原者、解释者，也是制成符码者。

传播过程中包含了“回馈”（feed-back）的现象。为说明方便起见，我们以两个人交谈作例子来说明：两人交谈时，甲向乙说话，甲想知道音讯是怎样被对方接受或如何被对方加以解释，而另一方乙很自然的会以简单的话语或表情来对甲加以反应，甲对乙反应的了解就是一种“回馈”。一个经验丰富的传播者会时刻注意回馈，并会时常依据回馈来修改它的音讯，所以说“回馈”在传播的过程之中是非常重要的（见图3-24）。

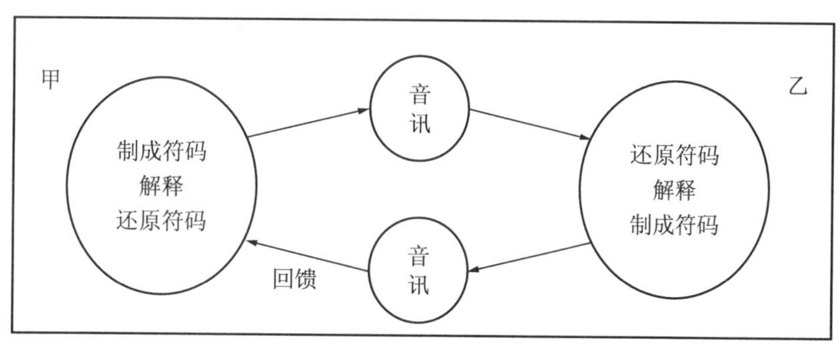

图3-24　传播过程模式之四

资料来源　钟文、余明阳：《大众传播学》，湖南文艺出版社1990年版，第214页。

传播者不但可以从阅听人那里得到反馈，而且可以从自己的音讯上得到回馈（见图3-25）。

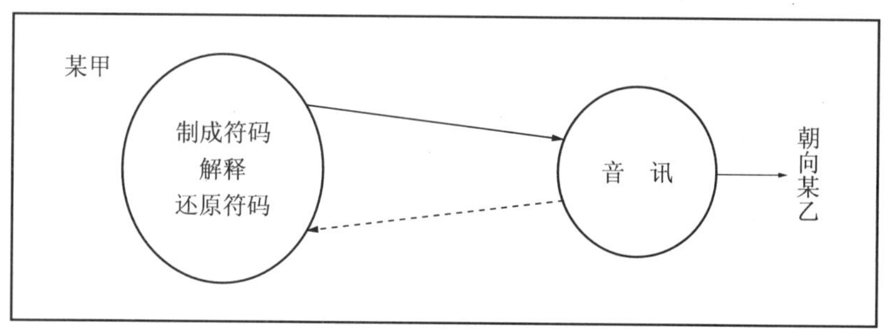

图3-25　传播过程模式之五

资料来源　钟文、余明阳：《大众传播学》，湖南文艺出版社1990年版，第215页。

这个模式较为适合人际传播，表达了一种传受双方完全对等的传播观念，但是不具有普遍性；在现实的人际传播中，也许会有这样对等的情况存在，但是很多的时候传受双方因为自身的社会地位、经济条件、受教育的程度等差别，实际上是不平等的，传播的过程也是相当不平衡的。不过，这个模式揭示了人际传播中最基本的形态，这是非常有意义的。

九、丹斯模式①

丹斯模式可以看作是香农—韦佛的数学模式和奥斯古德—施拉姆模式的一种有趣的发展。他在论述直线性模式和循环性模式时指出，大多数人可能认为循环模式最适用于描述传播过程，然而循环过程也有一些不足之处："该模式认为，传播经过一个完全的循环，不折不扣地回到它原来的出发点。这种循环类比显然是错误的……"

螺旋线(见图 3-26)为某些用循环无法说明的现象提供了解释。它引导人们注意这样的事实：传播过程是向前发展的，今天的传播内容将影响到以后传播的结构和内容。丹斯强调了传播的动态性质，描述传播过程中的各个不同侧面是如何随时间而变动的。

图 3-26　丹斯螺旋形模式示意图

在不同的情境下，对于不同的个人，螺旋形呈现出不同的状态。例如，对某些人，由于事先较熟悉将要谈论的主题，螺旋线往往变得越来越大；反之，对于那些话题的基本内容所知甚少的人，螺旋线的扩展就较有限。这一模式可以用来解释信息沟以及知识往往创造更多知识的命题；它还能说明传播情境，例如，一个主讲者讲授了一系列关于同一主题的课，便假定他的听众已逐渐熟悉其内容，这就使得他在每一次讲授新课时能够认为这是当然的，并且相应地组织其讲稿。

总体来说，丹斯模式并不是进行详细分析的工具。它的主要价值在于提醒我们，传播的性质是动态的，而在其他的一些模式中这一点是极其容易被忽略的。在这个模式中"传播者"的概念比其他模式中的更为积极。从这一模式中我们可以得知人在传播中是主动的、富有创造性并能储存信息；相反，其他的模式则把人描述成被动的生灵。人际传播从交流的瞬间开始就表现出这种不断变化的时间特点来。

十、纽科姆模式②

西奥多·纽科姆于 1953 年从社会心理学的角度提出了最简单的模式，主要是对两个

① 根据丹尼斯·麦奎尔和斯文·温德尔：《大众传播模式论》，上海译文出版社 1987 年版，第 24—26 页整理。

② 根据戴元光、金冠军编著：《传播学通论》，上海交通大学出版社 2000 年版，第 182—183 页；沃纳·塞佛林、小詹姆斯·坦卡德：《传播的起源、方法和应用》，华夏出版社 2000 年版，第 157—158 页整理。

个体之间动态传播关系的简洁描述，它基本上是以社会心理学家海德早期的理论(1946)为基础的，即涉及第三者或物时，两个个体之间可能存在着一致性和不一致性。此理论可以描述为：当个体A和个体B都互相喜爱并且都喜爱X(物品或他人)时，两人关系所表现的某些形态就是平衡的；但如果A和B互相喜爱，而其中一人不喜爱X时，两人关系所表现的某些形态就会失衡。因此，当两人关系平衡时，他们就会反对变动；如果二人关系失衡时，双方就会作出努力来恢复"认知"平衡。

纽科姆最大的贡献不在于他与海德平分秋色，而是在于他还发展了海德的理论，并将其进一步运用于两人或更多人之间的传播。他设想："传播的基本功能是使两个或更多的个体之间对外部环境的物体同时保持意向"。由此，传播活动是一种对"压力的认识反应"，其在不确定或不平衡的状态下会更加频繁地出现。

纽科姆的模式是一个三角形，如图3-27所示。个体分别为A和B，他们共对的事物为X。假设A和B两个个体互有意向，并对X也各有意向，那么，A和B的意向与对X的意向是互相依赖的。于是，作为支撑传播过程的这个模式就提出了四个有意向的联系：一是A对B的意向，既包含对X的态度，又包含认识属性；二是A对B的意向，完全相同的含义；三是B对X的意向；四是B对A的意向。

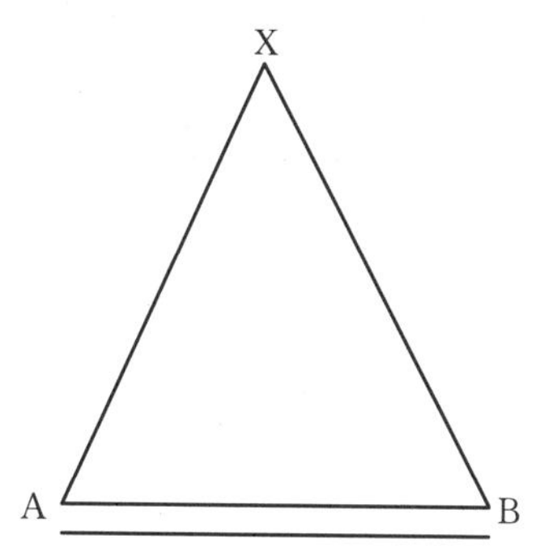

图3-27　纽科姆传播模式

资料来源　戴元光、金冠军编著：《传播学通论》，上海交通大学出版社2000年版，第183页。

在纽科姆模式中，传播是个人对其所处的环境进行定位的最普遍而有效的方式，主张两个人之间有目的的传播行为。

根据以上模式，纽科姆作出假设：(1)A趋向于B和X的力量愈强烈，那么一方面A愈是努力要求与B在对X的态度上保持均衡；另一方面作为一个或是一个以上传播行为的后果，增加均衡的可能性愈大。(2)A与B之间的吸引力愈弱，趋向于均衡的努力就受到X对于因协调所需要的合作态度的限制。

根据纽科姆的模式，可以得出：(1)由于力量的平衡，每个系统都有所区别：传播体系内的每个部分为A对X、或B对X的态度发生的变化都会危及A和B的关系，而双方也都会作平衡的努力。(2)一个人能估计出另一个人的行为，就是由于均衡的作用；均衡还能促使本人对X的态度改变。(3)A和B之间对X的意向上的差异愈大，愈刺激传播的发生，A和B之间对X的意向差异愈小，双方愈要保持原状，即保持平衡而努力。(4)人们对于与自己意向或立场一致的信息来源，可能会付出更多的注意力，注意寻求支持，充当意见首领并补充。而对传播来说，有利于加强受传者现存观点、态度和行为的信息，将会得到更好的效果。

纽科姆模式的核心其实是宣扬一种“对称的压力”，即任何特定系统都有力量平衡的特征，系统中任何改变都会导致不平衡或缺乏对称，而不平衡或不对称则会造成心理上的不舒服并因此产生内在的压力以恢复平衡。这种观点和当时的社会学家费斯汀格的“认知不和谐论”相似。“认知不和谐论”认为个人的决策、选择和获取新信息都会引起不一致的感觉，并使心理上产生不舒服的感觉，而这种不舒服的感觉会促使有关的个人去寻求支持已作出的选择。比如说，有人买了一件衣服，周围的朋友也许会说：“你的衣服太贵了，而且也不怎么好看！”于是，这个人就会为自己的购买行为寻找支持，也许会说：“不贵，这是……名牌打折产品，很划得来的，平常那牌子都不打折的，现在遇到了，觉得很幸运，而且样子又很不错的！”如此这般，都是在为自己不舒服的感觉寻找支持已经作出的选择。

在1959年，纽科姆对自己的模式加上了一些限制的条件，提出传播只有在某些条件下才可能活跃：一是人们之间要存在强烈的吸引力；二是物体X至少要对参与者中的一方来说是重要的；三是物体X对传播双方来说都是恰当的。

纽科姆模式在我们现实的生活中是有广泛的应用的，如果仔细留意一下就会发觉很多日常的问题，都可以用纽科姆模式来解释，这里就不举例了。

十一、韦斯特利—麦克莱恩的人际传播模式①

韦斯特利和麦克莱恩是纽科姆的学生，他们人际传播模式脱胎于纽科姆的ABX模式，但是做了一定的扩充、发展和修正(见图3-28)。

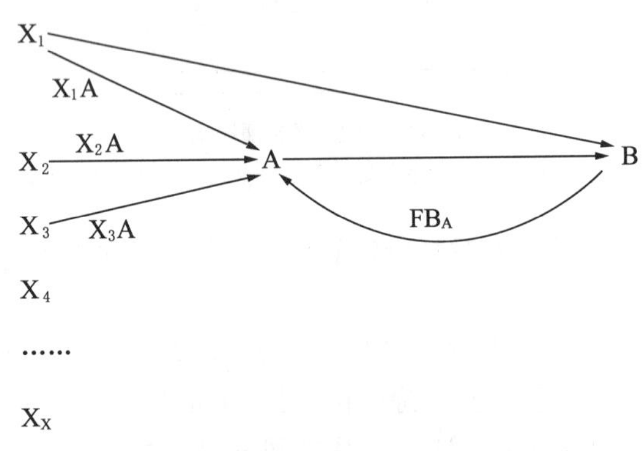

图3-28 韦斯特利—麦克莱恩的人际传播模式

资料来源 李彬：《传播学引论》，新华出版社1993年版，第269页。

这个模式反映的是人际传播的基本情况。其中，A是传播者，B是接受者，X则代表系列的事件、观念、人物等。A从大量的存在物中选出X，再把它们传递给B，而B通过反馈环节FBA(F=feedback)对此作出反应。另外，接受者还可以不经过传播者A而直接了解某事件、某个人或某种观念，这就是这一模式反映的人际传播的情况。韦斯特利和麦克莱恩对于纽科姆

① 李彬：《传播学引论》，新华出版社2003年版，第268—269页。

ABX 模式的第二步扩展就是大众传播的模式，这里就不作介绍了。

十二、克劳佩弗(D.W.Klopf)人际传播模式[①]

克劳佩弗在 1981 年提出了新的人际传播模式。这一模式充分显示了人际传播的特点：总是在特定的情境中展开，又总是受到情境的制约。这一模式充分从人际传播的情境来研究人际传播(见图 3-29)。

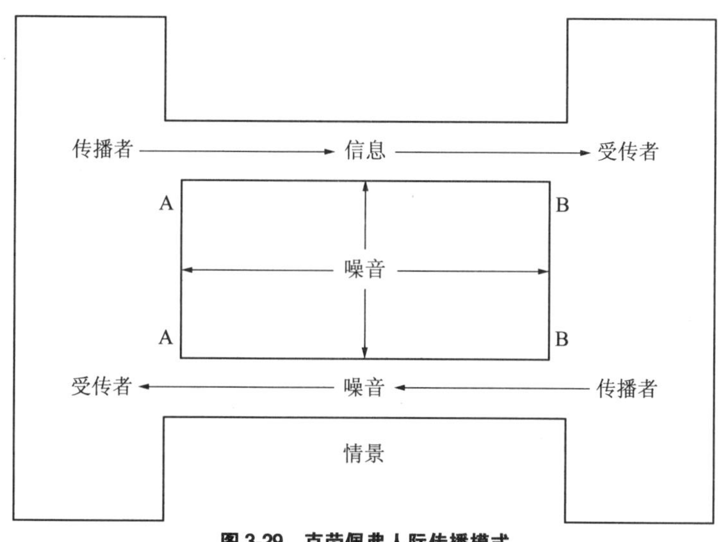

图 3-29 克劳佩弗人际传播模式

资料来源 钟文、余明阳：《大众传播学》，湖南文艺出版社 1990 年版，第 25 页。

在克劳佩弗的模式中，A 既是传送者，又是接受者；B 既是接受者，又是传送者。A、B 对对方的信息必须消化、评估、认定后才给予反馈。

这个模式清楚地表明了传播情境中不可忽视的一种因素，就是"噪音"，也就是说在人际传播中的干扰因素。传播中的干扰分为两类：一类是来自内部的干扰，首先表现为传播环境中物质性的噪音，其次是信息交流的渠道性噪音，这一种干扰表现为一些硬性的干扰因素；另一类是来自传播中的内部干扰，表现为一种来自传播主客体的心理干扰，在人际传播中存在的有意无意的偏见也是传播内部干扰的一种重要表现，这些都是传播中的软性干扰因素，因为它是心理干扰常常被我们忽视。

上述沟通模式大体反映了现代沟通理论的发展线索和趋势。此外，上述模式尽管提到了沟通中的反馈，但强调的却是传送。因此，这些被人们引为经典的沟通模式并不能解决沟通中的所有问题，特别是不能解决组织沟通中的问题。

十三、詹森(Wendell Johnson)的传播模式

詹森的人际传播模式是比较清楚明白解释人际传播的模式。它把实际复杂的人际传

① 董天策：《传播学导论》，四川大学出版社 1995 年版，第 134—136 页。

播过程变成了比较简单的图示(见图 3-30)。

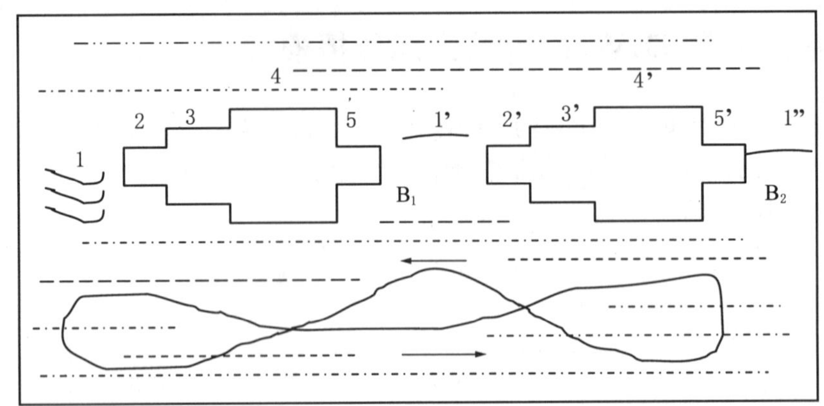

图 3-30 詹森的传播模式

资料来源 钟文、余明阳:《大众传播学》,湖南文艺出版社 1990 年版,第 221 页。

(一) 解图

周围的长方形指的是传播行为发生的情境结构,存在于说话者和听话者以及传播过程的外部。弯曲的环状物是指实际传播上相互交织以及相关联的各个阶段。

(二) 传播过程

真正的传播开始于步骤"1",代表着一个事件的发生以及可以感知到的事物。这个事物就是一种刺激。虽然说并不是所有的传播过程都是因为刺激而产生的,但是詹森自己称,只有传播以某种方式与外界发生关联时,传播行为才有发生的意义。在阶段"2"开始有意地画得相对小些,目的是要强调世上所有可能刺激中,只有一小部分实际刺激了观察者。阶段"3"开始,有个体的评价作用的参与。这个阶段,神经从感官通到脑部,从而影响身体发生一些变化。阶段"4",把阶段"3"所引起的感觉变成话语,是依照个人特有的习惯而发生的过程。阶段"5",B_1 个人从所有可以找到的语言符号中,选出一些符号排列成某个形式,使其具有意义。

在"1"阶段,说话者借着声波说出来,或借光波,用书写的字表示出来,成为下一个听众的刺激物,在"3"阶段有个体评价的作用,"4"阶段,开始把感觉变成话语,"5"阶段选出了某些符号并加以安排输出。照此周而复始,在"1"阶段,这些符号再次以声波或光波的形式,输出到另外一个人 B_2 的感官去作为另一个刺激。这样的一个传播过程是连续不断循环下去的。

假如我们把注意力集中于传播的特别关系中,以探讨传播行为与资讯符号的相互关系,则可以用图 3-31 表示。

A 和 B 是参与传播的双方,S 代表 A 所发出(甲型)而由 B 加以利用(乙型)的符号。回馈是个人脑中对符号的理解或是他脑中另外一方所做反应的认识。A 与 A 的垂线是指其后所得的新认识。A 下一个传播行为(甲型)决定于 A 脑中所得印象和所感到的需要,

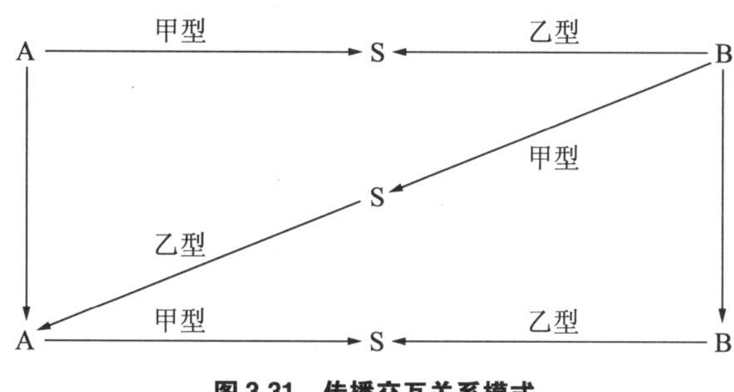

图 3-31　传播交互关系模式

资料来源　钟文、余明阳:《大众传播学》,湖南文艺出版社 1990 年版,第 223 页。

也决定于他对刚刚处理过的回馈符号的情况。原先 B 对于 A 符号主动的接受(乙型),B 接受后的回馈反应,对 A 来讲是发出刺激符号(甲型),A 会主动接受这种回馈(乙型)。A 接受过 B 的回馈,产生新认识,此时 B 的另一接受行为(乙型)决定于早先他接受并回馈 A 符号后的新认识……如此继续下去。

这个图解与众不同的特点是所有的箭头都指向符号 S,而不是指向接受者。我们相信受播者表示被动的,可以任由宣传家或媒介摆布。事实上,接不接受由受播者说了算,讯息不会自动的进入其心中替其决定。受播者自己会选择,也有许多的选择机会。要去认识、解释,不一定按照传播者所希望的,而是按照自己脑中已有的印象。这是我们对于传播应有的认识。

十四、巴恩隆德(D.C.Barnlund)的传播模式

图示(图 3-32)解释:

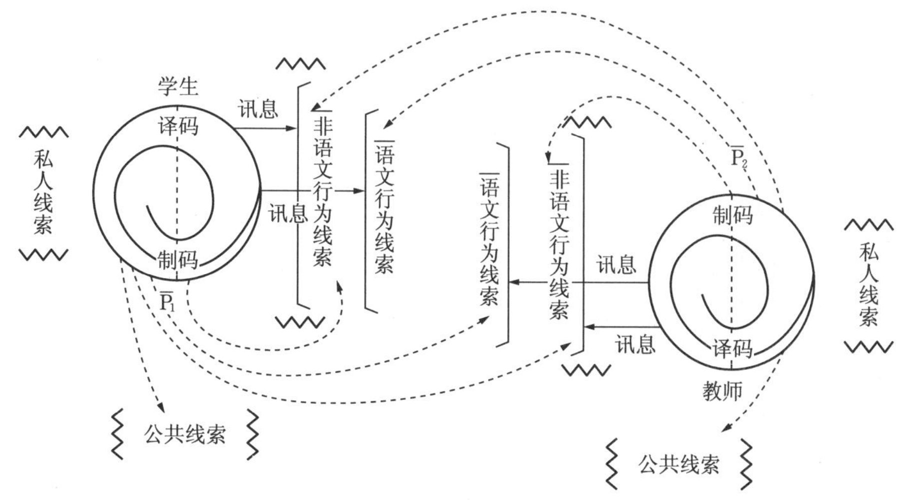

图 3-32　巴恩隆德(D.C.Barnlund)的传播模式

资料来源　钟文、余明阳:《大众传播学》,湖南文艺出版社 1990 年版,第 224 页。

一是模式中教师(P_2)和学生(P_1)是人际传播的两端。

二是个人虚线箭头同时指向公共线索、对方的语文线索、非语文线索和自身的非语文

线索，它们都代表着个人感知。

三是译码代表接受，制码代表发送，在巴恩隆德的模式中并不区分说话人与听话人，是两方同时收发讯息。

四是公共线索代表了从现存的情境到参与传播的两方均能认知所有的提示物，并且他们在传播过程之前就已经建立，这些提示物不是参与者在传播的过程中所能操纵与改变的；公共线索可以分为自然提示物和人为提示物；自然线索指的是自然环境提供的线索，认为提示物指的是在传播发生之前经由人力修饰、控制环境而造成的讯息线索。

五是私人线索存在于个人，它的感知在个人内部，故未用箭头表示；它主要指的是传播当事人自己能进行认知而对方不能进行认知的讯息线索。私人线索不会自动成为公共的线索，但是如果用外在的行为表达出来就成为公共线索了。

六是讯息则包括了语文行为线索和非语文行为线索。语文行为线索代表所说的话和所写的文字，指的是参与者用语言说出的讯息；非语文行为线索代表有意的副语言行为，指的是语言以外的讯息线索，即为运用副语言符号系统进行的讯息交流。但是依照巴恩隆德自己的观点来看，讯息这个词界定于人为了与他人传播而有意加以控制的一组线索。巴恩隆德的模式能够明确地说明人际传播的流通特性。

十五、约瑟夫·A.德维托的人际传播模式

在《人际传播教程》一书中，德维托根据人际传播的要素整合出人际传播的模型，如图3-33所示。

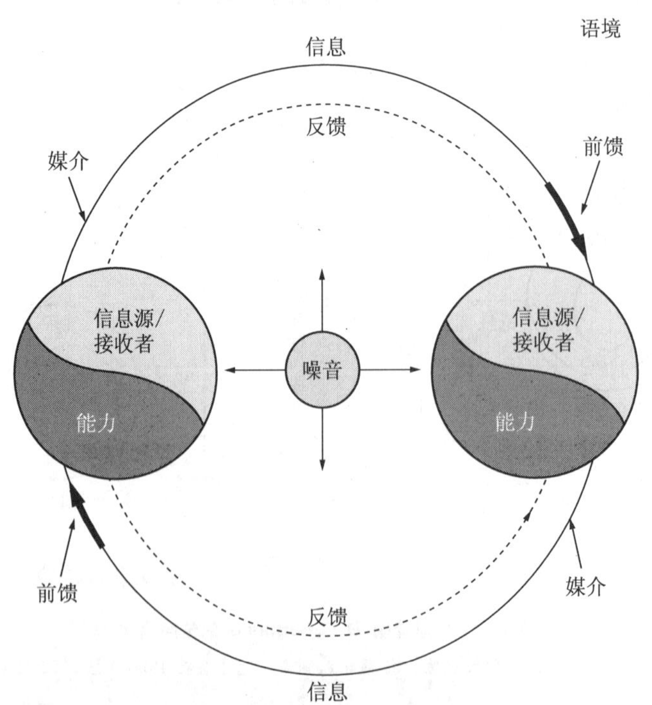

图3-33 德维托人际传播模式

资料来源 约瑟夫·A.德维托:《人际传播教程》(第12版)，余瑞祥等译，中国人民大学出版社2011年版，第11页。

德维托认为传播并不是简单的线性传播，而是存在一个循环与反馈的过程，而这个过程中包含的各个要素都应当被视为人际传播学的一部分。他认为，人际传播应当包含以下几个方面：

第一，信息源——接收者（source—receiver）。单次的人际传播是围绕至少两个不同个体展开的，同时每个个体又承担着两种不同的责任，即信息传播与信息接收，这样才能完成双向的人际互动。比如当你在观察别人对你的演讲所作出的反应时，也会从别人的表情和动作中得到反馈，成为这种反馈的信息接收者。同时，每一次的沟通也会因为个体及其完成的不同传播、接收活动的不同而不同。

第二，编码——解码（encoding—decoding）。每一次的人际传播都包含着编码和解码的过程，信息需要通过一定的方式进行传播，接收一方也需要对这种传播方式及其背后所包含的内容进行理解。编码和解码的发生需要信息的传递和接收同时发生，比如当两个恋人吵架的时候，一方说的话另一方未必接收，编码和解码就不一定发生。

第三，信息（message）。信息是会对接受者产生刺激的信号，这种信号可以通过人的语言、肢体动作、表情等基本方式传递，也可以通过网络符号、网络视频等现代化途径传递。德维托尤其指出了两种信息：反馈信息（feedback）和前馈信息（feedforward）。前者指的是信息接收一方所作出的反应，比如听到一个段子后的哈哈大笑，学生听到老师布置作业时的一声叹息。但并非所有的反馈信息都这么容易辨识，比如在公共场合人们会对一些反应比较克制。后者则是值得在传递核心、基本的信息前就已经获得的信息。比如在宣布一件重要事情前，人们会告诉听众："请安静，有件事不得不告诉大家。"

第四，渠道（channel）。在信息的传递中，需要有媒介的存在，也就是渠道。渠道可能成为传播的推动力，比如微博的出现使得人们能够更加快速地与更多人进行交流沟通。但渠道也可能会成为限制，尤其在其被破坏后成为传播的阻碍。根据"把关人"理论，当信息经过把关人的时候，只有一部分信息被进一步的传播，而把关人则成为其他信息传播的障碍；而当渠道被毁坏，比如信号中断的时候，人们就无法通过网络与他人沟通，人际传播也就被阻碍。

第五，噪音（noise）。在人际传播过程的各个阶段，无不受到噪音的影响。噪音可能有各种形态。德维托认为噪音可分为四种：物理噪音，即传播者和接受者之间的外部噪音，如楼下割草机的声音、汽车的鸣笛；生理噪音，是由于人际传播的参与者身体的障碍产生的，比如我们认为嘴里嚼东西时与别人讲话不礼貌，也无法让别人听清自己所说的话；心理噪音，比如个人的偏见、信息封闭等；语义噪音，是由于传播信息在传受双方意义不同导致，比如一些词语在不同方言中表示的意义不同，会导致双方产生误会。

第六，语境（context）。人际传播总是在一定的情境中发生的，其影响着我们所进行的交流沟通。德维托认为语境包括四种：物理语境，也就是进行沟通的有形环境，比如办公室、宿舍、商场，人们在公共场合的表达方式跟在私人场合可能完全不同；时间语境，包括具体的时间，也包括更宏观的历史阶段，立刻回复短信和过一段时间再回复所表达的含义就可能会有不同；社会心理语境，与传受双方的社会地位、社会角色等社会属性有关，例如在公共场合会先把男士介绍给女士；文化语境，包括信仰、风俗等，在跨文化传播中应该对其他文化也有一定了解，以免产生信息的遗漏或误解。

第七，伦理(ethics)。传播总是在一定的社会价值与道德规范的条件下进行的，社会对每个人的人际传播都有一定的约束。比如社会要求我们诚实守信，因而传播真实可靠信息的人从长久来看会更被信任。在网络时代每个人的信息都有可能被更快、更广泛地传播，因而隐私权成为了更多地被人关注，尊重他人的隐私也是我们要遵循的规范之一。

第八，能力(competence)。要进行有效的沟通就必须具备一定的人际传播能力，这要求我们根据语境和传播对象来调整自己的沟通方式与内容，学会随机应变。比如在泰坦尼克号中，Jack在进入Rose的社交圈后，必须学会一些上流社会的社交技巧，才能与他人进行沟通。但社交能力并不意味着哪一种社交方式是至高无上的，而是要因时、因地、因人进行调整，有效地适应和转换。

另外，德维托也对之前不同类别的人际传播模式进行了概括，将其分为线性的观点、互动的观点和交换的观点，并总结了在线交流的传播方式。

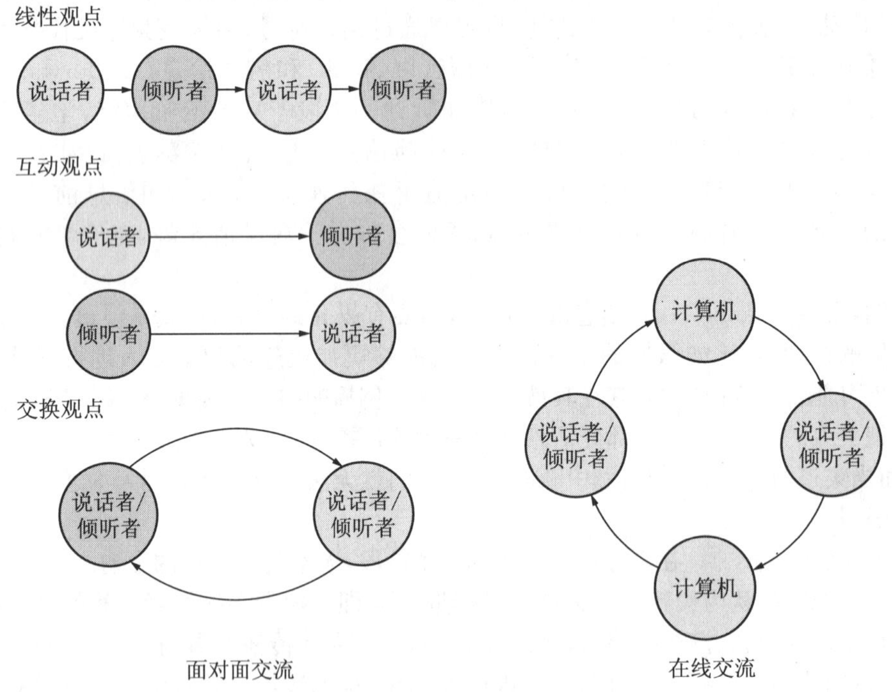

图 3-34　德维托对几种交流方式的图解

资料来源　约瑟夫·A.德维托：《人际传播教程》(第12版)，余瑞祥等译，中国人民大学出版社2011年版，第19页。

德维托人际传播模式的特点是涵盖了更多的元素，比如伦理和能力这两个因素是前人很少提到的。将社会环境的因素拆分为语境、伦理等几个因素，使得我们对人际传播受那些社会因素的影响有更多的理解；而对能力的强调则使得我们更多地了解到人际传播所面临的内部限制，也就是说并非所有人都能够通过合理的方式表达自己的想法，提升自己人际传播能力要学会在不同语境中选择恰当的传播方式。当然，德维托的传播模式并没有完全跳出他自己所说的“交换的观点”，虽然对传播过程中的因素有了更细致的分析，但还没有完全突破前人的模型。

第三节　对人际传播理论和模式的总评

一、人际传播具有复杂性和多样性

人际传播学从诞生之日起至今依然新思想、新观点层出不穷。这很大程度上得益于人际传播现象的多样化和多变性，由此很多的学者分别从自身不同的角度和学科背景对人际传播学进行不一样的阐述，也就得出了不一样的结论，出现了理论界“百花齐放，百家争鸣”的局面。这在一定程度上告诉我们，对于人际传播现象的研究不能仅仅局限于简单的分析和评价，而是要针对传播过程中不同的现象和问题进行深入的探索和实践，这样产生各种不同的理论与模式也就可以理解和接受，标志着人际传播学是一个正在上升和发展的学科。

二、人际传播具有多学科性和包容性

自从有了生命体就有了传播，传播和人的发展是同步的，因此众多的基础学科对于人类的一些研究就成为了人际传播学重要的理论基础。这也就出现了理论界众多的学者分别从社会学、心理学、语言学、行为科学、政治学、经济学、伦理学等等一些角度对于人际传播学进行分析，也就不难理解为什么人际传播学的研究很多理论都是来自于其他的学科。人际传播学不仅仅是一个多学科性的学科，同时还具有强烈的包容性，能够吸纳各个学科优秀的理论成果，对于很多的现象和问题有着强烈的宽容与研究的态度，总是怀着一种虚心的态度积极地关注人类的相关活动。

三、现有研究需进一步提升

在马克思看来，人类总体的认识能力是无穷的，即使再复杂难懂的现象也是可以被理解和认识的，但是在一定历史条件下人的认识能力又常常受到历史环境的限制，存在局限性。我们在充分肯定这些理论和模式的同时也要充分看到当时研究者所处历史环境的限制，我们的研究者的思维还没有进入更高更深的轨道，或者进一步说我们的人际传播学研究还是处于一种初级阶段，还有待于进一步的提高与完善，还需要研究者的继续努力。

在未来的人际传播研究中，我们要在学习国外理论的同时，加强研究的本土化，根据中国实际梳理出符合中国现状、站在中国传播学发展前沿的人际传播学理论；加强我国人际传播学研究的国际化，缩短与发达国家的距离，积极参与国际传播理论研究的主流；加强我国人际传播学的实证化研究以及应用性研究的多格局化发展。

[思考题]

1. 回忆符号互动理论的内涵，并思考在人际传播的过程中，符号互动是如何实现的。

2. 结合自己的实际经历，理解关于判断的理论。
3. 本章介绍的模式、理论大多是在计算机网络并不发达的时代研究的，而今网络已经成为我们生活的一部分，这对于人际传播有什么样的影响？
4. 在日常生活中你关注到哪些人际传播的例子？试着用几个理论或模式对其进行分析。
5. 选取一种理论或模式分析其体现的人际传播学多元性与跨学科性。
6. 西南某高校小明想找人帮助自己学高等数学，他发现小红可以帮助他，但是在班里很有威望的小刚认为小红不好相处，班里其他同学也这么告诫小明，小明试着去接触小红，但是发现小红比较沉默，最终他放弃而找别人帮忙。这个例子中体现了哪些人际传播学的理论？另外，试着给感兴趣的理论找出生活中例子。

第四章
人际传播过程

◆ **学习目标**

学习完本章，你应该能够：

(1) 对人际传播的过程有大致了解；

(2) 了解在人际传播中如何主动提供信息；

(3) 了解人际传播中如何对他人和自己进行感知；

(4) 明白人际印象的要素与形成；

(5) 知道如何对人际传播的态度进行考察；

(6) 知道人与人是如何相互吸引进而形成人际关系的。

◆ **基本概念**

自我表露　自我呈现　人际认知　人际印象　人际传播的态度　人际吸引　人际关系

第一节　自我表露与自我呈现

一、自我表露

(一) 自我意识与自我表露

人际传播活动首先是以自我意识与自我表露开始的。自我意识即自己意识到自己有别于他人的存在，是一种潜态的东西，是内在营养的核心。而将自己的情况(状态、能力等等)传递给他人即构成了表露。外界在多大程度上了解和评价自己，取决于自我表露是否充分和准确，传递的手段和渠道是否合适。

人与人之间的相互了解是建立健康的人际关系和人际传播活动的基础，这在极大的程度上来自于人们各自的自我表露程度。因此，自我表露是人际传播的重要基础，是人际传播中信息交换的重要手段。

自我表露是人际传播交流中的一项重要的技能，是一种自觉不自觉进行的自愿和正式的行为，当一个个体将自己的情况、状态、能力等信息传送给他人时便形成了自我表露。

在交谈中，人们有时会把自己作为谈话的主题，我们把这种交际行为称为自我表露。

它的定义是：自我表露是一种人们自愿地有意地把自己的真实情况告诉他人的行动，它所透露的情况是他人不可能从其他途径获得的。自我表露有低危险性和高危险性两种。低危险性的自我表露有“我不喜欢卷心菜”、“我喜欢这款衣服”等。高危险性的自我表露有“我无法与你结婚”、“我希望我们的关系能进一步发展”等。自我表露包括非言语和言语两方面。当某人询问你的求职是否成功时，你展颜微笑；你在描述自己的“幸福的家庭生活”时带有一种讥讽挖苦的口吻；你热烈地拥抱心上人。这些都是自我表露的非言语行为。

1. 自我表露是自愿的

如果屈于压力之下才把自己的情况告诉别人，那就不属于自我表露。例如，在你双亲的追问下，你才说出外出赴约后回家的时间，这就不是自我表露。但是，如果你气呼呼地补充说明三点以后才赶到家是由于车胎漏气，而且没有备用胎。这就可以说是自我表露了。同样的，如果老师要你解释迟到的原因，老板在你求职时要你自我介绍，你一一给以回答，这都不是自我表露。自我表露必须是自愿的。

2. 自我表露是有意的

自我表露不是偶然的心血来潮，人人都有言不由衷的时候。例如，因为一时口误不小心泄露了对某人的厌恶，或是像林宥嘉《说谎》里那样，当自己过去的恋人就要结婚时，用谎言来掩盖自己悲伤，却还是被看穿，这类言不由衷，都不能称为自我表露。

自我表露是有意地把经过挑选的信息告诉别人。当你与某人相识一段时间后，你决定向她表白你的爱，为了让老板了解你干活的甘苦，你设法把自己对工作的认识告诉他；你认为某个朋友会理解你的感情，便把自己失恋的经历告诉了她。以上种种，都可以叫做自我表露。

3. 自我表露是真实的

我们并非总是千篇一律地介绍自己。在不同的场合下，我们会强调我们的不同性格和特点。例如，在某人面前你也许自称为“风趣的人”，对别的人则自称“有前途的大学生”，对另外一些人则自称为“成绩中等的学生”。这就是说，你从不同的侧面来介绍自己。

有时，人们在自我介绍时并不说实话。例如，在《非你莫属》节目中嘉宾文颐在义正言辞指责别人、得意自己的法国经历时，却被拆穿学历造假，就不属于自我表露，因为自我表露提供的信息必须既真实又准确。

（二）自我表露的评价尺度

研究者已发现自我表露有许多不同的评价尺度。大致可以概括为以下五个方面：(1)表露的量；(2)表露的积极或消极的性质；(3)表露的程度；(4)表露的时间选择；(5)表露的对象。理解这几个方面是很重要的，因为它们既揭示了自我表露的复杂性，又提出了自我表露的行为准则。现在，让我们逐一来讨论这些评价尺度。

1. 表露的量

自我表露可以从表露量的总数来加以考察。每个人表露的信息量各不相同。你也许有不少熟人，他们中有的很少言及自己，有的却喜欢敞开胸怀对自己的过去、现在、未来样样都谈，滔滔不绝。你也许希望你的朋友们能对你更加开诚布公。你也许会发现与百无禁忌什么都谈的人在一起，显得自在、舒服。

有关自我表露的专著并没有对自我表露的最佳量提供现成的答案。研究结果表明，人们之间的自我表露必须是桃李相报，互有往来。如果对方谈起自己来无拘无束，那么，你对自己的情况也会畅所欲言；相反的，如果对方对自己的情况遮遮掩掩，那么你在谈论自己时也会小心翼翼。在一般情况下，人们之间互相表露的量是成正比例的。如果有人对我们的自我表露无动于衷，对自己的情况守口如瓶，我们就会觉得找错了表露的对象。人与人之间无拘无束的互相表露看来是很稳定的，这种关系在交谈的很短时间内就可以建立起来。但是这并不代表面对他人的自我表露时自己立刻也进行相同的行为都是正确的，学会倾听也是面对自我表露的方式之一，尤其当别人准备对你倾诉的时候，你不应该立即给出自己的建议或判断，而应当先听对方在说什么，并给予积极的回应。

2. 表露的积极或消极的性质

自我表露有积极和消极的不同性质。积极的表露是对自己的赞扬，消极的表露是对自己带有批评的评价。“新的节食办法真有效，我这星期体重减了三磅！”——这是积极的表露。“但愿还能再坚持下去，节食太苦了，我快顶不住了。”——这是消极的表露。当然，实际的情况并不那么简单，有时很难截然分开。过分消极的自我表露往往会给别人带来麻烦。

自我表露是积极还是消极，与彼此之间的亲密程度有关。例如，对方是生人时，人们的自我表露经常先是正面的，接着是中性的，最后是消极的。当你谈论学历时，你很可能先谈你是高年级学生，然后谈你转了学，最后才说你这学期是在试读。亲密者之间的自我表露往往先是消极的，然后是积极的，最后才是中性的。和异性朋友谈话时，你也许先透露出你和过去的朋友分了手，然后说起由于见到了正在交谈的你，而不再怀念过去的事，最后，你会谈论你们之间的相好关系。

3. 自我表露的程度

前面我们介绍了社会穿透理论，这一理论告诉我们人际交往中的程度包含广度和深度两部分，而自我表露的程度也包括这两个维度：话题范围的大小和话题的深浅。而在自我表露中尤其重要的是深度。同别人谈起你的独特而容易成为别人话柄的事，包括你的具体的奋斗目标和私生活等，这便是深度的自我表露。浅度的自我表露只是谈些表面而不甚隐秘的东西。谈论自己喜爱的食品是一种相当浅的表露，而谈及自己的私房事无疑地是相当深的表露了。自我表露到底应该达到何种深度，往往根据所处的情景、表露对象等因素的不同而不同。在网络媒介兴起后，人们在网络中的自我表露也会因为选择网络平台的不同而不同，比如在一个人的匿名博客中他会跟别人分享自己的更私密的感情经历，但在社交网络中他可能只会与别人分享生活中的感受。

4. 时间的选择

自我表露还可以从交往时间的长短上来考察。大量的研究表明，萍水相逢或初次邂逅时，人们较容易表露自己。在中间阶段，人们的自我表露显得比较少。可是，过了这一阶段，随着交往时间的增加，人们的自我表露也增加了。这可以用图 4-1 来表示。

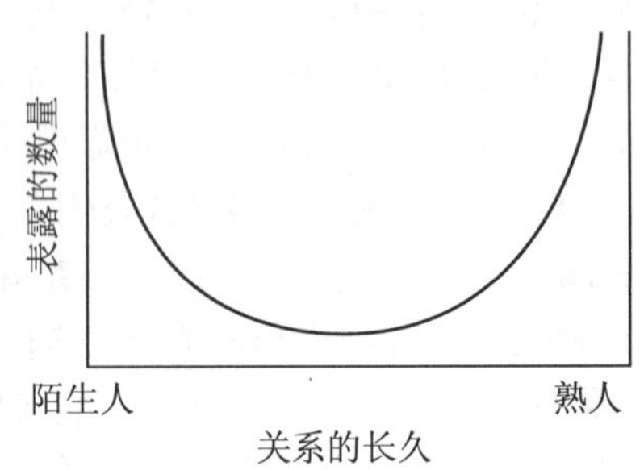

图 4-1　自我表露和人与人之间的关系

资料来源　熊源伟、余明阳编著：《人际传播学》，中山大学出版社 1991 年版，第 34 页。

与人初次邂逅中表露自己是相当有趣的。人们愿意向陌生人表露自己，这也许是因为对方不知道你的名字和身份，也没法向你的熟人泄露你的话。在飞机上旅游的自我表露机会显然更多。有位叫爱琳·古德曼的社论撰写人幽默地描绘了这种“35 000 英尺高度上的坦白”：

大多数人都有暴露灵魂和自卫的冲动，这两种冲动在 35 000 英尺的高度上碰在一起了。奇妙的情景便发生了，人们因为互不知名而亲切，因为不怕泄密而吐露。这种交谈直到大家在行李房各自取走行李分手为止。在飞机上，人们常常会组织起这种临时的“会议”。

通过网络进行交谈时，我们往往会面对很多的陌生人，同样较容易自我表露。比如在微博中我们会用“#”号工具参与到一个话题的讨论中，这时候我们与其他人表达对这一话题的想法时往往是不受拘束的，而且有可能延伸到自己的价值观或者某些隐私层次的表露。

交往时间的长短会影响自我表露的量和自我表露的形式。我们在前面已经说过，人们向陌生人表露自己时通常先是积极的，其次是中性的，最后是消极的。而向亲密的人表露时，其顺序却变成消极、积极和中性的了。当你准备向别人表露自己时，别忘了考虑一下时间这个重要因素。

5. 表露的对象

这里指的是自我表露的接受者。你很可能常常在母亲面前谈论自己的事情，而在父亲面前却缄口结舌。不少有关自我表露的研究都证明了这一点。你通常还会向配偶、恋人或同性朋友进行自我表露。选择自我表露的对象很重要，同样的自我表露因为对象不同可能会产生不同的结果。

自我表露的对象大致可以分为四种：第一，对你体贴入微或与你休戚相关的人；第二，与你关系虽然不深，但仍在发展的，或者因为任务和话题使他或她成为你的适宜的表露对象；第三，与你刚刚开始互相熟悉的人；第四，与你素不相识的人。一般来说，越是后面的那种人，越不适宜为表露的对象。

一些研究结果表明，人们的表露对象，除了认为不会再见面的陌生人外，主要是亲近的或挚爱的人。在不太熟悉的人面前表露自己可能是很危险的。

有些研究资料建议，尽量少向陌生人谈论自己的偏爱，向陌生人过分地表露自己，会被视为情绪控制不佳或不善于与人相处。网络给了人更多的自我表露空间，一定程度上使得人们避免了这种尴尬。很多话题我们可能一时找不到可谈论的对象，网络中的陌生人成为我们的自我表露对象，而且由于交谈双方可能不会再遇到，也就避免了一些压力，能够进行更深入、自由地交谈。但是在网络中进行交谈时依然要注意应有自我保护意识，避免泄露个人信息，尤其在会透漏个人信息的社交网站时尤其如此。

（三）自我表露的几种理论

在讨论自我表露的评价尺度时，我们已经指出人们在自我表露时，其行为是各不相同的。有些人刚一见面便透露出许多个人的秘密。有些人则在相互熟悉很久之后，谈起自己来仍只是轻描淡写。人们已提出不少用以解释自我表露何以发生的理论。现在，让我们来考察这些理论吧。

1. 交换论

交换论认为，为了保持人与人之间的平等，人们觉得有责任来交换自己的情况。平等的实现有赖于信息的公平交往。在布朗多与斯坦因合写的《为了早餐的布朗多》一书中，有一个很有趣的例子：

一夜间，马龙与世隔绝的状态被打破了，卡普特在《纽约人》杂志上写的有关他的专访文章被人们广为言传。卡普特只借助一个心理技巧，便捕捉到了他需要的信息。“我编造了一些离奇的家庭故事”，卡普特承认说，“而且编得很动人。他开始为我动起感情来。后来，为了使我好受点，他便说起他的情况来。多么公平的交易啊！”

如果一方表露了自己，另一方却没有任何表露自己的反应，就显得不平等了，这种不平等在人际关系的发展中会产生消极的作用。当然，这种不平等还会造成某种紧张，这种紧张会促使不开口的对方表露自己，从而使双方的关系趋于协调和平衡。

2. 吸引论

吸引论是建立在表露的对象一般是吸引我们的人这个观点之上的。自我表露被看作是对吸引者作出积极的反应和对他们的报答。当我们向对方披露自己的时候，这就意味着我们注意到了他们。对方会因此感到被尊重和被信任，这样，双方就会互相亲近起来，并且谈出各自的心里话。

3. 信息论

这种理论强调了自我表露所提供的信息，或者自我表露行动本身所提供的信息的重要性。这种观点认为，先表露的人通过自己的表露行动首先向对方暗示表露的适当时机。换句话说，先表露者首先提供了可以自我表露的信息，如果对方接受了这一暗示便会交谈起来。信息论认为是情境的要求，而不是责任感（交换论），或者别人的吸引力（吸引论）促使对方表露自己。

（四）自我表露的价值与风险

1. 自我表露的价值

1）对自己进一步了解与认可

在自我表露的三个作用中，对自己进一步地了解与认可是最为突出的。经常与人谈论一些问题，可以加深我们对这些问题的理解。你应该有这种经验，当你拿一个把握不住的问题请教朋友时，你会发现在你向他认真解释这个问题的过程中，一时把握不住的问题忽然清晰起来了。我们经常地向别人请教，其真正的目的并不在于有求于人，而是为了澄清自己的思路，我们也常常因此找到了正确的答案。自我表露也有类似的情况，当我们表露自己时，必须把复杂的思想译成别人听得懂的语言。在这一过程中，我们常常可以更清楚地看到我们的动机、需要和目的，还可以发现事件、经历和行为之间的种种联系。

当然，必须有自我了解才有自我认可。当我们分析了自己复杂的个性，从而了解了自己以后，我们就能正确地评价自己。积极和消极的自我表露都有助于自我认可。当我们表露自己积极的一面——成功、胜利、成绩时，我们便增强了自己的乐观情绪，别人的赞扬或祝贺也会鼓舞我们作出积极的自我表露。

我们还表露自己的消极的一面，如失败、失望、损失。这时，我们便承认了谁都难免会犯错误。承认我们的缺点、错误和不足之处，能使我们得到谅解，加深对自己的理解。美国前总统福特的夫人贝蒂·福特在她的《我生活的时代》一书中表达了这种看法。1978 年 4 月，当她快写完自传的时候，来到加利福尼亚州海军医院的戒酒戒毒医疗中心治疗威胁她健康的瘾癖。她住院期间与痼疾斗争的过程成了她自传的真实的结尾。据说，自传中的自我表露帮助了有同样苦恼的人。当然，她的这种消极表露也帮助了她自己。她在自传中写道：

> 我很了解我自己……我有过种种好的和不好的经历，不过，我还是好好地活下来了……我面向明确的未来，在继续学习和工作，我确信有更多的事物将出现在我的面前，我盼望着那一切……（我）愿意这样去做。

此外，消极的自我表露还能起到发泄内心不快的作用。我们经常利用它把积压在心里的东西发泄出来，消极的东西闷在心里总是很难受的。

2）对别人进一步了解

当别人表露自己的时候，我们对他们及他们的行为便有了进一步的了解和认识。对于某些我们不熟的人，如果他们不肯表露自己，我们对他们便一无所知了，而且我们还会认为他们是那种浅陋乏味的人。自我表露会帮助我们去了解和评价别人复杂的内心世界。所以当你想深入了解他人时可以试着先让自己打开心扉，以主动寻找与他人的共同点和心理共鸣。

3）加深和丰富我们的人际关系

人际关系是建立在相互了解的基础上的。如果我们不表露自己，那么我们和别人的关系只能靠运气了。我们能和任何人泛泛而谈，要和他们促膝谈心却不容易，推心置腹的交谈只有密友之间才能实现。对方表露的信息越多，我们越能了解他或她。同样的，如果我们较多地表露自己，别人也就能较全面地理解我们。我们每人都有过关系极为密切的朋友，他的一句话便能勾起我们的一段往事。当人们彼此获得信息达到了一定的程度时，他们就会觉得彼此是相互了解了，关系也就随之加深了。

自我表露还可以用来加强自我的吸引力、向别人推销自己。比如两个人初次见面，一个人分享自己的一些经历以引起他人的兴趣，以吸引他人的注意力。同时，这样还能表达自己对他人的信任，增加自己的友善和亲近的感觉。

同时自我表露还可能用来进行对双方关系或他人的控制，用来加强自己在人际关系中的权力。员工可以表明自己正在被挖角来同老板谈判，要求加薪或升职。而在电影《3 idiots》中有个滑稽人物，女主角皮亚的未婚夫总是在介绍自己衣服、手表时说出它们的价码，以此来表明自己的富有，表示自己比别人高贵。

2. 自我表露的风险

自我表露是人在交流中主动地袒露自己的内心世界，但这种行为并不总是会得到他人积极的回应，所以也存在一定的风险①。

第一，被拒绝。自我表露的话题可能会被别人拒绝谈论，或者你的态度可能会被别人否定。就如图 4-2 所示。

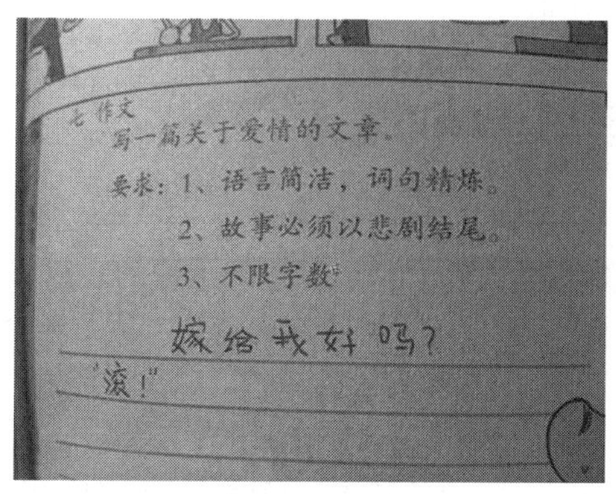

图 4-2　自我表露遭拒绝

资料来源　http://page. renren. com/600002616/photo/5984652724? ref=hotnewsfeed&sfet=2013&fin=24&ff_id=600002616&feed=page_photo&tagid=618216542&statID=page_600002616_2&level=1#5899391190.

---

① 罗纳德・B. 阿德勒、拉塞尔・F. 普罗科特:《沟通的艺术——看如人里，看出人外》，世界图书出版公司 2010 年版，第 275—276 页。

第二，给人负面印象。因为每个人所持有的观点多种多样，所以当一个人表达了他的观点后可能会引起其他人的否定或负面评价。尤其当两个人所持有的态度和价值观完全相反的时候，双方可能造成相互之间的负面印象。比如一个人不喜欢小孩，当他把这件事跟喜欢小孩的人说起时可能会招致反感。

图 4-3　自我表露被厌恶

资料来源　http://www.u8818.com/hi/%B8%A1%D4%C6%B8%E7/blog/82.html.

第三，降低双方满意度。一个人表露的心事未必是他人所喜欢的，所以当自我表露发生时，双方可能因为不喜欢对方的想法而对两个人之间关系的满意度降低。比如，恋爱中的一方表达对另一方某一方面的反感时，双方的关系可能陷入僵局。

第四，降低自己的影响力。一个人如果把自己权力背后所包含的弱点暴露出来，可能就会降低自己的权力。比如，一个专家表明自己在某一方面也不是特别懂，可能就会降低他话语的权威性。

第五，伤害他人。就像有人说的"善良比聪明更难"，在人际交往中并非所有的事情都应该直接说出。尤其一个人直接指出他人自己在意的某方面缺点，可能会不礼貌，同时也可能会造成对他人的心理伤害。

(五) 对于人际传播中自我表露的建议

人际交往专家罗纳德·B. 阿德勒和学者拉塞尔·F. 普罗科特提出了自我袒露应当遵循的原则，以帮助我们理解应当在特定情境下进行怎样的表露：(1)你在道德上是否有义务表露；(2)表露对象对你而言重要吗；(3)表露的量与方式是否合适；(4)表露的风险是否合理；(5)表露对于现在状况是否具有重大意义；(6)对现状是否有建设性影响；(7)表露是否能够清楚和可以理解；(8)这种表露是否是互惠的①。

通过众多的对自我表露的研究我们得到一些重要的启示：第一，人们应当把自我表露看成重要的交往媒介。很好地利用它，使之获得精神上的满足。因为自我表露有助于亲密和信任的情感建立，也是增进友谊的途径。反之，假如把自己的思想感情隐藏起来，就

① 罗纳德·B. 阿德勒、拉塞尔·F. 普罗科特：《沟通的艺术——看如人里，看出人外》，世界图书出版公司 2010 年版，第 276—278 页。

可能给人造成你似乎对此不感兴趣的印象，而无法让他人更好地了解你。另一方面表露也不能太多，这样会显得不适当的亲密，让对方感觉不是很舒服。第二，女性的自我表露相比男性来说更能得到大家的注意倾听。第三，与表露比较少的人相比，表露较多的人更愿意倾听别人的表露，更容易结识新朋友。因此，对我们想认识的人，交往的宗旨是表露到足以建立亲密情感，而不要多到使别人感到不安。随着时间的深入，彼此之间的关系越来越亲密，能够使得自我表露的程度很自然地扩大。在自我表露中应当根据情景、时间、对象等因素选择合理的表露方式与程度，同时又要考量风险，避免踩到禁区，从而取得自己想达到的效果。尤其在网络时代，既要利用更多的渠道去进行人际交往，同时又要学会保护自己以避免受到不必要的损失。

二、自我呈现

自我呈现又叫自我表现，即个体在人际交往中，借助自己的言语、表情、姿态，以自我满意的方式表现自己的过程，是自我意识的外在表现。在交际中，客体（他人）总是通过主体的自我呈现来认识主体，主体也要通过自我呈现，观察客体对自己的反应，从而进一步地进行自我认知。在进行人际传播时，人们为了使他人更多地了解自己以对自己形成一个良好的印象，就需要采取各种方式来呈现自己。

自我呈现的方式主要有以下五种：

（一）真实呈现

就是个体将自己的本来面目客观地、如实地表现出来，也就是前面讲的自我表露。相关研究表明，个体真实呈现自己尤其是暴露自己内心的秘密，一般遵循对等的原则，就是一方以诚相待，另一方也应以诚而应，这样双方才能相互产生好感而且距离一下子被拉近。如果一方推心置腹，另一方却有所保留，那么推心置腹的一方就会因对对方产生失信之感而引起知觉防卫，拉远两者的心理距离。但是，如果在关系一般或较生疏的他人面前自我表露得太迅速、太直接，也会让他人觉得你很轻率、唐突。

（二）虚无呈现

即个体从反面间接地表现自我的方式，它的内容与表面形式往往是相互矛盾的。有时人们出于某种心态或在特殊情况下，不方便直接表现自己真实的想法，就往往采取一些间接或相反的表现方式。比如青春期的少男少女，有时明明很喜欢对方，却故意装作满不在乎，甚至很冷漠的样子。“醉翁之意不在酒，在乎山水之间也”，“项庄舞剑，意在沛公”，“声东击西”等也是虚无呈现的例子。

（三）夸大呈现

就是在特定情况下，个体将有关信息刻意夸张放大，以让他人记忆更加深刻。比如有的人很爱吹牛，这就是一种典型的夸大呈现。一般人们取得胜利被胜利冲昏头脑的时候，容易得意忘形，表现得十分狂妄。还有一种相反的情况，有的人非常失败，十分自卑，为了掩饰自己的失败和内心的自卑，也表现得非常狂妄，像鲁迅笔下的阿Q，明明穷困潦倒，成天挂在嘴边的一句话却是“先前也阔过”。还有的人，受到一个目标的强烈激励，或受到某种困境的苦苦纠缠时，可能会超水平的发挥，或以超过自己承受能力的形式去表现自己。这也应归于自我夸大呈现的范畴。

(四) 收敛呈现

收敛呈现与夸大呈现正好相反，即有节制地表现自己的行为，不愿或不屑表现自我的长处，缩小信号以减弱对别人的刺激。常见以下三种情况：

(1) 年轻人在长者面前，下级在上级面前，出于礼貌，洗耳恭听，言听计从，唯唯诺诺，随声附和等。

(2) 强者在弱者面前，表示不以强凌弱，谦虚客气，大智若愚，谨言慎行等。

(3) 有意收敛呈现，在一定的时期内，作为一种策略和手段隐藏自己，如韬光养晦、委曲求全、低三下四、逆来顺受等。比如孙膑被庞涓削去膝盖上的骨头后，为了防止进一步的迫害，孙膑就装疯卖傻，甚至吃屎，终于使庞涓放松了警惕，后来才能东山再起。

(五) 投好呈现[①]

即个体为了获得他人的好感，根据他人的需要与爱好来投其所好地呈现自我。其主要方式有称赞、附和和施惠。

称赞是个体给他人以正面肯定评价的一种方式。一般而言，人人都有一种自尊的倾向，都喜欢他人以肯定的态度对待自己。因此，得体适宜地称赞，能够满足或加强他人的自尊，使他人也以肯定的态度对待自己，产生特殊的心理效应。

附和是个体在思想和行为上表示与他人相同。在现实生活中，一般人都喜欢价值观、信念和自己一致的人。因此，在大多数情况下，附和可以增加他人对你的好感。

施惠是个体给他人以物质上的好处。施惠如果恰当，同样会获得受惠者的好感。但是施惠者必须避免对方产生心理性的抗拒。有效的方法是让受惠者感到无求于他。另外，还必须注意方式，考虑到对方的人格特点。施惠一般不宜在大庭广众之中，最好在两个人之间。

自我呈现的方式受个体的性格、品质、气度以及外界交往情境的制约，同时受交往双方的身份、地位及相互关系的影响。另外，自我呈现还受到一定的社会规范与文化的影响。人生活在社会之中，一般倾向于遵守社会规范，让自己的言行符合社会期望。而当我们不小心打破这些规则的时候，就会面临压力，引起对自己行为的审视，心理学家称之为“自我监控”(self-monitoring)。而不同文化对于自我呈现也有不同的要求，所以来自不同文化人的自我呈现也会表现出不同的状况。比如，西方文化更加张扬、东方文化更加内敛，所以我们可以看到：当夺得一项体育赛事的冠军时，西方人往往会先说“我太棒了”，而

① 高玉祥、王仁欣、刘玉玲主编：《人际交往心理学》，中国社会科学出版社1990年版，第52—55页。

东方人可能首先会说“感谢我的教练、我的家人”。一个人的自我呈现往往既跟宏观的社会、文化环境有关,又跟具体的情景、个人的特质有关。

第二节 人际认知

在人际传播的过程中,人际认知占有非常重要的地位,人际认知是了解别的个体的基础,是与别的个体协调行动和建立各种关系的基础,是人际传播行为的前提和基础。人们在传播活动中,首先要了解他人的需要、兴趣与动机,分析、判断其互相之间的关系,并以此为根据采取相应的交往态度和措施。只有认知正确,传播的态度和方法才能得体。因此,要不断提高人际传播的有效性,就要研究、掌握人们的认知过程及其规律。

一、人际认知的概念与类型

(一) 人际认知的概念

本书的人际认知主要包括个人对他人、对自己及对人与人之间关系的认知。人际认知仅限于对人际传播中的人们之间的相互关系、传播双方各自的特性状况、行为特点的认识,而不涉及人们之间更深层次的社会关系和社会本质的认识。它只是从人际传播的角度出发,认知传播对象的个人特征,了解自己的行为环境,来判断他人的行为,为认知者采取正确的行动提供可靠的信息。至于人与人之间其他的各种关系,如经济关系、法律关系、政治关系、文化关系等,则是经济学、法律学和其他社会科学的任务。

(二) 人际认知的类型

人际认知的类型根据认知的对象划分,可分为以下四种类型:①

1. 对他人的认知

对他人的认知是指与他人交往时通过对他人的外部特征的知觉,进而判断他人的需要、动机、兴趣、情感和个性等心理活动的过程。

人的服饰、发型等仪表特征为知觉一个人的年龄、职业、角色与身份提供了信息,并部分地反映出一个人的动机、性格等特征,在初次接触时,给人以鲜明的印象。

人们在最初的交往中,最先引起注意的往往是人的仪表是否吸引人。一个气度潇洒、相貌英俊的人比一个面孔丑陋、身体肥胖的人更能打动人;一个衣着得体适宜总比一个衣衫不整不修边幅的人给人的第一印象好。因为一般人觉得仪表端庄、穿戴整齐者比不修边幅的人

① 高玉祥、王仁欣、刘玉玲主编:《人际交往心理学》,中国社会科学出版社1990年版,第36—39页。

更有教养，更懂得尊敬别人。行为学家迈克尔·阿盖尔做过实验，他本人以不同的打扮出现在同一地点。当他身穿西服以绅士模样出现时，无论是向他问路或问时间的人，大多彬彬有礼，而且本身看来基本上是绅士阶层的人；当他打扮成无业游民时，接近他的人多半是流浪汉，或是来对火的，或是借钱、借烟的。在交往中，仪表是一种无声的“语言”。在某种程度上，一个人改变自己的服饰，实际上是在改变着自我形象，改变他人对自己的看法。

对他人的认知，除了受仪表的影响外，还可以通过观察他的表现、言语、表情、眼神，了解他的经历等途径获得信息。例如，了解一个人的过去生活经历，有助于对其性格的认识，但是这种认知并不总是准确无误的，有时也会陷入到刻板印象等偏见或错误中。往往人们会认为：从小生活在逆境中的人，由于遭受的社会挫折多，不顺心的事情多，他有可能形成孤僻倔强或软弱顺从的性格。生活在温暖安定的家庭里的人，其性格多半是乐观的、友好的；生活在备受宠爱，以我为中心的家庭里的孩子，由于百依百顺，受到过分的关怀和爱护，有可能会形成自私自利、好逸恶劳的性格。

对他人的知觉还依赖于知觉者的知识经验、态度和价值观、世界观等。例如，待人宽容的人易见他人的优点和长处，待人苛刻的人善于观察他人的不足和毛病。2011 年发生的“小悦悦”事件，正是由于我们在生活中经历过或听说过太多骗局和纠纷，致使很多人认为多一事不如少一事，所以导致路人对小女孩不闻不问。人的观念和经验的改变往往要经历长期的过程，改变这种人际感知就需要长期的努力重建社会道德。

另外，一个人的情绪状态也影响对他人的判断。非常兴奋的情绪易泛化到被评价的对象身上，使评价偏高；恶劣的情绪状态下，易把本来好的东西也看得不好。所谓：“感时花溅泪，恨别鸟惊心。”

2. 自我认知

自我认知就是对自己的需要、兴趣、能力、个性、行为及心理状态的认识。一个人对于“自我”的概念本身就是在与他人的互动中建构的，人是在与他人的交流沟通中明白自己是谁、完成对“自我”的定义的：我们可能会被直接定义为某一类人，比如父母对小男孩会说“不要哭，你是个男孩子”；或者被赋予某种身份，如“我们要尊重老师，因为我们是学生”。

一个人只有正确认知自己，才能在社交中不卑不亢，恰当自如地协调人际关系。否则，自视过高，目中无人，必然会引起众人的反感。有的研究表明，自大的人比不学无术的人更令人讨厌，因为他直接挫伤了他人的自尊心。但是，如果自视过低，也会在社会活动中处处退缩，不敢抓住机会呈现自己，压抑社交才能的发挥。一个人有自知之明，才能扬长避短，充分发挥自己的潜能，获得社交的成功。

3. 对人与人之间关系的认知

对人与人之间关系的认知，包括对自己与他人的关系以及他人之间关系的认知。人与人关系的认知是个相互感知的过程，人们按照自己的动机、价值系统去知觉他人，同时观察他人对自己的看法和态度，并以此来修饰自己的行为和反应。此外，人们在交往中还会形成一定的态度，并产生各种各样的情绪表现，如愉快、友好、喜欢、厌恶等，与之相应的行为方式，如相互吸引、相互排斥、相互攻击等。

在一个团体内，甲乙双方的相互关系不仅仅受甲乙双方的特点的影响。阿希(S. E. Aash)用图表示三个人所组成的群体中，甲与乙的关系同时受甲与丙、乙与丙的关系影响(见图4)。在人数多的团体中，这种圆圆交错的情形将更加复杂。一个人要得心应手地处理好这种复杂的人际关系，就要首先对团体内外的各种复杂关系有一个正确的认识和了解。这是协调人际关系的依据。

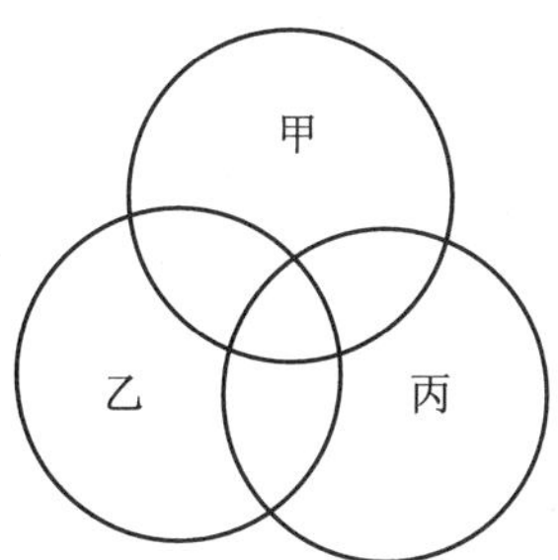

图4-4　三人群体交错关系

资料来源　熊源伟、余明阳编著：《人际传播学》，中山大学出版社1991年版，第82页。

4. 角色认知

角色认知是指对他人或自己的地位、身份及行为规范的认识与判断，这是占有某一社会位置的人应有的行为模式。每一个人在他所属的社会环境中都占有一定的地位，享有一定的权利，负有一定的义务，这就是他的社会角色。每一个人在社会上扮演着多重角色，而每一种角色都有被周围的成员期望着的一定的行为标准，这也是角色本身的努力目标和行为方式。一旦彼此间的角色关系明确了，两者间的人际关系也趋向确定。如父子、夫妻、师生、干群关系等。一个人只有按社会多数人的认可的客观人际关系模式行事，即扮演好社会给你安排的角色，才能维持良好的人际关系，而当角色模糊或者冲突的时候人的认知和行为有可能就会混乱。

二、人际认知的差异、特性和归因

(一) 认知的差异

不可否认，认知的反应带有浓厚的主观性，并深受主体的知识结构、心理结构的健全程度的影响。对同一人、同一事、同一现象的认知，往往因此而出现许多差异，不少心理学者就此表述了自己的观察研究结果。

美国心理学者沈普逊(Samp Son)主张：个人如何评价自身、如何评价别人，其认知受以下三个因素影响：(1)受本身的信念、意见和态度的影响；(2)受文化传统的影响；(3)受经验和性格所左右。

另一位学者海德(Heider)则以生理接受的刺激经由心理来解释，并作为他的理论基础，认为客观和主观条件在认知中都不可缺少。客观条件为：(1)刺激体与个体的距离；(2)刺激体本身的性质；(3)刺激体对个体的重要性。主观条件为：经验、心理状态、态度、期待、信念、假设、人格、需要等等。

约翰和大卫(John and Davis)认为人格结构往往由心理因素支配构成。心理因素并非固定不变的,它由主体认知他人他事后提高知识能力引起意图改变——心理因素改变——人格结构改变。

茱莉亚·伍德认为,影响因素包括:生理因素,如性别、年龄、身体状况等;文化因素,比如中西文化或不同民族的文化;社会角色因素,比如医生与病人看待医患关系的方式;认知能力与事物本身的复杂程度,比如婴儿在学会如何辨别自己父亲的时候可能会对很多成年男性叫"爸爸"。①

总之,引起认知差异的因素除以上列举之外,还有许多,不一一赘述。

(二)认知的特性

1. 认知的选择性

世界上有各种人从我们眼前流过,以致我们根本来不及认识所有的人,甚至来不及作出反映。根据"150法则",人的强关系(交流较多的人际关系)往往只能维持在150人左右,即使网络给了我们便捷与他人保持关系的方式,但往往只是改变了增加了弱关系(与我们交流不那么多的人际关系),而且我们所能遇到的人远远大于我们所能够保持联系的人,所以就不得不根据个人最迫切的需要和兴趣进行选择。而且,在同样的刺激量面前,每一个人的选择程度和反映程度也总不相等,其原因在于过去经验中不同的报偿和惩罚原则、刺激体的强弱程度等。

2. 认知反应的偏差性

这是指个人接受刺激时的感情状态、动机状态或个人给刺激体的注意等对认知反映的影响。当个人在极需要的渴望中或在恐惧状态中,都容易曲解刺激。另外,在观察中常有这样的现象:出于好奇或兴趣,只注意了刺激体的某一特性而忽略了其他特性,甚至包括极重要的特性,造成认知反映的偏差。

3. 认知的防御性

亦可称为心理的排斥性。即对认知交往对象有不愉快的感觉后,产生提防心理,不愿深入介绍自己或回避认知对方,于是以自欺的方法掩饰个人心理的本意。

4. 认知的习惯性

个人交往中的认知习惯的养成,与个人对交往所得正负报偿有直接或间接的关系。

① 茱莉亚·伍德:《生活中的传播》(第4版),北京大学出版社2009年版,第52—59页。

一般人具有寻求正报偿、避免负报偿的倾向，依据经验容易不究动机而迎合正报偿，这种认知容易被表象所迷惑利用。

5. 认知的平衡性

认知本身和认知背景有密切关系。当认知者发现自己对客体的认知与别人不同时，即可能发生内心紧张，且努力去缩短这种认知距离，希望自己对客体的认知与众人平衡。可能出现以下几种情况：(1)压抑个人的心理，避免深思深究；(2)企图影响旁人符合自己的看法；(3)改变自己的态度；(4)避免谈两者间的不同意见(海德的平衡理论)。

6. 认知分离

当个人的认知与认知对象间的关系缺乏理论关联和显而易见的客观联系时，就用主观思考添补其间的联系，从而产生误差分歧，产生认知结果与认知对象本身的分离。

7. 常套特性

个人将以往常规的认识运用在判断和思考程序中，影响了对客体判断的正确性。这是人际交往中通常犯的毛病，即忽略了对方的个性特点，把所见的人和事按心理体系类目化，影响人际间和群际间的交往。

8. 理解性和概括性

知觉不仅是感性形象，而且也是对客体的一种意识，人们认知了交往对象的人品、作用和特性，从而有目的地与对方交往。知觉的理解性是通过人在知觉过程中的思维活动达到的。这时，你不仅力求知道自己在和什么样的人打交道，而且力求把知觉对象列入已知对象的一定类别中去，其概括化程度依赖于你已掌握的知识范围。

9. 投射性

人往往会不自觉地认为认知的对象拥有跟自己同样的思想、情感和特质，并且把自己的这些意识强加于客体之上。在心理学中这称为“共识偏见”(false consensus effect)，即认为别人都与自己持有相同的观点，但实际上却不是这样。这种投射可能会使人陷入盲目之中，但也可能使人采取正确的做法，比如“将心比心”。

(三) 认知的归因

在人际交往中观察他人交往行为，寻觅潜伏在他人行为背后的比较稳定的属性，并将其归纳分类，综合起来理解，这样一个围绕他人行为的因果关系的认知过程称作归因过程。归因过程是理解人际关系必不可少的，它的结果导引我们如何对他人采取行动，人与人之间的关系显然受到归因判断的明显影响。

前面我们介绍过归因理论的基本原理，这里我们主要论述归因理论在人际关系中的运用，其代表学者是海德、琼斯、戴维斯和凯利。他们的理论主要是：

1. 海德的常识心理学

最先对归因过程提出独到见解的是海德。他主张在归因人际关系的诸概念时，与其系统地归纳心理学和社会科学的概念，倒不如利用日常生活中人们所应用的一般知识。他对普通人在人际关系中所表现出的敏锐的心理洞察加以研究，并将这些人理解他人行为时所使用的语言加以系统化，创立了常识心理学体系。他对行为的通俗分析以及对现象的记述是以因果关系分析为中心的。他是近几年来研究归因过程的先驱。他提出的原理是：人们希望通过将自己周围暂时而易变化的行为和现象归因于相对稳定的诸条件（固有属性），来预测并统治自己周围的环境。这里所说的固有属性，就是人类和环境所具有的持续性的特性。

2. 琼斯和戴维斯的对应推论理论

这二位学者在海德理论基础上设想：在根据他人的行为推断该人性格之类的固有属性时，要具有先确认行为的意图，然后推论属性这样两个步骤，并提出了“对应度”概念。这一概念依托的对应关系包括：(1)被确认的意图与行为的关系；(2)被推论出的属性与行为意图的关系；(3)固有属性与观察到的行为的关系等。

概括说来，就是首先判断所观察到的行为是否有意图，是否是在自由意志下采取的，与行为者可选择的其他行为相比有多大程度的固有结果，以及产生了具有多大程度的社会性期待的结果，在此基础上归结出行为者的属性。

3. 凯利的归因立方体模型

凯利对人们行为原因归因时的诸条件进行了广泛的研究，认为某种现象产生的原因是该现象发生时存在，而不发生时便不存在的因素，也就是说，人际交往的原因可以在交往现象发生的时候而发生，随其变化而变化的诸因素中去寻求。运用这种共变原理，可以较合理地理解现象。例如，一个人要受若干人的喜爱和欢迎，至少要具备三个标准：(1)辨别性：让人接触后感觉到“这人招人喜欢”；(2)一贯性：在任何情况下接触他都令人喜欢；(3)一致性：许多人和他交往都喜欢他。（见图 4-5）

如果三个标准都具备了，就可判断这个人确实是一位受欢迎的人。如果只具备其一，现象的原因归因为意见出发者“此时情绪正佳”等情况；如果只具备其二，可认为现象的原因只在于意见出发者的个人喜好。

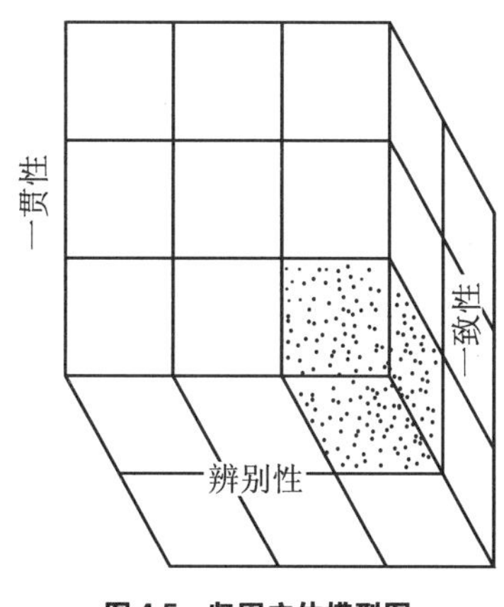

图 4-5　归因立体模型图

资料来源　熊源伟、余明阳编著:《人际传播学》,中山大学出版社 1991 年版,第 87 页。

三、对自我的认知与评价

自从人猿揖别后,人类为了自身的生存和发展,义无反顾地踏上了自己构成自己、自己拓展自己、自己丰富自己、自己完善自己的无限征程。作为人际交往过程中的认知主体,人们在进行认知活动中表现出巨大的物质力量和精神力量。

在人际传播中,一个人对他人的态度与行为,以对自己的认知和评价为基础。

(一) 自我认知的结构

自我认知,是人的意识的最高阶段,是人们在社会实践活动中对自己的生理、心理、社会活动及自己与他人关系的认识。按照自我认知的对象来分,可把自我认知的结构划分成物质自我认知、精神自我认知、社会自我认知三部分。

1. 物质自我认知

物质自我认知是指认知主体对自己的外貌、身材、健康等物质机体的认知,又被称为生理自我认知。

2. 精神自我认知

精神自我认知,是指个体对自己的思想、智慧、能力、道德等内在精神素质的认识,是指从精神方面把握自己的个性,从而形成自我的精神概念。

精神自我认知是个体自我认知的核心。个体通过精神自我认知能够根据主客体的需要,调节、控制自己的心理和行为,不断修正自己的观念,最终确立一定的信念和信仰,支配自己去追求真理和高尚的精神生活。

3. 社会自我认知

社会自我认知，是指对自己在社会活动中的身份、地位、名誉、财产及与他人关系的认识，是个体对自己被他人或群体所关注的程度的反映。通过社会自我认知，人们对他人或群体对自己的重视程度有了明确的概念，形成反映自身社会需要的自我意识，构成社会自我的概念。

（二）自我认知与评价途径

在了解了自我认知的基本概念和结构内容后，再来看看如何做到正确地认知、评价自我。其主要有以下两种途径：

第一，通过与他人比较来认知评价自我。人对自己的认识与评价，都是以社会上其他人对自己的认识和评价为参照的。人不是孤立的生活在世界上，而是通过与别人的交往而生存。人们在相互的交往中，不断地在互相观察，自己在观察别人，别人也在观察自己。别人会对自己有一个评价。同时，自己通过与他人比较，也会对自己有一个新的认识。对自我的认知，就是在这种多次的互相观察与评价中形成的。例如在著名的"霍桑试验"中，认为自己是被选中的优秀工人的小组会比其他工人的小组工作做得更好，尽管这两组在平时并没有被分开，也不存在实质上的差别，但其通过与另一小组的比较，而得出了对自身的评价。

第二，分析活动的结果，进行自我观察来认知评价自我。个体的活动都是他内心活动的外化，活动的结果是他本质力量的对象化。因此，要认识自己还可以通过分析自己的活动成果来实现。

相关研究表明：成功的活动经验与自信心的形成是成正比的。如果一个人在学习、工作、娱乐等各项活动中经常获得成功情感体验，那么他就会坚信自己的力量；如果各种活动成绩经常不如别人，他就会对自己丧失信心。

除此之外，还可以在平静的心境状态下，通过自我观察、自我分析来认知和评价自己。通过对自己的心理结构、自我期望和自我要求等主观因素的分析来决定自己对自己的感情与态度，决定自己对自己的判断与估计。

另外，学者德维托认为，人在通过认知构建自我的概念时还通过以下两种途径：一是社会比较，人们可以通过比较自己和他人的想法与行为以完成对自我的认知，尤其在与你身份和特质接近的人群中，这种比较更为明显。比如，一个人会通过自己的同行与自己业绩的比较来看自己的工作做得怎样，一个学生可以通过与他人成绩的比较来看自己的学业是否足够好。二是"文化习得"，即周围的人以至社会、国家灌输给你的价值观、人生观、信仰、态度和规范。你可以通过将自己与这些观念和规范比较来形成对自己的认知。当你达到这些标准时会产生对自我的积极评价，未达到时则会产生对自己消极的评价。

德维托还形成了有关自我概念形成的框架，如图 4-6 所示。

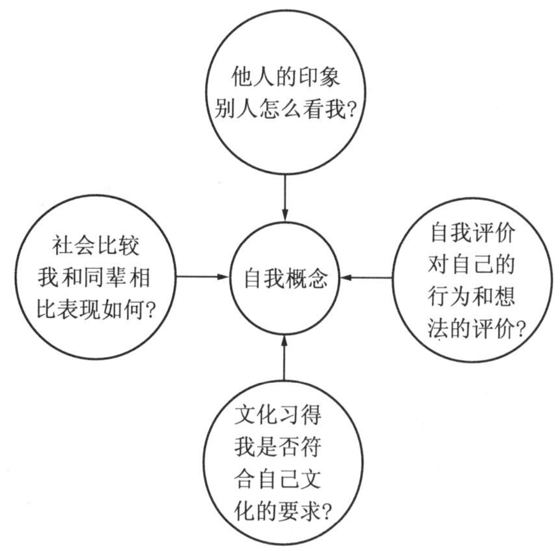

图 4-6　自我概念的形成

资料来源　约瑟夫·A. 德维托:《人际传播教程》(第 12 版),余瑞祥等译,中国人民大学出版社 2011 年版,第 62 页。

[研读专栏]

别给自己随意贴上“价值标签”[①]

“自我形象”是我们自身的心理图像,是我们看待自己的方式,也是我们认识和感觉自身的方式。它指的是我们的内心,而不一定是别人从外面看待我们的感觉。

一、影响自我形象发展的因素

外貌长相——“我长得怎样?”

在当今众多文化中,最受推崇的个人特征就是外表的吸引力。南加州大学医院原精神与心理保健主任詹姆士·多布森说:“年龄在 12—20 岁之间的人,大多数对于自己是谁和自己代表什么感到极度失望。”

表现——“我们能把事情做得多好?”

我们容易对自己形成这样一种心理印象,这种印象建立在我们在他人眼中是成功还是失败的基础之上。如果我们对自己的表现印象不好,看到别人取得成功我们也会感觉不好。反过来,如果别人失败了,我们的价值感就会增加。

同辈人——“我有多重要?”

这与自己同他人的交往有关。当他人表示我们对他们很重要时,我们就会感到自身的内在价值。罗伯特·麦克吉认为,将自我价值建立在“我的表现”和“他人的意见”基础

① 匈牙利 YTL 项目组:《YTL 当代青少年教育》,中国社会出版社 2006 年版。

之上，会对我们的自我形象带来毁灭性后果。

二、健康的自我形象的基础

健康的自我形象始于我们对人的基本需求的理解。造就健康的自我形象，需要满足三个基本的人生需求，即归属感、价值感和重要感。其中两个需求与人的“存在”和“我是谁”有关，第三个需求则与人的“所做”或“做什么”有关。

这三个需求好比一个三条腿的凳子，缺了任一条，凳子都不可能站稳。

归属感——被爱、被接受、感到安全

归属感是我们认识到自己被无条件给予爱的感觉。从感情上讲，倘若这种需求得不到满足，将增加内心深处的空虚感。

价值感——有价值、重要性

心理学和人格发展畅销书作者拉里·克莱布博士说：“人必须首先拥有自我价值的目标，视自己很有价值也很重要。否则，他就不可能自在地为其他人或事活着。”

重要感——信心、目的和能力

我们需要一个重要感，一种生活有目标的感觉——我要有所作为！与此相伴的是一种有能力的感觉——我能胜任它！

三、自我信念非常重要

您可能会自问：“我怎样才能练就人生的这 3 条腿呢?”这 3 种“感觉”与我们的固有信念牢牢系在一起。罗伯特·麦克吉博士在他的《寻找意义》一书中指出，人在思考自身时，经常陷入四种错误或者说是“误区”。

表现误区——我必须达到某种标准才能有好的自我感觉。

指责误区——失败者不配得到爱，应该受到惩罚。

认可误区——我必须得到一些人的认可，才能觉得有价值并且有好的感觉。

羞愧误区——我将永远是现在这个样子，我没有希望，也改变不了。

越是相信这四种误区，自我感觉就越差。我们必须学会养成一种习惯，相信什么是真实且适合自己的，用适当的健康的自我信念来取代消极的信念。这三种“健康的信念”是：

虽然有失败，我仍会被完全饶恕和接受。

虽然有过错，我仍会被全然接受。

虽然过去有诸多的不快和失败，我仍有勇气并且能够成熟。

研读小结

自我认知，是人的意识的最高阶段，是人们在社会实践活动中，对自己的生理、心理、社会活动及自己与他人关系的认识。它对个体对自己的希望和追求产生着重要影响，并且制约着自我发展、自我完善和自我调控。可以说，自我认知的正确与否，也直接影响到人际传播的效果。

我们应当避免过于武断地给自己贴上标签,因为自我认知会对我们采取怎样的行为产生决定性的影响。要形成对自己积极健康的评价,就要把衡量自己的标准从内部去寻找。例如更看重自己是否达成了自己的目标,而不是更看重是否被老师、上司表扬。要学会从自己本身的、积极的层面去认识自己、形成自信,只有认可自己的人才能够为他人所认可。

四、对他人的了解和判断

人际传播必定有两个方面,除了己方以外还有他方。因此,要实现人际传播,需要有对他人的了解与判断,即人心判断力。

在世界万物中,人是最为复杂、神秘的生命有机体。人的复杂性与神秘性不仅在于其心理状态与行为方式的捉摸不定,更表现在人还具有有意掩盖自己这些心理、生理状态的高超能力。

鉴于这种前提,要洞悉人类心灵的秘密,就必须具有深刻、准确而巧妙的判断能力。人们在深长的历史过程中,已经总结与发现了许多具有规律性的东西。这里引用既有的一些研究成果进行介绍。

很显然,人的心理状态是不能直接地被观察到的,而要通过人的活动的诸种中介来分析判断。人的言语、行动、神情、服饰、兴趣等社会行为模式往往直接反映着本人的真实心理状态。但也有相当多的时候,这些模式仅是一种“心理假象”的呈现。如果不善于观察、辨别,就会作出错误的判断。

(一)言语判断——“闻其言而知其人”

言语判断包括两个方面:第一,言语表述内容(即内在判断);第二,言语表达形式(即外在判断)。

首先,让我们根据对方的言语内容来判断其心理状态。

最简单的实例是,常常以自己为中心话题的人往往具有较强的自我意识,谈话中往往不顾及对方而滔滔不绝地谈论自己。这种人一般有较强的表现欲,甚至是个自我中心主义者。其实,总是以自己为谈话内容便是对对方的不尊重。这在常以“想当年我如何如何”为话题的老人中间格外突出。

相反,常常以别人为谈话内容的人则表现出对他人的重视。当然,这种重视也具有不同的含义。有的人是尊重他人,有的则是想支配他人。而已婚女人的话题较多以他人为中心的现象则具有另外一种含义。俗话说:“三个牧童,必谈牛犊。三个妇女,必谈丈夫”。日本某一社会调查机构对家庭主妇的谈话内容进行分析统计后发现,丈夫与孩子是她们谈话的主要内容;其次是闲言轶事。

有些人的谈话中往往潜伏着一种不可告人的秘密。例如,某位男子曾爱过你的妻子,但在与你相逢的谈话中,一般反倒不直接提及你的妻子,而总是促使你不知不觉地谈及与你妻子有关的事情。而且如果当年他的愿望未能实现是你妻子的责任的话,他就总盼望听到昔日的情人如今生活得多么痛苦的消息。从而表现出一种求得心理平衡的欲望。

有些人的只言片语往往是他潜意识的流露,通过对其深入分析,便大多可找到内在原因。例如，A 先生给在某公司任职的朋友打电话，想去公司找他。但朋友告诉的却不是公司的地址，而是自己家的住址。可见，此人对家庭的重视远远超过对自己工作的重视。果然，他不久就被公司降级使用了。

有些女性的谈话内容往往与其内在心理状态相反。言不由衷似乎是女性的通性。在实际交往中，人们都常常体会到，多数女性对性的问题都退避三舍，有的人甚至一听到这个话题就走开。但经过观察分析，普遍认为：如对性问题表现出反感或回避的女性往往对此却怀有极大的兴趣。与此相类，当你听到一位已经人到中年的女性满怀深情地畅想往昔的爱情时代时，那么她的内心往往隐藏着对性欲不满足的慨叹。

其次，言语表达形式是判断人的心理状态的最微妙的渠道。

在生活中，一个人的内心欲求不仅表现在谈话内容上，而且往往表现在他的谈话方式上。

与言语内容有所不同，一个人的谈话方式与其内心动机往往具有相适性，一种表达方式往往固定地表现出一种心理状态，很少有相悖的现象。

有的人常常转换话题，甚至突然说些与原内容不相干的事。这种人一般思维较活跃、好动，而从道德角度上讲，他往往我行我素，不善于尊重他人。

在异性面前语塞，表示说话者在心中把这位异性的谈话对象看得很重要，甚至可能是已有爱慕之心。而一旦他(她)知道这种愿望不能实现后，谈吐才会变得正常起来。相反，如果某个男性在女性面前甜言蜜语以至到了厚颜无耻说些奉承话时，则表明他对这位女性充满了兽性的占有欲，这种时候，女性便得当心了。

在用语中常常以“我们”来代替“我”的人，一般都有自卑心理，自信心不强，企图以众数壮大、保护或解脱自己。当然，这也明显地反映出说者缺少创造意识。

在谈话中，语气过分恭敬者显然表现对对方的尊敬，但也往往表示对对方怀有戒备心理。因为如果使用一种亲密无间的随便语气，无异会使对方的不良企图寻找到一条通路。相反，使用这种过分恭敬的语气会使双方保持一定的距离。所谓的“敬而远之”，便是指这种心态。

有人在用语中爱用关联词，如“不过……”、“但是……”或“一方面……另一方面……”之类，表明他进行逻辑判断时比较谨慎，也说明他的思路比较开阔。但不应忽略的一点是，他对于自己的结论往往缺乏信心。

语言的表达是一种物理运动，具有天然的节奏。但是，这种天然的节奏本身也是一种心理状态的表征。至于语速节奏与思维类型、能力的关系我们不想加以讨论，只想对一些人们还不太注意的语言表达形式作一下探讨。

说话者语言节奏的快慢与思维心理状态的关系比较容易把握。但对那些突破习惯的反常的节奏变化则应注意辨析、考察。如果某人平时口拙木讷，此时却突然滔滔不绝说个不停，那么你一定要倍加小心。因为他一定受什么动机驱使，而这一不明企图竟然具有违反常规习惯的力量，说明一定非同小可，如果他不是在有意锻炼自己的表达能力的话。

语言音调的高低除了与人的年龄有关外，更与人的心理状态有关。很明显，人们情绪激动时音调会高昂，但高昂的音调也很可能是用来掩盖真理的欠缺或内心的恐惧与空虚。正常情况下，高昂的音调多意味着思想上的不成熟或任性。

（二）行为判断——“观其行而知其性”

行动与语言一样，是人类内心世界的外在显示。通过对人的行为状态的判断，可以透视到其人心灵的隐秘。对于许多人类行为，人们不难作出正确的判断。而对于有些行为，尤其是一些属于生活细节的行为，人们却往往忽略其深层的含义。下面，笔者想从几方面来稍加考察一下。

人的手足活动是内心流露的直接呈现方式。

不需隐瞒的心理活动往往直接体现在人的语言、动作和面部表情中，而要了解需要隐瞒的心理动机则可从人的手足的活动方式中印证。手足活动是人类潜意识的显示。在平时生活中，握紧拳头的手往往表明了人们的激动与恐惧。而局促不安时手的活动方式是人们在影片中最常见到的“卷衣角”的情景。

甚至有的研究中通过人的眼睛、头部以及身体各部分的动作，对人的心理进行判断，尤其是在测谎中有着更多的应用。但另一方面，虽然测谎仪器在很多次实验中的准确率都超过了 80%，但是毕竟还是会存在误差。这也说明了人是会多变的，要将各种要素综合起来判断，而不能仅仅根据一种情况就下定论。

（三）神情判断——“表情也会说话”

人的心理产生波动时，往往会通过眼神和面部表情流露出来。因此，对人的神情的观察分析，便可判断出对方的心理状态。

人们都说，眼睛是心灵的窗子。人类最隐秘的心理活动往往会通过眼神流露出来。当双方争辩或被对方质询时，如果某一方的眼睛总回避对方的视线，往往表现出他的心虚或胆怯。而至于吃惊时眼睛睁大、思考或回忆时眼神迷惘等则已是常识了。有人认为，当人说谎时，眼睛里总是混浊的或闪现的。这虽然没有经过进一步的验证，但是孩子的眼睛总是清亮、晶莹的确是事实。

人的眼神与视线的活动形式有直接的关系。

四处环顾的视线表示不安或心怀叵测，视而不见表示轻蔑等，这已是大家早已熟知的了。相反，我们对一些眼神或视线却不能一目了然，甚至要作出相反的判断。例如，如果一群公司干部正在开会，突然进来一位美丽的女子来为大家倒茶，人们都往往不约而同地把视线投向她。这本是常理，因为爱美之心人皆有之。相反，如果其中某位男子目不斜视、道貌岸然，大家会认为他本质纯正、不近女色。其实事实往往恰恰相反，这可能不过是为了掩饰那种超出常人的过强的欲望而已，是一种人为的强制性控制，并不是一种与此相适应的“高尚”心理状态的表现。

上面的这个例子也使我们想到某些不太熟识的男女相遇时的视线变化。一个异性如果看了对方一眼，又迅速移开自己的视线，这表明他（她）在心底里已经偷偷地对你产生了爱慕，只是忌于众人的存在或不知对方的真意时的一种回避，所以当你遇到那种对你似乎“不理睬”的异性的目光时，你尽可以去热情大胆地注视他（她），或者是嘲笑他（她）。

在与对方(不论同性还是异性)初次相见时,有些人的视线往往左右横扫几下,然后才进入正常状态。这表示他已经在心里对你产生了某种不信任感。相反,如若头部微前倾,翻起眼皮仰视对方的话,无疑是表示一种尊敬或信赖。

面部表情除眼神外,主要由脸色与肌肉形状、五官的变化来体现。如悲哀、喜悦、愤怒、恐惧、厌恶、同情等几大情感类型,主要是通过人的西部表情来体现的。人们常见的印象或已有的认识、判断模式中,对某一具体的人作出情绪形态的判断并不难。难的是对那些违反普遍模式的情绪实质的判断。

例如,通常说来,流泪是表示悲哀,笑容是欢乐的标志。但是,人们常会见到悲哀至极往往会笑,欢乐至极也可能流泪。面部表情与心理状态的截然相反,如果此时还单凭表面的、一般的认识模式来判断,就往往会导致失误。这就需要你能把判断对象的表情与环境背景联系起来作统一考察,以此来把握表情显示内心形态的真实程度。总之,这种表情与内心的相背是人类的一种反常行为,虽说也有它产生的必然原因。如果一对夫妇在本该暴怒的事情面前无动于衷,在本该争吵的时候而不置一词,则是一种十分不祥的征兆,它比暴怒与争吵更可怕。夫妇之间一旦进入这种境地,那离分手已经不远了。同样,有时候,当彼此陷入一种深深的敌意或蔑视之中时,双方可能反而会显得彬彬有礼。如果据此来认定双方关系和睦那就大错特错了。

(四) 服饰判断——"自我的外延"

服饰形式是人类群体观念的显示(民族性、流行性),又是人类个性的反映(个人的选择)。这说明,服饰的选择由民族、地域、性别、年龄等自然条件所决定,同时又由个人不同的爱好、兴趣所决定。后一点,使人类的服饰"同中见异",而且越来越具有决定性的作用。

我们不想谈服饰的自然选择,仅想从服饰的个性特征来分析一下人的心理状态。

最为明显的是,服饰可以表示一个人的社会地位、职业。但是不应忽略的是,切不可"以衣取人"。以衣取人是一种常规性的认识模式,而对于那些具有逆反心理的人来说则是不适宜的。美国的百万富翁史密斯多年来一直穿着破旧的衣服长期在一家餐馆当勤杂工,直到他死后,人们才发现他是一个百万富翁。相反,有些珠光宝气的妇女往往负债累累。可见,服饰的最终选择取决于个人的心理特征。而我们的任务便是要透过表面现象,打破一般认识模式来分析由服饰个性所反映出来的个人心理状态。

有些人喜欢穿戴华贵的服饰,从表面看来,他们可能是进行一种自我显示。但从深层分析来看,他们精心地修饰自己,一方面是为了弥补身体上的某些自然缺陷,一方面也是迫切希望得到社会的承认。这种人往往不专于自己的工作,但对财物却有特别强烈的欲望。在美国曾发生这样一桩事。一位大学女校长突然取出了自己多年在某银行的所有存款,几天之后,这家银行倒闭了。很多人都十分纳闷她为何有这种令人惊叹的先见之明。后来这位女士告诉人们说,有一次她与人打牌,这家银行的总经理也在座。她发现这位经理服饰相当讲究,而且指甲都经过高级美容店精心修整过。她当即感到,自己的存款有化为乌有的危险。因为一个事业心很强的男子是不会花费这么多的精力和钱财来修饰自己的。

相反,有些人则特别忌讳穿崭新的衣服,甚至把新衣服洗过之后再穿。这种人往往缺乏自信，避免引起社会的注意。同时，对生活与人际关系有很强的适应性。

服饰的突然改变往往预示着生活中增添了某种重要因素，心理上受到某种刺激。如果稍加注意，你便会为你的判断寻找到有力的证据。有的人平时衣着随便、不修边幅，突然有一天他变得衣冠楚楚起来，精神状态也焕然一新。经过询问，原来他刚刚结识了一名可能成为生活伴侣的女友。然而过几天后，他又变得邋遢起来。究其原因，才知道女友又与他分道扬镳。分手的原因竟然有些不着边际：据女友说，她所喜欢的正是他这种邋遢劲儿，具有一种潇洒的风度。而他如今突然改变了自己，于是也就失去了原有的吸引力。

从这个例子来看，一个人的服饰实质上表现着一个人的特性，成为人自身的一种延伸。通过具有个性化的服饰选择，会给人以鲜明的印象。服饰虽然是供别人欣赏的，但不同服饰的选择，却也形成了人的不同的个性特征。当然，服饰的选择往往也有某种文化背景或政治因素的作用。近几年，世界上的一些政治观察家们都有这样一种印象：一旦中国领导人大多换上中山装时，就预示着中国的政治气候将趋于保守。相反，气氛较宽松和谐的时候，他们大多又都爱身着西装。这种服饰的变化说明任何人在服饰选择上又都有不同程度的顺应性与趋同性，虽然其内在动机各有不同。这样一来，作为人体外在装饰的服装便有了不同的社会内容。

（五）嗜好判断——"个性的显示"

每个人在不同程度上都有某种嗜好。根据对方的兴趣或嗜好便可以透视到他的深层心理，以便作出有利于自己的判断。人的兴趣和嗜好与工作热点、重点不同，它是人的一种自由天性的显示。因此，通过对其嗜好的观察能最精确地把握其人的心理状态。

人的兴趣或嗜好与人的自然条件有直接的关系。一般说来，男性总喜爱一些对抗激烈、有强烈刺激性的文体活动，如拳击、足球、赛车、武打或恐怖影片等。女性则恰恰相反，她们多喜爱一些较柔缓、淡雅的文体活动，如体操、跳水、冰上芭蕾、娱乐性的生活影片等。老年人一般喜欢悠闲清静的活动，像钓鱼、养花、下棋等。而青年人则喜欢剧烈的运动，像旅游、登山、游泳等。这些由人的自然条件所决定的兴趣或嗜好是比较容易判断的，但一旦涉及较复杂的现象，则不易清楚地把握。

一个人如果喜爱单独性的嗜好的话，那他的家庭生活可能会不幸福，而他的嗜好，恰恰是为了摆脱这种苦恼。例如一个中年人平时并不喜欢钓鱼，可突然在一段时间内却常常一个人出去垂钓，那么他的家庭或工作生活中一定出了什么问题。他想用这种与清溪、山谷为伴的方式来消除自己的痛苦，把自己限制在一个清静孤独的世界里，以求得精神上的安定。

从一个人的嗜好中可以推断出他的情人、配偶或上级、师长的嗜好来。有些人有了情人或来到一个新的工作单位后，往往会改变自己的兴趣或嗜好。而改变的原因即在于想要与情人或上级求得一致。其目的很明显是想博得他们的喜欢；增强自己的竞争力。

有的人喜欢饲养动物。一般说来，这些人往往有一种孤独感，但同时又富有同情心，既爱别人，也希望被爱。如果是一个女性的话，更说明她爱情上的饥渴。

一般说来，人的嗜好是难以改变的。人们常说，"江山易改，本性难移"。嗜好的改变除非是受制于一种强大的外在力量。而这种被动的改变的最终结果，也不过是被另一种嗜好所代替而已。

在网络中人们往往会简单进行自我介绍，给自己贴上几个标签，其中个人的兴趣爱好是常见的标签类型之一，通过其个人兴趣，我们可以窥斑见豹。

图 4-7　工作的年轻人所负担的社会角色

资料来源　http://photo.renren.com/photo/404807903/photo-5720286316#/404807903/photo-5701041666.

五、主体的角色认知

人类社会化进程是由人类进行的各种社会传播活动促成的。社会化的结果，就个体而言，是个体人格和自我意志的形成；就社会而言，履行和实施传播功能就是对社会运转的保障，也就是社会角色的被承担和扮演。人们生存在社会中都扮演着许多不同的社会角色，社会角色是沟通和衔接个人和社会的桥梁。社会角色扮演能力的高低是个体社会生存能力的直接体现。

(一) 角色的含义

角色，原指演员在戏剧舞台上按照剧本的规定所扮演的某一特定人物。生活中的“角色”是从戏剧中引申而来的，但两者有本质区别。角色是由社会和团体制定的处于某种地位的人的行为规范。它是人们社会地位的外在表现和动态形态，是不同个体之间、个体与团体之间的衔接点。

角色与身份不同，身份是指在社会或法律上的地位。每一种身份、地位都有与之对应的一系列权利和义务。当个体把组成地位的权利和义务付诸实践时，他就在扮演着一种角色。一种身份可以同时扮演多个角色。

[研读专栏]

看到“Hold 住姐”，大家 Hold 不住了……①

这位原名“谢依霖”的台湾文化大学表演专业大四学生，化名“Miss Lin”，在综艺节目《大学生了没》里表演了一段用内衣“一秒之内变格格”的绝招之后，立刻火速爆红，其口头禅“整个场面我 hold 住”更成为近日最热辣的流行语。

“Well, Well, Well，大家好，我是 Miss Lin，刚从法国巴黎的时尚大学毕业，我来教大家什么是 fashion(时尚)……”画着夸张的眉毛、唇线，穿着“如花式”的俗艳衣服，说着不土不洋的语言——“Hold 住姐”一登场，名号立刻响遍网络江湖。

“Hold”，在英语中意为拿、抱、握住、顶住、控制、掌控；“hold 住”，即面对各种状况都要保持住、坚持住，从容应对。在节目短短 7 分钟的表演中，“Hold 住姐”逐一示范了如何淡定应对“装备不全”、“地铁被撞”等状况。最后，当她使出一记绝招——迅速把胸罩戴在头上，一秒之内从“内衣派对”变成置身“清朝派对”，全场笑翻了……

“Hold 住姐”火了，但与其说火的是她本人，不如说火的是“hold 住”这种生活态度。

“Hold 住姐”有多火？

一、频登台湾综艺

继《大学生了没》之后，谢依霖又受邀录制了《我们一家访问人》，还竟敢在镜头前呛小 S 是“前辈”、“老一辈”。当主持人问她是否可以卸妆给大家看，她立刻慌张地说：“不行不行，我要当台湾的 LADY GAGA，走时尚又很偏的路线，卸了妆就是我自己。我不想逛夜市还被认出来。”当晚，谢依霖还登上《康熙来了》，与小 S 首度碰面，并抢尽主持人风头。节目中，她不仅自夸浓眉的“如花”造型很像小 S，还“犀利”地批评王伟忠不够 fashion、坐姿不佳。

二、签约娱乐公司

目前，谢依霖已经迅速被王伟忠的公司“金星娱乐”签下，成为大小 S 的同门师妹。王伟忠表示：“和她签约，是看中她的喜剧天分。我们签的是全方位的演艺合约，目前主要还是让她在《大学生了没》节目里表演搞笑短剧，我们会帮她打造‘Miss Lin’的角色。”王伟忠说：“千旦好找、一丑难求，综艺主持不缺她一个，但喜剧界需要这样的人才。”

三、还想进军春晚

据悉，内地不少电视台如湖南卫视、浙江卫视等都纷纷向“Hold 住姐”发出邀约，不

---

① 章琰、郑骙：《看到“Hold 住姐”，大家 Hold 不住了……》，《羊城晚报》2011 年 8 月 27 日，http://www.ycwb.com/ePaper/ycwb/html/2011-08/27/content_1196956.htm。

过，谢依霖的执行经纪人刘翊琪表示，目前还没有答应："她红得太快了，需要调整步伐，先歇一歇再整装出发，不过今年到内地表演的可能性还是很高的。我们希望能迈进央视龙年春晚，如果今年来不及，也会继续努力。"

四、"Hold住姐"的造型!

脸上描两道粗得夸张的眉毛，假睫毛贴上N层，搭配涂成粉色的厚唇；上身穿一件橙、绿、粉多种颜色混杂的外套加深红色内衣，手提一个据说是从同学奶奶那里拿来的包包，脚踏一双亮蓝色的松糕鞋——这就是"Hold住姐"的经典造型。当然，在"基本行头"之外，这位"时尚达人"还有三招，足以应对各种场合。

手绘丝袜：只需要抽出奇异笔(油性笔)，在腿上一道两道三道地画……"网袜"就迅速"穿"好了，而且"粗细纹可以自己控制哦"！如果网袜不流行了，也没关系，同样使用奇异笔，一横一竖之间，"Hold住姐"的另一条腿便"换上"了"吊带袜"。

提臀扭胯："Hold住姐"告诉我们，要想fashion，就不可以显出"很慌张的感觉"，就算挤公车和地铁，也不要左冲右突，只需要一个扭腰，手臂向前伸展，穿过前面的人群刷卡，这样不仅fashion，而且"对身体很有帮助"。上车之后，则要拉紧拉环，扎稳马步，如果不幸被人撞到，也要以妩媚妖娆的姿态扭动臀部"一个move(移动)回来"。

头顶胸罩：为了参加海滩派对，"Hold住姐"从容地掏出一件性感的黑白条纹胸罩套在身上，就成了"比基尼"。就算临时才发现搞错了，举办的其实是"清朝派对"，这也难不倒"Hold住姐"——她迅速把"比基尼"往上一翻戴在头上，两条带子在两边飘啊飘，一秒钟内，"比基尼"就变成了清朝格格的头饰！

五、"Hold住姐"的腔调!

谐星从来都有自成一体的语言，"Hold住姐"也深谙此道——说话时，一定要中英文夹杂，再配上夸张的语调，与故作正经的表情形成反差"笑"果。

"Well, Well, Well，大家好，我是Miss Lin，我刚从法国Paris的Hua-shion Bonjour University(时尚大学)毕业。Ok，我今天来这个《大学生了没》，要教大学生what is Hua-shion(什么是时尚)。"

"Ok，我要出门。我打扮好，走出门，Oh, my gosh(天哪)！Not fashion(不时尚)！我今天not fashion，我很想要sexy(性感)的感觉，可是我没有sexy的感觉。Well，我今天再搭一个网袜会比较better(好一点)。"

"大学生可能没有什么钱，Ok, maybe(也许)你们想去跑party(派对)的时候，没有钱坐taxi(的士)怎么办呢？Ok，我们可以去坐公车或者是捷运。"

"就是for一些少女的情怀，我们可以在(吊带袜)上面画一些爱心，或是喜欢的人的名字，可能是王或者是……Ok, something like that(差不多那样)。"

"发现海滩party变清朝party时怎么办呢，怎么办呢？我think about, think about that……(让我想想)"

"大学生比较没有钱，I know I know(我知道)，我看一下我的钱包，剩下23块，but

(但)没关系,don't worry(别担心),我今天这个打扮就是进可攻,退可守。"

"我是法国 Fashion Bonjour University 的,大 three 升大 four(大三升大四)。"

六、 "Hold 住姐"起底

"Hold 住姐"谢依霖其实学历不低,是台湾文化大学戏剧系学生。该校的戏剧系和新闻系颇为出名,像柴智屏、王伟忠等知名制作人就出自这个学校。谢依霖家中有四姐妹,因为父母比较忽略她,她从小要在"夹缝"中求生存,小时候跟亲戚到夜市摆过摊,长大后当过保姆、儿童摄影师。她说她从小喜欢表演,早早地就决定要念戏剧系,如果不能当艺人,也希望做电视幕后人员。

谈及那段令她爆红的搞笑演出,谢依霖称,桥段都来源于生活体验:"有一天,我脱比基尼时不小心卡在头上,觉得自己好像格格。再比如那个'奇异笔画网袜',就是有一次我们要上台表演,临时真的找不到网袜,我就拿奇异笔在腿上画。"她还透露,上节目其实是一个意外:"当时节目组有这样的一个主题策划,就到我们学校来找人。因为我之前表演过嘛,而且可能也比较像个谐星,所以大家就推荐我参加。我完全没想到会有今天这种结果,很意外!"对于自己的爆红,她也是后知后觉:"大概是在节目播出后第三天吧,有朋友打电话给我,说太好笑了。然后我上网一看,才知道事情闹大了,台湾有网友组了一个后援会,粉丝都快 4 万人了。"至今,谢依霖仍感觉受宠若惊,"真怕明天起床梦一场"。

"Hold 住姐"走红后,被很多人拿来和小 S 比较,连小 S 的昔日情人黄子佼都认为她跟小 S 超像。谢依霖的经纪人刘翊琪也表示:"小 S 是她的一个奋斗目标,她不排斥成为像小 S 这样的谐星。"

"Hold 住姐"能 hold 多久?

拍砖者:

"她肯定红不了多久!"

不少人从"Hold 住姐"的走红而联想到两个人——一个是孔庆翔,这位美籍华裔凭 2004 年的《美国偶像》节目迅速走红,如今却销声匿迹;另一位是去年曾红极网络的"超级搞笑小民警"丁莎莎,这位当时名震江湖的"失控姐",现在也没有了动静。因此,有网友认为,"Hold 住姐和孔庆翔、失控姐一样,都是在没有准备的情况下蹿红的。他们为什么走红,无非是形象上具有亲民性,迎合了网民喜欢轻松、搞笑的娱乐心理,再加上网民'造星'的欲望从来都没减弱过,只要有人挠到了大家的笑点,人们自然会用鼠标加键盘把他们捧到明星的位置上去"。其实,在网络时代,"人人都能成名 15 分钟,在 15 分钟之后,每延长 1 分钟,都需要网络红人们付出艰辛的努力,不然铁定被大浪淘沙"!

撒花者:

"看好她的生活态度!"

不过,也有网友认为,"Hold 住姐"的走红不仅仅是"审丑"的产物,她走红有一个特别之处——在这个随时"失控"的时代,当有人喊出"整个场面我要 hold 住"时,就带来了很奇异的反讽效果。另外,有网友认为"Hold 住姐"的确是一个"创作型人才":"内地一些选秀节目在海选阶段时,常有人以非正常表现走红,但 Hold 住姐还真不是那种人,虽然她的表演疑似走恶趣味路线,但其人却有正儿八经的专业背景,就读于台湾文化大学表演专业,暑假开学后就上大四了!”

七、“Hold住”文体火爆网络

“Hold住姐”的出现，引爆了新的网络流行语“hold住”。“hold住”引申出给力、加油的意思，而“hold不住”则等于“伤不起”。这一网络新文体，连明星也来热捧——何洁在某发布会上没忍住哭了出来，之后赶忙在微博上自嘲:“对不起对不起，怪我没hold住。”林俊杰也跟着“与时俱进”了一把:“被拍也要被拍得很得体! 场面要hold住。”而网友更是将“Hold住体”发挥到方方面面——

香港油麻地一家天王级歌星“御用”的专业录音室爆出“偷咪”案，刘德华4万元的“私家咪”都没能hold住!

利比亚反对派开出的悬赏卡扎菲(无论生死)的价格是200万第纳尔(约合167万美元)，只有美国悬赏本·拉丹价格(2 500万美元)的1/15。卡扎菲一定要hold住，不要慌，不涨到2 500万美元绝不出来!

谢霆锋为什么拖那么久不离婚，原来是为了等新《婚姻法》，柏芝不要慌，整个场面要hold住。

乔布斯辞职了，苹果不要慌，hold住!

今天去看《哈7》，哈利太有型了! 每一个move都能hold住全场!

图4-8 “hold住姐”

资料来源　百度百科，http://baike.baidu.com/albums/6291339/6386464/0/0.html#0$6dc09e0a0e1b3c55b0351d0b.

研读小结

“Hold住姐”成为了继芙蓉姐姐、凤姐之后最成功的网络红人之一。她的走红与前两位一样，关键在于赋予自己一个独特的角色定位，通过融入一种新奇、特别的社会角色来标志自己的特殊性。而这种身份给网络红人带来了特殊的利益回报，完成了从“名”到“利”的转化。有句话叫做“网络时代每个人都可以红15分钟”，注意力已经成为如今稀缺的资源，各类网络红人扮演一种特殊的社会角色，迎合了人们某种兴趣，才能吸引他人、创造价值。

与前两位红人相同的是，“hold住姐”也迎合了社会大众的审丑心理，创造了受众的另类文化消费品。而不同则在于“hold住姐”并没有试图去挑战受众的心理底线，也没有创造出除了“hold住”外第二个可以红遍网络的口头禅，所以她走红的时间明显没有前两位“姐”那么长。

“Hold住姐”在生活中是一位普通的大学生，只是因为出现在节目中才变换为这副模样，体现了人在不同场合下所扮演的角色完全不同。我们每个人都会扮演多重角色，往往因时间、空间、情景而异。

(二) 角色期待

在长期的社会实践中，人们对于社会和团体中的各种角色所应承担的权利与义务及行为规范形成了比较固定的一种期待。角色期待可分为以下两种：

一种是自己对自身将要扮演的角色的自我期待，比如很多学生在进入大学前对大学生活中的自己会有想象：或者是在学生工作中叱咤风云，或者能够醉心书斋，或者能够在社会中游刃有余。如果期待的实现值超过内心的期待值，将在精神上获得愉悦和满足；如果不能够实现，则会导致失望、心情低落。

第二种是他人对自己扮演角色的期待。这种期待的主体和客体是广泛而对称的，具有双向性，如夫妻之间、父子(母子)之间、朋友之间、上下级之间等等的角色期待，都是相互期待的。他人的角色期待除了一些比较明确的规范要求外，大都是一种无意识活动。我们如何弄清他人对自己的期待呢？他人的期待必然会在其态度、情感倾向和表情等方面，通过各种生活事件表达出来，因此，只有在同他人经过一段时间的交往以后，才能了解和掌握他人对自己的真实期待，从而选择扮演角色的方式和技巧。

一般来说，我们应使自我期待与社会期待相一致，以产生共鸣效果。对于已经成为某种角色的扮演者来说，自我期待与社会期待的一致性程度越高，就越会产生激励作用，并且拥有良好的自我体验，获得某种程度满足。

(三) 角色转换

当人们的生活环境发生变化时，人的自我形象、行为方式将随之而变化，我们通常把这种转变称之为角色转换。由于人们在不同的环境中具有不同的身份，即使同一个身份常常也有几个不同的角色，所以每个人都面临着角色转换问题。如果能自如地完成角色转换，个人适应社会的能力将大大增强，能更好地进行人际传播。

1. 生理周期中的角色转换

每个人都要经历这样一个生命周期：从童年到青年，从青年到中年，从中年到老年。

在这个周期中，随着生理、心理以及生活环境的阶段性变化，就会产生新的角色，以及新的角色意识和角色体验。

从幼儿到儿童，个体逐渐明确了自己的性别角色。再到青少年，自我意识逐渐萌发，成人角色意识开始出现。接下来，青年从学校走上社会，面临着从学生到职业角色的转换。同时，大部分青年将进入婚恋角色。

中年，是在事业上开始崭露头角的时期，也是全面收获的黄金季节。同时，生活中许多实际困难又时时地困扰着他们。从青春期进入中年角色，从工作上来说，应该找到真正适合发挥自己优势的工作，把所学到的知识创造性地运用到事业中去，形成一种适合自己的独特风格，同时要把感情生活安排妥当。具有热情稳妥、宽宏大量的心理品质，保持良好的人际关系，能够化解人际关系上的种种障碍，及时有效地解决各种生活困难。

退休以后，将进入老年角色。当人进入老年角色后，其扮演的社会角色的积极性和数量都呈递减趋势，原来作为社会的积极成员、供养人等角色都一一失去，与此同时，也有各种新的角色等待着老年人去选择。老年人的角色功能，一般是娱乐、休息、总结经验、发挥余热、指导后人等等。

2. 多重角色的转换

在不同的情境下，他人对个体有不同的期待，要求人们选择一种适合该情境下角色要求的行为方式。人在不同环境中扮演着不同的角色，所以产生了不同环境下的角色转换问题。

首先，当人们在生活中取得某种身份时，就会产生一组与该身份有关的角色，这组角色被称为“角色丛”。“角色丛”中的任何一个角色，都是身份的组成部分，因此，其中任何一个角色扮演的好坏，都会影响行为人的形象。在这个“角色丛”中的各个角色之间，其行为规范不可能完全相同，因此，就存在一个角色转换的问题。“角色丛”的各个角色转换过程并非是简单的逢场作戏，改换“面孔”，而是要认真履行各个角色的行为规范，这取决于行为人对各个角色规范的内化程度。一般说来，角色内化得越深刻，角色表现就越娴熟，在角色转换中就越显得自然。

其次，在不同场合下人们的身份不同，因此所扮演的角色也不相同，也存在一个角色转换问题。比如，在单位里与在家里的身份不同，就不能把在单位里的行为搬到家里来。

第三，潜角色与现实角色的转换。所谓“潜角色”，是指在某种情境下重新显现出来的曾经扮演过的角色。“潜角色”的显现，只是在无意识中流露出这种角色行为，并不是本人有意识要重新扮演它。“潜角色”对现实角色的替代是短暂的。

3. 实现角色转换的要点

实现角色转换，首先要认清自己的处境。典型的三种处境是：家庭环境、工作环境和公共场合。这三个环境是相对独立的，它们之间通过不同的角色转换相互联系，从而构成一幅完整的生活画面。正像人们常说的那样：家庭是温暖的，爱情是动人的，而工作是美丽的。在网络中人也要在不同平台上扮演不同的角色。在匿名的论坛、博客和在社交网站中，我们所扮演的角色可能不同，要适时转换。例如公众人物可以匿名进行拘束较少的浏览和评论，但当他要在微博上发布信息时则不得不扮演好公众人物的角色，克制自己的行为。

其次，要明确不同情境下的角色期待。这就要求我们通过与他人的交往细心揣摩。

(四) 角色障碍

在实现角色和扮演角色过程发生矛盾的现象，我们称为角色障碍。

几乎每个人在每天都遇到程度不同的某种角色障碍。它会引起人的内心紧张和对环境的不适应感。所以，认清、减少和化解角色障碍，对能否扮演好自己的角色尤其重要。

1. 角色冲突

在扮演一个或几个不同的社会角色时，人们由于对角色的理解和期待不同，以及不同角色规范的差异所引起的内心冲突和矛盾，就是角色冲突。角色冲突一般分为同一角色的内心冲突、新旧角色转换冲突、多重角色冲突等等。当一个人的不同角色或者两个人之间的角色发生冲突的时候，人就会无所适从。比如一个过于忙碌无法照顾家庭的父亲，其作为员工的角色和作为父亲的角色冲突，自己会陷入内疚中，怀疑自己是不是合格的父亲。

2. 角色模糊

在扮演角色时，由于对该角色的行为规范和他人的要求不明，混淆了不同角色，这种现象我们叫角色模糊。它通常有两种情况：一是角色扮演者对不同角色的认识模糊；二是他人对扮演的角色一时辨认不清，导致认识模糊。角色模糊容易导致角色障碍，难以履行自己的角色行为。就如社会中的知识分子，社会对他们的要求是在看待社会问题中跳出自身的利益，用公正、理性、客观的态度去思考、评判。假如有人混淆了他们在生活中的合理私利和作为知识分子表达时应有的客观，就容易导致角色履行的失败。之所以对"专家"失去信任，就是因为他们在对公众议题表达观点时掺杂了个人利益。

图 4-9　"砖家"

资料来源　http://paper.jmnews.cn/jmwb/html/2010-06/26/content_198636.htm.

3. 伪角色

扮演不属于自己的角色，我们称这种现象为伪角色。伪角色主要有两种：第一，明明知道自己不是该角色扮演者，为了达到某种目的，故意冒充该角色，比如有人会盗用他人即时通讯的账号来骗取他人或好友的钱财。第二，由于生理、心理的或其他原因，当事人无意中扮演了本不属于自己的角色。例如当身边人突然出现身体不适的时候，我们不得不临时扮演医生的角色来照顾对方。

图 4-10　网络盗号与诈骗

资料来源　http://www.duxun.sx.cn/showxx.asp?id=10752.

第三节　人际印象

人际印象是在人际认知的基础上形成的。它对于人际交往态度、人际吸引、人际影响、人际关系等都有重要意义。因此，人际印象的形成是人际传播研究的一个重要课题。

一、印象形成的要素

一个人对社会、对群体、对他人有了一定的认知，便会表现出相应的印象。所谓印象是指在人们记忆中所保留的有关认知客体的形象。人际印象是对人、对由人构成的群体和社会的印象，而对群体和社会的印象实质上也是对人的印象。

任何一个印象的形成，都必须具备几方面的条件：认知主体、认知客体和交往情境、宏观社会环境、人际互动方式、人际互动时间等。①

① 高玉祥、王仁欣、刘玉玲主编：《人际交往心理学》，中国社会科学出版社1990年版，第57页。

(一) 认知主体

人际印象是在认知主体脑中产生的认知客体的形象。认知者的情感、过去的经验、个性特征、当时的心理状态,在某种程度上都会影响着人际印象的形成。巴克拜(J. W. Bagby)在 1957 年做了一个实验。主试选择受过中等教育的穷人,以 18 岁的男女为被试分为两组,让他们看双眼视觉的幻灯片:一张为墨西哥人喜爱的斗牛场面的幻灯片;一张为美国人喜爱的打棒球的幻灯片。这两张幻灯片同时放在双眼视觉仪上,不重叠,一时可看到打棒球,一时可看到斗牛,两张图片交叉出现。结果,双眼竞争时墨西哥人的 74%只看到斗牛的幻灯片;美国人的 84%却只看到打棒球的幻灯片。同一幻灯片所引起的视觉差异这么大,这充分说明了过去的经验在形成对别人的印象时所起的作用是突出的,它使你能比较容易地感知到熟悉的对象。费斯巴哈(S. Feshbach)等在研究中发现,由于等着电击而被吓坏了的被试者也会把别人看成是很恐怖的人,这说明认知者会把自己的情感投射到认知客体身上。此外,认知者的兴趣、价值观等也都会影响到印象的形成。

(二) 认知客体

认知客体,即被他人形成印象的人。在人际交往中,形成最初印象的因素主要是认知客体的外部线索,如仪表、副语言表现、声调、面部表情和眼神。随着认知的深入,认知客体的人格特质将逐渐成为印象形成的决定因素。譬如两个人相见,他们互动一段时间之后,就形成了相互的印象。他们互相注意到彼此的衣着、神色、姿势、相貌、音质等,从对话中获得彼此一些关于身份、兴趣、能力以及人格特质等方面的印象。以后随着频繁的交往,逐渐形成了渗透他们全部关系的更全面的、更丰富的印象。由于人际传播的互动性,这里两人互为认知的主体和客体,一个人对另一个人将要作出怎样的反应,常取决于彼此印象的推测与判断。

(三) 交往情境

认知者在印象形成的过程中,往往依据具体的情境作出对认知客体的判断。人们在一定的情境里,往往是以相应的角色身份出现的;因情境的不同,人们要变换自己的角色。假若我们知道了某人的角色,我们便可根据这种角色期望来判断他可能具有什么样的人格特点。如在课堂上,一个被介绍为教授的人给我们讲课,我们就会把社会赋予教授的角色期望加到此人身上,推想他一定是个造诣颇深、举止得体、目光敏锐的人。应当指出,根据人们在不同情境中的地位和角色而形成的印象,固然有一定的真实性,但发生错误的情况也是常见的。有时,由于认知客体知道自己在某情境中的身份角色,往往会依据角色期望引导自己的行为,因此有可能掩饰了他原来的真实特点。

(四) 宏观社会背景

宏观的社会背景在潜移默化中影响着我们印象的形成,时代因素、文化因素、政治与经济环境等宏观因素都会影响我们的认知行为。例如在一种文化中被认为礼貌的行为，在其他文化中就未必如此，在电影《刮痧》中就将由于中美文化差异而形成的印象偏差体现得淋漓尽致：刮痧本在中国是一种治疗，但是美国法院却坚持认为美籍的中国父亲是通过刮痧虐待自己的儿子，因此断定具有家庭暴力倾向。

（五）人际互动方式

不同的人际互动方式对印象的形成也会产生影响，尤其是印象的全面程度、印象的性质等。一般来说，在面对面的交流中能够通过对人的声音、语气、表情、肢体语言等方式进行较为全面的了解，印象也就较为全面；在过去有写信的方式，双方在交流中不得不通过想象来补足文字之外的印象，所以对人形成的印象往往是模糊的、主观的；而在如今的网络交流中，往往也存在跟信件交流中类似的现象，但是网络正逐渐向人性化的方向发展，人的表情、动作、神态等都能够通过即时的传播或者其他方式进行模拟或再现，形成对人较为整体的印象。

（六）人际互动的时间

时间也会成为影响印象形成的要素：从短期来看，所处的具体时间段或时间点会导致人在对他人印象形成有不同的方向，比如传统上中国商人一般会对早晨去收账的债主评价较低，而对下午去收账的债主评价相对高一些，因为早晨刚好是生意刚开张未有收入的时候，还没有心情去应付债主；从长期来看，互动的时间阶段也会影响到印象形成，一般时间越长人们对互动对象的印象越全面、越深入，正是“路遥知马力，日久见人心”。

二、印象形成的过程

人际印象的形成过程，是一个动态的复杂的过程，它是由多种因素交互作用而形成的。人际印象的形成，首先是以人际知觉为基础，对知觉材料进行自己的加工处理；其次是在脱离认知客体的情况下，所浮现出来的客体形象，是一个间接的心理印象形成的过程。因此，可以说印象本身是抽象的，是各种观念的组合。

在认知过程中，主体又通过自身的主观加工，来形成对他人的印象。主体获得的关于他人的信息总是零散的、有限的，但却有着要形成统一整体印象的强烈倾向。在实际的人际交往中，人们总是在少量信息的基础上形成对他人的大体的印象。当人们初步接触到一个人，或者是接触到他某一方面的信息，就可以产生关于他是一个什么人的想法；甚至只听到一个名字的时候，也能够凭想象勾画出这个人的大致形象。这样获得的是关于他人外部特征的材料，但却可以推断其内部状态和内在品质、特性；同时不仅了解一个人的品质特性，还能对他人作出评价。

在人际印象形成过程中，主体的主观加工作用主要有联想、想象、认同和情感移入等。

主体在对他人形成印象时，重要的心理活动首先是联想。所谓联想是指在记忆的基础上，把被认知的对象和其他相关联的对象联系起来的过程。联想就是在自身的观念中建立事物与事物之间的联系。在这里，记忆和联想是密切联系的心理过程：没有记忆，联想便无法开始，而没有联想，已经出现的记忆过程就会中断。因此，联想和记忆一起，成为人际印象形成的心理机制。有了记忆，被感知到的形象才能存贮在大脑的信息库中；有了联想，才能在记忆中把感知到的形象联系起来。

这种联想是对以往经验的联想。当一个关于他人的知觉产生时，和这个知觉有联系的过去的经验会被联想出来。在这里，过去的经验可以是关于被知觉者的各种直接体验，也可以是与被知觉者间接联系的各种体验。被联想的可能是面貌、职业、年龄、籍贯、性格等特征，还有主体与此人之间过去发生的往事以及与此人共处时的心情等体验。总之，随着有关他人某种感性特征的知觉的出现，和这一知觉相关的过去的一系列知觉经验及各种体验也被联想出来。例如，一个公司员工与一位新同事初次见面，他也许会联想起之前认识的一位面貌相似的同事。想起那时那位同事的不好作风，心里出现十分不愉快的体验。由于眼前的知觉和过去的经验的联想，他会形成对新同事的一种看法，他也像对之前那位同事的看法一样，认为他也是一个令人不愉快的人物。可见，在认知中，现存的知觉会和过去经验中的体验交织在一起，共同构成关于他人的印象。

人们利用有限的知觉对他人作出广泛的判断，常常还会联系他人所处的情境进行联想。假如一个人在流泪，只有结合相关情境才能判断出这一动作究竟是表示悲伤还是高兴。所以特定的行为总是与特定的情境相联系的。在特定的场合下，人们总是会有特定的行为。比如在别人家里做客时，就要以客人的身份行事，在一定情况下必须微笑，必须以规定的方式使用恰当的词语，以一定的姿势坐着等等。因为行为与环境有着某种特定的联系，因此联想就形成了，人们便试图根据他人所处的情境对其行为作出判断。相反地，人们在日常生活中也会经常地有意识地去寻求某些情境，以便于在别人对他们作出判断时，情境的背景因素会给他帮一些忙。例如面试的人通常会打扮得职业化，以给面试主管一些自己适合这个职位的印象。

想象比联想更带有主观色彩，它不像联想那样，是以唤起过去的经验，建立联系为主，而是在已有的经验总体中建立主体需要的有意义的符号群，对社会知觉进行改造，重新组合知觉材料。这个过程很可能会受到偏见、虚幻等因素的干扰。因此，人际印象不可能全部是接近真实的、主流的，有可能是含有偏见、荒谬的。

在认知过程中，认知者总是根据外部表象去观察别人、推断其内部状态，这时最常用的方法是认同和情感移入。认同就是把自己当成是别人，即所谓“将心比心”，设身处地为别人着想。“用自己的想法来判断别人”，是了解他人内部状态的最简单的方法。这时，人们用自己的经验、自己的内心体验作为判断他人的参照，以此来推断被认知者的内部状态。情感移入也是类似的了解他人内部状态的一种方法。不同的是，这种方法不是对别人的理性了解，而是力求从情感上感受他人。这种方法的根据在于，人们生存在社会中，情感是重要的维系人与人之间关系的纽带，在相互认知中，人们如果利用自己亲身体验过的情感去了解他人，很容易产生强烈的现实感和共鸣感。认知者产生这种与认知对象相对应的感情体验，在人际交往中具有非常重要的意义。这时，认知者将充分考虑对方的心情而行事。例如，一个人如果有求于他人，总是避开那些看来正忙着的人而会找一些相对轻松的人，因为他意识到自己忙碌时有人来求助的心情，自己如此，对方肯定也如此。用这种方式来认知对方，对于彼此了解对方的立场和状况，建立良好的人际关系，是十分有用的。

可见，在人际认知过程中，主体的主观能动作用不容忽视。主体总是在一定的方法原则作用下，加工整理外部输入的信息，形成对他人的印象，然后把这个印象加到被认知者身上，认为这就是该对象所具有的实际特征，因此人际认知带有一定的主观色彩。

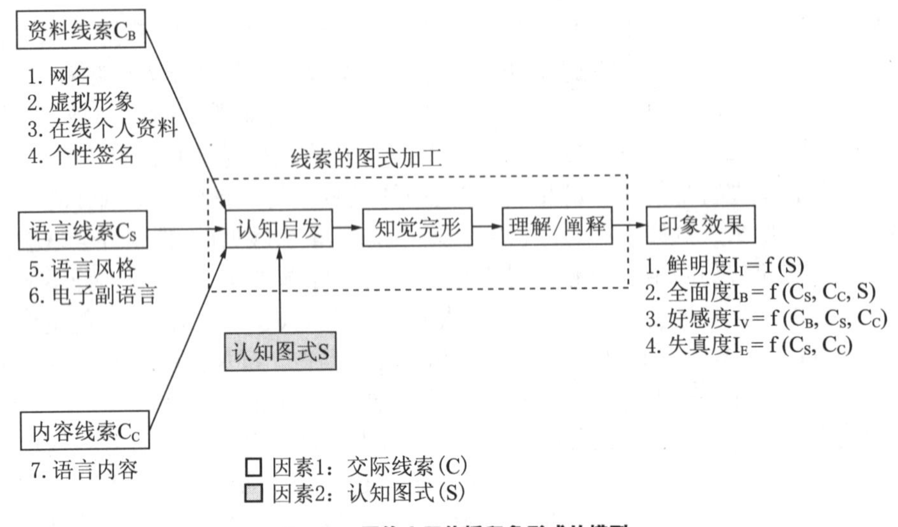

图 4-11　网络人际传播印象形成的模型

资料来源　张放：《虚幻与真实——网络人际传播中的印象形成研究》，中国社会科学出版社 2010 年版，第 169 页。

网络的发展并没有从本质上改变印象形成的过程，只是人们认知的依据更加多元、信息量更加大，但也更加零散化、碎片化。人们依然要对现有的信息进行整合，并结合自己的认知来得出对他人的印象。也有学者对网络中印象的形成进行了考察，比如张放提出的“网络印象双因素模型”，认为网络印象的形成包括三个阶段，即接收信息环节、加工信息环节和印象效果形成环节。①其中信息的输入包括三种：资料，即人际传播参与者的基本资料，如个人介绍、签名；语言，包括语言的风格和语言符号；内容，如自我表露等人机互动。张放认为在加工信息阶段，“认知图式”是其中关键，人的信息加工都是基于对过往经验与认知的整合而形成的基本认知模式。而印象的效果可以用几个标准来衡量：鲜明程度、全面程度、好感程度和失真程度。他认为网络传播与面对面人际传播印象形成的效果相比，鲜明程度、好感程度、失真程度都较高，全面程度相对较低。

三、印象形成的特点

印象形成的特点主要表现为它的协调一致性和评定性。

(一) 协调一致性

由于现实中很多客观条件的限制，人们得到他人的信息往往是零散的、有限的。对他

① 张放：《虚幻与真实——网络人际传播中的印象形成研究》，中国社会科学出版社 2010 年版，第 169—174 页。

人的特性要作出判断时，人们就会趋向于把他的各种特性协调一致起来。而实际上人是具有多面性的，我们往往只能形成一种印象而忽略人的其他方面：一个人不会被看成既是好心眼的，又是坏心眼的；既是热心的，又是冷酷的；既是开朗的，又是内向的。甚至当关于某人的信息资料出现矛盾时，观察者也可能会歪曲或重新整理信息资料，以便减少或消除这种不一致性。而由于一致性的存在，我们往往会产生一定的联想，我们对其中一种因素的判断也会影响到对其他因素的评价。比如我们认为这个人是勇敢的，就会认为他是勤劳的、聪明的、乐于奉献的等等。而在网络出现后，由于我们要对庞大的信息量进行认知，也就更倾向于给人贴上一个“标签”，比如可信的知识分子、“打假斗士”、公益活动组织者等等。

（二）评定性

人们在认知他人时，不仅对他人进行了解，而且还会进行评价。例如我们见到了一个人，在有了一定程度的了解的基础上，我们会对其产生好感或恶感，并由此决定对此人我们是亲近还是疏远。人们所形成的印象总是带有一定的评定性。这种评定性是印象形成中最重要、最有影响力的方面，因为这种知觉会影响对认知对象的其他判断。人际印象的形成过程是对归于同一对象的各种有意义特性的评价、综合、概括的过程。

1946年，心理学家所罗门·阿希在斯沃思莫尔学院做了以下实验：他将被试的学生分成两组，第一组中，每人拿到一张写有“聪明、灵巧、勤奋、热情、果断、注重实际、谨慎”等描写某人特性的表格，阿希让学生们利用表格中提供的特征对这个人作一简单的描述。第二组中，除将表格中“热情”一词换成“冷淡”外，其他情况与第一组相同。实验结果表明，“热情”和“冷淡”这两种特征具有“中心”性质。由于这两个词的不同，二组学生对评价对象的印象发生了很大的差别。“热情”一词使认识对象被想象成是一个人道主义者，而“冷淡”一词，使被塑造出的人物具有斤斤计较、毫无同情心和势利十足的形象。

凯莱的研究也证明了以上情况。凯莱向他的控试者宣布，一位客座讲师要来指导他们的讨论，并持有关这位讲师的介绍材料发给同学们。一半同学拿到的材料中，有“为人热情”的话，另一半同学则拿到写有“为人冷淡”的材料。客人到达后，指导全班进行了20分钟的讨论。客人走后，凯莱请学生们对他进行评价。结果，这两组同学的评价发生很大偏差。听说过他“热情”的同学认为他的确是热情的人，因而对他有好感，而听说他“冷淡”的同学则感到他的举止言谈都是冷淡的。

奥斯古德(C. E. Osgood)等人(1957年)利用语义分析法让被试对一些人、事物或概念就几对两级的形容词，如快乐—悲伤、热—冷、黑—白、热情—冷淡、强—弱等来评定其特质的程度，并由此推出人们用于印象评定的三个基本向度：(1)评价向度，如愉快—懊丧；(2)力的向度，如强烈—微弱；(3)活动向度，如主动—被动。

在对人的印象评定中，特别显示出评价向度是最主要的向度。一旦我们对他人的判断在此向度上确定了，则其他向度也差不多确定了。后来的研究还表明，“好—坏”评价在对人认知中是最重要的。当人们观察其他人时，最重要的依据是自己的好恶。人们看上去似乎是首先决定他们喜欢还是不喜欢一个人，然后再把各种合意或不合意的特性归于这个人。

后来，罗森伯格(S. Rosenberg)等人在1968年专门对评估进行的研究中，使用多重向度评定法，发现人们是根据社会和智慧两个维度来评价他人的。

在后来汉密尔顿(D. L. Hamilton)等人 1974 年的研究中发现，让被试看到更具有社会属性的品质，一般会影响他对认知对象喜好程度作出判断；但是，如果让他们看到较多的智慧属性的品质，则会影响他对认识对象尊敬程度的评价。上述研究结果表明：人们对他人的评价是复杂的，有时较偏重于社会特质，而有时则较偏重于智慧特质，然而对他人的基本判断，主要还是依据社会特质来得出的。

(三) 自我实现性

人在最初形成的印象——无论准确与否——在一定条件下有可能变为现实，并最终达成印象与事实的一致。这一循环最初是由美国社会学家 W. 托马斯提出的。他说："如果人将某状况作为现实把握，这种状况作为结果就是现实。"而另外一位社会学家默顿提出了"自我实现预言"(self-fulfilling prophecies)：当你按照你的现在状况的理解行事的时候，你的理解可能会变为现实，即时错误的理解也可能变为现实。

墨顿和其他相关学者将这一过程分为四步：[①]首先人会对现有的情景和状况形成自己的理解；其次人们再相信这种理解是正确的情况下会对这种理解作出反应；再次因为人在自己的理解是真实的前提下行动，结果是它变为现实；最后人在其他人或者情境对自己作出回应的情况下，加深了对这种理解的认识和相信。

正如图 4-12 所示。

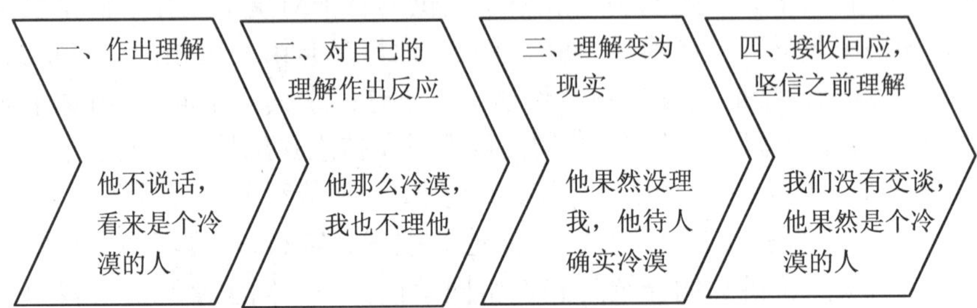

图 4-12 印象形成与自我实现

因此，由于自我实现状况的存在，我们对他人、自己或者情境的印象很可能是自己心里预期的实现，而非事物本来的现实。

四、印象形成时的心理效应——印象偏差

社会心理学研究表示，人际传播的内容和效果都受到彼此知觉情境的影响和制约。知觉情境不同，个人的知觉也会按照一定的心理规律发生不同的心理效应；反过来，这些不同的心理效应又直接影响个人知觉的内容和效果。交往心理的复杂性，带来各种各样的心理效应。人们在认知活动中，印象形成时也有着各种复杂的心理效应，主要有如下几类：

① 约瑟夫·A. 德维托：《人际传播教程》(第 12 版)，余瑞祥等译，中国人民大学出版社 2011 年版，第 74 页。

(一) 首因效应

首因即第一印象，是指人际交往活动中形成的对他人的最初印象。首因效应是指与他人接触时，第一次交际时对各自交际对象的直接观察和归因判断，此时得到的信息对印象形成的作用最大，而且对以后的人际认知和交往以及印象的最终形成具有重要的作用。人际关系学历来十分重视对第一印象的研究。在人际交往中，人们往往注意开始接触时感知到的内容，如对方的表情、姿态、身材、仪表、年龄、服装等方面，而对后来接触时感知到的内容则不太注意。如某人在初次会面时给人留下了良好的印象，这种印象就会影响人们对他以后一系列特性的认知。

人的外表特征是第一印象形成的主要依据。其内容包括双方初次见面时亲眼见到的对方的表情、仪态、身材、年龄、服装等，人们对一个人各方面的评价，常常依赖于他的第一印象，这就是第一印象的作用，亦称“首因效应”。

美国社会心理学家 A. S. 洛钦斯(A. S. Lochins)在 1957 年做了一个经典性实验①，他杜撰了两段情境相反的文字材料，让被试者分析判断材料中主人翁杰姆的性格。第一段是“杰姆离家去买文具，他和两个朋友走进洒满阳光的街道，边走边晒太阳。杰姆走进一家文具店，里面已挤满了人，他一边等待店员对他的注意，一边和熟人聊天。他买好文具向外走的途中遇到了熟人，就停下来和朋友打招呼。分手后，杰姆就走向学校。在路上他又遇到了一个前几天晚上刚认识的女孩子，他们说了几句话就分手了。”这一段材料描写杰姆热情友善。第二段是“放学后，杰姆独自离开教室出了校门，他走在回家的路上，街道上阳光明亮灿烂，于是杰姆走到阴凉的一边。他看到路上迎面而来的是前天晚上遇到过的那个漂亮的女孩子。杰姆穿过街道，进入一家饮食店，店里挤满了学生，他注意到那儿有几张熟悉的面孔，杰姆静静地等待着，直到引起柜台上服务员的注意之后才买了饮料，他坐在一张靠墙边的椅子上喝饮料，喝完之后他就回家了。”这一段材料描写杰姆性情冷淡。洛钦斯把两段材料作不同组合，并把被试分成四组，分别阅读不同组合的材料，然后回答一个问题：“杰姆是怎样的一个人?”结果如表 4-1 所示。

表 4-1　首因效应实验分组

组　别	文章段落呈现条件	对杰姆友好评价
1	只阅读描写杰姆“热情友善”材料	95%
2	先阅读“友善”后阅读“冷淡”材料	78%
3	先阅读“冷淡”后阅读“友善”材料	18%
4	只阅读“冷淡”材料	3%

资料来源：实验相关报告。

这个实验就证明了第一印象对认知的作用。

在现实生活中，我们观察人时，同样可以发现印象形成中的首因效应。琼斯(Jones)等

① 奚洁人等编著：《简明人际关系学》，华东师范大学出版社 1991 年版，第 257 页。

人于 1968 年做过一个实验:让同一组被试观察两个学生解答许多复杂的选择题目。题目是由大学生入学考试题中选出来的。实验者控制学生的解题能力,使学生在 30 题里面,总是答对 15 题。一个学生被规定为答对题目的上半部分,另一个学生被规定为答对题目的下半部分,然后要求被试评价这两个学生的智力。结果多数被试都认为,在解题开始就能作出正确反应的学生比后来作出正确反应的学生聪明些。最后,实验者要求被试估计这两个学生各答对多少题目,其结果是:被试回忆前一学生答对 20.6 个题,后一学生答对 12.5 个题。其实两人都是各答对 15 个题。这一实验结果表明:首因效应确实存在,并影响被试后来对学生的认知和评价。

首因效应属于第一印象。这种印象往往较为准确。例如在选举投票时,如果选举人只能通过文字材料对被选举人加以了解,选举人会通过阅读的材料进行比较分析,最后形成判断,表示自己的意愿,结果往往会形成大多数人的一致意见。生活中也往往会出现这种现象,有的一见如故,有的相见恨晚。虽然如此,第一印象也并非总是正确的,因为它往往是因为情感用事或"先入为主"而形成偏差,潜伏着不确定的因素。所以我们在认知活动中,要重视首因效应,并且付诸实践,从实践中得到验证,这样的首因效应才是准确而可靠的。

(二) 近因效应

近因即最后的或最近形成的印象。近因效应是指最近获得最后的印象对人的认知产生的强烈的影响。在有些时候,左右人们对人的特性的认知和评价往往是最后形成的印象。洛钦斯在后来的实验中,仍然采用前面述及的那个故事,但实验方法却做了如下的改变①:(1)主试提醒被试,注意全面判断吉姆的特点,有了全面的知识、情报、信息之后才下判断,仅凭一部分材料就下判断会出错的。(2)在读故事时,使上下两部分间隔开来,有一个时间间隔。也就是说,念完一部分材料之后,让被试做数学题目,或听历史故事,插入无关的活动;然后再念后一部分材料,并告诉被试要做比较全面的判断。结果,大部分被试根据隔开那段时间以后所听到的故事情节评价吉姆的性格,这就产生了近因效应。也就是说,在两种信息之间插入无关的工作,则后来的信息有较大的影响力。因为影响力较大的信息是新近才出现的,故称为近因效应。洛钦斯发现,第一群信息与第二群信息间的时间间隔愈大,则近因效应愈强。

这里必须弄清楚的是,首因效应与近因效应不是根本对立的,它是一个问题的两个方面。人们在社会交往和认识过程中第一印象很重要,而最后的或最近的印象也同样重要。一般情况下,在对陌生人的知觉中,首因效应比较明显;而在对熟人或分别很久的人的认知中,近因效应则起着更为明显的作用。另外,首因效应和近因效应哪个发挥作用更明显也跟时间的间隔相关:一般初次接触和最近接触的时间间隔较短的情况下,首因效应影响更大;时间间隔较长时,近因效应影响更大。这样我们可以知道,在与他人交往时,既要注意平时给他人留下的印象,也要注意给他人留下的第一印象和最后的印象。

---

① 高玉祥、王仁欣、刘玉玲主编:《人际交往心理学》,中国社会科学出版社 1990 年版,第 64 页。

(三) 光环效应

社会生活中常常见到这样一种交往现象,某些人具有某种专长或者知名度较高,会引起很多人的追捧和羡慕。这种因能力、特长、品质等某方面较为突出或知名度较高的特征而使他人产生倾慕心理,并产生进一步结交的意愿的现象,我们称之为光环效应。人们常从被认知者所具有的某个特性而泛化到其他有关的一系列的特性上,也就是从所知觉到的特征推及到未知觉到的特征,从局部的信息而形成一个完整的印象。早在20世纪20年代,学者桑代克就注意到这种现象。他认为,在对人进行知觉时,判断者常常从或好或坏的局部印象出发,扩散而得出或全部好或全部坏的整体印象,就像月晕一样,从一个中心点逐渐向外扩散,形成越来越大的圆圈,因此光环效应又称之为“晕轮效应”。

光环效应在凯利(H. Kelley)1950年的印象形成实验中也得到印证。①凯利的这个实验是通过教学做的。他利用心理学教学课堂,把55名学生分为两组,分别向学生介绍一位新聘任的教师。两组学生得到的介绍资料仅有一词之差:甲组的学生被告知,这位教师是“热情的”;乙组的学生被告知这位教师是“冷漠的”。学生们看完这份资料之后,新教师来到课堂授课并分别领导两组学生进行20分钟的讨论。下课后,实验者让每个学生填写一份问卷,说明自己对新教师的印象。结果发现,两组学生对这位教师的印象却有显著的不同。一个组的印象是:有同情心,会体贴人,有社会能力,富有幽默感,性情善良等等;另一组的印象则相反,认为该教师严厉、专横等等。这就是说,两组学生对该教师的印象,都有自己的推断成分夹在其中,由热情的特点推出一系列优点,或者由冷漠的特点推出一系列与冷漠有关的其他缺点。实验中的另一个现象是一个组积极发言的达56%,另一组积极发言的仅32%。这表明,大学生对新教师不仅有一定的看法和印象,而且行为上也有一定的倾向:对教师的印象好,发言就多;印象不好,发言也就不积极。凯利的这个实验证明,在印象形成过程中有明显的个人主观推断的作用。光环效应实际上就是个人主观推断的泛化、扩张的结果。由于光环效应,一个人的优点或缺点一旦变为光圈被夸大,其缺点或优点也就隐退到光的背后视而不见了。如今网络中有了更多元的声音,尤其是更多的名人进入SNS与公众互动,在这种情况下更要警醒不能把知名人士的言论都看作是正确的,而应当形成自己独立的判断、思考和比较,以防被别人的光环遮住双眼,陷入偏信与盲从。

(四) 定势效应

定势效应是指交往双方在交际活动中,由于第一印象的影响和作用,而在脑中产生的某种固定化的想法,这种想法影响着对人的认知和评价。如果两人进行交往,第一印象好,交往热情就较高;第一印象差,交往热情就较低。第一印象直接作用于交往态度,从而产生定势效应。

其实,事物与事物间的联系是错综复杂、千差万别的。定势效应在某种条件下有助于我们对他人作大概的了解。在认知一些平时不太熟悉和了解的人时,人们往往会根据外

① 高玉祥、王仁欣、刘玉玲主编:《人际交往心理学》,中国社会科学出版社1990年版,第65页。

部的一些表面特征作为对他们认知的线索,并加以逻辑推理。例如根据某人的体型、肤色、身度、打扮来认知其性格;看到一个很胖的人,就可能推断他是一个生活安逸的人,因为"心宽"才能"体胖";看到一个漂亮的美女,就推测她不怎么会做家务事。通过这种推断所取得的结果,往往不总是与事实相符合的,即不符合某人的特殊性(个性),因而容易发生认知上的偏差,这就是逻辑推理的定势效应。

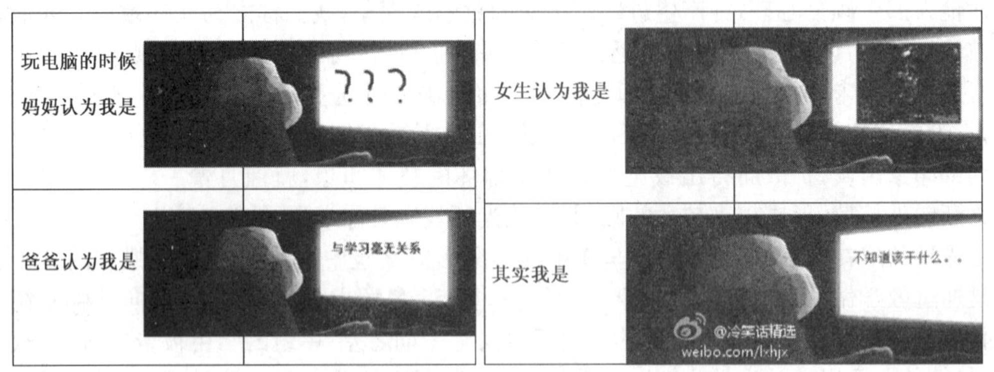

图 4-13 一种定势效应

资料来源 "冷笑话精选"微博,http://weibo.com/lxhjx? key_word=%E7%9C%BC%E4%B8%AD&is_search=1。

(五) 投射效应①

投射效应是指在人际交往中,认知者形成对别人的印象时总是假设他人与自己有相同的倾向,即把自己的特性投射到其他人身上。例如爱议论别人的人,总以为别人时常在背后讨论他。又如有的人自己有某种恶念、不良欲望或缺点,便认为别人也是如此。

图 4-14 心理投射——老妇人是什么表情?

资料来源 心理测验——看看你把自己藏得有多深,http://www.cqtrain.com/news/21.html。

① 高玉祥、王仁欣、刘玉玲主编:《人际交往心理学》,中国社会科学出版社 1990 年版,第 66 页。

投射可以分为两种类型。第一种类型的投射是指个人没有意识到自己具有某些特性，而把这些特性加到他人身上。我们可以见到，一个人若是对另一个人怀有敌意，那么这个人总感觉到对方对他怀有刻骨仇恨，似乎对方的一举一动都带有挑衅的色彩。这实际上就是这种类型的投射在起作用。第二种类型的投射是指个人意识到自己的某些不称心特性，而把这些特性加到他人身上，正如我们所说的“共识偏见”。例如考场中想作弊的学生，总感觉到他人都在作弊，自己若不作弊就吃亏了。又如，惯于讲假话的人最不容易相信别人的话，因为这类人自己骗过别人，总以为别人也会骗他，所以不愿相信他人。这种类型的投射有一个明显的特征，即在意识到自己的某些不称心特性时，个人更愿意把这些特性投射到自己尊敬的人，甚至伟人身上。他们的逻辑是，伟人有这些特性并不至于损害其形象，我有这些特性也无碍大局。通过这种投射，重新估价这些特性，以求心理上的平衡。心理投射也可以从侧面去反映一个人的内心世界，例如对右图中对妇人表情解读为邪恶、焦虑或是同情会反映一个人的内心想法。

（六）社会刻板印象

所谓刻板印象是指社会上对于某一类事物或某一类人物产生的一种比较固定的、概括而笼统的看法。当下不同的社会阶层也有不同的刻板印象，比如“富二代”的飞扬跋扈，“高帅富”的奢华生活等等，成为网民调侃的对象。对于不同职业的人也会有不同的刻板印象，如教师经常被认为是温文尔雅、文质彬彬的；商人经常被认为是唯利是图的、斤斤计较的等等。而地域也一样：山东人被认为是豪爽正直的、吃苦耐劳的，而江浙一带人被认为是聪明伶俐的、随机应变的。下图则是网友描绘的大家对北京、上海、广东人的刻板印象。

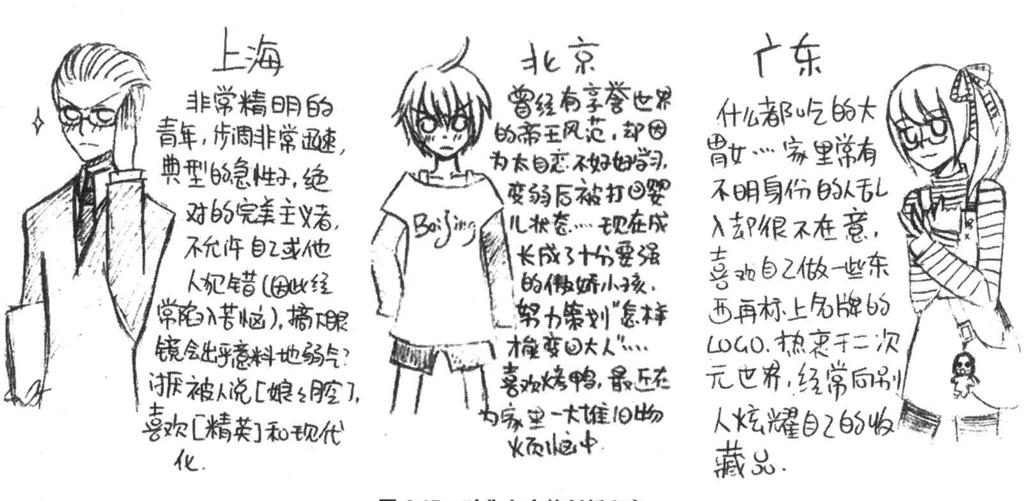

图 4-15　对北上广的刻板印象

资料来源　http://teda.tedacity.com/bbs/showtopic-3892.aspx.

社会刻板印象是对社会集团的简单的固定化认识，虽然有时候有利于对某一群体做出概括性的了解，但也容易出现偏差，产生“先入为主”的影响，因而阻碍人际之间正常的认知与交往。人们往往根据群体成员过去的行为,来预测其成员的行为。在某种情况下,这种预测的偏差也许不大。但经常,刻板印象会导致误解,因为刻板印象并没有充分的事实依据。有时候刻板印象是由我们的偏见经合理化而得来的。如认为群体有某种特性(事实上并不一定有),而他的每一个成员也必然具有这种特性。刻板印象的形成及作用是不易察觉的,直到进一步的经验修正或予以否定之后,才会得以改变。

第四节　人际传播的态度分析

一、态度的内涵形成和测量

(一) 态度的内涵

态度,指个人透过社会经验对他人,对事物在心理生理上的准备和行动倾向,是外界刺激与个体反应之间的中介因素,是个人对客体的感觉、思想和倾向的习性,是个人的一种比较持久的内在心理和认识结构。一句话:它是人或团体完成目标行为的储备过程。

态度包含三种成分:理性的认知、情感的好恶和行动的倾向。

理性认知——规定了态度总有一定的对象,或人、或物、或团体、或事件、或制度、或观念。

情感好恶——是个人对态度对象的内心体验,如喜欢——厌恶;尊敬——轻视。

行动倾向——是个人对态度对象的反应倾向,即行为的准备状态,如"我想参加某个协会"。

心理学家奥尔波特指出:态度是根据经验而系统化了的一种心理和神经的准备状态。它对个人的反应具有指导性的或动力性的影响。

(二) 态度的形成

由于人不是生活在真空里,因而态度不是由头脑中的固有意识支配的(尽管有时态度具有无意识性),而是个人对客观事物认知、学习、模仿、试验、积累的结果。它的形成,是一个复杂的社会化过程,但并非所有态度都经历了完整的社会化程序,极为复杂的态度体系也未必都靠个人单独的经验所能形成。可以确认一个根本点:个人态度和团体态度主要是在与他人交往的过程中形成的。

不可忽略,态度来自于与他人交往中的价值评估。价值是态度的核心。也就是说,某人的态度取决于态度对象对他的意义的大小,一般包含经济价值、理论价值、审美价值、权力价值、社会价值、信仰价值等六个方面。价值观如何,取决于人的需要、兴趣、信念、世界观等方面的因素。一个人的态度也往往受到当下宏观社会环境及具体情境的制约。一般地说,态度形成的因素包括:(1)满足欲望的过程。对可以满足自身欲望的对象和手段形成善意和欢迎的态度;相反,对有碍于满足自身欲望的对象和手段形成非善意和排斥的态度。(2)提供信息的作用。信息在促成态度的形成方面可起决定作用。特别是来自于自己既无知识也不关心的信息刺激,对态度有明显的调节作用。(3)对团体依附的惯性。一个人在依附某个团体获得信息来源和报酬时,其态度就会反映该团体的信念、价值、规范和习惯。(4)个人性格的导向。隶属复数团体的成员,既存在特定团体所要求的态度的一致性,又存在个人对各团体保持距离的多样性,个人态度上的差别主要是性格的差异引起的。(5)环境条件的刺激。一个人的态度形成与周围人际态度和环境有密切关系。在和谐融洽的环境中,容易形成和缓态度;在充满火药味的气氛中,容易形成偏激态度。

(三)态度的测量

态度测量的目的,在于预测把握他人的行为方向和强度,决定交际往来的方向、对象和计划。对团体成员的态度测量,可以解决三个基本问题:第一,可以探测群体中最受欢迎的人物。第二,可以了解群体内部是否有小团体的存在,其作用如何?第三,可以了解人际关系状态,掌握矛盾症结,采取有效的调节措施。测量表通常分为以下四个类型:(1)类别尺度——以名称类型分门别类,称为类别尺度。例如公众可以分为内部公众、核心公众、外部公众等;民族可以分为汉、满、蒙、维、回、藏等;宗教信仰可分为基督教、天主教、佛教、伊斯兰教等类型。(2)定序尺度——将某一人群,依据一项原则,划分为若干阶层、次序,称为定序尺度。例如在科技人员中可分为高级科技人员、中级科技人员和初级科技人员。定序尺度的特征是类型之间形成一定次序,然而每一阶层之间的距离不等。(3)等距尺度——等距尺度即测量表内每一量度均等。几乎所有以分数为准的测验都是等距尺度。在人际交往中,为了解公众的态度进行社会调查的问卷可以采用这一方法,即分若干个项目问题,每一问题回答分数视作等值数,以对方获得总分情况判断态度。(4)比率尺度——与等距尺度相似,唯一区别是比率尺度具有绝对零点,而等距尺度则无。比率尺度因为具有绝对零点,而且每一尺度单位和距离相等,因此可以用数学方式进行测量。这种表的使用将在下面的社会距离尺度法里介绍。

测量态度的主要方法是:

第一,社会距离尺度法。帕克(Park)早在1924年以前就采用社会距离的观念来代表群体中或群体间的关系。接着,这一观念经鲍格达的设计,形成了量度。社会距离的测量用以衡量人们对某事的态度。即由研究者设计一系列能反映不同社会距离的意见列项,请被调查者根据自己的实际看法在相应的意见列项内打上记号,然后把团体内所有成员的态度距离加以统计,制成曲线图,从而反映这个团体对某人物或某事物所持态度的距离分布。不同团体对同一事物的态度可用此法比较,同一团体对若干不同事物的态度也可用此法作比较。

例如:对于某团体内三个成员的社会距离调查表。意见列项:(1)愿意和他作为知己;(2)愿意请他参加自己所属团体的社团活动;(3)愿意和他作邻居;(4)愿意和他长期共事;(5)愿意和他保持一定距离;(6)愿意和他少来往;(7)愿意和他绝交。

要求被调查者从以上7个项目中选符合自己态度的一项打上记号，然后制图，如图4-16所示。

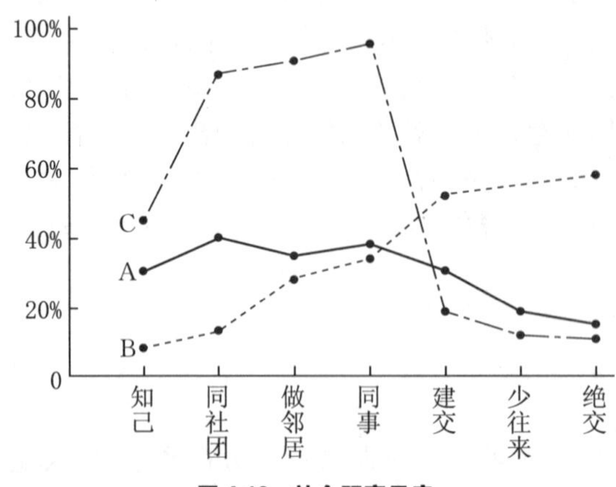

图4-16　社会距离尺度

资料来源　熊源伟、余明阳编著：《人际传播学》，中山大学出版社1991年版，第65页。

如图4-16所示，C的人缘最好，而B较差，A一般。

第二，问题分类定值法。这是沙士顿(Thurstone)用来衡量人们态度的方法。定值由零起至11，两端代表正负态度的两极端，0代表对问题极端反对者，10则表示极端赞成者。测试中可不按问题定值大小的次序排列。例如，就选举某一部门领导问题，调查一个群体的意见倾向，设计如表4-2所示。

表4-2　群体意见倾向调查

定　值	您的看法如何？请在相近的观点后面打✓	标　　记
6.3	他有一定能力，可以选他当个副手	
3.5	也许换一个人更好	
4.8	听听他的施政纲领再说	
0.2	坚决不能选他，由他当头，咱部门彻底完了	
2.7	如果能代表我们的利益办实事，选谁都行	
5.6	可以给他一个再试试的机会	
1.4	他太不适宜	
7.9	我看他当一把手也许能胜任	
9.1	他当一把手再合适不过，非他莫属	

资料来源　熊源伟、余明阳编著：《人际传播学》，中山大学出版社1991年版，第65页。

被测验者在同意项目的后面打"✓"，然后统计处理数值，加以比较，了解人们对这位本部门第一把手候选人的意见倾向。

第三，自由反应问答法。这是指以一组问话或图表，测量个人或团体对某事物态度的正负方向及强弱程度。测量可以直接设问，也可间接设问。主要测量认知成分。

如直接式：

"你认为在本公司设公共关系部是否必要？"

非常必要	大约必要	不一定	不要也行	不必要	绝不需要

如间接式：

"如果你面临分配，本公司公关部门需要你这样的人才，你将愿意去吗？"

很愿意	可以考虑	不一定	大约不会	绝不愿意

请被测者选择圈下与自己态度相近的答案，而调查者再根据答案判断其态度来预测行为、事件的发展方向。

第四，自我评定总加量法。总加量表法是由美国社会心理学家开特 1982 年创立使用的。测量每一种态度就用一个表。针对某一态度对象设计若干个问题，一般不少于 5 个，不多于 25 个。每个问题回答程度分 3—7 等，由回答者的反映所得分数高低测出他们对某个事物所持态度的强弱。这一方法主要测定情感成分。

第五，行为观察法。通过对行为的观察来估计人们对某事物的态度，这是了解态度的一个重要参考方面。有一定的可靠性，但不可忽视行为和态度不是固定的因果关系，还要靠其他方法了解以相互验证。

不论运用什么方法，测量表设计的内容与探测的目的应尽可能密切相关。做到这一点，这份态度测量表的真实性就比较高，反之则低。测量表在重复运用中如果可以正确测量同一态度，其可靠性则高，反之则低。可靠性是真实性的必要条件，也就是说测量的真实性必须以被测者回答的可靠性为基础。

二、态度的特性

（一）态度的强弱性

态度有强弱之分。个人对同一事物的态度在不同时期不同场合有强弱之分，不同的人对同一事物的态度在不同场合也有强弱之分。个性偏激的人常对事物采取偏激的态度，而个性和缓的人态度则多表现为和缓。对事物的认识比较全面，观点明确，处理事物的态度往往果断强硬；如果对事物的全貌和梗阻的症结把握不准，处理事物的态度往往就模棱两可，表现软弱。

（二）态度的复杂性

人们对事物的各种态度，有简单、复杂的区别。其复杂程度往往取决于个人对事物的了解程度，个人的个性、经历，那些和事物相关的人际关系、环境条件、追求的目标等综合因素。一般说来，对事物本身及其周围人际关系了解愈深，本人经历愈丰富，对事物的态度愈复杂。

(三) 态度的一惯性

态度的一贯性指对待类似事物的态度内部结构比较成熟稳定,处理某件事的态度与他的人格结构的一致性和相容性。无论时间、地点的变化如何,只要事物的本质不变,态度也基本不变。一般来说,具有较丰富的知识结构、有道德修养的人对待事物的态度多呈现这种稳定状态,与之交往可以根据他的一贯作风和处事方法预测他的态度。相反,知识面较窄、不成熟或唯利是图的人,容易因人因事而施好恶,态度易忽冷忽热,令人难以捉摸。跟这种人交往常给人一种心中没数的感觉,要防止轻信。

(四) 态度的可变性

人们对事物的态度是具有可变性的。有的人终身保持青春活力,善于接受新事物,不断摒弃头脑中的一些旧观念,研究新问题,于是,改变态度的事情时有发生。态度可变性的另一含义,是指人的态度对同一事物也是可变的。当他了解事物的表面现象时,是一种态度;当他了解了事物的本质时,可能是另一种态度。当他只看到一个立体事物的 A 面、B 面时,是一种态度;当他又发现了这个立体的 C 面、D 面时,可能完全改变了态度。态度的可变性,使我们在人际交往中处于一种主动的地位。当你判明情况、施加努力时,有可能使"山穷水复疑无路"的僵局变成"柳暗花明又一村"。

(五) 态度的社会性

个人的态度,除了反映个人的经验、个性和主张外,也反映了这个人成长的社会环境的意见和要求、标准,反映其所属群体的特性,反映那个社会群体共同的价值观念、文化层次和行为标准。特别在一个文明国家,每个人都不能为所欲为,他的愿望和行为倾向总要依据他所归属的那个团体的标准进行测量,得到法律的、道德的、制度上的、舆论上的允许,态度就得到发展、延伸、感觉舒畅。如果个人态度与社会要求相抵触,就必然感到压抑。

(六) 态度的参照性

态度的形成和发展,往往不是孤立的,而总是伴着一定的参照群而形成、发展的。相近的人的态度经常是相互联系、互为影响的。因为相近的人一般具有相似的成长和工作背景,态度在本质上容易一致。即使不一致,从众心理也容易导向他们走向一致。这一特性有利于团体内部的团结一致。

(七) 态度群的和谐性

这是指一个正常的、有凝聚力的群体,表现在态度趋向上和睦谐调,行动统一。它的基础在于态度群的成员目标一致,互相了解。对同一事物的态度多数时间是一致、相容的。

(八) 态度的伸缩性

态度是由思想支配的，其表现形式并非固定一个模式。同一种指导思想支配下的态度表现，可以显现个人的思想水平和气质风度的不同。有的表现热情，有的表现冷漠；有的完全体现原则性，有的则在原则性下还表现出一定的灵活性。

(九) 态度的可塑性

态度的形成规律展示了它的这一特性。倘若你期望对方对某件事、某个人、某产品发生兴趣，在他尚无任何态度表示的时候，你可以提供刺激信息并创造对方接收信息的条件和环境，主动开展宣传劝说攻势，使他经历一个认知、情感、行为的过程，并产生某种态度。你的努力过程，就是一个对对方态度培养塑造的过程。

(十) 态度与心理的不一致性

个人表现的态度常常不一定是他或她心理状态的折线返照，态度有时因为当事者的需要或性格影响表现得完全不是本意。这里，又分有意识的和无意识的两种。比如，生活中常见一些人，对自己倾慕的异性反而态度冷漠，见了面不知所措或三言两语就把该说的话说完了；而对待一些心理上并不重要的人，却口若悬河，才华横溢。碰到这种情况，有些人容易被对方的表面态度所惑，没有把握对方的真实思想意图。

三、态度的功能

20 世纪 60 年代初，卡兹(Katz)发表了他关于态度功能的理论，为人际交往中关于态度的探索奠定了基础。现将个人态度的八种主要功能略加介绍。

(一) 功利性的功能

为了争取最高的荣誉、精神享受和经济利益，因而对起促进作用的事物报以积极善意的态度。反之，则投以厌烦、阻碍的态度。例如某公司倘若重视职工态度的作用，设立伴随目标管理的种种奖励，职员的积极态度将会因报偿的刺激而有所增加，在提高生产效率、给公司带来实际利益的同时，职工也获得一定的报偿。

(三) 适应性功能

每个人的生长、生活、工作环境和人际关系网络不是一成不变的，每一次变动都给个人带来一个重新适应的过程。适应的快慢和深浅，往往由态度来表现陈述。刺激、新奇、吸引性强的新环境能使人的态度适应性增强；反之，适应性减弱。怀有开朗、热情态度的人与陌生人接触，容易较快适应。怀有孤僻、缺乏激情、对对方不感兴趣的态度，适应就慢些。

（三）动机产生和情绪变化的功能

态度将驱使人们积极趋向或逃离某些事物。人们的某种态度决定了他的某种期望、目标。与其态度相适应的事物将给他带来满足感，反之，能唤起失望或不满足情绪。它规定了什么是期望、渴求，什么事应该避免，什么事必须立即着手完成，等等。

（四）价值表现的功能

个人为了证实自我的价值和能量，遂以各种态度表现出来。例如，对各种管理人才抱欢迎的态度，同时展现个人招贤纳能的水平和大度，也体现了当时社会的新价值观。像IBM——“帮助客户带来价值”，就体现了 IBM 以顾客利益为中心的价值追求。持不同价值观的人，其态度行为也不可能相同。

（五）工具性功能

个人为了追求一定的目的，要求自己的态度受到目的的控制，保持态度的发展方向，使态度的表述与目的追求相吻合。态度持有者期望通过自己所持的态度促进其最终完成目标。

（六）知识性功能

个人对于面临的环境，都期望有所了解，并给予一定的定义和评价。有时，因个人生活经验缺陷等原因不能产生定义和评价，就可以由态度来整合个人对外界的了解认知，并给予定义和评价。

例如，“十年动乱”期间，绝大多数人并没想到要参与动乱，由于毛泽东一张炮打司令部的大字报，全国出现一股巨大潮流，人们被席卷而入。不管你认识与否，自愿与否，产生了一些态度，承认自己“很不理解，很不认真，很不得力”，拼命努力让自己适应这股潮流。当“打、砸、抢”的派性武斗使好人受残害的事实增多后，累积加给人们的综合印象，使人们重新认知了这股巨大潮流，人们的态度又有了转变：反感、厌恶、消极、悔恨等情绪随之而出，最后得出“一场动乱”的结论。

（七）心理防御功能

个人的态度往往对复杂的外界产生心理防御的作用。使用防御机能来防止自身被恐惧和威胁所淹没，因而产生某些对外界的态度以维持心理平衡。其表现为三种状态，一是为了维持自尊自信，态度能促进否认的自卫机能，不承认内外威胁，保持心境安宁；二是己所不欲转嫁给他人；三是将自己的愤怒郁闷迁怒于他人或当面反攻，以示自卫。

(八) 促进模拟功能

个人心目中必有一些理想的人物楷模，或是权威者，或是成功者……态度能促使个人模拟他们，接受他们的信念为自己的信念，接受他们的行为准则为自己的行为准则，从而减少自弱自卑的心理，进行自信自强的实践。

四、态度改变的类别和内因、外因

(一) 态度变化的类别

1. 正向变化

这是指向原有态度相同的方向变化。如某演员本来就喜欢用××牌系列化妆品，由于厂家的广告宣传，加上她近几年使用××化妆品显得年轻时，就更喜欢这个产品，不但自己持续使用，也向朋友推荐，这就是正向态度变化。

2. 反向变化

这是指向原有态度方向相反的方向变化。如某人本来喜欢用××牌系列化妆品，但邻居家的女孩使用后脸上起了许多小疙瘩，使她对××的信任开始降低，以后再也不买这种产品了，这就是反向态度变化。

3. 中立变化

这是指由原来的极端态度转向缓和的变化。如发生在合肥的“少女毁容事件”，最开始求爱被拒而施暴的肇事人被贴上了“官二代”的标签，因而网民一股脑地批判施暴者。但是当后来事情更加明确，大家发现其实肇事者并非“官二代”的时候，就会有不同的、相对理性的声音出现，网民观点趋于中立。

4. 转向变化

这是指由原有态度退回到出发点，向别的方向重新前进的变化。如大学生 A 结交了朋友 B，经过一段来往，他发现 B 很不容人，与自己性格不合，于是，中止来往而与 C 交往，这就是态度的方向转移变化。

(二) 态度变化的内因和外因

分析态度变化的因素，大致可分内因和外因两大类：内因——即人际交往态度发生、发展、变化的内在因素；外因——即人际交往态度发生、发展、变化的外在因素。

1. 态度变化的内因举要

第一，个人认知体系的调整导致态度变化。知识的占有是一个人态度的主要指导部分。不论知识的对错、真假、深浅，都会影响态度的情感和行动部分。在日常生活和交际中，与人处事，常常有随认知了解程度的变化而改变态度的情况。与人交往，最初接触时是一种印象，熟悉之后，由于认知了解程度的加深，往往会产生另一种感觉，或者加深了当初的印象，这都能导致一个人的态度变化，或正向变化，或反向变化，或转向变化。"路遥知马力，日久见人心"等古人归纳的交际参照语句不胜枚举，均可印证。另外，个人认知体系的调整包含他的价值观的调整改变。例如，曾经担任谷歌全球副总裁兼中国区总裁的李开复，一开始就读于哥伦比亚大学政治科学系，此学科在全美排名第三。但是他在课堂中完全提不起兴趣，每每昏昏欲睡，直到有一天他在上选修的计算机课时发现自己对这方面有浓厚的兴趣。他从此开始迷恋这一学科，并在大二时令人震惊地转系到了当时默默无闻的计算机学科。这成为了他进入人生正轨的开始，为他进入微软和谷歌埋下了伏笔。而当他在谷歌达到巅峰的时候，又一次作出大胆的决定：创业。如今他不但赢得了自己的事业，还激起了广泛的社会影响，在新浪微博的影响力排行榜中位列第二。

第二，个人性格结构的改变而导致态度改变。这种改变往往是比较难的，正如俗话所说："江山易改，本性难移"，但是，并非说性格结构是一成不变的，而是有可能因为环境的塑造和个人有意识地努力而进行改变。如一个人努力让自己变得更加自信，可以让自己更用心地完成一个可能的目标，从而得到满足感，这种满足会导致自信的产生，当他更自信地对待事物的时候，也就能够更加积极地去看待自己所面对的一切，从而形成一个良性循环。

第三，期待他人合作支持而导致态度改变。这是属于内因的主动要求而使自己的态度发生改变。在与外界交往中，为了争取交际对象的支持、合作，本来坚守的一些利益或原则有可能放弃——态度逆向改变；本来不积极参与的事情可能变得相当积极——态度正向改变；本来想交往的对象或正在交往的对象由于影响合作方的态度而中止转向——态度转向改变；等等。

2. 态度变化的外因举要

第一，由于群体态度的影响而导致个体态度的变化。群体能对个体造成影响，也能对其他群体造成影响。群体在这里可分为两类：一类是"归属群体"，即当事人属于这个群体的正式一分子时，这个群体对当事人而言，谓"归属群体"；另一类为"参考群体"，即当事人接纳某一群体的价值观作为自己的价值观时，这一群体便构成这个人的参考群体。这两种群体是分立的两个不同概念，前者多为"这个团体要求这样做，我属于这个群体，我也应这样做"；后者多为"我认为他们这样做好，我也要这样做"。

第二，由于环境条件改变而导致态度改变。中国有句俗语叫"入乡随俗"，即当你参与某项活动，进入某个环境而身为其中一员时，一方面，你对这个环境的体会深刻，关系密切，产生好感；另一方面，这个环境条件要求你适应它，你只得改变以往对这件事情的态度。例如当我们来到藏民居住的地区旅游的时候，应当对藏民的宗教信仰表示一定的尊敬，如藏民认为门槛是佛的肩膀，因此你不应该踩；参观的时候应当走顺时针，以象征佛教追求的圆满，即使你不是佛教徒，唯有如此做，才能得到当地人的尊重和友好。

第三，因奖赏惩罚的缘由而改变态度。态度改变与奖赏惩罚之间往往存在一种密切的关系，不少社会心理学家把它视为一个重要的研究课题。这里的奖赏惩罚，既包括精神方面的，也包括物质方面的，甚至包括社会效果方面的，只是看态度改变者自身所追求的目标如何。在人际关系的往来中，有的人改变态度只是为了在对方心目中留下可信任的形象，有的人是为了从对方获取一定的经济报酬，还有的人追求自己态度的改变对社会是否产生影响，等等。

从强化论的观点来看，个人的态度和行为随强化物之强度、次数而改变；强化物愈强，次数愈多，其达到改变的程度愈大，态度改变将趋于明确、快速、坚决的方向。从这个观点出发，倘若我们企图改变某些人的态度，或希望对方从反对我们变为支持我们，或希望对方从极力依附我们变为离异我们，都应施以显著的奖赏或惩罚。例如，甲和乙因工作争执而不合。领导丙要求甲主动去向乙道歉表示和好，甲起初不愿意，丙引导甲追求维护自身自我批评的党员形象，追求维护自身在小团体中宽宏大度好合作的形象，甲很可能就会改变初衷。

第四，由于交际的一方形象改变而导致另一方的态度改变。这种情况在商品经济建设高速发展的社会中常常出现。我们都读过“孙权劝学”的故事，当吕蒙接受孙权的建议勤学苦读，能够纵论天下大事之后，鲁肃也不得不感叹其不再是“吴下阿蒙”了。由此可见，你倘若想与对方交往，遭到冷遇时，应该首先从自身检查，找到自己的弱点，努力增强自身的吸引力，百折不挠，总有一天，会使对方改变态度的。

第五，信息沟通影响态度改变。这是影响现代化企业团体和个人与外界交往态度的一个重要因素，也是公共关系工作中的一个重要手段。

这里讲的信息，有单方面的传播：只讲利于倡导方向的内容；还有双方面的传播：除讲有助于倡导方向的内容外，还掺杂相反方面的内容。有时候往往是掺杂相反方面内容的双方面传播更能改变人的态度。如宣传一家公司或其产品，如果讲的尽善尽美，有时会引起人们的怀疑；如果能客观地讲点缺点，反倒可能让人感到真实可信。当然，受众的选择研究也告诉我们：教育程度较高的人更倾向于接收正反两面信息的劝说，而教育程度较低的则更倾向于仅接收正面信息。

第六，逆反心理的影响导致态度改变。人们的心理活动深处，往往有这么一个角落——逆反心理：“你不让我这样干吗？我偏要这样干！”“你不让我和他来往吗？我非要和他来往！”

青少年是最容易受到逆反心理影响的，由于其跟父母、师长之间的角色冲突和价值观差异等原因，往往对他人强迫他们做的事情进行反抗。这也是为什么对青少年说理要进行引导而非一味的强制。

第七，角色改变带来态度的改变。一个人在世上与各种各样的人交往，扮演着各种不同的角色。由于传统的伦理道德观念和价值观念的影响，同一个人由于所处角色的不同其态度可能截然不同。例如，一个在弟弟面前表现得独断专行的人，在父母面前也许唯命是从；一个在家里表现得脾气暴躁的人，在与办公室的同事们相处时却表现得极有涵养；一个人本来谈吐随便，与人交往时嘻嘻哈哈的，由于担任了领导职务而变得说话谨慎，为人严肃了……这都是角色位置的习惯要求对个人态度的影响。

总之，态度改变的因素是十分复杂的。一般来说，智慧较高的人，对于外界环境、条件和事物的认知容易受新知识的影响而改变态度；相反，智慧较低的人，易于受别人态度的影响和群体压力的影响而改变态度。对外界感受力强者、性格随和者易变；对外界感受力弱者、性格固执者难变。自我防御性强者难变，反之则易变。

五、调节态度的方法

由于态度持有者的自身综合素质不同和改变态度的动机及环境不同，试图改变对方态度的方法途径也多种多样，大致有以下几种形式：

（一）给予对方新知识

为了改变对方对某一事物的认知，通过广告、宣传、劝说、介绍等手段对那一事物加以注释、说明，增加对方对事物本身和周围环境的了解，使其改变态度。就如现代企业在进行营销传播的时候，往往会伴随一种知识的传播与相关的价值倡导。“Intel inside”就是这方面一个经典案例：曾经英特尔在推出自己的芯片时思考如何才能让更多的电脑使用自己生产的芯片，最终他们决定宣传有关芯片科技的知识以及英特尔芯片的领先度，从而把“Intel inside”变成衡量一台电脑性能的指标，从而让电脑生产商不得不采用英特尔的芯片。

（二）施以奖赏处罚

采取赏罚严明的方法，鼓励或禁止对方的态度发展或改变方向。如果对一项工作无兴趣，而有很好的报酬，也许会改变态度。改变态度的方法不只有奖惩，还有奖惩的增加与减少，与此相关有个故事：一位老人忍受不了门前玩耍的孩子，他反其道而行之告诉孩子们自己很喜欢热闹，如果他们下次还来，他将给孩子们 10 块钱。于是孩子们每次都来这里玩，老人没有食言，但几次之后给的钱却从 10 块减为 8 块、6 块乃至 1 块。孩子们觉得老人给的钱越来越少了，再来也没意思了，于是扫兴地离开了这里，老人也重获安宁。

（三）启示对方改变自我期待

依靠心理学原理，进行宣传教育和思想工作，有意识地引发与他人的横向比较，与自己的纵向比较，开导个人开发自我认识，使个人因追求更高层次，缩短与成功者的差距而改变自我期待程度，从而改变态度。我们在前面介绍过“自我实现语言”，人的期待可能变为现实：只有把地平线忘掉的时候，你才能飞得更高。

（四）改变对方的地位和周围环境

通过改变对方地位，使其改变思考问题的角度；改变对方所处周围环境，使其受到外界条件变化的影响，从而改变态度。如让不重视信息作用的人去调查信息效果，要求写出报告，使之按诱导方向变化。这要比单纯的说教方法好得多。在经典的影片《百万英镑》中，恰恰是一张钞票改变了别人眼中主人公的地位，让其他人对他的态度彻底改变。

（五）逐步提出要求，切勿操之过急

实验社会心理学研究表明，要转变一个人的态度就必须了解他原先的态度，衡量一下你要求对方改变态度的标准与其原先态度的差距。社会心理学中一个概念叫做“登门槛效应”（foot-in-the-door phenomenon），意思是先让别人帮你做一件容易的事情，再让其帮你做一件困难的事情，往往你会成功。如果过于悬殊，操之过急反而容易引起逆反心理。如果逐步提出要求，不断缩小差距，才能使对方易于接受。

（六）增加劝说的吸引力

如果一个默默无闻的人以平庸的语调和态度告诉你某地成立了一家大公司，愿意推荐你去，你也许毫无兴趣。如果一个相当有影响的报社主编以生动的例子神采飞扬地描述某大公司如何充满活力，生意兴隆，待遇丰厚，愿意推荐你去，你就很可能动心而改变态度。

（七）确保信息的质量

信息的质量对态度的变化有显著的影响力，它的因素有：(1)消息来源的可靠性——如果一个普通的汽车修理工人向你提供某地有大批涤纶毛条要出售的信息，你可能抱怀疑的态度；如果是政府部门纺织品管理的负责人提供同一条信息，则可靠性就高多了，就可能改变你的态度而去积极寻找这个市场。(2)消息传播者与听众的关系——如果消息传播者具有权威性，或是听众所熟识、众所仰慕者，或是听众最信任的亲属、友人，对听众态度改变的影响力就大。总之，听众对信息源的评价越高，态度朝传播者倡导的方向变化就越大。

（八）引导对团体的依附或脱离

一般情况下，个人都重视所属群体的意见。多数人习惯于以团体的多数意见为自己的意见，个人的态度在群体面前明示并受到群体支持时，往往这种态度就表现得更加坚决。另一种情况是，个人自认为成熟的意见遭到群体反对时，就容易产生抵制情绪，执意和自己选择的对象继续交往或坚决断交，因其态度坚决而与团体在感情上或形式上产生脱离。

在行为思考和自我评价时，个人以自己所属群体的价值规范为依据，是十分常见的。然而，在改革开放的今天，人们视野开阔，眼光放在全省、全国、全世界的同类群体的横向和纵向的比较上，吸收新鲜观念和意见，又反过来影响群体意见，这属于被外界环境和外界事物引导而对团体脱离的态度。这种脱离，不是情感上的脱离，而是某个个别行为的暂时脱离。如出国留学的一些中青年知识分子，他们因多种缘由暂时不能回国、不能和亲朋好友团聚，但不等于不爱国了；而国家提高留学生待遇等措施，就是为了促进留学生及早

学成回国，为建设祖国出力。

(九) 有意识地亲近或疏远，以此平衡态度

有两人以上的人际交往，就可能产生态度的不平衡。为平衡态度，做B的工作，A方可考虑有意识地与对方亲近，使B方的意见与自己一致；或者对B的态度转为消极，有意识疏远，使B意识到A的意图而改变态度。

(十) 暗示

这又叫"三明治"式的技巧。一次，美国最大的化妆品公司董事长玛丽·凯发现一位美容师的化妆箱很脏，导致了销售的不佳。于是，她做了一个题为"整洁就是神圣"的演说，十分巧妙地提出了自己的意见，既使这位美容师得到忠告，又不必担心她的自尊心受挫。玛丽·凯的经营思想中，有一句流传颇为广的"金科玉律"，即"你愿意别人怎样待你，你也要怎样待别人"。按中国人的说法就是"将心比心"。在她看来，批评如烤"三明治"，不看火候，一味升温，那么再好的原料也会烤焦、变味，令人难以下咽。而上海某厂却发生这样的事：车间屡屡丢失东西，厂长贸然决定在厂门口逐个检查职工的拎包，严重挫伤了大多数职工做人的尊严，比起玛丽的暗示法，大大逊色。

(十一) 情绪的激发

激发对方的兴奋或恐惧，可使态度发生变化。例如强烈的呼吁引起强烈的不安，恐怖的程度愈烈，传播的内容愈易被接受；与利益增减愈接近，传播的内容也愈易被接受。当然不能一概而论，这要取决于具体的内容、个人差异等各种因素。

另外，有必要说明一下态度对说服的抵抗。这方面的情况应该引起注意。现简单介绍两种理论如下：(1)接种理论。受医学上预防接种原理启发而生的理论，旨在通过培养免疫能力取得增强对反对观点的抵抗力的效果——在态度上也存在免疫效果。此理论是麦奎尔和帕杰基斯在1961年提出的。(2)反作用理论。人在接受说服时，如果感到由此而剥夺或威胁了自己的自由的话，就会产生逆反心理，对被限制的东西反而更加感到有魅力。

提出这一理论的哈莫克和布雷姆认为：在说服人改变态度时，要尊重对方的自由意志，以促其自动改变态度为上策，否则可能适得其反。

第五节　人际吸引与人际关系

一、人际吸引

我们在与各种各样的人交往时，有自由选择与喜欢的人交往，而不与另一些人交往，

是什么力量把你们两个人拉到一起，而不是把另两个人拉到一起呢？这就是人际吸引所研究的问题。

人际关系的核心成分是情感因素，即对人的喜爱与厌恶。由此我们可以推断，人际间的吸引与排斥是人际关系的主要特征。

（一）人际吸引理论

人际吸引，是指人与人之间在感情方面的相互喜欢和亲和的现象，即一个人对他人所抱的积极态度。国内外心理学家对此进行了一系列实验，并提出了许多人际吸引的理论，这些理论大致可以分为两类：强化理论和认知理论。强化理论强调我们对周围世界评价时的情绪反应，把个体视为非理性的、非逻辑的，常常依据感情来行事；认知理论强调对周围世界评价时所经历的思维过程，把个体视为理性的、按逻辑办事的①。

1. 强化理论

强化是指行为与影响行为的环境（包括行为产生之前的前因和行为产生之后的结果）之间的关系，也就是通过不断地改变环境的刺激来达到增强、减弱或消除某种行为产生频率的过程。这个过程借助于奖励、惩罚等强化方式来实现。强化理论以强化概念为核心，揭示情感强化和人际吸引之间的关系。这个关系可以用拜恩（D. Byrne）和克洛拉（G. L. Clore）强化感情理论来说明。

拜恩和克洛拉认为，评价任何事物（包括交往对象）乃是基于其所引起的肯定或否定、满意或不满意的情感评价，以及由此激发的对交往者喜欢或厌恶的程度，产生好感或恶感的情绪，这是进行第二次交往的基础。如果处于肯定评价阶段，一般就会产生对对方的好感或喜欢；如果处于否定评价阶段，就会产生对对方的反感或厌恶，而且这种形象一旦形成定势后，构成一种心理准备状态，很难一下子改变。因此，人际关系中会发生首因效应。这个理论还认为，人际吸引的大小和奖惩有相应的关系。如果交往对象接触背后紧跟着奖励，就会引起对方喜爱，产生愉悦的情绪体验，与对方形成良好的人际关系，他的这个行为在一定程度上得到了强化，就会形成稳固的心理特征而积淀下来，从而在人际关系中处处表现得得心应手，游刃有余。相反，如果和交往对象接触背后紧跟着惩罚，则会产生对对方的反感与厌恶，减弱或失去与对方交往的热情，由于这种情感上的挫折，会丧失对下一次交往的欲望和积极性，因此，也就无所谓"人际吸引"了。

由此可见，人们都喜欢给予自己正面激励的人，而不喜欢给予自己负面激励的人。

2. 相互作用理论

相互作用理论着重探讨交往双方间相互影响、相互制约（如朋友、夫妻、交谈双方）对人际吸引的影响，这是西方社会心理学互动理论的一种，是一种"真相倚"情形。当两个人在交往

① 郑全全、俞国良：《人际关系心理学》，人民教育出版社2002年版，第319—324页。

中经常感到情感上的满足和安定，感到心情愉悦，并且非常乐意与对方交往时，他们之间就建立了良好的人际关系。各人对对方来说都是一种难以言喻的吸引，这是一种互酬行为或者说是一种报答行为。我注意听你讲话，你也重视我的意见；我有事找你商量，你有事找我帮忙；相互尊敬、相互喜爱、相互称赞、相互报答。并且这种行为大多在对方没有准备的条件下表现出来，显得自然、贴切、毫不做作，因此富有说服力。但是，一旦交往的双方中任何一方对交往不满意时，这种关系就会受到损害，而影响两人之间的继续交往，这样，双方要建立良好的人际关系就比较困难了。莱文格(G. Levinger)和斯诺凯(J. D. Snoek)把这种关系确定为一个有规律的逐步发展的过程，与双方为交往所做出的共同努力有关。也就是说，交往需要双方精诚合作、共同奋斗。这些学者通过调查研究，试图用各种客观的指标(时间、交往频率、交往强度等)来区分人际间各种不同的吸引等级。他们用 0 表示毫无接触的交往关系，即两个无关系的人，如街上擦肩而过的行人就是这样。用 1 表示认知、认知行为，如男人对漂亮女人的单相思等。用 2 表示表面接触，了解了双方的态度、有一面之交或偶然间有些交往，如舞场上的舞伴等。用 3 表示一种相互亲近、亲密的关系，如朋友、夫妻、亲戚、同乡等。而上述这种人际关系的建立又可以视为一个连续发展的交往过程，它有浅交、深交、知交之分。根据这个观点，可以确定人们之间相互关系的发展水平，了解人际吸引的大小。同样还有美国学者杰尔·厄卡夫、维利·伍德的“关系金字塔”：

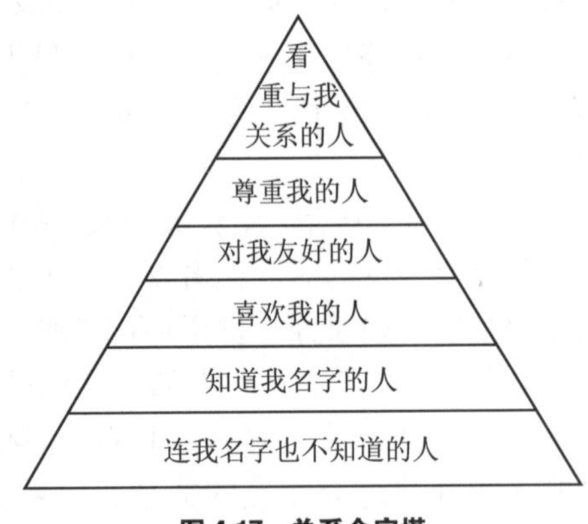

图 4-17 关系金字塔

资料来源 http://wenku.baidu.com/view/1bb81ad076eeaeaad1f3304c.html.

显然，如果用数量级来表示，在上面这些理论观点中，人际吸引是由小到大的。实际上，这是人们对交往勾勒的理想模式。实际生活中，人与人之间的交往是非常复杂的，有时候多种交往水平交织在一起。所以我们一定要具体情况具体分析，以免因为贸然下结论而影响对人际吸引的正确判断，从而影响双方的人际关系。

3. 得失理论

人际吸引中的得失理论是美国心理学家阿伦森(L. P. Aronson)提出来的。他经过研究后认为，在人际关系中，一成不变的讲好话并没有像先讲坏话然后再慢慢地改变成讲好话的情形来得更吸引人、讨人喜欢。人们对这样的人的喜欢程度会比喜欢那些一直说自己的好话的人来得高些。这种先贬后扬的吸引效应就是人际关系中的“得”与“失”现象。

和谐的人际关系就是要使这种“得”与“失”达到平衡，人们认为在交往中的一个人的外貌特征与个性心理特点对交往影响很大。有时候这些特点使对方决定是否进行交往，以及交往所进行的融合程度。但不可否定，人的主观意识，如对一个人的评价，对交往动机、目的的预测，对交往行为的估计，个人的偏好等，在人际关系建立过程中起着更为重要的作用。这里最重要的是一个人主观体验和主观评价的过程，得与失就是在评价过程中产生的。如果评价得高，就促使双方继续进行交往，否则，就会中止这种交往关系。

人们之间相互接触、交往的结果，交往者的自尊心和自我意识往往直接与他人的反应，以及他人如何对待这种反应有关。人们是在与别人的比较中真正认识、发现自己的。这种认识、比较过程就会产生一个判断、评价。由于人们在交往中对他人的期望，与他人实际具有的水平给予自己的东西，往往并不时时、事事相吻合，于是产生得与失的矛盾。在得的情况下人们乐意继续交往，在失的情况下就要对交往进行重新考察，结果得与失的矛盾在建立良好人际关系的过程中得到解决。实际上，这个过程是很多人所不曾意识到的，但是人们确实在交往中注入了这种主观的东西。

这个理论认为，当交往中别人对自己的评价有所改变时，更能影响自己是否喜欢那个人的态度。因此，交往中的评价、判断等主观意识过程显得非常重要，在交往中我们每个人都在对对方进行评头论足的工作。这是进一步交往的准备工作，是建立良好的人际关系所不可缺少的。因此，在交往者主观判断为“得”的情况下，人们对于赞扬自己的人、尊重自己的人、喜欢自己的人，会产生更多的好感，乐意和他建立和保持良好的人际关系。而在主观评价为“失”的情况下，对于经常看不起自己的人，批评、指责自己的人，和自己过不去的人，也采取同样的行为，越来越失去交往的动机和欲望。导致人际吸引的反面——人际排斥，使人际关系显得紧张、复杂化。

梅特(D. Mett)在 1973 年认为这种得失论是否得当，必须考虑两个因素：一是得失的评价应该是谈论到同样的人格特质或事物，明显地显示出批评者在基本态度上有了变化；二是态度的改变必须是逐渐的，而不是突变的，突变的改变容易引起疑心和困扰，而影响人际吸引的增加。

4. 相等理论

相等理论属于社会交往理论的变式。这个理论认为，以最小的代价来换取最大的报酬是天经地义的事，是一般人所孜孜以求的行为目标。人人都希望做一本万利的事情。然而，在现实生活中，人们往往是以代价和报酬的相等来衡量自己周围的人际关系。人们希望在交往中自己的代价和报酬自始至终保持平衡，投入与支出相匹配，以此作为衡量人际吸引大小的尺度。如果在交往中代价和报酬是相等的，或者得到的利润是正的，那么交往的另一方对他来说就具有吸引力，就愿意继续交往下去；反之，对他而言，就会失去交往的欲望和动机，也就失去了交往中的这种人际吸引。

这个理论认为，两个人之间关系的建立、维持和发展，要看当事人觉得这种关系的维持是否对双方都有益处来决定，即建立人际关系要看是否能获利、是否有需要，从而决定自己的交往行为。如果双方感到友谊的存在，并且彼此可以从中获得好处，如情感能得到依靠、能享受物质财富、有利于自我发展等等，那么，这种友谊的存在就会使双方心理上都得到满足，双方的关系可以继续维持下去，都愿意建立良好的人际关系。在对方看来，交往者具有某种吸引力。这显然是一种功利主义的态度。

(二) 影响人际吸引的因素

人际吸引程度是人际关系的主要特征。人际吸引的主导心理因素是人的情感。为什么在同一群体中有的人可以关系甚好、有的人只是点头之交、有的则形同陌路、有的甚至势不两立，这都属于人际吸引的问题。大量的人际吸引研究实验发现：人际吸引是由多种因素形成的。例如，人内在的气质、涵养、性格、品质等因素；身体的高矮、胖瘦、服装、仪表等因素；行为特殊、新奇、优美、动人等因素；社会地位、角色、关系等因素。一般说来，增进人际吸引的主要因素有以下几个：

1. 空间距离因素

"远亲不如近邻"这句谚语，言简意赅地说明了空间距离与人际关系之间的关系。在通常情况下，人与人之间的距离越近，越便于交往，易于形成人际关系。如与其他班级同学相比，同班同学关系一般较密切，而同宿舍或同座同学关系尤为密切，所以过去人们称同学为"同窗"。由于是在同室内学习，这样交往方便，易于相互了解和相互吸引，故而关系密切。

国外有的学者认为，空间距离只对交往初期起作用，随着时间的推移，这一因素所起的作用将越来越小。我们认为不能如此绝对地下结论。距离因素在交往初期固然起着重大作用，在整个交往过程中其作用也始终存在。因为我们知道，交往的手段有言语和非言语两大类。后者，如体语等，只有在一定的距离——视觉范围内，才能起作用，超过这个距离就不产生作用。交往手段的单一，无疑对交往的深度会产生影响。而且，距离较远，必然对交往频率的密度有影响，这对交往和关系也会产生不利影响。甚至有社会学家证实：很多人的恋爱或结婚对象来自同一个小区、公司或者教室，空间上的接近是面对面人际交流的前提。

网络传播扩展了人际传播的空间距离，我们可以随时随地跟很多人产生较为亲密的互动，甚至已经模仿了面对面交流的声音、影像和表情。但是如果我们想进一步增进与他人的关系，依然需要在一些时刻通过当面的交流来完成。你可以通过网络认识你的爱慕对象，但是如果你们想走得更近，还需要进行线下的约会，否则就只能凭借在网络聊天时的幻想来维持关系。

同时，网络也把人际交往空间因素拓展到了虚拟空间。如果你要同网络中的一个人取得联系，至少你要同他或她在同一个网络平台上。一个只使用 QQ 的人和一个只使用 MSN 的人无法用即时通讯进行沟通，一个只登录新浪微博的人也无法与只登录 twitter 的人自由交流。

在交往时，我们应该根据不同的关系、不同的要求，注意保持适当的距离。

2. 互动频率因素

人际关系必须通过人际交往才能使之交往密切，关系亲密；反之，交往稀少，关系疏远，这是情理之中的事。空间距离是人际交往的客观条件：远则不便，近则方便。但是这一客观条件也有赖于人的主观努力才能发生作用。

交往，是人有意识、有目的的社会行为，因此归根到底，人际交往的状况与你我他之间互动的疏密程度密切相关。苏联社会学家科罗明斯基指出，人际互动结构是由三种互相联系的成分组成的，即认识的、行为的和情绪的成分。认识是基础，行为包括活动及言语和非言语交往等，行为的结果是形成情绪，好或坏，并由此形成好或坏的人际关系。这三种成分都与人际互动频率有关。互动频率越密，则越容易认识和了解人，交往的渠道也就越畅通。如果通过交往，发觉双方的态度和价值观基本相同，就能进而产生志同道合之感，会形成良好的人际关系。夫妻之间、师徒之间、师生之间、同事之间，由于双方的需要和态度基本上是相同的，互动频率又高，容易形成相互关心、休戚与共的情绪，因而关系也就比较密切。

人们都希望与他人建立良好的人际关系，那么，就应该多多与人交往，除工作、谈心外，参加共同感兴趣的活动，一起度过闲暇时间是交往的另一种良好方式。比如，男生一起进行体育运动或者玩网络游戏可能建立较为紧密的友谊，女生一起看电影并分享其中的感受也会增加双方的亲密。我们在社交网络上可以随时随地通过转发、评论、“@”他人与他人展开互动，这让我们与他人建立和保持关系的能力增强。

3. 类似性因素

在一个社交聚会中，参与者有工程师、教师、文学爱好者、音乐爱好者这样四种人。如果你是个青年文学爱好者，一般你会选第三种人；如果你是个教师，通常会选第二种人。这就是类似因素或态度因素起作用的结果。

我们每个人都有各自的特点、兴趣，以及由价值观而形成的社会态度。“人不相同，各如其脸。”从表层讲，人有男女老幼之分，有民族、文化程度、社会地位的区别，从深层讲，人的信念、价值观、社会态度、性格气质也不同，我们在选择交往对象，发展人际关系对，一般都会选择相近似的人，俗语“物以类聚，人以群分”，简明扼要地表明了这个道理。

浅层因素，如年龄、性别、职业、文化程度等，对选择交往对象起作用。换言之，我们一般愿意与同代人，或职业、文化程度相同，或兴趣爱好相同的人交往。如青年人与青年人、球迷与球迷等等。深层因素，主要表现在态度和观点上是否类似，这需要经过一段时间的交往才能了解，因而深层因素主要对交往的深度起作用。

什么是“态度”？用社会心理学的语汇来说，态度是由价值观决定的，是系统化的认知、情绪和意向状态，它对个人的行动起指导性或驱动性影响。对某一社会问题、社会现象，不同的人往往会根据自己的认识对它们采取不同的态度。如蓄长发，青年人与一部分老年人之间态度就不同。

无疑，对待生活、工作和学习，态度类似的人，也就是价值观基本相同的人，易于相互感知、相互适应，感情也易于沟通，产生共鸣，并且也较容易得到对方的支持和预测对方的情绪、需要和态度取向，因此相互间容易产生喜爱感。苏联列宁格勒大学的库兹明和谢苗诺夫教授认为，人对人的喜爱是人际关系的稳定性、深度和亲密性的主要调节器。

态度类似性对交往的深度起着作用。同时，交往也会影响人的态度，使本来不相似的变得相似。所谓“近朱者赤，近墨者黑”，很好地说明了这一作用。有些青年交友不慎，久而久之自己也随波逐流，染上恶习，甚至陷入泥沼；反之，失足青年，交上好朋友，在良师益友的影响下会改邪归正，重新焕发出青春的光和热。生活中确实不乏这类事例。

你可能会问，如果我到了一个新的环境，周围的人全都不熟，相互不了解，如何能知道他们的态度呢？最简单的办法是，让他人了解你，也就是说，主动接近他人，不抱成见地与他人交往，在交往中敞开心扉，以诚待人，这样，人家很快了解你的态度，你也一定能很快交到朋友，觅得知己。天涯何处无芳草！

4. 互补因素

根据类似性因素，是不是说只有性情相投、志趣相同的人才能结交为友？当然不是。在现实生活中性格不同、爱好不一的人结为密友或夫妻的并不少见。刘备、关羽、张飞三人性格气质迥然不同，能够结义为兄弟就是一例。

确实，需要、性格等方面的类似性是人际吸引和相互喜爱的一个因素，但是在这方面不具有类似性的人也可以建立良好的人际关系，这就是互补因素的作用。

互补有两大类。一类是需要互补。人的基本需要可分为五个层次，但是，个人在特定条件下的具体需要，特定时期里的特殊需要不尽相同，这种人与人之间需要上的不同，在某些条件下可以互补，成为相互吸引(一般称为补偿性吸引，以与前述的类似性吸引相区别)的一种因素，因而也可以成为某种关系得以建立的基础。一个人若打算从事某项工作，或者筹办一个小企业，那么他一般会选择与具有他所缺乏的才干和能力的人合作。例如，你是个技术人员，那么你会找一个在管理方面是行家的人合作；如果你善于经销，那么你会寻求一个懂得会计业务的人合作。在这种情况下，两者正好能取长补短，各得其所，有利于事业的发展；这种互补形成了人才的最佳配合。一个富于冒险精神、有强烈进取心的人，最好选择一个谨慎小心、有自我抑制力的人合作，这样，两个人一定会在合作中建立良好的人际关系，因为他们相互补充了自己的不足之处，从而在一定意义上形成一个“完整的人”。

需要互补的例子在生活中很多，如在商品交易中卖方和买方的互补，在娱乐活动中演员与观众的互补。在两性关系中，互补因素同样也起作用。美国社会学家罗伯特·温奇对已婚夫妇和未婚情侣的个性特征做了详细的调查研究后发现，在某些条件下，夫妻和情侣之间的相互吸引和眷恋并不一定是个性特征的一致，恰恰相反，而是由个性特征不一致而产生的互补吸引，即他(或她)选择的对方在某些需要和特征方面能够补充，而不是符合自己的需要和特征。如一个性格倔强的人在选择伴侣时一般不会选择和自己同样倔强的人，因为两强相遇，互不相让，对未来的生活会造成许多麻烦。

这样，我们已开始涉及第二类互补了，这就是人际交往作风和性格上的互补。这种互补指的是，两方作风和性格不同，但是，一方对待另一方的方式或态度，并不影响另一方以个人的心愿处世行事，甚至有助于他实现自己的愿望和习惯了的处世行事方式。比如，一个控制欲强烈的人与一个依赖性较强的人，就是很典型的作风和性格上可以互补的一对伙伴。因为这样两个人在一起，前者的控制欲可以得到满足，而后者感到有人可以依赖。相反，两个控制欲都很强的人难以相处，会同“性”(此处指性格、特性，而非指性别)相斥。俗语：“老大一多船要翻”，说的就是这个意思。

乐善好施、富有同情心的人，与温存驯顺、需要他人支持、关心的人能结成朋友。正如阿伦森所说的：对一个依赖性强、驯顺的人来说，还有什么能比把自己的头靠在一个真正关怀他、同情他的人胸前更美妙呢！

一般来说，下列这样一些不同类型的作风和性格的人，都可以互补，并结为伙伴：支配型、关怀型——依赖型、顺从型；给予支持型——愿意合作型；压抑型——对抗型；自信自强型——优柔寡断型；急躁型——耐心型；倔强型——柔顺型；阳刚型——阴柔型；外向型——内向型；左脑型（思维清晰，逻辑性强）——右脑型（想象力丰富，综合能力强）。

许多社会心理学家认为，在持续时间很长的人际关系中，如家属关系等，作风和性格上的互补性，对关系的稳定和深度有很大影响。然而，应该指出，性格、作风上的互补有一个前提条件，那就是他们的基本价值观应一致。仍以刘、关、张为例，他们在作风、性格上迥然不同，但他们追求的目的是一致的——匡扶汉室，击败曹操、孙吴，如果没有后者的一致，那么，这三个人不可能情同手足，至死不渝。梁山好汉一百零八将，性格各异，但是目的一致——替天行道，因此他们能齐心协力。一个一心为私、唯利是图的人是交不到朋友的，只能互相利用，互相勾结。

了解互补因素，有助于我们扩大交往范围，我们不必因他人性格、作风的不同而中止交往。

5. 一致理论

"爱屋及乌"这句成语出自《尚书大传・大战》："爱人者，兼其屋上之乌。"意思是说，一个人喜爱另外一个人，连他屋上的乌鸦也会觉得可爱，简言之，即爱此及彼。

生活中不乏此类事例。你的好朋友喜欢某演员的表演风格和艺术，渐渐你也会喜欢这个演员，尽管以前你对他（或她）并不十分欣赏。妻子爱吃面食，爱着她的丈夫也会喜欢吃面食；反之亦然。如果两个人同样爱好某一活动，如打桥牌、下棋等，这种兴趣爱好上的一致会使你们相互接近，并可能建立起亲密的人际关系。

一致理论是由美国传播学家查尔斯・奥斯古德和珀西・坦南鲍姆在《态度变化依据中的一致性原则》一文中提出的，也称迭合理论。他们指出：两个人若互相喜爱，则在两个人的关系中的某些模式将取得一致，如一个人不喜欢某一对象，那么，另一个人也不会喜欢。两个人如果互相不喜爱，那么，这两个人的关系中的某些模式将不一致，如一个人喜欢某一对象，另一个人却不喜欢。对待事物的评价和态度，通常是按照与主导的参照系数相一致的方向发生变化的。如果一个人有某种特殊的爱好，而且这种爱好已成为他在生活中的一个组成部分，那么，与他有同样爱好的人往往能成为他的朋友。这就是一致理论。

美国哈佛商学院院长汤哈姆如此教诫他的学生：也许你每天都要麻烦他人办几件事，在你走进他的办公室之前，请你先在门外徘徊几分钟，考虑考虑他的兴趣，再来判断他会如何对待你的请求。从他的角度着想，找出你和他的共同语言，然后你再胸有成竹地推门进去。实际上这位院长是在告诉学生：取得一致才能建立较好的关系。

从谈论别人感兴趣的话题开始，会使交谈容易进行。如果你们有共同的爱好，那么通过共同的活动，有助于建立人际关系。生活中确实有些人比较难以接近，人们几乎无法用言语来与他建立关系，那么根据一致理论，我们可以采取迂回的办法，从发现他的特点、特殊的爱好着手。如他喜欢下围棋，那么你可以从下围棋、谈围棋着手，你定会发现，尽管他为人孤僻，性格内向，却会慢慢地向你打开心扉，接纳你，乐意与你交往。与人交往，关键在于发现甚至创造你和其他人的交集。

6. 差错效应

让我们先列举你的同事中的两个人，请你先考虑一下，你觉得两人中谁对你更有吸引力？

某甲：仪表堂堂，平时总是衣冠整洁，一尘不染；工作能力非常强，业务水平也高，事无巨细到他那里都能得到圆满解决；兴趣爱好广泛，处世行事练达谨慎，从不与人争执。总之，他几乎是“完人”。

某乙：基本上与甲相同，但有时衣冠不整，有时掉一颗纽扣，有时沾上一些墨水；工作能力和业务水平与甲一样，但偶尔会出一些小差错或可以原谅的小疏忽。

如果你是个自尊心相当强、有一定抱负、好强争胜的人，几乎可以肯定，你会喜欢后者。为什么，就因为他的那些小差错。

如果你是个自尊心不强、缺乏抱负的人，那么你会崇拜甲，但你仍喜欢接近乙。道理仍是他的那些小差错。

美国社会心理学家阿伦森在做了一系列关于人际吸引力的实验后，得出如下结论：能力非凡可以使一个人富有吸引力，但是犯错误的能力非凡的人是最有吸引力的人，因为人（包括这个人在内）难免出差错的事实，使他更接近于他人，因而也使他的吸引力又增添了几分。这就是所谓“差错效应”。

道理何在？人们都是凡夫俗子，在生活和工作中难免犯这样或那样的错误，因此人们一般喜欢能力比自己强，但是，也会不时出一些可以原谅的小差错的人。这样，对人们来说，他就不是可望而不可及的“圣人”，而同自己一样，也是有血有肉、会犯错误的凡夫俗子。

美国出版的《日本企业成功的秘密》一书中，记载了这样一个事例：日本企业的经理，常常故意在工友面前开工段长的玩笑，这种适当的玩笑，非但无损于工段长的威望，反而会使工人更喜欢他，道理就在于“差错效应”；这可以说，是有意识地利用差错效应改善人际关系的第二个例子。

然而，必须说明：(1)“差错效应”不适用于在这方面能力平庸的人，这只会使人更觉得他能力低下，连这种小事都处理不好；(2)所出的差错不能有损于人格，不是原则性的、重大的差错；(3)介绍“差错效应”的目的当然不是鼓励大家去犯错误，而是在交往和处世中不必因害怕出小差错而承受心理压力，弄得谨小慎微，失掉个性，不敢敞开心扉。我们应当避免“完美谬误”——相信一个人际交往高手有足够的能力和信心处理好每一种情况。“完美谬误”容易使我们把自己的每个小的差错或者意外事件放大到不可接受的地步，从而陷入不自信、畏首畏尾之中。面对差错，我们应当以平常心来看待，展现最真实、自信的一面。

7. 代价—酬赏理论

我们已经知道，交往是人满足需要的一种不可或缺的手段。人的交往需要，当然依靠交往来得到满足，其他各种需要的满足也无不有赖于交往。西方的一些社会学家据此提出了一种人际交往理论：代价—酬赏理论（也有称交换理论，或公平交换模式）。这一理论认为：人们为进行交往必定会付出一定的"代价"，如信息、时间、感情，直至实物、金钱等等，因而必然期望能从对方获得相应的"酬赏"；信息的反馈或新的信息，理解或相互了解，态度的转变，相应的行动和双方人际关系的发展等等。如果一方付出了代价但得不到"酬赏"，或者得到的是负的"酬赏"，如嘲笑、讥讽、不理解、斥责、惩罚、冷淡等等，那么，交往必将中止，双方的关系不仅不能有所发展，连原有的关系也会受到破坏。

我们在交往时，不能图谋私利，也不能在交往过程中只考虑满足自己的需要，全然不顾对方的需要。以"自我满足"为中心，对他人漠不关心，是不可能与他人建立正常人际关系的。比对，他人与你交谈，希望取得谅解，或沟通感情，你就应认真倾听。他人与你交往，你切不可盛气凌人或置若罔闻。

8. 个人价值观的差异

我们结合国内的情况，扼要介绍了国外社会学家、社会心理学家、传播学家所提出的关于制约人际吸引的一些因素和理论。但是，在具体交往过程中，切不可生搬硬套，否则定会碰壁。俗话说：人心不同，各有其面。个人确实存在着差异，即使双胞胎个性也不一样。在生活中没有一把万能的"交往钥匙"，可以用来打开每个人的心。

美国学者梅尔文·特福洛在《大众传播理论》一书中，提出了著名的"个人差异论"。个人为什么会有差异？特福洛认为：(1)每个人的心理构成有极大差别；(2)人的差异来自于先天条件和后天获得知识的不同；(3)每个人的心理构成所以有差别，在于个人在认识客观环境时所形成的立场、价值观和信仰各有不同；(4)个性的差异也来自人们在认识客观事物时所处的社会环境不同；(5)人们在理解客观事物时往往带有成见或偏见。

正因为个人有差异，所以，没有一个统一的模式可用来与各种不同的人交往。而应视每个人的特点，根据交往目的和交往情境，灵活运用各种交往方式。

我们认为，个人差异很重要的因素是个人的价值观的不同，而且每个人的价值观在不同时期内会发生变化，由此造成态度的变化，这对人们的交往无疑是有影响的。

密尔顿·罗基奇对人的价值系统进行了数十年的研究。他在《认识人的价值》一书中指出，人的价值系统可以分为两大类：一类是最终的价值系统，也可以说是个人所追求的最终目的；另一类是为实现最终价值而在一段时间里所追求的手段性价值系统。它们分别如表 4-3 所示。

许多学者对罗基奇的研究给予很高评价，认为他列举的两大价值系统的 33 个价值观，基本上包括了世界上不同文化的所有社会的价值观。我们认为如此赞誉似言过其实，我国的一些至今尚有生命力的传统的价值观念，如"义"、"仁"、"廉"、"信"、"孝"等等，罗基奇就没有提到。不过，他所列举的价值观是有相当参考价值的。

如前所述，每个人占优势的价值观，在不同时期、不同条件下会发生变化。比如，当一个人离开学校、踏上社会开始工作时，取得"社会认可"这一价值观一般占优势；为了达到这一目的，就会努力表现出"助人"、"负责可靠"；在"社会认可"这一价值观实现后，进而会追求"自尊"、"成就感"等等。在前线的将士们，他们的价值观就是"国家安全"。一个人从恋爱到组织家庭，他的价值观一般沿着这样的路线变化："成熟的爱"→"家庭安全感"→"舒适的家庭"。价值观的变化必然导致态度的变化，同样会影响每个人的需要和为满足需要而进行的交往。

表 4-3 人的价值系统

最终价值系统	手段性价值系统
① 舒适的生活(如家庭兴旺)	① 实现抱负
② 有刺激的生活(如生活有趣、丰富多彩)	② 心胸宽广(能接受不同意见)
③ 成就感(长期目的的实现)	③ 有能力
④ 和平的世界(没有战争)	④ 愉快
⑤ 平等	⑤ 干净整洁
⑥ 家庭安全感(能照顾自己和所爱的人)	⑥ 勇气(敢于维护自己的信念)
⑦ 自由(有选择的自由)	⑦ 宽宏待人
⑧ 内心的和谐	⑧ 助人
⑨ 成熟的爱	⑨ 诚恳
⑩ 国家安全(保卫国家免受攻击)	⑩ 有想象力
⑪ 丰富的闲暇生活	⑪ 独立
⑫ 自尊	⑫ 有学问(聪明、反应敏捷)
⑬ 社会认可	⑬ 逻辑性强
⑭ 真诚的友谊	⑭ 和蔼
⑮ 智慧	⑮ 有责任心
	⑯ 礼貌(懂得进退之道，言谈举止有一定风度)
	⑰ 负责可靠
	⑱ 有自我控制能力(修养好)

资料来源　熊源伟、余明阳编著：《人际传播学》，中山大学出版社 1991 年版，第 101 页。

9. 相悦因素①

感情的相悦是人际吸引的重要因素。在日常生活中我们不难看到，如果甲喜欢乙，那么就有一种强大的力量驱使甲与乙接近，同乙建立亲近的关系，从中品尝友谊或爱情的甜美果实。然而，假如甲仅仅是自作多情，一厢情愿，乙没有爱慕与喜欢的表示，那么甲的友爱之心就会因得不到应有的回报而像不能及时浇灌的花儿一样，慢慢凋谢，很快失去与乙结交的愿望。

为什么情感相悦会增加人际吸引呢？因为人际关系作为人与人之间的心理关系，情感占主要的成分。交往中人与人之间的相互赞赏与接纳，可以减少各自的心理冲突，双方都可以从对方那里得到积极的强化，从而提供了建立、维持和发展良好人际关系的心理动力。

10. 个性因素

现实的人际关系是人们交往过程中所表现出来的个性品质互动的结果。优良的个性品质会导致人际吸引，有利于建立融洽的人际关系。例如，有突出才能的人会使他人由敬

① 曹立安、孙奎贞、丁青、尹钢、苏甦编著：《现代人际心理学》，中国广播电视出版社 1990 年版，第 30—34 页。

佩而产生爱慕，也可以使他人在交往中得到更多的满足，因而具有吸引人的魅力，成为受人喜欢的人。同样，兴趣与爱好广泛的人，大公无私、乐于助人、见义勇为的人，热情开朗、真诚坦白、善于交际的人，都易于与别人建立良好的人际关系。人的个性是可以因环境、经历以及个人努力而改变的，人可以从细节做起，有意识地改变自己的习惯，进而形成自己理想中的性格。

11. 仪表因素

人人都爱美、追求美。美丽的仪表包括端庄的容貌、优雅的举止、翩翩的风度、得体的穿着等等，都会造成人们彼此间的吸引。尤其是初次交往，由于“第一印象”的作用，仪表的能力往往起着十分重要的以至决定性的作用。不过随着时间的延长，仪表因素的作用将会逐渐减弱，吸引力将主要从外在的仪表转入人的内在个性品质。

在网络的人际交往中，一个人传递的语言、声音、符号等因素也会影响到人际互动。网络中的交往同样要合乎礼仪，比如使用礼貌的称呼、尊重他人的隐私等会影响双方的关系。

二、人际关系

（一）人际关系的概念

人作为社会的一员，其生存和发展都要以他人的存在作为前提，因此，人们在社会交往中以各种不同的方式结成不同的关系，形成一定的群体和社会。这种在人与人之间建立的关系，便是人际关系。

人际关系是个体生存和发展的基础，同样是社会存在的方式和发展的动力所在。人是社会的人，人际关系是社会关系的具体表现，它具有十分丰富的社会内容。

从广义上看，有多少种社会关系也就有多少种人际关系。根据社会关系的内容，我们把人际关系归纳为以下几种：人际政治关系、人际经济关系、人际文化关系、人际法律关系、人际道德关系、人际信仰关系等。

从狭义上看，人际关系则是指人们通过交际活动形成的交际主体之间直接的心理关系。它以有无直接的心理接触作为其存在的标准。因此，狭义的人际关系通过人们的交际活动而建立，并通过交际主体之间的心灵接触、碰撞，思想感情的交流和相互作用的方式表现出来。我们这里主要研究狭义的人际关系。狭义的人际关系与广义的人际关系之间有内在联系：广义的人际关系是狭义的人际关系存在的社会基础，狭义的人际关系则是广义的人际关系的具体运行机制。它们之间的关系是一般与特殊的关系。

（二）人际关系与人际传播

人际传播从产生之初就与人际关系有着密切的联系，因此对于人际传播和人际关系之间的研究有助于我们更好地理解人际传播的内涵，有助于我们从微观上把握人际传播是怎样在社会生活中展开的。

人际传播是在社会活动中，人们运用语言符号系统或者副语言符号系统相互之间交流信息、沟通感情的过程。从某种意义上来讲，人际关系必须依赖于人际传播才能得以建立，人际传播是形成人际关系的前提条件，人际传播的内涵和外延要远远大于人际关系，人际关系只是人际传播所带来的结果之一。

一方面，人际关系必须依赖于人际传播才能得以建立、发展和完善；另一方面，人际传播也需要人际关系这样一个环境才能得以传播，人际关系是人际传播的有效渠道。由人际关系所结成的网络也是人际传播的网络。人际关系的复杂性决定了人际传播网络的复杂性。

从个体的角度看，每个人的人际关系网络都处于开放与封闭的对立统一的状态。开放是就其总体趋势而言，封闭则是指现实的存在情况。同我们一生中所接触的人数来说，后来保持联系的数量是比较少的。从这个意义上来说，作为个人的关系网络是开放和封闭的结合。

个人的开放性网络如图 4-18 所表示的放射式网络，图中显示出了一个个体直接和其他几个个体交往联系，而其他的个体之间相互并无直接的交往联系。个人的封闭性网络如图中的交结式网络，显示了一个个体和其他几个个体相互交叉进行联系，形成一个关系较为密切的群体。

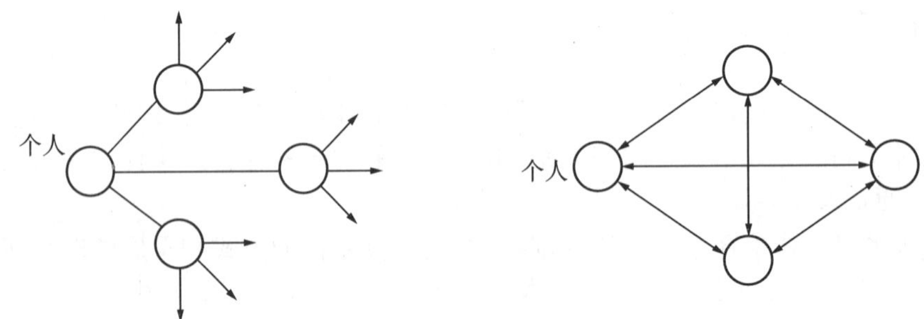

图 4-18　放射式网络与交结式网络

资料来源　熊源伟、余明阳编著:《人际传播学》，中山大学出版社 1991 年版，第 14 页。

事实上来说，放射式个人网络才是真正的个人性网络，而交结式网络已经显示出了个人网络逐步走向群体化网络的趋势。

随着网络技术的发展，使得人际传播的媒介和方式发生了很大的变化，人际传播的时空被极大地扩展。现代的人际传播更迅速、范围更广、效率更高，从而使得人们的交往能力得到了迅速增强。人际传播的这些变化促使人际关系不断创新、发展。总的来说，人际传播与人际关系的发展是相辅相成的。

(三) 人际关系的形成

单一人际传播的过程实际上是一个很具体的人际关系形成或恶化的过程，这是对人际传播过程的微观和简单模式的研究。

人际关系的形成一般具有四个阶段(见表 4-4)。

表 4-4　人际关系的发展过程

阶段	图　解	副语言和语言交流的实例
注意		听或者看着对方："嘿，你好！"
吸引		微笑，积极的面部表情，目光接触，身体前倾："你笑得真好看。"
适应		在副语言交流方面有些变化。"以前，我不喜欢慢吞吞地走路——现在我已经爱这么走了。"
依附		坐在一起，站在一起，增加抚摸。"我们结婚吧。"

资料来源　熊源伟、余明阳编著：《人际传播学》，中山大学出版社 1991 年版，第 27 页。

1. 注意阶段

我们和一群人在一起时，不可能对每个人都一视同仁，我们往往会专注于一个或几个人，而不及其余。注意阶段有时可能就发生在你最初接触对方的短暂的几秒钟内，你往往会掂量这个人是否有吸引力，如果有吸引力，你就会运用言语的或非言语的手段作出表示，表明你的注意，从而向第二阶段进军；假如你觉得此人平平，你就会向关系恶化的第一步——漠视——移进。

2. 吸引阶段

任何人都喜欢接近有吸引力的人，而不愿接近没有吸引力的乏味之人。什么是吸引力，至今还是一个无法说清的问题，这可能体现在身体上（秀美的头发、强壮的肌肉、诱人的眼波、性感的嘴唇等），也可能体现在性格上（自信心和通情达理、分析能力和说服力、天生的幽默感等）。但不管怎样，当我们被某人吸引后，我们的兴趣和敬佩之情油然而生，并想方设法来显示自己的魅力。

3. 适应阶段

于是我们开始调节自己以适应对方，并试图接受并同化对方的行为和个性。我们开始约束自己，我们会作出一些微小的、甚至较大的变化。我们会用能显示我们已适应对方的言语或非言语暗示来表明我们想进一步发展关系的兴趣。当我们适应了对方，我们就会进入下一个阶段。

4. 依附阶段

当我们通过交换某种信物、履行某种仪式、制订某种契约、建立某种联系、采取某种结合方式以公开表明我们依附于某些人的依附关系时，人际关系的发展完成了最后一个阶段。虽然如此，关系并未就此停滞，它还在向前发展，或者稳定，或者不稳定，它还将在新的层次上不断变化。

(四) 人际关系的恶化

与人际关系的发展相对应的是人际关系的恶化，它也有四个阶段：漠视、冷淡、疏远、分离(见表 4-5)。

表 4-5 人际关系的恶化过程

阶段	图 解	非言语和言语交流和实例
漠视		不听或不注意对方："我没听见你在说什么，你是和我谈话吗？"
冷淡		没有面部表情和身体动作。"我可不在乎你干些什么。"
疏远		不管对方发出什么信息，都没有面部表情或身体姿势的变化，反而作出许多与过去明显不同的非言语行为。"我才不想做驯服可爱的小姐呢。"
分离		没有非言语的交流，有消极的面部表情。无论是坐还是站，都离得很远。没有抚摸。"我想和你分手——我又有了新交。"

资料来源 熊源伟、余明阳编著：《人际传播学》，中山大学出版社 1991 年版，第 28 页。

1. 漠视

正如人际关系的发展首先要注意对方一样，人们首先通过不予理睬的办法来使关系恶化。当我们准备同某人结束关系时，我们就会对此人表示出漠不关心，无论在言语还是非言语上，我们努力扩大同对方的距离。

2. 冷淡

人际关系恶化的第二阶段是冷淡。冷淡不同于漠视，漠视表现为对某人不关心或者不注意，冷淡则同我们先前表现出的关心、热情、理解等形成强烈的对比，对对方的积极姿态无动于衷，表示出更多的否定行为。冷淡可以通过许多言语或非言语暗示来表现，并且完全不在乎对方的任何感受。

3. 疏远

在这一阶段，两个人又回到原来分立的位置，形成了一种远离的状态，并且都有重觅新朋友的可能。

4. 分离

人际关系恶化的最后一个阶段。双方完全失去联系的状态(包括身心两方面)。分离的发生,可能是由一方提出,也可能是双方的愿望,还可能是外部力量作用的结果,比如无法选择的死亡使关系自然地终结。这时,分离是不可避免的,甚至是痛苦的。有时为了发展新的关系,不得不结束某个原有的关系。一个关系的结束,如同开始一样,存在着或好或坏的两种结果。

[研读专栏]

圆通的人际关系①

曾仕强②

中国人的思想源自伏羲氏,伏羲氏所创的八卦一直都对中国人有深刻的影响。中华文化是在《易经》的影响下形成的,《易经》的主要思想就是人本位,这与西方人所倡导的神本位截然不同。西方式的管理始终离不开神本位的思想,而中国式管理重视人本位,以人为本。

不要以为中国人的言行乱七八糟、模棱两可,如果用《易经》所阐述的道理来考察,就会发现,中国人的所作所为非常有道理。可惜近几百年来,我们经常用西方人的观点和标准来考察自己的行为,才会认为中国人的一切都是乱七八糟的。更有甚者,有人喜欢拿中国人的缺点与西方人的优点去对比,更觉得中国人一无是处。

这种做法大错特错。如果真要比较世界各个民族的优劣,首先要有一个公平的标准,不能拿自己的缺点去跟别人的优点比。这样做,不但有失公平,而且容易导致我们丧失自信心。

中国人有一套自己的东西,这些东西别人学不去,我们也不能去学别人,否则只会自找倒霉。所以,我一直强调管理中国人要靠中国式的管理,而中国式管理中最重要的部分,就是人际关系的管理。

就因为中西方的人际关系大不相同,才导致中西方的管理大相径庭。西方的人际关系建立在平等的基础上;中国人则普遍认为,人与人是不平等的,如果人人讲平等,那是没大没小,而中国人非常讨厌别人没大没小。

现在有个怪现象,很多人喜欢看书,但是看的书越多自己越倒霉,因为他们看的都是西方人写的书:西方人的技术是值得学习的,魏源提出的“师夷长技以制夷”的观点并没有错,科学无国界。可是与文化有关的东西,就要非常小心,否则很容易掉入西方文化的“陷

① http://blog.sina.com.cn/s/blog_62ab3b0c0100lqh9.html.

② 曾仕强,中国式管理大师,被称为“中国式管理之父”,现任台湾智慧大学校长,台湾交通大学教授,台湾兴国管理学院校长。

阱”，离中国的实际越来越远。如果这些人从此生活在西方人的环境中，那问题不大；如果继续生活在中国人的环境中，就会发现自己时时吃亏、处处碰壁。就像清朝末期，很多人留着长辫子却穿西装，到哪里都显得不伦不类。

一、中西方的人际关系大不相同

人际关系对任何人来说，都是十分重要的课题。宇宙万物之中，人类的关系最为复杂，而且各地的风土人情不同，人际关系的表现也不一样。

一般而言，西方的人际关系以个人为主。西方人认为，社会由个人构成，个人自由独立，但是必须加以适当的规范，也就是实施法治，才能够维持整体的秩序。人人在法律许可的范围内自由、平等、独立，是西方的人际基础。

中国的人际关系以伦理为主。中国人认为社会固然由个人所构成，但是个人却很难离开社会而生存，个人的自由实际上相当有限。人与人的互动，也不能完全由法律来控制。人人在法律许可的范围内，衡情论理，以伦理来弥补法律的不足，才是我们的人际基础。

正因为中西方的人际关系基础不同，所以二者的人际关系存在很大差别，了解二者的差别，有助于认清我们的人际关系。中西方的人际关系差别如下：

第一，西方的人际关系是神本位的，中国的人际关系是人本位的。西方人认为上帝高高在上，所有人都是上帝的子民。中国人则不同，伏羲氏一开始就让我们认识到，宇宙之间最了不起的不是神，而是人。既然如此，我们为什么非得弄一个神来做自己的主宰呢？

中国人没有自己的宗教，所有的宗教都是外来的。中国人只崇拜自己的祖先，而不去拜什么神——中国人不是在拜神、拜佛，而是礼神、礼佛，就是看到神、佛时，走过去打个招呼，如此而已。

第二，西方人以个人为单位，中国人以家庭为单位。西方人看到一个小孩，通常会直接问他叫什么名字；中国人看到一个小孩，通常会问他是谁家的小孩。中国人会根据小孩的爸爸来判断他的品性，而不是根据他自己。同理，要是小孩做错事，人们通常把错误归到他父母的头上，责怪他们不会教育小孩。

第三，西方人重视平等，中国人重视合理的不平等。西方人可以直呼爸爸的名字，因为大家是平等的。在中国，这样做就是不孝，是忤逆。中国人不认同西方人那种“人生而平等”的观点，而认为人一出生就不平等，而且是合理的不平等。合理的不平等，大家都能接受。但是，过分的不平等，我们就会反抗。中国人不相信绝对的平等，资源有限，机会太少，怎么可能绝对平等？

人与人之间合理的不平等所体现的正是中国人的伦理。爸爸与儿子、上司与下属、老师与学生……永远有高低上下之分，不可能站在同一水平线上。没有哪个中国人敢站在上司面前说：“我和你是平等的，所以你也要听我的话。”中国人对上的态度和对下的态度不同，你对下属敢讲的话，不一定敢对上司讲，这是很正常的。对上级是一个说法，对下级是另一个说法，这就是伦理的体现。

第四，受神本位的影响，西方人只讲权利义务，而中国人讲彼此对待。西方人就算父子之间也是权利义务的关系——儿子 18 岁以前，靠父母养活；18 岁以后，就得靠自己。中国人不看重权利义务，如果中国的父母一等孩子长到18岁就让他自生自灭，会被别人视为狠心的父母。

中国人所重视的彼此对待，就是说：你对我好，我没有理由对你不好；你对我不好，我也不会对你好。中国人会将心比心，投桃报李，这与权利义务没有任何关系。在西方的企业里，上下级之间也只是权利义务关系，你是我的上级，我就会按照规定向你报告。中国人却不这样，你虽然是我的上司，但我不认同你的时候，我就不会向你报告，你要是强迫我报告，我就会敷衍了事。

第五，西方人重视法律，中国人重视道德。西方的法律规定很明确，而且执行得很严格，完全没有人情可言，也没有任何弹性。从理论上讲，法律不应该有弹性，但是没有一点弹性的法律在中国很难执行。自古以来，中华民族不是靠法律约束的民族。古时候，法律的效力是有限的，虽然说"王子犯法，与庶民同罪"，但这只是理想状态，实际上很少这样执行，多数是"刑不上大夫"。在民间故事中，即便是包公这种刚正不阿的典范，也只是"打龙袍"而不是打皇帝。

中国人一般不遵从什么戒律，但是提倡典范，重视道德。"君子爱财，取之有道"，"大位有德者居之"……胡锦涛同志提出的"八荣八耻"同样是道德劝说，并没有立法，强制国民执行。道德是看不见的约束力，而法律是看得见的约束力。一个中国人，如果不讲良心道德的话，是很难在中国生存发展的。中国人不重视有形的东西，凡是有形的东西，对中国人来说，迟早都会变成形式化的东西。我们只靠无形的东西彼此约束，约束别人，也约束自己。

第六，西方人之间充满好奇，中国人之间充满关怀。西方人对人和对动物的态度是一样的，因为西方人认为人就是动物，彼此之间只有好奇。在西方社会，青年男女之间产生好奇就可以同居，一旦失去好奇，双方就会分开。中国人做不到这一点，因为人与人之间不应该好奇，而应该相互关怀。西方人很有礼貌，一见面就会亲切地同你打招呼，但他一点也不关心你。中国人不注重礼貌形式，但是很关心你。看到你嘴巴破了，中国人会直截了当地问："嘴巴怎么破了，是不是上火了？来，吃点药吧。"

西方人不会看到你的嘴巴破了，看到了也会视而不见，还是会问候你："你好吗？"而你也清楚，就算抱怨几句自己很不幸也无济于事，因为他并不关心你。此时，就算你疼痛难忍，也只能说："我很好，谢谢。"西方人不关心别人，也不希望别人关心自己。中国人以尊老爱幼为美德，而西方人并不如此。你看到西方的老人走路比较吃力，去帮他，他反而不高兴。他的看法是，我有能力处理自己的事，你少操心，你帮我就是看不起我。

第七，西方人之间自然而然地会产生距离，而中国人常常是亲密无间的。西方人重视隐私权，彼此之间保持着戒心，所以会很疏远。而中国人有很强烈的认识对方的欲望，一回生，两回熟，三回见面是朋友，这样慢慢地由不认识到相互了解，再到亲密无间。

人与人之间是要先建立信任才能共事的，你不相信别人，就无法与其合作。西方人之间建立信任靠的是法律的保障，双方在合作前会签订合同，只要稍有不轨，就会受到法律的制裁。中国人之间建立信任靠的是心意的传递，靠的是相互的了解。所以，中国人一见面就会"套近乎"，问东问西，这在西方是绝对不允许的。

第八，西方人之间是利害关系，中国人之间是势利关系。很多人都认为，中国人看重利害关系，其实错了，西方人才重视利害关系。在西方，国与国、组织与组织之间完全是利害关系，没有任何道义可言，个人之间也是如此。而中国人是很势利的。利害与势利有很大的不同，举个例子，公司里有一个员工，表现很不好，公司马上把他辞退，这是利害。员工表现虽然不好，但是他有后台，辞退他会惹来麻烦，所以只能留着他，这是势利。可以说，势利就是复杂的利害。

总而言之，西方的人际关系相对单纯，而中国的人际关系相当复杂，一着不慎，满盘皆输。西方人以“二分法”区分事物，对就是对，错就是错；中国人早已摆脱“二分法”的陷阱，我们知道“错，绝对不可以；对，常常没有用”。对错之外，还牵涉是否圆通的问题。我们厌恶是非不分的人，也不欢迎是非分明却不圆通的人，“水至清则无鱼，人至察则无徒”就是这个道理。中国人讲求“在圆通中分是非”，把是非分得大家都有面子，不得罪人，但也不讨好人，人际关系才可能良好。

中国人喜欢拉关系、靠关系。这句话很容易引起人们的误解，朝坏的、不正当的、不合法的地方想。有人认为某些人的成功，是讨好别人的结果，而自己的成功是凭本事获得的，甚至公开宣称：“我从来不搞关系，我现在的一切，完全是凭真本事得来的。”事实上，如果一个人毫无能力，是无法完全依靠人际关系而成功的。但是，即便有高超的能力，如果缺乏良好的人际关系，也不可能成功。在家靠父母，出外靠朋友，说的就是人际关系的重要性。

当然，我们也看到某些人用心营造不正常、不正当的关系，然后用来营私舞弊，祸国殃民。这种人际关系所带来的弊端的确使得许多人为之心寒，以致他们认为人际关系只有害而没有利，因此不重视也不研究人际关系。还有一些人，由于自己不擅长建立人际关系，眼见他人因人际关系而获利，出于嫉妒或不满的心理，对人际关系产生强烈的反感。

于是，很多人把“搞关系”看成负面的东西，似乎好人从不搞关系，只有心术不正的人才搞关系。这样看待人际关系，自然形成偏激的态度。人际关系本身是中性的，运用得恰当，便是良好的人际关系；用错了，当然产生不好的影响。行为正当的人对拉关系、套关系，实在不必过分敏感。往好的方面想，反而容易获得良好的效果，何乐而不为？

二、人际关系需要伦理道德规范

中国人的伦理观念比其他民族发展得都早，而且最完善。孟子说：“使契为司徒，教以人伦：父子有亲，君臣有义，夫妇有别，长幼有序，朋友有信。”就是说，父子之间有骨肉之亲，君臣之间有礼义之道，夫妻之间挚爱而又内外有别，老少之间有尊卑之序，朋友之间有诚信之德，这是处理人际关系的行为准则。

自古以来，我们制定了形形色色的准则，无非是为了加强对个人的约束，提醒我们除了自己以外，还有各种有关系的人，因而自己的一言一行都要格外谨慎。其中，君臣、父子、夫妇、兄弟、朋友这五伦，是人生不可或缺的，对中国人的言行产生重要的影响。

既然伦理是处理人际关系的准则，那么我们的人际关系势必打上伦理的烙印。自古以来，我们所建立的是一种罕见的人伦关系，中国人根本没有什么人际关系。而我们一直错误地想把西方的人际关系移植过来，弄得大家的关系愈来愈紧张，愈来愈败坏。

人伦关系和人际关系最主要的差异在于，前者重视“合理的不平等”，而不是后者所主张的“平等”。西方人认为“人生而平等”，于是发展出一套平等的人际关系。中国人认为

“人一出世,就不平等”,就算同一家庭、同一父母所生的子女,在资质方面也不相同,加上出生时家庭的环境、父母的年龄与社会地位也不一定一样,子女们怎么可能平等呢?先天不平等,后天也不可能平等,顶多经过合理的调整,做到合理的不平等。

伦理就是合理的不平等,父父、子子,应该各如其分;君君、臣臣,用现代的话说是上司、下属各自扮演不同的角色。彼此之间,必须维持“合理不平等”的分寸,而不是“平起平坐”的“不合理的平等”。二者之间的差异,必须慎重拿捏,才不致发生差错,避免自己不明不白地遭受“平等”的祸害。只要把“合理的不平等”这个观念端正起来,很多问题都会解决。我们现在满脑子追求平等,弄得大家很不幸福。人有胖瘦之分,两个人坐在一起,胖的人占的位置自然就大一点,瘦的人就委屈一点。两个人吃一样东西,喜欢吃的人就多吃一点,不喜欢吃的人就少吃一点,为什么非要一人一半呢?全世界都是相对的平等,没有绝对平等,只是表现的方法不同而已,没有对错,没有好坏。

中国人十分重视做人、做事的道理,人际关系如何反映出做人的效果。只会做事而不会做人,人际关系搞不好,得罪了许多人,又怎么能够好好做事呢?透过好好做人,来好好做事,通常比较有效。

人际关系既是做人的道理,也可以说是做人的技巧。做人讲求技巧,免不了有一些权谋、圆滑、奸诈的味道,引起很多人的反感。这时候注入伦理道德,可以使权谋变成权宜应变、因时制宜,圆滑变成圆通,而奸诈也变成一种机警。

若是只学做人的技巧,而忽视做人的原则,不但没有成效,而且会被人嘲笑。做人不可以玩弄权谋,许多人误把圆通、应变看成讲求谋略,其实应该是策略才对。做人做事可以有策略,不可讲谋略。换句话说,一切要求应当正当合理,不应该有不正当的念头。

我们有三个根深蒂固的观念,很不容易改变:

第一,法是死的,人是活的。死的法需要活的人来加以合理运用,而不是不动脑筋地死守法律规章。

第二,天下事好像没有什么是不能变通的,若是变通不了,大多是因为找错了人。只要找对人,变通应该是没有问题的。

第三,法由少数人订立,由一个人修改。这种现象是中国社会自古迄今的一贯精神。一些可以控制别人的人,碰到别人稍有反对意见就加以恐吓、威胁,甚至杀一儆百。

对中国人而言,法不够用。因为中国人不喜欢违法,不做违反规定的事情。但是中国人普遍喜欢动脑筋,做一些法律没有规定的事情。这种情况必须用伦理道德来弥补,才能收到预期的效果。只有大家凭良心有所不为,才有可能加以改变。夜不闭户不是靠法律来实现的,而是靠道德达成的。

总的来说,人伦关系的重点,在“公正”而“不平等”。对上要有礼貌,但不可以谄媚、讨好;对下不宜太严,也不能过分宽松、纵容;平行同事,不必太拘束,也不可以过分熟不拘礼。其中的轻重,必须因人、因时、因地、因事适当拿捏,这样,才称得上公正。只有用心体验,不断改善,才能达成良好的人伦关系。

为了叙述的方便,本书仍使用人际关系一词。下面我们将从中国人的语言习惯来进行探讨。

言——模棱两可,言不由衷

《孙子兵法》说,知己知彼,百战不殆。彼此都是中国人,建立人际关系时,就更需要确确实实了解对方在说些什么、想些什么。

俗话说，言为心声。中国人的心是难以捉摸的，所以中国人的话常常模棱两可。我们主张“逢人只说三分话”，同样主张“知无不言，言无不尽”。“逢人只说三分话”是对交情不深、关系不够的人而言的，因为人心隔肚皮，知人知面不知心，当然应该小心试探。“知无不言，言无不尽”是对交情深厚、关系密切的人而言的，既然大家亲如一家，也就不需要互相隐瞒。

其实，中国人说“逢人只说三分话”的时候，已经含有“知无不言，言无不尽”的意思。况且中国人所说的“三分”，既可以是“三分流水七分尘”的“三分”，也可以是“天下只有三分月色”的“三分”，就看到时如何拿捏了。当彼此尚不熟悉时，当然“未可全抛一片心”，等到互相信赖了，完全可以知无不言，言无不尽。

同样，中国人说“言无不尽”的时候，也不要忘记“逢人只说三分话”，因为彼此虽然关系密切，但是有的话可能会伤害对方的自尊心，或者引起他的嫉妒，所以必须有适当的保留，说三分留七分，那七分就心照不宣了。

听话不如“看”话

不了解中国人的人觉得我们很难捉摸：“我明明听懂了他的话，他怎么还是不高兴？”因为中国人说的话通常包含很多意思，听懂了表面意思却常常听不懂言外之意。有时候，中国人不说话，只是一个眼神、一个动作就包含了很多意思，这当然需要彼此的默契。如果没有默契，要搞清楚中国人到底在说什么，确实很难。下面这个小故事就说明了这一问题。

苏东坡被贬至黄州后，一天傍晚，和好友佛印和尚泛舟长江。忽然，苏东坡用手往岸上一指，笑而不语。佛印顺势望去，只见岸边有一只黄狗正在啃骨头，顿有所悟，便将自己手中题有苏东坡诗句的蒲扇抛入水中。两人心领神会，不禁相视而笑。

原来，这是一副哑联。苏东坡的上联是“狗啃河上(和尚)骨”；佛印的下联是“水流东坡尸(东坡诗)”。

当然，要达到苏东坡与佛印这种心灵相通的程度，除了默契之外，还要有较高的智商才行。

中国人南腔北调，就算大家都说普通话，也很难保证彼此听得懂。勉强听懂，也未必弄得清楚他的真正用意。

指鹿为马的故事大家都熟悉，人们把“指鹿为马”理解为“不明是非、颠倒黑白”，其实很不恰当。赵高只是借此试探一下究竟自己在朝廷的权势怎样，其真正的话意是：“你们是服从秦二世，还是服从我？”我们嘲笑群臣不分黑白，其实他们才是真正听得懂话意的人。

有一天，我搭出租车到某地。由于大路发生事故，所以司机改走小路。但小路蜿蜒曲折，司机不太熟，越走越觉得没有把握，便停下来，问路旁边一位老先生，请问我要到某地去，该怎么走？

老先生气定神闲，不慌不忙地回答：“有路就可以走，多问几次就会到。”

这两句话，叫人听了觉得十分有道理，同时又觉得摸不着头脑。

司机表示感谢，很有信心地向前驶去。

我觉得很纳闷，问他：“你知道怎么走了？”

他说：“知道。有路就可以走，表示我走的路是对的。如果我已经走错了，他会把手一扬，然后指向正确的方向。现在我走对了，他不必举手，所以说有路就可以走，告诉我顺着这条路一直走下去。多问几次就会到，意思是后面会有几个比较复杂的岔路口，那时候一定要问路，不要乱闯。”

经他这么一解释，我才恍然大悟。原来中国话如此简单明了，两句话就可以交代清楚。但听者必须动脑筋才能听懂。现在有些人只听不想，以致听不懂中国人所说的话，实在是一种遗憾。

中国话很不容易听，才是我们真正的难处。中国人要人家不要“听”话，其中含有“中国话不可以用耳朵听”的意思，必须特别小心。“不要听他的”，包含“不要听他的话”，也包含“不要单凭耳朵听他的话”的意思。中国人很少说：“听他说什么。”反而常常告诫我们：“看他怎么说。”也就是说，中国话不适合单用耳朵听，应该配合眼睛看。中国话听起来含含糊糊，“看”起来清清楚楚。中国人不喜欢啰里啰唆讲一大堆，只喜欢简单明了，短短一两句话，含意很深，所以“看”了之后，还要多想。如果不用心想，还是弄不清楚中国人的话意。也就是说，“看”话不能单凭一双眼睛去看，还要动用“心眼”，才能够真正看清楚，才能领悟“话中的话”，以及“话外的话”。

“心眼”要大，才听得真实。“心眼”太小，成了“小心眼儿”，就会“以小人之心，度君子之腹”。如果对方有难言之隐，有说不出来的苦衷，有说出来反而彼此难过的事情，千万不要用不正当的心思去曲解。

一句“你看着办吧”，究竟是“全权委托你”，还是“猜猜我的用意”，甚至“居然搞成这样子，你自己收拾烂摊子吧”？短短五个字，足够让别人思前想后了。凡是耳朵听不懂的时候，就要用眼睛看，还要动脑筋，结果呢？你看着办吧！

“随便”并不随便

中国人常把“随便”挂在嘴边上。请客吃饭时，总是说：“没有什么好菜，随便吃点。”实际上菜肴十分丰盛。反过来说，客人真的随便吃喝，丝毫都不客气，即使宾主交情甚深，主人看在眼里，也会不太舒服：又不是只有你我两人，当着我的妻儿，你也未免太随便了！

“随便”的意思有两种：一是“随意、任意”，一是“不拘束、不认真”。但是，在日常生活当中，使用起来却有三种含义：

第一，“随便”代表“看看你的诚意”。人家问我要什么？我说“随便”，意思就是说：衡量你自己的能力，可以提供什么。中国人认为，我说“随便”是不想为难你，如果你真的“随便”，就是轻视我。如果我到你家做客，你问我喝什么，我说“咖啡”，你没有，岂不是很尴尬，所以我只能说“随便”，给你留了面子。你虽没有咖啡，但是给我端上一杯好茶，我自然也很高兴，因为你没有“随便”应付我。但是，你真要“随便”给我一杯白开水，那我肯定不高兴：“如果只有白开水，何必问我喝什么？”

你请我吃饭，问到哪里用餐？我当然不能直截了当地提议上豪华酒楼，万一你认为那样不值得，我岂非自讨没趣？不过我也不愿意自贬身价，一开口就选择普通餐厅，非但显得土气，对方也未必领情。最好的办法，还是说“随便”。至少可以了解你认为拿什么招待我最合适，进而了解我在你心目中的地位，以便调整自己所应表现的态度。你经济拮据，只能够请我上普通馆子，我照样吃得高兴，因为你够诚意，我不在乎吃什么；如果你手头宽裕，豪华酒楼也请得起，却只请我上普通的馆子，我就知道你不够意思。

“随便”绝对不是含糊，而是“在和谐中找到合理”的一个代名词。中国人如果真的随随便便，一定没有前途。甲和乙是好朋友，一天，乙到甲家里做客，甲热情招呼，顺口问他："喝点什么东西？"乙回答："随便，随便。"

甲当然心里有数：家里确实有好酒，是留给上司丙的，现在当然不能拿给乙喝。衡量与乙的关系，决定泡一壶好茶招待他。乙见甲并没有敷衍他，自然很高兴，也知道自己在甲心中的分量。

正在此时，丙不期而至，明显就是来喝那瓶好酒的。此时，甲该不该将好酒拿出来？如果拿出来就会得罪乙，不拿出来又会得罪丙。这种两难的情况却也难不倒深谙圆通之道的甲。甲对他太太大声说："我刚才找了半天，你到底把那瓶好酒藏到哪里去了？"甲的太太明白甲的意思，也大声地回答："我昨天收拾屋子，怕把它弄脏，特地藏起来了。"话音未落，甲的太太就拿着好酒出来了，并准备了丰盛的下酒菜。乙和丙都很高兴，当然，甲将危机巧妙地化解于无形，更是高兴。

用高声说话来向别人传达自己的想法，是中国人的绝招，在人际关系的运作中，具有转危为安的决定性力量。甲很清楚，丙前来就是想喝自己的那瓶好酒，可是乙来了自己没拿出来，等丙来了才拿出，乙心里肯定不高兴。可是不拿出来，就会引起丙的不满。拿也不是，不拿也不是，但是高声说话就解决了问题："刚才找了半天"就是告诉乙"我本来想请你喝，但是没找到"；而丙明白，就算乙是甲的好朋友，还是没我的面子大，哪怕是"特地藏起来了"，到了紧要关头，也得拿出来。

知识很重要，但是知识之外，人际技巧也很重要，若想圆满解决问题，在知识之外，还需要一些艺术气氛。

第二，"随便"表示具有"单凭物质不足以表达全部的敬意，必须拿精神来补助"的用意。以请客吃饭为例，主人即使准备很多佳肴，仍然说"随便吃点"，意思是这些菜虽然很好，但总觉得应该有更好的，才足以表达主人对贵宾的敬意。如果客人认为过于丰盛，就会说"太破费了"；如果客人觉得不过尔尔，既然主人说了"随便吃点"，那客人也不会不满。

如果东西非常好，中国人也会轻描淡写地说"随便买的"，这不是谦虚，而是中国人认为精神重于物质，"千里送鹅毛，礼轻情义重"。同时，也希望对方不会有"受之有愧"的负担。如果东西并不好，一句"随便"，表示"我已经尽力，希望你能够谅解"。中国人讲究"尽心尽力"，只要尽力而为，对方多半是会体谅的。

第三，"随便"暗示"我有我的意见，只是不便说出来"。上司征求下属的意见，下属绝不敢说"随便"，而是请上司做主。因为说"随便"，就意味着下属有自己的意见，只是不方便说而已。"随便"正是孔子的"无可无不可"的体现。人与人之间的关系是很微妙的，时时有变化，如果丝毫不加考虑，冒冒失失地说出自己的意见，很可能使对方为难，不如将心比心，先说"随便"，好让彼此有个商量的余地。

既然"无可无不可"，"随便"就不是对"任何人、任何事、任何地"都通用的。有的时候，随便说"随便"也会给对方造成困扰。例如，晚辈对长辈最好别说"随便"，否则就显得太随便。朋友之间也有不宜说"随便"的情况，同是请客吃饭，说"随便"可以让主人根据自己的情况准备，但是如果主人境况不好，要保全主人的"面子"，就不宜说"随便"，最好说："我最近肠胃不好，很怕油腻，就在附近这家饭馆吃点素菜就行。"

有人托你帮忙，要请你吃饭，你就要暗自盘算一下，"吃人家的嘴软"，背负人情太重，哪里敢说"随便"，赶忙借故推辞，心领为上。

“随便”并不是“差不多”，而是以“合理就好”为原则，应该说“随便”的时候，才可以说，不应该说的时候，就不可以说。别人在对你说“随便”的时候，如果他不是随便说的，那就等于说：“你自己想想，怎样才合理；只要合理，我当然就随你的便！”

“随便”绝不是“马马虎虎”，我们将心比心，既不希望人家“马马虎虎”待我，当然也就不可以“马马虎虎”对待别人。该“随便”才能随便，不该“随便”绝对不可以随便。

以“不随便”的态度来“随便”，才能符合合理的标准。我们一方面不可以随便说“随便”，另一方面也不能够随便理会或处置别人的“随便”，因为一个有修养、有分寸的中国人，是不随便说“随便”的。

不反对并非赞成

中国人的基本立场是不偏不倚，秉持既不反对也不赞成的态度，在征求中国人意见的时候，中国人基本上说的都是既不赞成也不反对的话。因为事情总是不尽如人意，所以只能赞成一部分而反对另一部分。任何事情，总是不断地演变：原本可以赞成的事情，演变到最后，令人不得不反对；而原来应该反对的，也可能愈变愈应该赞成。这些都是中国人不愿意公开说赞成还是反对的原因。

当把一切弄清楚，而且保证不再改变的时候，中国人自会当机立断，给你一个准确的答复。但是，就算如此，警觉性特别高的中国人，也尽量避免公开表态。一旦你明确表示赞成，那些不希望你赞成的人就会给你施加压力，相反，你反对的话，那些不希望你反对的人也会频频阻挠，徒增许多麻烦。所以，最后养成中国人凡事都含含糊糊的：“这件事嘛，呵呵呵……”

中国人之所以这样，是因为没有安全感，赞成或反对就像下赌注一样，万一押错宝，后果惨重。只要保证他的安全，要中国人表明赞成或反对的立场，其实并不难。古时候，大臣要说一些可能冒犯皇帝的话时，总会先请皇帝饶他不死。这就是在寻求一种安全的状态。

如果有人直接问你这种问题：“你赞成领导关于这件事的处理吗？”那他可能是不怀好意，挖了陷阱让你跳。你说“赞成”或“反对”，都会对自己不利，不是被利用，便是被嘲笑。

碰到这种情况，中国人不可能直截了当地表明态度，而是会反问：“你认为如何？”然后兼顾赞成及反对双方面的看法，适当地表述自己的意见。而被反问的人也是同一态度，或者采用“我也不反对”或“我也不赞成”来应付，因为中国人明白，“赞成”、“反对”不是“二分法”，“不赞成”并不代表“反对”，“不反对”也并不代表“赞成”。

也许有人认为中国人不实在，见风使舵，虚情假意，而且缺乏胆识，不敢担当。其实，我们说既不赞成也不反对，事实上是赞成之中有反对，而反对之中也有赞成，并不是不分是非、糊里糊涂或者怕惹事端。先赞成后反对，先反对后赞成，对方比较容易接受，这种“攻心”术是中国人的独特手法。例如：“我毕业后马上出国留学，你赞成吗？”如果你不赞成，最好回答：“我不赞成你马上出国，但是如果你准备得十分周全，知道自己所要学的是什么，将来学成之后要做什么，我当然不会反对。”

既不说赞成的话也不说反对的话，一方面保证自己的安全，另一方面可以增强对方的责任，凸显听者的自主性，使其更加重视自律和自动。一旦表示赞成，听者受到很大的鼓励和支持，可能大意失荆州，造成阴沟里翻船的惨剧。而一旦表示反对，听者受到挫折，可能因而放弃，或者缺乏信心。不赞成也不反对，听者才会面对现实，用心地研究判断，自己做最后的决定。

中国人相信,公开表示赞成或反对,事实上都不一定可靠,不如采取观察、试探、测试、迂回打听等方式来加以判断。若是因为怕得罪人,吞吞吐吐,既不敢赞成,也不敢反对,那就是心术不正,终将被别人厌恶,自己也不会有什么好前程。合理的赞成加上合理的反对,才是正当的行为。

当然了,在人际交往中,圆通的人也不应该直接问别人是否赞成或反对,以免给人别有用心之嫌,一般只问"你有什么看法"之类的语气较弱的问题。

看清楚之后,合理地表达反对或赞成的意见;尚未看清之前,千万不要冒冒失失地说出"我赞成"或"我反对",以免被利用,或被人看不起,令自己骑虎难下。

研读小结

学习人际传播时,我们应当注意中国独有的文化语境中的情况,将所学知识跟特定的状况结合起来。文化的力量虽然不会时时刻刻都凸显出来,但是其往往发挥潜移默化的作用。

中国文化属于"高语境文化",也就是说同一句话或者一个表情在不同的情境下所代表的含义明显不同。察言观色、随机应变,是在中国文化中必须要学会的。可以比较下跟西方人交流与跟中国人交流时有什么不同,你会加深对这种现象的理解。

[思考题]

1. 什么是自我表露?自我表露的评价尺度(行为准则)是什么?自我表露中你会怎样衡量价值与风险?
2. 自我呈现的方式有哪些?
3. 个体应当如何进行人际认知?
4. 什么是人际印象,人们在交往中容易产生哪些印象偏差?
5. 什么是人际传播的态度?试阐述态度改变的原因。
6. 影响人际吸引的因素有哪些?
7. 联系实际描述人际关系形成与恶化的过程。
8. 新媒体的出现对人际传播的过程构成了怎样的影响?对哪个过程的影响最大?
9. 想象你与现在的好友熟识的过程,最初大家在正式或非正式场合初识,而后对对方有一定的印象和认识,交换联系方式并不断进行互动,关系日以增进……试着用人际传播学的知识描述这个过程。

第五章

人际传播心理

◆ **学习目标**

学习完本章，你应该能够：

(1) 了解人格的类型及特质；

(2) 了解人格障碍的分类与表现特征；

(3) 了解孤独、社交焦虑及愤怒等消极情绪；

(4) 初步掌握对他人人格的判断以及与他们的相处之道；

(5) 初步掌握积极有效的情绪表达方法。

◆ **基本概念**

人格类型　人格特质　积极情绪　消极情绪　情绪智商

第一节　人际传播与人格

人格在人际传播中有特殊的地位和意义。人格是每个人各自所具有的，有其特质。与此同时，正所谓“物以类聚，人以群分”，人格也是有规律可循，有些人的人格特征极其相似，有些则大相径庭。

人格在人际传播活动中表现在主体和客体两类人的身上，特定的人格制约着人的自觉能动性的发挥。对于人格异同的了解让我们能更好地认知自我及他人，对不同人格特征的传播对象采取不同的传播策略，以改善人际关系，使沟通有效简捷，达到好的人际传播效果。

一、人格的概述

(一) 人格的含义

有些人与你仅有一面之缘，但却能引起你的注意。虽然说不清这个人有什么具体优点，但总觉得他有“人格魅力”。他能打动人们，并且让人善待与他。这是什么原因呢？所谓“人格魅力”中的“人格”到底是什么意思呢？

西方语言中“人格”一词（例如法文的 personnalité、英文的 personality）是从拉丁文

persona 演变来的。拉丁文 persona 的原意是指面具。面具是用来在戏剧中表明人物身份和性格的，而这也就是人格最初的含义。

早在古希腊时期，人们就已使用“人格”这个概念，并引申出较复杂的含义，其中包括：一个人的外在行为表现方式；一个人在生活中扮演的角色；一个人与其工作相适应的个人品质的总和；一个人的声望和尊严。

人格是一个具有丰富内涵的概念，对于人格的准确定义，不同流派和领域的心理学家有不同的见解。综合来看，人格是心理特征的整合统一体，是一个相对稳定的结构组织，在不同时空背景下影响人的行为方式和内部过程。人格标志一个人具有的独特性，并反映人的自然性与社会性的交织。

人格由许多稳定的心理特征所组成。有些被普遍拥有，有些则是少数人所独有；有些极其相似，有些则大相径庭。人格错综复杂地交织在一起，集中在不同人的身上。万千世界，自然有不同的人格元素组合成了一个个性格迥异的个体。人格的差异和不同组合使得我们每一个人都成为独特的、异与他人的人。而那些拥有“人格魅力”的人，正是将一些让人喜爱的心理特征完美地凝聚在了一起，从而能释放出一种魅力。

（二）人格的特征

1. 稳定性

人格是由多种性格特征所组成的，其结构是相对稳定的。人格的这种稳定性可以表现在不同的时间和地域上。例如，一个在学习上进取心强烈的人，在工作时也同样爱好竞争。我们会说“这就像是他干的事”。而一个向来和善、谦逊的人，若是某一天突然大发雷霆、脾气暴躁，那么我们会说他今天“变了一个人似的”。可见，人格是黏着在我们身上的标签，它的稳定性在一定程度上标志着谁是谁，区分你我，为人们识别自我以及他人作参考。不过，人格的这种稳定性并非完全不可变。在不同的情境中，人格可反映出不同的方面。总之，人格可能受到情景的影响而发生一些变化，但总的来说是相对稳定的。如果没有这种稳定性，人们就会长期处于对立的动机、价值观、信念的斗争中，人的心理活动就会出现无序的状态。这就是一种人格分裂现象，也称“二重人格”或“多重人格”。

2. 社会性

人格并不是完全孤立存在的，家庭环境、教育环境、社会文化等方面都对人格有着非常重要的影响，这些也是人格形成的主要因素。这使得人格在具有个人性的同时还具有一定共同性。同一民族、同一地区、同一阶层、同一群体的个体间具有相似的人格特征。例如，总的来说，中国人较之美国人更合群、谦逊、中庸，美国人较之中国人则有更强的个体意识、更张扬。这种同一文化陶冶出的共同的人格特征被称为群体人格或社会人格，由群体基本的和共同的经验而生。

3. 个体性

德国哲学家莱布尼兹(Leibniz)说,世界上没有两片完全相同的叶子。我们说,世界上也没有两个人格完全相同的人。虽然人与人之间的某些特征可以是相同的,但他们在整体人格的方面还是不同的。人格的组合结构是多样的,从而导致了人与人之间在性格方面的差异性。由于人格的个体性,因此即使面对相同的外界环境,这种环境对不同人造成的影响都是不同的。比如,虽然我们每个人在看恐怖片时都会产生恐惧,但不同的人会有不同的表达和应对方式。虽然老师的教导面向的是几十个学生,有一点像是在“加工”产品,但学生不是流水线上任人摆布的产品,每个学生的最终结果是因人而异的。

4. 整体性

人格是一个人从行为模式中表现出心理特性的整体,它构建了人的内在心理特征。构成人格的各种心理成分并非相互独立或机械结合,而是通过错综复杂的关系相互联系、交互作用,一起构成个体整个心理面貌。人格不能被直接观察,但却经常体现在人的行为中,使个体显出带有个人整体倾向的心理特征。在构成人格的各种成分中,有的是主要的,起主导作用;有的是次要的,起辅助作用。其主导作用的成分将决定人格的基本特征。人格中任何成分的改变都会引起其他因素的改变。只有从整体出发,在和其他人格特征联系中,才能认识到个别,使其具有确定的意义。如沉默寡言,使人显得孤独这一特征,在不同人身上可能有不同含义。甲可能由于怕羞,不愿出头露面,这是怯懦的表现;乙则可能是不想暴露自己的真实面貌,这是虚伪的表现;丙则可能是想靠别人的努力,获取自己的满足,这是懒惰的表现。①

二、人格的类型

无论你是否有所意识,在现实生活中你经常会用人格类型和人格特质来描述自己以及他人。例如,在初识别人时,你会初步判断这个人是外向还是内向的人。这种描述法在心理学中被称为人格类型论。

人格类型论最初是为了区分和描述不同类型的人,发现人有多少种类型并将每个人安插在各自的类型中。例如,古希腊人把人分为四类:多血质、胆汁质、粘液质以及抑郁质。一旦把一个人归入一个类型,那这个人就不能被归于这一理论的其他类型中去。

除了将自己归类,有时我们还会用一些特质来描述自己,例如我是一个细心、害羞或是友好的人。这种描述法在心理学中被称为人格特质论。人格特质论用多个基本特质来描述人格,每个特质都是对立两端联系起来所构成的一个个体差异维度。任何人都能在这个维度上找到对应位置。比如在勇敢这个维度上,有人得分很高(非常勇敢),有人得分很低(非常不勇敢),而大多数人的得分则介于两个极限之间,既不胆大如虎,又非胆小如鼠。

---

① 杰瑞·M.伯格:《人格心理学》(第7版),陈会昌等译,中国轻工业出版社2010年版,第2—3页。

相对于人格特质论来说，人格类型论较为古老、简单和粗糙，因此目前人格心理学领域特质论更为流行。但是在日常生活中，人们喜欢使用人格类型论，因为它方便简捷、易于理解、广为流传，能帮助我们将人格的复杂性简单化。因此，我们不妨追根溯源，先对人格类型论有个大致了解。

(一) 希波克拉底(Hippokrates)的体液学说

早期的类型论之一是体液学说，由希腊医师希波克拉底在公元前 5 世纪提出。他认为人体含有四种基本体液，每种体液与一个特定的气质类型(一种情绪和行为的模式)相对应。个体的人格决定于哪种体液占主导。体液与人格气质的对应关系如表 5-1 所示。

表 5-1 体液与人格气质对应关系表

体液类型	人格气质	特　点
血　液	多血质	快乐、好动
粘　液	粘液质	缺乏感情、行动迟缓
黑胆汁	抑郁质	悲伤、易哀愁
黄胆汁	胆汁质	易激怒、易兴奋

资料来源 理查德·格里格、菲利普·津巴多:《心理学与生活》，王垒等译，人民邮电出版社 2003 年版，第 387 页。

虽然希波克拉底提出的这个理论没有经受住现代社会的考验，但它的确流行了几个世纪，影响一直持续到中世纪。并且，希波克拉底的这一理论对现代的人格特质论也有影响，我们会在特质论中论述到其现代模式。

1. 多血质

多血质的人开朗、活泼、热情、和善、乐于助人，对他人多采取接纳的方式，对周围事物态度积极。他们喜欢新鲜事物，但是容易三分钟热度或者疏忽大意。在与人交往的过程中，可能忽冷忽热。与他们交往时，不必过分挑剔他们小节上的毛病，如粗心、轻率，而应多与其交流他们感兴趣的事物。一般他们较易相处。

2. 粘液质

粘液质的人做事深思熟虑，有涵养、尊重他人。他们一般不会喜怒形于色，即使不高兴，外表看来依然平静。所以与他们接触，要仔细观察其内心真实感受，尊重他们的想法。粘液质的人大多喜静不喜动，不愿改变现状，在交往中，不要勉为其难。他们反应缓慢，但往往经过深思熟虑，因此，不应当轻视他们的观点和建议。

3. 抑郁质

抑郁质的人敏感、多疑、脆弱，易产生自卑心理，稍重的打击可能使他们一蹶不振。因此，与其交往时要多用委婉的语气以及称赞的方式，避免直截了当地指出他们的弱点，否则会伤害他们的自尊心。还要多关怀他们，尊重他们，使他们摆脱疑虑和孤独感。

4. 胆汁质

胆汁质的人热情、豪放、易冲动。他们有着易受诱惑的天性，常常充满激情地去实现承诺，并能克服困难。他们讲信用、重义气、正义感强，路遇不平，拔刀相助。但他们自制力差，不善于控制情绪，偶有不快便拍案而起。与胆汁质的人交流要采取"以柔克刚"的方式，保持平和的态度、轻柔的语气，不要激怒他们。

四种体液类型所对应的人格气质并无优劣之分，每一种人格气质都其有积极的或消极的方面。然而，人格气质对于人的交往活动有不小的影响。因此，了解他人的气质特点就会了解他人的反映特质。我们在人际传播中，要学会判断别人的人格气质类型，适当预测他人的反映，采取相应的传播对策，见机行事，以达成有效传播。①

(二) 威廉姆斯·谢尔登(Williams Shelden)的胚叶起源人格类型说

威廉姆斯·谢尔登在 1942 年出版了《人类气质的种类》一书，提出了胚叶起源的人格类型论。他认为形成体型的基本成分是胚叶。胚叶的内、外、侧三种成分的发育程度(分配比例)决定三种体型：内胚叶型、中胚叶型和外胚叶型。他又将人的气质和这种体型说联系在一起，认为一个人的气质是他在多大程度上表现出某种体型的特征。体型与人格气质的对应关系如表 5-2 所示。

表 5-2 威廉姆斯·谢尔登的体型三种类型和气质三种类型对应表

胚叶的三种成分	依据胚叶各个成分发达程度的差异特征	体 型	人格类型	特 征
内胚叶(型)	消化器官特别发达	矮胖型	内脏紧张型*(+0.79)	悠闲，多思虑，镇静，行为随和，喜爱社交、美食和睡觉
中胚叶(型)	骨骼肌肉和结缔组织发达，皮肤厚，动脉粗	强壮型	身体紧张型*(+0.82)	体格强壮，精力充沛，大胆坦率，好自作主张，有强烈权力欲，冒险，好斗以及缺乏自我洞察
外胚叶(型)	神经系统，皮肤组织，感觉较发达，骨骼长而细	瘦长型	头脑紧张型*(+0.83)	时而抑制时而神经过敏，思想灵敏，深思熟虑，内倾，不善社交，工作热心负责，难以安眠，有疲劳感

注：*表示体格的三种类型和气质类型的相关值。
资料来源 高玉祥：《人格心理学》，北京师范大学出版社 2007 年版，第 207 页。

虽然体型与人格有某种相关，但不能说明体型与人格间有因果关系。这种理论对人

① 理查德·格里格、菲利普·津巴多：《心理学与生活》，王垒等译，人民邮电出版社 2003 年版，第 387 页。

格并没有多高的预测效度。我们不能从一个人的体型来预见其行为，判断其人格。这种理论只能助长人们的偏见，例如体型矮胖的人可能也爱好冒险，并且不爱社交；而体型瘦长的人则也可能精力充沛并且行为随和、热爱结识朋友。因此，我们在运用这些人格类型论之时，心中一定要了解它的局限性，不可妄加乱用，将之作为放之四海皆为准的绝对真理。①

(三) 阿尔弗雷德·阿德勒(Alfred Adler)四类型说

阿尔弗雷德·阿德勒是奥地利心理学家，被誉为个体心理学创始人。阿德勒从人格早期决定论的观点出发，认为母子互相作用的性质决定了儿童社会兴趣的程度。根据人们所具有的社会兴趣程度，他把人分成以下四种类型：

1. 支配统治型

这一类型的人倾向于支配和统治别人，缺乏社会意识，很少顾及别人的利益，他们追求优越的倾向特别强烈，不惜利用或伤害别人以达到自己的目的。他们需要控制别人从而感到自己的强大和有意义。在儿童期，他们在地板上打滚、哭闹，希望父母向他屈从。如作为父母，他们又要求孩子服从，说："因为我说了要这样"。作为教师，他们威胁学生，说："如果你不这样做，那你就去校长办公室"。这样的人容易发展成虐待者、违法者和药物滥用者等。

2. 索取依赖型

这种类型的人相对被动，很少努力去解决他们自己的问题，依赖别人照顾他们。许多富裕或有钱的父母对他们的孩子采取纵容的态度，尽量满足孩子们的一切要求，以使他们免受挫折。在这样的环境下的孩子，很少需要为自己努力做事，也很少意识到他们自己有多大的能力。他们对自己缺乏信心，而希望周围的人能满足他们的要求。这样的人容易好吃懒做，缺乏独立生活的能力，心理脆弱。

3. 回避型

这样的人缺乏必要的信心解决问题或危机，不想面对生活中的问题，试图通过回避困难从而避免任何可能的失败。他们常常是自我关注的、幻想的，他们在自我幻想的世界里感受到优越。这样的人在现代社会中可能沉溺于网络，而不喜欢跟活生生的人打交道。

4. 社会有益型

这样的人能面对生活，与别人合作，为人和社会服务，贡献自己的力量，他们常常生长

① 黄希庭：《人格心理学》，浙江教育出版社2002年版，第225—226页。

于良好家庭，家庭成员相互帮助、支持，人与人之间彼此理解和尊重。

在上述四种生活风格中，前三种是适应不良或错误的，只有第四种才是适当的。阿德勒认为导致前三种不良人格的原因有三点。首先，生理自卑可能激起积极的补偿（努力）或过度补偿，但也可能导致不健康的自卑情绪，被自卑感所压倒，一点也不追求成就，一事无成。其次是父母对儿童的溺爱或姑息，过多满足儿童的需要。这种儿童是家庭的中心，长大后变得自私自利，缺乏社会兴趣。最后则是父母和成人无视儿童的愿望，缺乏必要的关注，使儿童感到自己毫无价值，也引起他们的愤怒，并使他们以怀疑的眼光看待别人。①

（四）荣格（Jung）的向性类型说

瑞士心理学家荣格提出内倾型和外倾性两种性格分类。内倾的人重视主观世界、好沉思、善内省，常常沉浸在自我欣赏和陶醉之中；孤僻、缺乏自信、易害羞、冷漠、寡言，较难适应环境的变化。外倾型的人重视外在世界，爱社交、活跃、开朗、自信、勇于进取，对周围一切事物都很感兴趣，容易适应环境的变化。一个人只是或多或少地属于外倾型或内倾型，只有当某一种倾向占优势时，这一行为模式才被称为外倾的或内倾的。

除此之外，荣格又指出个人的心理活动有感觉、思维、情感和直觉四种基本机能。感觉指明事物存在于什么地方，但不说明它是什么事物；思维指明感觉到的客体为何物，并给他命名；情感反应事物是否为个体所接受，决定事物对个体有何种价值，与喜欢和厌恶有关；直觉是在没有实际资料可以利用时，对于过去和将来事件的预感。按照两种态度类型与四种机能的组合，荣格描述了性格的八种机能类型。

1. 外倾思维型

这种类型的人，既是外倾的，又是偏向于思维的，他们的思想特点是一定要以客观的资料为依据，以外界信息激发自己的思维过程。比如科学家就是典型的外倾思维型人，他们认识客观世界，解释自然现象，发现自然规律，从而创立理论体系。但与此同时，外倾思维型人的情感受到压抑，缺乏鲜明的个性，甚至不乏冷淡傲慢。

2. 内倾思维型

这种类型的人，既是内倾的，又是偏于思维功能的。他们情感压抑、冷漠、固执、刚愎又骄傲。他们思考外部世界以及自己的精神世界。哲学家便属于这种类型。荣格认为德国哲学家康德是一个标准内倾思维型的人。

3. 外倾情感型

这种类型的人，既是外倾的，又是偏于情感功能的。外倾情感型的人情感细腻、易动

① 黄希庭：《人格心理学》，浙江教育出版社2002年版，第126页。

感情、爱好交际、寻求与外界和谐，但与此同时思维受压抑。荣格认为外倾情感型的人在恋爱时不太考虑对方的性格特点，而考虑对方的身份、年龄和家庭等方面。

4. 内倾情感型

这种类型的人，既是内倾的，又是偏向于情感功能的。内倾情感型的人，有思想，但又思维压抑，将情感深藏在内心，沉默寡言、气质忧郁。

5. 外倾感觉型

这种类型的人，既是外倾的，又是偏向于感觉功能的。外倾感觉型的人，寻求享乐，追求刺激，无忧无虑，不断追求新奇的感官体验，沉溺于各种嗜好。他们对事物并不过分地追根究底，情感浅薄，且直觉受到压抑。

6. 内倾感觉型

这种类型的人，既是内倾的，又是偏于感觉功能的，他们远离外部客观世界，沉浸在自己的主观感觉世界之中，对外部世界淡漠。他们艺术性强，直觉压抑。

7. 外倾直觉型

这种类型的人，既是外倾的，又是偏于直觉功能的。他们力图从客观世界中发现多种多样的可能性，并不断地寻求新的可能性。他们对于事物具有敏锐的感觉，并且不断追求客观事物的新奇性，做事凭预感而非事实。外倾直觉型的人，可以成为新事业的发起人，但不能坚持到底。荣格认为商人、承包人、经纪人等通常属于这类型的人。

8. 内倾直觉型

这类型的人，既是内倾的，又是偏于直觉功能的。他们力图从精神现象中发现各种各样的可能性。内倾直觉型的人，不关心外界事物，脱离实际，善幻想，观点新颖而古怪，不为人所理解。荣格认为艺术家属于内倾直觉型。

以上每一种类型的模式都是典型的极端模式，荣格的心理类型学只是作为一个理论体系用来说明性格的差异。在实际生活中，绝大多数人都是兼有外倾型和内倾型的中间型。纯粹的内倾型的人或外倾型的人是没有的，每个人也能同时运用四种心理机能，只不过各人的侧重点各有不同。此外，外倾型或内倾型也并不影响个人在事业上的成就。①

① 黄希庭：《人格心理学》，浙江教育出版社2002年版，第118—119页。

（五）迈尔斯-布里格斯个性分类指标 MBTI

凯瑟琳·布里格斯和她的女儿伊莎贝尔·布里格斯·梅耶斯根据荣格的向性类型说，加以扩展，形成外倾（E）—内倾（I）、感觉（S）—直觉（N）、思维（T）—情感（F）、判断（J）—知觉（P）四个维度，并依此设计出一套人格问卷调查表。这套人格问卷调查表名为“迈尔斯-布里格斯个性分类指标（Myers-Briggs Type Indicator）”，简称 MBTI。每个人的性格都会落在这一指标的某个点上，并能由此看出这个人的偏好。MBTI 的运用领域广泛，诸如有自我了解和发展、组织发展及团队建设、管理和领导培训、婚姻辅导、职业发展和指导、人际关系咨询、教育及课程发展等。

MBTI 外倾（E）—内倾（I）、感觉（S）—直觉（N）、思维（T）—情感（F）、判断（J）—知觉（P）四个维度通过排列组合把人分成四类，其分别为：

理想型（NF）：直觉接收信息能力强，重心理感受、自我认定、自我肯定；会倾听，喜欢自在，容易受伤害。

监护型（SJ）：感官接受信息能力强（直觉弱）；持续性、目标性很强；重责任、重意志；如果是老板，可能会让下属觉得不近情理，不能处理危机。

理性型（NT）：对问题敏锐，善规划；静观、客观感受、观察力强，弱点是执行能力并不很强。

艺术型（SP）：重外界感受；活在当下，享受生活，对当下事物敏感；善调停，但缺乏责任感，目标性不强，缺乏持久力，有拖延习惯。

四类人对同一句话的解读也会有所不同。例如，说“祝你有好的一天”，四类人的解读分别是：

理想型（NF）：这是有启发的一天。

监护型（SJ）：这是有效率的一天。

理性型（NT）：这是有趣的一天。

艺术型（SP）：这是能及时行乐的一天。

在这四种分类基础上，又细分为 16 种人格类型。这 16 种人的人格特征及其在人际关系上的特点如下：

1. 理想型（NF）

1）ENFJ 教导者型

人格特征：可望向别人表达自己的观点（E）、内省（N）、友善温和（F）、在制定计划的过程中具有判断力（J）。

人际关系特点：这种人格特质的人较倾向于成为“领导者”。他们有创意，也很重视工作气氛，不会拼命工作，不会给自己太大的压力。他们关心他人，也愿意帮助别人，而且由于他们很会教导他人，比较容易接纳他人，因此很多人乐意来找他们帮忙。他们的直觉很强，能创新、有灵感、有创意。他们很擅长社交，能将团体的气氛搞活，所以很受欢迎。但由于他太看重人情和人际关系，因此会很有压力。他们宁愿牺牲自己，也不愿意得罪他人。当他们不得不拒绝别人的时候，会觉得很难受，常会有负罪感。由于他们会具体地组织或计划，因此即使他们的工作分量太大还是能准时完成工作。由于他们得天独厚的交往能力，并且有创意、有理想，从事任何行业都很容易成功。由于直觉强，他们对临时的突发状况应对自如。由于他们具有很高的理想，因此他们无论对自己还是对他人都多少有些不满意。

2）INFJ 劝告者型

人格特征：宁静自闭(I)、内省(N)、友善温和(F)、在制定计划的过程中具有判断力(J)。

人际关系特点：他们是内向情感倾向的人，对人际关系看的很重，乐于助人，喜欢为他人的幸福服务。他们事事都观察和思考。由于他们具有特殊的直觉能力，能很容易体会到表面上看不到的事实，例如人的深层感受。他们很有创造力，而且做事果断，计划性强，能及时完成任务。他们不常与人分享感受，除非是他们认识值得信赖的人。他们是天生的艺术家、作家和诗人。他们能够独处并享受孤独。他们也能聆听和洞察，是很好的朋友和助人者。他们喜欢被肯定，不喜欢被批评。他们不能长时间呆在人群中，也难以忍受过多的分析和解释。

3）ENFP 奋斗者型

人格特征：可望向别人表达自己的观点(E)、内省(N)、友善温和(F)、热衷于探索事物发展的各种可能性(P)。

人际关系特点：他们是具有观察力的人，事事都逃不过他们的眼睛。他们的主动性很强，而且有既定的目标。他们非常敏感、机灵，但不喜欢单调重复，对人或事物很快就会厌倦。他们有领袖气质，很能吸引人，但对组织和计划比较反感。他们喜欢别人，喜欢帮助别人，也能将一个讲话的气氛搞活，让人觉得有趣。他们充满想象力，不喜欢拘束，也不喜欢有最后期限的工作。他们很难在制度下工作，因为无法忍受太多的限制。他们喜欢变化，不喜欢平静的日子，所以也很难做下来思考问题。这种类型的人很少会考虑为自己的将来做一份有保障的安排，比如储蓄或买保险。

4）INFP 化解者型

人格特征：宁静自闭(I)、内省(N)、友善温和(F)、热衷于探索事物发展的各种可能性(P)。

人际关系特点：这种类型的人言行谨慎，他们关心别人也乐于帮助别人，但不会过火。他们在人生的旅途中一直在追求自己的理想并为此而努力和奉献。他们做事依靠直觉，比较不重视一般人所了解的逻辑，有一套自己的处事方式，认为细节不是那么重要，组织和计划也不需循规蹈矩。他们人际关系良好，重视别人感受，对别人可以将心比心、感同身受。他们内省，因此偏好独自行动，与人保持相当的距离。他们比较重视价值和道德，追求真善美。他们天生有一种助人的使命感，愿意为帮助别人而牺牲自己。他们喜欢和谐，总是避免与人起冲突，而且努力取悦他人。虽然直接表达内心的情感对他们来说有点困难，但他们还是乐意去努力尝试。

2. 监护型(SJ)

1）ESTJ 监督者型

人格特征：可望向他人表达自己的观点(E)、对周围环境有着敏锐的观察力(S)、意志坚强(T)、在制定计划的过程中具有判断力(J)。

人际关系特点:这种类型的人对外界环境很注意,是一种管理型的人。他们很有组织能力,能够正确而且准时地完成事情,但很容易以成功为目标,并且也常将自己对事情的判断强加到别人身上。管理型的人不一定是领导,他们非常踏实、精确,但却不太注意到别人的看法和感受。他们对事物的处理能力很强,但在处理人际关系时则会碰到问题。出了问题之后,他们一般不会逃避责任。他们喜欢参加聚会并与人交谈。他们喜欢给别人提意见,但不见得能听取别人的意见。他们比较有男性气质。他们有坚定的意志,是保护者,很外向,并且自我肯定。他们比较喜欢处于主导地位,如果有人听从他们或配合他们,他们就会很高兴。反之,一旦与他们意见不合,他们就会很不高兴。

2) ISTJ 检查者型

人格特征:总是宁静自闭(I)、对周围环境有着敏锐的观察力(S)、意志坚强(T)、在制定计划的过程中具有判断力(J)。

人际关系特点:他们是所有人格类型中最为负责人的。交付给他们的事情一定办得妥当,不负众望。他们会说话,有较强社交能力,人际关系不错。只要他们清楚出席的场合,就能应对自如。一般人会以为他们是外向型的,其实不然。由于他们常做思考,收集外界信息,因此当他们表达一个观点的时候,常能引经据典,用资料或证据来说话。他们常能帮助别人了解事物的具体情况。由于他们自己是如此清楚事件的发展并能清晰表达,当他们不是这样的时候,他们常常会感到焦虑和难受。由于他们组织能力强,又有良好的社交能力,所以常常是领袖人物。但由于他们的这种领导能力是由于责任感所造成的,久而久之,他们会感到烦躁并失去耐心。对他们来说,一切事情都要按照规则来完成,否则他们会很不舒服。对于跟自己不同的人,他们常会有所抗拒。但一旦适应,则会把这个人纳入自己的责任范围。

3) ESFJ 供应者型

人格特征:可望向别人表达自己的观点(E)、对周围环境有着敏锐的观察力(S)、友善温和(F)、在制定计划的过程中具有判断力(J)。

人际关系特点:这种类型的人是任何活动中天然的主持人。他们非常善于社交,很招人喜欢,喜欢和谐,不喜欢有任何争吵发生。他们能以温和的态度将任何需要组织的地方处理得很好。他们对人敏感,也会尽量使别人快乐,并不想做领导。他们非常具有母性气质,非常顾家,常常以家为生活的中心。当他看到屋内乱七八糟的东西时,感到自己受了伤害。一般而言,他们会很照顾人,注意到别人的需要。如果他们不被重视、不被欣赏,就会感觉到不舒服。他们喜欢服从规矩,喜欢讨论实际事件,而不是理论的、抽象的问题。如果人际关系上出了差错,他们会认为原因在自己并会感到沮丧。

4) ISFJ 保护者型

人格特征:宁静自闭(I)、对周围环境有着敏锐的观察力(S)、友善温和(F)、在制定计划的过程中具有判断力(J)。

人际关系特点:这种类型的人充满责任感,动作快,爱干净,听话守规矩,容易相处。他们很有时间观念,生活的中心就是照顾别人,使别人快乐。在服务别人之后,如果别人不感谢他们,他们仍然会继续为别人提供服务。对于承诺别人的话非常认真而且总是努力去做。他们总是默默地在幕后耕耘,不抢风头,连说话的遣词造句都很小心。他们也遵从“工作第一，娱乐第二”的原则。他们有时候把责任看得太重让人有压力。他们经常会抱怨自己的工作，但如果别人拿掉他们的责任或工作，他们又觉得有罪恶感。他们很少为自己要求什么，总是在奉献。他们不喜欢抽象的概念，在生活中最好处处都有指导语，这样就可以跟着去做，如果不是这样就会觉得无所适从。

3. 理性型(NT)

1) ENTJ 陆军元帅型

人格特征：喜爱社会交往(E)、内省(N)、意志坚强(T)、热衷作出符合计划的判断(J)。

人际关系特点：这类型的人有领导欲，他们一生的目的是为成功而努力。他们通常很有逻辑、分析及判断能力，也很会组织计划，根据计划来完成目标。他们比较理性，认为任何事情都必须有正当的、合理的理由和解释。他们也会要求别人果断、有计划性。他们对工作的投入是无可挑剔的，总是工作第一，娱乐第二。他们也是会创新的人。他们常是众人的中心，总在做安排和指挥。与他们一起生活或工作的人压力很大，因为他们较少顾及别人的感受，只重视服从和是否达到目的。他们的原则有次序，头脑清晰，但缺少浪漫及理想。

2) INTJ 策划者型

人格特征：宁静自闭(I)、内省(N)、意志坚强(T)、在制定计划的过程中具有判度力(J)。

人际关系特点：在所有的人格类型中，这种人是最具有自行及独立性的。他们有内省能力，常进行逻辑性思考。他们是天生的决策家，做事果断并且效率高。他们不太重视权威。他们是实用主义者，也是理想主义者。他们喜欢思考和创新。他们根据自己的直觉来选择满足自己需要的逻辑。他们有预测能力，能预测自己未来的业绩。他们往往是工作第一、娱乐第二。他们喜欢挑战，尤其是那些需要创造力才能完成的任务。由于他们重视完成任务的质量，在事业上投入太多而忽视了别人的存在和感受。当别人觉得受伤害或被忽略时，他们会觉得莫名其妙，因为他们在工作上的投入是过度的，自己是如此，对别人也要求这样，因此会给他人带来压力。他们会对自己的组织或团体非常卖力，是很好的员工。人员流动对他的影响不大，他不是没有感情，只是那不是他们关注的中心罢了。他们追求自律，不希望被别人干涉太多。

3) ENTP 发明家型

人格特征：可望向别人表达自己的观点(E)、内省(N)、意志坚强(T)、热衷于探索事物发展的各种可能性(P)。

人际关系特点：这种类型的人是外向和直觉的，对外界事物的发展相当敏感。他们具有丰富的想象力，擅长分析，对许多事情都显示出很大的兴趣，能鼓励激发他人。他们有创意，不喜欢墨守成规，也不喜欢一直投入到工作中。他们求新、求变，喜欢创新的过程，而非常规地达到目的，也就是说目的只是创造过程的一个自然结果罢了。不过，他们并非是无中生有的创造者，而是通过改进继承的东西来完成创造。他们对外界的变化有很强的适应能力。除了丰富的想象力之外，也具有很强的理性来协助他们对外界的观察。喜欢新鲜的任务，而非一成不变地例行公事。他们与人的关系很好，能给大家带来乐趣与活力，但他们不会把精力过多地投入到人际关系上，这会使他们产生逃避的想法。因为他们喜欢冒险，不喜欢一成不变的人际关系。

4) INTP 建筑师型

人格特征：宁静自闭(I)、内省(N)、意志坚强(T)、热衷于探索事物发展的各种可能性(P)。

人际关系特点：这种类型的人非常喜欢对事物进行探讨，不迷信权威。喜欢思考，常常忽略眼前所发生的事情，喜欢分析所观察到的一切，但却永远会有新的信息出现，使他们疲惫不堪，无法完整地将所有的信息都观察到、分析完，所以他们的计划总是在变化不定中。他们似乎是完美主义者，与其一起工作的人会感受到压力，尤其是决断性的人。这种类型的人喜欢与人辩论，提出挑战，因为他们太看重理性，有时候会让他人不舒服，尤其是对感觉性的人来说。他们不善于交往，但喜欢与人探讨问题，喜欢解决问题，似乎总是在学习。

4. 艺术型(SP)

1) ESTP 创业者型

人格特征：可望向别人表达自己的观点(E)、对周围环境有着敏锐的观察力(S)、意志坚强(T)、热衷于探索事物发展的各种可能性(P)。

人际关系特点：这类人坚信“行动至上”，强调“活在当下”。他们在与人交往中获得活力，但也以完成任务为导向。他们脚踏实地，一切以感官为依据。他们搜集资料或作评估时很客观。有时他们做事也会有弹性，接纳新的观念。他们对外界反应快、客观、准确并有技巧。他们认为做计划或准备工作是浪费时间，因为他们坚信时不待我，在做计划或准备工作的同时可能会把现有机会浪费。他们喜欢投入到现实而非书本中去学习。他们喜欢行动，不喜欢静止。一般而言，他们会是舞台的中心人物。他们会碰到难题，因为他们做事不按照规矩，容易惹怒上级。当他们被责怪的时候常会觉得奇怪。别人会认为他们为麻烦制造者，但他们不会自责，并且会很快关注下一个目标。他们聪明、风趣，对细节很敏锐。他们喜欢给别人惊喜，使他人高兴，但通常不会有深度交往。

2) ISTP 手艺者型

人格特征：宁静自闭(I)、对周围环境有着敏锐的观察力(S)、意志坚强(T)、热衷于探索事物发展的各种可能性(P)。

人际关系特点：这种类型的人比较内向、保守，与人保持距离，对人也比较小心，但却愿意尝试所有的事情。他们对具体的事物比较感兴趣。他们或许会突然有几句话让人觉得很幽默，或突然去修理已经坏掉很久的东西。当别人放松的时候，他们也会放松，会感到比较舒服。他们有很强的观察力，所以能立刻注意到那些在人际关系中需要注意的事情。他们喜欢冒险，不怕受伤。如果事情成功了，就会体会到很强的成就感。他们喜欢操作工具，对待工具好似对待玩具，但他们不喜欢按说明书来使用工具，而是即兴地、凭自己的感觉去使用这些工具。他们不喜欢口头的沟通，而是喜欢用行动。他们喜欢平等的人际关系，而不喜欢从属的人际关系，如果有机会，他们会成为出色的领导人。

3）ESFP 表演者型

人格特征：可望向别人表达自己的观点（E）、对周围环境有着敏锐的观察力（S）、友善温和（F）、热衷于探索事物发展的各种可能性（P）。

人际关系特点：这种类型的人给人的感觉是乐观、平易近人、开放，相处起来很舒服。他们强调活在当下，对日常生活的规则不太在意，他们会认为规则会阻碍人们享受生活。他们非常重视他人的需要，不喜欢谈论让人沮丧的话题。如果有人吵架，他们就努力转移到开心的话题上来，以避免令人不愉快的场面出现。这种类型的人也是挫折容忍力最差的人，甚至对于本该发生但未发生的事情有很多担心。一般而言，当他们做了自己喜欢做的事，就可以放松下来，否则就难放心。他们喜欢成为人们的中心，喜欢参加活动，受不了孤寂的时刻。他们不在乎别人的干扰，一直默默观察外界的人或物。他们不喜欢科学或工程，而是喜欢与人打交道的事情。

4）ISFP 创作者型

人格特征：不大愿意采用社交形式展示自己（I）、观察力敏锐（S）、为人友善（F）、机会主义者（P）。

人际关系特点：这种类型的人内心有很多的爱，对他人敏感，头脑清晰而且对生活很感激。在所有的人格类型中，这种人最能与自己或他人有深度接触。他们没有很强的领导、控制他人的欲望，有很大的包容力，喜欢和谐，并尊重别人的空间和隐私，而且能激发别人的潜能。他们对那些行事很有计划性，并且也要求他有计划性的人难以接受。在所有的人格类型中，他们是很容易被忽略的。因为他们比较害羞，喜欢为他人提供服务，有创造力，喜欢享乐，喜欢有色彩的组合，对音、色、动作的感觉都极其敏锐。他们不喜欢演说、写作及会话，因为这些太抽象、不具体。他们对他人的言行非常敏感，不喜欢用太多的语言。他们不是没有表达能力，而是没有兴趣。他们是自由的人，不能被限制，可望回归大自然。容易对他人产生信任，为人慷慨，喜欢消费。①

在了解了人格类型之后，我们可以将此作为认识自己和他人的依据，也通过这种分类来包容他人的不同想法和行为，而不会固执己见，将一己之欲强加于人。例如，一个监护型（SJ）的领导会觉得一个艺术型（SP）的职员缺乏责任心、做事有些虎头蛇尾。但与此同时，也要意识到艺术型的人懂得享受生活，善于发散性思维和创造新事物，绝非一无是处。只是不同人格类型的人所适应的领域、所擅长的工作不同，这时知人善用便尤为重要了。知人善用的刘备，便招揽了一大批至死不渝的忠志之士，尽管这些能人志士的人格迥异，但正因为这种迥异才能各谋其职。人无完人，没有一种人格类型的人是完美无缺的。在人际交往中，我们要在知己知彼，在此基础上宽容待人。

在阅读上述种种的人格分类标准时，你是否有意识或无意识地已将自己或是身边的朋友归入其中的某一类了呢？你是否觉得自己的识人术有了提高？然而，在我们自认为能火眼金睛地识人之时，也要记得千万不能将每个人贴上一种人格类型标签。虽然人格有一定规律可循，然而每一个人都有其独特性，没有人完完全全符合任何一种人格类型的描述。人格分类只是一个参照指标，不是绝对化、公式化的识人工具。我们在运用人格类型进行识人的时候要懂得变通。

① 彭贤：《人际关系心理学》，清华大学出版社，北京大学出版社 2008 年版，第 22—29 页。

［研读专栏］

星座？血型？是否可信？

每年年底也是那些星座血型专家、性格分析大师、算命先生和塔罗女王最为忙碌的时节，因为很多人急于想知道自己来年的运势。

案例1："小姐请留步，我赠你两句。我看你印堂发亮，最近必有好事，但你眉心有黑气，三年之内肯定会生大病。"

案例2:2012年对于双子座而言将会是个需要不断努力去改善的年份，你将需要重新审视自己的人生。2012年对于天秤座而言将会是个颇有好运的年份。木星将会一直守护天秤座，因此天秤座会在新的一年里感到活力十足，自信满满。射手座在2012年里很少会犹豫不决，这将会有利于他们迈向成功。

你是否觉得这些专家说的都有几分道理呢？这其实是一个很有趣的心理现象，在心理学里叫巴纳姆效应(Barnum effect)。江湖术士们看准了这个商机，利用巴纳姆效应云里雾里地说一番就有大把的钞票进账。但其实，掌握一点心理学的知识，就不会轻易上当。

一、什么是巴纳姆效应？

巴纳姆效应是以一位广受欢迎的著名魔术师肖曼·巴纳姆来命名的，他曾经在评价自己的表演时说自己的节目之所以受欢迎，是因为节目中包含了每个人都喜欢的成分，所以每一分钟都有人上当受骗。心理学家伯特伦·福勒于1948年通过试验证明的一种心理学现象，它主要表现为：每个人都会很容易相信一个笼统的、一般性的人格描述特别适合他。即使这种描述十分空洞，他仍然认为反映了自己的人格面貌。

案例1是我们在日常生活中最常遇到的情景，碰到这种情况，一般人都会一笑了之，但有的人会觉得特别有道理，感觉一下子就被"大师"说中了。其实当你仔细分析后，你会发现"大师"的话时间范畴很广，"最近"是一个模糊的时间概念，"好事"也有很多种。遇到这种情况，你不妨多问几句，"大师认为我会遇到什么好事啊？升官还是发财？我生过什么病？哪一年生的？生了多久？怎么治好的？""大师"肯定会被你问得哑口无言，掉头就走，或者用一句"天机不可泄露"来敷衍了事。

案例2是星座小王子最新发布的2012年星座运势，不难发现，星座小王子也非常擅长运用巴纳姆效应。他的分析看似很有道理，但其实针对性并不强。法国一家研究公司曾经把希特勒的生日资料发给星座研究公司，让他们对此人做个性格判断。星座研究公司最后得出的结论是希特勒"非常喜欢动物，富有爱心，热爱和平"。

那些求助算命先生、星座的人本身就有易受暗示的特点。当人情绪低落、失意的时候，对生活失去控制感，于是，安全感也受到影响。一个缺乏安全感的人，心理的依赖性也大大增强，受暗示性就比平时更强了。算命先生、星座小王子稍微能够理解求助者的感受，求助者立刻会感到一种精神安慰。算命、星座、生肖等预测除了有心理方面的原因，还可以用概率学来解释。事物都具有两面性，因此这些预测常常有50%的胜算。

有位心理学家曾经针对巴纳姆效应做过一个实验，他给一群被试者做完明尼苏达多项人格测验(MMPI)①后，拿出两份人格报告让参加者判断哪一份是自己的结果。事实上，一份是参加者自己的结果，另一份是多数人的回答平均起来的结果。参加者竟然认为后者更准确地表达了自己的人格特征。

这项研究告诉我们，人们往往愿意相信一个笼统的、一般性的人格描述。即使这种描述十分空洞，他们仍然认为它确实反映了自己的人格面貌。曾经有心理学家用一段笼统的、几乎适用于任何人的句子让大学生判断是否适合自己。结果，绝大多数大学生认为这段话将自己刻画得细致入微、准确至极。你是否觉得下面这段话也适合你呢?

你很需要别人喜欢并尊重你。

你有自我批判的倾向。

你有许多可以成为你优势的能力没有发挥出来，同时你也有一些缺点，不过你一般可以克服它们。

你与异性交往有些困难，尽管外表上显得很从容，其实你内心焦急不安。

你有时怀疑自己所做的决定或所做的事是否正确。

你喜欢生活有些变化，厌恶被人限制。

你以自己能独立思考而自豪，别人的建议如果没有充分的证据你不会接受。

你认为在别人面前过于坦率地表露自己是不明智的。

你有时外向、亲切、好交际，而有时则内向、谨慎、沉默。

你的有些抱负往往很不现实。

这其实是一顶套在谁头上都合适的帽子。在生活中，这种效应的典型反映是在算命过程中。

二、 如何避免巴纳姆效应?

首先要学会勇敢地面对自己，不要试图把自己的缺陷千方百计地掩盖起来。

其次是要培养一种收集信息的能力和敏锐的判断力。很少有人天生就拥有明智和审慎的判断力，实际上，判断力是一种在收集信息的基础上进行决策的能力，信息对于判断的支持作用不容忽视，没有相当的信息收集，很难作出明智的决断。

再次要以人为镜，通过与自己身边的人在各方面的比较来认识自己。在比较的时候，对象的选择至关重要。找不如自己的人做比较，或者拿自己的缺陷与别人的优点比，都会失之偏颇。因此，要根据自己的实际情况，选择条件相当的人做比较，找出自己在群体中的合适位置，这样认识自己，才比较客观。最后要通过对重大事件，特别是重大的成功和失败认识自己。

重大事件中获得的经验和教训可以提供了解自己的个性、能力的信息，从中发现自己的长处和不足。越是在成功的巅峰和失败的低谷，就越能反映一个人的真实性格。无论

① 明尼苏达多项人格测验(MMPI)是由明尼苏达大学教授哈瑟韦和麦金力于20世纪40年代制定的，是迄今应用最广、颇富权威的一种自我报告式人格测验之一。

是成功还是失败时，都应坚持辩证的观点，不忽视长处和优点，也要认清短处与不足。

三、如何运用巴纳姆效应？

任何事情都有两面性，巴纳姆效应也是一把“双刃剑”，在日常生活和工作中，你可以巧妙地运用巴纳姆效应来建立自己的亲和力。恋爱中的男孩子与女孩子如果懂得巴纳姆效应，就会让爱情变成一件非常简单的事情，很容易找到双方的共同爱好，擦出爱情的小火花。

如果你是一名产品推销员，那更要掌握一点巴纳姆效应的知识。在推销产品时，你可以把产品的适用范畴说得很大。比如你在向客户推销一种心理学的课程，你可以说“我们的课程是专门解决婚姻问题的”。但这样的推销方法无疑是最失败的，因为你不能确定你的营销对象是不是已经结婚，或者婚姻是否美满。即使对方的婚姻真的出了问题，他可能也不太想让别人知道。你可以尝试着换一种话说：“你是不是在追求幸福？”幸福是一个很宽泛的概念，每个人都在追求幸福，所以你的课程对任何人都是有帮助的。①

研读小结

星座、血型也是人格类型论的一种，但人格类型论有很大的局限性和主观性，不可妄加乱用。如果我们完全依照这种理论来认识自我和他人，来制定人际交往策略，那么这非但无助于人际传播，而且会助长我们的偏见，得不偿失。

我们说一个人拥有一种人格特质时，并未完全否定他拥有其他人格特质，只是几种特质的比例和程度有所不同，才会呈现出的测量数据有所差异。因此，在评判一个人的人格特质的时候不能极端化。

人是非理性、复杂的、难以捉摸的研究对象。对于同一个人，我们能从不同的角度、运用不同的理论进行描述。人格理论让我们在认识自我及他人时有章法可循，但这些结论只是规律性的、描述性的、经验性的总结，它们并未说明体形、星座、血型与人格间的因果关系。人格类型论和特质论都不是判断一个人的绝对标准。

三、人格的特质

类型理论把人们划分为不同的类型，这些类型是相互独立、不连续的。特质是决定个体行为的基本特性，是人格的有效组成元素，也是测评人格常用的基本单位。特质理论推崇连续的维度，即在描述一个人的人格特质时参照了其他人。例如，我们说一个人具有女性化倾向，并不是说这个人就是绝对女性化的，而是这个人相对于其他人来说更女性化一点。正因为这种连续性、相对性，我们就能运用人格特质理论将人们进行相互比较，这也是人格特质理论的一大优势。

① 许琨：《小心中了巴纳姆效应的“毒”》，《南方都市报》2011年12月17日。

(一) 阿尔波特(Allport)的特质理论

阿尔波特认为特质是“一般化了的,个人所具有的神经心理结构,它有十多种刺激在机能上等价的作用,并有引起和导致一贯的适应和表现行为的能力”。由于有特质,很多刺激便等值起来,从而使人在不同情况下的适应行为和表现行为具有一致性。特质是一种反应倾向。例如,由于某人具有“友好”这一特质,在不同情境中对相当广阔领域的刺激给以一致的反应,这些反应都体现着这一特质。至于什么样的刺激具有机能等价作用并为个人所接受,这是每个人所固有的特征,表现有个人差异。

表 5-3 特质使刺激—反应趋向一致的模型

刺　激	特　质	特殊反应
碰见一个陌生人 和同事一道工作 访问家庭成员 与一位朋友约会	友好	开朗　愉快 有益　鼓励 温和　有趣 有礼貌　有思想

资料来源　高玉祥:《个性心理学》,北京师范大学出版社 2007 年版,第 222 页。

总之,特制具有独特性、情境性和相对稳定的特点,它是决定个人行为倾向的个性心理结构。

另外,阿尔波特又将人格分为一般特质和特有特质。前者是指在一定社会文化形态下,所有的人都具有的概括的倾向,它没有具体性,只供测定个人具有的特质多少和强弱的差异;特殊特质属于个人所有。世界上没有两个人具有相同的个人特质,由于人们在特有特质上的不同,才表现出不同个人倾向。

个人特质又分为首要特质、中心特质以及次要特质三类,每一类特质对人格都有不同程度的影响。

1. 首要特质

首要特质是个人最重要的特质,往往只有一个,在个性结构中处于支配地位,影响一个人的全部行为。首要特质只在少数人身上观察到,因此具有某一首要特质的人常被看作是典型人物。小说中的典型人物或某个历史时代知名人物经常被冠以某种固定的名称,例如“优柔寡断的哈姆雷特”即是典型人物的首要特质。

2. 中心特质

中心特质是人格结构的主要成分。它由几个彼此相联系的主要特质所组成,虽然中心特质不像首要特质那样具有一般性特点,而是仅限于个人在特定行动中表现出来的那些相关联的特质。它是狭窄的、更为特殊的品质,在特殊的情境中才显现出来。比如一个年轻人在长者面前也许表现的非常谦恭有礼,在其他场合则未必如此,这种在他身上表现出来的谦恭有礼就是次要特质。①

(二) 卡特尔(Cattell)的人格特质理论

美国伊利诺州立大学人格及能力测验研究所的卡特尔教授提出了“16 种人格因素测验”(简称 16PF)。经过几十年的系统观察和科学实验,卡特尔教授用因素分析统计法确定了 16 种人格特质,并由此编制了一种精确的测验,能以约 45 分钟的时间测量出 16 种主要人格特征。16 种人格因素是各自独立的,相互之间的相关度极小,每一种因素都是相互独立的。16PF 适用于 16 岁以上的青年和成人,不仅可以反映受测者人格的 16 个方面中每个方面的情况和其整体的人格特点组合情况,还可以通过某些因素的组合效应反映性格的内向型、外向型、心理健康状况、人际关系情况、职业性向等情况,在国际上颇有影响,具有较高的效度和信度,广泛应用于人格测评、人才选拔、心理咨询和职业咨询等工作领域。

16 种人格因素的分类及含义如下:

表 5-4 卡特尔的 16PF 根源特质

人格因素	低分描述	高分描述
(A)乐群性	缄默、孤独、冷漠、保守、呆板	外向、热情、乐群、开朗、容易相处
(B)聪慧性	思想迟钝、学识浅薄、具体思维	聪明、富有才识、抽象思考
(C)稳定性	情绪激动、易生烦恼、心神不定	情绪稳定、成熟、能面对现实、平静
(E)恃强性	谦逊、顺从、通融、恭顺	好强、固执、独立、武断
(F)兴奋性	严肃、审慎、冷静、寡言	轻松兴奋、随遇而安
(G)有恒性	权宜、不顾规则	有恒负责、做事尽职
(H)敢为性	含羞、胆怯、退缩、缺乏信心	冒险敢为、少有顾忌
(I)敏感性	理智、现实、自恃其力、强硬	敏感、感情用事
(L)怀疑性	依赖、随和、易与人相处、忠诚	怀疑、刚愎、固执己见
(M)幻想性	实际、合乎成规、力求妥善合理	幻想、狂放不羁
(N)世故性	坦白、直率、天真、朴实	精明、能干、世故
(O)忧虑性	安详、沉着、自信、满足	忧虑、自责、烦躁
(Q1)实验性	保守、笨重、尊重传统观念	自由、批评激进、思想开放
(Q2)独立性	依赖、追随别人	自立自强、当机立断
(Q3)自律性	漫不经心、不顾大体、顽固	知己知彼、自律谨严
(Q4)紧张性	心平气和、闲散宁静、松弛	紧张困扰、激动挣扎

资料来源 郑雪、严标宾、邱林:《幸福心理学》,暨南大学出版社 2004 年版,第 123 页。

① 高玉祥:《人格心理学》,北京师范大学出版社 1989 年版,第 221—223 页。

卡特尔认为每个人身上都具备这16中特质，只是在不同的人身上有不同程度的表现而已。正是人格特质有量的差异，才体现出人和人之间在人格结构上的差异。这也是把人格作为数量化分析和评价的前提。①

(三) 艾森克(Eysenck)的人格环理论

艾森克根据人格测验的数据推出三个范围很广的人格特质维度。一是外向性，表现为内倾或外倾的差异。二是神经质，表现为情绪稳定性或不稳定的差异。三是精神质，表现为善良、体贴、亲社会或攻击性、反社会的差异。

艾森克将外向性和神经质这两个维度组合起来建立起一个环状图形。他指出，这个图形中的每一个象限代表了希波克拉底所提出的四种人格类型中的一种。个人可以落在这个圆圈中的任何一点上，从非常内向到非常外向，从非常不稳定到非常稳定。圆圈上所列出的特质描述了两个维度的组合。例如，一个非常外向并有些不稳定的人可能是冲动的、易变的、易激动的、进攻好斗的等。反过来，一个人在健谈的特质上得分越高，就可以认为他的情绪越稳定，并且越外向。②

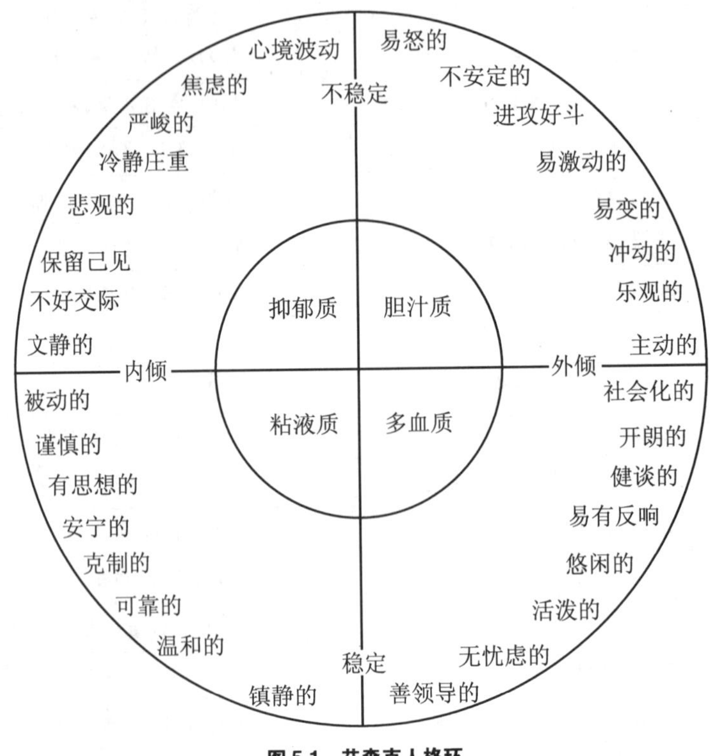

图5-1 艾森克人格环

资料来源 理查德·格里格、菲利普·津巴多:《心理学与生活》,王垒等译,人民邮电出版社2003年版,第388页。

① 理查德·格里格、菲利普·津巴多:《心理学与生活》,王垒等译,人民邮电出版社2003年版,第389页。

② 理查德·格里格、菲利普·津巴多:《心理学与生活》,王垒等译,人民邮电出版社2003年版,第388页。

(四) 人格的五因素模型

近几年来,心理学家在人格描述模式上形成了比较一致的共识,提出了人格的五因素模型,简称为"大五人格"。心理学家通过词汇学的方法,筛选出约200个同义词类群,将其组成一个量级的特质维度。最后发现人们用来总结自己和他人特质的五个基本维度,分别是神经质性、外向性、开放性、随和性以及尽责性。

表5-5　人格特质的五因素模型

因　素	特　征
神经质性	烦恼—平静;缺乏安全感—有安全感;自怜—自满
外向性	爱好交际—不爱交际;娱乐—严肃;感情丰富—感情含蓄
开放性	富于想象—务实;寻求变化—遵循规则;自助—顺从
随和性	热心—无情;信赖—怀疑;乐于助人—不愿合作
尽责性	有序—无序;谨慎细心—粗心大意;自律—意志薄弱

资料来源　杰瑞·M.伯格:《人格心理学》(第7版),陈会昌等译,中国轻工业出版社2010年版,第101页。

上述五种人格特质的具体含义及表现如下:

1. 神经质性

神经质性的正面表现为情绪理性化,冷静,脾气温和,容易产生满足感,与别人相处愉快。神经质性的负面表现为自我防卫,担心个体是否适应。这类人往往容易情绪波动并易产生负面情绪,比如生气、愤怒、自罪和厌恶感,还易于产生非理性的想法,抗压能力差。

2. 外向性

外向性的正面表现为健谈、好动、乐观,面部表情丰富,喜欢作出各种姿势。这类人果断,好交友,很活泼,富有幽默感,容易激动,好刺激;外向性的负面表现为沉默寡言、呆滞,不愿意主动与人接近。

3. 开放性

开放性的正面表现为对新鲜事物感兴趣,尤其是对知识、各种艺术形式和非传统观念的赞赏。比如他们勤于思考,好幻想,知识丰富,富于创造性,充满智慧。开放性的负面表现为自我封闭,循规蹈矩,喜欢固定的生活和工作程式,不善于创造性的思考。

4. 随和性

随和性的正面表现为善于为别人着想。在人们心目中,他们总是富于同情性,直率,体贴人。随和性的负面表现为处处充满敌意，情绪易波动，对人表现不友好，给人不信任感，缺乏同情心。

5. 责任感

责任感的正面表现为行为规范、可靠，有能力、有责任心和有良知。他们似乎总是能把事情做好，处处让人感到满意。责任感的负面表现为行为不规范、粗心，做事效率低，并且不可靠、不可信。

四、人格障碍

我们在与人交往的过程中，可能会碰到一些行为处事与常人格格不入的人而将之视为“异类”，也可能我们会觉得整个世界都与自己为敌而百思不得其解。可能在此时，并非简单的是人际交往技巧或人际交往障碍的问题了，很可能是更为严重的人格障碍在作祟。人是社会的人，人格障碍患者在日常人际传播的各个方面会不如意，给他人和自己都造成困扰。因此，只有了解人格障碍，才能在他人或自己遇到人格障碍困扰时及时发现，正确对待并进行治疗。否则，对人格障碍的认识不足，不仅将对人际传播带来困扰，还可能会导致犯罪和伤害。

(一) 人格障碍的概述

人格障碍，或称变态人格、人格疾患、人格异常，是指在没有认知过程障碍或智力缺陷的情况下，人格发展上明显偏离正常状态。人格障碍者常有人格不协调，情绪易波动，行为常被偶然动机支配，难以与人相处，难以适应社会等情况。这类人常常会因其人格和行为的问题而导致社会功能的障碍，带来痛苦和损害。人格障碍的表现是跨文化和国界的，发病期可追溯到青春期或成长期早期。

广义的人格障碍指各种类型的人格障碍。在接下来的章节中，我们会对人格障碍的分类做具体说明。狭义的人格障碍仅仅限于反社会型人格障碍这一种。该类人格障碍患者多有道德伦理观念沦丧或违法犯罪倾向。虽然反社会型人格障碍患者与普通违法犯罪表现相似，但区别是显而易见的：违法犯罪者有所预谋，有明确动机，守法隐蔽；而人格障碍导致的犯罪却没有预谋和动机，手法不隐蔽。另外，人格障碍患者可能不会感到任何主观上的痛苦，而身边受其影响的人则可能因为该患者的行为而感到痛苦。这点在反社会人格障碍患者中表现尤为明显，因为这类患者对其他人的权利表现出极为显著的忽视，却又没有任何悔恨。

(二) 人格障碍形成的原因

1. 生物学因素

生物学因素一方面体现在生物遗传因素上。亲生父母有人格障碍的，被收养子女有病态人格的比率高。同卵孪生子比异卵孪生子在人格障碍、过失和犯罪等方面的一致率更高。

另一方面是器质性因素，例如遗传素质、脑外伤、脑炎等引起的脑损害等都有可能引起人格障碍。

另外，染色体畸变也可能伴有变态人格表现。还有一方面是病理、生理因素。一般认为，人格障碍患者在神经系统先天素质特点上有些不够健全的地方。据推测，可能由于其大脑边缘系统的发育不健全或缺陷等。人格障碍患者对静态和紧张刺激的自主反应程度比正常人低，他们倾向于缺乏焦虑，因而不能从经验中吸取教训。

因此，人格障碍患者可能并非后天因素导致行为上的过失，他们可能自己意识不到自己的问题。在人际交往中，我们如果能及时意识到人格怪异的人，我们要想一想他们是否是由于先天因素而导致天生人格障碍的人，若是如此，我们更应对他们多一份包容和宽容。

2. 儿童早期教育与家庭因素

很多人格障碍者提起过去总会想到父母不和，缺少父母之爱，父母严厉的拒绝，父母过分溺爱等。不和谐的家庭关系以及不良的教育方式，特别是父母间关系的不和谐，如经常争吵、分居或离异，以及过强的精神刺激如母爱剥夺，都会给大脑正处于发育阶段的儿童造成精神创伤。虽然在当时的影响不明显，但这种影响是潜在的、长期的。它一旦使儿童形成某种不好的行为模式，如不良的应对方式，以后就可能发展成为遇事不积极进取而宁愿避开的回避型人格。因此，家庭环境对儿童的人格发展尤为重要，父母过于溺爱或过于苛责的教育方式都对儿童的人格发展有损害。

因此，当我们身边遇到一些人格有问题的人时，不要一味地批评或嘲笑这个人，而是要想到问题的根本是否出在他的家庭教育上。有一些家长认为自己的孩子不合群、不善于社会交往，但却没有意识到问题出在自己的身上。如果要纠正这种人格障碍，光"治标不治本"是不够的，还需要在源头上下工夫，让家长先检讨一下自己的教育方式。

3. 社会文化因素

社会文化因素是形成异常人格的外因，而且是很重要的因素。在西方，病态人格特别多见。据美国某精神病院门诊和住院的一项统计，诊断为病态人格者占20%，这与西方社会的高失业率、高离婚率等不是没有关系。在一些不发达的国家、城市和地区，由于经济发展的限制，无论是整体教育、社区文化、社会服务、公共事业等发展都受到很大的打击和制约，人们都生活在一种紧张的氛围中，会导致人格障碍情况的扩大化。

现代社会竞争加剧，个体的危机感加重，我们应积极采取必要的预防措施，否则这些都容易给人格的发展带来负面影响，形成人格障碍的触发因素。①

① 章永生：《异常心理与行为》，广东高等教育出版社2008年版，第109—113页。

(三) 人格障碍的诊断标准

1. 美国诊断标准

美国精神医学学会出版的《精神疾病诊断与统计手册》第四版修订版(简称 DSM-IV-TR)对人格障碍的诊断标准如表 5-6 所示。

表 5-6 DSM-IV-TR 对人格障碍的五个诊断标准

1. 标准 A:这种障碍必须在以下领域中至少存在两方面的问题:认知、情感、人际功能或冲动控制。
2. 标准 B:这种持久的模式在广泛的个人与社会情境中必须是不可变且具有普遍性。
3. 标准 C:这种持续模式导致临床上的明显痛苦或功能损害。
4. 标准 D:这种模式具有稳定性且长期持久,其发作至少可以追溯到青春期或成年早期。
5. 标准 E:这种模式不能用另一种心理障碍的证据或结果得到更好的说明。

资料来源 刘毅、路红编著:《变态心理学》(第二版),暨南大学出版社 2010 年版,第 265 页。

2. 中国诊断标准

《中国精神障碍分类与诊断标准》第三版(简称 CCMD-Ⅲ)对人格障碍的诊断标准如表 5-7 所示。

表 5-7 CCMD-Ⅲ对人格障碍的诊断标准

1. 症状标准:个人的内心体验与行为特征(不限于精神障碍发作期)在整体上与其文化所期望和所接受的范围明显偏离。这种偏离是广泛、稳定和长期的,并至少含有下列一项: (1) 认知(感知及解释人和事物,由此形成对自我及他人的态度和形象的方式)的异常偏离; (2) 情感(范围、强度及适切的情感唤起和反应)的异常偏离; (3) 控制冲动及对满足个人需要的异常偏离; (4) 人际关系的异常偏离。
2. 严重标准:特殊行为模式的异常偏离,使病人或其他人(如家属)感到痛苦或社会适应不良。
3. 病程标准:开始于童年、青少年期,现年 18 岁以上,至少已持续两年。
4. 排除标准:人格特征的异常偏离并非躯体疾病或精神障碍的表现或后果。

资料来源 刘毅、路红编著:《变态心理学》(第二版),暨南大学出版社 2010 年版,第 266 页。

3. 联合国诊断标准

联合国发布的《疾病和有关健康问题的国际统计分类》第十次修订本(简称 ICD-X)对成人的人格和行为障碍也有总体概括:人格障碍症包括各种有临床意义的状况和行为类型,它们趋向于有持续性,并表现出个人特征性的生活方式以及对待自己和他人的模式。在这些行为状况和类型中,有些是在个体发育早期阶段,作为体制因素和社会经历双重的结果性人格障碍、混合型以及其他人格障碍和持久的人格改变,是根深蒂固和持久的行为类型,表现为对广泛的人际和社会环境产生固定的反应。他们与在特定文化背景中一般人的感知、思维、情感,特别是在待人接物的方式上有极大的或明显的偏离。这些行为类型相对稳定，对行为和心理功能的多个环节都有影响。他们常常伴有不同程度的主观的苦恼和社会行为方面的问题。

根据上述三种人格障碍诊断，我们可以将人格障碍的几个要素总结为：始发于早年，于童年或少年时起病；人格的某些方面过于突出或显著增强，导致牢固和持久的适应不良；给本人或旁人带来痛苦和伤害。

人格障碍会妨碍人际关系，给社会带来危害，可能给本人带来痛苦。人格障碍是长期的，在儿童时期就发病并一直持续存在于成年阶段。人格障碍所产生的问题会影响到患者生活的方方面面。

(四) 人格障碍的分类及特征

美国精神医学学会根据人格障碍中存在的相似性而将其分为三类人格族群，分别为A群——奇怪型或异常型疾患、B群——戏剧型或情感型疾患、C群——焦虑型或恐惧型疾患。每一个类别下又包含若干人格障碍症，一共有10种人格障碍症。其具体分类、名称、特点如下：

1. A群——奇怪型或异常型疾患

A群包括偏执型、精神分裂型以及分裂型三种人格障碍。有这类人格障碍的人，典型地表现出古怪与异常的行为，包括极端多疑、社会退缩、以奇怪的方式思考和理解事物等。

1) 偏执型人格障碍

对其他人普遍地不信任与怀疑，将他人的动机理解为恶意的，倾向于将自己视为无可指责的。至少有以下四种(或以上)表现：(1)毫无根据怀疑他人利用自己，损害或欺骗自己；(2)总是毫无根据的怀疑朋友或同事的忠实性和可靠性；(3)无正当理由便害怕他人会利用信息来恶意的反对自己，因此不乐意信任他人；(4)一些本来是善意的谈论或事件被病人看作含有贬低或威胁的意义；(5)持久的心怀怨恨，对侮辱、伤害或轻视决不饶恕；(6)容易感到名声被别人攻击，并马上发怒或回击；(7)反复无根据的怀疑配偶或性伴侣的忠诚。

2) 精神分裂型人格障碍

社会关系受损，没有形成对他人的依恋情感的能力或者缺乏这种需要。至少有以下四种(或以上)表现：(1)没有与他人建立密切关系(包括成为家庭的一员)的愿望，亦不能从中感到乐趣；(2)几乎总是单独活动；(3)几乎没有与他人发生性行为的兴趣；(4)对任何活动几乎都不感兴趣；(5)除了一级亲属外，没有亲密的朋友或知己；(6)对别人的赞扬或批评都无动于衷；(7)表现情绪冷淡、隔膜或情感平淡。

3) 分裂型人格障碍

奇特的思维类型，在涉及沟通与社会互动时出现直觉与语言的怪异。至少有以下五种(或以上)表现：(1)牵连观念(不包括关系妄想)；(2)奇特的信念或魔法思想，影响其行为并且与其所属文化的规范不符(例如，迷信、相信“千里眼”、心灵感应或“第六感觉”；儿童和少年可有怪异的幻想或先占观念)；(3)不寻常的知觉体验，包括躯体错觉；(4)奇特的思想和言语(例如含糊的、赘述的、隐喻的、过分渲染的或刻板的)；(5)猜疑或偏执观念；

(6)情感不适切或受限制;(7)行为和外表奇特、古怪或特殊;(8)除了一级亲属外,没有亲密的朋友或知己;(9)过分的社交焦虑,并不随熟识程度而减少,并且多伴有偏执性害怕而不是对自己做否定的判断。

2. B群——戏剧型或情感型疾患

1) 自是型人格障碍

自我戏剧化,对吸引力过分关心,倾向于兴奋性及在遭遇挫折时突然发脾气。至少有以下五种(或以上)表现:有自命不凡的夸大感(例如夸大成就和才能,没有相当成就,却指望被认为是优秀);(1)一心幻想无限的成功、权利、才华、美貌或理想的爱情;(2)认为自己是特殊的和独特的,只有其他特殊的或地位高的人(或机构)才能理解自己和与自己交往;(3)需要过分的赞扬;(4)有一种权利感,即不合情理的期望得到特殊的优待或别人自动顺从他或她的期望;(5)人际关系上利用别人,即为了自己的目的可以损害别人;(6)缺乏感情移入,不愿认识或认同别人的感受和需要;(7)常常嫉妒他人,或认为他人嫉妒自己;(8)表现骄傲,目中无人的行为或态度。

2) 表演型人格障碍

夸大,全神贯注于受到关注及自我提高,缺乏同情心。至少有以下五种(或以上)表现:(1)一种过分的情绪性,追求他人的注意,如果不是注意的焦点将感到不适;(2)与别人交往时常有不适当的性诱惑或挑逗行为;(3)情绪表达变换迅速和肤浅;(4)总是利用身体外表来吸引别人注意;(5)言语风格过分的为了给人印象而缺乏具体细节;(6)显示自我戏剧化舞台化和情绪表达的夸张;(7)易受暗示,即容易受他人或环境影响;(8)认为与他人的关系密切比实际上更为密切。

3) 反社会型人格障碍

缺乏道德或伦理的发展,缺乏遵循行为的赞许模式的能力;撒谎、无羞耻地操纵他人;儿童时期就存在行为问题史。至少有以下三种(或以上)表现:(1)不遵守有关合法行为的社会准则,如多次作出可被逮捕的行动;(2)欺诈性,如为了个人利益或快乐而多次说谎,使用假名或行骗;(3)冲动性或做事无计划;(4)易激惹或攻击性,如经常打架或袭击他人;(5)不顾自己或他人的安全而轻举妄动;(6)一贯不负责任,如多次不能坚持工作或履行经济义务;(7)缺乏懊悔之心,如做了伤害、虐待他人或偷窃的行为毫不在乎或文过饰非。

4) 边缘型人格障碍

冲动、不合时宜的生气,强烈的心境变换;长期烦躁感;具有自伤、自残或自杀的企图。至少有以下五种(或以上)表现:(1)发狂似的努力避免真正的、或想象的被抛弃(注:不包括第五项的自杀或自残行为);(2)人际关系不稳定和紧张,交替地变动于极端亲密和极端疏远之间;(3)身份障碍:自我意象或自我感觉持久的和显著的不稳定;(4)冲动性表现在至少两个方面,可能做成自我损害,例如消费、性欲、物质滥用、鲁莽开车、暴食(注:不包括第五项的自杀或自残行为);(5)反复有自杀行为:作出自杀姿态、以自杀相威胁或有自残行为;(6)由于心境的反应性过强而至情感不稳定,例如发作强烈的苦闷、激惹或焦虑,一般持续几小时,很少超过几天;(7)长期感到空虚;(8)不适当的强烈愤怒或对愤怒难以控制,例如经常发脾气、发怒、屡次打架;(9)短暂的、与应激反应有关的偏执观念或严重的分离症状。

3. C群——焦虑型或恐惧型疾患

1）回避型人格障碍

对拒绝与社会声誉过分敏感、害羞；对社会互动与人际交往缺乏安全感。至少有以下四种（或以上）表现：（1）因为害怕批评，否定或回绝而回避一些人际接触较多的职业活动；（2）不愿与人打交道，除非肯定能受到欢迎；（3）因为害羞或怕被嘲弄，在有亲密关系的人中表现拘谨；（4）在社交场合专注于被批评或被回绝；（5）因为感到能力不足，在新的社交场合表现抑制；（6）认为自己在社交上笨拙无能，没有吸引力或低人一等；（7）认为可能令人难为情，通常不愿意冒个人风险或参加新的活动。

2）依赖型人格障碍

存在于亲密关系分离的困难；难以独处；为保持与他人已形成的关系而放弃自己的需要。至少有以下五种（或以上）表现：（1）如果没有别人充分的建议和保证，便不能对日常事情作出决定；（2）需要别人为其生活中的大部分主要事物承担责任；（3）因为害怕得不到别人的支持或赞同，对别人的意见难以表示不同意（注：不包括真正的害怕报复）；（4）难以独立地提出计划或作某些事情（因为对自己的判断和能力没有信心，而不是因为缺乏动机和精力）；（5）为了获得别人的培养和支持而过分费劲，甚至甘愿做些令人不愉快的事情；（6）因为过分害怕不能自我照顾，在一个人时感到不舒服或无助；（7）一个亲密关系结束时，迫切地寻求另一个关系来照顾和支持；（8）总是不现实的害怕被抛弃而无人照顾。

3）强迫型人格障碍

过分关注秩序、规则及琐碎细节，力求完美缺乏表情及温情；在放松与娱乐方面存在困难。至少有以下五种（或以上）表现：（1）专注于细节、规则、条目、秩序、组织或日程，以致忽略了活动的主要方面；（2）做事要求完美无缺，以致影响了任务的完成（例如，因为不符合自己的过于严格的标准而不能完成一项计划）；（3）过分地献身于工作和追求成效，以致顾不上业余活动和与朋友来往（不是由于明显的经济原因）；（4）对道德、伦理或价值观念等事情过分认真、审慎和固执（不能用文化或宗教认同来解释）；（5）不愿丢弃用坏了的或已无价值的物品，甚至当这些物品已无情感纪念价值时；（6）不愿将任务委托别人或与别人共同工作，除非他们精确地按照自己的方式行事；（7）对自己和对他人都采取吝啬的消费方式，把金钱看作可以储备来防灾的东西；（8）表现僵硬和固执。①

人格障碍听起来离我们很遥远，但事实上，在社会交往过程中你可能曾遇到过一些有人格障碍或者有某种人格障碍症状的人。比如我们常常可以看到有这样一些人，他们总是不能与他人建立良好、融洽的人际关系，对环境适应不良，使工作、生活受到影响。如果一个人只是和个别或少数人关系不好，则完全可能是正常的。如果交往中与多数人相处不好，而且这影响到个人的人际关系，则可能存在人格障碍。你可能只是将这类人笼统地总结为"人际交往有障碍的人"，或者认为他们行为处事很奇怪，或者认为他们为人很坏、人品不好，因此对他们嘲笑和敬而远之。

你是个社交网站达人吗？你身边有沉迷于社交网站的人吗？那你可要警惕了，因为

① 刘毅、路红编著：《变态心理学》，暨南大学出版社2010年版，第271—287页。

很有可能你和你的朋友就是潜在的、隐性的人格障碍患者。最近美国西伊利诺伊大学发表了一项有趣的研究结果，即 Facebook 上朋友的数量和“自恋型人格障碍”有直接的关系。社交网络上朋友多的人，在网络上对评价给予攻击性的答复，会频繁变换头像照片，这些人在微博和日志的更新也比其他人频繁。

其实，很多人格障碍患者自己也不知道自己有如上问题，而且由于患者常常把问题归咎于他人，因此精神卫生从业人员很难说服患者认清问题的自身根源。俗话说：当局着迷，旁观者清。人的自知是很困难的，并且承认自己有某些人格方面的缺点和障碍更是需要很大的勇气。当我们发现自身或旁人有人格问题时，若是可避之不谈，问题反而会欲盖弥彰。

但是话又说回来，没有专业人士指导，千万不要将自己或他人对号入座，对于人格障碍的特征参考一二即可。不然，你真的会发现，原来人人都有病了。总之，我们既不要疑神疑鬼，对自己和他人随便下结论，也不要对问题视而不见，讳疾忌医。

五、人格发展与人际传播

(一) 人格差异与传播行为

除了上述人格特性之外，人格建构还必须包括四个要素：目的、计划、资源以及影响计划运行和实施的理念。这四方面的差异决定着人际传播的人格特征。

1. 目的差异

目的是人们在人际传播中渴求的状态或成果。例如，如果交流者强调社交中的友谊，那么他们的行为就会体现出友好的动机，诸如共同行动、帮助别人、给人忠告或支持、请求别人帮助等等；相反，注重社交利益得失的人在友情上所花的时间少，而把大量的时间花在个人计划、目的以及形象设计上，比如把自己装扮成一个有能力、强大、雄心勃勃的人。

2. 计划差异

计划是指人们为了建立某种人际关系、达到某一目的而制定的一系列行为方案。交流目的不同，相应的计划也就不同。比如女性常常更关心具有品味和公共性的目的，所以计划常常带有共同性特征，她们会邀请朋友分享情感，那么她们的计划就会是逛街、喝茶、聊天等。而男性则可能无法理解这种看上去“没有计划的计划”，因为他们聚会的目的在于解决问题，因此他们的计划直接明确，单刀直入。其实，各自都有目的及意义，只是互相不同罢了。

3. 资源差异

任何计划都要求拥有使目的追求变成可能性的资源。人际模式中有三种基本资源：个人资源、情境资源和关系资源。个人资源包括交流个体所拥有的知识、身体特征、交流技巧、财产、权力和处理麻烦、缓解压力、平衡情感的能力。情境资源包括接近那些可以帮助人们达到目的的人的方法，提供接近对象的方法或者获得经验的方法。关系资源包括来自朋友的情感支持，以及其他使交流者结合到一起的资源。

4. 理念差异

理念将会影响人们对一种人际传播投入资源的多少。即使传播的目的相同、拥有的资源相当，但由于理念不同，人们行动中使用的方式可能迥然不同。比如，相信“人性善”的人比相信“人性恶”的人更会主动与人交流，在为人处事中也更会敞开心扉，不提防别人。①

（二）影响人际交流行为的人格因素

1. 自控行为

自控是一种本质上与个体自我观念联系在一起的个性结构。高自控者能在社交场合密切注意自我行为和他人行为，使其行为符合交流情境的要求。高自控者秉持实用自我观，即按照特定的社交情境和角色确定自己的身份。高自控者有行动能力，喜欢成为注意中心，对于不喜欢的人也能装作友好。相对来说，低自控者代表了一种原则性的自我观，他们按照个体性格和特征确定身份，是一种自我与特征、价值和态度一致的身份。低自控者具有丰富的、可理解的自我认识，他们选择能实际反映其本质的理念、态度和倾向的语言及行为，保持强烈的道德水平，拒绝使人际传播具有强烈的目的或使自我变成“非我”的情形，拒绝使用他们认为是人际交往技巧的策略。

2. 控他行为

传播者除了因自控程度不同影响交流能力外，控制他人或者被他人控制的程度不同也会严重影响个体的交流能力，这种控制行为称为“控他”行为。具有这样行为的人，通常具有以下特点：(1)把获胜动机置于保持人际关系之上；(2)操纵他人，并且随时改变操纵策略；(3)改变看法的可能性极小；(4)把注意力集中于别人与自我的区别，从而寻求可以突破的缺口；(5)交流效果好，行为灵活性高，善于运用感情魅力，使交流过程显得愉快；(6)在比较松散的交流情境中交流效果明显；(7)关系密切的朋友少；(8)当金钱和其他利益受到威胁时，很可能撒谎。

3. 控制点

研究控制倾向的理论“内—外控制点理论”是美国心理学家朱利安·罗特于20世纪50年代提出的。所谓控制点，即人们(个体)在和周围环境(包括心理环境)相互作用的过程中，认识到控制自己生活的心理力量，也就是每个人对自己的行为方式、结果和责任的认知。

---

① 姜琳：《交流心理学》，清华大学出版社2008年版，第30—34页。

罗特认为，对某些人来说，个人生活中多数事情的后果取决于个人的努力程度，他们相信自己对事物发展与后果是有控制能力的。这类人的控制点在个人内部，称为内控者。比如，他们会有“事在人为”或者“我对他那么好，他为什么不感激我”之类的想法。相反，另一些人认为个人生活中多数事情的后果是外部力量作用的结果，他们相信社会安排、命运、运气的作用大于自己的努力。这类人的控制点在个人之外，称为外控者。比如，他们会说“船到桥头自然直，福祸相依，我不必为此多虑什么了”或者“得不到的就注定不是我的”。

在人际传播时，控制点对于人际模式四要素即目的、计划、资源和理念都产生极大影响。与外控者相比，内控者愿意对目的施加更广泛的影响，认为目的是容易被想象的，因此他们会坚持不懈地运用个人的说服力影响他人。与外控者相比，内控者对人际影响和压力更有抵抗力。

4. 辩论性

辩论是一种捍卫自己观点并攻击他人的动机和行为。在人际传播中，人们往往体现出两种倾向，一种喜欢辩论，一种则是避免辩论。当喜欢辩论的人遇到具有较高辩论倾向的交流者时，他们的辩论动机会被大大激发。而避免辩论的人无论遇到辩论欲望多高的交流者都无心辩论。

为了理解辩论在人际沟通中所起的作用，区分言语侵犯和辩论是十分重要的。言语侵犯是带有伤害倾向的对他人的人身攻击。辩论和言语侵犯都有攻击倾向，但辩论攻击的是对方的观点，而言语侵犯则攻击对方人格。辩论常常与结果相关，而言语侵犯则与人际冲突形影相随。

（三）教育环境与人格形成

1. 家庭与人格形成

家庭是制造人格的工厂。儿童生长在家庭之中，必定会受到家庭环境的种种影响，例如该家庭的经济政治地位，家庭成员之间的关系，父母的教育观念、水平、方法和态度，儿童在家庭中扮演的角色等。这都对一个人的人格塑造起到非常大的作用。家庭因素对儿童性格形成的作用不能低估，其重要性在于以下几个方面：

第一，儿童出生以后有十几年的时间在家庭度过。父母的一言一行，整个家庭的气氛，育儿方式等等，总之，家庭中所发生的一切，都在向儿童渗透，影响着儿童身心发展。儿童在家庭中不仅学习知识、掌握技能、发展智力，也培养性格。他们在家庭中既可以接受良好的教育，也可能受到不良影响。这就要求家长重视家庭因素对儿童人格形成的影响。

第二，儿童早期是儿童心理发展的关键期，儿童的一些认识和行为如果错过这个时机，以后就难以再出现。儿童如果脱离母爱或人际交往的时间太长，就不容易形成良好的人格。家庭应该担负起儿童在关键期的学习和教育任务。

第三，人格的形成是有连续性的，后期的发展离不开早期的影响。儿童早期所具有的某些品质可能影响个体一生的发展。健全的早期教育对人格形成和发展具有深远的意义。

1）家庭教育

常言道："有其父必有其子"、"虎父无犬子"，正是说家庭教育与人格的密切关系。父母们按照自己的意愿和方式教育孩子，使他们逐渐形成了某些人格特征。

俄国著名作家果戈理在《死灵魂》一书中，曾描述农奴主的儿子乞乞科夫童年时代入学前和父亲告别时，受到父亲教诲的场景："当他的儿子和他作别的时候，他并没有滴下眼泪来；他给儿子半卢布的铜元做零用，更重要的倒是几句智慧的教训：保甫卢沙，要学正经，不要糊涂，也不要胡闹，不过最要紧的是博得你的上头和教师的欢心。只要和你的上头弄好，那么，即使你生来没有才能，学问不大长进，也不打紧；你会赛过你所有的同学的。不要多交朋友，他们不会给你多大好处的；如果要交，那就要拣一拣，要拣有钱有势的来做朋友，好帮帮你的忙，这才有用处。不要乱花钱，滥请客，倒要使别人请你吃，替你花；但顶要紧的是省钱、积钱，世界上的什么东西都可以不要，这钱不能不要的。朋友和伙伴会欺骗你，你一倒运，首先抛弃你的是他们，但钱是永远不会抛弃你的，即使遭了困难和危险……你想怎样就怎样，什么都办得到，什么都做得成。"

农奴主的父亲把自己的社会信仰和价值观念灌输给儿子，这种极端自私自利的想法形成了以后乞乞科夫狡猾的人格特征。

许多研究证实，不同类型家庭的教育态度及方式对人格形成有不同影响。家庭教育态度可作如下分类：

第一，民主宽容型。父母对孩子的活动在加以保护的同时，还给以社会和文化训练；对孩子要求给予满足的同时，在某种程度上加以限制或禁止，父母和儿童之间的关系表现得非常和谐。在这种类型的教育下成长的人大多谦虚有礼、待人亲切诚恳。

第二，权威独断型。父母对孩子的一举一动都横加限制或斥责，更有甚者，其中许多人相信惩罚的作用，孩子做错了事，大人就大发脾气，不问青红皂白，先揍一顿，孩子挨了揍还不知错在哪里。这样的教育，结果使孩子产生恐惧心理，缺乏自信心，往往以说谎自卫，变得既怯懦又不诚实，性情非常不安定，重者成为神经症。也可能打骂成性，既不怕打，也不怕骂，在家挨打受骂，出门打人骂人，性情变得暴躁。

第三，放纵溺爱型。父母对孩子百般宠爱，过分娇惯，把孩子捧为掌上明珠。百依百顺，居于全家之上，衣来伸手，饭来张口，稍不如意就哭闹不止，最后还得全家来哄。这样，使孩子逐渐形成诸如好吃懒做，生活不能独立，胆小怯懦，蛮横胡闹，自私自利，没礼貌，缺乏独立性等许多不良品质。卢梭曾说："你知道用什么方法一定可以使你的孩子成为不幸的人吗？这个方法就是对他百依百顺。"可见溺爱对于孩子人格养成的危害。

第四，漠不关心型。父母在满足孩子最低的衣食要求以外不再关注和关心自己的孩子。父母也向孩子提出要求，但对于孩子的要求，他们有时简单回应，有时则漠视。孩子在没有关爱和规则意识的氛围下成长。这会导致孩子冷漠、孤僻，不爱交谈，自控能力低下，学业不佳，还容易误入歧途，如沉迷网游、犯罪、吸毒。

2）家庭气氛

家庭气氛是指家庭中占优势的态度和情绪。大致可分为三种家庭气氛。第一种家庭，成员之间互敬、互爱、互助，关系融洽，心情愉快。第二种家庭，成员之间虽然争吵不断，但遇到大的问题仍能心往一处想、劲往一处使，彼此之间存在着相当程度的感情维系作用。第三种家庭，成员之间互相猜疑、互相怨恨、冲突不断、矛盾尖锐，使得家庭中长期阴云笼罩、充满火药味。

父母关系决定家庭气氛，影响家庭中其他成员之间的关系，影响孩子人格的形成和发展。不同家庭中的孩子在性格上有很大的差别。夫妻之间表现得彬彬有礼、和蔼可亲、家庭成员对邻居和气、处事通情达理，孩子也就善与人交、团结伙伴。反之，有些父母言行粗鲁、互相争吵成风、与邻里不和，则其孩子也蛮不讲理、缺乏安全感、情绪不稳定，容易紧张焦虑、忧心忡忡、对人不信任、害怕被惩罚、发生情绪与行为问题。有的家长不尊敬老人，甚至虐待老人，孩子也跟着学，慢慢则可以认为人老了无用，从而形成对老人冷酷、缺乏同情。

2. 学校与人格形成

个性形成和发展的原因不仅仅由于家庭，学校生活时期也是儿童个性形成和发展的主要时期，其对人格塑造的影响力仅次于家庭。

学校是通过各种活动有目的有计划地向学生施加影响的场所，许多社会关系在这里都可以得到反映，例如领导和被领导的关系，指导和被指导的关系，学校也有大家必须要遵守的规章制度、批评与表扬、舆论与奖罚，就如同一个社会一样。学生在学校中不仅掌握一定的科学文化知识，也接受一定的政治观点和掌握一定的道德标准，学会了为人处世的方式，最终形成和完善自己的人格。

1）课堂教学和班集体

在课堂教学传授系统的科学知识的过程中，训练着学生有明确目的的、连续的、有条理的工作作风，使学生在克服困难中培养坚毅、顽强的品质，在集体活动中锻炼组织性和纪律性。

学校的基本组织是班集体。班集体的特点、要求、舆论和评价对学生个性的形成与发展，都给予具体影响。但并不是任何班集体都可以发挥积极作用。具有正确而又有明确目的性的，挑选合适的干部和组织领导核心的，建立起民主气氛、发扬正气、与不良倾向作斗争的，对它的成员有严格要求的班集体，才能使其成员既有积极性、主动性而又有纪律性，才能促使其成员形成优良的个性。

日本心理学家长岛真夫等人研究了关于班级指导对角色加工的意义。实验是在一个班上进行的。这个班有 47 名学生，他们挑选了在班级中地位较低的 8 名学生，任命他们为班级委员，在他们完成工作任务的过程中给予适当的指导。一个学期过后进行测定，发现他们在班级中的地位有显著的变化，第二学期选举班干部时，这 8 名学生中有 6 名又被选为班级委员。另外，也观察到这 6 名新委员在性格方面，诸如自尊心、安定感、明朗性、活动能力、协调性、责任心等特征都有所变化。从全班的统计来看，原来不积极参加班级活动的孤独、孤僻儿童的比例也大大下降了，整个班级的风气也有所改变。

2）师生关系

学校是以教师和学生之间的相互关系为主轴构成的社会集体。从教师对学生的关系来说，教师有一定的权威性，学生常常以教师的行为、品质作为衡量自己的标准。尤其对低年级的学生，他们倾向于把教师的行为方式、思想方式和待人接物的态度理想化，以此作为自己的行为典范，从而教师无形中影响着学生的智慧、感情和意志品质的发展，影响着他们的生活，也影响他们个性的形成。到中、高年级，随着学生兴趣的分化，他们对同年龄人的见解和行为方式在相当大的程度上能够辨别。这时，他们可以通过各种渠道形成自己的个性，相对地说，教师在学生心目中的理想化地位有所降低，但教师的影响作用仍然是重要的。为了指导学生个性的形成，教师必须竭力使自己成为“学生的表率”。

著名的“皮格马利翁效应”说明了教师的形象、期待和情绪对学生的重要影响。皮格马利翁是古希腊神话中的一个典故，说的是塞浦路斯有一位英俊的善于雕琢的国王，他把全部精力和期望投在雕塑美丽少女的形象上。国王如此含情脉脉地凝视着“她”，迷恋于“她”，结果雕像真的活了起来。

美国心理学家罗森塔尔(R. Rosenthal)和雅各布森(T. Jacobson)借用这个故事的寓意，认为教师如果把自己的热诚和期望投放在所要塑造的学生身上，也会激活学生的心灵。依据这种思想，罗森塔尔和雅各布森设计了一项教育性实验。研究者把随机抽取的小学生名单交给一个学校的某班级老师，诈称经过“预测未来发展测验”表明，名单中的学生将来会有优异的发展。并告知老师不要外传此事。8个月后，研究者对全班学生的学习成绩和行为发展变化情况进行了调查。结果表明，列入名单中的学生成绩增长得比其他同学快，而且求知欲望旺盛，表现出更大的适应性，与教师的感情也特别深厚。

据研究者分析，这是由于教师在与这些学生接触的过程中，教师的语调、面部表情以及眼神等，都向他们传递了自己暗含的期待，从教师那里得到更多的提问和辅导，从教师身上得到的是积极情绪体验而受到鼓舞。于是对教师产生了信赖感，教师也从学生身上得到积极情绪的反馈。师生间感情的交融，激起教师更大的教育热情，鼓励了学生更积极地学习，久而久之，使学生的行为也向期望的方向发展。

总之，教师的任务在于影响和引导学生，使他们在掌握一定知识体系的基础上形成一定的观点和信念，形成好的道德品质和个性品质。这需要教师有较好的精神品质，以热爱教育事业的态度为基础，建立起正确的师生关系。只有这样，教师和学生之间才能相互尊重，才可能在正常的教育活动中发展和完善学生的人格。

3）同学关系

同学关系是较为亲密的关系。“近朱者赤，近墨者黑。”这正说明了好的同学能够相互促进、健全人格、发展人格，而坏的同学则可能造成人格扭曲、让人不明是非。生活在学校中的儿童，除与教师发生纵向关系外，也发展着和朋友之间的横向关系。学生们在学校的班集体中有同窗关系，在校外生活和游戏中也结成同学关系。这些关系都影响着儿童的个性形成。

在入学初期，班级中的儿童之间还是孤立存在的集合体，各个儿童都依赖于教师，表现为和教师结合成纵向的关系。一年级的后半期，班级中的相互关系出现了横向结合，组成若干个非正式小团体，不久在集团内部就产生了“统领者”和“服从者”之间的纵向关系。在集团之间并有对立性的表现。随着年龄的增长，集团的行动在发展。西方研究者发现，儿童在9—12岁时，一部分儿童组成凝聚力比较强的“封闭式的统治集团”。他们把这一伙伴集团称之为徒党。徒党的成员往往背着家长和教师，在游戏时做冒险动作或进行反社会的行动，其中一部分青年和非法组织有联系。

心理学家和教育者都非常重视同学关系对儿童个性形成的影响。之所以强调同学关系影响的重要性，其理由如下：

第一，儿童对成人的社会化要求的反抗心理，是在同学集团中孕育的。例如儿童在同学间谈论有关性的问题，进行攻击性的游戏，倾诉敌意等等。他们对彼此之间的所作所为都持肯定态度，步调是一致的。由于对父母的厌恶感情所引起的苦恼，从同学那里也可以听到同样的经验，从而使他们感到安慰。

第二，儿童从同学中看到对某个孩子的行为作肯定评价还是作否定评价，他们就以此作为对自己行为的评价标准。

第三，同学集团为儿童提供一致认同的角色模型。在同学集团中处于受大家尊敬的权力地位，迟早会促使儿童产生与领导者有相同权力和能力的愿望，并把领导者的态度和行动准则，作为自己模仿的榜样。

第四，同学集团经常教给儿童在集团中，应该如何扮演所担当的角色。①

(四) 有利于人际关系的人格特质

要想维持和提高自己的持久吸引力，培养自己的良好品质和品性是一个非常重要的条件。人与人之间要建立真诚友好的朋友关系，归根到底取决于个人的优良品质。心理学家安德森(Anderson)选择了 550 个描述人的特质形容词，让大学生被试对这些词逐个进行评价，试图探讨一个人有了什么样的特质，人们就会喜欢他。评价的标准主要是三类：一类是很令人喜欢的，一类是令人很不喜欢的，一类是介于“令人喜欢和令人不喜欢之间”。结果得到属于第一类和第二类的部分形容词如表 5-8 的第一、二列所示。国内申荷永教授等曾对人际吸引的效应进行了整理，详见表 5-8 的第三、四、五列。②

表 5-8　人际吸引效应品质表

令人喜欢的	令人很不喜欢的	最值得喜欢的	优点和缺点参半的	最不值得喜欢的
真诚	举止不当	真诚	固执	作风不好
正直	不友好	诚实	循规蹈矩	不友好
善解人意	带敌意的	理解	大胆	敌意
忠诚	多嘴	忠诚	谨慎	多嘴多舌
诚实	自私	真实	理想化	自私
可信任的	心胸狭窄	信得过	容易激动	目光短浅
聪明	粗鲁	理智	文静	粗鲁
可靠	骄傲自大	可靠	好冲动	自高自大
富有思想的	贪婪	有理想	好斗	贪婪
体贴	不真诚	体贴	腼腆	不真诚
可信赖的	不善良	可依赖	猜不透	不友善
热忱	不可信任	热情	好动感情	信不过
友好	恶毒的	友善	害羞	恶毒
幸福	讨厌的	友好	天真	讨厌
不自私	不诚实的	快乐	闲不住	虚伪

① 高玉祥：《个性心理学》(第二版)，北京师范大学出版社 2007 年版，第 259—271 页。

② 郑雪、严标宾、邱林：《幸福心理学》，暨南大学出版社 2004 年版，第 181 页。

续表

令人喜欢的	令人很不喜欢的	最值得喜欢的	优点和缺点参半的	最不值得喜欢的
幽默	不正直	不自私	空想家	嫉妒
负责任	作假	幽默	追求物质享受	冷酷
令人愉快	说谎	负责任	反叛	邪恶
		开朗	孤独	自以为是
		信任别人	依赖性	说谎

资料来源　郑雪、严标宾、邱林:《幸福心理学》,暨南大学出版社 2004 年版,第 181 页。

第二节　人际传播与情绪

一、情绪的概述

情绪是指人对客观事物与自身需要之间关系的态度和体验,是人脑对客观现实的主观反映,是由某种外在的刺激或内在的身体状况作用所引起的体验,只是反映的内容和方式与认识过程不同。

(一) 情绪的分类

1. 基本情绪和混合情绪

美国心理学家普拉契克(Plutchik)将情绪分为基本情绪和混合情绪。基本情绪有八种,它们是:高兴、接受、害怕、惊讶、悲伤、厌恨、气愤和期望。混合情绪是相邻的两个基本

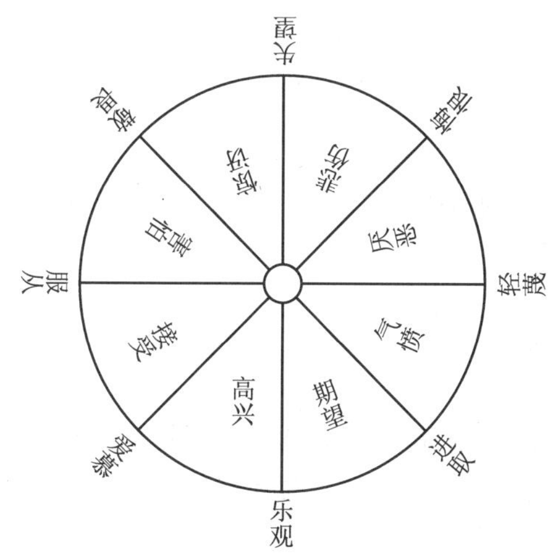

图 5-2　情绪模型:基本情绪与混合情绪

资料来源　约瑟夫·A. 德维托:《人际传播教程》(第 12 版),余瑞祥等译,中国人民大学出版社 2011 年版,第 191 页。

情绪的结合。例如,爱慕是高兴和接受混合后产生的情绪。①

2. 积极情绪和消极情绪

情绪可分为积极情绪和消极情绪。具体来说,积极情绪有舒适、轻松、满意、安心、兴奋、愉快、高兴、欣喜、狂喜等;消极情绪有厌烦、沮丧、苦恼、伤心、悲痛、失望、焦虑、忧郁、忌妒、愤怒、惧怕、惊恐等。其中,积极情绪又分为高积极情绪和低积极情绪。高积极情绪的人是积极的、满足的、对生活满意的;低积极情绪的人则是悲伤的、懒散的。消极情绪分为高消极情绪和低消极情绪。高消极情绪的人是紧张的、愤怒的、生活充满压力;低消极情绪的人是镇静的、平和的。

(二) 情绪的强度

情绪的强度是指人们体验到某种情绪的力量或程度。一般把情绪中的怒由弱到强划分为微愠、愤怒、大怒、暴怒和狂怒;喜欢由弱到强划分为好感、喜欢、爱慕、热爱和酷爱等。情绪表现的强弱是划分情绪水平的标志。情绪强度与个体所面临事件对自身意义大小有关,同时也与人的行为目的和动机强度存在着密切关系。

对于情绪强度高的人,即使比较温和的事件也能引起他们强烈的情绪反应。一般来说,高情绪强度者享受积极事件的程度要高于低情绪强度者,而消极事件带给他们的伤心程度也要高于低情绪强度者。例如,对于高情绪强度的人来说,别人给他一个微笑,他就会把别人当作朋友,快乐一整天;而当遭到别人的否定时,对他来说这天就是世界末日。因此,高情绪强度者总是反应过度、情绪夸张。②

(三) 情绪的特点

情绪是复杂的心理现象,主要有以下几方面的特点:

1. 独特的主观体验

主观体验是情绪最主要的组成成分,是个体对不同事物的自我感受与体验,它涉及人的认知活动以及对认知结果所进行的评价。

2. 明显的外部表现

表情是明显的情绪的外部表现形式,它通过面部肌肉、身体姿势和语言语调等方面的变化表现出来,在情绪中具有独特的传递自身体验的作用。

---

① 约瑟夫·A. 德维托:《人际传播教程》(第12版),余瑞祥等译,中国人民大学出版社2011年版,第190—191页。

② 杰瑞·M. 伯格:《人格心理学》(第7版),陈会昌等译,中国轻工业出版社2010年版,第131—133页。

3. 独特的生理机制

在情绪活动过程中，大脑皮层以及大脑皮层下的丘脑、下丘脑，大脑皮层边缘系统及网状系统等部位都对情绪起着特定的作用。

4. 情绪有传染性

情绪的传染是心理能量的传递，是一种情绪的心理共振。情绪会从一个人传染到另一个人。比如，如果妈妈笑了，婴儿也会跟着笑。在大学寝室中，一个人的消极情绪会传染给其他室友。

（四）情绪的功能

1. 适应功能

情绪是个体适应环境、求得生存与发展的工具。从人类远古祖先的进化角度分析，情绪是随着适应环境和脑的发育完善紧密相连的。因此，情绪具有社会性成分，并有助于人类适应社会环境。情绪的根本含义在于适应社会环境。

2. 组织功能

人在知觉和记忆过程中对信息进行选择和加工，情绪则对心理过程进行监督，是心理活动的组织者。积极的情绪具有调节和组织作用，消极的情绪则具有干扰和破坏作用。

3. 信息功能

情绪是人际交往的重要手段，通过表情来传递信息、沟通思想并实现其信号功能。从心理学角度而言，首先是语言交际。但是，在某些情况下个体的思想或愿望不能言传而只可意会时，只有通过表情信息，达到人与人之间的沟通与交流，达到互相了解、彼此共鸣的目的。

4. 动机功能

人的需要是行为动机产生的基础和主要来源，情绪作为个体需要是否获得满足的主观体验，它激励人去从事某些活动和行为，提高活动的效率。

（五）情绪状态

情绪状态是在某种事件或情境影响下，人在一定时间内所产生的情绪，典型的情绪状态有心境、激情和应激。

1. 心境

情绪是反应性和活动性的过程，即个体随着情境的变化以及需要满足状况而发生相应的改变，受情境影响较大。从发生强度和激动性看，心境是微弱而持续的情绪体验状态，它的发生有时自己觉察不到或很难感受到。从持续时间看，心境是稳定的、持续时间较长的情绪体验状态，少则几天、几周，多则数月、数年。从作用的范围来看，心境不是对某些具体事物的特定体验，而是一种具有非定向的、弥散性的情绪体验状态，即心境不指向某个特定事物，而是使人的整个精神活动和行为都染上某种情绪色彩。

2. 激情

激情是一种强烈的、短暂的、爆发式的情绪状态。激情往往由与人关系重大的事件所引起，例如，取得重大成功后的狂喜、惨遭失败后的绝望和沮丧等。激情是可以控制的，在激情发生的最初阶段有意识地加以控制，能够将危害性减低到最低限度，因此，个体要学会控制激情的消极影响，不要以激情作为借口原谅自己的过失。激情的特点有：(1)爆发性：激情发生过程一般都是迅猛的，在短暂时间内把大量能量喷发出来，犹如火山爆发，强度极大。(2)冲动性：一旦激情发生，个体会被情绪所驱使，言行缺乏理智，带有很大的盲目性，出现“意识狭窄现象”，即个体在激情状态下认知活动范围变得狭小，理智分析能力受到抑制，此时个体的自我控制能力减弱，意志控制减弱，出现行为失控现象。(3)短暂性：激情爆发后的短暂平息阶段，冲动开始弱化或消失。出现疲劳现象，严重时会出现精力衰竭，对身边的事物漠不关心，精神萎靡。(4)指向性：激情一般都是由特定对象或现象引起。(5)外显性：在激情状态，可以看到愤怒时的“怒目圆睁”、狂喜时的“手舞足蹈”、悲痛时的“嚎啕大哭”等，有时甚至还出现痉挛性动作，言语过多或语无伦次。

3. 应激

应激是个体在生理或心理上受到威胁时出现的非特异性的身心紧张状态，表现在出乎意料的紧张状况下所引起的情绪体验。应激是人在对意外环境刺激所作出的适应性反应。

二、愤怒

愤怒是一种激活水平很高的爆发式的负面情绪。愤怒的体验是生气、怨恨、被侮辱、失望等负面的内容。愤怒会影响人的生理及心理反应，例如会导致食欲降低、不消化，长此以往可能导致消化系统的生理功能紊乱。愤怒也让人失去理智或增加爆发力，例如家庭暴力。

(一) 愤怒的表现形式

1. 修正过的表现形式

修正过的表现形式指的是旁人一听便能知道当事人的愤怒，但其表现形式已经被修正，怒气受到控制。例如，当我们说自己被某人惹恼了，但并没有感觉到生气的情绪时，其实我们是在否认自己的生气，我们所排斥的正是愤怒这种真实情绪。

2. 间接的表现形式

这种方式是把愤怒隐藏起来，说者和听者皆不能直接感受到愤怒的情绪。比如，当家长知道孩子在学校里犯错误时，为了表现自己是一个大度的开明的家长，会口是心非地说："我一点都不生你的气，只是想知道你为什么这么做。"但是孩子一听便能感受到家长的怒气，对这种笑面虎式的反应反而会更加畏惧。子女被这句话所引发出来的罪恶感却比被责罚更难受，也更难应对。

3. 沮丧的形式

沮丧的形式有犹豫、无望、低潮等。这种方式呈现出来的愤怒比间接表现形式更难以察觉。例如，一再努力和尝试后的工作表现仍不如自己的期望，或是未能获得他人的赏识时，我们内心其实是生气的。但我们却可能只有感觉到泄气、绝望或焦虑的情绪，而没有发现自己生气的事实。

当遇到以上三种表现愤怒的表现形式时，我们该停下来，想一下发生了什么？自己或他人是不是正在愤怒的浪潮中载沉载浮而不知？或是明明生气却仍努力压抑？什么原因导致如此愤怒？有时生气会引发人们内在的力量，转化为积极、保护的作用，有时则因为不当的发泄而带来伤害。为了使愤怒的正向功能最大，杀伤力降到最低，我们先要能辨识出自己或他人是不是正处在愤怒的情绪中，如此才能选择适当的方法表达出来。

(二) 愤怒的心理原因

愤怒的原因可分两类，一类是直接原因，一般自己可以意识得到，还有一类是潜在的原因，自己一般意识不到，但却促使愤怒的积聚、生成或爆发。

1. 被侵犯或权益受损

他人损害自己的权益、自尊或是对自己不公平时，我们会有愤怒的情绪。例如，当别人出言不逊伤及我们的自尊心、遭到别人误会、被别人欺骗。甚至，如果有人误将你当作他人而对你劈头盖脸一顿骂，虽然你知道他并非针对你而是认错了人，可还是会感到委屈,并为此愤愤不平一整天。再比如,青春期子女容易因为父母对其隐私的窥探和干涉而感到愤怒,他们会不惜为此与父母争执。因此,处于青春期的子女在"叛逆"的背后可能是受到了家人无意识的侵犯,而并非无理取闹。

2. 受到挫折

我们对事情通常都有预设的流程和目标,当事情进展未尽如人意时便容易有挫折感,我们会认为外在环境中的一切不应该这样对待我们,所以愤怒油然而生。比如,当你信心满满地去参加应聘面试,认为自己表现得很好,受到老板的认可,却不料最终并未被录用,那么这种挫折感会让你觉得不公平,你可能会赌气说"以后再也不买这家公司的任何产品了"这样的话。

3. 被忽略

如果总是被忽略、得不到想要的事物或关爱,也会以愤怒的方式来获取注意。例如,小孩子发现用大哭大叫的方式可以得到想要的玩具或父母的关注时,日后自然会一再使用类似的方法来达到目的,并且可能到了成年后依然用生气的方法来引起别人注意,他们摔东西、大声咆哮都意味着他们缺乏存在感,极度需要他人的注意和关爱。

4. 维护价值观

对成年来说,许多愤怒情绪的产生来源于对自己价值观的维护,并且为了维护自己价值观而产生的愤怒情绪往往是很深刻的。甚至平时根本不动怒的人,也会因为价值冲突而勃然大怒,行为激烈。例如,有宗教信仰的人就很难任由他人对自己的信仰作批评或表示不认可,并因此发怒。世界上许多冲突和战争也大都由此引起。

5. 想要对他人施加影响

有时候,愤怒只是一种手段,或者只是一种假怒的表现。由于愤怒是个人在表面上看起来地位较高,拉升了心理地位,因此接着表现出生气的样子,重申权力,得以握有控制权,也可以使别人不责怪自己或者使别人自责和内疚。例如,老板有时会向员工故意表示"我很生气,后果很严重"的情绪,其目的是使员工提高谨慎度和工作效率。

6. 疾病或疲劳

疾病可能造成人的虚弱状态,因此表面上看他们不是以直接的暴力攻击方式侵犯别人以表达愤怒,但这并不意味着他们不侵犯亲人或者怒气小。疾病状态中的人经常趋向于向亲人抱怨,他们在家庭中更容易被人激怒,如果不会招致反击,他们也会把自己的怒气发泄出来。处于疲劳状态下的人,也一样容易发脾气。例如,家庭妇女如果看到丈夫无所事事也不来帮忙，就容易生气上火。表面上，妻子发火的理由是责怪丈夫不体贴，但内在原因很可能是她感到特别疲劳，尤其是单调以及重复劳动使得她心理疲劳。

疾病与疲劳之所以容易产生怒气，其原因主要有两条：一是疾病和疲劳容易使人对自我产生怜悯感和受挫感。一旦产生这种感觉，往往对别人的照顾、对环境的要求就变得高起来，而这样又会强化受挫感。二是在疾病和疲劳状态下的情绪体验不佳，这种负面的情绪体验与环境中的具体事物构成直接的连接，因此导致人从不满意自身的状态，泛化为不满意环境中的刺激，从而产生愤怒的情绪。

7. 厌倦

厌倦也是导致生气、发怒的潜在原因。例如家庭中的暴力问题，其主要原因之一就是夫妻间彼此产生了厌倦和不喜欢的情绪。再如，工厂流水线上的工人由于每天都在重复劳动，因此产生厌倦。他们很需要情绪发泄的机会，如果发泄不当或者无处发泄，则会作出一些极端举动，例如自杀或伤害他人等。①

（三）愤怒的应对

1. 愤怒的非理性应对

1）发泄

发泄固然能泄愤，但一般来说，发泄并不值得提倡。发泄通常会使情绪中枢兴奋，让人一发泄起来就不能停止负面情绪。“情商之父”丹尼尔·戈尔曼(Daniel Goleman)认为：心理学家已试验测验发泄的效果，结果一再证明，以发泄来平息怒气收效甚微。②当然，在某些特殊情况下，发泄或可达到出气的作用：比如直截了当向惹你生气的人发泄一番，使你觉得自己占了上风或伸张了正义，使惹你生气的人“获得了惩罚”；或发泄使惹你生气的人的行为有所收敛，不再与你对着干。然而，这是说说容易，做起来难，因为弄得不好，发泄会使人更加怒火中烧。事实上，由于情绪的传染性，当人们发泄愤怒时，就是在延续和扩展愤怒的情绪。

2）压抑

泄愤着实不是一个应对愤怒的好方法，但压抑愤怒同样不可取。压抑愤怒是一种慢性的精神折磨，他会使人体内各系统正常功能受到限制，进而使免疫力降低，长久以往会引发疾病。心理学家认为，压抑愤怒的原因除了情景及对象不合适外，主要在于人们具有某种特定的想法，导致我们对表达愤怒有所顾忌。例如，有人会觉得愤怒不是一种好的情绪，发脾气有伤风度，发火的样子很难看，君子报仇十年不晚，大事化小小事化了，不要撕破脸皮等。

① 孔维民：《情感心理学新论》，吉林人民出版社2002年版，第221—228页。

② 丹尼尔·戈尔曼：《情感智商》，查波、耿文秀译，上海科学技术出版社1997年版，第71—72页。

2. 愤怒的理性应对

1）适当的发泄

适当的发泄是舒缓愤怒情绪的方法，不会激化矛盾。只要遵循几个原则，那么适当发泄是可以接受的。第一，发泄所表达的是自己的愤怒情绪，而不应该涉及对别人的价值判断，否则将会激化矛盾，使问题的解决变得更为困难。第二，对那些有可能改变的事情发火，如果事情无法改变或者不应改变，那么发火也无济于事，反而增加了自己无效的付出。这么一来又会强化你的无能感，导致你发更大的脾气，形成恶性循环。例如，不要抱怨生活的不公平、不平等，因为也许生活从来就是不平等的，也永远都不会有平等。当生活不如你所愿时，大多数人会很沮丧，但为此而发泄是不必要的，不妨将其作为生活的一部分予以接纳。

2）换位思考

当你被人惹怒时，首先需要冷静地分析一下愤怒的来源。不妨尝试站在他人的立场上想问题，或许你即可就能理解为什么别人会做一些看上去很恼人的行为。一旦你为他人的行为找到可信服的证据，你也就降低了愤怒情绪的强烈程度，为有效沟通建立了基础。比如，你的老板因为你犯了一点小错就把你叫进办公室来横加指责，你可能会被他的愤怒所惹怒。但之后了解到，他的一位亲人刚刚过世，他投进股票中的钱又跌了一半，再加上他最近患了重感冒，因此情绪才会失控。这时，你非但会打住自己的怒气，反而会对老板产生同情，想着如何为他分忧解难。

另外，当你自己在发怒时不妨想象一下他人看到你愤怒的样子时会有什么样的想法，会对你留下什么样的印象呢？人在愤怒的时候往往会失去理智，自我认知也处于迷糊状态。我们看不到自己愤怒的样子，但若是我们面前有一面镜子，我们很有可能会被自己张牙舞爪的样子震惊到，也可能突然意识到解决问题另有他法。因此，在遇到愤怒情绪时，我们不妨照一照镜子，站在局外人的客观视角来看看自己的处境究竟是否值得发怒。

3）放松身体

人的情绪好坏会导致人的机体发生反应，当我们感到愤怒时，我们的嘴角会下垂，双眉紧锁。反过来，当一个人作出愤怒的表情时，他没准真的会变得愤怒起来。同样的，当我们已经感到愤怒时，不妨调整身体状态以及表情，以身体来带动和调整情绪。你现在就可以尝试一下，用牙齿咬一根铅笔，迫使嘴角保持上扬的姿势，是否有一种莫名的好心情呢?

放松是靠身体来缓解心理情绪的方法，看似很简单，但是一旦愤怒起来，放松就被抛在脑后并且变得相当困难。我们可以这样来训练自己放松：用横隔膜深呼吸，想象你的呼吸来自你的腹部；写压力日志，记录不良情绪的产生、发展与控制过程的体会；或采用肌肉放松训练与冥想等技巧给自己减压；慢慢重复一个放松的词或词组，比如“放松”、“别紧张”；想象或回忆一次放松的经历；做瑜伽、慢跑等简单的运动，避免激烈运动。

4）改变环境

有时候我们可以通过适当改变环境来缓解愤怒。责任和困难会带给人压力，而身边的人和事正是责任和困难的来源。因此，我们可以让自己暂时逃避一下，离开自己生活的圈子，以确保自己在那些压力巨大的日子里有一些休闲时间。例如，给自己定下一个原则:每周日上午将手机关机,一个人窝在沙发上看书。再心急火燎的事情也必须搁置,任何人和事都不能打扰和占据你的这段私人时间。由此便可以得到平静、缓解急躁和愤怒。另外,改变环境也能使我们分心,从而不再关注自我痛苦。

5) 改变认知

斯多葛学派哲学家爱比克泰德(Epictetus)曾说:"不是事物困扰了我们,而是我们对事物的看法困扰了自己。"人的愤怒也可能因此产生——让你愤怒的并非此事或者此人,而是你的看法和态度。因此,改变对事物的认知习惯能解决愤怒情绪。有一位学者受邀做讲座,却发现上座率很低。他没有发怒,而是笑着对台下观众说:"你们一定很有钱,因为我看到你们每个人都买了两三张座位票。"台下立马哄堂大笑起来,本来可能使人愤怒的事情转化为了一个精彩的开场白。

易怒的人会用狠毒的话来责骂,以此来反映他们内心的想法。如果用这些词汇来思考问题,你的思维就会变得夸张或戏剧化。即使你的愤怒原本并没有那么激烈,一旦过度使用言辞激烈的表达方式,你就会被自己的言语所感染,以至于变得真的很愤怒了。相反,你可以用理性思维来代替感性发泄,例如不要说:"我这下完蛋了。"而是说:"发生了这样的事,我现在情绪不稳定是很正常的。事已至此,再差又能差到哪里去呢?这不是世界末日,生气也于事无补。"

港剧里最有名、最常用的台词是:"做人嘛,最重要就是开心。"虽然是一句简单的话,但这还真是人际交往以及人生的真谛。与人交往过程中总有欢乐和痛苦,用积极的视角去认识事物,才是保持好情绪的王道。

三、恐惧与焦虑

恐惧和焦虑是两种相似的情绪。它们共同的特征是对危险的体验、畏惧以及被威胁的体验。不同之处在于触发这两种情绪的体验以及两种情绪所持续的时间不同。恐惧是人对感知到的危险的反应,当危险消失,恐惧也就迅速消退。但焦虑不需要一个确定的危险,并且焦虑的消退需要很长的时间。①

(一) 恐惧与恐惧症

恐惧指的是由于面临危险而引起的令人不愉快的情绪。恐惧症是一组以特定物品、情境或活动,产生过分的不合理的恐惧,并伴随有回避其所惧怕的对象或情境为主要特征的恐惧性神经症。这些对象或情境可以是空旷或幽闭空间、黑暗、高度、婚姻、社交等情境,也可以是人、动物、镜子、海洋等实物。恐惧症的具体类别有一百多种,常见的有广场恐惧症、幽闭恐惧症、飞行恐惧症、密集恐惧症、恐高症、社交恐惧症等。

恐惧症的普遍特征有:患者对情境有过分的需求、所产生的恐惧无法得到合理解释、恐惧超越意志的控制,患者会尽量回避这种可怕的情景。②

---

① 卡拉特:《情绪》,周仁来译,中国轻工业出版社 2009 年版,第 9—122 页。

② 孔维民:《情感心理学新论》,吉林人民出版社 2002 年版,第 53—259 页。

(二) 焦虑与焦虑症

焦虑是人们遇到某些事情、挑战、困难或危险时出现的一种正常的情绪反应。这种焦虑是一种保护性反应，也称为生理性焦虑。焦虑是人的一种常见的心理情绪，而当焦虑的严重程度和现实处境明显不符，或者持续时间过长时，就变成了病理性焦虑，即焦虑症，或称焦虑性神经症。焦虑症可以说是人群中最常见的情绪障碍，它以广泛性焦虑症和发作性惊恐状态为主要临床表现，常伴有头晕、胸闷、心悸、呼吸困难、口干、尿频、尿急、出汗、震颤和运动性不安等症。

(三) 神经症

我们时常听人用"神经病"来调侃他人。但人们往往根本不了解"神经病"的含义，基本上是想表达"这个人精神有问题"或者"这个人行为举止怪异"等想法。"精神病"、"神经病"和"神经症"三者有很大的区别。一般我们都将它们混为一谈不加以区分。有时候，我们的无心调侃会重伤真正患有这类疾病的人，对别人造成了伤害却不自知。我们的朋友或者我们自己就可能患有类似疾病或者有轻微症状。如果不及时识别、加以关注和治疗，则会成为我们人际交往中的障碍，又会使人身心痛苦。因此，为了避免人际传播发生严重问题，我们必须了解这三种病症的病因。

1. 精神病

精神病指人的高级神经活动失调，认知、情感、意志、行为活动诸方面发生各种各样的障碍。通常与遗传、社会环境影响、性格特征及脑部某些神经生化改变等有关。症状主要为言语零乱、幻觉、妄想、兴奋不安、伤人毁物、动作古怪等。其常见病种有精神分裂症、偏执性精神障碍、心境障碍、反应性精神病等。患者多因不承认自己有病而拒绝治疗，常需强制住院。

2. 神经病

神经病包括中枢神经系统、周围神经系统和横纹肌疾患。病因多与神经系统的炎症、变性、肿瘤、出血等有关。症状主要为头痛、头晕、失语、失明、抽搐、昏迷、步履不稳或瘫痪、肌肉无力或萎缩等。常见病种有各种颅脑损伤、感染、肿瘤、脑血管病、重症肌无力、癫痫等。患者能意识到自己的疾病，有求治愿望，多在神经科给予相应的治疗。

3. 神经症

神经症也称为神经官能症，其病因有别于精神病以及神经病，而是与不良的社会心理因素、压力及人格特征有关，没有相应的器质性损害，属于非精神病功能性障碍。症状主要为烦恼、紧张、焦虑、恐惧、强迫症、胡思乱想等。常见病种有焦虑症、恐惧症、强迫症、疑病症等。

当外因压力大时,神经症会加重,反之则会减轻或消失。患者的社会适应能力保持正常或影响不大,有良好的自知力,对自己的不适有充分的感受,一般来说会主动求助治疗。

(四) 社交恐惧症

社交恐惧症,也称社交焦虑症,是一种对任何社交或公开场合感到强烈恐惧或忧虑的精神疾病,属于神经官能症。社交恐惧症是恐惧症中最常见的一种,约占恐惧症病人的一半左右。这种恐惧可以影响到生活的方方面面,包括工作、上学及几乎所有日常事务。所有人都会在某些时候感到焦虑或窘迫,比如与陌生人结识,做一个公共演讲等。但有社交恐惧症的人则不仅仅只是在这些事情上感到焦虑,他们还会在这事发生的几个礼拜前就开始各种担心。如果一个人已经有相应症状六个月以上,医生就可以确诊其患有社交恐惧症。若没有得到良好的治疗,社交恐惧症可以持续很多年,甚至是一生。

1. 社交恐惧症的分类及特征

社交恐惧症患者并非不愿意与人交流,喜欢孤独。而是他们认为自己与别人的交往很糟糕,总是寻求别人拒绝自己的证据。社交恐惧症患者的身体症状相类似,包括口干、出汗、发抖、红脸、尿频、结巴、心跳剧烈,严重者有呼吸急促、手脚冰凉、惊恐万分。患者还会因为觉得别人不喜欢自己,而擅自中断谈话,避免和对方的交流。这种悲观的想法以及症状反而会使他人对社交恐惧症患者有异样的眼光,将人际关系扼杀,导致实实在在的社交障碍,而这也恰恰是社交恐惧症患者最害怕的。

社交恐惧症的具体分类及其特征如下:

第一,赤面恐惧。赤面社交恐惧症患者对于脸红过度焦虑,他们认为在人前脸红是十分羞耻的事,最后由于症状固定下来,则非常畏惧到众人面前。他们其实知道并没有什么可怕的,也想改变自己,自如地与人交往,但就是做不到。他们既不敢与人交往,又渴望与人交往,身体里常常经历着两个不同自我的战争:一个害羞、懦弱、缺乏自信;一个则强迫自己去改变自己。患者甚至连向别人问路也感到不便,宁肯自己一个人躲在无人处拼命查看地图,哪怕多花费时间也甘愿如此。上述症状在正常人看来似乎很可笑,但对患者来说却痛苦不堪。不治好赤面恐惧症状,一切为人处世等都无从谈起。

第二,视线恐惧。患者与别人见面时不能正视对方,当视线与别人的视线相遇就感到非常难堪,以至于眼睛不知看哪儿才好。患者一味注意视线的事情,并急于强迫自己稳定下来,但往往事与愿违,终于不能集中注意力与对方交谈,谈话前言不搭后语,而且往往失去常态。恐惧的对象主要是年轻异性,严重的患者对同性也感到恐惧,个别病人甚至害怕老人、儿童或家人。大多数患者具有某些共同的心态,如自己的言行受到监视或嘲笑,易于在众人面前出丑,不正常的目光泄露了内心隐秘的念头,目光表情不符合正常人道德规范,对别人造成了干扰或伤害。这类患者自卑感和羞耻心很强,爱面子,很少与异性交往。

第三,表情恐惧。患者总担心自己的面部表情会引起别人的反感或被人看不起,因此惶恐不安。表情恐惧多与眼神有关。患者可能会担心自己的面部表情不自然,担心自己的不自然的表情影响到别人,或者不知道使用什么样的表情,认为确实是脸部表情损害了人际关系并为此内疚和自责。

第四，异性恐惧。异性恐惧症患者在异性面前感到异常的紧张和恐惧，其症状与前几种情况大致相同。患者一方面在潜意识里有与异性接近的强烈愿望，另一方面也因此有着严重的焦虑情绪，因此不知所措，甚至连话也说不出来。患者在与陌生异性或者自己上级接触时，症状尤其严重，与自己熟识的同性及一般同事交往则不存在多大问题。

第五，口吃恐惧。口吃恐惧可归类于社交恐惧的一种。患者在他人面前时会遇到发音障碍或口吃，导致谈话无法进行。患者会因为不能顺利地与人交谈而感到自己是个残缺的人，为此担心和苦恼。①

2. 社交焦虑自测

请标出下面每一种表述描绘你的程度。用5点量表表示你的答案，从“1＝根本不是那样”到“5＝非常符合”。

① 哪怕是在一般的聚会中，我也经常会感到紧张；

② 在一群陌生人中时我会感到不自在；

③ 我一般能很从容地和异性说话；*

④ 当我必须跟老师或老板谈话时，我感到紧张；

⑤ 聚会经常让我感到焦虑不安；

⑥ 在社交场合我比大多数人更少羞怯；*

⑦ 跟不大熟悉的同性交谈，我有时会感到紧张；

⑧ 参加工作面试时我很紧张；

⑨ 我希望自己在社交场合有更多的自信；

⑩ 在社交场合我很少感到焦虑；*

⑪ 总的来说，我是一个羞怯的人；

⑫ 与一位有吸引力的异性交谈时，我会感到紧张；

⑬ 给某位我不是很熟悉的人打电话时我感到紧张；

⑭ 与有权势的人说话时，我会紧张；

⑮ 在人群中我感到放松，哪怕那些人和我完全不同。*

这个量表用来测量交往中的社交焦虑。这是有时候我们在毫无准备的情况下遇到交往情境所体验的焦虑，例如会见陌生人或约会，这与有准备地在公众场合发言所体验的焦虑不同。社交焦虑包括我们通常所说的羞怯和约会焦虑。这个量表上得分高的人比得分低的人会更经常更强烈地体验到社交焦虑。

计分方法：先把带“*”号题目的回答作反向逆转（1＝5，2＝4以此类推）。然后把15个题目的分值相加。研究者发现大学生的平均得分为39，标准差大约为10。②

量表名称：社交焦虑量表

资料来源：M. R. 里亚雷(1986)

---

① 孔维民：《情感心理学新论》，吉林人民出版社2002年版，第259—265页。

② 杰瑞·M. 伯格：《人格心理学》(第7版)，陈会昌等译，中国轻工业出版社2010年版，第127页。

[研读专栏]

警惕"手机焦虑症"①

你是否有以下症状：

总把手机放在身上，否则就会心烦意乱，无心工作学习。

如果你没带手机，即使今天没有任何工作可以放松地去玩，你也会觉得坐立不安。

总有"我的手机铃声响了"的错觉，即使什么声音也没有。

听到钟表声或别人手机的声音，会当成自己手机的声音。

经常下意识地找手机，不时地拿出手机来看看，甚至只有把手机拿在手里才踏实。

吃饭的时候要把它放在桌子上，总是怕漏过信息或电话。

晚上睡觉时，即便是没有什么事情也经常开着手机。

每天睡醒的第一件事就是摸手机。

当手机无法连线网络、收不到信号时，脾气也变得急躁。

如果以上描述说到你心坎里去了，那么你很有可能是手机焦虑症患者。随着手机功能的日益强大，人们对手机的依赖性逐渐增加，随之带来的负面效应也困扰着他们。

一、手机恐惧现象之一

电子信息时代，人手一部手机已经不再是件奢侈的事情。调查结果显示，69%的大学生在初、高中阶段便开始接触手机，13%的大学生会随身携带两部手机。

调查还显示，相比于其他群体，大学生更会"玩手机"。对于他们来说，手机不仅仅用来打电话、发短信。

---

① 卢珍珍、王梦、陈芳：《大学生"手机控"，离开手机就找不着北》，《台州日报》2010年9月7日。

每天早晨，陈华佩醒来的第一件事，就是伸手摸手机。先看时间，还早！不想起床。用手机先上个网，挂上QQ，看看同学动态，回复留言，然后“去农场收菜，去牧场喂食”。一圈下来，半个小时过去了，这才心满意足地起床。陈华佩告诉笔者，两个月的暑假，她天天如此。

像陈华佩这样，用手机上网的大学生不在少数。在“你平时用手机做些什么”一题中，除去打电话、发短信，上网排在第三位。调查显示，74%的大学生会用手机随时随地地浏览网页、聊天，44%的大学生喜欢拿手机当MP3使用，22%还会用来下载视频。另外，85%的大学生上课期间喜欢玩手机，以此来打发时间，“如果课堂内容太无聊，我就用手机上网看新闻，看小说”。

采访中，笔者发现，在大学生眼里，手机不再是一种工具，而是朋友。“我很爱它的。经常换屏幕保护膜，不会长久用它，因为电板会发热，寿命会短的。”说起手机，就读于我市某高校中文专业的盛欣就像谈论男朋友一样亲切。

83%的大学生表示，如果手机不在身边他们会有焦虑感，其中，13%的大学生表示会非常焦虑，产生不安全感。而产生这种不安全感的原因，主要是他们习惯将手机当作与外界联系的唯一工具。“万一家人或朋友有急事，但没办法联系到我，有可能会让我遗憾终生。”温州大学城市学院计算机专业女生沈萍萍告诉笔者，她出门一定会带手机，而且24小时开机。

二、 手机恐惧现象之二

在豆瓣网的网络社区中，有一个叫做“没事就会摸摸手机”小组，组里有近三千个“摸友”。该小组如此自述：“没事就摆弄手机，只要我闲下来。不是我怕丢，摸摸心里踏实。当我烦躁时，我就会去摸它。当我焦虑时，我就会去摸它。当我不安时，我就会去摸它。你是不是也像我一样这样去摸它，或许还有其他的理由……一起来摸吧，很管用的。”这个小组的存在让我们知道，确实有那么一批人，没事会摸摸手机。

而在笔者采访的大学生中，75%会习惯性地摸出手机看看，大部分人是怕自己错过短信或电话，其中两成人则只限于习惯性地去摸手机、摆弄手机。“没有目的，只是想摸摸，确定手机在身边，我就安心。”黄梦说。

当笔者进一步问受访者，为什么会有这种习惯时，多数人称自己比较无聊。

“短信为主，电话为辅，时常QQ，间歇上网”，这是杨金华的手机用途。他说自己总是感到无聊，特别是暑假，每天都要上下QQ十几次，早晚都要“进农场种菜收菜”。他知道自己是在浪费时间，但已经改不掉这个习惯了。就连准备看书前，他都要瞄一眼手机，再瞄一眼，然后才能静下心来看书。“玩手机和用手机的区别是，玩手机就是无聊……病态的手机一族，没办法。”杨金华有些无奈。

除了这种玩手机习惯之外，调查结果还显示，55%大学生都有“幻听”手机响的经历。具体表现是：他们会“听到”手机铃声响了，或者“感觉到”手机在震动，可等摸出手机一看，却发现什么都没有发生。这种情况一天会有几次。

“我有比较严重的‘手机幻听’症”，就读于广东商学院的萧辉说：“洗澡的时候，经常以为手机响。”“难道你要直接冲出浴室找手机看？”笔者十分惊讶。萧辉说：“那倒没有，不过我会叫别人把手机拿给我。但事实是，并没有来电。”他说。

三、患手机焦虑症的原因

患手机焦虑症的一个原因是过度依赖。具体来说，一是对信息的依赖，通过手机获取各种信息；二是娱乐依赖，如用手机打游戏；三是关系依赖，有些人的关系需要用手机来维持，比如妻子打不通丈夫的电话就会比较担心，这实际上是人际关系不安全的表现。

另一个原因是由于现代社会工作压力大，人际交往日益频繁，信息更新流通速度快，这使手机成为大多数人工作和生活的重心，手机无形中在现代人的心里占据了相当重要的地位，一旦手机没电或来电频率突然降低就会出现情绪波动，如焦虑、烦躁、恐惧等症状。

另外，个性也是患手机焦虑症的一个原因。一些性格内向、缺乏自信的人是感染"手机依赖症"的高发人群。这些人往往交际圈小，朋友少，想与外界联系又不积极主动，只能借助于手机来排解孤独感和证明自己的存在。还有一些人通过频繁接电话来向别人显示自己工作繁忙，以此证明自己在社会上的重要性，从而满足自己的虚荣心。

四、如何避免手机焦虑症

无论是离开手机会感到焦虑，缺乏安全感，还是毫无目的性地摸手机，或是间歇性地产生"幻听"，都让我们意识到，过度依赖手机，一定程度上给大学生造成了困扰。

要避免和解决手机焦虑症，首先要意识到这个问题。其次，产生手机焦虑人群普遍压力较大，需要释放情绪以及自我控制，尽量保持好的心情，多一些与朋友或家人面对面沟通的机会，多进行户外运动，做点有意义的事充实自己的业余生活。如果症状严重，需要在一段时间内少用手机，或一有机会就把手机转接到固定电话上。如果症状没有缓解，就要进行心理咨询。

研读小结

"手机焦虑症患者"说的可能正是我们的朋友和我们自己。只需稍稍留意学校食堂或校外参观，便能看见这样奇怪的景象：一群朋友聚餐，却很长时间都不互相理睬，而是各自低头"刷"微博，还不时地自顾自微笑。殊不知，这样的场景才真正让人发笑。

和网络一样，手机这种较新的传播工具已经占据了许多人的生活。1999 年，在互联网购物刚刚兴起的时候，曾大肆轰动地举办过一个"网络 72 小时生存测试"的活动，旨在测试人们能否仅通过因特网沟通和生存。而今，我们却要逆向思维：离开网络或者手机，我们还能生存 72 小时吗？你不妨来做这个实验，召集三五好友，将各自的手机锁在柜子里 72 小时，并记录下自己在这段时间内的生活状态和情绪。

虽然社交恐惧症是较为严重的社交障碍，但毕竟只是少数人的病症。而手机焦虑症却逐渐成为城市年轻人的通病，这样的态势不可小觑。我们真的应该为自己和身边的朋友敲响警钟了。

四、孤独

(一) 孤独的概述

孤独是一种主观体验或心理感受，是一种主观社交孤立状态，并且因为知觉到自己与他人的隔阂、缺乏接触，而产生不被接纳的痛苦。

有些人即使朋友不少，但也会感到孤独。从社会关系的角度来看，这是因为以亲密和真诚的方式与人相互交往的需要没有得到满足。

孤独者是长期感到孤独的人。他们更可能性格内向，感到焦虑，对别人的拒绝敏感，更可能遭受抑郁症的困扰。他们很难信任他人，并且在别人对他们敞开心扉时感到不自在。孤独者与非孤独者相比，和朋友共度的时间少，约会次数少，参加聚会少，亲密的朋友少。他们在交友、发动社会活动、加入群体等方面有困难。①

(二) 孤独的原因

为什么在满足有意义的社交需求方面，孤独者总是不断受到挫折呢？

1. 悲观的预期

孤独的人常会带着悲观的预期走进社交环境，预期这次交朋友也会像以前一样失败。孤独者给自己的评价要低于常人。孤独的人也会低估别人对他的评价，认为自己不讨人喜欢。

这种对自己的低预期会损害孤独者试图建立的友谊和恋爱关系。孤独者怀疑新结识的人是否会喜欢与他们交谈，是否会在谈话过后觉得他们很无聊或无聊。因此，孤独者对了解别人没什么兴趣，他们会尽快结束谈话去干别的事。孤独者很难交朋友，也很难与人合作。

2. 缺乏社交技能

你可能很幸运，很容易就能跟别人聊起来。你可能喜欢去认识并逐渐了解本来不认识的人。那么，你就很难理解那些与别人交流有困难、缺乏社交技能的人。

孤独者缺乏社交技能，不懂得如何进行让双方都觉得有价值、有意思而且愉快的谈话。我们往往不喜欢跟孤独者谈话，并不因为他们粗鲁无礼，而是他们不明白为什么他们的交往风格使那些很可能成为他们朋友的人远离他们。孤独者常常无法正常处理自我表露的时机以及自我表露的量这些社会规则。因此，他们在与人交流时总是显得不合时宜，要么一味地谈论自己，让别人丧失与他们聊天的兴趣；要么他们闭口不言，让人觉得冷漠；要么在不合时宜的时候插话，让所有的人冷场。

发展社交技能的最好办法就是与人交谈。但孤独者不知道怎样发起一次互动，因此

① 杰瑞·M.伯格：《人格心理学》(第7版)，陈会昌等译，中国轻工业出版社2010年版，第201—205页。

缺乏机会来发展自己的技能，形成恶性循环。

(三) 孤独症

近几年来，似乎孤独成了现代年轻人形容自己的一个流行词。我们经常听人说，“我是个很孤独的人”、“我有一点孤独症”，或者“别看我现在很外向，其实我小时候是很自闭的”、“我感到我最近得了孤独症”。然而，正如同人们通常不了解“神经病”这一病症而用它来调侃他人一样，人们对“孤独症”通常是一知半解，甚至知之甚少。因此，将这个病症作为时髦词的人，不免有不识愁滋味而强说愁之嫌。

1. 孤独症的含义

孤独症由美国约翰斯·霍普金斯大学专家利奥·卡纳(Leo Canner)于 1943 年首次提出。孤独症，也称自闭症，是广泛性发育障碍的代表性疾病。在所有自闭症患者中，大约有 70%左右的人有程度不同的弱智问题，患者的总体智力，特别是与社会及符号有关的智力，往往有着很大的缺陷。孤独症是一种慢性病，一般起病于 36 个月以内，约 2/3 的患儿在成年后无法独立生活，需要终生照顾和养护。如能早期进行有计划的医疗和矫治教育并能长期坚持，症状能得到部分改善，但几乎无法治愈。

由于孤独症不会影响患者的面容，患者容貌与正常人没有区别，因此较难通过容貌来识别。孤独症是一个尚没有被全社会知道和了解的病症。

图 5-3　孤独症患者的主要特征

资料来源　http://www.hcetyy.cn/zbz/5620.html.

2. 孤独症的特征

孤独症主要表现为三大类核心症状，即社会交往障碍、交流障碍、兴趣狭窄和刻板重

复的行为方式。具体如下:

第一,社会交往障碍。患者在社会交往上有质的损害。患者在非语言交流行为的应用上存在显著损害,例如眼对眼的对视、面部表情、身体姿势及手势等。他们不能与同龄人交往,不能自发地与别人分享欢乐、兴趣、成就等,甚至不能指给别人看自己感兴趣的事物。他们在社交与情绪上都不能与人发生相互作用。

第二,交流障碍。患者的交流能力有质的损害。患者的言语发育延迟,有一定说话能力的患者在提出话题和维持谈话的能力方面也有明显损害,会使用刻板的或重复的语言或特殊的、只有自己听得懂的语言,不会在适龄时玩假扮游戏或模仿日常生活的游戏。有一些孤独症患者特别喜欢就一两个问题重复提问,且这些问题会让人感觉怪异。比如有患者会问:"你家住在哪里?回去坐什么车?"并且会不厌其烦地问上十几遍甚至几十遍。

第三,兴趣狭窄和刻板重复的行为方式。患者有一种或几种固定的、重复的、局限的兴趣,其程度和内容均属异常,且不易改变。他们会固执地遵循某种特殊的、没有意义的常规或仪式,有刻板重复的行为,如手指扑动或扭转、复杂的全身动作等,并且长期持续的只注重事物的局部。

另外,部分患儿在智力低下的同时具有独特的才能,例如在绘画、音乐、计算、推算日期、机械记忆和背诵等方面呈现超常表现。①

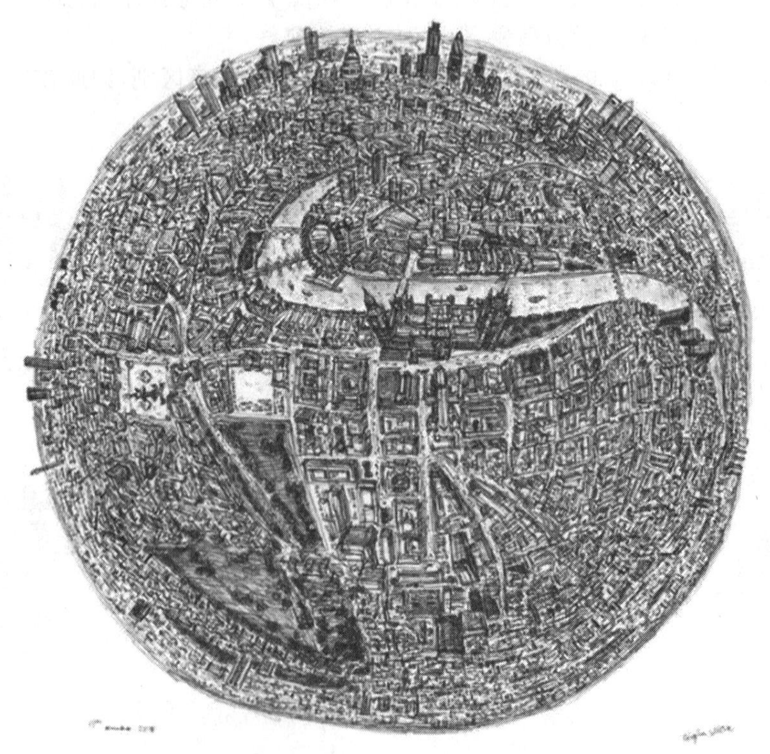

图 5-4 英国自闭症患者斯蒂芬·威尔夏通过记忆所画的《伦敦球》

资料来源 http://blog.mydrivers.com/img/20110309/16563468.

① 沈渔邨主编:《精神病学》(第 5 版),人民卫生出版社 2009 年版,第 721—725 页。

1989 年奥斯卡的最佳影片《雨人》就讲述了一个孤独症患者及其家属的故事。主角雷蒙(Ramon)是一个典型的孤独症患者。

雷蒙的生活恪守固定的仪式，他要在固定时间做固定的事，要在固定时间看固定电视节目，每餐有固定的食谱，要在固定的时间睡觉。他也只穿从某个商店购买的平脚内裤。由于他的恐惧心理，他还拒绝乘飞机，拒绝在高速公路行驶。在机场时他突然情绪失控大喊大叫，因为他的弟弟查理(Charley)试图强迫他乘飞机。旅途中，查理被雷蒙这许多古怪的生活习惯和因不谙世事而出的洋相弄得筋疲力尽。

不过，查理也很快发现这个低能的哥哥的高度才能：雷蒙有惊人的记忆力，可谓过目不忘。他可以准确报出飞行史上所有重大空难发生的航班班次、时间、地点、原因，能迅速数清掉落在餐厅地板上的 246 根牙签，他也能记得电话簿上任意一个读过的电话号码。他的心算速度不输计算器。

我们不妨观看类似影片，以此对真正的孤独症症状进行初步了解，以免再将自己或他人误认为是孤独症患者。

图 5-5　电影《雨人》海报

资料来源　http://movie.douban.com/photos/photo/1050643887/.

3. 正确对待孤独症患者

孤独症患者通常不会自己表达罹患这种病症的痛苦，但他们身边的朋友、父母和亲人则会因为与他们无法进行正常交流而感到十分痛苦。因此，我们从不会看到一个严重的孤独症患者向他人诉苦，说诸如“孤独症使我很痛苦”这样的话。如果孤独症患者能够这样向他人表达，那简直就是个奇迹。而通常那些认为自己可能有孤独症的人，一般想要表达的意思是自己有社会交往障碍、社交恐惧症或者孤独感。

2007 年 12 月，联合国大会通过决议将每年的 4 月 2 日定为“世界自闭症日”，以提高人们对自闭症和相关研究与诊断以及自闭症患者的关注。“世界自闭症日”提醒我们，应该实现自闭症患者与普通人间的相互尊重、理解和关心。作为普通人，不应把自闭症患者看作怜悯的对象，而应审视和增强自身道德观念与社会责任，体会作为自闭症患者及患者家属、医生、学者及帮助自闭症的志愿者的辛苦与不易。

(四) 孤独与独处

我们的人际关系是快乐最重要的来源之一，但有些人偏偏就不喜欢社交活动，而是选择独处。即便在空闲的时间里他们也不主动与朋友聚会，常常婉言谢绝别人的邀请。但是，他们的人际关系很好，为人热情，待人友善，懂得社交技巧和礼仪。那么，他们是孤独者吗?

我们说，独处与孤独不同，它是一种积极的、具有潜在价值的经验。偏好独处的人并非是有病态心理的孤独者。他们没有社交焦虑，甚至不是一个内向的人，因为他们对独处的渴望是积极的。对独处的偏好并不一定是要逃避人际关系，并且喜欢独处的人很可能是认识到了独处的好处。他们在独处之时可能就是在享受马斯洛需求理论的最高层次——自我实现。他们从独处中受益，能够妥善安排自己的时间，用独处的时间进行思考、享受人生。有研究者总结出了独处的好处(见表 5-9)。

表 5-9　独处的七点好处

问题解决	提供了思考一些特殊问题和所面临的决策的机会
内心平静	感觉冷静和放松，摆脱了日常生活的压力
自我探索	对自我价值观和目标进行探索，认识自己独特的优点和缺点
创造力	产生了表达自我的新想法和方式
隐　秘	在这一时刻以自己喜欢的方式行动，不用考虑社会束缚和别人如何看待你
亲密性	虽然是独处，你仍然感觉和你所关心的某人很亲近
精神超越	一种超越了日常关注事情的超越感，获得比真实自己更崇高的感觉

资料来源　杰瑞·M. 伯格:《人格心理学》(第 7 版)，陈会昌等译，中国轻工业出版社 2010 年版，第 215 页。

总之，偏好独处的人并不逃避社会接触，而是有选择性地、自主地决定社会接触的时间与程度。千万不要把这样的人误认为是孤独的、不合群的人。独处偏好者也不要疑心自己是否有心理障碍，而是应该珍惜自己的这种品质，将独处的时间发挥出最大功效，享受自我实现的过程。

(五) 孤独的自测

根据每个句子是否准确地描述了你或你的情况，指出 T(是)与 F(否)。如果一个题目因你目前还没卷入这种情况而不适用，就答 F。

① 我对家人感觉亲近；

② 我有一位能与其讨论我的重要问题和烦心事的恋人或配偶；

③ 我觉得自己确实与生活于其中的更大团体没有多少共同点；

④ 我很少接触家人；

⑤ 我与家人相处得不好；

⑥ 我正卷入一种恋爱或婚姻关系，双方都衷心努力合作；

⑦ 我与直系家族中的多数成员有不错的关系；

⑧ 我认为当需要时，我不可能向生活在周围的朋友求助；

⑨ 我生活的团体中没有人关心我；

⑩ 我让自己亲近朋友；

⑪ 从恋人和性伙伴那儿我很少得到所需要的安全感；

⑫ 我对生活中的团体及街坊有归属感；

⑬ 在我居住的城市中，我没有许多朋友；

⑭ 当我需要时，没有任何邻居会帮我；

⑮ 我从朋友那儿得到许多帮助和支持；

⑯ 我的家人很少真正听我讲话；

⑰ 只有少数朋友以我希望被理解的方式来理解我；

⑱ 当我有麻烦时，我的爱人或配偶能感觉到并鼓励我说出来；

⑲ 我觉得在目前的恋爱或婚姻关系中自己有价值并被尊重；

⑳ 我知道团体中谁分享我的观点及信念。

本量表是为测量以下四种情境中的孤独而设计的：友谊、与家人的关系、爱情—性关系、与较大群体的关系。记分方法是，符合下列情况记 1 分：

友谊亚量表：8-T，10-F，13-T，15-F，17-T。

家庭关系亚量表：1-F，4-T，5-T，7-F，16-T。

恋爱—婚姻关系亚量表：2-F，6-F，11-T，18-F，19-F。

与较大群体关系亚量表：3-T，9-T，12-F，14-T，20-F。

总量表在测量大学生时，平均分数通常为 5—6 分，分数越高表明孤独程度越高。分别计算四个亚量表的得分，你会发现生活中哪些方面你最有孤独的问题。①

量表名称：分领域的孤独量表。

资料来源：施密特 & 瑟马特(1983)。

五、幸福

愤怒、恐惧、焦虑、偏见、人格障碍、情感障碍、神经症……你是否认为心理学是专门为研究受害者和消极情绪而存在的科学呢？美国当代著名心理学家马丁・塞利格曼(Martin Seligman)曾注意到，在对人类情绪的研究中，约 95%是关于抑郁、焦虑、偏见等负性情绪。在对精神疾病的了解和疗法取得巨大进步的同时，也稍有偏离了心理学积极向上的一面。

① 杰瑞・M. 伯格：《人格心理学》(第 7 版)，陈会昌等译，中国轻工业出版社 2010 年版，第 204 页。

与此同时,"幸福学"是近两年来很火热的一个词,也是数十年来,心理学界一个热门的研究领域。哈佛大学有一门"幸福课",是哈佛大学选修人数最多、最受欢迎的选修课之一。许多学生说,这门课程改变了他们的一生。哈佛大学的幸福课声名远扬,已经被国内网站购买并制作成了视频公开课。中国学生趋之若鹜地在网络上一集集地细细听讲。

图 5-6 哈佛幸福课教授泰勒·本-沙哈尔博士(TalBen Shahar)

资料来源 http://www.optimalfunctioning.com/.

幸福课的确切名称是积极心理学。积极心理学认为,心理学不仅仅应对损伤、缺陷和伤害进行研究,它也应对力量和优秀品质进行研究;治疗不仅仅是对损伤、缺陷的修复和弥补,也是对人类自身所拥有的潜能、力量的发掘;心理学不仅仅是关于疾病或健康的科学,它也是关于工作、教育、爱、成长和娱乐的科学。那么,幸福到底有多大的魅力呢?情绪和人际关系又怎样影响我们的幸福感?

(一)幸福的概述

幸福很难有一个明确的定义。不同的人可以从不同的角度与不同的侧面去探讨,世界 70 亿人口可能就有 70 亿种回答。有人认为幸福就是有一个美满的家庭,自己和家人身体健康;有人认为幸福是不愁吃穿,生活富足;有人则认为幸福来自于欣赏美景和艺术;有人觉得每天睡到自然醒就是一种幸福;有人认为幸福就是为他人、为社会作贡献;有人甚至说幸福就是吃苦。

幸福的意义也是哲学的一大命题,古今中外的哲学家们的结论也各不相同。例如,儒家的幸福观把人的感性生活与道德修养对立起来,以为有德性修养的人才能拥有幸福,所谓"存天理,灭人欲",讲的就是这个观点。道家则主张幸福是清静无为、顺其自然,避开尘世去过原始质朴和自由自在的田园生活。西方理性主义哲学家认为人生目的和幸福在于按理性命令行事,而感官的享受和快乐只会玷污理性,荒废人生。就像苏格拉底(Socrates)曾说:"未经思考的人生是不值得过的。"与理性主义的幸福观相反,感性主义的幸福观强调幸福的主要源泉是感性而不是理性,认为人的幸福就在于人的感性生活,在于感性欲望的满足与快乐,而这些满足与快乐本身就是道德的。

我们每个人心中的幸福观念不同,但是当一个人说"我感到幸福"的时候,我们都能够明白那是一种怎样的情绪,是一种快乐、满足、甜蜜、享受等情绪混合在一起的美妙体验。

因此，在积极心理学领域中，心理学家将幸福定义为“主观幸福”。主观幸福有如下特点：

第一，主观幸福存在于个体的经验之中。对自己是否幸福的评价主要依赖于个体内定的标准，而不是他人或外界的准则。尽管健康、金钱等客观条件对幸福感会产生影响，但它们并不是幸福感的内在的和必不可少的部分。

第二，它不仅是指没有消极情感的存在，而且还必须包含积极的情感体验。

第三，它不仅是对某一生活领域的狭隘评估，还包括对生活的整体评价。

主观幸福感包括认知评价以及情感。认知成分，即生活满意度，是指个体所知觉到的期望与成就之间的差异。情感成分是指积极情绪与消极情绪之间的平衡。幸福的人对他们的生活事件和生活环境所作的评价多为正性的，而不幸福的人认为他们的生活事件和生活环境大多数都是有害的或不利于实现其目标的。生活满意度是指人们将其生活看作一个整体时，对其生活质量作出的一个整体性的判断。而情感平衡则是人们所体验到的积极情感与消极情感的差量。①

（二）幸福感产生的心理机制

1. 自尊与人际比较

自尊是个体对其社会角色进行自我评价的结果，这种评价有时通过人际间的比较形成。自尊和幸福的关系很紧密。强烈的自尊心既可能导致主观幸福感的上升，也可能取得相反的效果。这是由于自尊的不同类型与人际比较的关系所导致的。

自尊分为三类，依赖型、独立型以及无条件型。

第一，依赖型自尊。这类人的价值感由他人决定。这类人喜欢也需要别人的正面反馈，不断评估别人是怎么看待自己的，把外界的评估当作自我感。他们的成就感来自于和他人的比较，且有完美主义倾向。他们寻找真理只是为了证明自己是正确的，保护自己免受批评，免受负面评价。《白雪公主》中的恶毒皇后就是典型的依赖型自尊，她每天都要听魔镜夸赞她的美貌，以此来获得自我价值。一旦外界对她的评价不那么高了，她便对别人产生强烈的敌对情绪。没有人能够不受他人想法的影响、不与别人做比较，每个人都会有依赖型自尊，只是程度不同。

第二，独立型自尊。这类人的价值感不取决于他人，而是用自己的标准评估自己。他们虽然会参考和听取其他人的意见，但最终还是自己说了算。他们的成就感不与他人比较，而是和自己比较。他们也会不断寻找比较的对象，但其动力是找到自己真正想要的是什么并且取得进步，他们所追求的是自我实现和真理。

第三，无条件型自尊。这类人的价值感不取决于他人评价，也不取决于自我评价。他们有充分的自信，不参与任何评价。他们的成就感不与别人比较，也不与自己比较。无条件自尊与佛教中的超然境界相联系，并不意味着冷漠和回避他人感情。事实上，无条件自尊让我们更加和谐、关心他人。

这三种自尊类型是依次渐成的，无法跳过前面的自尊类型直接到达无条件自尊的自

① 郑雪、严标宾、邱林：《幸福心理学》，暨南大学出版社2004年版，第52页。

我感。自尊的循序渐进就像学走路:一开始我们不会走。一段时间后,我们需要父母扶着走路。再后来我们能够自己走了,但走的时候还是要想着抬脚,而且觉得不安全,但我们是独立的。最后,我们会自然地走路了,再不用想着抬脚。类似的,我们刚出生时,没有自我感。一段时间后,自我感依赖于其他人的评价。然后我们变得独立,不受他人影响,并试图坚持主见,但还是不断地自我评估和比较。最后我们培养出来强烈的独立感,实现了无条件型自尊。

总之,独立型以及无条件型自尊具有稳定性,依赖型自尊则不稳定。自尊稳定的人更容易对自己和别人都更宽厚、仁慈和坦率,也更容易感受到幸福。而自尊不稳定的人则容易产生敌对情绪,从而导致困苦。①

2. 心理适应

心理适应有时也可理解为暂时比较。如果说人际比较是在两个不同的个体之间进行,暂时比较则是同一个体在不同时间的比较。例如,将个体的目前状况与一年前进行比较就是一种暂时比较。暂时比较认为,个体的过去生活为将来的各种生活事件建立了一种比较的参照标准。因此,它应是幸福感比较理论的一种核心思想。根据这种理论,我们可以推断,当个体判断他的生活条件比过去更优越时即会体验到幸福感。

大量的研究证实了这种同过去的比较会影响幸福感判断。人们若与过去相比发现自己在许多方面都有了长进,就会产生积极的情绪体验,从而提升当前的幸福感;相反,若这种比较发现自己与过去产生了差距,认为自己的目前状况不如从前,当前的幸福感水平就会下降。

然而,不但与过去比较会影响幸福感水平,而且与未来比较也会对幸福感产生重要影响。而且,对未来事件的期待,无论这种期待是对诸如自身能力等方面的内部期待,还是诸如财富等方面的外部期待,都可能影响目前的幸福感水平。

在探讨心理适应时,我们还必须提及另一种特殊的比较方式——有目的的比较。这种比较是指个体可能将自己当前的状况与他理想中的状况进行对比。当个体达到渴望达到的状态时就会产生幸福感。实际上,大多数对幸福感的研究都隐含着对需要、理想、愿望和目标的满足。有目的的比较模式认为幸福感是建立在现实与期望基础之上的。这样,当现实达到期望的要求时,满意度和幸福感水平更高;当现实达不到期望的要求时,幸福感水平就更低。从这一角度推测,高期望会阻碍幸福感,因为它会导致现实与理想之间的巨大差距。

总之,无论是人际比较还是心理适应对幸福感的影响,其关键的问题是找到一个用于比较的参照标准,即可以说主观幸福感实际上等于现实条件与某种标准的比较。现实条件高于标准时,主观幸福感就高;相反,现实条件低于标准时,主观幸福感就低。由于标准具有相对性,所以不同的标准就产生不同的比较。因此,社会比较事实上是一种横向比较,自己优于别人,就感到幸福。例如,许多研究表明,与更幸福的人比较会降低自己的主观幸福感,与更不幸的人相比则会提高自己的主观幸福感。社会比较对生活满意度判断

① 郑雪、严标宾、邱林:《幸福心理学》,暨南大学出版社2004年版,第181页。

的这种较强的预测力可以延伸到其他一些相关领域。

相对于社会比较的横向比较而言，心理适应可以看作一种纵向比较，即现在的生活比过去好，就会感到幸福。一般来说，第一次出现的事件，由于其性质的好坏，使人产生幸福感或不幸福感。但当事情重复出现时，它就会逐渐失去激发情感的能力。因为人们可以适应好的环境，不再感到幸福，也可以适应坏的环境不再感到不幸。这里只有事件的改变才可再次引发情感的变化。但是人们的适应能力是很强的，以至有时根本觉察不到事件的影响，这就很好地解释了为什么生活事件对主观幸福感的影响比较小。①

3. 归因

归因是指个体对他人或自己的某些属性或倾向和行为进行结果分析，推论其内在原因的过程。社会心理学相信，每个人都相信一个人的行为必有其原因，而且原因可以是多种多样的，或者是决定于外界环境，或者决定于主观条件。如果推测个体行为的根本原因是来自外在的东西，如周围环境、工作差异、社会关系、与他人的交往、物质财富、考试成绩、身材长相、运气等，这种归因称为外归因，又称为情境归因。相反，如果判断个体行为的根本原因是个体本身的特点，如兴趣、动机、态度、心境、性格、能力、努力程度、道德水平、自我目标实现等，这种归因称为内归因，也称为个人倾向归因。

心理学家沙赫特(Schacht)曾做过一个非常著名的“情绪归因论”实验。他把大学生分成三组，各组被试先都同样接受肾上腺素的注射(不告诉他们药物名称)，给第一组以药物效应的正确资料，并告诉他们将会产生心悸、手颤、脸面发热等现象；给第二组以药物效应的错误资料，并告诉被试注射后身上有些发痒，手脚有些发麻，此外无兴奋作用；对第三组则不作任何说明。然后，让三组被试分别进入两种实验性的休息情境：一种是惹人发笑的情境(有人进行滑稽表演)；另一种是惹人发怒的情境(强迫要求回答一些烦琐的问题，加上吹毛求疵，横加指责)。结果发现，虽然三组被试都因药物激起同样的生理变化，并处于同样的两种刺激情境中，但第二组与第三组被试大多感到或表现出更加积极的情绪如欢快，或消极的情绪如愤怒，而第一组被试由于已经预知药物的效应则不显示出愉快或愤怒。因此，研究者认为人对自己状态的认知和归因，对情绪反应起着主要因素，甚至是决定性作用。

主观幸福感存在差异的一个根本原因是他们之间归因风格的不同。抑郁的个体把消极的事件归因为内在的、整体的和稳定的原因，并且倾向于把愉快的生活体验解释成外部的、特殊的和可以改变的原因。相反，快乐的个体则把积极事件归因为内在的、整体的和稳定的因素，并且他们对消极事件进行解释时不会涉及这些因素。

另有研究表明，把成功归因为能力、努力等内部因素，能使人感到满意和自豪；如果把成功归因为任务难度、运气等外部因素，能使人产生意外的和感激的心情。把失败归因为内部原因，则会使人感到内疚和无助，从而增加消极情感；若把失败归因于外部原因，则可以减轻消极情感。另外，如果把成功归因为稳定因素(如能力强)或把失败归因于不稳定因素(如运气不好)，也可以提高积极情感；而把成功归因于运气好等不稳定因素，或把失

① 郑雪、严标宾、邱林：《幸福心理学》，暨南大学出版社2004年版，第89—90页。

败归因于能力弱等稳定因素，则会增加消极情感。①

（三）人际关系与幸福感

心理学家认为，社会关系是影响幸福感的主要因素之一，主要包括婚姻关系、家庭关系、朋友关系、同事关系、邻里关系等。良好的社会关系可以增加人们的主观幸福感，而不良的社会关系则会降低主观幸福感。社会关系具有重要的社会支持作用。社会支持可以提供物质或信息上的帮助，增加人们的喜悦感、归属感、控制感，提高自尊感、自信心、兴趣，当人们面临应激性生活事件时，还可以阻止或缓解应激反应，安定神经内分泌系统，增加健康的行为模式，从而增加积极情感并抑制消极情感，防止降低主观幸福感。

1. 朋友关系与幸福感

许多研究发现，朋友关系最有助于提高个体的积极情感，它是积极情感的最普遍的一种预测来源。那么，什么条件下的朋友关系更有助于产生幸福感？许多研究对此进行了探讨，并得出了颇有意义的结论。

首先，朋友关系应该是有“奖赏”的，包括情感支持、工具性支持和良好的友谊等，这有利于产生积极情感和提高生活满意度。情感支持不但指朋友间提供积极的非言语信息，而且通过认同、赞扬、鼓励、激发兴趣等方式提供言语上的“奖赏”。工具性支持则表现在诸如赠送礼物，提供食物、饮料、建议和信息等方面；良好的友谊是指他们从中可以获得诸多“奖赏”，如感到有趣和愉快、放声大笑、参加快乐的活动等。

其次，亲密的朋友关系对产生幸福感也非常有益。要想得到亲密的朋友，个体必须提高自我表露的程度，如果做不到这一点，那他将是孤独的。对一些学生的研究发现，尽管这些学生有相当多的朋友并且他们与这些朋友相处的时间很多，但是这些学生仍然感到孤独，因为他们与朋友在一起时讨论的都是一些非个人的主题，如体育和流行音乐等而不是他们的真实感受。因此，亲密的朋友经常有着相似的信仰，对问题有相似的态度和观点，有相似的兴趣等，这样他们能相互分享，提高自尊水平，进而提高幸福感。

另外，朋友的人际网络关系还可以形成一个内群体，这对于保持个体的自我认同和自尊，提供帮助和社会支持都非常重要。

2. 婚姻关系与幸福感

家庭为家庭成员提供了物质、生活以及情感方面的支持。家庭关系是否和睦对个人生活满意度有很大影响。幸福感与家庭的亲密度、适应性和沟通有关。其中，亲密性指家庭成员之间的情感联系程度，适应性指家庭系统对随家庭环境和家庭不同发展阶段出现的问题的应对能力，沟通是指家庭成员的信息交流情况。

常听人说“婚姻是爱情的坟墓”，似乎男女一结婚后就多了责任而少了浪漫和快乐。

---

① 郑雪、严标宾、邱林：《幸福心理学》，暨南大学出版社2004年版，第90—93页。

但事实真是如此吗？研究表明，已婚者总体上比独身、寡居或离婚者的幸福感更高。已婚妇女报告的压力比未婚者更大，同时她们报告的满意感也更高。

那么，婚姻是如何使人们感到幸福的？一方面，婚姻能提高个体的积极情感，尤其是在婚姻的早期阶段；另一方面，已婚者对三个因素的满意度水平都高于其他人。这三个因素分别是工具性满意、情感满意和友谊满意。工具性满意是指当已婚者对家庭收入感到满意或当其配偶做一些家务时他们感到最幸福；情感满意是指社会支持、夫妻亲密感和夫妻间的性交流等都会提高婚姻幸福感，当然夫妻间的无私以及配偶的快乐和健康也会提高婚姻幸福感；友谊满意是指夫妻间有着朋友般的共同兴趣和活动。另外，幸福感高的个体比其他个体有更好的社会技能，他们更善于使用积极的非语言交流，更能建设性地处理各种冲突，因此他们更容易获得更亲密的朋友关系和更浪漫的爱情，婚姻幸福感水平也更高。不过，其中一个非常重要的因素是婚姻质量。

那么，什么样的婚姻是令人满意的？什么样的婚姻质量才能较好地预测婚姻是否幸福？心理学家提出 12 条衡量婚姻质量高低的维度，具体如下：

第一，婚姻满意度。具体指夫妻双方认为婚姻关系的大多数方面是和谐与满意的还是不满意的。这里的婚姻关系是一个比较广泛的概念，包括婚姻生活中的诸多方面。心理学家的研究表明可以用以下 10 个题目来测定婚姻满意度的高低：(1)我不喜欢配偶的性格和个人习惯；(2)我非常满意夫妻双方在婚姻中承担的责任；(3)我不满意夫妻间的交流，我配偶并不理解我；(4)我非常满意我们作决定和解决冲突的方式；(5)我不满意我们的经济地位和决定经济事务的方法；(6)我非常满意我们的业余活动和我们一起度过的时间；(7)对于我们夫妻之间怎样表达情感与性有关的事，我很满意；(8)对于承担做父母的责任分工上，我不满意；(9)爱配偶，使我更深刻地体会到：上帝是慈爱的；(10)对于我们的宗教信仰与价值观，我觉得很好。

这 10 个题目都采用五级评分制：1 表示确实是这样，2 表示可能是这样，3 表示不同意也不反对，4 表示可能不是这样，5 表示确实不是这样。婚姻满意度的评定由这 10 个题目的总分决定，分数越高表明婚姻关系越和谐，对婚姻关系越满意，相应地，分数越低，对婚姻越不满意。

第二，婚姻过分理想化。具体指夫妻双方对婚姻的评价是否过于理想化。一般而言，夫妻对婚姻的评价会出现两种倾向：一是带有浓厚的感情色彩；二是过于现实。许多研究者认为，过于理想化的婚姻容易使夫妻双方受到现实的伤害，从而变得沮丧和失望，因而它更容易存在于情侣生活中；而过于现实的婚姻又容易使夫妻生活变得枯燥、沉闷，失去吸引力，从而使夫妻双方要寻求婚姻咨询。因此，美满的婚姻首先要以夫妻双方对婚姻生活的适当评价为前提。

第三，性格相容性。具体指配偶之间彼此接纳的程度，包括性格、习惯以及一些行为，如吸烟、饮酒等。

第四，夫妻交流的和谐性。具体指夫妻间的交流包括相互的感觉、信念和态度等，如配偶发出与接收信息的方式是否令人满意，夫妻间相互分享情感与信念的程度，夫妻间的交流是否恰当等。

第五，解决冲突的方式。具体指夫妻对识别与解决冲突是否坦诚相见，对其解决方式是否感到满意。

第六，经济安排。具体指夫妻双方经济开销的习惯与观念，对家庭经济安排的看法，夫妻间经济安排的决定方式以及对家庭经济状态的评价。

第七，业余活动。具体指夫妻双方对业余活动的安排及满意度，涉及业余活动的种类是集体性的还是个体性的，是主动参与还是被动参与，是夫妻共同参加的还是单独活动等方面。其中还包括他们对业余活动的看法，是夫妻共同活动好还是保持相对的个人自由好。

第八，性生活。具体指夫妻情感表达、性问题交流的程度，对性行为的态度以及是否生育子女等方面。

第九，子女和婚姻。具体指对夫妻双方担任父母角色的满意度，对生育子女的看法，对管教子女的意见是否统一，对子女的期望是否一致等。

第十，与亲友的关系。具体指与双方亲友一起度过的时间量，对与亲友一起活动的评价，是否与亲友间存在潜在的冲突以及亲友对该婚姻的态度等。

第十一，角色平等性。具体指家庭角色、性角色、父母角色以及职业角色等。

第十二，信仰一致性。具体指夫妻双方有关婚姻的宗教信念及对夫妻双方宗教信念的评价。一般而言，这种宗教信念是较传统的，若夫妻双方对这种信念的评价不一致，则可能导致夫妻关系发生冲突。

3. 同事关系与幸福感①

员工与管理人员、同事之间的关系融洽最能提高员工的工作满意度。人们发现，在繁忙的装配线上或在吵闹的工厂里，员工们相互交流的机会很少，而小团体中的成员则容易形成亲密的团体关系。当员工们隶属于那些由于合作或近距离接触而产生的亲密团体时，他们的工作满意感更高。这是因为在这种团体中，成员之间容易产生大量的交流，包括相互竞争、开玩笑、闲谈等，这种交流有助于提高他们的工作满意感。

员工间的这种交流不但有利于提高员工的工作满意感，而且会导致他们之间更多的合作、相互帮助，产生更高的生产力。在合作水平较高或者员工可以自由安排工作的小团体中，员工的主观幸福感都很高。其主要原因是来自团体的社会支持，它可以减轻员工的工作压力，从而间接提高他们的幸福感。

员工与其主管的关系则是导致他们工作不满意的一个因素。员工与主管之间比与其他大多数人之间会产生更多的冲突。主管可能会要求员工更积极地工作，或者会被员工认为不公正，并且他们的薪水和地位更高，工作条件也更好。但是，另一方面，主管能够为员工提供大量的利益，进而提高员工的工作满意感。主管能解决工作中的问题，能够为员工提供奖赏，营造良好的社会氛围，也可以降低他们工作中的压力。因此，主管工作的一个主要方面是为他的员工们提供“服务”，而这恰恰是员工们工作满意感的一个有效来源。②

---

① 郑雪、严标宾、邱林：《幸福心理学》，暨南大学出版社 2004 年版，第 199 页。

② 郑雪、严标宾、邱林：《幸福心理学》，暨南大学出版社 2004 年版，第 164—178 页。

(四) 提高幸福感

我们可以通过积极增加社会交往、与他人进行信息交流和情感沟通来提高幸福感。美国学者贝斯(Bails)认为在人际沟通时人们常常借助其动作来进行，他进而将人际沟通的动作分为以下12种：(1)追求团结一致，提高对方的地位或表示支持对方的意见；(2)镇静，与所有的人都容易相处，并表现得毫无拘束，常面带笑容，显示满意的表情；(3)表示同意、默认；(4)给予指示或发出指示，但表现得彬彬有礼；(5)提供意见，批评并分析意见，表示意图和感情；(6)提供信息，介绍情况，解释清楚；(7)需求信息，请求重复问题(采取强硬的办法或温和的态度)；(8)询问意见，要求得到评价与分析，求得对方的明确表示，尤其关注对自身行动的评价；(9)请求告诉各种可能的行动方式；(10)消极地拒绝意见，不予帮助，表示不同意；(11)显露紧张及不满情绪(受压抑、情绪不安、受挫折)；(12)表现出攻击行为，贬低对方的地位，肯定自己。

上述行为包括积极和消极两种。在人际传播过程中，人们应该尽可能地采用积极的方式，减少消极方式的使用，这样才能提高传播的有效性，也才可能建立友好、和谐的人际关系。

也有心理学家提出要获得良好的社会支持，可以有以下做法：(1)和幸福的人在一起；(2)和朋友在一起；(3)让人们对你所说的话感兴趣；(4)吸引异性的注意；(5)照顾别人；(6)做一次率直和开放的谈话；(7)向别人表达自己的爱；(8)感觉到别人的爱；(9)和心爱的人在一起；(10)在众人面前受欢迎；(11)和朋友一起喝咖啡、饮茶；(12)感激或赞扬别人；(13)做一次快乐的谈话；(14)听听收音机；(15)探望老朋友；(16)给别人提供帮助或建议；(17)使别人快乐；(18)和异性同事建立良好的关系；(19)拜访新的同事。①

[研读专栏]

年终奖怎么发效果最好②

每年年终，老板都要给员工发奖励。假设老板有两种选择：给员工发1 000元奖金，或者也可以请员工到上海的金茂大厦顶层吃一次价值800元的西餐。如果你是老板，你会选择哪种奖励方式呢？换句话说，哪种奖励才会使员工更感激你呢？

这个问题看似很简单。如果让员工来选择，绝大多数人会选1 000元奖金。因为从经济的角度考虑，1 000元不仅可以获得后一种享受，而且还有200元剩余。

然而，芝加哥大学的奚恺元教授告诉我们，作为老板，你应该毫不犹豫地奖励员工去金茂大厦吃西餐。

奚恺元教授是当代最有成就的行为决策学研究者之一，是第一个将幸福学和幸福指数概念引入国内的美国研究学者。奚教授在芝加哥商学院给MBA教授经理决策课程，从心理学角度帮助学生发掘在企业决策中常见的错误，以及正确的决策行为。

---

① 郑雪、严标宾、邱林：《幸福心理学》，暨南大学出版社2004年版，第179—180页。
② 参见奚恺元：《企业应追求"员工幸福最大化"》，搜狐网2004年8月17日。

奚教授分析说，一般认为企业老板和员工的目的都是赚钱，传统的经济理论也主要是教人们怎样极大化财富。但是，人需要满足的不只是钱的问题，而是幸福感。老板发奖金的目的是让员工感到幸福，对老板和企业心存感激，如此才能在来年为公司更好地效力，并且是幸福地效力。

因此，在发年终奖这个问题上，老板需要考虑的是哪种选择更能增加员工的幸福感。员工拿到1 000元的奖金，只会有短暂的快乐，而非长久的幸福。等到他们将钱存到银行之后，这种快乐感很快会消失，也不会感激企业。另一方面，很多人可能都想去金茂大厦吃一顿西餐，但却舍不得花800元辛苦钱。一旦老板奖励他们实现了这个愿望，员工便会在很长时间内记得这一福利。

当然，1 000元奖金和800元的西餐只是一个比方。不过从这个案例中我们可以得知两点：第一，金钱数额高并不一定带来更大幸福。在上述例子中，800元带来的幸福感比1 000元多。第二，人们的选择并不总是对的，他们通常会以经济的角度计算得失，而非幸福的角度。获得800元的非物质奖励比获得1 000元的奖金更让人幸福，但员工们却无法对此作出正确的判断和选择。

因此，老板在员工发奖励时不要询问员工的意见，反正他们肯定是要钱，而且多多益善。老板应该让员工在不知道还可能得到奖金的情况下，给他们比奖金更好的福利，如旅游、参观、就餐等等。一旦给了员工以知晓权和选择权，他们就会对两种福利有比较和偏爱，因而总会有人由此而埋怨公司的选择不合他们的心意。另外，如果只能发奖金的话，那么员工彼此的奖金也不要让彼此知道，以免因为比较而产生嫉妒和不满。

研读小结

物质财富会让人产生“心理适应”。金钱或者其他的外部刺激有利于我们的生存和发展。但是由于这一适应过程让正向体验逐渐减弱，我们就必须用更多数量的同类刺激才能获得与之前程度相同的体验。这便导致了无休止的欲望。

金钱、珠宝等物质财富所带来的快乐是短暂的，很容易让人产生适应。而成就感、自尊、美的享受等非物质财富能让人产生一种不易适应的“心流体验”。艺术家、棋手、运动员在工作的时候全神贯注，经常忘记时间以及对周围环境的感知，这时他们便产生了这种“心流体验”，而这种体验就是幸福。

很多人都知道幸福并非是财富的累加，很多人也常宣称自己人生的终极目标就是幸福。但在实际生活中，很多人却还是在不停地为了积累财富而奔波，美其名曰“赚钱是达到幸福的手段”。然而，一不小心这个手段就伴随了一辈子的人生，手段也就成了目的，岂非本末倒置？或许，你会信誓旦旦地认为自己不贪财，而是个有理想有追求的人。然而，人的非理性防不胜防。很有可能，在不知不觉中你就像别人一样落入“金钱”的圈套，明知1 000元现金不能带来更多幸福感，但还是像大多数人一样做了个“正常的傻瓜”。

六、积极情绪与利他行为

利他行为是一种美好的、理想的人际关系。社会学奠基者孔德对利他行为进行过最初的描述：利他行为是用来涵盖所有与攻击、欺骗、谋害等否定性行为相对立的一类行为。利他行为包括同情、协助、善举、分享、捐款、救难、自我牺牲等；符合人类群居之间的相互合作关系；同大自然作斗争，就要依靠集体的力量才能获得最大的自身利益。

利他行为带有明显的情绪色彩，导致利他行为产生的情绪包括移情、爱和快乐的心境。

(一) 移情

移情这个概念，最早是由英国心理学家铁钦纳(Titchener)于1909年提出来的。他认为，人不仅能看到他人的情感，而且还能用心灵感受到他人的情感。他把这种情形称之为移情。美国心理学家马丁·霍夫曼(Martin Hoffmann)认为，移情是指对别人的情绪的觉察而引起了自己产生相应的感情。移情是人和人之间互助的心理缘由之一，甚至是助人的前提条件。因为一旦产生移情，我们往往会采取积极的行动。

移情的对象可以是人，也可以是物。一般认为，移情最容易发生在同一类人之间，例如同胞、同乡、同性别的人。比如，喜欢交际的人经常会说："朋友的朋友也是我的朋友"，这是把对朋友的情感迁移到相关的人身上。在现代广告中，利用名人做广告，就是一种移情效应；设法把公众对名人的情感迁移到自己的产品上来或者迁移到自己组织的知名度上来，是公共关系活动常用的手段。

移情与人际传播中利他行为的关系一直被研究者所重视。马丁·霍夫曼认为道德的源头可以从移情方面去找。移情于潜在的受害者，即将心比心，感受他人的痛苦、危险、丧亲之痛或破财之苦，将推动人们行动起来去伸出援手。而那些缺乏移情能力，以至于铁石心肠、丧心病狂的人也更容易犯罪。有人考虑用心理治疗——发展罪犯的移情态度和能力，来矫正他们的犯罪动机。结果，接受移情训练的罪犯出狱后的重新犯罪率比未接受移情训练的罪犯下降50%。对受害者产生移情可改变罪犯的观点，使他们哪怕在幻想中也难以给受害者造成痛苦，因此移情训练可以弱化他们重新犯罪的动机。①

(二) 爱

爱不是一种单一的情绪体验，而是复杂的混合情绪。爱是一种情绪、一种态度、一种"给予"的人格倾向以及具有创造性的力量。美国心理学家阿尔波特(Allport)认为充满爱的给予对给予者来说是很有治疗作用的；对他人关心的实践会有助于解除自身的痛苦。爱包括慈爱、友爱、情爱和博爱等，爱与利他行为密切相关。

1. 慈爱

慈爱主要指的是父母对子孙后代的爱。慈爱的基础是亲近。母亲对婴儿肉体上的亲近会大大促进母子间的依恋。慈爱是生存所需要的一种爱，它给人以面对生活的勇气。

① 孔维民：《情感心理学新论》，吉林人民出版社2002年版，第289—328页。

如果没有了这种爱，儿童发展就会异常甚至夭亡。慈爱既是一种需要给予的爱，也是一种需要获得的爱。不仅孩子需要父母的慈爱，害怕离开父母慈爱的保护，而且做父母的也试图“拥有”他们的孩子。

2. 友爱

友爱就是朋友间的爱。所有的友爱都包含有某种程度的契合，即具有共同或相似的志趣或爱好。友爱对于青春期以前儿童的健康发展是必要的。它可以部分地校正和补充早期缺少的慈爱。由于大多数友谊是建立在精神和智力的亲近基础上的，因而朋友间总是互相帮助。

3. 情爱

情爱或性爱是不同性别之间的爱。一般的情爱产生于符合自己想象中理想美的人。当然，情爱并不限于肉体美，也包括精神美。许多小说描写为了情爱而献身的利他行为。20 世纪著名的心理学家和哲学家艾里克·弗洛姆(Erich Fromm)认为爱情不仅是一种感情，而且是意志、献身、利他行为。

4. 博爱

博爱是对全人类的爱，表现为对人类的责任感、尊敬、爱护以及了解。博爱的特性是非排他性的，并认定人人平等，对所有的人一视同仁，而不管其地位、能力和个人发展方面的偶然差异。有的心理学家甚至认为，博爱把爱护与创造力结合起来，为了爱一个不值得爱的人，有时会促使他们变为值得爱的人。这种为宗教所倡导的博爱，拥有各种各样的名称：基督教徒的“圣爱”，印度教瑜伽派的“不伤生”和社会正义，佛教的“慈悲”等。

虽然，宗教信条提倡博爱，但许多人都相信有宗教信仰的人并不比无宗教信仰的人有更多的利他行为。一些研究结果显示：教徒较不关心对少数民族的公平和正义，并且在“对他人真诚的爱—同情—怜悯”方面，其他人对教徒的评价也不高。因此，以个人的宗教信仰来预测其利他行为是不妥的。同样，仅以孩子的父母或朋友、夫妻的一方来预测其对孩子或对朋友、夫妻的利他行为也不一定是可靠的。从科学研究的角度来看，只有发展出具有信度和效度的测量爱的工具，才能进一步确定爱与利他行为之间的明确关系。

(三) 快乐的心境

心境是一种比较微弱、持久且具有渲染性的情绪。快乐的心境能够提高我们的助人潜力。快乐时，我们自身的需要得到他人的支持、鼓励和帮助，从而产生对他人和集体的信任和尊重。我们都知道在请人帮忙前尽量让他高兴，甚至是片刻的高兴也会得到预期的帮助；相反，别人不高兴的时候则可能难以求得帮助。

心理学家做过一个试验以检验短暂快乐与利他行为的关系。试验中，被试组走进公共电话间打电话都能捡到一个银币，而控制组则捡不到银币。刚刚离开电话间，两组人都看到某人在街上掉了一些报纸，他们都有机会去帮助他捡起报纸。测试结果是，控制组的被试者几乎没有一个人帮忙，而所有捡到银币的被试者因为愉快都去帮了忙。心理学家让一些被试者阅读一些描述愉快心情的资料，而让另一些被试者阅读描述不愉快心情的资料，结果发现阅读后，前者比后者有更多的利他行为。

可见，拥有快乐的心境会不自觉地向他人表达善意，别人也就自然会更喜欢你，交流也会更为顺畅。人们常说，爱笑的女生运气都不会太差，一方面是因为别人喜欢看到笑脸，另一方面爱笑的人总保持快乐的心境，相对来说也更愿意做利他行为，因此能够博得别人的关照和喜爱。保持微笑并非是女生的专利，无论什么性别和年纪，我们都希望与拥有快乐心境的人交往。①

七、情商

（一）情商的概述

情商也叫做情绪智力。概括地说，情商是指能够理解自己感受，共情于他人感受，并能妥善调节和控制自我情绪以改善生活的心理素质和能力。情商的概念由美国耶鲁大学的彼得·沙洛维（Peter Salovey）和新汉普郡大学的约翰·梅耶（John Mayer）教授在1990年共同提出。情商是在与人交往、生活控制、理智思考以及行为决策方面的关键工具，影响着一个人的事业和人际关系成败。

情商包括五方面的能力：自知、自控、自励、共情以及社交技能。

1. 自知

自知是能准确地识别、评价自己的情绪，及时察觉自己情绪的变化并归结情绪产生的原因。具体来说，则是准确识别情绪，包括情绪对象特征、情绪强度特征、情绪时间特征和情绪变化特征；准确识别情绪原因，准确归因，包括能准确识别自己的需要特征、动机特征和自己的角色特征；准确识别环境关系，包括自己与他人的关系，自己所处的任务目标特征和环境的结构特征。

2. 自控

自控是适应性地调节、引导、控制和改善自己的情绪，使自己摆脱强烈的焦虑忧郁，能积极应对危机，并能增进实现目标的情绪力量。自控包括自我监督、自我管理、自我疏导、自我约束和尊重现实。尊重现实包括尊重自己的现实、他人的现实和周围环境的现实。

情绪的自控不是压抑和忘却自己的情绪，压抑情绪会导致负面情绪的爆发。而情绪的自控是有目的地疏导自己的情绪，例如在情绪低落的时候鼓励自己，在焦虑的时候调整

① 黄希庭：《人格心理学》，浙江教育出版社2002年版，第513—519页。

自己,在十分愤怒的时候有节制地、有效地表达愤怒。

3. 自励

在情绪低落时拥有充满希望、保持乐观的态度是一种能力,这种能力便是自励。自励是利用情绪信息来整顿情绪并调动自己的活动、确立和实现目标。

4. 共情

共情是对他人的情绪有敏感性,是理解他人的需求并改变自己行为的基础。具体来说,共情要求人们设身处地考虑他人的情感感受和行为原因,理解和认可他人与自我的差别,在与自己的观念不一致的人进行相处时能具备换位思考和高位思考的能力和习惯。只有换位思考,才能做到"己所不欲,勿施于人";只有高位思考,才能做到"欲穷千里目,更上一层楼"。

5. 社交技能

社交技能是综合处理情绪的能力,包括妥善处理人际问题,与他人和谐相处。社交技能涉及情商的各个方面。①

(二) 情绪的体察

在我们进行人际传播时,满足他人的正常情感、情绪需要是尤为重要的,这是人际交流的基本任务。人人都需要得到在人际交流过程中获得基本的情感需要,例如自尊、友爱、理解和自我表现。对情绪的体察是制定传播对策的基础之一。

1. 体察心境

当一个人在心境良好的情况下,往往表现得和气、热情、宽容和耐心,这是人际传播的良机。而在一个人心境不好的情况下,往往表现得急躁、厌烦、粗鲁和冷淡,这显然不利于人际传播。在人际传播时,心境的好坏牵涉到传播者和受传者两方。

因此,体察心境需要解决两个问题:一是如何在对方心境良好或不好的时候进行沟通;二是如何在自身心境良好或不好的时候进行沟通。具体来说,在自己心境良好的时候要善于体察他人心境的好坏,如果他人心境同样良好,那么就不妨抓住时机进行沟通。如果他人心境不好,则需要调整自己的沟通策略,如在此时硬是直接沟通,则需做好"引火烧身"的思想准备。另外,在自己心境不好的时候,应及时地、有效地进行自我情绪调节,以免不良心境带来的不良沟通结果。

---

① 福特·劳伦:《人际关系:提高个人调适能力的策略》(第4版),王建中等译,高等教育出版社2008年版,第123—147页。

2. 体察激情

体察激情是指体察他人是否开始进入积极的情绪状态，以及这种情绪的发展趋势、产生的原因和可能导致的后果。一般来说，激情容易在以下几种情况下发生：渴望发生的事情终于发生；最怕发生的事情终于发生；毫无准备但与自己有直接关系的事情发生；与自己预料恰恰相反的事情发生；能激发公众强烈爱憎的事件发生；意外发生的重大事故或变故。

在体察激情的过程中，要特别注意两方面问题：一是当对方处于愤怒、发泄的激情时，要保持头脑冷静、以静制动，在理解的基础上说理和劝服，以真诚的态度进行沟通；二是当传播者与受传者双方发生尖锐矛盾、不利于进一步沟通时，应考虑暂缓交流，并请第三方代替交流。①

3. 自我情绪体察的方法

首先，要明白自己的感受，并且尽量客观地看待自己的感受。我们可以问自己："我现在的情绪是怎样的？这是一种消极情绪还是积极情绪？我为什么会产生这种情绪？"

其次，要知晓你的这种情绪是否是自己真实的情绪。如果情绪不是真实的，那么你会给自己的身体和精神增加压力。例如，尽管你内心很生气，但表面上却云淡风轻地微笑着。情绪的表达兼有语言和非语言传播，别人很可能发现你的两种语言有所矛盾，并因此对你产生不好的印象。如果由于你可以压抑自己情绪而没有真实地表露自我，反倒是让人觉得言不由衷，那就得不偿失了。因此，需要问问自己："我究竟要表达什么？我现在的言行与我的内心相符吗？"

再次，确认了自己的现有情绪后，要考虑的问题是这种情绪与他人的关系。我们可以问自己："他人怎样看待我的情绪？我的情绪表达的程度是不足还是过度？我产生这种情绪的理论正当吗？我的这种情绪会引发什么后果？"

最后，怎样才能实现自己的传播目的，什么是正确的、道德的传播方式，即从有效性和道德性两方面对自己的情绪进行评估和调整。我们可以问自己："我应该如何调整自己的情绪，既有一定的真实自我表露，而又不伤害他人？"

（三）情绪的表达

情绪表达是指一个人情绪的外在表现。情绪表达的功能在于释放情绪所造成的压力。情绪的表达似乎是天生的，我们不需要别人教我们怎么哭怎么笑，我们生来就带着啼哭声。然而，在进行情绪表达时可能会伤害别人和自己，比如对他人使用污秽的言语或者暴力，这不仅不能消除负面情绪，还会将这种情绪传染给他人。

---

① 姜琳编著：《交流心理学》，清华大学出版社2008年版，第173—174页。

1. 影响情绪表达的几个因素

第一，认知。对于事件的认知会直接导致你的情绪反应。例如，你给好友发短信，但他却迟迟不回复。你此刻甚至是一段时间里的情绪将取决于你对这件事的看法。如果你认为他是故意冷落你，你会失望和生气；如果你发现由于手机信号问题，他并没有收到你的短信，你会很平静；如果你知道他的父亲刚刚去世，那么你会对他表示同情。

第二，文化。不同的文化对于情绪的理解和表达有所不同。例如，日本人通过看对方的眼睛来判断他人的情绪，而美国人则通过看嘴巴。另外，某些情绪是由"文化特异性"的，即这些情绪只有在某些文化中才拥有；或者这些情绪在一种文化中被着重强调。例如，德语中有一个单词"Schadenfreude"，意指幸灾乐祸之感，尤其针对敌人，而英语中并不存在一个能与之对应的单词来表达这种情绪。但这并不表明说英语的人没有体会过幸灾乐祸之感，而是他们并没有德国人那么勇于承认这种情绪。又如，伊法鲁克(Ifaluk)文化(位于太平洋上的麦克罗尼西亚群岛)中存在一种叫做"fago"的情绪，它相当于情、爱和悲伤的混合情绪。对伊法鲁克文化的人来说，"fago"是很容易被理解的一种常见的基本情绪，但对这种文化以外的人来说，这则是一种复杂的混合情绪。①

第三，社会环境。社会环境对于情绪表达有着很大的影响。美国西部牛仔就不善于表达情绪，他们身强体壮但沉默寡言，更不会流露出一点软弱(例如哭、委屈、害怕、同情)，也不为自己感到难过。这种反对情感表达的状态被称为"牛仔综合征"。

其实"牛仔综合征"不仅限于美国，它已经跨越国界。很多男性在小时候就被要求"不哭"，要做"男子汉大丈夫"。这些教育理念就是在鼓励男性压抑和承受消极情绪。到他们踏入社会后，一旦呈现出其真实情感，还会或多或少地受到社会的负面评价，例如觉得他们软弱、无能、不够男人。因此，虽然男性和女性的情绪相似，但表达的方式和程度有所不同。与男性相比，女性对情绪的变化很敏感，更愿意也更经常表达情绪。女性更喜欢表达为社会所接受的情绪，例如微笑。女性更善于表达喜悦，也更爱哭。男性则更容易表达愤怒和挑衅。现在，"牛仔综合征"已经跨越了性别。

现代社会中，女性的社会地位越来越高，处于管理层的女性也被迫患上"牛仔综合征"。尤其是当她们工作的时候，她们自觉地拒绝表达软弱的情感，以显示自己的能力和领导风范。②

2. 情绪表达的技巧

1) 准确运用情绪词汇

语言是表达情绪的重要工具。如果词不达意，那很有可能无法向对方传达准确的情绪，从而造成人际传播失效或者造成反效果。准确运用情绪词汇是进行人际沟通的基本要求之一。

---

① 卡拉特:《情绪》，周仁来译，中国轻工业出版社2009年版，第49页。

② 约瑟夫·A. 德维托:《人际传播教程》(第12版)，余瑞祥等译，中国人民大学出版社2011年版，第196—197页。

下面罗列了一些用来表达情绪词汇的清单。它以普拉奇克(Plutchik)界定的八种基本情绪为基础,每种情绪都用不同词汇具体描述情绪强烈程度。请先确认你是否熟悉和掌握这些词汇,并将这些词汇按照情绪强度的高、中、低分组。

高兴:甜蜜、欢乐、满足、愉快、快乐、兴高采烈、享受、愉悦、幸福、欣喜若狂、陶醉、喜悦、欣慰、舒服

接受:妥协、采纳、听取、佩服、屈就、承认、同意、赞成、赞许、追捧

害怕:焦虑、担心、畏惧、顾虑、疑虑、惶恐、骇人听闻、忧虑、着急、忐忑

惊讶:意外、惊奇、惊叹、耳目一新、难以置信、震撼、奇怪、惊吓、措手不及、始料未及

悲伤:沮丧、抑郁、凄凉、苦恼、悲痛、孤独、忧郁、悲惨、痛苦

厌恨:憎恨、讨厌、深恶痛绝、反感、恶心、绝望、作呕

气愤:恶语相向、生气、郁闷、烦恼、恼怒、暴躁、愤怒、困扰、愤慨、怒不可遏、怨恨、使性子、恼羞成怒、发火、反对

期望:关注、感兴趣、好奇、注意、吸引力、狂热、全神贯注、聚精会神、着迷①

2) 表达具体化

我们常听人说"我感觉不太好。"这种表达情绪的方式是很笼统的、不清晰的。这句话的意思可以理解为"我感到内疚","我很孤独",或者"我很沮丧"。如果你想通过向人抒发情绪来缓解压力,那么在别人连你到底为何"感觉不太好"都不清楚的时候,该如何为你疏导和解压呢?因此,具体地表达情绪才不至于"牛头不对马嘴",才能进行顺畅的沟通。

具体化还体现在我们要把情绪的强烈程度表达出来。比如,在表达气愤之时我们可以说:"我很生气,我准备下周辞职。"这么一来,别人才知道你是真的很气愤,而不是开玩笑。别人也会认真对待你的这种情绪。

另外,我们的很多情绪不是单一的,而是混合的,有时甚至是相矛盾的情绪混杂在一起。因此,清晰地表达复杂情感就尤为重要。如果我们仅说"我现在情绪复杂",别人是无法了解你的具体感受的。这时,需要把自己混合而矛盾的情绪一一叙述清楚。比如,"我很困倦,不想再为这个任务而熬夜了,但我又很想把它完成得很完美,因此我现在心情很复杂",或者"我很想跟他在一起,但我又怕一旦谈恋爱后我就会丧失自我,所以我很矛盾"。

情绪表达的具体化有两个小技巧。

第一,要表达情绪产生的原因。比如,"他对我时而冷淡时而热情,因此我既失落又甜蜜";"我昨晚失眠了,所以现在有些不耐烦"。如果你的情绪是因对方而起,在向对方表达这种情绪时也最好说明原因。比如,"我很生气,因为你没有按照我们原先商量好的方案做";"我很欣慰,因为你履行了我们之间的约定"。

第二,要用第一人称表达。当你知道自己表达情绪是为了有人倾听、安慰或者提出建议时,你需要让他人知道你想要的是什么,因此在表达情绪时最好用第一人称,以明确目的。比如,"我失恋了所以很悲伤。我想要一点私人空间,我过两天打电话给你告诉你具体情况";或者"老板说我做的不够好,你能给我一些建议吗?"

① 约瑟夫·A. 德维托:《人际传播教程》(第12版),余瑞祥等译,中国人民大学出版社2011年版,第200—201页。

即使消极情绪由他人引起的，你仍然是自己情绪的拥有者。实际上，他人的言行和你对他人言行的理解一起组成了你的情绪。因此，我们每个人都要对自己的情绪负责。表明对自己负责的最好方式是使用第一人称来表述情绪，尤其是在表达消极情绪的时候。比如，不要说“你让我很生气”，“你让我觉得自己很失败”，“你让我没有归属感”。

上述表达都将自己的消极情绪全然推卸给了他人，自己则成了受害者。应该将这些表达改成：“你这么晚回家还不提前给我打电话，我很生气”；“当你在我的朋友面前批评我时，我感觉自己很失败”；“当你在众人面前忽视我时，我感到没有归属感”。这些表达既表达了情绪产生的原因，又没有攻击对方的意思，也没有强制要求他人作出改变，因而不会招致反感。并且，使用第一人称表述时更容易让他人接受自己的行为是你消极情绪产生的原因，因而更容易改变他们的言行。

[思考题]

1. 简述希波克拉底对人格气质的四种分类以及这四种人的人际传播特点。
2. 简述艾森克提出的三个人格特质维度及其含义。
3. 简述四种家庭教育态度对其子女人格的影响。
4. 引起愤怒的心理原因有哪些？我们又该如何理性应对自己的愤怒情绪？
5. 分别说出10个令人喜欢及厌恶的人格品质。
6. 孤独感与孤独症的产生原因及特征有何异同？
7. 在人际交往过程中，如何准确地体察和表达自我情绪？
8. 在人际交往过程中，哪些情绪能使我们作出利他行为？
9. 有人说，水瓶座的人想法和行为极端化、情绪化，而金牛座的人事事都讲求实际合理、不懂变通，因此，水瓶座的人和金牛座的人是天生的敌人，难以成为朋友或恋人。请结合心理学理论来反驳这种说法。
10. 古希腊神话中的美少年纳西西斯无视森林女神的爱慕，而是疯狂迷恋上了水中自己的倒影，终日孤影自赏，落得溺水而亡，化作一朵水仙花。请结合人格理论来分析纳西西斯的人格，并推测他的人际交往特点。

第六章

人际传播的文化差异

◆ **学习目标**

学习完本章，你应该能够：

(1) 了解文化的基本概念及其内涵；

(2) 熟悉文化领域的基本理论，并能与其他相关理论协同使用；

(3) 了解文化差异的概况、渊源及其对人际传播的影响；

(4) 对跨文化人际传播的语境形成自己的理解，掌握一定的跨文化人际传播技巧。

◆ **基本概念**

文化　文化差异　文化圈　跨文化人际传播

第一节　人际传播与文化概述

总的来说，文化是作为人际传播的大背景而存在的，而文化自身存在的过程中如果没有人际传播的参与也是不可想象的。本节将介绍一些关于文化的基本概念，从中我们也不难发现传播及其规律的痕迹。

一、文化的定义

“文化”一词，我们或许每天都会用到，却鲜有人能说清楚它所代表的准确含义。我们常说东方文化、西方文化，高雅文化、通俗文化，农耕文化、工业文化、消费文化、信息文化，社区文化、企业文化，文化沙龙、文化霸权、文化产业，文化人等，所有这些词语中的“文化”概念，或许都不尽相同。事实上，“文化”一词含义非常丰富，要为其下一个广为接受、没有争议的定义，似乎既不可能也没有必要。当然，这并不妨碍学者们站在一定的角度，对“文化”这一概念提出自己的阐释。

从词语构成角度看，在中文中，“文”有“文字、文学、礼乐、制度与律法”等意义，“化”有“教化培育”的意义；在英文中，Culture 源于拉丁文 Cultura，原意是“对农作物的栽培养育”，后来慢慢演变成“泛指人类在物质与精神方面成就的总和”。①

① 陈国明：《跨文化交际学》（第 2 版），华东师范大学出版社 2009 年版，第 24 页。

对于“文化”的系统定义，最早见于英国学者威廉斯，“文化研究的创始人雷蒙-威廉斯在 1957 年出版了他的第一部有影响力的著作《文化与社会》(*Culture and Society*)，在这本书中，他对‘文化’概念在英国的最初定型有一个系统的解释”。“威廉斯认为英国 19 世纪以来‘文化’概念的出现与两大社会现象有关，一是工业革命，另一是民主革命”。“在人文主义看来，前面所述的两大革命体现了整个社会向机械论与暴力论发展的趋势，因此，从最初的浪漫主义文学批评家如华兹华斯、柯勒律治等开始，就企图以一种精神的价值来对治这种社会的痼疾，这种精神价值在 19 世纪中叶以前一般又是以诸如艺术、诗歌、自然、有机、生命、美德、智性、真理、创造力、教养、美的原则、永恒之物、心灵的健康等分散的概念来表述的，而缺乏一个统一的名称”。显然，威廉斯所指的“统一的名称”，便是“文化”。①

同时，“威廉斯曾说过‘文化’一词是英语语言中最复杂的词汇之一。现在有关文化的定义已达 200 多种”。关于目前比较权威的定义，“《大英百科全书》引用的美国著名文化人类学专家克罗伯(A. L. Kroeber)和克拉克洪(D. Kluckhohn)的《文化：一个概念定义的考评》(*Culture: A Critical Review of Concepts and Definitions*)一书，这本书共收集了 166 条有关文化的定义……分为 6 组”，这 6 组定义分别为②：

(一) 描述性定义

描述性定义共 21 条，“以泰勒(E. B. Tylor)的定义为代表：‘文化或文明是一个复杂的整体，它包括知识、信仰、艺术、法律、伦理道德、风俗和作为社会成员的人通过学习而获得的任何其他能力和习惯’。”

这组定义“把文化作为一个整体事物来概述，因此几乎所有的定义都包含了‘(复杂的)整体’和‘全部’这样的词语。其次，这组定义试图通过列举的方式把文化所涵盖的内容全部包括在内”。

(二) 历史性定义

历史性定义共 22 条，“最具代表性的是……美国文化语言学的奠基人萨皮尔(E. Sapir)的定义：‘文化被民族学家和文化史学家用来表达在人类生活中任何通过社会遗传下来的东西，这些包括物质和精神两方面’。”

这组定义“强调文化的社会遗传与传统属性”，“从历史角度出发选择了文化的一个特性——‘文化遗传’或‘文化传统’来对文化进行阐述”。

(三) 规范性定义

1. 强调文化是规则与方式的定义

第 1 类规范性定义共 22 条，“具有代表性的是美国人类学大家威斯勒(C. Wissler)的

① 黄卓越：《“文化”的第三种定义》，《中国政法大学学报》2012 年第 1 期，第 130—137、160—161 页。

② 郭莲：《文化的定义与综述》，《中共中央党校学报》2002 年第 1 期，第 115—118 页。

定义：‘某个社会或部落所遵循的生活方式被称作文化，它包括所有标准化的社会传统行为’。”

威斯勒的“‘由某个社会所遵循的生活方式’为这一类定义套上了固定的模式。‘方式’一词所具有的含义是：1. 共同或共享的模式；2. 对不遵守规则的制裁；3. 行为怎样表现；4. 人类活动的社会‘规划’”。而这类定义“几乎都涵盖了一个或多个以上这样的内容”。

2. 强调文化中理想、价值与行为因素的定义

第 2 类规范性定义共 6 条，主要“包括托马斯（W. I. Thomas）的定义：‘文化是指任何无论是野蛮人还是文明的人群所拥有的物质和社会价值观（他们的制度、风俗、态度和行为反应）’。”

这类定义“核心是强调文化的本质就是价值观”。

（四）心理性定义

1. 强调文化是调整和解决问题的方法、手段的定义

第 1 类心理性定义共 17 条，比较有代表性的定义中，“萨姆纳和凯勒（W. G. Sumner and A. G. Keller）的定义指出：‘人类为适应他们的生活环境所作出的调整行为的总和就是文化或文明’。”“福特（Ford）指出：‘文化包括所有解决问题的传统方法’。”

这类定义“专门提出‘文化是人类为适应外界环境和其他人群所使用的一整套调整方法’是非常有益的”，但又“忽略了一个事实，即文化在创造了需求的同时又提供了满足这些需求的方法”。“这一组定义的另一缺陷是，这些学者只关注文化为什么存在和文化是怎样形成的问题，但却忽视了解释文化是什么的问题。”

2. 强调学习的定义

第 2 类心理性定义共 16 条，包括威斯勒（C. Wissler）的定义，“文化现象被认为是包含所有人类通过学习所获得的行为”；以及拉皮尔（R. T. LaPiere）的定义，“一个文化是一个社会群体中一代代人学习得到的知识在风俗、传统和制度等方面的体现；它是一个群体在一个已发现自我的特殊的自然和生物环境下，所学到的有关如何共同生活的知识的总和”。

这类定义“都竭力强调学习因素在文化中所占据的重要地位，他们的论点几乎都源于心理学中的‘学习理论’”。但“由于大多数学者都强调文化中学习这一非遗传因素的重要性，也因此忽略了文化的其他特性”。

3. 强调习惯的定义

第 3 类心理性定义仅 3 条，包括“托泽、扬和以《社会结构》一书驰名学术界的美国人类

学家默多克(G. P. Murdock)的定义”,其中默多克的定义是“文化是行为的传统习惯模式,这些行为模式构成了个人进入任何社会所应具备的已确定行为的重要部分”。

4. 纯心理性的定义

第4类心理性定义仅2条,包括罗海姆(C. Roheim)的定义:“对于文化我们应该理解为是所有升华作用、替代物,或反应形成物的总和”;卡茨和尚克(D. Katz and R. L. Schanck)的定义:“社会是指人与人之间和人与他们所生活的物质社会之间的所存在的共同的客观关系。它常与文化概念相混淆,而文化是指人与人之间所存在的态度关系。文化之对于社会就如同个性之对于生物体。文化概括了一个社会的独特的制度内容。文化是指在一个特定社会环境下发生在个人身上的事情,而这些所发生的事情是因人而异的。”

这两个定义“从心理学的角度强调文化概念,而且完全使用了文化人类学和社会学主流思想以外的词语来描述文化”。

(五) 结构性定义

结构性定义共9条,“以奥格本和尼姆科夫(W. S. Ogburn and M. F. Nimkoff)的定义为代表:‘一个文化包括各种发明或文化特性,这些发明和特性彼此之间含有不同程度的相互关系,它们结合在一起构成了一个完整的体系。围绕满足人类基本需要而形成的物质和非物质特性使我们有了我们的社会制度,而这些制度就是文化的核心。一个文化的结构互相连结形成了每一个社会独特的模式’。”

这组定义“把文化定义带进了一个更深的层面”。首先,从描述性定义“主要以列举文化各要素而最终归成‘综合体’的方式来定义文化”,发展到“把文化定义成‘可分隔的但相互又有结构性联系的各要素的组合’”;其次,这组定义“都明确指出文化是一个抽象的概念”。

(六) 遗传性定义

1. 强调文化是人工制品的定义

第1类遗传性定义共20条,其中“福尔瑟姆(G. J. Folsom)的定义最具代表性,他指出‘文化不是人类自身或天生的才能,而是人类所生产的一切产品的总和,它包括工具、符号、大多数组织机构、共同的活动、态度和信仰。文化既包括物质产品,也包括非物质产品,它是指我们称之为人造的,并带有相对长久特性的一切事物。这些事物是从一代传给下一代,而不是每一代人自己获得的’。”

这类定义“重点都放在了文化的遗传特性上”。这与强调文化传统或文化遗传的历史性定义很类似,但这组的学者强调的是“文化遗传的结果或产品”,后者则更加强调“文化的传递过程”。提出这组定义的学者们主要是社会学家,所以他们“在定义中常常使用‘人类社会生活的结晶’和‘人类相互作用的产品’这类典型的社会学术语”。

2. 强调观念的定义

第 2 类遗传性定义共 9 条，有代表性的包括沃德(L. F. Ward)的定义："任何人如果愿意的话，他可以把文化说成是一种社会结构，或是一个社会有机体，而观念则是它的起源之地"；以及奥斯古德(C. Osgood)的定义："文化包括所有关于人类的观念，这些观念已传入人的头脑中，而且人也意识到它们的传入和存在"。

这类定义中，"一些学者把'观念'看作是文化中更重要的因素"。有一个相关说法："严格地说，没有所谓的'物质'文化。一口锅不是文化，而文化是锅这一人造产品背后所隐藏的观念。"

3. 强调符号的定义

第 3 类遗传性定义共 5 条，包括戴维斯(A. Davis)的定义："文化包括所有的思维和行为模式，这些思维和行为模式是通过交际而相互作用的，即它们是通过符号传递方式而不是由遗传方式传递下来的"；怀特(L. A. White)的定义："文化是一组现象，其中包括物质产品、身体行为、观念和情感，这些现象由符号组成，或依赖于符号的使用而存在"。

关于这类定义，一些学者甚至认为"人与其他生物真正的区别不在于人是理性动物，也不在于人是能建造文化的动物，而在于人是使用符号的动物"。

至此，文化的定义究竟为何，似乎也没有结论，而且似乎有越说越复杂的迹象。但笔者认为，这其中并非没有线索可循。对于初学者，可以从文化的一系列关键词来把握这一概念，如知识、信仰、艺术、法律、伦理道德、传统、风俗习惯、生活方式、价值观。若想进行更深入的研究，则可关注文化的缘起、结构和功能等，如学习过程，人与人之间的态度关系、物质和非物质产品、观念、符号系统、社会制度。

二、文化的内涵

(一) 文化的构成

直观的文化构成一般包括物质文化和精神文化两大部分。此类观点的代表人物有牟勒来诶尔，他"在著作《文化的现象及其进步的趋向》中将文化分为两大类：文化的上层机构(语言、科学、宗教与哲理的信仰、道德、法律和美术)和文化的下层机构(经济、生殖、社会组织)"。随着文化研究的发展，对文化之构成的认识也呈现出多元化特征。R. Winston"在《文化与人类行为》一书中把文化分为如下几类：语言、物质文化、社会文化"。这种划分无疑比物质和精神的两分法更加丰富，之后则还有学者区分得更加细致。拉采尔"在《人类学》中把文化分为九类：言语、宗教、科学和艺术、发明与发现、农业与畜牧、衣服与装饰、习惯、家庭与社会风俗、国家"。①

① 严明：《跨文化交际理论研究》，黑龙江大学出版社 2009 年版，第 4—5 页。

文化的构成实质是各相关要素的构成，包括了实在的、抽象的多种要素，上文列举的也只是一些相对经典的代表。事实上，不同的人所看到的要素和看到的视角必然不同，文化的构成方式也必然随着时代的发展而有所更迭。

（二）文化的类别

既然文化由多个不同要素构成，那不同的文化则可理解为在某个或多个要素上的具体选择不同，更多的是，对某个或多个要素的强化程度不同。而通过选取不同的要素，则可以发展出不同的分类标准，这便是区分文化类别的不同维度。以下将列举一些常用的文化分类维度。

1. 文化类别的五个常用维度①②

不同文化之间的差异是多种多样的，由此造成了区分文化类别的维度也是多样的。从传播的角度看，最直观的可能是语言的不同，"语言相对论假设"是跨文化传播理论中最流行的一种理论。这种理论认为，不同语言所代表的思维方式和行为方式是不同的。

不过更多、更新的研究，目前更加支持这样一些假设：你所使用的语言有助于你去突出你看到的内容和你谈话的方式。例如，如果你使用的语言具有丰富的色彩词汇（如汉语，最基本的颜色即包括红、橙、黄、绿、青、蓝、紫），那相对于色彩词汇较少的语言（有的文化只能区分三四种颜色）的使用者，你就更易于谈及或强调色彩的细微差别。但这一区别本身并不意味着人们看到世界的方式不同，只是所使用的语言帮助他们聚焦在自然界的一些特殊变化上。

当然，语言差异或表述方式的差异，肯定不是区分文化差异的唯一因素，接下来将介绍学者们常用的五个方面的区别：高等级文化和低等级文化、阳性文化和阴性文化、明确倾向文化和模糊倾向文化、个体倾向文化和群体倾向文化、低语境文化和高语境文化。必须强调，这其中的每种区别都只代表程度上的差异，而不是非此即彼的；也就是说，并不是一种特征在某种文化中存在，而在另一种文化中不存在，而只是不同文化对该特征的表现程度有所不同。

1）高等级文化和低等级文化

按照权力归属的不同，可分为高等级文化和低等级文化。

在高等级文化中，权力集中在少数人手里，代表性的国家有墨西哥、巴西、印度、菲律宾等。在低等级文化中，权力更均衡地分布在公民手中，代表性的国家有丹麦、新西兰、瑞典、美国等。

在高等级文化中，人们要尊重权威，且都想成为权威人士；在低等级文化中，人们对权威并不信任，认为权力是邪恶的，应该尽可能加以限制。这两种对权力的不同态度，从教室里的师生关系就可以看出来：在高等级文化中，老师和学生之间存在着明显的等级差

---

① 约瑟夫·A. 德维托：《人际传播教程》（第12版），余瑞祥等译，中国人民大学出版社2011年版，第40—48页。

② 本章附录部分有一组关于五个常用维度的测试题，建议读者在正式阅读以下文本之前先做测试。

异，学生需要表现得谦虚、有礼貌，充满敬意；而在低等级文化中，学生则倾向于展示自己的知识和能力、与老师一起讨论，甚至挑战老师。

图 6-1　西方国家没有讲台与课桌“高下”之分的课堂，体现的是一种低等级文化

资料来源　百度图片，2012. 5. 27，网址：http://news. 17ok. com/news/819/2009/0911/1304928. html。

高等级文化比低等级文化更依赖权力的象征。比如“教授”、“主席”、“××长”这样的头衔，在高等级文化中就要比在低等级文化中重要得多；在高等级文化的正式致辞中，对方的头衔一般是不能被省略的，而在低等级文化中，即使在称呼别人时直呼其名，一般也不会引起严重的问题。

需要指出，随着互联网的诞生和发展，更大范围的受众可以获取同样的信息了。因此有人认为，等级差异，尤其是组织内部的等级差异将朝着更加平等化的方向发展。但也有人认为，这一过程不会发生，因为大多数组织中的等级结构运行良好，也能鼓励职员们去攀爬更高等级的阶梯。

2）阳性文化和阴性文化

按照对社会成员工作和生活态度要求的不同，可分为阳性文化和阴性文化。

在阳性文化中，人们认为男性是自信的、倾向于物质和成功的、强壮的，10 个程度最高的阳性文化国家是：日本、奥地利、委内瑞拉、意大利、瑞士、墨西哥、爱尔兰、牙买加、英国、德国。在阴性文化中，人们认为，无论是男性和女性，都要谦虚、温和、保持生活质量，10 个程度最高的阴性文化国家是：瑞典、挪威、荷兰、丹麦、哥斯达黎加、南斯拉夫、芬兰、智利、葡萄牙、泰国。

阳性文化强调成功，强调成员要自信、有进取心、更有竞争力，因此，阳性文化的成员在解决冲突时，更愿意直接面对，更愿意以一种竞争性的、斗争的方式来解决问题，他们强调“输—赢”战略。阴性文化强调生活质量，强调成员要谦逊，强调亲密的人际关系，所以，阴性文化成员在解决冲突时，更愿意进行协商和折衷，他们细化寻找“双赢”的方法；同时，阴性文化成员的失望感也相对较低。

组织也可以分为阳性和阴性。阳性组织强调竞争性和进取心，倾向于根据员工的贡献给予报酬。阴性组织更强调工作满意度，收入分配会照顾员工的基本需要；比如，那些拥有较大家庭的员工，可能会比单身员工更容易获得加薪。

3）明确倾向文化和模糊倾向文化

根据对确定性需求的不同，可分为明确倾向文化和模糊倾向文化。

明确倾向文化的成员极力避免不确定性，将其视为威胁，认为应该加以消除。代表性的国家有德国、葡萄牙、危地马拉、乌拉圭、比利时、萨尔瓦多、日本、南斯拉夫、秘鲁、法国、智利、西班牙、哥斯达黎加等。

明确倾向文化的成员在交流中有很多明确的、不容动摇的原则。比如，在教育方面，来自明确倾向文化的学生做事组织严密，喜欢目标明确的任务，有明确的时间表。如果让他们写一篇题为“任何事情”的学期论文，那可能会引起恐慌，因为这个题目不够清晰、不够明确。

模糊倾向文化的成员不会对未知的情况感到害怕，而会坦然接受不确定性事情的发生。代表性的国家有新加坡、牙买加、丹麦、瑞典、香港、爱尔兰、英国、马来西亚、印度、菲律宾、美国等。

模糊倾向文化的成员对于不确定性应付自如，所以很少重视那些支配传播活动和人际关系的规则。他们甚至鼓励采取不同的方式和视角解决问题。在教育方面，来自模糊倾向文化的学生更喜欢自由，他们更喜欢作业可以多点创造性、没有特定的时间表或者严格的字数限制。

4）个体倾向文化和群体倾向文化

根据所倡导价值观（个体主义或集体主义）的不同，可分为个体倾向文化和群体倾向文化。

个体倾向文化看重个人价值观，如权力、成就、自由等。代表性的国家有美国、澳大利亚、英国、加拿大、荷兰、新西兰、意大利、比利时、丹麦、瑞典、法国、爱尔兰等。在个体倾向文化里，衡量成功的标准是个体在多大程度上超越了其同伴。人们崇拜英雄，媒体中所表现的，也常常是那些与众不同、独一无二的人。在个体倾向文化中，个体对自己的良知负责，其职责更多的是个人的事情。个体倾向文化鼓励竞争，个体可以自由竞争领导者位置，领导者和成员区别明显。在个体倾向文化中，人们不看重内外人员的区分。

群体倾向文化则看重群体价值观，如传统、服从等。代表性的国家或地区有危地马拉、厄瓜多尔、巴拿马、委内瑞拉、哥伦比亚、印度尼西亚、巴基斯坦、哥斯达黎加、秘鲁、韩国和中国台湾地区等。在群体倾向文化里，衡量成功的标准是个体对组织的贡献，个体因为能和组织融合在一起而感到自豪。在群体倾向文化中，在个体对社会组织的规则负责，成功的喜悦和失败的责任均由所有组织成员共同分担。群体倾向文化鼓励合作，成员更容易原谅他人的过错。在群体倾向文化中，内外人员的区分非常重要。

这两种文化之间，最重要的区别，还是看个体目标优先还是群体目标优先。当然，这两种倾向的文化并不是互相排斥、非此即彼的关系，而是各有侧重，个体可能同时具备这两种倾向。比如，在篮球比赛中，一名运动员可能既与队友竞争“最有价值球员”（强调个体倾向），又为全队的胜利而奋力拼搏（强调群体倾向）。像著名篮球球星科比·布莱恩特曾数度当选 MVP(最有价值球员),但他也会奋力帮助队友表现得更好、追求球队的胜利。

图 6-2　著名篮球球星科比 · 布莱恩特

资料来源　百度图片,2012. 5. 27,网址:http://gb. cri. cn/19384/2011/01/26/1042s3137428_1. htm。

在现实生活中,对于大部分人和大部分文化来说,总是有一个主导倾向的:在多数情况或多数时间下,人们有的是个体倾向(视自己为独立的),有的是群体倾向(视自己是与他人相互依赖的)。

5) 低语境文化和高语境文化

根据所反映信息是否清晰、直接地传递出来,可分为低语境文化和高语境文化。

在低语境文化中,大部分信息是通过清晰、直接的语言来传播的。低语境文化更类似于个体倾向文化,这种文化不那么重视人际信息,而更强调明确的语言解释,在商业行为中重视书面合同。代表性的国家有德国、瑞典、挪威、美国等。低语境文化的成员在交易前不会花费太多的时间彼此了解,并没有太多共享的信息,因此对每件事都要进行清晰的阐述。所以,对于低语境文化的成员而言,省略某些信息会产生模糊性,但这种模糊性可以被直接而清晰的交流所消除。

在高语境文化中,人们往往使用隐含、间接的语言来沟通。高语境文化更类似于群体倾向文化,这种文化重视人际关系和口头协议。代表性的国家或地区有日本、阿拉伯、拉丁美洲、泰国、韩国、墨西哥等。高语境文化的成员在重要的交易前,会花大量时间去了解彼此的信息,由于这种预先的人际了解,大量的信息已为成员共享,因此他们不需要去清晰地阐述信息。所以对于高语境文化的成员而言,他们所省略掉或者假设的信息其实常常是交流的一个重要组成部分。对于高语境文化成员来说,模糊性也是可以避免的,但仅靠人际和社会的互动并不足以提供共享的信息。

高语境文化成员常常不会说"不",他们害怕因此冒犯别人,因此你必须学会辨别,当一名日本 CEO 说"是"的时候,什么时候意味着确实"是",什么时候意味着"不是",这种差异并不体现在人的具体用词上,而体现在人们的用词方式上。高语境文化成员通常不会质疑自己领导的判断。比如,当发现正在生产的产品有缺陷、或生产流程有什么问题,工人们一般不会去告诉他们的上级。因此,当一个低语境文化(如美国)背景的人到高语境文化(如日本)工作时,必须了解批判性信息缺乏的原因,并对此保持警觉。

低语境文化和高语境文化在人际交流时的习惯明显不同,若不理解这一点,就容易造成不同文化的误解。比如,低语境文化中常见的直率,在高语境文化中会被认为是无理;反过来,低语境文化成员常常认为高语境文化中的语言和行为总是模糊、阴险或不诚实。

2. 文化类别的价值观维度①

虽然关于文化的定义和内涵纷繁复杂,但说一种文化包含、影响着一个群体的价值观,这一点应是没有疑义的。

文化在很大程度上决定了人类的行为标准,往往我们在判断"什么是重要的,什么是不重要的,什么是对的,什么是错的,什么是该做的,什么是不该做的"等问题的时候,都会依赖文化所提供的判断标准,这些判断标准总结起来,也就是我们所说的价值观。

关于人类社会价值观的共性,长期以来被认为是一个无解的问题。但社会心理学家克拉克汉和斯德博克提出,由于人类所面临的共同问题是有限的,那么通过考察对这些问题的思考,应该可以刻画人类共有的价值观。

他们提出,人类社会必须面对五个共同的问题,由此反映人类的五种共同价值观念:第一个是人类与自然关系的问题;第二个是人类与时间关系的问题;第三个是人类与他人关系的问题;第四个是人类的基本需求问题;第五个是人类本性的问题。不同文化所涉及基本价值观念的种类,即基本问题是一样的,但对这些问题的回答是不一样的,由此决定不同文化之间的行为标准的差异。

对不同文化行为标准作出系统分析的一个代表性心理学研究,是荷兰著名心理学家霍夫斯塔德的"跨文化价值观"比较。他对IBM的117 000名员工做了跨文化价值观分析,总结出四种价值观念,可用以分辨不同文化中人们的行为差异。这四种价值观念分别是:

1) 权力距离

不同文化对权力距离的强调一般不一样,有的夸大地位高低、权力大小、穷人和富人、大众和精英之间的差别,便是认可较大的权力距离;有的提倡人与人之间的平等和一致,便是认可较小的权力距离。

权力距离较大的文化,通常有鲜明的等级差异;权力距离较小的文化,不太强调社会地位的差异,人们的主流观念常常是民主、平等和机会公平。

在霍夫斯塔德的研究中,强调高权力距离的文化包括菲律宾、委内瑞拉、墨西哥、印度、巴西,强调低权力距离的文化包括奥地利、瑞典、以色列、丹麦、挪威。

2) 不确定性规避

不确定性规避关注某种文化是否倾向于回避具有不确定性的事物,即是否能容忍未来状况的模糊性和变化性,是否希望一切行为都有具体的规则和政策来指导。若不确定性规避程度高,则表明一个文化不愿意容忍变化和混乱;相反,较低程度的不确定性规避,则表明一个文化愿意接纳变化、风险、不同的看法和行为等。

在霍夫斯塔德的研究中,较不能容忍模糊性或不确定性的文化包括希腊、葡萄牙、日

① 彭凯平:《跨文化沟通心理学》,北京师范大学出版社2009年版,第53—55页。

本、法国、秘鲁，较能容忍模糊性或不确定性的文化包括丹麦、印度、美国、瑞典、英国。

3) 个人主义还是集体主义

此处主要涉及一个文化是强调自主性、独立性、个人成就，还是强调团体成就、成员之间的相互依赖、人际关系等。

明显的个人主义文化把个人的重要性放在首位，相对而言，这个文化中的人际关系则显得松散。集体主义文化则强调团体和社会的重要性，往往拥有密切的人际关系，相对而言，也更多地强调家庭的重要性和对家庭成员的责任感。

据前述“个体倾向文化和群体倾向文化”部分，美国、英国、澳大利亚、加拿大等西方国家是典型的个体主义文化，而韩国、中国台湾地区则更多的是集体主义文化。事实上，在中西文化对比中，有不少关于这种差别的例子，其中比较典型的一例是对亲属的称谓。中国人对亲属的称谓十分详尽，家庭中的人际关系和长幼之分具有非常明显的道德责任和义务规范。比如，汉语中表示祖辈的称谓有爷爷、奶奶、外公、外婆的区分，以此区分父系和母系的长辈，而父系长辈的地位一般高于母系长辈的地位。英语中则没有这种差别。同样的，对于父辈，汉语中有叔父、伯父、舅舅、舅妈、姨妈、姑姑等的区别，英语中则只有统一的 uncle、aunt。

推而远之，中国人甚至有“祖宗 18 代”的说法，以一个人自己为中心，往上推九代长辈分别是父母、祖、曾祖、高祖、天祖、烈祖、太祖、远祖、鼻祖，往下推九代子孙分别是子、孙、曾孙、玄孙、来孙、晜孙、仍孙、云孙、耳孙；相对而言，西方的代际区分、哪怕是在皇室，一般也只以数字来进行，如路易十四、查理二世。事实上，这种称谓上的细致化，与中国文化中的大家庭观念有密切联系，相对而言，在中国亲戚之间的互动要比西方多得多。比如，《四世同堂》就是一部典型的反映中国人集体主义和家庭观念的作品。

图 6-3 《四世同堂》剧照

资料来源　百度图片，2012.5.27，网址：http://www.inmotionmedia.tv/6-1.php?pageNo=3&type=dsz。

在霍夫斯塔德的研究中，较强调个人主义的文化包括美国、澳大利亚、英国、加拿大、荷兰，较强调集体主义的文化包括委内瑞拉、哥伦比亚、墨西哥、希腊。

4）男性价值还是女性价值（masculinity-femininity）

此处主要涉及一个文化是强调传统的男性价值观念，如攻击性、竞争、权力、地位、影响力等，还是强调女性价值观念，如人际关系的和谐、个人欲望的满足等。

男性价值观念强的文化，男性通常拥有更多权力地位和社会资源，女性通常受到男性的控制和支配，由此往往带来明显的性别歧视。女性价值观念强的文化，女性的地位通常和男性是平等的，这样的社会反对性别歧视。此维度也可称为“传统男性价值”维度。

在霍夫斯塔德的研究中，比较强调传统男性价值的文化包括日本、奥地利、委内瑞拉、意大利、墨西哥，不太强调传统男性价值的文化包括泰国、瑞典、丹麦、芬兰和前南斯拉夫。

在霍夫斯塔德对IBM的这次研究中，没有纳入中国。但后来的研究发现，中国是个比较接受权力、非常强调集体主义观念的文化，但在不确定性规避和传统男性价值这两个维度上，中国得分趋中。

事实上，以上“五维度”和“价值观”的两组分类方法中包含着某种内在联系，比如权力距离与等级文化、不确定性规避与文化的明确/模糊倾向，都可视为有对应关系；而且，在每个具体维度的国家或地区排名中，也具有极大的相似性。对此，读者可以仔细对比，或通过查阅资料继续研读，由此形成自己的理解。

三、文化的特征

虽然由于概念的复杂和内涵的丰富，对于与文化相关的方方面面，我们都很难一言以蔽之，但这并不妨碍我们总结一下“文化”一词所指称的事物具有的基本特点。

陈国明认为，文化具有整体性、动态性、经过学习获得、本族中心主义这四个基本的特征。①

（一）整体性

从定义过程的复杂性即可看出，文化不是一个简单的、单一的概念，它不像文字、礼仪、信仰等与文化相关的任何一个子概念那么清晰；相反，文化包含了所有这些方面，而且远不止这些方面。可以说，文化是一个社会传统的综合，代表着一个由大大小小文化系统连接而成的整体性系统。

从系统构成的角度，文化系统可分为宗族、教育、经济、政治、宗教、社团、医疗与娱乐等子系统。更细化地，这些子系统又包含了风俗、信仰、礼仪、知识、神话、价值观、法律、道德观、意识形态、文学艺术、理想等多种项目，不胜枚举。

我们从对这些项目的列举中即可窥见一斑，文化就像是其成员赖以生存的空气，无处不在，不可或缺。但同时，所有的文化要素虽然庞杂，却并不是彼此孤立的；各要素之间有各种线索相连，以至任何一个文化要素或文化子系统的变动，都可能导致其他要素或系统

① 陈国明：《跨文化交际学》（第2版），华东师范大学出版社2009年版，第26—29页。

的变动，达到牵一发而动全身的地步。

而这其中相连的线索也是多种多样的，或是组织结构、或是合作关系、或事件聚焦，多种多样。而对此，笔者认为，事实上所有的线索都可以说是传播的；而且，在影响较深入的层面（态度、价值观、行为等），人际传播所扮演的角色往往大于其他形式的传播，如大众传播。

（二）动态性

文化和人一样，是有生命周期的。人需要以运动、活动等保持身心健康，文化同样需要保持动态与发展，以免腐化和灭亡。当然，这种动态的变化需保持一定的度，太大或太突然的变化也可能导致人或文化的衰亡。

促使文化不断发展、保持动态性的机制主要有以下三个：

1. 发明

从长远来看，人类文明的巨大进步莫不以新的科技发明为基础。如既有的三次产业革命，都在根本上改变了一个文明的生产、生活方式。从传播的角度来看，工业革命时的印刷术的效率和品质皆有本质的提升；因为工业化对密集生产的需求，人口渐渐集中，推动了城市化的浪潮，人们的生活方式也随之改变；同时教育的普及，既是工业化生产和城市化生活的结果，也反过来推动了科技的发展，并增加了传播的媒介数量、加强了受众基础。

伴随着社会的变迁，旧的信仰、价值观和生活习惯等与过去差别迥异、甚至全然不同，原有的群体结构不复存在；这必然导致社会成员之间人际传播的议题和方式也发生了巨大的改变。

A. 珍妮机

B. 蒸汽机

C. 汽车

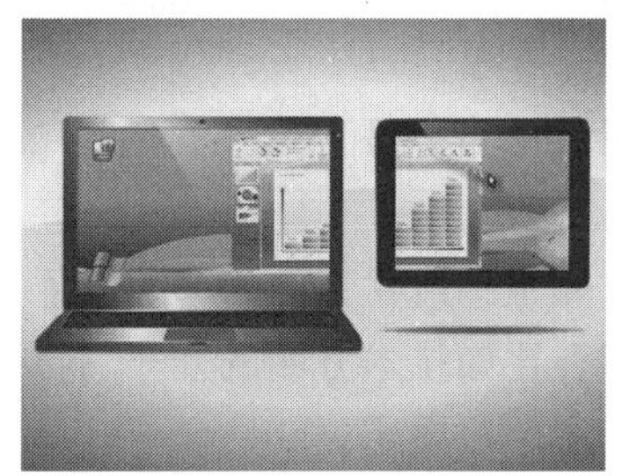

D. 手提式计算机

图 6-4　新的发明改变着我们的生活和交往方式

资料来源　百度图片，2012.5.27，网址：http://www.233.com/zhongkao/lishi/moniti/20060930/091340995.html。

2. 灾难

人类社会灾难分为天然的和人为的两种。

天然灾害可能是自然发生的，也可能是人为活动不当所导致的，如破坏植被导致水土流失；但不管如何，这类灾害确实是人类难以控制的。例如黑死病的降临，短时间内使欧洲人口死亡过半，文化命脉差点断绝。

人为灾害以战争最为惨烈，战争的爆发一方面给文明带来巨大的灾难，如美国建国之初对印第安人的屠杀，几乎使得该民族及其文化消失殆尽；另一方面，战争也会带来一定的发展机会，如鸦片战争的爆发客观上打开了中国的国门，也带来了西方较为先进的科学技术等，引发了中国社会的一系列变革。

总的来说，天然或人为的灾难，除了对器物、文学等物质层面的所谓“客观文化”产生结构性影响，也会直接冲击人的思想、信仰等精神层面的所谓“主观文化”，由此也会带来人际传播议题和传播方式的变革。

3. 散布

文化的散布或传播，通常有两种形式，一是同一文化内代与代之间的传承，二是文化与文化之间的散布。

经过口述、示范、著作等多种方式，代际之间的传承使文化得以延续和发展，中华五千年文化的延续就是最强有力的例证。当然，如果一个文化只是自我循环，难免孤立和止步不前，此时，不同文化之间的交流就为彼此带来了新的元素和视野。早期的商人、传教士，走遍各国或各地区，常常把一个文化中的事物带入另一个文化。当代传播技术进步巨大，更是为这种跨文化的交流提供了巨大的便利。可以说，充分的跨文化交流已成为当代文化得以生息绵延的必不可少的要素。

当然，文化彼此散布、传播的过程中，常常会有不平衡的情况发生。尤其是经济和传播技术发达的国家，依仗其优势将自己的价值观念和生活习惯等单向的推送到发展中国家或未开发的国家，而后者除了接受这些资讯也没有太多反抗能力。久而久之，强势文化便会一步一步侵蚀弱势文化，这便是所谓的“文化侵略”。不过，这并不是说我们要否定跨文化交流的正面结果，而是要全面看待文化散布过程中的方方面面。

（三）经过学习获得

文化既然是一组共享的符号、价值系统，那就不是人类与生俱来的，而是必须经过学习加以培养。比如技术方面的开车、打球，事务方面的待人接物、经营管理，精神方面的祈祷、禅坐，皆由学习而来。

社会化（socialization）是人类社会学习的最基本方式。社会化的全过程都伴随着人际传播的作用：从婴儿期开始，通过与家庭成员的交谈和相处，人有意识或无意识地逐渐接受、整合、强化、共创家庭和整个文化所需要的符号、价值系统，这一过程是在家庭中完成的；进入学校之后，通过教学、活动等有意识、系统化的行为，人对自己所处的文化有了更广泛的认识；除此之外，朋友、宗教等其他渠道的活动，都是人社会化和文化成长所必不可少的过程。

(四) 本族中心主义

经过学习过程，一个人会慢慢认知、认可和传承自己团体的文化，并逐渐适应这样的生活和传播环境，且认为自己所处的文化是特殊的和优越的。这种紧紧依靠自己的文化，并认为自己的文化比其他文化优越的心态，即是"本族中心主义"。

本族中心主义实际上是一种文化得以存续的保障，假设一种文化被其成员认为是劣等的，毫无可引以为荣之处，则这种文化必将失去其发展的动力，并最终灭亡。

但更须注意的是，当前常有过度膨胀的本族中心主义，反而成为跨文化交流的障碍；其中一种典型代表就是"褊狭主义"，也即认为，自己的文化是最好的文化，而且是解决任何问题的唯一可行方法。这种狭隘的观念，常常导致不同文化之间的巨大冲突。

但细想可知，多数的文化冲突其实都源于相互之间的不了解，由此看来，传播，尤其是人际传播任重而道远。

四、文化的功能①

除了作为支配人类思想行为的背景因素，从传播的角度看，文化对人类社会还具有其他重要功能。

(一) 文化的宏观功能

在宏观上，文化提供了人类社会用以维持自身系统的三大因素：结构(Structure)、稳定(Stability)、安全(Safety)。事实上，这三大因素也是相互关联、密不可分的。

以中华传统文化为例，它就给了中国封建社会非常稳定的结构，殷海光(1969)提出了所谓的"天朝型模的世界观"，把中国传统社会描绘成一个自给自足的系统。正是由于这种极好的自洽性，中华传统文化虽经历过无数变故，其社会根基却一直没有动摇，由此也造就了中国作为唯一一个连续传承的文明古国的历史地位。由此，由结构和稳定所带来的安全也得以凸显。

更具体地说，据 Chen(2001)的观点，中国社会乃是筑基在仁、义、礼和时、位、机所交织而成的经纬网上，而这经纬网上最常活动的要素便是关系、面子、权力。这个分析框架里，中国传统社会即由仁、义、礼、时、位、机、关系、面子、权力这九个要素所组成的。当然，这样的分析未免过于简单，但却是极好的理解文化结构及其功能的路径。

① 陈国明:《跨文化交际学》(第2版)华东师范大学出版社2009年版，第25页。

(二) 文化的微观功能

鲍敦(1991)提出，文化为社会成员提供了一个施展物理、心理和语言作用的情境。

1. 物理情境

这是指一群人日常生活的环境，容纳整个沟通过程的环境，都是文化塑造出来的，在这个物理环境里，具有相同价值与信仰系统的人，可以舒适的交流。

2. 心理情境

这是指精神或心灵活动的领域，如信仰活动、学习行为，每种文化，都会产生一组特有的精神层面的升华。

3. 语言情境

语言作为文化的重要组成部分，是传播活动的最主要工具。

事实上，文化的宏观和微观功能，甚至各个要素相互之间，都是相互依托的。有了稳定的结构，一种文化才能获得安全与传承，一定的沟通情境也才得以维持；也只有在一定的情境中，传播才能正常发生，这样，文化的宏观功能就有了立足点。

第二节　人际传播与文化理论

我们已经知道，“文化”是一个复杂的概念，每种文化都是一个复杂、综合的体系。而且，每种文化都有其独特性，最明显的是，都有自己特有的价值体系，并以此对事物作出判断，美丽或丑陋、善良或邪恶等等。不同文化对同样事物有不同的判断，这是很正常的，没有理由认为一种文化的价值体系一定比另一种先进，意见的分歧只是体现了文化现象的复杂性。

本部分将介绍更多基本概念及分类、特色、功能之外的，与文化及跨文化传播相关的理论，从而为读者理解文化现象及其与传播的关系提供更多的视角。

一、文化冰山模式[①]

冰山模式是文化理论中最基础的一种，其主要内容是将文化所包含的要素区分为显

① 严明：《跨文化交际理论研究》，黑龙江大学出版社 2009 年版，第 35—36 页。

性和隐性，并将文化比喻成一座浮在水中的冰山。

冰山浮在水面的部分只占其整个体积的一小部分，这与文化的显性要素相对应；在水下，还有更大的冰山体积作为潜在的支撑力量而存在，这与文化的隐性要素相对应。进一步审视不难发现，我们平常容易注意到的文化元素如建筑、烹饪、音乐、语言、礼仪、书法等，莫不受到更潜在隐性要素的深刻影响，这些要素包括宗教、习俗、历史、价值观以及对于自然、时空的态度等。

冰山模式认为，文化的隐性要素是其主体，但一般只能通过显性要素展示出来。这就提示我们，一方面要了解文化现象的复杂性，另一方面也要时刻存有透过现象看本质的意识。

当然，仅仅把文化要素分为两类，未免过于简单。事实上，在大多数情况下，这一模式往往被视为审视文化现象和了解其他文化理论的起点；或许，这也是其被称为“模式”而非“理论”的原因。

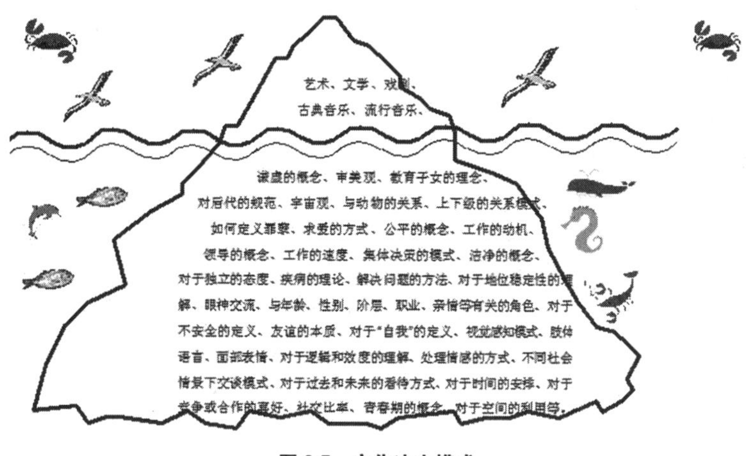

图 6-5 文化冰山模式

资料来源 严明：《跨文化交际理论研究》，黑龙江大学出版社 2009 年版，第 36 页。

二、焦虑/不确定性管理理论①

（一）基本内容

伯杰（Berger）和卡拉贝丝（Calabrese）在 1975 年最早提出了“减少不确定性”理论，1985 年，B. 斯特（B. Gudykunst）将其与“社会身份理论”进行了整合，将这一理论扩展到跨群体交往的范围，从而开启了“焦虑/不确定性管理理论”的建设。

斯特（1988）提出用“不确定性”（无法预测或解释他人的态度、行为的状况）和“焦虑”（感到不安、紧张、担心的状况）来解释人际和群体之间有效交流的问题，从而正式提出了这一概括性的理论。斯特还使用了齐美尔（Simmel，1908/1950）提出的“陌生人”概念，作

① 严明：《跨文化交际理论研究》，黑龙江大学出版社 2009 年版，第 81—84 页。

为该理论的核心概念。

斯特(1993)在该理论中加入了能力指标框架，扩展了理论，并且首次使用了AUM一词。斯特还增加了理论中公理的数量，以使理论更易被理解和应用。该版本的理论还包含了伦理问题和焦虑/不确定性的最大和最小限度。当焦虑/不确定性达到最大限度时，因为我们过分焦虑而不能预测他人的行为，便无法有效交际；当焦虑/不确定性达到最小限度时，由于个体不在意发生的事情(由于焦虑小)或过于自信(由于不确定性小)，也无法有效交际。对最大和最小限度的关注使得该理论的核心从“焦虑/不确定性消减”转向了“焦虑/不确定性管理”。

斯特引入了朗格尔(Langer)在1997年提出的“留意”(Mindful)这一概念，作为AUM和有效交际的折衷点。他假设个体的交际受到其文化和群体身份的影响，但只要“留意”，他也可自己选择与他人交往的方式，能够将焦虑/不确定性控制在最大限度和最小限度之间。

斯特分别于1995年和2005年对“焦虑/不确定性管理”理论进行了两次大的修改。该理论1995年的版本包括了94个公理(47个关于人际交往和群体间交往，47个关于文化多样性)，2005年的版本则只有47个公理。斯特删除了一些不太必要的公理，并将文化多样性公理的适用范围缩小到有效交际的基本因子上。

斯特谈到了有效交际有“基本”和“表面”两类因素，他认为焦虑/不确定性管理(包括留意)是实现有效交际的“基本”因素，它调节有效交际的其他“表面”因素(如身份、移情能力)的作用。个体对自身行为的留意程度控制着焦虑/不确定性管理对交际有效性的影响，当焦虑/不确定性介于最大限度和最小限度之间时，人们可以通过有意识的控制一些因素(如移情能力)来提高交际质量、或有意识地与陌生人协商信息内涵。

(二) 前提假设

焦虑/不确定性管理理论有如下四个前提假设：

第一，人们在许多人际交往的场合会产生不确定性。不同的场合存在不同的期望，所以在许多交际场合，人们会感到不确定性，在与他人见面时会感到紧张。尤其在新的环境中，人们经常产生这种紧张感。

第二，不确定性是一种让人厌恶的状态，会产生认知压力。保持不确定状态会耗费大量的经历和感情，令人冥思苦想而不得其解，不确定性常常会让人产生不舒适的感觉。

第三，当陌生人见面时，他们首先关心的是减少不确定性或提高预测能力。

第四，人际交往是一个渐进的过程，会经历数个阶段。

如前所述，焦虑/不确定性管理被认为是有效交际的“基本”原因，其他文化变量则被认为是影响有效交际的“表面”原因。斯特在表面原因与焦虑/不确定性管理之间、焦虑/不确定性管理与有效交际之间提出了假设，并详细提出了有效交际的多个原则。

具体的，我们在与来自其他文化的人进行交往时，由于相互不了解，常常会产生误解。焦虑/不确定性管理理论认为，有效地交际与这种误解的最小化有关。误解的增加使得我们对他人和陌生场合感到不确定，不确定性又会使人产生焦虑；不确定性和焦虑反过来又会提供减少不确定性和增加“留心”程度的动力，一旦人们感到足够的焦虑，他们就有动机去采取一定的策略以较少不确定性。不管场合、文化和时间的不同，这个基本过程是不变的。而通过减少对陌生人预期的不确定性，人们就有能力减少误解和增加跨文化交际的有效性。

（三）现实应用

AUM 理论分为有效交际理论和适应性理论两个部分，AUM 有效交际理论针对的是个人与陌生人（他人接近个人的圈子）交流的现象，AUM 适应性理论是针对陌生人进入新的文化并与当地人进行交流的现象。

斯特是从“陌生人”的交际困境开始研究 AUM 有效交际理论的，他发展了一套对“陌生人”进行描述的技术，集中研究他们的伦理认同、交友类型、话语类型、感知习惯、自我意识和自我训诫。他发现，“陌生人”现象是跨文化交际中的普遍现象。斯特认为，“陌生人”的研究，最终是要搞清楚有效地交际究竟是通过何种条件达到的。他发现，三组“表面”因素的交互作用造成了“陌生人”的焦虑/不确定。这三组因素是：动机因素（需求、吸引、社会义务、自我概念、对新信息的开放程度）、知识因素（知识期待、信息网络分享、对多种观点的知识、对可供选择解释的知识、关于同一和差异的知识）、技能因素（移情的能力、包容多种观点的能力、适应沟通的能力、创造新概念的能力、调适行为的能力、搜集适用信息的能力）。这些因素的非平衡交互作用导致“陌生人”面临交际情境时产生焦虑/不确定。

当“陌生人”进入新的文化之中时，他们会对当地人的态度、信仰、价值观、行为等感到不确定；但他们希望能解释当地人的态度和感情，他们也需要预测当地人会采取怎样的行为方式。当“陌生人”想要弄清楚当地人为何如此行为时，他就处于不确定性减少的状态。为了适应其他文化，“陌生人”并不需要完全消除自身的焦虑和不确定性，而是最好使其保持在适当的范围。当“陌生人”的不确定性过高时，他们就很难理解居住地文化成员的信息，也很难对其行为作出准确的预测；而当“陌生人”焦虑感过高时，他们在交际活动中就会倾向于机械地参照自己文化的体系来解释居住地文化成员的行为，这会导致“陌生人”处理信息的方式过于简单，从而限制其预测居住地文化成员行为的能力。另一方面，当“陌生人”的不确定性过低时，他们又会变得过于自信，认为自己可以理解居住地文化成员的行为，而毫不担心自己的预测会出错；而当“陌生人”焦虑感过低时，他们就没有动力和兴趣与居住地文化成员进行交流。

总之，当决定焦虑/不确定性的因素之间的交互作用不平衡、或者不确定性和焦虑感过高或过低时，“陌生人”都必须对之进行有意的调整，从而可以进行有效的交流和适应居住地的文化。

（四）总结批评

斯特指出，在跨文化交际领域，给有效交际下定义的方式有很多。这并不影响 AUM 理论中的公理，但会影响人们有意识使用的交际方式。比如，若认为有效交际是把误解降低到最低水平，我们会用一种方式交际；若认为有效交际是与他人保持良好关系，我们就会用另一种方式交际。但是,以采用客观主义方法著称的 AUM 理论也含有某些主观主义成分,如“留意”。总之,AUM 理论剖析了人们在进行跨文化交际时的一系列心理过程和行动逻辑,提出了其独特的思维逻辑和参考变量,为我们审视跨文化交际行为提供了很好的角度。

三、跨文化调适理论①

(一) 基本内容

早期的文化调适研究多是人类学家或社会学家进行的,一般都在集体层次上进行研究,通常探讨较原始的群体通过与发达群体的接触从而改变其习俗、传统、价值观等文化特征的现象。之后,心理学家对这一领域的贡献逐渐加大,他们通常更加关注个体层次,强调文化适应对多种心理过程的影响。

近几年来,该领域有代表性的学者金荣渊(Young Yun Kim)一直致力于发展他的交际与文化调适理论。她最早对韩国移民在芝加哥地区文化适应的因果关系进行了调查研究,形成了其早期理论。之后她逐步在理论中增加了“压力—调适—成长”(Stress-Adaptation-Growth)过程,并逐渐将注意力转化到移民的“跨文化”转变上来。

金荣渊现阶段的理论包含了以开放系统为基础的若干假设,以及其他若干规律与命题。其中规律一共有十条,前五条为跨文化适应理论的广义原则:(1)吸收及适应主流文化与反吸收及适应主流文化都是跨文化适应过程;(2)“压力—调适—成长”的动态过程是适应过程的内在动力;(3)跨文化转变是“压力—调适—成长”动态过程的功能;(4)随着“陌生人”逐渐完成跨文化转变,“压力—调适—成长”动态过程的难度不断降低;(5)跨文化转变给“陌生人”带来身体上的强健和心理上的健康。

后五条规律论述了跨文化转变和一些概念的相互关系,这些概念包括居住地人们的交际能力、交际活动、种族文化下的交际活动、环境情况和“陌生人”的个人素质。

金荣渊在阐述跨文化调试过程时提到,没有人天生就知道该怎样在这个世界应付各种各样的事情,而是慢慢地学会了将我们的社会环境和文化联系在一起。这就是说,各种信息、各种可操作的语言和非语言习惯给了我们一个抑制的、连贯和清晰的生活方式。这种熟悉的文化就是我们的家乡世界,它同我们的家庭或重要的人紧紧联系在一起。每一种文化都担负着组织、整合、保持一个人的家乡世界的任务,尤其是在一个人成长的过程中。在同周围文化环境方方面面的不断接触中,我们内在的体系经历着一系列改变,逐渐接受着各种观点、态度和行为。我们慢慢习惯同我们具有相似观念、态度和行为的人,并习惯于生活在他们身边。

可以说,进入一种新文化的过程也就是重新开始认识自己文化的过程。只是在这一过程中,我们要接受各种差异。我们要开始意识到并努力去思考原来那些不假思索的事情,因为一般只有当熟悉的事物发生变化时,人的神经才能产生意识。这样,作为陌生人的人便会发现他们对新文化的交际系统缺乏必要的了解,他们有必要学习和认知新的符

① 严明:《跨文化交际理论研究》,黑龙江大学出版社 2009 年版,第 91—95 页。

号和行为方式。他们或许会被迫延缓,甚至放弃能证明他们是谁的文化身份;内在的冲突迫使陌生人去学习新的文化体系,这成为文化适应的前提。理论上讲,调适改变的最终方向是文化同化。对于大多数移民者来讲,同化是一个终身的目标,通常需要几代人才能完成。

每一次调整、适应、变化的经历都会伴随着个人心理上的压力,这就是一个人的身份冲突:一方面,想保持原有的文化身份;另一方面,又需要与新的环境保持和谐状态。不适应的状况和压力感会促使个体克服困境并采取调适的行为来养成新的习惯。当人们开始向前看,迎接挑战并对新的环境作出回应时,调适的行为即变为了可能。在压力和调适逐渐达到平衡后,就将出现不易察觉的成长。"压力—调适—成长"并不是顺利、平稳、线性发展的,而是按照辩证的、循环的、迂回的方式发展。只要存在新的环境,"压力—调适—成长"这一过程就将继续存在,并整体上向更加适应和更加成熟的方向发展。

在适应新文化的过程中的初级阶段,巨大的、突然的变化是很有可能出现的。在经历了较长时间后,这种压力和适应的波动将变得缓和,直到最后,与人们内在的状态相融。

在阐述文化结构的时候,金荣渊首次强调了交际的重要性。她认为,只有当"陌生人"的个人交际模式同当地人发生交叠时才算成功地实现了调适。"陌生人"在新的社会文化中的交际经历受其交际能力的限制。与此同时,每一次与新社会文化的交际都将为"陌生人"提供学习文化的机会。新文化的人际交流尤其可以帮助"陌生人",让他们对当地人的言行举止更具洞察力,获得更多的信息。大多数进入新环境的"陌生人"都需要与他人建立新的关系,否则他们将感到自己没有足够的支持系统,并产生不确定感和压力。参与到新的交际活动中是源于人类需要从属于某一团体的本能欲望。

关于"陌生人"的个人素质,金荣渊提到,跨文化调试是受每个"陌生人"的个人状况影响的。"陌生人"进入新环境的准备程度各不相同,它包括面对新环境时心理上的、情绪上的和动机上的准备,包括对语言和文化的理解。影响陌生人准备程度的因素,是他们到达新文化之前正式和非正式的学习活动,包括学校的教育和培训、媒体接触、语言文化知识、他们此前同新文化中的成员的直接或间接交流以及他们此前有过的其他文化调适经历。每个进入新文化的人也都带着自己的个性特征。当他们遇到新环境的挑战时,个性特征就成了他们能否将新的经历体验内化的关键因素。金荣渊主要将个性特征归纳为三点:坦率性、力量和积极性。

第一,坦率性可以帮助"陌生人"减少抗拒感,增加加入新环境的意愿,并使得他们可以以一种不僵硬、不偏激的态度来理解和对待新文化中出现的不同状况。

第二,力量可以让个体在面对挑战时保持一种宽容、兴奋且自信的状态。

第三,积极性则反映了"陌生人"基本的人生观,同样也可以反映出在面对困难局面的自信状况。它有助于"陌生人"吸收新的文化知识,并使得他们能更好地同本地人在思维上、情感上和行为上获得兼容。

坦率性、力量和积极性有助于"陌生人"在文化调适过程中的发展。在"陌生人"发生内在改变的过程中,他们原本习惯性的认知、情感和行为上的反应也都将改变。一些"旧的"文化习惯将被新的文化习惯所取代。"陌生人"将在实现自身社会需求时变得更加熟练和应付自如。

（二）前提假设

1. 跨文化调试理论的四个前提假设

第一，调适是一种自然而普遍的现象。调适是人类的一种本能，它帮助人们在对抗性环境中保持一种平衡状态。跨文化调适是“环境适应过程中的普遍过程”。跨文化调适理论是以一种“泛人类”的视角来加以解读的：人类具有在面对环境威胁时进行内部斗争来获得对生命控制的特征。跨文化调适并不是需要具体分析的变量，而是一个人在面对新的陌生环境时整体进化的过程。

第二，跨文化调适必须在人与环境的互动中加以理解。

第三，跨文化调适是在交际活动中发生的过程。需要强调的是交际是一种必要载体，没有交际也就没有所谓的调适，跨文化调适只有在个体同新的环境发生互动的时候才会存在。唯一不会发生文化调适现象的情况即为个体与新环境处于绝对隔绝的情况。

第四，调适是一种对于所有生命体系来讲都自然而普遍的现象，交际是适应的方式。基于这样的前提，作者考虑得更多的不是在进入新的不熟悉的环境中是否可以调适，而是他们怎样和为何进行调适。

（三）现实应用

金荣渊指出，人不断与文化环境，尤其是社会文化环境交换信息，从而构成综合的、相互影响的、动态的、开放的交际系统。在与社会文化环境交换信息的过程中，人总是试图保持自身内在意义结构的稳定性。一旦他们内部的结构秩序被打破，不平衡或压力就会随之而来。作为能动的生物，人会努力恢复这种内部结构的平衡性、稳定性。正是通过这种“压力—调适—成长”的动态变化过程，人才会渐渐适应环境。在人适应环境的过程中，文化和个人内在的条件相结合，形成个人的文化个性。

身处异乡，人们本土文化所形成的内在文化模式会跟通过参加旅居国交际活动而获得的新的文化模式发生冲突。结果是他们内在的、原有的文化模式会发生变化，进而引发文化个性的改变。随着旅居人士适应行为的增加，他们在旅居国的交际能力，即掌握旅居国语言和非语言行为的能力、认识辨别与趋和能力、情感趋同能力，会进一步增强。但人们适应活动的成败，在一定程度上会受到旅居社会及个人背景的影响。旅居社会对人们适应活动的影响主要体现在对他们的接受力及迫使他们遵循该文化及其交际的压力两方面。这种接受力和压力或促进、或阻碍人们参加旅居国的交际活动。人们个人背景对适应的影响主要体现在文化或种族背景、个性及准备程度等方面。人们综合的跨文化调适能力主要表现在他们在适应活动中的三个互相联系的方面，即功能适应性、心理健康程度及跨文化个性。

金荣渊关于人们适应新环境的理论在实践中引发了众多思考。

首先，它在外语教学方面给人们以新的启示。学习外语的目的是利用外语进行社交，然而传统的语言教学方法强调的只是语言层次，而并非语言与文化并重，结果使得外语学习者在与来自该文化的人进行交流时，并不能真的传达全部意义。金荣渊的理论引发了人们思考一种跨文化导向的外语教学方法。它的目的旨在培养学生的跨文化交际能力，使学生有能力处理有关外语和外国文化的任务。

(四) 总结批评

自 20 世纪初期以来，关于跨文化调适的研究不断发展，成果层出不穷。一方面，这些学术见解或观点给跨文化适应的研究提供了大量的信息来源；另一方面，却又给后来的研究者带来了诸多不便。

跨文化调适研究主要采用两种方法：群体研究法和个体研究法。群体研究方法把移民群体或种族群体作为研究中心，这种方法主要描述不同文化背景的社会群体频繁接触后文化变迁的动态过程，以及由于社会资源、权力、威望等的不平等分配而产生的社会等级。相反的，个人研究方法通过对个人在旅居国的适应活动探索个人的心理表现与旅居国社会的融合程度。两者在研究上难免出现矛盾和冲突；同时，由于受到特定时期社会意识形态的影响，这两种方法都表现出许多不足之处。

在总结前人理论、经验的基础上，金荣渊提出了一套新的跨文化调适理论，把已存的各类观点和方法进行分析和归纳，总结成一套系统、全面、综合的理论。

好的理论要求思维逻辑体系与事实经验相一致。在上述跨文化调适理论中，事实即为世界各地都存在着人群离开他们所熟悉的家乡，开始全新生活并经历着各种改变的状况。毫无疑问，跨文化调适现象是事实存在的。一旦跨文化调适现象的客观性被加以理解，我们下一步的选择就是我们将做何种程度的改变。通过不断努力培养在新文化中的交际能力，我们将提高我们的适应性，反之，我们将减弱这种适应性。如果我们始终不放弃进行成功调适的目标，我们就将慢慢发生这一转变，这是一种微妙的下意识改变。这种改变和成长会加速我们知觉上和情感上的成熟，并对人们的生活状况产生更加深刻的理解。随着心智和身体的适应，压力和调适将加深跨文化身份感。在此过程中，关于“我们”和“他们”之间的界限也逐渐变得模糊。但我们旧的文化身份永远不会被新的所取代，取而代之的是一种新旧并存的身份，使得我们对于人们的差异性更具包容性和接受性，使得我们更能理解“双方”的审美和感情。我们将不会再刻意地坚持过去和现在的差异，而是肯定自己去改变的能力，并敞开胸襟去面对我们日后有可能变成的样子。

四、文化身份理论①

(一) 基本内容

文化身份理论的代表人物是科利尔(Collier, 1996)。文化身份理论是关于跨文化交往中如何处理文化身份的理论。文化身份理论强调主观经验与个人对行为的阐释。一个人的文化身份是通过构成特性(由标志、解释和意义组成)和规范特性(由行为指向和行动能力组成)相互融合而得。该理论相信一条原则：开放心灵原理(Opening Soul Doctrine),

① 严明:《跨文化交际理论研究》,黑龙江大学出版社 2009 年版,第 96—100 页。

表明人们留心自己的行为又能对此行为作出解释。文化身份理论的优点是它的启发价值与良好的有效性(即交际结果与交际行为判断的一致性)。

科利尔和托马斯(Thomas)针对跨文化交际中如何处理好文化身份,提出了这一解释性理论。该理论包括六个假设、五条规律和一个命题。科利尔(2005)详述了自从该理论产生以来,影响她思索文化身份问题的各种因素。在最新的理论版本中,她运用了批评理论的视角,但没有阐明理论命题。

(二) 前提假设

1. 文化身份理论有六条前提假设

第一,人们在话语中协商多元身份。在话语协商中,我们可以了解"你是谁"和"我是谁"。在话语交流中,由于不同的价值观取向,造成了人们对于多元文化身份以及文化身份显著度的不同理解,凸显了个人文化身份和群体文化身份的强度。通过人们的行为体现出不同范畴的文化身份,包括民族身份、种族身份、阶层身份、性别身份、宗教身份等。当人际交流的行为表明了群体成员身份,那文化身份也就随之实现了。

第二,跨文化交际是靠"作出推论的假设和承认不同的文化身份"来实现的。在交际过程中,交际双方是拥有多元文化身份的个体。每个个体的价值取向和目标需求各不相同,例如交际双方所属群体中的意识形态取向,双方宗教信仰的差异以及种族歧视的存在。因此,为了实现成功的跨文化交际,必须采取"回避"的态度:回避种族差异,回避意识形态和宗教信仰的差异,假设"一致性",从而承认对方的多元文化身份。

第三,跨文化交际的能力包括:在交际活动中保持意义连贯、遵守规则(即进行适当的传播)并得到正面的结果(即进行有效的交际)。

第四,跨文化交际能力还包括商定"交际双方共同的意义、规则体系并得到正面的结果"。

第五,跨文化交际能力包括对文化身份的确认(即让与交际者拥有共同符号意义系统和行为准则/规范的群体认可并接受他的身份)。多元文化身份对于跨文化交际者是个挑战。在交际的过程中,对于交际双方文化身份的准确界定将有助于实现成功的交际。具有不同文化身份的交际各方要拥有共同的符号系统。符号系统指交际的媒介:语言或非语言。不同的文化拥有不同的符号系统。因此,交际各方的符号意义系统要一致,才能实现有效地交际。

第六,文化身份会随着广度(如文化身份的概貌)、显著度(如文化身份的重要性)和强度(如文化身份给对方的强度)等因素的变化而变化。从个人角度讲,随着环境的变化,不同文化身份的显著度也有差异。文化身份的显著度随着环境的变化而改变,同时也强调注重文化身份的多元化。

2. 在六条假设的基础上,科利尔和托马斯(1988)提出了五条规律

第一,语篇中的规范与意义差异越明显,交际的跨文化程度越高。

第二，个人的跨文化交际能力越强，越容易发展与保持跨文化关系。

第三，语篇中文化身份差异越大，交际的跨文化程度越高。

第四，在跨文化交际中，交际一方给对方文化身份的认定与对方自己认定的文化身份越契合，其跨文化交际能力越强。

第五，与文化身份相关的语言指称会系统地随着社会情境的各种要素，如参与者、情节模式和话题的变化而变化。

同时，科利尔和托马斯理论中的命题指出：文化身份越是自认定，它们与其他身份相比时位置就越重要。

（三）现实应用

很多学者也把"文化身份"(Cultural Identification)译为"文化认同"，这是因为人们通常把文化身份看作是某一特定文化所独有的，也是某一具体的民族与生俱来的一系列特征。与此同时，文化身份又具有结构主义的特征，即某一特定的文化被看作一系列彼此相互关联的特征，可以将"身份"这一概念看作是一系列独有的、或有着结构特征的一种变通看法。因此也可以说，"文化身份"也有着个体主观寻求深层"认同"的含义。科利尔和托马斯把有意识将自己归为某一类群体的行为描述为文化身份。实际上，从他们二人对"文化身份"的定义上也可看出其中的"认同"含义。

如上分析，文化身份不仅由交际者的交际管理、习俗和社会结构而形成，而且还积极参与交际惯例、习俗和社会结构的形成过程。这是因为交际本身就是个体或群体进行自我定位、彼此沟通和争取相应权力与地位的工具。

在现实生活中，个体作为群体或组织中的一员，常常会在复杂的语境中不得要领地处理着不同的交际关系并协商着各自的文化身份。此时，文化身份理论就可以在实际工作中起到作用了。下面的案例就是文化身份理论的具体应用。

苏珊娜与马克是一对美国的异族通婚夫妇。苏珊娜的祖先来自苏格兰，她是位地道的白人女孩，而马克的祖先来自赞比亚，他是位地道的黑人小伙子。尽管美国的异族通婚夫妇常常受到不公平的待遇，尽管二人当初结婚时遭到了苏珊娜家人的强烈反对，但他们仍然结为了夫妇。因为苏珊娜和马克都认为，他们有着相同的兴趣爱好、相同的教育背景、相同的律师职业，种族差异不会影响到他们的感情，也与他们目前的生活无关，更不会影响到他们日后的关系。婚后，他们也生活美满。但是不久，始终坚持自己白人身份的苏珊娜开始抱怨丈夫马克在公司因为种族歧视遭受到的不公平待遇，并且一再强调不应该存在种族歧视。但与此同时，苏珊娜又对马克的黑人前女友乔伊耿耿于怀，她甚至不止一次的表示乔伊是个"不讨人喜欢、并且懒惰的女黑鬼"。

实际上，上述案例不仅反映了文化身份理论的实际应用，同时也在一定程度上体现了影响文化身份问题的各种要素。

任何群体或组织的个体都具有多重身份，比如案例中的苏珊娜可以是白人女孩、苏格兰后裔、斯坦福毕业生、律师、牙医的女儿、家中的长女、合唱团的领唱、公牛队的粉丝。马克可以是美国黑人小伙、赞比亚后裔、伯克利毕业生、律师、家中的长子、校篮球队助理、小餐饮店老板的儿子、基督教的虔诚信徒等。

苏珊娜与马克起初交往时，彼此在话语交际协商过程中，不断地加强了对对方的了解，逐渐清楚了各自的多重文化身份。但是由于二人对多元文化身份以及文化身份显著度的相似理解，而凸显出各自文化身份的强度的认同，他们认为在各自的多元身份中，种族问题不是文化身份的最强之处，相比较而言，兴趣爱好、教育背景和职业状况的强度更大些，因此二人决定结为夫妇，并且认为种族差异不会影响到他们的婚姻。二人恋爱直至结婚过程在一定程度上也反映了交际双方往往为了实现成功的跨文化交际，必须采取"回避"的态度：回避种族差异，回避意识形态的差异，假设"一致性"，从而承认对方的多元文化身份。

二人婚后的美满生活实质上既是一种成功的跨文化交际，也可以说是因为他们都具备了较强的跨文化交际能力，即二人可以在生活中尽量地保持意义连贯、承担家庭责任并得到正面的结果(夫妻间进行良好的沟通)。在处理具体问题时，苏珊娜与马克能够考虑到双方的共同意义、规则体系(家庭责任和伦理道德等)，因此可以得到令双方均满意的解决方法。婚后的美满生活证明了种族差异不是影响二人婚姻的障碍，因为他们对彼此文化身份的确认更多地考虑到双方共同符号意义系统、行为准则规范和群体认可并接受他们各自的身份(即相同的兴趣爱好、教育背景和职业状况)。

文化身份也会因环境的改变而改变，具体说来，会有三大因素影响着文化身份的变化，即文化身份的广度、显著度和强度。苏珊娜抱怨丈夫马克在公司因为种族歧视而遭受不公平待遇，是因为她意识到马克的黑人身份的显著度和强度增加，可能会影响到她的生活质量，或者对生活质量产生很大的潜在威胁；事实上她潜意识里不喜欢谈及丈夫作为黑人的文化身份，因此在行动上会一再强调不应该存在种族歧视。她对待马克的黑人前女友乔伊的态度就刚好证实了这一点。苏珊娜始终明确坚持自己白人身份实质上是对自己身份定位的坚持，反映了她其实潜意识里还是认为相对于其他的身份，她个人的白人身份仍然是十分重要的。

关于影响文化身份的因素，很多学者怀疑文化身份的协商部分受到了社会历史等因素的制约。这些因素可以看作影响文化身份问题的重要因素。在某些公开的或者隐性的种族问题、阶级问题或者侵略问题上，文化身份的协商就会受到社会历史等因素的制约。

在上述案例中，苏珊娜情感上的矛盾就反映了这一点。她对丈夫马克的爱与支持使得她积极反对种族歧视，但是她对丈夫马克的黑人前女友乔伊的嫉妒与不屑显示出她对黑人仍怀有较强的歧视。而且，从她对乔伊的态度，我们可以知道种族歧视和阶级歧视问题由来已久，很难根除，成为制约文化身份的有效协商的强大障碍，进一步影响到跨文化交际能力的发展。

(四) 总结批评

文化的衍生可表现为当地的风俗、习惯、规范、人情、思维等的总和。而文化身份可以是这些衍生物的某一"标签"，帮助其文化成员寻找到独特性与认同感。文化身份是某一群体的身份或一个文化成员的群体身份，是对于某一群体的归属感。它可能是官方认定或自我认定的，也可能来源于不同的种族、民族、性别、年龄、社会阶层、宗教、国际或地理区域等。这些身份把个人和文化群体同其他个人和文化群体相区分。

文化身份的确立有以下两大作用：其一是把文化身份看作一群人在共有的历史经验和文化代码基础上产生的连续、稳定的意义架构；其二是在承认群体共性的基础上重视内在的差异性，将文化身份看作历史长河中不断变化的意义建构。

文化身份理论就是讨论在跨文化交往中如何处理文化身份的理论。该理论指出个体的文化身份是通过构成特性和规范特性相互融合而得，而且强调主观经验与个人对行为的阐释。该理论着重表明人们留心自己的行为又能对此行为作出解释，是对于文化身份的解释性理论，它更加注重其实践意义。理论的核心贡献在于指出了交际结果与交际行为判断的一致性。

该理论还介绍了科利尔(2005)对影响文化身份问题的各个因素的分析。科利尔指出文化身份的协商受到社会历史等因素的制约，还受到不同阶层关系的制约，尤其是涉及种族问题、阶级问题或侵略问题等。

自该理论提出后，其实际应用意义得到了积极的肯定，同时也融合了其他相关理论的内容，使得其理论更容易被接受，使其对跨文化交际能力的培养与形成具有更强大的、更普遍的解释力。

五、身份管理理论[①]

(一) 基本内容

跨文化交际的理想状态是交际双方都进行了有效且得体的交际。所谓的“有效”是指交际者完成了自身的交际目的；所谓“得体”是指尊重且礼貌地对待交际对象。只有当二者同时完成时，才是真正成功的交际。身份管理理论就是要帮助人们有策略地达到“有效”和“得体”。

库帕克和今堀(1993)的身份管理理论是以人际交往能力为基础的，后来又扩展到了跨文化交往能力理论。它以关系理论和人们综合处理文化问题的能力为基础，同时结合了许多相关的身份理论，如文化身份理论。该理论分析了如何运用“面子工作”中的策略在具体交际中积极地挽回或维护交际双方的面子，还探讨了关系身份、关系类型以及“面子工作”策略的一些象征用法与规则等。

该理论的核心观点是，人类交际能力包括了在交往中相互成功地协商出可接受的身份的能力。交际中维护面子的能力是个体人际交往能力的表现，库帕克和今堀认为这同样适用于跨文化交际。身份管理理论可帮助人们在跨文化交际过程中更加明确各自交际能力的文化身份，同时充分考虑到了“面子工作”的相关策略，从而更加有效地促使成功交际的形成。

库帕克和今堀将身份(Identity)理解为一个经验性的解释框架(Frame)。身份为个体行为提供了预期，也为个体行为提供了动机，并激励着个体行为。任何一个生活在社会上

① 严明：《跨文化交际理论研究》，黑龙江大学出版社2009年版，第105—110页。

的个体都可以拥有许多种身份，然而库帕克和今堀却把文化身份和关系身份看作是身份管理的中心。

1. 身份会随着功能不同而转换

库帕克和今堀认为，当身份转换时，会自然产生跨文化交际：来自不同文化的人的交际。当交际者们有着相互不同的文化身份时，跨文化交际就产生了；交际者们有着共同的文化身份时，他们会进行文化内交际（Intracultural Communication）。库帕克和今堀认为影响身份转换的因素包括：(1)广度：身份会随着广度而转换，比如说身份会随着有类似身份的人的数量而转换。(2)显著度：身份会随着显著度而转换，比如说身份会随着文化身份的重要程度而转换。(3)强度：身份会随着强度而转换，比如说身份会随着文化身份交际给对方的强度而转换，会随着传递给他人的力量而转换。

2. 身份的不同侧面会在相应的环境中充分表现

库帕克和今堀指出，身份的各种侧面会在与环境相对应的不同身份展示过程中充分体现，也就是所谓的"面子问题"。他们认为维护面子是人类交往中最自然的事情，并强调在跨文化交际中，人们通常不够了解交际对象的文化，而导致了在具体处理面子问题时，会运用刻板印象（Stereotype）。

刻板印象实际上是一种外加的身份，自然会对"面子"造成威胁，进而影响跨文化交际的效果。刻板印象的应用常会导致一个结果，即辩证关系的紧张，具体说来，包括三种面子上的对立统一：(1)自主面子和交情面子的对立；(2)自主面子和能力面子的对立；(3)自主面子和交情面子或能力面子的对立。

3. 跨文化交际能力形成的三大阶段

跨文化交际能力跟如何有效地处理面子问题有着很大的关系，进一步说跟如何处理上述三对面子的辩证关系有着很大的关系。库帕克和今堀强调发展跨文化交际能力必须经过三个阶段，而且这三个阶段会不断的循环；处在跨文化关系中的人们会经历这三个阶段，他们身份的各个方面会从相互关系中展现出来。(1)第一阶段：交际者积极寻找身份的共同点；(2)第二阶段：尽管交际者之间的文化身份还存在差异，但他们已经将彼此的身份融合成一个可以相互接受的、趋于统一的彼此间有关系的身份；(3)第三阶段：交际者重新建构各自的身份，跨文化交际能力比较强的交际者往往会以第二阶段的相关身份为基础来建构各自独立的文化身份。

（二）前提假设

身份管理理论试图解释在人际关系发展过程中如何有效地进行文化身份协商的问题。该理论揭示了关系发展各个阶段中的有效身份管理，其研究范围几乎涵盖了所有的人际交往关系。该理论涉及了一些重要概念，如能力、身份、文化身份、关系身份、面子、面子工作等。对该理论的前提假设的探讨也基于上述概念。

1. 交际能力需要通过令交际者都满意的交际行为来获得

身份管理理论着眼于人们综合处理文化问题的能力。库帕克和今堀认为交际能力需要依靠能够令交际过程中的所有参与者都满意的有效、得体的交际行为来获得。科利尔指出交际能力常常基于某种由主体文化所决定的“隐私特权”。换言之，在特定的交际关系中，身份的协商能力需要交际双方都满意的文化身份的支持，进一步说，该交际能力能够促进交际双方都达到既“有效”且“得体”。

2. 交际者自身不同角度的定位需要文化身份的协助

以文化身份理论为基础，身份管理理论将文化身份视为跨文化交际管理中的焦点。库帕克和今堀将身份定义为“个体的自我概念”。身份管理理论为个体理解自身和周围世界提供了基本框架。身份是在许多机械性活动中（如将自身归属于某一群体）形成的，这过程中还带有一定的社会角色，如妻子、孩子、教师、父亲等。

身份实际上是一个复杂的结构。个体的整体身份具体由许多其他可能重叠的亚身份构成，并且身份的限定似乎是无穷尽的，而且它还可以随条件而发展变化。个体的身份可能与国别、民族、地区、性别、年龄、年代、职业、政治、社团、经历相关。而且有些群体还可能与一些违法活动相关，如吸毒、抢劫。因此说，身份反映了从不同关系的角度来定义自身，也可以说是一种关系身份。

身份管理理论将其限定于文化身份与关系身份上。科利尔和托马斯将文化身份定义为“主动将自身归属于某一群体，并且拥有该群体的意义系统和行为规范等”，同时他们指出文化身份涵盖了所有与社会文化相关的身份形式。

3. 交际者的统一协调意义与行为需要关系身份的协助

关系身份来源于关系文化。伍德（Wood）在 1982 年明确指出关系身份是对“私下的关于相互关系与活动的理解”，它有助于人们统一协调意义与行为。在特定的关系中，所有的观点不是“你的”或者“我的”，而是“我们的”。蒙哥马利（Montgomery）在 1992 年进一步解释，文化在整体上就好比是夫妇，关系文化可以使这对夫妇发现他们区别于其他夫妇的、独特的意义系统与行为规范。这些唯一的参与、理解和评价交际行为的方式体现且加强了他们自身的身份意识，并使其从根本上区别于其他夫妇。

如前所述，身份特征会因情境的改变而改变。具体交际时，交际者可以根据情境调整为跨文化交际、文化间交际和人际交际，因此明确交际关系与交际种类十分重要。在交际时，身份常被视为个体公开承认的“自我展示”，是个体希望中的身份或是实际生活的身份的展示。这种身份是他们在交际中主动地向交际对象展示出的身份。

4. 交际者的社会定位身份的保持是相互交际的必要条件

个体的社会定位身份实际上就是他的“面子”，面子的保持是相互交际的必要条件，因为它可以保证交际的秩序与文明。在通常情况下，个体都试图保护他人的面子，同时也期待他人能够充分考虑到其自身的面子。相互保护面子的实质是帮助人们在交际过程中完成交际目标，进一步说，是各自的行为更符合各自的社会定位身份。

无论何时，个体如遇到与他人面子相违背的情况时，就出现了威胁面子的行为。对个体面子的威胁实质上也是对个体社会身份的挑战。这也破坏了相互认同的身份之间的一种合作契约，而该合作契约可以支持交际朝向预期的方向发展。

5. 面子工作中的策略与技巧是形成跨文化交际能力的基础

前文中已经提到，布朗(Brown)与列文森(Levinson)在1978年提出面子的两种类型，即积极(主动)面子和消极(被动)面子。前者指个体对获得他人接受和认可的期望，后者指个体获取自主和自由的愿望。梅茨(Metts)在2000年指出，考虑到他人的主动积极面子时，就需要充分考虑他们的性情、价值观、优势、成就、外表等因素，并且要将对方视为自己的伙伴。相反，同一个相对老练的交际者交往时，就需要尽量避免过多地涉及自身的相关情况，也就是尽量保护自身的消极(被动)面子。

交际中的某些策略能够调控对他人面子的威胁，保护面子不受威胁，或是积极挽回已经受到威胁的面子。这些交际行为可以统称为“面子工作”。面子工作中的策略与技巧是形成跨文化交际能力的基础。合适的身份代表了交际中各自的社会角色。面子工作使合适的身份有效并能促使个体交际目标的实现。因为它支持常规的交际规范，帮助交际在一种较为和谐愉快、而非压抑沮丧的气氛下进行。

(三) 现实应用

身份管理理论具有较强的应用意义，在实际工作中起到积极的作用。比如，在商务沟通中，交际者通过“面子工作”中的诸多策略来使交际行为更符合各自的社会身份，在适宜得体的氛围中完成交际目标，从而成功地进行交际。下面的案例，主人公米克成功地利用身份管理理论为自己的公司赢得了一位优秀的建筑师。

米克刚刚接手已故父亲的酒店，并想通过兴建一所具有东方韵味的度假中心来拓展业务。他个人很欣赏日式园林，因此在招募设计师时，关注到一位美籍日本设计师三浦一郎。

一郎是一位广岛遗孤，大学毕业后留在了美国，经过努力很快在美国有了自己的事业，同时也获得了“绿卡”。但是，他很难忘记当年战争对自己家族的伤害。在日常交际时，他常常令家人主动地降低社会文化身份的强度和显著度，而且他本人也常在交际时通过转换话题等方式来弱化自己的社会文化身份，并以此来弱化痛苦的回忆。

在与一郎沟通时，米克描述了自己对度假中心的定位，即寻找童年的梦和内心的平和，并邀请一郎回忆童年的经历来寻找灵感。在沟通时，米克发现一郎多次有意地转换话题，并一度劝说其放弃原有的定位。这使得米克很不满，他认为一郎企图干涉其工作与决议，甚至伤害了他的面子。

米克后来了解到一郎的社会文化身份，便逐渐理解了一郎的内心与矛盾，理解了一郎的做法。在进一步交际中，米克避免了谈令一郎伤感的话题，并充分考虑其社会身份定位，尽最大限度地照顾其面子，这使得该次交际得体有效，一郎也顺利成为酒店的员工。而由于一郎的专业素质和特殊的领悟力使得度假中心的设计异常成功，好评如潮。

以上案例中，米克就是利用了身份管理理论的一些观点和策略找到了最适合的设计师，使事业得到了进一步的发展。

（四）总结批评

身份管理理论通过明确发展一定情境下身份管理和面子工作策略之间的关系来提高跨文化交际能力。

但是，该理论获得学术支持的同时也受到了一定的批评。尽管莱柏特（Lmabori）的研究能够确认一些解决面子工作中的策略问题，调查了关系身份、关系种类和影响面子工作中的策略的象征与规则。但他不能较长期地跟踪调查关系发展过程中的跨文化交际者，也就不能解决跨文化交际身份中的所有问题，因而该理论的诸多观点还需要经过长期的研究才可证明其使用意义。

然而，身份管理理论却有助于我们了解跨文化交际中身份管理的复杂过程，而且从身份管理理论提炼出的三大原则可有效地用于跨文化交际能力的培养。即跨文化交际的双方需要建立关系身份；跨文化交际的双方应该把文化差异视为“财富”而不是“障碍”，对待文化差异要“求同存异”；跨文化交际双方需要明确“身份管理”与“关系管理”相辅相成、不可分割地共存于同一过程之中。

因此，尽管身份管理理论还需要进一步补充与研究，但该理论着眼于交际过程中的面子管理，会有助于我们减少跨文化交际的障碍，是我们能形成比较密切且成功的交际关系。

六、共文化理论①

（一）基本内容

奥尔布（Orbe）在 1998 年运用现象学方法建立了共文化理论。共文化理论建立在缄默群体理论（Muted Group Theory，比如社会阶层的分化使一些群体有凌驾于其他群体之上的特权）和立场理论（Standpoint Theory，比如特定社会地位会使人们以某种主观的方式观察世界）的基础上。共文化理论将非白色人种、女性、残疾人、同性恋者及那些社会阶层较低的人群纳入自己的研究体系，不过其研究对象不限于此。

① 严明：《跨文化交际理论研究》，黑龙江大学出版社 2009 年版，第 110—114 页。

奥尔布(Orbe)指出,大体上说,共文化交际是指未被充分代表的(Underrepresented)群体成员与主流社会群体成员之间的交际活动。理论的主旨是提供一个框架,让共文化群体的社会成员在主流社会结构中交际,并且使缄默的人协商。

有六个相关要素影响着未充分代表的群体成员在主流社会结构中沟通的过程,理论的中心就是对这六个相关要素进行解释。

1. 首选结果

影响共文化群体成员运用某种做法的根本因素之一就是活动中的首选结果。每个人都会问自己这样的问题:什么样的交际行为会带来我想要的结果?为了这个目的,共文化群体成员意识或无意识地考虑他们的交际行为如何影响他们与主流群体成员的最终关系。对未被充分代表的(Underreperesented)群体成员来说,存在着三个主要的相互影响结果:同化、适应和分离。

第一,"同化"是指为了融入主体社会而企图消除文化差异,包括丧失某些区别性特征。同化背后的推理非常简单:为了有效融入主流社会,你必须要顺应主流社会。

第二,相较而言,"适应"的首选结果认为当个体可以保留某些自身的文化特性时,这种交际是最有效的。因此,适应的目标是转换现存的主题结构,以便形成一个"没有等级制度的复合文化"。

第三,"分离"为共文化群体成员提供了第三个选择,那些持有这种立场的人摒弃了与主流群体成员形成共同纽带的想法。相反,分离的目的是结合其他共文化群体成员创造反映自身价值观、道德观念和行为规范的社会共同体和组织结构。

2. 经验场

作为共文化交际过程的一个要素,经验场指个体生命经验的总和。一个人过去经历的影响在思考、选择和评价共文化交际实践的过程中是一个很重要的考虑因素。通过毕生的一系列经历,共文化群体成员学习如何去"适应不同的做法"(Enact a Variety of Practices),也逐渐意识到了在不同情境下使用某些策略的结果。在个体的经验场内,任何一个共文化群体成员都在从事建构、解构的动态过程,即对什么构成了与主流社会群体成员适当有效沟通的感知。

3. 能力

在共文化交际过程中必须承认的一个要素是一个人运用不同做法的相应能力。大多数做法都是全体共文化群体成员可以做到的,但是引用某些做法的能力依个体性格和实际情境可能会有所不同。例如,一些人可能天生就不会说脏话、进行个人攻击;人们或许缺少合理的机会去和其他共文化群体成员联络,或者在识别可看做联络员的主流群体成员时有困难。因此,我们不能作出这样的假设:所有的共文化群体成员在运用每一个做法时都有同等的能力。

4. 情境语境

情境语境的问题也是共文化交际的中心。奥尔布认为，共文化群体成员并不特意地为与主流群体成员的交流活动选择运用一个或若干个做法。相反，情境语境的一些细节——交际发生的地点、在场的人——有助于告知我们对某种共文化实践做法的选择。在这点上，共文化群体成员在一个普通的情境下（例如工作）很可能会采用不同的做法。

5. 感知代价与回报

随着时间的过去，共文化群体成员开始意识到某些代价和回报是与不同的交际习惯相联系的。意识到每一个交际行为都有与之相连的一些潜在的利与弊是很重要的。然而，这些潜在的利与弊并不是被所有的共文化群体成员同等的感知到。相反，与每一种共文化实践做法相关的代价与回报的感知在很大程度上取决于共文化群体成员的个体经验场。例如，同样的结果既可以看作是正面的，又可以看作是负面的，还要取决于个体的首选结果。

6. 交际方法

在共文化实践选择的过程中，最后一个有影响的因素是交际方法。交际方法可以被描述成非过于自信的、过于自信的或攻击性的。从共文化群体成员的角度来说，非过于自信型行为包括在把他人需求置于个人需求之前时个体受到的束缚行为。攻击型交际行为是指那些含有伤感情话语的、提升自我的、支配性（把个人需求置于他人需求之前）的行为。过于自信型行为代表了非过于自信型行为和攻击型行为这两个极端的平衡点，它包含了考虑自我和他人双重需求的自我提高的且富有表现力的交际。

这六种共文化因素内在的互相依赖关系为共文化策略的决定提供了全面的论点。尽管共文化群体成员在不同意识层面上从事着交际活动，这些重要的因素影响共文化交际活动的方法也各有不同，但是这些因素还是帮助我们清楚地表达了共文化理论背后的基本思想。

经验场支配着人们对于各种交际做法有关的代价和回报的感知，同样，也支配着从事各种交际活动的能力。置身于某一特定经验场，共文化群体成员会在他们首选结果和交际方法的基础上采用某种交际取向来适应具体的情境。

（二）前提假设

1. 共文化理论有两个前提

第一，共文化群体的成员在主流社会结构中处于边缘地位；

第二，当面对压迫性的主流文化时，共文化群体的成员可以凭借一定的交际方式来获取成功。

2. 共文化理论扎根于五个认识论上的假设，每一个都反映了它的理论基础

第一，每个社会都存在等级制度，这种等级制度会给某些特定群体的人提供特权。

第二，主流群体的成员在不同程度特权的基础上占据权力位置，使得他们能以此建立并保持反应、加强并且发扬他们经验场的交际系统。

第三，主体的交际结构，直接或间接地组织了那些生活经验没能在公众交际系统里得到体现的人的进程。

第四，共文化群体成员的经历虽然各不相同，然而他们也会享有相似的社会地位，只是他们在主流社会结构中处于边缘化，未被充分代表。

第五，共文化群体成员策略性地采用某些交际行为来同压制性的主流社会结构进行协商。

以它最根本的形式，共文化理论使我们能够洞悉共文化群体成员同其他人来协商的文化差异的过程。对于那些感兴趣于未充分代表的群体成员的经历的研究者和实践者来说，共文化理论为他们提供了一个框架，来帮助他们理解在任意特定情境下个体如何与他人沟通的过程。

（三）现实应用

奥尔布将共文化群体成员在与主流群体成员进行交际的过程中运用的一些做法（如边缘群体成员如何“协商其缄默的群体地位”）分离出来，这些做法是由共文化群体成员的交际目的和交际方式共同决定的。不同目的与方式组合形成了九种不同的交际倾向，分别对应不同的做法：(1)若交际者不自信且分离主流群体，则会“躲避交际”、“维持人际交际的障碍”；(2)若交际者不自信且意在适应，则会“增加可信度”且“消除定势观念”；(3)若交际者不自信且意在同化，则会“重视共同点”、“发展积极面子”、“进行自我反省”，且“避免发生冲突”；(4)若交际者自信且意在分离，则会“转向自我交际”、“发展群体内部的交际网络”、“显示强势”，并“保守定势观念”；(5)若交际者自信且意在适应，则会“转向自我交际”、“发展群体内部的交际网络”、“发挥联络者的作用”，并“教育他人”；(6)若交际者自信且意在同化，则会对交际活动“充分准备”、“过度补偿”、“操纵定势观念”，并在交际中“讨价还价”；(7)若交际者怀有冲突之心且意在分离，则会在交际中“攻击他人”、“妨害他人”；(8)若交际者怀有冲突之心但意在适应，则会“正视交际活动”，并“从中受益”；(9)若交际者怀有冲突之心但意在同化，则与主流群体之间会“游离其外”、“策略性地保持一定距离”，并且“自我嘲弄”。

（四）总结批评

最开始，共文化理论代表的是由“未被充分代表的”群体成员的交际经历而形成的框架。近几年来，学者们拓展了该理论最初的研究范围，并且正在把共文化理论应用于那些

似乎适合该理论使命的研究领域，这不是最初预期到的。

回顾共文化理论的不同应用和延伸可得出这样的结论：理论的任何真正进展都不是通过最初的贡献者产生的，而是通过他人的研究产生的。就此而言，我们对每一个与共文化理论有联系的学者提出一个挑战：超越简单的理论应用来回答曾经如此有价值的“那又怎么样”(So What)的问题；创造性、批评性地思考，以决定你的研究如何拓展，批评或反驳现存的关于共文化理论的研究。

对于一个理论的价值的真正检验在其寿命。共文化理论——以及它对理解文化、权力和交际之间关系的效用——可以经受住时间的考验，只要学者们和实践者们超越该理论最初意图和目的而继续研究。

第三节　人际传播与文化地理

一、世界主流文化圈①

人类社会的文化现象是十分复杂的，每个国家和民族，都有与众不同的、属于自己的独特文化特点，但是有些地域接近、历史上渊源密切的国家和民族，往往在文化方面存在许多相似之处，一般认为世界范围内存在五大文化圈：西方文化圈(拉丁文化圈)、东亚文化圈(中华汉字文化圈)、伊斯兰文化圈(阿拉伯文化圈)、印度文化圈(南亚文化圈)、东欧文化圈(斯拉夫文化圈)。这五大文化圈在地域分布、民族构成、语言文化、宗教信仰及社会生活的各个方面，内部都具有众多的相似性，而彼此之间又有很大的不同。

总的来说，文化圈得以形成、或不同文化圈之间构成差异的关键要素乃是其所依据的思想根源不同，这些根源或是宗教的、或是哲学的。同时，思想根源的不同在带来种种文化差异的同时，也必然根本性地决定了传播方式的差异，而我们知道，人际传播是最基础、最原始的传播形式。由此，便容易理解人际传播具有文化差异的根源了。

(一) 西方文化圈(拉丁文化圈)

拉丁文化圈又称西方文化圈，指的主要是西欧、北美的现代文化，包括西方世界中共有的标准、价值观和风俗等。

西方文化圈的地理范围，主要是以白色人种居住地为主，包括欧洲的大部分、美洲和大洋洲等地。西方文化圈的共同特点主要有：实行议会政治、实行资本主义市场经济、中产阶级为社会主要力量、物质文明发达、基督教价值观是主流、重视消费与享受等。

西方文化的概念通常与西方世界的传统定义相关联。根据此定义，西方文化是文学、

---

① 杨海廷：《世界文化地理》，长春出版社2008年版，第1—9页。

科学、音乐以及哲学原理的集合，并且有别于其他主要文明，也适用于受西欧移民或殖民影响强烈的国家，并非仅限于西欧、北美。

西方文化常被认为起源于古希腊、罗马帝国、天主教、基督教新教，这些又被称为犹太教—基督教文化。然而，西方文化也根源于日耳曼人、斯拉夫人以及凯尔特人的流行文化，这些文化是形成欧洲中世纪文化的重要推动力量。

西方文化在文学、音乐、哲学、宗教方面，已经有了极丰富的发展。重要的传统包括：经院哲学、天主教、新教、人文主义、文艺复兴、启蒙时代、世俗化、科学方法等。

公元1世纪，罗马帝国攻陷希腊后，吸收了古希腊的科学、哲学、民主、建筑、文学以及艺术，并在此基础上做了进一步的发展。在接下来的500年中，尽管罗马帝国拒绝古代雅典前卫的民主理念，但却将希腊语、拉丁语随着罗马法传遍了欧洲。罗马文化融合了日耳曼、斯拉夫以及塞尔特文化，但随着罗马的衰落，罗马的许多艺术、文学和科学都消失或被取代了。

随着罗马基督教地位的提高，《圣经》成为西方文艺的核心部分，几乎影响了西方文化的所有领域，包括艺术、法律、哲学、教育和政治。罗马基督教成立了许多神学院，现在的许多大学、学院即起源于此，总体而言，这些学院促进了早期西方文化的传播。阿拉伯文化也保存了一些古希腊和古罗马的知识，随着十字军东征，力帆特的摩尔人所具有的阿拉伯文化对西欧产生影响，终于在14世纪，希腊文化的遗产重新被西欧发现，这就是文艺复兴的开始。

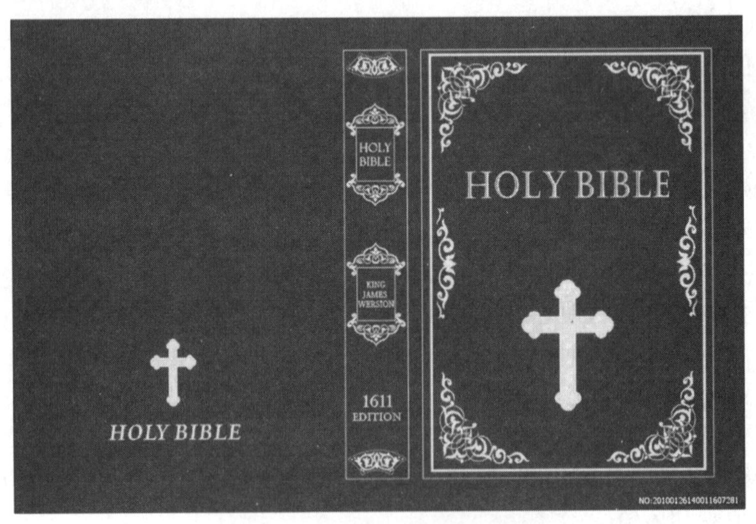

图 6-6 《圣经》是西方文化圈的重要基石

资料来源 百度图片，2012.5.27，网址：http://www.nipic.com/show/3/46/7e218c5b0762cd90.html。

16世纪，文艺复兴的西方文化被探险者、殖民者、商人以及传教士传播到新大陆。随后的启蒙时代，在美国革命、法国大革命时达到顶峰。一些理念，比如人权、法律面前人人平等、司法公正及民主等这些构筑社会的理想，第一次被付诸实践。如今，这些准则已经成为现代西方文化的基石。

19世纪开始，美国逐渐发展了自成一体的西方文化，特别是二战后，在西方占据了主导地位，连同美国的时尚、娱乐、技术以及政治，广泛影响了西方世界的其他国家。

(二) 东亚文化圈(中华汉字文化圈)

1. 中华文化

中华汉字文化圈，以儒家文化和后来的佛教文化为代表，其影响范围包括中国、日本、朝鲜、韩国等国，对以华语作为民族语言之一的新加坡和东南亚其他华人聚居的国家也有一定的影响。其主要文化特点是：以人伦道德构建社会，注重家庭和知识、敬天、奉祖，主要关心现实世界，而不是鬼神来世。以儒家价值观为核心，即讲究仁、义、礼、智、信、忠、孝、廉、耻、节。

中华汉字文化圈的形成大体在隋唐时期，包括日本列岛、朝鲜半岛和东南亚广大地区，是东方世界中最大的一个文化圈。这个文化圈的共同特点包括：第一，以儒家为核心的中国文化为基础，形成一种独特的文化取向和思维方式；第二，努力接受和传播中国式的佛教文化；第三，中国的政治制度和社会模型为社会运行的基本机制；第四，接受或吸收汉语的文字范式而创造出本国或本地区的语言文字。这种文化共同体的出现，经历了长期的发展演变过程，大体从公元前 3 世纪即中国战国时期开始，至公元 7 世纪左右的隋唐时期基本形成，对世界文化格局产生了很大的影响。

2. 日本文化

日本民族非常善于学习外国文化，从中国的魏晋南北朝开始，日本就不断从中国取经。公元 285 年，《千字文》、《论语》等文化典籍都输送到了日本，使得日本出现了文字。此后，又通过多种渠道，请专家讲授中国文化，输入儒学，到隋唐时期达到了高潮。公元 600 年，日本首次派遣隋使到中国，实地考察研究中国文化。接着日本圣德太子仿效中国进行了“推古朝改革”，初步确立了中华式的社会体制。公元 645 年，日本又推出全面引进和效仿唐朝文物典章制度的“大化革新”，同时 19 次派遣唐使到中国学习。有的唐使为了深入研究中国典籍，就留下来学习较长时间。到了奈良时期，日本加大了引进中国文化的力度，中国的文学、艺术、绘画、建筑、医学、科技、生活习俗等都涌进了日本。中国式的佛教文化也在日本根植，鉴真和尚的东渡，成为日本佛教文化发展的一个重要标志。到了公元 9 世纪左右，日本基本具备了中华文化的雏形，并以此为基础发展了日本的民族文化。其比较突出的表现是：

第一，在汉字的基础上，日本又创造出假名，经过长期的变迁，逐步形成了日本的语言文字。

第二，中国的儒家典籍在日本广为流传，并成为学校的教科书文本，成为官僚、士子们的精神食粮。9 世纪初，在日本流传的儒家典籍就达到 1 579 部、16 790 卷。孔子成了日本的圣人，儒学变成了日本的官学。

第三，日本的佛学经典基本由中国传入，中国佛教有什么流派，日本就有什么流派。中国在宋代以后，儒、释、道杂陈，新儒学兴起，日本也将这种思想变化引进到日本佛学。

日本的一些高僧，还结合本国的实际，创造了神佛同体的日本佛教新模式。可见，日本在吸收中国文化过程中很注重创新。

第四，日本的社会制度大多从唐朝引进，官制、兵制、田制、学制、税收、法律等基本都是唐朝的翻版。后来，日本根据其实际情况，也有许多改动，但基本精神实质仍是承袭中国的。至于礼仪、服饰、节令节日、日常习俗、伦理道德，日本也从中国吸收了很多营养，再结合日本的具体情况加以改进。总之，日本古代文化是以中国文化为基础，在其形成中包含了诸多中国文化的要素，这一点是确定无疑的。

3. 朝鲜半岛文化

朝鲜半岛历史上曾出现过不同名称的国家，也一度分裂为几个对峙的政权，为叙述方便，这里统称朝鲜。朝鲜由于与中国接壤，增加了引进和吸收中国文化的便利。传说中西周箕子率众赴朝的故事，其真实性虽有待考证，但说明中朝之间的交往开始的相当早。春秋战国时期，战乱频繁，往朝鲜逃避战火的不在少数，中国文化在那里不断潜移默化，生根开花。汉代以后和魏晋南北朝时期，中国和朝鲜半岛交流频繁。概括地说，朝鲜的语言文字、意识形态、社会制度、生活习俗都以中国文化为本位。

朝鲜很早就使用汉字，在汉语言文化方面有很出色的造诣，包括书法艺术、诗词歌赋等都颇有水平，出现过一些名家。用汉字抄写经书，曾是朝鲜极富文人情趣的一种社会活动。直至15世纪下半叶，朝鲜才在长期使用汉字的基础上，创造出新的文字——谚文。

朝鲜对中国的儒学十分推崇，儒学的许多经典都传入了朝鲜，成为官绅和士人们的必读书。《论语》、《大学》、《周易》、《尚书》、《礼记》、《诗经》、《春秋》、《左传》、《文选》等都是朝鲜学生最基本的教材。儒学是一种官学，是朝鲜规范政治思想格局的重要思想武器。这一点和古代的中国如出一辙。中国的佛教从公元372年传入朝鲜后，迅速发展，讲经学佛、建寺庙、拜菩萨变成一种社会行为。中国佛教的不同流派，在朝鲜半岛都有不同的反映。

在思想意识方面，朝鲜和中国大同小异。朝鲜的政治制度，基本上是模仿唐朝的。中央所设的执事省和位、府、仓郡、礼部、兵部、左右理方府、例作府，和唐朝尚书省统帅下的六部基本一致。至于学制、官制，也皆是模仿唐朝移植过来的。后来的政治制度虽然有所变化，但其实质与中国封建王朝的政治制度几乎是一脉相承。朝鲜的伦理道德、服饰打扮、节令节日、天文历法、音乐舞蹈、饮食起居、婚丧嫁娶等，虽然都有一些独特点，但和中国相同的地方很多。而生活习俗的相近，是最能反映出文化同源同根的。

4. 东南亚文化

东南亚国家比较多，与中国文化的联系不完全相同。其中越南的联系相对密切、菲律宾则相对弱一些，但总体上看，历史奠定了中国文化作为这个地区主要文化潮流的地位。

早在东汉末年和魏晋南北朝时期，中国和东南亚各国就有了频繁的交往，到隋唐、两宋达到高潮。中国的稻谷、丝绸、茶叶、陶瓷、漆器、医药等源源不断地输送到东南亚,东南亚的棉花、烟叶、番薯以及各种热带植物也被运往中国。和这种经贸往来相联系的是大批华侨移居东南亚,直接在那里传播中国文化。特别是 15 世纪上半叶郑和下西洋的壮举,一方面促进了中国文化在东南亚的传播,另一方面使更多的华人移居东南亚,这无疑大大加深了中国文化在这个地区的影响。从语言文字、思想意识到社会政治制度等许多方面,都能发现中国文化的基础性功能。据有关专家研究,越南的语言词汇中,几乎有一半源自中国,中国的方块字曾是越南的官方文字,长达一千多年。后来,越南创造自己的新文字——字喃,但也是以汉字为基础加以改造而成的。老挝语中,同样可以找到许多中文词汇,柬埔寨语、泰国语、缅甸语、马来西亚语都有较多的汉语成分,至少有不少粤语、闽南语等南方华语成分。菲律宾的语言中,汉语的成分相对少一些,但也能找到许多闽南方言。中国的干支纪年、天文历法、节日时令、十二生肖在东南亚也影响颇深。语言的相仿、相同加速了思想意识的沟通,特别是中国的儒家文化在东南亚传播迅速。孔子是这个地区少有的被公认的圣人,儒家的很多经典在东南亚流传。三纲五常、忠孝节义等做人的准则,为不少东南亚人所接受。尤其在越南,士大夫常常是非尧舜之道不行、非孔孟之学不述。儒学一度成为左右其生活和追求的一种价值取向和审美判断。中国式的佛教,曾经是东南亚佛教兴起的一个重要渠道。东汉末年,中国的佛教就传入了越南等国,隋唐以后中国佛教形成的各种宗派,在东南亚都有一定的反映。中国的道教,也逐步传入了东南亚的某些国家。中国发达而完备的封建专制制度,对东南亚国家曾有过深远的影响。中国的政治体制、官僚制度、法律制度、税收制度、教育制度等曾被东南亚一些国家所认可。以越南为例,其官制、法律基本模仿中国,其教育体系主要从中国移植而来,越南也盛行的科举制度,几乎与中国如出一辙。因此,中华文化圈中,东南亚也是重要的一环。

图 6-7　中国儒释道"三教合一"的思想是东方文化的重要基石

资料来源　百度图片,2012.5.27,网址:http://www.2wiki.com/doc-view-3462.html。

(三) 伊斯兰文化圈(阿拉伯文化圈)

阿拉伯文化圈,代表伊斯兰教文化,包括阿拉伯国家(沙特阿拉伯、埃及等)以及信仰伊斯兰教的其他国家和地区(伊朗、巴基斯坦等)。

伊斯兰文化圈的主要地理区域包括:印度半岛、阿拉伯半岛、东南亚以及非洲,其特色就是至今仍虔诚地保持对阿拉伯文字的使用和对伊斯兰教的信仰。东南亚信仰伊斯兰教的国家有:马来西亚、印度尼西亚(除巴厘岛)、菲律宾南部的闽答那峨岛等。

1. 宗教典籍——《古兰经》

伊斯兰教的教义均记载在《古兰经》中。穆罕默德是一个文盲,不会书写,但他的口才很好,且富有诗意。当他口授那些"神示"时,门徒便立即写在手边的一些物体上,比如棕榈叶、羊骨等物体上,或者把它们牢牢记住,之后加以处理,最终用当时富有比喻意义和诗意的语言编撰成书,这就是被伊斯兰教尊奉为圣物的《古兰经》,它既是宗教经典,又是某些国家的法律。

《古兰经》的教义是严格的一神论,那就是信仰全能而又慈悲的唯一真神阿拉(Allah)。善人在来世将接受天堂的赏报,而恶人将受到地狱的酷刑。不过,穆罕默德所描述的天堂是一个乐园,善人在其中能与永葆青春的天女结为夫妇。这种诗意浓厚的描写,足以打动芸芸众生。

《古兰经》除了简明的教义外,还有着沿革的诫命和道德:每日当祈祷五次,并行规定的沐浴,每年禁食一月,自日出至日落不得进食,禁止吃猪肉,禁止喝发酵过的饮料(酒)。也要求人们周济贫穷,教徒彼此协助,禁止奸淫,却允许多妻制,但妻子数量不得超过四名。

2. 宗教派别——逊尼派、什叶派

伊斯兰教共有八十多个派别,其中最有影响的是逊尼和什叶两派。穆罕默德去世后,阿拉伯统治集团在"继承者"问题上发生严重分歧:跟随穆罕默德从麦加迁徙到麦地那的穆斯林(称为"迁士派"),与麦地那的追随者(称为"辅士派")组成了圣门弟子团,主张通过选举,由艾布·克尔等人依次担任继承人;而穆罕默德出生的哈西姆家族,主张只能由穆罕默德的堂兄弟兼女婿阿里继任,并实行世袭。最后圣门弟子团获胜,但没能解决分歧,因此形成逊尼、什叶两派。

逊尼派由圣门弟子团发展而成,是伊斯兰教的最大教派。"逊尼"的意思是"遵守逊奈的人"。"逊奈"是道路、行为的音译,又有正统的含义。他们认为穆罕默德在创教过程中的种种行为都是"圣行",是穆斯林必须遵守的规范,是法律的源泉。逊尼派主张穆罕默德的4个主要追随者都是合法继承人,这种主张赢得了信仰伊斯兰教的国家政权和多数教徒的支持。这个教派也一直处于正统和优势的地位。

与逊尼派相对应的是什叶派。"什叶"的意思是"追随者",专指拥护第四代哈里发(继承人)阿里的人。什叶派认为阿里是一个从来不犯错误的超人,而且永远受到阿拉的保护。什叶派还把阿里及他以后的各代继承人叫做"伊玛目",意为最高导师、教长和君主。公元898年,什叶派第十二代伊玛目穆罕默德·马赫迪突然失踪,他们认为是被阿拉藏到人力所莫及的地方去了,将来会以救世主的身份再降人世,并一直盼望

马赫迪的再降。公元 1502 年，什叶派在伊朗被定为国教，伊朗从此成为什叶派最主要的活动中心。

图 6-8　古兰经是伊斯兰世界的文化根基

资料来源　百度图片，2012.5.27，网址：http://www.musilin.net.cn/2009/1106/29875.html。

(四) 印度文化圈(南亚文化圈)

印度文化圈代表印度教和佛教文化，其特色表现在梵文字母和对印度教的宗教信仰上。

印度文化圈又称"南亚文化圈"，主要指自古以来在文化、语言、政治、宗教等方面受印度影响的国家和地区。印度文化圈主要位于南亚次大陆和东南亚大部分地区，后者包括缅甸、老挝、泰国和柬埔寨，马来西亚和印度尼西亚在伊斯兰教传入之前也深受印度文化的影响。这些地区具有相似的文学、哲学、政治体系、建筑、音乐、宗教信仰(印度教和小乘佛教)。

印度教和佛教都是古印度土生土长的宗教。前者源于公元前 2 000 多年时的婆罗门教，后者则诞生于公元前 5—6 世纪。尽管这两种宗教在很长时间内有一种互补关系，相互借鉴吸收了对方很多教义，在主张"慈善、宽容、不杀生"等方面有共同之处，但由于历史原因，两者在印度的命运确实天壤之别。公元 13 世纪，由于外族入侵，印度境内的佛教几乎毁灭殆尽，印度教则总体上没受到太多影响，最终成为现在印度最有影响力的宗教。目前，全印度人口中，印度教徒超过 80%，佛教徒则仅为 1%左右。

印度教显示出强烈的宿命思想，特别显示在人们对于"轮回"与"业"的观念方面。就统治阶级而言，一个人的社会地位是由其血统决定的。但为何人的血统会不同呢？就"业"的理论来解释，这是过去行为所产生的结果，因此阶级地位低下的人就因此认命。印度教相信，人自身的行为存在一种必然性的力量，让自身陷入轮回之中，直到寻找到解脱之路。这种牵引自身的力量就是“业法”(Dharma)。这种法则认为，一个人无论处于何种阶级，唯有尽力完成该阶级所应有的义务，才可能从“业”的力量中获得解脱。事实上，印度教对“业”的强调，更好地维护了种姓制度。

图 6-9　印度教对南亚文化影响深远

资料来源　百度图片，2012.5.27，网址：http://tupian.hudong.com/a3_65_88_01300000307185123665880792950_jpg.html。

印度教认为“业”的力量不但会影响人自身，甚至可能影响到祖先，例如如果一个人不能完成其职责，而又杀害家族成员的话，其祖先都会被重新判入地狱。在奥义书的思想里，从“业”的力量中解脱，就代表自我从生活的现世解脱，就可以是自我实现“梵”的境界，也就是进入“涅槃”的境界，这种境界是一种自我归入永恒的状态。此时，印度教所谓的“涅槃”不同于佛教的涅槃，佛教的“涅槃”是追求人死如灯灭，即“烛火尽熄”的意思，印度教的“涅槃”则是“烛火远离气息萦绕而不在摇曳”的境界。

(五) 东欧文化圈(斯拉夫文化圈)

东欧文化圈代表东正教文化，其范围主要是俄罗斯、东欧和巴尔干半岛等地区。东欧文化圈的主要特点为：以东正教为其宗教信仰，使用斯拉夫语，其政治体制和苏联基本一致，但已经有所改变，政治与经济方面都逐渐向西方文化圈靠拢。

在教义方面，东正教与天主教有一些区别。

东正教信守前七次公会议信条，不承认以后天主教所举行的历次公会议；在“和子句”问题上，东正教继承东派教会的观点，认为此乃对《尼西亚信经》的篡改。

东正教注重道成肉身，认为人之得救，在于把必死之人通过与道成肉身的基督神秘联合而变成属于神的、不死的生命。东正教神学中很少涉及人性本源败坏的内容，因此不特别强调赎罪论。关于恩典和原罪论，东正教的观点和奥古斯丁的预言论有所不同。东正教认为每个人都在亚当的罪中犯了罪，拯救既要依靠自身，也要依靠天主。首要的是自身必须择善，天主才能帮助他们。善功只是条件，并不具有得救的效用，只有依靠天主的恩典才能得救和获得重生。圣事中基督的血所产生的救赎作用，是给予一切人的，凡愿意接受信仰和洗礼的，都可以得救；凡愿意敬奉天主的，都可以得到报偿。

东正教特别注重对圣母的崇拜。“三一论”确立后，对圣母的崇拜反映了信仰者需要一个可靠的“中保”思想，童贞女玛利亚成了最理想的对象。此外，东正教主张圣灵只来自圣父，天主教则主张圣灵来自圣父和圣子。东正教没有关于天堂和地域之间的“炼狱”的说法，而天主教声称两者之间有炼狱。东正教不承认罗马教皇作为普世教会首脑，只承认他的主教和“西部教会牧首”的职位，而天主教教皇自称是全世界教会的领袖。

在神学方面，东正教较保守、缺乏活力，也没什么革新和发展，天主教则面向世界和未来，在世界许多地区开展了有生气的活动，主张社会开放、自由、平等，提出了诸多进步神学，比如解放神学、妇女神学、黑人神学、希望神学、民众神学、发展神学等。

在礼仪方面，东正教教士的衣着打扮与天主教不同。东正教主教头戴圆顶帽，身穿银白色或黑色神袍，胸挂圣像，手持权杖；而天主教主教则头戴桃形尖顶帽，身穿黄色神袍，胸挂十字架，手戴权戒。举行仪式时，东正教除可以使用希腊语外，还可以使用地方民族语言；天主教的仪式则长期只能使用拉丁语，但也有些天主教会可以使用地方民族语言。唱圣歌时，东正教唱诗班没有风琴伴奏；天主教唱诗班则有。祈祷时，东正教徒用三个手指(拇指、食指和中指)在胸前自上向下、自右向左画十字；天主教徒则用整个手掌在胸前自上向下、自左向右画十字。受洗时，东正教采用浸水式；天主教则采用注水式。东正教主张婴儿受洗后就有资格领圣餐；天主教则持反对意见。举行圣餐礼时，东正教食用发酵面包和酒；天主教则食用无酵面包，并规定只有神职人员才能食用面包和酒，一般教徒只能食用面包。礼拜时，东正教堂不摆座椅，参加者只能站立；天主教堂里则放有成排的长板凳，供祈祷者跪坐。忏悔时，东正教规定教徒在神父面前可站、可跪；天主教则规定，教徒在神父面前只能跪着。东正教允许除主教以外的一切神职人员结婚；天主教则不允许一切神职人员结婚，强调独身主义和禁欲主义。

在神品方面，基督教会最初的神品只有副助祭、助祭、司祭这三个品位。基督教分裂后，东正教在教会组织形式方面实行牧首制，否认了天主教“只有‘使徒教区’，即由使徒建立的教区有权成为牧首区(大主教区)”的观点，认为应该根据实际情况，比如国家或城市在经济、政治方面的重要性设立牧首区，牧首区下辖数个首府主教区。主教区的首脑是主教，其人选必须是高级修士或者领圣职后保证效法修士生活的司祭。司祭可以结婚，但结婚后不能作为主教人选。东正教会的神品分为黑白两种：黑神品有修士、修士辅祭、修士大辅祭、修士祭司、修士大祭司、主教、大主教、督主教(牧首派驻国外教区的代表)、都主教、牧守；白神品有诵经士、副辅祭、辅祭、大辅祭、司祭、大司祭、司祭长等。天主教会的神品分为：司门员、诵经员、驱魔员、襄礼员、副助祭、助祭、主教。罗马教廷制度进一步发展后，主教又分为教皇、枢机主教(红衣主教)、宗主教、大主教和一般主教。

在节日方面，东正教的一些大节日与天主教大致相同，只是称谓不同。在教历方面，东正教使用儒略历法，是现在公历的前身，即旧历。而罗马教皇格列高利十三世对旧历进行了改革，于1582年公布了新历法，自那时起天主教就用此历法；后被多国采用，即为公历。在教堂方面，东正教教堂建筑风格采用拜占庭式或斯拉夫式；天主教教堂则采用罗马式或哥特式。其内部布置也各不相同，东正教圣坛中央挂有圣像，四周则挂圣徒画像；天主教堂圣坛中央则挂圣母玛利亚画像，圣坛两旁挂耶稣画像，周围墙上挂十四幅耶稣受难画像。

在哲学方面,东正教哲学主张上帝与世界的统一、上帝与人类的和谐、神性与人性的结合、神学与哲学的合一,反对理性,提倡神秘主义,主张通过神秘主义使人吸取神的智慧,强调救世主如何变成有血有肉的躯体和如何降临于人世的奥秘;天主教哲学则主张理性,强调天主的启示和人类的理性是一致的,反对神秘主义。东正教哲学提倡用神学和哲学的思维方式来建立真正的基督文明,贬低天主教,认为天主教不能发扬基督的博爱精神和自我牺牲精神,指责天主教把上帝和人类分离开来,因而不能建立真正的基督文明。东正教与天主教有着明显区别,教堂风格就是个范例,如图 6-10。

图 6-10　东正教与天主教的教堂风格

资料来源　百度图片,2012.5.27,网址:http://www.foyuan.net/article-220890-1.html。

二、中国主要区域文化[①]

我们已基本了解到,文化所涉及的要素可以说包罗万象,因而造成文化差异的因素也是极其丰富多样的,也就是说,文化的差异可能是无限可分的,中国南方方言所谓的“十里不同音”,便是此例。所以我们有必要对文化进行更进一步的细分,在世界文化圈主要关注国度和国际地区的同时,国内区域文化的划分则把目光投向了更微观、更详细的层面。在区域层面上,不同的文化也同样展示了不同的思想根源,并随之带来不同的传播特点。

中国的区域文化由于长期大一统的社会格局,使其具有自然的、和人为综合构成的独特性:既有以空间地域而定的“东西”、“南北”和以文化品位而定的“华夷”、“中外”这样高一级的文化划分,又有由中原区域、南方区域、北方区域、青藏区域四大文化拼块构成的次一级文化区域。在中国区域文化的形成过程中,又经历了只有考古和文献意义的、有较强自然属性和较少人为因素的萌芽阶段;以封国独立为主要形式的、区域文化成型的方国时代和以地方行政区划为类征的、区城文化发展的史志阶段。而其“核心-边缘”结构的游移、变化则最终形成了我国区域文化的全面缀连。

所谓区域文化(Area Culture),是按照地域界定而出现的文化类型(Cultural Type),是某一地区由于地理环境和民族发展所呈现出的文化形貌(Cultural Configuration)。区域文化的产生和成型,既脱离不了环境和历史这两大要素,也脱离不了“时间-空间”的一

① 李勤德:《中国区域文化简论》,《宁波大学学报(人文科学版)》,1995 年第 1 期,第 40—46 页。

体化结构。在时一空范畴中,侧重于时间的表现为文化史,侧重于空间的则表现为文化地理。然而,对于区域文化而言,“时间形式是事件之间最原始而基本的关系”,即使侧重于空间的文化地理也必须经过不断的发展才能成为区域文化,这个过程使时间成为过客而将历史上产生的文化沉淀在某一区域中,从而使区域文化更加成型稳定。

中国的区域文化,也完全符合这些文化学的一般概念。但由于中国长期存在的大一统的社会局面,使中国区域文化带有某些方面的独特性。大一统的社会局面使中华主体文化与区域文化相辅相成,呈现出我国整体文化的二重构造模式,呈现出共性与个性的组合、渗透和区别的交互状态,是形成文化实体的自然与人为的综合现象。所以,认识和研究我国区域文化的行程、发展和个体特征,对于研究我国整体文化,具有相当重要的价值和意义。

(一)“东西”、“南北”与“华夷”、“中外”

区域文化的划分是实体和概念的结合,这种结合使实体的客观具有认知的导向性。认识客体往往需要定义的概括,虽然定义本身不可能将定义对象的内容全部包含无遗,但却能展示其基本特性和大致轮廓。而我们所述的东西、南北和华夷、中外,则是一级地域文化定义和划分。

“东西”是空间方位,人类生存的第一要素是经济生活。按照经济文化形态,从地区上可以把我国划分为东、西两大部分。这条线从黑龙江省的瑷珲到云南的腾冲。东部是向大海倾斜的平原丘陵,也有一些低度高原和山地,季风气候使这里四季分明、干湿得宜,自古是我国发达的农业区。西半壁以草原沙漠、崇山峻岭和高寒高原为主,属大陆性气候,自古是我国主要的游牧区。正是地理环境的巨大差别,以及与这种差别相适应的不同生产方式——农耕和游牧,导致生存于其中的民族文化的差异。这种文化地域的划分是整体性的,同时也不排除相对中的个别差异。在农业区,也有如东北与西南山区从事狩猎和游牧的民族,而在西半壁的河套平原及沙漠绿洲中,也有从事农业的居民。

“南北”也是空间方位,除了地域性的纬度、寒暑等差别外,作为文化地域的划分,它更多地表现在观念意识上而不是严格的界线划分上。历史的变幻使这种划分具有强烈的人文色彩。大约从东汉后期开始,北方的战祸导致了向南方的大移民浪潮,原先不受重视的南方逐渐上升到与北方并列的地位。人口迁徙和文化流动促进南方全方位的开发。南北朝几百年的南北对峙,其最大功绩就是实现了民族大融合和将经济中心转移到了黄淮以南。这个动态的历史渐进过程凝练了人们对于南北文化分界的心理认可,它是中原文化向南方的整体扩散而又重新组合的过程。这个客观事实反映在古人认识中还要早。如王夫之言道:“三代以上,淑气聚于北,而南为蛮夷。汉高祖起于丰沛,固楚以定天下,而天气移于南,郡县封建易于人。而南北移于天。天人命符之几也。”此论牵动因素颇多,但南北的文化廓分却相当明显而深远。它包含了极其广泛的内容,在文化心理、风俗民情、地理形貌、学术流派、语言时尚以及人的外表仪态、行为方式等都有着明显的差异。这种文化分野大量出现在政治、经济、思想、人文、艺术、学术、天文、宗教等部类中。例如许多朝代以南、北划分;经济状态以南、北相异;乐舞有所谓“以雅以南”、“胃鼓南”、“北里之舞”、“南曲北曲”等;东晋时即有“北俊南靡、北肃南舒、北强南秀、北塞南华”的南北学之分;禅宗有“南能北秀”的南北宗;书法绘画“晋宋而下,分而南北”,“画之南北二宗,唐时分也”,星座有“南箕北斗”。人分南北，自孔子始，子曰："南人有言曰"，等等。这是最深切、最常见的以人文色彩而奠定的文化地域界分，它大量地、经常地涌现在文化类别和文化认可中。就像至今人们常讲"南方"、"北方"、"南方人"、"北方人"那样，它的文化观所达到的深度是难以替代的。

"华夷"或"中外"是从文化品位上对中国地域文化的又一种一级划分。"华"是"华夏"的简称，意指"中国之人"。"夷"原指居于东方之地的先民，后来又分为华夏文化圈外的"四方之夷"，这四夷是"东夷、西戎、南蛮、北狄之总号也"，它们与居于平原地区的"华夏"或"中国"相对应，这种划分既源于地域，又源于民族。是中原文化发展到一定高度时，与周边文化比较和鉴别的产物。虽然在历史上多有对四夷的贬毁之辞，但从文化实体上，这种区分无疑是理性主义的而非种族主义的，是对居于不同地域上而又具有绝对文化差异的民族的文化认识。从民族性的"华夷之辨"，自然也就形成了"中国"与"四方"对应的地域性的"中外"观念。

但是，无论是华夷也好、中外也好，它们的地域范围都是在逐渐变化的。这种变化的主要原因是高品位的中原文化向外扩散辐射和民族大融合，同时也是"中国"与"四方"观念的扩展。"中国"最早指"京师也"，又指中原、九州。而"四方"的概念也在向外推进。"中国"与"四方"始终处于一个对立统一体中，即所谓：惠此中国，以绥四方，三代时的对外征伐，汉代时的拓宽疆域以及历代的经营，一直到明清，以汉族为中心的文化融合经历了漫长的时间，付出了难以计算的辛劳和牺牲，融汇了数不清的部落方国，最终形成了中华民族这一民族共同体。出现了以此为主体的中国。原来"四方"的地域逐渐完全被扩展到"中国"之内。而四夷则变为真正对外国的指谓。尤其是在鸦片战争前后，最早与"天朝"碰撞的英、法、德等国，被统称为"夷人"。这是真正正规化的"中外"观念，是农业文明的参照系由草原文化转为海洋文化的一次质变，是中国内部文化地域转为世界性文化地域的质变。在这个过程完成之时，"华夷中外"所具有的国内文化地域的含义也就消失了。

(二) 文化拼块与文化区域

文化拼块立足于空间地域，它是较之东西、南北，华夷、中外的次一级文化区域划分。而较为准确的文化区域的定型，也是在这个基础上完成的。

宏观地看，从次一级文化区域划分上，可以分为四个大的文化区域，它们像四个板块拼接成了中国的版图：一是以渭水和潼关以下黄河为轴线的中原区域；二是以滇北长江以下为轴线的南方区域；三是以蒙古草原为中心的北方草原文化区域；四是青藏高原区域。这些区域是由于地理环境的不同和文化形貌的差异而划分的。

中原区域东濒大海，西至泾渭上游的陇山山脉，北接蒙古草原，南界秦岭，汉水上游及淮河一线。这个区域像一把扇形从西向东展开。这里气候温和、四季分明，有着适宜分明的农耕的土地和临靠大河的丰富水源，是良好的农业区和人类滋生地。闻名于世的"北京人"就是在这里发现的。其他如蓝田人、大荔人、丁村人等也在这里起源。可以说，在当今使我国成为人类起源研究中心的重大发现中，论文化数量之众多、材料之完整、内涵之丰富与时代之系统均集中于中原区域。至于新石器文化遗址，更是繁如星海，举世瞩目，成为我国文明的起源地和文化摇篮。

南方区域也是东临大海，它西包巴蜀、北接中原、南至南海。这个区域海岸线长、纬度低、气温高、无霜期长、雨量充沛，也有较好的发展农业的条件，但由于地形复杂、交通不便、信息闭塞，所以发展缓慢。这里也出现了许多古人类遗址，如元谋人、长阳人、马坝人、资阳人等。新石器时代则有颇有名气的河姆渡文化、马家浜、良渚、屈家岭等文化。证明了这里也是中华民族古老发祥地之一。但由于多种原因，该区在纵向时间和横向空间的信息量上远不如中原区域丰富多彩而系统清晰。

北方草原文化区域幅员广阔，东部临海几可延伸到白令海峡，西至阿尔泰山，北起贝加尔湖西伯利亚南部，南至辽河流域山海关一线及长城北部的高原气压中心，气候寒冷干燥，雨水资源不足，经济以畜牧业为主。这是一个大地理范围的文化地带，我国境内的北方文化区拥有着本地域的所有特征，在我国北方辽阔的草原上，也发现了旧石器晚期的河套文化。新石器文化的密集带，出现在长城北侧和天山北侧，主要有红山文化，张家口地区的三关、筛子绫罗、准格尔旗全子梁、托克托县海生不浪东、阿拉善旗句音浩特、宁夏陶乐高仁旗等文化遗址。这些遗址反映着它们既有农业因素又有游猎畜牧因素的双重文化内涵。

最后是"世界屋脊"的青藏高原区，这里耸立着世界上最年青、海拔最高的群山峻岭，大陆板块运动使它突兀而起，成为东部人们向外发展不可逾越的天然屏障。挺拔的高山阻挡住了印度洋大气的北袭，使这里严寒缺氧，不利于远古文化的发展，古文化遗址少而单一，旧石器时代的文化遗址可以说是寥若晨星，十分少见。新石器遗址大多属晚期，如卡诺、马家奋、齐家、辛店诸文化。这些遗址集中于青海东部，青藏高原的东边缘黄河上游地区，这一带也恰恰是中原、蒙古、青藏的交汇地带。

四大文化区域是地理环境、经济方式和考古文化综合而成的"文化板块"。表面看来，它与一级文化地域的划分存在着界线上的差异。但实际上，是出于同一目的——科学划分文化地域——的深入化结果。它们还为民族的滋生和活动提供了定型场景，从而成为真正地域文化所依托的空间和氛围。

区域文化的正式形成就是依托在这种基础之上的，然而，地域文化的成型还有赖于本地域上的社会结构，社会结构的形成是历史发展的产物，一般来讲，根据文献和考古，东周时已经形成了 7 个文化圈，即中原文化、北方文化、齐鲁文化、楚文化、吴越文化、巴蜀文化、秦文化。但这绝非整体历史发展中的区域文化的全部，而这些区域文化的划分更多的表现在人文上而不是经济区域上。不过，这毕竟是较之"四大板块"的又一级区域文化的划分。由于这些区域文化有着浓重的人文色彩和经历了长期的锤炼和发展，一般来说更容易被人接受，而区域文化的划分也往往表现为实体和观念认识的结合。可以说，这种对于区域文化的划分形成了划分我国所有区域文化的标准，从构造层次上，是地理经济状况与社会制度结构的复合；从历史发展过程中，则是区域文化定型时的方国时代。

（三）发展阶段与文化类型

文化是一种流动的历史现象，区域文化就是在某一区域中的文化过程。既然是过程，就必然会有萌生、成型、发展这样几个阶段。而每个阶段也会有所侧重，各有特征。因此，我国的区域文化可以划分如下几个阶段：

第一个阶段是区域文化的萌芽阶段。这个时期的文化区域尚不明确稳定，文化水准还不高。它只是在考古文化部类中和文献记载中，显示某一地区文化的端倪。例如齐鲁文化，在它的萌芽阶段，从考古学的研究中，可以称之为海岱文化；从文献记载，可以显示为东夷文化。再如吴越文化，从考古学中可以表现出河姆渡文化—良渚文化特性，而文献记述中则为百越文化。这个阶段文化状况的了解，是通过考古文化和土著文化的结合来展现的。考古学为我们提供物质文化的原形，文献记载为我们提供文化生活和民俗、宗教和文化发轫的诸种特征。由于该阶段历史久远而持续时间长，它们所展现的文化具有较强的自然属性而较少人为因素。

第二个时期是区域文化的方国时代，这是区域文化成型的标志。它不管时间的迟早，几乎是每个区域文化所必经的一个过程。尽管各地区的方国并不见得完全被地域限制或占有全部地区，但它却一定是在这个特定时期的文化中心。《汉书·地理志》称："凡民函五常之性，而其刚柔缓急，音声不同，系水土之风气，……好恶取舍，动静之常，随君上之情欲。"这里把"随君上之情欲"也即王侯引导作为地域文化形成的必备条件，显然指的是统治机构和社会组织，具体到我国的地域文化，就是方国时代。区域文化又称地域文化，只有当某一区域的文化达到成就上的一致性，在此地域上出现整体性的文化系统和文化结构时，真正的区域文化才算形成。周代是区域文化形成的一个重要时代。"封邦建国"的实施，给地域罩上了方国制度和自上而下的社会组织，同时凝练了人们的文化心理和深层意识。邦国林立的状态促使着各国君主去迎合历史的潮流和时代的呼唤，去发挥国家的职能，增强国力、开发资源、发展生产，去进行一系列的文化建设。封国独立的社会组织使地域文化开始真正独立，成为定型和稳固的地域文化实体单位。封国行使着自己的职能，建设着自我的文化，从各部类、各层次使原有的文化走向稳定，它以外交经济、政治、军事诸方面显示了文化实体的功效。同时，它也顺应着地区环境和民族习性，把主观的文化发展意识同客观的地域文化特点结合起来，从而出现了风格不同的地域文化风貌。

但是，经济方式和地理环境毕竟是形成区域文化的重要前提，即使是方国的建立，也不能不考虑到这种因素。以方国时代作为区域文化的成型，并不是要脱离"四大板块"状的文化地域的划分，而是归之于这四大文化区域之下的、依人类自身活动而形成的文化集结而划分的区域文化。由于它是经济方式、地理环境、制度文化、人文功能相结合的产物，所以我们将此称为区域文化的成型时代。按照这样的理论标准和尺度，中原文化区域可分为关中文化、燕赵文化、齐鲁文化和中原文化，细分的中原文化指狭义的中原；南方文化区域可分为巴蜀文化、荆楚文化、吴越文化、滇黔文化、岭南文化和闽台文化；北方草原文化区域分为西域文化、蒙古草原文化和松辽文化；青藏文化区域分为西藏文化和西藏亚文化。亚文化是文化"由此及彼"的中和地带，由于这里没有经过典型方国时代，但地域又实在过于宽广，它又是中原大文化传入西藏的延伸地带，所以将其单独分列。另一方面，这些区域文化又以自身的人文色彩打破了文化区域的一体性。如同属中原文化区域的燕赵和齐鲁，前者地处垄塞，有英风豪侠和慷慨悲歌之气；而齐鲁则是"洙泗上，弦歌地"，传诗诵书的礼仪之邦。同属南方区域的荆楚和吴越，论刚烈雄健，浑厚博达，荆楚胜过吴越；论灵秀缠绵，委婉哀怨，吴越则胜过荆楚。

方国时代的区域文化大致有三种形式：一种是中原王朝所封建的方国，由于它是成批出现，包揽范围广大，相互之间具有比较性和竞争力，所以最有方国文化的典型意义；一种是以地域命名而包揽着方国事实的类型，如西域曾经历过方国林立的时代，西藏也经历了吐蕃和汗国阶段；第三种是本地土著自然进化和发展到方国时代，如古代的巴、蜀方国，滇黔的南诏方国等。方国通过社会结构的运作，组合、稳定、改造和发展了本土文化。方国从政治上奠定了地域上的制度文化，各地域的文化土壤，又展现了本土特色的各类文化成就。这种以方国制度凝结了的区域文化，传承了前代积累的民风遗俗，以方国的依托圈定了风格相异的区域文化氛围，从而稳定了本地域的文化心态。即所谓“越人安越，楚人安楚，君子安雅。是非知能材性然也，是注错习俗之节异也”。这种传续下来的文化心理又造成了后世对文化区域划分的认同，尽管各时代、各学派对我国区域文化划分稍有歧异，但大体上脱离不了这个格局。

第三个阶段是区域文化的史志阶段。所谓史志阶段，是指方国消亡，社会已进展到大一统天下时期，出现了以地方行政区划为表征的区域文化。这个时期区域文化的组合形成有着较大的调整和改观，一部分原属区域文化中的精华上升到整体文化的高度，区域文化的主要内容和特色，往往通过人文心理、风俗民俗、生活方式等文化来展现。在某一区域中，由于这些文化的影响，所出现的文化成就也往往具有地域性的因素，但当这些文化成就达到相应的高度时，就成为中华文化的上层部类一统天下，这种局面促使着文化的流动交汇，从上层建筑的文化领域内，整体文化往往是从地域文化抽取、浓缩出来的。我们从中华总体文化是由部类文化和地区文化构成的这一事实出发，认识到文化成就的本身离不开创造者主体，而创造者也不能脱离开他的生活环境和文化土壤，从而成为这个时期文化的总体特征。

无疑，一统天下的社会局面促进了中国整体文化的发展。统一的全部历史价值就在于巩固了亚洲东部最广大而又最重要的中国文化大区域的进步成果，并使之发扬光大。统一的政治局面使地域文化产生裂变，原来属于地域文化的某些部类上升到总体文化的高度。而作为民风民俗、文化心理等深层文化部类，则更加牢固地附着在文化地域之上，显示出地方特色。在历史的无数次变动中，各地域文化水平发展的高低快慢，也形成了新的文化发展态势。明清时王夫之即称：“吴楚浙闽，汉以前夷也，而今为文教之薮；齐晋燕赵，隋唐以前之中夏也，而今之推钝驻戾者，十九而抱禽心矣。”

在现今一些关于区域文化的论著中，往往只叙述到方国解体的阶段，那只是将其视为国别史中的部类文化。然而区域文化是否真的不存在了呢？显然不是。实际上，这只是区域文化的形式转化而已，即由林立的方国时代进入到一统天下的史志时代。消解与沉淀，转换与创新，永远是文化发展中永不停顿的事实与现象。而由方国文化转化为史志文化，也只是文化转换中的阶段性体现而已。

（四）文化流变与区域融合

区域文化的形成与发展，都是一个过程。它的文化是由地域性限定了的文化。而所谓的地域，也是由文化特色所笼罩下的地域。文化的模糊性往往使“区域”很难有一个准确的界定，尤其在边缘和交汇地带更是如此。这些交汇地带在早期，由于地形的制约和人口稀少的原因，还可以文化苍白区限定各个区域的固定范围，但当文化的交流和发展达到一定程度时，这些地带便不可避免地蒙上文化色彩。这样的文化往往是中和性的文化，它夹处于两种或两种以上的区域文化之间，在历史的岁月中，它的属性、它的地界摇摆不定，表现出“亦此亦彼”的特征。在相当长的历史时期，我国境内的区域文化并不是全部紧紧相依，连成一片的，它始终存在着“核心-边缘”的二重结构，也只是靠着这些“亦此亦彼”的边缘地带，才成为笼罩在神州大地上的总体文化缔结，才成为相互联系、相互交往的文化之网。这些中和地区又往往成为文化冲突、文化汇融的场所，这些文化活动犹如坚韧的筋络，把各区域文化连结成一个有血有肉的中华之躯。而区域文化的碰撞又造成本身的扩展或紧缩，“亦此亦彼”的地带越来越狭小，文化地界的游移，最终形成了我国区域文化的全面性缀连。

然而，制度文化的功能是强大的，时间使地域文化产生着层次性的分化。统一局面下的地方行政设置，又使文化的空间地域从游移而转向固定（尽管这种固定是相对的，它本身也存在于整体游移之中），地方行政设置使区域文化越来越依附于这种功能性的地区划分。原来不清晰的文化边缘开始清晰，原来模糊的文化地界开始能在地图上被圈出来。尤其是行省的划分和界符的明朗，往往使毗邻的村落被划进了不同地域文化的范围。地域文化被行政区划所替代，同时，文化汇集使地域文化有了更明确的指谓。如岭南专指广东、荆楚专指湖北、燕赵专指河北、齐鲁仅限山东。原来曾属这些区域文化的地带，又分化出诸如桂文化、湘文化、京津文化等纯粹行政划分的新文化地域。时代越进步，地域文化的研究和划分就越来越具体、越细微。直至今日，如山东出现胶东各文化区和鲁西南文化区；河南出现洛阳豫西文化区、开封豫东文化区、安阳豫北文化区和信阳南阳豫南文化区；广东出现珠江三角洲的广府文化区、粤东潮汕文化区和粤西北的客家文化区等等。

文化的发展水平是社会进步的标志，每解决了一种文化问题，人类社会无疑将向前迈进了一大步。对外开放所带来的欣欣向荣的社会局面将使地域文化的研究越来越细化和深入，随着社会的发展，也会出现新文化区域的各种差异。这是时代的要求，是时间对空间地域的撞击，也是历史发展和文化研究中的可喜现象。

第四节　跨文化人际传播能力

一、跨文化人际传播概述

（一）跨文化人际传播的常态化

在经济全球化的大背景下，大量的经济活动已经全球化了，与此相伴生的商务沟通也就出现了更多跨文化的语境；随着20世纪冷战的结束和多极化世界格局的逐步确立，作为经济活动大背景的政治竞合、外交磋商等领域也表现得越来越活跃；同时，作为政治、经济活动的结果之一，我们的文化生活也日渐国际化了，我们看的电影、开的车、接受的理念、拥有的生活习惯，无一不具有多元背景。

但是，所有这些现象中间，最关键的一点是，我们日常人际交往所面临的“人”是越来越复杂、越来越多元了。而所有这些政治、经济、文化活动的开展，莫不以传播为纽带；更进一步说，莫不以人际传播为主要纽带。因为人际传播作为最基础、最原始的传播形态，是作为其他一切传播活动的源起和伴随而存在的。

总之，在当今世界背景下，跨文化交往已成为日常事务中常态化的东西，而其交往结果的好坏，很大程度上取决于文化差异是否会对交往造成阻碍。因此，掌握必要的文化差异知识和跨文化交往的能力是十分必要的。

（二）跨文化人际传播能力日渐重要

美国著名的教育家戴尔·卡耐基说过，一个人事业的成功，只有15%是由于它的专业技术，另外的85%要靠人际关系和处世技巧。这话当然是针对日常工作的，但其对于沟通之重要性的强调，放在跨文化人际传播的背景下似乎更为恰当。

我们在第三章中提到过“六度分割”理论，说的是通过人际连接，世界上任何两个人之间的距离不会超过六个人；事实上，最新的对于社交网络的研究显示，通过网络，最大的人际间隔甚至已经不到六个人，而是在三个人和四个人之间。这就是说，“全球大互联”已成为当前的一种显著社会现象，我们可能随时都会遇到几个“老外”且必须与之交流；即便不从所谓国计民生、国家利益等宏大层面上说，仅考虑日常生活需要，跨文化人际传播的能力也是必需的。

二、跨文化人际传播的常见问题

（一）交流时常见心理障碍①

1. 文化共同性观念

这种观念认为，人都需要吃饭、穿衣、住房，都有七情六欲，都会笑、哭，都有条件反射，面部的喜怒哀乐等表情都相似，因而人都是同类；这容易形成“人的本性都一致”的印象。这种观念在看到人的生物特征的同时，忽略了人的社会性；对“人的本性”的理解过于抽象，以文化的共同性代替文化的多样性。实际上，不同文化中的人们对同一事物是有着不同感情和理解的。

微笑是一种十分常见的表情，但其对于不同文化的人有着不同的思想内涵。比如，美国人见到外国人常以微笑表示友好，但一些刚去美国的不同外国人却从中体会到不同的内涵。

一个在美国留学的日本学生说：“在我上下学的路上，一位不相识姑娘曾几次对我微笑，我最后了解到，她对我并没有什么意思，只是对外国人的一种友好致意。而在日本，姑娘向陌生人微笑，她可能是认为这个陌生人是个性变态者或是个不讲礼貌的人。”

一个阿拉伯留学生说：“当我第一次在校园里走路时，很多人向我微笑，使我感到很不好意思，赶紧跑到洗漱间，检查一下自己的衣服是否穿错了，可没发现什么地方可笑；现在我习惯了所有的微笑。”

一个美国年轻女性说：“一天，我在城里的一个角落等我丈夫，这时一个男子抱着个婴儿领着两个孩子向我走来，从他的衣着看像是刚来美国不久。我也有个孩子，和他的婴儿年龄差不多，出于对这样一家人，特别是对这位身担家庭重任的父亲的尊重，我对这位男子微笑了一下。可我立即意识到我做错了事。他停下脚步，从头到脚打量了我一番，然后说：‘你在等我？稍等，我们一会儿见’。很明显，我被当成了妓女。”

---

① 关世杰：《跨文化交流学：提高涉外交流能力的学问》，北京大学出版社1995年版，第322—325页。

2. 对言行举止的主观评价

在跨文化交流时，成员常会认为自己文化的价值观是正确的、美好的，于是往往以自己的价值标准去判断对方的言行举止，而这种判断却常常带有片面性。

一个在美国的韩国留学生写道："当我们去拜访一位美国朋友时，他打开窗户对我们说：'对不起，我要学习，没时间'，然后就关上了窗户。从我们的文化来看，这不可思议。作为房子的主人，不管他喜欢还是不喜欢，不管他忙还是不忙，都应当欢迎客人；主人也绝不应该不开门就和客人说话。"

从以上韩国留学生的价值观来看，美国朋友的行为是很失礼的；从美国人的价值观来看，这样做并不失礼。在这种情况下，如果不解除误会，就会导致双方关系的疏远。

3. 刻板印象

在跨文化交流中，相对于同文化成员，我们对交流对象的理性和感性知识都较少，因此更容易以一些共性来代表个性。比如，我们常说"法国人是浪漫的"，"美国人是开放的"，"德国人是严谨的"等等。这些都是刻板印象，这种经过大大简化的对一个群体形象的描绘，往往包含着偏误。但我们一旦形成对某个群体的刻板印象，便会以这样的框架去衡量、取舍，甚至歪曲他人的信息。

4. 即时心情

在跨文化交流中，由于了解度、熟悉度不够等原因，很容易出现心情紧张的状况。这是跨文化交流的一个障碍，但它不是独立的，而是渗透到上述各个因素之中的。

在交流中，有时双方都很紧张。东道主一方常因不能保持习惯的语言和非语言交往，产生语言和感知上的障碍，同时又往往对客人的知识、阅历及其对自己的态度不甚了解，这些都是造成心情紧张的原因。东道主常问的一个问题是："你喜欢这儿吗？"这是一个认定性问题，或至少是一个试探性问题，其目的在于减少未知或为必要的防御心理提供依据。谈话的另一方就更容易紧张了，异文化的环境使其感到陌生，他们常孤立无援的去应付各种信息，常感到难以对信息作出正确、合理的解释因而自尊心常常受到难以忍受的伤害。

误解、文饰、心理过度补偿（为补偿心理上的缺陷而过分努力）等正面努力，或借故生事、形成敌意等防御措施都不利于顺利的交流。

（二）交流后常见心理反应①

1. 文化休克

在大量接收了一种异文化的信息之后，特别是当人们第一次到达异国他乡之时，常不

① 关世杰：《跨文化交流学：提高涉外交流能力的学问》，北京大学出版社 1995 年版，第 339—343 页。

同程度的产生一种反应——文化休克(Cultural Shock)。

文化人类学家奥伯格(Kalvero Oberg)1960年首先提出“文化休克”这个术语，并将其界定为：“由于失去了自己熟悉的社会交往信号和符号，对于对方的社会符号不熟悉，而在心理上产生的深度焦虑症。”

一般来讲，文化休克的整个过程大体可分为四个阶段：蜜月阶段、沮丧(或敌意)阶段、调整阶段和适应阶段。文化休克过程中人的适应程度呈“U”形曲线。

第一，蜜月阶段。这是指人们心理上处于兴奋和乐观的状态。这个阶段一般会持续几个星期到半年。人们常对到国外旅行充满美好的憧憬，便是这种心态的表现。刚来到异域文化时，对所见所闻感到新鲜，对人物、食品、景色感到满意。一般的旅行大多处于这个阶段，不会有文化休克；但是对于进入新的文化环境时间足够长的人，就会逐步过渡到第二阶段，即沮丧阶段。

第二，沮丧阶段。这是指兴奋的感觉渐渐淡去，而被失望、烦恼和焦虑所代替的状态。这个阶段一般会持续几个星期到几个月(不过也有人不会经历这个阶段)。在这个阶段，处在异域文化中的人由于人、地两生，缺少援助，会遇到很多迷茫和挫折。由此产生的反应主要有两种：一是敌意，有些人可能会故意嘲笑所在的地区或国家，甚至可能以损害个人或公共财产来发泄其不满；二是回避，有些人可能会避免与当地文化接触，他们不愿意学习当地语言，不愿意与当地人交往，而只喜欢与“老乡”们呆在一起，甚至借酒消愁，特别严重时，甚至可能由于心理压力太大而返回家乡。

第三，调整阶段。这是指人们在经历了一段时间的沮丧之后，逐渐找到对付新文化、新环境的方法的状态。这一阶段，他们熟悉了当地的语言、食物、风俗习惯等，理解到异文化不是只会带来不适，也有优点。他们与当地人接触日渐增多，并建立了一些友谊。于是，在心理上的孤独、沮丧、失落等情绪日渐减少，人们慢慢地适应了异文化的环境。

第四，适应阶段。这一阶段进入到异文化的人们完全摆脱了沮丧、烦恼、焦虑情绪，适应了新的文化及其风俗习惯，并能与当地人和平相处。

“文化休克”不是生理疾病，而是由于缺乏必要的与异文化相关的知识或技能而造成的。根据文化差异的大小和人的既有文化知识的多少，不同的人其文化休克程度也不一样。例如，儿童由于对家乡文化了解不多，进入异域文化时较少存在社会符号混乱的问题，因而较少存在，甚至不存在文化休克的问题；成年人则反而适应能力较弱，文化休克问题也较严重。另外，有过在异域文化生活之经历的人，其在新文化中的适应能力也较强。

2. 重返本文化休克

当一个人在异域文化中生活了足够长的时间，经历了文化休克，适应了当地文化之后，重返故乡或祖国时，可能会出现新的、轻微的文化休克，即重返本文化休克。重返本文化休克常常被忽略，一些遭遇此种状况的人也常常默默忍受心理压力。事实上，一些研究显示，多数重返者都会出现重返本文化休克，儿童中甚至有10%需要接受心理咨询。

重返本文化休克的心理变化过程与文化休克类似，“W”形曲线是对文化休克转而重返本文化休克的恰当描述。当然，重返本文化休克的发生比例和严重程度，都较文化休克为轻，一般也不一定完整的经历四个阶段。

三、跨文化人际传播的应对策略

(一) 尊重和利用双方个性①

跨文化交流时由于双方的背景、经历常常在很大程度上不同,出现误传、不解的几率也较高,双方的差异也会比共同点更容易得到显现。一般交流过程也不可能期待一方迅速得到改变,因此要使交流继续进行,唯一的办法就是求同存异,双方都充分尊重对方的个性特点。

1. 相似吸引

俗话说"酒逢知己千杯少",交流双方如果发掘到了足够多的共同点,就容易敞开心扉,甚至无所不谈。一般来讲,双方主要的相似点常表现在外貌、背景、个性、态度、价值观等方面。交流双方若感受到彼此的共同点,则容易形成人际吸引力,主要表现在以下三个方面:

第一,外貌气质吸引。外貌主要指身体相貌,气质则指文化修养等。外貌吸引往往是短暂的,常是人们彼此交流的最初契机,当交往经过一段时期后,其他的吸引就会变得更为重要。对于外貌和气质,不同文化的人有着不同偏好,如美国人对于长相漂亮有着强烈的爱好,伊朗人比较强调机智,印第安人则更强调勇敢。

第二,工作能力吸引。工作能力主要指社会对交际对象的知识、技能等的期许。不同的文化在此方面的差异也是明显的,如古代中国,受到"万般皆下品,唯有读书高"之类思想的影响,吸引青年女子的多是读书人,如《白蛇传》里面的许仙,《西厢记》里面的张生;而在美国,男子所表现出来的某项技能或健康的体魄更受期许。有美国人看了京剧《白蛇传》之后,对白娘子喜欢没有阳刚之气的许仙感到惊愕。

第三,社会交往能力吸引。社会交往能力主要指一个人言谈、处理纠纷、保持交往的能力等,是工作能力之外的又一要点,也可称为沟通能力。

那么,相似性究竟是如何影响人际传播效果的呢?这主要是通过以下两个方面:(1)相似性与信息分享。分享信息是人际连接的纽带,人在感到相似性的情况下,更容易分享信息,因而交际也更有效。(2)相似性与说服。人们获取日常信息的信源常常是朋友、同事、家人,这种关系会潜移默化地改变我们的知识、情绪、行为,相互熟悉和信任的关系会增强说服作用,相似性也是。例如,马什和科尔曼在1954年的一项关于采用新耕作方法的农民与宣传这项新信息的人关系的研究表明,农民与宣传人的相似性越高,就越容易被说服采用一种新的耕作方法。

2. 互补吸引

在跨文化交流中,人们可以容忍你的一些不同方面,这种不同也可以成为人际吸引的动力。这是因为,两个各方面相似度太高的人,往往很难相互提供新的信息;而具备与自

---

① 关世杰:《跨文化交流学:提高涉外交流能力的学问》,北京大学出版社1995年版,第325—328页。

己迥然相异的某些特质的、即互补的人，也许关注到了自己没有涉及的信息。比如在晚宴上，如果在一群西方装束的女性中间，出现了一位身着旗袍的东方女性，那么她就很有可能成为人群的焦点。

（二）理解他人①

1. 理解人格观念的差异

人格本是一个心理学的概念。心理学家一直认为，人们普遍对人的心理活动和性格等有一套自己的看法和理论。一般来讲，不是所有的人都能了解别人的感受和思想，但人们都或多或少知道什么样的人会做什么样的事情，也知道其为什么会做这些事情，这就是所谓的"朴素人格理论"。这种理论所关注的往往是对于一类人的普遍看法和联想。

跨文化交流的一个问题是，不同文化的人格理论可能是很不一样的。社会心理学家哈弗曼就曾发现，中国人和美国人对一些人格特质及其对行为影响的看法是不一样的，中美之间的对比也可延伸到东西之间的对比。比如，在西方社会里，人们普遍认为长相漂亮的人一定是一个内心善良的人，他们认为外表美貌的人是上帝的宠儿，因此更可能拥有一些正面的心理特质。而在东方，外表美貌常会被认为具有某些负面特质，如中国的古话"红颜祸水"就反映了一种辩证、平衡的人格认识。与此相符合的古训还认为，一个男人的三大幸运事就是"丑妻、薄田、破棉袄"。显然，不同的人格理论，对人的行为，包括交际行为会有很大的影响。

图 6-11　奥黛丽·赫本被公认为美与爱的化身

资料来源　百度图片，2012. 5. 27，网址：http://cache. 365jia. com/uploads/11/0125/4d3e781ea9c0b. jpg。

在所有的人格观念差异中，对社会关系的认识恐怕是最为千差万别的，前文曾讲到的个体主义或集体主义就属此类。除此之外，不同文化社会关系观念的差异，还体现在如下

① 彭凯平：《跨文化沟通心理学》，北京师范大学出版社 2009 年版，第 194—200 页。

几个方面：

1）平等观念。

平等观念是西方文化中经常被强调的，也影响着西方人行为的方方面面；从某种程度上说，东方人则比较容易接受社会差异。

在跨文化交往方面，这种观念对沟通方式的影响是明显的。越是强调平等观念的人，在沟通过程中就越会显得随意而非正式；他们使用名、而不是姓来称呼对方，他们更多的表现出友善的姿态、而不是尊重和敬畏的行为，他们也可能比较忌讳那些容易引起差异心理的个人问题，如年龄、收入和长相等等。同时，具有平等观念的人，也更容易相信人的社会地位是可以变化的，更欣赏那些通过自我奋斗而成功的英雄；在人际交往中容易接受对方的恩惠，也比较容易和对方开玩笑。

2）实用关系和亲情关系。

实用关系和亲情关系是相对于平等观念的又一组社会关系观念。西方文化的人际关系理论是建立在实用主义基础之上，强调的是关系的功用性。因此，在跨文化沟通中，西方人往往表现得直接、坦率；在商务沟通中，更强调合同；在关系预期上，更强调对等的交换。相比之下，东方文化则更强调关系的长远意义，在交谈中更讲究礼貌；在商务中，更重视关系的建立；在关系预期方面，也不会像西方人那样追求即时的平等，甚至会牺牲自己的部分利益来达到关系的稳定。

2. 理解时间观念的差异

不同的文化有着不同的时间观念，这主要体现在两个维度上：一是对时间作为资源的态度，是看作稀有资源，还是看作无穷尽的资源；二是对时间跨度的强调。

有的文化把时间看作无穷的资源，不去刻意控制和掌握时间，而是把生活交给命运。有的文化把时间看作稀有资源，认为在生活中应该尽量利用时间，否则不可能在有限的生命中作出有意义的事情。在这一点上，中国和美国认识接近，都把时间作为一种稀有资源来对待。

时间跨度涉及的是，某种文化到底强调长期的时间观念，还是短期的时间观念。霍斯伯格曾发现，不同的文化对时间知觉的框架是不同的。东方的儒家文化强调长期的时间观念，强调人的生活具有远大的目标，因此需有努力工作的态度和坚忍不拔的精神。而西方文化的时间观念则是比较短期的，强调近期目标的实现。持短期时间观念的人可能更容易接受奢华的事物，因为他们关注现在生活，而不是未来的影响，他们也不愿意为未来的发展作出准备和储蓄。美国的信用卡危机，可能也与这种短期时间观念有关。

（三）增强说服技巧[①]

在日常人际传播中，我们经常会使用一些小技巧，来达到说服的目的。在跨文化人际传播中，技巧的作用或许更加重要。心理学家们发现，说服实际上使用了以下三个原则：

---

① 彭凯平：《跨文化沟通心理学》，北京师范大学出版社2009年版，第164—172页。

1. 说理原则

说理原则是通过让人明白“为什么”和“怎样”来达到说服的目的，从而为自己的目标服务。这种方式所产生的效果一般比较长久。它遵循了几个更细微的心理学原则。

首先，说理能够让人受到信息的影响，所遵循的是“心理一致性”原则。为什么说理能够产生效果？因为人们常常要求自己的态度、行为与目标、价值观保持一致，而不愿忍受其中的矛盾。因此，当说理足以影响个人的目标和价值判断时，其态度和行为就会协同转变。

其次，说理也依赖“自我效能感”原则，就是说，如果说理能够激发人们的自我认识和自我期望，人们就容易产生对事物的积极反应和行为，同时自我坚持的时间也会更长。这一理论由斯坦福大学的心理学家班杜拉(Albert Bandura)提出，他发现那些自我效能感低的人通常会有一种回避的倾向，而且时间越长，自我效能感就会越低，自我努力也越不够。高的自我效能，说明内心的一些信念、目标和看法可以影响行为，而这些行为又可能影响环境，由行为引发的环境事件又反过来影响个体的自我印象。

再次，说理的另一个原则是“承诺规则”。此规则要求我们必须恪守承诺，违背诺言会让人产生厌恶和不信任感。因此，当人作出承诺之后，他就会倾向于使自己的言行与之保持一致。若劝说者主动采取承诺，一般也会得到对方的重视，比如商家的公开承诺。

2. 互惠原则

通过给对方某种利益和回报，得到他们的承诺，这种方式的实质是以互惠的方式来影响人们的行为。心理学家已证实了互惠原则在人际交往和劝服活动中的普遍性。当然，互惠原则的使用有很多具体的方式和小技巧：

第一，“闭门羹”技巧。这种策略的一般操作是，首先提出一个几乎必然被拒绝的请求，这个请求固然不会被应允，但是对方在拒绝的同时多少会有一点“亏欠”心理。这时请求者便可以再提出一个小的请求。研究发现在很多情况下，这比直接提出那个较小的请求更容易取得劝服效果。这样的策略之所以容易取得成功，是因为当请求者缩小自己的请求时，对方在觉得“亏欠”的同时，也容易觉得请求者作出了一定程度的“让步”，而为了报答这个“让步”，或许需要“回馈”一点什么。

第二，折扣技巧。另一种涉及互惠原则的策略与“闭门羹”技巧有类似之处，但不需要让对方在答应之前先拒绝，而是让其讨价还价。在促销活动中，可通过打折、搭售等方式，让消费者感到优惠，然后通过购买这些优惠商品进行报答。在人际传播中，同样可使用类似的方法，特别是跨文化传播中，在对方容易感到孤立和焦虑的时候，让其得到一些优惠，或许会事半功倍。

3. 奖惩原则

作为说服的原则之一，奖惩的应用也很多，人们常用威胁、奖励等来劝服别人遵守或满足自己提出来的要求。其心理学基础包括以下两个理论：

1）行为主义学习理论

行为主义学习理论由斯金纳(Skinner)提出，主要强调后果对行为的影响，说服者试图唤起个体对后果的关注，从而达到影响个体行为的目的。这样的后果对行为的影响主要通过以下两种模式体现：

第一种是当行为的正面奖赏结果出现时，情境的刺激能起到正面强化作用，这通常会增加先前行为的频率；但当负面的惩罚结果出现时，他就会降低先前行为的频率。这个模式的心理学基础就是在结果、刺激、反应之间建立一定的关联，这种关联就是条件反射。

第二种是情境能通过其信号功能对行为进行刺激，提示被强化的事物何时何地会根据行为来发生，因此只要我们给出某种信号，就会得到某种结果。

2）社会学习理论

社会学习理论由斯坦福大学心理学家班杜拉提出，认为有以下两种形式的学习：

第一种是工具性学习。在这种情况下，行为的结果对环境产生影响，当行为的结果令人满意时，相应的行为就会被重复，最终成为一种习惯。人们喜欢重复那些能为自己带来好处的行为，当行为能带来益处时，这种益处就成为一种正面的强化，即奖赏；如果行为带来负面的结果，人们就会试图逃避之，也即有了惩罚的效果。

但是，当行为比较复杂或个体难以学习到这种行为时，就必须依靠第二种影响模式，即塑造。在这一学习过程中，最初对任何与目标行为相类似的行为都给予奖赏；然后逐步提高标准，只对与目标行为越来越相似的行为才给予奖赏；最后只有当目标行为真正出现时，才给予奖赏。例如家庭中对孩子做家务行为的塑造，最开始只要孩子有所行动就给予奖励，最后则根据做家务的效果有选择的给予奖赏，这便是一种塑造行为。

[研读专栏]

“灰姑娘”型故事的跨文化传播研究：以中国、德国和法国为例①

“灰姑娘”故事可以说是西方世界最流行的童话之一，因为“世界上再没有其他故事像它一样拥有如此多早期的、相互独立的版本，并且广泛传播到世界各地”。目前研究表明该故事最早的文字记载见于唐代段成式的《酉阳杂俎》，此书成书于9世纪。随后意大利人巴西尔在17世纪记录下了这个故事，法国人贝洛和德国的格林兄弟将其创作成为童话而广泛流传。

一、“灰姑娘”型故事异文的分布情况

该型故事不仅仅是因为它拥有很长的历史而备受关注，其庞大的异文数量也很难不吸引我们的注意。自科克斯(Marian Roife Cox)于1893年发表论文声称有345个不同版本之后，罗斯(Anna Birgitta Rooth)在1951年的研究表明异文数量已经超过了700个，自

① 赵婷：《“灰姑娘”型故事的跨文化传播研究——以中国、德国和法国为例》，《新疆大学学报(哲学人文社会科学版)》2009年第5期，第122—127页。

此以后的半个世纪，各地新的异文仍在不断出现。可见，“灰姑娘”故事跨越了时间、地域以及文化的障碍，受到了世界各民族的喜爱。

从19世纪末直至今日，对于该型故事的研究仍然没有完成。科克斯以及朗(Andrew Lang)可以看作是研究该型故事的早期学者代表，之后的罗斯(Rose)、斯蒂思·汤普森(Stith Thompson)、阿尔钦·泰勒(Archer Taylor)以及丁乃通、我国学者农学冠和刘晓春等都对该型故事的研究作出了相当的贡献。

对于该型故事的分类，我们对比科克斯、罗斯以及汤普森的划分，不难发现该型故事同属于一个母题，但在受苦难过程、神奇力量代表事物以及后母的结局等方面不同，或延伸或删节或改写，形成了众多不同版本的异文。从这些故事中归纳出的“灰姑娘”型故事应具备以下五个主要母题：“后母的虐待；难题考验；神奇力量的帮助；特殊方式的身份验证；与王子结婚”。

至今，在全世界各地的版本中，“灰姑娘”的真正名字都不尽相同，现代人称她为“辛德瑞拉”(Cinderella)。在该故事最初的版本中，中国的版本叫做“叶限”，意大利人巴西尔叫她“披着猫皮的辛德瑞拉”，德国格林兄弟给她起了这个绰号“灰姑娘”(Aschenputtel)。“灰姑娘”的传播历程绵延了至少12个世纪，用“家喻户晓”来形容这个故事似乎也不为过，在中国、意大利、法国、俄罗斯、瑞士、日本、罗马尼亚、匈牙利以及非洲和阿拉伯地区，都出现了形态各异的“灰姑娘”。

对于其分布状况的研究不得不提的是罗斯的《灰姑娘故事圈研究》。该文将整个欧亚大陆作为研究重点区域，发现在爱尔兰到日本这样一个十分广阔的区域里，都有“灰姑娘”型故事出现。越是靠近欧洲，该型故事的异文数量越多。她还根据异文所具有的不同母题，将该区域划分为：远东、近东、东欧、北欧以及南欧五个部分，认为这五个区域的异文受各自地区文化传统的影响，显示出了各自不同的特点，而口口相传的形式对于这个故事在此五个传统区域的传播十分重要。比如说，灰姑娘穿着动物皮的这一母题并没有广泛被采用，而仅仅存在于欧洲地区的灰姑娘故事传统中；而设定时间让“灰姑娘”变回原形这个关键的情节也仅仅存在于南欧。这些存在于每个特定区域的异文所展现出的事物都和该地区人们的生活密切相关，而因为所采用的是口头传播的形式，导致了每个特定区域内各自所具有的文化传统不断得到巩固，而外来传统的痕迹不明显，对于探寻该型故事最初的发源造成了一定难度。

在丁乃通教授的《中国和印度支那的灰姑娘型故事》中，“补充了爱伯哈德和罗斯没有搜集到的中国—印度支那地区的异文材料”，包括十个中国异文和三个印度支那的异文，并对中国—印度支那地区的故事传统进行分析，发现“受到了越南的古代传统以及中国南部地区的现代传统的影响”。该型故事“在中国有证据表明，它曾在广东、广西流传，并向西流传到云南、西藏。但是在中国的大部分地区，特别是东北的汉族和吴语地区没有记录到该型故事，这也许意味着这些地区不存在这个故事类型”。相对于中国、印度支那地区的人们似乎更喜爱这一类型的故事；但是相对于欧洲，印度支那地区的异文又显得少而零散，不像欧洲那样形成了几个密集的故事圈。

刘晓春的《灰姑娘故事的中国原型及其世界性意义》中提到我国的该型故事异文目前掌握到的有72篇，存在于21个民族中。这些故事主要流传于南方少数民族聚居地。在北方地区的故事情节比较简单，中原地区的故事彰显伦理道德，而东北地区的异文也与日本、韩国的传统相似,青藏地区的异文与印度传统相关,但在中国境内搜集到的大多数的故事没有后母虐待和难题考验这两个母题。

除了欧洲和亚洲以外,1972 年威廉姆·巴斯克姆(William Baseom)的《在非洲的辛德瑞拉》也为我们补充了该型故事在非洲地区的材料,我国也有学者提出早在公元前 6 世纪古埃及就出现了"灰姑娘"故事例,但是其根据还需要进一步的研究。1980 年玛格丽特·米勒斯的论文根据从伊朗东部搜集到的异文,探讨了穆斯林世界中女性的道德观。而在北美洲地区,"灰姑娘"则是由移民们在移居之后复述了自己曾经在家乡听到的童话,目前还没有早期土著居民的异文被发现,在南美洲该型故事的早期异文也还没有被搜集到。

总之,"灰姑娘"型故事目前除了在美洲之外的全世界范围内都有早期异文被发现,其分布状况表现为欧洲最多,亚洲(特别是东南亚地区)次之,在非洲更少。

二、"灰姑娘"型故事的起源地之争

"灰姑娘"故事目前见于文本的最早记载是段成式《酉阳杂俎》的《支诺皋上》中提及的"叶限"的故事。这个故事讲述了一个名叫叶限的女孩,因为父亲的去世而受到了后母的虐待,后来与一条具有神力的鱼相伴,后母骗走叶限之后将鱼杀死,一个貌似土地神的神仙出现向她指明鱼骨所在之处,靠着鱼骨的魔力叶限参加了峒节集会,但是可怕的后母追赶她让她失落了一只绣花鞋,陀汗国王从商人那里买到了绣花鞋,最终找到了叶限。

关于这个故事最早起源是否在中国,目前学术界仍然有许多争议。对于发源地的研究主要可以概括成两种观点,一种是由欧洲发源传入亚洲,另一种是由亚洲发源传入欧洲以及其他的大洲。

(一) 关于欧洲起源说

当今世界上所流行的"灰姑娘"故事大体上都属于欧洲的版本,让大多数人认为"灰姑娘"是欧洲血统。很多学者也支持类似的观点,汤普森根据在现代流传的印尼民间故事中仍存在"灰姑娘"类型故事的现象,提出此故事是被欧洲人传到菲律宾和印度尼西亚各地。杨宪益在《译余偶拾》中也提出此故事是从西方传入的观点,他指出这一类型的故事来源大概是近东一带,并且很有可能是唐宋时期的外国商人带过来的。

支持这个观点很具有说服力的一个证据是:据格林的记载,这位灰姑娘的名字叫做 Aschenbrede, Aschen 的意思是灰,就是英语中的 Asches,梵文的 Asan,在中文版本中这位姑娘叫做叶限,显然是 Aschen 和 Asan 的音译。关于鞋子是羽毛做的还是玻璃做的问题,他认为至关重要的鞋子在法文的版本中是皮毛(vair)做的,但是 vair 是古法语,到了 14 世纪就已经不通用了,而佩罗误以为是 verre(玻璃)做的,所以后来的译者都写成了"玻璃鞋"。汉文本中这双鞋子就变成了金子做的,但是"其轻如毛,履石无声"的描写还是能看出它原来的痕迹。

丁乃通不同意这种观点,认为在现代广东和广西的方言之中"叶限"的发音(Yi Ham)与杨宪益所确定的发音还是有相当差距的。除此以外也有外国学者指出,翻译的错误造就了"玻璃鞋"这种观点不可行,应当看作是作者的创作,因为在当时的法国,玻璃是一种奢侈品,足以表现鞋子的贵重,因此不能简单说是翻译的错误。

目前欧洲最早的版本是意大利人巴西尔的版本，据记载，巴西尔的这本包含《灰姑娘》故事的书最初是用那不勒斯的方言出版的，但是操其他意大利方言的人们仍然无法读懂。直到1742年这本书被翻译成了波罗尼亚方言之后，又在1747年由波罗尼亚方言翻译成意大利语，1846年被菲利克斯里伯恩斯特(Felix Uebrecht)翻成德语出版，其中的前言部分由雅各布格林所做。格林兄弟虽然对巴西尔的搜集早有耳闻，但是面对已经于两个世纪以前就在那不勒斯被搜集到的许多德国的"灰姑娘"仍然十分惊讶。由于人们目前对于欧洲更早时期的民间故事资料仍然掌握得不够充分，因此没有人能够提出该故事究竟源于欧洲的哪个地区。而我国持有西方传入这种看法的学者，除了能够从音译问题上提出一些证据以外，其他方面比如民族风俗、生活习惯等都无法再有更加有力的论述。

(二) 关于亚洲起源说

早在20世纪50年代，罗斯博士的论文中就推测"灰姑娘"型故事很有可能是源于亚洲的。之后的学者，丁乃通、阿瑟威利(Arthur Waley)以及我国学者农学冠等都认为该型故事最初的源头应在亚洲，尤其是东南亚地区。

亚洲起源说也有三种不同的观点，一种认为起源于中国的壮族；另一种是广西南部和越南北部起源说；还有一种是阿瑟威利的观点，他认为此一故事起源于泰国北部的德瓦拉瓦第(Davarawati)。其实，实质上说的都是生活在这一区域的人们孕育了此型故事，无论他们是中国的壮族，或者是越南以及泰国的其他民族，他们都生活在一个文化的共同体中。

蓝鸿恩和农学冠等中国学者主张"灰姑娘"故事的渊源是在中国广西一带，至少叶限的故事是岭南文化背景下的产物。李道和先生进一步论述认为，唐代叶限故事不仅与古代岭南地域文化密切相关，而且与古代中原主流文化特别是多种孝子故事有关。据蓝鸿恩考证，"洞"是当时唐朝对邕州縻羁州基层行政组织的一个称谓。吴洞是洞主人姓吴，属西原蛮领域内，即壮族地区。因此，这个故事为中国南方少数民族所特有，不仅时间早，而且没有一点外来痕迹。农学冠也提出了相类似的观点，并指出"吴洞"是唐代邕州都督府管辖的一个部落性质的社会组织。除了"叶限"故事中的这一个地名以外，他还考证了"土人"、"陀汗国"等名词。其中"土人"是土著居民的意思，"叶限"故事中的"土人"是唐时最早使用的壮族族称之一。当今壮族群众仍普遍自称Pu to(布多)、Pou tho(布托)，意即"土人"。壮族与布衣、侗、水、仡佬、仫佬、毛南、傣等民族，都是"僚"的后裔，史学家罗香林、徐松石、江应樑等认为，"僚"是"骆"的音转，僚人就是西瓯越和骆越的后裔。

而关于"陀汗国"的考证，学术界一般认为就是新旧《唐书》中所载的"陀洹国"。农学冠认为今天的印尼苏门答腊曾经与古陀汗国关系密切。《酉阳杂俎》中记载："其洞邻海岛，岛中有国名陀汗，兵强，王数十岛，水界数千里。"公元7世纪，印尼历史上最强大的帝国室利佛逝崛起，这很有可能就是故事中的陀汗国。

叶限所穿的鞋子是"金履"，"其轻如毛，履石无声"，可以得见鞋子并非是金子所做，而应该是十分贵重精致的鞋子，与我国壮族妇女十分珍爱的绣花鞋有很大的关联性。"鞋"这个意象在壮族的传统文化中是女性的象征物，在壮族的婚恋俗中，"鞋"是定情之物，并且是由女方送给男方的。就像在一首民歌唱到："八月十五妹送鞋，哥穿妹鞋去赶街；上街下街有人问，千祈莫讲妹手乖。""鞋"寄予着姑娘的芳心，正因为这样，壮族民间刺绣活动中,女性编织的“凤头鞋”和“绣花鞋”特别受到本族和他族的青睐。

笔者认为,以上的种种考证可以确凿无疑地表明《酉阳杂俎》中所记的“叶限”故事源于我国古代西南少数民族,或者是与我国西南少数民族文化习俗相近的其他种族。但是之后流传到世界各地的“灰姑娘”故事是否完全以《酉阳杂俎》中所记的“叶限”为蓝本,还需要进一步推敲。丁乃通在《中西叙事文学比较研究》中提到他认为此型故事最初源于广西南部和越南北部的可能性是显然存在的。妇女的绣鞋一般是由穿者自己做好的,所以一定符合自己的尺寸。而欧洲传统中让一个女孩穿真金做的鞋跳几个小时的舞不符合现实。最后,丁乃通还指出了有这样一种可能性,该型故事很有可能是从中国—印度支那到西方传播迁移过程的说法。由于此种说法与壮族起源说有很大程度上的相似,对于在前面提及过的证据在此不赘述。

三、中、德、法三国“灰姑娘”故事叙事比较

中国的灰姑娘型故事不仅具有鲜明的民族性特征,而且无论是母题的内涵,或是在文化史上的意义,灰姑娘故事都具有世界性。灰姑娘故事在世界范围内流传,在欧洲最有名的恐怕要数法国贝洛和德国格林兄弟的版本,而在中国的则是“叶限”。

这些故事代表了东西方的不同价值观,比较这三个故事对于研究故事在文化交流中的意义,无疑具有相当的价值。在众多的不同版本中,虽然“灰姑娘”故事大体上都比较相似,但如果从微观上来看,仍可以发现一些细枝末节展示着这个国家人民的生活状况以及文化习俗等。

乐黛云在《比较文学简明教程》中所提及的“如果说不同文化之间的文学可以通过对话,达成互相理解和沟通,其基础就是‘和’”。这个“和”表现在题材以及主题的一致性上。由于人类遭遇的难题往往有其相似性,因此在不同文化的文学作品中,往往蕴藏着相同的主题。

以此三国“灰姑娘”型故事为例,其题材是一个女孩受到后母的虐待,借助神力的帮助获得了美好生活的故事。“灰姑娘”型故事应当属于启悟性主题中的一种,或者说是“成年礼”。主人公必须经历许多苦难,最后通过考验,获得爱情以及社会地位,被社会上的其他成员认可。这对于人类大家庭中的任何成员来说,都是必须要经历的过程,在这个过程中辨明是非善恶,找到自己的生活目标,经历辛苦之后获得成功。可以说这个主题是贯通了人类,是不需要语言和文化来阐明的人类生来就具有的共同认识。

(一) 故事人物

“灰姑娘”型故事中必不可少的人物包括有后母、后母所生的女儿、灰姑娘以及王子,其他人物在不同版本中根据需要而出现。我们比较中、德、法三国的“灰姑娘”型故事不难发现,在故事人物形象这方面,有这样一些问题需要关注。

1. 作为背景的群体形象

在中国和法国的版本中,我们发现了一些必要人物以外的一些群体形象。比如说,“叶限”中的“洞人”,他们将被飞石击死的后母和她的女儿埋于石坑并命曰“懊女冢”,之后又将其作为求禖祀之所。法国的版本中,群体形象则更加鲜活,有高级理发师、贵妇人、高

级裁缝、试鞋官、公主、爵女以及宫廷小姐等等。

这些群体形象在主要的情节之外，为故事添加了很多光彩，表现了该地区人们的生存状态。在中国的版本中就不难发现人们对于善恶报应的深信，虐待善良女孩的狠心妇人死后被世人冠以“懊女冢”来平息世人心中的愤怒。再来看法国版本中的人物形象，除了主人公以外的人物形象都向我们展示了宴会在社会生活的重要作用，从宴会的准备活动（服装和发型）到参加宴会的各个阶层（公主、爵女和宫廷小姐），都一应俱全。而在德国的版本中，我们发现除了主要的人物以外，其他的人物竟然一个也没有出场，取而代之的都是动植物。

2. 作为衬托的男性形象

“灰姑娘”的悲惨生活之所以发生，很大程度上是因为家中父亲对她的关爱太少。因为父亲过早死去以及其他的原因，父亲一直是一个被“忽略”的角色。中国的“灰姑娘”中父亲离开了人世，而在德国和法国的版本中，父亲这个角色都一直是健在的，但父亲却是一个冷漠的旁观者，没有给灰姑娘任何支持。

在中国的版本中，一开篇就交代“洞主吴氏”，“娶两妻，一妻卒”，而后他也离开了人世。也就是说在“叶限”这个故事中，父亲的角色是缺失的，故事发生在一个不完整的家庭之中。叶限从血缘关系上来讲是失去了双亲成了一个孤儿，而其后母虽然曾与她共同生活过，但是没有为她尽到生母的责任，因此造就了这个故事。在德国的版本中父亲是一个富人，表现出了难以想象的冷酷，他在去交易会之前问三个女儿各自要什么，结果他真的都照办了，给继女带来了漂亮的衣服和珠宝，给亲生女儿带来了碰到帽子的第一枝树枝。再说法国的版本，父亲是一个绅士，但是却娶了一个十分傲慢的女人，与他的前妻——世界上最好的女人形成了一个巨大的差异，之后在解释父亲为什么不袒护灰姑娘的时候说“爸爸是完全听继母摆布的”。

3. 作为主题的后母形象

后母的故事在世界各地有很多，这个故事形象一直被作为恶毒势力的代言人而不能翻身。对于此三国的后母形象，中国和德国的比较相近，这两个后母所展现出来的性格比较单一，只是展示了她们贪婪而恶毒、冷酷与自私的一面。

中国的后母欺骗叶限去很远的地方打水好将她的鱼杀了，还要在峒节当天命令她“守庭果”，最后只好悲惨地被飞石所击死。而德国的后母是一再用在灰里找豆子的方法折磨灰姑娘，甚至叫亲生女儿削掉灰姑娘的脚后跟让其穿上鞋子。不得不提的是，德国版中的后文里后母出场的时间没有父亲多，似乎只是在文中闪现了一下就再没有踪影了。法国的后母性格要复杂一些。“她不能容忍这个女孩子的好品质，因为这样的好品质使她自己的两个女儿显得越发可憎了。”这一句的描写很有深意，这个继母知道自己的女儿不招人喜欢，而靠着折磨灰姑娘来得到自己心理的满足。这说明这个继母还是懂得常理的，只是不想或者无法去改变现实而已。

（二）情节发展

这三个故事都遵循了“灰姑娘”型故事最基本的五个母题，即后母的虐待、难题考验、神奇力量的帮助、特殊方式的身份验证以及与王子结婚，但是在每个情节上又有一些差异（见表1）。

表1 "灰姑娘"型故事差异对比

	中国段成式	德国格林兄弟	法国夏尔贝洛	霍夫斯泰德价值观维度理论
受虐背景	父母双亡	生母病逝	绅士再婚	阴性主义与阳性主义
难题考验	樵险汲深	灰中拾豆	打扮姐姐	
神力代表	鱼	榛树白鸟	教母	高度与低度不确定性规避
丢鞋原因	后母追赶	王子设计	王子追赶	权力距离大与小
离家成婚	与国王成婚	与王子成婚	与王子成婚	
结局	懊女冢	鸽子啄眼睛	姐姐成婚	集体主义与个人主义

首先在难题考验这个问题上，每个国家的选择都与各国的实际生活情况相符合。中国的版本取自西南方多山丘的地带，因此去地势险恶的地方打水砍柴成了人们日常生活中所要面对的困难；其他两个版本也体现出了各自的生活习惯，德国人的饮食中豆类是家常便餐，而法国人热爱社交聚会，就更不用说花在打扮上的功夫了。

其次在与国王或者王子成婚这个情节上，由于东西方历史、社会、文化的差异，区别基本可以忽略不计，笔者对这个情节不再赘述。

对于情节发展的其他四个方面，笔者用霍夫斯泰德的价值观维度（见表2）理论来诠释情节差异所反映出的各国的文化特性。

表2 霍夫斯泰德的价值观维度①

国家和地区	阳性主义与阴性主义	高度不确定性规避与低度不确定性规避	权力距离大与权力距离小	个人主义与集体主义
	分 数	分 数	分 数	分 数
中国香港	17	37	8	32
中国台湾	27	20	19	36
德 国	9	21	30	15
法 国	29	7	9	11

其一，在受虐背景的差异上，可以看出中国是一个阳性主义社会。这种社会的主导价值观在很大程度上是以男性为导向的，因此只有在父亲去世了之后，父亲在家庭中的权威地位完全丧失了之后，后母才有可能去虐待叶限；而在德国，父亲在家庭中的地位更加重要，因此正如前文所提到的，后母的戏份都被父亲抢去了，特别是在王子几次在灰姑娘家的鸽舍和梨树旁找寻灰姑娘时，都是父亲出面；而在法国的阴性主义笼罩下，法国版的父

① 阳性主义与阴性主义：高分表示阴性主义价值观为主，低分表示阳性主义价值观为主。
不确定性规避：高分表示可容忍不确定性，低分表示不喜欢不确定性。
权力距离：高分表示权力距离较小，低分表示权力距离较大。
个人主义与集体主义：高分表示集体主义价值观为主，低分表示个人主义价值观为主。

亲就完全听命于后母的摆布了。

其二，在神力代表物这个情节上，中国是用鱼来代表，德国用榛树和白鸟，而法国则用了一个教母。与法国人的教母相比，中国人的鱼和德国人的榛树白鸟就显得与人亲和度不够，毕竟在实际生活中人与人的交流要好过人与动植物的交流。特别是三个版本中只有中国的版本以鱼骨被海潮卷走做结尾，让这种神力凭空消失了。根据对于不确定性的规避这个文化维度，我们可以看出中国人和德国人比较能够容忍这种不确定性，而法国人则不喜欢这种不确定性。

还有在丢鞋的原因上，按照权力距离的理论来看，法国人不应该安排高高在上的王子追赶灰姑娘。可是为了突出他们的爱情，王子不顾自己的身份地位也写得恰如其分；而德国的王子显得十分合情合理，依靠没有干透的沥青才获得灰姑娘的鞋子；中国版本中陀汗国王穷凶极恶地追问鞋子的由来，并直接就把叶限和鱼骨带走了，显示出了中国传统观念中的权力与暴力的紧密结合。

三个故事的结局也不尽相同。中国是具有浓厚的集体主义倾向的国家，所以结局有社会成员对灰姑娘的后母和姐姐所作出的评价，让她们被飞石击死并命曰“懊女冢”，这是集体对她们的可耻行为作出的惩罚；而法国是个人主义的国家，十分重视个人的价值，因此他们对于后母的种种行为并没有作出过多的评价，相反给予了灰姑娘的两个姐姐实现各自梦想的机会——嫁给了宫里的贵人；而德国人的结局中对恶人的惩罚是来自大自然的力量所为，虽然没有人物的出场，但是让人们感受到“恶有恶报”的观念，既是德国社会的一种价值观体现，同时也告诫社会成员规范自身行为。

研读小结

本文是一篇以《灰姑娘》故事为例进行跨文化文学对比研究的论文，其考察不同文化中同一故事不同版本的视角，是一个很好地看待不同文化特性——即不同文化对同一个事件持不同看法——的典型案例。

不同故事版本中涉及的写作风格、角色安排、伦理道德和价值观等方面的差异，都是刻画文化差异的很好维度。事实上，文中提及的关于故事起源的争论，在我们研究文化差异的角度来看，可以说并不十分重要，我们更需要关注的是，类似蓝本的故事在不同文化中长期流传、演变，可以说提供了一个很好的考察不同文化特质的“自然实验”。而不同文化对类似角色（如灰姑娘的帮助者）的不同选择（如有神力的鱼、南瓜等动植物），类似情节（如灰姑娘的受虐过程、丢鞋的过程和王子的反应）的不同安排（如是在父亲在世时还是在其去世时、王子是否追出等），都体现了不同文化维度上（阳性还是阴性文化、权利距离）的差异。故事的结局差异（“恶人”是否受到惩罚）也体现了集体主义或个体主义倾向。

所以通过研读《灰姑娘》这个案例，我们可以看到所谓文化（显性的即文化维度）的差异是广泛存在和长期积淀的。通过了解文化差异的常态并将其作为人际交往的背景，无疑会为我们的交往（尤其是跨文化交往）增添很多助力。

[附录]

五个常用文化维度的自我测试①

下列各题，请从A或B中选择一个答案。你可能发现，这些答案并不是非此即彼的，那么请选择一个更加接近你感受的答案。

1. 我喜欢在这样的组织里工作
   A. 领导和员工之间没有太大区别
   B. 有一个明确的领导
2. 作为一个学生，我觉得
   A. 挑战老师很舒服
   B. 挑战老师让我很不舒服
3. 在选择人生伴侣或者亲密朋友的时候，我觉得这样更好
   A. 不一定来自和我同样的文化和阶层
   B. 来自和我同样的文化和阶层
4. 下面的特征，我比较看重
   A. 进取，物质成功，力量
   B. 谦虚，温和，生活质量
5. 面对冲突时，我会
   A. 直接面对冲突，找到战胜它的办法
   B. 面对冲突，以求和解
6. 如果我是经理，我会强调
   A. 竞争力和进取心
   B. 工人的满意度
7. 一般而言，我
   A. 对模糊和不确定感到舒服
   B. 不能忍受模糊和不确定
8. 作为学生，我更满意这样的任务
   A. 有理解任务的自由度
   B. 有明确的规定限制
9. 一般而言，接受一个从没有做过的新任务，我会感到
   A. 舒服
   B. 不舒服
10. 我所认为的成功应该这样来衡量
    A. 取决于我是否超越别人
    B. 我对组织的贡献

① 约瑟夫·A.德维托：《人际传播教程》(第12版)，余瑞祥等译，中国人民大学出版社2011年版，第41—42页。

11. 我的英雄人物是
    A. 那些超出常人的人
    B. 善于团队合作的人
12. 我更看重的价值观是
    A. 成就,刺激,享乐
    B. 传统,善行,服从
13. 在商业行为中,我觉得这样舒服
    A. 信赖口头协议
    B. 信赖书面协议
14. 如果我是经理,我希望
    A. 如果有正当理由,就当面训斥员工
    B. 不管什么情况,只私下训斥员工
15. 在交流中,重要的是
    A. 礼貌而不是直率
    B. 直率而不是礼貌

[思考题]

1. 如何理解文化的内涵？除了书中所讲,你认为文化还有什么特点和功能？
2. 造成文化差异的原因有哪些,你认为最本质的原因是什么？
3. 文化与人际传播的关系如何？试举例说明。
4. 为什么说跨文化人际传播已成为日常生活中的常态？你认为我们必须掌握的跨文化人际传播技能还有哪些？

第七章

人际传播的语言

◆ **学习目标**

学习完本章，你应该能够：

(1) 了解语言的概念和特点；

(2) 了解口语语言的概念、特点和表达原则；

(3) 了解演讲和辩论的概念和分类；

(4) 初步掌握演讲和辩论的口语表达技巧。

◆ **基本概念**

语言　口语语言　演讲　辩论

第一节　语　　言

语言是人与动物的重要区别，是人际传播的重要媒介和手段。人与人之间的沟通，有时候也会通过喊叫、脸部表情、手势或其他肢体动作来表达，但绝大多数人都会运用语言来作为沟通的主要工具。语言是人类的主要标志，是信息传递的重要符号形式。语言也是人际传播赖以完成的媒介，是一切传播的核心。没有它，就没有人类的今天，人类复杂的思维过程和文化之火就不可能继续下来。因此，研究人际传播，就必须研究语言符号。符号及语言理论是传播理论的基本内容之一。

一、信号、符号和语言

在人际传播活动中，人们无时无刻不在使用语言。语言是什么？我们每天都在使用的各种口头语言和书面文字毫无疑问是语言；聋哑人的手势语、盲文以及各种人工符号，如数学语言、电报码、计算机语言等等，将这些视为语言似乎也不会引起太大的争议；烽火台上的烟火、鸡毛信上的鸡毛、墨西哥玛扎杰科族印第安人的口哨语、刚果丛林中一些氏族使用的木鼓语等等，也许只有在引申的意义上才能算做语言；人们说话时的姿势、表情，说话过程中的停顿、声调、说话者之间的距离和身体接触、服饰等等，人们通常将它们称为副语言或副语言交际手段；各种交通信号、礼仪符号、音乐、绘画、雕塑、摄影、舞蹈以及动物的交际系统、各种气象征兆等等，这些又是不是语言呢？所以，要搞清楚语言这个问题，首先要了解语言与一般的符号和信号之间的关系。

(一) 信号

信号是替代他物之物，它是客观事物本身或事物之间因果联系的某一部分向有机体施加刺激，预示着客观事物即将出现。例如，乌云是下雨的信号；鱼标下垂是鱼咬钩的信号；电话铃响起是通讯的信号，通讯信号是替代某人说话声音的一种电信号，它把人的声音传递到远方，再通过装置转换成声音信号，使远方的人也能听到说话人的声音。在巴普洛夫的经典条件反馈实验中，刺激S(铃声)成为食物即将出现的信号N，狗获得信号便产生了相应的行为R(分泌唾液)。巴普洛夫认为，一切心理活动都表现为对信号的接受、编码和反应。高等动物的信号活动也称为条件反射活动。

简单地讲，信号具有以下特点：(1)信号与其表示的事物之间具有自然的因果性。因而，一切自然符号都是信号。例如，大雁南飞是冬天的信号，乌云压顶是大雨的信号，种子发芽是生长的信号，青少年变声是成熟的信号等等。这种对应关系是客观的、具有因果联系的。(2)信号与其替代的事物之间是一一对应的固定关系。例如，红灯对应停止，绿灯对应行走。在自然符号中，这种对应关系是明显的，如萤火虫发光是求偶的信号。在人工符号中也有许多这种对应关系的符号，如烽火台的烟火、交通信号、电报讯号等。

(二) 符号

信号是替代他物之物，信号不涉及意义和理解问题。当信号具有意义时，它就变成符号了。符号是人类传播的要素，单独存在于传播关系的参加者之间，表示某种意思。关于符号的定义千差万别，总体上来说，符号是信息传播过程中人们为了传递信息而用以指代某种事物(意义)的中介。符号包括两个方面：能指和所指。能指是符号的形式，即人们感官可以感知到的部分，如声音、文字的线形等；所指是符号的内容，是符号包含的意义和概念。符号可以是人工的，也可以是天然的；可以是语言的，也可以是副语言的。

符号和信号可以统称为记号，在用一事物代表另一事物的意义上有共同点，即都具有"指说性"。从信息论角度讲，信号和符号都是一种载体。不管是信号也好，符号也好，都是指出某事物，而不是事物本身。

然而，符号和信号的区别也是明显的，把符号和信号混为一谈是错误的。符号不是信号。信号仅仅表示某事、某物、某条件存在与否，受时间、空间、地点和其他条件的限制。军用信号就很好地表明了信号的这一特征。军队作战时使用信号弹，信号弹的数量、颜色都是特定的，过了这段时间和地点，信号的意义就不存在。信号的这种时空制约性使得同样的信号在不同的场合具有不同的意义。例如，学校里的铃声是"上课或下课时间到了"的信号；而在巴普洛夫的实验中，铃声的意义却截然不同。在海边听到轮船汽笛声是轮船启航或靠岸的信号，而在电影院中，人们决不会认为附近有轮船。

符号和信号的区别还在于符号是人类所独有的，也就是说，只有人类才能理解符号的意义。在动物行为中可以看到相当复杂的信号,例如蝴蝶拍击翅膀,用"舞蹈语言"传递"爱"的信号;"动物妈妈"舔舐刚生下的幼仔,熟悉幼仔的气味,也将自己的气味传递给幼仔,以此来完成彼此的"身份识别";海豚用鼻孔发出各种吱吱声,以此传递信息。有人发现,母海豚在与自己的小仔相互交谈时就发出了八百多种声音,其中大部分是命令性的。由此可见,动物对信号是极为敏感的。一条狗会对主人行为的最轻微的变化作出反应,甚至能区别人的面部表情和声音。但是,动物的这些反应远不是对符号和人类语言的理解,仅仅是一种条件反射。符号和信号属于两个不同领域。符号是人类意义世界的一部分,而信号则是物理存在世界的一部分。在实际运用中,符号具有功能性价值,信号则仅是某种物理的或实体性的存在。因此,有人认为信号是低级信息载体,符号是高级信息载体。

(三) 语言

所有的语言都是符号。苏珊·朗格说:"迄今为止,人类创造出的一种最为先进和最令人震撼的符号设计便是语言。"①语言是人类最重要的交际工具,是人与动物的重要区别。语言的产生标志着从动物传播到人类传播的重大飞跃。

从本质上看,语言是一种音义结合的符号系统。著名语言学家索绪尔在《普通语言学教程》中曾经谈道:"语言是一种表达观念的符号系统,因此,可以比之于文字、聋哑人的字母,象征仪式、礼节仪式、军用信号等等。它只是这些系统中最重要的。"②近代的语言学家舒哈特认为,语言的本质在于传播。③房德里耶斯则指出语言在社会中形成。④当人们感到有此传播的需要时,语言就产生了。语言是人类社会中最重要的传播媒介之一,人们借助语言符号来使思想得以表达、感情得以传达、知识得以交流。"从哲学意义上来看,思想是通过语言表达的。思想是语言的'内核',而语言是思想的'外壳'"⑤这些表述从不同的角度出发对语言的本质作出了阐释,对于人们理解语言有很好的启发作用。从传播学的角度出发,语言是一种符号系统,是传递意义的中介,是传播者思想的外化。

语言符号包括口头语言和书面语言两种。口头语言也称为声音语言,是人类掌握的第一套完整的听觉符号系统,有了语言,人类的信息交流才彻底摆脱了动物传播状态而进入一个自由的境界。口头语言是所有符号中最基本、最主要的。正是由于口头语言的存在,其他符号才成其为符号,才成其为意义的代码。假如没有口头语言,其他符号也就变得无法言说了。因此,口头语言是第一性,一种语言可以没有书面语言,但是不可能没有口头语言,事实上在世界几千种语言中,只有少数语言拥有书面语。

书面语言即文字,它是在口头语言的基础上产生和发展起来的,它从口语中不断吸取养分,而且自始至终受到口语的制约。书面语言是人类创造的第一套视觉符号体系。施

---

① 朗格:《艺术问题》,中国社会科学院出版社1988年版,第20页。
② 索绪尔:《普通语言学教程》,商务印书馆1982年版,第81页。
③ 舒哈特:《现代英语语言学概论》,戴炜栋等译,上海外语教育出版社1998年版,第3页。
④ 法瑟夫·房德里耶斯:《语言》,岑麒祥、叶蜚声译,商务印书馆1992年版,第159页。
⑤ 吴文虎:《传播学百题问答》,中国新闻出版社1988年版,第121页。

拉姆在论述文字的产生时说："正如语言是由于感到有必要把各种事件和经验抽象化而产生一样，文字也一定是由于感到有必要把图象抽象化以及使语词符号比别人能听到的转瞬即逝的几秒钟持续更长时间产生的。"①有了文字，人类的信息活动实现了体外化的记录、保存和传播。通过文字，人们才得以在任何时候与任何人包括素昧平生的人，建立一种现实存在的传播关系；借助文字，相隔千万里的人也可以沟通思想，共享信息。历史哲学家斯宾格勒说得好，书写是有关远方的象征。这里的远方不仅指空间上的远方，还首先指持续、未来和永恒的意志。说话和听说只发生在近处和现在，但通过文字一个人可以向他从来没有看见过的人，甚至还没有出生的人说话；一个人的声音在他死后数世纪还可以被别人听到。因此，文字是声音的再现和延伸，它们一起组成了语言符号系统。

二、语言符号的特征

语言作为一种音义结合的符号系统，既具有符号的共性，也具有语言的特性。

(一) 从共性方面来说，语言所具有的特征

1. 客观性

每一个符号都必须表示一定的客观事物，事物是符号产生的基础，也是语言产生的基础。语言符号所表示的客观事物可以是真实的，也可以是非真实的；可以是具体的，也可以是抽象的。例如"桌子"、"太阳"、"苹果"等这些词表示的客观事物是具体实在的；而"精神"、"科学"、"思维"则表示了抽象的事物和现象。还有些语言符号像"神仙"、"妖怪"、"天堂""、地狱"等只存在于人们的意识中，在客观世界中是不存在的。

2. 物质性

任何符号都必须具备一定的物质形式，即符号必须有物质外壳。口头语言中的符号单位，都有其物质的声音形式；书面符号文字，有物质的图形和笔画形式。

3. 意义内容性

符号的作用是代表另一个对象，关于另一个对象的信息就是符号的内容。符号是信息载体，信息是符号的内容。某些事物或现象，如果人们赋予它意义，并且相互约定，它就是符号。例如，SOS这个代号，当人们赋予其求救的意思后，它就成为了符号，否则，它就只是几个字母的组合。

---

① 施拉姆：《传播学概论》，新华出版社1984年版，第11页。

4. 约定性

符号有其物质形式，也有其意义内容，要表示特定的事物、现象、属性等。这一切都是使用符号的人约定的。因为物的名称，对于物的内容来说，完全是外在的，不会因为形式的变化而改变了内容。例如，上和下，前和后，好和坏，假如古人用的是完全与今天相反的语音形式，那么我们也只能这样说，这完全是社会集体全体成员共同约定并认可的，是一定社会中全体公众对用什么符号代表某一意思的一致意见。《荀子·正名》中说："名无固宜，约之以命，约定俗成谓之宜，异于约为之不宜。名无固实，约之以命实，约定俗成谓之实名。"所谓约定俗成，就是社会成员协调行为的社会契约，是语言符号的重要特征。

(二) 语言是人类使用的最重要的一种符号，它跟其他符号相比，具有其自身的特殊性

1. 任意性

任意性指语言产生时具有某种任意性成分，那时用什么语言形式表示客观事物是任意的，或者说是偶然的。符号和符号所指的事物或概念之间，以及符号的音和义之间没有必然的联系。例如，中国人用"钢笔"，英国人用"pen"来代表同样的事物。关于这方面的关系，希腊人引进了自然主义学派（naturealist）和唯名学派（nominalist）观点之间的争论。前者认为，人们用来表示事物或概念的词，其形式和词所指的事物之间，以及词的音和义之间具有内在的必然联系，而后者认为没有这种必然的联系。一般认为，唯名学派的观点是正确的，正如莎士比亚在《罗密欧与朱丽叶》中写道：... a rose by any other name would smell as sweet（如果给玫瑰取另外一个名字，它也一样芳香）。

语言符号的任意性特点是就语言起源时的情况来说的，指最初用什么样的语音形式代表客观事物或现象的意义内容是任意的。然而，符号的音义关系一经社会约定而进入交际之后，它就具有强制性，个人绝不能随意更改，也无权更改。所以，语言符号的任意性和强制性是对立统一的，人们不能借口任意性而随意更改已经约定的音义关系。约定俗成前可以说有任意性，约定俗成后则具有了强制性。

2. 线条性

所谓线条性，指的是语言符号在使用过程中，是以线条形式出现的。日常交际中，人们无论是听还是说，无论是写还是读，必须有秩序地将符号单位逐次排列才能实现语言符号的价值。

语言的线条性说明，语言中的各个单位不是孤立的，而是互相联系的，每个单位都要受前后要素的影响和制约，哪个单位先出现，哪个单位后出现，哪些位置哪些单位不能出现，都是有一定规则的，改变了它们的顺序，表达的意思不但变了，而且还可能说出有语病的句子来。例如，在汉语中，人们只能说"我在教室里学习"，而不能说"学习在教室里我"，

又如，我们将“脸红”改成“红脸”，把“一万”改成“万一”，意思就变了。

3. 暧昧性

语言是人际传播中交流意义的重要手段，但是语言符号的意义并不总是清晰的，在很多场合人们很难对其作出判断。

语言意义的这种模糊性即语言的暧昧性。语言符号的暧昧性表现在两个方面：一是语言符号本身意义的模糊。例如“唐装”一词，有人将其理解为中国的传统服装，从这个意义出发，只有完全复古的服装才是唐装；但另外一些人则认为只要是具有唐装元素如立领、对襟、盘扣、连袖等的服装都是唐装，这样“唐装”一词的内涵和外延与前面一种理解相比就大大扩大了，因而造成了唐装一词的模糊性。一些新语和流行语也具有这种暧昧性，例如现在人们经常用到的“酷”一词，人们对它的理解就不相同。有人用它来表示赞叹和褒扬，将它解释为现代人时尚、洒脱的生活态度和行为方式；有人则用它来表示不满和贬低，用冷漠孤傲、不可一世、不负责任或放荡不羁注解“酷”。“酷”一词，具有社会规范和价值意义上的暧昧性，以至于我们很难确定对“酷”应该持褒扬还是抨击的态度。

语言符号的暧昧性还表现在语言符号的多义性。多义性指一种语言符号具有两种以上的意义，有时候我们判断不准应该属于哪一种。汉语中的多义词是大量的。翻开汉语词典，我们就不难发现，许多词条下面都注有不止一种意义，越是常用的基本的词，这种多义性就越明显。正是由于意思太多，人们将词语最初的意义称为基本义，而在此基础上引申出来的意义为引申义。例如“老”这个词的引申义有“陈旧”、“经常”、“长久”、“原来的”、“历时久”、“死亡”等，都是从它的基本义“年岁大”直接引申出来的。有些词除了引申义，还有比喻义。比喻义是通过基本义的借喻而形成的。例如“铁”的比喻义“坚硬”（如“铁拳”）、“坚定不移”（如“铁的意志”）是由其基本义“一种坚硬的金属”借喻转化而成的。语言符号的多义性是常见的，不管是在汉语中，还是在英文中，一个单词或词组，一个句子都有可能具有多种意义。此外，同音异义词汇的存在，也是造成语言符号多义的一个重要原因。总之，语言符号的暧昧性是普遍存在的，人们只有根据具体的语境认真琢磨，才能准确把握语言的真谛。

4. 发展性

从历史的角度看，语言是不断变化发展的。辩证唯物主义认为，世界万物都在不断发展变化着，语言自然也不例外。语言是人类社会的产物，因而随着社会的变化而演变。一方面，人们不断创造新的语言符号，以适应不断变化的生活实践。这些新的符号一进入传播领域，就成为新的知识被广泛运用。如近几年来出现了一大批新词汇：“冲浪”、“PK”、玩得好“high”、“博客”、“民工”等渐渐进入人们的日常语言。另一方面，旧有的符号也在慢慢地被淘汰和改造，或被赋予新的意义。语言的这种发展变化不是一蹴而就的，通常是在不同的时代比较中才能觉察得到。“老虎、糖弹、布拉吉……”，使人们想起了新中国成立初期的情景；“极右、穷棒子、人民公社……”，又凝聚着20世纪50年代末60年代初的时代特征；"造反派、红卫兵、工宣队、万寿无疆……"，烙着"十年动乱"的印记；"脱贫致富、专业户、公关、窗口、热点、群体、特区、五讲四美三热爱……"，又似乎给我们勾勒了一幅改革开放的图画。

5. 生成性

所谓生成性是指语言符号是一个开发的系统，它可以用有限的词语模式生成无限的语言成分。例如"红旗"是个偏正式短语，用这种偏正式的模式可以生成大量的语言成分，如"白菜"、"清水"、"伟大的园丁"、"新来的同学"等。认识语言的生成性特点，对于正确把握语言构造的本质极为重要。任何一种语言的结构规则和使用规则都是有限的，但它可以生成无限的语言成分和无穷的语言作品。

6. 系统性

语言是一种符号系统。语言系统的秩序，体现了其内部的各种关系和规则。语言的系统性表现在其内部的层级关系、组合关系和聚合关系上。

语言学界对层级关系有两种理解：一是小的语言单位构成大的语言单位时，原来小单位是一个层级，由小单位直接构成的大单位又是一个较高的层级。例如词素构成词、词与词构成句子，就形成了词素层级、词层级和句层级。二是把层级关系首先分成底层和上层，层之间（尤其在上层中）再分出不同的级。这样分析层级的结果是：(1)底层：音位、音节等形式方面；(2)上层：词素（第一级）、词（第二级）、句子（第三级）。这两种认识都是依据语言单位的结构，分别划定它们由小单位构成大单位，或由大单位包含小单位的不同层级和级别。①

某一语言成分在言语中总是要与其他的成分相联结，可以相互联结的语言成分之间存在着组合关系。例如"名词＋动词"是一种组合，"数词＋量词＋名词"是一种组合。组合关系直接体现了语言的结构规则要求，并非是任意两个词就能构成组合关系，符号的组合顺序不是任意的。

聚合关系就是语言结构某一位置上能够互相替换的具有某种相同作用的单位（如音位、词）之间的关系，简单来说就是符号与符号之间的替换关系。几个词，一组词，它们性质相同，具有同样的组合功能，在语言结构的同一个位置上可以互相替换，替换后生成不同的句子，这些词之间的这种替换关系，就是聚合关系。如果说，组合关系是指词语（符号）之间在功能上联系的话，那么聚合关系就是词语（符号）在性质上的归类。人们常说，"物以类聚，人以群分"，语言中的词语就正是这样一种关系，正是因为它们具有相同的功能，具有相同的特性，所以就类聚在一起，形成一种聚合关系。

语言成分之间的层级关系、组合关系和聚合关系，维持了语言系统的组织和运转，它们构成了语言符号系统的最重要的秩序。

---

① 葛本仪编著：《语言学概论》，山东大学出版社 1999 年版，第 13 页。

三、语言的结构

人际传播离不开语言交流，而语言交流离不开组词造句。在语言交流中，无论是口头形式交流，还是书面形式交流，无论是一段对话，还是一篇文章，都不是互不相干的词组或句子的简单堆砌，而是一些有意义相关的词组或句子为达到一定的交际目的并通过一定的连续手段而实现的有机结合。在人际传播中，应当根据不同的交流场合和方式从整体上考虑语音、词汇、语法、修辞、篇章等语言结构层次在传播中的作用，从而达到理想的传播效果。

(一) 语音

语音是语言构成的三要素之一，是人际传播中语言交流的物质外壳，语言的词汇、语法及其语义都要以语音为物质载体。语言传播就是由说话者发出语音，听话者接受语音并将其所承载的意义还原理解的过程。语音有着很强的系统性，各语言的语音成分及其结构方式都不同，由此表现出各语言的外在差异，形成各自的特点。

在传播的言语链中，语言以音波形式进行传输，属物理学层面；语音的发送和接受，作用于发音器官和听觉器官，属生理学层面；而编码和解码属于心理学和社会学层面。语音是由人的发音器官发出的，又由人的听觉器官去感知，因而语音具有生理属性。语音是一种声音，同其他声音一样，也是由物体振动而发出声波，通过听觉器官感知而形成声音形象。声波及其产生、传播都是物理现象，因而声音又具有物理属性。语音具有一定的意义，作为意义的载体而起交际作用，这就决定了声音还具有社会属性。语音的社会属性是传播学关注的重点。

语言具有韵律特征，语言的韵律特征包括：声调、轻重音、长短音和语调。它们造成了语音的抑扬顿挫，在语言中起着重要的作用。使用不同的声调、轻重音、长短音和语调，能表达不同的感情和意思。例如，“我会画老虎”这句话中的重音不同，句子强调的意思也不相同。“你好！”用平常语速说出，表示问候，带有尊敬的色彩；用快速说出，则往往是应付。在人际传播中，掌握语言的韵律特征，对于有效的表达和理解都有很好的作用。

(二) 词汇

词汇是语言符号的单位，是最小的音义结合体，是用以组成句子从而进入交际领域的语言成分，因而也是构成语言的三要素之一。

词汇可以分为两部分，一是词的总汇，二是固定结构的总汇。词的总汇包括基本词汇和一般词汇。基本词汇是表示客观现实中基本事物和基本概念的词。例如“太阳”、“月亮”、“星星”、“手”、“脚”、“桌子”、“板凳”、“父亲”、“母亲”、“学习”、“工作”等等，和日常生活有着密切的关系。凡是和日常生活关系密切的事物就是基本事物，反映这些基本事物的概念就是基本概念，表示着基本事物和基本概念的词就是基本词，基本词的总汇就是基本词汇。基本词汇具有普遍性、稳固性和能产性。除了基本词汇以外的那些词的总汇是一般词汇，如“邂逅”、“车床”、“宰相”、“芭蕾舞”等。一般词汇具有很强的灵活性，反映社会的变化最为敏感。它主要包括：固有词、新词、古语词、方言词、外来词、社会方言词等。基本词汇和一般词汇相互联系、相互依存，随着社会的变化和交际的需要可以相互转化。

语言里除了词的总汇以外，还有一部分是固定结构的总汇。相当于词的作用的固定结构也叫熟语。熟语在结构和意义上都是定型的，是不可分割的整体，和词一样同是语言的建筑材料。熟语主要包括成语、惯用语、专有名词、谚语、歇后语等。汉语中的熟语非常丰富，如“阳春白雪”、“下里巴人”、“熟能生巧”、“乐极生悲”、“开夜车”、“走后门”、“元旦”、“三个臭皮匠，顶个诸葛亮”、“泥菩萨过河，自身难保”、“孔夫子搬家——尽是书（输）”等，都属于具有确定的结构和意义的熟语。

（三）语法

语法是语言构成的三要素之一，是语言中词、词组、句子的组织规律。语言符号是语音和语义的结合体，语法就是各种音义结合体的结构规律。按照语法规律，语言中的音义结合体共有四级：词素、词、词组和句子。词素是最小的音义结合体，本身没有组合的问题；词由词素构成，参与组织更大的单位词组或句子，在组织过程中还会发生形式的变化；词组主要是在词与词组合为句子的过程中形成的，与句子的组织规律基本一致。所以，语法规则的中心内容是词的构成和变化的规则与句子的组织规则。

语法在语言中起着非常重要的作用。语法是语言的结构规则。一堆砖瓦随意堆放并不能构成高楼大厦，而必须要有一定的排列组合才可能建成各种建筑，同样，只有在语法规则的支配下，语言符号的基本单位——词语才能组织成合乎语言习惯的句子，来正确的表达各种意思。从人际传播的角度来看，传播者按照一种语言的特定的语法规则组织话语，受传者按照同一语法规则来接受、理解话语，这样传播才能正常进行。如果有一方违反了规则，就会影响传播的进行。传播者语法有误，则受传者无法按照正常的规则理解话语；受传者不按正常规则理解，也不能正确的接受话语的信息。

（四）修辞

语音、词汇、语法是语言的三个基本要素，没有它们，人们就无法用语言来正确表达，因此，三者缺一不可。但是，仅有语音、词汇和语法还是不够的。在人际传播活动中，人们用语言交流思想、传递信息。同一个意思可以用不同的形式表达，各种形式都有自己特有的表达效果。语言表达不仅要清楚明白，还应当做到鲜明精练、生动形象，让别人听了看了留下深刻的印象。针对不同的语境、场合和表达内容，可以选择恰当的语言方法和手段，以便加强语言表达的感染力，获得最佳的交流效果，这就是修辞的作用。修辞与语音、词汇、语法密切相关，是对语言三个要素的综合运用。

常见的修辞手法包括：重复、叠韵、双关、比喻、拟人、对偶、排比、夸张、设问等。不同的修辞手法的运用，能表达不同的感情色彩，传递不同的意义，使语言更加生动。例如，在鼓励学生努力学习时，适当引用一句“书山有路勤为径，学海无涯苦作舟”，可以给听者留下深刻的印象。

(五) 篇章

语言是一些意义相关的词组和句子为达到一定的交际目的并通过一定的连接手段而实现的有机结合，是一个由语言符号(词汇)和语言规则(语法)所构成的抽象系统。语言的有机组合就构成了篇章。篇章通常具有结构上的粘连性，意义上的连贯性，表达上的逻辑性，在交际中具有语义的整体性。因此，在人际传播活动中，要用篇章的整体思维来考虑语言的组织结构，使语言更有条理性和逻辑性。

在人际传播活动中，无论是说话还是写作，总是首先立足于整体，确定篇章的主题和需要表达的内容，其次考虑先说什么，后说什么，分几个语段，怎样开头结尾，中间怎样过渡，前后照应，然后逐字、逐句、逐段进行语言组合。篇章在结构上通常由导言、正文、结束语三个部分组成。导言是篇章的开头部分，形式不一，可以是一句名人名言、一个历史故事、戏剧性事件或个人经历的事情；长短也不一，可以是一句话，一个段落或一个章节。导言规定篇章的内容和中心思想，好的导言不仅能使传播者紧扣篇章主题，结构严谨，而且还能使受传者紧随传播者的思路，更好地理解和把握篇章的中心思想。正文是篇章的主体，传播者通过对比、对照、引证、分类、推论、列举等逻辑分析方法，以及叙述、描写、说明、论述等语体手段对篇章的主题加以论证。结束语是篇章的收尾部分，好的结束语可以使篇章结构严谨，首尾兼顾，高度概括篇章的中心思想。正如清人唐彪在《读书作文谱》中说："文章大法有四：一曰章法，二曰股法，三曰句法，四曰字法。四法明，而文始有规矩矣。四法中，章法最重，股法次之，句法、字法又次之。"①

四、语言的意义

在人类的社会生活中，意义是普遍存在的。"大到历史事件、自然现象、科学理论、文化作品，小到一句话、一个动作、一个表情甚至一个眼神，无不具有一定的意义。……我们无法想像一个没有意义的社会。"②在人际传播中，任何语言都与一定的意义相联系。语言符号是意义的载体，意义是语言的内核。人们的语言交流，实质上是语言的精神内容——意义的交流。

(一) "意义"的意义

"意义"这个词有多层含义，它既是现代汉语中的日常生活用语，又是学科术语。作为日常生活用词，它的含义也不是唯一的，如在"这个故事富有教育意义"中，"意义"是"作用"的意思；在"人生的意义在于奉献"中，"意义"是"价值"的意思。而作为学科术语的"意义"，情况就更为复杂。正是对于意义的不同注解，使得语言的意义也变得十分复杂，从不同的角度和层面出发，每句话、每个词都可以有不同的意义。例如："2006 年 4 月 5 日武汉

---

① 董天策：《传播学导论》，四川大学出版社 1993 年版，第 153 页。

② 张汝伦：《意义的探讨——当代西方释义学》，辽宁人民出版社 1987 年版，第 2 页。

要下雨”,“太阳每天都从东方升起”,“吃过了吗”等等,这些话所表示的意义是如此不同,以至某些语言学家和哲学家惊呼,若不对语言的意义进行科学分类并加以某些限定,对语言意义的研究就会变成空谈。

“意义”的意义是一个如此复杂的问题,哲学家、逻辑学家、语言学家都从不同的角度探讨“意义”,而各个学科内部又有不同学派的争论。钱伟量在其著作《语言与实践:实践唯物主义的语言哲学导论》中对不同的意义理论进行梳理,将其大致分为四类:指称论、观念论、形式主义语义学、语用学的意义理论。①

第一,指称论。意义指称论主要是随着20世纪语言分析学家和逻辑经验主义的传统而逐步形成和成熟的。弗雷格、罗素和维特根斯坦是指称理论的先驱,逻辑经验主义以及当代分析哲学的著名代表人物克里普克和普特南等人将指称论推向了极端。指称论认为意义就是语言符号所指称的对象。如弗雷格的含义和指称论,罗素的摹状词理论,维特根斯坦的图像论,逻辑经验主义的语言的可证实性,克里普克和普特南的因果指称论,都为指称论奠定了理论基础。但是,指称论将语言的意义简单的归结为语言所意指的对象,这就有导致“词语拜物教”的危险。

第二,观念论。如果说意义指称论试图到意识活动之外去寻求语言符号的意义,那么观念论则正好相反。观念论将语言符号的意义归结为人们的主观意愿、情感和观念。“观念”一词不仅指柏拉图所说的作为事物原则的“理念”,也不仅指洛克、贝克等人所说的作为感觉经验要素的“观念”,而且包括“情感”、“情绪”、“意志”、“意向”等所有意识活动类型。广义的观念论包括认知观念论、表现论和意向论三个方面。例如,亚里士多德认为“语言的意义是心灵的经验”;洛克认为“语言是观念的标记”;表现论认为“语言是内在情感的表现”,“语言通过表现情感来表达思想”;胡塞尔的意向论和塞尔的意向性理论都是观念论的代表理论。但是,观念论把意义简单的归结为观念,即人心中的概念、情感或意向,这样就导致意义成为了一种不可表达、不可传递、不可理解的神秘体验。

第三,形式主义语义学。有些语言学家认为,语言因其语形组合方式而产生意义,既不与人心中的观念直接联系,又不取决于对象的性质,这种将语言意义归结于特定语形组合的理论即为形式主义的意义观。指称论和观念论是分别从语言符号与其所指称的对象以及表达的观念之间的关系来说明语言的意义的,因而又合称为“意指关系论”。但是,不可否认,语义关系总是和一定的语形关系相联的。确切地说,人们并不是用孤立的符号来表示观念和指称对象,而是用语言符号系统的有规则的组合来表达意义的。语言的意指性与系统性是一个统一的整体,也就是说,句法与语义是不可分割的,人们是通过语言符号的各种语形组合形式来理解语言的意义的。形式主义语义学揭示语言形式对于表达和理解意义的功能,从单纯的句法研究走向语义研究是一个进步。但是,形式主义语义学满足于在语言形式内部分析语义结构,有意识地忽略或竭力排除语言的指称对象、语言表达的心理观念和语言应用过程中语境因素对语义表达和理解的作用,使语义学研究脱离实际,变成了一种纯形式的游戏,这不能不说是这一派意义理论的局限。

第四,语用学的意义理论。语用学的意义理论在指称论、观念论和形式主义语义学的基础上,进一步将语言意义的研究深入到语言符号与言语行为主体的关系以及言语行为

---

① 钱伟量:《语言与实践:实践唯物主义的语言哲学导论》,社会科学文献出版社2003年版,第130—200页。

主体之间的关系中去考察。语言中的意义归根结底是语言使用者所表达和理解的意义，离开了语言使用者及其交往活动来谈论“语言的意义”是毫无意义的。语用学的意义理论引入言语使用者及其行为，从言语行为和符号互动行为出发考察语言的意义，将语言结构的研究和言语行为的研究统一起来，也就是将语言研究建立在言语行为的基础之上，突出了意识的意向性和交往行为在意义网络中的地位，是一大进步。早期行为主义和实用主义是当代语用学意义理论的开路先锋，因为他们将语言学家的注意力吸引到人们具体的操作行为上来。后期维特根斯坦的“语言游戏说”明确提出了“意义在于使用”的口号，为语用学意义理论奠定了哲学基础。言语行为理论细致地探讨了日常语言行为的分类和行为结构问题，大大开拓了人们理解语言的“意义”视野。符号互动理论从主体间交往关系的角度揭示了语言的意义和相互理解的基础。

在总结批判以往语言意义理论的基础上，钱伟量以马克思主义的实践语言观为基础，提出了实践唯物主义的语言意义观，即语言主体的社会实践是阐明语言的意义以及全部语言问题的基础。语言的诸方面、诸层次的意义，只有在人的社会交往实践的基础上才能统一起来，并得到全面的、完整的解释。实践唯物主义的语言意义观阐明了语言意义的哲学基础，是我们研究语言意义的立足点和出发点。

(二) 语义三角关系

语言的意义问题是一个多层次、多方面的综合问题。指称论、观念论、形式主义语义学、语用学的意义理论分别抓住了意义的不同侧面，但是缺乏整体观照。语言本身是一种包含多方面关系的复杂现象，制约语言交流是否可能的条件与语言的三层基本关系密切相关。语言现象包含的三层基本关系(三个方面)，称为语义三角关系(见图 7-1)。语义三角关系即下面三者之间的关系：(1)所指的事物或概念(referent)；(2)用来指该事物或概念的符号(sign)；(3)解释者(interpretant)在脑海中产生的该事物的形象或该概念的意义。

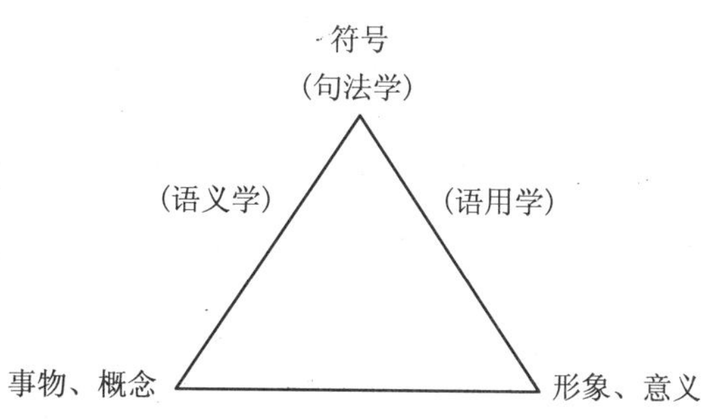

图 7-1　语义三角关系

资料来源　吴健民主编:《交流学十四讲》，浙江人民出版社 2004 年版，第 73 页。

语言意义从来就不是语言符号和语言指涉物之间的关系，而是一个三角关系，符号的意义牵涉到主体对它的理解，也就是说，意义不是词语所固有的，而是使用这些词语的人赋予它们的，只有当人们把词语与特定的指说对象联系起来的时候，词语才有了意义。每一个事物和概念可以有不同的再现和符号，这完全取决于主体的语言环境。主体具有不同的经验世界和理解水平，这导致了主体对符号的形象和理解可能有所不同。语言符号的使用者将语言和现实世界的事物或概念联系，赋予语言符号一定的意义，不同的主体可能产生不同的理解，正如 1 000 个读者就有 1 000 个哈姆雷特的形象。例如“狗”在《现代汉语小词典》中的定义是：“哺乳动物，种类很多，嗅觉和听觉都很灵敏。有的可以训练成警犬，有的可以用来帮助打猎或者牧羊等，也叫犬。”这是狗在人们脑海中的印象，其汉字符号是“狗”，英语符号是“dog”。但“狗”在人们头脑中还会有一些联想意义，如温顺可爱、凶猛残忍或有责任等。

从语义三角关系的三个要素出发，语义三角关系包括语形关系、语义关系和语用关系。语形关系(Syntactical dimension)，即语言符号之间的形式关系；语义关系(Semantical dimension)，即语言符号与其所指的事物或概念之间的关系；语用关系(Pregmatical dimension)，即语言符号与其使用者之间的关系。对语形关系加以研究的学问称作“语形学”(syntactics)。广义的语形学应当包括从音位、词素、句法(syntax)到大于句子的话语(discourse)或文本(text)等不同层面的符号形式关系的研究，狭义的语形学常常特指句法研究。句法学研究如何用词组句以及造句的规则。对语义关系加以研究的学问称为“语义学”(semantics)，语义学研究语言的意义、符号与符号所指的事物之间的关系，包括语义场、语义关系、外延意义和内涵意义等；专门研究语用关系的学问即为“语用学”(pregmatics)。语用学研究语言符号与使用者之间的关系，如何使用语言符号进行交际，语言与其所使用的语境、情景、场合、交流对象之间的关系等。语言的使用者包括传播者(言者、作者)和受传者(听者、读者)。但在人际传播中，传播者和受传者没有绝对的界限，二者仅仅是在特定语用关系中的两个功能项(两个角色)。事实上一个人既是传播者又是受传者，他究竟扮演何种角色，完全依据具体的语言交往过程而发生转移。卡纳普认为：“如果一项研究明确的涉及语言的使用者，我们就把它归入语用学的领域……如果我们从语言使用者那里只摘取一些词语及词语所指的对象来进行分析，我们就处于语义学的领域。最后，我们从词语所指对象中抽象出词语之间的关系进行分析，我们就处于(逻辑)句法学的领域。”①

句法学、语义学和语用学是符号学的三个分支，涉及不同的语言意义，分别是语言意义(linguistic meaning)，即符号与符号之间的关系所表现出来的意义；概念意义(conceptual meaning)，即符号与所指对象之间的关系所表现出来的意义；联想意义(associative meaning)，即符号与解释者的关系所表现出来的意义(见图 7-2)。概念意义和语言意义涉及语言的微观结构，即语音、语法、词汇所表现出来的意义，而语用意义或联想意义则涉及副语言环境中的语言的宏观结构，即社会、文化、情感、语域等多方面的意义。因此，在人际传播活动中，不仅要知道语言的概念意义，而且要理解其语用意义。例如，“鸽”(dove)与“鹰”(hawk)不仅表示动物的名称，还表示“和平”与“战争”的意思，既具有外延的意义，又具有内涵的意义。在跨语言、跨文化、跨社会交流中这一点尤为重要，例如“金三角经济开发区”英语可译为“golden delta economic development zone”，如果用“golden triangle”则可能使人联想到毒品贸易的金三角地区。②

---

① 索振宇编著：《语用学教程》，北京大学出版社 2000 年版，第 1 页。

② 吴健民编著：《交流学十四讲》，浙江人民出版社 2004 年版，第 73—76 页。

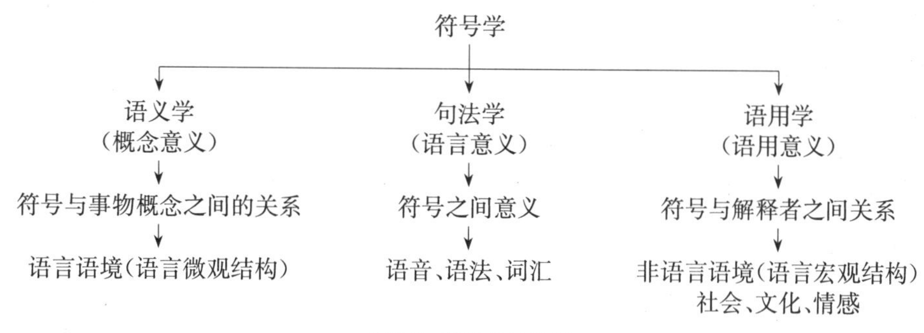

图 7-2　符号学分类图

资料来源　吴健民主编：《交流学十四讲》，浙江人民出版社 2004 年版，第 76 页。

（三）语言意义的分类

在上面的论述中，我们从语义三角关系的角度考察了语言的意义。要准确地把握语言的意义，还要从微观和宏观方面对语言的意义进行更加深入的理解。以下是从不同角度出发对语言意义的划分。

1. 理性意义、附加意义和语法意义

这是语义学中的分类。理性意义又指概念意义、指称意义或逻辑意义。对词而言，它的理性意义就是语音所表示的对客观存在的反映，是概括、反映客观存在及其关系的本质属性和一般属性而形成的一种意义。例如，"寡妇"的理性意义就是"死了丈夫的女人"；"书"，它所表示的理性意义就是"装订成册的著作"；"beverage"所表示的理性意义就是"饮料"。

附加意义是语言所体现的各种联想意义或色彩意义，是说话人对所指对象的肯定或否定的感情态度的体现，是语言所体现的指称对象的形象色彩、意趣情调或文化背景等意义联想。例如，"聪明、坚强、美丽、请问、先生、大妈"等等语词都表示了说话人对所指对象的赞扬、喜爱、尊重、亲切等感情态度，具有褒义色彩；而"奸诈、固执、质问、滚蛋、家伙（指人）、老婆子"等语词则表示了贬抑、厌恶、轻蔑、疏远的态度，具有贬义色彩。有些词语本身没有感情色彩，但是在人们的观念中会赋予其某种意义。如在某些人的传统看法中，"男人"意味着坚强、有责任感、有主见、有气度等；而"女人"意味着软弱、胆小、气量小、没见识等。因此，我们常听到"他哪里像个男人"，"她是个女人，怎么和她一般见识"等这样的话语。联想意义常常依赖于具体的语境和听话人的经验范围。在现实生活中，不同的人，由于年龄、职业、文化程度、生活条件等方面的差别，对于概念和词义的认识是不同的。有的认识深刻些，有的肤浅些，有的比较全面，有的则不够全面。例如，"男人"在有些人的意识里也意味着粗心、倔强、缺乏温柔等，"女人"也意味着细心、温柔、随和等。

不同的词语可以使人产生不同的文化联想和形象联想，具有不同的附加意义。人们听到"鹅卵石、布谷鸟、乒乓球、呼啦圈、哗哗、噼啪、粉红、橙黄"等等语词时，常常能引起对某种事物的视觉形象或听觉形象的联想。"猪八戒、闰土、李援朝、周建国；香港、天津、武昌、长沙、南京、淮海路、首义路、情侣路；秦淮人家、会宾楼、同仁堂、清华大学；娃哈哈、贝

贝佳、阿诗玛、雅戈尔”等等名称，常能引起人们对其文化背景、思想意识和情趣格调的联想。“卧薪尝胆、指鹿为马、胸有成竹、莫须有”……这些词语负载了深厚的文化历史信息；而“巴士、沙龙、扎啤、肯德基、迪斯科、榻榻米、罗曼蒂克”……这类语词带有异域特色，洋气十足。“老婆、汉子、老天爷、侃、利索”等语言带有强烈的口语色彩，通俗活泼，使人感觉亲切随便；而“夫人、男士、苍天、会谈、敏捷”等语词，有浓厚的书面语色彩，让人觉得正式而又庄重。

语法意义是对理性意义进行再概括而得到的类型化意义，以及对该类型化意义在语言中的作用再概括而得到的功能意义，是词的语法特点和语法作用经过类聚之后所产生的一种意义。它的概括程度远远高于理性意义。例如，“人”、“动物”等都属于名词，可以做主语和宾语，这就是它们的语法意义。语言中的每一个词都存在于某种语法关系的类聚和概括之中，所以每一个词都有语法意义。例如“伟大”，它的语法意义就是“形容词，可作谓语、定语等”；“并且”的语法意义是“连词，可以连接并列的动词、形容同、副词和小句”。有些语词没有明确的理性意义，但也可以具有语法意义，如中国古代文学作品中使用得很多的“兮”字就是一个典型例子。对语法意义的认识可以指导人们更好地理解语言，使用语言，无论是对母语学习还是外语学习都有很大帮助。

2. 内涵意义(connotation)与外延意义(denotation)

这是从逻辑学角度出发对语言符号意义的分类。内涵意义代表对象的根本属性，是所指示的事物的特征和本质属性的集合；外延意义是语言符号所指示的事物的集合。例如，“人”的内涵意义指“能够制造和使用工具，具有抽象思维能力”，这是人的本质属性；而“人”的外延意义可以列出男人、女人、青年人、老年人、中国人、外国人等等。“马”指示马这个类，同时间接表明了四足、有毛、食草、善跑等属性，这些属性就是“马”的内涵意义。另一方面，“马”的外延意义就是所有的马。一般来说，内涵决定外延，内涵越丰富则外延越小。

美国传播学者理查德·L.威瓦尔在《交际技巧与方法——人际传播入门》中是这样论述内涵意义和外延意义的。他认为，当我们听到一个词时，我们对这个词及使用这个词的人抱有的看法和感情决定了我们最终的理解，这就是词的内涵意义。内涵意义随着我们的体验而变化。正如我们一生中对某些事物时刻都有不同的体验一样，任何他人也是如此。在这些体验中，没有哪两种是完全相同的。我们使用的每一个词无疑都有无限多的内涵意义。词的内涵意义倾向偶对性和索引性。假如一个词在大多数人中引起完全相同的反应，我们就说这个词具有普遍的内涵。实际上，词的内涵越是普遍，这个意义就越有可能成为词典释义，因为大多数人会同意这个词代表的意思。词的内涵越是普遍，人们误解它的可能性就越小，这个意义就越具有符号性。词的外延意义就是它的词典释义。有些词具有相对稳定的含义。如果某些人要就他们的学科专用的特殊词汇下一定义的话，大概会使用相同的注释——一个得到公认的解释。在法律界，“禁止翻供”一词有一个确切的外延意义。医生们大概会对“心肌梗塞”一词有共同的理解。许多学科的研究是依赖于特定的具有确切不变含义的词汇才得以进行的。具有外延意义的词汇，使我们表达的意思明晰而精确。外延意义的词是符号性而非偶对性或索引性的。外延意义很少出现模糊不清的现象，因为词汇与它所表述的事物之间有直接的联系。虽然我们要理解语言，必须先掌握每个词汇，但比起内涵意义来，外延意义对于我们主观思维的依赖性要小得多。①

3. 辞典意义和延伸意义

语言的辞典意义和延伸意义的区别是明显的。辞典意义，顾名思义，就是语言在辞典中的意义，它产生于与语言的首次联系。因此，它对于一切能使用辞典的人意义都是一样的。比如，英语辞典中的语言意义对于懂英语的人都适用。

与辞典意义不同，延伸意义产生于二次联系，它的适用范围也是非常有限的，可能只适用于一个人，或几个人，或某社会集团成员。延伸意义对每个具体人是不同的，它往往受个人的社会背景、个人经历、价值观念、感情等因素的影响。例如爱情，对一部分人来说可能充满了向往，在他们心目中爱情是温暖、幸福、充满情趣的；而对另一部分人爱情则可能是“不幸”、“痛苦”的代名词，是自私、伪善和陷阱。英语“Gay”本意是愉快，但在今天的美国却用来表示同性恋者，因此不会有人说：“They are gay peoples”。例如中国的“吹毛求疵”，本意是认真负责地找毛病，但今天人们常用于形容爱找岔子的人，给一个工作负责的同志写鉴定绝不会用“吹毛求疵”来形容。

4. 指示性意义和区别性意义

这是符号学中的分类方法。指示性意义是将符号与现实世界中的事物联系起来进行思考的意义；区别性意义是表示两个符号的含义之异同的意义。例如，我们说“动物”时，其指示性意义是通过现实世界中动物来表现的，而区别性意义是通过动物与植物的区分表现出来的。

5. 明示性意义与暗示性意义

这是诗学和语文学中的一种分类。明示性意义是语言符号的字面意义，属于意义的核心部分，类似于前面所提到的理性意义；暗示性意义是语言符号的引申意义，属于意义的外围部分，类似于语义学中的附着意义或联想意义。例如前面已举的“鸽”和“鹰”，明示性意义即二者所指的动物，暗示性意义则是“和平”和“战争”。一般来说，明示性意义是显而易见的，具有稳定性，在某种文化环境中的大多数社会成员都能理解、共同使用；而暗示性意义具有隐蔽性、易变性，只有个别人或少数人基于自己的联想而在小范围内使用，如某些接头暗号的暗示性意义就只有小群体内的人能够理解。

在沙夫的《语义学引论》中，他将语言符号的意义分为主要意义和边缘意义，以及普遍意义和偶有意义。这些分类都是从语言的微观结构出发考察的语言本身的意义，语言符号与所指称的对象之间的关系。

---

① 查德·L.威瓦尔：《交际技巧与方法——人际传播入门》，学苑出版社 1989 年版，第 146—147 页。

(四) 传播过程中的语言意义

语言学家舒哈特认为,语言的本质在于传播。语言的意义只有在传播中才能生成,离开传播,离开传播者和受传者对语言符号的表达和理解,语言只是“死语言”。“因此,说话者、听话者和说到的事物,是正常语言的三个重要因素。在这些之外,我们还必须加上实际应用的那些语词本身。”①因而,在具体的传播活动中,参与或介入进来的并不仅仅是符号本身的意义,还有传播者的语言意义、受传者的语言意义以及传播情境所形成的语言意义等等。

1. 传播者的语言意义

在人际传播中,传播者通常通过语言来传达他要表达的意义,这就是传播者的意义。每个传播者基于自己对语言意义的建构和理解来使用语言符号,语言是情感的流露。“言为心声”即这个意思。然而,传播者的意义并不总是能够正确的传达的。人们常常为自己的意思不能完整而准确的表达而苦恼,或者为自己说出的话而后悔,就是因为语言符号的意义和传播者本身的意义发生了偏差。

2. 受传者的语言意义

对同一个或同一组语言符号构成的讯息,不同时代的人有不同的理解,同一时代的不同个人也有不同的理解或解释。这说明受传者的意义和语言符号本身的意义也不是一回事。例如,“他像个孩子”这句话,一个人听到了可能理解为他很孩子气,另一个人可能想到了孩子王的意思。

造成受传者的意义和语言符号的意义不同的原因主要有两点:一是因为,在传播过程中,人们对语言的理解,来自人们往日的经验范围、积累的知识、社会的环境、语言的规则等诸方面的影响。一般而言,人们对某些词语的理解往往依赖于人际关系的状况。关系好的,说深说浅,不是问题,关系差的,一句话可能捅了马蜂窝。这种状况表明,如果人们相互了解,彼此信任,就容易说上话,容易了解或分清词语所指称的人或事物的准确含义。在互不了解、互不认识的人之间,语言的意义往往会失真。另一个原因是因为,语言符号本身意义的模糊性,随着社会的发展,语言符号的意义也会发生变化,造成了受传者理解的困难。

3. 情境意义

著名语言学家罗曼·雅格布森曾经指出,语言符号不提供也不可能提供传播活动的全部意义,交流的所得,有相当一部分来自于语境。沙夫也在其著作《语义学引论》中写

① 沙夫:《语义学引论》,商务印书馆1979年版,第223页。

道:“意义的问题总是出现在指号情境中,或者用另一个较简单的说法,意义的问题总是出现在人的交际过程中;因为,如果我们不考虑精神感应术和其他形式的所谓‘直接’传达的问题,那么,人的交际过程就是应用指号来传达思想、感情等等的过程,就是产生指号情境的过程。”①这里所说的语境、指号情境,在传播学中就是传播情境。

在人际传播中,语境对话语意义的恰当表达和准确理解起着重要的作用。人们在言语交际中,离开语境,只通过语言形式本身传播者往往不能恰当的表达自己的意图,受传者也往往不能准确地理解说话人的意图。受传者要准确地理解传播者的话语所传递的信息,仅理解语言形式的“字面意义”是不够的,还必须依据当时的语境推导出语言形式的“言外之意”(超越字面的意义)。例如,暑假期间,一位好友来访,进入客厅后,他说:“这客厅里真热!”作为主人,你如何理解这句话呢?你回答:“是,这客厅里温度很高。”这样的理解显然不符合说话者的意图。你必须通过“这客厅里真热”这句话的字面意义,依据语境,推导出客人说这句话的真正意图,即打开空调或风扇。再如,“你真坏”这句话,在不同的语境里其语言含义是不同的:(1)一对年轻的恋人,女孩对男友说;(2)妈妈对小淘气鬼儿子说;(3)斥责干了坏事的成年人。

语境是影响语言传播的一个重要因素,语言学家索振宇在其编著的《语用学教程》中对语境概念进行梳理,并提出了自己的见解。②语境(context)这个术语最早由波兰籍语言学家马林诺夫斯基(B. Malinowski)于1923年提出来的[见马林诺夫斯基(Malinowski)1923年为奥格登(Ogden)和理查德(Richard)所著的《意义的意义》(*The Meaning of Meaning*)一书所写的补录]。他把语境分为文化语境(Context of culture)和情景语境(Context of situation)。“文化语境”指说话人于其中生活的社会文化环境;“情景语境”指语言行为发生的具体情境。“伦敦学派”创始人弗思(John Rupert Firth)接受了“语境”这个术语,并扩展了马林诺夫斯基的语境理论。弗思指出,除了语言本身的上下文以及语言出现的环境中人们所从事的活动外,整个社会环境、文化、信仰、参与者的身份经历、参与者之间的关系,都构成语境的一部分。他在《语言理论概要》(*A Synopsis of Linguistic Theory*, *Studies in Linguistic Analysis*)中,对“语境”做了较详细的阐述(见图7-3)。

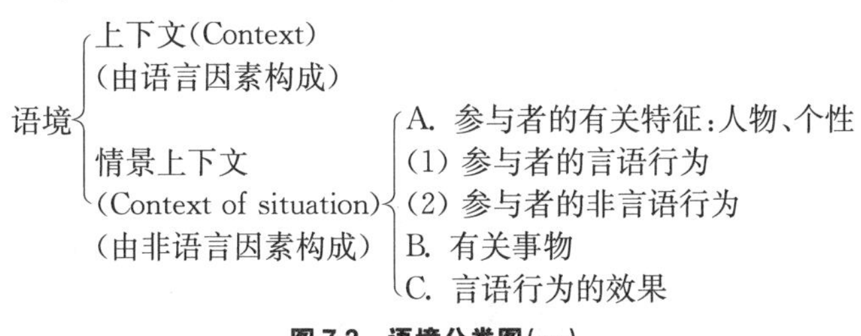

图7-3　语境分类图(一)

资料来源　索振宇编著:《语用学教程》,北京大学出版社2000年版,第19页。

韩礼德(M. A. K. Halliday)从弗思的“情境语境”得到启示,于1964年提出了“语域”(registers)这个术语,实际上就是“语境”。他把“语域”分为三个方面(见图7-4)。

① 沙夫:《语义学引论》,商务印书馆1979年版,第213页。

② 索振宇编著:《语用学教程》,北京大学出版社2000年版,第18—23页。

语域
- 话语的范围(field):即言语活动涉及的范围,如政治、文艺、科技、日常生活等。
- 话语的方式(mode):即言语活动的媒介,如口头方式、书面方式。
- 话语的风格(tenor):指交际者的地位、身份、关系等。

图 7-4　语域分类图

资料来源　索振宇编著:《语用学教程》,北京大学出版社 2000 年版,第 19 页。

在梳理以往语境理论的基础上,索振宇给语境下了这样的定义:语境是人们运用自然语言进行言语交际的言语环境。它包括三个方面:(1)上下文语境(即 Context,由语言因素构成);(2)情景语境(即 Context of situation,有副语言因素构成);(3)民族文化传统语境(见图 7-5)。

语境
- 上下文语境
  - 口语的前言后语
  - 书面语的上下文
- 情景语境
  - 时间
  - 地点
  - 话题
  - 场合
  - 交际参与者
    - 身份
    - 职业
    - 思想
    - 教养
    - 心态
  - 民族文化传统语境
    - 历史文化背景
    - 社会规范和习俗
    - 价值观

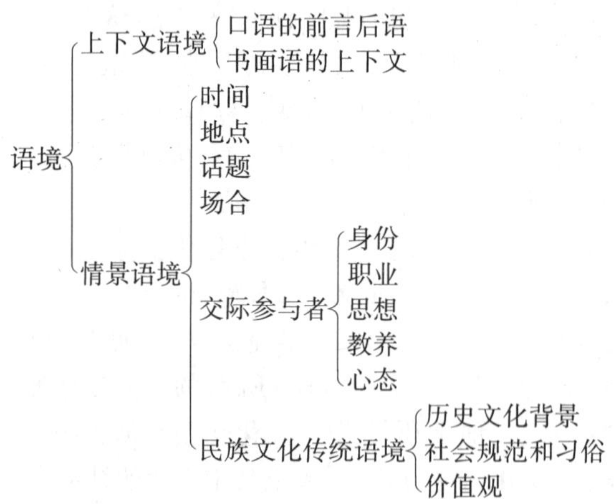

图 7-5　语境分类图(二)

资料来源　索振宇编著:《语用学教程》,北京大学出版社 2000 年版,第 23 页。

在传播学中,语境即为传播情境。传播情境是对特定的传播行为直接或间接产生影响的外部事物、条件或因素的总称,它包括具体的传播活动,例如人际传播进行的场景,即什么时间、什么地点、有无他人在场等等。例如,在以下三种情境中,"已经 10 点了"这句话表达的意义就不一样。

A. 夫妻俩一起逛夜市。妻子没戴表,不知时间早晚,便问丈夫:"现在几点了?"丈夫答:"已经 10 点了。"

B. 女儿出去办事,说好 8 点以前回家,可是到了 10 点还不见人影。这时妻子对丈夫说:"已经 10 点了。"

C. 母亲规定儿子每晚 10 点前必须睡觉。一天晚上,电视上直播的足球赛非常精彩,儿子看得兴高采烈,完全没有去睡觉的意思,这时母亲说:"已经 10 点了。"

在三种传播情境中,"已经 10 点了"表达的意义完全不同。在 A 情境中,仅仅是字面意思所表示的时间概念;在 B 情境中,它隐含了母亲的担忧;在 C 情境中,它作为一种暗示,表达了母亲的不满和提醒。

传播情境在广义上还包括传播行为的参与人所处的群体、组织、制度、规范、语言、文化等较大的环境。这一点在跨文化传播中表现得尤其明显。例如,中国人一向以关心别人为美德。"吃饭了吗?""到哪儿去?"无论问话是否出于关心,但其实际含义已失去,只是一种问候形式。而在外国人眼中，上述的问候是实际询问，他们可能理解为你要邀请他们一起吃饭，或者认为你干涉了他们的私事而觉得不高兴。大部分外国人对此的反映是："It's none of your business!（不关你的事!）"因此，在很多情况下，传播情境会形成语言符号本身所不具有的新意义，并对语言本身的意义产生制约。在人际传播活动中，要使语言传播达到理想的效果，交际者就要根据特定的语境进行准确、具体的表达，同时受传者也要根据传播情境作出正确无误的理解。

五、语言的功能和局限性

(一) 语言的功能

语言的功能是指语言在使用中所能发挥的言语作用。不同的语言具有不同的表达形式，然而它们可以具有彼此相同或者相似的功能。

语言是多维的，语言现象是复杂的。不同的学者从不同的角度出发对语言的功能作出了不同的探讨。胡壮麟在《语言学教程》里把语言的功能归纳为七种：寒暄（phatic）、指令（directive）、传达信息（informative）、提问（interrogative）、表达情感（expressive）、唤起情感（evoactive）、做事（performative）。彭泽润和李葆嘉主编的《语言理论》中认为，思维功能和交际功能是语言最重要的功能。英国语言学家纽马克（Newmark）将语言划分为六种功能：(1)信息功能（informative），指语言用来传递信息。(2)表情功能（expressive），指语言用来表达人的各种感情和态度。(3)美感功能（asethetic），指语言可以通过声音或描写景物使人们得到感官愉悦。诗歌语言中大量运用比喻、韵律、拟声等修辞手段可以起到美感的效果。(4)祈使功能（vocative），指语言用来使听者做某种事情，大多数祈使句具有这种功能。(5)酬应功能（phatic），指语言用在交际者之间建立并维持某种社交联系。(6)元语言功能（metalingual），指语言用来分析或描述一种语言。

从传播学的角度出发，语言是通过具有共同意义的声音和符号，有系统地沟通思想和感情的方法。能够思考和有系统地沟通，是人类与其他动物最大的区别。"任何一种全民通用的语言符号系统，都是抽象概括的，而人们用来传递信息、表达思想感情的话语，不管是通过口语还是书面形态表达出来，都是具体实在的，有实际内容的。惟其如此，接受的一方（即听读者）才能通过这具体的话语理解表达的一方（即说写者）所说或所写的内容。这些出现于口语或书面交际中的话语，都不是全民语言体系中的抽象符号。"①因而，语言的基本任务就是根据语言符号系统的使用规则将语言符号组合为"装载"了一定信息内容的语言形式，完成语言的传播功能。语言的功能贯穿于人际传播的始终，体现在以下几个方面：

1. 认知功能

所谓认知功能，又称为指称功能，指的是语言符号本身是对客观事物或概念的指称，

① 刘焕辉：《言语交际学》，江西教育出版社1988年版，第283—284页。

反映了说话者是怎样认识世界上事物的现状的，或者说用来表达人们对“事态”的理解、推测和信念。认知是人类的一种高级心理活动。思维能力和知识背景在认知活动中起着非常重要的作用。由于人类的绝大部分知识都积淀于语言之中，因而语言对认知有着非常重要的作用。

语言的认知功能在一定程度上决定了人们的认知方式。语言是文化的反映，各个民族的语言都存储着本民族古往今来的主要文化，导致人们思维方式的不同。东西方人对事物的认知存在很大的差异，原因之一就是东西方人不同的语言文化导致了思维方式的不同。

语言的认知功能是基于语言的内容而言的。例如，“随着高校扩招的持续进行，高校毕业生就业已经开始面临严重的问题”，这句话就表达了说话者对于高校扩招以及引发的结果的认知；“天空出现了彩虹，看来要天晴了”，这句话反映了说话者对于天气变化的推测；“我们坚信我们的未来会更加美好”，这句话表明了说话人对于美好未来的信念。语言符号是用来指示、标明和定义思想、感情、事物经验，以便和他人分享的。大多数的话语都隐含或明确了我们对于所处环境或整个世界的各种信念、见解或概念。因此，表达思想，即表达我们对外部世界的认知，是言语行为的主要功能。

当我们遇到语言认知的困难，也就是有些现象或思想没有相应的语言来表达时，我们会发现人们之间的传播活动将很难进行。我们可能不去讨论那个现象，或我们用很多的语言予以说明之后再进行讨论。例如，长久以来一些女人饱受不当行为之苦，但是人们没有语言去表达这些行为，因而人们之间的讨论也非常困难。直到最近的15—20年间，我们才将这样的行为称为“性骚扰”。正如一位研究性别的美国学者所指出的：“因为没有名词定义，性骚扰是看不见或不明显的，使它难于确认、思考或禁止。”

2. 情感功能

语言不仅能表达对外界事物的认知，而且能表明对事物的态度和情感，这就是语言的情感功能。语言能够调节情绪，传递感情。在面对面的人际传播中，语言具有传达说话者的心理状态和感情态度的表态功能，即情感功能。正是借助这种功能，说话者通过语言透露自己的忧愁、欢乐、痛苦、恐惧、愿望、个性等自身信息。我们把说话者的感情状态同他说的内容联系起来之后，就可以弄清楚他为什么愤怒、悲哀或高兴，从而真正领会其语言行为的意图。

语言的感情功能是语言最有用的功能之一，因为它能改变交谈的氛围，影响听话者。在赞成某人某物或反对某人某物而需要改变听者的感情时，它是很关键的。当你结识一个新朋友时，一句“我很高兴认识你”，不仅表明了你对彼此之间已经认识这样一种指称意义，而且表明了你对彼此认识这件事的积极态度，这种态度也会感染听话者，有利于双方的进一步交往。当你去某个单位找某人的时候，如果他的同事告诉你，“某某出差了”，就只说明了客观情况，不带任何感情关系，你也许会觉得这样的回答太冷冰冰；如果这人告诉你，“唉，真不巧，刚好碰上他出去了”，那么你尽管觉得遗憾，但答话者的同情心毕竟把这种遗憾给驱散了。当一个人情绪特别激动时，只要别人对他说几声“冷静”或是“别紧张”，激动程度就会明显降低。当一个人处于恐惧之中时，几句壮胆的话往往就能降低恐惧程度。格言警句能催人上进，给人奋发向上的力量，坚定人们不懈进取的意志。

情感功能还经常能够完全个人化而不需加入任何与他人的交流，从而调节自己的情绪。比如，一个人在非常沮丧、愤怒、悲痛等不良心态中时，高喊或哭诉一通，会使感情得到宣泄，缓解这些不良情绪。一个男人被锤子砸了手指后大叫“哎哟”，或者当他知道自己忘记了约会后喃咕咒骂，“天哪，我的妈呀，好哇”等这一类的惊叹词常常不具有同他者交际的目的，但对于人的自我感受来说，却是一种很重要的言语反应。

3. 施为功能

这个概念来自奥斯汀（Austin）和塞尔（Searle）关于语言的哲学研究，在《怎样用词做事》中，他们认为说话可以被看成做事，做事有三层含义。①

首先，说话时人们要移动发音器官，发出按照一定方式组织起来，并被赋予了一定意义的声音。例如，当一个人说“Morning”时，我们问：“他做了什么？”那么他发出了这个音。

其次，奥斯汀认为在发话行为中还有一种行为：“在实施发话行为的时候，我们同时也在实施另一种行为，例如，提出或回答问题，提供信息、保证或警告，宣告裁定或意图，公布判决或任命，提出申诉或批评，作出辨认或描述，等等。”②例如，当有人说“Morning”时，如果一个人问“他做了什么”，我们完全可以问答：“他表示了问候。”换句话说，我们说话时，不只是说出一些具有一定意义的语言单位，而且说明我们的说话目的，我们希望怎样被理解，也就是奥斯汀说的具有一定的语力（force）。在上面的例子中，我们可以说“Morning”有问候的语力，或者说，它应该被理解为问候。这是说话可以看成做事的第二种意义，这种行为叫做行事行为。

再次，说话可以看成做事的第三种意义，涉及话语对听话人产生的效果。通过告诉听话人某事情，说话人可以改变听话人对某件事的观点，或者误导他，让他惊奇，诱导他做某事，等等。不管这些效果是否符合说话人的本意，它们都可以看作说话人行为的一部分。这种行为，叫做取效行为（perlocutionary act）。例加，说“Morning”的时候，说话人表示他想和听话人保持友好的关系。这种友好的表示无疑会对听话人产生一定的影响。如果对话双方的关系很正常，效果可能不太明显。但如果两人的关系有些紧张，一方说出一个简单的“Morning”，就可能使他们的关系发生很大的变化。听话人可能会接受他这种友好的表示，和他重归于好。如果是这样，回答“他做什么”时，我们就可以说：“他和朋友重修旧好了。”也可能，听话人对说话人有偏见，把他的友好表示看成是虚伪，一句问候语反而使两人的关系更加恶化。虽然这并非说话人所愿，但这的确是他的取效行为。取效行为和行事行为（illocutionary act）不同，前者与说话人的意图有关，而后者与此无关。

由此可见，语言具有施为功能，也称为行事性功能，即语言能够通过调节人的心理而对人的行为产生影响。这一点在调节儿童行为方面的力量十分巨大。例如，小孩子走近火时，大人说：“烧！烧！”他就会自动避开火。后来再看到火时，自己也就会说：“烧！烧！”他并自动避开火。语言对成人的施为功能主要是为了改变人物的社会地位，例如在婚礼、判刑、为孩子祈福、首航仪式上对船的命名、诅咒敌人等行为。这些行为中使用的话言是非常正式的，有时甚至成为一种礼节。行事性功能可以延伸到在特殊的或宗教的场合中

① 胡壮麟主编：《语言学教程》，北京大学出版社 2002 年版，第 195—196 页。

② J. 奥斯汀：《怎样用语言做事》，哈佛大学出版社 1962 年版，第 98—99 页。

对于事件的支配。如汉语中，当有人打破碗或者盘子时，主人或在场者很可能会说“岁岁平安”(每年都平安、幸福)，以此作为支配的一种力量，他们相信这也许能影响他们的生活。在日常的人际传播中，如教师要求学生认真上课，家长要求孩子早睡早起，以及公共场所的“请勿吸烟”、“请爱护花草”的话语，都是具有施为功能的语言形式，它们体现了对于受传者的一种支配和控制作用。同时，法律、规章制度、批评警告等对人的行为具有极大的约束力；誓言、表扬等对人的鼓励作用也不言自明。

4. 交际功能

交际功能是语言最重要的社会功能之一。社会能够成立和维持的基本条件之一，就是需要有各种交际工具来使社会成员相互沟通、彼此协调。《圣经》旧约“创世纪”中记载着这样一件事：诺亚领着他的后代乘着方舟来到示拿，居住在这块平原上，他的子孙打算造一座上通天庭的通天塔以扬名显威。上帝知道后深为不悦，他并非直接阻止他们造塔，而是搅乱他们的语言，使他们彼此语言不能统一，结果由于缺乏共同语言，无法协作配合，通天塔始终未能建成。这一记载虽属神话，但却道出了语言在人类交际中的重要功能。

人际沟通的手段很多，有听觉的，如音乐、汽车喇叭、铃声、号角、哨声等；有视觉的，如文字、图画、舞蹈、手语、交通指示灯、古代的烽火、徽标等；还有触觉的，如盲文、身体语言等。在众多的沟通手段中，语言是最重要的一种。和其他沟通手段相比，语言负载的信息最多，适用的交际领域最广，使用起来也最为方便(除非具有生理缺陷)。

在人际传播活动中，人们总是使用语言去和他人建立接触和保持接触，这就是语言的交际功能。马林诺夫斯基(Malinowski)对特洛布莱地(Trobriand)岛上居民的语言功能进行研究，指出语言具有社会交互性。

人们要进行信息交流，总是要先建立接触。引起听话者的注意并使他们明白，我们想与之谈话的正是他而不是别人，这就是建立接触。像“喂，老王”、“打扰您一下，先生”，这种呼唤性的话语形式就是为了建立起面对面的接触。有关键康或天气话题的礼节往来，例如早上好、上帝保佑你、晴朗的一天等等，它们表达的情况往往显而易见，但是人们通常会用这些短小而看起来又无意义的表达去维持人们之间和谐的关系，它们表明交流应该在被需要的时候才开放。

在言语行为中，参与双方不仅要建立接触，而且必须保持接触以保证信息交流的畅通无阻。我们在交谈过程中，不时使用“你听清楚了吗”、“你是否明白了我的意思”等之类的话，就是为了保持接触。接触不只是外在的，还有心理上的接触。我们必须与听话者保持和谐关系，使他有兴趣交流，使谈话能进行下去。我们常常用谈论天气、含蓄问好、夸奖几句或鼓励一番等无关紧要的话题来缩短心理距离，以保证交谈的顺利进行。这种建立接触和保持接触的功能有时又称为应酬功能。

5. 界定功能

要保证信息交流顺畅进行，参与双方必须遵守使用同一套语言符号的规则。界说就是规定语言运用的规则，使说话者按照这个规定运用语言，同时听话者也按照这个规定理解语言，以便交谈能够进行下去。在争论或辩论中，我们对于所争辩的命题或核心概念往往要先解释一番，然后展开论争；在科学著作中，著者对自己所使用的术语也要加以“定义”，然后根据定义展开理论的演绎。这就是语言的界说功能或者说是语言的元语言功能。①

语言的这一功能表明语言具有自身反射的特质，我们可以讨论我们如何组成语句，是否用较好的文字组合来形成较明确的语句，以便更好地进行人际沟通和传播。例如，有人听到张三使用的语言界说得不准确时，可能说：“张三，你滥用‘贪婪而好色’的语词，并未能正确地形容那个人。”

6. 审美功能

人类是追求美、创造美的动物，这一点也体现在语言运用中。在人际传播中，人们不仅用语言传递信息、表明态度，还总是将自己的审美追求倾注于语言当中，力求语言之美。例如押韵、平仄所表现出来的声律美，排比、反复等所表现出来的形式美，歇后语、反语等所表现出来的谐趣美，都是汉族人民利用汉语的特点所创造的一些语言美学范畴。莎士比亚的作品中的语言是非常美的，像诗一样，莎士比亚也因此而被称为诗人。

中国的书画是语言审美功能的另一种表现。为了追求汉字的字形之美，古人们创造了很多种书画体，或刚劲有力，或婉约阴柔；或字形沉稳，或飘逸洒脱……在传递信息的同时，人们还获得了无限的美的享受。

7. 文化功能

文化是人类创造的物质财富和精神财富的总和。语言作为古代文化的“活化石”，本身就是一种特殊的文化。同时，语言又是历史文化的记录者和传承者。

人们利用语言进行交流和传播，总是将自己所发现和创造的一切都融入到语言之中。正因为如此，语言成了文化的传播者和记录者。通过语言，人们能了解发生在远古时代的事情；通过语言，异域的文化得到交流。语言使文化在横向交流和纵向嗣继中得到发展。

语言对文化的记录和传播，不仅通过语言作品，而且通过语言本身。通过语言的发展，人们常常发现历史的遗迹。例如，早在甲骨文时期，汉语就有“象”这个词，而且传说中舜的弟弟也叫“象”。这说明早在商代我们的祖先就知道了“象”这种动物。如果考虑到“为”（古字形是“以手牵象”，可见本义与驯服、使役大象有关）和河南的简称“豫”（大象），就会使人们相信起码在商代中原一带是有大象的，而且人们也可以使役大象。河南登封地下出土的象牙化石和甲骨文中田猎捕获大象的记录，证明了上古词语所保留的文化信息。②

总而言之，我们用语言来创造、维持和改变我们的环境。维特根斯坦说过：“语言的界限也是世界的界限。”无论何种文化，我们每个人都有一个由语言营造出的个人世界，这就是语言的力量。

---

① 董天策：《传播学导论》，四川大学出版社1995年版，第148页。

② 李宇明等编著：《理论语言学教程》，华中师范大学出版社1997年版，第13页。

(二) 语言的局限性

语言具有伟大的力量，没有语言，人类就无法思维，无法正常沟通。然而，语言不是万能的，语言也具有局限性，语言的局限性可能导致人们的误用，从而影响人们的沟通。语言的局限性主要表现在以下几个方面：

1. 语言是静态的，实际是动态的

世间的万事万物无不处于运动之中，即使是一张看来很结实的木桌实际上也正在腐烂和氧化，几十年后，它可能就不复是桌子，而是一捆木柴或木屑了。现代生物学也同样证实了这种恒变。毛毛虫变成了蝴蝶，硬壳蟹最终挣脱了硬壳而成了软壳蟹，因为只有这样才能长得更大一些。进化论证明，即使生物的种类也不是永恒的、截然可分的，而是随时在变化、发展的。唐代诗人卢照邻曾经感叹世间万物的变化，写下了如下诗句："事物风光不相待，桑田碧海须臾改。昔时金阶白玉堂，即今唯见青松在。"古希腊哲学家赫拉克利特的名言也对此作出了精辟的说明："你不能两次踏入同一条河流；因为新的水不断地流过你的身旁。"

总之，实际是一个运动过程，我们周围的世界是日新月异的；然而用以表述它的语言却是凝固的、静态的，至少在一定周期内是如此。以一天的周期来说，太阳分分秒秒都在运行，它在天空中的位置时时刻刻都在变化。然而我们用以描述这个变化运动的单词，主要只有两个——昼与夜。每一个观赏过日落、试图准确地说出何时转入夜晚的人，都能明白仅用这两个单词去准确地表现实际是十分困难的。尽管人们又创造了另外一些字眼来帮助处理这个难题：曙光、薄暮、黎明，但是对于一个始终在变化的运动过程来说，仍显得少得可怜。又如，地、人也都在变，然而我们用以表述他们的词(名称)却依然如故。这种依然如故往往使我们忽视了实际在不断变化的事实。可能有人做了二十年的美梦，想在退休之后回到他年轻时期的那个"快乐谷"，待到他去时却发现那儿已成了一个闹市。再如，二十多岁的毛泽东是一个血气方刚的青年，有着无限的革命热情，但是五十多岁的毛泽东则已经经历了革命的大风大浪，无论外貌举止还是内心思想都已发生变化，但是指称他的还是同一个名字。这样的传播必然会有偏颇。语言的静止性和事物的运动性的矛盾是客观存在的，因此，我们就不能忽略语言的局限性，盲目依赖语言的表现力。普通语义学家们提出可用"指数"、"日期"、"连号"等来解决这类问题，如写成学生$_1$，学生$_2$，马克思1844或马克思1860等来表示。

2. 语言是有限的，实际是无限的

世界上的事物有无限的多样性，例如人的外貌有无数个特征，人有数不清的个人关系，事物的运动有无数的状态……而语言是有限的。汉语中，收字最多的新编《汉语大字典》收字六万五千多个，而常用汉字一般不超过《新华字典》所收的一万一千字。英语也只有五十万至六十万个单词，常用的就更少。然而，它们要表述的却是几百万种不同的事实、经验与

关系。我们能用语言将它们一一描述清楚吗？显然是不行的，这样的例子不难举出。

在一堆同类的事物中区分其中的一个并用语言描述，例如苹果，如果不是这个苹果幸而具备什么明显特征的话，这是非常困难的。这说明实际中区分什么，要比用文字来描述还容易一些。描写人的外貌也有同样的困难。在申诉案情时，往往需要对某个人加以准确的描述，让别人也能认出他来。许多人觉得很困难，既因为他们未曾细心观察，也因为用以描述人的词汇实在有限。描写某种持续不断的运动也很难，比如拉小提琴、骑自行车。不少人感到用语言来表述这些很难，所以往往要用动作示范来教别人。就像拿吉他的准确姿势这样一个简单的问题，要用语言来表达简直就是不可能的，一般初学教材都用图像来使人弄明白。至于说到吉他能弹出什么声音才算对头那就更难以言传了，有的作者为此发明出“蓬切卡、蓬切卡”这类字眼来，但是，这也只不过是一种近似的声音罢了。由此看来，要想准确无误、恰如其分地表达意思，要想丝丝入扣、毫厘不差地反映事物简直是异想天开。所谓“只可意会，不可言传”，正是说明了这点。

由于语言本身的限制，普通语义学家们强调指出，你永远也无法说出事物的全貌。他们建议你采用这样一个方法：在叙述结尾上加一个“等等”（如果你不把它写出来或说出来，至少也要这么想）。普通语义学派把他们的刊物定名为《等等》，就是为了强调这一点。

3. 语言是抽绎的，而实际是具体的

所有语言都是对事物的抽绎。在抽绎的过程中，总会有所选择有所舍弃。事实上，抽绎是语言的最有用的特性之一。如果没有抽绎的语言，那么简单的事情都要唠叨半天，并且未必能说清楚。它让我们可以归类问题，从而具有概括的能力。

所有文字都包含某种抽绎，或者舍弃了某种细节，然而其抽绎程度有高低之分。语言愈是抽绎，它与实际的依存关系就愈是间接。早川一荣设计了一个很有用的图解以表明文字抽绎的不同程度。他的图解名为“抽绎阶梯”，它基于柯日布斯基所提出的名为“不同结构”的概念（见图 7-6）。

8. 运输工具
7. 陆运工具
6. 机动车
5. 轿车
4. 大众牌轿车
3. “老黑”或“詹姆斯·坦卡德的大众牌轿车”

文字水平
非文字水平
2. 客体水平线　我们能够看到、摸到的停在停车处的 1964 年出产的黑色大众牌轿车
1. 分解水平线　作为原子运动过程中的轿车

图 7-6　抽象阶梯

资料来源　沃纳丁·赛弗林等：《传播学的起源、方法与应用》，福建人民出版社 1985 年版，第 58 页。

从第一水平线到第八水平线，抽绎的程度不断增强。在每一层线上，我们都舍弃了更

多的细节。到第八层时,“运输工具”已是一个相当抽绎的词了。它不仅包括了汽车,还有轮船、飞机等都属于此列。这就是那些十分抽绎的文字的一种特性。它们不会使人清晰地联想起实际的事物,它们在人们心目中有着各种不同的含义。

[研读专栏]

语言对性别身份的建构及其成因探析①

语言与性别之间的关系是人文科学家们感兴趣的话题,同时也是社会语言学研究中一项不可或缺的重要内容,并且一直以来都是国内外学者研究的热点话题。早在 20 世纪 20 年代,语言学家叶斯珀森等就先后提出语言运用中存在性别差异现象;70 年代著名的语言学家拉科夫等在研究中也探讨过语言和性别的关系;到了 80 年代,性别语言研究的层次和范围不断深入和扩大,进入 90 年代后,国外的语言与性别研究开始从本质论视角转向建构论视角,从而使语言与性别研究成功转向新的方向,即对交际活动中人们运用语言和行为来标记个人性别身份、塑造个人形象的过程进行动态研究。然而纵观我国对语言与性别的研究,虽然成果丰硕,但大多还只处于支配论和差异论时期,即集中于对语音、词汇、语法方面的性别歧视和差异进行静态研究,而很少结合其他社会变量对语言中的性别身份现象进行动态的观察和描写。本文拟从建构论视角就语言对性别身份的建构进行动态研究。

一、 建构论及其性别身份观

建构论是 20 世纪 90 年代语言学家提出的新学说,建构论者竭力反对传统的两元论,即把男女两性截然对立;同时也批判本质主义的身份静态观,即认为人类自身存在永恒的本质特征,人没有选择或建构自己身份的自由。显然,无论是两元论,还是本质主义,都无法解释在社会实践中不断变化的性别身份问题。由此可见,我们必须从建构论视角对性别身份进行客观的动态解释。建构论认为性别不是一个静止不变的因素。相反他们认为性别身份是人们在参与实践活动中建构而成的,因此性别是可以变换的。用埃克特(Eckert)等人的话说,性别身份不是固定的,也不是事先存在的,它是一个动态动词而不是一个静态名词。她们提醒研究者们应当从实际出发,着眼于语言与性别的微观研究,重点剖析特定实践群体中人们的语言行为,同时应当考虑性别与阶层、种族、年龄等因素的相互作用。这种新的研究视角可解决以前无法解决的问题。

作为建构论者代表的卞梅伦(Cameron)(1996:45),就批判以往的性别研究把性别视为事先存在的、不变的因素。她认为是人们所从事的社会实践活动造就了人的性别身份特征,而不是相反。人们的语言行为模式产生于其惯常性的实践活动。人在其一生中要不断地进入新的社团,参与新的实践活动,他(她)必须不断地通过调整自己的语言,来适应其所属社团的规约,从而形成自己的性别特征。另一方面,他(她)也可以拒绝接受和执

① 何建菊、章晋新:《语言对性别身份的建构及其成因探析》,《求索》2012 年第 2 期,第 123—124、216 页。

行那些相关社团的规约,以示对现行性别身份的不满。建构论者强调,如果某个人讲话像男人或女人,那不是因为他(她)是男人或女人才那样讲话,即那并不是因为他(她)是男人或女人的必然结果,而是他(她)成为男人或女人的一种方式,是其建构男人或女人身份的具体表现。

从建构论的上述观点不难看出,性别不再被看成是固定的、静态的概念,因此我们应当考虑性别的社会化过程。性别的社会化是指性别在社会实践中的建构。语言作为社会化的重要工具,在性别身份建构中发挥着重要作用。在自然人变为社会人的过程中,个体必须借助语言工具才能获取社会经验。个体作为性别身份建构活动的实践者,无论是在习得人类生活的基本知识和劳动技能,还是在获得自身的人生目标和价值观,他们都不能离开语言。个体在一切社会化阶段中,包括从童年期到学校、到社会直到成年后的社会化过程,都不能没有语言。性别角色社会化当然更离不开语言①

二、语言对性别身份的建构过程

人在社会实践活动中的一切行为都是通过对语言中的语音、词汇、句法和语用等层面进行选择才得以实现的,该选择过程的实现就构成了性别社会化的基础(韩礼德,1994)。

(一) 语音层面

男性和女性在语音方面具有很多不同点。首先是音调,女性的音调高于男性,但男性的音域宽于女性;其次是语速,女性的语速一般快于男性,而男性言语中停顿的次数多于女性,并且男性使用强音的频率比女性高,男性发音的"元气"也比女性足;再次是发音方式,女性语言一般倾向于使用标准语音,而男性语言则正好相反;最后是语调,女性语调的高低起伏较男性明显,这是女性语言在语音方面较明显的特点之一。在语言交际活动中,女性更多地使用升调,甚至在陈述句或祈使句中也会用升调来缓和语气,以体现女性的柔情和温顺。这些差异都是由于生理方面的差异而造成的。事实上,造成男女在语言上的差异的更重要的因素是社会因素。人们习惯性地认为,女性说话应轻声细语,不能高声大叫。比如,女孩在公开场合高声大叫,就会被认为是"没有女孩样子";而如果男孩在公开场合不敢讲话,则会被认为是"缺乏男子汉气概"②。受到这种传统观念的影响,即使"元气"较足的女性也不得不有意识地控制自己的音量,以便使自己的形象与社会期望一致,从而获得较好的社会评价。显然,生理上的差异只是男女语音差别的物质条件,是否有效地利用这些条件,则由社会心理因素来决定。

(二) 词汇层面

词汇作为语言要素中最活跃的因素,存在着明显的性别差异。男女在词汇选择上的差异在很大程度上是受社会心理因素制约的。社会刻板印象认为,女性必须要注意自己

---

① 王德春等:《社会心理语言学》,上海外语教育出版社1995年版,第31页。

② George Lakoff, Hedges: A Study in Meaning Criteria and the Logic of Fuzzy Concepts, *Journal of Philosophical Logic* 2(1973).

的言谈举止,必须使用符合女性气质的文雅语言,否则将被视为不成体统、没有教养。拉科夫(1975)在其《语言与妇女位置》一书中,列举了一些具有典型女性特征的词汇,现归纳如下:(1)礼貌词与赞美词。为了顺利完成交际,避免让对方受到伤害,女性经常使用一些礼貌词如"谢谢"、"拜托"、"抱歉"等。同时,在跨性别交际中,超过一半的赞美词也是被女性所专用。(2)委婉词。叶斯珀森早在20世纪20年代就指出女性总是本能地回避粗俗污秽的语言,而喜好使用委婉雅致的表达。英语中的脏话和粗话多为男性所使用,借以表达他们的男人气概。而女性即使在情绪激动时也很少说脏话和粗话。(3)颜色词。从美学角度看,女性对外在美的追求较男性强烈,尤其对时下流行的样式、花色、颜色等的变化非常敏感,她们的颜色识别能力和色彩感受能力强于男性。因此,她们比男性更擅长用精确的颜色词进行色彩描绘。(4)情感词。女性比男性更善于使用语言的表现手段和描绘手段,女性经常使用带有浓厚感情色彩的词,而这些词男性却很少使用。(5)昵称词。在称呼与自己关系亲近的人时,女性常使用一些昵称、亲密词,比如 dear, darling, honey 等。(6)闪避词。菲什曼(Fishman)曾在一项录音调查中发现在一段两分钟的录音文字中,女性五次用到了"you know",而"I think"、"maybe"等之类的闪避词在女性的言语活动中也以较高的频率出现。

(三) 句法层面

在句法选择上,女性与男性之间存在着一定的差异,这些差异同样可以表征说话人的性别。(1)陈述句。与男性相比,女性更喜欢用简短的陈述句,使表达更为简洁而有力,从而使句子充满感染力。(2)疑问句。和男性相比,女性更喜欢用一种试探性的句式像附加疑问句或反意请求句来表达自己的想法①,这是因为该类句式可以减弱肯定的语气。同时也正因如此,大多数女性把使用这样的句式作为确保谈话继续的一种有效手段,而对于大多数男性来说,使用这样的句式似乎只是为了获取信息而已。(3)感叹句。与男性相比,女性更喜欢赞美事物,喜欢抒情,发表感叹之言。同时,女性又天性多愁善感、感情外露,因此女性自然就比男性更多地使用感叹句。(4)祈使句。女性一向比较注意回避那些让她们感到尴尬的内容,即便那样,她们也会用委婉的方式含蓄地表达出来。因此女性喜好使用委婉、礼貌的祈使句去建议别人做某事,而很少使用直接的、生硬的祈使句来发出命令。

(四) 语用层面

在交际活动中,女性与男性在话语模式、会话原则和会话内容上存在着差异。具体如下:(1)话语模式。不同的话语模式,体现了不同性别的谈话方式。女性在谈话中常注意给对方提供说话的机会,但在非正式场合比如在家庭中,她们表现出积极主动;相反男性在谈话中则喜好抢占主导地位和以权威者的身份向对方讲话,而且控制着整个谈话的进行,同时还表现出对自己所讲的内容很懂、很在行,但在非正式场合中,他们则表现出沉默寡言。(2)会话原则。女性在会话中遵循合作原则,为了在谈话中形成一种互动式的交流

① George Lakeoff, Hedges: A Study in Meaning Criteria and the Logic of Fuzzy Concepts, *Journal of Philosophical Logic 2*, (1973).

和营造一种融洽的人际氛围，她们比较注重交际双方之间的关系，在发表意见和看法时往往会考虑对方的反应，同时她们在谈话中也总是采用支持性和鼓励性的语言，更多地表示赞同、表扬，而不是反对、批评，以便寻求与对方的一致性关系，从而推动谈话向前发展；相反男性在会话中遵循的是竞争原则，他们在谈话中总是想方设法地去争取话轮机会，还经常不断地打断对方与对方进行争论，从而达到控制发言权和话题走向的目的。(3)会话内容。由于社会对男女的期望不同，女性和男性的会话内容也有很大差异。女性的话题常围绕个人、生活琐事及邻里家常展开，她们比较注重感情交流，内容多涉及婚姻、子女、服饰、人与人的关系等；而男性的会话内容则较少涉及自我并极力避免流露自己感情脆弱的一面，一般比较重视报告新信息，交流新情况，以及提出对某一问题的具体解决办法等，内容多涉及政治、时事、经济、体育等。

三、语言建构不同性别身份的社会成因探析

语言的性别差异是男性和女性把语言作为一种社会象征而采取不同态度的结果，是在各种社会压力、文化传统的期望下所作的适合自己性别身份的一种选择(申小龙，1992)。社会语言学进行的语言调查表明，社会声望影响了一个社会及其内部不同文化集团的价值观。但是，造成语言中性别差异的原因是多方面的，远不止社会声望这一方面。拉科夫就曾认为男女之间的语言差异是各种社会原因引起的。具体如下：

(一) 社会角色因素

男女不同的社会角色造就了不同的性别原型。性别原型是社会对两性适切行为的一种期望，是人们对男女两性在实践中的行为模式的较为固定的认识(吕鸿礼，2004)。这种相对固定的性别认识，存在于人们的观念之中，构成了强大的社会压力，使人自觉地或被迫地规范自己的行为，并朝着既定的性别原型靠拢。如男性常会通过控制发言权来维护其性别原型，即权威与强势形象。相反如果女性在会话中使用与男性相同的语言，表现出如男性一样的权威与强势，则会被认为缺乏女人味。当然，这种固定的性别认识或期望是随时代的发展而变化的，因此不同时期男女的性别原型是有差异的，比如在中国古代“女子无才便是德”是对女性性别原型的高度概括。然而，随着女性社会地位的提高，许多女性都希望改变男性主导社会的现实，因此在现代社会女性性别原型发生了很大改变，她们开始追求男性化的谈话模式。但总体而言，男性的性别原型比较倾向于刚强、直率、主动，而女性则比较倾向于温柔、含蓄、文静。这些反映在语言上表现为人们自主地选用符合自己性别特点的语言，形成与自己性别相适应的行为举止和交际方式。

(二) 文化因素

性别语言差异的关键，源于特定的社会文化对性别话语的影响与制约。麦奥兹和博克尔(1982)认为男女分属于不同的社会亚文化群，不同的亚文化会产生不同的语言。性别的差异是一种文化的差异，由性别差异而引起的亚文化差异是性别语言差异形成的前提，而交际行为的差异可造成两性在语言各方面的选择不同。与此同时，社会心理学研究

也表明：性别社会化过程不是单个人的具体经历，而是受集体文化和社会文化影响的。男孩女孩在童年和少年时期，与自己的同性伙伴玩耍时学到了不同的交往和行为模式，而这些行为模式和观念又都是在整个社会文化潜移默化的影响下形成的，因而必然带有文化环境色彩。另外，文化人类学研究也发现，在所有文化背景下，男女两性都从来没有平等过，大多数文化均赋予男性以较高的社会地位和社会价值，正因如此语言中的性别差异普遍存在。

(三) 心理因素

男性与女性之间的语言差异是客观存在的。首先男性与女性的生理结构不同，视野范围、关注对象及承受的压力等均不相同，导致心理不可能完全相同，因而男女在语言使用上也显示出不同的气质。一般说来，男性说话比较直率，追求一种阳刚之气，而女性说话更讲究含蓄，追求一种娇美气质。因此女性在语音上追求标准、规范，在语调上要求具有浓厚的情感色彩，在词汇的选择上注意讲究优美、雅致，在句式上选择使用稳重、婉转的表达方式，在话语内容上选择能够加强感情交流的邻里家常话题。另外，心理学研究也表明男性和女性的心理机制不尽相同。王德春在其书中就列举了多种与男女言语差异有关的性差心理，比如女性情感的稳定性优于男性；女性的果断性、坚持性不及男性；男性的兴趣比女性广泛；男性的性格偏向于意志型、独立型，女性性格倾向于情绪型、顺从型；男性擅长数学推理，女性擅长语言推理；男性的支配欲强于女性；男性的成就动机感高于女性(王菊娥，2006)。这些性差心理在具体的言语实践中就会影响到性别话语交际的内容、意图及方式等等。结构化的社会为男女做了不同的社会分工，赋予了他们不同的社会角色，因而也就有了不同的语言规范。同时，社会在发展变化，价值观也在随之发生变化。随着社会发展步伐的加快，高等教育的普及，特别是就业制度的改变，女性如男性一样需要参与社会竞争，这使得女性话语风格日趋男性化：自信、独立、自强，这为建构新环境下的新的女性性别身份创造了条件。总之，语言与性别的关系并非那么简单，男女必须根据不同的场合恰当地调整自己的语言行为，建构适合自己的性别身份，以适应各自所属社会文化集团的要求和期望。

研读小结

建构论的核心观点是性别不是事先存在的，也不是固定不变的，而是在社会实践和交际活动中建构的。文章从语言中的语音、词汇、句法和语用四个方面入手揭示语言对性别身份的建构过程，同时还对其社会成因进行了分析，有助于理解语言与性别之间的关系。首先在语音层面，男性和女性在音调、语速、发音方式和语调上均存在较大的差异：男性和女性在词汇的选择上很大程度上受到社会心理因素的制约；男性和女性在句法的选择上也存在着一定的差异。此外，在交际活动中，男性和女性在话语模式、会话原则和会话内容上存在较大差异性。造成男女之间语言差异主要是由各种社会原因引起的，其中包括：男女不同的社会角色造就了不同的性别原型；特定社会文化对性别话语的影响与制约；男性与女性之间的心理差异。

第二节　口语语言概述

一、口语语言的概念

口语，也叫口头语，顾名思义就是口头上交际使用的语言。《现代汉语词典》对口语的解释为“谈话时使用的语言（区别于‘书面语’）”。口语语言是相对于书面语言而言的。口语是语言的初始形式，是人类为满足表达和交际需要而产生的；书面语是在口语的基础上产生和发展起来的，它从口语中不断吸取养分，而且自始至终受到口语的制约。因此，口语是语言的第一种客观存在形式，书面语是语言的第二种客观存在形式。口语是第一性的，一种语言可以没有书面语，但是不可能没有口语，事实上在世界几千种语言中，只有少数语言拥有书面语。口语和书面语是语言的两种表现形态，口语以语音为载体，书面语以文字为载体，口语语句简短、通俗自然，书面语用词精审、结构严谨。口语与书面语的区别主要表现在以下几点。

（一）口语是说出来的语言，书面语是写出来的语言

口语是口说耳听、借助声音传递信息的交际语言；而书面语则是手写眼看、借助文字传递信息的交际语言。

因此，口语对外部语言环境有较大较多的依赖性，如依赖交际本身的现实时间、空间、对象等背景，利用表达者的语调、手势、表情等手段。表达者还可以随时根据受话人的反应来调整自己的言语，或者根据受话人的要求作出必要的解释，从而使口语表现出较强的现场适切性。①

（二）口语随和亲切，书面语文雅严谨

口语是我们平时讲话聊天时所使用的语言，一般情况下，比较随和、通俗，因而也不及书面语严谨。口语中短句较多、省略成分多、自然停顿多，书面语则更讲究遣词造句的规范，更加严谨逻辑性强。

（三）口语使用语言符号一套符号，书面语同时使用语言符号和文字符号两套符号

口语语言是靠声音进行传播的语言，因此要受到时间和空间的限制，传者和受者是处于同一时间、同一地点，具有双向性、动态性等特征。虽然随着录音机、电话机的出现，口

① 李军华：《口才学》，华中科技大学出版社2003年版，第1—2页。

语交流不需面对面进行，但是口语的局限性仍然存在。书面语是口语的记录形式，这种记录不仅仅是记录语义，而是同时把语音和语义一起记录下来。二者的图解如下：

<table>
<tr><td colspan="2">语言
（口语的符号系统）</td><td></td><td colspan="3">文字
（书面语的外层符号系统）</td></tr>
<tr><td>能指
|
语音</td><td>所指
|
语义</td><td></td><td rowspan="2">能指
|
字形</td><td colspan="2">所指
|
语言
（书面语的里层符号系统）</td></tr>
<tr><td></td><td></td><td></td><td>能指
|
语音</td><td>所指
|
语义</td></tr>
</table>

图 7-7　口语和书面语的符号系统

资料来源　何伟渔：《论口语与书面语的差异》，《上海师范大学学报（哲学社会科学版）》1990 年第 4 期，第 117—123 页。

二、口语语言的特点

（一）有声性

口语是依靠口说耳听进行交际的语言，以声音作为其传播的载体。而口语在传播中，不仅通过语音来表达语义，还通过语调的高低、语音的轻重、语气的变化、语速的快慢等来表达感情。同样的语句通过不同的语气表达出来，往往具有不同的意义。例如下面这个例子：

A：你没有考上。

B：我没有？

A：你没有。

C：你没有考上？

B：我没有。

C：你没有！

在这段对话中，A 使用的陈述语气，客观地传达出 B 没有考上的事实，而 B“我没有？”使用疑问的语气，反映出他对没有考上这个事实的疑问和不确定，而 C 表达出的“你没有！”这一强烈的感叹语气则反映出 C 的震惊。

（二）易逝性

口语语言是以声音为载体来传递信息交流思想的，而声音往往转瞬即逝，因此也就决定了口语语言具有易逝性的特点。据实验心理学测试，一般人听连续的语流，前一个语言片段精确地留在记忆里不过七八秒钟，此后便被新的语言片段所代替。①正是因为口语的易逝性特征，在进行口语传播时，声音要清晰洪亮，适当地控制语速，保证传播的有效性，并通过重音、停顿等方式进行强调、渲染，突出重要的表达内容，使受传者能够听清、弄懂、记牢。

（三）情境性

口语是面对面地进行交流。在不同的语境中，口语语言也具有不同的含义。在传播学中，语境即为传播情境。传播情境是对特定的传播行为直接或间接产生影响的外部事物、条件或因素的总称，它包括具体的传播活动，如人际传播进行的场景，如什么时间、什么地点、有无他人在场等等。

例如，“这家店关门了”，在不同的情境中可能会产生不同的含义。

A. 时间很晚了，这家店营业时间到了，打烊了。

B. 这家店生意不太好，倒闭了。

C. 这家店在正常营业，大门是关上的，需要推门进去。

（四）简散性

口语语言不像书面语那样讲究语法的严密和结构的完整，而是呈现出用语简略、结构松散的特点。口语中多使用短句、省略句，并可以随想随说，随时进行补充和解释。一方面，对于说话者而言，思维受时间的限制，不可能在短时间内组织过长的复杂句；同时，说话句子的长短还要受人呼吸节奏长短的制约。汉语口语试验表明，人均每分钟正常呼吸为14—15次，即60秒内单呼单吸为30次，每次2秒左右，而汉语正常语速为每秒3.6字，因此在正常语速下，每句话的最佳字数为3.6字×2秒＝7.2字左右。另一方面，对听话者而言，也很难接受过多的长句。口语记忆为短时记忆，据研究表明，其记忆容量为7个左右项目，所以说话时如果语句容量过大，就会造成听者记忆和反应的困难。②

我国著名物理学家杨家福教授在回答友人的时候，有这样一段对话：

问：您能用一句话来概括您的人生哲学吗？

答：让祖国在世界上发出更灿烂的光辉。

问：作为科学家，您喜欢文学艺术吗？是音乐、美术，还是文学？

答：都喜欢。

问：您业余时间最喜欢做什么？

答：阅读各种书刊，欣赏大自然。

问：您觉得自己最好的休息方式是什么？

答：散步、听音乐。

问：如果您喜欢或欣赏一个晚辈，是用什么方式来表达？

---

① 李元授、李军华：《演讲与口才》，华中科技大学出版社2004年版，第28页。

② 赵君：《口语特点浅谈》，青海师专学报2001年版，第5期。

答:给他更大的信任,挑更重的担子。

问:如果您讨厌一个人,是用什么方式来表达?

答:避而远之。

以上这段对话,极少有修饰成分,大多使用省略语,有些甚至是一个简单的词语。但是,这并不影响意思的表达和交际的顺利进行。①

(五) 灵活性

口语传播是双向的传播,其交际的时间、场合、内容、对象等是由参与者共同参与调节的,在传播过程中呈现出灵活多变的特征。因此,在口语交际时,说话者应该注意到随着对象、情境的变化而适当地改变说话的内容和方式,口语表达要因人、因地、因事、因情制宜。

一次曹操与刘备饮酒,曹操想试探一下刘备的野心。于是,在喝酒的时候曹操以手先指刘备,后指自己,说道:"今天下英雄,唯使君与操耳!"刘备闻言,吃了一惊,手一晃,手里拿的筷子掉到了地上。当时大雨将至,雷声大作。刘备就从容地弯下腰把筷子捡起来说道:"一震之威,乃至于此。"曹操笑着说:"丈夫亦畏雷乎?"刘备说:"圣人迅雷风烈之变,安得不畏?"将闻言失箸(筷子)之故,轻轻掩饰过去了。曹操于是就没有怀疑刘备。刘备在惊慌落箸之后,机敏地利用雷声把谁是英雄的话题岔开,转移了曹操的注意力,才化险为夷。②

在这一交谈过程中,刘备随机应变,很好地借助周围的情境转移了话题,表现出控制表达的灵活性。

三、口语表达的原则

语言是人际传播的媒介和基础,要想取得理想的人际传播效果,就要恰当地使用语言,遵循语言传播的原则。

(一) 目的性原则

人与人之间进行语言交流,总是具有一定的目的和方向的。这种目的和方向,可能是一开始就相当明确(例如,由讨论一个问题的最初建议所确定),也可能是不甚明确的(例如,闲聊),也可能是在交谈的过程中逐渐明确起来的。不管是哪种情况,没有目的性的语言交流是不存在的。

在人际传播中,话语不过是充当信息交流的手段。人们交流的目的,可能是告诉别人一件事情,也可能是请求别人的帮助,或命令对方去行动,或打听某方面的消息,或沟通双方的心灵,或改善双方的关系,或增进双方的友谊,等等。这种种目的,都是通过具体的话语来表达的。传播者通过语言来表达自己的意图,受传者则透过语言来领悟其真实意图。

---

① http://www.pep.com.cn/xiaoyu/yuwenbook/xy_dsyz/xxkyjj/201008/t20100820_683077.htm.

② 庞晓东:《心理学是什么玩意儿:让你获悉心理学的所有奥妙》,华中科技大学出版社 2012 年版。

传播者意图的表达，方式是灵活多样的，但是归根结底，不外乎直接表达和间接表达。直接表达是“直截了当”地表明自己的传播意图；间接表达则是“拐弯抹角”地表明自己的传播意图：话语表面是一回事，而真实意图则是另外一回事，即言在此而意在彼的表达。

选择直接表达还是间接表达，就要看哪一种表达方式既能够有效地表达出自己的意图，又适合特定传播情境的表达需要。

（二）合作性原则

合作性原则由美国语言哲学家格赖斯在其《逻辑与会话》(*Logic and Conversation*)中提出。正如上文所述，人们的交谈总是有一定的目的和方向的。为了保持交谈得以顺利进行，交流双方就要根据交际的目的和方向，遵循一定的语言原则，即合作原则。格赖斯认为，“合作原则”即在参与交谈时，要使你说的话符合交谈中公认目的或方向。格赖斯还提出了保证会话顺利进行的以下四个方面的合作准则：

1. 数量准则

这是基于人际传播中所提供的信息的量的准则。它要求人们根据人际传播的功能需要，传递适量的信息。理想的标准是既要满足交谈目的的需要，又不要加入过多的不相关信息。如售货员和顾客的谈话，主要围绕购买这一事件，双方要据此提供足够的信息，以便购买行为的完成，过少的信息或者过多的冗余信息都是不必要的。又如，A 问 B：“你昨天一天干什么去了？”假设 B 给出三种不同的回答：(1)上午上了四节课，下午看了场电影。(2)上午上了四节课。(3)上午上了四节课，老师的课讲得很生动，我听得很认真；下午的电影真感人，我都被感动得哭了好几次。根据合作原则，回答(1)是适量，而(2)提供了太少的信息，(3)则提供了冗余信息。

2. 质量准则

这是人际传播中语言的内容方面的要求。它要求传播的双方提供的信息应该是有根据的，要力求真实，不要说自知是虚假的话，也不要说缺乏足够证据的话。如以下的一段话中，甲就违反了质量原则。①

甲：“王奶奶，恭喜啦！”

乙：恭喜什么？

甲：“你孙姑娘有喜啦！姑娘家想吃酸的就是有喜啦。”

乙：那也不一定。

甲：“一定，这是生理学，我懂。”王奶奶一听火了：“你胡说八道什么，我孙姑娘还没有结婚哪！”

乙：瞧，出错了吧。

---

① 李宇明等编著：《理论语言学教程》，华中师范大学出版社 1997 年版，第 172 页。

甲：我一听还没有结婚，心里就沉重了："奶奶，这可不大好呀，没结婚就……这都怪你们平时没对她的资产阶级恋爱观进行批评……"

乙：啊？！是这么回事吗？

甲：王奶奶更火了："你这砍脑壳的，不说人话，我那孙姑娘——她才七岁。"

甲没有足够的证据只凭姑娘想吃酸，就想当然地认为她有喜了，显然是违反了合作原则。

3. 相关准则

这一准则要求人际传播的双方的话语要与传播的目的和话题相关，不说无关紧要的话和题外话。例如，甲问："你吃饭了吗？"乙回答："我从长沙来。"这显然是违反了相关准则。

4. 方式准则

这一准则要求传播双方清楚明白地说出要说的话，既要避免晦涩、避免歧义，又要简练、有条理。

（三）正确性原则

语言传播要遵循正确性原则，它包括两层含义。首先，正确意味着必须遵守语言的运用规则。言语的表达必须要符合语言规则或规范，即语法。只有遵守语言规则，才能实施有效的编码行为、组合出可接受的话语，才能利用语言符号准确无误的传达信息，我们的意义才能为听者或读者理解和接受；倘若违背了语言规范，就会造成种种人际沟通的故障，信息就无法顺利传递与接收。

当然，在现实生活中，我们在与人沟通时是不可能完全按照抽象的语法规则来教条、机械地组合语言的。语法是对人们生动活泼的语言的归纳与总结，它不应该成为一种交流的束缚。相对于其他传播形式而言，人际传播对语法的要求并不十分严格。有时候为了达到特定的目的，人们还故意违反固定的语法要求。总之，只要这种语言表述是符合大多数人习惯，是约定俗成的，能够被交流双方所理解，那么，存在的就是合理的。

正确性原则的另一层含义是对语言风格的正确把握。人际传播的语言从总体上来说，必须是平实的。它的特点是：实事求是地叙述事实、剖析事理，少用（或不用）华丽的辞藻。但是，"平实"并不意味着可以贫乏、单调、呆板，也并不意味着不要表达上的生动和活泼，恰恰相反，以"平实"为基点的人际传播语言极其需要注入生动活泼的养料，以增强语言表达的效果。真正的生动应该来自于人的内涵、机智与幽默，而不是凭借语言的繁缛、华丽和故弄玄虚来达到的。

（四）得体性原则

人际传播总是在一定的情境中进行的，不同的情境要用不同的语言，这就是得体性原则。得体性原则首先要求语言使用者注意场合，使用与场合相协调的语言。只有在语言运用和环境相适应时才能收到好的实际效果。否则，即使话语的意思再好，也难取得良好的效果，甚至可能事与愿违。所谓“识时务者为俊杰”，说的就是要区分不同场合，使用和情境相协调的语言。

孔子《立论》中讲了这样一个故事，说的是一家人家生了个儿子，全家高兴透顶。满月的时候，抱出来给大家看——自然是想得到点好兆头。有个人忙说：“这孩子将来是要发财的。”他于是得到一番感谢。另一个人说：“这孩子将来要做官的。”主人家也给予了一番恭维。还有一个人说：“这孩子将来要死的。”他于是得到了大家一顿合力的暴打。前两个人说的可能是谎话，但是得到了主人的感谢，第三个人所说的话显然是实话，但是他没有注意场合和情境，自然引来暴打。

语言传播还要注意对象和身份。语言的编码和解码都是根据自己的固有经验来进行的。这里的“经验”是指人们在实践过程中的经历、体验，既包括通过感觉器官而获得的感性认识，也泛指由实践得来的知识和技能。每个人都有自己的经验范围，在传播过程中，两个人的经验范围重合越大，沟通的可能性才会越大。因此，在语言传播中，就要尽量使用与受传者的经验范围相一致的语言形式。在语言传播中，还要考虑对象的心理状态，受传者与自己的人际关系。受传者此时此刻的心理状态对传播有很大的影响；双方的人际关系制约着传播效果。

《民间文学作品选·朱元璋的故事》有这样一个故事：朱元璋做了皇帝，一个从前的穷朋友跑到朝廷去拜见朱元璋。见面的时候，对朱元璋说：“我主万岁！当年徽州随驾扫荡芦州府，打破罐头城，汤元帅在逃，拿住豆将军，红孩儿当关，多亏菜将军。”朱元璋听着高兴，也隐约记起他的话里包含了一些从前的事情，就立刻封他为御林军总管。另一个当年的穷朋友得知这一消息，也跑去求见，见了面就对朱元璋说：“我主万岁！还记得吗？从前，你我都替人家放牛。有一天，我们在芦花荡里，把偷了的豆子放在瓦罐里煮。还没等煮熟，大家都抢着吃，把罐子打破了，撒了一地的豆子，汤都泼在泥地里。你只顾在地上抢豆子吃，却不小心连红草叶子也送进嘴里，叶子梗在喉咙里，苦得你哭笑不得，还是我出的主意，叫你用青菜叶子放在手上一起吞下去，才把红草叶子带到肚子里去。”朱元璋还没听完，就下令：“推出去斩了！”

朱元璋的两个穷朋友，在描述同一件事情的时候，运用了不同的语言。前者注意到了朱元璋的帝王身份，对其恭恭敬敬，用语考究，赢得了朱元璋的赏识；后者还以从前穷朋友的眼光看待朱元璋，丝毫没有考虑到朱元璋现在的地位以及二者身份的悬殊，在用语上也还停留在原来的阶段，不仅没有达到预期的传播效果，反而招来了杀身之祸。

(五) 礼貌性原则

在人际传播中，传播的双方总是希望得到对方的尊重。为了尊重对方，传播者首先要在语言中体现出对受传者的尊重。

礼貌原则，利奇早在 1983 年就在他的《语用学原则》中作为合作原则的“援救”原则提出过。利奇提出的礼貌原则包括六条准则及相关次准则：

1. 得体准则

得体准则要求说话人在强制和承诺中，尽量减少有损于别人的观点，尽量增加有益于别人的观点。例如：

甲：这次演出我们能够获奖，全亏了你的出色表现。

乙：应该说是大家的功劳。如果没有大家的配合，我就是有再高的水平，也无从发挥。

甲对乙在演出中的表现给予了充分的肯定，符合得体性准则。

2. 宽宏准则

这一准则要求人们在强制和承诺中，要最小限度地使自己得益，最大限度地使自己受损。这一原则又称为慷慨原则。如上面的例子中，乙将自己的成绩归为集体的功劳，符合宽宏原则。

3. 赞誉准则

它要求说话人在表态和断言中，最小限度地贬低别人；最大限度地赞誉别人。例如：

水溶（北静王）见他（宝玉）言语清楚，谈吐有致，一面又向贾政笑道："令郎真乃龙驹凤雏，非小王在世翁面前唐突，将来'雏凤清于老凤声'未可量也。"贾政忙赔笑道："犬子岂敢谬承金奖。赖藩郡余祯，果如是言，亦荫生辈之幸矣。"（《红楼梦》第十五回）

在这个例子中，北静王称宝玉为"令郎"，说他是"龙驹凤雏"，都是遵循了赞誉的原则。

4. 谦逊原则

这一原则要求人们在表态和断言中，最小限度地赞誉自己，最大限度地贬低自己。

在上面的例子中，北静王自称"小王"，有意贬损自己，贾政称宝玉为"犬子"，都是遵循的谦逊原则。

5. 一致原则

一致原则要求人们在断言中，尽量使双方的分歧减至最小限度，而使双方的一致增至最大限度。例如：

> （觉慧）坚决地说："不，我一定要走！我偏偏要跟他们作对，让他们知道我是一个什么样的人。我要做一个旧社会礼教的叛徒。"
>
> ……
>
> 觉新抬起头痴痴地望着觉慧，……他用平日少有的坚决的语调说："我说过要帮忙你，我现在一定帮忙你。……你不是说过有人借路费给你吗？我也可以给你筹路

费，多预备点钱也好。以后的事到了下面再说。你走了，我看也不会有大问题。”

“真的？你肯帮忙我？”觉慧走到觉新面前抓着哥哥的膀子，惊喜地大声问道。

——巴金：《家》

对于弟弟觉慧背叛旧礼教离家出走，哥哥觉新最终表示支持，双方的谈话达到了一致。

6. 同情原则

同情原则要求说话人在断言中，使对方的反感减至最小限度，使对方的同情增至最大限度。例如：

“这个丫头！”朱老太太笑着摇头叹息。“你看，多伶俐的姑娘，也不知前世做了什么孽，自小就哑。……”

朱老太太的话表示了对丫头的同情。

利奇的礼貌原则在人际传播中具有积极的意义，尤其是在中国这样一个礼仪之邦，强调礼貌原则能够更加成功地进行人际传播和沟通。

（六）幽默性原则

幽默性是语言传播取得良好效果应该遵循的一条重要原则。“幽默”是英语“humor”的汉译。在汉语中，“风趣”、“诙谐”、“俏皮”、“戏谑”、“滑稽”等都和幽默相似，但没有一个和“幽默”完全相同。“幽默”外谐内庄，引人发笑，但不庸俗、不轻浮，它言语含蓄，话里含哲理、存机智，它是一种诉诸理性的“可笑性”的精神现象，是语言使用者思想、学识、经验、智慧的结晶。

幽默的秘密在于合乎常规的内容采取了超常规的形式或合乎常规的形式负载了超常规的内容，引起心理能量骤然释放而发笑。幽默常常是充满情趣的，情趣性在幽默作品中不可缺少。幽默的情趣性不是那种优美或壮美的情趣，而是一种谐美情趣，它充溢着轻松、愉快、戏谑、嘲弄，用语伴随着“笑”的浓烈情趣。幽默的语言就像人际传播的润滑剂，使传播双方的沟通和交流变得更加顺畅。

第三节　演讲与辩论

口语交流包括独白体口语（又称单向性口语）交流和会话体口语交流，而演讲和辩论分别是这两种口语交流中具有代表性的形式。

一、演讲的含义和类型

1944 年 6 月，盟军司令员蒙哥马利元帅在诺曼底登陆中对担任突击任务的士兵发表演讲。他这样说道："你们在干一件无与伦比的伟大事业。世界将通过你们变一番模样，历史将为你们树一座丰碑，写上：你们是迄今最伟大的军人！这个世界上从未有过的壮举，将要由你们来完成。你们最终将成为英雄回到家里，同你们的亲人团聚。"在这伟大演讲的号召下，士兵们勇敢作战，他们以最无畏的战斗精神扑向战场，排山倒海，势如破竹。历史因此改变。这就是演讲的力量。[①]《论语》中提到："一言而可以兴邦……一言而丧邦。"《文心雕龙》中也有："一人之辩，重于九鼎之宝；三寸之舌，强于百万之师。"可见演讲的力量是强大的。斯大林曾称赞列宁的演讲说："当时使我佩服的是列宁演说中那种不可战胜的逻辑力量，这种逻辑力量虽然有些枯燥，但是紧紧抓住听众，一步一步地感动听众，然后就把听众俘虏得一个不剩。"汉代刘向在《说苑・善说》中写道："昔子产修其辞而赵武致其敬，王孙满明其言而楚庄以渐，苏秦行其说而六国以安，蒯通陈其说而身得以全。夫辞者，乃所以尊君、全身、安国、全性者也。"事实上，演讲并非政治家的专利，演讲在生活中无处不在，在生活的各个方面都发挥着重要的作用。那么，究竟什么是演讲呢?

演讲，又叫讲演、演说。《辞海》对演讲的解释是："在听众面前就某一问题表达自己的意见或阐说某一道理。"[②]《现代汉语词典》对演讲的解释是："就某个问题对听众说明事理，发表见解。"[③]李元授和邹昆山编著的《演讲学》一书中，将演讲定义为在特定的时空环境中，以有声语言和相应的体态语言为手段，公开向听众传递信息、表述见解、阐明事理、抒发感情，以期达到感召听众的目的。

"演讲"最早见诸荷马史诗。相传双目失明的行吟诗人荷马，常年云游各地，演讲关于特洛伊战争的英雄事迹。迄今有文献可考的我国最早的演讲家是盘庚，《尚书・盘庚》三篇被认为是中国最早的演讲词。三篇的内容都是有关殷王盘庚迁都的事情，记叙了迁都前后盘庚对贵戚近臣、庶民百姓所发布的谈话和命令。

演讲按照不同的标准，可做不同的分类。根据演讲内容的不同，可以将演讲分为政治演讲、生活演讲、法律演讲、学术演讲和宗教演讲。

(一) 政治演讲

政治演讲，是指人们为了一定的政治目的，针对国家内政事务和对外关系，阐明自己的立场、观点和政策，宣传主张的一种演讲。它包括竞选演讲、施政演讲、就职演讲、外交演讲等。

政治演讲从其目的出发，往往具有鲜明的政治性，有饱满的政治热情、精辟的政治见解和旗帜鲜明的立场观点。同时，严密的逻辑论证，雄辩的说理也是政治演讲的一大特征。只有思维清晰、逻辑严密、观点明确的演讲才更具有说服力。此外，政治演讲，一般都具有强烈的鼓动性。成功的演讲，不仅要晓之以理，更要动之以情，以引起听众的强烈共鸣，产生"共振效应"。

让我们来看一段 2009 年美国总统奥巴马就职演说中的两段话：

---

① 《实用文库》编委会编：《实用演讲技法大全》，电子工业出版社 2007 年版，第 3 页。
② 《辞海》编委会编：《辞海》(缩印本)上海辞书出版社 1979 年版，第 988 页。
③ 中国社科院语研所：《现代汉语词典》，商务印书馆 1979 年版，第 1315 页。

现在，有一些人开始质疑我们的野心是不是太大了，他们认为我们的体制承载不了太多的宏伟计划。他们是健忘了。他们已经忘了这个国家已经取得的成就；他们已经忘了当创造力与共同目标以及必要的勇气结合起来时，自由的美国人民所能发挥的能量。

这些怀疑论者的错误在于，他们没有意识到政治现实已经发生了变化，长期以来耗掉我们太多精力的陈腐政治论争已经不再适用。今天，我们的问题不在于政府的大小，而在于政府能否起作用，政府能否帮助家庭找到薪水合适的工作、给他们可以负担得起的医疗保障并让他们体面地退休。哪个方案能给与肯定的答案，我们就推进哪个方案。哪个方案的答案是否定的，我们就选择终止。而掌管纳税人税金的人应当承担起责任，合理支出，摒弃陋习，磊落做事，只有这样才能在政府和人民之间重建至关重要的相互信任。

在这两段话中，奥巴马一方面对怀疑论者的错误进行了反驳，同时进一步指出如何解决目前存在的问题，逻辑清晰、环环相扣，有很强的论证性和雄辩的说服力。

（二）生活演讲

生活演讲指的是演讲者针对社会生活中存在的社会问题、社会现象、社会风俗而发表的演讲。在演讲中，演讲者表达自己对某些社会生活问题，社会现象，社会风俗的观点、看法、愿望。生活演讲涵盖的内容十分广泛，包括消费、择友、就业、娱乐、文化教育、价值观念等许多社会现象或意识形态方面的演讲。

生活演讲的特点是题材广泛，形式多样，时代感强，贴近生活，因此也是人们最喜爱、最常用，与人们最息息相关的一种演讲形式。

（三）法律演讲

法律演讲，是指以法律为主要内容的演讲，包括法庭演讲、法律咨询、仲裁活动，以及其他有关普及法律知识的报告、讲座等。

法律演讲首先要讲的是公正性。特别是法庭演讲，不论是公诉人还是辩护律师，都必须严格依照法律进行，以事实为依据，以法律为准绳，以理服人，而不能信口开河。其次，法律演讲是一种很严肃的演讲行为。一字之差，人命关天，不能有任何的差错。公诉人和辩护律师要以严肃认真的态度对待，不带有任何主观色彩，同时必须确保所有材料的真实和准确，不允许出现任何的主观臆断和猜想揣度。

（四）学术演讲

学术演讲是指对自然科学和社会科学领域里的理论或实践问题进行探讨、研究，介绍科学研究成果、传授科学知识、表述学术见解的演讲。学术演讲包括国内外学术会议上的学术发言和报告，高等院校内的学术专题讲座、学术评论等。

严谨的科学内容是学术演讲的重要特征，同时还要求演讲内容具有独创性，有所突破和创新。此外，由于学术演讲自身内容的特性，在演讲中不可避免地会用到一些专业术语，对一般听众而言可能会显得晦涩、乏味。因此，在学术演讲中，为扩大演讲影响，除做到语言的严谨准确外，还应尽力通过生动的语言解释艰涩的学术观点，深入浅出，使普通人也能理解演讲者想要表达的内容。

（五）宗教演讲

宗教演讲，指的就是与一切宗教形式、宗教宣传有关的演讲，主要包括一些布道演讲以及宗教会议演讲等。

宗教是统治阶级用来麻痹人民斗志的工具，也是被压迫者寻求精神解脱的安慰。宗教演讲正好在这两方面发挥作用，因而具有明显的唯心性和迷惑性。它是维护神学统治的手段。[①]此外，宗教演讲常常宣扬求善心理，例如以“温良恭俭让”为美德，因此也具有一定的“劝善”功能。

根据演讲形式的不同，可以将演讲分为命题演讲、即兴演讲和论辩演讲。

第一，命题演讲。

邵守义在《演讲学》一书中对命题演讲下了一个定义：由别人给拟定题目或由别人给拟定演讲范围，并经过准备以后所作的演讲。命题演讲有两种形式：全命题演讲和半命题演讲。（1）全命题演讲。全命题演讲是指题目完全由别人来拟定的演讲。演讲题目一般是由该演讲活动的组织单位来确定。全命题演讲的优点在于针对性强，主题鲜明。但是也有一些不足之处，由于命题有较强的局限性，演讲者难以讲深讲透。（2）半命题演讲。半命题演讲是指根据演讲活动的组织单位限定的拟题范围，由演讲者自拟题目而进行的演讲。与全命题演讲相比，半命题演讲的演讲者可以自己选择熟悉的材料、题目来讲，灵活性更强，有利于深化演讲主题。

第二，即兴演讲。

即兴演讲是指演讲者在事先无准备的情况下，临时起兴，就眼前的情境有感而发的演讲，例如婚礼祝辞、欢迎致辞、聚会演说等。

即兴演讲区别于命题演讲的一个很大的特征就是有感而发，往往是因为眼前的情景触发而发表的，而不是提前做好了准备才进行的演讲。它是演讲者真情实感的流露，往往也最能体现演讲者的水平、能力和个性、修养。

此外，由于即兴演讲是临时兴起而发表的演讲，因此即兴演讲的主题一般都比较单一，篇幅也较为短小。但是，要做好一次成功的即兴演讲并不容易。除了要求演讲者具备一定的文化、语言素质之外，还需要在演讲中做到紧扣主题、抓住由头、言简意赅。

二、演讲口语表达的技巧

（一）演讲语言要准确简洁

所谓语言要准确，就是说用词确切，要符合客观事实。演讲的语言要清楚地表现出所要讲述的事实和思想，真实地反映出现实的面貌和思想实际。无产阶级革命导师、演讲家

---

① 李元授、邹昆山：《演讲学》，华中科技大学出版社2003年版，第48页。

马克思对于语言的准确和简洁十分重视，向来一丝不苟。他“很重视用语的明朗与准确”，“他常常花很多时间力求找到需要的字句”，“有时到了咬文嚼字的程度”。①

关于如何做到演讲语言的准确，邵守义在《演讲学》一书中提出了以下四个条件②：

第一，思想要明确。演讲者如果对客观事物没有看清、看透，自己的思想尚处于模糊状态，用语自然就不能准确，就必然要暧昧不清。所以，只有思想明确了，才能使语言准确。

第二，要建立起浩大词汇“储存库”。要想使演讲语言准确、恰当，演讲者必须占有和掌握丰富的词汇。为了精确地概括事物，生动地表达思想和感情，分辨事物和概念之间细微差异，使演讲容易被别人接受和理解，并产生较强的说服力和感染力，就需要在大量的、丰富的词汇里，筛选出最能反映这一事物、概念的词语来。

第三，要注意词语的感情色彩。词的感情色彩是非常鲜明而细微的，只有仔细地推敲、体味、比较，才能区别出词语的褒贬色彩。例如，牺牲、逝世和完蛋了这三个词语，虽然表现的都是同一个意思，都可以说一个人死了，但其感情色彩却是截然不同的。

第四，恰到好处地使用一些有生命力的文言词语，也可以增加演讲语言的准确性和生动性。例如毛泽东在《反对党八股》、《学习和时局》这两次演讲中，就用了“再思”、“行成于思”、“学习和时局”等文言词语。这些词语的恰切使用，无疑增加了语言的准确性和生动性。

所谓简洁，就是指在演讲中要用尽量少的字句准确表达出所要陈述的思想内容，做到“文约而事丰”。简洁精炼是在准确性的基础上对演讲语言更进一步的要求。要做到这一点，就必须注重文字的锤炼，避免拖泥带水、啰嗦重复的毛病，同时戒掉口头禅、空话、套话等无效信息的语言。美国前总统林肯的《在葛底斯堡的演讲》就十分地短小精悍、言简意赅。

87年前，我们先辈在这个大陆上创立了一个新国家，它孕育于自由之中，奉行一切人生来平等的原则。

我们正从事一场伟大的内战，以考验这个国家，或者任何一个孕育于自由和奉行上述原则的国家是否能够长久存在下去。我们在这场战争中的一个伟大战场上集会。烈士们为使这个国家能够生存下去而献出了自己的生命，我们来到这里，是要把这个战场的一部分奉献给他们作为最后安息之所。我们这样做是完全应该而且非常恰当的。

但是，从更广泛的意义上说，这块土地我们不能够奉献，不能够圣化，不能够神化。那些曾在这里战斗过的勇士们，活着的和去世的，已经把这块土地圣化了，这远不是我们微薄的力量所能增减的。我们今天在这里所说的话，全世界不大会注意，也不会长久地记住，但勇士们在这里所做过的事，全世界却永远不会忘记。毋宁说，倒是我们这些还活着的人，应该在这里把自己奉献于勇士们已经如此崇高地向前推进但尚未完成的事业。倒是我们应该在这里把自己奉献于仍然留在我们面前的伟大任务——我们要从这些光荣的死者身上吸取更多的献身精神，来完成他们已经完全彻

① 邵守义：《演讲学》，东北师范大学出版社1991年版，第161页。

② 邵守义：《演讲学》，东北师范大学出版社1991年版，第162—164页。

底为之献身的事业；我们要在这里下定最大的决心，不让这些死者白白牺牲；我们要使国家在上帝福佑下自由的新生，要使这个民有、民治、民享的政府永世长存。

这是林肯在南北内战中为纪念在葛底斯堡战役中阵亡战士所做的一篇演讲。整篇演讲只有10个句子，讲了不到3分钟，却取得了非同凡响的效果。林肯用简短精练的语言简述了这场内战，表达了一个政府存在的目的——民有、民治、民享。同时，这也是一篇感人肺腑的颂辞，赞美那些作出最后牺牲的人们，以及他们为之献身的那些理想。在演讲的第二天，《斯普林菲尔共和党人报》评论说："这篇短小精悍的演说是无价之宝，感情深厚，思想集中，措辞精炼，字字句句都朴实优雅。"

（二）演讲语言要通俗易懂

演讲是讲给别人听的，因此在做演讲时，首先要考虑的问题就是：听众是否能听明白我的话。要把信息准确无误地传达给听众，就需要做到使自己的演讲语言通俗易懂，让听众明白晓畅。通俗易懂就是指语言应朴实无华、明白如话，应做到"讲来上口，听来入耳"。①

要做到通俗易懂，首先就要使演讲语言口语化。由于口语语言的易逝性，演讲时声音转瞬即逝，要使听众能听准、听懂，就要使用听众熟悉而又常用的口语。那么，如何使演讲语言口语化呢？

第一，多用短句，少用长句。句子过长，一来演讲者说起来费劲，二来听众也不容易理解和记住。因此，在演讲时，要尽量把长句变为短句，使之易讲、易听、易懂。例如毛泽东在《关于重庆谈判》中说："事情就是这样，他来进攻，我们把他消灭了，他就舒服了。消灭一点，舒服一点；消灭得多，舒服得多；彻底消灭，彻底舒服。"一句话，变为几句简短而又齐整的短句，读起来朗朗上口，听起来也很容易把握和记住。

第二，多用口头语，少用文言词。恰到好处地使用文言词语可以起到锦上添花的效果，但是用得不好反而会使演讲变得晦涩难懂。因此，在演讲中，要尽量使用日常生活中的口头语，如必须使用文言诗文，可以适当放慢语速，并用白话文将其进行解释。

第三，多用正装句，少用倒装句。倒装句具有强调某种成分的作用，但在演讲中运用，听众不容易把握，听起来也较为别扭。如果改成正装句，就会既顺当，又方便听众理解。

我国前全国政协主席李瑞环的演讲风格就被媒体评论为"通俗易懂，平中见奇"。

2000年11月，李瑞环在香港会见当地各界知名人士时说道："汉朝时，京城田氏三兄弟一直和睦相处。其家中有棵紫荆树，也长得花繁叶茂。但后来他们闹别扭，要分家，紫荆一夜之间就枯萎了。兄弟三人大为震惊，均受感动，不再分家，紫荆花又盛开如初。晋代陆机作诗说：'三荆欢同株，四鸟悲异林。'唐代李白感慨道：'田氏仓卒骨肉分，青天白日摧紫荆。'上面讲的紫荆花，和作为香港特区标志的紫荆花是不是一个品种，我没有考证。上面讲的故事，是体现'天人感应'思想的一个传说，未必真有其事。但这个故事所表达的道理，的确发人深思。"②他话锋一转，点破主题，"我们这个五千年文明古国，之所以历经磨难而绵延

① 陈建军主编：《演讲理论与欣赏》，武汉大学出版社2005年版，第40页。

② http://news.ifeng-com/history/1/jishi/200807/0708-2663-639483.shtml.

不衰，屡处逆境而昂扬奋起，就是因为有许多这样博大深邃的思想，有一种内在的强大凝聚力。当今中国要发展、要振兴，必须继续弘扬中华民族的优良传统，特别要倡导和合，强调团结。我看香港也是如此，最最重要的是加强团结，惟有团结才能发展繁荣。”

（三）吐字清晰，字正腔圆①

郭沫若说：“语言除了意义外，应该要追求它的色彩、声调、感触。同义的语言或字面有明暗、软硬、响亮与沉郁的区别。”

以声音为主要物质手段的演讲，对语音的要求就更高，既要能准确地表达出丰富多彩的思想感情，又要爽心悦耳，清凉优美。

一般来讲，最佳语言应该是：准确清晰，即吐字正确清楚，语气得当，节奏自然；清凉圆润，即声音洪亮清越，铿锵有力，悦耳动听；富于变化，即区分轻重缓急，随感情变化而变化；有传达力和浸彻力，即声音有一定的响度和力度，使在场听众都能听真切，听明白。

要做到字正腔圆，就要读准字音，读音响亮，送音有力。读音要符合普通话声母、韵母、声调、音节、音变的标准，严格避免地方音和误读。读错、讲错字音，一方面直接影响听众对一个词、一个句子，甚至整篇内容的理解；另一方面也直接影响演讲者的声誉和威信，降低了听众对演讲者的信任感。在读准字音的同时，要尽量做到腔圆，即声音圆润清亮，婉转甜美，富有音乐美。

（四）注意语调的抑扬顿挫和轻重缓急

语调有高低抑扬的变化，同一句话，往往因为语调的不同，表达的意思也不大一样。在演讲中，为了更有效地表达思想感情，就不能不对语言做高低一样的变化处理。汉语的语调变化一般显示在句末，大体可以分为四种语调：平直调、高升调、曲折调和降抑调。其特征如表 7-1 所示。

表 7-1　语调特征

语调名称	表示符号	语调特征	应用句型	表达心理感情	例　　句
平直调	→	语势平稳舒缓，无明显高低变化	陈述说明性语句	庄重、严肃、闲适、冷淡	菊花品种很多。→
高升调	↗	语势由低向高	疑问句、反诘句、某些感叹句	疑问、惊讶、反诘、激昂、愤怒、呼唤、号召	何愁无知己。↗
降抑调	↘	语势由高到低	祈使句、感叹句、某些陈述性语言	祈求、命令、肯定、自信、沉重、悲痛	他的理想一定能实现。↘
曲折调	╲╱╲↗	语势曲折，升降起伏多变	双关语句	夸张、幽默、讽刺	他十分可爱，连头上的癞痢都非常传神。╲╱╲↗

资料来源　李元授、李军华：《演讲与口才》，华中科技大学出版社 2004 年版，第 478 页。

---

① 李元授、李军华：《演讲与口才》，华中科技大学出版社 2004 年版，第 469—470 页。

语速的变化也是表情达意的重要手段。只有语速适宜,快慢有致,才能既有效地传情达意,又能令听众感到优美入耳。一般来讲,正常谈话的语速为每分钟 120—150 字。根据演讲的内容和情感表达的需要,演讲的速率一般可分为快速、中速、慢速三种。其具体特征如表 7-2 所示。

表 7-2 语速特征

语速	适合的内容	适合的环境	适合的心理情绪	适合的句段	适合的修辞手法
快速	叙述事情的急剧变化,质问斥责,雄辩表态,刻画人物机智、活泼、热情的性格	欢快、紧急命令、行动迅速、热烈争执	急促、紧张、激动、惊惧、愤恨、欢畅、兴奋	不太重要的句段	排比、反问、反语、叠声
中速	一般性说明和叙述感情变化不大	感情平静	平静、客观	一般句段	一般陈述
慢速	抒情,议论,叙述平静、庄重的事	幽静、庄重	安闲、宁静、沉重、沮丧、悲痛、哀悼	重要句段	比喻、引语、双关、对偶、拈连

资料来源 李元授、李军华:《演讲与口才》,华中科技大学出版社 2004 年版,第 480 页。

此外,跌宕起伏的节奏也是成功演讲必须具备的特点。常见的演讲节奏有轻快型、持重型、平缓型、急促型、低抑型等,其特点如表 7-3 所示。

表 7-3 节奏特征

节奏类型	主 要 特 点	适 应 范 围
轻快型	轻松、欢快、活泼,语速较快	欢迎词、祝酒词、贺词
持重型	庄重、镇定、沉稳、凝重,语速较慢	理论报告、工作报告、开幕词、闭幕词
平缓型	平稳自如、有张有弛,语速一般	学术演讲、座谈讨论
急促型	语势急骤、慷慨激昂,语速快	紧急动员、反诘辩论
低抑型	声音低沉、感情压抑,语速迟缓	悼词、纪念性演讲

资料来源 李元授、李军华:《演讲与口才》,华中科技大学出版社 2004 年版,第 482 页。

(五) 适当用好体态语

在演讲中,除了掌握口语语言的表达技巧外,形体语言的运用也十分重要。有心理学的研究表明:人对感觉的印象 77%来自眼睛,14%来自耳朵,视觉印象在头脑中保持时间超过其他器官。因此,演讲者在演讲时只作用于听众听觉器官的口语语言是不够的,运用眼神、表情、姿态等来表达思想、丰富感情,可以使演讲变得更加生动。

在演讲中,眼神的运用十分重要,演讲者的思想感情常常可以通过眼神流露出来。眼神配合口语,能表达出丰富多彩的思想感情。因此,演讲者在运用口语传递信息的同时,也要通过自己的眼神,把内心的激情、学识、品德、情操、审美情趣等等传递给听众。

其次，好的面部表情也是演讲成功的重要因素。在演讲中，演讲者的面部表情应该比较迅速、敏捷地反映内心的情感。这种表情所反映的情感不仅要准确，而且要明朗化，每一点微小的变化都能让听众察觉到。同时，在运用面部表情时要把握一定的"度"，要作到不温不火，适可而止。运用之微妙，需要演讲者自己潜心琢磨，细心体会。

此外，在演讲中还要特别注意手势的运用。苏联早期马克思主义宣传家叶·米雅罗斯拉夫斯基说："演讲者的手势自然是用来补充说明演讲者的思想、情感与感受的。"在演讲中，手势有助于有声语言的表情达意，还可以传递演讲的部分信息。同时，手势还可以增加演讲者自身形象的美感和魅力。手势的运用最好要与表情结合起来，才不至于单调、费解，以达到更好的演讲效果。

三、辩论的含义和类型

辩论的历史可以说与人类的认识史一样久远。在古希腊罗马、古印度和我国的春秋战国时代，辩论作为一种社会现象就已经为人们所关注了。①

在古希腊的雅典，当时的公民在政治方面可以参与讨论和决定国家大事，也可以在法庭上陪审、起诉或为自己辩护，因此当时的人们很注意培养能言善辩的才能。当时的大思想家、大哲学家苏格拉底、柏拉图、亚里士多德等都对辩论极为重视，他们兴学授课、广招学生，其中教授的一门重要的课程就是辩论。柏拉图和亚里士多德还写有关于辩论方面的书，如柏拉图的《对话篇》、《裴多篇》等都谈到如何辩论。亚里士多德还专门写了《辩论篇》、《辩谬篇》等辩论专著。

那么，什么是辩论呢？《现代汉语词典》中对辩论的定义是："彼此用一定的理由来说明自己对事物或问题的见解，揭露对方的矛盾，以便最后得到正确的认识或共同的意见。"冯必扬在《辩论学导论》一书中对辩论下的定义是："辩论是对同一对象，相互对立的思想进行论争的过程，是批驳谬误，探求真理的过程。其表现形式为立论者和驳论者围绕同一论题展开辩论。"②李元授和李鹏编著的《辩论学》一书中，将辩论定义为："辩论，就是用语言明辨是非、探求道理的行为。"

根据辩论定义的内涵，辩论有主体、客体、媒体和受体四个要素。主体，即辩论行为的实施人，也就是辩论的参与者。客体是指辩论行为实施的对象，即辩题。媒体则是辩论行为实施的媒介，这一媒介便是语言。根据辩论语言的不同，辩论也可以分为口头辩论和书面辩论。辩论的听众、观众、读者等则是辩论的受体。

辩论的类型大致可以分为学术辩论、决策辩论、专题辩论、法庭辩论、辩论赛和日常辩论。

（一）学术辩论

学术辩论，是指针对某一学科中有争议的问题，各方阐述自己的观点、反驳对方观点

---

① 冯必扬：《辩论学应成为一门独立学科》，《唯实》1988年第6期。

② 冯必扬：《通往雄辩家之路——辩论学导论》，上海人民出版社1989年版。

的一种辩论形式,也是辩论中十分常见的一种形式。这种学术上不同观点、不同思想辩论的百家争鸣局面,对于促进科学发展、文化繁荣,有着重要的意义。①

在进行学术辩论时,一定要有严肃认真的态度,言之有理,以理服人,不崇拜和迷信权威。科学无禁区,凡是学术的问题都可以辩论,正是通过相互辩驳、相互激励、相互启发的争鸣过程,才能达到认识客观世界本质及其规律、形成科学理论的目的。

(二) 决策辩论

决策就是人们对目标与手段的探索、判断和抉择。参与决策的对象是领导集团的决策系统和参谋系统(智囊团)的人员。在关于各种目标和手段的判断、决策的过程中,人们之间肯定存在着不同思想观点的交锋。这种交锋的过程,实际上也就是决策辩论的过程。②

决策辩论具有预测性、可选择性和集体性的特征。决策过程实际上就是一个对决策对象未来发展趋势的预测过程。同时,通常在决策时不能只有一套方案,而是要准备多套方案以供决策时选择。此外,决策是在一个集体、集团里面进行的,需要依靠领导集体的决策系统和参谋系统人员的集体的力量进行反复全面的比较和思考,才能形成周密系统的决策方案。

(三) 专题辩论③

专题辩论是指在特定的场合下进行的有特定议题的辩论。专题辩论的种类较多,常用的有论文辩论、竞选辩论和外交辩论。

论文辩论是学术论文的作者针对答辩委员会就论文提出的问题作出解答的一种辩论形式。

竞选辩论是指竞选者为了谋求某一职位而与他人(竞选对手)发生的辩论。

外交辩论是指代表各个国家和地区的外交官员或者国家领导人就国家之间所发生的政治、经济、军事、外交、文化及思想意识形态等问题所发生的辩论。

(四) 法庭辩论

法庭辩论是诉讼双方在法庭上就争议的问题分别提出自己的主张、相互进行辩驳的一种辩论形式。我国有关刑事和民事诉讼的法律均规定有辩护制度,通过辩护制度来维护诉讼双方的法律权利。所以说,法庭辩论是法庭审理案件的一个重要环节,在刑事诉讼案和民事诉讼案的审理过程中都要进行法庭辩论。④

---

① 《实用文库》编委会编:《实用辩论技法大全》,电子工业出版社 2007 年版,第 20 页。

② 《实用文库》编委会编:《实用辩论技法大全》,电子工业出版社 2007 年版,第 23 页。

③ 《实用文库》编委会编:《实用辩论技法大全》,电子工业出版社 2007 年版,第 24—26 页。

④ 《实用文库》编委会编:《实用辩论技法大全》,电子工业出版社 2007 年版,第 26 页。

（五）辩论赛

辩论赛源于1922年的“国际雄辩大赛”，由英美一些有识之士发起和组织，参加“国际雄辩大赛”的多为各国大学的学生。辩论赛，是将辩论作为一种比赛项目来进行的演练活动，它是专题辩论的模拟。

辩论赛都要按照一定的规则进行，由组织者确定辩题，每一位辩论队员什么时候发言，发言多长时间，都有严格的规定，不得违反。

与法庭辩论、学术辩论等有所不同，辩论赛往往不问辩论者本人的立场和主张，各方的立场和观点都是由随机抽签决定，即使某一方不赞成这个观点也要在赛场上极力加以维护，辩论双方都不会被对方说服，也不期望说服对方，辩论的胜利由是否驳倒对方以及评委的裁决和听众的反响来决定。

（六）日常辩论

所谓日常辩论，就是指人们在日常生活中随时随地发生的辩论。它一般是在双方都没有准备的情况下，由眼前突然触发的一切而即兴式地引起的。但日常辩论不同于日常的争吵，因为争吵是相互喊叫甚至辱骂、打闹，而日常辩论则是采用当场辩论、摆事实、讲道理的方式。①

四、辩论的口语表达技巧

口头辩论是面对面进行的，辩者都是临场的，即时的特点非常明显。辩论的过程中，总要包含听和说两个方面，而说又有讲述和问答。因此，辩论的口语表达技巧主要包含听、说、问、答四个方面。

（一）辩论中要注意听内容、听特点、听漏洞

在辩论中，听十分重要。辩论是你来我往的互动的语言，因此，对方说出来的，必须仔细地听进去，听完之后还要有反应，这样才可能有言语的互动。

首先，在辩论中，要把对方的发言内容完全听清、听懂、没有遗漏。掌握住对方的论点、论据和论证方法，这样才能对症下药，抓住对方的要害，确定己方的应答攻守。

其次，在听的时候，还要注意听出对方话中的话中之话、话外之话，把握其发言的底蕴、真谛。把握了对方说话的特点，就能使辩论的攻守谋略具有更强的针对性。

此外，听要在分析中去探究对方发言的所以然，以便找出对方的错误与破绽，明确攻击目标。对方发言漏洞主要有：(1)语言上的漏洞：表现为用词不当、语无伦次、句式不妥、前言不搭后语、口误等；(2)情理上的漏洞，即对方发言有悖于人们普遍认可的价值观和道

---

① 《实用文库》编委会编：《实用辩论技法大全》，电子工业出版社2007年版，第30页。

德规范;(3)逻辑上的漏洞,指发言逻辑混乱或违反逻辑。

1972年9月,田中角荣作为战后日本第一位来到中国的政府首脑,为改善中日关系同中国政府首脑举行正式会谈。周恩来总理于9月25日在人民大会堂设宴招待田中角荣。尽管气氛是诚恳友好的,但宾主都密切关注着相互间祝酒词的内容。田中在祝酒词中谈到"过去几十年,日中关系经历了不幸的过程,其间我国给中国国民添了很大的麻烦,我对此再次表示深切的反省之意。"听到这里,周总理立即发问:"你对日本给中国造成的损失怎么理解?"田中马上意识到"麻烦"一词用得不妥,连忙解释。……周恩来总理有极其敏感的语感能力,维护了我国的外交立场和国家尊严。同时,我们也可以看到田中的语感能力也较强,他对周恩来总理的提问能迅速作出反应,意识到自己用词不妥,立即加以解释,使对方达到谅解,为中日友好扫除了一些不必要的障碍。

周恩来总理反应机敏,针对田中角荣讲话中所谓"麻烦",针锋相对、旗帜鲜明地提出质问,辨明是非,维护了国家的尊严。①

(二)说话时要注意语音、语调、语速三者的协调统一

辩论的语速不同于其他使用的场合。在辩论赛比赛规则中,对每一位辩手在陈词中所用的时间,每个队在自由辩论中所用的时间都有着严格的限定。因此,辩论的语速比日常的语速要快一些,加快语速有时也被辩手用作一种策略,以求在有限的时间内包含最大的语言容量。但是,语速的选取也要因人、因时、因景而定。活泼热情的选手语速可以快一点,沉稳、理性的选手语速则可以慢一些;在陈词提问、申诉要点与论据时,语速可适当放慢一些,关键字眼甚至可以一字一顿加以突出;而在反击对方进攻时语速可以加快一点,以显示己方的锋芒。

在辩论中,要特别注意语调与语音、语速的协调统一。就辩论赛而言,陈词说理阶段要慷慨激昂,以示己方立论基础的扎实;反击对方进攻要坚决有力,以示己方的信心和力量;调侃幽默时语速、语调可以有大的起落变化,以渲染气氛,调动听众情绪;自己觉得把握不是很大,暂避对手锋芒或不得不应对时,语速可适当快一点,但语调一定要干脆利落、吐字果断,不能显露出犹豫或无把握。

(三)无疑而问,强化立场,抨击要害②

辩论的问,不同于一般谈话般有疑而发,而是无疑而问,是无需答疑的特意的问。作为辩护和辩驳的一种手段,它总是要为辩论获取某种目的或强化己方立论的力量,或抨击对立方的要害。问的技巧多种多样,在辩论中主要有反问、曲问、诱问、巧问四种。

1. 反问

把已经肯定的思想观点放在问的形式里来表达,这是明知故问,无需回答。这种临场

① 李元授、李鹏:《辩论学》,华中科技大学出版社2004年版,第144—145页。
② 李元授、李鹏:《辩论学》,华中科技大学出版社2004年版,第152—161页。

中面对面的反问，总是具有一种逼人的气势，表现出锐不可当的力量。

2. 曲问

就是拐弯抹角地问，迂回曲折地问。通过曲问，逐步引出自己的正确观点，使对方自然而然地愿意接受和承认这种论点，或者引导对方渐渐意识到其观点的错误，去否定自己的观点。

3. 诱问

这是引诱对方落入己方的圈套的问。发问者心中有藏而不露的埋伏，故意引诱对方陷在这埋伏中，就可出其不意地获取胜利。清朝大臣邓廷桢智审馒头贩一案中，邓廷桢就巧设陷阱，步步深入，最终得以查清缘由，终始冤案昭雪。以下辩词选自邓廷桢审问馒头贩时的对话。

> 一进衙门，邓廷桢便开门见山，径直讯问："你认识投毒杀人的郑魁吗？"
> 卖馒头的人回答："认识。"
> 邓廷桢："怎么认识的呢？"
> 卖馒头人："卖馒头时认识的。"
> 邓廷桢："郑魁从你这里买过几次馒头？"
> 卖馒头人："买过……一次。"
> 邓廷桢："你一天能卖多少馒头？"
> 卖馒头人："三四百个。"
> 邓廷桢："一个人大约买几个馒头？"
> 卖馒头人："三四个。"
> 邓廷桢："那么你每天要接待百十多个买主，是吗？"
> 卖馒头人："是的。"
> 邓廷桢："每个买馒头的人，你都问他姓名，认识他的面貌吗？"
> 卖馒头人："不，小的只管做买卖，不问买者姓名。"
> 邓廷桢："那么，你是怎么知道郑魁的姓名呢？"
> "……"卖馒头的人无法回答。
> 邓廷桢："怎么记住了他的相貌呢？"
> "……"卖馒头的人张口结舌。
> 邓廷桢："他买馒头的日期，你怎么记得那么清楚呢？"
> "……"卖馒头的人支吾良久，最后只好说了实话，"我并不认识郑魁，也记不清他什么时候买过我的馒头，是衙役找我说，那郑魁买了我的馒头，毒死人命，本人已经招供，让我出个证明。他连蒙带吓，我就糊里糊涂地当了这个证人。"

邓廷桢又传唤其他证人，经过重新审核，左邻右舍的证词也是衙役用同样办法获得的。只有药铺掌柜的证词属实。但是郑魁买砒霜是用来毒死家中老鼠的,与死者无关。后来终于查清,死者是因为狂犬病复发致死,死后嘴唇发青,形似中毒,原办案人将死者与生前有过纠纷的郑魁罗织成罪,差役又制造了大量伪证,所以才造成这一冤案。①

4. 巧问

问者问得非常巧妙,它可以封锁住其他回答的可能,只给回答者留下一种可能,即只能答出有利于问者而不利于答者自己的那种答案,这样问的人肯定处在主动的境地,而答者处在被动的境地。

有这样一则故事,很能说明这种巧问的奥妙:

> 有一个聪明的人在皇宫里做官,一天上朝时,对众大臣说:"各位大人,我可以知道大家心里在想什么,不信的话,我可以和大家打赌。"众大臣虽然知道他足智多谋,但也都不相信他能完全猜透大家的内心活动,于是纷纷出钱和他打赌。一方面是想要赢他的钱,另一方面也是想让他在皇上面前出一出丑。大家又把此事禀奏皇上,皇上也挺感兴趣,想试试他的智慧,于是传旨,命打赌的双方都上殿一试。那个聪明人对众大臣说:"在座的诸位大人心里怎么想的,我都知道,我说出来你们看对不对。你们大家现在心里正在想着:'我这一辈子始终都要效忠皇上,永远也不会背叛朝廷。'各位大人是不是这样想的?如果有哪位能指出我猜得不对,请立刻站出来。"众大臣听了,面面相觑,张口结舌,没有人敢站出来说他猜得不对,大家一致认为他确实能猜透人们的心思,大家都认输了。②

(四) 巧妙回答,转危为安

答是对问的回复,因此在辩论中需要把握答的技巧,用答来冲破问的控制,摆脱问所设的圈套,使问的目的落空,设法变被动为主动,转危为安,从而陷问方为被动,以达到利于己方立论或驳论的目的。

1. 灵巧仿答,以其人之道还治其人之身

仿答就是仿照问话的方式来回答。仿答一般有两种形式:一种是仿用对方的言语来还击对方;二是仿用对方用过的方法、技巧来还击对方。在辩论中,巧妙地使用仿答的方法往往能置对手于窘境,使其自食其果,哑口无言。我们来看下面这个故事:

> 一位财主刁专刻薄。一次,一位长工不小心踩死了他家的一只公鸡,他便乘机敲诈,对长工说:"你踩死了我一只能生蛋的公鸡,限你三天之内赔我同样一只能生蛋的

---

① 李天道主编:《中国辩论词名篇快读》,四川文艺出版社2005年版,第127—128页。

② 《实用文库》编委会编:《实用辩论技法大全》,电子工业出版社2007年版,第381页。

公鸡，否则，扣发你的工钱。”

长工回到家闷闷不乐，妻子问明原因，要他不要着急，她自有办法。

第三天，长工妻来到财主家。财主问道：“你的丈夫呢？他怎么不来？”

长工妻子答道：“他不能来，他正在家生孩子！”

财主吼道：“胡说，男人生什么孩子？”

长工妻反驳道：“既然男人不能生孩子，哪有公鸡能下蛋咧？”

财主哑口无言。①

2. 答非所问，转移话题

在辩论中，如果遇到难以回答，不愿回答或是不屑回答的问题时，可以采用一种闪避的方式来回答，如答非所问，或故意转移话题。

1928年2月，由于叛徒的告密，年仅28岁的共产党员夏明翰不幸被捕，敌人用尽种种刑罚，都不能使他屈服。国民党在对他进行最后一次审讯时，他用岔答术回答了愚蠢而疯狂的敌人：

“你姓什么？”

“姓冬。”

“胡说，你明明姓夏，为什么姓冬？”

“你们把黑说成白，把天说成地，把杀人说成慈悲，把卖国说成爱国，我姓夏，当然也应说成姓‘冬’！”

“多少岁？”

“共产党万岁！”

“籍贯？”

“革命者四海为家，我们的籍贯是全世界！”

……

夏明翰故意岔开敌人所要问的内容，使敌人一无所获，并一次次嘲弄敌人，真可谓一箭双雕。②

3. 改变视角，巧答妙应

针对对方的提问，选择一个非常奇妙的角度来进行回答，而不从常理进行思考，往往能收到事半功倍的效果。

一次，乾隆皇帝突然问刘墉一个怪问题：“京城共有多少人？”刘墉虽猝不及防却非常冷静，立刻回了一句：“只有两人。”乾隆问：“此话何意？”刘墉答曰：“人再多，其实

① 《实用文库》编委会编：《实用辩论技法大全》，电子工业出版社2007年版，第459页。

② 《实用文库》编委会编：《实用辩论技法大全》，电子工业出版社2007年版，第287—288页。

只有男女两种,岂不是只有两人?"乾隆又问:"今年京城里有几人出生?有几人去世?"刘墉回答:"只有一人出生,却又十二人去世。"乾隆问:"此话怎讲?"刘墉妙答曰:"今年出生的人再多,也都是一个属相,岂不是只出世一人?今年去世的人则十二种属相皆有,岂不是死去十二人?"乾隆听了大笑,深以为然。①

刘墉的回答十分巧妙,选取一个十分特别的角度,以妙答趣对皇上。

4. 善用幽默,轻松调侃

问的本身带有戏谑的性质,答得也风趣,显得诙谐幽默,令人喷饭,从中也能看出问、答的机智灵巧。

有一则关于清代著名才子纪昀的笑话:

纪昀55岁时,擢升内阁学士、总理中书科,并兼礼部侍郎,他的莫逆好友王尚书设宴庆贺,席间还有一位御史作陪,正当推杯换盏,酒酣身热之时,忽见一只家犬徘徊门外,等候觅食残羹剩饭。

御史见此,灵机一动,故意一指厅外,仰问纪昀:"你看那是狼(谐'侍郎')还是狗?"

纪昀一听,明白其意,随即应道:"是狗!"

王尚书插问:"何以知道是狗?"

纪昀慢条斯理地解释道:"狼与狗之不同有二,一是看它的尾巴,下垂为狼,上竖(谐'尚书')是狗!"

词语一出,引得哄堂大笑。王尚书被骂得面红耳赤,无言以对。御史在旁幸灾乐祸:"你倒捡了便宜,我本来问是狼是狗,却原来尾巴上竖是狗!"言毕放声大笑。

纪昀又说:"且慢,我的话还没说完。二是看它吃的东西,大家知道,狼是非肉不食,狗则遇肉吃肉,遇屎(谐'御史')吃屎。"

话刚落音,又爆发了笑声。这回御史大人也面红耳赤了。②

5. 以问代答,把握主动③

在辩论中,对方常常提出一些敏感性的或难以回答的问题,你不愿或不能正面回答,便可采用以问代答法,向对方提出一个与之相关,其实质内容却又背道而驰的问题,使之无法回答,从而化被动为主动。

下面是'99国际大专辩论会上香港大学队(正方)和新加坡南洋理工大学队(反方)之间的一段辩论:

---

① 《实用文库》编委会编:《实用辩论技法大全》,电子工业出版社2007年版,第458页。
② 李元授、李鹏:《辩论学》,华中科技大学出版社2004年版,第168—169页。
③ 《实用文库》编委会编:《实用辩论技法大全》,电子工业出版社2007年版,第242页。

反方三辩：讲了这么久，对方连书本有什么功能都说不清，难怪看不出不会取代的理由了。那我就请问对方辩友，法律上的那本《圣经》你又如何取代啊？

正方三辩：那么对方同学，你今天讲的书本就是《圣经》吗？

反方一辩：对方辩友难道连《圣经》的例子都解决不了还要和我们谈其他！请问对方辩友，那本《圣经》如何取代？

正方一辩：对方辩友，我告诉你，现在已经有电子《圣经》出版了，这不是告诉大家电脑的普及化吗？

反方二辩：普及等于取代吗？电子《圣经》出版商说过要把所有的书本(圣经)一网打尽吗？

正方二辩：对方辩友，今天的命题是“必将”，所以如果现在有这个趋势，已经有电子《圣经》出现，为什么掌上电脑就不会成为我们明天的书本呢？

反方三辩：可能的趋势就等于结果的必然吗？今天上海证券交易所的股票指数是一千点，明天是二千点，后天它会突破一万点吗？

此例中，双方都在发问，仿佛回答了，但都没有作实质性的回答。当一方提出问题后，另一方采用一个不置可否的转折，马上过渡到回问对方问题，双方你来我往，如法炮制。因为他们明白，针对对方抛出的问题，回答稍有不慎，就会被对方打开缺口，陷入被动。

[研读专栏]

像乔布斯一样去演讲①

苹果粉丝也有不买苹果账的时候。2009 年苹果公司的年度 Macworld 大会就遭到粉丝的抗议，要求退票，原因是苹果公司宣布乔布斯将缺席他持续多年的主题演讲。

“我还记得 2007 年，有一天我跟外甥打了一下午球，然后他迫不及待地要回自己家，拒绝了我请他吃饭的邀请。他那时候刚从高中毕业，我想他是不是约了朋友要去闲逛。我猜中了一部分，他的确约了朋友去闲逛，不过逛的地方就在苹果商店门口，他们结伴在那里排队等着 iPhone 发售。”乔布斯的苹果引爆了全世界涌动心中持续的热情，而高潮正是从那次被卡迈恩·加洛称为“最棒的乔布斯演讲”开始的。

“如果你想看非凡的演示，那就应该看那次 iPhone 发布会上的乔布斯。我在书中对这一部分做了很全面的分析，那次展示的华彩部分在于乔布斯对 iPhone 出场的介绍。”加洛兴奋地说。在发布会上，乔布斯并没有草草带过开场——“现在我们有了一部令人激动的电话，我现在向大家介绍，这就是……”——然后直奔 iPhone 的功能介绍，而且费尽笔墨以取悦听众。乔布斯说：“我们要向大家介绍三款革命性的产品：一个新的 iPod，一部电话，还有一台网络交流设备。明白吗？这是一个设备，我们把它称之为 iPhone。”在场的听众发出欢呼声，加洛说：“乔布斯满面笑容，他彻底赢得了听众，这是多么欣慰和自豪的事情。”

加洛曾是一名电视新闻工作者。“在 UCLA 和西北大学完成学业以后，我当了 15 年

① 引自 http://it.sohu.com/20100822/n274389378.shtml，作者杨澍，原文刊载于《哈佛商业评论》。

的电视节目主持人，之后做了CNN的财经新闻记者。”加洛热爱媒体工作，“但是做媒体不能释放我所有的热情，与报道一家公司相比，我更想自己去运作一家公司”。作为媒体记者，加洛发现，一部分参与节目录制的企业高管和访谈嘉宾总是会被重复邀请，“他们的共同点是，都很善于讲故事，一件事情经过他们的描述往往变得清楚、明白，能唤起听众的热情”。加洛开始了“媒体训练”的实践，开始为企业高管接受媒体访问做培训。“媒体训练是我所从事的工作的很小一部分，但是其中的很多技巧是适用于所有商务沟通的。”

其实加洛从2005年就开始研究乔布斯的演讲技巧。“2007年，在他的iPhone演讲之后，我深受震动。如果说1984年的乔布斯有非凡的号召力，那么2007年Macworld大会上的乔布斯已然成为一位完美的演讲者。我给《商业周刊》写了一篇文章，后来又就同一个话题写了一系列的文章，文章反响不错，我发现人们对这方面的内容很感兴趣，那些明白其意义的人想成为更出色的演讲者，为什么不从做得最好的人那里学呢？乔布斯是全世界企业家中最会讲故事的人。在过去的30年里，他已经把产品发布和展示发展成为一门艺术。所以我决定在2009年写一本书。”演讲技巧已经成为现实的商务沟通工具，演讲越精彩，给客户和同事留下的印象也就越深。“我记得我曾经看过一本比尔·莱恩(Bill Lane)写的书，他是前GE CEO杰克·韦尔奇的讲稿写手。他说在韦尔奇宣布退休之后，最终成为CEO候选人的都是在GE公认的演讲高手。”

加洛回顾自己的职业生涯，对于他自己并没有什么印象特别深刻的事情，哪怕是曾经获得美国电视艾美奖，反而是那些曾经交流的嘉宾、演讲者给他留下了深刻的印象。“他们中很多人都是沟通交流的行家里手，他们所用的词汇以及组织词汇的方式都令我激赏，乔布斯就是他们其中的一位。”

“乔布斯的演讲像一出戏剧性的表演”

“优秀的小说家不会在小说开始的第一页就泄露全部的情节和结局，他会通过慢慢堆积素材、催化情绪来实现。”加洛说。乔布斯的演讲往往是从回顾和评价苹果已经创造出的“革命性”产品开始，对他来说，“革命性的产品总是结伴同行，相继到来。苹果公司很幸运，已经为这个世界创造了它们当中的一部分。”在2001年iPod的发布会上，乔布斯回顾了1984年苹果推出麦金托什电脑，它改变了整个电脑行业；而iPod的出现则改变整个音乐产业。

在背景的铺陈之后，乔布斯用一种戏谑的方式来吊听众的胃口。“就像他在发布iPhone时所做的那样，他调侃听众，设置悬念，最终出现的iPhone彻底颠覆了大家的预期。”当大屏幕上出现iPhone的图片，乔布斯说，今天苹果重新发明了手机。“乔布斯像驾驭一支交响乐队一样控制演讲的节奏，有起伏，有渐变，有高潮，最后为听众创造一个意料之外的结果。”不仅是演讲的内容，乔布斯通过自己声音的抑扬顿挫，掌控着听众的兴奋点。“这是一个优秀的演讲者必须具备的技巧，自如地变化语速，在恰当的时间提高或者降低声调。”当他回顾过去开场的时候，语速慢，声音低，甚至是以一种谦卑的语气在说话，这样的声调一直延续到他宣告iPhone的诞生。

“一张幻灯、一个观点，这是最有力的方式。”加洛说。乔布斯在介绍那三款“无中生有”的产品时，并没有用一张幻灯展示出三种产品，他为每个产品都制作了一张幻灯，宽屏iPod、手机、网络交流设备，每张幻灯上出现一种产品的图片。“真正有效的演讲幻灯，每张只传达一个信息。对于真实的信息是这样，对于那些有意制造效果、渲染气氛的信息也一样。”加洛说。对于幻灯片所展示的内容，乔布斯也极尽简化，没有要点提示，也不用冗长的数据，尽可能发挥图片的视觉作用。“人更善于图片记忆，而简化的内容更容易让听众关注演讲者所说的话。太多文本会分散听众的注意力，所以演讲者在准备幻灯片时应该是图片导向，专注关键点。”

在 iPhone 发布的时候，乔布斯使用了大量的形容词来描述这一新产品，包括“非凡的”、“革命性的”、“酷的”，对触屏技术，他甚至使用了“魔幻之作”的说法。加洛说：“如果你相信你的独特产品和服务会改变世界，那就直接说出来。很多演讲者都害怕在介绍自己产品的时候太夸张，变成自吹自擂，于是他们走到了另一个极端，让演讲非常无趣。你为你的产品、服务、企业激动兴奋，那就直接告诉你的听众。你要允许自己释放这样的热情，表达出来为自己找乐。”

“乔布斯也是练出来的”

乔布斯并没有把演讲的成功当做想当然的事，事实上，长时间的排练才换来演讲过程中表面上轻松、不拘小节和亲和力。乔布斯通常提前几个星期就开始为演讲做准备，检查要展示的产品和技术。“一个原苹果公司的员工曾经回忆说，这些演讲看上去只是一个身穿黑色上衣和蓝色牛仔裤的人在谈论新的技术产品，真实情况是每场演讲都包含了一整套复杂、精细的商品宣传、产品展示。为了 5 分钟的舞台演示，他的团队曾经花了数百个小时做准备。”加洛说。演讲前，乔布斯用整整两天的时间反复彩排，咨询在场产品经理的意见。在幻灯片制作方面，他亲自撰写并设计了大部分内容。相反地，“我能列举出一大堆企业 CEO、高管，他们青睐即兴演讲。这让我很奇怪，企业的领导者花费大量的金钱来设计产品发布、技术演示，但是在临门一脚的时候，他们却没有时间彩排。”

当年乔布斯正在为发布 iMac 进行彩排，按照设计，他话音一落，新款的 iMac 从一块黑色幕布后面滑出。乔布斯对当时的照明状况不满意，他希望光线更亮一些，出现得更快一点。照明演示的工作人员一遍又一遍调试，始终不能让乔布斯满意，而他的情绪也越来越糟。最后终于调试好了，乔布斯在礼堂里兴奋得狂叫。“如同乔布斯的朋友所说，他追求品质的态度近乎神经质。我们应该想一想，最后一次为准备演讲进行筋疲力尽的排练是什么时候？答案也许是，从来没有。”加洛说。

研读小结

文章介绍了乔布斯的演讲魅力和演讲技巧，我们在平时的演讲中也可以学习这些技巧，吸引听众的注意力，激起听众聆听的欲望。好的开始是成功的一半，好的开场白是精彩演讲的必备要素。好的开头，能唤起听众的兴趣和求知欲，产生巨大的吸引力，仅仅抓住听众的兴头，使听众非听下去不可。乔布斯并没有草草带过开场，精彩的开场白吊足了观众胃口。同时，乔布斯非常懂得如何调整自己的语速、语调和节奏，能够自如地变化语速，在恰当的时间提高或者降低声调，这也是成功演讲的重要因素。同时，乔布斯的演讲是充满热情的，乔布斯使用了大量的形容词来描述这一新产品，包括“非凡的”、“革命性的”、“酷的”，这种对产品的热爱能够感染到听众，充满热情地演讲才会打动听众。

[**思考题**]

1. 简述语言结构的特点，并指出其与人际传播的关系。
2. 结合人际传播阐述语言的意义。
3. 口语和书面语有什么区别？
4. 人际交往中，口语语言表达的原则有哪些？
5. 从内容上看，演讲和辩论分别有哪些种类？
6. 看下面一段对话。甲：“你在造纸厂，有得是纸，为什么不给我带点，真没意思！”乙：“你在银行，有得是钱，为什么不拿点给我，也差不多。”乙的回答采取了本章中提到的哪种辩论技巧？

第八章
非语言传播

◆ **学习目标**

学习完本章，你应该能够：

(1) 了解非语言传播的概念及功能；

(2) 了解非语言传播的基本特点和类型；

(4) 初步掌握体态语、客体语、类语言、环境语这四大非语言类型的特征；

(5) 初步掌握利用非语言进行人际交流的方式方法。

◆ **基本概念**

非语言传播　体态语　类语言　客体语　环境语

第一节　非语言传播的概述

一、非语言传播的含义

非语言沟通又称肢体语言，它是相对于语言的另一种人际传播手段和媒介。非语言是指不以人工创制的语言为符号，而以其他感官诸如视觉、听觉、嗅觉、味觉、触觉等的感知为信息载体的，运用身体动作、体态、语气语调、空间距离等其他非语言的方式传递信息的符号系统。

较之于语言，非语言是更为古老和方便的传播手段。在人类近300万年的历史进程中，动作和表情一直是人类传达信息和情感的最早手段。直到大约5万年前，有声语言出现以后，语言才为人们所采用。对非语言的正式研究是从达尔文开始的。1872年，达尔文出版了《人类与动物的表情》一书，对人类与动物的种种心理活动和表达感情的方式进行了系统的研究和详细的描写。①

在我国，对非语言的研究，最早可以追溯到先秦诸子。在《论语·乡党》中写道："朝，与下大夫言，侃侃如也；与上大夫言，訚訚如也。君在，踧踖如也，与与如也。"意思是说，孔子上朝，当君主未到时，他同下大夫说话，温和而快乐的样子；同上大夫说话，正直而恭敬的样子。君主来到后，则是恭敬不安而仪态得体自如。可以看到，孔子非常讲究在各种场

① 李杰群：《非语言交际概论》，北京大学出版社2002年版，第10页。

合的仪容体态，试图用这种非语言的信息传达给不同受者，达到不同的效果。

有研究表明，如果有效进行非语言交流，那至少会在以下两个方面收益：首先，你发出和接受非语言信息的能力越强，你就越有吸引力，就更加受欢迎，社会心理适应能力也就越强；其次，你掌握的非语言传播技巧越多，那么你就能更加游刃有余地应对各种人际交往情境①。

作为人际传播的主要手段，语言和非语言有很多相同之处。它们首先都是人类进化和交往过程中创造出来的"产品"，在人际传播中，人们同时使用语言和非语言这两种"产品"。在面对面的人际传播中，我们很难想象一个人只是用口说话，而不发出任何身体动作和表情；一个人只用身体动作和表情表达意思，而不说一句话，同样是不可思议的，除非他是哑巴。在面对面的交流中，语言和非语言往往是同时发出，并融为一体的。例如在表示肯定时，人们除了用语言表示外，常常还伴随着一些表示肯定的动作，如视线放在正确的位置，不时点头，面带微笑等。在传达否定的意思时，人们除了口头的表示，也常常伴随了一些表示否定的动作，如眼睛朝下看地、摇头、脸上没有表情等。语言和非语言的相同之处还表现在它们都是符号系统，人们借助这些符号来交流意义。和任何语言一样，非语言也由字、句子、标点符号等构成。一个姿势如同一个字，用在不同的地方有时有不同的意义，如搔头，可以表示头痒，也可以表示紧张、疑问、忘了什么或说谎。因此，一种姿势在和其他姿势配合使用时，就相当于把字放在不同的句子中使用，这样才能明确这些姿势的意思。

非语言传播与语言传播的区别主要表现在以下几点：

第一，语言传播始终是一种可以有效地加以控制的过程，而非语言有其可以控制的一面，又有其不可控制的一面。

语言和非语言的关系，恰似意识和潜意识的关系，即前者只相当于冰山那露出海面的一角，而后者才是冰山隐而不见的主体。事实上，语言正是同人们清醒的、自觉的意识相关联；而非语言常常是和模糊不清的、不自觉的潜意识打交道。常言道，意识的外化形式是语言，而潜意识的外化形式则显示为非语言。正因为如此，非语言的可控性程度更低。如果将传播手段分为书面语言、口头语言和非语言，我们不难发现书面语言最有时间润色，因而可信程度最低。所以，书面语言是最易控制和掩饰真情的一种方式。口头语言斟酌和修改的时间较少，自觉控制机会也相对少一些，可靠性也就大一些，但仍有时间自我掩饰和控制。非语言行为除经过特殊训练的人外，一般是不易控制的，有时甚至完全出于无意识之中。如害羞时满脸通红，害怕时脸色苍白，手脚发抖。特别是心跳、呼吸速度、体温、瞳孔大小和身体战栗等都比其他动作难以控制。所以，非语言行为相对来说最为真实。这些方面也成为机械或人工测谎仪的观察对象。

第二，语言传播受到一套严格的语言符号规则的制约，而非语言传播就其可控制性而言，则受到社会文化规范的制约，因而不同文化系统之间的非语言交际具有一定的差异性。例如，西方人爱用耸肩来表示"不知所措"或"无能为力"，而中国人就不用这个姿势。再如伸大拇指，中国人用这个姿势表示"好"，希腊人则用它表示"够了"。把大拇指和食指围成一个圆，另外三个手指伸出在英语国家表示"OK"，在日本和韩国指代"钱"，在法国表示"零，没有

① Burgoon & Hoobler, Analysis of Differences of Nonverbal Communication between Chinese and America, *Modern Literature* 2002(4).

价值”，但在南美国家它是猥亵的动作，在突尼斯甚至会传达“我要杀了你”这种意思。英美人在交往中重视双方保持着严格的空间距离，身体接触较少，以示彬彬有礼；而拉美人却喜欢相互靠近并且以较多的身体接触表示友好、亲切的情感。欧美人的动作表情丰富多变，外向性强；而中国人的动作表情却讲究温文尔雅，崇尚含蓄。美国人见面就拥抱、亲吻，而这在中国很少见，即使是关系非常亲密的人在公开场合也很少用这种见面问候方式。

第三，语言传播只有在特定的社会群体中使用才能起到传播的效果，非语言传播却部分地为不同文化、不同种族间的社会成员所通用。这是因为身体语言有后天习得的因素，也有天赋的因素。不管哪个民族、哪个国家、哪种文化背景的人，都用面部表情来表示情绪。人们还发现，大多数基本的沟通姿势，在全世界是一致的。如高兴时会笑，悲伤或生气时会拉长脸或皱眉。唯其如此，表演艺术、电视艺术、电影艺术这些以非语言作为主要表达手段的各种艺术就成为不同国家、不同民族、不同文化体系之间的重要传播渠道。而语言却有很强的民族性和差异性，不仅不同国家的语言不尽相同，就是同一个国家的不同民族、不同地区也会有不同的语言。例如，目前统计的世界上的语言就超过了八大语系：汉藏语系、印欧语系、阿尔泰语系、闪-含语系、乌拉尔语系、伊比利亚-高加索语系、马来-波利尼西亚语系、南亚语系等。其中各个语系又分为不同的语族，语族分为不同的分支，由此造成了世界上语言的无比多样性，也造成了不同地区、不同民族人们沟通的困难。

在这里，有一些有关非语言传播的认识误区是需要注意的。

有人认为，与语言传播相比，非语言传播传递的信息更为丰富。但实际更多时候，还是要取决于具体情况。比如说，如果要深入探讨科学问题，单单凭借非语言传播是不够的。

有人认为，学习非语言传播的知识可以帮助你甄别谎言。但其实谎言的识别是一个艰难的过程，仅凭几个章节甚至几门课程的学习是远远不够的。有些人会在说谎时露出马脚，刻意避免眼神接触，但大多数说谎者并不是这样。

有人认为，当非语言传播传递的信息与语言传播传递的信息相互矛盾的时候，最好去相信非语言所传递的信息。但是，和语言传播一样，非语言传播也可以欺骗人。在作出判断之前，最好对整个过程中的信号进行判断，但即使如此，要识别欺骗也绝非易事。

二、非语言的传播功能

非语言在人际传播中扮演着重要的角色。施拉姆就这样描述过：“尽管非语言的符号不容易系统地编成准确的语言，但是大量不同的信息正是通过它们传给我们的。”①阿伯罗比亚也说过：“我们用我们的发声器官发声，却以我们的整个身体交谈。”

伯德惠斯特尔曾对同一文化的人在对话中的语言行为和非语言行为做了一个量的估计，认为语言交际最多只占整个交际行为的30%左右。萨莫瓦则更为肯定。他说：“绝大多数研究专家认为，在面对面交际中，信息的社交内容只有35%左右是语言行为，其他65%都是通过非语言行为传递的。”②由此可见，非语言在人际传播中具有不可忽视的重要

---

① 威尔伯·施拉姆：《传播学概论》，新华出版社1984年版，第85页。

② Samovar A. L., E. R. Porterand, A. L. Stefani, *Communication between Cultures*, Beijing Foreign Language Teaching and Research Press, 2000.

作用。非语言传播的作用，主要表现在以下六个方面。

(一) 树立和展示自我形象

在人际传播活动中，人们不仅用语言表达自己的观点，还无时无刻不通过非语言符号展示自己的形象。人们对他人的认识在很大程度上来自于对其非语言行为的观察。经验告诉我们，非语言符号能够比较真实全面地反映一个人的文化素养和精神面貌。一个人在交际中自然流露出的仪表风度、举止动作和语音、语气等无不向他人传达诸如他的年龄、身份、地位、兴趣、性格和文化修养等大量信息。良好的仪容仪表和举止风度能给他人留下良好的印象，有利于人际关系的进一步发展。因此，在重要场合和活动中，人们总是精心设计自己的非语言行为，注重风度仪表，以塑造自己更加完美的形象，从而取得更佳的交际效果。

1961 年美国总统大选时，肯尼迪的胜出和尼克松的落败就是一个很好的实例。共和党候选人尼克松思维敏捷、从政经验丰富，选前的民意调查显示尼克松领先于其民主党对手肯尼迪。但是大选结果却出人意料。肯尼迪以美国历史上最微弱的优势(49.9%∶49.6%)战胜尼克松。尼克松的落败据说是从 1960 年 9 月 26 日在芝加哥举行的第一次电视辩论直播开始导致的。在这次电视辩论中，肯尼迪充分运用了非语言符号的力量，他不仅精心梳妆，还请专门顾问为其设计了坐姿、站姿等等，因而在电视上显得气宇轩昂、精力充沛。与此相反，尼克松不仅没有进行任何形象包装，而且不久前的感冒还使他显得脸色苍白，膝盖伤也让他的体重明显减轻。因此，电视上的尼克松显得憔悴不堪。有意思的是，辩论后进行的调查显示，通过收音机收听辩论的选民认为说话有条理的尼克松赢得了这场辩论，而通过电视观看这场辩论的选民，则被肯尼迪的翩翩风度而倾倒，认为肯尼迪是辩论的胜方。在这次选举中，肯尼迪的仪表风度上成了其战胜对手赢得选举的一个重要因素。

研究表明，以下列出的 10 种非语言信息有助于增加你的魅力值，另有 10 种则会起到相反的作用①。

表 8-1　10 种有助于增加魅力以及 10 种可能损害形象的行为

有助于增加魅力的行为	可能损害形象的行为
在恰当的情境中合理使用与信息相符的姿势，以显示自己的活力。	为了做姿势而做姿势，做一些可能冒犯不同文化背景的人的姿势。
点头、身体前倾表明你在认真聆听。	不顾别人的说话内容，胡乱点头，敷衍迎合，身体过度前倾，侵犯他人空间。
微笑，以及其他表达你赞同、感兴趣和关注的面部表情。	做得过分，夸张地笑，让人觉得很不舒服。
适度地进行目光接触。	死盯着别人让人觉得有种被监视的感觉。
适度地有些接触动作。	过度亲密地接触他人/刻意避免去接触他人。

① Riggio & Feldman, *Applications of Nonverbal Communication*, Lawrence Erlbaum Associntes Publishers, 2005(6), p64.

续表

有助于增加魅力的行为	可能损害形象的行为
说话语速适中，抑扬顿挫。	语调忽高忽低，与谈话内容不适应。
保证你静静地聆听别人谈话的时间和你说话的时间大致相等。在聆听别人谈话的时候要配合一些面部表情、手势或其他反馈信息。	他人讲话时你毫无反应，或者心不在焉。
与对方保持适度的距离。	距离过近，侵犯到他人的私人领域。
保证自己身体的气息令人愉悦，注意驱散身上的烟味、洋葱味道。这些气味自己可能因为太熟悉而意识不到。	过度地使用香水或是古龙水。
根据场合，正确着装。	穿着不舒适的服装或是过于惹眼的服装，以致分散了他人对于你要传递的信息的注意。

资料来源　约瑟夫·A. 德维托：《人际传播教程》（第12版），余瑞祥等译，中国人民大学出版社2011年版。

（二）建立和定义关系

佛洛伊德（Floyd）和迈克儿森（Mikkelson）在2005年进行的一项研究中表明，你对他人的喜爱、支持和爱慕至少有相当一部分是以非语言的方式传播的。

非语言信息可以用来表明你与他人之间的关系，这种能够表明双方关系的信号被称为“关系信号”，它能够表明两人建立关系的方式①。关系信号可以用来确定关系的程度，比如，你可以试探去牵对方的手，看看他/她是否作出正面的反应。

关系信号因关系发展的程度不同而表现出不同的形式，如非正式的握手表示关系尚远，紧抓双手或是挽住手臂表示关系较近，深吻对方则表示关系相当亲密②。

同时，非语言信息也可以被用来传达关于地位的信息③。配有宽大办公桌的大办公室表示地位较高，而地下室的小隔间则表示地位较低。

（三）辅助语言表达

语言是人际传播的主要手段，无论是在功能的开放型、内容的复杂性，还是传递信息的丰富性和使用范围的广泛性等方面，非语言都无法与语言相比。因此，从总体上来说，非语言处于从属、辅助的地位，它能够帮助语言更好地完成交流，具有辅助语言传播的作用。

人们在语言传播的时候，往往有词不达意或词难尽意的感觉，因此需要同时使用非语言来帮助，或弥补语言的局限，或对语言的内容加以强调，使自己的意图得到更充分完善

① Erving Goffman, *Relations in Public*, Harper & Row, 1972, p84.

② Riggio & Feldman, *Applications of Nonverbal Communication*, Lawrence Erlbaum Associates Publishers, 2005 (6), p14.

③ Knapp & Hall, *Non-Verbal Messages*, Pat Press 2006, p29.

的表达。比如当给别人指路时，人们总是一边告诉对方路线，一边用手指点方向，以帮助问路者更好地领会道路的方向。人们还常常会在对他人表示赞赏或满意时，一边说话一边用手轻拍对方的肩膀；在演讲时，人们也习惯用手势来增强自己的语言表达效果。

在人际传播中，非语言对语言的辅助作用主要表现在三个方面，即补充、强调和调节。

第一，补充。非语言的补充作用主要体现在非语言行为可以对语言行为起到修饰或描述的作用。例如，一个人犯了错误后，一面检讨，一面以沉痛或后悔的表情表明自己的心情或态度。

第二，强调。头和手的动作常常对所讲的话起到强调作用。例如，讲话人说："我们一定要清除不正之风！"同时，他头向前倾，伸出手掌或拳头用力向下压，以表示态度的坚决。

第三，调节。交谈时，人们常常可以以手势、眼神、头部动作或停顿暗示自己要讲话、已讲完，或不让人打断。

有时候脱离非语言的辅助作用，语言传播很难达到有效的目的。因此，在人际传播活动中，人们经常自觉的使用非语言以达到更好地传播效果。这一点在演说中体现得尤其明显，因为演讲者总是利用自身的穿着打扮、目光神情、声音变化和手势动作等非语言符号来强化表达效果。如上文中提到的肯尼迪竞选总统的事例一样，据说艾森豪威尔将军的语言能力极差，他能入主白宫也得益于其在竞选总统时的成功的形象设计。据一位阿拉伯专家的研究表明，阿拉伯人演说时伴随出现的肢体动作至少可以达到 247 种。如讲到"把敌人彻底消灭"这句话时手往下猛力一挥，就表示了强调的意味。英国首相丘吉尔在一次演说中说"我们的生活水平比历史上任何时期都高，我们现在吃得很多"。讲到这里，他故意停下来看看、听听，停顿了一会，又盯着自己的肚子说"这是最有力的实证"。很显然，丘吉尔在这里巧妙地运用了停顿、目光等非语言，有力地补充了语言传播的意思，从而收到了很好地表达效果。

(四) 替代语言表达

非语言并不仅仅是辅助语言传播，有时候还有替代语言的作用。经过人类的长期实践和总结，非语言形成了部分替代语言的特殊功能。在许多情况下，非语言传播也许能收到比语言传播更好的效果。

非语言的替代功能首先表现在传播者由于自身的身体缺陷而存在交流障碍时。比如聋哑人或者一些不能说话的患者之间进行交流时，使用手语等标记动作。两个或多个正常人之间在言语不通或其他特殊情况下时，也会使用面部表情和手势等方式来代替语言完成交流。西方历史上有一个教派，曾定下一条严格的教规，禁止僧侣们使用语言。于是，大家只能凭借动作、姿势等非语言来相互交流。有趣的是，这种交流活动并没有对他们造成什么影响，他们的一切日常事务仍然安排得井井有条，可见非语言传播并不比语言传播逊色。

其次，在不方便直接利用语言的情境下，为了避免尴尬的局面，或者不使对方感到难堪，或者摆脱困境，人们会使用非语言来代替语言，收到无声胜有声的效果。《三国演义》中有一段扣人心弦的空城计故事。故事说的是司马懿率领大军突然逼近诸葛亮镇守的一座小城，当时诸葛亮身边只有几个老弱病残的士兵，根本不是司马懿的对手。在这种危机关头，诸葛亮心生一计。他下令打开城门，让几个老兵在城门前扫地，自己则坐在城头抱琴抚弦，神情泰然。生性多疑的司马懿见这阵势，顿生狐疑，料定其中有诈，因而引兵离去。在这里，正是诸葛亮巧妙而机智地运用一系列非语言符号向司马懿传递了一个虚假信息，使局势转危为安。在日常生活中，人们也常常使用非语言符号来代替语言符号。上课时，老师突然抬起头，盯着几个讲小话的学生，几秒钟后直到所有的人都停止说话了才开始上课。他的表情说明："请保持安静！"古时候中国人下逐客令时，也常常不直接说出来，而是将茶杯倒扣，向客人隐含地传达送客的意思。

有一次，美国第十六届总统林肯作为被告的辩护律师出庭。原告律师将一个简单的论据翻来覆去地陈述了两个多小时，听众都不耐烦了。好不容易才轮到林肯辩护。只见他走上讲台，一言不发，先把外衣脱下，放在桌上，然后拿起玻璃杯喝了口水，接着重新穿上外衣，然后又喝水，这样的动作重复了五六次，逗得观众笑得前俯后仰，这时，林肯才在笑声中开始了他的辩护。[①]林肯和其他观众一样，对原告律师的喋喋不休十分不满，但又不便直言，于是就采用了重复某些动作的非语言手段，代替了有声语言嘲弄原告律师的目的。

再次，在某些行业或特殊人群中，人们创造了特殊的非语言符号以方便完成交流。如交通警察借用手势语来维持交通；体育裁判的手语，潜水人员的手势等，都是在特定情况下唯一可行的传播方式。我们还知道，有些非语言符号经过艺术化后成为艺术表达手段，比如舞蹈、哑剧表演等，它们都是充分利用肢体、面部表情、眼神等非语言手段来表现人们的思想情感，比如最常见的哑语。

最后，非语言的替代作用还有一种特殊情况，即非语言所表达的意思可以完全与语言相反，从而否定语言的意义。例如，甲对乙说："你干得真不错"，同时却向丙使眼色表示不满。

（五）调节互动

语言是最为规范的符号系统，在同一种语言背景中，不同人对以一定声、形符号为载体的字词所建立起来的概念或理解是高度接近的。但是，语言传播也需要非语言来调节互动。在人际传播中，很难想象一个人只使用语言，而不用任何非语言符号。

非言语可以调节言语交流，使交流者之间形成互动关系，从而维持和调节沟通的进行。人们在交流中总是有意或无意通过目光接触、面部表情、音调和姿势等行为来控制言语交流的发展过程。比如在谈话时向对方点头则表示："说下去，说完你想说的一切"；眼睛看着对方表示谈话还可以继续下去；而眼睛看向别处则表示谈话应该结束了。在课堂上，老师可以通过注视某个学生来暗示某一学生回答问题。其他诸如改变体位、改变与对方的距离、皱眉头等动作都是谈话者之间互动交流的表现。一般来说，如果一个人能够调节交流，那么这个人便处于控制地位，这个人可以阻止别人参加交流，也可允许别人参加。在西方文化中，存在着一些和调节有关的、相互更替的即时因素，即我说—你说—我说—你说……但是这种调节功能往往因具体国家的文化而异。

① 张先亮：《交际文化学》，上海文艺出版社2001年版，第46页。

(六) 表达情感和态度

语言符号主要表现意识的活动,非语言符号则主要是潜意识的外化,因此一些细微莫测的情感往往很难用语言准确表达,一般只有通过非语言符号来充分显示。中国社科院哲学所的周国平有两句话说得好:一切深刻的体验都羞于表白,一切高贵的思想都拙于言辞。

透过一个人的面部表情、姿势、形体动作等非语言,我们能窥探他内心的秘密。比如,一个心地傲慢的人从他的言谈话语中也许看不出来,但他的举止神态却很容易清楚地显露出他的傲慢。再如,一个手舞足蹈的人心情一定很好,而一个垂头丧气的人内心八成会有不顺心的事情。当你想对别人表达更多的热情和亲密时,你总是表现出愉快的面部表情、热情的姿势、更近的人际距离或友好的接触。反之,你可能会态度冷漠、表情冷淡,控制与对方的接触,并且与其保持较远的距离。

很多时候,非语言信息可以帮助人们表达出他们不愿意用语言信息表达的情感①。比如,对于你不想与之交往的人,对于你想与之降低你们之间关系度的人,你可能会避免与他/她进行目光接触,会和他/她保持很远的距离。同时,非语言信息也可以用来掩饰情感。比如,为了不破坏排队的气氛,即使你不开心,也会尽量保持微笑。有时,即使你认为某个人讲的笑话很愚蠢,但是为了捧场,还是会报以笑容。

三、非语言传播的基本特点

非语言作为人际传播的一种信息表达手段,具有以下基本特点:

(一) 连续性

在人际传播中,人们总是自觉或不自觉地在使用非语言符号进行传播。语言符号是依据语法、逻辑的规则排列的。在一个句子中,不同性质、特点的词汇都有自己大体的位置,而且它们各自独立、相互分离。因此,语言符号也是数位符号。而非语言符号"则相互连贯,并形成一个色带(色彩)和范围(声音)"②。非语言交流在传播过程中不断进行,在交际过程中,有意识的非语言行为是交流,无意识的行为举止也是交流,甚至不说话的毫无表情也是一种交流。由此可见,非语言是"连续性"行为,没有开始和结束之分。正如欧文·戈夫曼所言:"尽管一个人可能停止说话,但是他不能停止通过身体习惯性动作的传播。"即便在没有语言参与的情况下,人们之间仍能通过距离、身体气息、肢体移动等符号传递信息和交流情感。总之,非语言传播无时无刻不在进行,这就是非语言的连续性。比如两人发生争执,在闭嘴的间隙,脸上的怒气未消,身体的姿势也还是进攻型的,除非一人

---

① Dominic A. Infante, Andrew S. Rancer, Deama F. Womack, *Building Communication Theory*, second edition, waveland Press, p511-512.

② 史蒂芬·W. 小约翰:《人类传播理论》(第 9 版),清华大学出版社 2011 年版。

走开，脱离视线。对于各种器物而言更是如此，器物的运用往往可以通过非语言的传播达到长久而联系的效果。

英国加油站经常会遇到加“霸王油”的不法分子，他们在加油后随即踩下油门扬长而去，汽油公司每年因此而损失 1 100 万英镑。为了阻吓这类罪犯，斯塔福德郡减罪组的警官斯科特想出一个办法，他以每周 50 英镑的价钱，为加油站租下了已经破旧到无法巡逻的警车，让匪徒以为加油站有警察巡逻而不敢轻举妄动。这样警车既用不着报废，又可以维护社会治安，还可以赚取租金，可谓一举三得。试验后发现，加“霸王油”的情况减少了七成，汽油公司对这项举措十分满意。①

(二) 立体性

在人际传播活动中，人们并不只是运用一种非语言符号，说话人的语气口吻，面部的表情，肢体的动作，器物的颜色、形状、气味等都可以出现。非语言行为通常以组合的方式出现。当一个人愤怒时，他会横眉怒目、咬牙切齿、紧握拳头；当一个人高兴时，他会喜笑颜开、手舞足蹈；当一个人悲愤时，他又会捶胸顿足……实验表明，人们的情绪几乎都是由整个身体表达的，要使身体的不同部位表达各不相向或矛盾的情绪，非常困难。因此，人们总是同时使用身体的各个器官来传情达意，非语言行为在空间上具有“立体性”。

美国口语传播学者雷蒙德・罗斯(Ramond Rose)②写道：各种非语言符号在传播中“是相互关联、互为依托、协同一致的。如果它们不是这样，你的意图就要受到怀疑”。当你愤怒至极时，尽管你竭力克制，但沁出的汗珠、迅速的眨眼、轻微的哆嗦、沙哑的声音等非语言符号却在“协同造反”，纷纷暴露真相。即使你为迷路者指示路径，你的眼睛、表情、身体也会随着你手臂的指向配合行动。

一个非语言行为，通常与其他非语言符号相伴随，构成符号系统。此外，非语言符号与语言传播行为也往往密切相关，互相增强和支持。因而，在认识某一非语言行为时，应尽可能完整地把握相关的所有非语言讯息。

(三) 即时性

所谓即时性包含两个含义。首先，即时是指一旦信息发出，便无法收回。古人之言“三思而后行”就是考虑到了非语言传播的这一特点。在足球场上，有些球员一时激动无法控制情绪而向对方队员吐唾沫，这么做的后果，便是收到禁赛通知。其次，即时是指信息的传播转瞬即逝。因此，作为受者要集中注意力，会看会听，善于琢磨出传者的说话内容及要领；而作为传者，也应当调动各种手段来突出强化主要信息，并获得受者的注意力，比如夸张或重复某个动作等。

① 罗心涤：《旧警车出租保平安》，《法苑》2001 年第 8 期。

② 雷蒙德・罗斯，《演说的魅力——技巧与原理》，中国文联出版公司 1989 年版。

(四) 模糊性

根据生理学的研究,人的大脑分为左右两个半球:左半球控制逻辑信息,右半球控制形象信息。因此,语言作用于左半球,动作等非语言作用于右半球。语言能表达意义明确、逻辑清晰的信息;而非语言往往传递朦胧模糊的主观印象。人们常常将非语言符号视为一种肖像性符号,即其能指与所指之间的规约程度低,因此,非语言不能明确地表达具体的思想,它所表达的含义往往是不确定的。同样是拍桌子,可以是"拍案而起",表示怒不可遏;也可以是"拍案叫绝",表示赞赏至极。只有联系具体的传播情境,才能明确非语言的意义。

(五) 真实性

如前所述,非语言较之于语言可控性低,因而具有较强的可信性和真实性。非语言传播是非常根深蒂固和无意识的,许多时候,语言信息和无意识表露的非语言是相互矛盾的。人的真实意图往往用语言信息掩饰,然而在非语言沟通中却很难掩饰。

为什么非语言具有真实性呢?一方面,由于语言受理性意识的控制,容易作假,而非语言大都是发自内心深处,是无意识的,是传播者真实思想感情的流露。因此,要了解说话人的深层心理,即无意识领域,单凭语言是不可靠的。因为人类语言传达的意思大多属于物理层面,是受意识控制的。这些经理性加工后表达出来的语言往往不能率直地表露一个人的真正意向,这就是所谓说出来的语言并不等于存在于心中的语言。因此,人们常说不但要"听其言",还要"观其行"。另一方面,一个人的非语言行为是其整体性格的表现以及个人人格特征的反映,非语言更多的是一种对外界刺激的直接反应,是人们潜意识的反映,很难掩饰和压抑,具有更强的真实性。正如弗洛伊德所说,没有人可以隐藏秘密,假如他的嘴唇不说话,则他会用指尖说话。因此,当语言信息与非语言信息发生冲突时,我们宁愿接受非语言信息。

[案例分析]

日本西武集团的非语言运用之道①

日本西武集团是一家赫赫有名、势力庞大的企业。旗下有170多家大型企业,从业人员超过10万人,经营的业务涉及铁路、运输、百货、地产、饮食、学校、研究所等各种行业。在《福布斯》公布的全球最富有企业家排名中,西武集团老板堤义明曾于1987年、1988年两度雄居世界第一。

堤义明深知企业内部的融洽关系对企业的正面影响力,于是提出了一项举措——"擦皮鞋入社式",这项传统已经被保留了近百年。每当在举行新员工的入社仪式时,他都要集合旗下的85间分社的高级职员,团聚在东京涩谷的青山学院。员工入社仪式中有一项

① 边一民:《公共关系案例评析》,浙江大学出版社2004年版,第81页。

名为“擦皮鞋入社式”的仪式：他会给每个老员工发一瓶鞋油和一把鞋刷，仪式开始后，让新入社的员工站在老资格的高级职员面前，由他亲自带头，高级职员蹲下身子认真地为新员工擦亮皮鞋。在征询那些新职员是否满意之后，把鞋刷、鞋油郑重交给新员工，然后再由新员工为前辈们擦亮皮鞋，如果谁有一丝没有擦到的地方，这些经理和高级职员就会立刻提出来，督促这位新职员为自己认真擦干净。这不是故弄玄虚，而是赋予入社仪式以特殊意义。互相擦亮皮鞋不仅仅要告诉新员工时刻注意自己的仪容，更重要的是要创造一种温暖人心的气氛，让新老员工亲如一家，亲善合作，振兴企业。

案例点评

日本的企业非常注重内部关系的融洽，注意形成企业内部的家庭气氛。他们努力把企业办成一个大家庭，建立起情感维系的纽带，使员工产生对于企业强烈的认同感，把自己当做企业大家庭的一员。在这一过程中，非语言传播是必不可少的环节。从西武集团的案例中我们不难看到，正是这些非语言动作身体力行的传播，才让企业内部凝聚成统一的力量。通过老员工蹲下、弯腰、为员工擦鞋的一系列动作，可以看到老员工对待新员工的一视同仁和谦卑的态度，看到该企业和谐而平等的员工关系；而通过老员工督促新员工擦干净的这个动作，又可以看到该企业一丝不苟、认真踏实的企业作风。这些为之骄傲的理念和文化，若是印在员工手册中，固然可以获得不错的传播效果，但一定没有这种“擦皮鞋”的非语言方式来的直观而震撼。可见，非语言传播在西武集团的成功过程中扮演着举足轻重的作用。

[案例思考题]

1. 你可以从西武集团对非语言的运用中学习到什么启示？你如何看待这种企业理念的传播方式？
2. 就你所知，还有哪些企业是通过积极运用非语言传播的手段获得成功的？

第二节　非语言传播的类型

在人际传播中，非语言是一个复杂的系统，对于非语言传播的方式也有不同的划分标准。比如简单的二分法将非语言分为体语和默语(包括停顿和沉默)两大类。其中体语又分为动态和静态两种。动态包括肢体语和表情语，静态包括服饰语与界域语。还有学者根据非语言包括的重要内容将其分为二十多种。我们这里将其分为体态语、客体语、类语言和环境语。

一、体态语

涉及体态语，英语中有 body language, body movements, gesture, body behavior, kinesics 等。汉语中有体态语、身体语言、态势语、手势语、体语、体语学、身势学、身动学等。体态语最早是由 L.伯德惠斯特尔在《体语学导论》一书中提出的，它指人们在实际中有意或无意使用的姿势和动作。[①]波斯特说，体态语是用以同外界交流感情的全身或部分身体的反射性或非反射性动作。体态语传播也称为“动觉交际”。人类的“动觉交际”主要是通过人的面部表情、身体动作、眼神等多种方式完成的。根据伯德惠斯特尔“态势学”研究，“每一个动作都在传递关于人体运动的心理状态和生理状态信息”。[②]

需要注意的是，身体语言在不同文化中具有差异性。

受不同文化的影响，相同的信息经常通过不同的手势和动作表现出来。例如，当一个中国人招呼某人过来时，他经常伸出手朝向某人，打开手掌，手掌朝下，所有手指并拢弯曲。然而美国人招呼某人时，则习惯伸出手朝向某人，手掌朝上，手指并拢，仅有食指不停前后摆动。在中国，如果某人使用同样的动作，会被许多人认为是一种侵犯侮辱。再如，中国人表示自己吃饱时，会用一只手或两只手轻拍肚子。而美国人则会把手伸到喉咙处，伸开手指，手掌朝下表示自己饱了。

因为受到不同文化的影响，相同的身体语言在不同国家和地区也会有着不同的含义。在中国，跺脚常常表示气愤、愤慨、悔恨、受挫。但是在美国，跺脚则表示着不耐烦。在中国，张口呆看某人，通常认为是好奇、惊讶。而在美国，这个动作是非常不礼貌的，让人非常尴尬、不自在。另外的例子，手掌朝外，五指伸开在中国表示数字“五”，或者也可用于问候，表示欢迎；有时也可表示拒绝。然而在希腊，它意味着诽谤、诋毁、中伤某人。这一动作来自于古希腊。在那个时候，人们把脏东西泼到在过街的犯人身上。后来，这个手势就代表向某人扔脏东西。

并不是所有的身体语言存在于不同的国家。一些身体语言只存在与特定的国家和地区。举例来说，在中国和日本，当人们遇到难题和困难时，常常会挠头叹气，发出嗞嗞声。这一动作就不存在于美国，美国人看到这一动作，他们常常不会理解。在《语言与文化——英汉语言化对比》一书中，邓炎昌、刘润清指出，如果美国人将拇指朝下，具体动作是手臂伸于胸前，握拳，拇指伸出朝下，做向下的一个或几个动作，它暗示着拒绝某一请求或提议，也可表示无声地拒绝某人，眨眼意味着理解、同意、鼓励、支持等等。在美国文化中我们可以看到这样的例子，但是在中国，这样的身体语言我们很少能看到。当然，也有一些身体语言只存在于中国文化。例如，伸出食指指着自己的鼻尖表示“是我”，或用伸出的食指的指尖在胸前互碰表示两人相爱或是美满的一对。不同的国家和地区存在着各自的丰富多彩的身体语言。一个国家通常会有着融于自身文化的独特的身体语言，所以当我们在某个国家看到一些独特的身体语言时也不会感到很奇怪。

语言仅仅在某种特定文化中表达某种特定的含义。例如，在中国，人们习惯用双手赠送某人东西或礼物，即使一只手就可以做到，因为在中国双手表示着“尊敬”。但是在美国，用双手还是一只手就没有这样的含义，使用双手还是单手则取决于方便与否。[③]

在有些商务礼仪的论著中，根据非语言的特征及组成要素，将非语言的运用原则表达

① 孙卉：《论电视节目主持人的非语言传播手段》，《新闻界》，2007 年第 6 期。

② 拉里·A·萨姆瓦：《跨文化传统》，陈南译，人民大学出版社 2011 年版，第 250 页。

③ 刘书慧：《身体语言：在不同文化中的同与异》，《海外英语》，2012 年第 1 期，第 245 页。

为"SOFTEN"：S——微笑(Smile)，O——准备注意聆听的姿态(Open Posture)，F——身体前倾(Foreword Lean)，T——音调(Tone)，E——目光交流(Eye Communication)，N——点头(Nod)。①

[趣味测试]

你对身体语言了解多少?②

你对身体语言了解多少呢？以下七个问题可以简单测试出你对身体语言的运用能力。

1. 当一个人把手掌放在胸前，他想表达怎样的情绪？ (　　)
   A. 优越感　B. 批判与反对　C. 忠诚　D. 自信
2. 当一个人把大拇指抵在下巴下面时，他想表达怎样的情绪？ (　　)
   A. 欺骗　B. 厌倦　C. 紧张不安　D. 批判
3. 当一个人用手摩擦下巴时，他想表达怎样的情绪？ (　　)
   A. 做决定　B. 欺骗　C. 控制　D. 以上都不是
4. 当一个人用手摸鼻子时，他想表达怎样的情绪？ (　　)
   A. 优越感　B. 期待　C. 不喜欢　D. 愤怒
5. 当一个人将眼镜脱下，并用眼镜架触碰自己的嘴唇时，他想表达怎样的情绪？ (　　)
   A. 有兴趣　B. 犹豫不决　C. 不信任　D. 不耐烦
6. 当一个人的双眼越过眼镜的上端看你时，他想表达怎样的情绪？ (　　)
   A. 藐视　B. 不信任　C. 仔细审查　D. 怀疑
7. 以下哪个/哪些姿势代表着欺骗？ (　　)
   A. 双手交叉放在嘴巴前说话　B. 揉眼睛
   C. 揉耳朵　D. 避免直接的眼神交流
   E. 以上都是

[参考答案]

1. (C) 将手掌置于心脏部位意味着忠诚。

2. (D) 将大拇指抵在下巴下面意味着批判或反对的情绪。想要缓解这种情绪，最好递给他们一些东西。

3. (A) 用手摩擦下巴意味着在做决定。当你看到这个姿势时，不要打扰或介入自己的想法，如果摩擦下巴的频率变快或他露出正面、满意的表情，可以询问他接下来的指示。

4. (C)一个人摸鼻子时意味着他并不喜欢这个主题。当你看到这个姿势时，应该抛

---

① 杨丹：《人际关系学》，武汉大学出版社2010年版，第100页。
② 约翰·波伊：《事实胜于雄辩》，《成功营销》2007年第6期。

出一个开放式问题，让他评价你的注意力被分散。

5. (B) 当一个人将眼镜脱下，并用眼镜架触碰自己的嘴唇时，他表达的是犹豫不决的情绪。如果他重新戴上眼镜，表示他对你的主题有兴趣；如果他考虑之后直接把眼镜摘了，那么你们的合作就此结束。

6. (C) 当一个人的双眼越过眼镜的上端看你时，表达的是仔细端详和想要做决定的情绪。

7. (E) 以上都是。

体态语在人际传播活动中的使用非常频繁，它的传播功能也越来越引起人们的重视。作为一门科学，体态学研究的正是人们交际时身体动作所传递的信息，它涵盖的对象包括体姿、面部表情、目光语、手势、触摸等。据估计，人类可以作出的身体动作数量高达 70 万种，它们无时不在传递着交流双方的心理和精神状态。体态语的分类法很复杂。这里，我们主要从面部表情、身体动作和自我触摸三个方面来谈论体态语。

(一) 面部表情

表情，也就是感情或者情绪的外在的表面的表现形式。我们一般所说的表情，指的是发生在颈部以上的能反映内心变化的动作、状态和生理变化，因此，表情又被称为面部表情。面部表情主要凭借眼、嘴及颜面肌肉等的变化来表现思想感情及信息。人们对现实环境和事物所产生的内心体验以及所采取的态度，经常会有意无意地通过面部表情显示出来。

面部表情与人的心理活动直接相关，人们对周围事物所产生的内心体验以及所采取的态度都通过面部表情表现出来，它们在传递信息和情感表达中的效用是独一无二的。因此，我们说表情是反射心灵活动的镜子，或者是心情的“晴雨表”，在面对面的口语沟通过程中，面部表情是心灵的屏幕，能够辅助有声语言传递信息，沟通人们的心灵感受，因此，人们常常通过表情来察言观色，眉飞色舞、笑逐颜开，标志着谈话气氛非常融洽；怒目而视、左顾右盼，则说明谈话没有找着路子。

其次，表情最能反映一个人的特性，可以表现出心思、情感、喜悦、愤怒、惊恐、爱慕、憎恶、欲望、嘲笑、哭泣等各种心态，也可表现出坚强与懦弱、直爽与深沉、安静与急躁等各种性格气质，以及否定与肯定的态度，给人以某种特定的刺激。不同性格的人，在同样情绪下的表情可能不同：遇到高兴的事情时，开朗的人可能开怀大笑，一个腼腆的人则可能仅仅抿嘴笑笑，而一个抑郁的人可能只能露出一丝苦笑。常常面带笑容、面部肌肉自然放松的人，他的心态一般比较稳定、平静、开朗；而常常愁眉苦脸、面部肌肉紧张的人，他的心态往往不太稳定，可能心胸狭窄、脾气暴躁。

再有，在非语言交流符号中，面部表情是人类认识最趋于一致的一种。达尔文在《人类与动物的表情》中曾指出，面部表情在很大程度上是普遍的、天生的。也就是说，尽管面部表情具有民族性特征，但是人类的某些感情是相通的，表达这些情感的面部表情也基本相同。这些共通感情起码有六种，即高兴、害怕、愤怒、忧伤、厌恶、惊奇。

面部表情是通过眉毛、眼睛、嘴巴、鼻子、耳朵等各个面部器官共同配合表现出来的，因而异常复杂。罗曼·罗兰曾经说过："面部表情是多少个世纪培养成功的语言，比嘴里说的更加复杂千倍的语言。"根据某些研究统计，人的脸部能作出约 20 万种以上的表情。这些表情都包含了一定的信息，是说话者情绪变化的显示器。面部表情有笑、哭、怒，眉毛的变化，口唇的变化，耳鼻体态，头部体态，眼神等。

1. 眼睛的表情语言

自古以来，眼睛一直对人类的行为有着巨大的影响。眼睛具有反映深层心理的功能，是人与人沟通中最明显、最准确的信号。在许多语言中，都有不少关于眼睛的词组，比如"钢铁般的眼睛"、"狡黠的眼睛"、"锥子般的眼睛"，还有"目光如炬"、"映入眼帘"、"目中无人"等。眼睛被誉为"心灵的窗户"，是当之无愧的。那么，眼睛的奥妙到底何在呢？

1）瞳孔的变化

芝加哥大学的依克哈德·海斯博士从 20 世纪 60 年代起就研究了在种种视觉刺激下瞳孔大小的变化。在初期的实验里，他让男女受试者观看五种照片，来调查瞳孔大小会相应发生何种变化。结果发现，男性的瞳孔会在看到女性写真时更大，而女性瞳孔在观察体格健壮的男性、婴儿以及抱着婴儿这三张照片时更大。照片具有的各种刺激性和瞳孔的条件反射形成了正向对比。从这些调查结果中，海斯提出了自己的理论，即人的瞳孔在其对某种事物有积极情感时扩大，有消极情感时收缩。海斯的理论之后被更多学者证实。研究表明，人的瞳孔是根据他的感情、态度和情绪自动发生变化的。当一个人感到恐慌或兴奋，他的瞳孔会扩展到比平常大 4 倍。相反，生气、消极的心情会使瞳孔收缩到很小。人的瞳孔变化是中枢神经系统活动的标志，也就是说，瞳孔的变化如实地显示出大脑中正在进行的思维活动。因此，瞳孔是兴趣、偏好、态度、情感和情绪等心理活动的高度灵敏的显像屏幕：表示爱、喜欢、兴奋和惊恐时，瞳孔放大，而表示消极、戒备、愤怒时，瞳孔缩小。而且，瞳孔的变化是无法用意志来控制的。如果一个女子爱着一个男子，在他面前她的瞳孔会扩大，而他也往往能感觉出来。正因为这个缘故，浪漫的约会都喜欢在较暗的地方，以使瞳孔扩大，只有扩大的瞳孔才能表示兴趣和欢愉。

观察瞳孔是中国古代珠宝商常用的方法，他们在与对方谈价钱时，会注意对方瞳孔的扩展。现代企业家、政治家为不在对手面前显露心中的想法而喜欢戴墨镜。我们都知道与别人说话时，眼睛要注视对方的眼睛，那么，学会去注视对方的瞳孔吧，让瞳孔告诉你对方真正的感觉。

2）注视行为

行为科学家断言，只有当你同他人眼对眼时，也就是说，只有注视到对方的眼睛时，彼此的沟通才能建立。看着两个人在认真交流时的眼睛，你会观察到一种高度个性化的目光"舞蹈"。[①]在一般的交谈中，两人目光的短暂接触点往往发生在听与讲的交换之际，这时两人注意力的变化情况会显现出来。注视行为主要体现在注视的时间、注视的部位和注视的方式这样三个方面。

第一，注视的时间。我们和有些人谈话感到舒服，有些人则令我们不自在，有些人甚

① 德斯蒙德·莫里斯：《肢体语言——人体动作与姿势面面观》，文汇出版社 2012 年版，第 107 页。

至看起来不值得信任。这主要与对方注视我们时间的长短有关。当一个人不诚实或企图撒谎时,他的目光和你的目光接触往往不足全部谈话时间的1/3。如果某人的目光和你的目光相接超过2/3,那就可以说明两种可能。第一,认为你很吸引对方,这时他的瞳孔是扩大的;第二,对方怀有敌意,向你表示无声的挑战,这时,他的瞳孔会缩小。在乘坐电梯时的注视行为是采用"礼貌正确的无视"的典型范例。大多数人一进电梯,与他人照面,就立即转身,面对电梯门。在此期间会或而望向天花板、或而看着地面、或而盯着显示楼层的电光板,不会进行交谈。也有人会在乘者与自己的目光相遇时,报以善意的微笑,进行2—3秒的相互注视。如果超出这个时间,较为长久地看着对方,那么不是表示疑惑,便是表达想要与对方交谈的意愿。可见在实际生活的应用中,注视本身便传递着一种信息。

第二,注视的部位。注视时间的长短很重要,注视的部位也同样重要。

公务注视:这是洽谈业务、磋商交易和贸易谈判时所用的注视部位。眼睛应看着对方额上的三角地区(△,以双眼为底线,上顶角到前额)。注视这个部位,显得严肃认真,有诚意。在交谈中,如果目光总是落在这个三角部位,你就把握住了谈话的主动权和控制权。这是商人和外交人员经常使用的注视部位。

社交注视:这是人们在社交场所使用的注视部位。这些社交场所包括鸡尾酒会、茶话会、舞会和各种类型的友谊聚会。眼睛要看着对方脸上的倒三角地区(V,以两眼为上线,嘴为下顶角),即在双眼和嘴之间。注视这个部位,会造成一种社交气氛。

亲密注视:这是男女之间,尤其是恋人之间使用的注视部位。眼睛看着对方双眼和胸部之间的部位。男女双方产生特别好感时,一般都是看对方这个部位。恋人这样注视很合适,对陌生人来说,这种注视就出格了。

瞥视:轻轻一瞥用来表达兴趣或敌意。若加上轻轻地扬起眉毛或笑容,就是表示兴趣;若加上皱眉或压低嘴角,就表示着疑虑、敌意或批评的态度。

第三,注视的方式。眨眼是人的一种注视方式。眨眼一般每分钟5—8次,若眨眼时间超过一秒钟就成了闭眼。在一秒钟之内连续眨几次眼,是神情活跃、对事物感兴趣的表示(有时也可理解为由于怯懦羞涩、不敢正眼直视而不停眨眼);时间超过一秒钟的闭眼则表示厌恶、不感兴趣,或表示自己比对方优越,有蔑视或藐视的意思。这种把别人扫出视线之外的做法很容易使人厌恶,这种人是很难沟通融洽的。注视的礼仪同样受到文化约束。按照人类学家的报告,肯尼亚奥鲁族的男性,即便可以同岳母说话,也不能注视岳母。另外,在非洲的某些地区,作为"和平部队"的成员,充当教师的美国女性在提醒孩子们"上课要注视老师"时,结果却使得孩子们的家长很是为难。因为在他们的生活方式中,孩子们是不被允许注视大人的眼睛的,而美国人并不知道这一文化,便无意中鼓励了违反社会习惯的行为。

2. 其他五官的表情语言

1) 眉毛的表情语言

在中国文学里,就有许多通过描写眉毛来形容人物心理的词汇,如眉飞色舞、眉头紧锁、喜上眉梢、眉目传情……人们常说,眼睛是人生的一幅画,那眉毛就是画框。双眉的舒展、收拢、扬起、下垂可反映出人的喜、怒、哀、乐等复杂的内心活动。眉毛一般是配合眼睛来表达自己的含义的，但眉毛对于一个人的表情来说也非常重要，可以被称为指示心情变化的参照物。眉毛单独的表情语言大致有五大类：(1)上耸型：表现惊恐、恐惧、惊讶、欣喜等感情。该表情是指眉毛先扬起，停留片刻后下降的一种动作，通常还伴随着嘴角迅速往下一撇，而脸上其他部位却没有什么明显的变化。这表示的是一种不愉快的惊奇或者是无可奈何。另外，在强调自己观点的时候，也往往会出现这种动作，目的是要让你赞同他的观点。(2)倒竖型：即眉角下拉型，眉毛倒竖、眉角下拉，说明此人极端愤怒或异常气恼。(3)皱眉型：表示困窘、不愉快、不赞成或厌恶。当一个人对对方所提出的问题迷惑不解或者是否定的时候，会情不自禁地皱起眉头；如果是受到侵略、心感恐惧时，人也会皱眉，在这种情况下，人不仅会低眉，还会将眼睛下面的面颊往上挤，以提供最大的防护，这时眼睛仍睁着并注意外界动静，便形成了皱眉的动作。①(4)单眉上挑型：表示询问。(5)迅速上下动作型：表示亲切、同意、愉快。

2）嘴的表情语言

嘴借嘴唇的伸缩、开合所表露的心理状态有：①紧紧抿嘴：这个动作刺激大脑皮质，使之坚持做成或做完一件事，表现出此人努力的坚决意志。②撅起嘴：这个动作是不满意和准备攻击对方的表示。③咬嘴唇：这个动作是一种自我惩罚性动作，多出现于遭到失败时，有时也可解释为自我嘲笑和内省的心情。④嘴角向下：这个动作是不满和固执的表现。⑤嘴角稍向后(或向上)拉：这个动作是注意倾听的表情。

3）下巴的表情语言

突出下巴表示此人具有攻击性行为；用下巴指使他人者，是骄横、傲慢、具有强烈自我主张的表现；如果处于极度疲乏或困乏的状态，下巴自然就搭拉下来，无所谓攻击性行为了，用力缩紧下巴是表示畏惧、驯服之意。西方人下巴前伸，以示隐藏在内心的愤怒；东方人正相反，内心隐怒收下巴者居多。

4）鼻子与耳朵的表情语言

鼻子耳朵本身不能有明显的大幅度动作，所以，鼻子与耳朵往往随着整个头部的动作，以表现潜在的心理活动。如下巴上抬，鼻子挺出，属扩大自我势力范围的动作，是傲慢、自大、倔强等情绪的表现；相反，头向后伸，缩回鼻尖，似乎是闪避什么难闻气味的动作，属憎恶、厌弃、拒绝等情绪表现。此外，伸出下巴，把鼻孔对人，是表示鄙视对方。至于用手摸鼻子、摸耳朵，是一种自我亲密性动作，带有消极负面的意义，到下文人体触摸中还会提及。

对于耳朵而言，侧耳表示关注；耸耳多表示吃惊；捂耳多表示拒绝，摸耳多表示亲密。

(二) 身体各部位动作

近几年来，通过众多学者对全部身体动作，包括有意识、无意识动作，从适用于一种文化到打破文化界限的动作所进行的综合研究，初步有了一个比较一致的认识范畴。下面我们将身体各部位在动态和静态中的基本含义作简略的介绍。

---

① 乔·纳瓦罗:《FBI教你破解身体语言》,中国画报出版社2009年版,第145页。

1. 手的动作语言

1）手掌

人们一般认为，敞开手掌象征着坦率、真挚和诚恳，这可能和人们直露前胸和腹部看上去毫不设防有关，因为人的腹部和胸部是比较脆弱、易受攻击的部位。若想判别一个人是否诚实，有效的途径之一就是观察他讲话时的手掌活动。小孩撒谎时，手掌藏在背后；成人撒谎，往往将双手插在兜内，或是双臂交叉，不露手掌。常见的掌语有两种：掌心向上和掌心向下。前者表示诚实、谦逊和屈从，不带任何威胁性；后者则是压制、指使的表示，带有强制性，容易使人产生抵触情绪。在法庭上，辩护人发表辩护演讲时，往往会展开双臂，把两只手掌展露给法官，以赢得法官对自己的信任。意大利人则较多地在受到责怪时，在胸前摊开双手，做出"你要我怎么办"的样子。在做这种手势时，往往会伴随耸肩的动作。在西方各种戏剧中也不难发现这种姿势，它不仅表现情绪，也显示出了该角色的开朗个性。除了表示坦诚的手掌式之外，还有三种常用的手掌式：一种是掌心向上，称为"乞讨式"，是乞讨时经常使用的；另一种是手掌向下，称为"指令式"，经常被用来表示控制或命令；第三种是伸出食指，弯曲其余四指，称之为"专制式"，经常被粗暴或缺乏自制能力的人使用。第二种和第三种一般都是单手使用。

2）握手

握手是现代社会习以为常的见面礼，然而握手的方式却有千差万别。

第一，支配性与谦恭性握手。握手时手心向下，传递给对方支配性态度。研究证明，地位显赫的人，习惯于这种握手方式；掌心朝上与人握手，传递一种顺从性态度，乐意接受对方支配，谦虚恭敬。若两人都想处于支配地位，握手则是一场象征性竞争，其结果，双方的手都处于垂直状态。研究表明，同事之间、朋友之间、社会地位相等的人之间往往会出现这种形式的握手。

第二，直臂式握手。握手时猛地伸出一条僵硬、挺直的胳臂，掌心向下。事实证明，这种形式的握手是最粗鲁、最放肆、最令人讨厌的握手形式之一。

第三，"死鱼"式握手。握手时，我们常常接到一只软弱无力的手，对方几乎将他的手掌全部交给你，任你摆握，像一条死鱼。这种握手，使人感到无情无义，受到冷落，结果十分消极，还不如不握。

第四，手扣手式握手。右手握住对方的右手，再用左手握住对方的手背，双手夹握。西方亦称"政治家的握手"。接受者感到热情真挚，诚实可靠。但初次见面者慎用，以免反效果。

第五，攥指节式握手。用拇指和食指紧紧攥住对方的四指关节处，像老虎钳一样夹住对方的手。不言而喻，这种方式必然令人厌恶。

第六，捏指尖式握手。女性常用。不是亲切地握住对方整个手掌，而是轻略地捏住对方的几个指尖，给人十分冷淡的感觉。其用意大约是要保持与对方的距离间隔。

第七，拽臂式握手。将对方的手拉过来与自己相握常被称为"拽臂式"握手。胆怯的人多用此式，但同样给人不舒服的感觉。

第八，双握式握手。用双手握手的人是想向对方传递真挚友好的情感：右手与对方握手,左手伸出加握对方的腕、肘、上臂、肩等部位。从腕开始,部位越往上,越显得热情友好,肩部最为强烈。

3) 大拇指显示

拇指显示是一种积极的动作语言,用来表示当事者的“超人能力”。此外,双手插在上衣或裤子口袋里,伸出两个拇指,是显示“高傲”态度的手势;还有人习惯将双臂交叉胸前,双拇指翘出指向上方,这是另一种拇指显示,既传示防卫和敌对情绪(双臂交叉),又显示十足的优越感(双拇指上翘),这种人极难接近;若在谈话中将拇指指向他人,立即成为嘲弄和藐视的信号;而拇指与食指相捻,则是一种“谈钱”的手势,需要注意,有身份的人用此则有失“大雅”。

4) 十指交叉

十指交叉动作,常与笑脸连用,似乎是自信地表示,实质上,这是一种表示焦虑的动作语言,甚至于暗示一个人的敌对情绪。十指交叉通常有三个位置:放在脸前;平放桌上;坐着放在膝盖上,站立时垂放腹部或双腿分叉处的前面。

5) 背手

有地位的人都有背手的习惯,显然,这是一种表示至高无上、自信甚至狂妄态度的动作语言。此外,背手还可以起到“镇定”作用,双手背在身后,表现出自己的“胆略”,学生背书,双手往后一背,确能缓和紧张情绪。但要注意,上述背手,指手握手的背手。若双手背在身后,不是手握手,而是一手握另一手的腕、肘、臂,则成为一种表示沮丧不安并竭力自行控制的动作语言,暗示了当事者心绪不宁的被动状态。而且,握的部位越高,沮丧的程度也越高。

6) 搓手掌

冬天搓手掌,是防冷御寒。平时搓手掌,正如成语“摩拳擦掌”所形容的跃跃欲试的心态,是人们表示对某一事情结局的一种急切期待的心理。运动员起跑前搓搓手掌,期待胜利。国外餐馆服务员在你桌前搓搓手掌问:“先生,还要点什么?”其实质上是对小费的期待,对赞赏的期待。但也要对搓掌的手势区别分析。假如一个人遇到事情时,搓掌的速度很慢,眉头紧锁,一副不知所措的样子,那么此人多半是有不易解决的难题,这种搓掌是表示犹豫不决的心态。如果此人作出的搓掌动作速度较快,脸上有一种急于表达的神态,这样的搓掌式是一种期待、跃跃欲试的积极手势。

7) 双手搂头

将双手交叉,十指合十,搂在脑后,这是那种有权威、占优越或对某事抱有信心的人经常使用的一种典型的高傲动作。

这种动作也是一种暗示所有权的手势,表明当事者对某地某物的所有权。如若双手(或单手)支撑着脑袋,或是双手握拳支撑在太阳穴部位,双眼凝视,这是脑力劳动者惯有的一种有助于思考的手势。

8) 亮出腕部

男性挽袖亮出腕部,是一种力量的夸示,显示积极的态度。“要手腕”、“铁腕人物”等词语印证了腕部的力量。女性的腕部肌肤光滑,女性露腕亮掌,具有吸引异性的下意识愿望。

2. 臂的动作语言

双臂紧紧地交叉在胸前，这主要是一种防御行为。儿童受到某种外来威胁，会立刻躲在母亲身后、门后、桌椅背后，找一个隐蔽的屏障。成年以后，这种防御方式就演变成双臂交叉于胸前的动作。

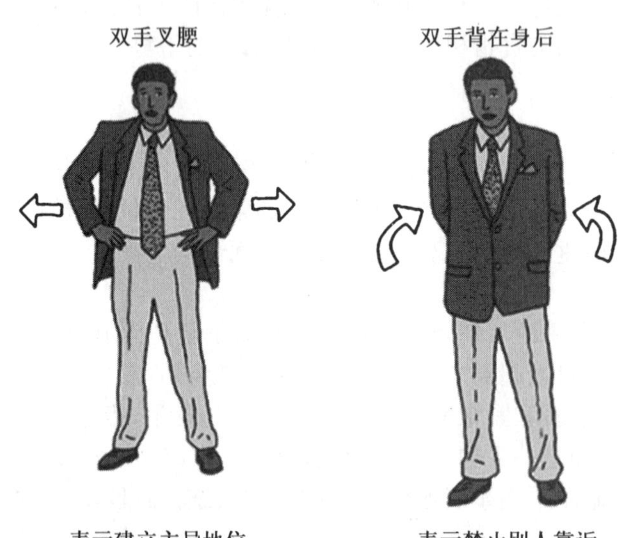

图 8-1 双手叉腰及双手背在身后的非语言含义

资料来源 http://redstarresume.wordpress.com/tag/body-language-secrets/.

1）标准式的双臂交叉

这是最普遍而又有代表性的交叉动作，如前所述，是一种防御信号。这种动作屡见不鲜，主要在公共场合、在陌生人中间、在感到不确定、不安全时出现。为了考察和确认这一手势的意义，一位人体语言学家在美国参加的一次特别会议上，故意使用恶言恶语污蔑听众所熟悉和敬佩的几位显赫人物的人格，借以观察人们的反应。当他的攻击和污蔑持续了一段时间之后，突然停止了讲话，并要求与会者保持目前正在采取的姿势。结果，他发现大约有 90％的人都采用了这种标准的双臂交叉姿势，由此证明了这是消极、抵制和防御的动作。如果在面对面交谈时，对方出现双臂交叉动作，不管他口头如何赞许，他的动作语言已经透露，他不愿意听你的话。我们知道，人的心理态度决定了人的姿势，反过来，人的姿势又会强化、持续这一心态。因此，要设法化解对方的这种姿势。化解的方法很多，最简便、最行之有效的方法有如下三种：第一，递给他一支笔或一杯水，或是让他看一看你手中的东西，这样，他就会自动身体前倾，张开双臂；第二，向他靠近，摊开双掌（掌语，以示你有诚意），询问对方的意见，然后坐回来以示等他发言，这样，他也可能自动松开双臂；第三，模仿他的动作，你也交叉双臂，坚持一阵，对方往往会化解。

2）强化式双臂交叉

将双臂紧紧交叉在胸前，双手紧握，给人一种强烈的内敛感觉，就是强化式的双臂交叉姿势。如果一个人采取这样的姿势，这就暗示出一种更强烈的防御信号和敌意态度。这个动作常伴有咬紧牙关、脸色赤红等语意群，此时，一场肉体攻击或将发生。如果遇到这样的交谈对象，可以先别理会，让他冷静片刻，或者直接走上前去，用坦诚的语言和动作，谨慎征求他的意见，以便利于问题的解决。

3）牢固式握臂交叉

手紧紧握住另一侧的上臂，这就加强了双臂交叉动作的牢固性。这是一种显示紧张、用一手握住另一胳臂来强行控制情绪的动作。据说法庭开庭前，原告常用双拳紧握的强化式双臂交叉动作（进攻信号），被告则常用牢固式握臂交叉动作（自制信号）。

4）拇指展示式双臂交叉

前文已介绍，不再赘述。

5）局部式手臂交叉

人们出于下意识的掩饰，有时用局部式手臂交叉动作来控制自己的感情。即将一只胳臂横跨过胸前，并用这只手握住另一只胳臂。在社交场合，每当一个人处于陌生人之间或是缺乏自信心时，往往会使用这种动作。左右手相握垂于腹下，也属于这一类防御性手臂交叉形式，只是更隐蔽、更微妙罢了。上台领奖或面对众人讲话常有这种姿势，据说这种姿势唤起人们童年时一手拉住母亲手的安全感。

6）伪装式手臂交叉

这是那些经常同陌生人打交道的人所惯用的十分微妙和隐蔽的动作，以使他人难以觉察出他们的紧张情绪。例如用一只手去触摸另一胳臂的衬衣袖口、手表、手镯、手提包等任何物品，无形中在胸前形成一道不甚明显的防护屏障，起到双臂交叉的同样作用。此外，还有更隐蔽的办法：拿一瓶酒、一本书或一张报纸，女性还可以拿钱包或一束花，同样可以控制一个人的紧张情绪。

3. 腿的动作语言

腿部动作包括由臀部以下直至踝部诸部位所作出的表示一定意义的动作和姿势。人体在站立的情况下，这一部分的主要功能是和脚部一起支撑整个身体。人体的放松或紧张、欢快或不适等心理活动，一般都可以通过腿的动作表现出来。

1）架腿（双腿交叉）

前面我们详细讨论了双臂交叉所表达的思想情感。这里，我们再看看双腿交叉有哪些表现形式。所谓双腿交叉，就是架腿，坐着时将一条腿架在另一条腿上，这是人们在生活中司空见惯的动作。和双臂交叉一样，架腿也是防御动作。双臂交叉是为了防护上半身，双腿相搭是为了保护下半身，久而久之，这种姿势逐渐成为人们控制消极情绪的动作语言。至于女性，腿的姿势还有更复杂的意义，留待后文再说。

第一，标准式架腿。坐着时将一条腿利索地搭在另一腿上，形成人们正常的架腿动作，称为标准式架腿。它是一种表示紧张、缄默和防御态度的动作语言。通常情况下，它是一种伴随其他消极性手势如双臂交叉的辅助性动作语言。因此，在读解时，应该首先慎重考虑它所发出的情境和场合，不要与为了舒适、为了御寒相混淆。

第二，4 字形架腿。一条腿的小腿架在另一条腿的大腿上，形成一个“4”字，叫做 4 字形架腿，又称美国式架腿。这是一种暗示争辩和竞争性的态度，拥有竞争性格的男性多采用这种坐姿。一个 4 字形架腿的人，再用一只手或两只手扳住上面这条腿，形成 4 字形扳腿，这是辩论会上持固执己见态度的人常用的动作。这种动作暗示出当事者顽固不化的思想态度。要化解这种态度，就要设法让他站起来。

2) 站立时的别腿

站立时的双腿交叉，即是别腿。双臂交叉、双腿相别，这是素不相识的人群中大多数人所使用的一种站姿。在熟人中采取这种站姿，则是拘束心理的流露，至少是缺乏自信心。

3) 别脚

将一只脚别在另一条腿的某个部位，用来加固一种防御性的体势。这几乎是女性专有的动作，是害羞、忸怩或胆怯的女人普遍使用的姿势。与这样的女性打交道，要采用热情、友好和策略的方法，化解这种姿势，消除对方的不安心理，才好轻松自如地交谈。

4) 扣踝(踝部交叉)

踝部相扣也是一种消极的坐姿。这是一种控制消极思维外流、控制感情、控制紧张情绪和恐惧心理的动作语言。男性扣踝，一般双膝打开，双手紧抓椅子扶手，或握双拳放在膝上；女性扣踝，双膝并拢，双手自然放在膝上或一手压另一手上。据说法庭开庭之前，几乎所有与本案有关的人员坐在那里都会扣踝。在谈判中有人扣踝，通常说明他藏有一项重要让步而踌躇不可开口，这时可向他提出一系列探查性问题，并采取措施，让他改变这种体势，最终使他作出这一项让步。要提醒的是，穿超短裙的女性，踝部经常相扣，自然，她们不是为了控制情绪，只是习惯的使然。

5) 跨骑椅子

把椅子反过来，将椅子靠背朝前，双腿叉开，跨骑在椅子上。多数跨骑椅子的人是有支配欲的人，具有攻击性。这种人喜欢控制别人或控制整个现场，而椅背正好是抵挡别人攻击的盾牌。要想解除这种人的武装很容易。只需要站在他的身后，让他感到易受攻击，迫使他改变姿势；或者靠近他站，居高临下俯视他，使他改变姿态；若你事先了解对方喜欢跨骑椅子，干脆给他准备一张有扶手的椅子，不给他跨骑的机会。

4. 躯干的动作语言

1) 腰部的动作语言

腰部在身体上起“承上启下”的作用。腰不但支持身体，还支持神经中枢。腰是表现人的精神气质的重要部位：

第一，弯腰与挺腰。腰部位置的低与高与一个人的心理状态和精神状态有关联。弯腰动作如鞠躬、点头哈腰，属于低姿势，表示谦逊、尊敬，甚至表示服从、屈从。李白在《梦游天姥吟留别》“安能摧眉折腰事权贵，使我不得开心颜”中的“摧眉折腰”就是垂头、低眉、弯腰的一系列降低自己、讨好别人的动作。反之，挺直腰板，这是情绪高昂、充满自信的姿势，也是进行威吓、表示无畏、力图使自己处于优势的动作。挺直腰板的人有较强的自制、自律能力，但也可能缺乏精神上的弹性。

第二，以手叉腰。以手叉腰，是采取行动的准备姿势；手叉腰间，两个拇指露出外面，更流露出某种优越感和支配欲；若两手拇指呈倒八字插入裤腰部位，除表现出优越感外，还表现一种男性的威严。

第三，深坐与正襟危坐。深坐者腰部位置放低，认为眼前的事物不会引起紧张，没有必要站起来，精神上处于放松状态，展示自己心理上的优势；正襟危坐即浅坐，腰部不敢松懈，缺乏精神上的安定感，流露出自己心理上的劣势。

第四，蹲姿。这是最低位的腰部动作，表面上的意义完全是防卫和服从，但也隐含着"眼前服从，今后不一定服从"的攻击性心理。蹲姿形象上不雅观、意义上消极、心理上处于劣势，文明人与文化水平较高的人很少蹲姿。

2）臀部的动作语言

臀部传达"性"的信息。有意识地运用臀部来传达"性"的信息的多见于女性，如扭腰、摆臀。男性注视女性的后背，视线最先投射的部位即是臀部。

3）胸部的动作语言

前面讲到双臂交叉的防御姿势意在保护胸部。胸部是心脏所在的部位，挺胸的姿势，是把自己的心脏部位完全暴露出来，是精神上具有优势的表现。挺胸表现自信和得意，表现得过分时，则转变为傲慢、自大。女性挺胸还表示女性的存在与自豪感，表现得过分时，就强化了"性"意识。西方和伊斯兰国家还有将右手按胸以示忠诚的习惯。

4）腹部的动作语言

中国人赋予腹部极为丰富的含义："满腹经纶"、"推心置腹"。按林语堂的说法：中国人是用伟大的肚肠去思想的。西方人对腹部的理解虽不如中国人那么丰富，但也认为腹部是人的存在、人格与意志的象征。

第一，凸出腹部。将如此重要而又相当脆弱易受攻击的部位挺露出来，是表现自己的心理优势、自信与满足感。此时，腹部是意志和胆量的象征。

第二，抱腹蜷缩。表现出不安、消沉、沮丧等情绪支配下的防卫心理。

第三，重新系一下皮带。与传达腹部信息有关，表示在无意识中振作精神。

第四，轻拍腹部。表示自己的风度、雅量，也包含经过一番较量之后的得意心情。

5）背部的动作语言

背部在身体的后面，它的掩盖和隐藏的功能大大超过了传达的功能。但人的情感、情绪一旦从背部泄漏出来，反而更加深刻地反映出被掩盖部分的本质。所以，有经验的人，可以从毫无表情的背部读解出多种信息。我们可以从静态和动态两个层次去读解背部的动作语言。

第一，背部本身的形态。这是静态。背脊代表一个人的性格和气节。挺直背脊的人往往性格正直，严于律己，充满自信；但也可能缺乏弹性。曲背者具有闭锁性和防卫倾向。这种人虽有慎重、自省、不求自我表现的一面，但主要是表露自己精神上的劣势：愤世嫉俗、孤僻、畏惧、惶恐、自卑等心态。

第二，背向对方或转过背去。这是动态。一般可理解为拒绝、不理睬或回避。在某些女性，转过背去的动作有暗示等待男性来说服的意思。

6）肩部的动作语言

肩是躯干上活动比较自由的部位，能上下活动，能扩大、缩小势力范围，所以肩部的动作语言相当丰富。总的来说，肩是（男性）尊严、威严、责任感和安全感的象征，肩是夸示个人存在的最直截了当的部位。军人的肩章、西装的垫肩，都意在强调肩部，以表现男性的威严。（妇女服装中的垫肩款式，是男女平等意识的反映。）

第一，耸肩。耸肩动作的正面意义是向上扩大势力范围，夸示自我存在和威慑对方、接受挑战；其负面意义是一种缩小横向范围的动作，表示不安和恐怖、不理解和无可奈何。

第二，缩肩。缩小势力范围，表示不愉快、困惑、猜疑，以及避开对方的挑战。

第三，倾斜肩部。即侧着身子。这是观察对方动静的警戒姿势，也是一种可攻可守的姿势，表现一种想闪避对方话题、不正面接受挑战的心理。

第四，肩并肩。肩与肩互相接触，表示双方处于对等关系；肩与手互相接触，则是一种从属关系与亲密关系。

7）颈部的动作语言

颈部是连接躯干和头部的关键部位，也是情感传达的关键部位。颈部的功能决定表情的正或负（即“是”与“不是”）的信息。颈部又是倔强、坚定、不屈的性格象征。表示兴奋、自信时，头总是昂起的；在苦恼、消极或精力不支时往往会垂下头来。侧着脖子的动作又有着多重属性：表示疑问，表示无从作出决定，表示对话题感兴趣。歪着脖子行礼，还表现出性格上的不成熟。

［研读专栏］

脚语——独特的心理泄漏①

英国心理学家莫里斯经过研究，发现一个有趣的现象：“人体中越是远离大脑的部位，其可信度越大。”脸离大脑中枢最近而最不诚实。我们与别人相处，总是最注意他们的脸。而且我们也知道，别人也以相同方式注意我们。所以，人们都在借一怒一笑撒谎。再往下看，手位于人体的中间偏下，诚实也算中庸，人们多少都利用它说谎。可是远离大脑，绝大多数人都顾不上的这个部位，于是，它比脸、手诚实得多。它构成了人们独特的心理泄漏——脚语。

就好像人体语言的所有其他信号一样，脚的习惯动作也有着自己的语言，在我国丰富的语言词汇里，有许多描述脚语的形容词。这些形容词与其说是描写脚步的轻、重、缓、急、稳、沉、乱等，不如说是描述人的内心或稳定或失衡；或恬静或急躁；或安详或失措的状态。人的心情不同，走路的姿势也就不同；人的秉性各异，走起路来也有不同的风采。脚语是一种节奏，是为情绪打拍子的，如同舞场的旋律。“暴跳如雷”是自然界的快节奏和重节奏；“春风得意马蹄疾”是另一种节奏，一种快旋律的轻节奏。

脚语除反映人的情绪外，还可以反映人的性格品质。如果一个端庄秀美的女子走起路来匆匆忙忙，脚步重且乱，就可断定这位姑娘一定是个性格开朗、心直口快、不留心眼的痛快人；反之，看上去五大三粗，走路却是小心翼翼的样子，这样的人一定是外粗内细的精明人，她干事往往以豪放的外表来掩盖严密的章法。人的心理指向往往从脚语

① 武中：《脚语——独特的心理泄漏》，《人人健康》1997第5期，第16页。

中泄露出来。若有人一坐下来就跷起二郎腿，表明他怀有不服输的对抗意识。若是女性大胆地跷起二郎腿，则表示她们对自己的容貌有足够的信心，也表示了她怀有想要显示自己的强烈欲望。人在站立时，脚往往朝着此人心中惦念的或追求的方向或事物。譬如，有三个男人站在一起，表面看来他们在专心交谈，谁也没有理会站在一旁的漂亮姑娘，但实际上不是这么回事，每个人都有一个脚的方向对着她。也就是说，每个人都在注意她。他们的专心致志只是一种假面具，而真情被隐蔽着，但他们的脚语却把各自的秘密泄露了。

人的脚步尽管因地因事而异，但是每个人都有自己固定的脚语。这样我们就能解释一种现象：对于熟悉者，你不看其人，仅凭那或急或轻或重或稳的脚步声，就能判断出个十之八九了。

研读小结

非语言是人类潜意识的外化，它比语言具有更高的可信度，能反映人们的心理、情绪、性格，透露某些隐含信息。非语言包括体态语、客体语、类语言和环境语。脚语是体态语的一种，研究结果显示，离人类大脑越远的部位，可信度越高，因此，脚语具有最高的可信性，是人类独特的心理透露。脚语能反映人的不同情绪，或暴躁或恬静，或欣喜或抑郁……脚语也能反映人的不同性格，或大大咧咧或小心谨慎，或倔强或温顺……

因此，在人际传播活动中，人们就要时刻注意非语言尤其是脚语所透露的信息。一方面，通过察言观色尤其是观察脚语这一最真实的语言，来了解对方的真实意图和心理情绪等微妙感觉，正确领会对方的非语言所透露出来的信息，以调整自己的传播行为，从而达到良好的传播效果；另一方面，要注意自身的非语言符号的使用，给对方传递正确的信息，恰当而又得体的透露自己的内心世界，以保证人际传播活动的顺畅。在人际传播活动中，一大半的信息都是由非语言符号所传递的。只有使用好这一“无声的语言”，人际传播才能正常而又顺利地进行。

（三）人体动作

霍尔·埃克曼和沃莱斯·V. 弗里森两位研究者依据起源、功能、信息化等标准，把人体的动作分为五种，即示意动作、说明动作、表达感情动作、言语调整动作和适应动作。

1. 示意动作

根据埃克曼和弗里森的说法，所谓“示意动作”就是代替特定语句的动作，这种动作常用于语言交流困难甚至不可能的场合。例如，在棒球比赛中，捕手向投手发送信号的动作、戴水下呼吸器的潜水员相互之间进行语言之外的传播、体育裁判用手势告知球员所犯的规则时采用的动作等都是示意动作。从中可以看到，根据使用者作为维度，示意动作分为两种类型：一种仅在内部使用；一种作为行业的规范符号，普遍应用于世界范围。

显而易见的是，示意动作必须通过学习才能掌握。示意动作的使用，不限于特定的群体，任何人都可以通过示意动作交换信息，交通法规就是最好的例子。与实际使用中的语句相同，示意动作也经历着被追加、修正乃至废弃的历程。为了侮辱对方，美国的孩子往往伸出舌头，并在鼻子上竖起拇指，而大人们采用卑猥含义的侮辱性示意动作则更多。在英国的伊丽莎白王朝时代，有一种竖起拇指、放在上齿的所谓"咬拇指"手势。莎士比亚的经典戏剧《罗密欧与朱丽叶》第一幕第一场中有这样一个情节：凯普莱特家的山普孙对蒙太古家的亚伯拉罕和鲍尔萨泽咬了拇指，于是，蒙太古家的两人不轻易放过这一耻辱，他们两次责问："你怎么对我们咬拇指呢?"而且，没说几句就剑拔弩张了①。结果，一个卑猥的示意动作引起了世界上最有名的两大家族整体的争斗。

2. 说明动作

说明动作是伴随语言信息、说明和例示语言信息的动作。演讲时，叩击桌子，向听众探出身子等就是为了强调语言内容而使用的说明动作。一边告诉某人到某个场所的道路，一边用手指示意眼睛看不见的路线，也是说明动作。说明动作也许不像示意动作那样明确地有目的地使用，但当我们使用说明性动作时是有意识的。

同示意动作一样，说明动作也属于通过学习而掌握的行为形态。正如人是从周围的人们那里习得说话技巧一样，大多数说明动作也是通过下意识的模仿而获得的。由于说明动作十分自然而且很容易伴随语言而出现，因此，在所有的人体动作中，很有可能只有这类动作被推测为具有万国通用的意义。但是，动作学研究的发起人之一，伯德惠斯戴尔却强调说："在所有社会具有共同意义的手势和其他人体动作迄今尚未发现。"

意大利的男性几乎是一边不断地运动手腕一边说话，甚至一边运动手和手指，一边左右对称地大幅挥舞手腕。而生来就说意第绪语的犹太人则常常让手臂和手腕紧紧贴在肋下，只用一只手的手腕和指尖，来作出手势。从 20 世纪 30 年代到 40 年代，任纽约市长的佛奥来罗·拉加迪亚是一个声名显赫的人，父亲是意大利人，母亲是犹太人，而他本人的大半生又在纽约度过。所以，他能够流利运用意大利语、意第绪语、纽约方言的英语等三种语言中的任何一种讲话，从而获得了市民的好感。新闻电影的摄影机追踪市长的每一个去处。有时候，他的声音会被一起录下来，但有时确实只有画面和无声摄影。不过尽管如此，精通这三种语言的任何人都可以仅看新闻电影中他的手势，来判断他在使用哪种语言演讲。因为拉加迪亚在身体语言的运用上与三种语言对应。②可见，动作同样受到文化这个大背景的限制。

3. 感情表露动作

"感情表露动作"所传达的信息一般由脸上的表情来体现，但脸以外的其他动作也传

① 云贵彬:《非语言交际与文化》，中国传媒大学出版社 2007 年版，第 30 页。
② 云贵彬:《非语言交际与文化》，中国传媒大学出版社 2007 年版，第 31 页。

达重要的补充信息。而且，所传达的信息就是个人的情绪状态或反映，或者两者兼有。与示意动作和说明动作相比，感情的表露更为自然，很难受人意识的控制。它既能补充和增强语言信息，也能否定语言信息。

艾伦斯特·巴耶尔和他的研究伙伴们让几个被试者在电视摄像机前表演愤怒、恐怖、诱惑、冷漠、幸福、悲哀等六种感情，并把他们的表演摄录在录像带上，再让被试者观看，由他们自己把感到表演不正确的部分修正或剪掉。这样，这一录像就应该是被试者自己判定的六种感情的正确表露了。为了解读这些表演，巴耶尔和他的研究伙伴们给一群观察者放映被试者的表演录像，让观察者们判断表演的成功与否。结果，六个表演者中仅有两个的感情表露被判定为成功。虽然在各种感情的表演上有个人差别，但表演者们感情传达失败的数量，以及他人的解读同表演者的意图和自己感觉之间有强烈的反差，还是令人吃惊。巴耶尔记录的这种极端反差的事例中有两个典型：一个是某女性与其他被试者同样努力进行的六种感情表露却全被判定为“诱惑”的表露，另一个是某女性被试者的表演全被解读为“愤怒”的表露。

从这个试验中可以看到，即便我们努力想让别人喜欢自己，尽可能让他人见到自己和蔼可亲、令人感动的面孔，也不一定能让他人原样接收想要传递的信息。在感情表露动作的研究方面，迄今为止，研究者们倾注了很多时间和精力，遗憾的是，由于信息的编码和解码过程等许多问题未能妥善解决，以及调查研究方法的不同，尚未得出决定性的结论。

4. 语言调整动作

“语言调整动作”是监视、制约语言交际的动作，是说话者为了了解说话内容是否被听者所理解接受，要求听话者给自己提供必要反应的动作。这一动作能让说话者了解语言交际的内容何时该明确和重复，何时该进入下一阶段，何时该结束发言，以及听者希望何时发言，等等。

语言调整动作虽然也是无意识发送和接受的，但也可以通过学习来掌握，可在学习说话时下意识地同时掌握。这一点，通过语言和文化形态不同，语言调整动作也稍有不同的事实，可以得到证明。

课堂讨论，家庭聚会，朋友拜访，无论哪种形式，人体都不断传达着语言调整的信息。美国人的语言调整动作多半是微妙的眼睛动作和点头动作，但有时也会运用手脚和躯体的动作以及全身的姿势。当同意对方的说话内容时，人们往往会不失时机地点头、微笑并发出“嗯”、“对”之类的小声应答。

动作学进行的调查判定了一个有趣现象，那就是，同一小组的人大多模仿自己所赞同对象的姿势。这种姿势同步现象，既有像照镜子那样左右相反的，也有原封不动克隆对象姿势和手势的。例如，同意某个两手叉腰的对象的意见时，人们往往采取与之相同的姿势。一旦发现一个单脚承重、抱着膀子、为自己的见解辩护的人，人们也会不知不觉变成与该人相同的姿势。这种“向右看齐”的动作，在会议席上经常可以看到。当会议进行讨论时，伴随着意见的统一或分歧，参与者的姿势也明显看出有一种、两种或两种以上的类型。如果在某一小组集合时观察，那么，只要看看谁先采取某种姿势，其他人是否跟进的情况，就往往能识别出改组的领导者或权威人士是谁。

5. 适应动作

人类动作五种分类的最后一种是被称为“适应动作”的片段式动作。这是一种没有传达信息意图而实行的动作；也是为了满足需求、采取行动、处理感情和人际关系，以及解决在其他日常生活中所必须面对的种种问题，而使自己适应客观实际的动作。由于适应动作是仅在自己的世界里，不触及他人目光的情况下进行的动作，所以在人前要采取修正或是压抑的做法。比如，如果无人在场，若我们鼻子痒，我们就可以随便瘙痒，但是一旦有人在场，我们便会更加注意，舍弃此类动作。

(四) 自我触摸

自我触摸，即自我亲密性动作，是人体语言中极其重要的组成部分。自我触摸是人体语言中人类感情表现的要点。可以说，大凡出现自我触摸动作，多半是在人心不安之际、紧张高潮之时，或是个性内向之人。人类精神受到伤害或者外部压力过于强大时，都会产生各种各样的自我触摸的动作。这种状态，如同小孩得到母亲的抚摩，内心便觉得平静了一样。自我触摸，是触摸感官的一种行为。而人类与生俱来的“感官”，是无需言语就可以传达人类意识的重要媒介。

1. 手与头部的触摸

根据D. 莫里斯的分析，头部是自我触摸频率最高的部位，而手与头的触摸方式可归纳为以下四大类：(1)属于掩盖或掩蔽动作的触摸，如用手掩耳、遮眼、蒙脸等；(2)属于整理身体动作的触摸，如抓、擦、抚摩等；(3)象征性行为的触摸，如抱头、敲头等；(4)自我亲密的触摸，如下意识地抚摩脸或头的动作。

这四类动作都属于内心不安、紧张的流露或掩饰。

第一，手与头发的触摸。头发在人体语言中具有性象征的意义。凡允许对方触摸自己的头发，必定与对方关系极其亲密，否则绝不会发生这样的事。触摸他人的头发可视为对该人表示情爱。

第二，手与额头的触摸。东方人以手加额，表示庆幸，所谓“额手称庆”；西方人用手心轻拍额头表示恍然大悟。一般来说，手与额头的接触会有正在紧张思考或困惑、悔恨等意思。

第三，手与眼的触摸。这是一种掩饰行为，以延长思考时间。

第四，手与鼻的触摸。大凡是感到犹豫、无从作答或无从决定时的动作；也可以表示怀疑、不愿与人接近乃至自鸣得意等意思。

第五，手与嘴的触摸。有戒心，表示怀疑；掩饰内心、掩藏本意。

第六，手与耳垂的触摸。大多发生在对方谈话乏味、无聊或对话题产生反感时，借以消除浮躁不安的情绪。

第七，手与下腭的触摸。对女性来说，是一种代偿性动作，用来取代拥抱自己所亲近的人，或体会安慰与亲密接触的快感；用于男性，则表示对事物作用评估。

第八，手与脸颊的触摸。表示犹豫、困惑或为难的动作。动作的快与慢及上下方向会有强弱不同的效果。

第九，手与后脑勺、颈部的触摸。困惑、为难；(双手抱后脑勺)强调正在紧张地思考。

2. 手与身体其他部位的触摸

构成自我亲密性动作的还有其他身体部位，如腿、足、肩、背、腰、腹、胸、臂等，它们本身在处于静态时各有自己的含义。当它们与手的触摸结合时还表示一些其他含义，但大多属于防卫、保卫与封闭的范围，我们在前面已涉猎。下面择要作一些回顾：

第一，双臂交叉抱于胸前。这是典型的防卫姿势，但其含义随着手的姿势的变化而产生一定的差异。例如：(1)握住上臂的两手交叉是一种坚固的、强化的防卫姿态；(2)握拳式的交叉是向对方流露出敌意或加强敌对姿态；(3)伸出拇指的交叉显示出冷静的自信；(4)单手交叉，减弱了双臂交叉的意义，是缺乏自信和掩饰内心不安的表现。

第二，叉腰。叉腰动作的基本意义在于尽量扩展个人势力圈，藉以取得心理上的优势。而重新系皮带和腰带的动作(多见于男性)，除生理上需要外，大多意味着从精神紧张中解脱出来，休整一下，然后再开始行动，或再度面临挑战。

第三，双手抱肩、双手抱膝。抱肩和抱膝都是缩小个人势力圈动作。前者表明对周围环境不感兴趣，感到困惑，或采取退缩的态度；后者却不是感到困惑的表现，多半是处于悠然自得、观望或有所期待的心理状态。

二、客体语

客体语即不是由人体所产生，但对人们的交际带来了影响的各种因素，主要包括两个方面，即与人体相关的各种妆饰以及物体语言。与人体相关的客体语包括人的化妆、发型、佩饰和服装等元素，即人们常说的仪表。

(一) 仪表

仪表是指人的外表，包括人的容貌、姿态、服饰和个人卫生等方面，它是人的精神面貌的外观。

国际公认的衣着原则是 TPO 三原则：

T(Time)是指时间，即要适应不同时代，不同季节的变化。比如我国 20 世纪 50 年代流行列宁装，60 年代流行黄军装，80 年代流行中山装，90 年代流行西装等。

P(Place)是指地点，即要适应不同场合，不同地点的要求。比如在教室里穿晚礼服就不符合 P 的原则。夏天，女生喜欢穿背心和超短裙，但在阿拉伯国家，这些行为是被禁止的。

O(Object)是指目的,即着装要有利于达到目的,获得好的印象。①

服饰妆容时刻向外界传递着关于自己的身份、地位、文化、职业、年龄等信息。例如,中国古代贵族用一种叫做"冕旒"的礼帽来展示自己的身份地位,天子的冕十二旒,诸侯九,上大夫七,下大夫五。隋代的"品服制"为各朝各代沿袭。"三品以上服紫,四品五品服绯,六品七品服绿,八品九品以青。妇女从夫色。"庶民多穿白衣(本色麻布)、青衣(蓝或黑色的布衣)。②古罗马、14世纪的英国也都有等级森严的着装制度。在现代社会,人们已经不再用服装来区分等级,但不同身份、地位的人的服饰在数量和质量上还是存在着显著的差异。现代社会的服饰更多的是展示人们的不同职业和不同文化,如各种各样的制服,不同国家和民族的传统服饰。不同的服饰更多地传递出不同的含义,并导致不同的相互交往方式(见表8-2)。

表8-2 每一种服装都传递了不同的含义并导致不同的相互作用方式

分类	含义	相互作用方式
制服	维护工作场所的社会控制,相互作用的发生是为了团体或组织的利益而不是代表穿着制服的人的利益——团体或组织的代表。	制服排除个人利益想法的侵扰,所以相互作用是正式的、有结构的和可控制的。
职业装	传递组织关系。允许外部团体或组织的规则进入。	与顾客或客户间的沟通更加便利,将沟通置于亲密的层次上。
休闲装	表示暂离工作、社会流动性、情绪和身份的表达、松散的结构、更大的自主权,因为与制服和职业装是相对的,所以它表明不受工作场所的控制。	相互作用是开放的,并且不正式、没有结构和控制。
化装服	标志着以特殊的和自发的行为废除一般的社会关系和安排。传统的社会结构、正式性和控制消失了。	因为它们代表了传统的责任和义务形式的废除——传统规则的终止——化装服使沟通的自发性和内生性更加便利。

资料来源 桑德拉·黑贝尔斯、理查德·威沃尔二世:《有效沟通》,李业昆译,华夏出版社2005年版,第141页。

服饰还能含蓄地、间接地向他人提供信息,传递自己的情绪,对他人的心理和行为产生影响。例如,美国白宫发言人斯皮克斯在自己的回忆录中写道:

"那天,我在新闻记者们面前露了三次面,从我每次的衣着情况就能看出,事态的发展日趋严重。第一次,我穿的是工装裤和一件西式衬衣。第二次,我换了件蓝色运动上衣和一件细条纹衬衫,但依旧是工装裤。第三次,我换了身笔挺的西装。"③

可见,服饰能够传达某些信息。服饰还能展示人的性格和心理,一般来说,穿戴整齐者办事认真、利索;穿戴简朴者勤俭节约;陈旧、单调者保守;好赶时髦者缺乏自信;色彩鲜艳者活泼开朗;全身灰暗者个性冷静等。通过不同的颜色,我们就能推测人们的不同情绪(见表8-3)。

---

① 张先亮:《交际文化学》,上海文艺出版社2001年版,第288页。

② 李杰群:《非语言交际概论》,北京大学出版社2002年版,第232页。

③ 军事科学院外军部编译:《2000新闻发布会——白宫发言人斯皮克斯回忆录》,三联书店1990年版,第128—130页。

表 8-3 颜色和情绪关系表

颜色	情绪	象征意义
红色 Red	冲动的、深情的、愤怒的、挑战的、相反的、敌对的、充满活力的、兴奋、爱情	幸福、色欲、亲密、爱情、烦躁、不安、骚动、高兴、盛怒、罪恶、血液
蓝色 Blue	凉爽、愉快、从容、遥远、无限、安全、卓越、平静、未成熟的	尊严、悲伤、不成熟、真理
黄色 Yellow	不愉快、激动的、敌对的、高兴的、喜悦的、快活的	表面的魅力、太阳、光线、智慧、男性、王权(中国)、年龄(希腊)、卖淫(意大利)、饥荒(埃及)
橙色 Orange	不愉快、兴奋的、受打扰、苦闷的、心烦意乱、对抗的、相反、敌对、激发感	太阳、有成果、收获、考虑周到
紫色 Purple	压抑的、悲伤、尊严、庄严雄伟	智慧、胜利、谦卑、财富、悲剧、华丽
绿色 Green	凉爽、愉快、从容不迫、控制	安全、和平、忌妒、仇恨、有进取心、冷静
黑色 Black	悲哀、紧张、焦虑、恐惧、沮丧、忧郁、情绪低落、不高兴	黑暗、权力、控制、保护、衰退、神秘、智慧、死亡、赎罪
棕色 Brown	悲哀、不温柔、沮丧的、情绪低落的、忧郁的、不高兴、中性	忧郁、保护、秋天、衰退、谦卑、赎罪或补偿(过失)
白色 White	快乐、明亮、中性、寒冷	庄严、纯洁、高雅、女性、谦卑、快乐、光亮、单纯、忠诚、懦弱

资料来源 毕继万:《跨文化副语言交际》,外语教学与研究出版社 1999 年版,第 98—99 页。

总之,服饰妆容已经不仅仅是人们御寒遮体的工具,而是有着更多深层次的含义。正如麦克卢汉所说:衣服作为皮肤的延伸,既可以被视为一种热量控制机制,又可以被看做是社会生活中自我界定的手段。

穷人和富人穿衣服的方式不同,白领和蓝领的穿衣风格不同,年轻人和老年人的衣着方式也不同。人们穿衣服的方式至少在一定程度上反映了他们所处的群体和阶层,或者反映了他们想要进入的群体和阶层。同时,人们的衣着方式也管理着他人对自己的印象①。如果你要参加一家较为保守的公司的面试,那么便以保守着装为好;同样的,如果想要成为高档会所的会员,便应当在衣着中彰显出自己的品位。

衣着的方式似乎也会影响到你个人以及群体的行为方式。②比如,有人认为,穿着随意的人行为也会很随意③。因此,与会时穿着随意有助于思想和观点的自由交流,也更容易

① Frith & Gleeson, *Shopping for Clothes: Body satisfaction, Appearance Investment, and Functions of Clothing among Female Shoppers*, School of Psychology. 2009(2), p4.

② 约瑟夫·A. 德维托:《人际传播教程》(第 12 版),余瑞祥等译,中国人民大学出版社 2011 年版,第 34 页。

③ Morand, Clothing Manners, *Psychology Today*, March/April 1995, p16.

激发人们的创造力。这样的着装方式被很多注重创新的企业所推崇着，比如电脑软件公司、IBM就是其中的例子。很多年前开始，IBM公司摒弃了保守的穿着，允许员工们穿着某种程度的休闲服饰①。许多软件开发类公司竞相模仿，如Google、Yahoo、Apple等都鼓励员工穿着随意一些。

黛安娜王妃的衣饰一直被视为时装界潮流的领导者。她偏爱粉红、蓝色一类的鲜艳色彩，与其蓝色眼睛，略带羞涩的笑容非常合拍。她的一袭蓝色单肩晚装给人留下了迷人的印象。在与查尔斯王子离婚后，黛安娜偏爱身着一些职业女装式的色彩浓的高级套装，头发也削得更短，似乎可以通过服饰无声的语言，表达出她要摆脱王室牢笼般的生活，当一个自由、独立的单身女人的心声。②

服饰语显示了不同的文化差异，不同的地区、民族、国家的人们对服饰有不同的理解，不同的服饰反映了不同的民族性格。以婚纱为例，各国的婚纱样式也各有不同，显示了各个国家不同的文化传统。美国文化崇尚开放、自由，反映在婚纱上就是多为低胸、大露肩、宽大的裙摆，极尽性感之可能。腰下多呈三角形剪裁，裙身上绣满了闪光珠片式的珍珠，豪华炫目。法兰西是一个浪漫的民族，女性裙款也追求千变万化，崇尚多元化的时尚。从前卫的环保新娘到传统的披白婚纱的新娘，材料从高科技闪光的面料到名贵的丝绸。英国新娘追求淑女风范，婚纱自然不像美国婚纱那么性感、暴露。她们喜欢田园风格，小袖子及小露肩，裙下摆没有繁琐的层次，花边也较朴素清新。裙身上也不会很夸张，而是镶满刺绣碎花或小朵的简单玫瑰，既典雅，又不繁琐。日本女人依旧保守，她们仍旧珍爱把胸口遮得严严密密的公主式拖地长裙，裙身用立体的显眼的大花朵、大珍珠妆饰，造型精致漂亮但略有堆砌感。意大利人对生活的品位很高，崇尚经典，因而对婚纱的要求也高，不仅要求质地考究，而且款型精致，但含蓄中隐藏着美妙的创意。

(二) 物体语言

这里所说的物体，是与人的动作语言有关的物体；这里所说的物体语言，是指一个人在佩戴、摆设、把玩某种物体时所传递的、具有一定意义的信息。这种信息是人通过物体产生的，具有一定意义的显示标志。这些实物包括与个人信息有关的个人生活用品，如眼镜、香烟、手提包、手杖、助听器、汽车等日常生活用品，以及代替语言、专门用来传递信息的物品，如鲜花。物体语言是一种感染力很强的信息传播媒介。下面，我们主要探讨一下人们吸烟、戴眼镜、把玩器皿的无声行为及这些行为所传递出来的各种信息。

1. 吸烟姿势

吸烟是一个人内心激荡或冲突的外在表现，吸烟者的姿势能够显示吸烟者的情绪。

1) 烟斗

吸烟斗者有磕打、清理、装烟、点烟和吐烟等一系列的“讲究”，这些“讲究”为他们的精

①② *New York Times*, February 7, 1995, p. B1.

神解脱和思考决断提供了有利的机会和条件。他们可以以一种不会冒犯别人、且为社会接受的方式来延长考虑的时间。因此，若想要吸烟斗者尽快作出决断，最好的办法是把他的烟斗藏起来。

2）香烟

吸香烟者的动作有敲紧烟丝、抚平烟纸、磕打烟灰、掐灭烟头及其他细微的姿势。同吸烟斗者一样，吸香烟也是心理矛盾和紧张情绪的一种置换和时间上的拖延，但他们作决定要比吸烟斗者快得多。频频掸烟灰，说明此人内心有冲突；刚点上的烟没抽几口就掐灭，意味着他想结束谈话，你不如争取主动。

3）雪茄

雪茄比较昂贵，体积也较大，常被用来显示优越感。嗜吸雪茄者，其性格往往比较强悍、豪放、敢作敢为。可想而知，吸雪茄的人多半会把烟朝上吐。

4）吐烟的方向

烟朝上吐：自信、骄傲、优越、有主见、有见地；

烟朝下吐：信心不足、犹豫、沮丧、神情低沉、诡秘、企图遮掩什么事情；

烟从嘴的两角喷出：显示其积极和消极对立情绪的极端状态；

青烟直上、吐出圆圈：高傲、狂妄、企图鹤立鸡群不可一世的心理；

鼻孔喷烟：给人一种自负的感觉；

低着头由鼻孔喷烟：明显表现出忧愁的心理状态。

此外，吐烟的速度也能表明吐烟者思想情绪的不同：吐烟向上速度越快，其优越感和信心就越强；向下速度越快，就显示其六神无主，心情更是低落沮丧。

2. 戴眼镜姿势

几乎人类用的所有东西都可以被用来显示内心的态度，眼镜也不例外。

1）摘下眼镜

通常情况下，把镜腿搁在嘴里可以作为想要延缓一项决定的动作；另一个延缓的办法是把眼镜摘下来擦拭。请注意，在这些延缓姿势之后的动作能显示此人的意图：重新戴上眼镜，表示他想再回顾一下事实；若是把眼镜折好、放在一边，表示他想结束谈话了。

2）镜口窥人

即从眼镜上方看人。这是许多老年戴眼镜者的习惯动作，想免去戴上摘下的麻烦。但对被窥视者来说，会有被打量、被评价的感觉，并且是不平等的感觉，犹如门缝里看人，不利于和睦关系的建立。戴这种眼镜的人应该在讲话时摘下眼镜，听人说话时戴上。这样做既可使对方放松心情，同时可以控制谈话。因为当你摘下眼镜时，别人一般不会抢你的话头，等你戴上眼镜，别人则可以放心大胆地开口讲话。

3. 握杯姿势

握杯子的不同姿势也能传示出许多不同的信息。比如，在喝咖啡或饮酒时，兴奋型女人喜欢将杯子平放在手掌上，边饮边如数家珍似地交谈。这些女人往往活跃好动，给人以机灵感；有些女人在饮酒时喜欢翘着食指握高脚杯的脚，有人认为，这类女人多半追求地位、金钱和势力，很可能是“势利眼”；有些女人喜欢边饮边玩弄酒杯，这类女人一般忙于琐事，没有强烈的事业心，也不会有什么大的科研成就；有些女人喜欢用一只手紧紧握住酒杯，另一只手则无意识地划着杯沿，这类女人往往善于沉思；还有女人喜欢将酒杯紧紧握在手中，或是把杯子放在大腿上，这类女人一般喜欢倾听别人的谈话。

如果是男人，豪爽型男人喜欢紧紧抓住酒杯，拇指按着杯口；有主见的男人则喜欢把杯子紧紧握在掌中，拇指用力顶杯子的边缘；有些沉思型的男子常常用两只手抓住酒杯；还有男人喜欢用手捂住杯口，这类男人一般善于伪装，或不轻易暴露自己的真实想法。

三、类语言

类语言也叫伴随语言，常被定义为有声但没有固定语义的“语言”。萨莫瓦等认为：类语言“涉及的是言语成分部分——指的不是言词所提供的实际信息，而是这一信息是怎样表达的。类语言是伴随、打断或临时代替言语的有声行为。它通过音调、语速、音质、清晰度和语调起到言语的伴随作用……”①生活中的哭声、笑声、咳嗽、叹息、呼唤、口哨，讲话中使用的“嗯”、“啊”、“哎哟”甚至沉默等，都是类语言的具体表现。

当代美国著名的结构语言学（描写语言学）家特雷格把类语言大致分为两类：第一类是属于“声音的形状要素”，这一类包括声音的高低、嘴唇的用法、发音的方法、韵律的把握、共鸣、速度等。第二类是属于“发声的要素”，这一类又分为三个小类。其中，第一个小类是属于“发生方卖弄的特征”，哄笑、窃笑、忍俊不禁地笑、抽泣、呻吟、耳语、嘟哝、哭泣声、叫喊声、哼哼声以及其他所能发出的带有特征的声音均属这一小类。第二个小类是属于“发声方面的限定”，主要包括从过强到过弱的声音的强弱，从过高到过低的声音的高低，从慢条斯理到戛然而止的声音的长短。第三个小类是属于“发生方面的游离因素”，主要指“填补音”之类，包括表示沉吟或肯定的“嗯”、“啊”声，表示尽力嗅闻什么的抽鼻声，表示应答的“嗯”、“啊”声等与之类似的无言状态。②

传说春秋时郑国的著名大夫子产曾经破过这样一个疑案：有天清晨，他正坐车去上朝，经过一个村庄时，听见远远地传来一个妇女的哭丧声，他按住赶车人的手要他把车停下，仔细听了一会，就通知官府把那个哭丧的妇女抓来审问。那妇女很快就承认了亲手绞死丈夫的罪行。过了几天，那个赶车人问起子产怎么会知道那个妇女是罪犯的？子产回答说：“人们对于他们所爱的亲人，亲人开始有病的时候就会感到忧愁，知道亲人临死的时候就会感到恐惧，亲人去世了就会感到哀伤。那个妇女在哭他已经死去的丈夫，可是她的哭声却让人感到不是哀伤而是恐惧，因此肯定是内心有鬼。”

（一）类语言的传播功能

类语言没有明确的意义，但是它的传播功能不容忽视。有人统计，人们在表达思想、

① 毕继万：《跨文化非语言交际》，外语教学与研究出版社1999年版，第45页。

② 云贵彬：《非语言交际与文化》，中国传媒大学出版社2007年版，第30页。

交流感情时，只有 7％是借助语言，其余的 93％是靠类语言。在这 93％的类语言中，有 55％是身体的动作和姿势等，另外的 38％是类语言。也就是说，在传播中，类语言和语言的比例大约为 5：1，类语言在信息传递中起着决定性的作用。例如，“你真聪明”这句话，仅就字面意思来看是表示肯定和称赞；但是换一个音调，就可能会表示讽刺挖苦。据说意大利有一位演员曾经用悲切的音调在舞台上朗读阿拉伯数字，结果台下的人都潸然泪下。在人际传播中，类语言通过调节语气，补充信息，替代语言来规定说话内容的意义，因此，人们在交际中总是自觉或不自觉地运用类语言来传情达意。一句简单的“我爱你”可以说得热情洋溢，也可以说得冷冷冰冰；相反，一句“我恨你”可以说得痛苦悲愤，也可以说得柔情万种。俗话说“说话听声，锣鼓听音”，就是提醒人们在言语传播中要善于从“声音因素”中去捕捉、去领会说话者的真实意图，不仅要读懂字面意思，还要读出“话外之音”、“言外之意”。每个人都有这样的经验：有时候听到别人的满口赞美之辞，但自己不觉得高兴反而很反感。这就是因为类语言规定了说话内容的意义。在人际传播中，类语言是“画外音”或“潜台词”，是行为者真实意图的表达，也是行为者自身的籍贯、阶层、社会地位、文化水平、思想修养、精神状态的体现。

具体来讲，首先，类语言可以展示人的形象，一个音质纯正、善于运用类语言的人总是能引起别人的好感。许多著名人物都是以声音好听而闻名的：她一开口说话，那如轻风吹拂而准确无误充满感情的声音就会迷住每个人的心，她是一个女神，她就是玛丽莲・梦露；他说话的时候，那轻柔而又充满力量的声音可以使每个人集中注意力，移席就教，他就是马龙・白兰度——教父的扮演者；还有巴布拉・史特蕾珊、纳勃・戴兰和理查德・尼克松等人都以特别的嗓音给人们留下了深刻的印象，声音成了影响人们形象的重要因素之一。一个声音好听、又会运用类语言的人能弥补其外貌的缺陷，而一个说话嘟嘟囔囔、嗯嗯啊啊的人不仅不能明确地传递自己的意思，还可能招致别人的反感。

其次，类语言可以显示讲话者的社会经济地位。曾经有研究者做过这样的实验，选取同一段文字请四个不同的人来读，根据本人的职业和父母的经济地位，被选中的人有加油站的服务员（工人阶层）、商人（中上阶层）、普通职员（中下阶层）以及出身富裕的保险公司经理（上等阶层）。将他们的朗读录下来请别人辨认，辨认结果高度精确。这就说明，类语言和说话人的社会经济地位有高度的相关性。

再次，类语言还可以表露说话人的精神状态和情绪。高兴时人们会捧腹大笑，悲痛时会痛哭流涕，抑郁时沉默不语，失望时唉声叹气，兴奋时眉飞色舞、提高音量、增加语速，心虚时则会底气不足、声音低沉，气愤时又会声音急促、语声很大。在不同的情绪中，人们所表达出来的类语言总是不同的。一般说来，消极的类语言，特别是气愤时最好辨认，其他的类语言由于说话人的主观掩饰则不太好辨认。

同时，类语言还能透露出说话者的个性和能力。每个人特有的说话方式，都与其性格和能力紧密相关。D. W. 艾丁顿通过自己的研究，从现象的角度描画了类语言与性格、能力之间的对应关系（见表 8-4）。

作为语言交流的辅助手段，类语言主要发挥以下六种作用：补充信息、替代语言、强调信息、调节语气、重复信息、否定言语。具体来说，补充信息指的是当仅仅用常规语言不足以表达完整意思时，类语言可以帮助进行信息补充；替代语言指的是有时在某种特殊场合，比如有其他人在场时，为了不让第三者听懂交谈双方传递的信息，言语者避免使用语

表 8-4　声音和性格、能力的对应关系表

<table>
<tr><th>说话的声音特征</th><th colspan="2">与之相对应的性格—能力特征</th></tr>
<tr><td rowspan="2">说话带呼吸声</td><td colspan="2">男性：年轻并且富有艺术感</td></tr>
<tr><td colspan="2">女性：长相漂亮，有女人味儿，但较为浅薄</td></tr>
<tr><td rowspan="2">声音细弱</td><td colspan="2">男性：普普通通，没有什么特殊能力，无足轻重</td></tr>
<tr><td colspan="2">女性：不够成熟</td></tr>
<tr><td rowspan="2">声音平板</td><td rowspan="2">冷淡、孤僻</td><td>男性：年龄较大，不易屈服</td></tr>
<tr><td>女性：缺乏柔媚</td></tr>
<tr><td rowspan="2">声音紧张</td><td colspan="2">男性：年龄较大，不易屈服</td></tr>
<tr><td colspan="2">女性：年龄较轻，容易动感情，智商稍低</td></tr>
<tr><td rowspan="2">喉音较重</td><td colspan="2">男性：年龄大，成熟老练</td></tr>
<tr><td colspan="2">女性：懒惰、丑陋、粗心</td></tr>
<tr><td rowspan="2">声音清晰、有活力</td><td colspan="2">男性：身心健康，富有热情</td></tr>
<tr><td colspan="2">女性：富有生气，态度随和，人缘好</td></tr>
<tr><td rowspan="2">声音洪亮</td><td colspan="2">男性：富有朝气，自信心较强</td></tr>
<tr><td colspan="2">女性：态度傲慢，缺乏幽默感</td></tr>
<tr><td rowspan="2">声调富于变化</td><td colspan="2">男性：充满活力，富有同情心和爱美之心</td></tr>
<tr><td colspan="2">女性：充满活力，能体贴人，善于与人沟通</td></tr>
<tr><td>鼻音较重</td><td colspan="2">不太注意言语表达，不太注重自己在别人心中的印象</td></tr>
</table>

资料来源　李杰群主编：《非语言交际概论》，北京大学出版社 2002 年版，第 282 页。

义确切的分音节语言，而采用某种特殊的类语言方式进行信息传递；强调信息是说运用类语言对语言文字进行“阐释”，可以使得原本的文字更为精彩，比如音调缺乏变化的演讲大多难以引起共鸣，而成功的演讲常常是抑扬顿挫、声情并茂；调节语气是指运用不同的表达方式获得不同的效果；重复信息是指利用类语言对常规语言的语义进行重复；否定言语是指有时人们所传递的真实信息，往往与他们口头言语所表达的意思相反，在这种情况下，类语言因素表达了与言辞完全相反的语义。

（二）类语言的分类

类语言按其生理特征和功能特征可以分为两种：类语言声音和沉默。

1. 类语言声音

类语言声音是一种无固定语义却可以传递交际信息的声音，这类语言不是分音节的语言，而是发出声音的“类语言”，也称为“声音姿势”。类语言声音包括发声方式和功能性发声。

发声方式是指在运用常规语言时所采用的可以传递信息的声音要素，包括音质、音量、音高、音调、音速、鼻音等。音质也叫做音色，是一种声音与其他声音相互区别的根本标志。音质是先天决定的，因此，每个人的音质都不相同。一般来说，男人音质宽厚、沙哑，女子音质尖细、悦耳。不同年龄的人音质也不相同。我们常说的“闻其声，知其人”，主要指的就是通过音质区分不同的人。音长指声音持续的时间长短，主要是后天培养的结果。一般性格急躁的人说话较快，也就是音长较短；而性格平和的人声音音长较长。在人际传播中，人们有时为了表示强调或使自己的表达更准确而把某些音故意拉长。音长还能反映人的情绪。例如，在回答别人的话不耐烦的时候，我们往往把声音拖得很长。音调通常分为升调和降调，升调常常表示疑问的语气，也有商榷、祈求的意味；降调则往往用来陈述或祈使，是一种肯定的语气。音量指声音的大小，一般由说话人自己控制。音量的大小依讲话者的性别、年龄、体格和性格的不同而不同，有时候也受情绪的影响。一般来说，体格健壮、性格开朗、成熟的男性说话时声音较高，而体格瘦小、性格温柔或比较胆怯的女性说话声音较小；情绪高昂时说话声音很高，而情绪低沉时说话声音很低。

发声方式往往与说话人的生理特征有很大的关系，但是功能性发声主要受到说话人心理状况和个性特征的影响。功能性发声也称为“特征音”或“语言外符号”，例如笑声、哭声、呻吟声、叹息声、咳嗽声、口哨声以及“嗯”、“啊”、“哼”、“哎哟”等口头语。这类功能性发声大多在文字库中有相对应的符号，但是没有与其相对应的固定语义。功能性发声是人们内在情绪和个性特征的外露。根据不同的心理和性格特点，笑有很多种：哈哈大笑、露齿一笑、嘿嘿地傻笑、哧哧地窃笑、咯咯地欢笑、嘻嘻地媚笑、哼哼地奸笑、皮笑肉不笑等等。与笑声相对应的是哭声。哭声也有很多种，可以是“喜极而泣”，也可以是“悲痛欲绝”；可以是号啕大哭，也可以是呜呜啼哭、嘤嘤啜泣，甚或“欲哭无泪”。不同的哭声泄漏了不同的秘密。叹息是一种典型的情绪表现形式，当人感到失望、压抑、无奈、困惑、气闷的时候，常常长叹一口气，以排遣内心的苦闷。叹息是一种重要的生理一心理综合运动，因而在人际传播中，也成了信息传递的重要方式。例如，你突然遇到了你多年未见的朋友，寒暄过后，你问他：“这些年过得好吗?”朋友没有回答，只是深深地叹了口气。尽管对方什么也没说，但是他的这声叹息已经把答案都告诉你了。作为类语言的一种，口哨声也可以传递很多信息。心情愉悦时人们会情不自禁的吹起口哨；在公共场合，人们有时候吹出很洪亮的口哨表示戏谑；男青年看到漂亮的姑娘吹出口哨表示赞美或挑逗；在某些特殊场合下，人们用口哨做信号来取得联络，传递信息。有些少数民族的士兵在出征前，也常常发出相互默契的哨声，既沟通信息，又鼓舞士气。此外，还有嘘声、咳嗽、呻吟等功能性发声以及“这个”、“嗯”、“啊”等口头禅，它们也传递了特定的信息。例如嘘声传递了一种不满的情绪；有意地咳嗽可能是给予提示、发出警告或引起对方的注意；“这个”、“嗯”、“啊”等表示心情紧张或思路不畅。

当然，类语言声音的两种形式在人际传播中是紧密联系的，很难将二者截然分开。就拿我们熟悉的“官腔”来说，通常是运用低沉、稳重、缓慢的语气和故作姿态的抑扬顿挫的节奏，再加上“拖尾音”或“嗯……”、“嘛……”之类的功能性发声组成的类语言系统。

有一次，意大利著名的悲剧影星罗西应邀参加一个欢迎外宾的宴会。席间，许多客人要求他表演一段悲剧，于是他用意大利语念了一段“台词”，尽管客人听不懂他的“台词”的内容，然而，他那动情的声调和表情，凄凉悲怆，不由使人流下同情的泪水。可是一位意大利人却忍俊不禁，跑出厅外大笑不止。原来，这位悲剧明星念的根本不是什么台词，而是宴席桌上的菜单。这则轶事说明在人际关系中，说话声调本身的沟通作用。一个人的态度是友好还是充满敌意，是冷静还是激动，是诚恳还是虚假……都可以从他的声调节奏、停顿等表现出来。在人际交往中，请正确使用类语言，以期达到有效的沟通效果。

另外，类语言还有一种独特的形式，那就是在手写文字中，行为者的笔迹往往有意无意地透露出行为者的个人性格和当时心境。西方"笔迹学"(1987 年由法国人米松首先提出)专门对书写字母的线条、形式、大小、笔势、连接、方向、字距、签名字体进行研究，从而捕捉书写者的有关信息。

2. 沉默

托马斯·曼曾说："语言即代表了文明本身，词语(即使是最矛盾的词语)有助于维持社会关系；而沉默则会使人孤立。"然而，哲学家卡尔·贾斯伯斯则指出："思维与交流的终极形式就是沉默。"哲学家马克思·皮卡德也说："沉默绝不是消极的，也不仅仅是言语的缺失。沉默本身就是积极而完整的。"以上的矛盾看法至少取得了一点共识，即他们都认为沉默也是一种交流。沉默行为和语言一样，能够起到较强的交流效果①。沉默是指在人际传播中有意识的停顿不语，是人们在讲话或交谈中作出的无声的反应或停顿。现代社会不断扩大的日常交流是排斥沉默的。人们相互交往时传递信息、表明态度和观点的最主要工具是语言，一般的语言学研究也主要集中在语言，沉默往往受到忽视。随着传播学和人际关系学的发展，人们逐渐注意到，恰当的沉默也能帮助传播双方传递信息。因此，沉默实际上是一种音量值为零的语言，是类语言的重要方式。

一般的沉默包括两种类型：一种是伴随语言交流的沉默；一种是不伴随语言交流的沉默。人用嘴说话时，词、短语、句子之间必须留置千分之一秒到几分钟的间隔，这种间隔就是伴随语言交流的沉默。在严格的意义上讲，这样的沉默是副语言的延伸。而不伴随语言的沉默往往是伴随人际传播的技巧和立场发生的，也是这里阐述的重点。

在人际传播中，沉默具有重要的作用。首先，沉默对语言有烘托作用。凡是活动都需要有个陪衬，前景的材料需要有个背景，以显出其重要性来。沉默对于语言，就是陪衬的作用。沉默之于言辞，又相当于中国的水墨画中空白(虚)之于墨迹和色彩(实)。巧妙地运用沉默，可以使语言的内容得到凸显。没有沉默，语言如同贫瘠的土地，即使播种，也不会开花结果。在沉默出现的地方，语言才知道自己所能到达的深度和广度。一般来说，沉默(停顿)是思维编码临时中断的一种结果。在我们的谈话中，如果遇上犹豫不决的时候，就常常会出现语言的暂时中断，以便为自己赢得认真考虑、仔细斟酌的时间。适时的沉默，能使说话者控制语速，保持谈话内容的最佳节奏，使谈话有条不紊。适时的沉默还为说话者留下了思考的时间，使传播双方的沟通更加顺畅。

其次，沉默可以传递信息和表达情感反应。如果说烘托作用是沉默对语言的一种辅助作用的话，有意义的沉默则会直接参与传播，传递信息。沉默可以向人传递信息。当人们在传播中遇到语词表达的限制时，沉默可以出来解围，收到"此时无声胜有声"的效果。有惩罚他人的沉默，有传情达意的沉默，也有追求寂静的沉默。总之，沉默有时胜过语言的累赘。譬

① Richmond, Virginia P, McCroskey, *Communication*, Pearson Custom Publishing, 1997.

如，阔别多年的故友忽然重逢，四目相对，相互执手无语，千言万语尽在不言中。在狭小的电梯里，大家都表情木然，一言不发，这种沉默，既是对他人的尊重，也是自我防卫意识的一种外露。受到批评时一言不发，可能是受到委屈，也可能是一种无声的抵抗。当上司训话时，保持沉默是对上司的尊重和畏惧。领导常常在下属面前保持沉默，则可能是为了显示自己的地位。总之，沉默可以包含很多意义。“沉默不是一种间隔……而是联合声音的桥。”人们在沉默中回忆过往、憧憬未来，在沉默中祈祷、沉思，在沉默中思考人生和宇宙的奥秘，在沉默中自我激励、凝聚勇气，或者用沉默传递某种“只可意会，不可言传”的意义。

再次，沉默可以作为一种策略以达到某些特殊的效果。在表达自己的想法之前，沉默之于意见的作用十分重要。有时候，当他人在表达了异议之后，你可以通过沉默表达自己的控制性和权威性。这其中的潜台词便是“我可以随时反驳你”。研究发现，人们一般对陌生人比对朋友更频繁地使用沉默策略①。

当然，沉默也有消极作用。西方传播学者对沉默进行实用性的研究，研究结果表明，“沉默是一种混合的语言”。在人际传播活动中，有些沉默的消极作用是十分明显的。有人喜欢用沉默表示敌意、拒绝、乏味、蔑视、无奈、妥协、回避等含义；也有人喜欢用沉默做自卫的武器。

政治学和大众传播学中，有一个著名的理论——沉默的螺旋。该理论由伊丽莎白·诺尔-纽曼在《沉默的螺旋：公众意见——社会的皮肤》中提出，为有关沉默的研究提供了一个崭新的视角。该理论最早是用来解释大众传媒对于人们观念的影响，后来人们将其用到了人际传播中。根据这一理论，在一定的语境下，人们更倾向于认同而不是反对②。这一理论指出，在谈到有争议的话题时，人们往往会衡量他人的观点，判断哪种观点更受欢迎。人们也会衡量表达这些不同观点会得到什么好处或是受到什么惩罚。据此，人们会决定自己表达哪种意见，不表达哪种意见。通常情况下，当你的观点与多数人一致时，你更愿意将它表述出来。③ 有证据表明，这种效应在少数派群体中更为明显④。人们这么做，是为了避免被多数派孤立，或者是怕自己的观点被证明是错误的或者是人们不喜欢的。有时，人们认同多数派的观点，就因为他们是多数派。由于少数派保持沉默，多数派的声势就会增强。这样，随着多数意见的势头越来越强劲，少数派则越来越式微，就形成了一个不断扩张的螺旋。

不同文化对于沉默的看法与使用方法也不同。在中非共和国的古伯亚族，频繁而任意地保持无言状态是正常的对人交流的组成部分。吃饭时，特别是有客人在场时，他们绝不说话。直到吃饭全部结束之后，才被允许开口说话。即便去探访病人，他们也一句不说，因为在他们的文化里，只有用沉默才能表达对病人的体贴和亲近。⑤这样的例子还有很

① Hasegawa & Gudykunst, *Communication with Strangers-An Approach to Inter cultural Communication*, McGraw Hiu Inc., 2010.

② Severin & Tankard, Jr. *Communication Theory: Origins, Methods and Use in the Man Media* [M], China Communication University Press, 2001.

③ 理查德·韦斯特：《传播理论导引：分析与应用》，中国人民大学出版社2007年版。

④ Bowen F. Blackmon, *Spirals of Silence: The Dynamic Effects of Diversity on Organizational Voice* [J], Journal of Management Studies, 2003, 4(6).

⑤ 云贵彬：《非语言交际与文化》，中国传媒大学出版社2007年版，第81页。

多。比如在苏格兰的谢特兰岛,人往往习惯长达几分钟的谈话间隙;在阿帕奇族,男女在求爱的初期也几乎不说话,只有经过反复几次的约会,才会渐渐进行稍长时间的对话。

四、环境语

任何人际传播总是在一定的环境中进行的,环境语言是非语言的一种重要形式。从非语言传播的角度看,环境指的是文化本身所造成的生理环境和心理环境,而不是人们居住的地理环境。从这个角度出发,环境语主要包括时间和空间,它们构成了人际传播不可分割的组成部分,人们也总是自觉或不自觉地利用时空因素来传达有关信息。

(一) 时间

不同的人对时间有不同的认识和感受,有人把自己的时间看得特别宝贵,因而在交流中也尽量避免浪费别人的时间;有人特别强调守时的原则,总是在预定的时间范围内完成事先计划好的事情;有人相信时间是有周期性的,因而总是选择行事的最佳时机。人们对时间的不同态度总是自觉不自觉地反映在他们对时间的选择和处理方式上,并以此来传递自身的想法。时间具有周期性、有限性、单向性、消费性、公平性和文化性的特点,因而在人际传播的过程中,时间变成了信息传递的重要手段。

与其他非语言交际形式(诸如面部表情、姿态、手势、非语言等)一样,时间也是常规的语言交际的辅助手段。因此,"时语"常常与分音节的常规语言一起共同发挥信息传递的功能。这是非语言的共同特点。与其他非语言手段相比,"时语"也具有自身的独特性,即时间的语义模糊性更加突出。因此,时间作为一种信息传递的工具,单独发挥作用的难度也更大。人们使用"时语"的时候,不但要配之以语义明确的常规语言,而且也常常要与语义模糊性相对较低的其他非语言手段配合使用。例如,两个人在交谈时,其中一个不停地看手表,那么另一个就会立即明白:他希望尽快结束谈话。当然,这并不是说"时语"不能单独发挥作用。在某些特殊场合,人们可以运用"时语"来表明态度、传递语义。例如,在警员们执行特殊任务的时候,约定的时间就可以明确的传递信息,当在约定时间内执行任务的警员还没有回来,则表明可能遇到某种不测,必须采取行动。

在人际传播活动中,时间往往可以用来显示人的身份地位:在比较正式的会议上,地位越高的人,入场的时间往往越晚,虽然没有说出来,但是其他人已经从迟到行为中"读"出了其身份重要的讯息。时间还可以表示人的态度:上司可以故意推迟接见下属的时间,以表示对下属的不满和惩罚。

时间可以被用作一种表示关系的信息:一般人总是运用及时答复朋友回信的方式表明自己对友谊的重视;一位女性和异性约会时,可以让男方稍微等上一段时间,以使得对方感到她更加吸引人、更有价值。人们对时间的态度,还反映了一些文化深层结构。一般来说,工业化社会的国家具有更强的时间观念,美国人总是在时间到点而不是肚子饿的时候才吃饭。而在发展中国家,时间则不怎么严格,这可能是居于农业文化的传统,这一点可以从对时间的表述中表现出来。如中国文学作品中常用的"一袋烟工夫"、"月亮上了树梢的时候"等模糊的时间概念都表明了这一点。

研究时间的传播含义的学科通常称为“时间行为学”，时间的另一个维度称为“心理时间”。所谓心理时间是指一个人的时间倾向（或者看重的）是过去、现在还是未来。时间倾向为过去的人特别看中过去，总认为过去是好的，过去解决问题的方式是可靠的，认为世事是循环往复的，过去的经验也适用于现在的情况。时间倾向为现在的人看中现在生活的世界，这种倾向的一个极端表现便是享乐主义。时间倾向为未来的人会把未来的一切看成是首要的，这种人珍惜今天，会为未来做准备。研究者解释了各种心理时间倾向之间的联系，得出了一些有趣的结论①。其中一个发现是，一个人的时间倾向和他们将来的收入是成正比的。越是关注将来的人，他们将来的收入会越高。在低收入的男性群体中，时间倾向为现在的人占了大部分。②

（二）空间

不管我们生活的环境人口密度有多大，每个人都企图为自己划出一个不受侵犯的地盘。界域观念是人类潜在的一种欲望，是人类出于“防卫”的潜在需要而产生的以自己的身体支配周围空间的欲望。每一个人都有自己的空间领域，这是他身体的延伸。

1. 空间距离

美国人类学家与心理学家霍尔博士长期以来研究人类对周围空间领域的反应，他认为，空间领域的使用与人的某种本能直接有关，即把自己的存在告知他人以及感觉到他人存在之远近的本能。每个人都有他自己独有的空间领域的需要。霍尔教授认为，人在文明社会中与他人交往而产生的关系，其远、近、亲、疏是可以用空间领域的距离大小来衡量的。霍尔发现的空间范围有这样四种：亲密距离、私人距离、社交距离、公众距离。文明社会的绝大部分人就是在这四个空间范围里行动着（见表8-5）。

表8-5 空间距离列表

空间距离	具体分类	距离/米
亲密距离	近位亲密距离	0—0.2米
	远位亲密距离	0.2—0.6米
私人距离	近位私人距离	0.6—1米
	远位私人距离	1—1.5米
社交距离	近位社交距离	1.5—2米
	远位社交距离	2—4米
公众距离	近位公众距离	4—8米
	远位公众距离	8米以上

① Enrich & Wilson, *Psychology & Tendency* [M], University of Harvard Press 1985, p21.

② 约瑟夫·A. 德维托：《人际传播教程》（第12版），余瑞祥等译，中国人民大学出版社2011年版，第49页。

1）亲密距离

亲密距离可以是近位的，比如实在的人体接触即属近位亲密距离，它也可以是远位的，即保持0.2米至0.6米左右的间隔。

第一，近位亲密距离（0—0.2米）。这种距离状态，正如字面所示，属于紧密接触关系，大多出现在谈情说爱时、知心朋友间，出现在父母与偎依着父母的孩子间，或一起玩耍的孩子间。这是爱抚、安慰、保护等动作所必需的距离。男性之间产生这样的紧密接触，往往显得粗鲁，容易引起不安和不快。一对十分亲昵的男女处在这种空间，则相互感到自然和快慰。要是不太熟悉的一男一女处在这种空间，则双方都觉得尴尬。由于文化与习俗的不同，东方女子对于男子闯入她的近位亲密距离的反应要比西方女子强烈得多。

第二，远位亲密距离（0.2—0.6米）。这是身体不相接触，但可以用手互相触摸到的距离。这也是在拥挤的公共场合人们的接触距离。这时，人们往往会自动地遵守某些行为规范，站得直挺些，尽量不碰其他人的任何地方，包括目光，也不能盯住他人看，应尽早移开。总之，尽一切可能避免进入近位的亲密距离。

2）私人距离

第一，近位私人距离（0.6—1米）。在这一间距内，自己的手可以搂、抱对方，也可以向对方挑衅。妻子若处于近位私人距离，她完全可以进而接近丈夫。如果换成一位陌生女子，她对这位男子很可能有某种企图。近位私人距离是酒会上最舒适的人际间隔，它允许一定程度的亲密，所以非常接近于亲密距离。

第二，远位私人距离（1—1.5米）。这是双方都把手臂伸直，彼此尚能够得着的距离，超越了这个范围，就不容易接触到对方了。换言之，它是狭义上的“私有领域”。人们在街上相遇，往往以远位私人距离的间隔寒暄。私人距离的远位状态可以提供一系列信息。一位不太亲密的熟人处在这种空间时，倘若他进一步靠近，那就说明他在献殷勤，或对另一方特别有好感。“格斗”和武打是私人距离和亲密距离迅速交替的一种身体接触方式，但动作的含义是事先规定好了的。

3）社交距离

第一，近位社交距离（1.5—2米）。在文明社会，我们处理一切复杂的非私人事务几乎都在这个距离内进行。机关里的领导干部对秘书或下属布置任务，接待因公来访的客人，进行比较深入的个人洽谈，大多采用这个距离。家庭妇女与来家里修理家用器具的工匠、食品售货员或邮递员之间也均保持这个距离。在这个距离里，一位上司站在一些坐着的职员面前，那就显示他势大权高，以此强调“你们为我工作”的事实，而不费任何口舌。

第二，远位社交距离（2—4米）。这是正式社交活动、商业活动及公事上所采用的距离。特别是面积较大的会议厅、经理室或办公室内，社交距离的接近状态就会扩大到疏远状态。例如首长接见外宾或内宾，大公司的总经理与下属谈话等，由于身份的关系需要在其与部下之间保持一定距离。一般身份越高，需要确保的距离越大，一些大企业首脑的办公室往往摆设着大型办公桌，就是为了“拉开距离”。“拉开距离”具有保持身份的威严的功能。宫殿、法庭、教堂、大会议厅等的布置都发挥了“拉开距离”的功能。保持这样的距离，坐在大办公桌后面同一位站着的职员说话也不会显得低矮，相反，那站在面前的人从头到脚都在你的视野之中。

值得注意的是，此时唯一的接触是目光的接触，传统习俗要求我们在这种距离下谈话时要看着对方的眼睛，倘若只是扫视一眼，实际上就是不想跟对方谈话的意思，那就不礼貌了。远位社交距离的优点是可以起到掩护作用，保持这种距离时，可以把工作放下与对方攀谈，也可以继续工作，而不会被看作不礼貌。在公司里，女接待员和来客应该保持这种距离，以便让她继续工作，不必被迫去与来客交谈。若是距离很近，一味埋头工作，就是不礼貌的举止了。对于某些大家庭来讲，这种距离也很有必要。

4）公众距离

第一，近位公众距离（4—8 米）。这是产生界域意识的最大距离，如教室中的教师与学生、小型集会的演讲者与听众的距离。在讲课或演讲中运用手势、动作、表情，变换位置，或在学生座位中间的过道上走动，以及使用教鞭、图表、幻灯、字幕等辅助教具，都可以起到“拉近距离”的作用，达到加强人际传播的效果。

第二，远位公众距离（8 米以上）。这种远距状态一般适用于政治人物，对这些人物来说，8 米以上的安全距离是具有一定意义的。在原始社会中，这是人类为确保自身安全所需的距离，也是人与动物相对峙的最近距离。在文明社会中，这种距离则大多用于大会堂发言、戏剧表演、晚会演出等，均与观众保持一定的间隔。

2. 界域姿势

1）占有姿势

人会以身体靠着某人某物以显示该人该物为他所有。当被靠着的物是别人所有时，这姿势就明显带有优越感或威胁意味了。例如踩在新买的车上，腿跨在椅背上，脚跷到桌上，身体靠着门背等等，这都意味着身体的延伸，向别人表示这些东西为他所有。威胁别人最容易的方法就是在不经许可的情况下，或靠、或坐，甚至使用别人的所有物。另外在上司面前，若不可能把脚跷到桌上，仍可改用较不明显的形式，例如把脚摆在最底层的抽屉上，甚至用力将脚顶着桌脚等等。

2）认同姿势

人们在交谈时，经常使用向对方“借用”来的相同的姿势和动作。这种模仿是一方表示认同对方的意思。这是在说：“你该看得出来，我想的跟你一样，所以我才会模仿你的姿势。”这种下意识的模仿是非常有趣的，我们常可以看到夫妻有同样的站、坐、动作和走路的方式。当然，若想有意识模仿对方姿势一定要考虑到彼此的关系，职员在要求加薪时去模仿总经理的姿势，一定会把事情弄僵。有研究显示，在团体或家庭中，一个人做某一种姿势，其他人一起模仿，这个人必是实力人物。我们办事，就要把目标集中到此人身上。此外，模仿对于化解有优越感的对手的态度是很能奏效的。

3）从属姿势

在人前把身体的高度放低是一种建立从属关系的方法。在与人接触时有意显得渺小，可以避免冒犯别人。当汽车司机被交通警拦下时，与其留在车上、摇下车窗等警察过来，不如立即下车（自己的地盘）走到警察边上（免得警察离开自己的地盘），并适当降低身子。同样，顾客要求退货，柜台成为你与顾客的屏障。若你仍然坐在柜台后，就难以平息顾客的抱怨，甚至得罪顾客。最好是走出柜台，身体放低，把上述应付警察的办法用于顾客。

4) 指示姿势

一个人身体面对对方的角度,与他们的态度和彼此的关系有直接联系。人们在一般社交场合中身体与对方成九十度角度,两个人的身体同时指向某一点而形成一个角,这是开放型。这样的人体语言表示欢迎第三者参加,而且第三者所在的位置即是两个人的身体同时指向的那一点。若是有四个人谈话就会成一方形,若是五个人就会成圆形或两个三角形。若是两人想保持亲密性或隐私性,他们身体的角度就会从九十度变成零度。注意,这种封闭型姿势也可被用来表示敌意,有向对方挑战的意思。显然,开放型姿态用来表示接纳其他人加入谈话,封闭型姿态则表示排斥其他人加入谈话。若有第三者想加入封闭型中时,只有当那二人的身体转向形成三角形时,才有可能被欢迎参加。若是此二人不表示欢迎,就会一直保持封闭型姿势,只是把头转向第三者以表示认知他的存在,身体方向是排斥他的。

坐着的形式和站立时一样,开放的三角形表示随和放松的气氛,也可以两人指向某一共同点形成三角形,以表示彼此认同;转动椅子使身体正对对方,这表示你希望他对你的问题能有直接的回答,若是你的身体完全不与对方形成任何角度,那就会使气氛轻松,适合谈些私人的或有些尴尬的问题。总之,你若想与对方有默契就用三角形姿势;若想表示给对方加压力,就用直接面对的姿势;完全不形成角度的姿势,能使对方自在地思想或动作而不会感到压力(见图 8-2)。

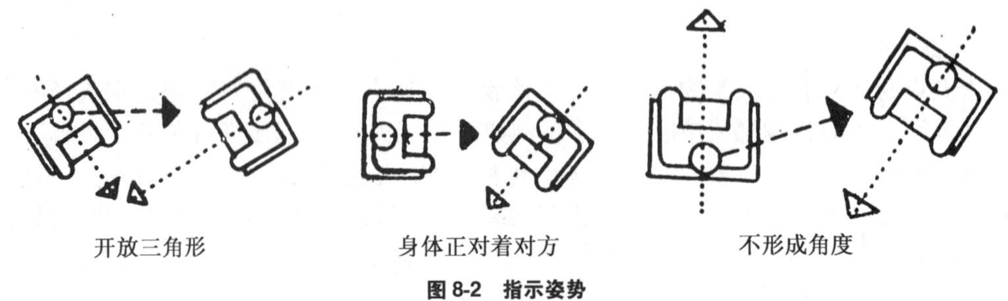

图 8-2 指示姿势

资料来源 熊伟源、余明阳编著:《人际传播学》,中山大学出版社 1991 年版,第 207 页。

不同的沟通距离,不同的空间方位可以传递不同的信息,标志着人们之间不同的情感关系,而且影响着人们的情感表达。一般来说,交往双方在相当近的距离内,可以通过视觉密码、热量密码、嗅觉密码、嗓音音量密码传递信息,产生情感共鸣,有助于情感沟通。视觉密码是指面对面的直视,在目光接触中,双方能更清楚地看到对方的容貌和表情,产生一种新的视觉感受。热量密码是指双方相距甚近时,能相互感受到对方身上散发的热量,给人一种强有力的情感刺激,产生新的触觉感受。嗅觉密码指两人靠近时,相互之间可以嗅到对方身上的气味,产生触觉感受,有助于双方的感情同化。嗓音音量密码指两人接近时,不但能听清楚语言而且还能听到发音时的嗓音、呼吸声,产生微妙的听觉感受,有助于感受到语言的情感。因此,距离越近,人们相互之间能给予对方的情感刺激也就越强烈,于是产生了一种近体效应。

3. 界域标记

人们在确保自己界域方面有一个有趣现象,那就是用“标记”来防止他人入侵自己的场所。在图书馆的桌子上放一个水杯或几本书，来表示这个位子已有人，他人不得使用。关于确保界域标记的有效性，有很多计划周密的调查试图求证。李·莫尔的调查，是选择利用度较高的时段，在某个大学图书馆的自习室进行的。莫尔每天放学后早早来到自习室，放置了四种可作标记的东西，然后坐到未放置标记的桌子旁观察会发生什么情况。这四种标记是：(1)运动夹克；(2)整齐摆放的教科书；(3)笔记本和钢笔；(4)杂乱放置的报纸杂志。结果发现，没有放置这些标记的座位，直到两个小时的观察时间终止为止，几乎全部满座，就座的平均时间是 20 分钟。但是，放置标记(1)和(2)的座位，两小时之内一直空着。标记(3)保持了 77 分钟的空座，而(4)只保持了 32 分钟的空座。

在这个调查中，较为有趣的是坐在标记座位邻座的学生的行为。在总计五次实验中，标记(4)的邻座者全都被候补占座者问过："这个座位有人吗?"质言之，那些邻座者被认为有了解标记(4)的界域状况的责任。最初，这位邻座者会告知以"他认为该座位有人在用"，自己不知不觉地守护了相邻的界域，但随着时间的流逝，他自己也开始产生怀疑。就会回答"好像有人坐了，但已经过了一个小时，还是原封不动，可能不返回了"，以此把自己的怀疑传达给候补占位者。但是，对于标记(2)的作为，却没有一个人去问其邻座者。对于标记(1)，有两三个人来问这位邻座，被告知有人后，则立即离去。①

第三节 非语言传播的注意点

非语言传播是通过眼神、动作、表情、姿势等方式将信息传递给对方的交流过程，它是无声的、持续的"语言"，有着辅助意义和强化情感的作用。要恰当地运用非语言，应该注意以下几点：

一、不要读错别字

(一) 同构异形

和人类的语言相比，身体语言似乎没有那么广阔丰厚，但是正因为其简单而有限的表现形式，才使得它的内涵包容了更多的意义。我们之所以会误解他人的身体动作，就是因为同一种姿态往往可以发出几种不同的信息。有人把这种现象称为"同构异形"。

图 8-3 中显示的是人类最常见的四种典型姿态，它们传出的信息强而有力，而且任何一种姿态都可以发出四五种信息。例如，图 A 可以表示"漠不关心"、"屈从"、"疑惑"或"无可奈何"等不同态度。当一个人对某事感到莫名其妙时，便常会作出这种耸肩姿势。图 B 可以暗示出一种"自满"的心理状态，同时也可以用来表示"厌烦"和"气愤"，或用来表示一种"漫不经心"的态度。图 C 是一种常见的女性姿态，所传示的信息一目了然，它可以用来表示"害羞"、"忸怩"、"谦恭"或"悲哀"的心理状态。图 D 的姿态首先给人一种"傲慢"感和

① 云贵彬：《非语言交际与文化》，中国传媒大学出版社 2007 年版，第 107 页。

"威胁"感;除此之外,这种姿势还可以表示"惊奇"、"怀疑"、"犹豫"和"冷淡"等态度。因此,我们在读解动作语言时,要结合其他因素来断明它是正面意义还是负面意义,不要简单化,不要机械地"辨认",更不要读"错别字"。

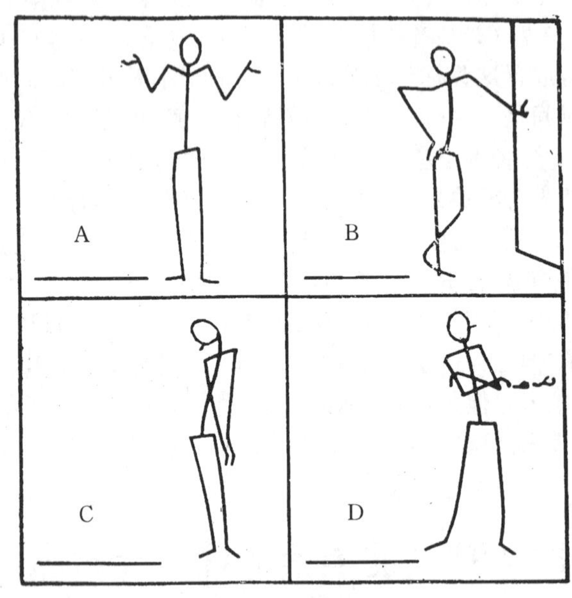

图 8-3 同构异形

资料来源 熊伟源、余明阳编著:《人际传播学》,中山大学出版社 1991 年版,第 257 页。

(二)"语意群"与"上下文"

面对动作语言的同构异形现象,初学者最容易犯的错误就是只观其一,不看其二。比如,搔头的动作具有"搔痒"、"擦汗"、"迟疑"、"忘事"和"撒谎"等意义,到底此刻表示的是哪一种呢?这就需要结合其他因素判断才能得出正确的结论。这"其他因素",主要体现为"语意群"和"上下文"。人体语言是一个全身配合的整体,某一部位动作时,必然会有连带关系的其他动作相伴出现。这便是"语意群"。人体语言和其他语言一样,包括单词、句子和标点符号。每一个动作就像一个独立的单词,在不同的句子中,可以有几种不同的意思。只有当你把这个"单词"放进一个具体的"句子"里时,才能完全理解它所表达的意思。所以,读解时要联系"语意群"来甄别印证。人体语言以"句子"的形式出现,能传递一个人的感情、态度和大脑中的各种思维活动。但这样的"句子"必须放在"上下文"中,才能确切地显现其应有的意义。一个善于读解动作语言的人,正是根据"上下文"的意义来"读"出这些无声的句子的,并且能将这些无声的句子去同该人的有声的句子进行比较。当二者出现不一致时,人们往往注重动作语言的信息,而不去理会有声语言的信息。弗洛伊德曾注意到他的一位女病人,一面说着她婚姻多么幸福,一面下意识地把手指上的定婚戒指来回拔下套上。弗洛伊德领会到这种下意识动作的意义,因此,断定这位病人的婚姻出现危机就不足为奇了。

（三）影响判断的其他因素

1. 规定情境

读解动作语言还要注意动作发生的规定情境。若有一个人在公共汽车站双臂交叉胸前，两腿相叠，下巴放低，但那是一个寒冷的冬天，那么最大的可能是他感觉冷，而不是防御姿态。但当你在向一个人推销观念、产品或服务时，他也采取这种姿势，就可断定他这是否定的防御态度。

2. 生理限制及障碍

一般用"死鱼"手与人相握手的人给人个性懦弱的信息，但一个手患有关节炎的人是一定会用这种"死鱼"手与人相握，以免疼痛。穿不合身或紧身衣服的人可能不便使用某些姿势，影响动作语言的表达。这些动作语言的生理限制与障碍，也是我们在读解时要加以考虑的因素。

3. 地位与权力

一个人的社会地位、权力和声望与他使用动作语言的数量直接有关。高层级的人更多用语言来表达意思，受教育少的下层人则更多依赖手势来表达。

4. 年龄差异

手势的速度和明显程度随年龄而异。一个 5 岁的孩子说谎后，会立即用手捂住嘴巴，捂嘴动作明显"告发"了他的谎言。这个动作会一直使用下去，只是速度与方式会有变化。10 岁的孩子说谎，也会把手举到嘴边，不是捂嘴，而是用手指轻擦嘴角。成人说谎，这一动作更加微妙，虽然大脑也指挥他去捂嘴，阻止谎言出口，但他却在最后一刻下意识将手移开嘴巴，变成了摸鼻子的动作，这就是成年人较世故的捂嘴动作。这也就是为什么读解一个 50 岁人的动作语言要比读解年轻人的动作语言困难得多的原因。

5. 文化习俗造成的歧义

不同国家和民族所拥有的不同的文化习俗会造成动作语言的某些歧义，给读解动作语言带来"语法"上的困扰。不同的文化有着不同的姿势和内涵，这里再举一例。"V"手势是第二次世界大战期间英国首相丘吉尔带动起来的象征胜利的手势——伸出食指、中指成"V"状，以示英语"胜利"Victory 的字头，现在已风行全世界。但如若手心向内，在澳大利亚、新西兰和英国等国，则带有"up yours"的意思，成了猥亵侮辱人的手势。在斐济，双手交叉放在胸前是目中无人和不尊重他人的表现；在尼日利亚和希腊，挥手是对他人的侮辱；在埃及，轻叩两个手指会被认为是邀请人一起睡觉；在日本，鞠躬的幅度没有主人低等于向主人昭示自己的地位较高；在很多中东国家，把脚放在桌子上或椅子上被认为是对他人的侮辱和不尊重。

不同文化中面部信息的差异，可以一定程度上反映公众对各种反应的接受度。在一项研究中，日本学生和美国学生观看了一部外科手术的影片①。摄像机记录下了各个学生观影的反应，以及事后接受采访的表现。结果发现，单独观影时，日本学生和美国学生的反应没有明显不同。但是在单独采访的时候，美国学生的面部明显表露出不悦的表情，而日本学生则没有表现出什么情感起伏。

以上这些问题，都是我们在读解动作语言时要顾及的因素。学会观察，排除干扰，是读解动作语言时要掌握的要领。只有这样，才能提取准确的信息，真正实现沟通。

二、关注可能影响沟通进程的信号②

通过对他人非语言信息的观察，我们可以及早发现有碍沟通进展的问题，例如理解不够、缺乏达成共识的欲望或者可能产生冲突的苗头。另一方面，我们也可以看到促使目标实现的有利因素，例如表示友好、赞同、支持以及合作的信号。根据所获信息方向的不同，我们应该对自身的言行予以调整，对有利的信息给予回应和加强，对不利因素则应尽力去补救和挽回。在《沟通的技巧》和《面对面交流秘诀》中，克里斯以及彼得等研究沟通技巧的专家提出下列这些身体语言值得关注：

（一）具有消极意义的信号

有限的目光接触，或者不用正眼看你；
双手合拢，披上外衣，系上扣子；
快速点头；
捂着鼻子或者嘴巴；
堵上或者摩擦耳朵；
双臂或者双腿交叉；
握紧拳头；
从你身边移开一些距离，通常会朝着门的方向；
烦躁，比如快速地用铅笔或者用脚底板打拍子；
脸上的肌肉越绷越紧；
来回踱步。

上述信号无论是单独出现还是以组合的方式出现，都在向我们发出警示：对方可能产生了某种防备、不信任或者是排斥的心理。此时，我们就应检查自己的沟通方式有何不妥，是哪些言行导致对方发出了消极信号，并且迅速找到恰当的角度予以解释，帮助他人

① 保罗·艾克曼：《人脸的情绪：研究指引与研究发现之整合》，商务印书馆1995年版，第28页。
② 马丽编：《沟通的艺术》，中国协和医科大学出版社2004年版，第200—204页。

重新理解自己的观点，尽力使沟通顺畅地进行下去。

（二）具有积极意义的信号

1. 人们喜欢你的信号

微笑；
模仿你的姿态、行为和手势；
良好的目光接触；
身体向你靠近；
开放式的身体姿态而不是双臂交叉；
直接面对你，表情自然放松。

2. 他人对你的观点有兴趣的信号

思索式的点头；
身体前倾，想靠近你；
睁大眼睛，兴趣越浓，瞳孔越大；
放松的姿势；
张开双手，解开外衣扣子；
抚摸下巴或者把头偏向一侧；
神情似乎很挑剔，但实际上却在非常认真地思考你所提供的信息；
充分理解的附和声；
处理你正要呈送的文件或材料；

他人发出的上述信号在某种程度上预示着我们的成功。因此，当发现这些受欢迎的信号尤其是在它们成串出现以后，我们应及时把握这种有利时机，以适度的言行维护良好的交流氛围，或者趁热打铁，加快共识的形成。

总之，深入而准确地读解他人的非语言信息，有助于我们减少和避免沟通中的失误，促进我们与他人交流渠道的畅通。同时，对他人身体语言的体察也会反映到我们自身所传递的信息当中，形成对他人所发信息的有效回应，所有这些必将改善并且提升沟通的质量。

[思考题]

1. 非语言和语言有什么区别和联系？
2. 非语言有哪些种类，分别有什么作用？举例说明。
3. 在人际传播中运用非语言有哪些注意点？
4. 情境分析题：

　　在你的实习中，虽然你的能力并不比别人差，但是他人并不十分信任你。你需要向他人传达更多信息，说明你值得信任。试问：你可以使用怎样的非语言信息说明你的能力呢？怎样整合这些信息并运用到交流中去呢？

5. 案例分析题：

(场景：星期五下午 4:30 时；××公司经理办公室)

经理助理李明正在起草公司上半年的营销业绩报告。这时公司销售部副经理王越带着公司销售统计材料走进来。“这是经理要的材料，公司上半年的销售统计资料全在这里。”王越边说边把手里的材料递给李明。“谢谢，我正等着这份材料呢。”李明拿到材料后仔细地翻阅着。

“老李，最近忙吗?”王越点起一支烟，问道。“忙，忙得团团转！现在正忙着起草这份报告，今晚大概又要开夜车了。”李明指着桌上的文稿回答道。“老李，我说你呀应该学学太极拳。”王越从口中吐出一个烟圈说道，“人过四十，应该多多注意身体。”

李明闻到一股烟味，心里想：“老王大概要等这支烟抽完了才离开，可我还得赶紧写这篇报告。”

“最近，我从报上看到一篇短文，说无绳跳动能治颈椎病。像我们这些长期坐办公室的人，多数都患有颈椎病。你知道什么是‘无绳跳动’吗?”王越自问自答地往下说：“其实很简单……”

李明心里有些烦，可是碍于情面不便逐客，他瞥了一眼墙壁上的挂钟，已经 5:00 时了。李明把座椅往身后挪了一下，站起来伸了个懒腰说：“累死我了。”李明开始动手整理桌上的文稿。“‘无绳跳动’与‘有绳跳动’十分相似……”王越抽着烟，继续着自己的话题……

(1) 李明用哪些非语言行为暗示了自己的繁忙或不耐烦?

(2) 如果你是王越，遇到这种情况会怎么办?

(3) 你认为李明该怎么做才能更明确地传递信息?

第九章
新媒体人际传播

◆ **学习目标**

学习完本章，你应该能够：

(1) 了解网络人际传播的基本概念和产生背景；

(2) 了解网络人际传播的表现方式和功能；

(3) 了解网络人际传播的利弊及演变趋势；

(4) 了解手机人际传播的基本概念和发展轨迹；

(5) 了解手机人际传播的动机；

(6) 了解手机人际传播的表现方式；

(7) 了解手机人际传播的利弊和未来。

◆ **基本概念**

网络人际传播　手机人际传播

第一节　网络人际传播

网络不仅是全新的大众传播媒体，更是新兴的人际传播媒体。网络是大众传播中速度最快的，它的人际传播特征也最为明显。甚至可以说，网络是经过人际传播格式化的大众传播，它的大众传播其实是建立在人际传播基础上的。“网络开始以一种传播媒介的身份进入人们生活，最早承载的形态就是‘人际传播’。”①QQ、MSN 等即时通讯工具、电子邮件收发是人们使用最多的互联网功能，网络人际传播成为网络传播的主流传播形态，让人际传播从简单的面对面走向高级的电脑交互，扩展了日常生活的交往空间。不过，与传统人际传播不同的是，两个直接交流的对象可能是彼此陌生的，而且是虚拟的面对面。

① 吴世文：《手在网络人际传播中的功用及其影响》，人民网—传媒频道，2008 年 12 月 12 日，http://media.people.com.cn/GB/22114/44110/113772/8510148.html。

一、网络人际传播的定义及特征

(一) 网络人际传播的定义

网络人际传播(Computer-Mediated Communication),是指人与人之间借助计算机和互联网进行的非面对面的传递信息、交流情感的传播活动,它以文字和网络符号为主要表达方式。网络人际传播大致分为三个方面:其一是通过电子邮件或电子公告牌实现的异步传播;其二是通过"聊天室"等在线交谈实现的同步传播;其三是通过计算机和电子数据库对各种信息的使用、恢复及存储活动。①

从现有的受众调查来看,E-mail 和聊天等人际交流手段,是人们在网络中使用得较多的一类服务。表 9-1 是 CNNIC 在 2012 年 1 月公布的《第 29 次中国互联网发展状况统计报道》中,网民上网时经常使用的网络服务及其使用率。

表 9-1 网民上网经常使用的网络服务

应　　用	2011 年		2010 年		年增长率
	用户规模(万)	使用率	用户规模(万)	使用率	
即时通信	41 510	80.9%	35 258	77.1%	17.7%
搜索引擎	40 740	79.4%	37 453	81.9%	8.8%
网络音乐	38 585	75.2%	36 218	79.2%	6.5%
网络新闻	36 687	71.5%	35 304	77.2%	3.9%
网络视频	32 531	63.4%	28 398	62.1%	14.6%
网络游戏	32 428	63.2%	30 410	66.5%	6.6%
博客/个人空间	31 864	62.1%	29 450	64.4%	8.2%
微　　博	24 988	48.7%	6 311	13.8%	296.0%
电子邮件	24 577	47.9%	24 969	54.6%	−1.6%
社交网站	24 424	47.6%	23 505	51.4%	3.9%
网络文字	20 267	39.5%	19 481	42.6%	4.0%
网络购物	19 395	37.6%	16 051	35.1%	20.8%
网上支付	16 676	32.5%	13 719	30.0%	21.6%
网上银行	16 624	32.4%	13 948	30.5%	19.2%
论坛/BBS	14 469	28.2%	14 817	32.4%	−2.3%
团　　购	6 465	12.6%	1 875	4.1%	244.8%
旅行预订	4 207	8.2%	3 613	7.9%	16.5%
网络炒股	4 002	7.8%	7 088	15.5%	−43.5%

资料来源　中国互联网络信息中心:《第 29 次中国互联网络发展状况统计报告》,2012 年 1 月 16 日。

CNNIC 的上述调查结果表明,人们是非常愿意把网络作为一种人际传播渠道和交流平

① 茅丽娜:《从传统人际传播角度观瞻 CMC 人际传播》,《国际新闻界》2000 年第 3 期,第 65 页。

台的，人们通过网络来收发邮件、进行即时通讯、参与论坛/BBS/讨论组等、登陆网上校友录、网络聊天室、拨打网络电话等手段，来进行人与人之间的传播与互动。计算机网络催生了网上人际传播这种新型的人际传播方式，网络直接介入“交际”领域，为人类创造了独具特色的网上空间。由于网络的独特优势，与电话交往、信件交往和登门拜访等传统的人际交往方式相比，网络提高了人们交往的效率，扩大了人们交往的范围。电子邮件、ICQ、OICQ、IRC等成为人们及时交流的常用方式。它们都借助于网络这一媒介，属于非面对面人际传播类型。

(二) 网络人际传播的特征

网络人际传播是一种全新的传播手段，它属于间接的人际传播方式，其传播过程完全借助于网络及其附带的各种新媒体技术进行。网络社会生活是一种特殊的社会生活，由于网络自身存在的开放性、匿名性、虚拟性等特点，因此网络中的人际传播也具有不同于传统人际传播以及现实生活中人际传播的鲜明特点。

1. 信息接收者、信息发出者、信息的形式以及反馈四方面的特点

1) 信息发出者：最佳化表现自我，个体身份的多重性和平等性

一方面，网络是一个“虚拟的社会”，互动的双方往往是以一个“符号”来活动，彼此不相识更不熟悉，人们在网上网下所展示的自我大不相同。网络传播的两个关键特点“被减少了的传播暗示”和“潜在的非同步传播”，可帮助信息发出者在网上有选择地、更好地展示自我。

网络使人们面对面的接触减少，彼此不知道对方的特点，人们主要通过自己在网上显露的个人信息，如网名(ID、昵称)和自我介绍等信息让对方了解自己，在对方心目形成印象。一般来说，在网络中副语言符号难以使用，人们无法看到对方的容貌，听不到他们说话，所以人们对别人的了解是不全面的，只能根据对方所自我呈现出的信息来推断对方的品性。

同时，由于网络交流是非同步的，交流双方又可以有更多的时间设计所要传递的信息，而不是总在与别人进行交流，这样网络传播的使用者就可以对自己进行客观地评价、反思、选择、编辑、协调信息后再向对方传递能更好地展示自我的信息。在这样的环境中，传播双方更容易在互动过程中控制自己留给对方的印象，为自己塑造一个完美的形象。

另一方面，在不同的传播情境中，个体所扮演的角色是不同的。某一个网络用户在同一时间与不同对象的网络聊天过程中，可以同时是一位严厉的上司、慈爱的父亲、体贴的丈夫以及幽默风趣的网友。其实，个人在网络人际交往过程中，决定何时以何种面目出现，既与他当时的心理状态、所处情景有关，更与他和交流对象间的关系类型有密切关联。网络人际传播的参与者来源广泛，几乎不受到地域、身份和文化观念的限制。在网络传播中，传受双方的交流和参与更为平等自由。传播者可以掌握更多的主动权，受传者则没有诸如现实生活中由于家庭出身、职业、收入等因素所造成的某种劣势感。对于在现实社会中处于不利位置的弱势群体而言，互联网极大增强了他们交往的弹性和空间。网络人际传播打破了现实世界的种种限制后，为人们提供更加自由的交流平台。即使社会背景和身份地位有所不同，都可以在网络空间内平等共处，彼此联结，这在现实社会中难以达成。

2）信息接收者：理想化地认识对方

在网络中生存的个体，都是以与现实身份不同的形象出现，有些甚至进行了伪装，戴着假面具。因而双方的身份就有了许多的不确定性，谁也不知道自己今天交往的对象是谁，更不知道自己在网上的朋友在现实生活中是什么样子。有一句话“你永远不知道在网络的另一端跟你聊天的是条狗”，就充分反映了网络中相互身份的不确定性。与信息发出者有选择地表露信息相对应，信息接收者无法得知对方的全部信息和真实面貌，往往会将对方的认识理想化。

一个个网络终端后面都是陌生人，但人们却能亲切交谈，互发电子邮件。网络的隔离作用，减少了交往双方的“社会线索”，这正好给信息接收者留下了丰富的想象空间，信息的接收者容易将对方理想化。

3）信息形式：从文字到多媒体

自从网络诞生那天起网络传播所使用的符号就随着互联网技术的不断进步而处于持续地发展变化中。互联网是网络人际传播的主要媒介，在早期的网络聊天、收发电子邮件等过程中，文字交流都是最主要的交流形式。“文字交流不仅可以清楚地表达深刻的思想，还可以很好地弥补非语言符号缺失造成的理解误区。”①网络世界中文字的使用也是极具特色，广大网民在互联网上创造了一系列区别于正常文字的语言符号，比如“RT”指代“如题”，“—_—///”表示无奈等等。以文字为主要手段，还意味着打字的速度会成为交流的另一种障碍。特别是对于聊天而言，如果一方打字速度太慢，就可能使另一方失去交流的热情。

文字交流的另一个效果，是网民给自己取的代号或“昵称”，甚至会成为他能否吸引到交流对象，吸引到什么样的交流对象的一个重要因素。例如，女性化的名字更受男性网民的青睐。借用某个名人的名字，往往也会更加引人注目。

同时，伴随着计算机技术的不断发展进步，图片，尤其是视频和音频所代表的多媒体也成为日益普及的网络传播形式。用户可以通过语音邮件、网络电话等进行更高质量地信息沟通和人际交往。较之于简单文字交流的形式，多媒体时代要求网民具备更高的计算机素养，掌握更多更新的网络技术。不少人在网络使用中熟悉和惯用视频、音频技术，但同时，一方面，文字、视频、音频等多重信道彼此间是存在割裂的，三者无论如何结合，都无法形成一个足够完美的联动整体，取得和面对面交流同等的传播效果；另一方面，通过文本获取信息仍然是人们日常生活中的主导交流方式，大多数人还是习惯在互联网上通过电子邮件和文字聊天进行信息的交换和互动。

4）反馈：强化交流双方印象

在网络人际传播中，良好的印象和亲密度是在信息发出和接收过程中实现的，不过在传播过程中，由于双方背景信息和社会信息缺乏，双方印象的形成就需要一段彼此的信息反馈过程，因此，交流的往复性是其中关键的方面，而交流双方在来往中通过对网络行为的确认会巩固并夸大这些交流效果。“行为的确认”在面对面交流中有重要的作用，在传播初始阶段双方背景信息较少的交流方式如网络人际传播中，它起的作用更大。

这种“行为上的确认”和“认识上的夸大”的循环影响告诉我们，人们在网络传播中很容易将对方理想化，人们往往根据对对方的想象而不是对方的实际行为来与他人交流。

① 彭维：《网络中人际传播的特点》，《北京电力高等专科学校学报》2011年第28卷第7期，第149页。

而对一些反面的信息，信息发出和接收者往往会进行一些“选择”和“过滤”，所以在网络传播中往往会产生非常频繁的人际交流，经常或者较多的互动使得人际交流行为更加密切。

2. 其他特点

1）传播范围更为广泛

传统的人际传播由于受到各种因素的限制，其传播活动开展的范围是有限的，主要集中在已有的交际圈中，虽然偶有发生与外界的交流，如在旅途或征友过程结识原本陌生的人，但地域、文化等差异相对不大。网络人际传播则打破了时间、空间对传播过程的限制，使得人际交往的对象可能分布在世界各地，各自具有不同的文化背景。

2）传播过程的偶然性大大增加

在网络人际传播中，由于交流的对象可能是彼此陌生的而且是虚拟的面对面，因此存在很大的不确定性。特别是网络聊天、QQ、MSN 等即时通讯、网络游戏等形态中，交流对象间彼此不熟悉，任何两个人的相遇都有可能是偶然的，萍水相逢的交流对象需要更多时间去了解，在进行真正的交流之前往往会花费较长的时间进行预热，便于彼此间相互了解，然后再决定是否保持现有的人际联系。如果在预热阶段发现彼此有共同交流的兴趣或话题，则二者的交流有可能进行下去。

3）传播具有匿名性

网络传播最大的神秘之处在于交流双方的匿名性，活跃在互联网上的网民往往有意隐瞒自己的真实身份或者给自己虚拟一个角色。传统的人际交往模式中，传播情境（包括社会情境和自然情境，其中社会情境指角色、规范、地位、文化、信仰、风俗等，自然情境指传播时的环境因素，如时空）强烈地影响人际传播的进行和人际关系的开展。在现实世界中，人们彼此间展开交流时，会受到社会情境因素的较多干扰，言行举止就会表现得合乎规范。然而由于互联网使用的匿名性，使得网络人际传播也带有这个特点，这就造成在交往中，个体的表现往往与现实世界中的表现大相径庭。匿名性意味着个人无需为自己的行为承担后果，个体在进行自我表达时，就容易发生较少顾及社会规范的约束，容易任性妄为。同时，网络的匿名也带来了人们之间社会等级差异的消失，传播双方处于更真实、更深层次的交流，相对而言，这样的人际传播显得更为纯粹和平等，因此传播的内容和技巧也显得更为重要。

二、网络人际传播产生的背景

人际传播可以说是人之为人的基本特质，自古以来，人类便在不断追求沟通的最大化，而每一次通讯技术的革命，都在客观上延伸了人们的交往能力。正如英国金牛信息系统公司的巴雷特（Heil Barrett）所说：“印刷机彻底改变了个人获取事实记录、其他人的思想和遥远文化的方式；便士邮政改变了我们从朋友处获得新闻和我们与其他团体进行通讯的方式；电话改变了我们的谈话方式并扩大了可进行问题讨论的人们的范围。因特网所能改变的东西不包含这些，但会远远多于这些。”①

---

① 巴雷特：《赛伯族状态：因特网的文化、政治和经济》，河北大学出版社 1998 年版，第 264 页。

早期的人际传播都是面对面的直接传播。随着科技的发展,交流技术和手段也得以发展,人际传播开始出现间接传播的形式,例如书信、电报、电话、手机短信和网络人际传播等。互联网的诞生,无疑是有史以来人类通讯技术的最大突破,它带来了人际传播手段与交往方式的巨大变革,给人类的交往模式带来了翻天覆地的变化。

在网络时代,企业将要转型,媒体将被重整,政府将被改造,个人将要重新塑造自己。相对于网络时代而言的传统社会的人际传播和人际关系,也同样不可避免地要随之发生根本性的变革。互联网络的兴起,带来了传播手段的革命以及人际交往模式的深刻变化,这种变化不仅体现在网络交往打破了人类以往受制于时空、地域、社会阶层等的交往模式,而且还体现在创造了一种全新的人际传播空间和人际传播模式。①

首先,网络给人类社会带来的深刻影响是在社会文化和生活方式方面,其中最为重要的是对人际关系的影响。互联网络以极快的速度,把社会各部门、各行业以及各国、各地区乃至各个个体联成一个整体,使社会成为所谓的"网络社会"和"虚拟社会"。网络技术通过全方位、多层次的信息传输为社会成员提供了更方便且范围更大的社会交往机会,使人的社会性得到空前的延伸和发展,创新了人际关系。网络直接介入"交际"领域,为人类创造了独具特色的网上空间。与现实社会生活不同,人们在网络空间所从事的所有社会活动,在本质上都是数字化和虚拟的,是以网络空间为基础的,可称之为以网络为基础的社会活动,相应地,这种以网络为基础的人际关系可称为网缘关系。

其次,网络空间的形成,开创了超越时空限制的全新交往模式,而且形成了很多在网络时代所特有的交往新类型。由于因特网的电子通信方式的出现,促使了传统通信方式的观念更新,提供了一种新的人际传播模式。电子邮件代替了普通信件,上、下级之间公文的传送,统计报表的传送,信息数据的传送,广告、文艺、娱乐,甚至聊天也都通过网络来实现。网络使人与人之间传播的方式产生了新的变革。

三、网络人际传播的表现方式

众所周知,网络人际传播具体形态的演进始终源于信息技术的发展,传统的网络人际传播方式丰富多彩,技术的进步也促使网络人际传播演绎出了新的精彩。下面,我们先介绍几种最为常见的网络人际传播技术形态。②

(一) 传统表现方式

1. 电子邮件③

电子邮件(electronic mail, E-mail),是一种通过网络实现相互传送和接收信息的现代

① 黄少华、陈文江主编:《重塑自我的游戏——网络空间的人际交往》,兰州大学出版社 2002 年版,第 283 页。

② 张放:《虚幻与真实》,中国社会科学出版社 2010 年版,第 52—60 页。

③ 刘本军、魏文胜:《历史回顾:究竟谁是 E-mail 之父》,《中国电脑教育报》2005 年第 19 期;李刚:《电子邮件发展史》,《中国计算机报》2005 年第 66 期;《电子邮件简述》,中国科学院邮件系统帮助中心,http://mail.cstnet.cn/cstnet/help/mail_information.html#1。

化通信方式，是一种类似于传统通信手段的人际传播方式。它与邮局收发的普通信件一样，都是一种信息载体。电子邮件毫无疑问是互联网诞生以来所产生的最重要的应用工具，也是现代生活中最为重要的交流工具和工作沟通方式之一。作为互联网上有效、快捷和成熟的通讯工具，电子邮件已经是网民使用最多的交往手段。电子邮件最早萌芽于何时，目前学界认为已无法稽考，但至少有三个重要事件奠定了电子邮件发展的基础。一是1969年10月，互联网关键技术——分组交换技术的发明者、美国加利福尼亚大学洛杉矶分校计算机科学教授伦纳德·克兰罗克(Leonard Kleinrock)通过互联网发给同事的一条简短讯息，内容只有两个字母——“LO”。二是1971年秋季，在美国马萨诸塞州坎布里奇受雇于美国国防部研制阿帕网的博尔特·贝拉尼克·纽曼研究公司(Bolt Beranek & Newman, BBN)，一个高级工程师雷·汤姆林森(Ray Tomlinson)博士把一个可以在不同的计算机网络之间进行文件拷贝的程序和一个仅用于单机的通信程序进行了功能合并，研制出一套可用于计算机网络发送和接收讯息的新程序SNDMSG(即Send Message的简写)，并确立了用“@”符号作为邮箱地址分隔符这一事实上的标准。三是专门从事阿帕网研究的工程师大卫·H.克罗克(David H. Crocker)在20世纪80年代发明了两项国家电子邮件系统，并因此获得了IEEE(美国电气电子工程师协会)颁发的互联网贡献奖。这三人都被称为“电子邮件之父”。1988年，美国伊利诺伊大学学生史蒂夫·道纳尔(Steve Dorner)编写了一个名叫Euroda的程序，由于它是第一个有图形界面的电子邮件管理程序，很快就成为各公司和大学校园内主要使用的电子邮件程序，电子邮件也从此开始在计算机爱好者以及大学生中广泛传播开来。到了20世纪90年代中期，互联网浏览器诞生，全球网民人数激增，电子邮件被广泛使用。

电子邮件是异步网络人际传播形式的代表，在本质上是一种用电子手段提供讯息交换的通信方式，其出现主要是为了满足大量存在的人与人之间进行快速(几秒钟之内可以发送到世界上任何指定的目的地)、低成本(不管发送到哪里，都只需负担电话费或网络费即可)通信的需求。

首先，电子邮件传播速度往往要比传统通信快得多。传统通信的速度与地域的关系很大，双方距离越是遥远，通信速度越慢。但电子邮件使得跨地域的文本信息交流变得简单、快速，使用者只要轻轻点击，不论对方有多遥远，通过互联网都能将电子化的信件、大量的内容资料即时发送到对方的邮箱里；而且书写、收发电子邮件都通过电脑自动完成，双方接收邮件都无时间和地点的限制。交流速度的加快，实际上也带来了交流频率的增加。无论大事小事，人们都可以通过E-mail交流来完成。从一定意义上，这有助于形成更加牢固的交流关系。

同时E-mail交流是一种多媒体交流，内容丰富。由于电子邮件的功能主要是替代传统邮政，因而其传播方式和特征更接近传统书信，而非用来进行即时交流的工具。早期的电子邮件仅仅限于文字表达，但如今已经扩展到文字、图像、声音、视频动画和影像信息的多渠道联合传播。不过，电子邮件如同信函，需要用户不断地接收和查看才能获得信息的更新。这种异步模式容易造成双方在沟通上的延迟，这种异步性作为电子邮件的标志性特征，迄今为止从未改变。除异步性之外，私密性也是电子邮件的一个鲜明特色。与BBS、聊天室等网络人际传播方式不同，电子邮件的内容在形式意义上仅限于交流双方知晓。当然，有可能存在多人共同使用一个电子邮箱的情况，但从计算机或网络技术的专业角度来看,只要是同一用户名(username)和密码(password),都只看作一名用户。因此,电子邮件是典型的私密性一对一异步网络工具。

同时,传统的通信交流只限于相互认识的人之间,但是 E-mail 交流可以因偶然因素产生,带有一定的功利性。现代社会人们已经逐步用电子邮件来代替传统的信件进行彼此之间的沟通,以后它很可能成为人际交往的主要方式。

但是应当看到,由于 E-mail 传递的信息都是数字化的,所以一些背景信息会被削减。如电子邮件的文本方式看不出人的字迹,也很难通过这种潜台词来揣测发件人的性格、情绪等,人们再也不会有"拿着对方的信就像握着对方的手"的感觉了。从某种意义上来说,E-mail 会使人际传播的质量受到影响。

2. 网络游戏①

网络游戏最早可追溯至 1969 年瑞克·布洛姆(Rick Blomme)以美国伊利诺伊大学的远程教学系统 PLATO(Programmed Logic for Automatic Teaching Operations)为平台编写的一款名为太空大战(Space War)的支持两人联网的游戏。此后的 10 年中,出现了更多的 PLATO 系统编写的游戏,如根据《星际迷航》(Star Trek)改编的 32 人联网游戏《帝国》(Empire, 1972 年出品)。但最早真正具有社会互动性质的网络游戏当属 1973 年基于 PLATO 的飞行类模拟游戏《空战》(Air Fight)。在游戏中,人们相互之间可以通过模仿虚拟人物来打交道。尽管游戏只是 PLATO 的附属功能,但共享内存区、标准化终端、高端图像处理能力和中央处理能力、迅速的反应能力等特点令 PLATO 能够出色地支持网络游戏的运行,因此 PLATO 成了早期网络游戏的温床。1978 年,罗伊·特鲁布肖(Roy Trubshaw)和理查德·巴特尔(Richard Bartle)在英国的埃赛克斯大学完成了运行在 PDP-10 上的一个多人游戏系统《MUD1》,即之后被称为泥巴(multi-user dungeon, MUD)游戏的第一个版本。《MUD1》是第一款真正意义上的实时多人交互网络游戏。它的两个特征确立了它的里程碑意义:第一,它可以保证整个虚拟世界的持续发展。尽管这套系统每天都会重启若干次,但重启游戏后的场景、怪物和谜题仍保持不变,这使得玩家所扮演的角色可以获得持续的发展。第二,它可以在世界上任何一台 PDP-10 计算机上运行,而不局限于埃塞克斯大学的内部系统。此后,泥巴游戏迅速发展,并从最初的纯文字形态演变为今天诸如《传奇》(The Legend of Mir)、《魔兽世界》(World of Warcraft)式的集文字、图像、声音为一体,并可容纳数十万人同时在线的大众化多人网络角色扮演游戏(massively multiplayer online role playing games, MMORPG)。

网络游戏是最能体现虚拟社区形态的网络人际传播平台之一,包括策略类〔strategy game, SLG,如《星际争霸》(StarCraft)〕、动作类〔action game, ACT,如《反恐精英》(Counter-Strike)〕和角色扮演类(role palying game, PPG,如《魔兽世界》)等多种类型,其主要功能是提供娱乐。这一网络人际传播形式从早期到现今已经经历了较大的变化。早期网络游戏以射击类(shooting game, STG)为主,虽然具有一定的同在感,但由于游戏的

---

① [美]马科斯·弗里德里:《在线游戏互动性理论》,陈宗斌译,清华大学出版社 2006 年版,第 2—9 页;《世界网络游戏发展历程》,硅谷动力,http://www.enet.com.cn/article/2005/0720/A20050720436487.shtml。

内在设定相对较为固定，游戏者可支配的空间不大，因此游戏的互动性并不强烈，严格来说甚至还不能算是作为网络人际传播平台的网络游戏；而后期的网络游戏以角色扮演类为代表，画面生动、可控性高，参与者在进入游戏之后能够在真实身份隐匿的情况下扮演虚拟角色，并发生自由度相对较高的互动，特别是能够直接进行虚拟的语言交流，是不折不扣的网络人际传播平台。网络游戏通常是一个有偿使用的开放性系统，任何人只要注册账号和密码并缴纳一定的费用就可以使用，其传播特点类似于 BBS 系统，既包含一对一的人际传播，也包含小群体传播和组织传播，以及以系统公告方式出现的大众传播。但随着多媒体技术的发展，网络游戏中的具体交流形式已经逐渐从单一的文本交流转变为文本交换与语音对话相结合的交流方式。不过无论如何演变，网络游戏中的互动均以同步传播的方式为主，参与者不仅可以在其中通过印象管理进行选择性自我展示，也可以持续发展与现实生活中类似的虚拟人际关系。

3. 电子公告牌系统①

电子公告牌系统的前身是电子论坛。在电子论坛中，聚集着一群有相同兴趣的人，大家可以相互讨论、交流观点、寻求帮助。电子论坛其实就是这样一组人的地址清单。如果一个人加入了某一电子论坛，该论坛所有成员讨论的信息都会转到这个人的电子信箱中，他的观点也会通过论坛转到其他成员的电子信箱。

在一群人之间，使用世界范围的新闻组进行交流已是常事。人们在一起讨论各种感兴趣的话题，并且有越来越多的公众参加进来。在讨论中，一旦某人发表一篇文章，其他订阅新闻组的人就可以阅读它并发表看法，通常这种讨论很有趣也很热烈。

电子公告牌是电子论坛的扩大化，电子公告牌能将电子论坛的用户数增加到成百上千。1978 年，美国芝加哥诞生了世界上最早的电子公告牌系统（bulletin board system，BBS）——基于 8080 芯片的 CBBS/Chicago（Computerized Bulletin Board System/Chicago），最初是被用来公布故事价格等信息的。证券公司使用这套 BBS 系统公布股市价格，以便股民们能方便、及时地了解股市行情。之后随着苹果机的问世，开发出了基于苹果机的公告牌系统（Bulletin Board System）和大众讯息系统（People's Message System）两种 BBS 系统。早期的 BBS 功能与一般街头或校园内的公告牌几乎没什么区别，而且只能在苹果机上运行。1981 年，即个人计算机出现之后的第二年，Buss Lane 用 Basic 语言编写了 BBS 的原型程序，并经过 Capital PC User Group（CPCUG）的"通信特别兴趣小组（Communication Special Interest Group）"成员的努力于 1983 年改写成为 PC 版本。这一版本由托马斯·马赫（Thomas Mach）整理后，终于形成了 PC 的第 1 版 BBS 系统——PBBS-PC。由于其源程序全部公开，因此后来的 BBS 绝大多数以此为框架。1984 年美国的汤姆·强尼（Tom Jonning）开发了一套具有电子功能的 BBS 程序 FIDO，该软件具有站际连线和自动互传讯息的功能，站际间彼此可以在一个共同的预定时间传送电子邮件，使得 BBS 初步实现了网络化。

---

① 周军荣：《互联网上的电子公告牌》，《电脑》1997 年第 4 期，第 31—33 页；徐志刚：《走进 BBS》，《微电脑世界》2000 年第 12 期，第 53—54 页。

BBS是一种专门为有着相同兴趣和爱好的人提供的公共论坛，是一个用于发布电子公告或进行不同规模的公众讨论的电子空间，世界各地的人们可以在BBS上围绕同一问题开展规模庞大而又井然有序的讨论。它由有兴趣的使用者共同组成，是一种以计算机为基础的交互式传播系统。它允许使用者往里面添加消息，就如同人们在公告板上张贴自己的信息，并且可以留言回复。于是BBS成为一个用户可以发布消息进行信息交流的地方，主要用于成员之间的信息交流与网络通信，现在通常也将之称为“网络论坛”或“在线论坛”。很多用户通过BBS系统来和别人讨论计算机、硬件、Internet、多媒体、程序设计以及医学等各种有趣的话题，或是利用BBS系统来看一些征友、廉价转让及公司产品等启事。随着话题的不断拓展，各种主题的BBS也越来越多。BBS使用者可以在版面上留言，等待其他成员的回复，也可以与同时在线的成员在版面上进行准同步互动（版聊），或者利用系统自带的即时通讯工具在在线成员之间进行完全同步的实时交流。此外，BBS版面的信息对于所有使用者而言是完全开放的，每一条主帖和回帖在未被管理员删除的情况之下都会被保留在版面上供每个使用者查阅，不具有私密性。同时，在BBS系统中，既可以进行一对一的交流，也可以进行一对多和多对多的群体交流，还可以以站务组公告的方式进行大众传播。

BBS适合快速而大量的资讯传递。与普通公告栏相比，BBS的特点是传播快速、广泛且成本低廉。用户可以如同访问其他的网站或网页一样，通过浏览器直接登录访问。在BBS里，资讯交流也不像传统媒体那样是单向的，而是双向的，而且具有很强的即时性和互动性，所以BBS很受大家的欢迎。不仅如此，起初的BBS只能处理文本信息，不过随着技术的发展，BBS的功能也有所扩充，增加了文件共享（提供上传和下载）、图片显示等功能，现在的BBS还集成了电子邮件和即时通讯的功能，成为了一个复合性的网络交流平台。可见，与电子邮件不同，BBS是一种集合了多种传播时位、多种传播形态的开放性网络传播工具。大量的互联网用户，会花费大量时间来浏览BBS上的信息，围绕各种主题内容和其他用户展开讨论。区别于IM使用者之间的私密性交流，由于BBS上的交流对于所有用户都是开放的，因此有更强的公众主题性，可以说，BBS的话题更为严肃，且更具普遍意义。它的出现和发展成熟，使计算机网络中首次出现了具有社区（community）意义的虚拟群体。BBS渐渐成了一个虚拟的空间，一个可以让大量用户进行交流，完成信息交换的空间。于是BBS从简单的电子公告板，发展形成了网络社区。

像世界上其他国家一样，国内的BBS文化最早也是从高校开始盛行的，因为高校总是最早拥有计算机的地方。水木清华BBS，是清华大学设立的BBS，于1995年8月正式成立。北京大学的BBS相对开设得晚一些，北大未名BBS在1999年才通过测试，2000年开始提供对外服务。北大的另一个非官方开设的BBS“一塌糊涂”，曾经是高校当中影响力最大的BBS之一。

其他很多高校也都有自己学校的BBS社区，但由于清华、北大BBS开设的时间较早，而且具有作为中国最顶尖学府的影响力，因此清华、北大的BBS一直占据着非常重要的地位，同时在线人数都在数千以上，代表着中国高校的网络社区文化。由于高校的特殊环境，高校的BBS对学生的生活起着非常重要的影响，这些BBS的用户群主要为中国高校及科研机构的学生、研究人员、教师及专家学者等，还有工作在各行各业的高校毕业生。

在BBS讨论区中，包含有各类学术、艺术、技术、娱乐、情感、体育等话题的主题版面。

一些学生社团或趣味相投的小群体还可以申请内容公开，但不允许外人参与讨论的俱乐部版面。与学生生活更密切相关的，则是包括出国、求职、讲座、二手、团购、房屋、寻物等在内的实用信息发布版面。学生会在这些版面中搜寻信息，许多公司、组织机构也会在这些讨论区中发布相关的广告、招聘信息。

有趣的是，在高校 BBS 当中，“鹊桥交友”版通常都会是较为火热的版面。许多在高校单身的学生，或是希望找到恋爱对象的用户，会在 BBS 专门的交友版面上挂牌，公布自己的信息和对恋人的期望，引得有意向的用户应证，通过电子邮件或 IM 继续交流联系。很多高校学子就是通过这样的方式找到了自己的恋爱对象。经常在同一个版块交流的用户，还经常会发起版聚，组织素未谋面的用户一起来聚会吃饭。这些都成为了最早利用互联网进行社交活动的模式。

4. 计算机协同工作①

计算机协同工作的全称是“计算机支持下的协同工作（computer-supported cooperative work, CSCW）”，是指在计算机支持的环境中，一个群体协同工作完成一项共同的任务。它的基本内涵是计算机支持下的通信、合作和协调。这个概念是 1984 年美国麻省理工学院的艾琳·格瑞夫（Irene Greif）和 DEC 公司的保罗·卡什曼（Paul Cashman）等人提出。CSCW 包括群体工作方式研究和支持群体工作的相关技术研究、应用系统的开发等部分，其主要目的是通过建立协同工作的环境，改善人们进行信息交流的方式，消除或减少人们在时间和空间上相互分隔的障碍，从而节省工作人员的时间和精力，提高群体工作质量和效率。网络人际传播最初的研究对象——计算机会议系统（computer-conferencing system）以及群体决策支持系统（group decision-making support system, GDSS），都是 CSCW 的应用形式。CSCW 是一个覆盖面很大的技术体系，在科研、教育、医疗、商务、行政等领域都有广泛的应用，其具体实现技术和分支至今仍在蓬勃发展之中。

从 CSCW 的设计宗旨可以看出，这是一种任务导向性（task-oriented）的网络人际传播形态，并不作用于情感导向性（emotion-oriented）的社交交往，因而其中体现的情感因素或是人的因素几近于无。这是 CSCW 区别于其他网络人际传播形态最大的不同点。通常在协同任务完成的过程中，使用者利用 CSCW 可以进行一对一传播，也可以进行组织传播，交流的时位特征是互动完全同步。实际上，时位同步只是 CSCW 发挥作用的基本功能设定，绝大多数协同系统需要或宽松或严格地实现共享互动，甚至达到“你见即我见（What You See Is What I See, WYSIWIS）”的标准。CSCW 平台下的所谓“互动”也不仅仅限于语言交流，而是包括了各种计算机专业色彩浓厚的非语言互动形式（如按键式对话、共同编辑某一对象等）。因此，CSCW 具有比其他网络人际传播形式多得多的机械性。

① 黄荣怀、陈美玲主编：《第六届全球华人计算机教育应用大会论文集》，中央广播电视大学出版社 2002 年版，第 295—301 页。

5. 聊天室[①]

聊天室的正式译名是“互联网中继聊天(internet relay chat, IRC)”,中文称为“网络聊天室”。它是由芬兰人雅各(Jakko Oikarinen)于1988年8月在芬兰奥卢大学信息处理科学院参加的一个计算机编程的暑期实习项目时首创的一种网络聊天协议(IRC协议)。这种特殊的协议,能够使大家连到一台或多台IRC服务器上进行的聊天。在不到一年的时间里,IRC传到世界各地,并架设了四十余个服务器。1991年海湾战争爆发,由于伊拉克的入侵,科威特的广播和电视信号大面积中断,网友利用IRC向外界发布最新的消息,有时甚至超过了主流新闻媒体的速度,IRC一时间声名大噪并且迅速流行开来。

IRC采用客户机/服务器(client/server, C/S)模式,能实现Internet用户之间的实时会话(real-time conversation)。每个用户通过客户端程序与远程主机建立连接,远程主机接收多个来自客户端程序的连接。IRC的特点是速度非常之快,聊天室几乎没有延迟的现象,并且只占用很小的宽带资源。所有用户可以在一个被称为频道(channel)的特定界面中使用对应的昵称(nickname)进行公开的交谈或私密交谈。在前一种情形下,任何一名用户的发言都是公开显示在频道界面上的,在这一频道内的用户都可以看到;在后一种情形下,发言内容分别显示在会话双方的终端界面上,除了会话参与者以外的其他本频道用户都无法看到。

如果说电子邮件重在联络功能、网络游戏重在娱乐功能、BBS重在话题发布与评论功能的话,IRC则重在社会交际功能。使用者进入IRC频道就如同进入了现实中的一个交际会所或沙龙,可以结识来来往往的许多陌生人。相比电子邮件、网络游戏、BBS等形式的网络人际传播,IRC受多媒体技术发展的影响较小,虽然界面已不似最初那样单调,但至今仍是以文字交流为主。从基本框架上来看,IRC以话题区分频道、一对一传播与群体传播、组织传播相结合等特点都与BBS较为相似,所以不妨将它看作实时版的BBS。不过IRC的信息流量较大,一般不能像BBS那样持续保存,以致若不是在熟识的会话者之间发生的谈话,往往都停留在相互寒暄和客套的层面,更谈不上什么讨论的深度了。

网上聊天是网络特有的一种人际交往方式,由于网络聊天具有隐蔽性和匿名性特征,上网聊天在今天已经发展成为一个非常热门的话题,成为很多年轻人上网主要做的事,成为许多网民进行网络人际传播的方式之一。用一个虚拟的名字,扮演一个全新的人,和素不相识的人敞开心扉进行心灵的交流,这种全新的感受,常常让人们在聊天室里流连忘返。

6. 博客[②]

博客(blog)起源于个人主页,可追溯到1994年贾斯丁·哈尔用HTML语言手动编写的网页“Justin Hall's Link”,这个网页带有鲜明的私人化风格和非正式色彩,充斥着日常生活记

① 张放:《虚幻与真实》,中国社会科学出版社2010年版,第52—60页。

② 刘津:《博客传播》,清华大学出版社2008年版,第27—44页;方兴东、王俊秀:《博客:E时代的盗火者》,中国方正出版社2003年版。

录。此后出现的博客大多集中在IT专业技术领域，属于极少数技术爱好者的自留地。

1997年，时任Userland公司CEO的戴夫·温纳(Dave Winner)开发出具有博客功能的脚本程序，创建了Scripting News网站，迈出了博客从手动走向自动的第一步。虽然如此，但当时的博客数量仍然少得可怜。同年12月，博客使用者约恩·巴杰(Jorn Barger)运行的博客主页"Robot Wisdom Weblog"第一次使用了"weblog(网页日志)"的说法。1999年春，另一位博客使用者彼得·莫霍兹(Peter merholz)将之简称为"blog(博客)"，博客这一名称才正式问世。也正是这一年，博客网站Infosifit的编辑杰西·J.盖瑞特(Jesse J. Garrett)把收集到的博客地址制做了一份博客名单放在互联网上，吸引了很多人的注意，并由此而形成了一个博客社区。同年8月，Pitas公司和Pyra公司发布了基于服务器的博客运行系统Blogger和GrokSoup，其中，埃文·威廉姆斯(Evan Williams)和两个朋友创立的Blogger.com是最早提供博客发布服务的网站之一。Blogger.com为用户提供免费的服务器空间，用户不需要自己提供硬件设备，即可在互联网上拥有专属于自己的固定链接的博客空间。

图9-1　Blogger.com网站截图

资料来源　http://www.podcastingnews.com/articles/Make_Podcast_Blogger.html.

在Blogger.com开先河之后，越来越多的网站开始提供博客服务。更多类似Blogger.com这样的网站的出现，给个人开设博客提供了所需要的所有资源服务，使得开设博客成为了更简单的事情。博客开始呈现爆发式的增长。今天，互联网上的博客数量已经今非昔比，并且还有继续增长的趋势。

博客实际上是几种网络人际传播工具中最不具有典型人际互动色彩的一种形态。博客使用者借助专门的博客工具创作个人主页，并将日志按照逆时间顺序进行排列并定期更新，使博客成为个人思想和生活的"活的历史"，也成为个体自身丰富性的写照。在此种意义上看，与其将博客归入网络交流工具，不如将之称为网络个人表达工具。基于博客的互动一般而言是异步的(访问者留言或评论,博主回复),但也可以是实现博主与访问者或是访问者之间的准同步互动(类似于 BBS 的“版聊”)。除了用密码限制访问的少数博客之外,绝大多数博客都是开放性的个人空间,但其传播对象的数量是不确定的,既可能只有像普通博主的亲友那样的寥寥数人,也有可能像名人博客那样广纳各方网友而多不胜数。再者,博主与访问者之间的人际互动是明显不对称的,博主拥有大量访问者所不具有的特权,这也是博客区别于其他形态的网络人际传播工具的一个鲜明特色。而与其他网络互动工具相同的是,博客的传播符号也经历了从文字为主到图文并茂再到如今文字、图片、视频、音乐多样化的变迁——当然,大多数权限都限于博主享有。

7. 即时通讯①

1996 年夏,以色列的四个刚服完兵役的年轻人——26 岁的高德芬格(Goldfinger)、27 岁的瓦迪(Vardi)、25 岁的维格斯(Vigiser)和 24 岁的埃米尔(Amir)聚在一起,决定充分利用互联网的通信优势开发一种软件来实现人与人之间的快速交流,以方便几个人在网上即时联系。这就是 ICQ(I Seek You)网络寻呼软件的最早版本,也就是最早出现的即时通讯(instant messaging, IM)工具。几个月后,他们将 ICQ 软件放到网上供人们免费下载使用,短短半年下载人数就突破了百万。结果,ICQ 很快就演变成为一种交友聊天工具。1998 年,ICQ 注册用户数量达到了 1 200 万,被美国在线收购。至 2001 年 5 月为止,注册用户数已经突破 1 亿大关,平均每天有 1 000 万用户在线,每个用户平均在线时间为 3 小时。继 ICQ 之后,各种类似的网络寻呼软件如雨后春笋般在世界各地疯长,到 2006 年年底,全球使用人数达 4.32 亿,注册账户数达 11.5 亿。目前,IM 的功能日益丰富,已不再是一个单纯的聊天工具,而是发展成为了集交流、资讯、娱乐、搜索、电子商务、办公协作和企业客户服务等为一体的综合化信息平台。

由 ICQ 衍生出来的中文 ICQ,如 CICQ、PICQ、OICQ 等近年来也发展迅速。如近年来十分风行的 OICQ 超越了 ICQ 的范畴,不仅是网络寻呼机,而且能与传统的无线寻呼网、GSM 移动电话的短信息系统互联;不仅进行互联网虚拟寻呼,而且支持显示朋友在线信息、即时传送信息、即时交谈、即时发送文件等。在今天,ICQ 已经具有很强的“一体化”通讯功能,不仅仅是一个在网络空间与他人进行沟通的聊天工具,而且还将寻呼、手机、电子邮件、个人博客等多种通讯形式集于一身。

如果说电子邮件是异步网络人际传播的代表形式,那么 IM 就是典型的同步网络人际传播的代表形式。它是一种类似电话的、具有即时沟通性质的信息传播和信息传输模式。它将电子邮件的讯息交换手段从异步变成了即时,大幅度提升了交流的效率,进一步满足了人与人之间在地理位置分散的情况下进行快速、低成本的联络和交流的需求。IM 与电子邮件的功能完全不同,主要用于即时的互动交流,不仅可以实现一对一的即时互动,也可以通过建群组或临时聊天室的方式进行一对多或多对多的即时互动。但与电子邮件相

---

① 姜伟、武金刚:《即时通讯　风雨十年》,《电脑报》2005 年 8 月 8 日,第 31 期;王瑞斌:《明天我们将怎样聊天:IM2.0 的魅力和狂迷》,载王瑞斌的 blog—IdeaNext, http://blog.sina.com.cn/s/blog_53f36050010006s9.html;陈锡钧:《网络即时传播软件使用者需求研究》(学位论文),复旦大学,2007 年。

似的是，随着多媒体技术的发展，IM早已从早期的纯文字交流扩展到如今的文字、视频、语音的多渠道传播，功能上也逐渐集成了电子邮件(如QQ邮箱)、博客(如QQ空间)、游戏(如QQ在线游戏)、音乐、电视和搜索引擎等。不过，IM作为一种交流方式仍然是私密性的，其内容形式仅限于参与交流的各方知晓。总体而言，IM是一种集一对一传播、小组会议式的群体传播或组织传播于一身的私密性同步网络人际传播形态。

作为网络上非常普遍的即时通讯工具——QQ已经成为了中国网民的一个标志，它的使用者非常多，影响力巨大。QQ走入人们的日常生活，对传统的人际交流产生了重大的影响。这里，我们通过下面的文字，来了解如何从传播学的角度对于QQ热的社会心理机制进行论述，研究QQ传播的介质、QQ传播的特征。文章认为QQ传播是一种新的人际传播形式，同时还指出QQ人际传播存在的问题。相信，新的传播介质出现都会对于人类的传播方式有重要的影响作用。

[研读专栏]

QQ人际传播探析①

"QQ爱，E时代。分不清好与坏，没有成功也没有失败。轻轻松松享受自己的存在。"有人这样来描述QQ。今天，几乎每一台电脑的桌面上，都在右下角藏着一只小企鹅。不知不觉，QQ走进了我们的日常生活。腾讯公司用它的那个企鹅形象的小图标，改变了中国人际交往和信息沟通的方式。QQ传播正成为一种新的人际传播形式。

一、QQ的由来及功能介绍

QQ，即OICQ，是由ICQ衍生出的中文网上工具，ICQ即"I seek you"的谐音缩写，俗称网络寻呼机，由以色列的Mirabils公司于1996年开发出来，此后短短几年迅速风靡全球，成为使用频率最高的网上即时通讯工具。在中国，腾讯公司率先开发了OICQ即时通讯软件(Tencent Instant Messager)，并于1999年3月正式提供服务，OICQ简称TM或腾讯QQ。

QQ具有如下功能特点：一是信息沟通的即时性。QQ的最大特点就是让你知道网络上的朋友是否在线。上网打开QQ，它便自动和支持软件的服务器连接，好友一上线，头像就会变为彩色，用户即可与其交谈，也可以通过"看谁在线上"或"自定义查找"添加新朋友，并与之进行点对点的信息交流。二是传输内容的丰富性。QQ不仅可以实现信息的即时发送、回复，而且还有网上寻呼、传输文件、语音邮件、手机短信等服务功能。此外QQ还可以与传统的无限寻呼网、GSM移动电话短消息互联。三是交流内容的私密性。QQ腾讯系统具有密码保护功能，能最大限度的保护QQ用户的个人资料、聊天内容等，他人很难盗取相关资料。

"网络人际传播是个体间借助计算机、互联网，运用文字和网络符号所进行的非面对面的传递信息、交流情感的传播活动。按反馈的即时性可以将其分为同步传播和异步传播。"显然，QQ传播是一种同步传播，是网络条件下新的人际传播形式——QQ人际传播。

---

① 蔡月亮：《QQ人际传播探析》，《东南传播》2006年第1期。

二、QQ人际传播的社会心理机制

为什么QQ如此风靡？笔者认为这主要是社会心理机制作用的结果。QQ传播适应了现实中人们交流的客观需要，因而深受人们喜爱。

（一）“孤独社会”的理性反叛

20世纪50年代，美国社会学家戴维·里斯曼（David Riesman）在其社会学名著中将二战后的美国人称为“孤独的人群”。他指出，高速公路、大众媒体（比如电视）、郊区化在带给美国社会结构性变迁的同时也给美国人民带来了严重的疏离感，以及家庭和社区的解体趋向。钢铁水泥铸就了现代文明，同时带来了人与人之间的冷漠、疏远，造成了现代人的孤独感。躲进QQ空间成为现代人不自觉的选择，它正成为现代都市人敞开心灵、获取信息、寻找友谊甚至“虚拟爱情”、拥抱生活的一种生存方式。从人的心灵的敞开性意义上讲，这无疑是向人类本性的回归，是失落的“聊天”在新时代的重建。

（二）“倾吐”——“倾听”

由于现实生活中的孤独，现代都市人更喜欢倾诉。在现实生活中很少有人喜欢别人的唠叨。而在网络中，你可以找到以极大的耐心和热忱包容你、倾听你的人。相对于日常生活中的人际交流而言，QQ的不同在于：一方渴望“倾吐”，另一方愿意“倾听”。而且，“倾吐”和“倾听”是相互的，即彼此既互相“倾吐”，又互为对方的“倾听”者。对那些有类似心灵需求的人来说，QQ刚好是一个适宜的场所。于是，QQ中的朋友，就像久违的亲人或作为心灵依靠的朋友，彼此没有现实生存法则的阻隔，没有年龄、身份、文化教养的界限。他（她）能站在你的立场，分享你的快乐，分担你的忧伤。

（三）释放心灵

QQ、网络、手机短信，已经成为现代都市人“存放心灵的空间”。这里，虚拟和现实、物质与精神、都市与乡村、文明与愚昧，甚至友情与爱情，彼此之间“边界消失”、完美融合，虚拟世界成为现实世界一个合理的组成部分，或者说，传统的现实生活已经延伸到一个陌生的虚拟世界，而这个世界正让我们逐渐熟悉起来。所以，当有些现实矛盾和伤害郁积在心中，不能在生活中尽情宣泄的时候，人们几乎会像小孩一样的跑向那台机器，去QQ空间中向那些耐心倾听的人倾诉，以实现对现实生活的“去蔽”。

三、QQ人际传播的特征

作为一种新的人际传播，QQ人际传播有着独特的传播优势，主要有如下特征：

（一）传播环境——匿名性与安全感

QQ的密码保护功能能够有效保护个人的隐私，因而其传播环境是具有安全性的。在传统的人际传播中，限于种种因素，人们在交际时常常担心被偷听，“隔耳说”即是。而QQ

的匿名性可以保护个人的隐私，因而，人们就很少会担心来自现实秩序、社会道德等因素对自己言行的束缚，也不用担心年龄、职业、地域等的差异。这种话语上的私密性质体现了个体的心灵自由，有助于缓解现代人巨大的生存压力，促进身心健康。

（二）传播主体——广泛性、偶然性、匿名性、平等性

QQ不同于传统的人际传播——往往囿于一个很小的范围之内，QQ传播中空间无限巨大，人与人的接触带有很大的未知性和偶然性。同时人们大多是不相识的，传播主体又具有匿名性的特点。所谓匿名，指传播双方隐去了在物理现实中全部的或部分的真实身份，包括法定的真实姓名、住址以及其他与个人身份、社会角色相关的一切属性信息，交往双方互不认识。在匿名的条件下双方按照自愿的原则交流，如一方不满意QQ的传播就不会存在或者中断。

（三）传播介质——以文字交流为主

QQ中的交流以文字符号为主，它造就了QQ的神秘感，聊天热主要是文字热，人们通过文字交流感情。有人认为，文字交流是QQ人际传播的魅力所在。其次是QQ脸谱、视频、音频，是QQ的语言特色。QQ脸谱发展经历了如下阶段：

阶　　段	样　　例	特　　点
初始阶段——符号构图	:)^_^　:(:p	生动形象
发展阶段——系统表情		直观互动
高级阶段——自定义动画		个性、表情丰富

（四）传播效率——即时性

传统的人际传播往往局限于村落、部族之间，在这一时代，时间起着标示与区分不同空间的作用。对于传统人际传播来说，人与人之间的交流在本质上受制于两个“空间维度”：因物理距离导致的空间维度和不在同一时间点上的空间维度，共同的时空存在是传统聊天赖以发生的根基。今天，QQ聊天打破了这种时空界限，改变了传统身体经验中的时空观。QQ传播给人们之间的交流增添了翅膀，人与人之间的交流真正实现了同步进行，迅速快捷。

（五）传播效果——去功利性

去功利性，是指人们在QQ人际传播中并不求得现实的利益或物质意义上的有利性。一方面由于虚拟性，网络人际空间并没有与物理现实完全连通，通常的社会权力结构和其他制约要在网络中直接发挥作用几乎不可能；另一方面，QQ传播主体的匿名性带来了种种不确定性和非连续性，交往双方一般不存在日常现实上的接触和利害关系，这使得交往双方更加自由和放松，更加看重交往的过程而不是结果。在此，QQ传播的目的不在于影

响或劝服,而主要是信息、态度和情感的交流与分享。

四、QQ人际传播存在的问题

(一) 传播谣言和虚假信息

由于匿名性,QQ用户不用为自己的言行负责,这样谣言和小道消息在这里就有了传播的空间。没有了大众媒体视真实性和权威性为生命操守,无需层层把关的审查制度,一些道听途说的传闻、无从考证的假消息,甚至充满诽谤的留言都在QQ上屡见不鲜。这在"非典"时期显得尤为突出,其间"北京要封城"、"蓖麻可以治非典"的流言在QQ上满天飞。

(二) 性别偏差与犯罪

QQ聊天在本质上更是一种基于异性交往的联系方式,网上交流对象通常是异性。因为此,QQ从一产生起便得到了人们的青睐,许多青年人更是钟情于此。当第一对网络婚姻出现时,人们欢呼雀跃,惊呼科技的发展如何深刻的改变人们的生活。但是网络交际酿成的悲剧使越来越多的人深受其害:"女儿漠然:3月12日,武汉某大学生'丽'到沈阳见网友,被父亲千里追回。""网友命案:合肥市公安局破获一起因会网友而引发的杀人血案。5名涉案人员全部落网。"这是2003年2月的《新闻周刊》上刊登的有关网络交际犯罪的《停,别网下》论文的开篇语。QQ在目前还存在着很多缺陷,其中一个突出问题是有人利用QQ视频、音频进行色情交易,这是QQ人际传播中亟待解决和规范的地方。

(三) 偏离现实,影响人的社会化进程

"社会化是一个人由'自然人'成长为'社会人'的过程。从个人角度来说,它指的是个人学习语言、知识、技能行为准则等等以适应社会环境的过程。"传统的人际交流在人的社会化过程中有着十分重要的作用,它促进人格的形成,使得个体更好的融入社会。而过多的沉迷于网络势必会影响现实中的人际交流,它会使人脱离现实,一方面会出现逃避现实的倾向,另一方面会对现实中的人际交流束手无策,这样就影响了人的社会化进程。因而QQ的负面作用值得关注和深究。

研读小结

麦克卢汉曾指出"媒介即信息",指明了传播方式或媒介技术本身作为一种文化,所具有的构筑和改变我们及我们身边一切的力量。如今,我们正逐渐步入一个"媒介社会",尤其是20世纪90年代以来,随着网络的发展,人类越来越依赖于一个中介化、形式化和数字化的标准。真正的网络不再是一个纯粹的物理学概念,它改变了人们的心理状态,对传统的社会规则、价值标准和行为规范产生了巨大的影响并造成强烈的冲击。

随着互联网的发展,网络已经成为人们生活不可或缺的一个重要组成部分,对于人们之间的交往产生了重大的影响。人际传播是网络中最常见的传播形态之一。对网上人际传播的需求,使网络日益成为人们生活的一部分。人际传播也与网络中的其他传播形态相互交融、相互作用。作为网络上非常普遍的即时通讯工具——QQ已经成为了中国网民

的一个标志，它的使用者非常多，影响力巨大。QQ走入人们的日常生活，对传统的人际交流产生了重大的影响，有关QQ的研究较少。

从传播学的角度对于QQ热的社会心理机制进行探索，研究QQ传播的介质、QQ传播的特征，未尝不是研究QQ传播这一新型人际传播形式的一种途径。

（二）新型表现方式：SNS

除了以上七种已经出现较长时间的网络人际传播技术形态之外，我们不能不注意到近年来，方兴未艾的SNS社交网站的崛起，带给人们的全新社交体验，它把人际交流和传播带入了一个社交网络化的新时代。

1. SNS的概念和发展历程

SNS全称为Social Networking Services，即社会化网络服务，是指那些帮助人们建立社会化网络的互联网应用服务。①SNS是互联网发展过程中出现的一种新型网络服务形态，它把人们拥有的社会关系纳入到互联网之中，并根据人自身的特点和需求，依托其社会关系，重新进行信息组织和建构。

狭义的SNS，通常是指像Facebook这样的社交网站，是互联网发展过程中出现的一种新兴网站模式；而广义上来说，博客、具有分享功能的网络相册、视频网站甚至是即时通讯软件，都包含在SNS的概念中。

中国首家SNS应用咨询服务商AppLeap公司CEO任自力，2010年2月在北京的某次公开发言中，如此描述SNS："最新诞生并走红的SNS，则是一场全新的互联网革命的前夜。它的伟大意义在于，现实生活中的人们终于在互联网上找到了关系链条，彼此连接，互相交织，组成一圈又一圈、密密麻麻的社交脉络。这种以社会关系为纽带牵连的网络，首先是自我存在，然后是自我表达、自我揭示，再然后是与关系链条上的其他人互动分享，极大地提高了社会关系管理的效率，满足了人们精神层面的需求。社会化媒体的出现，给用户搭建了一个平等、开放、去中心化的沟通平台，每个人都称为创造者和传播者，而不再是被动的接收者。人们不一定再依赖雅虎和新浪这样的门户网站读取信息，不一定再依赖Google和百度这样的搜索引擎寻找信息，人们在社交网站上返璞归真，依靠口碑相传，创造内容，维系关系，编制感情。"

SNS一词的兴起，源于Facebook网站的风靡。Facebook于2004年2月4日在美国上线，截至2010年7月，Facebook已经拥有超过6亿活跃用户。它强调用户身份信息的实名化，这就使得网站成为更好地维持熟人关系的网络工具。这个网站提供的社交服务，使得它在几年之内迅速成长，成为美国拥有实名注册用户最多的站点。在它获得巨额投资之后，中国的SNS网站也风起云涌，出现了人人网、开心网等一大批社交网络，吸引了大批用户，其他网站也纷纷向社交方向靠拢。

① 李翔昊：《SNS浪潮——拥抱社会化网络的新变革》，人民邮电出版社2010年版，第4页。

2. SNS 的新形态——以新浪微博为代表

微博是整合了互联网的传播优势，是博客与即时传播信息结合的一种新型的互联网传播现象。2007 年，微博在我国兴起，它以其多样化的发布方式，快捷、广泛的即时交流特点，迎合了现代人碎片化生活背景下的心理交流需求，加上写作门槛的降低，强化了网民的参与度，使其在我国发展迅速。清华大学金兼斌教授认为："微博客在中国以及其他国家都会发挥更大的影响，特别是人们的信息沟通、情感交流方面。而且其短小精悍、信息量密集的特点，也契合今日人们快节奏、快餐化的生活特点。"①微博摒弃了社交网站双向互动的紧密人际关系，而是以单向的跟随关系，将虚拟空间的人际关系进行了重新组合。它在关注与被关注中形成了其独特的信息分享和流动模式，通过所提供的@功能、转发功能等给用户创造了一种开放的社交关系，扩展了用户之间交流的机会。

2007 年之后，国内陆续出现了多家微博网站，如饭否、做啥、叽歪、嘀咕、贫嘴、同学网、腾讯滔滔、9911 等，这其中，发展的最好、也最具典型意义的代表就是新浪微博。

2009 年 8 月，新浪开辟"微博"功能，李开复、姚晨、赵薇、李宇春、黄健翔、李冰冰等众多名人相继开通新浪微博，引来众多网民的关注与参与。此后，新浪微博就一直保持着爆发式增长。一年内，新浪微博注册用户数新增 2 亿，平均每月新增用户超过 1 600 万。根据新浪 2011 年第四季度及全年财报显示，新浪微博注册用户已突破 3 亿大关，日活跃用户比例为 9%。下面，我们挑选出了新浪微博 13 个最具人气的应用，做一个简单的展现，一窥微博在 SNS 领域的特殊魅力。

1）微直播：人人都是直播台

微直播是依托于微博基础，通过汇集微博上来自各方面的实时信息，全方位展现大型活动进程的直播平台。在微直播中，普通网友也能通过参与现场播报，与明星嘉宾一同成为活动的主角。同时依托微博快捷的传播机制和庞大的用户基础，微直播已成为活动信息最快速的传播平台。

图 9-2 新浪微直播 2012 北京车展截图

资料来源 新浪微博微直播首页，http://live.weibo.com/。

---

① 衍鹏、张果：《从微博看当前的"微文化"传播》，《青年记者》2010 年第 17 期。

图 9-3　新浪微直播第 84 届奥斯卡金像奖截图

资料来源　新浪微博第 84 届奥斯卡金像奖微直播，http://live. weibo. com/zb/201202271766。

这种直播形式可以应用在任何场所，可以以文字、图片、视频等多种形式，通过手机、笔记本电脑或者 iPad 等各种移动终端实现现场直播。"微直播"可以立即实现现场与全国 2 亿微博用户之间的互动，同时又可以链接到相关的博客、论坛、网站，甚至可以与传统电视台形成多媒体交互，是迄今为止最方便的多终端交互模式。以经常召开的各种会议为例，只需一台可以上网的笔记本电脑，或者具备 3G 传输功能的 iPad 移动终端，即可实现"微直播"。会议现场的投影仪可以链接微博，直接将画面投影到大会的背板上，就可以实现"演讲者＋与会者＋全国 2 亿微博粉丝"的三方即时互动。

2）微访谈：深度交流的平台

微访谈是基于微博的访谈类产品。微访谈的所有问题都来自于普通网友，并且由访谈者直接回答，真正做到了嘉宾与网友之间的零距离交流。与传统的访谈形式相比，微访

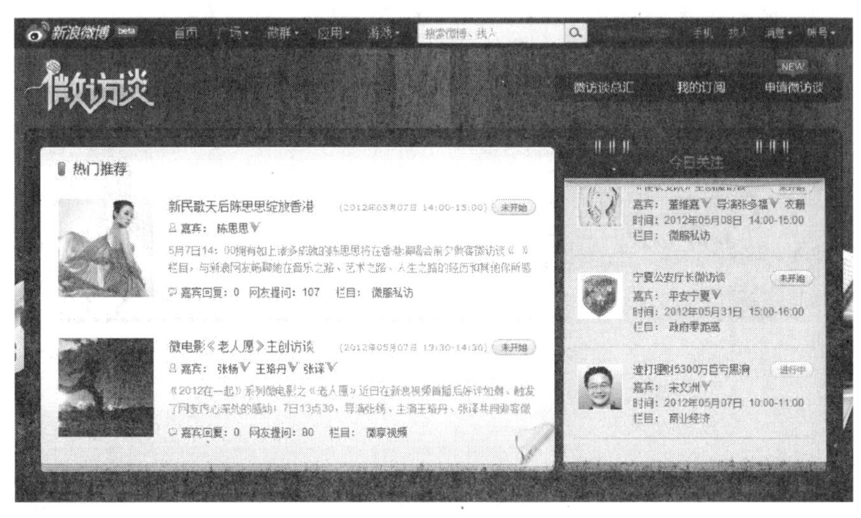

图 9-4　新浪微访谈首页截图

资料来源　新浪微博微访谈首页，http://talk. weibo. com/。

谈具有如下的特点：网民各型各色的原生态提问都会在里面呈现；数万网民现场围观，使得嘉宾和围观人群都有一种很刺激的“现场感”；在这个过程中，普通网友通过提问成为记者；可以与自己喜欢的明星进行对话。

图 9-5　新浪微访谈海地维和专题截图

资料来源　新浪微博微访谈首页，http://talk.weibo.com/ft/201111302779。

3）微博大屏幕：网络与现场的完美互动平台

微博大屏幕俗称微博墙，是在展会、音乐会等场所展示特定主题微博的大屏幕。大屏幕上可以同步显示现场参与者发送的短信和网友发送的微博，使场内外观众能够第一时间传递和获取现场信息。最早见于新浪微博潘石屹同济开讲玩微博搞互动①。

图 9-6　新浪微博大屏幕首页截图

资料来源　新浪微博大屏幕首页，http://screen.weibo.com/。

---

① 微博大屏幕/微博墙的首次运用：在 2009 新浪葱动校园——营销大赛上海同济大学职场沙龙讲座演讲人 SOHO 中国董事长潘石屹在台上侃侃而谈，坐在台下的人则不时摁动手机，随时关注大屏幕的滚动消息……首次用微博与场内外的同学、网友即时互动，进行职场经验分享。值得一提的是，场内外学生、网友可通过电脑、手机终端连接微博话题向潘石屹提问，而老潘会实时对关注度最高的问题进行解答。

微博大屏幕的作用绝不仅仅是作为个室内会场的展板。试想在街头，在世贸天阶，消费者看到企业的大屏幕，有谁会不想"上墙"耍酷。微博大屏幕具有很强的调动现场气氛作用，它可以很好地促进场内场外互动交流：现场参与者与网络用户形成互动的文字、图片直播，现场只需通过短信或者客户端发布微博就能同时在微博墙和网络上同时呈现，而场外的网络用户根据一定关键字发送的微博也会同步显示在微博墙和网络上。通过"上墙"，现场参与者可对大会现场环境直接反馈，网友则可对现场的新闻进行实时捕捉和评论。

图 9-7　关于新浪微博大屏幕的微博截图

4）微博投票：倾听用户声音的平台

微博投票是企业倾听用户声音的新平台：当新产品新业务推出后，可通过"投票"及时获得用户的真实意见，也可以进行调研市场潜在需求，对企业的发展进行指导。

图 9-8　新浪微博投票的截图

资料来源　新浪微博投票首页，http://vote.weibo.com/?topnav=1&wvr=4。

5）微活动：释放用户能量的平台

活动平台，较之简单转发或评论，有更好的粉丝参与度和互动频率。微活动平台，提供了更多更丰富的活动形式和规则，如大转盘、砸金蛋、有奖转发，保证了活动的公平公正。

图 9-9　新浪微活动的截图

资料来源　新浪微博微活动首页，http://event.weibo.com/?topnav=1&wvr=4。

新浪微活动，其活动类型包括三种：同城活动、有奖活动、线上活动。活动内容囊括了出游、演出、交友、聚会等等。

同城活动：活动内容针对特定地区奏效，可以是省份，可以是城市，也可以是小区。内容包括聚会、促销打折、作品征集等等。

有奖活动：活动内容需要设置奖品，包括奖品数量、中奖几率等等。活动形式分为：大转盘、砸金蛋、有奖转发和其他。活动的共同点是活动发起者必须是新浪认证用户，发起时间最长为 5 天，一旦发起，不可更改奖品名称和发起时间。即将结束时，可以追加奖品的数量，但是不可以更改奖品的名称。

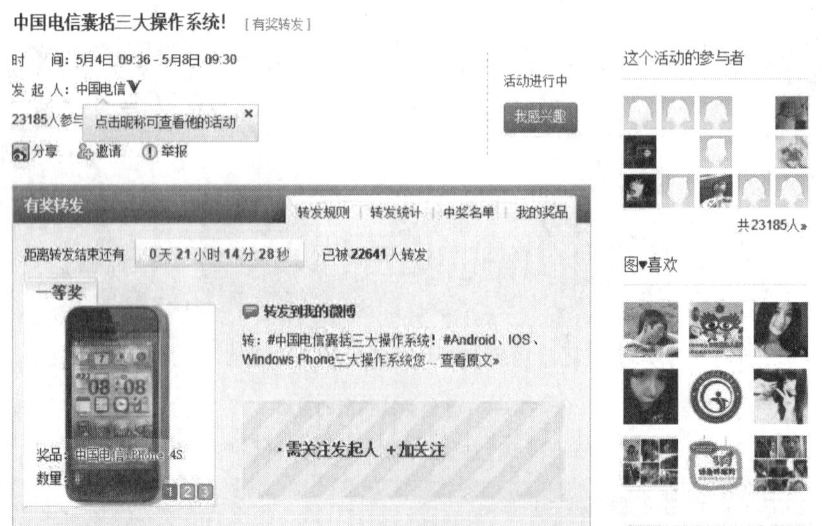

图 9-10　新浪微活动中国电信某次有奖转发活动的截图

资料来源　“中国电信囊括三大操作系统”有奖转发微活动页面，http://event.weibo.com/440050。

线上活动：活动内容只在线上进行，形式包括晒照片、送祝福、测试等等。对企业来说，尤其是新入驻微博的企业，活动是聚集人气吸引粉丝的常用方式。所以在规则上可以通过加关注和转发的方式，推广活动和企业微博。

6）微音乐：一款最火爆的微博音乐应用

在新浪微博平台上，有“微音乐广场”，提供各知名男女歌手的作品聆听和分享，其主题频道有：歌单广场、音乐电台、排行榜、新歌速递、我的收藏等。用户可以收听所关注的艺人的电台。微音乐可以测试用户与他人或任意两人的音乐情缘，给用户提供关于音乐的意外惊喜。

图 9-11　新浪微音乐的截图

资料来源　新浪微博微音乐首页，http://music.sina.com.cn/t/。

7）微视频：及时互动分享平台

微博新功能之一，支持本地上传视频，配合“后病毒时代”，通过微博，品牌 TVC 及视频短剧被提炼成一个让网友记忆鲜明的话题，该话题与品牌紧密结合，形成强大的口碑效应。

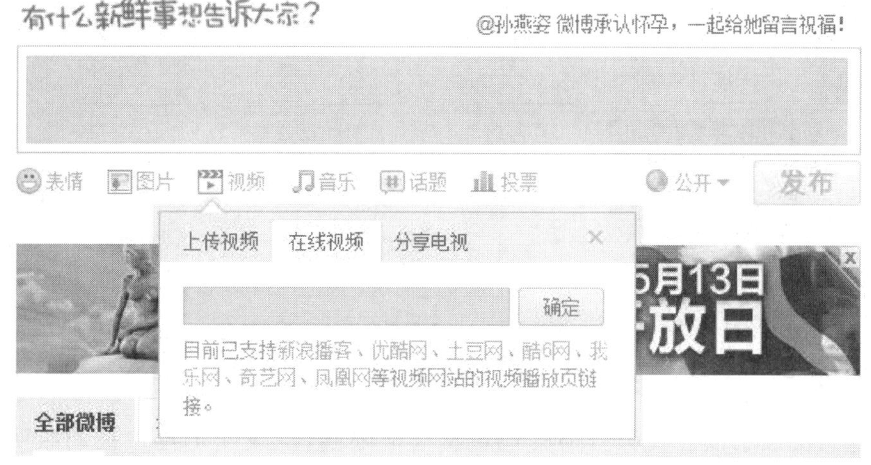

图 9-12　新浪微博客的截图

8）微领地："位置"营销平台

"微领地"是基于LBS+SNS平台OEXTM上的新浪官方LBS产品，深度融合了新浪微博、娱乐、生活等资源，可实现多方式签到、位置交友、完成主题任务、收集奇趣徽章、了解明星动态、发掘身边玩乐信息等。"微领地"将与新浪微博实现信息同步，微博关注及粉丝数会自动同步到"微领地"；同时，微群、微博活动也将实现同步，这意味着用户在签到的同时可随时随地发现身边人，实现位置交友。

图9-13 新浪微领地的首页截图

资料来源 新浪微博微领地首页，http://vld.sina.cn/。

LBS对于消费者来说，似乎只是签到，签到，还是签到……

微领地为企业的LBS营销带来了更多的遐想空间。假如我们插个"图钉"或发条微博，说想喝咖啡，而踩着大板车的星巴克咖啡配送员即刻给我们送来外卖，很酷吧！这不是空想，星巴克已经在美国推出LBS应用程序Mobile Pour，用户可以通过手机上基于自己所处位置下订单。

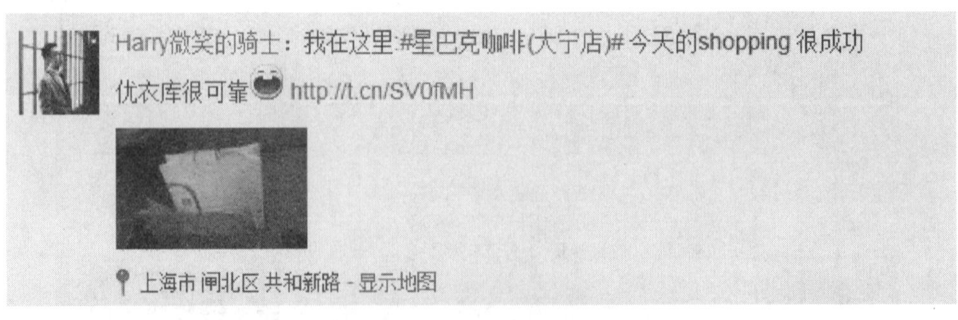

图9-14 新浪微领地关于星巴克图钉的微博截图

9）微电台：实现跨界的联动平台

微电台突破了以往收听广播的地域及终端限制，也改变了用户被动收听广播的习惯，微博用户可在收听微电台的同时，与主持人和网友进行互动，可以说是传统媒体的“微博化”。

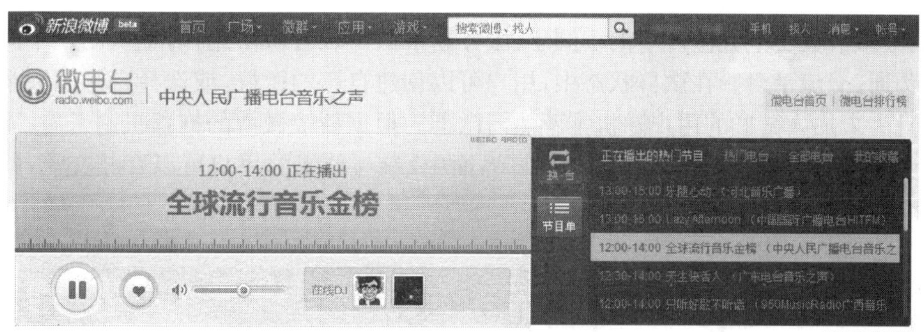

图 9-15　新浪微电台的截图

资料来源　新浪微博微电台/中央人民广播电台音乐之声页面，http://radio.weibo.com/china/fm900?source=radio-area_lastlisten。

10）勋章：专属形象展示，特殊身份符号

微博勋章，是由微博衍生开来的应用及虚拟物品，作为博主个性和参与活动的展示。微博勋章是用户在微博某项行为活跃的象征，根据不同行为的活跃度，为用户提供不同类型的勋章；也是企业推广活动打造专属的微博形象符号。

新浪微博于 2011 年 6 月 21 日全新改版勋章平台，升级后的新浪微博勋章不仅种类丰富、规则有趣、样式也更讨网友喜欢，同时每位微博用户都有自己的勋章展示馆。新版勋章的上线将增加新浪微博用户使用时间，增强网友互动性，是新浪微博加强社区化的又一体现。每一枚勋章都有相应的任务规则，完成任务即可领取勋章。

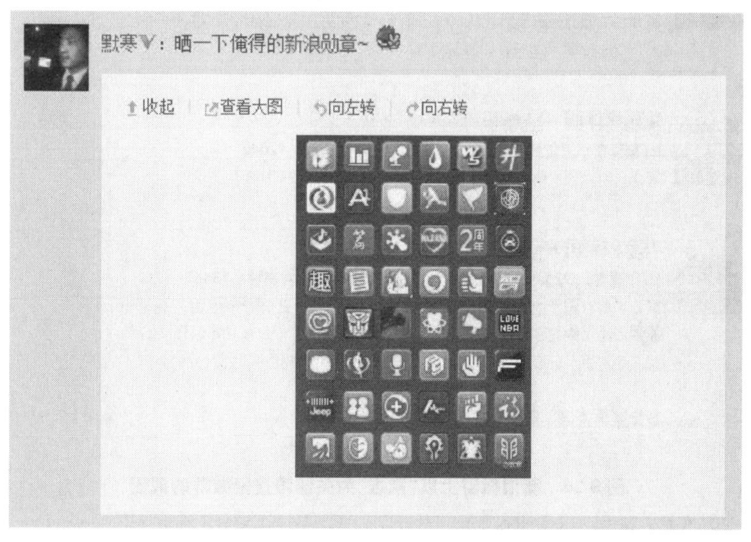

图 9-16　某位网友的新浪勋章截图

11）微群：打造你自己“圈子”的平台

微群，就是微博群的简称。能够聚合有相同爱好或者相同标签的朋友们，将所有与之相应的话题全部聚拢在微群里面，让志趣相投的朋友们以微博的形式更加方便地参与交流。

新浪微群其实是大微博里的小圈子，服务新浪微博现有微博用户，提供用户小圈子的聚集、沟通、交流平台。在微群状态中，用户可以创建自己的微群，或选择自己感兴趣的微群，并且为未加入微群的用户随机推荐热门微群。根据新浪微博的推荐机制来看，不排除关联标签、地区与讨论话题。在微群发言界面中，参与群组的用户可以互相交流，并且同步发布至微博。

图 9-17 新浪微群王菲演唱会的截图

资料来源 新浪微博微群首页，http://q.weibo.com/。

企业通过加入行业交流群，可带来曝光和营销机会。例如电商企业，可以加入"网购"、"潮流"、"尚品"等类似的群，这里可能有潜在的消费受众，借助软性、温和的宣传方式吸引潜在消费受众的关注。

图 9-18 新浪微群上以"家居"为关键词搜索微群的截图

资料来源 http://s.weibo.com/q/%E5%AE%B6%E5%B1%85?refer=weiqun.

12）微盘：信息储存分享的平台

微盘是一款免费的云存储网盘，支持电脑、手机、Web 等多种终端数据存储与同步。用户将新浪微博小助手与自己的微博账号绑定，就可以把本地文件方便地分享到微博，便于微博粉丝下载、分享、传播,帮助提升微博关注度及粉丝量。

图 9-19 新浪微盘的截图

资料来源 新浪微博微盘首页,http://vdisk.weibo.com/。

13) 企业版微博:企业官方互动平台/个性展示平台/智能管理平台

企业版微博是新浪为企业、机构用户量身打造的服务平台。它具有更丰富的个性化页面展示功能,更精准的数据分析服务,以及更高效的沟通管理后台。新浪微博企业版将帮助在微博中的企业更便捷地与日标用户进行互动沟通,提升营销效果转化,挖掘更多商业机会。

图 9-20 麦考林的企业微博截图

资料来源 http://e.weibo.com/mecoxlane.

3. SNS背后的黄金法则①

1）六度分隔理论

社交网站用户数量的迅速崛起，依靠的是用户自身关系网络的传播。著名的“六度分割”理论，被看作是社交网站存在和发展的理论基础。不管是MySpace还是Facebook，最开始都是依靠相互之间的介绍，让现实中的好友都来注册，结成网络中的好友关系。

互联网的盛行，更好地证明了六度分割的现实性。微软的研究人员过滤出2006年某个月份的MSN短信，利用18 000万名使用者的约300亿通信信息进行比对，结果发现，任何使用者只要通过平均6.6人就可以和全数据库的1 800亿组配对产生关联。约87%的使用者在7次以内可以建立联系。

借助已经广泛存在的人际关系网络，社交网站得以在用户之间快速地相互影响和传播。社交网站成功地实践了六度分隔，并因此取得了惊人的成长。

社交网站的独特就在于，它将用户所具有的人际关系网络，从线下的现实社会生活之中，转移到了网站之上。六度分隔为众多社交网站的扩展提供了很好的理论基础，而社交网站也证明了六度分隔的强大威力。

2）神奇的邓巴数字

1998年，人类学家罗宾·邓巴（Robin Dunbar）指出，每个人一次所认识的人的数量是有一个上限的。他注意到，人类和猿类都是通过某种互相梳理的行为来发展社交联系。邓巴的理论认为，猿类和人类的大脑都只能处理有限数量的梳理关系；人类花了大量时间来闲聊、交流八卦消息等，而猿类则是把时间花在了互相找虱子上。邓巴还观察到，猿类群体的数量往往不超过55名成员。由于人类大脑容量比猿类大，邓巴计算得出我们的最大社交关系数量也会多一些，平均在150人左右。事实的确如此，心理学研究已经证实，人类群体在达到150人左右时就会自然减缓增长，因此150又被称为“邓巴数字”。

“邓巴数字”，随着通信技术发展而有所增加，但其增长依然缓慢。对于一般人而言，虽然电话这样的通信网络延伸了人们交流的物理距离，省去了交通上的时间，但是交谈所要占用的时间和精力与会面交流相比甚至更大。即使拥有IM这样的网络通信工具，即使沟通依然占据较长的时间，人的社交关系也因此而受到局限。

3）“弱联系”社交

Facebook这样的社交网站的出现，让用户可以拥有更多的精力来处理社会关系当中的那些“弱联系”。

“弱联系”（Weak Ties）一般是指关系一般的熟人，了解不太多的朋友等。他们可能是在某次大会上认识的，也可能是某位刚刚在Facebook上把他们加为好友的高中同窗，还可能是某年节日Party上认识的某人。

在社交网站出现之前，这类点头之交的朋友通常会很快消失于你的生活意识之外。而现在，用于一旦在社交网站上建立了好友关系，用户在网站上发布的每一条消息，好友都可以接收到。通过这样的方式，用户可以更多地了解那些曾有过一面之缘的好友的些

① 李翔昊：《SNS浪潮——拥抱社会化网络的新变革》，人民邮电出版社2010年版，第61—65页。

许信息，并通过社交网站进行随意地评论和交流。

Facebook 的 News Feeds 功能，提供了好友动态的信息聚合，提高了用户处理“弱关系”的效率，使得用户在不多的时间内，可以与更多的好友进行较弱形式的沟通和维持联系，从而使得“邓巴数字”超过了以往。

英国有一位名叫艾维·比恩(Ivy Bean)的妇女，已经有 104 岁高龄，她住在英国约克郡西部布拉福德一所养老院，经常上网，并在网上记录自己的生活内容。在短短两年内，她在 Facebook 上结识了至少 4 800 名网友。当 Twitter 火热起来后，比恩也迫不及待地注册，成为微博客网络社区上年纪最大的英国写手。

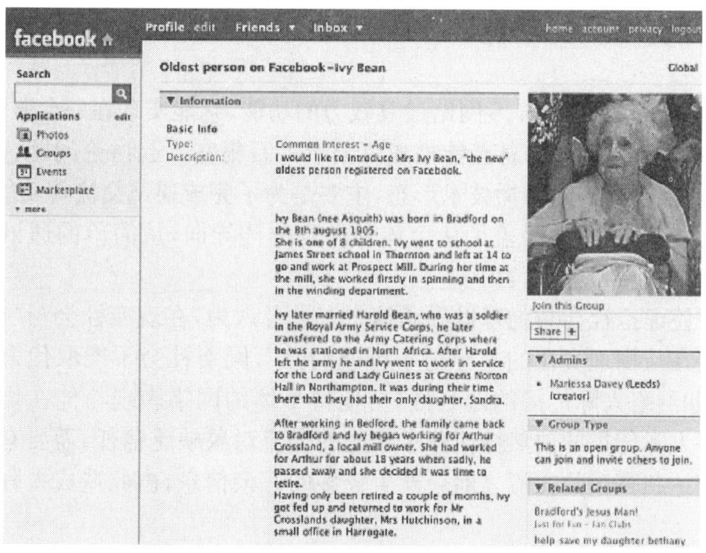

图 9-21　Ivy Bean 的 Facebook 页面截图

资料来源　http://tech.blorge.com/Structure.

图 9-22　Ivy Bean 与她的 Twitter 页面合影

资料来源　http://www.guardian.co.uk/technology/2010/jul/30/ivy-bean-obituary.

弱联系的增多，会给用户带来更大的收益。社会学家很早就发现，弱联系能极大地增强你解决问题的能力。比方说，你正在求职并向好友们求助，但他们可能帮不上多大的忙，因为他们手中并没有多少你不知道的线索，这时候反倒是在关系网中距离你较远的熟人会有用得多，因为他们的触手伸得更远，而他们与你的交情也足以使他们愿意为你提供有用的帮助。

Facebook 就这样成为了 Web2.0 时代最火热的 SNS 网站。大量的用户在 Facebook 的网站上进行互动交流，用户之间所包含的各种错综复杂的联系，都被 Facebook 包含在内，使得 Facebook 成为了网上的社会空间。

4. SNS 社交网络的功能

"社交网络"功能无疑是 SNS 网站最具威力的功能，它能实现在一台服务器上，让多人一起工作、交流和娱乐的需要，甚至能把成百上千人召集在一起讨论问题、分享照片、欣赏音乐。在它之前出现的人际传播技术形态，主要是为了完成通讯交流等功能，而 SNS 则不同于此，它的功能日益完善，涵盖了从个体导向到群体导向，从简单的通讯到群体的网络协同作业的全面功能。具体而言①：

首先，它促使虚拟社会与物理世界通约。有学者认为，在现实社会与"虚拟社会"之间存在着"虚拟实在与物理实在的差异与不可通约性"，网络社会不能取代人们现实的社会生活世界。例如网络人际传播的匿名性，会使得个体的网络表现与他在物理世界的表现大相径庭；网络人际传播的偶然性使萍水相逢的交流对象缺乏信任，需要有一个较长时间预热期，在他们达到真正的交流之前会产生较多的冗余信息，由此造成人际交往的效率低下、广种薄收。

SNS 的出现真正动摇了"物理实在"与"虚拟社会"之间存在的不可通约性。SNS 的价值来源于真实性。在 Web1.0 或者门户时代，用户常常只是一个 ID 符号，而基于 Web2.0 的 SNS 却能以拓展用户的真实交际圈为特色，使用户以鲜活的姿态出现。

SNS 的发展方向是建立一个庞大的人脉圈，而每个会员都会有详细的真实信息，充当链条中的一个环节，每个人都能轻而易举地找到对方的信息。例如国内一家专注于商务人士社交的老牌 SNS 网站——联络家网站，它所提供的电子名片下载功能，就基本上保证了"实名注册"。如果你是咨询师，你可以搜索到其他的咨询师，或者找到"对口"公司的主管、CEO 等。

SNS 的走俏，与人们对网络应用需求的变化密切相关。随着网络社会化应用的发展，网民对网络的要求越来越高，不再仅仅局限于娱乐等方面，而是希望其能对工作、个人的发展提供更加便捷、高效的支撑和帮助，因此，SNS 提供的网络真实性的社交服务，自然得到了网民的信赖和喜欢。

SNS 以现实社会关系为基础，模拟或重建现实社会的人际关系网络，力求回归现实中的人际传播。网络化社区可以模拟真正的社会群体，在这里，工作、感情和现实的生活都

---

① 熊向群：《SNS：网络人际传播的现实化回归》，《河北大学学报（哲学社会科学版）》2006 年第 2 期；《Web2.0 时代的网络传播》，《河北大学学报（哲学社会科学版）》2006 年第 4 期。

紧密相连，相互之间传达的信息真实、可靠，并付诸于真实的思维和行动，从而成为真实生活中的一部分。可以说，整个“物理实在”已经或正在被“虚拟化”，这种“虚拟实在”正成为眼下社会的本身，网络生活和现实生活渐趋融为一体。

第二，SNS 使得人际关系网络化。在 SNS 技术结构中，中心的意义被大大弱化甚至完全消解，去中心化的特点得到更为充分的体现，网络传播结构的扁平化特点也会进一步凸显。SNS 由若干个节点，即“人”组成。人们应用技术的同时会自然地愿意分享和交换，愿意透过值得信任的节点相互连接。这些点就是各种信息的来源，通过不同参与者的信息收集和快速分享传播，参与者通过 SNS 告知和被告知，说服和被说服。

在 SNS 的帮助下可以轻松认识“朋友的朋友”，通过认识的人找到需要的人，扩展自己的人脉，还可以更科学地管理人际资源网络，为自己赢得更多的机会。你可以通过一些工具来找到和你这个点最相似的点，你们可以交朋友，可以合作，可以成为学习的伙伴。这些点又会依据不同的职业、爱好等组成各种各样的小圈子，人们将在各个小圈子里找到需要的信息。如联络家网站，它专门面向大中华地区拓展商务人士的交际圈，有严格的好友分类管理、层级设置，用户可以自己决定是否要和某人建立联系，以及要通过何种途径去接触或结识某人等，这也有效地保护了用户的隐私。这样，原本在现实社会中才能建立的人际关系，在网络社会中同样实现了，而且交际的范围更广，传播的速度更快，交流得更深入。

“部落化→非部落化→重新部落化”，这是麦克卢汉的一个著名公式。人们曾经在部落化时代，面对面地进行口耳交流，而现代化的发展则使人类锁进了各自的“盒子”，不知道隔壁住的是男是女，成为现代人的常态。SNS 的出现使人类重新部落化，但不再是以居住地为纽带，而是以职业、爱好等等各自真实的面貌聚集成不同的“部落”，人们终于又回到了个人对个人真实交往的形态，这也显示了人们对于回归真实人际交流的内在需求与渴望。因此，在某种意义上，SNS 传播模式是网络人际传播向传统人际传播的回归。

四、网络人际传播的功能

郭庆光在《传播学教程》一书中，将人们寻求人际传播的动机分为以下四个方面：其一，获得与生产、生活和社会生活有关的信息从而进行环境适应决策。也就是说，人们要能在社会中生存与发展，就需要了解环境的变化，并以此为依据来调整自己的行为。而要获得关于环境的信息，人们常常要借助人际传播。其二，建立社会协作关系。通过了解他人，和让他人了解自己，来达到协作目的。而有效的渠道，就是人际传播。其三，自我认知和相互认知。自我认知常常通过与他人的互动形成，即通过他人对自己的评价和态度等“镜子”来认识和把握自己。相互认知更是离不开人际传播。而这两方面是建立社会协作关系的必要条件。其四，满足人的精神和心理需求。建立起和谐的人际关系，拥有自己的社交圈子和伙伴，可以让人产生愉快的心理反应。

我们可以从这一理论出发，解读网络人际传播的功能。据此，我们把网络人际传播的功能归纳为实现新的自我认知、获得知识和经验、满足情感需要三块内容。

(一) 实现新的自我认知

人际传播过程就是通过表露自己的某些状况,获取他人对自己的评价,从而得到更加扎实可靠的自我意识的过程。在现实生活中,迫于世俗和道德的约束,我们经常要压抑自己叛逆的个性,不能完全真实地展示自我。网络则提供了丰富多彩的机会,不仅可以在聊天的时候展示自己的渊博学识,还可以展示自己平时被压抑的次要个性,展示个性的第二面,而这些在现实生活中都是不会展示出来的。在展示的过程中,才会知道自己原来是这样的一个人,形成对自己新的认识。

在网络人际传播中,人们一般不使用自己的真实姓名,每个人都有自己的代号,而且有些使用者经常会在代号以外帮自己取个昵称,甚至在自己的邮件里加上精心设计过的签名,乃至于经营自己的签名档等。在与其他代号固定且长期的互动或信息交流中,塑造这个代号的特性,因此每个代号渐渐地有了自己的身份认同与人格特质。

从某种意义上讲,互联网人际传播中的人际关系是一种基于化名的人际关系。由于每一个人的自我认知都必须经过与他人的互动过程才逐渐形成,当人们在互联网传播上长期使用同一个代号以后,环绕着这个代号也会凝聚出一个新的人际关系的网络,慢慢的这个代号就像是人们在真实世界的外貌长相一样,人们自然而然地会对这个互联网传播上的化身产生认同。

在互联网传播中,人们以一个新的自我与他人进行互动。在这样的情况下,个人的性别、年龄、职业、学历乃至于社会地位等信息都可以进行随意设置,人们可以除去原有的人际关系网络,在网络中完全重新建立人际关系。尽管经由互联网传播所传递的信息远不及面对面互动那么丰富,但相对而言也给个人提供了更多的时空自由,既可以自己重新决定自己呈现在他人面前的形象;也可以依据自己的兴趣,选择志同道合的群体或是个人进行交往;当对互动的情况不满意时,还可以随时抽身。因此,互联网传播过程中呈现出来的自我,往往是自己所期待的,但却在真实世界中,由于受到既有生命历程及社会关系的羁绊而无法如愿实现的那一个自我。当然个人也可以用与真实世界完全一致的身份出现。但就互联网使用者习惯于运用代号、昵称、签名、名片档来凸显自己的特色这一行为而言,实际上,使用者往往是利用这些信息来给予他人有关自己的提示,并借着参与互动的过程,塑造自己在互联网传播上的人格。

(二) 获得知识和经验

人的生命、经历和交往范围都有限,但是宇宙之大、事物之博是无限的。我们显然不能靠"事必躬亲"去点点滴滴积累经验。所以,人们总是乐于从他人的发展中汲取有益的启示,所谓"与君一席话,胜读十年书",这在网络时代有更宽泛的意义。我们不出家门就可以在网络上了解到不同于自己个性的个体、不同于自己生存的环境,可以更简单地获取广阔经验;在网络上人们也更乐于把自己的知识、经验、意见传递给他人,在帮助对方的同时来提高自己。网络中的人际传播能让参与者感受来自地球各个角落、各个年龄层次以及各个专业领域的人对人生和世界的认识,真正实现博采众长、取长补短,从而不断地提高和完善自身。

（三）满足情感需要

人际传播的一个重要作用就是满足人的情感需要。对于互联网使用者来说，看似整天面对的是冰冷的电脑，无法宣泄自己的情感，实际上网民们通过互联网更快速地找到了情感倾诉对象。互联网是抒发心事的最好场所，人们尽可以倾吐心中隐密却不必担心秘密泄漏，可以"编造"奋斗史以赢得别人的尊重，可以述说不安以获得信赖，可以传递情话得到情爱的满足。总之，在互联网传播中人们可以通过各式各样的情感满足来调节各自的情绪状态，形成一定的心理氛围，从而能够按自己的意愿生活。

网络交往的广泛性，使人们能够与世界各地的人成为"网友"，实现"朋友满天下"，在数秒之内找到多年挚友般的倾心感受，而免去了彼此的客套、试探、戒备和情感道义责任。网络给人们提供结交更多朋友的机会，通过与这些朋友的沟通与交流，满足自己的社交需求。这在一定程度上弥补了现实都市生活中人际关系的冷漠和缺失。

现代社会的人们在钢筋水泥造成的高楼大厦里孤独地出没，缺乏亲人和朋友相伴，个体的人际交往常常囿于实际生活中狭小的生活圈子。当工作、事业和生活上出现了压力和竞争时，容易对周围的人产生猜忌和怀疑，所以很多心里话宁愿对一个陌生人诉说。因为不认识、互不了解，说话就可以无所顾忌，不必畏首畏尾。网络交往正好为当代社会的人们提供了快捷便利而又自由的交际方式，是人们排解孤独的好途径，是人们倾诉和宣泄的良好渠道。网络上的这种倾诉会使人一身轻松，有助于缓解压力，放松心情。

五、网络人际传播的演变趋势

罗杰・菲德勒(Roger Fidler)在《媒介形态变化：认识新媒介》一书中强调，媒介技术的发展，会直接影响 21 世纪初人际交往的状况。①以电脑为媒介的互联网络最终成为个人的延伸，现实世界与虚拟世界之间的界线也将随之消解。互联网将成为人类展开社会生活与人际交往的无形背景，通过网络的人际交往将成为人们日常生活不可分割的一部分，未来的人际交往将几乎完全架构在网络空间之上。

近几年来，随着科学技术的发展，媒体的更新换代的周期日益缩短，人际传播的方式也随之发生这样或者那样的变化，这就要求我们的传播学者能够紧跟发展的节奏，对于新的传播形式进行深入的分析和挖掘。

我们不妨对上文中常见的七种网络人际传播技术形态进行回顾和梳理。为了进一步形成一个较为清晰的对比，我们在这里从传播模式的角度对它们加以归纳和总结。一般而言，传播模式包含以下几个方面的指标：(1)公开性/私密性；(2)传播形态；(3)传播时位；(4)互动对称性；(5)传播符号；(6)主要传播功能②。七种网络人际传播技术的传播特点如表 9-2 所示。

① 黄少华、陈文江主编：《重塑自我的游戏——网络空间的人际交往》，兰州大学出版社 2002 年版，第 58—68 页。

② 张放：《虚幻与真实》，中国社会科学出版社 2010 年版，第 60—64 页。

表 9-2 七种网络人际传播技术形态的传播模式特点

	公开性/私密性	传播形态	传播时位	互动对称性	传播符号	主要传播功能
E-mail	私密	一对一 一对多	异步	对称	文字、图片	联络
网络游戏	公开	均可	同步	对称	文字、视频、音频	娱乐
BBS	公开	均可	准同步	对称	文字为主	消息发布
CSCW	公开	均可	同步	对称	文字、图片、视频、音频	任务
IRC	公开	均可	同步	对称	文字	社交
Blog	公开	一对一 一对多	准同步	非对称	文字、图片、视频、音频	自我表达
IM	私密	均可	同步	对称	文字、图片、视频、音频	联络、社交

资料来源　张放:《虚幻与真实》,中国社会科学出版社 2010 年版,第 60—64 页。

因此,我们可以尝试归纳出网络人际传播模式发展演变的几大趋势。

(一) 公开性/私密性,以及同步/准同步/异步的网络人际传播技术并行不悖、齐头并进

这一趋势所描述的情形是指,具有公开性的网络人际传播技术在发展演变的过程中,没有逐渐被私密性的技术所取代,反之亦然。从使用与满足理论的角度来看,其背后的动力非常明显,就是传播技术的使用者既有与他人或群体公开交流的需要,也有私下交流的需要。只有能达到不同私密性程度的多样性网络人际传播技术的同时存在,才能更好地满足这样的需要。对于传播时位而言也是如此。

如果说曾经存在过"同步传播优于异步传播"的论断的话,那么这一论断已经被网络人际传播技术的历史发展所证伪。类似于传播的公开性与私密性,传播技术异步、准同步、完全同步等多样化的时位特征在发展演变的过程中并没有消弭或同一,而是各自按照自身的轨道前进:电子邮件历经近 40 年发展历程仍然采用异步方式;网络游戏走过的岁月与电子邮件相差无几,虽然界面、显示、场景、人物形象等一变再变,当年的 2D 画面也已经被 3D 所替代,但同样也保持了同步传播的形态;BBS 和博客,发展历史一长一短,然而准同步传播始终是准同步传播。显然,这样的特征严格也是基于网络人际传播技术使用者需要的多元化;异步传播侧重于内容存储的便利性和提取时间的灵活性,便于使用者在方便的时候查看;同步传播则可以强化使用者的会话感,提高交流的效率;准同步传播的内容则介于异步与同步之间,即具有前者的优点,也能够在一定程度上提高交流的效率。

可以预见,无论网络传播技术在未来怎样发展,公开性与私密性以及不同传播时位的差异一定会继续存在下去。

(二) 一对一传播、群体传播与组织传播乃至大众传播等各种传播形态相互集成

这是一个相对较为明显的趋势,除电子邮件依然“保持”一对一传播的形态之外,其他传播技术都逐渐走向了多种传播形态的相互集成。

出现这一趋势的主要原因在于,现实生活中的面对面传播,总是可以根据需要进行一对一传播、群体传播或是组织传播的,甚至可以使用媒介进行大众传播。无论是何种网络传播技术,其发展方向都是无限逼近面对面传播这一种所谓的“最佳”传播形态。这实际上也从侧面凸显了网络媒介技术仿真现实的发展趋势。而且,看上去使用一对一传播技术——电子邮件,所表现出来的传播形态也只是表象而已。由于电子邮件传播的异步性,当使用者用其进行群体传播和组织传播的时候,把其中的每一条传播线路孤立起来看,都表现出一种表面上的一对一形态。而一旦将多条一对一的传播线路综合在一起从宏观的角度加以审视,便会发现它们其实只是某个群体传播或是组织传播的一个组成部分。不仅如此,电子邮箱的服务供应商(一般为门户网站)通常还利用运营之便,向用户的电子邮箱中发送各种新闻链接,从而使电子邮箱设计了大众传播的传播形态。这就说明,所有的网络传播技术都在朝着集成并能自由切换各种传播形态的方向发展。

(三) 以对称互动为主流,非对称互动为补充

归纳上述传播技术的对称性特征可以发现,除博客之外,其他网络人际传播技术在互动对称性方面的特点都是对称互动。从这一现象中,我们可以尝试提炼出以下几点:

首先,正如我们在论述上一个演变趋势的时候所提到的,网络传播技术存在的初衷是为打破人际传播物理上的空间隔阂提供可能,因而主要是仿真现实中的人际传播(包括一对一传播、群体传播和组织传播)形态。而现实中人际传播的最大特点就是对称互动,这一点与大众传播形态不同,后者是非对称的,虽然也存在信息的反馈,但反馈的渠道和传播的渠道是不一致的,信息量也不在同一个水平上。因此,绝大多数网络传播技术都是人际传播的工具,其实现的互动都是对称的。

其次,博客是一种非常特殊的网络人际传播技术。虽然它可以通过访问者留言、博主回复的方式实现准对称互动,但究其本质而言,与其称之为网络人际传播的平台,不如说它更多地属于一种“自媒体(we media)”。“自媒体”一词最早就是针对博客提出的,它所强调的是一种不同于专业媒体的个人媒体及其新闻信息生产机制。然而,尽管自媒体和传统的专业媒体在新闻生产的运作上存在一定的差异,但它毕竟是媒体的一种。这就意味着博客的主要传播形态其实是大众传播。既然是大众传播,非对称互动自然就是其中的应有之义了。可见,将博客归入网络人际传播技术,实际上只是一个“偶然现象”,形象一点来说,它可谓是“兼职”的网络人际传播平台和“专职”的大众传播媒体。明晰了这一点,就可以看清网络人际传播技术发展的趋势必然以对称互动为主流,以非对称互动为补充。

(四) 从单一的文字符号体系向文字为主，图片、视频、音频相结合的多元传播符号体系演变

由于早期的计算机操作系统界面都非常简陋，故只能以英文单词和一些符号作为传播符号，称之为字符。过于简单的传播符号体系很难传达人的情感，也很难进行社会性的交际互动，给人以机械化的、冷冰冰的感觉，因而主要用于达到任务导向性的目的，但这样是不能满足人的固有需要的。心理学家格拉曼 · 马斯洛(Graham Maslow)认为，人作为"人"始终都有"爱与归属的需要"，而无论是爱的表达还是群体的融入都需要情感的表达，这就必然促使网络人际传播的方式向能够满足人们交际需要的方向发展。因此，计算机的传播符号系统就一直处于一种不断多元化、仿真化的演进之中。从最初的单一文字符号，到文字、图形符号结合，再到各种视频与音频格式的出现，最终形成一个更加直观、更容易为使用者所掌握的多元并行的传播符号体系。用计算机科学与技术的专业术语来说，就是"界面越来越友好"。而多媒体技术就成为当今信息技术领域发展最快、最活跃的技术，成为新一代电子技术发展和竞争的焦点。

不过，就目前多媒体技术的发展水平而言，虽然实现了历史的飞跃，但仍然以视听符号为主，尚未达到能充分调动人类全部感官功能的完全模拟仿真水平。可以预见，在强大的需求推动下，多媒体技术还将发展得更快、更远。

(五) 传播功能的不断细化与相互融合

一方面，各种网络人际传播技术的主要功能越来越呈现出差异化的趋势。

电子邮件可以低成本、低耗时地传输文本和其他文件，凸显出通信联络的功能。网络游戏让使用者体验到越来越多的乐趣，显现出的是娱乐功能。BBS既便于保存讯息，又能实现准同步互动，是讯息公开发布、评论和探讨的最佳平台:CSCW能够促使使用者的业务合作，使需要多个分布式参与者完成的大规模协作任务的完成达到更高的效率；IRC则是通过互联网结识陌生人的理想渠道，仿佛一个俱乐部充斥着来来往往的各色人物，社交是其最主要的功能；博客是一个自我表达的空间，让使用者充分享受到"我的地盘我做主"的待遇；IM可以让使用者与远在千里之外的朋友保持联系，并在需要的情况下随时聊上几句，真正实现了古人"海内存知己，天涯若比邻"的愿望。可见，这些传播技术都是有一个自身最为侧重的功能，而且这一功能是其他传播技术所无法替代的。从最开始的基本通信联络功能，到自我表达功能、完全同步的即时交流功能，网络实现的特定功能越来越多，但仍然远远赶不上人们的需求。随着网络传播技术的进一步发展，可实现的传播功能将呈现分化的趋势，会针对具体的需要越来越细致。

而另一方面，各种网络传播技术之间又出现了相互融合的趋势。例如，现今的BBS绝大多数都同时兼有IM的功能，ID之间可以通过BBS附带的IM工具进行即时交流；而专门的IM服务大多数也绑定了电子邮箱和博客空间，使用户能够在即时交流之余接收他人发来的信件，并且拥有自己的"个人媒体"。但特别需要注意的是，这样的融合其实并非一种从内在结构上发轫的有机结合，而只是实现不同功能的各种传播技术之间的互相绑定

和集成。因此，对于某一种网络传播技术而言，功能呈现出细化的趋势；但对于具体的网络传播系统、软件或服务而言，功能又呈现出融合的趋势。

第二节　手机人际传播

一、手机人际传播的概念及特点

（一）手机人际传播的概念

在人际传播的历程中，媒介的每一次进化，都带来了传播世界的革命性变革。手机应该是目前最受人关注的新兴媒体之一。手机最原始是作为人际间的通讯工具而存在的。传统的人际传播按照传播双方作出的时空位置划分为即时传播和延时传播，而手机媒体打破了这个局限，实现了非同一地点的对象间的即时传播，真正做到了信息收发一体化，实现了人际传播的即时与互动。手机人际传播将会在很大程度上作为传统人际传播的补充和延伸，成为新兴的也是最为普遍的一种人际传播方式。旧手机结合了文本信息与通话功能，视听说一体化，满足了人们获取信息、增进情感、获得认同的需要；手机个性化和智能化又极大地突破了人际沟通的内容与形式限制。

据此，我们可以尝试对手机人际传播作出定义：手机人际传播，是指让你与他人借助手机这一有形实体进行的非面对面的传递信息与交流情感的传播活动。

我们可以从通话向度和短信向度分别来理解手机这一特殊的人际传播媒介。①

通话向度上，手机之前的一切媒介，即使是技术先进的电脑，也把说话和走路、信息的生产和消费分割开来。手机则做到了信息获取和信息表达在移动中的合一，视觉信息和听觉信息发送和接收的合一。正是因为如此，手机媒介将人类在传播历程上追求的传播方式和传播符号系统都集于一身，使得人类获取与表达信息时不再受时空的约束。也就是说，手机媒体的出现和普及使得人类社会的传播回归人际性，实现了更高层次上的"重新部落化"，这既是人际传播这一本质需要的回归，也是一种升华。

短信向度上，短信的出现，让人期冀传播的意义由单纯的信息传递向着媒介玩具化、娱乐化的方向发展，人际关系也因此在一种更为轻松的氛围里协调发展。这里，短信功能是指普通短信服务（通过手机发送和接收有限长度的文字信息，可以是词语、数字、字母的任意组合），增强型短信服务（可以收发较长的信息，包括文本、简单音乐、普通黑白照片以及部分简单动画）以及多媒体短信服务（支持移动图像、卡通、交互式视频等多媒体信息，亦可把文本、声音、图像、视频等集成在一起进行发送）。短信对于传播意义的改变还在于人际传播的社会影响力得到空前的膨胀，此时的人际传播更符合传统人际传播意义的范畴，也大大拓展了人际传播的现实意义。

① 黄瑞玲、肖尧中：《现代人际传播事业中的手机传播研究》，吉林大学出版社 2010 年版，第 41—54 页。

(二) 手机人际传播的特点

手机的传播学特性是建立在手机的技术特性之上。手机与过去的媒介形态相比具有四点显著的技术特性——便携性、移动性、贴身性、渗透性。

1. 便携性

相比于曾经笨重的"大哥大",现今的手机机身小巧,便于携带。报纸虽"身轻如燕",但如果把多年的报纸相互累加则"重如小山";电视广播受硬件所限,都不便于整天相随;笔记本电脑可随身携带,但其以公斤计的重量在手机平均100—200克的"轻量"面前,已经毫无优势。和前几种媒体相比,握在手中的手机分量几乎可以忽略。

2. 移动性

在保罗·莱文森(Paul Levinson)看来,自人类诞生之日起,说话和走路在人的交流方式上就已被分割开来。直到手机横空出世,两者才合二为一。马歇尔·麦克卢汉(Marshall McLuhan)所认为的,电子媒介把人变成"无形无象"的符号,把没有血肉之躯的人送到远方,电子媒介在信息传播方面展现了神奇的特质。但在手机之前的一切媒介,即使是电脑,也分割了说话和走路、生产和消费。唯独手机把人从机器跟前和紧闭的室内解放出来,送回到大自然中去,只要一个用大拇指操作的手机,就可以"一指定乾坤"。

3. 贴身性

现代社会,手机已经和人们形影不离,成为工作生活中必不可少的一部分。有人说:"白天在口袋里,手机是我的另一颗心脏,只要它还跳动,那表示我还是健康地活着;夜晚在枕头边,手机是我的另一双眼睛,只要它还在闪烁,就隔不断我与世界的联系。"①

4. 渗透性

根据2012年3月20日,中国电信和中国移动在官网公布2月末的用户数据显示:中国电信手机用户数量在2月升至1.323亿户;中国移动用户规模达到6.614亿户。而中国联通在2012年3月15日提交给港交所的文件中称,公司拥有1.601亿的2G手机用户以及4 590万的3G用户。三者相加,中国手机用户已达9.997亿。如今手机已经遍布各行各业人们的生活工作当中,上至国家政要,下至平民百姓,手机都如影随形,成为大众化的符号。

---

① 杨犁民:《手机》,《高中生之友》2005年第8期,第54页。

总体而言，手机人际传播有如下五个特点：

第一，手机人际传播拥有多样化的介质，而且各种介质之间彼此共存。任何传播活动的开展都需要有一定的传播介质方可进行，人际传播也是同样，比如说它需要语音、文字等。由于手机具有特殊的技术性能，它恰好能承载物理世界中所能出现的大部分传播介质，如纯文字、图片、语音信息以及多媒体信息，因此手机与人际传播的相互结合可以说是天作之合。

第二，手机人际传播的交流更为直接、集中，传播过程中信息冗余度低。不同于大众传播和组织传播等具备一定程度组织结构的传播形式，人际传播的结构可以说是十分松散的，其显著的特点是就交流的无主题性和随意性。在谈话过程中，经常会发生某一话题被岔开，双方原本正在准备的谈话主题被其他无关信息中断或者弱化。总之，在人际传播过程中，信息冗余度较高。通过手机短信聊天或语音通话进行的人际交流，相对有效地避免了这一点。相比传统的人际传播方式，手机的信息长度变短、信息含量提高，因而主题倾向性较为明显，话题内容集中，讨论开展范围也相对有限，有效传播的比例较高。

这与手机自身的技术特点息息相关。普通手机甚至是当下流行的智能手机，其中文输入法都相对较为繁琐，一个按键代表3—4个拼音字母，在文字编写过程中有时还需要来回切换输入法。因此，想要将一个句子完整地表述清楚，必须至少按几十次键盘。如此复杂化的操作决定了人们不会用这种相对较繁琐的工具进行漫无边际的交流。另外，普通大众会对手机资费有所顾虑。

第三，具备多元化、立体化、多媒体形态的技术手段。传统人际传播模式单一。手机，尤其是智能手机的出现，将网络与传统传播方式进行了更为有效的结合。用户既可以单纯地通过语音通话或者纯文本短信进行声音或文字的交流，更可以选择多元化的交往方式，比如结合视频片段传输、动态图片传输等，进行多角度、多层面的信息交流。这样的新型媒体使得人际交往开始展现多元化、立体化和个性化的风采。

第四，传播对象局限在一定的范围之内。不同于网络世界中，我们可以和任何人“相遇”，通过手机完成的人际传播，其交往对象具有相对明显的确定性。不可避免的，要想与一定的对象进行手机人际传播，首先必须知道对方的手机号码，而这正是他人私隐的一部分，一般不会轻易告诉他人。交往对象的相对限定，就使得手机人际传播的范围一般局限在一个与机主关系较近的小范围内。但随着手机与互联网关系的日益密切，人们日常生活中越来越多地开始使用手机上网、购物、聊天等功能，这一特点可能会发生改变。

第五，手机人际传播不受时空所限，反馈即时。手机人际传播不要求交流双方必须处在同一时空范围内，这一点与传统人际传播有很大的区别。只要保证信号通常，就算是身在上海的家中，也可以给身在美国的朋友打一个电话或是发一条信息。同时，传受双方可以同步参与整个信息传播活动，即时进行反馈，而不用再像等待信件或电子邮件那样需要付出一定的时间代价。

二、手机人际传播的发展轨迹

1973年4月，被称为“手机之父”的马蒂·库泊(Marty Cooper)与他的团队设计出了世界上第一部移动电话，虽然它的样子很笨重，通话时间也只有半个小时，但是它却使得人类的传播关系发生了巨大的改变。它使得人与人之间的传播时间和空间的裂隙得到充分弥合，使得随时随地拓展和维系人际关系成为可能。

从手机登上历史舞台至今，其发展已经经历三代。第一代，即 1G（这里的"G"是"generation"的缩写）手机，在中国也被称为"大哥大"，也就是手拿移动电话（手提电话）；20 世纪 80 年代，第二代即 2G 手机面世，它不仅比"大哥大"体型小、携带方便，而且也克服了 1G 手机模拟系统的缺点，采用数字信号技术，信号覆盖更广泛，信号接收更稳定；第三代，即 3G 手机，采用的是将无线通信、互联网和多媒体通信结合的新一代移动通信技术，对手机信号采用智能处理，真正支持网络的无缝链接，拥有真正高速的传输速率（在高速移动状态中支持 144 kb/s，步行慢速移动状态中支持 384 kb/s，静止状态下支持 2 Mb/s），此外，还拥有较高的频谱利用率，尽可能减轻误码率和系统延时问题。第三代通讯手机，在继承了传统手机通讯基本功能的基础上，加入了互联网的特征，集多媒体、高速度、个性化、网络化、随身化的优势为一体，摆脱了传统手机通讯网与互联网的分离，弥补了电脑传播不能移动的劣势。视频通话与双网融合的特性使得 3G 手机成为网络媒体的终端延伸，达到移动人际传播的最高阶段。

目前的手机，已完成了 1G 向 2G 和 2.5G 的转变，正在向 3G 过渡。处于过渡时期的 2G 或者 2.5G 手机在功能上有些模棱两可，虽然拥有了传输数据流等功能，能力却有限，这在很大程度上造成了我们对手机既有社会影响力认识的不深入。我们需要将手机放在更高的技术水平上，至少是作为一种功能比较完备的移动人际传播媒介来认识它。这样，当我们回头来分析 2G 时代的事务，会有豁然开朗的感觉。3G 恰好是这样一种能使手机成为新的融合型媒介的技术。而且在融合性方面，3G 比网络还进一步，网络将网络之前的媒介技术融合在自身当中，3G 则首先将网络融合在了自身当中。

如今，手机的通话、短信、增值业务、无线传输功能、多媒体功能等，深刻影响了新时期人际传播的发展进程。手机媒体做到了信息收发端口的一体化，真正实现了人际传播的即时与互动，用户可以在交流过程中随心所欲地进行角色转换。作为一种通信工具，手机对人际传播具有深远的影响。

尽管手机在我们国家的起步晚于国外十几年，但近年来我国手机在国民中的普及应用也到了前所未有的高度。1987 年，中国移动通信运营业引进了第一套移动通信设备，用户数量仅有 700 户。到了 1999 年 1 月，中国的手机用户数为 2 448.1 万户；六年后的 2005 年 1 月，统计显示，这个数字增加到了 33 979.6 万户，增长了大约 14 倍。此后，中国手机用户以每月约 500 万户的速度激增。截止到 2012 年 3 月 20 日，工业和信息化部的统计数据显示，仅中国电信、中国移动、中国联通三家运营商的客户数量已经达到 9.997 亿。

工信部的数据显示，2011 年我国总体手机应用发展状况良好。在诸多门类的手机应用中，沟通类应用与信息获取类应用领先发展（手机微博的使用比例在一年内增加了 23 个百分点，手机即时通信的使用比例则提升了 15.4%，是增长幅度最大的前 2 种应用），而娱乐与商务类应用发展相对缓慢。其中，手机即时通信和手机微博作为交流沟通类应用的代表，是现阶段推动移动互联网发展的主流应用。

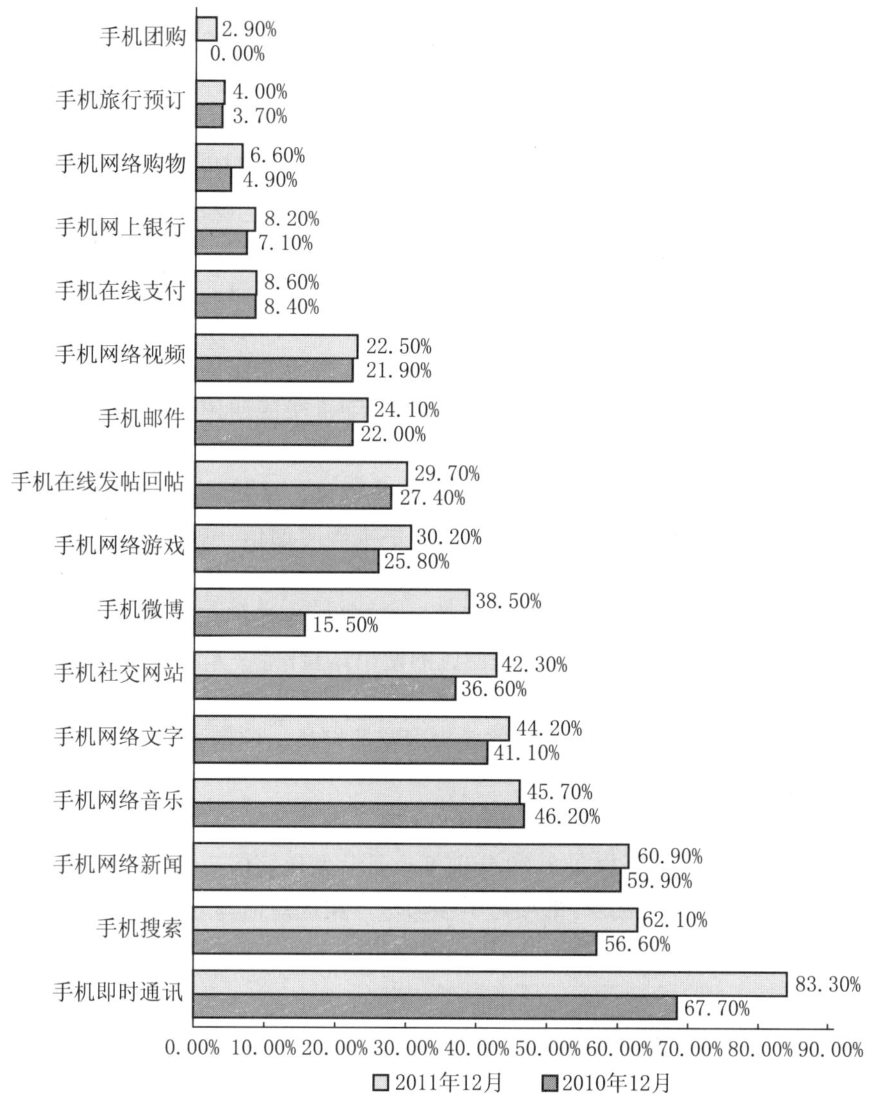

图 9-23　2010—2011 年我国手机网民的网络应用分布情况

资料来源　中国互联网络信息中心：《第 29 次中国互联网络发展状况统计报告》，2012 年 1 月 16 日。

从工信部的 2012 年初公布的统计数据看，我国手机网络的发展目前具有以下三个特点：

第一，手机即时通信使用率保持领先。手机即时通信尽管是渗透率最高的手机应用，但在 2011 年其使用率仍然有大幅度的增长，同比增幅达 15.4 个百分点，超过了即时通信在整体网民中的使用率（截至 2011 年 12 月，整体网民的即时通信使用率为 80.9%）。这种状况主要由两方面原因造成：一方面，使用即时通信是目前很多手机网民使用手机上网的唯一目的；另一方面，手机即时通信工具的使用门槛大幅降低。在即时通信服务商的市场推动下，即时通信已经成为手机终端的标准预置产品，产品预置大幅降低了手机用户，尤其是非智能手机用户使用即时通信工具的门槛，即用户无需下载安装，只要开通无线网络便可直接登录使用。

第二，手机微博是增长最快的手机应用。手机微博2011年的使用率同比增加了23个百分点，是增长幅度最高的手机应用。CNNIC分析认为手机微博将是继即时通信之后，又一个吸引网民使用移动互联网的关键应用。首先，手机微博更能体现微博内容的即时性。相对电脑来说，大部分人的手机都是随身携带，这使得人们可以随时随地了解最新发生的事情。其次，手机微博更能发挥微博应用的自媒体优势。微博创新的"关注"机制，不仅使得每个用户都成为一个传播中心，更是大大提升了普通用户使用微博的粘性。具有特色的原创内容是能够吸引更多人关注的关键，比如即兴拍摄的图片、视频等，而手机在即兴原创内容方面的能力远远高于电脑。第三，最多140个汉字的篇幅，大大降低了屏幕大小对微博体验带来的影响。相对于电脑来说，手机微博的使用并没有给用户带来不友好的阅读体验，相反，随着客户端开发水平的提高，手机微博使用体验甚至高于电脑微博使用体验。

第三，其他沟通类应用和信息获取类应用稳步发展。手机搜索、手机网络新闻、手机发帖回帖、手机社交网站、手机邮件等应用是与手机即时通信一样的传统手机应用，2011年同比使用率均有小幅度地提升，主要市场推动力为：一方面，随着手机上网逐渐进入智能手机时代，各互联网服务商纷纷开始布局移动互联网，主流的互联网应用均推出了相应的WAP版本或客户端，大大提升了手机网民的使用体验；另一方面，由于手机浏览器市场的激烈竞争，提供商加大了在手机浏览器产品功能及服务上的投入，进而大幅提升浏览器用户的使用体验，尤其是现如今网民能够通过浏览器轻松访问网站，提升了网民使用移动互联网应用的深度。

此外，我国已成为短信使用量增长最快的国家。据工业和信息化部2009年9月25日公布的数据显示，我国手机用户在2009年前8个月共发送短信5 095亿条，相对前年同期增长11%，8月份发送640亿条，平均每个移动用户发送短信90条。①这意味着短短几年间，我国手机短信发送量增长了数百倍，中国成为世界上最大的移动通信大国。

三、手机人际传播的动机

（一）获取工具性社会资本

根据法国社会学家皮埃尔·布尔迪厄（Pierre Bourdieu）在《文化资本与社会炼金术》一书中所述，工具性社会资本是利用社会网络得到的可以加以利用的社会资源，而人们的社会网络又是靠社会个体生产和再生产出来的，即"把那些偶然的关系，诸如邻里关系、工作场所的关系，甚至亲属关系，转变成为既必需又有选择性的关系，转变成为从主观上感到有必要长久的维持其存在（如感激的心情、尊敬、友谊等等）的关系，转变成为在体制上得到保障的（权利）关系"。

获取工具性资本的动机突出表现在和自己有着弱社会关系的人身上，大多数情况下，

① 《2009年8月我国手机用户共发送短信640亿条》，中国新闻网，2009年9月27日，http://www.chinanews.com/it/it-txxw/news/2009/09-27/1888928.shtml。

你不会把这类人当作情感交流的对象，仅通过手机人际传播维持或提高双方的关系状态。当然，这种关系随着手机人际传播高频率的互动和现实互动的跟进，则有可能转变为强社会关系。

1970年，美国社会学家马克·格兰诺维特(Mark Granovetter)提出强关系与弱关系一说。他认为，“强关系”现象指的是传统社会中，与每个人接触最多的就是自己的亲人朋友；同时存在更为广泛的是“弱关系”。在他看来，“强弱关系”需要从以下四个维度加以考量：一是互动的频率，互动次数多的为强关系，反之则为弱关系；二是感情力量，感情较强较深为强关系，反之则为弱关系；三是亲密程度，关系密切为强关系，反之则为弱关系；四是互惠交换，互惠交换多的为强关系，反之则为弱关系。

美国另一位社会学家詹姆斯·S.科尔曼(James S. Coleman)认为，“社会组织构成社会资本，社会资本为人们实现特定目标提供便利。如果没有社会资本，目标难以实现或必得付出极高的代价”。工具性社会资本的功用主要体现在三方面：其一，获取有用的信息。利用业已存在的社会关系是获取信息的重要形式。比如找工作时，无论是来自强关系还是弱关系的社会交往对象，都有可能成为求职成功的向导和帮手。其二，促成社会性资源交换。正是由于每个人拥有的资源各异、权力不等，手机人际传播可以促成一种非正式的社会性交换，同时可能带来现实的利益。其三，有利于形成个人的声望。声望就如文凭证书，也是工具性社会资本。“谈笑有鸿儒，往来无白丁”代表的就是社会地位和身份，有利于保持或提高自己的声望。

(二) 获取情感性社会资本

现代社会每个人都在感受着快节奏带来的工作生活压力，面对各种不确定性，渺小、孤独、不安全这些情绪紧紧包裹住人们的真实感情，使得人与人之间虽然近在咫尺，但不能走近对方的心灵。手机沟通的随意性使得个体身处一个时空而随时能和另一个时空发生联系，增加了人的个体性，使人能够有更多的空间满足情感的需要。现代人通过手机短信获得情感性社会资本的对象一般是亲朋好友，即与自身有着强社会关系的人。

总之，手机的人际传播动机可以依托传播内容以及你与对方的关系，总体分为两种：获取工具性社会资本和获取情感性人际资本。当然，这是基于你与对方之间关系的总体情况而言的，细化到每条短信、每次手机通话则需要具体分析。

四、手机人际传播的表现方式

(一) 手机通话和手机短信

作为一种人际传播工具，手机通话传播和短信传播是手机人际传播的两种表现形态。因此，手机人际传播可以细化为手机语音人际传播和手机短信人际传播两大块，这两者除了具备如上所述——多样化介质、冗余度低、技术多元化、传播对象相对限定、传播过程不受时空限制、反馈即时等共同点外，还具备各自不同的独特个性。

1. 手机语音人际传播

手机最初的功能是对电话无法即时接听的修补，弱化了面对面传播的空间性限制，语音交流是通过手机完成人际沟通的基本形式。手机语音人际传播具有以听说为主、双向互动型传播、突破场域限制、内容私密等特点。

第一，信息传播以听和说为主要形式进行，语音成为沟通中的最重要因素。这种传播方式最大的特点在于，传播过程中信息冗余程度较小，信息传播的准确性得到有效提高。随着手机信号传输质量的提升和数字化传输技术的发展，手机通话的质量日益进步，传受双方都能够收发高保真度的语音信息，仿佛面对面交流一样，更加有利于构建两者间的完整传播情境。

第二，手机语音传播是一种双向互动式的传播过程。参与通话的任何一方都可以随即调整谈话的内容，并根据自身需要，对接下来的内容和话题作出调整。这种方式下的信息反馈也是即时性的，人们可以根据听到的、对方的语音、语调、语速、语气、说话节奏等信息，即时掌握此刻对方的心理状态、态度以及情绪。这样的双向互动性有利于促进双方情感和思维的进一步沟通，获得良好的传播效果。

第三，语音传播一定程度上打破了传播场域的限制，是面对面人际传播方式的有效延伸和发展。不受时空所限，这是手机传播的共有特点。同时，语音通话方式还能有效保证对话内容的私密性，在传播过程中避免由于害羞、紧张等情绪或意见不一等原因所造成的尴尬，使得双方间的沟通更加顺畅。

第四，手机语音传播的文本表现为有声语言，其内容与机主的关系密不可分，具有私密性，充满感情色彩。由于语音交流是其主要功能，故而手机表现出个人化的媒体的特质，带有鲜明的个人色彩。布拉格学派认为语言具有两个基本功能，一是体现智能语言活动功能的社会功能，二是体现感情语言活动功能的表现功能，因此情感是有声语言表达的核心支柱。在手机语音的相互传递中，承载着喜怒哀乐，丰富的情感律动，这让冷冰冰的传播机器带上了浓厚的人情味。①

2. 手机短信人际传播

手机短信是语音通话形式的有机补充和进一步延伸，已经成为手机媒体下又一种重要的人际传播模式，它同样具有双向互动的特质。除此之外，短信人际关系和传统人际关系相比，其出现的“新”体现在对传统关系的延伸、补充和部分重组并非完全改变。

倪桓在《手机短信传播心理探析》一书中，将手机短信人际关系传播的特质分为两个部分进行阐释：

首先，手机短信人际关系传播具有移动性、去现场性、私密性、可控的异步交流等特质：(1)移动性，指的是手机的便携性和移动网络的全覆盖特点使得人们可随时随地不受限制地进行交流。(2)去现场性，在这里有三层含义。第一层，非语言线索的消失。使用

① 王燕星：《试论人际传播中视阈中的手机媒体》，《西昌学院学报（社会科学版）》2011年第23卷第3期。

短信时，交往双方无法感知对方的动作、声音等表意或表音的交流符号，摆脱了限定的交流环境。第二层，视觉隐匿。短信交往双方交流时看不见对方，相当于暂时隐匿了现实社会中的部分视觉特征，诸如性别、年龄、外貌、气质等。第三层，具体的情境的不可知。沟通双方的情境彼此不透明，无法感知和判断对方所处的真实情境。(3)私密性，意为短信人际传播是一种无声的传播方式，无声传播使双方避免了信息泄露，同时避免了声音对他人的干扰，而且手机屏幕较小，短信内容只能被使用者看到，隐蔽性很强。(4)可控的异步交流，指的是短信传播具有延时性，给传播主体更多的选择性。当对方发来一条短信时，接受者可以迅速应答，也可以思考一段时间后再应答，甚至可以根本不予应答。

同时，手机短信人际关系传播还具备以下六点新特质：

第一，短信交往情境的超时空性。手机短信超越空间传递信息，在一定程度上降低了传受双方由于阶级层次、身份地位等方面的差异所带来的紧张不安和焦虑，更有利于真实全面地自我表达。突破时间和地域限制的这样一种表达方式，使短信交往者获得最大程度的交往自由，第一次真正实现了“随时随地”的交流梦想。过去，传统的节日问候多半是在走亲串友的过程中实现，在你来我往中血亲关系得到强化。“在场”使各种祝福和意愿更加可感知，然而花费的时间精力则将更多，各自私密的、自由的时间空间也就相对减少。随着人们生活节奏的加快，对生活水平和质量的要求越来越高，这种传统的节日问候形式正日益被各种新型的形式所取代。比如，电子邮件取代传统纸质书信、电子贺卡取代纸质贺卡，而充满创意的手机祝福短信则取代了昂贵的电话，继而在节日问候中充当了主角，成为向亲人、朋友、恋人间传递情感的最佳载体。例如：

“上联：新年新景新希望、祝福遍地，身体棒，学习好，工作顺；下联：新生新意新风尚，情意绵延，家庭美，爱情圆，万事吉！横批：新春大吉！”

“奔波一年又一年，道句辛苦了。携手一天又一天，说声感谢了。走过一程又一程，终点变起点。人生一站又一站，日子苦也甜。新的一年，祝你幸福平安！”

“因为梦想，所以精彩。因为充实，所以快乐。因为关怀，所以温暖。因为思念，所以甜蜜。因为信赖，所以踏实。因为有你，不再孤单。新年快乐！”

第二，短信交往主体的去社会性。短信交往跨越了血缘、地缘、业缘的界限，使原本存在于现实中的规范和秩序失去作用，为短信交往者寻求逾越社会规范提供了大量机会，其弱规范性必然导致短信交往者失范现象的普遍滋长，从而进一步加深交往主体的去社会倾向。

很多手机用户都有这样的体会：自己的手机时常收到无名来源的手机短信，有些是企业广告，有些是不法私人借贷广告，更有甚者则是充斥黄色和暴力信息的骚扰短信。据《信息时报》2012 年 5 月 25 日报道，广州市民张小姐一晚 7 小时内收到近百条垃圾短信，不胜骚扰的市民张小姐招架不住，欲通过手机网络运营商拦截，但多方咨询之下却查不出信息来源，拦截未遂，令她非常烦恼①。据张小姐介绍，一年前，她将手机卡转成全球通后就开始收到有关养生的垃圾短信。最开始每隔几天收到一条，以为是套餐赠送信息，张小姐没太在意。直到 5 月 17 日晚上 7 点多，收到当日第一条养生内容短信开始，每隔 3—5

---

① 《手机一晚收百条垃圾短信无人管》，《信息时报》2012 年 5 月 25 日。

分钟,手机就收到一条同样内容的短信,直到零时才停止。当晚,她共收到近百条垃圾短信。张小姐告诉记者,发送垃圾短信的号码都是固定电话号码,开头都是020-8071,“手机不停在响,整个人都快崩溃了!”

第三,短信交往中介的符号化。手机短信是依靠文字为主的传播,虽然现在的手机短信可以传输图像、音频、视频等,但这些符号的传输要受到手机功能及技术层面的限制,也就是说,手机短信还是以文字为其主要的传播载体。一方面,短信交往的纯文本表达可能使人际交流的内容产生特定氛围,随时随地构筑文学化、诗意的氛围,而其他交流方式不是代价高昂就是无从下手;另一方面,过度的符号化交往势必会导致人的主体性的丧失,从而最终导致现实人际关系的疏离。

例如,一条短信的内容是“我很忙”,如果把这句话说出来,它可能是歉意的,可能是不耐烦的,可能是冷漠的推辞借口;把这句话用手写出来,看者可以从字迹的潦草、笔画的轻重与否来对书写者的意思作出不同的理解;面对面的话,可以直接看出来说话者是否在忙,或者从其说话的表情语气中判断出真假。可是不同的人看到这条短信,除了这三个字外,看不到其他文字符号以外的信息,看信息者会完全根据自己的理解来猜测说话者的言外之意:是等会儿再说,还是不想再聊了?这种理解可能是和说话者的意思不尽相同的,容易造成误解,影响传播的有效性,传播内容部分传通或传而不通。传播是为了让彼此的意见和感受得到表达、让对方清楚,但手机短信由此造成的效果有时却事与愿违,造成了故意的理解偏差或无意的多重意义。①

第四,短信交往角色的半虚拟化。现实社会人际交往所依附的特定时空位置在短信交往中被电子空间所取代,这使短信交往的角色扮演带有一种半虚拟化的特质。之所以说“半虚拟化”,是因为短信交往一般基于现实社会交往基础,在相识的人之间进行,交往双方无需隐瞒现实生活中的性别、年龄、学历、职业、地位和身份,因此可以称作一种“半虚拟化”的交往。角色的半虚拟化使短信交往双方处于相对平等、无直接利害冲突的位置,且能够较好控制角色扮演,但无法获得现实交往中的整体感与连贯性。

第五,短信交往过程的选择性。短信交往便捷自由的交往方式为使用者提供了将交往进行到何种程度的选择:个人可以根据自己的需要和喜好与他人建立某种关系,也可以根据自己的情感好恶相对方便地退出这种关系,所花的精力很少。但是,短信交往无法形成类似于现实的人际关系网络,交往双方无法得到整个人际关系网络的有效约束,因而短信关系具有一定的随意性和不稳定性。

第六,短信交往对象的多情境切换。与现实人际交往不同的是,短信交往双方没有物理空间转换的障碍,能够同时进行两种以上的交流。换言之,短信人际交往使得交流变得可以私下进行。短信主体可以同时与多个对象聊天,同一时刻下,在不同的交流情境中面对不同的交流对象。与某些交流对象交流时,他显示的是自己开朗的一面,与另外一些对象交流时,他可能更多地展示出消极面。

另外,手机短信的记录功能让它比面对面和电话传播的保存性好;因为是无线移动,手机短信用户可以最大限度地利用自己的零碎时间进行交流,无聊的时候也可以通过收

① 郝晓云:《短信在人际传播中的优势与缺陷》,《人民网》2007年6月12日,http://media.people.com.cn/GB/40628/5855110.html。

发短信消磨时间；每条 0.1 元至 0.2 元无长短途之分的收费标准使其显得实惠，特别是在一些不太紧急的、需要时间作出答复的交流中更是经济、方便；充足的回复时间，为传播者谨慎而确切的编辑、修改提供了可能，减缓了面对面、电话传播中不稳定的情绪因素，使交往更为理性。

（二）手机即时通讯

除了传统的通话和短信息的收发，目前手机人际传播的最近进展，是手机即时通讯软件，即移动 IM 通信工具的流行。

手机即时通讯软件的概念其实是从网络即时通讯软件借鉴而来，指的是安装在手机终端上，能够通过网络快速发送语音短信、视频、图片和文字，支持多人群聊的手机聊天软件。这类软件的基本功能，是提供免费的语音对讲、图文短信发送、多人群聊等。这里所说的"免费"，其实并不是真正意义上的零费用，而是发送短信、图片及对讲，这些全通过数据业务流量，所以手机即时通讯软件适合各种流量包月用户。每月可以发几千条文字消息及数百张图片，这样算下来发一条文字短信基本不花钱，如果有 Wi-Fi 热点，就可以真正免费用这些服务了。手机即时通讯软件提供的这些功能，改变了大家在移动互联网时代的手机这一介质的沟通方式。

国外，以 Ping Chat、KIK Messenger、WhatsApp 等为代表的新一代移动 IM 通信工具，因其简洁、快速、免费等优势正席卷全球。以 KIK 为例，这是一款功能简单到极致的跨平台即时通讯(IM)软件，它在欧美迅速蹿红，可基于本地通讯录直接建立与联系人的连接，并在此基础上实现免费短信聊天、来电大头贴、个人状态同步等功能。①

这让国内的互联网精英们看到了商机，很多企业都推出了自己的移动 IM 通信产品。在迅速推出自己全新的手机端即时通讯服务的队伍中，既有腾讯、中国移动等老牌 IM 厂商，也有过去从未涉及 IM 领域的互联网巨头，如盛大、开心、阿里巴巴，同时还有众多的互联网创业团队，如小米科技、个信、Talkbox 等。② 2010 年 12 月末，小米科技公司推出一款名叫"米聊"的产品，上线半年多，注册用户超过两百万；2011 年 1 月 21 日，腾讯正式发布微信；4 月 11 日，盛大移动 IM"Youni"正式发布；3 天后，联通"沃联系"也登陆苹果 App Store；同年 6 月 9 日，诺基亚推出免费信息平台"诺基亚 IM"……一时之间，移动 IM 呈现出百花齐放的格局。

（三）具有代表性的手机即时通讯软件

国内现有的几款主要的手机即时通讯软件有：腾讯的微信、中国移动的飞聊、小米的米聊、个信互动的个信、中国联通的沃友和中国电信的翼聊等等。这些不同公司推出的移动 IM 工具在界面和功能上，都有各自不同的特点，下面具体介绍目前国内几个热门的手机即时通讯客户端。③

---

①② 贾富：《今天你"短信"了吗？》，《互联网天地》2011 年第 7 期。

③ 《即时通信的移动变革》，中文业界资讯站，2011 年 5 月 6 日，http://www.cnbeta.com/articles/142041.htm。

1. 米聊

米聊是小米科技出品的一款跨 iPhone、Android、Symbian 平台的手机免费即时通讯工具，是国内最早推出基于用户通讯录的第三方聊天软件。

用户通过手机网络(Wi-Fi、3G、GPRS)与自己的米聊联系人进行免费的实时的信息沟通，包含文字、语音及图片。米聊既可以像传统 IM 那样通过用户名、用户公开资料进行好友搜索添加，也可以通过用户手机通讯录、社交网络好友、邮箱好友等多种方式自动匹配已经使用米聊的其他社交关系中的好友，还可以为用户推荐其可能认识的其他好友，省去了用户重建联系人网络的麻烦。

图 9-24 米聊的 LOGO

资料来源 http://icon.images.paojiao.cn/sj/zx/2011/5/24/84341226/1306203953144.jpg.

图 9-25 米聊的使用界面

2. Talkbox

Talkbox 由香港绿番茄(Green Tomato)科技创业团队出品，是一款专注于语音聊天的手机通讯产品。

手机上进行文字输入往往不够方便，而 Talkbox 采用类似于对讲机的语音通话功能使得用户可以毫不费力的进行语音信息的录制和发送，简便快捷地与好友进行交流，还可以方便地建立小组，与好友们进行语音群聊。TalkBox 还加入了图片和位置元素，用户可以方便地发送图片、共享自己的地理位置。另外，用户还可以将自己发布的语音信息发布到社交网络上去进行分享，这使得用户获得了更多样化的体验。软件自推出以来受到了用户的广泛好评，用户也在平台上玩出了如公共电台等新颖的功能。

未来将支持每条语音短信单独备份、导出或保存，或者给每一条语音短信一条单独链接，使其可以在网络上引用或下载。这就使得 TalkBox 更像是一个语音微博。

图 9-26　Talkbox 的 LOGO

资料来源　http://appreview.in.th/talkbox/.

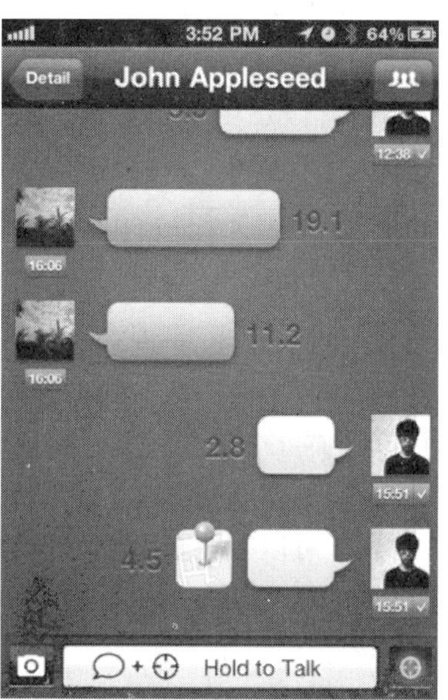

图 9-27　Talkbox 的聊天界面

3. 移动飞信

飞信是中国移动推出的基于中国移动手机用户的即时通讯产品，其最大特点是与运营商服务实现无缝整合，无论好友是否注册了飞信服务、是否使用飞信客户端，都能方便地进行短信和语音沟通。

图 9-28　飞信的 LOGO

资料来源　http://campus.feinno.com/product_fxcp.html.

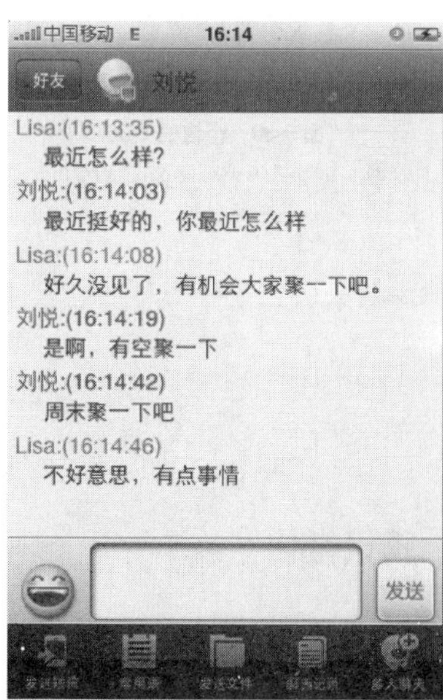

图 9-29　飞信的聊天界面

得益于其运营商的天然背景，移动飞信在使用时具有相当大的灵活性。除了与飞信好友进行常规的文字聊天外，还可以无缝的实现与非飞信好友的聊天，甚至可以实现无需客户端的群聊功能。此外，飞信的语音聊天虽然是通过移动电话线路进行，但由于资费的优惠和灵活性，以及相比基于数据网络的语聊更加稳定的特点拥有其独特的吸引力。

4. 个信

个信是由个信互动（北京）网络科技有限公司推出的一款基于手机通讯录的即时通讯工具，可以实现与个信好友之间免费互发短信、彩信的功能。

用户可以通过个信客户端方便地对自己的手机好友发送个信邀请，一旦双方都是个信用户，彼此间的所有交流都只需支付微乎其微的流量费用。个信无缝连接了手机和桌面客户端，用户可以在电脑上与好友进行方便的交流。此外，个信还提供手机短信管理，通讯录备份等附加功能。

图 9-30 个信的 LOGO

资料来源 http://www.igexin.com/index.htm.

图 9-31 个信的使用界面

5. 腾讯微信

微信是腾讯推出一款 kik 类的快捷发送文字和照片的手机聊天软件。用户可以通过微信免费给自己的好友发送短信和彩信，所有消息都通过移动网络发送，无需单独支付费用。

微信最大的优势在于其与腾讯 QQ 的互动，用户可以直接使用自己的 QQ 号登录微信，并可以方便地邀请自己 QQ 好友加入微信。此外，微信也支持方便的好友搜索、短信邀请、邮件邀请等功能。

图 9-32　微信的 LOGO

资料来源　http://download. pchome. net/mobile/Internet/im/detail-35150. html.

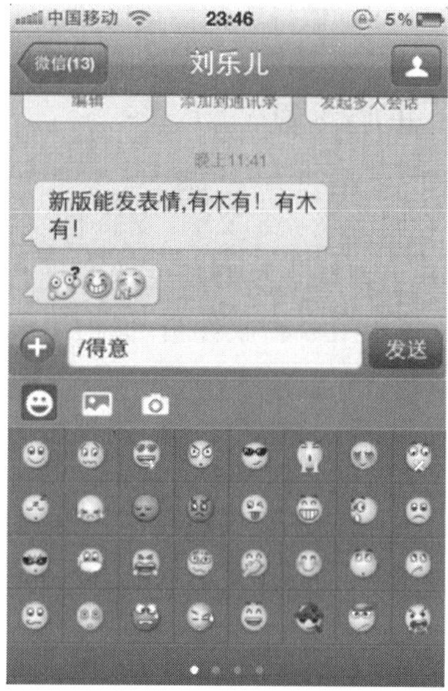

图 9-33　微信的使用界面

6. 盛大有你

有你是盛大推出的一款整合手机短信和即时消息，跨平台的即时通讯工具。用户无需注册，安装即可使用，官方宣称相比其他同类型客户端，有你盛大在省电方面有明显优势。

图 9-34　盛大有你的 LOGO

资料来源　http://y. sdo. com/index. php.

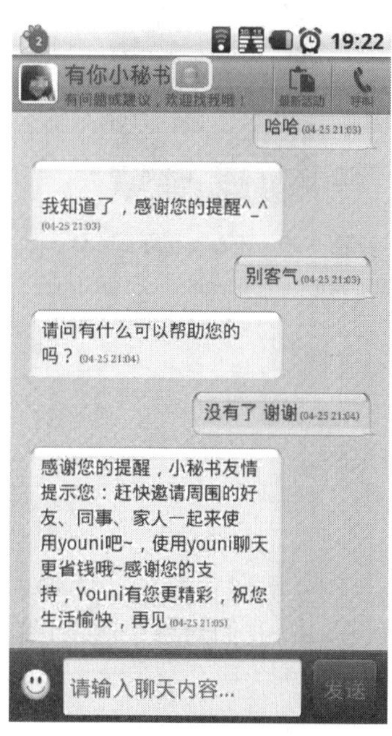

图 9-35　盛大有你的聊天界面

有你客户端支持与有你好友的免费短信发送，也支持与非有你好友的短信交流，不同类型的聊天模式在 UI 上有明显的区分，便于用户辨别。用户可以方便地对非有你好友发送邀请，一切都做得非常自动化和简便。

7. 开心飞豆

开心网将飞豆定义为“支持群发群聊的免费短信”客户端，主打群聊和免费短信功能。用户可以与飞豆好友免费的进行一对一的交流，或是与多位联系人实现方便的群聊，还支持设置私密收件箱，保护用户的隐私。飞豆现支持文字和图片信息的发送及语音信息功能。

开心飞豆支持从开心网、新浪微博及手机通讯录中导入好友，具有方便的一键好友邀请功能，还能够与开心网的机构用户进行互动，成为其粉丝并发送消息交流。开心飞豆依托于开心网成熟的社交网络实现的快速方便的交流，并拥有强大的群聊功能。作为国内首家进军手机即时通讯领域的社交网络，开心飞豆在手机客户端与社交网络进行结合的尝试值得关注。

图 9-36 开心飞豆的 LOGO

资料来源 http://app.cnmo.com/android/1503/.

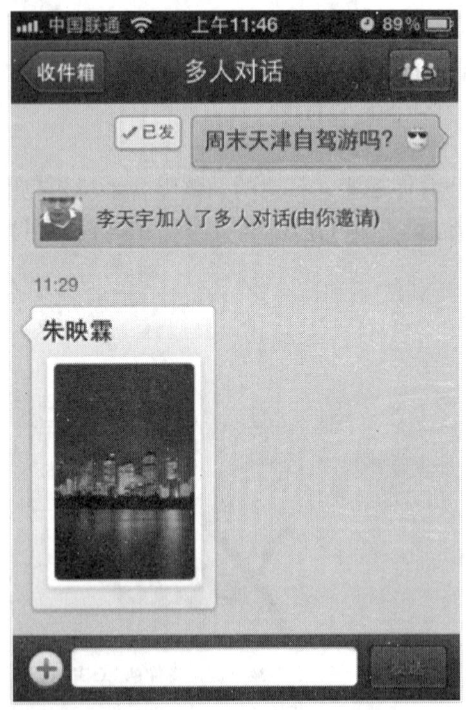

图 9-37 开心飞豆的使用界面

在表 9-3 中，我们对各个客户端的功能进行简单的梳理和对比。

表 9-3　7 款手机即时通讯客户端的性能汇总表

客户端	注　册	联　系　人	发送格式	群聊	个人状态广播	支 持 平 台	特 殊 功 能	总　　结
米聊	手机号码	1. 手机通讯录 2. 人人网、开心网好友	文本、图片、语音	支持	支持	Android, iOS, Symbian	好友自动匹配，好友推荐，后台信息推送，好友名片	导入好友方便，可发送包括图片、语音等多媒体信息，支持群聊功能，偏向即时通讯
Talkbox	邮箱注册	1. Talkbox 账号 2. Facebook、Twitter 好友	语音、图片	支持	支持	iOS, Android 即将推出	地理位置信息分享，Talkbox 信息分享到 Facebook、Twitter	功能独特而单一，偏向社交网络
飞信	手机号码、邮箱注册	1. 手机通讯号 2. 飞信帐号	文本	支持	支持	Android, iOS, Symbian	桌面、网页客户端，拇指群，语音聊天，短信功能整合	与移动手机用户的自然整合，偏向手机短信
个信	手机号码	手机通讯录	文本、图片	不支持	不支持	Android, Windows Mobile, Symbian, Java	桌面、网页客户端，聊天窗口快速切换，通讯录备份，短信功能整合	基于手机联系人，能在电脑上能过网页发送信息，偏向手机短信
微信	QQ 号码	1. 手机通讯录 2. QQ 好友 3. 邮箱联系人 4. 微信账号	文本、图片	支持	不支持	iOS, Android	与 QQ 联系人整合	可以和腾讯微博的好友成为联系人，偏向即时通讯
有你	手机号码	手机通讯录	文本	不支持	不支持	Android	自动注册，一键邀请好友	基于手机联系人，通过手机联系人进行详细分组，功能过于自动化，缺少用户提示，偏向手机短信
飞豆	开心网账号、飞豆客户端注册	1. 手机通讯录 2. 开心网好友 3. 新浪微博账号 4. 飞豆账号	文本、图片、语音	支持	不支持	Android, iOS, Symbian, Java	与开心网帐号互动，一键邀请好友，私密信箱	基于开心网账号，方便的群聊功能，偏向社交网络、即时通讯

(四) 移动 IM 工具的崛起，并不是空穴来风，它的发展有着一定的历史必然性[①]

首先，移动 IM 的发展源于移动互联网的兴起。没有移动互联网，就没有移动即时通信。2010 年是移动互联网逐步成为大众应用的一年，2011 年，它的应用更为广泛。人们不必坐在电脑前才能完成任务，而是拿着一个移动终端在街上也可以办公。移动电子商务也是移动互联网时代的一个必然产物。

其次，移动 IM 的发展是因为用户需求强烈。手机用户，尤其是中国手机用户很喜欢发短信，在年轻的人群里，一个月的手机费用里短信费用可能占了一大半。当飞信推出并主打免费短信服务时，它收到了强烈的追捧。然而，飞信并不是一个跨平台且开放的应用，人们对免费、可移动、跨平台、可推送的移动即时通信有着强烈的需求。

再次，移动 IM 的发展受益于智能手机的普及。智能手机，尤其是 iPhone 和 Android 系列手机的出现，让移动即时通信踏上一个新台阶。黑莓应该是第一个做移动即时通信业务的公司，但它始终没有将市场做大，直到 iPhone 的出现，App Store 的出现，才有更多的厂商投入到移动即时通信服务中去。

最后，移动 IM 的发展也是基于社交网络关系的已有基础。社交网络，像 Facebook、Twitter 的崛起，对移动即时通信的发展功不可没。现有的移动即时通信大多数都不是重新构建社会关系的，这些服务利用用户本有的社交关系，如手机联系人、Facebook 联系人、Twitter 关注者等，导入其本有的社交关系，让移动即时通信来得更加方便。

(五) 手机即时通讯与传统通信模式的区别

从目前比较成功的新型即时通讯应用中，我们可以看到一些和传统通信模式的明显区别[②]：(1)免费。由于所有通讯都通过手机网络进行传输，这类软件让用户跳过了电话运营商的限制，实现了近乎免费的便捷通讯。当然，用户可能需要支付少量的网络流量费用。(2)针对手机优化的轻量级应用体验：kik Messenger 推出时给人的第一印象就是其软件的轻量和简洁。由于开发之初就以移动设备作为设计对象，与直接照搬桌面 IM 模式的手机 QQ、MSN 等客户端相比，kik 这一类软件不仅运行速度飞快，在电池和硬件耗用等方面也相当的节省资源，不会出现动辄失去响应，或是手机电池没电的尴尬现象，而这对于用户流畅的交流体验来说是至关重要的。(3)基于用户已有社会关系。利用用户已然成熟的手机通讯录网络，以及在各大社交网络上建立起的社交关系，新型的手机即时通讯软件让用户能够迅速的在新的平台上与自己所熟知的联系人建立联系，而无需像传统即时通讯中那样劳心费力地从头重建联系人网络。这大大降低了用户使用这些新型工具的入门成本。

这些是否就是未来手机即时通讯工具的制胜法宝，一切都还有待时间和用户的考验。

---

①② 《即时通信的移动变革》，中文业界资讯站，2011 年 5 月 6 日，http://www.cnbeta.com/articles/142041.htm。

五、手机人际传播的利弊

（一）手机人际传播推动了人的现代化进程①

在人的现代化理论已有的研究观点看来，人的现代化其实就是指与现代社会相联系的人的素质普遍提高和全面发展，包括人的细微方式、价值观念、生活方式和行为方式由“传统人”向“现代人”的转变。这当中，包含人的现代化和人的继续社会化。人的现代化过程从人出生开始，经过儿童和少年阶段的变化，逐渐掌握社会成员所应具备的基本知识、技能和行为规范。人的继续社会化，主要指具有社会成员资格的人，不断学习、接受新的文化内容及适应角色变化的过程。总之，人的现代化过程，实际上就是人的观念体系和行为模式中的传统性逐渐减少而现代性逐渐增加的过程。

人的现代化与社会的现代化密切相关。作为一个系统的社会过程，一个健全的社会现代化，应该包括人的现代化、物质现代化以及制度现代化等几个方面，其中人的现代化可以说是社会现代化的核心。

“人的现代化”与“社会现代化”相互关联又相互区别。人生活在现实世界中，其思维观念和行为方式均产生于现实世界中，也必将受制于现实社会。因此，人的现代化与社会现代化特别是物质条件的现代化是相辅相成的，两者相互影响、互为因果。

首先，社会现代化的关键是人的现代化。现代化是由人来推动和完成的，人是社会发展的主体和动力。在现代化历程中，人的现代化和社会现代化是同一个现代化过程的两个侧面，彼此是一致的，可以互相促进。社会现代化首先是人的现代化，人的现代化是社会现代化的前提。同时，社会是人的社会，人是社会的人，任何社会之间始终处于一种相互制约、相互促进的辩证关系之中。其次，人的现代化与社会现代化是相互作用的。一方面，人类历史由传统社会向现代社会转变的过程，亦即实现社会的现代化过程，也必然包含两个方面的基本含义，即社会主体——人的现代化和社会客体——环境的现代化。另一方面，社会历史从来不是脱离人的活动的无主体的过程，社会的发展、历史的变革均是由人推动的。因此，社会主体人的现代化是创造现代化社会客体的先决条件；而社会客体的现代化，又创造出现代化的人。最后，社会现代化与人的现代化是一种互动关系。人的现代化对社会现代化具有能动的作用。

据此，作为个体化的信息传播工具，手机不仅在促进社会现代化，尤其是社会交往的现代化上有其特殊意义；更为关键的是，手机在促进人的现代化，尤其是人的全面发展意义上的现代化有不可替代性。

手机媒体所担当的传播实践，有益于人际关系现代化的建构。人际传播必然在一定的关系中发生，同时又可能会造成一定关系的变化，因而传播主体需要在人际传播过程中不断对对方主体进行认知，以定位彼此的关系。主体认知的根本在于对人性的关注，而真正的人际传播正是要建立在这种人性关注之上。作为人际间的交往工具，手机史无前例地实现了社会个体的个性化传播。个性是个人的基本属性，个性化的本质特征主要体现

① 黄瑞玲、肖尧中：《现代人际传播事业中的手机传播研究》，吉林大学出版社2010年版，第87—124页。

在人与人的交往之中。从麦克卢汉的视角看,手机也是人的感官的延伸,是人类改造自然能力的扩大。不仅如此,手机传播结构起来的商谈参与者还是自由的,可以自由地表达自己的意志和要求。透过这些,我们可以看到,承载当代社会个体与个体之间人际传播和交往之重要职责的手机,对个体的主体性建构、基于这一建构的人与人之间的关系解放以及基于这一解放的整个社会的交往观念的现代化推进都是大有裨益的。

手机媒体所担当的传播实践,还有益于人的情感现代化的达成。从传播学的视域看,情感既由传播所引发,也在不断地寻求传播。所以其现代化,也就在很大程度上有赖于社会个体和整体的交往和互动。

首先,情感总是发生于存在互动关系的社会情境里。情感就是关系,没有关系便无所谓情感。比起理性的互动,情感更多地依赖一种面对面的、坦诚的互动过程,从而在情感行动中包含着哈贝马斯所认为的"从孤独的合目的性向社会互动视角的转变"。其次,情感需要的满足依赖于社会互动。情感需要总是指向外部,并需要在外部关系中来满足,因此,在情感需要缺乏或丧失的地方就会出现社会互动,社会互动为自我情感意义的获得、感受和表达提供了平台。最后,社会互动使个人情感的回报成为可能。社会互动过程也是人的情感的社会化过程,人的情感社会化就是在社会互动中完成的。情感、自我和社会三者不是分离的结构,而是互动的过程。

可以说,人类选择手机,其实也就是选择更为自主和自由地来传播那部分只需面对相应个体的个人情感的工具。这些情感的对象化、选择性地接触,在建构社会个体、促进社会个体的现代化的同时,也很好地疏解了那些虽属个人、但却并不外在于社会的消极情感;当然,也加固了人际间的情感。

(二) 手机人际传播带来的弊端

辩证法认为,任何事物的作用都是相对的。手机也不例外。随着手机媒体的广泛普及,其具有的负面效应也日益显现,比较突出的有以下几方面:

1. 人对手机的依赖日益严重

现在人们出门,可以不带钱包、不带钥匙,却不能不带手机,甚至有人形象地将手机比喻为"电子狗链",一旦手机不在身边,很多人就会心神不安,感觉与亲人、朋友失去了联系,脱离了社会。从文化视角加以解读,以移动通讯为保障,离散的个体不仅可以源源不断地获得来自出发前所在环境的信息,同时可以即时地从身边拥有的社会关系中寻得支持。人们将手机当作能够提供物质和情感支持的渠道,把通过手机进行的交流作为最迅捷地证明自己存在于社会网络之中的方式,人们也更加依赖于手机。

2. 遭遇私密性的危机

由于手机是以个人为中心建构的媒体,作为现代社会中私人话语行为的重要中介,里面有很多不可告人的秘密,因而具有很强的个人性和私密性。手机一方面是我们私人生活中的超级帮助者,另一方面一旦别人一伸手就能轻易触及我们的私人空间。手机带来的隐私问题在于它与网络结合后广泛的传播能力以及被用作商业价值资源的可能性。隐私外泄的最大危险不在于它被看见,而是它会被保存成文字、图片或音像形式,被无限复制和迅速传播,处于被大众觊觎的境地。从这个意义上可以说,手机入侵了我们的私人生活空间,扰乱了正常的生活流程。同时,手机使我们失去了存在于私人和公众、自然与社会以及社会群体之间的界限感,他人总会无法控制地参与进我们的私人谈话中,我们也总是不由自主地卷入他人的私人交谈中。

3. 引发道德焦虑、思想符号化和对信息的麻木

我们说,技术破坏了人际交往正常、和谐的状态,手机消除了空间,也缩减了人们因分离而产生的思念,生活世界的人文内涵变得日益薄弱。手机作为通讯工具,暴露了现实生活中人与人交往的真实性问题,交流双方的情景彼此不透明,给交往中的谎言创造了条件。不仅如此,手机的转发和群发功能加剧了现代人工具的异化。日益复杂的科技简化了人类的生存经验,我们便成了媒介体系中的机器人。手机将情感的内在(复杂)与表达的外在(简单)形态这一组相互排斥的活动合理化了。也许它们更多源于人的惰性,但同质化的短信无疑使人产生"信息麻木症";同时,短信"共享现象"潜移默化地影响着人们的文化取向、审美取向和价值取向,进而影响到文化多样性。

六、手机人际传播的未来

要想进一步预见未来手机人际传播的发展趋势,首先需要对手机未来的发展作出大致判断①。通过回顾手机的发展历史,我们必须承认,自从 1983 年第一部移动商用手机诞生以来,近三十年间手机得到飞速的发展和普及,手机已日渐成为人们生活中必不可少的通讯工具,并且使得我们的生活变得更加方便和快捷。手机的功能从最初的实现双方语音收听,到后来的个性铃声、文字短信、彩信等多种新鲜元素逐渐融入用户的使用体验中,再到如今集成多媒体功能,真正成为具有多项复合功能的人际传播新媒体,这让我们看到了手机在未来的巨大发展潜力和空间。

根据美国高科技市场调查公司的一项市场研究结果,手机在今后几年的发展趋势是功能将大大增加,但外观的变化不大。外来手机的发展进步,其外在表现一定是功能更加强大、速度更快、外观更加轻薄和小巧,实质变化必然是融合更多新技术所实现的功能和特性拓展。另外,未来手机将在目前的手机产品、平板电脑产品的基础上发展起来。可以预见,它除了拥有当前手机所具备的一切功能之外,进一步重点发展高速数据通信、无线上网、高清晰录像、收看电视等强大功能。目前,无论是手机生产商还是服务商都十分关注手机未来的发展趋势,尽管上述提及的部分功能已经进入应用领域,但技术远未成熟,仍待更新和普及。

总的来说,高性能、多功能将是手机未来的发展方向,但到达什么程度正好符合用户的

---

① 黄瑞玲、肖尧中:《现代人际传播事业中的手机传播研究》,吉林大学出版社 2010 年版,第 39、40 页。

需要，这还不能确定。具备的功能越多，势必对手机外形大小、生产成本和可用性带来问题。用户还是会选择数码相机、多媒体播放器、便携游戏机等加上通信功能来取代多功能手机。更为关键的是，各种功能集于一身的这样一个数字化媒体，还应不应该叫“手机”？

不管手机制造商、服务提供商和用户之间存在怎样理解上的分歧，我们还是不得不承认，手机媒体社交化已成趋势，未来手机社交媒体将会覆盖生活的方方面面。随着整个手机媒体行业的日趋社交化，社交性将成为手机人际传播乃至大众传播的一个整体特征。

近几年来，得益于移动互联网的出现，一个不同于传统媒体的虚拟社会逐渐形成，这一点从 SNS 的大放异彩便可见端倪。这种交互发展可能带来的明显变化是：移动互联网的未来将使得手机社交网络服务比搜索引擎门户更加广受欢迎。①在具体形态上，目前手机社交媒体呈现的文字加图片的 SNS，将很快进化为文字加视频的 SNS。SNS 原本旨在建立“人与人之间的更多联系”，在一个包容、互动、共享的虚拟社会里，社交行为无疑是最普遍的行为，所以社交化必然是手机媒体发展的大趋势②。

可以预见，手机社交将朝着专业化、即时化、移动化和开放化的方向发展。当下，新一轮社交化浪潮已经呈现出明显的双向化发展：一方面，是实现已有产品的“社交化”，即各类手机媒体纷纷进军或拓展社交产品，尝试将 SNS 的基因植入到现有产品；另一方面，是平台的“社交化”，即开始向其他相关业务品类拓展，电子商务、搜索、音乐、视频等各项网络应用逐渐与社交全面融合，并日渐向手机媒体平台集合。

在中国，随着运营商重组的进行，中国 3G 商用进程也在加快，移动宽带化和宽带移动化的趋势已经越来越明显，在这一潮流之下，手机媒体的发展同时呈现出媒体间大融合的趋势。③匡文波教授在其著作《论手机媒体概论》一书中提到，随着 3G 在中国的逐渐普及，相关法规的完善，手机媒体将实现网络化、宽带化，手机将成为随身携带的、交互式、多媒体的大众媒体，将创造一个巨大的媒体市场。从维度上讲，目前手机不仅仅停留在人与人之间保持通讯的工具，而是移动通讯与网络技术进一步互相融合的产物。报刊、广播、电视、网络与手机媒体的融合是数字时代的大趋势。

综上所述，在当今这样一个时代，每一种新媒体的出现都是对传统媒体的兼收并蓄和创新发展。当互联网的浪潮渐息、手机媒体袭来之后，一个新的传播时代由此诞生，即移动传媒时代。“手机像一张大网，正在整合众媒体。手机正由人际沟通工具向大众媒体跨越，并且手机媒体将向集报刊、广播、电视、网络等功能于一身的大综合媒体方向发展，但是由于手机键盘与屏幕，及其他技术方面的限制，它不会代替网络媒体。”④我们有理由相信，这样的移动传媒时代，手机作为人际传播的重要工具将会有一番更大的作为。

[研读专栏]

网络流行语言的创新机制⑤

网络语言已经成为一种不容忽视的新生语言源泉，以其鲜活、新颖、诙谐的特点迅

①② 吴红晓：《我国手机媒体的发展趋势和应用创新》，《传媒》2012 年第 2 期。

③④ 高智勇：《手机媒体在网络传播时代的发展趋势》，《科技传播》2012 年第 3 期。

⑤ 赖新芳：《网络流行语言的创新机制》，《当代传播》2011 年第 3 期。

速为大众接受，并被广泛用于生活语言中。网络语言中意义被重新组合，携带着新的文化内涵，反映出这个时代的精神风标。本文的讨论范围只是针对网络中自发形成的、在关注社会焦点民生事件中流传开来的语言符号，分析这类语言被赋予新意义的文化机制。

一、网络流行语言的生产实践

网络流行语言中有很大一部分与社会焦点事件密切相关。盘点2008年和2009年百度统计出的十大网络流行语言，其中“周老虎”、“躲猫猫”、“俯卧撑”、“范跑跑”、“打酱油”、“我是北京派来的”、“国家罗汉”等词汇，都与社会性的群体事件有关。

这些语言符号的来源基本上都是对一个现存文本的片面化提取。这里出现了弱解码与强解码的悖论。在信息传达过程中，发出者对符号信息进行“编码”，意义被编入符号文本；符号信息的接收者对符号信息进行“解码”，信息还原成发出者的意义，这是一种基于理想化的信息传递模式。然而网络文化表意过程中，信息接收群体复杂散匿，对文体信息的解码呈现出发散性样态，随着网络群体互动和传播过程，事件中的一个词语被提炼出来，获得新的解释。

在文化的生产实践中，语言提供了社会理解事物，生产和交流意义的中介，语言作为符号，首先“是具有心理性质的声音和现象事实的概念”。这个观点还是从反映论和意向性的途径来理解语言，实际上，语言的产生还有更开放、更具有创新可能性的维度，我们先从构成主义角度来看，“它意味着不是符号自身确定了意义，而是意义取决于符号与概念间由信码所确定的关系”。在构成主义者看来，语言的意义取决于关系。

按索绪尔的理论，符号包括能指和所指，语言系统是一个由组合关系和联想关系所构成的关系网络系统，能指与所指之间没有必然联系，符号的意义产生过程由能指与所指之间的关系来决定，符号的使用是内部形象概念与外部联想组合相互作用的过程。任意性之所以能够连接能指与所指，是靠解释者之间的有关社会生活中如何使用符号的共同约定。

语言能指与所指之间约定俗成的内在规定性，使网络语言符号的增长具备了逻辑依据。皮尔士认为符号的意义产生过程是从媒介关联物到对象关联物再到解释关联物的一个相对完整的过程，是三者之间动态反应的结果。媒介关联物、对象关联物和解释关联物一旦发生重组并被大众接受，新的符号就产生了。

（一）事件的弱解码

还原“周老虎”、“躲猫猫”、“俯卧撑”这些事件的历史背景，可以发现这些事件在解释力上都存在着令人置疑的漏洞。最初的事件报道引起广大网民纷纷猜疑，弱编码表意给解码机动权，当网民们无法从文本既定符码获得充足信息时，就只能从经验过的类似解释活动中抽取若干片断组成一种粗糙的、临时的、假定性的符码，对文本进行试探性解码。这些事件本身的弱解码性质，使其成为必然被关注的焦点，对某些“欲言又止”、“欲盖弥彰”的地方，大家有强烈的追寻真情真相的渴盼。网民一方面在现实生活中采取行动，察访原委；另一方面，则在意义上进行解码，力图还原出被隐藏内容。

(二) 片面化符号的强解码

随着事件真相不断水落石出,原先占主导地位的发送者逐渐失去对文本原始意义的引导作用,强大的网络舆论接管了话语权,对整个事件的讨论渐渐趋向相同的方向,最值得质疑的环节成为触发网络新语言关节点,完整的事件被片面抽象化。一种语言学意义上的普遍特征被附加到具体事件中去。从背景事件中,符号获得了诠释,一种新表意和解释指向某个特定对象或特定意义。这种特殊的意义与词汇组合成稳定性的符号,被广泛认同。“躲猫猫”、“俯卧撑”这样的词汇获得强大的生命力,不但在网络空间中,而且在社会生活中,都形成相对固定的含义。对这种含义的接受与认同,使新产生的词汇成为强解码的符号。它的媒介关联物、对象关联物和解释关联物之间的关系被紧密联结起来,“整个社会都不能改变符号,因为演化的现象强制它继承过去”。新产生的联结关系承载着对具体事件的集体理解,其内涵越清晰,外延就越集中,这种意义的联结关系就越紧密。

(三) 文化意义上的附加解码

一个从具体事件中抽象出来的片面化符号,一旦成为强解码,由于它崭新的意义链接,产生陌生化与新奇感的时尚翻新效果,便成为年轻一代力捧的宠儿。再加上网络即时迅捷的传播,这个符号以极快速度在论坛、网络聊天中流传开来。伴随着这个符号本身,集结着巨大的延伸空间,新的符号被移置到各种语境中,形成反讽、嘲弄、戏谑的集体式话语狂欢。

这些成分参与文本意义的构成,同时也不断地强化对前文本的意义接收。最典型的是“门”这个符号的文化附加解码。“水门事件”是美国历史上最不光彩的政治丑闻之一。“水门事件”之后,国际新闻界通常会对国家领导人遭遇执政危机或执政丑闻以“门”冠名,例如“伊朗门”、“拉链门”、“虐囚门”等。在网络语言中,“门”的这种前文本含义被屡次征用,出现一系列以门命名的符号:“艳照门”、“诈捐门”、“局长日记门”、“铜须门”、“兽兽门”等。“水门事件”的文本影响痕迹,在戏仿、暗示中伴随着新的符号文本隐藏于文本之外。符号文本的再度根据性随着文本间性的加强而增加。

二、 网络空间构建的交往语境

从表征的构成主义视角分析网络流行语言的产生,以动态追踪描述出了现象产生的过程,扩展了主体意识哲学意向论和主客体关系反映论维度。但是,它只能呈现“怎样”,却无法解释“为何”。这个理论依然无法回答这样的问题:最终是什么原因导致大家认同对某一事件的符号提取呢?也就是说,是什么因素,导致多元的接受群体突然认同了一种符号规约呢?

(一) 网络传播环境与会话行为

对这个问题的分析,首先要从网络传播环境入手。语言的约定俗成作为一种社会活动,人们不太可能用影响的模式进行强制命名。在语言交往过程中,网络空间以前所未有的创造力不断推陈出新。网络空间相对传统话语空间而言,发生了什么变化?

哈贝马斯在奥斯汀和塞尔的言语行为类型分类基础上,把语言互动的纯粹类型分为四种:策略行为、会话行为、规范立场、戏剧行为。在策略行为中,"其他的互动参与者只是作为社会事实而遇到一起的,也就是说,是作为对象而遇到一起的,行为者(有些时候还用以言取效效果)促使他们作出一定的反应"。

传统媒介,包括纸媒、广播、电视、电影,其作品形式绝大部分都是完成式时态,在交往结构上是封闭单向的。制作者在创作之前,会有对"隐含读者"、市场调查和收视率的考虑。隐含读者依然是在分析作者的主体意识框架下的对象性设置,作者作为一个大写的主体,与意象中的读者进行交流;受众收视率调查以及效果研究还是把接受者当作客观对象,在一种主客体结构中进行目的行为的效果验证。对于接受者而言,作品已经写成、节目已经录制,通过一定的渠道接收。他们只需要也只能理解和阐释,无法对文本本身进行干预。

(二) 冷媒介与热媒介

麦克卢汉用高参与度和低参与度区分了"冷媒介"与"热媒介","热媒介并不留下那么多空白让接受者去填补或完成。因此,热媒介要求的参与程度低;冷媒介要求的参与程度高,要求接受者完成的信息多"。他在使用"参与"这个概念时是含混的,把对话语的阐释理解和对过程的干预糅合在一起。实际上,对传统媒介的阐释理解可以多元化,但是,这些阐释无法决定性地干预传播过程。

大众媒介要么成为文化生产的市场消费领域,要么成了话语霸权的意识形态控制领域,"因此,对于社会科学观察者来说,在他们所分析的生活世界中,会出现一些行为后果和行为系统,整合它们的不是价值、规范和理解过程,而最多只是相互影响,比如市场关系或权利关系"。这种思路实际上是认知工具理性概念的经验主义实证化,"行为主体作出的是以成效为取向的目的行为,以便在客观世界中生产出某些东西"。基于此,一方面是整体主义独断论形而上学操纵,另一方面是强大的批判潮流,从权力、操控、消费异化控诉如洪水猛兽般的大众媒介,实际上,"彻底的意识形态批判,就是知识、精神之社会性的根本解构"。在这种理论视野下,社会的意义整合完全臣服于系统,每个具体社会存在的个体被一种整体意义上的抽象淹没。

(三) 作为交流主体的虚拟身份

从语言意义生成的角度看,互联网不仅是一个技术载体,而且是一个交流空间,是讨论公共事件及汇合观念的视域设定。网络空间具有自由性、开放性、平民性、非主流格局,网民用一个虚拟身份发言,而不是作为现实社群中的固定角色。虚拟身份与现实身份的转换,意味着对言论负责任的是虚拟身份,现实身份在一定限度内不必对网络空间的发言承担责任,在很大程度上解除了现实身份的社会约束,替代主体身份挣脱了传统规范或话语钳制的束缚。虚拟身份隐匿于现实身份后,在解除了话语责任的同时,也抹去了权威与地位的差距。以虚拟身份发言的言语者,以平等的交流主体出现在网络空间中,相对传统媒介话语空间而言,网络空间的言语行为模式发生了根本性的转换。在这种情况下,沟通过程本身成为目的,不受任何行为协调机制所发挥的工具作用支配,通过交往进行商谈,

"如果重心由目的行为转向交往,我就永远都称之为'会话'"。网络空间中的言语者具备了不受强制的作用前提下达成共识的条件,在这样的话语空间中,一种表达的合理性可以通过批判和论证加以还原。具有独立自主、积极的理性参与意识的网民在会话空间中,是现实生活的角色延伸。不同的言语者虽然存在着价值的差异、认知的局限和立场的偏见,但是在对话语进行理性验证的时候,这个理性原则是一致的。

三、基于理性的规范性要求

在众多声音中,多元现象能够具备同一性的基础就是理性规范,作为虚拟身份在网络空间的发言同样要符合一定的规范性要求,否则共识根本不可能达成,修辞学上的反讽不代表评价根据的非理性。

在沟通过程中,不仅交流双方不但要理解语言本身的意义,还要理解运用语言的有效性标准,"只有知道怎样用一个名称做某种事情的人才能有意义地问起这个名称"。同时理解了语言本身的意思,以及在什么背景和规则下被运用,才取得了对语言的真正理解。

"一个追求沟通的行为者必须和他的表达一起提出三种有效性要求,即:所作陈述是真实的;与一个规范语境相关的言语行为是正确的;言语者所表现出来的意向必须言出心声。"

随着传播媒体越来越发达,现代社会已经进入了一个"信息过量"甚至"信息爆炸"的时代,在海量信息中,某个事件成为公共话题的原因有很多。综观衍生出网络流行语言的几则新闻事件,都有一个共同的特点:就是事件中的疑点重重。媒体发言人的言论成为大家关注的焦点。其主要原因就是语言一旦进入公共领域,事件就不再属于当事人,个人性的事件演变为一个具有公共性质的文本,每个接受者都有权利对文本提出用规范性要求。个体与权力机构之间的事件,成为大众用理性标准争取公平公正的普遍性利益的里程碑。

(一)对新闻事件的真实性要求

符号发出者与接收者的社会约定所规定的程式化表意方式,固定在体裁里面。社会新闻体裁的文本规定决定了其内容必须符合事实真相。真实性是新闻的价值追求,也是新闻的根本属性之一。新闻报道只能根据事实来描述事实,而不能根据希望来描述事实,应该完全立足于事实,只引用事实和直接以事实为根据的判断——由这样的判断进一步得出的结论本身仍然是明显的事实。

用"躲猫猫"游戏意外撞墙来解释"重度颅脑损伤"致死的后果。引起公众热议。杭州飙车事件中,新闻发布会宣称案发时肇事车辆车速认定"每小时70码左右","70码"立刻招来一片声讨。

在这些事件中,关键环节的言论存在着明显的逻辑漏洞,使公众猜疑的好奇心达到了顶点。为了满足公众知情权,网民积极参与,自发地搜集、报道、分析、散播相关资讯,从多方向、多角度反映出对事件的认知。交往的参与者"只有根据对命题真实性的判断,参与者才能就有争议的事态的存在达成理解"。

网络的开放性特征,给信息共享提供了透明的平台,任何人都可以自由发布自己所掌握的信息，其他人点击阅读，甚至参与讨论，每个人可以自由地发表自己的意见，同时验证他人的看法。在交织碰撞中，事实的真相水落石出，对事情的理解也随着讨论过程形成合理的意见，在一个不受控制的网络话语空间里形成了强大的社会舆论。“原告方面为了面子不得不提出证据，而法庭为了面子也不能不要求证据，法庭本身已经站在另一个法庭——社会舆论的法庭面前。”

最终被大家认同的符号是对整个事件的提喻，实际上也是对言语者所陈述事件的真实性提出疑义，从而以反讽的修辞提出一种对话语的规范性要求。当真实性要求遭遇到虚拟性网络结构时，就产生了巨大的意义对冲空间。

（二）对言论者的真诚性要求

网民以虚拟身份代表的仍然是具有理性检验标准的权利主体，在对客观事实追根溯源的同时，还会质询事件行为主体的文本发出意图。在人际交往中，不仅涉及符号表意文本的真实性，还关乎发出者动机的真诚性。命题有效性的问题不仅仅“是一个有关语言与世界的客观关系的问题”，“有效性要求的目的是要通过言语者和听众建立起主体间性的承认关系：它们只能用各种理由，即话语来获得兑现，而听众则是用具有合理动机的立场来对它们作出反应”。

在网络公共事件中，随着事件的发展演变，先后出现以下几种接受模式：

第一阶段谎言失效。不诚信意图→实在文本→不愿接受。这是针对原始文本而言，这时文本发送者以真实身份出现在媒体中，用具有真实性要求的体裁发表言论，但是，接受者意识到他的发出意图没有忠实于所知所见，因此拒绝接受他发出的信息。

第二阶段诚意正解型。诚信意图→实在文本→愿意接受。这是针对网民提供的各方面资讯而言，文本发送者主体是一群匿名网友，接受者根据文本符号确定这些以虚拟身份发言的网民具有诚信意图，言论表达忠实于自己的所见所闻所感，因此，接受者拒绝相信真实身份的发言人，反而肯定虚拟身份的网民。这是基于对语言真诚性的理性标准检验的基础之上的判断和确证。

第三阶段反讽超越型。诚信意图→不实在文本→愿意接受。网民开始运用从事件中提取出来的符号进行交流。“70 码”、“正龙拍虎”这样的符号经过证实，已经成为公开的具有矛盾冲突的符号。在网络空间中，网民以各种调侃的方式加以戏仿、移置，在新语境中运用这些符号。在一定的社会语言环境中，接收者与发出者都默契的参照前文本，也就是克里斯蒂娃提出的文本间性，任何作品的文本都像许多行文的镶嵌品那样构成，任何文本都是其他文本的吸收和转化。在这样一个开放的语义网络中，符号与一种新的意义组合起来，随着采用者数量增加，新的符号加快扩散过程，快速传播开来。

符号的意义组合是一定的社会文化规约，语境是意义生成的外部条件。相对于传统而言，网络提供了平等互动交流的可能性，在这个相对开放的意义流动空间，各个不同方向流散的话语最终会受到深层的理性检验。对客观真实性和表达真诚性的要求，使杂乱的现象最终融会为共同的焦点，并且不约而同用一个符号的诞生与使用来表达对行为和实践规则立场的吁请。只有这种理性的标准被普遍承认的时候，才有可能建立更加合理的语言交往行为，从而使社会生活在多元的价值中形成有序的规则和标准。

研读小结

计算机网络是在社会、经济、文化迅猛发展的条件下产生的，与人们的日常生活密不可分；网络语言作为计算机网络的重要沟通桥梁，也在一定程度上对人们日常的语言生活产生了影响。网络语言即互联网用语，代表了一定的互联网文化，广泛地出现在聊天、网络论坛等各种互联网应用场合并渗透到现实生活中。它来源广泛，多取材于方言俗语、各门外语、缩略语、谐音，甚至以符号合并以达到象形效果等等，也就是我们通常所说的混合语。网络语言蔑视传统，崇尚创新。作为社会语言的一种变体，网络语言是虚拟世界的信息符号。

语言自产生以来就具有其独特的作用，是人类沟通的桥梁，是一种随着社会不断变化发展的特殊社会现象。任何社会的变化、人类思维活动的转变等都会对语言的发展产生影响。而在当今社会，新事物、新观念的不断涌现，必然要有与之相适应的语言出现，才能满足日益变化发展的社会需求。现如今，我国已经成功地发展到科技信息的时代，各项新事物、新观念更是层出不穷。在这样的条件下，网络语言作为新时代人类沟通最为重要的工具，迅速得到网友的认同，传播、流行开来。信息社会时代的来临，为广大网友提供了可以创新、敢于创新、勇于创新的良好平台，是网络语言创新的根本动力所在。

网络流行语一直处在不断发展变化的过程中，还有部分原因是其创新源头和社会焦点事件密切关联。网络世界有着自己独特的、对现实世界的感知方式，独辟蹊径的解读，从而形成特有的表达，一部分就成为了新近的“网络热词”。同时网络语言还构建出一个网络空间内的交往语境。网络语言的形成的整体氛围，还是网络文化的有机组成部分，反过来，网络语言的创新时刻又受到所处的网络文化环境的影响。

网络语言的怪异化、粗俗化在这个“信息过量”甚至“信息爆炸”的时代，尤须引起高度重视，因为其带来的潜在危害是不可小觑的。了解网络公共事件中，先后出现过的若干种网络语言接受模式，对于趋利避祸相当有意义。

网络语言有优点但也有缺点，它会影响汉语言的规范化，但既然它存在，那么它就是合理的，否则网络语言不会这么被广泛的使用和传播。关于网络语言的种种讨论和研究还有待于人们继续努力。

[思考题]

1. 结合网络人际传播的利弊，谈谈你对网络人际传播的看法。
2. 根据你对网络人际传播的理解，谈谈对“网络暴民”和“网络暴力”事件的看法。
3. 结合手机人际传播的利弊，谈谈你对手机人际传播的看法。
4. 结合手机人际传播与人的异化的相关知识，思考网络人际传播与人的异化之间的关系。
5. 谈谈你对网络语言创新的原因及不当取向的认知。
6. 你认为，手机和互联网还会以怎样的新形式介入未来的人际传播过程？

第十章 人际传播的礼仪

◆ **学习目标**

学习完本章，你应该能够：

(1) 了解人际传播中的基本礼仪概念，包括礼仪的含义、特点和功能；

(2) 了解个人礼仪，包括服饰礼仪、言谈礼仪和仪容礼仪；

(3) 初步掌握见面礼仪，包括接待拜访礼仪、会面礼仪、称呼问候礼仪和介绍礼仪；

(4) 初步掌握社会交际礼仪，包括宴会礼仪和舞会礼仪；

(5) 用礼仪概念分析相关案例。

◆ **基本概念**

人际传播的礼仪概念　个人礼仪　见面礼仪　社会交际礼仪

第一节　人际传播的礼仪概述

我国素以“文明古国”、“礼仪之邦”著称于世，在五千年的文明历程中形成了一套完整的礼仪思想和礼仪规范，它们制约着人际传播的发展。因此，礼仪是我们每个人人生旅途中的一门必修课。在人际交往、对外交流日益增多的现代社会，了解一些礼仪理论，尽可能全面、系统、熟练地掌握现代礼仪的基础知识，对于我们创造良好的人际传播环境，更好地应付生活的挑战具有非常积极的意义。

一、礼仪的含义

有了人类历史，也就有了礼仪。由于礼仪之风的源远流长以及各个民族、国家和地区的差异，所以礼仪的内涵和外延都十分丰富而庞杂。

在欧洲，“礼仪”一词最早见于法语的“etiquette”，原意是“法庭上的通行证”。它上面记载着进入法庭时应遵守的事项，发给进入法庭的每一个人，作为其入庭后必须遵守的规矩或行为准则。由于在社会交往中，人们也必须遵守一定的规矩和准则，所以，当“etiquette”一词进入英文后，便有了“礼仪”的含义，意即“人际交往的通行证”。①此外，“礼仪”在英文中还有

① 参见《礼仪的涵义》，http://zhjyx.hfjy.net.cn。

“courtesy”和“protocol”两个词与之对应。“courtesy”即礼貌，泛指一切客气的状态。“protocol”在英文辞典中的定义是“外交的或军事的礼节和秩序的规则”。比如开会时关于悬挂国旗、演奏国歌的规则，举行正式宴会时的座位安排、介绍客人的顺序、感谢出席宴会宾客的顺序等。①

中国作为一个具有悠久文化的文明古国，素有“礼仪之邦”的美称。“礼仪”一词，很早就被作为典章制度和道德教化使用。礼仪最早是指祭祀中一套仪式，《说文解字》这样解释“礼”：“禮，履也，所以事神致富也，从而示豊。”“示”，许慎解释为“神事也”。“豊”为行李之器，“从豆，象形”，即豆器上放的祭品。随着社会的发展，礼仪从“祈神”转为“敬人”。首先用于宫廷，随后扩展到社会各阶层，运用于人们广泛的社会交往中。在古汉语中，“礼仪”也被称为“礼”、“仪礼”、“仪检”、“礼教”、“礼法”、“礼律”、“礼制”等。从中国古代文化来看，“礼”主要包含三层意思：第一，我国奴隶社会和封建社会的等级制度，以及与之相适应的一整套礼节仪式。如《论语·为政》：“殷因于夏礼，其损益，可知也”。《礼记·曲礼上》：“礼不下庶人，刑不上大夫。”第二，表示尊敬和礼貌。《左传·襄公二十二年》：“执事不礼于寡君”（执事：指晋国国君；寡君：指郑国国君）。第三，礼物，即赠送的物品。《晋书·陆纳传》：“及受礼，唯酒斗，鹿肉一柈”。“仪”既指容貌和外表，又指礼节和仪式。

由此可以看出，在中国古代社会，礼仪既表现为一般行为规范，又涵盖政治、法律制度，即包括一个时代的典章制度，我们认为这是广义的礼仪的范畴。近代以后，礼仪逐步与政治体制、法律典章、行政区划、伦理道德等分离，演化为一种狭义的礼仪。林晓娴在《规范礼仪必读》②中给礼仪下了一个这样的定义：礼仪，从狭义上讲指的是人们在社会交往中由于受历史传统、风俗习惯、宗教信仰、时代潮流等因素的影响而形成的，既为人们所认同，又为人们所遵守，以建立和谐关系为目的的各种符合礼的精神及要求的行为准则或规范的总和。我们认为，从传播学的角度来看，礼仪是人际传播学的文化准则，是人们在传播中必须遵循的一套言行礼仪规范，是人际交往中的一门艺术，是建立和谐人际关系的技巧。

礼仪是人类在长期的生活实践中逐渐达成的一套关于自身言谈行为的模式和思维演绎的方式的协议和共识，是人际传播的双方必须共同遵守的一系列言行和仪式的标准。礼仪往往首先表现为一些不成文的规矩、习惯，然后才逐渐上升为大家认可的，可以用语言、文字、动作来作准确描述和规定的行为准则。礼仪以民族文化为背景，受到宗教信仰的强烈影响，渗透到社会生活的方方面面。现代文豪梁实秋先生在其《秋室杂文·谈礼》中说：“礼是一套法则，可能有官方制定的成分在内，亦可能有世代沿袭的成分在内，在基本精神上还是约定俗成的性质，行之既久，便成为大家公认的一套规则。”

礼仪是社会精神文明的体现，是社会道德和法律的精神和原则的外化。日本礼仪专家松平靖彦先生在日本全国社出版的《正确的礼仪》一书中认为：“礼仪是人们在日常生活中为保持社会正常秩序所需要的一种生活规范……礼仪本身包含了人们在社会生活中应予遵守的道德和公德，人们只有不拘泥于表面的形式，真正使自己具备这种应有的道德观念，正确的礼仪才得以确立。”这段话说明了礼仪和道德的深层关系，只有具备一定的道德

① 李帛主编：《礼仪教程》，中国财政经济出版社 2001 年版，第 3 页。

② 林晓娴：《规范礼仪必读》，中国商业出版社 2001 年版，第 1 页。

观念，才可能很好的遵循社会的礼仪规范。

礼仪是一个人的学识、内在修养和素质的外在表现，它能有效地展现施礼者和受礼者的教养、风度与魅力，体现一个人对他人和社会的认知水平、尊重程度。作为人际传播中必须遵循的一套潜规则，它有利于美化传受双方的言行，使传受双方达成更好的理解，从而有利于和谐人际关系的建立。英国哲学家约翰·洛克说："礼仪是在他的一切别种美德之上加上的一层藻饰，使它们对他具有效用，去为他获得一切与他接近的人的尊重和好感。没有良好的礼仪，其余的一切就会被人看成骄傲、自负、无用和愚蠢。"1992 年埃米莉·波斯特的巨著《西方礼仪集萃》第一版问世，她曾这样写道："表面上礼仪有无数的清规戒律，但其根本目的却在于使世界成为一个充满生活乐趣的地方，使它变得平易近人。"①所以，礼仪是一剂润滑剂，它不仅有利于人们在交往中互相尊重、达成共识，促进人际传播的良性发展；它还有利于美化人们的言行，使社会风尚更加文明，人们的生活更加和谐、美好和健康。

二、礼仪的特点

礼仪作为人们在社会交往中必须遵循的行为规范，具有鲜明的时代特征和社会特征。这些特征主要表现在具有规范性、普遍性、多样性、继承性、时代性和发展性。

(一) 规范性

礼仪是人类在社会生活的基础上产生的行为规范，全体社会成员均离不开一定的礼仪规范的制约。这种行为反制约着人们在社会生活中的言谈举止，并通过这种行为衡量和制约每个社会成员对礼仪的掌握和运用程度。

在生活中，许多礼仪的存在具有很强的规范性，每时每刻在约束着人们的行为，渗透到人们的工作和生活中，无论从国家大事到家庭亲友往来，都有相应的礼仪规范。比如，礼仪中最简单的问候语"您好"，就是几乎在全世界通用的一种问候礼节，现代交往礼仪的内容已经渗透到政治、经济、文化领域，渗透到人们所有工作和生活交往之中，大到国家，小到一个家庭的亲朋好友的交往，均需要遵守礼仪的约定俗成。②

(二) 普遍性

古今中外，从个人到国家，从政治、经济、文化领域，到人们的日常生活，礼仪无时不在，无处不在。

礼仪的普遍性首先表现在凡是有人类生活的地方，就存在着各种各样的礼仪规范。比如，大到一个国家的国庆庆典，小到一个企业公司的开张志喜，再到人们日常生活中的接待、见面谈话、宴请、舞会等，均需要讲究礼仪规范，遵守一定礼仪行为准则。礼仪渗透

① 李帛主编:《礼仪教程》，中国财政经济出版社 2001 年版，第 3 页。
② 牛静编著:《现代金融业服务礼仪》，中信出版社 2011 年版。

到人们生活的方方面面，贯穿于每一次人际传播的始终。

其次，礼仪的普遍性表现在礼仪对一定社会或团体中的成员有普遍的约束力。礼仪是在人类共同生活的基础上产生和发展起来的，得到了群体中各民族、阶级和社会团体等集团和阶层的普遍接受和遵守。礼仪规范不是人们主观臆造、抽象思维的结果，也不是由一个人或几个人决定的，而是在人们实践的基础上发展起来的，因而对每一个人都具有普遍的约束力。礼仪表现为一定的章法。所谓“入乡随俗，入境问禁”，就是说你要进入某一地域，你就要对那里的人的习俗和行为规范有所了解，并在人际传播中自觉遵循这样的习俗和规范。

再次，礼仪的普遍性表现在不同地区、不同民族的礼仪，具有许多相近因素和融合、同化的趋势。礼仪具有民族性，不同国家、地区或民族的礼仪，都有自身的特点。但是，在不断的文化交流和融合的过程中，有些地区性、民族化的礼仪，越来越转化为全国性、国际化的礼仪。尽管我们居住在五大洲、四大洋的不同角落，我们今天的生活也是千姿百态，但是我们的礼仪变得越来越有通用性。例如，一个简单的握手礼仪，最早是产生在波兰的，后来扩展到欧洲，现在已经变为了全世界通用的礼仪，具有世界性的普遍性。还有诸如问候、打招呼、礼貌用语、各种庆典仪式、签字仪式等等，在慢慢变成了普遍认同的行为规范。正是由于礼仪具有共通性，才形成了国际交往礼仪。随着信息传播媒体的发展和社会交往的增加，礼仪的地方性将会相对减弱，通用性将会更加增强。

（三）多样性

礼仪具有普遍性，这主要是从礼仪的范围、对社会的普遍约束力和通用性来说的。礼仪作为一种规范，它渗透到社会生活的方方面面，在不同的国家、地区、民族、领域、行业都有不同的礼仪规范。因此，礼仪不论在内容上还是形式上都具有多样性，多样性是人际传播礼仪的一个主要特征。

礼仪的多样性首先表现在礼仪的民族差异性。世界是丰富多彩的，礼仪也是五花八门、绚烂多姿。俗话说“百里不同风，千里不同俗”，礼仪的地区和民族差异尤其明显。礼仪的民族性集中体现了一个民族的心理、文化和习惯，反映了一个民族的文明、智慧和社会风尚。礼仪的民族差异性，主要是因为促成各民族礼仪形成、发展的文化背景和心理等因素的不同导致的。不同民族的缘起背景不尽相同，因而导致不同的民族有不同的语言、生活地域、风俗习惯等，这样，不同的民族就形成了不同的礼仪、礼节。因此，凝结着整个民族情感的礼仪是不易改变的。各地民俗礼仪千奇百怪，几乎没有人能说清楚世界上到底有多少种礼仪形式。比如在人们常见的国际交往礼仪中，仅见面礼节就有握手礼、点头礼、亲吻礼、鞠躬礼、合十礼、拱手礼、脱帽礼、问候礼等。甚至同一种礼仪对不同的地区与民族也具有完全不同的含义。例如，中国人点头表示同意，摇头表示不同意；在保加利亚，则是摇头表示同意，点头表示不同意。如果忽视了这种差异性，就达不到礼仪的目的，人际传播就达不到好效果。

礼仪的多样性还表现在同一种礼节，在不同场合、对不同对象也有细微的差别。同样是宴会就会因招待对象的身份地位高低而有差别，身份和地位高的，可能就会受到更高级的款待，身份低的相对就低一等，宴席上设尊位也是礼仪的一种体现。比如握手，一般初识时手不能握得太久，以示礼貌；碰到久别重逢的好友，则可尽可能地紧握、摇晃，甚至把手握痛也不失礼，这样反而表达了友情的深厚、热烈；男士与女士握手，则不宜太久，一般握一下就松开，否则会让人不安，有失礼之嫌。

再次，礼仪的多样性还表现在礼仪的个体差异上。每个人的文化素养、个人经历、身份地位、性格特征不同，导致了每个人对礼仪的理解不尽相同，礼仪在每个人身上的表现也不相同。

(四) 继承性

礼仪作为一个国家、民族精神文化的重要组成部分，是一个民族数代人长时间积累、取舍而形成的文化观念。礼仪是历史的产物，一个时代有一个时代的礼仪，它反映着那个时代历史发展的面貌。礼仪的发展从未中断，现代礼仪正是从传统礼仪珍贵的精神遗产中，去其糟粕，取其精华，在实践中逐步形成和发展起来的，因而具有明显的历史继承性特征。

在礼仪发展的源流中，礼仪文化的发展是一个扬弃的过程。随着时代的发展，前一历史阶段被普遍认可和接受的社交礼仪，有的被肯定、有的被否定，有的被保留了下来、有的遭到了遗弃；同时一些新的内容又补充了进来，礼仪规范的形成就是这样一个不断推陈出新的过程。

比如古代的磕头跪拜风早已被现代的握手礼所替代，至于古代朝见天子所需的三跪九叩，更早已被抛进历史的垃圾堆。虽然“三纲五常”作为束缚人的个性和自由的封建礼教被当代社会所遗弃，但是积极因素如“温良恭俭让”、“尊老爱幼”的行为规范则得到了弘扬。这种变迁不仅反映了人类礼仪的一脉相承，也反映了礼仪在继承过程中得到了丰富发展，更突出了人类对那些代表礼仪本质东西的倾心向往。可见，礼仪变化的继承性必将随着人类历史的不断进步而发展。

(五) 时代性

礼仪作为一种文化范畴，是特定时代的社会生活在人际交往中的一种反映，因而具有浓厚的时代特色。由于不同的时代所具有的特征和内容不同，导致了每个时代的礼仪都有不同的表现。比如，礼仪最早起源于原始的祭祀，因而早期的礼仪只限于祭神，后来又扩大到贵族阶级，最后才扩展到普通人民中间。

时代的特色对文化冲击的烙印是巨大的，可以说，每个时代的文化正是时代变迁的缩影，而礼仪文化也如此。如辛亥革命的暴发，猛烈地撞击了封建社会的上层建筑及其意识形态，也影响到了人们日常生活的方方面面，于是就造就了一代新风尚。据 1912 年 3 月 5 日《时报》记载：“清朝灭，总统成，皇帝灭……新礼服兴，翎顶补服灭，剪发兴，辫子灭，爱国帽兴，瓜皮帽灭，放足鞋兴，菱鞋灭，鞠躬礼兴，跪拜礼灭，卡片兴，大名刺灭……”

可见礼仪文化是一个时代的写照。“文革”时期，清一色的服饰文化正是当时人们思想行为统一到一个文化模式中的反映。而现在丰富多彩的服饰文化也正是现代人丰富的内心世界的反映，也是社会改革开放的投影。

(六) 发展性

礼仪的发展性是与其继承性和时代性紧密相关的。我们说,时代总在不断的前进。礼仪文化也不是一成不变的,而是随着社会的进步而不断发展。一方面,礼仪文化随时代的不断进步而时刻地发生着变化。例如现代人之间相互发 E-mail 以祝贺节日、朋友之间用 QQ 来交流感情等就是时代进步而产生的新生事物。另一方面,随着国家对外交往的不断扩大,各国的政治、经济、思想、文化等诸种因素的互相渗透,我国的传统礼仪自然也被赋予了许多新鲜的内容。礼仪规范更加国际化,礼仪变革向符合国际惯例的方向发展。

礼仪规范的这种发展性总是与时代精神密切地结合在一起。礼仪文化的发展总是受时代发展变化的推动,时代不前进,礼仪文化的内容自然也不会得到很好的发展。时代性与发展性和继承性是相辅相成的。总而言之,随着时代的不断进步,人类的礼仪规范必将更为文明、优雅、实用。

(七) 限定性[①]

各种类型的礼仪都有它使用的时间、地点和场合,离开了特定的范围,离开了施礼的对象,也就无所谓礼仪。

礼仪的限定性实实在在地确定了需要礼仪的时间、地点和场合,必须展示礼仪的风度、教养和美德。例如,与客人初次见面,与客商的商务往来,与外宾的商务谈判等,强调的是在什么场合,面对什么样的客人,哪种礼仪最实用、最能体现礼仪的规范和准则。[②]

三、礼仪的功能

礼仪作为人类文明的重要组成部分,它的主要功能体现在两个方面:一是内强素质、外塑形象;二是礼待他人,创造“人和”。

(一) 内强素质、外塑形象

学习礼仪在现代社会交际中具有深远的意义。

现代社会重视礼仪,讲究礼仪。掌握礼仪、运用礼仪,是为了适应开放型社会的需要,适应市场经济和新时代发展的需要。内强素质、外塑形象是对每一个现代文明人的要求。现今流传有一句俗语:“教养体现于细节,细节展示素质,细节决定成败。”礼仪可以有效地展示一个人的文明教养、风度和魅力,体现一个人对他人和社会的认知水平、尊重程度,是一个人的学识、修养和价值的外在表现。由此构成的素质,才是当代文明人的标志。在当代经济生活中,形象是进行商业活动和经济贸易往来的门面和窗口,不论你为之服务的是一个经济组织还是个体经济实体,良好的教养和形象带来的都将是良好的社会效应。一

①② 牛静编著:《现代金融业服务礼仪》,中信出版社 2011 年版,第 45—48 页。

个受社会认可的文明人，才会在社会活动中，在与他人的交往中得到认可，成为一个受社会欢迎的人。

(二) 礼待他人，创造“人和”

现代社会讲究礼仪，讲究礼待他人，为的是创造一个“人和”的工作环境和创业环境。

礼仪最本质的灵魂是对他人的尊重，礼仪最重要的核心，同样是对他人的尊重。尊重上级是一种天职，尊重同事是一种本分，尊重下级是一种美德，尊重客人是一种常识，尊重对手是一种风度，尊重所有人则是一种教养。掌握礼仪、运用礼仪，最重要的就是学会尊重。

礼待他人，一定要恰到好处的把你的尊重和友善表达出来。你不表达，就会影响到有效的沟通；而缺乏有效的沟通，就无法创造“人和”，这就是礼仪的魅力所在。

第二节　个人礼仪

人际传播的礼仪包括对自己的礼仪要求和对他人的礼仪两部分，个人礼仪体现的是对自己的要求。随着现代社会人际传播的增多，人们对个人礼仪也更加关注。简而言之，个人礼仪涉及的是个人的穿着打扮、举手投足之类无关宏旨的小节小事，但这些小节小事可以展现个人的气质、风度和文化修养，因而对人际传播具有至关重要的影响。

一、服饰礼仪

服饰，是最为绚丽多姿的部分。现代的时装层出不穷、日新月异，装饰的作用有时非常重要。古今中外，服饰从来都体现着一种社会文化，体现着一个人的文化修养和审美情趣，是一个人的身份、气质、内在素质的无言的介绍信。从某种意义上说，服饰是一门艺术，服饰所能传达的情感与意蕴甚至不是用语言所能替代的。

俗话说：“三分长相，七分打扮”，在人际传播活动中，一定要注重自身的服饰。在不同场合，穿着得体、适度的人，不仅能给人留下良好的印象，还是对对方的一种礼貌，有利于建立和谐的人际关系；而穿着不当，则会降低人的身份，损害自身的形象。因此，着装能在一定程度上影响人际传播的效果。

(一) 服饰的原则

“人靠衣衫马靠鞍”，服饰对人的美化作用是毋庸置疑的。但不是任何服饰穿戴在任何人身上都一定会产生美感。事实证明，服饰只有与穿戴者的气质、个性、身份、年龄、职业以及穿戴环境、时间一致才会达到美的效果。我们在第八章中讲到了国际通用的着装基本原则——TPO 原则。它要求着装要与时间、季节相吻合，符合时令；要与所处场合环境，与不同国家、区域、民族的不同习俗相吻合；符合着装人的身份；要根据不同的交往目的，交往对象选择服饰。总之，人们的服饰要力求和谐，以和谐为美，这样才能给人留下良好的印象，达到良好的传播效果。古希腊的“和谐就是美”的美学观点在这里得到了充分的体现。根据 TPO 原则，着装时应注意以下几个问题：

1. 服饰应与自身条件相适应

这一原则首先要求我们的妆饰要与自身协调。根据自身特征，如身材、肤色、脸形、发型，自己的心理特征以及自己的职业身份来恰当装扮。撒切尔夫人的头部有缺陷，她的美容师就精心为她设计了一款发型，美化了她的形象，显示了一个女首相的风度，给英国及世界各国人民留下了良好的印象。

又如，年长者，身份地位高者，选择服装款式不宜太新潮，款式简单而面料质地讲究些才与年长者的身份、年龄相吻合；青少年着装则着重体现青春气息，以朴素、整洁为宜，清新、活泼最好。身材矮小者适合穿着造型简单、色彩明快、小花形图案的服饰；而身材瘦长、颈细长、长脸形者宜穿浅色、高领或圆形领服装；方脸形者则宜穿小圆领或双翻领服装。

总之，服饰美的一个原则就是要使衣物成为自己个性、风度、修养的一部分，充分展示自己的风采，穿出个性、穿出优雅、穿出气质。

2. 服饰的选择要与场合以及传播的对象、目的相协调

我们的服饰在美化自身的同时，还要和自己的身份以及交际的场合、对象、目的相协调，切不可过分地将他人的目光都吸引到自己的服饰上来。举一个极端的例子，穿着一身比基尼参加酒会显然是不合适的。

我们每个人都在扮演着不同的角色，在不同的场合、面对不同的对象，我们的角色也不尽相同。因此，我们就要根据不同的交际目的，选择与自己的身份、场合相适应的服装。例如一位女性，在家身为太太时可以随意穿着，这样有益于与家人之间沟通感情，营造轻松、愉悦、温馨的氛围；上街购物，作为顾客时不做修饰也无可厚非，但不能穿睡衣拖鞋到大街上去购物或散步，那是不雅和失礼的；在上班场合，面对她的同事和上司或者合作伙伴时，她的穿着就要讲究了，最好是庄重大方，以正装为主。

3. 服饰要与穿戴者所处的环境相协调

人置身于不同的环境、不同的场合就要有不同的服饰穿戴，要注意穿戴的服饰与周围的环境相和谐。例如，在公务场合，穿着就要“庄重保守”，不能过于随便；在社交场合，着装要“时尚个性”，既不必过于保守从众，也不要过分随意邋遢；在休闲场合，穿着一般以随意舒适为好，最忌讳的就是穿得正正规规，给人不舒服的感觉。

4. 服饰的选择还要和时节相适应

注重了环境、场合、身份与自身条件而不注重时节的穿着同样是不可取的。俄国作家

契诃夫笔下的套中人，不分天气好坏，“总是穿上套鞋，带着雨伞，而且一定穿上暖和的棉大衣……把脸藏在竖起的衣领里”。他的这种穿着，不仅不会产生美感，还会让人觉得邋遢、迂腐。在日常生活中，这样的例子也时有发生，例如在寒风中的一条迷你裙，不仅不会让人觉出美感，反而会让人觉得寒冷。比较理想的穿着，不仅要注意面料和透气性，还要注意色彩。一般冬季以着深色服饰为主，而在夏季就应该穿一些色彩明快的服装，以给人清凉的感觉。

（二）服装的种类

服饰仪表不仅能反映一个国家、一个民族或一个地区的习惯和特色，在一定意义上讲也能反映出一个人的身份及修养程度。如何穿着打扮，是懂不懂礼节的一个重要体现，也是人际传播成功与否的一个重要因素。这里我们把服装分为四类：礼服、正装、便装和运动装。

1. 礼服

礼服主要是用于庆典、仪式活动和节日气氛中的穿着。许多国家规定民族服装为礼服，在国庆、民族节日等重大庆典和最隆重场合穿着。例如，和服是日本民族服装，也是规定的礼服，在节日、毕业典礼、婚礼，以及祝贺儿童成长的“七五三”等隆重场合，日本人必须穿着和服。

由于历史的原因，国际上比较通用的是欧美人士的传统礼服，包括晨礼服、晚礼服等等。英文中用 Black Tie、Smoking(Jacket)、White Tie、Evening Dress 等等。不管是男士礼服还是女士礼服，在服装廓线中一般曲线较多，如男性的礼服还有意加上一些具有曲线的装饰带、绶带等来凸显其热情、奔放的情绪，以烘托隆重的活动中喜庆、欢快的气氛。而燕尾服则明显的通过尾部的大圆襟来体现着装人的飘逸气质。至于女性的礼服，更是以曲线占统治地位。具体来说，西方传统的礼服有：

晨礼服(morning coat or cutaway)：上装为灰、黑色，后摆为圆尾形，下衣为深灰色底、黑条子裤，系灰色领带，配黑色皮鞋、黑色礼帽。这种礼服在白天参加典礼、星期日教堂礼拜以及参加婚礼等场合穿。

小礼服(Tuxedo)：也称为晚餐礼服或便礼服，全白色或全黑色西装上衣，系黑色领结，衣领镶有缎面，腰间仅一纽扣；下面为配有缎带或丝腰带的黑裤、配黑皮鞋。穿这种礼服一般是为了参加晚 6 时以后举行的晚宴、音乐会或到剧场看演出等活动。

大礼服或燕尾服(Full evening dress or tail coat)：黑色或深蓝色上装，系白色领结，前摆齐腰剪平，后摆剪成燕尾样子，翻领上镶有缎面；下衣为黑色或蓝色配有缎带、裤腿外面有黑丝带的长裤；配黑皮鞋、黑丝袜、白色手套。

妇女的服装无论种类、样式还是花色都很多。礼服也可分为晨礼服、小礼服和大礼服。晨礼服为面料、颜色均相同的上衣与裙子，可戴帽子与手套。小礼服为长至脚背而不拖地的露背式单色连衣裙式装，并佩戴颜色相同的帽子、长纱手套以及各种头饰、耳环、项链等首饰。大礼服则为一种袒胸露背的单色拖地或不拖地的连衣裙式服装，并佩戴颜色相同的帽子、长纱手套及各种头饰、耳环、项链等首饰。

除了欧美人士所说的礼服外，有民族特色的服装也可以做礼服，如上文中提到的和服，还有印度的沙丽、韩国的传统服装等都可以视为礼服在节日或隆重场合穿着。中国的中山装可以当作是中国男士的礼服，旗袍可以是女士礼服。

事实上，除了少数国家还有规定在个别隆重场合必须穿着礼服外，大多数国家在穿着方面趋于简化。在国际涉外活动中，一般以穿着西装为多。但是，为了表示对民族文化的尊重，现在有时在一些较隆重的国际社交场合中，也有穿着当地民族礼服的，如 2001 年在中国上海举行的 APEC 会议中，参与人员一律穿着唐装，给世人展现了一幅亮丽的风景。

2. 正装

正装是在工作期间或正式场合穿的服装。正装分为正装和半正装，最大特点是其外轮廓中的直线线条较多，以凸显庄重的气质。

正装：英文用“Formal(dress)”或“Lounge(suit)”等表示。例如请柬上经常写着“请着正装”或“Dress：Lounge”。目前除了职业装外，国际上基本上把西装作为通行的正装。

职业装包括制服和普通职业装。制服的穿着有严格的要求，标明穿着者属于某个特定的组织，是最为专业化的服装。最典型的制服就是军服。普通职业装是要求雇员穿着的服装，它表明一种特定的工作行为，不像制服那样刻板，如空姐的职业装、医生的白大褂等。西装则是在一切正式场合都可以穿着的服装，没有职业、身份区别。女士的西服裤装和裙装中，西服裙装被认为更适合女性。

半正装：英文用“Semi-formal”，“Informal”，“Smart Casual”来表示。半正装是介于正装和便装之间的服装，目前世界上有越来越流行的趋势。一般而言，男士的半正装往往通过穿便装西服，或者穿西装不系领结或者正装西服不穿一套等穿着方式来表示；女士则以普通的裙装和裤装来表示半正装。

图 10-1 男女士正装

资料来源 http://www.hlfjs.com/index.php.

3. 便装

顾名思义，便装就是比较随意的服装，是相对于在正式场合所穿的礼服、正装而言的。便装的穿着能反映穿着者的品位、兴趣和文化修养，也要和场合、对象搭配，以随意舒适为主。便装又称休闲服装，其分为休闲装和家居装。

休闲装：英文为"Casual(dress)"。是指在休闲场合所穿的服装。所谓休闲场合，就是人们在公务、工作外，置身于闲暇地点进行休闲活动的时间与空间。如居家、健身、娱乐、逛街、旅游等都属于休闲活动。穿着休闲服装，追求的是舒适、方便、自然，给人以无拘无束的感觉。

适用于休闲场合穿着的服装款式，一般有家居装、牛仔装、运动装、沙滩装、夹克衫、T恤衫等。男式西服也可以做成休闲装，做男式休闲西服，面料有小格子薄呢、灯心绒、亚麻、卡丹绒等，式样大多数为不收腰身的宽松式，背后不开叉，有的肘部打补丁，有的采用小木纹纽扣等等。

正规的西装如果内穿T恤衫、花格衬衫、牛仔布衬衫、半高领羊毛衫或西服上装配牛仔裤，灯芯绒休闲西服配正规西裤，以至不同面料、不同颜色的西服上下装组合也能穿出休闲味来。①

家居装：这类服装只限于在家中穿着，比如睡衣、短衫等。通常具有舒适性、便捷性等特点。而不宜在大庭广众之下暴露，不能在公共场合穿着，在家中接待客人时也不便穿着，这些都是不符合礼仪规范的。

4. 运动装

运动装是在运动的时候穿的服装。一般而言，只有与运动有关的场合，或者运动时穿运动装，否则就会出现不和谐。

［研读专栏］

商务便装降低企业员工效率

有时候，穿T恤和牛仔裤上班表示了某些公司的文化。但是许多公司的上班服装已经回归到专业风格了。原因有二：商务便装在商业场合中已经被滥用；另外，许多企业已经发现，如果员工穿着随便，他们在工作时就会显得比较懒散。有趣的是，在美国各地横跨各行业随机挑选了100家公司参与实验。这些公司都同意将上班的正式服装规范改为商务便装，并试验一年。这些公司包括会计事务所、律师事务所、制造业、工程公司、金融服务公司等。一年结束后，100家公司中有99家公司愿意回归原来的专业穿着。原因主要有两个：第一，商务便装遭到滥用，小可爱背心、露脐装也纷纷出现；第二，可能更重要的

① 参见 http://www.chinaliyi.cn/html/GengDuoLiYi/GeRenLiYi/6529.html。

是，他们证实了穿着随便时员工的工作表现确实比较松散。

研读小结

商务便装固然体现了一家公司的个性，但是商务便装也增加了一种散漫的氛围，降低了员工的效率，这样想来，一些正规公司要求员工穿着商务正装上班的制度确实有其存在下去的必要。

（三）服饰礼仪

在人际传播中，服饰是人的第二张脸。得体的服饰反映了个人的修养、气质和文化内涵，能给人留下良好的印象，有利于建立和谐的人际关系。因此，掌握一定的服饰礼仪是必要的。

1. 穿着西装的礼仪

西装是国际上通用的正装，以其设计造型美观、线条简洁流畅、立体感强、适应性广泛等特点而越来越深受人们青睐。西服七分在做，三分在穿，男女老少皆宜。

西装的选择和搭配是很有讲究的。选择西装既要考虑颜色、尺码、价格、面料和做工，又不可忽视外形线条和比例。西装不一定必须料子讲究高档，但必须裁剪合体，整洁笔挺，并要注重搭配。

穿着西装应遵循以下礼仪原则：

第一，男士西装要注重服装的质地、剪裁和手工。在色彩上，上班族男士一般选择色彩较暗、沉稳、且无明显花纹图案，但面料高档些的单色西装套装，适用场合广泛，穿用时间长，利用率较高，如蓝、灰、咖啡色等。蓝色显得典雅、理性、稳重，灰色比较中庸，平和，显得庄重，得体而气度不凡；咖啡色是一种自然而朴素的色彩，显得亲切而别具一格。此外，西服套装上下装颜色应一致。在搭配上，西装、衬衣、领带其中应有两样为素色。

第二，西装的衬衫的大小、颜色、款式要和西服外套协调。西服衬衫领系好后要能插入两个手指，并且手指还可以自由滑动，说明领口合适。袖口要能扣上扣子，以长出西装袖口 1—2 厘米为宜。衬衫的颜色要与西装颜色协调，不能是同一色。一般来说，白色衬衣配各种颜色的西装效果都不错。正式场合男士不宜穿色彩鲜艳的格子或花色衬衣。穿西装在正式庄重场合必须打领带，其他场合不一定都要打领带。打领带时衬衣领口扣子必须系好，不打领带时衬衣领口扣子应解开。

第三，西装外套长度应长过臂部，底端以到手臂自然下垂时的拇指尖位置为好，腰围则以扣上全部纽扣后，能把前襟向外拉出约一个拳头大小为宜。袖口长度到手腕关节处为准。

第四，西装纽扣有单排、双排之分，纽扣系法有讲究。双排扣西装应把扣子都扣好。单排扣西装：一粒扣的，系上端庄，敞开潇洒；两粒扣的，只系上面一粒扣是洋气、正统，只系下面一粒是牛气、流气，全扣上是土气，都不系敞开是潇洒、帅气，全扣和只扣第二粒不合规范；三粒扣的，系上面两粒或只系中间一粒都合规范要求。

第五，西装的上衣口袋和裤子口袋里不宜放太多的东西。西装上有口袋，起源于 19 世纪,而它的目的不是为了装东西,只是用来衬一条装饰用的手帕,如此便能显示出绅士风度。

第六,穿西装内衣不要穿太多,春秋季节只配一件衬衣最好,冬季衬衣里面也不要穿棉毛衫,可在衬衣外面穿一件羊毛衫。穿得过分臃肿会破坏西装的整体线条美。

第七,领带是穿着西装时最适合搭配的一种饰品。领带最早是克罗地亚人创造的,后来慢慢风靡全球。领带的颜色、图案应与西装相协调,系领带时,领带只能露出一小块,长度以触及皮带扣为宜。领带的系法也有讲究,在正式场合时,领带结最上方要非常平整,不歪斜。

第八,穿西装时使用领带夹,应将其别在特定的位置,即从上往下数,在衬衫的第四与第五粒纽扣之间,将领带夹别上,然后扣上西装上衣的扣子,从外面一般应当看不见领带夹。因为按照妆饰礼仪的规定,领带夹的主要用途是固定领带,如果稍许外露还可以,如果把它别得太靠上,甚至直逼衬衫领扣,就显得过分张扬。仅仅穿长袖衬衫时没必要使用领带夹,更不要在穿夹克衫时使用领带夹。

第九,穿着西装一定要配皮鞋,在正式场合还一定要配系鞋带的皮鞋。皮鞋本身的颜色最好能和西装的基调色一致。袜子的颜色可以和裤子一致,也可以和皮鞋一致。从质地上来说,袜子最好为棉袜或者是毛质的袜子,避免容易滑落的化纤产品。

第十,注意西装的保养。保养存放的方式,对西装的造型和穿用寿命影响很大。高档西装要吊挂在通风处并常晾晒,注意防虫与防潮。有皱折时可挂在浴后的浴室里,利用蒸气使皱折展开,然后再挂在通风处晾干。

[研读专栏]

教你如何打领带①

在男士穿西装时,最抢眼的,通常不是西装本身,而是领带。因此,领带被称为西装的"画龙点睛之处"。一位只有一套西装的男士,只要经常更换不同的领带,往往也能给人以天天耳目一新的感觉。

领带属于男士的饰物,因此女士一般不打领带。男士打领带,在穿着西装之时为佳。是故领带又叫做"西装的灵魂"。穿西装时特别是穿西装套装时,不打领带往往会使西装黯然失色。然而在平时穿着其他服装,例如大衣、风衣、夹克、猎装、毛衣、短袖衬衫而不穿西装时,打领带也是"无的放矢",不成体统,大可不必煞有介事地打领带。

西装是男士的正装、礼服,而穿西装时是离不开领带的。鉴于领带在男士着装中所起的至关重要的装饰、美化、点缀的作用,对其规范化的问题应更为重视,不可在此关键之处出问题,即便是小有闪失,也要尽量避免。

第一,面料。制作领带的最高档、最正宗的面料是真丝。除真丝之外,尼龙亦可制作领带,但其档次较低。以其他面料,例如棉布、麻料、羊毛、皮革、塑料、纸张、珍珠等等制作的领带,大多不适合在正式场合使用。

第二,色彩。从色彩上讲,领带有单色、多色之分。单色领带适用于公务活动和隆重的社交场合,并以蓝色、灰色、黑色、棕色、白色、紫红色最受欢迎。多色领带一般不应超过

---

① 《十种打领带的方法》,http://www.enet.com.cn。

三种色彩，可用于各类场合。色彩过于艳丽的领带用途并不广泛，只有在非正式的社交、休闲时，使用它才不会为人非议。

第三，图案。用于正式场合的领带，其图案应规则、传统，最常见的有斜条、横条、竖条、圆点、方格以及规则的碎花，它们多有一定的寓意。印有人物、动物、植物、花卉、房屋、景观、怪异神秘图案的领带，仅适用于非正式的场合。印有广告、团体标识、家族徽记的领带，最好不要乱用。

第四，款式。领带的款式，即其形状外观。一般来说，它有宽窄之分，这主要受到时尚流行的左右。进行选择时，应注意最好使领带的宽度与自己身体的宽度成正比，而不要反差过大。它还有箭头与平头之别。前者下端为倒三角形，适用于各种场合。比较传统，后者下端为平头，比较时髦，多适用于非正式场合。①

领带是男士的必备之物，但很多人不知道什么样的领带适合自己，什么样的领带适合于什么场合。

一、领带的种类

（一）万用办公室领带

有没有哪一种领带是属于万用级的呢？耐用又要适用于多种服装和场合的领带一定是颜色单一，也就是纯色系的领带。其中以黑色丝绢质感的用途最广。譬如，传统正式西服或休闲夹克都适用，可以挑选带有规则立体织纹且为手工缝制的领带。

（二）点状领带

点状领带也是属于历久不衰型，一般而言点状领带总是能给人古典的感觉，不过同样是圆点状，还是有点的大小之分的，大如钱币一般或是小如针点状的都有，同时图案是立体织花或是印花的都有，所呈现出来的质感也不尽相同。对于年轻的工薪男士的建议是，尽量选择点状较小且针织细致的领带，因为这样更能衬托出你的优雅细致的个人风尚。

（三）斜纹领带

斜纹领带在年轻一族中是相当受到重视的，理由是间隔不同的斜纹粗细及颜色能搭配出完全不同的感觉，如粗细完全一致并采用交错出现纹路就是较为学院派的风格，其中又以蓝黄或是蓝红相间最足以为代表，另一种一粗一细间隔出现，在两色衔接处再配上装饰色条的花样，就显得稳重且高尚，而完全采用不规则粗细且用色鲜艳大胆的设计就相当活泼。斜纹领带另一个受到欢迎的理由是，它能塑造男性睿智果决的形象，如果你所从事的是科技类型的工作，那它能让你看起来更时髦。

（四）纯色领带

纯色领带在搭配上就可能有季节及场合之分，如近期所流行的粉色调衬衫搭配相同

① 参见 http://www.qncye.com/guanli/2008/0521/article_5768.html。

纯色调领带，就是属于春夏的休闲风潮，而流行了好几年，在秋冬总会有时尚男士运用的黑、灰衬衫与同色系领带互搭就是明显的例子，这种领带如果与衬衫搭配得宜，无论春夏秋冬都能显示出出色的魅力。

二、如何打领带

（一）平结

平结为最多男士选用的领结打法之一，几乎适用于各种材质的领带。要诀：领结下方所形成的凹洞需让两边均匀且对称。

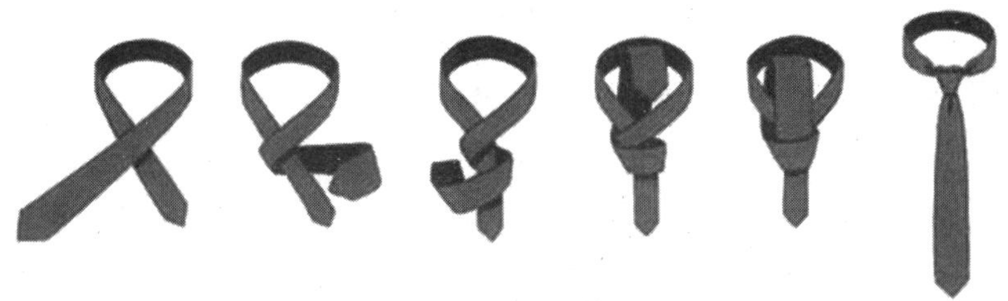

平结图示

（二）交叉结

这是单色素雅且质料较薄的领带适合选用的领结，对于喜欢展现流行感的男士不妨多加使用“交叉结”。

交叉结图示

（三）双环结

一条质地细致的领带再搭配上双环结颇能营造时尚感，适合年轻的上班族选用。该领结完成的特色就是第一圈会稍露出于第二圈之外，可别刻意给盖住了。

双环结图示

(四) 温莎结

温莎结适合用于宽领型的衬衫,该领结应多往横向发展。应避免材质过厚的领带,领结也勿打得过大。

温莎结图示

(五) 双交叉结

这样的领结很容易让人有种高雅且隆重的感觉,适合正式之活动场合选用。该领结应多运用在素色且丝质领带上,若搭配大翻领的衬衫不但适合且有种尊贵感。

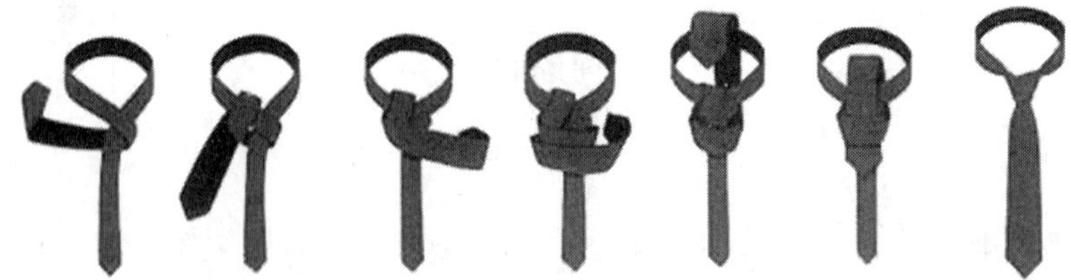

双交叉结图示

(六) 亚伯特王子结

适用于浪漫扣领及尖领系列衬衫,搭配浪漫质料柔软的细款领带,正确打法是在宽边先预留较长的空间,并在绕第二圈时尽量贴合在一起,即可完成此一完美结型。

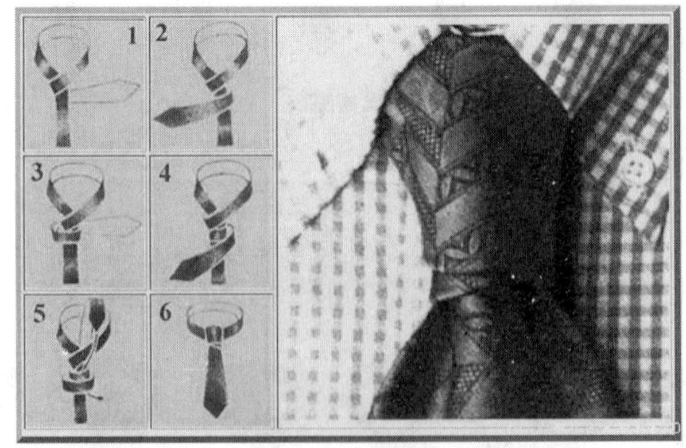

亚伯特王子结完成图

(七) 四手结(单结)

这是所有领结中最容易上手的,适用于各种款式的浪漫系列衬衫及领带。

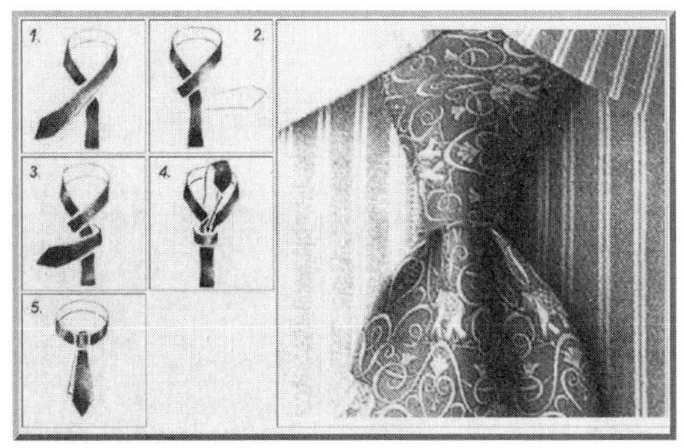

四手结(单结)完成图

(八) 浪漫结

浪漫结是一种完美的结型,故适合用于各种浪漫系列的领口及衬衫,完成后将领结下方之宽边压以绉摺可缩小其结型。窄边亦可将它往左右移动使其小部分出现于宽边领带旁。

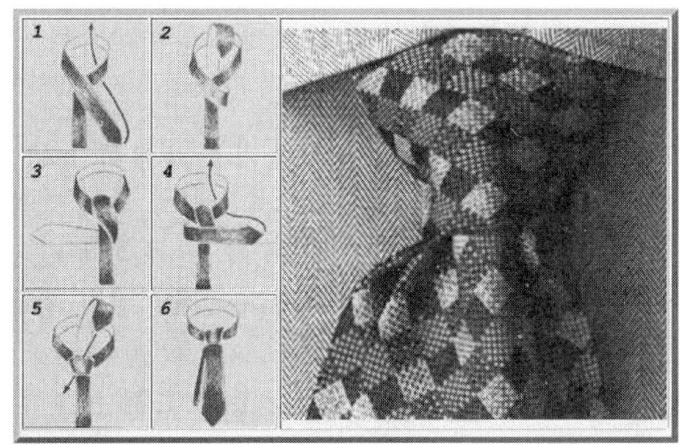

浪漫结完成图

(九) 简式结(马车夫结)

适用于质料较厚的领带,最适合打在标准式及扣式领口之衬衫,将其宽边以180度由上往下翻转,并将折叠处隐藏于后方,待完成后可再调整其领带长度,是最常见的一种结形。

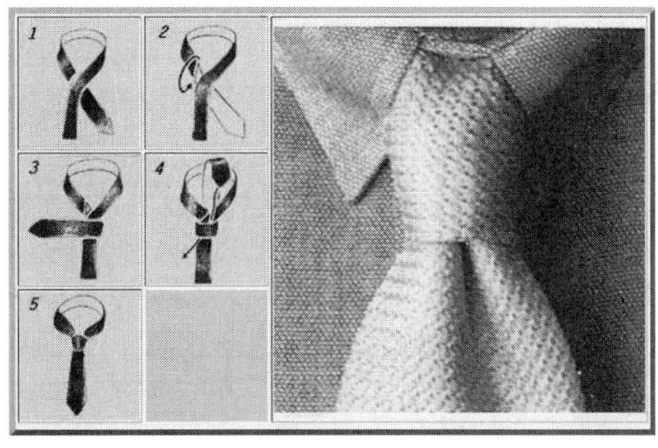

简式结(马车夫结)完成图

(十) 十字结(半温莎结)

此款结型十分优雅及罕见,其打法亦较复杂,使用细款领带较容易上手。

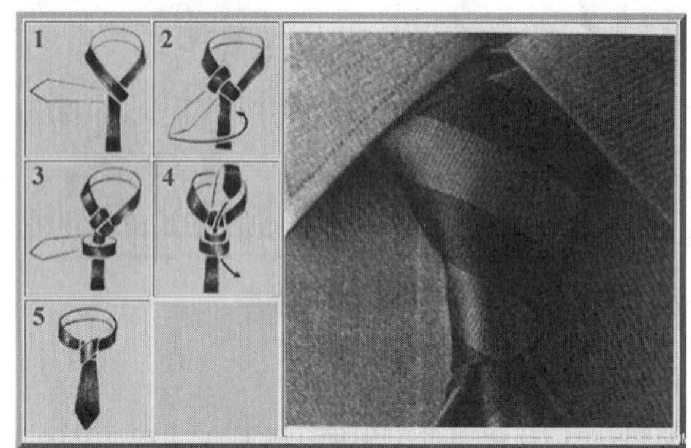

十字结(半温莎结)完成图

研读小结

领带是西方传统的服饰品,经千年演变,已成为全世界男士的重要服饰。改革开放后,随着中国的"西服热",领带随之风行。领带作为一种重要的佩饰,和服饰一样体现着一个人的文化修养和审美情趣,是一个人的身份、气质、内在素质的无言的介绍信。

不同的领带反映了不同的心境,具有不同的搭配效果。在不同的场合下,根据不同的服装,选择色泽相称的领带,配以不同的领结,是服饰礼仪的一项必修课。打领带的方法多种多样,以上所列出的只是常见的几种领结,基本能胜任男士日常交际所需。不管什么领结,只要符合 TPO 原则,那就是得体的,也是符合人际传播的礼仪的。

在正式场合,女士也需要穿着西服套裤(裙)或其他礼服,如旗袍、晚礼服等。着裙装时,女士需要穿肉色的长筒或连裤式丝袜,光腿或穿彩色丝袜、带有图案的丝袜、短袜等都是不符合礼仪的;长筒袜的袜口和连裤式丝袜的裆部也不应低于裙子的下摆,否则也不雅观;穿着丝袜前应检查袜子是否有破损或抽丝。穿衬衫时,内衣与衬衫色彩要相近、相似;穿面料较为单薄的裙子时,应着衬裙。这既是对自己的尊重,也是对他人的礼貌。

[研读专栏]

小丝巾的七种淑女打法(图解)[①]

一、巴黎结

第一,利用重复对折将方巾折出领带型,绕在颈上打个活结。

① 参见 http://fanchanqingchen.blog.163.com/blog/static/5070772220101261234171З/。

第二，将上端遮盖住结眼，并将丝巾调整至适当位置。

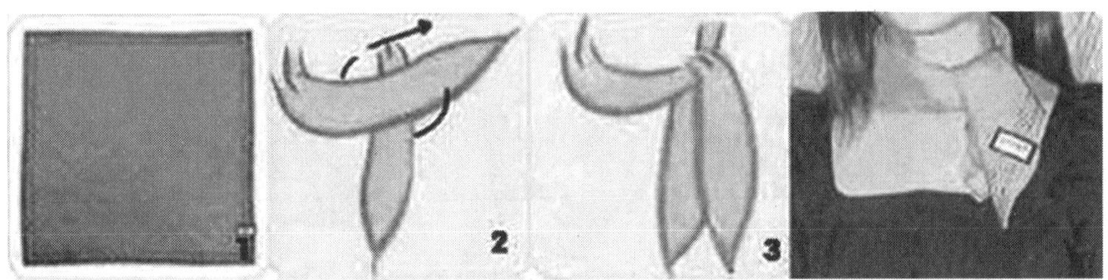

巴黎结图示

二、领带结

第一，将领巾对折再对折成领带形。
第二，较长的a端绕过较短的b端，穿过领巾内侧向上拉出。
第三，穿过结眼由下拉出，并调整成领带形。
(左图)搭配衬衫，简单的中性美感。(右图)搭配洋装，优雅出色。

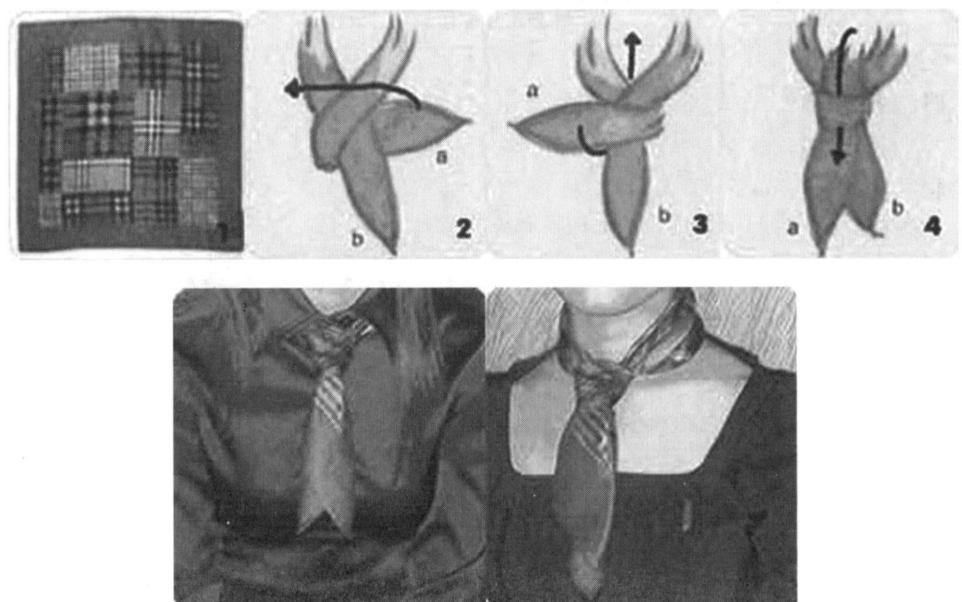

领带结图示

三、西班牙结

第一，将领巾对折再对折成三角形。
第二，三角形垂悬面在前方。
第三，两端绕至颈后打结固定。

第四，调整正面折纹层次。

宽松帅气的西班牙结，搭配在衬衫外面。

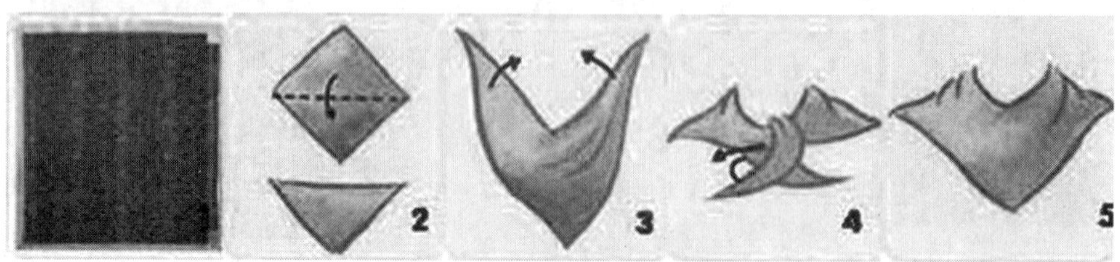

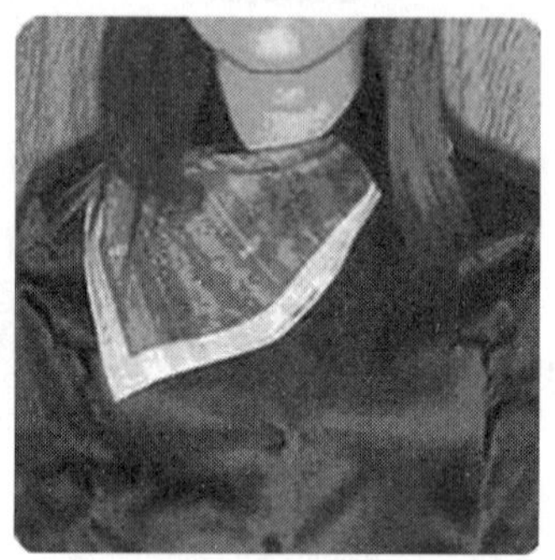

西班牙结图示

四、牧童结

打法同西班牙结。

拉高领巾，调整正面折纹，成为多层次的牧童结。

牧童结图示

五、海芋结

第一，将方巾重复对折，稍微扭转后绕在颈上。

第二，重复打两个平结，并让两端保持等长。

第三，将两端分别置于胸前及肩后。

柔美简单的海芋结，出门时选一条方巾，保暖又具时尚感。

海芋结图示

六、竹叶结

第一，将方巾重复对折成领带型。
第二，将方巾绕在脖子上，较长的 a 端绕过 b 端穿过颈部内侧，再由结眼拉出。
第三，将 a 端拉出后，拉紧固定，调整尾端与结的位置。
随服饰调整竹叶结两端，轻松典雅都很简单。

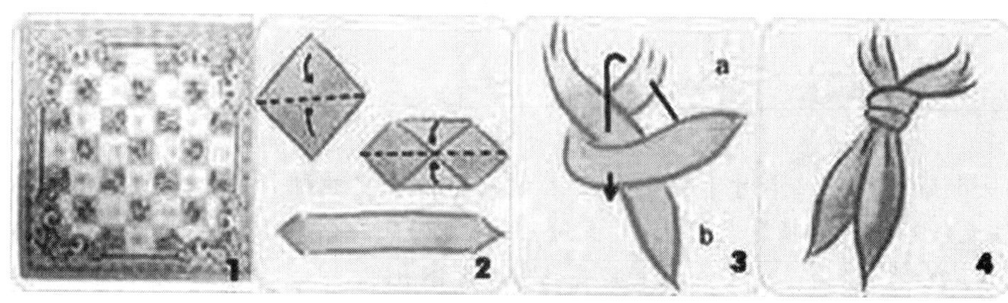

竹叶结图示

七、凤蝶结

第一，折出斜角口长带后，将a端拉长套在颈上，打个结。
第二，将长的a端打个圈，短的b端绕过圈，打出单边蝴蝶结。
第三，将单边蝴蝶结拉好，结眼移到侧边，调整形状。
粉柔美的凤蝶结，很适合上班或正式的聚会。

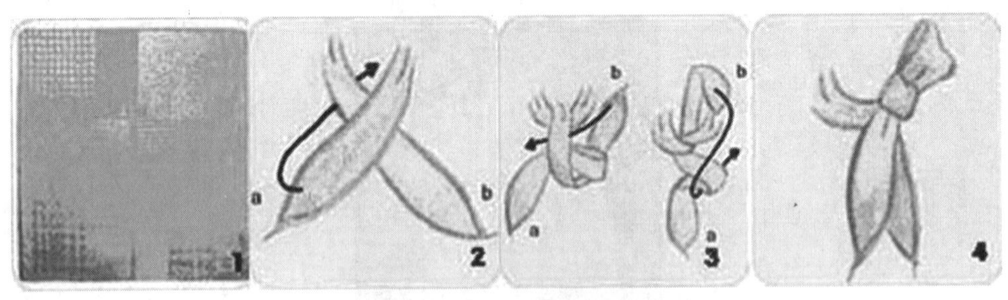

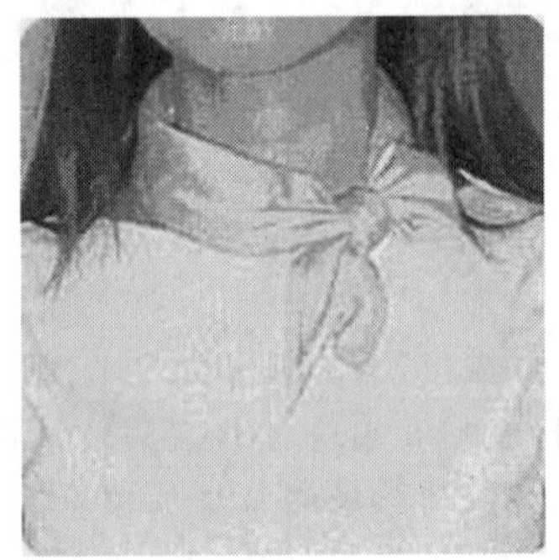

凤蝶结图示

研读小结

男士领带和女士丝巾对于男士女士来说都是很重要的配饰。不同的材质、颜色、样式、系法无一不体现出佩戴者的地位、身份、品位。因此在研读专栏中介绍了领带和丝巾的不同质地和系法，这是绅士和淑女需要具备的基本礼仪。

2. 佩饰礼仪

佩饰，主要是指衣物之外的其他一些配件，包括耳环、项链、戒指、手镯、胸针、丝巾、披肩、腰带、手提包、帽子、眼镜等。近几年来，佩饰已经成为服饰中的重要组成部分，对女性尤其重要。

佩饰能够补充人们服装的单调，有效改变身材的比例，因而对人的整体形象具有画龙点睛的作用。一位穿着一身职业套装的女士可能显得有些死气沉沉，但是只要配上一条丝巾或者是一个胸针，她的整个形象就鲜活起来了。一位身材矮小的女士只要把丝巾系得高一点，或者是再把帽子加上黄色缎带，那么她看起来就会比较高挑。

可见，优雅得体的穿着，如果再加上富有个性的饰品，将会使人显得更加光彩照人。当然，首饰的佩戴，决不应一味的堆砌，而应遵循一定的礼节。①

第一，应当遵从有关的传统和习惯，注重得体。在社交场合，最好不要靠佩戴首饰去标新立异。

第二，不要使用粗制滥造之物。在社交场合中，不戴佩饰无所谓，要戴就应戴质地、做工俱佳的。即使是假佩饰，做工也要相当讲究。

第三，佩戴首饰要注意场合，上班期间应不戴或少戴首饰。运动、旅游、出门拜访时不宜太多的首饰。只有在交际活动中佩戴首饰才最为合适。

第四，佩戴首饰必须考虑性别差异。一般情况下，女士的佩饰可以多样一些，戴两种或两种以上的首饰以及其他的饰品都是得体的；而男士只宜佩戴结婚戒指、手表、领带夹等，过多的饰品对男士是不适宜的。

第五，佩戴戒指的礼仪。首饰中，戒指的戴法最有讲究。戒指一般戴在左手上。戴在不同的手指上传递着不同的信息，表示不同的寓意。戴在食指上，表示尚未恋爱，正在求偶；戴在中指上，表示正有意中人，正在恋爱；戴在无名指上表示已结婚或订婚；戴在小指上，则表示独身。佩戴两枚或两枚以上的戒指是不妥的。偶尔看见有人中指和无名指同时戴着戒指，则表示已婚并夫妻关系很好。大拇指一般不戴戒指。

二、仪容礼仪

仪表，指人的外表，包括仪容仪貌、姿态和风度等。仪容仪貌指人裸露在外部分的状态和修饰。姿态是指人的站相、坐相、走相。俗语曰："站如松，坐如钟，走如风。"风度是一个人内在素质的外在表现，我们常用文质彬彬、风度翩翩来形容一个人的风度。

仪容是指一个人的头、脸、手等裸露在外的身体表面，如头发长短和式样，脸部化妆，香水的使用以及个人卫生等。它是人际传播中最受人关注的部位，也是了解一个人、观察一个人的最佳窗口。清代李子清编写的《弟子规》中云："是必舆，兼漱口，便溺回，辙净乎。"仪容礼仪的素质如何，不但决定了一个人外在形象的水平，而且影响他人对自己性格、气质的评价，影响人与人之间的交往。仪容的修饰是容貌上的美化和妆饰，包括美容与美发。

（一）仪容礼仪的要求

一般来说，人们的仪容礼仪应该遵循以下的要求：

1. 自然

自然是美化仪容的最高境界，失去自然的效果，就会给人虚假、做作的感觉，这样的仪容不仅不会给人美的感觉，还可能使人产生反感，影响人际传播的顺畅进行。自然的妆容

① 参见《社交中的服饰礼仪》，http://news.upc.edu.cn。

是在自身条件基础上的适当美化，而不是描画在自己脸上的漂亮脸谱。

2. 协调

在仪容中协调美是很重要的。化妆中有一条原则就是PORT原则，PORT是place，occasion，role和time的缩写，意思是在不同的场合、不同时间，根据自身的身份化不同的妆。参加晚会、宴会时，可以适当增加化妆浓度，但是在平常场合特别是较正式的公务场合切忌浓妆艳抹。

3. 美观

美丽、端庄的仪容是形成优美良好的社交形象的基本要素之一。要使仪容达到美观的效果，就要掌握化妆的技巧，根据自身的特点扬长避短，恰当装扮。

(二) 几种类型的发式[①]

1. 男士发式

第一，头发整齐，勤洗发，勤理发，保持头发的清洁卫生状态，不能有异味和头皮屑，注意头发要梳理到位，禁止头发蓬松、凌乱。

第二，长短适当，头发的长短要适当，在无特殊情况下，男士的头发要做到前不过额，侧不过耳，后不过领，也不宜留非常大的鬓角。

第三，庄重大方。男士的发式要简单大方，朴素典雅，不盲目追求新异、“个性化”，发式要体现出男性的刚毅、优美、自然的特点，坚决反对发式的不男不女、不伦不类。

第四，自然得体，男士的发式切忌过于追求时尚，要注意同自己的职业、年龄、脸形相映衬，同自己工作的环境相符合，突出个人的优点，展示个人的男性美。

2. 女士发式

第一，所选发式要与年龄相配。年轻的女性可以留一头披肩秀发，而年老的女性则不适合留披肩发；青年女性可选的发式很多，短发、中长发、长发及直发均适合，中年女性则要选择简洁、简单、大方文雅、线条柔和的发型。

第二，所选发式要与脸形匹配。在现代，人们一般将女性的脸形分成：椭圆形脸、圆形脸、长形脸、方形脸、三角形脸、菱形脸、杏形脸。只有选择的发式与脸形和谐相配，才能体现女性的美感，否则可能使自己的缺点更显突出。

对于椭圆形脸的女性来说，以表现端庄、娴静、柔和感为基础，注意采用柔和自然的线条，不必刻意精梳，应使头顶的头发横向伸展并采用额前的小披发，用“刘海儿”遮住上削

---

① 牛静主编：《现代金融业服务礼仪》，中信出版社2011年版，第57—61页。

的一面，使额头出现曲线美。

对于圆形脸的女性来说，一般要用头顶的头发做高、两侧及后部较长的发型，从而给人以长形脸的效果，不宜选用短发，也不宜选用“刘海儿”，以避免让脸看起来更圆。同时，圆脸形的女性也要避免用对称的发式。

对于长形脸的女性来说，额前的头发应留得长一些，适当下垂到眉下，头顶的头发要低平，不宜隆起，两侧的头发也宜长不宜短，周围和下部的头发包括后部的头发，都要采用曲线和弧线。

方形脸的女性，注意发型要用圆套方，头顶部的头发应蓬松高耸，额前的两鬓用“刘海儿”遮住，两腮处用圆弧形发式紧贴，以削弱下颌的方正；头发侧分，不宜太偏，前发宜平，两侧发式必须收紧，呈弧形。方形脸适合烫发，使头上部放松，下面收紧。

三角形脸的女性要注意选择前额较宽的发型，采用较长的“刘海儿”遮住发迹边端，两侧鬓发横向拉开呈蓬松状，放大头顶部头发轮廓，下部轮廓要收紧，尤其是两腮部。三角形脸的女性不宜将头发烫得过于花哨，在留长发时要注意将头发削成上厚下薄的层次。

对于菱形脸的女性来说，可以将脸部两侧的头发梳理得蓬松，增加脸的视觉宽度，以“刘海儿”缩短脸的长度，发型力求自然松散。

杏形脸的女性在选择发型时，应用“刘海儿”遮住过宽的前额，头发可以烫成大波浪，使两耳下部的头发丰厚点，也可以梳成不对称式并用耳环加以修饰。

第三，所选发式与体形相配。发式与体形有密切的关系，发型利用得好，对体形有扬长避短的作用，反之，就会夸大形体的缺点，破坏人的整体美。

对于身材高大的女性而言，适合选择大方、奔放、洒脱的发型，以突出简洁、明快、线条流畅。如果烫发也不应烫小卷花或复杂的花样，以免与身材不对称；身材高大的女性宜留长发或中长发。对于那些身材高且稍丰满一点的女性，宜留长发、束发、盘发或简单的短发。对于那些身材高且稍瘦一点的女性，不宜使用盘高发髻和平直服帖的短发。

对于身材矮小的女性而言，一般以梳短发或中长发为宜。在发型的处理上，头顶部的头发略高耸，后发稍平伏，也可以盘发，使身材显高。不要留蓬松的短发、长发。尤其是烫过的长发。对于身材矮小且稍丰满的女性来说，较好的选择是留短发、头顶部的头发高耸，后鬓呈方形。

第四，所选发式与发质相匹配。女性在选择发式时要充分考虑自己的发质特点，这样整理出来的发式才能保持长时间不变形，否则，即使梳理好的发式，也会在短时间内变形。

对于软性头发的女性来说，保持固定的发型很难，较适合的选择是层次分明的短发，也可以留长发并将长发烫成大的卷发。

对于硬性头发的女性而言（我国女性大部分属于此发质），宜留长发，且可以梳成发辫和发髻，要是选择卷发，则最好用大号发卷。对于“自来卷”的女性而言，如果头发卷得不是很厉害，可修剪出一定的层次，梳成短发，减少过度膨胀感，留长发、梳辫子、盘发髻也是较好的选择，也可以烫成较大的波浪形头发，不要选择平直的短发。

对于粗硬头发的女性而言，最好选择烫发并削薄，烫大花或者大波浪为宜，不要留齐肩或者披肩长发，若留长发则应将长发编起来或盘起来。

对于头发稀少的女性而言，宜留长发并梳成发髻，不要选择蓬松的发型，烫发时要选择小号的发卷烫发。

(三) 几种类型的妆容

1. 工作妆

工作妆是适合日常办理公务的场合的化妆，应为淡妆，整体特点是自然、大方。发型要简洁、整齐。在办公室中可涂淡色或无色指甲油，但指甲不要留得太长，手还是以清洁最为重要。

2. 舞会妆

舞会妆是适合舞会场所的妆容。因为灯光较暗，化妆以浓妆为宜。发型可比晚宴妆随意一些，可用彩色喷发剂喷洒在头发上以增加发型的华丽感，也可用假发，这对职业女性是最简便易行的办法。

3. 晚宴妆

晚宴妆是介于工作妆和舞会妆之间的一种妆容，既没有晚会妆那么夸张，但也比工作妆更加考究。它的化妆特点是粉底与皮肤的颜色相差不可太远，但要遮盖力强。晚宴的发型比较讲究，男性可吹发、定型，以显潇洒，女性可盘发、卷发，尽显妩媚动人。

4. 旅游妆

旅游妆的要求不多，可以根据自己的喜好、心情以及当地的风俗习惯自由装扮。旅游妆以舒适为主，主要是追求清丽洒脱的化妆效果，因此宜淡妆轻描。旅游妆发型可简洁、随意。前额的刘海儿最好不要遮挡眼睛，以免影响视线。

(四) 仪容礼仪的精华——香水①

香水是人际传播中必备的芳香用品，是否使用香水也称为礼仪素养的一种标志。在恰当的时间，通过恰当的手法，使用恰当的香水是一个人具备高超的礼仪修养的表现之一，也是拉近人与人交际距离的技巧之一。据说埃及艳后克丽奥佩特拉第一次遇到安东尼的时候，就是凭借萦绕的香水气味让他拜倒在她的石榴裙下的。

1. 香水的种类

香水最早起源于埃及、印度、罗马、希腊、波斯等文明古国。11 世纪的十字军东征，给

① 参见 http://blog.sina.com.cn/s/blog_6ede72e00100u5l4.html。

欧洲带来了灿烂的东方文化，香水这种悦人悦己的奢侈品，也在那时逐渐为欧洲人所接受和喜爱。现在，香水已经风靡全球，成为人们社交场合的必备用品。

香水根据其结构和香气散发的时间，可以分为香精(Perfume)、香水(Eau de Parfum，简称 E. D. P)、淡香水(盥用香水 Eau de Toilette，简称 E. D. T)和古龙水(有时译为科隆水，Eau de Cologne，简称 Cologne 或 E. D. C)。

香水的类型又可分为植物香型和动物香型，其中植物香型的香水有花香型、木香型、果香型，这些香水大多比较清淡；动物香型的有皮革香型、麝香型等，这些香水大多比较浓郁、持久。

根据香精的含量与香气持续时间来划分，香水能分为四种类型：微香型香水、淡香型香水、清香型香水和浓香型香水。微香型香水含香精仅为5%以下，香气持续的时间为1—2小时，适合于浴后进行健身运动时使用。淡香型香水含香精含量为5%—10%，香气持续的时间为3—4小时，适合上班时使用。清香型香水含香精为10%—15%，香气可持续5小时左右，适用于一般性的交际应酬。浓香型香水含香精为15%—20%，香气可持续5—7小时，适合人们在出席宴会、舞会时使用。

2. 香水使用礼仪

在人际传播中，适当的使用香水不仅能使自己身心愉悦，还能为他人留下一抹清香，营造良好的交际氛围。那么，究竟要如何使用香水呢？

第一，使用香水首先要注意保证身体无明显的浓烈异味。否则，香味和异味混合，不但起不到芳香的作用，可能还会更让人难受。

第二，香水有前味、中味和后味三个阶段。因此提前20—30分钟使用香水是最合适的，这样可以避免前味的刺激性气味引起他人的不适。

第三，香水的使用方法主要有涂抹和喷洒两种。使用涂抹的方式时，一般将香水涂抹在耳后、脖颈、手腕等有脉搏跳动之处，这样可以借助脉搏的微热帮助香水持续的散发。有时，为了香水的余香更持久，也可以涂抹在腰部、髋关节等处。将香水抹在脚踝可以让香水的香味飘洒出来时更自然。如果使用喷洒的方式，应将香水喷在外衣服的腋下、衣服内衬部位、裙摆里侧、裤管底口内侧等处。这样，既可以防止香水一下子就挥发消失，保证香水可以持续散发，也可以让香味的飘散更自然迷人。

第四，人的身体上有一些不适合涂香水的部位，主要有面部、腋下的汗腺、易被太阳晒到的暴露部位、易过敏的皮肤部位，以及有伤口甚至发炎的部位。

第五，香水不宜混合使用，否则各种不同的香味之间发生冲突，就可能发生一些预想不到的味道的变化，且这种混合而成的味儿常常是不太好闻的。

第六，香水的使用要与场合相协调。一般公务场合，应用淡雅清新的香水，这样才不会给人以唐突的感觉。在运动旅游场合，则应使用标有 sport 字样的运动香水，而在私下亲密的时刻，当然可以用浓烈诱人的古典幽香了。在时间上，白天和夏季应以清淡的香水为主，如古龙水和淡香水，晚上和冬季由于温度低，香水应相应增加浓度，用Parfum 或 Eau de parfum。此外，若想香味更持久一点，可以先用同系列沐浴用品，然后喷上淡香水，最后点上浓度最高的香水或香精在脉搏部位，这样香味可久久缠绕不散。

总之,香水不但可以给人以嗅觉的体验,而且可以给人意念上的联想。比如,香味浓烈的香水给人以火热、躁动的感觉;而清淡的香水,则给人以清新、宁静而又平和的感觉;香味适中的香水,给人以动感。所以,在不同的场合涂抹不同香型的香水可以更好地配合和调动现场的交流气氛,使人际传播活动更加积极地进行。

香水应避免接触阳光,放在阴凉干燥的地方。可放进冰箱里保存,但只限于淡香水。香精则不可,过冷或者过热均会影响香味。如果剩余少许香水,颜色变浓浊,可加入一些乙醇稀释。一般质量比较好的香水可以存放3—5年。

香水可以喷在干净、刚洗完的头发上。若头发上有尘垢或者油脂会令香水变质。抹在裙摆的两边是不错的主意。此外,可以在熨衣服的时候加一点香味。办法是在熨衣板上铺一条薄手帕,喷些香水,然后再放衣服在上面熨,但要注意余香不容易消失。香水喷在羊毛、尼龙的衣料不容易留下斑点,不过香味留在纯毛衣料上会较难消散。而棉质、丝质很容易留下痕迹。千万不要喷在皮毛上,不但损害皮毛,颜色也会改变。若不小心玷污衣物,应尽早处理。可把干毛巾托在衣服下,用棉花沾少许酒精,轻拍衣服上的斑点。由于香水不是水溶性,用清水或肥皂是无济于事的。

在探病或就诊时,用淡香水比较好,以免影响医生和病人。参加严肃会议,千万不要用浓香水。在工作间,切忌个性强烈的香水。在宴会上,香水涂抹在腰部以下是基本的礼貌。过浓的香水会影响食物的味道,可能减低人们的食欲。

三、言谈礼仪

言谈是人际传播的重要手段。要使人际传播达到理想的效果,除了要言词达意外,还要力求以"礼"待人,即以言谈的礼仪吸引和说服他人。俗话说:"良言一句三冬暖,恶语伤人六月寒。"可见语言使用是否得当,是否合乎礼仪,会产生多么不同的效果。古人认为"风出言,信为先;作与之,奚可焉?""刻薄话,污秽词,市井气,切戒之。"因此,要使人际传播更加流畅、舒适,而且富有色彩,就要注重言谈礼仪。

(一)充分聆听

国外有句谚语:"用十秒钟的时间讲,用十分钟的时间听。"听,可以从谈话对方获得必要的信息,领会谈话者的真实意图。如果不能认真地聆听,就无法了解和满足对方的需要,和谐的人际关系也只能是空谈。充分聆听还是对对方的一种尊重,是起码的礼仪要求。只有充分聆听才可能有根据地进行回应,也才会激发起讲话者的兴趣。因此,我们应当充分重视听的功能,讲究听的方式,追求听的艺术。

当然,这种聆听不是消极的聆听,还要作出积极的回应,以表明聆听的诚意。如点头、微笑或简单重复对方的谈话等。同时,恰如其分的赞美也不可缺少,它能使交谈气氛变得更加轻松、友好。轻易打断对方的谈话或随意插话是不礼貌的,是人际传播的忌讳。当然,在交谈中做永远的听众,一言不发也是会令人扫兴的。

（二）言语有度

在人际传播中，谈话者要把握好言语的度，这也是言谈礼仪的一个基本要求。这种有度主要体现为适时、适量和适当。

1. 适时

适时即要求言谈者的讲话要合乎时宜，相机而言，不要不分场合。

首先，言谈者要根据时机选择合适的话题。在谈话中，应随时注意对方的反应，观察对方的表情、体姿，以判断其关注的程度，并经常征询对方的意见，从而选择彼此都感兴趣的话题。如果一旦发现对方对该话题不感兴趣，应立即打住并转移话题，调整谈话的内容和方式。

其次，在谈话中要给予对方谈话的机会。每个人都有被尊重的需要，都有表现的欲望，因此，不可以一个人滔滔不绝，而要适当地给予别人机会。

再次，要避免在不应当发言的场合发言。一般在正式场合下，下级要避免打断上级或者职位高者的讲话，不要无休止地追问一个问题，或者是过多的占用上级和职位高者谈话的时间。也不可在别人谈话时交头接耳，开辟另一个战场。异性之间，除非夫妻或恋人，在公共场合谈话要注意距离和对话的时机。同时，又要避免不该讲话时讲话，该讲话时不讲话的现象。

2. 适量

适量即要求讲话的内容和长短要有度。古人认为："多言而不当，不如其寡也。"交谈时最忌讳的就是一方自以为是，滔滔不绝，借题发挥，以炫耀自己，完全忽视他人。交谈是一个互动的过程，因此，双方都要把握好说话的度，坚持适量的原则，多留一些空间给别人，这样也会赢得别人的尊重。

其次，当一个人发言，如在会场或演讲场合，要避免花很长的时间谈一个问题的背景。时间宽裕可以多讲一些，时间不够就要删繁就简，突出重点。同时还要避免谈话中东拉西扯，让人不知所云，一头雾水。

再次，适量的原则还要求人们在传播中要尊重对方的风俗习惯、政治信仰等，不可刨根问底，更要避免谈及某些敏感的话题，尊重对方的隐私。例如，家庭、婚姻、女性的年龄和体重、男性的工资收入、家庭财产、职务头衔等都是要避免的话题。宗教和政治上的分歧也是人们要少谈的。

3. 适当

适当即要求讲话的内容要适宜，主题要恰当，话题要准确。要做到谈话恰当，就要根据说话的场合，自身的身份以及听话者的身份、性格、习惯、文化等来选择合适的话题和说话方式。有这样一个例子，有一次，一艘载有不同国籍旅客的客轮出现了故障，为了让乘客跳水逃命,深谙世事的船长对乘客进行了劝导,结果他们都安全脱险。原来,船长考虑到不同国籍人民的文化差异,于是他对英国人说:“跳水是一种体育运动。”英国人崇尚体育,听罢立即跳下去。他对爱赶时髦的法国人说:“跳水是一种时髦,你没看见游人在跳吗?”法国人于是跟着跳下去。他对纪律严明的德国人说:“我是船长,现在我命令您跳下去!”德国人马上服从了命令。他对意大利人说:“乘坐别的船遇险可以跳水,但在我的船则不准!”意大利人有叛逆心理,听罢立即跳下去。对注重实际的美国人,船长就说:“跳吧,反正有人寿保险的,不亏!”面对忠孝当头的中国人,他说:“你不是家有八十岁的老母亲么?你不逃命对得起她老人家吗?”就这样,观念不同、想法各异的人全部按船长的要求做了。试想,要是船长不区分对象,对所有的人进行同样的传播方式,船长的沟通会有效吗?正是船长把握好了讲话的分寸,对不同民族的人进行了恰当的传播,才使得他达到了最佳传播效果。

因此,根据自己的身份以及对象、场合适当考虑措辞,懂得哪些话该说、哪些话不该说、哪些话应该怎么说,才能实现更好的交谈目的。在人际传播中,懂得了正确并且恰当地传播自己的思想,那就是掌握了言谈礼仪的真谛。

(三) 经常使用礼仪用语

人际传播在很大程度上是情感的交流,特别是在现代生活中,“以人为本”,充分尊重人的尊严、人格和情感是非常重要的,也是顺利实现人际沟通的先决条件,而礼仪用语最能体现这种对人格、感情的尊重和关怀。“你好”、“您”、“请”、“谢谢”、“对不起”、“祝贺”、“再见”这些基本的礼仪用语,看上去简单平常,但其所蕴含的社会意义和历史经验却非常丰富。因此,在人际传播中,人们要经常使用这些礼仪用语。

(四) 遵守电话礼仪

人际传播除了面对面的交流外,还有间接交流。间接交流最重要的一种形式就是电话交流。在电话交流中,由于传播的双方不直接谋面,言谈艺术就更加讲究。电话礼仪的规范主要有以下几点:

1. 选择好通话时间

打电话时,通话时间非常重要,在通话之间应该估计对方是否可以接听电话,是否在休息,以免影响对方的休息和工作。

除非特殊和紧急情况,早 8 时以前,晚 10 时以后,中午 12 时至 14 时之间不应打电话。国际长途还要弄清时差,避免在别人睡眠或休息时打扰对方。

2. 礼仪用语

由于电话里无法与人直接见面,礼仪用语就变得格外重要。一般来说,接通电话先要问好，然后通报自己的身份和姓名。让对方心中有数，以便更好地进入正题。多人共用一部电话时，当来电找其他人时，应告知对方稍等，随即转给他人。通话过程中，若临时有事，要向对方说明情况，并请求谅解。通话中，应不时回应对方的谈话。通话结束时要根据情况由一方向另一方道谢，并等对方挂机。

3. 手机使用礼仪

手机的发明带来了很大的通讯便利，但是，手机使用不当，也会造成不良的影响。

一般在比较安静的公共场合，手机应该调为无声或震动。尤其是在会议、会见、会谈时，尽量不接电话；若确有必要，应到室外或角落处使用手机。

汽车加油站、乘坐飞机时禁止使用手机，以免发生危险。

在别人听广播、看电视时，应将手机远离收音机、电视机的地方，以免干扰收音或收看的效果。

用餐时接听或拨打电话，应离席到餐厅一角或餐厅外进行；起身前，应表示歉意。

第三节　见面礼仪

个人礼仪是人际传播中对自己的礼仪规范，见面礼仪和社交礼仪则是人际传播中与他人交往时的文化准绳。见面礼仪贯穿在人们的日常交往和社会交际中，是人际传播顺利进行的基石。

一、介绍礼仪

(一) 介绍

介绍是人际传播中人们相互了解的基本方式。通过介绍，可以缩短人们之间的距离，更好地进行交谈、了解和沟通。介绍是人们在相互接触的最初几分钟里进行的，它往往影响一个人在他人心目中的形象。

1. 自我介绍

自我介绍就是在社交场合，在必要的情况下，自己担任介绍的主角，将自己介绍给其他人，以使其他人认识自己的一种人际传播方式。自我介绍是人际传播活动中常用的一种介绍方式，是在必要的情况下十分有效的沟通途径。

需要自我介绍的场合一般包括：朋友聚会；求职面试或者是刚到一个新的环境时。在朋友聚会中，如果自己对某一个不相识的人感兴趣，或者其他的陌生人希望结识自己时，我们需要作自我介绍。在求职面试中，自我介绍往往是第一步骤，这样既有利于展现自己，又有利于面试者更好地了解自己。刚到一个陌生的环境时，为了更好地融入新环境，我们也要做自我介绍。

自我介绍根据不同场合、不同对象和实际需要，应该具有鲜明的针对性，不能够“千人一面”，一概而论。应酬式的自我介绍，只介绍一下姓名即可，应该简单明了；工作式的自我介绍，除介绍姓名外，还要介绍工作单位和从事的具体工作；社交式的自我介绍，则需要进一步的交流和沟通，在介绍姓名、单位和具体工作的基础上，进一步介绍兴趣、爱好、经历、同交往对象的某些熟人的关系等，以便加深了解，建立情谊。

不论在什么场合，自我介绍都要注意：第一，举止要庄重大方，不要慌慌张张，手足无措。第二，表情要坦然亲切，面带微笑，眼睛应注视着对方或大家，要充满自信，既不要面红耳赤，显得缺乏自信，也不能摆出一副随随便便、蛮不在乎的样子。第三，言简意赅。语言愈简洁愈好。第四，自我介绍还要把握好态度，要实事求是，既不要过分谦虚，也不要自吹自擂、夸大其词。第五，介绍时还要注意自己的语音、语调和语速，语气自然、语速正常、吐字清晰，从容不迫，这样会使对方产生好感。

2. 为他人作介绍

为他人介绍，又称第三者介绍，是指由第三者为彼此不相识的双方相互介绍、引见的一种介绍方法。为他人介绍时，为他人作介绍的第三者为介绍者，而被介绍者介绍的双方为被介绍者。

在为他人介绍时，介绍者或者是社交活动的东道主、长者、正式活动的负责人，或者是家庭性聚会的女主人、熟悉双方的第三者以及公务活动中的专职人员。在为他人作介绍之时，首先要确认双方是否有结识的愿望，在双方有意结识并期望有人做介绍时，成人之美、义不容辞地为双方做好介绍工作；但双方已经相识或者是没有相识的意愿时，就不要贸然行事。

在为他人作介绍时，介绍的先后顺序是一个非常重要的礼仪问题。一般来说是位尊的享有先认识别人的优先权，因此，介绍顺序按照一般的礼仪规范，先把身份低、年轻的介绍给身份高、年纪大的，先把男士介绍给女士。如介绍上司与下级时，应先介绍下级再介绍上司；介绍客人与主人时，应当先介绍主人后介绍客人；介绍已婚者和未婚者时，一般先将未婚者介绍给已婚者，除非未婚者看上去明显比已婚者年长。介绍各方人员时，一般应当依据其职务、身份的具体高低，由高而低介绍。同级别、同年龄、同性别者之间可依据自然顺序平等介绍。

介绍他人时，要有礼貌地平举右手示意，不可用手指指画画。此外，除非是特别熟悉的朋友，不要用手拍打被介绍者的肩和背。介绍时应使用敬词。如“李小姐，请允许我来向您介绍一下，这位是……”或者随便说：“张先生，我来介绍一下，这位是……”

（二）名片

在现代社交场合及商务活动中，与初识者互换名片，是一种交际惯例。用名片作自我介绍，不光是讲明身份，也便于联系工作，宾主双方就此皆应“有备无患”。

名片是现代社交中广泛使用的交往工具之一。它具有证明信和介绍信的某些功能，起着沟通和联络的作用。据文献记载，我国西汉时期就有名片流行，不过当时还没有纸，只能削木竹为片，写上名字，供拜访时通姓名使用。西汉时称为“谒”，东汉时称为“刺”，又名“名刺”。后来有了纸，改用纸片，称为“名纸”。现代普遍称为“名片”。①

名片一般分为私人名片和公务名片，后者除了姓名、地址、邮政编码和电话号码外，还会印上使用者的单位名称、现任职务以及职称等。现在我们使用的一般是公务名片。

在人际传播中，使用名片有以下礼仪：

1. 赠送名片

一般来说，递送名片多用于初次见面，进行自我介绍之后。递送名片时，双手持名片上方左右两端，上身呈 15 度鞠躬状，面带微笑，郑重地将自己的名片递交给对方。递送名片的时机一定要把握好，不要错过联系的机会，但是也不可滥发。递送名片时，可以辅以“请多关照”、“请多指教”、“希望以后保持联系”等语言，表达自己的谦恭。

2. 收受名片

名片者，具名之物也。因此，在接受别人的名片时，首先要态度认真，一般是要起身站立，迎向对方，以双手或右手捧接，并道声“谢谢”。接过名片后，应认真地看一遍，轻轻地念一遍以示尊重，切忌随手扔到一边，或拿在手中玩弄。

3. 索要名片

在一般情况下，不宜动辄向别人索要名片。但是，在必要时，是允许为之的。在向别人索要名片时，最好是用请求的口气：“如果您愿意的话，是否可以给我留张名片呢?”切忌唐突地询问对方：“你有名片吗?”或者直接伸手向对方讨要：“给我一张名片吧!”

二、称呼问候礼仪

(一) 称呼礼仪

在人际传播中，怎样称呼别人是首先要碰到的问题。一个热情、友好而又得体的称呼，常常能妙音入耳，似春风拂面，既表达了对他人的尊重，又显示了自己的礼仪修养，而与人相遇打招呼时，称呼不当或欠文雅，则会引起别人的反感，不利于人际传播的顺利进行。

长期以来，我国大陆的称呼最普遍的是“同志”。“同志”有志同道合之意，它是由政党内部成员之间的称呼发展而来的。后来又渐渐时兴“师傅”的称呼。改革开放以后，西式

---

① 周裕新主编：《公关礼仪艺术》，同济大学出版社 2004 年版，第 48 页。

称呼渐渐成为一种得体而又文雅的称呼。

从现在我国和国际上的通用情况来看，主要有以下一些称呼：

一是泛尊称："先生"、"小姐"、"太太"等。我国古代也有这些称呼，但意义与现代不同，现代的这些称呼是与欧美语言相对应的称呼。这些称呼几乎适用于所有的场合，其中要注意对女士的称呼，最好根据其婚姻状况妥善称呼，对未婚女士称呼太太是不妥当的。

二是职务和职业称呼："某总"、"经理"、"主任"、"医生"、"记者"、"老师"等。这是基于公务性的称呼，在公务活动或者平常的生活中，一般可以直接以对方的职务和职业相称呼。

三是职称称呼："教授"、"工程师"等。这是一种荣誉性的称呼，是对对方拥有的在社会上备受重视的学位、学术性头衔、专业技术性头衔的称呼。

四是国际上的礼节性称呼，在国际上，对地位高的官方人士，一般称呼"阁下"或职衔加"阁下"。如"部长阁下"、"总理阁下"等。但在有些国家如美国、墨西哥等无此习惯，可称"先生"、"夫人"等。

五是日常称呼。在中国民间，有模仿亲属的关系称呼的习惯，如小孩称呼比自己父亲年龄大的为"伯伯"，小的为"叔叔"。在同事、朋友或邻居之间，"小王"、"老李"等称呼也很普遍。

总之，在人际传播中，特别是社交性的人际传播中，人们对自己的称呼是非常敏感的。在称呼时，要时刻注意称呼的礼仪，多使用尊称，避免一些不恰当的称呼；同时，不要随便给别人取绰号或在公共场合叫别人的绰号。得体的称呼是交流的良好开端，称呼得当，能使双方产生心理上的相容，双方的交流自然也会更加畅通。

(二) 问候

问候是熟人见面时的一种常见礼仪。问候即中国人常说的寒暄、打招呼。即便双方只有一面之缘，也不可毫无表示，漫不经心的习惯在无意之间会造成很无礼的行为。聪明人遇到认识的人总是会热情的招呼，哪怕只是点点头或笑一笑，这不仅显示了一个人的礼仪素养，而且为双方的良好关系奠定了基础。

如果在路上遇见熟人，要主动打招呼，互相问候，不能视而不见，把头扭向一边，擦肩而过，这是最基本的礼貌要求。但也不宜在马路上聊个不停，影响他人走路。见面时最简单的问候语就是"你好"，或根据时间或节日说"早上好"、"晚上好"、"新年好"等。如果是熟人，招呼一声"小张"、"老王"也就可以了。

见到很久不见的老朋友，不要大声惊呼，也不要隔着几条马路或隔着人群就大声呼唤。如果边喊边穿马路，那可能会有危险。寒暄之后，如果还想多谈一会儿，应该靠边一些，避开拥挤的行人，不要站在来往人流中进行攀谈。

在遇到不太熟悉的异性时，很多人觉得很尴尬。不打招呼显得不礼貌，打招呼又不太好意思，或怕对方误会。正确的做法应该是，一位女士偶然在路上遇见不很熟悉的男士，理应点头招呼，但不要显得太热情，亦不要用冷冰冰的面孔来点头；一位男士偶然在路上遇见不太相熟的女士，应首先打招呼，但表情不可过分殷勤。

各国的问候礼仪有很大的差异。例如，在中国，人们见面时习惯问"吃了吗?"西方人对此很难理解；西方人尤其是英国人见面时常谈论天气，这也是一种寒暄的方式；在阿拉伯各国，友人相见时，双方除问候“你好”、“早安”或“晚安”之外，往往还要恭恭敬敬地说：“在你面前的，是你的亲人”，或说：“在你面前摆着的是平坦大道”等等。在与不同国家的人民交往时，要注意各自的文化差异和礼仪习惯，做到入乡随俗。

三、会面礼仪

（一）握手

握手是日常交际中最常见的一种礼节，也是一种祝贺、感谢或互相鼓励的表示，多用于见面的问候与致意以及告别时的致谢与祝愿。在现代人际传播中，握手是使用频率最高、应用范围最广的一种礼仪形式。它不仅能沟通思想还能交流感情、增加友谊，因而是现代人际传播礼仪中的一种重要形式。深情、文雅而又得体的握手，往往蕴含着令人愉悦、信任、接受的契机。

对于中国人来说，握手礼是一种历史并不久远的“舶来品”。在西方，握手礼原意是，伸出持武器的右手表示没有敌意。最早，人们见面时挥动双手表示没有暗藏武器，后来演变成将一只手放在胸前的问候动作，即闻名的罗马式致敬方式。在罗马帝国时代，男子之间不是抓住对方的手，而是抓住前臂。现代握手以手掌相扣，表示坦诚相见。①

握手作为人际传播的一种礼节，有很多要求，这是因为握手不仅是礼貌的外在表现，也是双方相互通过触摸了解对方的态度、表达一定的情感的一种方式和途径。热情好客时有力握手，且握手时间长；冷淡时，只轻轻一握即分开了。

1. 握手要注意姿态

行握手礼时，距离对方约一步，上身稍向前倾，两足立正，伸出右手，四指并拢，拇指张开，手掌向左，掌心稍向上，两眼注视对方，握住之后，轻轻用力握一下即分开，时间约为三秒钟。如果关系亲密，可上下微摇以示热情。

2. 握手要有先后顺序

一般由主人、长者、身份高者及女士先伸手。客人、年轻者、身份低者应先问候，待对方伸出手后再握手。但同级或同辈的人之间见面时，双方伸手不分先后。

3. 注意与女士握手的礼仪

男士与女子见面时，只有女士先伸出手后，方可握手。和女子握手时，往往只轻握一下女子的手指部分。女子在握手时戴着薄纱手套是被礼仪允许的。男子在握手前要先脱下手套，摘掉帽子。但是，军人和女士握手时戴着手套是被允许的。

---

① 毕继万：《跨文化非语言交际》，外语教学与研究出版社1999年版，第117页。

4. 握手要充满热情

握手时要面带微笑，目视对方，不可心不在焉。恰到好处的握手应该是简短认真的一握，充满热情，两眼愉快地凝视对方，表达出你的温和、友善和渴望进一步交往的美好愿望。

在人际交往中，握手礼司空见惯，看似寻常，但作为一种广泛采用的礼节形式，是大有规矩和讲究的。因此，要务必记住握手的禁忌，认真遵守握手的规范。握手的禁忌主要有：一是不要用左手向他人握手；二是不要在握手时争先恐后，造成交叉握手；三是不要戴着手套和墨镜与他人握手；四是不要抢先出手同女士握手；五是不要握手时东张西望、心不在焉或面无表情、有气无力；六是不要握手时另一只手插在衣袋里或拿着东西不肯放下；七是不要握手后马上揩拭自己的手掌；八是不要拒绝与他人握手，等等。

（二）拥抱、吻礼

拥抱和吻礼是西方人的常见礼节，现在中国的有些场合如老友相见等时候也有拥抱的。吻礼分为亲吻礼和吻手礼。亲吻礼即两人面部接触以吻表达情感的礼节。吻手礼是以吻手背来表达情感的民俗，是西方通行的对尊贵妇女的礼节，中国没有这一礼节。

西方人是比较喜欢拥抱的，常常和拥抱联系在一起的就是亲吻。礼节性的亲吻通常是亲在对方的两颊，但也有轻轻地亲在嘴唇上的，亲在嘴唇上的似乎更要显得亲密些。西方人在见面或分手时除了握手就是拥抱和亲吻，以示热情。但是，西方人的拥抱和吻礼也是有很多规定的。

一般来说，在初次见面时，双方是不拥抱或亲吻的。拥抱和亲吻通常发生在双方相识之后，比如说，初次见面时，双方没有拥抱，但在分手之时，双方已经非常熟悉并觉得很自然，这种时候不妨以拥抱来告别。

在人际传播中，通常是男人拥抱女人，女人也可以拥抱女人，但是男人之间拥抱很少，男人只是握手或拍拍对方的肩膀。男人的拥抱往往只是发生在比较特殊的情况下。比如，经历了久别的重逢，或欢庆胜利的喜悦。这种情况主要限于英美等国。在意大利，男人之间拥抱的频率更大。

通常，公司里的上司和下属之间是避免拥抱的。而在家庭成员之间，拥抱和亲吻比较常见，以示亲密。

在中国，久别重逢的老友或亲人见面时，人们也常常以拥抱来表达自己的感情；分手时，关系好的朋友、长辈与晚辈之间也有以拥抱来告别的；亲吻一般仅发生在家人、恋人之间。①

有人认为接吻礼产生于母亲亲吻婴儿，以表达热爱。但是，更多的学者倾向于认为接吻礼产生于古罗马时代的禁止妇女饮酒令。男子从外面回来后，第一件事就是检查自己的妻子是否喝酒了，于是丈夫就吻妻子的嘴以便检查，久而久之，接吻就变成了社交场合的见面礼节。

欧洲各国的吻礼有很大的差异。在意大利和法国，人们社交性质的亲吻是每天的必

---

① 曹明逸：《体验西方礼仪》，上海社会科学院出版社2003年版，第68—70页。

修礼仪。尤其是在法国，亲吻在日常生活的诸多礼仪中居于首要地位。然而，在英国、德国和北欧国家，亲吻的动作就显得保守些。英国人见面时的礼节以握手为主，即使是彼此熟悉的朋友或亲戚，相互吻面颊也只限于女士之间。夫妻和情人之间表示亲近，在公共场合也只是手拉手而已，感情不大外露。英国上层人士为表示对女士们的敬意和感谢时，往往行吻手礼。其做法是，女士将手抬起，男子低头垂腰握住她的手指轻轻吻一下。

（三）其他会面礼仪

1. 点头致意

点头致意是人际传播中一种既方便又不失得体的会面礼仪。它既不像握手、鞠躬等礼节那样正式；也不像拥抱、亲吻等礼节那样热情，但是却是一种非常实用的会面礼仪。

当在同一场合中多次与某人见面或是遇到仅仅有一面之缘的朋友；在路上遇到朋友又不便深谈的时候；或者是在施行其他礼节不方便的时候，如隔着一张大桌子或中间隔着好几个人，手中有其他杂物不便于施行握手礼等，这时一个面带微笑的点头致意显得大方而又方便。

但是值得注意的是，点头致意这种礼节一般用于同辈或同级之间。对尊者或者是长者，切不可简单地点头了事，需热情地问好。施行点头致意礼节时应目视对方，并面带微笑，也可伴随诸如“您好”、“早上好”之类的礼貌语。

2. 拱手

拱手礼是我国古代的一种传统礼节，又称为“作揖”。行拱手礼，要上身挺直，双手抱拳，举拳到下巴处、自上而下或自内而外，有节奏地晃动二三下，以示问候。

拱手礼在古代是不分尊卑的相见礼节，现代人已不常用，基本被握手礼取代。现在主要适用于过年时的团拜，向亲朋好友表感谢，向长辈祝寿，对朋友结婚、生孩子、乔迁和晋升表示祝贺等。外国客人认为这是一种民族气息很浓，既文明又风趣的礼节：“自己握住自己的手摇，代替握住别人的一只手摇。”

3. 鞠躬

鞠躬也是我国古代的礼节之一，《论语·乡党》就有“入公门，鞠躬如也”的记载。鞠躬，本来意为不抵抗，相见时把视线移开，郑重地把头低下，告诉对方我对你不怀有敌意，后来用来表示敬意。

鞠躬礼是人们在生活中对别人表示恭敬的一种礼节，既适用于庄严肃穆、喜庆欢乐的仪式，也适用于一般的社交场合。在一般的社交场合，晚辈对长辈、学生对老师、下级对上级、表演者对观众等都可行鞠躬礼。领奖人上台领奖时，向授奖者及全体与会者鞠躬行礼；演员谢幕时，对观众的掌声常以鞠躬致谢；演讲者也用鞠躬来表示对听众的敬意。作为日常的见面礼鞠躬礼现在在国内已不多见，但这种礼节在日本、韩国和朝鲜十分盛行。

行鞠躬礼时，须脱帽、呈立正姿势、脸带笑容、目视受礼者。男士双手自然下垂，贴放于身体两侧裤线处，女士的双手下垂搭放在腹前。然后上身前倾弯腰，下弯的幅度可根据施礼对象和场合决定鞠躬的度数。一般为60度，而90度大鞠躬常用于特殊情况，如在隆重的场合或为了表达自己强烈的感情和深深的谢意或悔恨等。

行鞠躬礼一般有三项礼仪准则：第一，受鞠躬应还以鞠躬礼；第二，地位较低的人要先鞠躬；第三，地位较低的人鞠躬要相对深一些。

4. 脱帽礼

脱帽礼源于中世纪的欧洲，原本属于有爵位的贵族之间常见的一种礼节，中世纪后期在欧洲平民中逐渐流行起来。行脱帽礼时，男士应摘下帽子或举一举帽子，并向对方致意或问好；若与同一人在同一场合前后多次相遇，则不必反复脱帽。进入主人房间时，客人必须脱帽。在庄重、正规的场合应自觉脱帽。

据说脱帽礼源于冷兵器时代。当时武士为防止敌人袭击，都戴大头盔，甚至盖住自己的面孔。做客或出使时为了表示友好或表明自己不是敌人，就掀开戴在头上的头盔露出面孔，这样对方也就会以礼相待，不伤害他。还有一种说法，即当武士同妇女谈话时，为了表示对她的尊重，就摘掉头盔并举在手里，这种习俗演变到后来就成了脱帽礼。

自古罗马以来，头上的盖饰就是社会或政治优越感的标志。因而，脱掉帽子——不加盖饰就标志着某种服从了。从中世纪早期以来，脱帽——不论这帽子是布做的还是金属做的——都表示服从。这种风俗的原始意义在以下的一些表达中就有所反映，如 with hat in hand，意为"对……膜拜，言听计从，尽极承欢"；I take my hat off to him. 意为"我对他表达仰慕之意"。

脱帽礼这种礼节含古典韵味，雅致有礼，施行起来绅士风度十足。也难怪历经千百年沧桑，人们头上的风景一变再变，这种脱帽礼仍然长盛不衰。

5. 注目礼

注目礼原是军人施行的特殊礼节。行礼时，双目始终凝视着首长或贵宾，目光随他们的行走而转移。现在注目礼一般用于较隆重的场合，如在迎宾仪式、阅兵仪式、奏国歌、升国旗仪式时，注目礼仍是规范性礼节。

6. 举手礼

举手礼也是在公共场合广泛使用的一种礼节。相传，举手礼起源于中世纪的欧洲。当时，骑士们常常在公主和贵妇面前比武，在经过公主的坐席时，他们要唱歌来赞美公主，歌词往往把公主比作光芒四射、美丽绝伦的太阳。因而，武士们看到公主时总要把手举起来作出挡住太阳的姿势。久而久之，就演变成举手到眉的"敬礼"了。[①]

---

① 韩英主编：《现代社交礼仪》，青岛出版社2005年版，第19页。

举手礼更适合于向距离较远的熟人打招呼时使用。行礼时，右臂向前伸直，掌心向着对方，四指并齐，大拇指张开，左右轻轻晃动一两下，既十分方便，又不失礼节规范。

另外，军人和穿制服人员的敬礼也是举手礼的一种，他们在同其他人握手和相识前，一般先行举手礼。此外，在学校中举手礼也经常使用，用于学生向老师致敬。

7. 合十礼

合十礼，又称合掌礼，是亚洲信奉佛教的地区常采用的一种礼节。

行礼时，要面对受礼者，手掌合拢并齐，掌尖与鼻尖基本持平，手掌稍向外向下倾斜，上身微微低头。当别人向我们施这种礼节时，我们也应以这种礼节还礼。①

四、接待拜访礼仪

(一) 拜访

拜访是人际传播的一种重要方式，也是人与人之间增进了解、密切关系、联系情感、加深友谊的重要途径。作为拜访者，首先要懂得拜访的礼仪，这样才能达到人际传播的良好效果。拜访的礼仪主要有以下几点：

1. 拜访前的准备

拜访通常有两种情形：一种是自己上门拜访，此时一定要事先通知对方，征得同意后按时赴约；另一种情形是应邀拜访，一旦商定就要按时赴约，如果有特殊情况不能按计划赴约的，也要事先打招呼，表示歉意。如果有必要，可以事先准备一些礼物，但礼物的选择一定要恰当，否则会适得其反。

2. 拜访中的礼节

进门之前先要按门铃或敲门，按门铃时间不要太长，敲门力度不能太大。进门后先问好，待主人招呼后再坐下。拜访时要注意自己的仪表和言谈举止，衣冠要整洁，不要跷着二郎腿，不要随地吐痰，乱弹烟灰；交谈时不要高谈阔论，毫无节制地大叫大笑，或对主人家的事唠唠叨叨，刨根问底。

3. 告辞时的礼节

告辞要选好时机，告辞前要表示感谢，并请主人留步，尽量不让主人远送。

---

① 李莉主编：《实用礼仪教程》，中国人民大学出版社 2002 年版，第 116 页。

(二) 接待

接待是人际传播中的一项重要内容。任何人都会面临接待他人的场合,或者是接待私人性质的拜访者,或者是接待公务性质的领导、合作伙伴、客户等。热情的接待和得体的举止能给客人如沐春风的感觉,有利于构建和谐的人际关系,促进人际传播的发展。因此,接待的礼仪在人际传播中就显得尤为重要。

1. 接待前的准备

"有朋自远方来,不亦乐乎?"对于来访者,不论是事先约好的,还是不速之客都要热情接待。如果事先约好请朋友来访,就要提前"洒扫门庭,以迎嘉宾"。不仅居室要收拾干净,而且男女主人要仪容整洁,并备好招待用的茶具、烟具、饮料等。客人在约定时间到来,应提前出门迎接。

2. 接待中的礼仪

客人到来后,要热情接待。客人脱下衣帽要主动为他们放好,必要时向其他人介绍。如果客人是领导或长辈,敬茶时应一手扶杯,一手扶底双手敬上;平辈或晚辈可随便些。与客人交谈,要认真倾听客人的讲述,不随便打断对方的讲述,对重要的地方可以附和或询问;不要东张西望、频频看表,更不应该把客人撇在一边,只顾自己看电视或做家务。

3. 送客的礼仪

客人提出告辞时,主人要说些挽留的话,弄清对方确实再无留意时再送客。送客时,若是在家中,可让客人自己开门,主人开门似乎在下逐客令,迎客主人在前,送客主人在后;若是在酒店等服务性部门或正式聚会时,是不应让客人自己开门的。一般情况下,若主人是长辈,送客到家门口即可;若客人是同辈好友,可送至院门或街巷口;若客人是长辈,最好将其送上车。不论何种情况,如果对方对周围环境不熟悉,主人就应主动向客人介绍附近的交通情况,帮其选择便利的返程路线。下雨天时,主人要提供雨具。如果是远道来的客人,可询问其住宿情况以及是否需要代买车、船、机票等,不论对方有何难处,都要鼎力相助。

五、招聘礼仪①

在应聘过程中,应当注意以下几点:(1)根据应聘岗位的工作需要来准备自己的仪容、仪表形象;(2)严格按照职业形象规范装点自己,切勿犯忌,尤其不要为了显示个性化而显得另类;(3)无论男女,着职业装去面试是最佳选择,无形中会凸显你的职业形象;(4)高度

① 姜红、侯新冬主编:《商务礼仪》,复旦大学出版社2009年版,第209—213页。

重视细节，切实避免一切不雅的小动作或不良的习惯性行为；(5)高度重视面试前后过程的礼节和微笑，以美化你的形象。

求职者需要注意：在大多数面试测评中，仪容仪表的形象分通常要占到10%以上，而受形象影响的印象分就很难估计其比重了。一般来说，面试官最关注形象的哪些部分呢？形象专家研究表明，最关注的形象点可表述为"三个重点，一种感觉"，即头发、配饰、鞋子和整体感觉。这是因为：(1)头发最能代表一个人的个性和整洁习惯，懒散或讲究、开放或保守一览无余；(2)配饰最能体现一个人的品位高低，高贵与粗俗、张扬与内敛尽显其中；(3)鞋子是最容易被人忽视的部分，因而最能体现个人做事的细心程度；(4)整体感觉则是气质的体现，虽然很抽象，但素养、自信、斗志等都会蕴含其中。

由上可见，形象不光要重视面部修饰、着装这些比较显眼的东西，更要重视那些虽不起眼但却受人重视的细节。

第四节　社会交际礼仪

人际传播离不开社会交际，社会交际是人们沟通社会，实现自我需要的重要方式。人们在社会交际中必须遵循一定的礼仪规范，否则就会闹笑话，社会交际礼仪成了人际传播礼仪的核心。

一、宴会礼仪

宴会乃是人际、社交直至国际交往中最为常见的传播活动之一。通过宴会，人们可以协调关系，联络感情，消除隔阂，增进友谊，加强团结，求得支持，有利于合作。恰到好处的宴会，能为双方的友谊增添许多色彩。许多重大的喜庆、应酬等，通常都安排成宴会形式，在饮食之中进行交际沟通。

（一）宴会的类型

宴会就其目的和性质而言，大约有三种类型：一是礼仪性质的，如为迎接重要的来宾或政界要员的公务性来访、为庆祝重大的节日或举行一项重要的仪式等举行的宴会，都属于礼仪上的需要。这种宴会要有一定的礼仪规矩和程序。另一种是交谊性质的，主要是为了沟通感情、表示友好、发展友谊，如接风、送行、告别、聚会等等。还有一种是工作性质的，主人或参加宴会的人为解决某项工作而举行的宴会，以便在餐桌上商谈工作。①

就其内容和形式而言，常见的有宴会、冷餐（或称自助餐）会和酒会、茶会。宴会又有国宴、晚宴、午宴、早餐、工作餐之分。自助餐和酒会有时统称为招待会(Reception)。具体来看，有以下几种：

① 韩英主编：《现代社交礼仪》，青岛出版社2005年版，第53页。

1. 宴会

这是指正规、庄重的宴请活动，是一种带有礼节性的宴请形式，因而也有一些常规性的活动。它规格较高，菜肴较丰盛，主客就座进食，由服务员依次上菜，席间，主宾之间相互致辞、祝酒。它有国宴、正式宴会和非正式的便宴三种。

国宴(State Banquet)是最隆重、最正式的宴会。逢国家庆典或欢迎外国元首、政府首脑时举行，由国家元首或政府首脑出面主持。宴会厅内悬挂国旗，乐队奏国歌及席间乐，席间致辞或祝酒。

一般的公关活动举行的以正式宴会居多，工作餐或私人性质的人际传播中非正式的便宴较多。在时间上，宴会有午宴和晚宴，以晚宴更为隆重和正规。

工作餐是目前国际国内比较流行的一种特殊的非正式宴请形式。在用工作餐时，只请有关人员，不请配偶以及其他无关者。它的时间较短，一般安排在中午进行，时间为12时左右。工作餐的菜肴较少，用餐人边吃边聊，而且可以分摊餐费。工作餐的座次不像正式宴会那么严格，但主人应当请主宾坐在自己右侧、或自己正对面、或正对门的位置就座，也不能先于主宾就座；双方随员要等主人和主宾落座后，再由主人安排或者自由落座。关于正式宴会的礼仪比较复杂，在下文中将详细介绍。

2. 冷餐会

冷餐会又称为自助餐，是国际上较为流行的一种非正式宴会。冷餐会举行的地点，可以是大型的餐厅，也可以是露天花园等。一般情况下，冷餐会设有菜点桌、餐桌、餐椅，露天冷餐会还要有遮阳伞等。冷餐会的特点是不排席位，菜肴以冷食为主，也可以冷、热兼具，连同各种餐具一起陈设在菜桌上，供客人自取。酒和饮料有放在桌上的，也有服务员端送的。在冷餐会上，主客可以自由走动、多次取食、自由交谈，因而形式灵活，气氛热烈，适合人数众多的大型聚会。

参加冷餐会时应注意：(1)衣着、妆饰不可过于随意；用餐时不可戴手套；参加室外冷餐会时，不可戴太阳镜。(2)取食时要按照顺序，不能争抢，取完后马上离开菜点桌；取食过程中，不能将刀、叉等叼在嘴中或别在衣袋里；取食应多次进行，次次少取，不可浪费。

3. 鸡尾酒会

鸡尾酒会是西方国家比较传统的一个社交节目，也是国际上流行的一种便宴形式。鸡尾酒会是贸易和外交界以及其他交际活动比较频繁的人士所喜欢采用的酬酢形式，凡企业开张、展览会揭幕、送往迎来、新负责人上任、新书出版等都可以举行酒会。酒会有利于宾主交流信息，联络感情；有利于联系旧友，也可以结交新友，形式灵活。在西方国家，特别是英美，稍稍活跃一些的家庭主妇，如果经济条件允许也不怕麻烦又有闲情逸致，一个礼拜在家中举办两次酒会也是有的。

鸡尾酒会一般在下午5时或6时开始举行，到晚上8时或9时结束。酒会不要求客人准时参加，一般请柬上写明结束的时间，客人在结束前到达即可；酒会不限衣着，穿着不必过于正式，端庄大方、整洁干净即可；一般不排席位，主客均需站立，可以自由组合，随意攀谈，但有时为了照顾年长者也设立少许席位。有时候在规模较大的酒会上还会播放音乐，便于人们跳舞。

鸡尾酒会不设正餐，只是略有酒水、点心、菜肴等，且以冷食为主。酒水分含酒精的酒水和不含酒精的饮料两大类。含酒精的酒水至少要准备两种以上，如雪利酒、香槟酒、红葡萄酒、白葡萄酒、混合葡萄酒、开胃酒和各种烈性酒；不含酒精的饮料至少准备一种，如果汁、矿泉水、牛奶。食品从简，只备一些点心和开胃菜，如面包、三明治、热香肠、炸薯片等。

4. 茶会

茶会，顾名思义，就是请来宾品茶，因此对茶叶、茶具都有规定和讲究。茶会的核心和实质是茶叶的高档次，高水平的茶会要用高质量的茶叶，并且品种要多，以适合不同人的口味。

茶会是一种简便的招待形式，它原是西方人早、午茶时间（上午 10 时，下午 4 时左右）请客人品茶为主的活动。通常设在客厅或会议室，不用餐厅，只设茶几、座椅，不排席位。近年来，我国茶会的形式已有所改变，上午、下午、晚上均可进行，地点也改在饭店或宾馆内。它气氛轻松，是人们沟通感情、洽谈商务的一种良好形式。

举行茶会时，要注意茶会的礼节：沏茶不宜太浓，不要斟的太满，有 7 分满（茶杯的 2/3）就可以了；要起身站立，双手捧杯，递给客人，并可轻声告知“请用茶”。客人在接茶时，要双手去接，并道“谢谢”，然后将茶放在就进的茶几或桌子上；饮茶时，要小口啜饮，不要大口吞咽、一饮而尽，喝过一口后，要对茶水加以赞赏，如果茶叶漂浮，可用杯盖抹去，不可用嘴吹、用手捞。客人喝过几口后要续水，续水时不要妨碍客人，最好不在正面续水。

5. 工作餐

工作餐是在商务来往中最常见的非正式宴请形式，通常规格较低，有时是参加者自己付费，双方进餐时边吃边谈，通常在特别繁忙或者日程安排不开时采用。我国目前多以快餐分食的形式进行，简便快捷。①

在邀请客户用工作餐时，应该事先了解客户的喜好，例如客人喜好的餐厅或是菜色，并由邀请方定餐厅。邀请方应预先规划好工作餐的流程、预定好餐位、安排好座位、处理好付账等事宜，并且配合客人的点单来进行点菜，尽量点一些容易入口的食物。②

（二）宴会的组织

宴会具有很重要的礼仪作用，有严格的礼仪要求。宴请宾客是一种较高规格的礼遇，

---

① 王家贵主编：《现代商务礼仪简明教程》，暨南大学出版社 2009 年版，第 163—164 页。

② ［美］朱迪思·鲍曼：《商务新礼仪》，四川人民出版社 2009 年版，第 100—119 页。

所以一定要认真准备。

1. 周密安排

第一，对象：首先要明确宴请的对象，主宾的身份、国籍、习俗、爱好等，以便确定宴会的规格、主陪人、餐式等。

第二，目的：宴会的目的多种多样，可以是表示欢迎、欢送、答谢，也可以是表示祝贺、纪念等，还可以是为了某一事、某一人。明确了目的，也就便于安排宴会的范围和形式。

第三，形式、范围：宴会形式要根据目的、对象和规格来确定，可定为正式宴会、冷餐会、工作餐、酒会或茶会等。宴会的范围即宴请哪些人要确定，主客双方的身份要对等，主宾若偕夫人，主人也要偕夫人。

第四，时间和地点：主人确定宴会时间，但是一定要考虑主宾的时间安排，应选在双方都方便的时候。地点考虑档次、交通、卫生、主宾喜好等因素，选择最适宜的宴会地点。

2. 盛情邀请

时间、地点都确定后，就要向客人发出邀请。宴会一般都用请柬正式发出邀请，请柬的内容要包括：活动的主题、形式、时间、地点、主人姓名。请柬一般提前两周发出，太晚了不礼貌。

3. 定制菜单和酒水

菜单以客人的爱好为准，充分考虑客人，尤其是主客的饮食习惯、口味好恶、宗教禁忌、健康状况等。客人点菜时，不宜点太贵的菜，也不宜点太便宜的。安排菜单时，既要量力而行，也不可铺张浪费。

4. 席位安排

正式宴会一般都安排座位，以便宴会参加者各得其所，入席时井然有序，同时也是对客人的尊重和礼貌。非正式的小型便宴，有时也可不必排座次。宴会席位的安排包括安排桌次和每桌上的席位，这时桌子上要摆桌次牌和姓名标志牌。有的宴会只安排部分人的桌次和席位，其他客人仅安排桌次，甚至完全不预先排定。

座位排妥后，应设法在入席前通知出席者，并现场对主要客人进行引导。通知席位的办法有以下几种：(1)较大型宴会，以在请柬上注明席次为最好；(2)中小型宴会，可在宴会厅门口放置一张席位图，画明每个人的坐处，请参加者自看；(3)有的小型宴请，也可以口头通知，或在入席时，由主人及招待人员引坐。在每个座位上均应放置书写清楚的座位卡。如系多桌次的宴会，还应在每个桌上放置桌次牌。桌次牌可在宴会开始前放置，入座完毕后撤去。

（三）赴宴礼仪

无论是参加何种宴请，均应注意以下几点礼仪：

1. 及时回复

接到邀请后，无论是否参加，都要及时回复。如果收到了请柬，还要以书面形式回复。在西方国家，正式宴会请柬的日期下都有 R. S. V. P4 个法文缩写字母，意思是敬请赐复，应当在收到后的一天内回复。

2. 适度修饰

赴宴时，要适度修饰，穿着要庄重大方，整齐干净，但也不要浓妆艳抹，这既是对自己的尊重，也是对别人的礼貌。

3. 准时赴约

要按主人邀请的时间准时赴约。一般宴会都请客人提前半小时到达。有些请柬写明客人到达和宴会开始的时间，例如“六时到达，六时半宴会开始”，则应按时到达。如因故晚到几分钟，不算失礼。迟到后要向主人致歉，请求原谅。

4. 注意细节

第一，问候：到达宴会后，首先要向主人致以问候，表示谢意。按照西方人的风俗，应先问候女主人，再问候男主人。同时，对其他客人，不管是否相识，都要微笑点头或握手问好；对于长者要主动起立，让座问安；对女宾要举止庄重，彬彬有礼。

第二，入座：入席时，自己的座位应听从主人或招待人员的指派。如座位未定，应注意正对门的座位是上座，背对门的座位是下座，应让身份高者、年长者、女士先入座，自己再找合适的座位坐下。入座后，要坐姿端正，不能用双手托腮支于桌面或将双手前臂平放于桌上，可把手放在膝上或椅子扶手上。不要在餐桌上东张西望、举手投足，也不要急于翻动桌上的菜单或摆弄餐巾、餐具。

第三，餐巾使用：餐巾应铺放于自己并拢的大腿上，正方形餐巾应折成等腰三角形。餐巾可以用来擦嘴，但不能擦脸或擦餐具、酒具等。用餐完毕后，餐巾也不可以揉作一团或随意丢弃。

第四，就餐：用餐一般在主人示意后方可进行。用餐时应该着正装。就餐的动作应该文雅，夹菜时动作要轻。送食物入口时，须小口进食，两肘应向内靠，不宜向两旁张开，影响邻座。吃饭、喝饮料、喝汤时，不要发出声响。一般应把汤盛入碗内，用汤勺喝。如在用餐时需要剔牙，应该用牙签，并以手或手帕遮掩，切忌用手指剔牙。

第五，谈吐自然：在宴会期间，最忌讳的就是“吃饭当哑巴”。美国礼仪之后蒲爱梅说过：“礼仪有一条不可破坏的规矩，就是你必须对你的邻座谈话。”因此，在赴宴时不可沉默寡言。但是，说话时，哈哈大笑、窃窃私语或者向离你很远的客人大声讲话也是不允许的。嘴里塞满东西，或者一边讲话一边摆弄刀叉，都是不恰当的。

第六，敬酒礼仪：在敬酒时，应以年龄大小、职位高低、宾主关系为序，分明主次，杯口可比对方略低，以示尊重。中国人在敬酒时习惯仰头痛饮，将杯中的酒一饮而尽，但是在西餐时应该避免这种情况。在西方，正确的姿势应该头保持平直，一口口啜饮，红酒和白酒都不能一口饮尽，需要在杯中留下一点酒。女士要注意不能将口红印在酒杯上。①

5. 宴会结束

女主人（或男主人）把餐巾放在桌子上或者从餐桌旁边站起来就表明宴会结束了。只有看到这种信号后，宾客才可以把自己的餐巾放下，站起身来。当宴会结束，离开餐桌时，不应把桌椅拉开就走，而应把椅子挪回原处，男士应该帮助旁边的女士移开椅子，然后再放回。贵宾一般是第一位告辞的客人，然后其他宾客再陆续离去。客人在分手时应向主人的盛情款待表示感谢。

（四）中餐礼仪②

中餐菜肴品种繁多，风味各异，颇具特色。在吃法上，一道菜大家吃，相互关照，其乐融融。许多外宾也非常喜欢中餐。不论在国内交往中还是在涉外交往中，举办中餐宴会都是经常的。

1. 中餐宴会的席位排列

席位排列体现了来宾的身份和主人给对方的礼遇，所以受到宾主双方的同等重视。礼宾次序和国际惯例是我们安排席位的主要依据。

1）中餐宴会的位次排列

举办中餐宴会一般用圆桌，每张餐桌上的具体位次有主次尊卑之分。宴会的主人应坐在主桌上，面对正门就座；同一张桌上位次的尊卑，根据距离主人的远近而定，以近为上，以远为下；同一张桌上距离主人相同的位次，排列顺序讲究以右为尊，以左为卑。在举行多桌宴会时，各桌之上均应有一位主桌主人的代表，作为各桌的主人，其位置一般应以主桌主人同向就座，有时也可以面向主桌主人就座。每张餐桌上，安排就餐人数一般应限制在 10 个人之内，并且为双数，人数过多，过于拥挤，会照顾不过来。

在每张餐桌位次的具体安排上，还可以分为两种情况。如果每张餐桌上只有一个主

---

① 参见《酒会礼仪：酒杯的拿法与敬酒》，http://www.360doc.com/content/09/0317/21/58423_2839045.shtml。

② 李莉主编：《实用礼仪教程》，中国人民大学出版社 2004 年版，第 167—188 页。

人，主宾在其右首就座，形成一个谈话中心，见图 10-2。

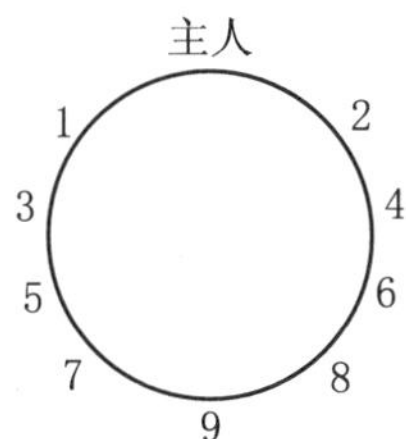

图 10-2　每张桌上一个主位的桌次排列方法

资料来源　李莉主编:《实用礼仪教程》，中国人民大学出版社 2004 年版，第 168 页。

如主人夫妇就座于同一桌，以男主人为第一主人，女主人为第二主人，主宾和主宾夫人分别坐在男女主人右侧，桌上形成了两个谈话中心，见图 10-3。

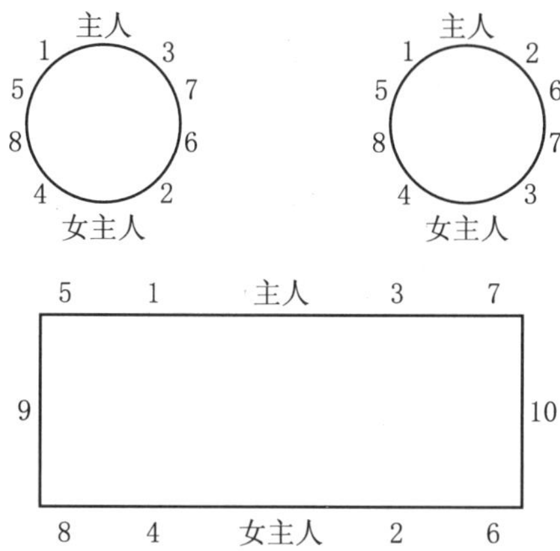

图 10-3　每张桌上两个主位的桌次排列方法

资料来源　李莉主编:《实用礼仪教程》，中国人民大学出版社 2004 年版，第 169 页。

2）桌次排列

举办一张圆桌以上的宴请时，就出现了桌次的排列问题。如果是两桌组成的小型宴会，则餐桌的排列，有时需要横排，有时需要竖排。两桌横排时，桌次以右为尊，以左为卑。左与右方位的确定是以面对正门的位置为准，见图 10-4。

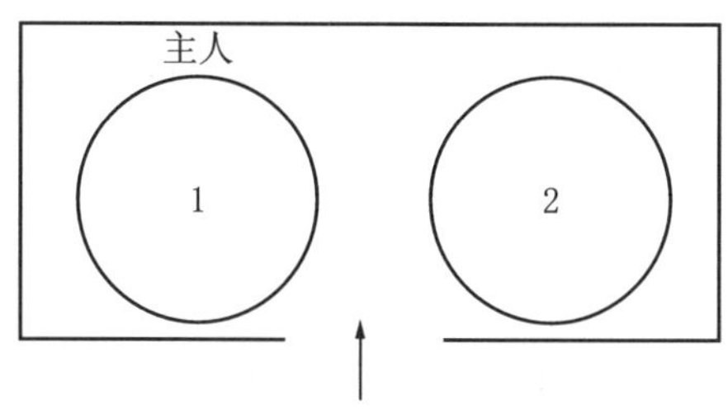

图 10-4　两桌组成的小型宴会

资料来源　李莉主编:《实用礼仪教程》，中国人民大学出版社 2004 年版，第 169 页。

两桌竖排时，桌次以距离正门远的位置为上，以距离正门近的位置为下，见图 10-5。

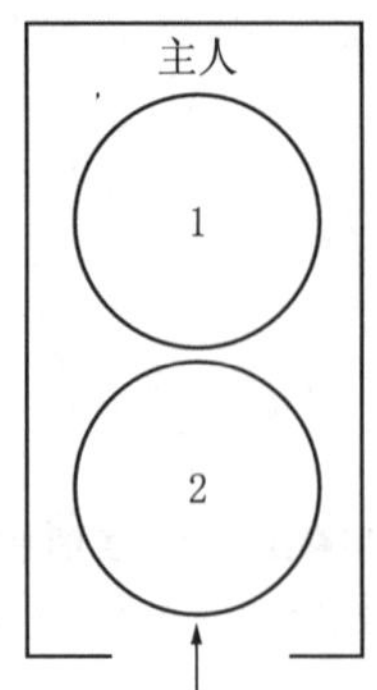

图 10-5　两桌竖排时的桌次排列

资料来源　李莉主编:《实用礼仪教程》，中国人民大学出版社 2004 年版，第 170 页。

如果是由三桌或三桌以上的桌数组成的宴会，也叫多桌宴会，其排列方法，除了要注意遵守两桌排列的规则外，还应考虑距离主桌的距离，即距离主桌越近，桌次越高；距主桌越远，桌次越低，见图 10-6。

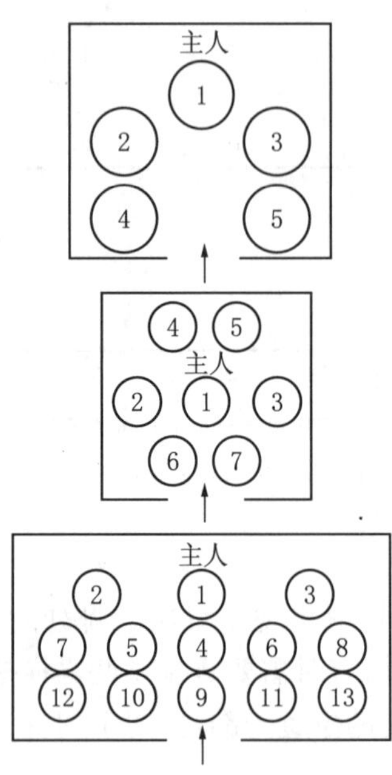

图 10-6　三桌以上宴会的桌次排列

资料来源　李莉主编:《实用礼仪教程》，中国人民大学出版社 2004 年版，第 170 页。

2. 上菜顺序

标准的中餐，不论是何种风味，其上菜的顺序大体相同。通常是首先上冷盘，接着是热炒，随后是主菜，然后上点心和汤，最后上水果拼盘。当冷盘吃剩三分之一时，开始上第一道热菜，一般每桌要安排 10 个热菜。宴会上桌数再多，各桌也要同时上菜。

上菜时，如果由服务员给每个人上菜，遵循“左上右撤”原则，要按照先主宾后主人，先女士后男士或按顺时针方向依次进行。切忌从主人身边或来宾旁边进行，以免影响尊者用餐。应避免从老人和小孩旁边上菜，以免发生意外。如果由个人取菜，每道热菜应放在主宾面前，由主宾开始按顺时针方向依次取食，切不可迫不及待地越位取菜。

换盘和撤盘的礼仪为，盘子脏了或者外壳类食品较多时换盘，在名贵菜肴前、用过有异味的食物之后以及甜品甜汤前必须换盘，应站在客人右侧右手餐盘撤回放入托盘中。①

3. 餐具的使用

1) 餐具的摆放

中餐的餐具主要有杯、盘、碗、碟、筷、匙等等。在正式的宴会上，水杯放在菜盘上方，酒杯放在右上方。筷子与汤匙放在专用的座上。公用的筷子与汤匙最好也放在专用的座上。酱油、醋、辣油等调料应一桌一份，并要备好牙签和烟灰缸。宴请外宾时，还应备好刀叉，供不会使用筷子者使用。餐具的摆放见图 10-7。

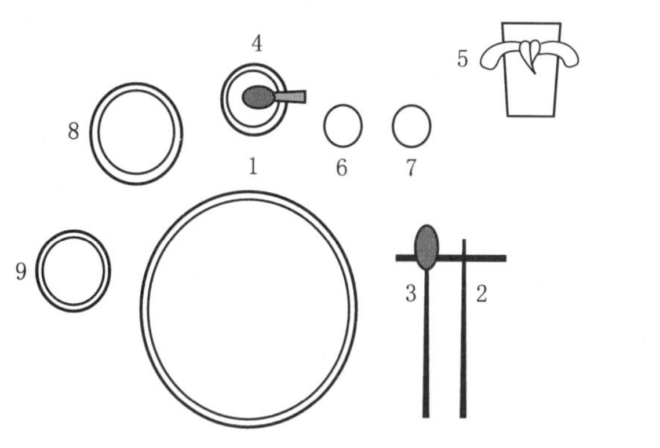

图 10-7 标准的中餐餐具摆放

资料来源 李莉主编：《实用礼仪教程》，中国人民大学出版社 2004 年版，第 172 页。

2) 餐具的使用

中餐各种餐具在使用上有许多讲究，正确地使用餐具是餐饮礼仪的重要组成部分，是必须要掌握的。

① 筷子。筷子是中餐的主要餐具，用以夹取食物。一般应以右手持筷，用右手拇指、食指和中指，三指共同捏住筷子上部三分之一处。筷子应成双使用，不能用单根筷子去插取食物。

用筷子吃饭是中国人的传统，也许因为使用筷子太普遍的缘故，使用筷子的礼仪常被人忽视，现在筷子用得不好的人不少。在餐桌上使用筷子要注意：一是不要嘴含筷子；二是不要挥动筷子；三是不要掷筷；四是不要敲筷子；五是不要用筷子插食物；六是不要用筷子去翻搅菜；七是不要把筷子放在碗上；八是不能将筷子插在盛有饭菜的碗里，这被中国人视为一种不吉利的象征；九是不要在说话时将筷子乱舞；十是不要将筷子的大头与小头并用；十一是不要将筷子戳到别人面前。

① 王家贵主编：《现代商务礼仪简明教程》，暨南大学出版社 2009 年版，第 169、378 页。

② 汤匙。汤匙主要用以饮汤，尽量不要用其舀菜。用筷子取菜时，可用汤匙加以辅助。使用汤匙要注意：一是用它饮汤时，不要全部放入口中吸吮；二是用汤匙取食物后，应立刻食用，不要再次倒回原处；三是若食物过烫，不宜用汤匙折来折去；四是不用时，应将汤匙放入自己的食碟上，不要放在桌上或汤碗里。

③ 碗。碗主要用于盛放主食、羹、汤用。在正式的宴会上，使用碗要注意：一是不要端起碗进食，尤其不要双手端起碗进食；二是碗内的食品要用餐具取，不能用嘴吸；三是碗内的剩余食品不可往嘴里倒，也不可用舌头舔；四是暂不用的碗不可放杂物。

④ 盘。稍小一些的又叫碟子。在餐桌上，盘子一般应保持原位不动，并且不宜将多个盘子叠放在一起。

每个人面前的食碟是用来暂放从公用菜盘取来的菜肴的。使用食碟要注意：一是不要取放菜肴过多；二是不要多种菜肴堆放在一起相互“串味”；三是不要将不宜入口的残渣、骨、刺吐在地上、桌上，应轻放在食碟的前端，由服务人员撤换。

⑤ 水杯。中餐的水杯，主要是用于盛白水、饮料、果汁的。要注意：一是不要用以盛酒；二是不要倒扣水杯；三是喝入口中的东西不能再吐回去。

⑥ 湿毛巾。正式宴会前，会为每位用餐者上一条湿毛巾，它是用来擦手的，不能用来擦脸、擦嘴、擦汗。宴会结束时，再上一块湿毛巾，它是用来擦嘴的，不能用来擦脸、擦汗。

⑦ 餐巾。正式宴会上，都为每位用餐者准备一条餐巾。它应当铺放在并拢之后的大腿上，而不能把它围在脖子上，或掖在衣领里、腰带上。餐巾可用于轻揩嘴部和手，但不能用于擦餐具或擦汗。

⑧ 水盂。有时，品尝某些食物需要直接动手，往往会在餐桌上摆上一个水盂，水上漂有玫瑰花瓣或柠檬片。它里面的水不能喝，只能用来洗手。洗手时，动作不要大，不要乱抖乱甩，应用两手轮流沾湿指头，轻轻涮洗，然后用餐巾擦干。

⑨ 牙签。牙签主要用来剔牙用。就餐时尽量不要当众剔牙。非剔不可时，应以一只手掩住口部。剔出的东西切勿当众观赏或再次入口，也不要随手乱弹，随口乱吐。剔牙之后，不要长时间用嘴叼着牙签。

4. 用餐要求

由于中餐的特点和食用习惯，参加中餐宴会时，尤其要注意以下几点：

第一，上菜后，不要先拿筷，应等主人邀请，主宾动筷时再拿筷。取菜时要相互礼让，依次进行，不要争抢。取菜要适量，不要把适合自己口味的好菜一人“包干”。

第二，为表示友好、热情，彼此之间可以让菜，劝对方品尝，但不要为他人布菜，不要擅自做主，不论对方是否喜欢，主动为其夹菜、添饭，让人为难。

第三，不要挑菜，不要在共用的菜盘里挑挑拣拣、翻来覆去、挑肥拣瘦。取菜时，要看准后夹住立即取走，不能夹起来又放下，或取回来后又放回去。

（五）西餐礼仪

西餐是西式饭菜的一种约定俗成的统称，大致可以分为欧美式和俄式两种。西餐菜肴主料突出，营养丰实，讲究色彩，味道鲜香，其烹饪和食用同中餐都有很大的不同，体现了一种西方的文化。学习、了解西餐的基本常识十分必要。

1. 西餐宴会的席位排列

同中餐相比,西餐的席位排列既有许多相同之处,也有不少不同。

1) 长桌的排列

最经常、最正规的西餐桌是长桌,在长桌上排位,一般有下列情况:

一是男女主人在长桌的中央相对而坐,餐桌的两端可以坐人,也可以不坐人,见图 10-8、图 10-9。

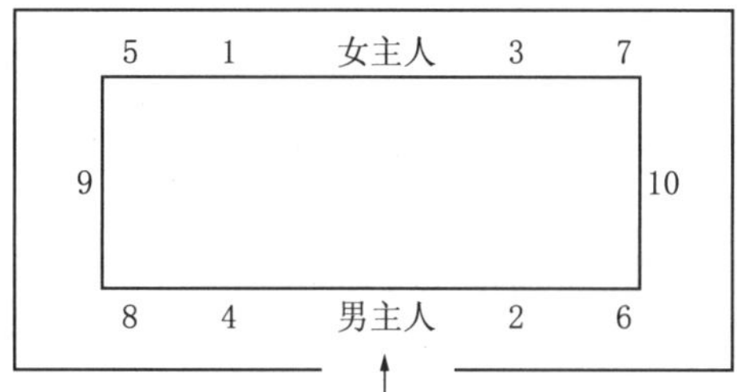

图 10-8　西餐长桌席位排列

资料来源　李莉主编:《实用礼仪教程》,中国人民大学出版社 2004 年版,第 176 页。

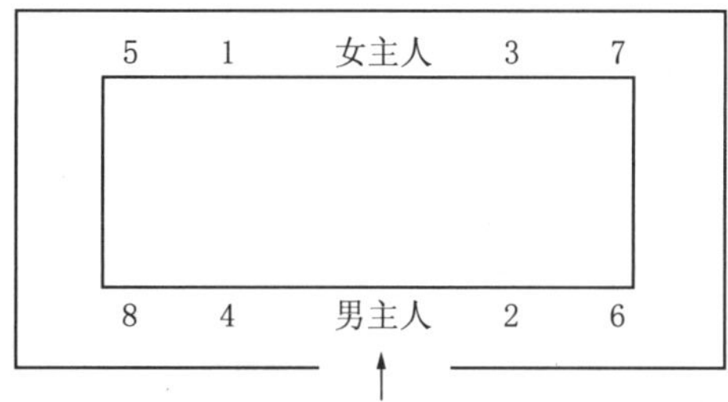

图 10-9　西餐长桌席位排列

资料来源　李莉主编:《实用礼仪教程》,中国人民大学出版社 2004 年版,第 177 页。

二是男女主人分别坐在长桌的两端,见图 10-10。

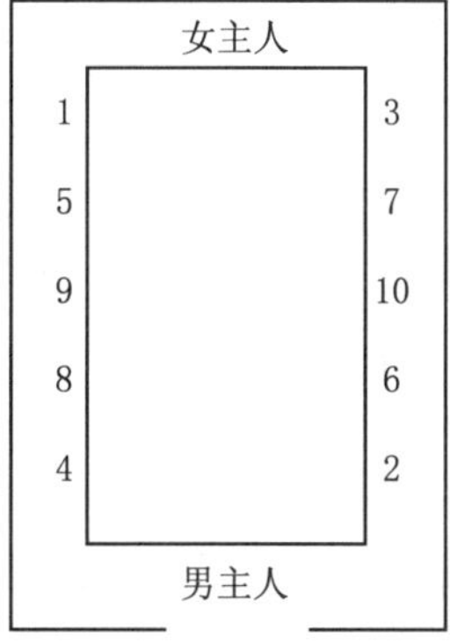

图 10-10　西餐长桌席位排列

资料来源　李莉主编:《实用礼仪教程》,中国人民大学出版社 2004 年版,第 177 页。

三是用餐人数较多时，可以把长桌拼成其他图案，以使大家能一道用餐，见图 10-11。

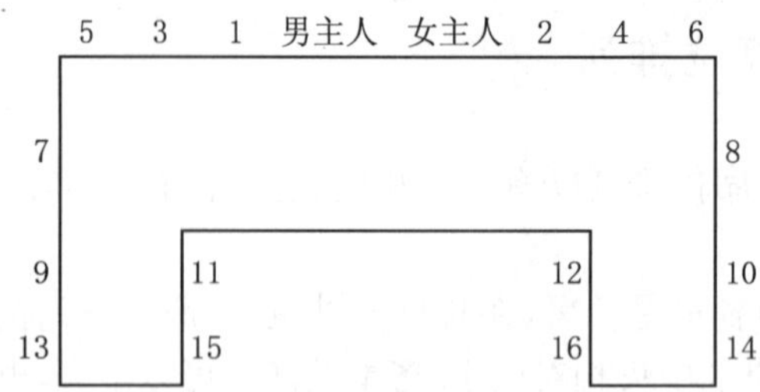

图 10-11　西餐长桌席位排列

资料来源　李莉主编:《实用礼仪教程》,中国人民大学出版社 2004 年版,第 177 页。

要注意的是，长桌的两端尽可能安排举办方的男子坐。

2）圆桌的排列

西餐宴会一般不用圆桌，如用圆桌，排列见图 10-12。

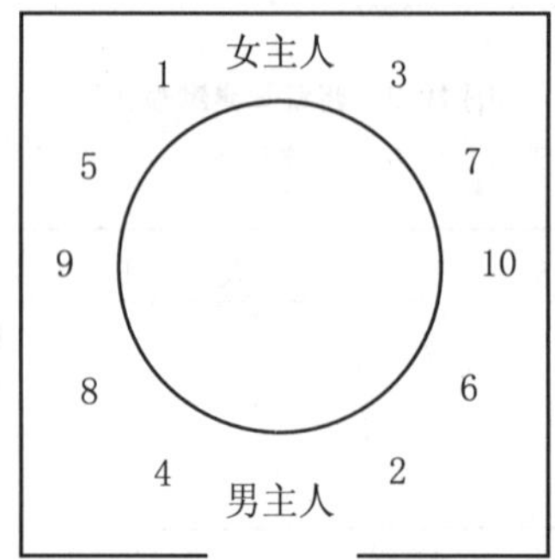

图 10-12　西餐宴会圆桌席位排列

资料来源　李莉主编:《实用礼仪教程》,中国人民大学出版社 2004 年版,第 178 页。

3）方桌的排列

在方桌上排列席位，就座于餐桌四面的人数应相等，并使男、女主人与男、女主宾相对而坐，所有人各自与自己的恋人或配偶坐成斜对角，见图 10-13。

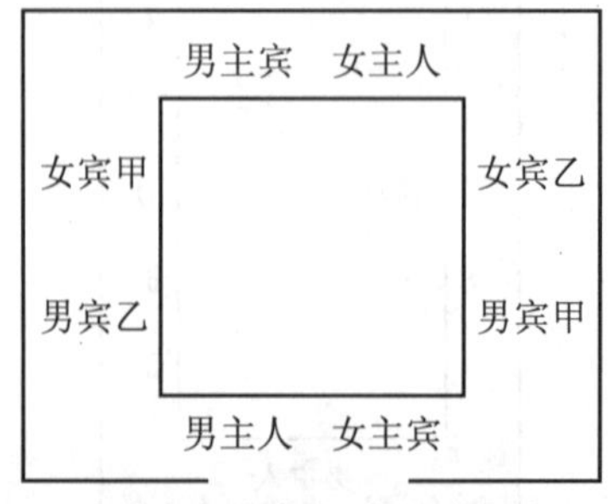

图 10-13　西餐方桌席位排列

资料来源　李莉主编:《实用礼仪教程》,中国人民大学出版社 2004 年版,第 178 页。

2. 西餐上菜顺序及用餐方法

完整的西餐正餐要由下列八道菜肴组成。

1）开胃菜

开胃菜就是打开胃口的菜，也叫头盆、前菜，开胃菜既可以是色拉，也可以是由海鲜、蔬菜组成的拼盘，如果均已切割好，用餐叉食用即可。

2）面包

面包一般放在自己的左前方，可在吃第一道菜时开始食用。如果是切片面包，则可直接用黄油刀涂上黄油、果酱或奶酪。如果不是切片面包，应该用左手撕下一块大小合适，刚好可以一次吃下的面包，用黄油刀涂上黄油或果酱，再送入嘴中。不能拿起一大块面包，全部涂上黄油，双手托着吃；不能用叉子叉着面包吃；不能用刀叉切开吃；也不能把面包浸在汤内捞出来再吃。如果是烤面包片，则不要撕开。甜食上来后，最好就不要再吃面包了。

3）汤

西餐中的汤有两大类，即浓汤和清汤，也有很好的开胃作用。正式喝汤时，才算正式开始吃西餐。喝汤时，要用右手拇指和食指持汤匙，从汤盘靠近自己的一侧伸入汤里，向外侧将汤舀起。注意不要将餐匙盛得太满。当盘内的汤剩下不多时，可以用左手将盘子内侧稍稍托起，使其外倾，用右手持汤匙舀取余汤来喝。喝汤时，一不要端起盘子来喝汤；二不要喝汤时发出"嘶嘶"的声音；三不要身子俯得太低，趴到汤盘上去吸食；四不要用嘴吹，或用匙搅拌降温。

4）主菜

主菜的内容十分广泛，包括了水产类菜肴、畜肉类菜肴、禽肉类菜肴和蔬菜菜肴。正式的西餐宴会上，大体上要上一个冷菜，两个热菜。两个热菜中，讲究先上一个鱼菜，由鱼或虾以及蔬菜组成。另一个是肉菜，为西餐中的大菜，是必不可少的。它多用烤肉，配以蔬菜，往往代表着此次用餐的最高档次和水平。在吃鱼时，可用餐刀将其切开，将鱼刺、骨剥出后，再切成小块，用叉取食。吃鸡时，也应切下一块，用叉取食，直接用手上去撕扯是失礼的。肉菜指的是西餐的猪、牛、羊肉。平常人们所说的主菜，一般都指的是肉菜。在肉菜中，猪排、羊排、牛排，尤其是牛排，是西餐中的"重中之重"。吃肉菜时，要用叉子摁住食物，用餐刀切下一小块，吃完后再切第二块。

5）点心

吃过主菜后，一般要上些蛋糕、饼干、吐司、三明治、土豆片等西式点心，可以用手拿着吃。通心粉，又叫意大利面条，吃时不能一根一根挑着吃或吸着吃。应该右手握叉，在左手用汤匙的帮助下，把面条缠绕在餐叉上，然后送入嘴中。

6）甜品

点心之后，接着上甜品，最常见的有冰淇淋、布丁等等，应用餐匙取食。

7）水果

吃完甜品，一般还要摆上干鲜果品。下面介绍西餐常用水果的食用办法。

① 苹果。最正规的吃法，是将一个苹果用刀切成大小相仿的 4 块，然后去皮，去核，再以刀叉食用。现在生活中，最普遍的做法，是用手拿着去皮的小块苹果直接吃了。

② 香蕉。正规的吃法是先用刀子将香蕉皮纵向割一条线，再用刀叉把皮撑开，切成小块食用。一般不用手整个拿着香蕉，一边剥皮，一边咬着吃。

③ 草莓。普通的草莓，可用手取食。吃带调味汁的草莓，要用餐匙。

④ 葡萄。可取一小串，一粒一粒用手揪下来吃。其皮、核先吐入手中，再放入餐盘内。吃餐盘内不成串的单粒葡萄时，则应用餐叉相助取食。

⑤ 菠萝。应用餐刀切成小块，用餐叉取食。不要用手拿着吃。

8）热饮

在宴会结束前，还要为用餐者提供热饮，一般为红茶或咖啡，以帮助消化。西餐的热饮，可以在餐桌上饮用，也可以换个地方，到休息室或客厅去喝。

3. 西餐餐具的使用

1）餐具的摆放

西餐的餐具主要有刀、叉、匙、盘、碟、杯等，讲究吃不同的菜要用不同的刀叉，饮不同的酒要用不同的酒杯。其摆法为：正面放着汤盘，左手放叉，右手放刀，汤盘前方放着匙，右前方放着酒杯。餐巾放在汤盘上或插在水杯里，面包奶油盘摆放在左前方，见图 10-14。

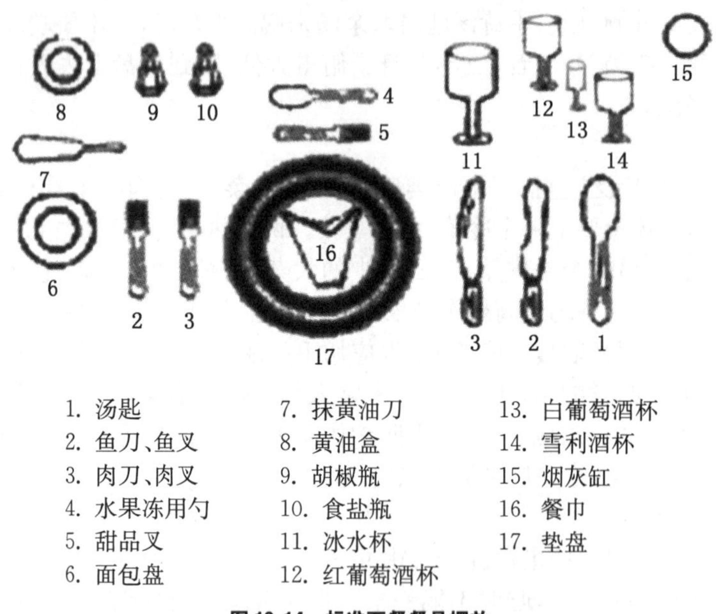

图 10-14 标准西餐餐具摆放

资料来源 李莉主编：《实用礼仪教程》，中国人民大学出版社 2004 年版，第 181 页。

2）餐具的使用

用刀、叉进餐是西餐的最重要特征之一。除此之外，西餐的主要餐具还有餐匙和餐巾，用法也有特殊之处。至于西餐桌上的盘、碟、杯、水盂、牙签等餐具，其基本用法同中餐相似，可参照之，此处不再赘述。

① 刀叉。刀叉是西餐餐具的主角。正确地使用刀叉，要做到下列几点：

一是要正确地区别刀叉。在正规的西餐宴会上，讲究吃一道菜换一副刀叉。吃每道菜，都要使用专门的刀叉，既不能乱拿乱用，也不能从头到尾仅使用一副刀叉。吃西餐正餐时，摆在每位就餐者面前的刀叉有：吃黄油的餐刀，吃鱼用的刀叉，吃肉用的刀叉，吃甜品、水果用的刀叉等等。各种刀叉形状各异，摆放的位置也不一样。吃黄油用的餐刀，一般应横放在就餐者左手的正前方，距主食面包不远处。吃鱼和肉用的刀叉，应当餐刀在右，餐叉在左，分别纵放在就餐者面前的餐盘两侧。由于刀叉的数目同上菜的道数是相等的，有时餐盘两侧分别摆放的刀叉会有三副之多。取用刀叉的基本原则是，每上一道菜依次从两边由外侧到内侧取用刀叉。如果没有经验、把握不准，不妨比别人慢半拍，看一下别人怎样使用。吃甜品用的刀叉，一般横放在就餐者餐盘的正前方。

二是正确地使用刀叉。通用的刀叉使用方法主要有两种：一种是英国式的，要求在进餐时，始终右手持刀，左手持叉，一边切割，一边用叉食之，叉背朝着嘴的方向进餐，这种方式比较文雅；另一种是美国式的，先右手刀左手叉，把餐盘的食物全部切割好，然后把右手的餐刀斜放在餐盘的前方，将左手的餐叉换到右手，再品尝，这种方式比较省事。刀可以用来切食物，也可用来把食物拨到叉上。叉用来取食物，也可以用它摁住食物，使之用刀切割时不滑脱。使用刀叉时要注意：不要动作过大，影响他人；切割食物时，不要弄出声响；切下的食物要刚好一口吃下，不要叉起来再一口一口咬着吃；不要挥动刀叉讲话，也不要用刀叉指点他人；掉落到地上的刀叉不可拣起再用，应请服务员换一副。

三是要知道刀叉的暗示。如果就餐过程中，需暂时离开一下，或与人攀谈，应放下手中的刀叉，刀右、叉左，刀口向内、叉齿向下，呈“八”字形状摆放在餐盘之上。它表示：此菜尚未用毕。如果吃完了，或者不想再吃了，可以刀口向内，叉齿向上，刀右、叉左并排放在餐盘上。它表示：不再吃了，可以连刀叉带餐盘一起收走。注意不要把刀叉摆放在桌面上，尤其不要将刀叉交叉放成“十”字形，这在西方人看来，是令人晦气的图案。

② 餐匙。餐匙也是西餐不可缺少的餐具，同中餐汤匙相比，在形状和使用上，也有很大的不同。

一是要区分不同餐匙。在正式的西餐宴会上，餐匙至少会出现两把，它们形状不同，摆放的位置也不同。个头较大的餐匙叫汤匙，通常摆放在就餐者面前的餐盘的右侧最外端，与餐刀并列纵放。个头较小的餐匙叫甜品匙，一般情况下，它应被横放在吃甜品用的刀叉正上方，如果不吃甜品，有时也会被个头同样较小的茶匙代替。

二是要正确使用餐匙。餐匙各有各的用途，千万不要相互代替。要注意做到：餐匙除用于饮汤、吃甜品外，不可用于取食其他食物；不要用餐匙在汤、甜品之中搅来搅去；用餐匙取食，不要过满，一旦入口，就要一次用完，不要一匙东西，反复品尝多次；餐匙入口时，要以其前端入口，不要将其全部塞入嘴中；餐匙使用后，不要再放回原处，也不要将其插入菜肴或“直立”于餐具之中。

③ 餐巾。在西餐中，餐巾也是一个重要的角色。同中餐餐巾相比，虽有许多用途、用法相似，但也有更严格特殊之处需多加注意。

一是餐巾的铺放。西餐餐巾通常会叠成一定的图案，放置在就餐者的水杯里，有时直接平放于就餐者的右侧桌面上或就餐者面前的垫盘上。形状有长方形和正方形之分。餐巾应平铺在自己并拢的大腿上。如果是正方形的餐巾，应将它折成等腰三角形，直角朝向膝盖方向；如果是长方形餐巾，应将其对折，然后折口向外平铺在腿上。餐巾的打开、折放应在桌下悄然进行,不要影响他人。

二是餐巾的用途。餐巾对服装有保洁作用,防止菜肴、汁汤落下来搞脏衣服;也可以用来揩拭口部,通常用其内侧,但不能用其擦脸、擦汗、擦餐具;还可以用来遮掩口部,在非要剔牙或非要吐出嘴中的东西不可时,可用餐巾遮掩,以免失态。

三是餐巾有暗示作用。西餐以女主人为第一主人。当女主人铺开餐巾时,暗示用餐开始;当女主人把餐巾放到桌上时,暗示用餐结束。就餐者如果中途离开,一会儿还要回来继续用餐,可将餐巾放在本人所坐的椅面上;如果放在桌面上,则暗示我不再吃了,可以撤掉。

[研读专栏]

吃西餐谨记"6M"①

如何品味西餐文化,研究西餐的学者们经过长期的探讨和总结认为:吃西餐应讲究以下6个"M"。

第一个是"Menu(菜谱)"。如何点好菜?这里介绍一点经验之谈,那就是打开菜谱后,看哪道菜是以店名命名的,这道菜可千万不要错过。因为那家餐馆是不会拿自己店的名誉来开玩笑的,所以他们下工夫做出的菜,肯定会好吃的,这道招牌菜大家一定要点。

当您走进咖啡馆或西餐馆时,服务员会先领您入座,待您坐好后,首先送上来的便是菜谱。菜谱被视为餐馆的门面,老板也一向重视,采用最好的材料做菜谱的封面,有的甚至用软羊皮打上各种美丽的花纹,显得格外典雅精致。

另外要特别说明的一点是,不要以吃中餐的习惯来对待西餐的点菜问题:即不要对菜谱置之不理,不要让服务员为你点菜。在法国,就是戴高乐、德斯坦总统吃西餐也得看菜谱点菜的。因为看菜谱、点菜已成了吃西餐的一个必不可少的程序,是一种优雅生活方式的表现。

第二个是"Music(音乐)"。豪华高级的西餐厅,通常会有乐队,演奏一些柔和的乐曲,一般的西餐厅也播放一些美妙典雅的乐曲。但这里最讲究的是乐声的"可闻度",即声音要达到似听到又听不到的程度,也就是说,要集中精力和友人谈话就听不到,在休息放松时就听得到,这个火候要掌握好。

第三个是"Mood(气氛)"。吃西餐讲究环境雅致,气氛和谐。一定要有音乐相伴,桌台整洁干净,所有餐具一定要洁净。如遇晚餐,要灯光暗淡,桌上要有红色蜡烛,营造一种浪漫、迷人、淡雅的气氛。

第四个是"Meeting(会面)"。也就是说和谁一起吃西餐,这是要有选择的。吃西餐的伙伴最好是亲朋好友或是趣味相投的人。吃西餐主要是为联络感情,最好不要在西餐桌上谈生意。所以在西餐厅内,氛围一般都很温馨,少有面红耳赤的场面出现。

第五个是"Manner(礼俗)"。这一点指的是"吃相"和"吃态"。既然是吃西餐就应遵循西方的习俗,勿有唐突之举,特别是在手拿刀叉时,若手舞足蹈,就会失态。

刀叉的拿法一定要正确:应是右手持刀,左手拿叉。用刀将食物切成小块,然后用叉送入口内。一般来讲,欧洲人使用刀叉时不换手,一直用左手持叉将食物送入口内。美国人则

① 参见 http://www.jhchangkong.com/html/news/2011-10-9/161.html。

是切好后,把刀放下,右手持叉将食物送入口中。但无论何时,刀是绝不能送物入口的。西餐宴会,主人都会安排男女相邻而坐,讲究"女士优先"的西方绅士,都会表现出对女士的殷勤。

第六个是"Meal(食品)"。一位美国美食家曾这样说:"日本人用眼睛吃饭,料理的形式很美;吃我们的西餐,是用鼻子的,所以我们鼻子很大;只有你们伟大的中国人才懂得用舌头吃饭。"

研读小结

西餐"6M"是品尝西餐的基本礼仪,其要求和中餐有些许差异。从"Music, Mood, Meeting"中我们也不难看出西方餐饮礼仪对用餐氛围的极高要求。可见,若想要用好一顿西餐,与氛围的好坏是息息相关的。而 Meal 的要求,显示出了中西餐美食的差异。

二、舞会礼仪

舞会是现代社会交往活动的重要形式之一,是高雅的文艺娱乐活动,可以结识朋友、加深友谊、消除疲劳、陶冶性情。它形式活泼、气氛融洽、格调高雅。因此,舞会吸引着社会各个阶层的人士。

(一) 舞会的组织

要想举办好一场舞会,使其真正地获得圆满成功,舞会的组织工作者必须提前安排,组织周全。在组织任何正规的舞会时,首先必须认真地遵守礼仪规范。具体来说,舞会的时间、场地、曲目、来宾、接待等方面,应准备周全。

举办舞会,首先要选择适当的时间。节庆日、生日、婚礼等喜庆礼仪中都可举行。周末也可以作为常规舞会举行的时间。根据惯例,舞会一般安排在晚上举行,以两小时左右为宜。晚上 7 时到 9 时,或者 8 时到 10 时都是适合举办舞会的时间。没有特殊的原因,舞会一般不会超过四个小时。

确定舞会的场地要根据人数和档次考虑。参加人数较少的舞会,可以在家的客厅、庭院,或者公园、广场等场所举行。举办参加人数较多的舞会,则宜在正规的俱乐部或者营业性的舞厅举行。在确定舞会地点时,还要考虑场地的档次。

舞会的参加人员包括来宾、主人和工作人员。决定来宾的名单后,应提前向对方发出正式的请柬。根据惯例,邀请每位来宾时,需同时请其再邀请一位异性一同前往,以保持舞会全体参加者在性别上大体一致。任何一场正式的舞会,都必须有一位名义上的主人。舞会的工作人员包括礼宾人员、接待人员、安全保卫人员、舞曲演奏人员、音响与灯光工作人员等等,这些在舞会准备阶段都要一一落实。

(二) 舞会着装礼仪

无论国际或是国内的舞会,都是一项高尚、讲究礼仪的社交活动。舞会,无疑也是展示魅力的场所……因此，对舞会参加者的着装有很高的要求。

一般来说，如果是亲朋好友在家里举办的小型生日 PARTY 等活动，要选择与舞会的氛围协调一致的服装，女士则最好穿便于舞动的裙装或穿旗袍，搭配色彩协调的高跟皮鞋。作为男士，一定要头发干净，衣着整洁。一般的舞会可以穿深色西装，如果是夏季，可以穿淡色的衬衣，打领带，最好穿长袖衬衣。

如果应邀参加的是大型正规的舞会，或者有外宾参加，这时的请柬会注明：请着礼服。接到这样的请柬一定要提早做准备，女士的礼服在正式的场合要穿晚礼服。晚礼服源自法国，法语是“袒胸露背”的意思。有条件经常参加盛大晚会的女士应该准备晚礼服，偶尔用一次的可以向婚纱店租借。近几年也有穿旗袍改良的晚礼服，既能凸显中国的民族特色，又能表现出中国女性的端庄典雅的气质。

图 10-15 舞会着装

资料来源 北方网，http://edu.enorth.com.cn/system/2012/04/11/009024318_08.shtml。

手袋的装饰作用非常重要，缎子或丝绸做的小手袋在参加舞会时必不可少。晚礼服一定要佩戴首饰。露肤的晚礼服一定要佩戴成套的首饰：项链、耳环、手镯，晚礼服是盛装，因此最好要佩戴贵重的珠宝首饰，在灯光的照耀下，首饰的闪光会为你增添光彩。

男士的礼服一般是黑色的燕尾服，黑色的漆皮鞋。正式的场合也需戴白色的手套。男士的头发一定要清洁。因为跳舞时两人的距离较近，所以应保持口腔卫生，最好用口腔清新剂。

（三）舞会礼仪

舞会是一个高雅的环境，参加者一定要注意自己的举止言行不落俗套，与人交谈态度平和，与人跳舞表现自然。总之，在舞会上，要讲究舞会礼仪，不可有粗俗的举止。

1. 舞会开场

舞会开始时，女主人在客厅迎接每一位到会的宾客，并将新来的客人向就近来宾作介绍。

2. 舞会进场

如男宾携女宾同来，进舞厅时，应女子在前，男子在后，不要双双挽臂而行。

3. 邀请舞伴

舞曲奏响以后，男方要大方地走到女方面前邀请。在舞场上，邀请舞伴的常规，是一种基本的礼仪规范。男士可以邀请女士伴舞，但女士一般不能主动邀请男子伴舞。但特殊情况下，女士需要请长者或者贵宾时，则可以不失身份地表达："先生，请您赏光。"或说："我能有幸请您吗？"男子邀请已婚女子跳舞时，应先请求其丈夫，得到许可后再与之跳舞。男宾还应主动邀请女主人或主人的女儿跳舞，以表敬意。

在跳舞进行中，允许插入换舞伴，但绝不能两个男子或两个女子共舞。根据国际惯例，两位男士共舞等于宣告他们不愿意邀请在场的任何一位女性，无形中表明他们是同性恋关系。两位女士也应尽量不共舞，尤其是在有外宾的情况下以及在国外的舞会上，我们要注意这一点。

4. 拒绝邀请

一般情况下，当别人邀请自己跳舞时，是不宜予以拒绝的。但如果特殊情况下，女士不愿和某男士跳舞时，可以有礼貌地找个借口推辞，态度要自然友好，彬彬有礼。在这一支舞曲中，女士不宜再和另外的男士跳舞。当遇到两位或两位以上的舞伴邀请时，从国际礼仪的角度考虑不难解决，女士最能顾全他们面子的做法，是全部委婉地谢绝。要是两位男士一前一后走过来邀请，则可以"先来后到"为顺序，接受先到者的邀请，同时诚恳地对后面的人说："很抱歉，下一次吧。"并要尽量兑现自己的承诺。

5. 离开舞会

无论是参加朋友的私人舞会，还是正式的大型舞会，遵守时间是首要的礼仪，要准时到达。至于什么时间离开舞会较为合适，朋友的私人舞会最好要坚持到舞会结束后再离去，也是对朋友的支持。至于其他的舞会，对离开的时间是没有限制的。当女伴打算回家时，男舞伴应立即允诺，并略略送行。如果男子先行，则应向女舞伴说明理由，请求原谅。离开舞厅不一定惊动主人，可以不辞而行。但如适值主人在附近，就应向她表示感谢，然后告别。参加舞会后的一周之内，应给主人打电话或写信表示谢意。

本章主要介绍了人际传播的礼仪。礼仪是一个古老而又常新的话题。中国素有“礼仪之邦”之称，在漫长的历史长河中，古老的中华民族积累了丰富的文化瑰宝，其中包括“重礼”之风。在新世纪中，市场经济的各方面条件，极大地促进了人际传播的发展，礼仪的作用更加彰显，很多专家称礼仪是人际关系的“通行证”。在人际传播活动中，礼仪能反映一个人的个性气质、道德修养、审美情趣与文化修养。懂得人际传播的礼仪并恰当地运用，能够塑造良好的自我形象，可以先声夺人，对个人、对群体起到积极的宣传效果，给他人留下良好的第一印象。因此，我们每个人都要学习礼仪、讲究礼仪、应用礼仪，只有这样，个人才会进步，社会才会进步和发展。

[**思考题**]

1. 人际传播的礼仪是什么？它有何特征？
2. 在人际传播活动中，要注意什么服饰礼仪？结合实际说说你对 TPO 原则的理解。
3. 在人际传播活动中，要注意什么仪容礼仪？
4. 结合实际，谈谈言谈礼仪有何原则？并举例说明。
5. 常见的见面礼仪有哪些？有什么作用？试举例说明。
6. 宴会有哪些类型？出席宴会有何礼仪？
7. 结合实际，谈谈你对舞会礼仪的理解。
8. 请分析以下案例。

一位刚毕业的女大学生到一家公司应聘财务会计工作，面试时即遭到拒绝，因为她年轻，公司需要的是有丰富工作经验的资深会计人员。女大学生却没有气馁，一再坚持。

她对主考官说：“请再给我一次机会，让我参加完笔试。”主考官拗不过她，答应了她的请求。结果，她通过了笔试，由人事经理亲自复试。人事经理对这位女大学生颇有好感，因她的笔试成绩最好，不过，女孩的话让经理有些失望，她说自己没工作过，唯一的经验是在学校掌管过学生会财务。

找一个没有工作经验的人做财务会计不是他们的预期，经理决定收兵：“今天就到这里，如有消息我会打电话通知你。”女孩从座位上站起来，向经理点点头，从口袋里掏出两块钱双手递给经理：“不管是否录取，请都给我打个电话。”

经理从未见过这种情况，竟一下子呆住了。不过他很快回过神来，问：“你怎么知道我不给没有录用的人打电话？”“你刚才说有消息就打，那言下之意就是没有录取就不打了。”

经理对这个年轻女孩产生了浓厚的兴趣，问：“如果你没被录用，我打电话，你想知道些什么呢？”

“请告诉我，在什么地方不能达到你们的要求，我在哪方面不够好，我好改进。”

“那两块钱……”女孩微笑道：“给没有被录用的人打电话不属于公司的正常开支，所以由我付电话费，请你一定打。”

经理也微笑道：“请你把两块钱收回，我不会打电话了，我现在就通知你，你被录用了。”

案例思考题

分析在上述案例中女孩被录用的原因。

9. 请分析以下案例

多年前，在我国设在某国的使馆举行的一次国庆招待晚宴上，曾发生这样一件事：

罗马尼亚驻该国的武官刚刚上任，这位第一次出任外交官的武官偏偏第二天就赶上出席我国使馆举行的国庆招待晚宴。

那时，中罗关系很好，所以在欢迎他前来赴宴的过程中，气氛热烈而友好。这位武官当互致问候走到我使馆漂亮的女二秘面前时，一改与其他人握手的方式，热情地张开双臂，紧紧地拥抱着我方的这位“馆花”，非常投入地“热吻”着，边吻还边说着听不懂的罗马尼亚语。

这一突然到来的“友好”令女二秘猝不及防，顿时红晕飞上面颊。要是不配合吧，事关两国关系；但任由对方这么“好客”吧，这种在众人面前的“第一次体验”也实在难为了这位女二秘。要知道，这正是我国“斗私批修”、“破除四旧”的“文革”期间。

当时在场的我国大使看出了自己属下的心思，为大局着想，忙不迭地鼓励着说：“一回生，两回熟，要想适应，需多体验。”弄得女秘书更加哭笑不得。

平心而论，这位罗武官的举动是出于友好，无可厚非，但他无意之中却违背了交际礼仪的基本规律，那就是“到什么山上唱什么歌”，“入境随俗”，“入乡问禁”。

结果，事后一段时间，使馆的同志见到这位女二秘时，还开玩笑地问：“那位罗武官也实在太热情了。感觉如何啊？”

女秘书只是一笑了之。

案例思考题：

（1）从这个案例中你学习到了什么？

（2）在国际化场合，与国际友人交往时我们应该注意什么？

10. 请用本章所学知识，并查找相关资料，为职场新人小王制定一场成功的商务宴会计划。这场商务宴会立足上海，主宾是一位有几十亿元身家的上海本土民企老板，另外一位是跨国公司高级总经理，来自美国的约翰。商务宴会的目的是为了促进两家公司之间的贸易往来。

第十一章

人际传播的技巧

◆ **学习目标**

学习完本章，你应该能够：

(1) 掌握说的技巧；

(2) 掌握有效书面沟通的技巧；

(3) 掌握倾听的技巧；

(4) 掌握反馈的技巧。

◆ **基本概念**

说话“五要素”　口语型文字　书面型文字　有效倾听　反馈的技巧

第一节　说的技巧

孔子曰：“不知言，无以知人也。”民间谚语也说：“巧舌加真诚，一发可牵象。”古今中外，杰出的交谈艺术人物，总是备受称赞，即使是交谈敌手，也会在各种场合露出赞叹之词。交谈艺术，博大精深，对敌手，应辩词锋利，唇枪舌剑，有坚定的原则性；对友人，又能春风和煦，情真意切，有强烈的感召力；对己，还能做到谈吐自如，风趣幽默，有一种无形的感染力。交谈又必须做到博古通今，随机应变，审时度势，分寸得体。该严肃时做到声色俱厉；该祥和时又能顷刻笑容可掬……这里都讲的是说话的极端重要性及其魅力。

说话包括两个方面的含义，最基本的是指具有说话的能力，用嘴巴说；同时“说”是一门科学，也是一门艺术，有技巧可言，我们都感受得到说话艺术具有巨大的美的魅力，它是一个人的聪睿、智慧、哲思的有效载体，是一个人展示才华的窗口，是一个人有希望成为杰出人物的最有效工具。因此，一个人不仅要能说，而且要会说，具备说话技巧，具有一定的表达技巧。具体来说，就是能准确传递讯息，在与他人沟通时，说话的内容正确、条理清楚、逻辑严密、准确得体、巧妙有趣，真正使说话成为一种扣人心弦的力量。说话技巧是自我与他人沟通的最基本、最常用的方法。是否具有说话技巧。对于人际传播的建立和发展至关重要。说话技巧就像一种润滑剂，不仅能保证人际关系之轮正常运转，而且能使其朝着优化的方向快速地运转。

说话是直接的语言交往，双方当场面对面，还要受到周围环境的种种限制。包括自然环境、社会环境、心理环境、语言环境等，可以说一个人说话是以整个社会生活为背景的。

讲求说话的技巧和艺术，就要考虑到说话方式、说话时机、话题内容、说话对象以及说话场合等五个方面的因素。

一、如何说(How)

人们每天都和人说话，话讲得好或不好，效果大不一样。要搞好人际关系，创造良好的、和谐的人际传播环境，选择恰当的说话方式非常重要。人际传播既有面对面的直接传播方式，也包括通过书信、电话、传真、录音带、录影带、互联网等媒介进行的间接传播方式。不同的表达方式可以给人以不同的感觉，或是温文尔雅，或是冷酷无情。不同的传播方式通过话语或文字体现不同的表达方式，对人际传播产生重要的影响。

在人际传播过程中，如何用恰当的方式去"说"，一方面关系到信息的传递，另一方面关系到别人由此对一个人的评价。当我们处理与他人关系的时候，我们该如何说常常取决于：他们能理解我们到何等程度、我们能向对方叙述到何等程度、我们能在多大程度上影响对方。周向军在其著作《人际关系学》(修订本)一书中介绍了在人际传播中说话要注意的很多方面，本书参考了其部分内容。

(一) 集中连贯

集中和连贯是说好话的基本要求。集中是指说话前要有一个明确的说话目的和说话中心，然后始终围绕这个目的和中心说话。连贯是指围绕着中心，思维清晰，说话有逻辑，表达有条理。说话的集中性和连贯性都是与说话的逻辑分不开的，集中和连贯主要是指说话的思路问题，思路就是逻辑线索。要做到集中连贯，必须与提高逻辑性同时进行。

具有说话技巧的人，总是特别注意说话的集中性。不会说话的人，则总是忽视或无视这一点，在谈话时胸无全局，想一点说一点，想到哪里说到哪里。这样说，要么断断续续，说得后语不搭前言；要么漫无边际，兴之所至，任意发挥。其结果尽管滔滔不绝，却是废话连篇，不仅浪费听者的时间，也难以达到说话的目的。

实现说话集中性的要求，从宏观的角度说，首先应注意使说话切合传播目的的需要。在说话时，为了达到目的，有时可以直抒胸臆，有时要靠旁敲侧击，有时需要迂回，有时欲擒故纵，有时步步诱导。总之，手段可以千变万化，但目的却要时时牢记。从微观角度说，应注意说话的一字一句都要紧紧扣住想要表达的主要思想的需要。为此，在说话时，要始终围绕中心，不应离题太远，更不应喋喋不休、唠唠叨叨，也不宜提出太多的话题，随便把话题中心转移。孔子就曾经赞扬他的学生闵子骞说，"夫人不言，言必有中"，意思就是说他虽然平时不太说话，但是一说就说到重点上、要点上。

要做到说话连贯，事先就应该考虑到说话的开头、结尾，以及中间该如何说；哪些地方需要交代，哪些地方需要呼应；哪些地方详说，哪些地方略说；哪些地方用哪些材料，前后如何衔接，是先讲原因还是先讲结果；等等。

毛泽东在《反对党八股》一文中说过："一篇文章或一篇演说，如果是重要的带指导性质的，总得要提出一个什么问题，接着加以分析，然后综合起来，指明问题的性质，给以解决的办法。"提出问题、分析问题、解决问题，是说话内容发展和表达说话主题的几个环节，这对提高说话的连贯性很有指导意义。

(二)情真意切

人的交往,贵在交心。在与他人沟通的过程中,说话情真意切,也是起码的要求。唯有真诚的心力与情感,才能生出磁石般的影响,唤起他人的热忱。俗话说:“巧舌加真诚,一发可牵象。”在现实生活中,许多人以真诚的说话使事业得以成功,而且还能获得众多的朋友,因为大家都喜欢诚实的说话者,而所谓“心诚能使石头开花”,可以感化他人。说话真诚,还能化干戈为玉帛,使本来的矛盾得以消解。

白居易在《与元九书》中写道:“感人心者,莫先乎情。”刘勰说:“繁采寡情,味之必厌。”情动于衷而形于言,写文章如此,说话也不例外。一次成功的说话,它的语言总是伴随着真挚的感情去传递信息,与对方交流思想,达到彼此心灵的沟通。这里的“情”,主要是指人的感情,而这种感情,与说话者的情真意切是分不开的。

说话要有感情色彩,而感情色彩的浓淡,往往决定于真诚的程度。只有饱含炽热的情感、情真意切,说话才会使“快者掀髯,愤者扼腕,悲者掩泣,羡者色飞”。一个说话者如果感情不真切,是逃不过听众眼睛的。林肯曾说过:“你能在所有的时候欺瞒某些人,也能在某些时候欺瞒所有人,但不能在所有的时候欺瞒所有的人。”只有真情,才能拨动听者的心弦,发出会心的共鸣。这里的真情,是包括诚心诚意在内的。

温家宝总理在十一届全国人大第五次会议后的记者见面会上,他饱含真情地说:“这是我在两会之后最后一次同大家见面了。今年可能是最困难的一年,但也可能是最有希望的一年。人民需要政府的冷静、果敢和诚信;政府需要人民的信任、支持和帮助。我将在最后一年守职而不废,处义而不回,永远和人民在一起。”他的语气中透出对人民的牵挂以及深深的忧国忧民之情,感动了许多人。

做成功的说话者,就必须注意说话的情真意切,应该用真挚的情感、竭诚的态度叩响听话者的心房,对真善美热情讴歌,对假恶丑无情鞭笞,让喜怒哀乐溢于言表,使黑白褒贬泾渭分明。用自己的心去弹拨他人的心,用自己的灵魂去感染他人的灵魂,使对方闻其声见其心,达到感情上的融合,使话语犹如春风化雨,润物无声,熏陶感染,潜移默化,发生强烈的共振效应。

(三)以理服人

以情动人和以理服人是说话的两个方面,二者有机统一,互相交融,可以使说话取得良好的效果。要使听话者乐于接受和信服自己的说话内容,最好是有充分的理由,要摆事实,讲道理。托尔斯泰曾说:“用语言表达出来的真理,是人们生活中的巨大力量。”确凿的事理正是说话的力量所在。

我们要懂理,也要讲理。道理是明智的、理智的,能让我们的言行有一个合理的范围。要想以理服人首先材料和事实要准确可靠。俗话说:“事实胜于雄辩”。事实是说话的基础。其次说理要充分透彻,有的放矢。利用已有材料进行分析说理,抓住事物的本质,一切问题都可迎刃而解。

1955年在印尼万隆召开的亚非会议上，一些不怀好意的人把矛头指向中国，气氛曾一度相当紧张。周恩来总理对此坦率而又郑重地指出："中国代表团是来求团结而不是来吵架的"，"是来求同而不是来立异的"。接着，他分析了中国和亚非各国之间求同的基础，阐述了中国政府有关的内外政策，使得别有用心的人无隙可钻。最后，他呼吁"亚非国家团结起来，为亚非会议的成功而努力"。周恩来总理坚持以理服人，赢得了代表们的普遍赞誉。就连在会上攻击过中国的代表也说："这个演讲是出色的。"

"铁嘴外交官"李肇星在美国担任驻美大使期间，在俄亥俄州立大学演讲时，一位美国老妇人问他："你们为什么'侵略'西藏?"李肇星并没有当即发作，而是问这位美国老太太："请问您是哪里人?"老太太回答自己是德克萨斯人，李肇星于是亲切地说："德克萨斯州1848年加入美国，而西藏在13世纪中叶就已经是中国不可分割的一部分。您看，您的胳膊本就是您身体的一部分，能说是您的身体侵略了您的胳膊吗?"李肇星以巧妙的方式摆事实讲道理，以理服人，推己及人，让这位美国老妇人认识到事实的真相，最后心服口服。话要是说得令人信服，有理有据，自然而然会对听众产生影响。

（四）委婉含蓄

委婉是指说话婉转、含蓄，不直来直去，一般人爱听委婉含蓄的话。培根曾说："交谈时的含蓄和得体，比口若悬河更可贵。"委婉往往使用商量祈使的口气，有启发性，是社会生活中被广泛而频繁使用的交流技巧。不论在日常生活还是政治生活中，都可能遇到各种各样的委婉言语。这些言语使人们在表达相同的意思时更含蓄、更动听，尤其在谈到激动和敏感的事情，以及拒绝对方时，更能让对方接受。说话委婉可以给人以文明和高雅的感觉，在人际交往中巧用委婉用语可以反映一个人的文化素养，是说话人高雅、有修养、智慧的表现。同时，说话委婉含蓄也是对听话人的一种尊重，能让对方在再三回味中不断增加对说话人的好感，反之，如果谈吐十分平淡，势必味同嚼蜡。

说话要做到委婉含蓄，可以运用各种修辞法，如比喻、双关、暗示、反语等都可以委婉含蓄地表达说话的内容。如在《红楼梦》第七十四回的大搜查中，有这么一段对话：

凤姐："因丢了一件东西，连日访察不出人来，恐怕旁人赖这些女孩子们，所以索性大家搜一搜，使人去疑，倒是洗净他们的好法子。"

探春："我们的丫头自然都是些贼，我就是头一个窝主。既如此，先来搜我的箱柜，他们所有偷了来的都交给我藏着呢。"

探春这番话当然是言不由衷的，是出于对凤姐淫威的不满而用反语来发泄心中的愤懑。

为了说话留有余地，或不便直接说需要婉言的时候，还可以借助模糊语言或躲闪回避的方法。据说王安石的小儿子从小伶牙俐齿，智慧超凡。有一次，有人想考他，便指着一个关着一只獐和一只鹿的笼子问他哪个是獐，哪个是鹿。这孩子根本不认识这两种动物，于是片刻便答道："獐旁边的是鹿，鹿旁边的是獐。"尽管他不认识獐和鹿，但他的回答也不能算错，所以使他摆脱困境，博得满堂的喝彩。

说话委婉是一种很恰当的方式，同样的内容，如果能够委婉地去说，对方就能够从理智上和情感上愉快地接受，同时对方也能对说话者有一个好的印象。生活中有许多事情是不能直接说出口的，否则会使人想起一些不美好的事物，产生不愉快的感觉。利用一些委婉、含蓄的语言可以帮助人们消除这种感觉，使交谈仍保留在较高尚、美好的层面上。提到"厕所"一词，人们都认为有点不雅，在生活中人们常用"方便一下"、"去洗手间"等代替，就解除了一些尴尬的情境。再如对人说话时，如果用"丰满"、"福相"来表达对方的"胖"，用"苗条"来表达对方"瘦"，也能让人心理上觉得舒服一些。我国的语言博大精深，有许多委婉的表达方式。有人就研究了《红楼梦》中关于"死亡"的委婉语就有不少，像是"出了事"、"停床"、"回去"、"去了"、"仙逝"、"瞑目"、"闭了眼"、"没了"、"逝世"、"身登清净"、"伤了性命"、"伸腿去了"、"捐馆"、"丧命"、"玉山倾倒"、"气绝"等多种说法。①

(五) 幽默风趣

幽默是一个人思想、学识、智慧和灵感在语言表达方面集中运用的结晶，它是衡量一个人知识水平、个人素质和修养程度高低的综合标志。说话幽默风趣很重要。《圣经》上有一句格言："人们有着一颗快乐的心，胜于怀藏着一只药囊，可以治疗心理上的百病。"

在交往中，幽默更是具有许多妙不可言的功能，它能活跃交往的气氛，使人欢快、轻松，从而得到精神上的享受；高尚的幽默是精神的消毒剂，是有助于人们用来适应环境的工具；幽默能使人面对光明，使人紧张的精神放松，释放被压抑的情绪，避免刺激和干扰，化解交往冲突和窘困的场面，消除身心的某些痛苦，保持和增进心理健康；等等。有人形容，幽默在人类社会可以起到缓解人际关系紧张的"安全阀"的作用。它可以解除误会，稀释责难，和缓气氛，减轻焦躁，可以使陌生人相识，怀疑者消除疑虑，戒备者抛弃戒心，是人际关系的一种良好润滑剂。

在日常生活中，在与朋友交谈时可以使用一些幽默风趣等语言。

当一件事情本身就有趣，或有可利用之处，就可以使用幽默语言。朱镕基在访问美国时，不停地被问及人权问题，他在纽约时就曾幽默地说，"纽约抗议人多，这倒不在乎，但晚上 12 点钟用高音喇叭对着我喊，口号声一直持续到凌晨，使我疲惫又无法入睡。如果要解决人权，怎么不考虑我的人权？怎么不让我睡个觉呢？怎么侵犯我的人权呢？"

其次，有意识地发挥，用巧妙的夸张、想象或自嘲，把本来无趣的事情表达得妙趣横生，从而融洽了气氛。有一次，李肇星在柏林会见欧盟委员会对外关系委员彭定康。会见结束后，彭定康把参加会见的一位来自希腊的欧盟官员介绍给李肇星，说他是欧盟主管中国事务的处长。李肇星和他握手，彭定康想起这年将在希腊首都雅典举行的奥运会，便问李肇星："你会来雅典参加今年的奥运会吗？"李肇星不假思索地说："奥运会的比赛项目，我哪个都不行，没资格参加。"大家你看看我，我看看你，会意地笑了。中国的外交部长一般是不会去观摩奥运会的，李肇星的回答非常巧妙地把这个信息传递了过去。

同时，还可以运用双关语、反语、谐音、衬垫跌落以及假戏真做等方法，来产生幽默风趣的效果。有一次，世界著名的生物学家达尔文应邀参加一个宴会，被安排与一位年轻貌美的女士坐在一起。这位美人知道达尔文的进化论，但是对此不赞同，于是便用戏谑的口吻问达尔文："达尔文先生，听说您断言人类都是由猴子变来的，那我也属于你的论断之列吗？"达尔文

① 尹婧、李向农：《〈红楼梦〉中"死亡"的委婉语及文化解读》，《宁夏大学学报(人文社会科学版)》2009 年第 5 期。

漫不经心地回答："那是当然！不过你不是由普通猴子变来的，而是由长得非常迷人的猴子变来的。"达尔文并未用科学的道理回答那位美女，而是以戏言反驳戏谑，因为美女的提问属于偷换概念的诡辩。他巧妙地运用幽默的回答，让那个女人自讨没趣。如果达尔文先生用科学的大道理在那讲一番，不但那位女士会鄙视他，甚至连其他客人也不愿意在这样欢庆的场合来听这些大道理。达尔文抓住了女士的短处，用幽默机智的话语反驳了她，不但维护了自己理论的正确性，也没有使那位女士难堪，同时还恭维了她：说她长得漂亮。①

幽默感是随着人们对生活的不断认识而逐渐形成的，其获得和形成需要三个要素：必备的知识修养、对生活的乐观态度和各种能力的综合培养。在人际交往活动中，运用幽默风趣的语言，需要敏锐的观察力和丰富的想象力，思维迅速，随机应变。要情趣高雅，豁达大度，还要注意适可而止，不可过头，更不能刻意。幽默是交谈的调味剂，能增加沟通的情趣，而刻意地讲笑话却可能破坏交谈氛围，甚至带来反效果，导致冷场。

（六）使用礼貌用语

说话是运用语言的过程，在说话中，运用什么样的语言，对于说话的效果是大不一样的。语言有多种多样，从不同的角度可以作出不同的划分。就其"合理性"来说，可以分为礼貌性语言和非礼貌性语言两类。在人际交往中，毫无疑问，应当使用礼貌性语言，也就是要做到言之有"礼"。

俗话说，礼多人不怪。我国素有"礼仪之邦"之称，懂礼知礼的人更容易得到别人的认可和尊重。言之有"礼"是人际关系成功的一个重要条件。由于礼貌语言在人际交往中具有不可忽视的作用，所以不少国家都十分注意运用礼貌语言的训练。许多国家的服务员、营业员、售票员等，都要接受专门的礼仪训练，其中最突出的是运用礼貌语言的训练，不会说礼貌语言的人不能应聘工作。

使用礼貌语言，首先要注意文雅，要学会日常生活中的问候语、请求语、感谢语、称呼语、抱歉语、道别语等，诸如"您好、上午好、晚上好、请坐、请稍候、谢谢、请原谅、请多包涵、真对不起、再见"之类的语言。以下集中讨论如何使用称呼语。

与人说话，称呼语是必不可少的。有人把交际语言喻为浩浩荡荡的大军，而称呼语则是这支大军的先行官。因为在交际中，人们对称呼语恰当与否的问题，十分敏感。尤其是初交，往往会影响交际的成败。因此，在使用称呼语时，一定要慎重，力求恰如其分，具体地说，至少要注意这样几个方面：

一是称呼有尊称和鄙称之分，在人际交往中，一定要用尊称，不用鄙称。尊称使人容易接受、心情舒畅，使用尊称显得说话人有修养，重视对方；而鄙称让人难以接受，甚至产生反感心理。

二是要看称呼对象的职业、年龄、性质诸条件。见到工人、出租车司机尊称"师傅"，见到比自己稍微年长点的人可称"大哥大姐"。

三是要注意人们的语言习惯。知识分子和工人、农民的语言习惯肯定有所区别。

四是要注意场合。例如，在平时口语中，称爸爸妈妈自然亲切，但在庄重的文书中则

① 庞晓东编：《心理学是什么玩意儿：让你获悉心理学的所有奥妙》，华中科技大学出版社 2010 年版，第 76 页。

称父亲母亲为宜。

五是要注意主次关系。如同时对多人称呼，以先长后幼、先上后下、或先疏后亲为宜。1972 年 2 月 21 日，周恩来总理在一次招待会上称呼："总统先生，尼克松夫人，女士们，先生们，同志们、朋友们！"这样就做到了出言有序。

使用礼貌语言，在注意文雅的同时，要克服和避免粗野。粗野与文雅是相对立的。在人际交往中，我们要把讲粗话、脏话的恶习彻底铲除。

在使用礼貌语言的时候，还要注意合时宜，比如顾客到商店里光顾，临走前售货员可以说，"慢走，欢迎再来"；但是病人到医院里看病，医护人员就不宜对临走的病人说欢迎再来，可以说路上小心、早日康复之类的。

当然，对于语言的运用还可以运用其他很多的技巧。比如生动形象、通俗易懂、恰当贴切、简洁精炼、灵活变通以及使用适当的副语言因素等等，这里不再详细介绍。

二、何时说（When）

孔子在《论语·季氏篇》里说："言未及之而言谓之躁，言及之而不言谓之隐，不见颜色而言谓之瞽。"这句话是说，不该说话的时候说话是急躁，应该说话的时候不说话是隐瞒，不察言观色乱说话则是瞎说。因此，要想把话说得恰到好处，最重要的一点就是说话要适时，要把握住时机，切不可坐失良机。人际沟通大师卡耐基也谈到选择说话时机的重要性，指出应该避免在什么时候和对方谈话。"什么时候不该说话呢？对方正在紧张工作的时候，你不要去说话；对方正焦急的时候，你不要去说话；对方正在盛怒的时候，你不要去说话；对方正在放浪形骸的时候，你不要去说话；对方正在悲伤的时候，你不要去说话。上述几种情形，有一于此，你去说话，一定碰一鼻子的灰，不但说话的目的不会达到，反而遭冷淡、受申斥，这是意料中的事。"①

销售人员在与客户的沟通过程中，何时约见客户、何时发出致谢函、何时发催款函，甚至面谈的时候何时发送何种信息，也就是什么时候交流思想和情感，什么时候仅仅是传达信息以及各占多长时间等，都要有所讲究。

（一）切入话题的时机

我们在与别人交往的过程中，往往会遇到这样的情况：有些人口若悬河、滔滔不绝，从日常琐事到工作学习上的问候，都讲得头头是道；有些人则找不到话题，无从插口，或者有话不知道什么时候说。这就是一个切入话题时机的问题。

说话要切入话题，首先必须找到双方共同关心的问题。如果是人数较多的场合，如研讨会、学术报告会等，那么既可以谈一些共同性的看法，也可以谈点新见解，这样一下子就能吸引别人的注意。同时还要考虑在什么时候切入话题最好。当感到情感或反应产生时，要尽量及时地将其表达出来。双方必须明白某一特定的反应是由什么行为导致的。父母们常会发现，如果在小孩子刚刚做了错事时，及时责备他们，比一小时之后再说，效果

① 毕铭伟编：《卡耐基口才与交际艺术》，中国纺织出版社 2003 年版，第 205 页。

要好得多。对于成人也是一样。即使是令人不快的反应也应当及时说出来。有时感情是渐渐积累起来，然后再集中向对方爆发出来的，这有碍于健康的自我表露。

（二）控制说话的时机

说话的时机是隐藏在说话时的情境里的，控制说话时机主要是指控制说话的次数、频率及时间；注意信息的反馈，及时调整说话内容，采用相应的表达方式；并考虑怎样将一个老生常谈的事情换个包装说出来，令人耳目一新。

控制说话的时机，要充分考虑对方的情绪，只有选择双方都能接受的时间，才能收到预期的效果。有些人属于早睡早起的“百灵鸟”型，另一些属于晚睡晚起的“猫头鹰”型，这些都影响到在一天中特定时刻发生的传播的内容和形式。一些人在一周的头几天中传播效果好，而另一些人则不管在哪天传播都不受影响。若能配合对方的喜好选择适当的气氛，必然有助于洽谈的顺畅。而在他人情绪不佳的时候也避免谈论一些会使得他更加烦躁的事情。

控制说话的时机，还要考虑到对方的性格特点。如对方是内向者，可以选择他们能够从容、有机会独立思考的时候，那是因为与人会谈、接触，对他们而言是一件相当费力的事情。因此，当内向者处于头脑清醒状态时，就是与他们交谈的最好时机。而与外向者进行交流则可以选择任何时刻，因为外向者往往把与人讨论视为一种享受。

（三）充分利用说话时机

对于说话人来说，要想达到预期的目的，取得好的效果，说话不仅要符合时代背景，与彼时彼地的情景相适应，还要巧妙地利用说话时机，灵活把握时间因素。

1979 年 1 月，邓小平同志应美国总统卡特邀请正式访问美国时，在多次讲话中，就充分利用了时间因素，取得了很好的效果。在卡特总统举行的欢迎国宴上，邓小平同志说：“我们来到美国的时候，正是中国的春节，是中国人民自古以来作为‘一元复始，万象更新’而欢庆的节日。此时此刻，我们同在座的美国朋友有一个共同的感觉：中美关系史上一个新的时代开始了。”

邓小平同志巧妙地把 30 年来中国国家领导人第一次以建交国家领导人身份正式访问美国的重要历史时刻，同中国的传统佳节联系起来，利用时间上的特殊条件，表达了双方对中美关系新时代开始的美好愿望。①

三、说什么（What）

在同别人沟通的时候，说什么话是很重要的，但只有加入相应的肢体语言，所要传递的信息内容才会更加确切。所以在选择具体内容的时候，我们一定要确定要说哪些话，用什么样的语气、什么样的动作去说，这在沟通中非常重要。

---

① 甘华鸣、李湘华：《沟通》（上册），中国国际广播出版社 2001 年版，第 205 页。

(一) 说共同话题

俗话说:“酒逢知己千杯少,话不投机半句多。”欲使谈话达到津津乐道,喜笑颜开,那就要选择谈话双方共同感兴趣的话题,要激发别人的兴奋点,而不要矫情,哪壶不开提哪壶。要知道我们所需要的并不等于别人也需要,我们感兴趣的不一定是别人喜欢的,大家都只对自己所要的感兴趣。如面对一个基督教徒就没必要与其谈无神论或佛教;如果对方是一个坚持科学真理的人,就不必与他聊神秘现象。

卡耐基有个经典的“钓鱼理论”,即“想他人之所想,予他人之所需”,站在他人的角度想问题。卡耐基认为影响别人最好的方法就是谈论他所要的,并教他怎样去得到;钓鱼的人都知道什么鱼用什么饵,也就是鱼儿所要的,鱼钩上的饵不是草莓、不是鸡肉,它只是单纯的鱼饵;当“钓”别人的时候,也应该使用这个简单的道理:给他所要的。

设想这样一种情境,两个人在交流,其中一人侃侃而谈,另一个人却昏昏欲睡,这一定是听话的一方对交流的话题没有兴致所致。我们与他人的谈话当然不是为了催人入睡,那么选择对方感兴趣的话题,避免只在那些自己关心的事情上喋喋不休,这是永远正确的沟通方式。因而与人交谈时,积极主动地围绕对方的兴趣所在,是对他人的尊重和关心,能够这么做的人常常会使对方感觉遇到了知音,从而在他的心里形成对你的良好印象。另一方面,多听别人谈论自己关心的话题可以增加自己对别人的了解。

(二) 尽量不说废话

山不在高,有仙则名;水不在深,有龙则灵。说话亦是如此,话不在于多,而在于说得好、说得准确、说得有的放矢。在日常生活中,当我们与别人谈话时,可能很快就会注意到别人说话时的一些小毛病,尽管这些小毛病对所讲内容不具有实质意义,也不会对双方的沟通起决定作用,但如果说话者不加注意,听之任之,就会影响沟通的效果。现在有些领导干部在开会、讲话时经常喜欢用“八股腔”、“官腔”,开起会来拖沓冗长,言之无物,又不着边际,假大空虚,导致下面的与会者不是听了上句就能猜到下句,就是听了下句就忘了上句,传播效果奇差无比。

一是不说多余的套话,有些人在交谈中喜欢使用一些不必要的套话或口头禅,如“对不对?”“那个、这个、你知道、他说、我说”,“你想一想”,“说实话”等等,这些套话在说者可能不觉得,但在听者就很容易发现。要克服这类毛病,最好的办法就是请朋友提醒自己。

二是不许带杂音,在一句话的开头或结尾处出现一些无意义的杂音,类似鼻子的哼哼或喉咙的轻咳。说者可能没有意识到,但是会给听者很不舒服的感受。

三是谚语等不应引用过多。谚语原是诙谐幽默而且有说服力的,但也只有用在恰当的地方才生动有效,如日常交流中使用过多,往往会让人觉得油腔滑调、哗众取宠或者装腔作势,反而不利于沟通的顺利进行。

四是讲话忌琐碎,讲故事或亲身经历很容易使内容生动、精彩,但若一味地不分主次平铺直叙,反而使听者如坠云里雾里,茫然无绪。因而要抓住重点,重要环节尽可能详细,其他地方宁可一句带过。

五是不应过分的夸张。夸张的手法的确有引人注意之效，但若使用过分，效果反而不好。现实生活中的交谈，不可能每次所要传递的信息都“非常重要”、“最可笑”、“最最逗人”等，因此，不要到处都强调“非常”、“十分”、“最”、“最最”、“超级”等字眼。

因此，在进行人际传播的过程中，一定要考虑好说话的内容，哪些是重点可以详说，哪些是废话不必说，要做到心中有数，否则可能会漫无目的，不断偏离主题，或者甚至无话可说。

四、对谁说(Whom)

苏轼在《上神宗皇帝书》中提到“交浅言深，君子所戒”，言谈失了分寸，有时候是对说话对象没有正确的认识。说话要了解自己说话的对象，并因人而异地选择交谈的内容和方式。俗话说，上什么山唱什么歌，见什么人说什么话。交流对象是同伴或上级，还是父母或孩子，影响着传播。同样一句话，对甲说，甲全神贯注；对乙说，乙却顾左右而言他，这就是由于说话对象生活或性格的不同造成的。因此，对于婉转的人应采用巧妙迂回的表达方式；对于坦诚直率的人应采用单刀直入、开门见山的方式；对于学问人应采用哲理的方式；对邻居家眷应采用浅近的方式……总而言之，只有采用的说话方式符合对象的特征之后才能收到预期的效果。

所以说话有技巧，就要考虑到听话者的地位和身份、需求层次、类型、个性以及情绪心境等因素。

(一) 了解听话者的需求

追求需要的满足是人一切行为的最大动机。根据马斯洛的需求理论，人的需求是有层次的。因此，在准备说话前，有必要了解听话者那些基本的、可预测的需要，不妨挖掘听话者心中的“需求黑箱”(见图 11-1)，这对说话者有极大的帮助。

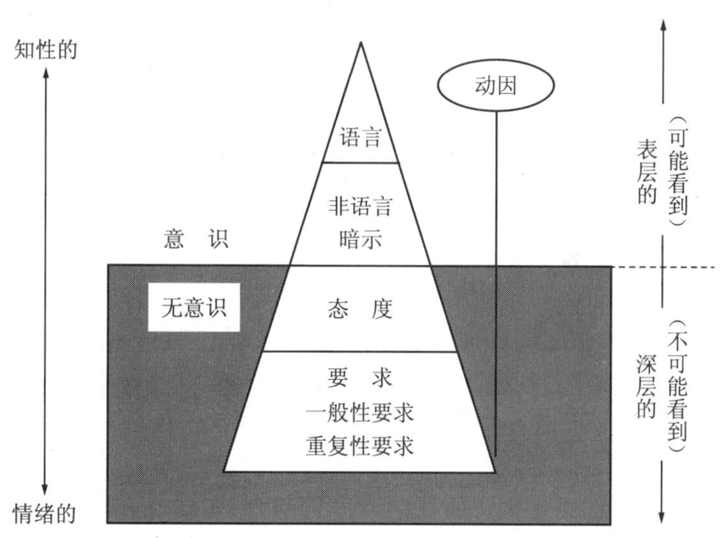

图 11-1　听话者的“需要黑箱”

资料来源　甘华鸣、李湘华：《沟通》(上)，中国国际广播出版社 2001 年版，第 175 页。

(二) 把握听话者的特征

东汉末年有个叫牟融的人，对佛学很有研究，他在给儒家学者讲授佛家学说时，总是用儒家经典之作《尚书》、《论语》等来解说。儒家学者对此表示不能理解，他说："正是因为你们都熟知儒家经典，我才用儒家的故事向你们阐明道理，而对于佛经你们是陌生的，如果我引用佛经来解说，不等于白讲了吗？"说话是一种传播，将信息传递给对方时要充分考虑对方的特征，才能保证传播的质量。

把握听话者的不同特征主要有以下几个方面：

一要对不同性别的人说不同的话。男性和女性由于性别的心理差异的影响，在言语反应上是不同的。因此，对不同性别的人说话要注意有所区别，有些可以对男性说的话，未必就可以对女性说，反之亦然。如女性怕听到老字，说一个大龄女子老了常会刺痛她的心；男性不怕别人说其老，而怕人说其不成熟。

二要对不同年龄的人说不同的话。年龄的不同会导致听话者对话题反应的程度不同。对小孩子说话不同于对成年人说话，小孩子一般不喜欢别人指责。对成年人也应有所区别。成年人当中分青年人、中年人和老年人。这三个年龄层的人经历不同，志趣各异，也需要有区别。例如老人最忌讳别人提及"死"字，所以跟他们说话，要从他们的心理状态出发。

三要对不同文化程度的人说不同的话。当与不同层次的听话者说话时，必须用他所具有的文化水平说话。一般来说，跟文化低的人说话应用家常口语，说大白话，否则有时难以听懂。文化层次越高，越喜欢用一些典雅的言辞。"山药蛋作家"赵树理的创作多以农村题材小说为主，他常常将刚创作的小说读给不认识字的农民听，于是他的作品才让更多弱势群体拥有属于他们的文学作品。

四要对不同民族的人说不同的话。语言和文化相互依存，每个民族的文化必然在其语言中有所体现，因而可以从语言窥探不同民族在文化上的差异。人们对某种语言的理解，往往是以弄清楚这种语言的民族的文化背景为依据。文化背景不同，听话者对同一句话的理解迥然不同。如我国人们见面喜欢问一声："吃了没有？"外国人则不会把这理解成问候语，而可能会误以为你是想邀请他一起吃饭。因此，说话时要根据听话者文化背景的差异而选择合适的言语，让对方充分理解其中的含义。

(三) 了解听话者的类型

根据注意力水平的高低不同，可以将听话者分为漫听型、浅听型、技术型和积极型。

漫听型的听话者很少注意听别人讲，甚至经常开小差，往往还多嘴多舌，打断别人说话。因此应不同地与这种听话者保持目光接触，使其专注于你的说话，并不断提一些问题，讲些他感兴趣的话题。

浅听型听话者流于浅表，他们只听到声音和词句，很少顾及它们的含义和弦外之音，对问题和实质无法深入下去。在对他们说话时要简明扼要地表述，并清楚地阐述观点和想法，不要长篇累牍，也不要含义晦涩，可以说："我的意思是……"

技术型的听话者会很努力地听别人说话，但他们倾向于做逻辑性的听众，较多关注内容而较少顾及感受。因此对他们讲话时要尽量多提供事实和统计数据，把自己的感受直接描述给这类听话者，多做一些明显的暗示，让其积极进行反馈，比如说："你认为我所说的……"

积极型的听话者在智力和情感方面都会作出努力，注重思想和感受，既听言辞，也听言外之意。对于这类听话者应选择其感兴趣的话题，运用说话表达技巧，与听话者多进行互动反馈。例如："我是这样想的，你认为如何？""你觉得什么时候……"

（四）考虑听话者的心境

同样的一句话，在某个时候对对方说，他乐于接受赞成，如果换个时候，他却觉得不耐烦，这就关系到说话的对方当时的心境。清代朱柏庐在《治家格言》中说："莫对失意人，而谈得意事。"这就是说要对心境不同的人说不同的话，尽量不要在别人面前说些他忌讳的话，提起他正在痛苦的事。

得意事应该与得意人谈，失意事应该与失意人谈。诉苦应该找同病的人，同病自会相怜，可以得到精神上的安慰，可以稍舒胸中不平之气；要谈得意事应该找得意的人去谈，大家志同道合，趣味相投。跟失意人谈自己的得意事，不但是不知趣，简直是挖苦他、讥讽他，他对自己的感情，只会更坏，不会变好。跟得意人谈自己的失意事，他至多作表面的虚与委蛇，绝不会表示真实的同情，有时也许会引起误会，以为要请他帮助，他会预先防备，使得无法久谈。

要了解对方的心理需求，才能使得谈话达到良好的效果。《说难》中韩非子就指出："凡说之难，在知所说之心"，"所说出于为名高者也，而说之以厚利，则见下节而遇卑贱，心弃远矣"。①这是说，大凡游说的难处，在于如何了解所游说对象的心理。如果对象是追求名节的，却用厚利去说服他，则会显得节操低下而被卑贱地对待，必然被疏远和抛弃。因此，交谈从对方的心理需求出发，对方能够有更良好的回应，谈话才会有很好的互动性。

（五）了解听话者的个性

俗话说："见什么人说什么话"，就其积极意义而言，就是想要与他人说话，必要时要事先把握对方的个性，随机应变地采用不同的说话方法：

有一次，孔子的学生子路问孔子："听到了是不是马上见诸行动？"孔子回答说："有父亲、哥哥在，怎么能不向他们请示就贸然行事呢？"过了一些天，冉有也向孔子问同样的问题，孔子回答说："听到了当然要马上行动！"公西华对此十分迷惑，不明白为什么同一个问题老师却有不同的回答。孔子解释道："冉有办事畏缩、犹豫，所以我鼓励他办事果断点，叫他看准了马上就去办；而子路好勇过人，性子急躁，所以我得约束他一下，叫他凡事三思而行，征求父兄的意见。"公西华听了孔子的回答，顿时恍悟过来。

这就是孔子了解到子路和冉有的不同性格，子路是强硬型，冉有是随和型，从而顺其

① 高华平、王齐洲、张三夕译：《韩非子》，中华书局 2010 年版，第 31 页。

自然选择不同的说话。说话对象即听话者是属于乐天派、属于理论主义者还是悲观主义者等不同的个性,要求说话者采用微妙的说话方法。只有找出适合说话对象也个性的说话方式,这样沟通的几率才会大幅度提高。

当与他人交流时,如果我们只是把一套一套自己已经想好的话讲出来,而不关心对方的反应、看法,不知道对方对自己所说的内容有什么意见和疑问,那么沟通就达不到预期的效果。我们固然要有自己的立场、观点和态度,但这远远不够。我们还得考虑对方的立场、态度和反应,大多数人在面对不同的人时,都会改变讲话方式,我们异常热情地与分别很久的老同学、老朋友交谈,我们甜蜜地对待自己的情侣,我们生气地抱怨邻居家的狗总在半夜吵醒自己,我们尊敬而谨慎地与长辈或上司谈话,等等。这些都是考虑到说话对象的不同而采取的不同说话技巧。

五、在哪说(Where)

说话总是在一定的场合下进行,并受其影响和制约的。场合不同,谈话的效果是很不一样的。人们的心理和情绪往往会随场合发生变化,从而影响说话者对思想感情的表达,以及听话者对话语意义的理解。谈话是在过道、教室、剧场、教堂还是酒吧进行,就在一定程度上影响信息传播的内容和形式。人们经常会听到"说话不注意场合"的指责,是很有道理的。因此要使说话得体,一定要注意场合,要看场合说话。如与非恋爱关系的异性交谈,宜在公开场合;与恋人交谈,宜在僻静场合;与领导交谈,选在食堂饭桌就很自然;与朋友交谈宜在家中并设便饭等。比如,我们不会愿意在拥挤的电梯里向朋友公开自己的私人情感,这种话还是留待周围没人时谈论为好。

说话无论是话题的选择、内容的安排,还是语言形式的采用,都应该根据特定场合的表达需要来决定取舍,做到灵活自如。

一要区分庄重场合和随便场合。在庄重场合,说话要认真、严肃;在随便的场合,说话则可以随便、活泼些。

据报载,葡萄牙的阿连特加地区由于水中含铝超标,已经致使多人脑受伤医治无效而先后死亡,医院里还有同样的病人处于危险状态。政府决定彻底查清原因,采取防治措施。为此,环境部、卫生部的负责人、专家们和有关的医生们在米纽大学举行讨论会。会间休息时,环境部长指着医生对大家开玩笑说:"你们知道医生和阿连特加地区最近死去的那些人有什么关系吗?他们将那些人弄到金属回收厂,从那些人的肾脏中回收铝。"

这样的玩笑就没考虑到场合庄重性,后来这位环境部长声明道歉,并引咎辞职。在不幸的令人焦灼不安的时刻和场合,拿人的生命开这样的玩笑,实在是不应该。

二是要区分内场合和外场合。内场合是指在自己人的范围内,包括家里人、亲戚或较亲密的朋友,在这样的场合对自己人可以无话不谈,"关起门来说话",甚至说些放肆、出格的话;外场合是指有外边人在场,在外场合、对外边的人或是与对方陌生、不太熟悉,则有必要谨慎小心,"逢人只说三分话,未可全抛一片心",办起事来,也一般是公事公办。据说,英国女王维多利亚回到家中,丈夫独自在卧室,女王敲门,丈夫问:"谁?"维多利亚回答:"女王。"门未开,女王又敲门,里面又问:"谁?"答:"维多利亚。"门依然未开,女王只好继续敲门,里面再问:"谁?"这次女王答道:"你的妻子。"房门终于打开。所以,即使是女王，回到家中也是一位妻子，夫妻之间在内场合的对话与女王在宫廷这样的外场合上说话理应有所区分。

三要区分喜庆和悲痛场合。说话应该与场合中的气氛协调。在喜庆欢快场合，说话应有助于加浓欢快气氛，切忌说丧气话；在悲痛场合，说话则应沉重，不说惹人发笑的话。在现实生活中，有些人往往不注意这两种不同的场合，随便说些与场合中气氛不协调的话，结果弄得大家都不愉快。

四是要区分平常场合与非常场合。在平常场合，大家不很忙，时间也不是太紧，说话多点少点、快点慢点，都关系不大。但是在非常场合，正常秩序被打破，大家处于一片忙乱之中，这时说话就应注意轻重缓急。

五是要区分当事人在场和当事人不在场的场合，在这两种场合说话应有所不同。如要批评某人，如果当事人在场，实行当面的批评，则要考虑到对方的面子，说话要委婉含蓄些。当然这不是做人要当面一套背后一套，而是要考虑并照顾到当事人的自尊。

在人际交往中，“发送与接收讯息是所有人际传播的本质之所在”，因此发送与接受“讯息的能力”被置于传播能力的重要位置。但是由于发送和接收信息的能力有限以及词语存在的有限性、隐晦性等原因，使人们往往难以顺利传播与互动。因此要消除人与人之间的传播障碍，说话的人必须给出清楚而准确的讯息，注意说话的五要素：时间、地点、对象、内容以及方式，以提高说话与表达的技巧，使对方在理解话语方面不至于产生困难，从而提高传播的效率和质量，实现良好的沟通与互动。

[研读专栏]

慎言集训①

明代人敖英曾经编过一本《慎言集训》，提出说话的戒律和值得提倡的语言方式，颇值得我们参考。

他说，说话容易犯的毛病一共有二十种，如果经常检查自己，是否犯了这些毛病之一，并且注意改正，就可以提高说话水平，给人留下良好的印象。这二十种毛病分别是：

1. 多言：说话太多。本来意思已经表达清楚了，还要啰啰嗦嗦说上一大堆，或者净说些无关紧要的杂事，开口千言，离题万里。

2. 轻言：遇事不经过认真考虑，就轻率地开口讲话，甚至话一出口自己马上就后悔，给人以轻浮的印象。

3. 狂言：不知轻重，胡侃乱说。满嘴跑火车，由着自己的性子，把话说痛快了为止，不知道把握说话的分寸。

4. 杂言：说话杂乱无章，言不及义，抓不住重点，别人听得一头雾水，说着说着自己也不知所云。

5. 戏言：太随意地开玩笑，自己说的是戏言，也许别人就会当真，这样的语言容易引起纠纷，招来祸害。

① 段易良：《中庸不平庸》，当代世界出版社2008年版，第49页。

6. 直言:不顾后果,直言不讳,有什么说什么,怎么想就怎么说,这样很容易引起别人的反感。

7. 尽言:说话不留余地,说光说尽,一点也不保留。不管关系亲疏远近,见人就掏心窝子,这样不但容易被人厌烦,而且容易上当受骗。

8. 漏言:心里不藏事,该说的不该说的都说,该对方知道的不该对方知道的都告诉,甚至泄漏机密,这样的人没人敢信任。

9. 恶言:无礼中伤,恶语伤人,只求自己痛快,不考虑他人感受,什么话难听说什么,什么话伤人说什么,这样的人不会有朋友。

10. 巧言:见人说人话,见鬼说鬼话,说得比唱得还好听,花言巧语,大话欺人,仿佛别人都是傻子。

11. 矜言:骄傲自满,自以为是,总觉得自己说得对,听不进反对意见,言语之中流露出自得的情绪。

12. 谗言:热衷于搬弄是非,飞短流长,喜欢背后说别人的坏话,更喜欢来回挑拨。

13. 讦言:攻人短处,揭人疮疤,把别人的缺点和失败挂在自己的嘴上,借以衬托自己的高明。

14. 轻诺之言:拍胸脯,乱许愿,轻易地就许下种种承诺,其实大都难以兑现,久而久之就会丧失信用。

15. 强聒之言:唠唠叨叨,别人不愿听也说个不停,不看别人脸色,只顾自己说自己的,这样最容易讨人厌烦。

16. 讥评之言:语言刻薄,到处挖苦讥讽别人,看谁都看不上,而且把话说得很难听,这样的人对自己往往很宽松。

17. 出位之言:说话不符合自己的身份地位,弄不清哪些话自己能说,哪些话尽管很对自己也不能说。

18. 狎下之言:对下属说话过分亲密,不分彼此,这样容易丧失自己的权威,造成有令不行、有禁不止。

19. 谄谀之言:喜欢吹捧奉承,善于迎合别人心理,对谁都不得罪,见谁都说好,这是人品卑微的表现。

20. 卑屈之言:低三下四,奴颜婢膝,说话显得自己低人一等,靠贬低自己来赢得对方的好感。

以上这二十种说话方式都是"取怨之言、招祸之语"。说话的方式不当,容易引来怨恨,招来祸害,所以在语言上一定要慎之又慎。

《慎言集训》还提出了十种应该提倡的说话方式:

1. 言贵简:所谓"言多必失",说话简约可以避免许多失误。说话简练,同时还要把意思表达清楚,把道理说明白,就可以提高沟通的效率,最适用于工作语言。

2. 言贵诚实:说话以诚实为原则,不能脱离实际地乱说。说话心要诚,要出于善心,为双方着想。说话还要实,本着实事求是的精神,有一说一,有二说二。

3. 言贵和平:说话要心平气和,不必疾言厉色。口气要平等,语气要平易,不要以话压人,语速的快慢、声音的高低也要适度。

4. 言贵婉:说话要委婉,用别人容易接受的方式谈论事情,用曲折婉转的语言表达否定或者负面的意思，不能不顾及别人感受直来直去。

5. 言贵逊：说话要谦逊，心态要谦虚，不要试图在语言上表现自己、压倒别人，那样做只会让人觉得自己没有涵养。

6. 言贵当理：说话不能随便说，说出来就要合情合理。

7. 言贵时：说话要合乎时宜，该说的时候一定要说，不该说话的时候坚决沉默。有时候，沉默是一种更强有力的语言。

8. 言贵养心：说话要有利于修养身心。话不但是说给别人听的，也是说给自己听的，不要被自己的语言激怒，要懂得自己抚慰自己。

9. 言贵养气：说话要心平气和，说话之前一定沉下心来，冷静镇定，应该让理性的思考左右自己的语言，不能让情绪主宰说话的方式和内容。

10. 言贵有用：最重要的，说话要有用。说出一句话，就要起到一句话的作用，不能整天说些废话、傻话、没有意思的话。

研读小结

这些说话的戒律虽然是古人所制订，对于现代人却同样具有借鉴的价值。我们在日常生活、学习工作等各种场合中，都要借鉴这些规律注意如何说、何时说、说什么、对谁说、在哪说这些方面，训练自己善于说话的能力，达到好的传播效果。

当然，尽管说话有规律可循，但也必须根据场合、时机和说话对象灵活调整，切不可胶柱鼓瑟，死搬教条。

第二节　写的技巧

随着媒介的发展，互联网十分发达的今天，人际传播中也越来越多地用写的途径进行沟通，书面的人际传播是人们交流思想、处理人际间事务的常用沟通方式之一，最早以手工书写为主，电脑、手机、互联网出现以后，进一步丰富了书面传播的方式。

书面的人际传播是指以文字作为载体，以纸笔、互联网和电子终端作为媒介进行的人际间信息传递。如写信、写公文、发手机短信、写电子邮件、聊 QQ 或者 MSN、发表帖子或留言、评论等。

一、写的特点

一是相对于说而言，书面的人际传播属于非同步沟通，信息的发出一方和接收一方接触信息的时间可以不同，有一定的延时性，传者可以从容地表达自己的意思，而受者的反馈也同样可以有一定的延时，在传播的过程中，不像口头传播那样直面对方。这在发生冲突时，就有了一个缓冲的时间，相对于口语传播来说不容易产生正面的、直接的冲突或者尴尬。

二是读写受时空的限制比口头的人际传播要来得小，只要承载这些文字信息符号的媒介能保存，它就可以从一个地方移送到另一个地方，并且还可以长久地保存下来。

三是写不像口头的传播那样转瞬即逝，写下来的东西要稳定得多，更便于反复阅读、斟酌，对于不容易理解的事物，以写的方式传达给对方，对方有机会重复接收传播的信息，有助于理解和记忆。并且，写下来的东西在法律上也要比口头语言的权威性强。

二、写的类型

(一) 口语型

口语型的文字沟通就约等于说，只是将说的话以写字或打字的途径来传播，这种传播交流尽管是以文字为媒介，但内容依然是口头用语。

当然，口语型的文字沟通相对于口语沟通来说就少了一些面部表情、手势、语速、音量等非语言信息。为了弥补这些非语言行为的缺失，由字符组成的“图释”(由字符组成的图案)应运而生。例如，通常用一个“：)”符号来代替现实生活中的“笑容”。这种由字符组成的图释，是由电脑键盘敲击出来的符号，来代替那些原本由非语言信息表达的细微意思。正是由于缺乏能够清楚地表达信息的非语言渠道——比如用微笑或眨眼来表达嘲讽或者幽默——这才使得这种用电脑键盘打出来的符号对信息的交流帮助极大。下面是在用电脑进行交谈时常用到的比较流行的一些图释：

:—)　　微笑；我是开玩笑的
:—(　　皱眉；我很伤心；这让我很难过
*　　亲吻
:—　　男性
>—　　女性
{}　　拥抱
{{{ * * * }}}　　亲吻+拥抱
;—)　　诡秘的笑
这很重要　　下划线，强调
这很重要　　星号强调
全部大写　　吼，强调
〈G〉或〈grin〉　　咧嘴笑

显然，这些符号并不是全球通用的。例如，因为在日本，人们认为女人笑的时候露出牙齿是不礼貌的，所以在日本，表示女人微笑的图释是(^.^)，图释中的点代表的是闭着的嘴；男人的微笑是(^_^)。还有很多图释在日本很流行，但是在欧洲和美国却并不使用，例如(^ ^)表示“冷汗”；(^Ō^；Ō)表示“抱歉”；(^O^)表示高兴。①

另外，由于互联网的勃兴，在口语型的网络传播中，网民还创造了许多网络热词，这些词语由于传播速度快、传播范围广，也渐渐进入了人们的语言使用范围。下面是一些网络上常用的热词：

---

① 约瑟夫·A. 德维托：《人际传播教程》，余瑞祥等译，中国人民大学出版社 2011 年版，第 115—116 页。

雷人:雷相当于晕倒、无语的意思,形容人或事让人惊讶或难以理解;

给力:给劲、带劲的意思,意指很好、很精彩、超出预期的,或有帮助、有作用的意思;

神马:什么的谐音;

浮云:不值得一提的东西,一般与神马同时使用,“神马都是浮云”(即什么都是浮云);

囧:原意是光明,因为字体形状如同一张郁闷的人脸,被赋予“郁闷、无奈”的意思;

槑:原意同“梅”,因为字形由两个“呆”字组成,故被赋予比呆还要呆的意思,指呆得天真可爱;

卖萌:萌形容很可爱、很单纯,使人感到愉快,卖萌则是展现自己的可爱的意思;

山寨;原指模仿成名品牌的假冒、伪造行为,现在则指向更宽泛的假冒、模仿行为;

伤不起:意指个体本身屡屡受伤,经不起伤害,带有嘲讽或自嘲的意味;

有木有:有没有的谐音,是咆哮体的固定格式,表达一种强烈的寻求认同的语气;

鸭梨山大:鸭梨为压力的谐音,指压力很大;

打酱油:指不参与话题讨论,话题与自己无关,后引申为表达一种道义上关注某事,但行为上明哲保身的态度;

奥特曼:英文 out man 的变形,意指那些落伍(out)的人;

HOLD 住:保持住某种状态;

拼爹:比拼父母的经济能力、社会地位等,带有嘲讽意味;

翻墙:通过特殊软件浏览境外网页;

吐槽:指故意当面揭穿场面话或假话,相当于“拆台”,有戏谑和玩笑的意味;

秒杀:指在极短的时间内征服对手或一招致命,也表示在购物网站上抢拍商品;

坑爹:原来是用于善意地嘲笑或讽刺填得极慢或弃填的帖子,现多已误传为被欺骗、被坑的意思,用于发泄不满情绪;

闹太套:英文 not at all 的变形,带有调侃意味;

宅男、宅女:指经常呆在家里沉迷于网络,很少出门及与人交往的男女;

思密达:原是韩语中的句末语气助词,带有讽刺意味;

羡慕嫉妒恨:表达一种夸张的羡慕;

很傻很天真:带有嘲讽或自嘲的意味;

躺着也中枪:意指无辜地被人说中或无缘无故受到牵连,语带调侃。

这些网络热词受到了许多网民尤其是年轻网民的追捧,在口语型的网络传播中使用率非常高。但这类词汇毕竟未进入传统语言系统,在正式的书面传播中还应尽量避免出现。

(二) 书面型

主要是指的以应用文为主的沟通交流。这类沟通交流更适合传播一些不易理解的事实、需要记忆的知识、有必要保存的证据、较深刻的感情或思想等。在工作上,需要以书面的形式作为沟通,如企业内部的部门之间互相协调、支持需要通过公文的沟通,企业和供应商、客户等外部部门之间的洽谈、合作需要通过商务函电、合同的沟通,等等。

除此之外,在生活中,也有许多时候口语化的沟通并不适合人们之间的人际交往,还需要通过写信、发邮件等方式的沟通以联络感情，交流思想。

三、写的技巧

非书面型的文字沟通与日常说话方式比较类似，这其实是人们利用纸笔、互联网和电子终端进行的口头传播文字化，因此可以参考本章第一节“说的技巧”。但如何将书面型文字写得好写得准确，还应注意以下几点：

（一）确定目的，表达精确

下笔前确定好要表达的目的，能够使得表达更加准确精密地满足对方的需要，也避免了写的过程中一再涂改、修正。例如写求职信和辞职信的表达就有很大不同，而写给友人和写给家人的信件也会有很大差别。

下笔前还应确定好要传达的对象，选择合适的行文风格，例如对象是上级、领导，应用较为尊敬的语气；对象是客户，应该在互相尊重的基础上体现出专业的风格；对象如果是晚辈，可以以亲切的文字贯穿全文。在书写公文时，要求语言文字的规范性，因此还应注意一些特定的惯例用法，并用好谦辞敬语，可参见下文的“附：书面应用文常用词汇”。

下笔之前弄清楚以上两点，定下写作基调，才能保证写作更顺畅。

（二）用字简单，表达简明

用字应该尽量简单，不要用重复的同意字。诺贝尔文学奖获得者美国作家海明威经常站着写作，他就是为了使得自己处于一种紧张状态，才能尽可能地用简短的语句表达他的思想。他的小说虽然短小精悍，但用词准确、凝练，打动了许多人。精简但又准确的表达往往比繁复的叙述能够达到更好的传播效果。要想写得简洁明了，除了写的时候应注意炼词炼句，写完之后还应修改，将多余的字、词、句刨除干净。

当然，用字简单必须要以能够准确表达为前提，例如一些对方不熟悉的缩写，就不能随意使用。例如 FA 这个缩写，有 French Airline，Financial Assistance，Finished Artwork 等多个义项；再如某些行业（如航空公司）通用一些英文的简写：ATTND-attendant、CHG-change、CLSD-closed、CTRL-control、PASS-passenger 等，对于不同行业或者不同生活背景的人来说，会有不同的理解，这里就要根据传播对象来确定如何用字。

（三）页面工整，拼写无误

在书面沟通中，文字是表情达意的符号，既关系到内容的表述，又关系到情感的表达。文字上的沟通形式有两种，一种是手写，一种是打字。

对于手写的文字，俗话说，“见字如见人”，因此一个人无论是否能写得一手好字，应该将字写得工整，让人看了心情愉悦舒畅，也给对方留下良好的印象。还应避免出现错别字和语法错误，页面应清晰，使得文字更加易读。

电脑打字也同样应该注意以上几点，尤其是许多输入法软件中具有联想功能，常常容易打出同音词组，如果打字者不注意时常会打出错误的词组。此外，标点符号也应正确使用，应使用规范的标点符号并用在正确的位置，尤其是在正式的公文中，不应出现不规范的标点符号。对于不同类型的公文，还应使用不同的规范格式。

附：书面应用文常用词汇

一、称谓

称呼与对方相关的所属事物用“你”（如“你部”、“你司”等），敬辞则用“贵”（如“贵公司”、“贵校”等）。

称呼与自己相关的所属事物称“我”（如“我国”、“我省”等），谦辞则用“鄙”或“敝”（如“鄙人”、“鄙公司”等）。

其他尊称：

尊称对方的父亲：令尊、尊公、尊大人

尊称对方的母亲：令堂、太君

尊称对方的亲属：令亲

尊称对方的妻子：令正、令阃、夫人

尊称对方夫妻：贤伉俪

尊称对方的女儿：千金、令爱、令嫒、玉女

尊称对方的儿子：令嗣、令郎、哲嗣、公子

尊称对方的女婿：令婿、令坦

尊称别人的兄长：令兄

尊称别人的妹妹：令妹

尊称对方的侄子：令侄

尊称对方的兄弟：昆仲、昆弟、昆季（长为昆，幼为季）

尊称岳父：丈人、冰翁、泰山

尊称岳母：泰水

尊称大夫之妻，或对妇人的尊称：孺人

尊称年纪相仿的男子：仁兄、贤弟

尊称年长男子：丈人

尊称对方的学生：高足

尊称对方的住所：府上、尊府、华堂

其他谦称：

谦称自己的双亲：高堂、双亲、膝下

谦称自己的父亲：家父、家严、家君

谦称自己的母亲：家母、家慈

谦称自己的妻子：拙荆

谦称自己的兄弟姐妹：家兄、家弟、舍姐、舍妹

谦称自己的辈分低或年纪小的亲戚：舍亲

谦称自己的侄子:舍侄
谦称自己的儿子:小儿、犬子、息男
谦称自己的女儿:小女
对年纪相仿的男子谦称自己(限于男性):愚兄、愚弟
对长者谦称自己:后进、后学、晚生
谦称自己的住所:寒舍、舍下、草堂

二、书信、公文套语

顷接:刚接到(对方的来信)
兹因:现在因为
兹有:现在有
呈报:用公文报告上级
呈请:用公文向上级请示
当否、妥否:是不是恰当、妥当
为荷:麻烦对方,并表感谢
为盼:希望对方能满足自己的请求
布谢:表感谢
专此:特为此致书,书信、报告等的终结语
此复:特此答复、回复,批复、函复的终结语
此令:就此命令,命令、号令的终结语
此批:对下级的报告批复后的终结语
此布:就这样宣布,布告的终结语

三、动词敬语

拜读:阅读别人的文章
拜服:对别人佩服
拜望:探望
拜辞:告别
惠顾、惠临:光顾、莅临
惠赠:赠予
惠存:请对方保存自己的物品
惠允:请对方允许自己做某事
垂询、垂讯、垂问:别人(长辈、上级或客户)对自己的询问
垂念:长辈、上级对自己的挂念
垂爱:别人(长辈、上级)对自己的爱护
垂青:别人(长辈、上级)对自己的重视
劳驾:麻烦对方
屈驾:委屈大驾(用于邀请)
屈就:委屈就任(用于请人担任职务)

屈居：委屈地处于某种地位、职位
屈尊：降低身份俯就
俯就：请对方同意担任职务
俯念：对方（长辈、上级）的体念
俯允：对方（长辈、上级）的允许
俯察：对方（长辈、上级）的理解
钧裁：请长辈、上级裁决
钧签：请长辈、上级鉴别
钧启：请长辈、上级开启
台鉴：请对方看书信，请对方阅览
台坐：请对方坐于尊位
奉送、奉赠：赠送
奉达：告诉、表达
奉复：回复
奉告：告诉
奉托：拜托
奉陪：陪伴
雅教：对方的指教
雅正：请对方指教、修正
斧正、呈正：请对方修改文章
久仰：仰慕已久
叨光：沾光（受到好处，表感谢）
叨扰：领教（受到指教，表感谢）
叨教：打扰（受到款待，表感谢）
承蒙：受到
笑纳：请对方接受礼物
璧还：归还原物或辞谢赠品
璧谢：辞谢赠品并表示感谢
劳步：指感谢别人的来访
留步：指请主人不必再送
节劳：请对方休息

四、名词敬语

贵姓：别人的姓氏
贵庚：别人的年龄
贵体：别人的身体
贵恙：别人的疾病
玉体：别人的身体
玉音：对方的言辞、书信

玉成:成全

芳邻:对方的邻居

芳龄:对方(年轻女子)的年龄

芳名:对方(年轻女子)的名字

高就:别人的职位

高见、高论:别人的见解、评论

高寿:老人的年纪

大名:对方的名字

大庆:老年人的寿辰

大作:别人的著作

大札:对方的书信

法书:对方写的字

明教:高明的指教

钧座:对上级的尊称

台驾、大驾:尊称对方

台端:尊称对方机构

台甫:尊称别人的表字

台表:尊称对方的字

台屏:尊称对方的家

华诞:别人的生日

华翰:对方的书信

华宗:称人同姓

五、动词谦辞

窃以为、窃为:我认为

过奖、过誉:谦称对方过分夸奖自己

承乏:表该职位一时没有适当人选,暂时由自己担任

失陪:中途告辞

六、名词谦辞

拙笔:自己的文字、书画等

拙见、鄙见:自己的见解

拙著、拙作:自己的文章

鄙意:自己的意见

不佞:没有才能,谦称自己

不敏:谦称自己不聪明

七、祝贺词

欣闻……谨寄数语,聊表祝贺与希望之心。

喜闻……由衷快慰，匆致此函，遥祝前程似锦，万事如意。

顷闻喜讯，再祝鸿猷大展，万里明程。

贺新婚：

忽鸣燕贺，且祝新禧。

喜闻足下燕尔新婚，特申祝贺。

顷悉你不日有合卺之喜，谨祝新人幸福，白头偕老。

贺生育：

闻尊夫妇喜获麟儿/掌珠，热忱致贺。

贺寿：

喜贺福寿双全，恭祝合家安好，寿星高照。

贺毕业、升学：

顷闻考取深造，敬祝学业进步，并颂健康。

庆祝纪念、典礼、闭幕：

新厦落成典礼，特此致贺。

祝贺……隆重开幕，预祝圆满成功。

敬贺新张之喜，谨祝业务发达。

八、其他致辞

致谢：

费神之处，泥首以谢。

感荷高情，非只语片言所能鸣谢。

备荷关照，铭载五内。

前承馈赠……高怀雅谊，倾感不胜。

致歉：

惠书已悉，因为琐务，未即奉答为歉。

托付之事，只因精力有限，一时无以奉闻，尚请多多包涵。

杂务缠身，故托付之事延误至今方作复，歉甚。

前事有逆尊意，十分抱歉，万望海涵。

请托：

拜托之处，乞费神代办，不胜感荷。

为书请之，望你能大解善意，尽力相助。

承谨：

有何要求，请尽早示知，切勿客气。

凡有可效劳之处，自当尽力而为。

承嘱各事，皆一一照办，决不有误，敬请放心。

所言之事，当为设法，请释念。

托付之事，时刻不敢忘怀。

有蒙见托，敢不尽心尽力。

些微小事，何足挂齿。寸草春晖，难报鸿恩。

承蒙不弃，委以重任，怎能不全力以赴！

为君效力，由衷所愿，岂有二话。

婉辞：

足下所命，理当效劳，但因……难以为之，尚祈原谅。

所托之事，实非绵力所能及，有妨大命，抱歉之至，尚希鉴谅。

请教：

倘蒙见教，没齿无忘。

上述种种，尊意以为可否，请告。

所言之事，尚希拨冗见示为幸。

商讨：

愚直之见，尚祈嘉纳。

肺俯之语，请恕直言。

赠物：

兹奉上薄物若干，尚望笑纳为幸。

邀约：

若蒙光临寒舍，当不胜荣幸之至。

催促：

余不尽言，唯乞速复是盼。

尊意如何，请即示知，若再迟延，诸多不便，还请谅之。

致哀：

惊悉×××不幸逝世，不胜哀悼。

尊×逝世，深致哀悼，尚望节哀顺变。

×××逝去，实足哀伤。有志者入泉，思之黯然。

良友云逝，伤感自多，尚望珍重。

惊承讣告，悲悼不已，足下遇此大故，伤感必甚，恳请宽辟哀情，善自珍爱。

希高年珍摄，勉抑哀思。谨函驰陈，藉申慰问。

噩耗传来，不胜悲悼，特此吊唁，尚望节哀。

远道闻讣，万分哀痛，特此慰唁，尚请保重。

惊闻×××病逝，不胜悲痛，特此致哀，并向家属慰问。

惊悉×××盛年谢世，不胜悲痛，特此吊唁，尚请节哀。

惊闻令尊(堂)去世，无比痛悼，尚祈节哀。

令×安葬之间，道达未能前往哀悼为歉，谨此申奠。

痛悉严父(慈母)仙逝，不胜悲悼，望母(父)节哀保重。

惊悉令子(令爱)辞世，万分悲悼，务请节哀。

九、书信、函件结尾致辞

格式：A(祝、颂、请、候等词)+B(祺、安、福、祉、绥等词)

如敬颂崇祺、即颂春祺、顺问近安、此致敬礼等。

A：

长辈、师长：敬祝、敬颂、敬请、恭请等

上级：敬请、祇请等

平辈：并颂、即颂、即请、顺候、谨问、专此、肃请等

女平辈：敬候、敬颂等

晚辈、学生：顺问、顺询、并询等

B：

长辈：康乐、金安等

女长辈：慈安、坤安、淑安、懿安等

师长：海安、教安、教祺、铎安等

平辈：台安、佳祉、曼福等

女平辈：坤祺、妆安等

晚辈：近安、近祉、近佳等

学生：学安、学祺等

政界：勋安、钧安、政安等

军界：戎安、麾安、勋祺等

商界：筹安、财安、筹祺、筹祉等

宗教界：禅安、法安、道安等

作者：著安、著福、著祺、撰安等

编者：编安、编祺等

家居者：潭安、潭福、潭祺等

旅行者：旅安、客安、行安等

全家：阖府清福、清泰、康福等

已婚者：俪安、俪祉、俪祺、双安等

贺婚：大喜、喜安、燕喜等

问病：痊安、卫安等

吊唁：礼安、孝履、素履、苫次等

根据时间：晨安、早安、午安、晚安、刻安、日祺、时祺、近祺、日祉、时绥等

根据季节：春祺、夏祺(暑祺)、秋祺、冬祺、春绥、夏绥、秋绥、冬绥、春祉、夏祉、秋祉、冬祉、春安、夏安、秋安、冬安(炉安、裘安)等

根据节日：新禧、年禧等

十、署名下的敬辞

用于祖父母及父母：叩禀、敬禀、拜禀、肃禀、谨禀、叩上

用于尊长：谨禀、谨上、拜上、谨肃、敬肃、敬启、谨启

用于平辈：谨启、谨白、手启、手上、顿首、拜启、上言、拜言、启、上、白

用于晚辈：手谕、手示、手泐、手草、草示、谕

用于复信：肃复、手复、谨复、复

用于不具名：名正肃(另具名片)、名心肃、名心印、知恕具、两知

用于补述：又启、又及、又陈、再及、再陈

当然，此类谦辞敬语，也不必拘泥，可以根据实际情况以及时代语言习惯灵活使用。

资料来源：http://wenku. baidu. com/view/d6900b8371fe910ef12df8ff. html；
http://ishare. iask. sina. com. cn/f/21931396. html；
http://wenku. baidu. com/view/55bf8ceb81c758f5f61f6769. html.

[研读专栏]

《傅雷家书》节选①

给傅聪的信：

记得你在波兰时期，来信说过艺术家需要有 single-mindedness[一心一意]，分出一部分时间关心别的东西，追术艺术就短少了这部分时间。当时你的话是特别针对某个问题而说的。我很了解(根据切身经验)，严格钻研一门学术必须整个儿投身进去。艺术——尤其音乐，反映现实是非常间接的，思想感情必须转化为 emotion[感情]才能在声音中表达，而这一段酝酿过程，时间就很卡；一受外界打扰，酝酿过程即会延长，或竟中断。音乐家特别需要集中(即所谓 single-mindedness[一心一意])，原因即在于此。因为音乐是时间的艺术，表达的又是流动性最大的 emotion[感情]，往往稍纵即逝。——不幸，生在二十世纪的人，头脑装满了多多少少的东西，世界上又有多多少少东西时时刻刻逼你注意；人究竟是社会的动物，不能完全与世隔绝；与世隔绝的任何一种艺术家都不会有生命，不能引起群众的共鸣。经常与社会接触而仍然能保持头脑冷静，心情和平，同时能保持对艺术的新鲜感与专一的注意，的确是极不容易的事。你大概久已感觉到这一点。可是过去你似乎纯用排斥外界的办法(事实上你也做不到，因为你对人生对世界的感触与苦闷还是很多很强烈)，而没头没脑的沉浸在艺术里，这不是很健康的做法。我屡屡提醒你，单靠音乐来培养音乐是有很大弊害的。以你的气质而论，我觉得你需要多多跑到大自然中去，也需要不时欣赏造型艺术来调剂。假定你每个月郊游一次，上美术馆一次，恐怕你不仅精神更愉快，更平衡，便是你的音乐表达也会更丰富，更有生命力，更有新面目出现。亲爱的孩子，你无论如何应该试试看！

一月九日与林先生的画同时寄出的一包书，多半为温习你中文着眼，故特别挑选文笔最好的书。——至于艺术与音乐方面的书，英文中有不少扎实的作品。暑中音乐会较少的期间，也该尽量阅读。

给傅敏的信：

敏，亲爱的孩子，……有理想有热情而又理智很强的人往往令人望而生畏，大概你不多几年以前对我还有这种感觉。去年你哥哥信中说："爸爸文章的每一字每一句都充满了热情，很执著，almost fanatic[近乎狂热]。"最后一句尤其说得中肯。这是我的长处，也是我的短处。因为理想高，热情强，故处处流露出好为人师与拼命要说服人的意味。可是孩

① 傅敏编：《傅雷家书》，天津社会科学院出版社 2008 年版，第 107 页。

子,别害怕,我年过半百,世情已淡,而且天性中也有极洒脱的一面,就是中国民族性中的"老庄"精神:换句话说,我执著的时候非常执著,摆脱的时候生死皆置之度外。对儿女们也抱着说不说由我,听不听由你的态度。只是责任感强,是非心强,见到的总不能不说而已。

……

很高兴你和她都同意我前信说的一些原则,但愿切实做去,为着共同的理想(包括个人的幸福和为集体贡献自己的力量两项)一步步一步步相勉相策。许多问题只有在实践中才能真正认识,光是理性上的认识是浮表的,靠不住的,经不住风狂雨骤的考验的。……从小到大由父母严格管教的青年也有另外一些长处,就是独立自主的能力较强,像你所谓能自己管自己。可是有一部分也是先天比后天更强:你该记得,我们对你数十年的教育即使缺点很多,但在劳动家务,守纪律,有秩序等等方面从未对你放松过,而我和你妈妈给你的榜样总还是勤劳认真的,……我们过了半世,仍旧做人不够全面,缺点累累,如何能责人太苛呢?可是古人常说:取法乎上,得乎其中;取法乎中,得乎其下。而我对青年人、对我自己的要求,除了吃苦(肉体上、物质上的吃苦)以外,从不比党对党团员的要求低;这是你知道的。但愿我们大家都来不断提高自己,不仅是学识,而尤其是修养和品德!

研读小结

从以上节选中我们可以看出,傅雷夫妇教育孩子是通过书信把指导、教诲传递给身在远方的孩子。在书信中,他们对子女的学业和生活都进行了细致的指导,又透露出对子女的深深的爱与牵挂。

但两封信又有所不同,傅雷夫妇对于儿子和女儿因材施教,正确又细致地引导和教育了孩子,体现了傅雷夫妇的用心良苦。

家书是最真切和诚实的文字,写下的就是即时即刻内心的思想活动,家书中傅雷夫妇和子女用真诚的文字进行了良好的交流,不仅培养了傅聪、傅敏两个孩子,更给许多读者强烈的感染和启迪。

第三节 倾听的技巧

你刚刚花了五分钟时间,详细地告诉你的朋友一个生日宴会的时间和地点,而当你正要走的时候,他却问道:"嗨,那么你说我们是在什么时间、什么地点碰头呢?"你明白,他根本没听。你知道了别人把你的话当成耳旁风是什么滋味。

一、倾听的重要性与程序

当我们设想自己处于传播情境中时,常常更多地考虑将自己的意思传达给他人,而较少想到接受他人的看法,这不足为怪。我们以为"传播"一词更多的是指由我们发出信息的过程，而非接受信息的过程。但是，这里所说的传播包括的内容远远超出与人交谈一项。它包括交换各自的想法，尽可能完整地相互交流信息，在大多数人际传播中，我们用于倾听和应答的时间与用于讲话的时间一样多。统观我们在普通的一天中的全部传播活动——谈话、倾听、阅读、书写，我们花费在倾听上的平均时间多于其他任何一项。在我们的日常生活中，倾听是对语言传播作出回应的最主要的方式(见图 11-2)。

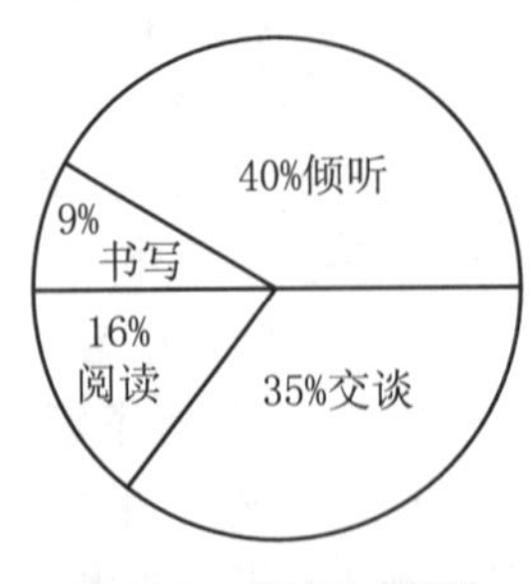

图 11-2　倾听的重要性

资料来源　熊源伟、余明阳编著:《人际传播学》,中山大学出版社 1991 年版,第 103 页。

这是全部的言语传播活动中各种成分的比例表，你也许从未认识到倾听是如此重要的一项技巧。

大多数人都认为倾听是自然而然的事，其实有些人并没有在倾听我们谈话。这方面的例子确实不少。想一想在日常的一天中，作为我们倾听的对象的所有人和物：唤醒我们的定时收音机；午餐时与我们交谈的同室伙伴或朋友；课堂上的老师和其他同学；商店里播放的音乐录音；汽车内的收音机和放音机；家中的电视机和音响设备。

由于我们每天花费这样多的时间去倾听，可能会认为它不费吹灰之力，然而并非如此。倾听不等于一般的听。听，只要有耳朵(除非听觉有缺陷)就能进行。实际上，我们每时每刻都在听。我们的体内没有一种可以像闭上眼睛一样关闭听觉的装置，而倾听则需要大脑和耳朵共同来完成。如果我们想改善倾听的状况，就需要检查自己的倾听习惯，然后主动加以改进。如果我们诚心希望改掉不良习惯，很重要的一点是进行适宜的练习。

我们在此重点讨论的这种倾听是人际传播中最重要的一项。我们不可能也没必要一天到晚保持神入地倾听每个人的话，例如与我们只有数语往来的加油站工人或银行出纳员的话。神入的倾听——这正是本书论及的人际传播技巧之一——仅适用于某些场合。简单的信息交换和短暂交谈也同样有其用武之地，但是神入的倾听与之有很大区别。

神入的倾听在努力获取与理解信息的过程中包括了肌体、感情和智力整体的投入。它是主动的而非被动的过程。我们不能仅满足于保证自己在洗耳恭听，而对其余器官听其自然。

由于神入的倾听包括感情和智力的共同投入，它不可能自发地发生，我们须人为地促使其发生，而这并非易事，它需要主观努力和客观条件的保证。我们的不利因素很多——许多影响因素综合起来使我们不能成为善于倾听者。这其中有些因素可以加以控制，有些则无法控制。

我们把神入式倾听与评议式倾听作一比较，可能会更易于理解神入式倾听的本质和功能。如果我们要下一定义的话，“评议式”倾听意指听取信息，加以解析，然后回过头来整体理解并从中归纳出结论。这是大多数人的倾听方式，因为这正是我们被训练养成的习惯。这种方式的倾听适用于以讲授为主的教育系统之内的听众，在这个系统中，首先考虑的是批评地解析说话者所讲述的内容。

神入式倾听的目的也是理解，但其考虑的重点有所不同，因为神入的倾听是融会消化式的，听者首先考虑的是理解讲话者——对方那个人。神入式倾听意指倾听那个人的整体，即格式塔(完形)型的倾听。我们倾听对方的面部表情、语音语调、姿势体态及形体动作都说了些什么，而正是这些各具功用的单元的集合体——它们的综合——告知我们想要了解的东西。我们寻求最大限度地理解传者从他或她的角度出发所作的阐述。“评议式”的倾听者已经走到批评、归纳、总结，以及表示赞同或不赞同这条路上去了。作为神入的倾听者，我们绝不能仅把注意力集中在语言上，那样会受到限制和妨碍。它限制了我们获取信息的数量，并妨碍我们的行为，因为我们的行为将以不充足的信息作为依据。这就是为什么神入式倾听意味着对格式塔——对方的整体作出反应的自因所在。

正因为神入式倾听能够使我们通过更多的渠道接收信息，有更多的机会获得那些使传播清晰化的暗示；能够使我们的回答更为恰当，因为我们有了仔细斟酌的时间，并且我们所接触的对方更活生生，而不是基于某种成见；能够使我们得到对他人观点的更完整印象，作为对方言论的参照框架。因此，神入式倾听是最有效的倾听方式，它能够有效地改善人际传播。

倾听的程序与感觉相同。第一步是接收。我们大都认为在听的活动中耳朵是接收信息最主要的器官。而实际上，我们是用整个身心去倾听他人的整体表现(格式塔)。尽管我们以为自己仅仅在听，但当我们针对刺激作出反应的时候，促成我们行动的却往往是各种各样因素的综合，而不单单是听到的内容。假如我听到有人说“滚开”，我若同时看到这话出自一个体重250磅的大汉之口，而他正举着拳头向我扑将过来，这就足以促使我飞快地逃开。

当我们在听的过程中注意到特殊的刺激时，就涉及选择——有选择地倾听。我们甚至需要很努力地集中精力去选择那些我们需要或希望得到的线索。想象一下，在聚会中，当站在你身后的一群人开始议论你最好的朋友时，你的听觉会何等灵敏地作出选择。

我们一旦受到信息的刺激并加以选择之后，就要组织这些信息。为此，我们必须得出我们收到的信息的含义。这时，我们的大脑能动地进行着一系列活动，识别、记录、分析得到的资料。正是在这段时间内，我们对接收到和选择出来的信息加以扩大、缩略和集中。这就是几乎于瞬间完成的处理资料过程的全部工作。

与感觉过程一样，倾听的最后一步是解释信息。我们把经过接收、选择和组织的信息与过去的经验或未来的期望联系起来。为了能够作出回答以显示倾听的结果，我们必须解释获得的信息。哪怕我们对其并不理解，也可把它解释为“含义不明”，而促使我们这样回答：“你那样说是什么意思?”或“你能解释一下吗?”

由于这些步骤都是本能地(只要我们想听)，并以惊人的速度完成的，所以它们常常是相互重叠或颠倒次序进行的。比如，你也许曾经奇怪人们怎么能在尚不理解的情况下组织那些资料。这些过程无疑是密切相关的，正如信息的接收、选择、组织和解释的相互作用一样。耳朵本身提供了一种信息输入，其余四种感官输入另外四种信息。如此说来，“听”仅是整个感知过程中的一个部分。

二、影响倾听的因素

知晓影响倾听的因素，不仅有助于提高倾听的技巧，而且能使我们更加体谅那些听我们讲话的人。了解这些因素的作用将增进对整个传播过程的理解，并有助于解释为何有时会出现失败和误会。下面是影响倾听状况的一些因素。

(一) 生理差异

由于倾听是感知活动的一部分，它的效能受到听觉器官的限制——要想对听觉刺激信号加以选择，首先必须能够听到它们。每个人在生理上有所不同——器官、组织和细胞的结构及反应能力不同。如果我们听力不佳就会影响倾听效果，这仅仅是由于我们无法获得与听力好的人所得到的同样多的信息，供我们选择、组织和解释。同时，男女的生理差异也造成了不同性别对于听觉刺激信号的感知也有所不同，相比较而言，女性更耐心且容易以语言来反馈自己的倾听，而男性对于倾听诉说的耐心则小一些。

(二) 理解词句的速度快于讲述词句的速度

人们平均每分钟讲125—150个词，而作为倾听者，每分钟可以轻而易举地处理500个词。虽然我们的大脑能够神速地消化词汇，但在日常的倾听活动中，我们很少需要以最高效率去处理词汇。即使是最老练的讲演者，也会偶尔停顿或结巴；即使是精心锤炼的演说词，也包含着无关紧要的词汇。这些磕磕绊绊和多余成分更延长了在传播信息过程中所花费的宝贵时间。我们作为倾听者，在此期间作些什么呢？我们几乎总是心不在焉。除非我们有意识地利用这段时间潜心于讲话者传达的信息，否则就很容易走神。

(三) 被动性倾听

如果我们认为倾听是被动的过程，在此期间我们仅仅是跟踪所听内容而已，就可能误解信息或遗漏重要的暗示。我们会只听到我们想听的或引起我们注意的东西。建设性的倾听需要切实的努力，需要感情和智力的投入。看电视的习惯可能助长了我们被动倾听的倾向。比如，有许多时候，我们只是把电视作为背景音响而心思却在别处。在广告节目期间尤其如此，我们不必对那些广告作出回应，只是随它去。然而在人际传播中，如果我们三心二意地被动地去听，就只能得到其中一部分信息。

(四) 那些隐藏着的信息……

有效的倾听意味着用第三只耳朵去听，这句话的意思是努力听出言外之意而不仅仅是字面的意思。词语用何种方式讲出——音量大小、速度快慢、理直气壮还是犹豫不决——是非常重要的。围绕着词语的种种暗示中隐藏着信息。假如一位母亲用温柔的声音说："马上进来。"这意味着孩子们还有几分钟好玩。假如她说："马上进来！"其命令的意味就是毋庸置疑的了。为了能有效地倾听，我们必须注意对方的面部表情、目光接触、姿势、形体动作、体态、着装，以及音质音色、遣词用字、节奏速度、语调和音量。这些非言语暗示是任何传播不可或缺的成分。用第三只耳朵倾听有助于我们理解信息的整体。

引申出真实含义的能力——听出话外之音——使我们能够真正"洞察"他人。寻求帮助和同情的人携带有两种信息——一种是他们所说的话，还有一种则隐藏在表象之下。我们需"透视"他们的话才能帮助他们。你也许认识这样的人，大家在遇到难事时都去找他，向他咨询，或者仅仅向他诉说自己的思想。这个人可能就是一个有效的倾听者，是那种用第三只耳朵去听的人。

三、你为何不能神入地倾听

前面说过，神入地倾听是最有效的倾听方式，能够有效地改善人际传播。既然它如此重要，为什么多数人却不能神入地倾听呢？这里，存在三个相互联系的原因。首先，神入的倾听并非易事，它比单纯地理解口头表达的言词并作答要困难得多。第二，神入的倾听要求我们尽量与对方在思想、精神和感情上合二为一，从而超脱自我。我们并非总是乐而为之的。在交流中，我们为自我所累，沉浸在自己的思绪和烦恼之中。当你下一回置身于人际交往之中时，请注意一下，如果你脑子里预先思考着你下面要发表的评论，要想聚精会神地倾听他人的话是何等的困难。你是否在对方刚有止住话头的可能之前，就已经开始准备自己要说的话了？你可能发现自己并没有在倾听，而是在盘算着如何使对方重视你下面要作的评论。

使我们不能神入地倾听的第三个原因，是与生俱来的不良的倾听习惯。按照习惯，我们也许过于注重言词或过分注重判断，我们会习惯地认为传播更倾向于以谈为媒介，而非以听为媒介。下面是我们可能具有的其他一些习惯，它们对有效的倾听有潜在的影响。

（一）调开频率

习惯会使我们对待许多谈话就像听收音机调开频率一样拒绝收听。我们的社会充斥着谈话声，我们调开频率拒绝收听，以保护自己免遭嘈杂声响的干扰。有时候，这些信息传播的嘈杂声似乎要把我们包围了。我们调开频率还可以保持身心的安宁。对某些声音置若罔闻是必要的。我们必须有所选择，否则将为嘈杂声所淹没。然而，若是这种习惯已经使我们无法达到传播活动最基本的要求——调准频率，我们就不可能做到神入地倾听。

这并不意味着我们需要调准频率倾听一切，但是善于倾听的人往往可以从几乎所有的传播中发现乐趣。他们能够应付连珠炮般接连不断的信息刺激。令倾听能力差的人们感到枯燥无味或使人厌烦的那些话题，有效的倾听者却能集中精力去听，并从倾听中获得很大收益。

不能奢望每个话题都令人着迷，但是如果我们频频发现自己对某一特定情境中的交流感到厌烦——比如，每天一起吃午餐的总是那么几个人——我们不妨问问自己："与他们共进午餐的最初动因是什么呢？这些理由还成立吗？"当初也许是因为这些人从事政治活动，而我们希望与之探讨政治问题。如果我们依然有此想法，那么对原始动机的回忆会有助于我们在这个群体里的传播活动中集中精力去倾听。我们也许能够从原本看来毫无意义的交谈中，搜集到一些有用的信息。

(二) 娱乐需求

影响我们倾听的另一种习惯，可以称之为“芝麻街症”(“芝麻街”是美国电视中著名儿童节目栏目名)。我们希望得到娱乐，我们内心要求讲话者：“你要激发我的兴趣，否则我就不听。”如果事先我们就认为将要听到的信息索然无味，往往就不会认真去听。而且，我们若是料想自己会厌烦，往往就会真的感到厌烦。我们通常喜欢生动、有趣的描绘而不喜欢平铺直叙、不加修饰的陈述。

(三) 遇难而退

“芝麻街症”的翻版就是我们试图回避难度大的倾听，也就是说，如果面临选择，我们往往放弃那些需要心智努力的倾听。任何涉及生疏事物的传播，理解起来都会显得吃力。当讲话者快速转换话题时尤其如此。我们如果不适应讲话者的论证方法，那么十有八九会放弃倾听，而不是力图跟上他或她的思路。如果我们不习惯于真正集中精力的话，就很难跟上电视的编者评论、小组讨论和某些讲座。这也就是为什么在课堂上，当老师上课上得生动有趣时，学生们听得津津有味，反之，如果老师讲课枯燥乏味，学生们不是走神放空，就是打起了瞌睡。

(四) 品头论足

想想你最近一次与不甚熟识的人之间的交流。你能记起他们的长相吗？他们穿的是什么？讲了些什么？我们常常被外表的东西分散了对别人言谈的注意力。

尤其是对不太熟悉的人，我们往往被他不甚清晰的口齿、他的发型和紫红色毛衣分散了精力。我们会发现自己耽于品评某些无关紧要的特征而没有听他或她所说的话。想一想你和你认识的人们是如何评价一个政党候选人的，你留意那个候选人的发型、微笑和服饰吗？这些非言语暗示是重要的，但是不应让它们分散注意力，妨碍我们认真倾听对方的言谈。

(五) 感情用事

最后，我们也许习惯于拒绝相信、歪曲含义、过于轻信。当我们听到与自己的期待相左的事情时，常常建立起一道心理屏障，使自己免遭惊吓和气恼。有时候，我们听到的仅是那些我们想听的东西。我们的信念可能如此固执，以至于我们要求听到的一切来顺应它。某些词句(如“妈妈”、“我爱你”等)对我们感情上的吸引力大到这样的地步：跟随其后提出的任何要求我们都会予以满足。假如我们珍视在母校高中度过的那段时光，那么当见到来自母校的人时，我们的谈话会自然而然地充满亲切融洽的气氛。

附:倾听自我测试五级量表

1=总是,2=经常,3=有时,4=偶尔,5=没有。

1. 认真倾听发言者同时理解他的感受。
2. 我进行客观的倾听;我关注话题的逻辑性而不是感受信息传递的情感。
3. 只听,不评论。
4. 我用批判的方式倾听,我评价说话者及他的说话内容。
5. 我只听字面意思,不太关注隐含的信息。
6. 我透过语言和非语言线索寻找隐藏的信息。
7. 积极倾听,对说话者的内容表示赞同,进一步启发说话者去表达他的观点。
8. 我不主动参与,我只是倾听,我一般保持沉默,只是倾听对方说的内容。

资料来源　约瑟夫·A. 德维托:《人际传播教程》(第十二版),余瑞祥、汪潇、程国静、张妍译,中国人民大学出版社 2011 年版,第 101 页。

四、有效倾听的结果

兴致勃勃、态度合作、反响积极的倾听者对交谈者会有所帮助,因为这些反应会产生立竿见影的效果。它们影响着对方下面将要说的内容。而由此导致的交流状况的改善,将会使倾听者从中受益(见图 11-3)。

图 11-3　通过有效的倾听而得到加强的传播的循环

资料来源　熊源伟、余明阳编著:《人际传播学》,中山大学出版社 1991 年版,第 112 页。

具体说来,有效倾听得到的报偿是什么呢?首先,我们会获得更多的令人感兴趣和意味深长的信息——对方会下意识地对信息进行特别调整以适应我们的知识和背景。我们听得越是仔细,并表现出自己是否理解,就越有可能获得含义清楚的信息,也就越可能记住听到的内容。通过改进倾听习惯,我们将能记忆所听到的 50%以上的信息。

举例来说，假如你以部分或完全沉默来回应一位朋友关于最近一次旅行的描述，你的朋友可能会缩短他的叙述。但是，如果你提些问题，诸如："你去哪儿了？""有些什么活动？""有意思吗？""看到些什么？"他就将更有兴趣向你讲述细节。这样你对这位朋友旅行经历的了解将会全面得多。当然，我们也可以作出没兴趣或厌烦的表示，以此有意识地缩短交谈。但是，我们有可能会错过令人感兴趣和意味深长的信息。

有效倾听的第二个报偿是提高了我们自己的传播技巧。通过更密切地注意他人的传播行为和观察他们的传播方式，我们能够更彻底地剖析自己的做法。

比如，我们可能注意到一个朋友在每句话的结尾总要说"你知道"，如果它干扰了我们的倾听，我们就会更加警惕自己用得过多的某些词句。我们一旦注意到这些毛病是多么分散别人的注意力，就会更乐于请朋友们指出自己意识不到的癖癖。

我们还会发现，有效倾听的另一报偿是扩大了朋友圈子。善于倾听的人是供不应求的。人们有一种被人倾听的感情需求，肯花时间倾听的人是别人竞相寻觅的对象。

在成为有效的倾听者的同时，我们也往往成为更为坦率、投入感更强的人。有效倾听的最后一个报偿是使人际关系更有意义。有效的倾听是人类相互影响所需的最重要的传播方式之一。

五、提高倾听的技巧

如前所述，提高倾听的技巧需花费时间和精力，下面的建议可能看起来只是些常识，有些也许是显而易见的。即使如此，大多数最普通的常识往往并没有被付诸实践。如果你仅仅阅读这些建议而不将其与你的倾听行为结合起来，它们将失去效用。这些建议或许可以启发你设想出其他可用于你的倾听实践的方法。

（一）作好倾听的准备

在许多情况下，由于你没有作好肌体和精神的准备，所以不能很好地倾听。你的注意力的转移与你的肌体的精神状况直接相关。因为倾听是包含肌体、感情和智力因素的综合活动。想想你在情绪低落或身体倦怠时烦躁不耐的样子。你为准备考试熬了个通宵，这下你周围的每个人都将为此付出代价。此时，任何人的话你都不想听。同声传译是一种对听有很高要求的职业。同传翻译人员通常在做同传翻译任务的前一天甚至前几天，就要对所翻译的任务进行准备，了解任务的主题讨论内容的专业知识及专业词汇，以保证执行任务时能更有效地听懂发言。对于日常的沟通也是同样的道理，准备越是充分，则倾听的效果就越好，获得的信息也就越精准。

（二）控制或避免精力分散

对你将要开始倾听的环境预先布置一番，有利于你作好倾听的准备。你所能做到的、可以改善环境的事情有：关上电视机，关好门，请求对方大声点讲话，或换个干扰因素较少的场所等，把倾听障碍的影响降到最低。假如你不能排除分散注意力的因素，就必须竭力集中精力，倾听时最好不要在头脑中考虑其他事情，以免分神。在生活中，我们常常可以看到这样的情景，丈夫正在看球赛，妻子在旁与他说话，尽管丈夫嘴里能够发出“嗯啊、哦、好的、是吗”之类简单的回答词汇，但根本没有听进去，因为在这个时候，球赛画面是最大的干扰因素。如果有重要的事情要商量，则不应选择在类似的场景下。

（三）预先考虑题目

如有可能，事先考虑一下可能要讨论的题目或主旨。你对题目的内容越熟悉，就越有可能掌握它，对它的兴趣也越大。而且，事先的考虑将促使我们提出问题。积极地参与人际交流可使人们的记忆更加深刻、感受更加丰富。

（四）预先了解讲话者

事先了解讲话人，意味着使自己进一步适应（或作好准备去适应）对方。你无法控制讲话者的形象或谈吐，但是你可以预先作到心中有数。这样，你的主要精力就不致被讲话者惹人注目的外表或语言表达中的错误所牵制。你的目标应当是努力辨明对方在说些什么。你应竭力使自己不受对方的习惯性动作或怪癖的打扰。如果你随时作好自我调整的准备，那么当你必须进行自我调整时，就会发现这已成为你行为之中一个自然的组成部分了。

（五）增强听的需求

我们对某些人不像对其他人那样喜欢听他们讲话；对于有些题目，我们也不像听其他话题那样专心。我们常常事先就料到自己在某些情形下，不会尽力去倾听。在这种情况下，要想集中精力，就得使自己成为“自私的倾听者”。因为对他人或某一话题产生兴趣的关键在于使其与自己发生关联或对自己有益。试想一下讲话者能给你什么帮助呢？努力发现这个信息能否使你个人获益？它能否使你获得个人的满足？是否激发了你新的兴趣或新的发现？恰是那些使不善倾听的人感到枯燥乏味或厌烦的人和话题，善于倾听者却能从中感到乐趣。

假如讲话的人或内容不能满足你的需求，你应自问：“我来此原因何在？”努力回忆促使你来此的原因，看看这个动机是否依然成立。你还应当尽量发现这一传播带来的报偿——使传播内容立即得到应用的某种方法，此法将会使传播成为对个人有益的活动。

（六）监测你的倾听方式

即使作好充分的准备并且有倾听的需求，你的倾听也不一定是有效的。你需要不时检验以确认自己并非心猿意马，而是全神贯注于对方的信息。由于讲与听的速率不同，对于因此产生的剩余时间，你需巧妙地加以利用。

专注于信息。要想保持精力集中地接收信息，应尽量回想讲话者已说过的话，以使你能保持信息的完整性并记住它们。注意倾听中心思想，尽力揣摩言外之意。要用第三只耳朵去听,注意听那些可能有双关含义的词汇。如有可能,搞清对方是如何运用这些词汇的。尝试猜测讲话者下面将要说的话,并将其与他实际说出的话相比较。这些做法可使你的思想始终专注于对方的信息。把精力集中在信息上,而不要集中在对方的眼睛或服饰上。

暂缓判断。有些词汇、短语或看法会引起一种本能的反应。你也许会对不规范的语法、种族歧视的口气或粗言鄙语产生过激反应。这时,你必须学会在听取全部内容之前,先不要因某些词语而过分激动,直至你彻底理解讲话者的出发点之前,先暂缓判断。

想想引起你强烈反应的那些词语,它们为何会使你如此反应?将你与他人的反应加以比较,常常有助于使你看清自己的反应完全是个人主观造成的。最后,要说服自己,这些反应是过激的,不必要的;那些词语不值得我们作出如此反应,以此来减轻反应的激烈程度。当某些词语触及我们内心深处的偏见或根深蒂固的价值观时,我们的倾听总会受到影响。认识到产生这种反应的可能性,是克服它的第一步。

设身处地。尽量从对方的角度出发,理解他的意思。如果张三告诉你,他如何生他兄弟的气,要尽量搞清他为何这样说,及他是如何说的。注意听取他的理由、观点和所作的辩解。你不必附和他,张三的兄弟可能也是你的朋友,但仅仅由于张三的感觉与你不同,并不说明这种感觉是不正确的。既然你与张三的看法的差异是由你们的不同体验造成的,那么就要探寻他要传达的真实含义,找出他可能遗漏掉的因素。他的证据基础何在?看法是如何产生的?是通过个人体验?他人的议论?还是猜测?你应尽可能通过张三的眼睛看这个问题。

(七)重视肢体语言

彼得·德鲁曾说,人无法只靠一句话来沟通,总是得靠整个人来沟通。倾听虽然必须通过耳朵来进行,但并不是仅有耳朵专注就足够了,眼睛也应跟上。肢体语言能体现出说话人的思想、感情,甚至可能是想要隐瞒的想法,美国联邦调查局(FBI)认为,肢体语言比任何话语更加诚实。

首先,说话人说相同的语言,表现出不同的肢体语言则会表达出不同的意思。例如女孩子跟男朋友撒娇的时候满脸甜蜜地说的"你真讨厌"表达出的是完全相反的意思,但若二人吵架时,女孩子怒目圆瞪地说出的"你真讨厌"就的确是出于对对方的厌恶。

其次,不同的肢体语言在不同的环境中也表达出不同的意思。例如,在不同的国家,同样是点头,有的表达的是 YES 的意思,有的则是 NO。在中国竖起大拇指,弯曲其他四个指头是表示夸赞的意思,而英国人则将这个作为拦截出租车的标示,在日本这又是老爷子的意思。

第四节 反馈的技巧

一、反馈的重要性

20 世纪 50 年代起,传播模式的研究开始以控制论为指导思想,控制论对于之前的传播模式研究最重要的进步就是加入了“反馈”的机制，强调了传播是一种双向的运动。

人际传播自然也不例外，我们回报给讲话者的那些暗示，使对方明了我们接收信息的情况，促使他按照我们的需要调整自己的信息。只有这时，以上所说的良好倾听的益处才能实现。这个重要的过程就是反馈。反馈不是简单的、一步就可完成的过程。它包括：第一，监测我们发出的信息在对方身上产生的作用和影响。这个监测活动包括对这些情况的分析。第二，估计产生这种反应或回答的原因。第三，调整或修正我们将要发出的信息。这体现了传播过程中程序控制的本质，也显示出在传播这一循环中接受者的作用。反馈若能表明传播对象是否明确、接受和理解了传者的信息，就会给传播者提供极大帮助。

反馈活动的核心是调整或修正作用。反馈可以是语言（“是的，我明白了”）或肌体发出的信息（微笑），或者其他一些为了向对方表明我们的确在分享他或她发出的信息而作出的那些反应。反馈也可表明我们是否不明白或不同意。我们根据得到的回答了解对方是否在倾听，对方也和我们一样。我们通过反馈得知共同的理解是否产生。一种能促使产生诚实反馈的气氛是理解与被理解必不可少的条件。

二、反馈的过程

在任一传播活动中，每个人既是信息的发出者，同时又是信息的接受者。这意味着我们每时每刻都在作出回应和接收回应。每当人与人之间相互产生影响时，都有反馈存在——每个人既是原因，又是结果。正如我们不可能不进行传播一样，我们也不可能不作出某种反馈。即使在无言时，我们也传送着信息。

（一）接收反馈

设想有那么一会儿时间，你仅仅是信息的发送者，你发出的任何信息都得不到反馈。你向人问好，没有回应。你问：“你干得如何？”得不到回答。你说：“天气真不错”，没有人附和或作出听到你的话的表示。你无从得知别人是否听到或听懂你的话，你无法估计你的话产生的效果。不难理解，在上述假设的单向传播情境中，有些人会变得灰心丧气，感到自己遭到别人的排斥和厌恶。如果没人回答，交谈还有何用？接收反馈是我们据以修正自己行为的最好方式之一。我们用来确定自己意欲传达的信息是否已被尽可能贴切地接受的方法就是监测反馈。

想想你喜欢与之交谈的那些人，在你讲话的时候，他们提供给你诚实的反馈了吗？他们的反馈不仅影响着你们的交流状况，也决定了你表达自我、对待他们的方式和态度。我们接受的暗示可致使我们或继续交谈，或重述看法，或沉默不语，或出现口误、口吃，或匆匆中止交谈。在任何情况下，我们都需要通过反馈来洞察自己的传播状况，并帮助我们理解他人的传播行为。

（二）作出反馈

正如我们需要接收反馈一样，我们也需要作出反馈。用心倾听并作出适当反馈，表明我们自己正试图成功地适应所处情境。我们是生活积极的参与者，而非消极的观望者。我们可以对具体的刺激采取直截了当的反应。我们对别人作出的反馈，会使他们感到自己得到重视，加强他们的良好感觉——这也是反馈的重要作用对我们自己的报偿。

当交流变为单向时，传播就不会持久了。一个得不到任何反馈的人，他的想法得不到鼓励和加强，会四下张望寻求支持。有效的传播表现为信息的双向流动。

（三）反馈的效用

如果你曾认为自己的反馈无关紧要，可有可无，那么请记住，在两个人的人际传播情境中，对于对方来说，你是反馈的唯一来源，舍你无他。你不提供反馈，对方就无从得知他被理解的程度。你要做的正是帮助对方尽可能准确地传递信息：你强有力地影响着对方，你作出反馈的数量多寡也是很重要的。

在一项划时代的研究中，学者们研究了反馈数量的不同如何影响着信息传播的状况。在每一种情况下，学生们都要根据教师的指导画出几何图形。第一种情况，研究者不让教师与学生之间产生反馈。第二种情况，教师与学生可相互看到对方，但不许提问。在第三种情境中，学生可以对教师的提问回答："是"或"不"。第四种情形是，学生可以提出任何问题并得到解答——一种自由反馈的情境。研究者发现：随着被允许作出的反馈数量的增加，学生们完成作业花费的时间越来越长，但他们画出的几何图形也更趋精确。在自由反馈的条件下，学生们对于自己所画图形的正确性感到自信。由此可得出结论：在人际传播中，反馈需花费额外时间，但是它可使信息更为准确地传达并在信息传送过程中增强接受者的自信心。我们需要明确的一个要点就是，反馈使得沟通如同打乒乓球一样，有人发球有人接球，形成回环往复，具有互动性。反馈的最终目的是为了使得沟通更有效。

（四）反馈的形式

反馈始于我们头脑内部。当我们与他人交流时，内在的反馈随时都在发生。当我们讲话时，总是预期得到对方某些特定的回答。这种心理定势的形成取决于内在反馈。而我们收到他人的反馈之后，会随之调整和修正自己发出的信息。调整和修正的方法也以内在的反馈为依据。

向他人作出反馈是从我们的内部反馈开始的。如果我们想在对方讲话时给他或她以反馈，首先必须十分专注于那人所传播的内容。倘若我们不是自始至终有效地倾听，就无法作出有益的反馈。要想随时作出适当的回应，就必须高度集中于对方的全部信息——力图搞清其出发点，以使我们的反馈不至于答非所问或含混不清。

船川淳志提出在人际沟通中，需要"接受、共鸣"，它强调的是沟通中双方必须具有主动的合作性和互信性，这是良好沟通的基础；还需要"探讨、验证"，则是指在人际沟通中，反馈、思考也是非常重要的。单纯的说或者单纯的听都不能构成一次良好的完整意义上的沟通，沟通需要反馈。因此，强调人与人之间互动力量的"接受·共鸣"模式和重视思考力的“探讨·验证”模式都是必要的。

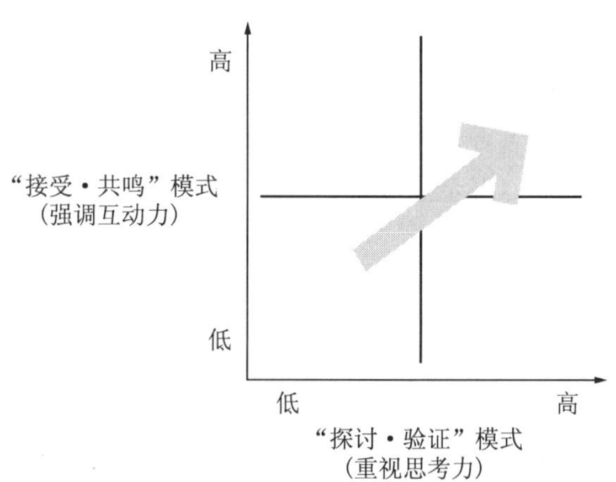

图 11-4　充分运用“接受·共鸣”模式和“探讨·验证”模式

资料来源　船川淳志：《为什么听不懂，为什么说不清》，赵韵毅译，中国人民大学出版社 2009 年版，第 105 页。

托马斯·戈尔顿（Thomas Gordon）在《父母能力训练》一书中提出了作出反馈的十二种回答方式。其他的作者仅列举了五种。在以下方案中提供了六种方式。这就是回避、判断、解析、提问、安抚和意译。

1. 回避

回避式回答仅仅试图使对方绕开这个难题。“把它忘了吧”或“先别谈这件事吧”就是此种方式常见的回答。回避式回答也可采取分散注意力的方式。当你的朋友向你谈起和一位教授的摩擦时，你可以问她：“噢，你的男朋友好吗？最近怎么没听到他的消息。”假如这样显得过于露骨的话，你可以不动声色地用与之相关的话题或问题来分散她的注意力。“你说的就是上星期你还赞不绝口的那位教授吗？”

回避式回答是软弱无力的，因为它们没有触及矛盾。尽管这种回答会给对方以思考的时间，但是在大多数情况下，对方来找你的目的是要得到某种答案。而且，就回答者而言，回避表现出缺乏倾听的兴趣。与其他许多可供选择的方式相比，这不算是成功的人际交流的积极方法。

2. 判断

判断式回答是我们试图帮助他人时最常用的回答方式之一。我们向他人提出劝告或作出判断，却没有意识到自己正在作出评价、指正和建议。通过告知人们他们的想法或行为好或不好、适当或不适当、有效或无效、对或错，我们暗示出他们本来应以何种方法解决问题，或将来应当如何去做。判断式回答常常这样开始：“我要是你的话，我就……”“你瞧你应该……”或“你应考虑去做的是……”

判断式回答可能妨碍相互交流的原因之一是：它会显得盛气凌人。当有人告诉你，你做的某件事或你的一个想法是错误的，你会立即产生何种反应？你可能进入防卫状态。防卫心理导致心灵的闭合、对外排斥和抗拒。你希望中止讨论，改换话题，放弃或回避这个问题。当人们作判断时，他们暗示自己的评价优于他人。而遇到麻烦的人，并不愿感到自己不如别人高明。

更进一步说，判断式回答是对付他人难题的快捷的方法。它无需表露真诚的关心——如果你不愿表露的话。但是，假使别人感到你正试图用快捷简便的方法应付他们时，便往往随即产生拒斥心理。没人愿意被敷衍打发了事。

最后，你一旦提出建议，往往助长了他人对自己问题不负责任的态度。你提供了一条逃避责任的捷径——一个"唾手可得的借口"。如果他们每遇困难都可询问别人得到解决的办法，为何还要自找麻烦地承担责任或自己设法解决呢？此外，如果你提出劝告，当你的估价或建议失灵时，他们就会责备你。你使自己成为一个现成的替罪羊。

3. 解析

如果你改变上述回答的措词，使它对对方的行为作出解释或剖析，这就是解析式回答——而情形也不会有多大改观。"你知道，你的烦恼是由于……"或"你的情况只不过是……"引出的往往是解析式回答。在此情况下你放弃了指导他人或指出其问题实质的努力。这种回答方式就好像你扮演的是个精神病医生的角色，"你的问题表明（或说明）……"判断式与解析式回答的区别甚微。当解析他人难题时，我们暗示他们应考虑些什么。我们为他们的行为提供动机、理由或合理性——与前一种回答相同，我们为他们提供了现成的"出路"。

解析式回答的弊病也类似于判断式回答。解析他人的行为会使他们产生防卫心理，从而更无可能披露自己的思想和感情——以此防止别人进一步解释、分析自己。尽管解析比判断花的时间要长，但它看起来仍然像是"把人打发走了事"，因为我们凭孤立的分析就可解释他人的行为。它可能鼓励对方不对自己遇到的困难承担责任，我们的分析所提供的答案妨碍了他们深入的思考和自己克服困难的努力。同时，这种回答表现出一种优越感："我比你自己更清楚你的动机。"

4. 提问

提问式回答可将对方引向某一话题。提问式反馈的目的在于引起同对方的讨论。提问式回答还是个良好的开端，因为它给我们带来关于问题实质的信息。它提供了我们赖以行动的更可靠的基础，同时，给对方以感情宣泄的机会。这种回答采取下列提问方式："这种使你如此烦恼的情形是怎么造成的？"或"你认为这件事的原因是什么？"一个含有暗示的提问可能是这样的："……而你希望这情形变得更坏而不是更好……"

当提问时，我们不希望给人造成逼问或责难的感觉。提问的措词不谨慎会造成我们无法解决的麻烦。比如，我们不应问："你怎么会搞得这样一塌糊涂？"因为这样就对一个事件作出了评价和判断，而使提问式回答变成了判断式回答。诸如："你知道那是错误的吗？"或"你确实没想到，是不是？"这些提问也都是判断，而我们并不想暗示他人本来应当怎样做或今后应当怎样做。

运用提问式回答时，传播者应避免使用以“为什么”开头的问题。“为什么”的问题会引起防卫心理。当人问“你为什么那样做”时，我们立即产生自我防卫的心理冲动。这种提问自然而然地具有不赞成的意味：“你本不应当那样做。”作出评判和提出建议就倾向于强迫。以“什么”、“哪里”、“什么时候”、“如何”或“谁”提出的问题更利于使他人敞开心扉。这些问题促使对方的谈话更具体、更确切、更开诚布公。

5. 安抚

如果一位朋友来向我们诉说烦恼，我们可能希望给他以安慰，告诉他事情并非那么糟糕，指出他可能还没有想到的解决方法，这就是安抚式回答。我们的回答应当是平静的，以减轻朋友的紧张情绪。首先，我们的安慰再没有比看上一眼、抚摸一下，或表示“有我和你在一起”更为具体的了。安抚式回答可以表示赞同。一旦使朋友明白我们对他的遭遇感同身受，就可以讨论解决这一难题应采取的行动了。

要安抚他人，首先应减轻其紧张情绪。像这样的评论：“这是个很严重的问题，我能理解你为什么烦恼……”这是个很好的开端。安抚意味着理解对方的过激情绪，虽然对此不必表示赞同，但我们也不希望与之争辩或指出这些情绪不够恰当。

虽然安抚式回答可能比前面提到的许多种回答有力一些，但它也可能走向反面。假如我们以声调和措词暗示对方不应按他那种方式去感受事物，我们就又一次将自己的回答变为判断式，而判断式回答的缺陷也就随之而来了。

6. 意译

我们对朋友首先作出的评论可以是：“我明白这个问题使你很烦恼，它对你来说关系重大。”通过意译对方的话，我们表明自己对他的理解。因此，意译可以表示我们希望正确地理解朋友所处的状况。当我们以非言语暗示——目光接触、诚恳的面部表情、抚摸、音调——来强调我们所说的话时，这种回答是很富鼓舞性的。

你也许要问，为什么要意译？为什么要把别人刚说过的内容用自己的话再重述一遍？第一，意译有助于确定你是否理解了他人的话，从某种意义上说，它给了你第二次机会来确定你对他们的理解。第二，它可以是一个澄清意义过程的开端——引出他人的叙述，获得更多的信息，对事物作更广泛深入的探讨。这些谈话及因此延续的时间都提供了更明确地理解传播者及其思想、感情实质的机会。第三，意译可以成为概括的过程——更简明扼要地抓住事情的要点，或随着对方的回顾和重温，尽量使情况得到补充。第四，意译使对方确信你的确听到了他的话。第五，意译向他人表明你在力图理解他的思想和感情，它有助于证明你是个关怀他人、富于同情心的人。

应用积极的回答方式，要避免对他人及其处境作出判断。我们的有意传播，比如言词的选择，不如无意传播，即那些体现我们为理解他人的困境及情感而付出的真诚努力的非言语暗示那样重要。这意思是说，要把对他人的理解和信任表现出来。当这些感情又折射到我们身上时，一种相互尊重、支持和信任的气氛就形成了。我们的人际关系将会变得更加亲密融洽。

三、提高反馈的技巧

卓有成效的反馈与良好的倾听同等重要。作为倾听者，我们负有作出回答、完成传播循环过程的责任，即使是一言不发，也不免要作出某种反馈。

（一）作好反馈的准备

反馈可以是言语的、非言语的或两者兼而有之的。非言语反馈通常比单纯的言语反馈更能表达你的诚意。你的言语反馈若是辅之以适当的姿势、目光接触和肢体接触（可能的话），往往会更令人信服。要确定你与对方的距离是否足够贴近——可能的话最好是面对面——近到你的反馈能被对方察觉的程度。在后面的一章中，我们将更详细地探讨非言语传播的情况。

虽然你必须作好反馈的准备，但并不是说应抱着成见进入传播情境。反馈的即兴性很重要。最好的反馈是作为当时发生的具体刺激的产物而自然生发出来的。作好反馈的准备，并不是取消这种即兴性，它只是意味着你要对反馈需求保持警觉和敏感，并随时准备作出反馈。

（二）及时作出反馈

你回答对方应清楚、及时。反馈与原始信息的结合越紧密，就越少产生歧义。信息与反馈之间拖延得越久，就越有可能使对方迷惑不解。

（三）反馈要准确

准确的意思是使反馈针对某一个信息而发，而非泛指整个交谈。你大概知道有这么一种人，他们在你谈话的全过程中，不断地点头、微笑。这除了分散我们的注意力之外，还显得毫无诚意。对此你不禁要问："那么，你到底同意哪一点呢？你若是不同意，我如何得知呢？"请尽量只提供必要的反馈。

（四）反馈应针对信息而不是人

你若牢记，直接针对信息而不要针对传播者个人作出反馈，那么你反馈的准确性将会提高。个人的因素不仅分散注意力，还可能引起传播过程中双方的敌意，造成传播的中断或失败。

另外，如果你的回答措词温和，不带个人色彩，那么你作出的评论性或批评性反馈就更易于被接受。如你想夸奖某人的钢琴奏鸣曲弹得不错，说道："我从来没听过有人把这段曲子弹得这样动听，我真感到耳目一新。"这可能要比下面这种回答使演奏者更自在：

“你弹得确实不错,我没想到你能弹得那么好。”还有,当你想表达“这很不错”的意思时,针对个人的评论会很微妙地暗示:“为了让你高兴,我才说不错。”有效的反馈是以信任为转移的。

(五) 监测自己的反馈状况

如果对方没能按你的意图理解反馈,它就失去作用了。检查一下你作出的反馈,你可能有必要重复或澄清某个回答的含义,假如张三说:“我总是想不出和李四说些什么。”而你回答:“我明白。”它可能有两种含义:“我明白,我注意到你们从来都没什么话好说。”或者,它的意思可能是:“我明白,李四是个很难交谈的人。”你一定要监测你的反馈,确定别人是否理解了你的反馈。和任何信息一样,反馈也可能受到阻障或曲解。

(六) 专注于信息交换

最后,如果双方都能保证坦诚地交流信息,你的反馈将能更准确地发出,并使对方更准确地接收。要考虑一下如何协助对方更有效地表达思想。你若是从增进传播的真诚愿望出发,就更有可能提供建设性的反馈。

人际间的传播无处不在,无时不在,要想消除人与人之间的误会,建立良好的人际关系圈,与人进行良性的交往互动,一定要充分学习人际传播技巧,了解作为基本传播行为的听、说、反馈各自的特点和策略。注意自己的听说方式是否正确,表达和接收的信息有何含义,什么样的表达方式更易于让人接受,该给对方什么样的反馈以增强彼此之间的互动等等一系列与人际传播相关的问题。

本章通过对人际传播中人们听、说、写、反馈行为不同现象及其方式的研究,从一些司空见惯的现象中悟出道理,了解并学习听、说、写、反馈等方面的人际传播技巧,实现与他人的良好交流与沟通,最终改善人际关系。

[研读专栏]

著名的帕金森定律[①]

著名学者帕金森研究出与他人沟通最有效的10个方法,人们称之为“帕金森定律”。现简述如下:

1. 与人沟通永远不嫌迟。不要因为害怕对方可能的反应,以致迟迟不敢沟通,要知道,因为未能沟通而造成的真空,将很快充满谣言、误解、废话,甚至仇恨。

2. 在沟通过程中,知识并不一定永远是智慧;仁慈不一定永远是正确;同情不一定永远是了解。

3. 负起沟通成功的全部责任。作为聆听者,你要负起全部责任,听听其他人说些什

① 楚庭南编著:《百分百沟通秘诀》,中国纺织出版社2002年版,第427—428页。

么;作为说话者,你更要负起全部责任,以确定他们能够了解你在说些什么。绝对不能用一半的心意来对待与你有关的人,一定要有百分之百的诚心。

4. 用别人的观点来分析你自己。把你想象成你的父母、你的配偶、你的孩子和你的属下。想象你走进一间办公室时,陌生人会对你产生什么印象?为什么?

5. 听取真理,说出真理。不要让那些闲言闲语使你成为受害者之一。当你看到或听到你喜欢听的,要多听事实。记住,你向外沟通的都是你的意见,也都是你根据有限资料来源所得到的印象。你要不停地从可靠的来源那儿扩大你的资料库。

6. 对你听到的每件事,要以开放的心态加以验证。不要存有偏见,要有充分的分析能力,对真相进行研究与检验。

7. 对每个问题,都要考虑到它的积极面与消极面,追求积极的一面。

8. 检讨一下自己,看看是否能够轻易和正确地改变你扮演的"角色":从严肃的生意人,变成彬彬有礼的朋友、父母,变成知己、情人或老师。

9. 暂时退出你的生活圈子,考虑一下,究竟是哪种人吸引你?你又要吸引什么样的人?他们是不是属同一类型?你是否吸引胜利者?你所吸引的人是否比你更为成功?为什么?

10. 发展你神奇的"轻抚"。今天、今晚就对你心爱的人伸手轻抚;在明天、在今后的每一天,都要这样做。

研读小结

希望读者们在读过本部分内容之后,不再因为沟通的障碍而耽误自己享受美好的人生。应谨记这与人沟通的10个最有效方法,正是"有你,有我,这世界才永远充满欢乐"。

[思考题]

1. 在进行人际传播时,具有说话的技巧有什么作用?能达到什么效果?在日常生活中在和人们进行沟通时,我们常运用哪些说话的技巧?
2. 在人际传播当中,写与说有什么异同?有哪些可以提高书面人际传播的技巧?
3. 在人际传播中,倾听的含义是什么?倾听的重要性体现在哪些方面?在自己进行人际传播时,有没有很好地运用倾听的技巧以达到良好的沟通效果?
4. 反馈在人际传播中能起到什么作用?自己在日常生活中通常选择什么样的方式给对方以反馈?如何提高自己的反馈技巧?
5. 试想在以下情况中,你将会如何应对?
   (1) 你的上司希望你提醒一位上班喜欢偷懒的新员工注意工作效率;
   (2) 你和同事在洗手间相遇,她开始对你讲对于另一位同事不好的评价;
   (3) 你的好朋友刚刚失恋不久,她总是对你抱怨、哭诉,几乎每天晚上都给你打电话到深夜,影响了你正常的作息;
   (4) 在聚会中,你介绍了你的两位互不相识的朋友认识,但他们中的一个人看起来似乎并不喜欢对方,总是话中带刺。

6. 一次，成都市政府考察团到呼和浩特市考察城乡建设。考察团成员在该市领导的陪同下来到了呼市的农场，农场主见面就问："你们牲口好不好?"该考察团团长说："你好。"来到农场主的房子前，农场主的妻子又问："你们牲口好不好?"最后，考察团来到农场的奶牛场，正在挤牛奶的老妇人也问："你们牲口好不好?"这时，考察团的代表说："你好，我们不是牲口，我们好得很。"试讨论该案例中，交谈双方存在什么样的沟通问题?
7. 体育记者冬日娜对运动员的提问经常十分"雷人"，例如她对跨栏运动员史冬鹏的提问：
   "全场观众给你的掌声和刘翔一样多，你作何感想?"
   "你觉得和刘翔在同一个时代是不是很悲哀?"
   "你有没有信心得亚军? 因为冠军已经是刘翔了。"
   "以前都有刘翔带着你，今天他不在了，你是不是感觉比较紧张?"
   "没关系，这次跑进决赛也是你的一个突破，上一次你都没进第二。"
   请讨论冬日娜的提问方式存在哪些问题，如果你遇到了这样的问题，将如何应对?

第十二章
人际传播场景差异

◆ **学习目标**

学习完本章，你应该能够：

(1) 了解不同公务场合的人际传播技巧；

(2) 了解不同社交场合的人际传播技巧；

(3) 了解私密场合如何与亲朋好友沟通相处。

◆ **基本概念**

公务场合　面试技巧　各国习俗　社交场合　私密场合

第一节　公务场合的人际传播

公务场合，指的是人们置身于工作地点或上班的场合。人们由于共同的职业和事业结合成一种人际关系，如同事关系、上级与下属的关系、宾客关系等。社会学研究表明，良好的公务关系不仅能使人们消除对人际环境、工作环境的陌生感，而且能使人工作顺心、生活愉快、保持心情舒畅和心理健康，同时能增进团结、加强友谊、促进集体事业的发展。在公务场合的人际传播总的要求是正规、讲究。

一、公司内的人际传播

(一) 与上级的人际传播

上至国家领导，下至普通百姓，几乎人人都有自己的上级。下属与上级的交往是指由于资历、权力、地位等的不同，低层的人与较高层者的交往。对于上级，有人可能把他看作自己的朋友，也可能把他看作自己的“敌人”。但是无论如何，下属与上级的交往是一个推销自我、实现自我价值的问题，关系着个人的事业发展和前途，因此作为下属，应该运用人际传播技巧，请上级站到自己这边来，与上级建立良好的人际关系。这样，双方都会感到很愉快。

成功地与上级相处，不但对自己的事业前途大大有益，而且还是一块试金石，能锻炼人思考和处理人生难题的能力。与上级进行沟通和交流的目的无非是让上级了解自己的才智，希望上级欣赏并提拔自己，给自己进一步发展的机会。因此与领导沟通时一定要注意虚心而有主见：对于上级好的指示要认真执行，而当自己有不同的想法，需要说服上级、让上级理解并同意自己的主张和看法时，则要注意沟通技巧的使用。

1. 提议时机恰当

刚上班时，上级会因事情多而繁忙，到快下班时，上级又会身心疲惫，归心似箭，显然，这都不是提议的好时机。总之，要记住一点，当上级心情不太好时，无论多么好的建议，都难以细心静听。所以要选在上级时间充分、心情舒畅的时候提出自己的建议，如在上午10时左右，或是午休结束后的半个小时里。

2. 资讯及数据有说服力

准备极具说服力的资讯及数据，并做好应对质疑的答案。对改进工作的建议，如果只凭嘴巴讲，是没有多大说服力的。所以事先应该收集整理好有关数据和资料，做成书面材料，借助视觉力量，加强说服力。而且要事先设想上级会提出什么问题，自己该如何回答。如下案例①：

A主管：关于在通州地区设立罐装分厂的方案，我们已经详细论证它的可行性，大概3—5年就可以收回成本，然后就可以赢利。请董事长一定要考虑我们的方案。

B主管：关于在通州地区设立罐装分厂的方案，我们已经会同财务、销售、后勤部门详细论证了它的可行性。根据财务评价报告显示，该方案在投资后的第28个月财务净现金流由负值转为正值，这预示着该项投资将从第三年开始赢利，经测算，该方案的投资回收期是4—6年。从社会经济评价报告上显示，该方案还可以拉动与我们相关的下游产业的发展。这有可能为我们将来的企业前向、后向一体化方案提供有益的借鉴。与该方案有关的可行性分析报告我们已经带来了，请董事长审阅。

上述两位主管的报告，显然B主管更有说服力，所以，上级感到比较满意。只有摆出新方案的利弊，用各种数据、事实逐项证明，才能让领导不认为你有头脑发热、主观臆断的嫌疑。

同时，在某些场景下，数据非常必要，但是硬生生地陈述数据，既不利于对方理解也不利于记忆，这时候可以通过折算使数据形象化，例如香飘飘奶茶广告中就有一句人们都能记住的广告语："一年卖出七亿多杯，连起来可绕地球两圈"，如果直说七亿多杯，人们都没有概念，但是"绕地球两圈"就立刻形象鲜活了许多。

3. 说话简洁

时间就是生命，是管理者最宝贵的财富。在与上级交谈时，一定要简明扼要，重点突出。简洁就是有所选择、直截了当，十分清晰地向上级报告，对于上级最关心的问题要重点突出、言简意赅；如果提交一份详细的报告，则最好在报告前面附上一个内容摘要，使上

① 时代光华图书编辑部编：《有效沟通技巧》，中国社会科学出版社2003年版，第126页。

级在较短的时间内，了解报告的全部内容。

4. 选择题比问答题更好

在工作中，时常会遇到一些需要向上级请示的问题，这个时候就要讲究提问请示的技巧。上级领导通常比较忙，没有充足的时间和精力，对于下属提出的问题的背景、细节、数据等信息不可能有足够全面的了解，下属如果直接抛出一个问答题，就像是给了上级一个空泛的大问题，而如果用详细的选择题的形式，则是提供了一些方案供上级选择或修改，会一目了然得多，让上级也更容易了解情况并作出决断，提高了工作效率。

同样面临着公司操作型技工人才流动性高的问题，甲员工向上级反映问题时说："这一季度操作型技工流动很严重，我们应该怎么办，请领导指示。"乙员工则是这样反映问题的："我研究了这个季度操作型技工的岗位情况，流动率达到50%以上，这样发展下去培训成本将成倍增加，产品质量也没有保证。我有两个方案：一是我们对工作一年以上的员工给予一个小额的奖励，之后按照工作年限每年再发一次小额奖励；二是改善新员工集体宿舍的环境，增设一些必要的生活电器，如热水器、电视机等，做到与老员工宿舍配置一致。我做了两份表格分别是这两个方案的大致费用，您看怎么样更合适？"甲员工给上级的问题显然要大得多，且空泛得多，上级必须拨出时间来思考这个问题，而乙员工则给了上级现成的选择，即便上级不从中选择，也能触发一些灵感和思路。相比之下，如果经常提出像甲员工那样的问题，就显得像一个麻烦制造者，上级会认为这名员工为什么总有这么多问题，而像乙员工这样提问，则像是一个问题解决者，上级对其也会更加青睐。

使用选择题提问的下属，对问题进行了初步的解决方案设计，会让上级觉得该下属对这个问题已经过思考才向自己请示，上级会对这样的下属有好感，选择题的选项质量越高、内容越细致或富有创意，这种好感会越强烈。反之，如果下属对于问题不加思考就直接丢给上级，上级可能就会对这种下属产生不勤于思考的负面印象。

5. 尊敬上级

无论自己的可行性分析和项目计划有多么完美无缺，也不能强迫上级接受。因为上级统管全局，他需要考虑和协调的事情较多，可能从某种与自己不同的角度看问题，看到某些不足之处。所以应该在阐述完自己的意见之后礼貌地告辞，给上级一段思考和决策的时间。即使上级不愿意采纳自己的意见，也应该感谢上级倾听自己的意见和建议，同时让上级感觉到自己工作的积极性和主动性。

当上级明显理亏时，给他留个台阶下。上级并不总是正确的，但是他又希望自己正确。所以没必要凡事都与上级争个孰是孰非，得饶人处且饶人。也不要当众纠正其错误，可以私下找个时间和上级商讨。同时不要冲撞上级的喜好和忌讳，给上级争面子，锦上添花，取得上级的赏识。

总之，与上级谈话，必须维持自己的独立思想，不要做一个应声虫，使他认为自己唯唯诺诺，没有主见。要以他的谈话为主题，听话时不要插嘴，应该全神贯注。自己讲话时，要尽量讲题内话，态度应轻松自然、坦白明朗，回答问题要恰当。

(二)与下属的人际传播

上级对下属的交往是一个发现人才、管理人才、调动人才积极性的问题。作为一个部门主管,除了要为部门的经营策略、业务数量、客户关系等问题殚精竭虑,还要关注怎样处理与下属的关系。能否建立一个关系融洽、积极进取的团队,创造一个开放、自由、受尊重的工作环境,很大程度上取决于主管是否善于运用人际传播技巧与下属进行沟通,以提升下属执行命令的意愿。

1. 态度和善,用词礼貌

职工到公司来,不是想做就做,不想做就不做,也不能想怎么做就怎么做。所以作为上级要对员工提出要求,但对下属提出要求不是对其呼来唤去,而应当使用必要的礼貌用语。在我们身边的一些上级领导,在与下属沟通的时候可能会忘记使用一些礼貌用语,如"小李,进来一下","小张,把文件送去复印一下"。这样的用语会让下属有种被呼来唤去的感觉,缺少对他们起码的尊重。因此,为了改善和下属的关系,使他们感觉自己更受尊重,不妨使用一些礼貌用语,如加上"请"、"麻烦"、"谢谢"等词语。一位受人尊敬的上级,首先应该是一位懂得尊重别人的上级。

2. 评价下属的工作行为

下达任务之后,告诉下属这件工作的重要性,以此来激发下属的成就感,让他觉得"领导很信任我,把这样重要的工作交给了我,我一定要努力不负众望"。同时,在任务完成之后,要对下属的工作行为作出评价,检查下属是否按自己的要求去做了,做的效果如何。上级之所以必须对下属的行为作出评价,是因为上级有责任及时地向下属"提供反馈信息",及时让他们知道自己做得对还是不对,好还是不好;什么地方做得对,什么地方不对;等等。绝不能等到最后和下属"算总账",这样不仅不能保证公司的正常运转,而且对于上下级关系也是有害的。

在下达任务的时候,最好就给出此项任务明确的最后期限,也尽可能地量化此项任务目标,这样有利于让下属有一个明确的任务完成计划,也能提高其积极性。

3. 给下属更大的自主权

俗话说:疑人不用,用人不疑。一旦决定让下属负责某项工作,就应该尽可能地给他更大的自主权,并让他取得必要的信息,让他可以根据工作的性质和要求,更好地发挥个人的创造力。战场上说"将在外君命有所不受",职场虽不同于战场,但也应该给予下属一定的根据形势的变化和工作的需求灵活做决断的自主权。领导者如果善于授权,则能使下属的能力得到发挥,自己也能集中精力处理其他事务,人力资源得到充分的优化配置。例如:"这次新品推介会由你全权负责,请你作出一个详细的策划案。另外财务部我已经协调好，他们会提供一些必要的报表。”可以主动询问下属有什么问题及意见，采纳下属好的意见，并称赞他。在共同探讨状况、提出对策时，可采纳下属好的意见并称赞他。当下属遇到问题和困难、希望上级协调解决时，应该和下属一起共同分析问题，探讨情况，尽快提出一个解决方案。

4. 正确奖赏或惩罚下属

在按原来所提的要求，对下属的行为作出评价之后，还要及时地对那些干得好的下属，给予不同形式的奖励，要科学地调节薪酬，提高员工的工作积极性，形成良性的竞争机制。而对那些有过失的下属提出批评，乃至给予必要的惩罚。评价和赏罚可以起到“行为筛选”的作用，即能保留那些符合要求的行为，而淘汰那些不符合要求的行为。当然，批评时要讲究方法，最好采用三明治式的方法，先说明谈话的主要原因，然后引导员工自己认识到错误，接着引导其自己找到解决方案，最后以鼓励员工改进收场。

没有原来所提的要求，评价和赏罚就没有依据；而如果没有评价和赏罚，原来所提的要求就很可能落空。

5. 鼓励下属积极提意见、建议

《邹忌讽齐王纳谏》的故事中，邹忌在拜见齐威王的时候就打了比方，说自己不比城北的徐公俊美，但妻子偏爱他、小妾惧怕他、宾客对他有所求，都说他比徐公美，而大臣和百姓对齐威王也是如此。于是齐威王下令鼓励大臣和百姓进言，并能因此得到奖赏，于是齐国不用兵就战胜了他国。

这个故事说明了吸纳意见、建议对于一个组织来说是十分重要的。一个领导如果不听取谏言，必然会被许多表面事物所蒙蔽。

同时，鼓励员工提建议还有利于创新，海尔集团就非常鼓励员工提出合理化建议，一年能收到一万多条建议，这些建议中有不少被采纳的就对创新产品和解决各种生产问题有极大的价值。海尔集团有一条规定，一年提出十条合理化建议，只要被采纳了七条，不仅有物质奖励，还可以从“合格员工”上升为“优秀员工”。赫茨伯格的双因素理论中指出，工资属于保健因素，而职位提升、工作成就、自我实现则是属于激励因素，这样的措施就很好地在激励方面满足了员工。

总之，在与下属沟通时，不要趾高气扬，应该和蔼可亲，庄重有礼，避免用高高在上的态度来同下属谈话。对于他工作中的成绩应该加以肯定和赞美，但也不要显得过于亲密，以致使他太放纵。也不要以教训的口气滔滔不绝地讲个没完，使对方感到厌烦。应给予合理的赏罚，并营造民主的氛围鼓励他们进言。通过沟通技巧提升部下接受命令、执行命令的意愿，营造一个融洽的工作环境。

（三）与同事的人际传播

人生命 1/3 的时间是和同事们度过的，而人的一些不经意的言行习惯可能会损坏这

1/3。在我们的工作环境里，建立良好的人际关系，得到大家的尊重，无疑对自己的生存和发展有着极大的帮助，而且有一个愉快的工作环境，可以使我们忘记工作的单调和疲倦，也使我们对生活能有一个美好的心态。

在同事之间要建立良好融洽的人际关系，必须经常相互沟通。任何一个有修养、集体感强的人，都会愿意以自己的情绪、语言、得体的举止和善意的态度，去感染、吸引或帮助周围的同事，使人与人之间的交涉更融洽。

1. 寒暄、招呼作用大

和同事在一起，工作上要配合默契，生活上要相互帮助，就要注意从多方面培养感情，制造和谐融洽的气氛，而同事之间的寒暄有利于营造这种气氛。比如，早上上班见面时微笑着说声“早上好”，下班时打个招呼，道声“再见”等等，这对培养和营造同事之间亲善友好的气氛是很有益处的。另外，外出公差或工作时间要离开岗位办件急事，也最好和同事通个气，打个招呼，这样如果有人找时，同事就可以告诉他们去向。如果来了急事要处理，同事也好帮助料理。寒暄、招呼看起来微不足道，但实际上它又是一个体现同事之间相互尊重、礼貌、友好的大问题。

2. 注意对方的性别

同性别的同事之间谈话要随便些，而对于异性谈话就应当特别当心，注意男女有别。比如一位女同事看起来很老，但仍然没有结婚，也不要为了满足自己的好奇心，走上去问她：“你到底多大了？”女同事和男同事讲话，态度要庄重大方，温和端庄，切不可搔首弄姿，过于轻佻。

同在一个单位或办公室，搞好同事间的关系非常重要。关系融洽，心情舒畅，不但有利于做好工作，也有利于自己身心健康；而关系不和则影响工作和心情。导致同事关系不够融洽甚至紧张的原因，除了重大问题上的矛盾和直接利害冲突外，平时不注意自己的言行细节也是一个原因。因此，这就要求人们在和同事进行人际传播的时候注意自己的一言一行，考虑它们给同事带来的影响。

3. 注意对方的年龄

对年长的同事，最好谦虚、服从些。年长的同事往往是高一辈的，经验丰富，与他谈话，切不可嘲笑其老生常谈、老掉牙，应该持尊重态度。即使自己不认为正确也要注意聆听，然后再提出自己的意见。对年长同事，最好不要轻易问其年龄，因为有些人往往很忌讳这一点，问起他们时，常使他们感到难堪和颓丧。所以，在与年长的同事谈话时，不必提起他的年龄，而只去称赞其做的事情，这样肯定会温暖他的心，使他重新感到自己还年轻健康。

对于年龄相仿的同事，态度可以稍微随便些，但也应该注意分寸，不可出言不逊，伤人自尊。在与自己年龄相仿的异性同事说话时，尤其注意不宜乱开玩笑、态度暧昧，以免引起一些不必要的猜疑和误会。

对于年纪比自己小的同事，也要注意一定的分寸。应该保持慎重、深沉的态度。年纪较小的同事，有些思想可能太冒进，或知识经验不及自己，所以与他们谈话时，注意不要对其随声附和，降低自己的身份。但也不要同他们辩论，执意坚持自己的意见。只需让他知道他应该保持适当的尊敬，他就会因此而保持适当的态度和礼仪。但是千万不要夸夸其谈，卖弄经验，在自己的知识范围外还信口开河，否则一旦被他们发觉，就会降低他们的信任与尊重。

另外，由于现在网络语言等新语汇的发展，使用这些新语汇的以年轻人居多，但对于不同年龄的同事，尤其是长者应注意避免使用这类语汇，否则对方可能会听不懂，甚至可能会产生不必要的误会。

4. 适度地赞美对方

俗话说"礼多人不怪"。在人际交往中，赞美也如同是一种沟通中的"礼"一样，是人们不会讨厌的。从社会心理学的角度来说，赞美能够有效地缩短人与人之间的心理距离。在工作场合中，合时宜合事宜的赞美往往可以让同事心情愉悦。例如女同事如果穿了新衣服，可以赞其衣服显得人更加精神、好看。当然，这种赞美也要有真实的情感体验，要适度，如果赞美太过夸张甚至失实，则会有阿谀奉承之嫌，还可能让人觉得你非常虚伪。

在一个单位里，每个人都有自己的个性、爱好、追求和生活方式，因环境、教养、文化水平和生活经历等不同，不可能要求每个人处处都与他所处的群体合拍。但是任何一项事业的成功，都不可能仅靠一个人的力量，必须依靠合作才能完成。因此，与同事友好共事、和睦相处，对一个人工作是否顺心如意、能否成功晋升有着举足轻重的作用。

[研读专栏]

沟通方式之——暗示的作用①

"暗示"是用含蓄、间接的方式对人的心理和行为产生影响，使其主动地接受一定的观点或信念的一种方法。那么，如何有意识地、科学地运用暗示进行沟通，以促进企业管理呢？下面是暗示在企业管理中运用的实例。

一、 宣传材料表达的信息——把什么样的"家底"交给职工？

两个同处一地的困难企业，产品品种、产量、质量、市场定位都相差无几，在扭亏脱困工作中，两家企业都将"家底"向职工敞开。此后，A 厂群情振奋，上下一心，生产逐步走向良性循环；而 B 厂却人心涣散，生产经营江河日下，最终"关门大吉"。

为什么处境相同的企业会得到如此不同的结局呢？答案会有很多，但我们仅从两家

① 朱祝霞、赵立颖编：《沟通其实很容易》，中国纺织出版社 2002 年版，第 385—388 页。

企业发给职工的宣传材料中便可觅得一些端倪。A厂的材料以数据的形式将企业的设备、产品、财务等情况客观地向职工公开，以大量篇幅介绍了产品市场前景、设备能力、企业合作意向等，并着重介绍了企业近期规划，使职工在了解企业困难情况的同时，看到企业为摆脱困境所采取的积极措施，增强了战胜困难的信心。而B厂的宣传材料却连篇累牍地充斥着诸如"负担过重、设备老化、工艺落后……"、"虽然……但企业已到了破产的边缘"等丧气话，无意中透露出这样的信息：我们已尽了最大的努力，但企业实在是不行了。形成文字的东西尚且如此，领导在大会小会上的即兴发言就更难以把握了。在频繁接受这样的暗示后，职工的思想情绪怎能不受影响，长此以往，企业若不破产才是怪事。

二、皮格马力翁效应——你希望员工和部下成为怎样的人

古希腊神话中有这样一则故事：有位叫皮格马力翁的国王，把自己全部的热情和希望投注于自己雕刻的美丽少女雕像上，对其产生了爱恋之情。日复一日，为他的真情所感，雕像居然活了，皮格马力翁如愿以偿地与之结成伉俪。

神话传说当然不足为信，但以这位国王名字命名的"皮格马力翁效应"却向我们揭示了这么一个有趣的心理现象：暗示者有意无意地通过各种态度、表情与行动，把暗含的期望微妙地传递给被暗示者，一旦对方出现与期望相同的行为，便会强化暗示者的期望，刺激进一步的期望行为，使被暗示者向暗示目标逐步接近。如此反复循环，形成正向反馈，最终会使被暗示者达到或超越期望目标。

老李奉命调任电机维护班班长，这个班是车间有名的后进班组，纪律松弛，工作效率低下，人员关系紧张……老李到任后欣喜地发现，班组成员虽有这样那样的毛病，但却都有一个共同的优点：头脑灵活。从这一点入手，他带着大伙儿搞技改、挖潜力，对工作出色的职工给予奖励并要求车间通报表扬。慢慢地，这个班的设备运转率、完好率开始直线上升，车间上下逐渐对这个班组改变了看法。在厂里开展的合理化建议活动中，他们又夺得六项大奖，成为全厂之最，厂工会、职工读书自学领导小组以及车间都给予他们嘉奖。荣誉纷至沓来，班组成员再也不愿继续散漫下去，主动遵守各项规章制度，大家都在一门心思搞工作，人际关系也自然缓和起来。终于，这个昔日落后班组一跃成为全厂闻名的模范班组。

三、"厂长令"带来的恶果——如何引导职工正确对待工作

某厂新开发的产品存在两个问题：一是外观设计不合理，难以吸引消费者；二是产品内在设计尚不完善，影响产品的功能扩展。

在分析了产品滞销的原因后，厂长认为内在设计虽有问题，但却不影响基本功能，而且解决这一问题的难度较大。因此，为了尽快打开销路，决定首先对外观设计进行改造。技术开发部的孙工程师却认为，改进外观确能暂时打开销路，但紧接着用户便会因产品无法进行功能扩展而恼火，势必影响以后的销售。在据理力争未果的情况下，他未经领导许可，开始对产品功能扩展的问题进行攻关。经过一段时间的奋战，这一问题终于得到圆满解决。

此时孙工程师却犯了一个致命的错误——擅自下达改进产品的生产计划书。此举造成企业原材料的部分报废，厂长大为光火，一纸“厂长令”将孙工程师调至生产线干操作工，全厂为之哗然。从那以后，只要有人琢磨着要改进什么，便会有人提醒“是不是想当第二个老孙?”在孙工程师的身上确实存在一些问题，他打乱了企业管理的程序、超越了自身的职责范围，给企业造成了一定的经济损失……所有这些都是应当受到严厉批评的。但他急企业所急的出发点、勤奋扎实的工作作风却是值得肯定的，而且改进后的产品在功能上上了一个档次，对于企业的长远发展无疑是极有意义的。但厂长不问青红皂白的“厂长令”却向职工透露了这样一条错误的消息：领导没有交代的事情千万做不得，否则“吃不了兜着走!”如此一来，谁还敢思考如何改进工作呢?

研读小结

案例1说明，正确与有效的正面暗示并不表示应向职工隐瞒实情，更不是要欺骗、愚弄职工。关键是企业应当清楚，要向职工传达一种怎样的信息。对于有利于企业发展的，要说深说透，重点强调；而对那些不利于企业发展的事实则应进行适当的技术处理，以淡化负面暗示。与此同时，还应当针对企业现状积极开展工作，以激发员工和部下的生产积极性。这将大大有助于增强企业的凝聚力，为企业最终脱困打下坚实的基础。

案例2说明员工和部下表现得如何，在很大程度上取决于领导者对他们的期望，这也是一种沟通。如果作为一个部门领导希望自己的员工和部下个个出类拔萃，那么就要多注视他们的闪光点，多给他们一些关爱，这样才能也一定会如愿以偿的。

案例3就如何引导职工正确对待工作列出了一个例子，这个例子是人们工作过程中经常会遇到的典型的人际传播场景。当自己的意见和领导的意见有了冲突和差异时，考虑用什么方法说服领导思考自己的建议，而不是强迫老板接受自己的建议，或者暗地里私自行动；同时作为领导或部门主管，积极地听取下属的建设性意见，对于改善自己的工作有百益而无一害，因此要注意沟通时的技巧和方法。了解在这些人际传播与交流中的技巧与方法，对于提高人际传播的效果具有十分重要的意义。

二、面试中的人际传播

工作是日常生活的重要部分，找工作是我们每个人都要碰到的事情。当我们找工作时，面谈显得极为重要。而为了谋工作，我们必须运用沟通原则。在全部面谈过程中，不管是主试者还是应试者，都必须懂得和运用有效的人际沟通原则。面谈技巧包括准确解释信息、避免障碍、建立信任、避免防卫、运用听和反馈技巧，发送明确的信息。

(一) 主试者技巧

1. 面试的流程

面试的开场介绍自己和其他各位主试者；说明面试的目的，此次面试的主要步骤和程序；检验应试者是否了解应聘的工作；创造轻松的谈话氛围，使应试者自由地敞开心扉。

面试期间，提出发散性的问题，获得信息就多。比如：从简历上看，你能不能谈谈这方面的情况？你对我们单位有什么了解？你觉得……怎么样？然后提一些客观性或刺探性的问题加深了解。关于这一点能再说得具体点吗？如果你处于……你会怎么做？

要协调主观问题和客观问题的比重。主观问题过多，容易使面试显得不连贯、不紧凑；客观问题过多面试又显得像审讯。

最好不要提带有提问者本人倾向的问题，比如以"你一定……"或"你没……"开头。这样的问题都容易引向主试者期望的答案。也不要把一系列问题糅合到一起，一则让人不知回答哪个问题好，二则使应试者只回答对自己有利的方面。

注意承上启下地开始新的话题："这样说来，你认为……"，不时地采用概括总结，特别是在面试的后半部分，给应试者提供了纠正或补充的机会，以便正确理解事实真相。

面试时也要懂得聆听的重要性，主试者的聆听可以安慰应试者，"他至少在听"的想法会使他镇静下来；聆听还给主试者提供了思考的时间。

结束面试时，请应试者补充并提问；对应试者的到来表示感谢；决定何时以何种方式通知录用以及何时开始工作；说明体检安排和交费手续；等等。

2. 处理不同的应试者

主试者在进行面试的过程中会遇到各种各样的应试者，作为面试中较为主动的一方，主试者就要尝试来处理不同的应试者，营造一个轻松的面试环境。①

首先是对于精神极度紧张的应试者。此时主试者要做的是使应试者精神放松，让其不必拘于常规，可以从类似于工作特性或工作环境等易于应试者谈论的话题开始面试。让应试者谈自己擅长的工作，更多地提供一些可供自由发挥的问题并安慰他们。快要结束面试时，尽可能让应试者概括达成一致的观点。

其次是处理处于被动的应试者。面对一个话少的人，主试者也要提那些可供自由发挥的问题并鼓励其多说。提一些类似于"你认为……怎么样"或"你怎么看待事物的发展"等问题。也许他们对面试这种形式怀有抵触情绪，要确保他们能正确理解面试的意图和在工作或事业发展中的积极作用。

最后是面对滔滔不绝的应试者。尽管面试主要是聆听应试者，但有时主试者却发现自己面对的是一位话多且信口开河的人。关键是要掌握主动权，最好的办法是提一些具体问题，并随时准备态度温和而又坚决地打断说话者，使谈话正式化并保持镇静。

（二）应试者技巧

1. 做好面试准备

面试之前要做好准备，要弄清楚公司的背景及其业务。研究显示，针对潜在的雇主做

---

① 朱祝霞、赵立颖编著：《沟通其实很容易》，中国纺织出版社 2002 年版，第 159—165 页。

预先准备工作的申请者在面试期间能提出更好的问题并更有自信。同时要做好心理准备,充满自信,镇静自如。

做好形象设计,力求留下美好的第一印象。一般面试应穿正装或较为正式的服装,以整洁大方为基础,有条件的话可以根据应聘的行业或职位添加一些特色的搭配。一般说来,深色系的正装是最安全的。不过,对于职场新鲜人来说如果全身都是深色则有些老气横秋,可以搭配一些浅色的衬衫或毛衣。奇装异服、不洁净、皱巴巴的衣服在面试中是绝对禁止的。女性的妆容也应清淡精致,切忌浓妆艳抹。

进行面试前的预演,模拟场景,进行换位思考,预测主考官会提什么样的问题,自己该怎么回答;通过录音,调整好自己的语音语调;写下回答的要点,想出应急对策。

提前到场,熟悉环境,调整情绪。

2. 面试期间

首先对自己想得到的那份工作表现出特别的兴趣,但期望不要过高。这首先意味着自己要了解一般受聘机会,尤其要了解自己应聘的单位。要将自己与这份工作相关的情况、经历和技能联系起来,使其成为自己专业方向和人生目标的一部分。

其次,要表现出热情、礼貌、进取、诚实、合作精神。有的招聘者并不一定看重学历和具体才能,而是注重整体素养。

再次,要从容不迫地应答,表现出良好的交际能力。现在的企业越来越重视人的交际能力和语言、副语言的表达能力,这不仅对于顺利通过求职面试至关重要,而且作为现代企业职工的普遍要求被公司预先考虑。

同时,不要企图掩饰自己的不足。事实证明,在提供有关背景和细节的时候,有些性格侧面会暴露给招聘者,与其欲盖弥彰,不如以坦率而巧妙的方式自己讲出来。有的招聘人员甚至觉得过分完美的印象是不可靠的,从而影响录用。

最后,要意识到应试者在面试期间可以使用一定的权利。如应试者可以对面试时间提出异议,甚至可以提出更换面试地点;应试者可以提出自己的问题,决定简明扼要地回答哪些问题,较为详细地回答哪些问题;为了对某些问题作出反应,可以要求主试者详细阐述某一问题;应试者可以而且应该拒绝回答某些问题,假如应试者是一名女性,遇到主试者的问题带有歧视性,可以拒绝回答;应试者可以询问已提出的有关工作期待问题,假如发现对于自己的资格来说某些要求太苛刻,可以争取主动,表明就工作而言期望为什么是不合理或不必要的;表明自己为什么拥有特殊的品格或能力以及它们可以弥补不能满足的某些预定的期望。

3. 结束面试

面试将要结束时,主试者通常会有信号提示,但应试者一定要问清问题之后再离开。可以问:还需要什么情况吗?接下来的步骤是什么?什么时候通过什么方式获得面试结果?等等。

在面试后,还应该写一封简明扼要的追踪信,显示出自己对这个组织的兴趣,并使雇主记住自己的名字。在标准的追踪信五步骤格式中，应该：感谢雇主的接见；陈述对面试中讨论的职位或公司的一个或两个具体方面的兴趣；提供在面试期间被问的任何附加信息；表达出对这个职位的持续兴趣；感谢主试者的面试。

三、与不同国家的人交往

随着世界经济的日益全球化，人们必然面临跨文化沟通的问题。

地球已经变成了一个村庄，村民之间很容易彼此交往，那么为什么还会遇到沟通障碍呢？答案很简单：全球范围内享有相同的信息和技术，但文化却彼此不同。因为文化迥异，家庭、习俗、价值观等等也互有差异，这样住在汉堡的科尔、纽约的杰克逊、伦敦的爱米莉、东京的田中、北京的老张……交流时便会产生困难和误解，有时候甚至会造成更严重的后果。例如，1992 年在美国，一位日本留学生因为迷路误入一美国人家，被房主枪杀了。但法庭裁决误杀日本人的美国房主无罪释放。美国房主陈述道，在当时这位日本留学生距离他 5 英尺（约 1.5 米）远。美国人生活在非接触文化中，这在美国已小于不安全的人际距离，因此判定房主的行为属于正当防卫。事后据调查，陌生人不安全感的人际距离在日本平均是 1.13 米，而在美国则是 3.68 米。

人类技术的进步日新月异，但是基于千百年发展形成的文化的嬗变却慢得多。文化的多样性使这个世界精彩纷呈，但也正是这种多样性造成了跨文化沟通的障碍。文化上的差异有时使人们彼此难以理解。

（一）与美国人交往

从历史角度讲，美国是一个年轻的国家，但其发展神速，开放程度较高，而且充满现代意识。由于美国拥有众多民族，移民较多，流动性较大，因而没有世袭贵族，人们比较自由，不受权威和传统观念的支配。这种社会文化历史背景，培养了美国人强烈的创新意识、竞争意识和进取精神。

美国人的特点是：性格外露、坦率热情、真挚自信、办事果断干净、喜欢直涉主题、注重实际效率、追求物质利益。与美国人交往，不必过分谦虚礼让、含蓄委婉，应当坦诚相见，有话直说为宜。他们以不拘礼节著称，第一次同人见面，常直呼其名。他们不一定以握手为礼，有时只是一笑，说一声“Hi”或“Hello”，这跟其他国家的正经握手为礼意义相同。

美国人的个人主义情绪十分浓厚，一些人一切以自我为中心。如果有谁在竞争中失败了，美国人会认为他们自己做得不够，自己表现得不够，他们会认为他应该重整旗鼓，以期在下一轮的竞争中反败为胜。

美国人在交往中非常注意法律。一切诉诸法律，对他们来说，是十分自然和习惯的事情。所以，人们只能用不以人际关系为转移的契约作为保障生存和利益的有效手段。美国人进行商务谈判，很注重法律、合同，并且看重对方所说的话。与美国人做生意，尤其要谨慎，说一不二，不可含糊其辞、模棱两可。同时讲究时间效率，不能拖泥带水，没完没了。美国人工作节奏快，决策速度也快，但耐心不足，一旦成交，立刻签约。这一点对中国人来说应予以适应。

同美国人交往，赴约准时至关重要，早到则在门外等，晚到则要说明原因并致歉。在美国人面前过分谦虚往往只能导致对方怀疑自己水平、能力和实力不够，所以不能让谦虚这一传统美德成为我们被美国人小觑的原因。和美国人一起用餐，千万别浪费食物。在国内我们浪费食物的现象很严重，而美国人对此会非常反感。在国内问别人年龄、收入、婚姻等往往是表示关心，在美国这些都是个人隐私，故回避为上策。另外，见面时抚弄、亲吻他人的小孩在我国是司空见惯的，但在美国则可能会被认为是无礼的举止。

美国人有在交往中送礼的习俗。如在圣诞节，亲朋好友和家庭成员之间都可以互赠礼品，如酒、蛋糕、巧克力等。业务往来以及工作关系也可以赠送礼物，如文具、工艺美术品、月历等。给美国人送礼应注意场合。业务交往中的礼物不要见面就送，应等会谈时再送，比较好的时间是午宴或酒会。朋友之间送礼，不要选择公开场合，如几人同行去美国朋友家做客，要注意其他朋友客人是否带有礼物。如只有一人带有礼物的话，那么就会使其他客人十分尴尬。如果到美国访问、考察或拜访美国朋友，初次见面或离开美国时，可为主人带去家乡礼品，如工艺美术品、针织品、酒等。

（二）与日本人交往

日本人总的特点是勤劳、守信、遵时，生活节奏快，工作效率高，民族自尊心强。他们非常注重礼节，见面时互致问候，脱帽鞠躬，表示诚恳、可亲。日本资源缺乏，人口稠密，活动市场有限，因此竞争意识充满于日本人的生活之中。与日本人交往时，应当注意到日本人非常注重团结协助和团体精神，他们很注意企业、家族团结一致，以增强个人对集体的责任感、归属感和依赖感。

日本社会里到处充满了集体主义，几乎一做事就是团体行动，在个人与团体的配合上，日本人显得十分默契，也做得非常成功。他们即使个人能力并不十分突出，甚至不能独当一面，但只要能与团体很好地配合，也往往能受到领导的重视，甚至会被委以重任。日本是一个很重视配合的国家，这种观念也植根于日本人的脑海里，成为他们为人处世的一大准则。比如……西方人是独立的个人，而日本人代表的是一家公司。公司是一个集团的一部分，而集团又代表着日本。在这种情况下，他们又如何面对面地与西方人单独打交道呢？西方人在做自我介绍时，“我”字当先，如“我的名字是比尔·罗宾逊，出口部经理，来自思来德韦纺织品公司”。日本人则把“我”放最后：“三菱总务部，助理，山本是我的名字。”（先后顺序要摆正确。）

日本人比较慎重、规矩、耐心、自信、工作勤奋刻苦、态度一丝不苟、进取精神较强。他们在任何场合下都是彬彬有礼，笑脸相见，即使在商务谈判中也不例外。这就反映了“礼貌在先，慢慢协商”的态度和日本人的精明与耐心。日本人的礼貌表现为多种奇怪的形式。他们往往不愿意说“不”。如果你对日本人说：“我想向你借 100 元”，他们会说“是，你向我借 100 元”，实际上却不拿出来。如果他们不想同外国合作者达成交易，他们也不会给予否定的答复，而是，从此以后可能再也不会接触到该公司负责联系的人，他或她总是在生病、度假或出席葬礼。

日本人不擅长交际，交往大多是在亲朋好友之间进行的，交往圈子也非常窄小。但是他们比较重视建立人际之间的关系，初次见面一般不谈工作，而是相互引见，交换名片，互赠礼品，联络感情，相互鞠躬，但一般不握手，显示文化修养，进行文化交流，特别注重双方友谊的建立。如果是老朋友或比较熟的人就主动握手，甚至拥抱。如遇女宾，女宾主动伸手才可以握手，但不要用力或久握。如需要谈话，应到休息室或房间交谈。日本人很注意讲话的礼貌，讲话时低声细语，不干扰别人，他们认为大声喧哗、吵吵闹闹是很失礼的。

送礼在日本十分普遍，送礼的场合有以下几种：彼此之间建立了友好感情，为加深友谊；为感谢对方曾给予自己的帮助；请求对方给予帮助；促进企业、团体之间的合作和友好往来；新年到来之际，下级为感谢上级一年来的帮助，以及亲朋好友之间互相拜访；业务交往中的初次见面；等等。

跟日商交往，重在建立一种长期的信赖关系，就事论事，操之过急则会得不偿失——真诚友好的关系远胜过单笔交易。中国人对外谈判时，为了确保生意成功，往往喜欢先略作让步，以表诚意。跟日本人交往，这一定会事与愿违，因为在日本人眼中，首先作让步既是弱者，也无诚意。所以如果有必要让步，那也一定要使日本人作相应的让步。这种针锋相对近乎固执的谈判策略反而能赢得日本人的尊重。日本人远不像欧美人那样对待合同严肃认真，他可能会经常对已达成的协议要求重新商谈。所以合同签好并不意味着大功告成，中国商人要努力适应这种风格才不至于造成僵局。起草合同也应竭力用通俗易懂的语言，因为法律术语只能招致日本人的讨厌及猜疑。谈判时带上律师，更是绝对应避免的事。

（三）与韩国人交往

韩国人勤劳勇敢，性格刚强，民族自尊心强，十分讲究礼貌，能歌善舞，热情好客。见面时，一般以咖啡、不含酒精的饮料或大麦茶招待客人，客人不能拒绝；晚辈见长辈、下级对上级规矩很严格；握手时，应以左手轻置于右手腕处，躬身相握，以示恭敬；与长辈同坐，要挺胸端坐；若想抽烟，须征求在场长辈的同意；用餐时不得先于长者动筷。

韩国长期与西方国家接触，养成互相通报姓氏的习惯，并与“先生”等敬称联用。韩国人相信自己比其他亚洲人能更好地与西方人相处，认为自己和中国人、日本人都不同。韩国人在进行业务洽谈时，习惯在饭店的咖啡室或附近类似的地方进行。他们不会正式介绍他人，但对陌生人会说“我是第一次见您”。由年长者示意做介绍，于是双方含糊不清地通名报姓、交换名片。韩国人不会直呼对方的名字，而称头衔。与韩国人相处时，应当听从他们的想法，尽可能地分享他们的幽默，但要随时保持坚定、实际的立场。他们害怕对方的强硬，但会利用对方的轻信。

韩国人比较含蓄内向，一般不会轻易流露自己的感情，在公共场所不大声说话，颇为危重有礼。妇女在发出笑声时用手帕捂住嘴，以免失礼。在韩国，妇女对男子十分尊重，双方见面时，女子先向男子行鞠躬礼，致意问候。男女同坐时，男子位于上座，女子则在下座。多人相聚时，往往根据身份高低和年龄大小依次排定座位。

如应邀去韩国人家里做客，不可空手前往。按习惯要带一束鲜花或一份小礼物，并用双手奉上。进入室内时，要将鞋子脱下留在门口，是不可疏忽的礼仪。

韩国人对数字“4”非常反感，许多楼房的编号严忌“4”字，军队、医院绝不用“4”字编号。在饮茶或饮酒时，主人总是以 1、3、5、7 的数字来敬酒、敬茶、布菜，并力避以双数停杯罢盏。

(四) 与法国人交往

无论在政治上,还是在商务上,法国人都喜欢独立(有时表现出自以为是),并且显得要略胜美国人、日本人和其他欧洲人一筹。法国人活在自己的世界里,中心就是法国。他们沉浸于自己的历史,并且相信是法国为许多事大体上定下一个准则,如民主、公正、政府和法律体系、军事战略、哲学、科学、农业、葡萄酒酿造法、美食烹饪和幸福生活。

法国在人们眼中是一个浪漫的国家,法国人也很有情调。他们十分珍惜假期,每年8月份,大部分法国人都放下手中的工作去旅游度假。为了尽情玩乐,他们会毫不吝惜地把一年辛辛苦苦挣来的钱在假期中花光。因此,与法国人做生意或拜访法国人,尽量避开这个时期,以免打乱对方的日程安排。

法国人不习惯在餐桌上谈生意,因为在他们看来,这种形式纯粹是感情的一种交流,假如涉及生意或交易事宜,会让对方感到不快,误认为是利用交际来促成商业交易的顺利实施。法国人很注意生活情调,他们把在优美环境中的小酌、喝咖啡看作是交友的好时光,也是一种令人舒心的享受,此时谈生意不合时宜。

法国人的自我感觉很好,但一味奉承法国人反而被看不起;无论是对人,还是对事,若能有根有据地指出其缺点、不足,反而能获得法国人的尊敬。法国人要求别人赴约一定要准时,而自己时间观念却不强,常常迟到,尤其是越有身份的人参加活动时,常常会有意推迟到达时间,以显示其身份的不一般。

与法国人交往,应注意穿衣。应根据不同的场合、活动选择合适的衣服。在法国人看来,时装代表一个人的修养、身份与地位。因此,与他们交往时必须注意服装穿戴,从而以整洁得体的外表给对方留下良好的第一印象。如果始终穿同样一套衣服经历很多活动、很多天数,则会被小觑。

法国人同其他一些国家一样,不喜欢在公共场合谈论时涉及家庭私事,更不要打探对方生意做得好坏。所以,在法国人面前,要避免谈及个人问题和收入状况。

(五) 与英国人交往

与英国人交往,不事先约定而直接登门拜访是非常失礼之举。英国人酷爱动物,虐待动物犯法,所以在英国碰到对方豢养猫、狗之类的宠物,“平等友好”对待是良策,切勿表现出讨厌之情,更不可动手去打。但英国人唯独忌讳大象,所以商品包装出现“象”字及其图案,绝对是下下策。

英国人认为“7”是个能带来好运的吉祥数字,而“13”则是个不吉利的数字,所以商务活动避免13人参加,也不要安排在13日。

和英国人握手时不能越过两人正在握的手去和第三人握手,因为这样交叉握手被认为会带来不幸。点火时也不可连续点三支烟,应该在点完两支后重新点火再为第三人点烟,否则也会被认为会给其中某人带来不幸。

在商务会议上,幽默是重要的,因而开会前带上一些笑话和奇闻逸事会很有帮助。那些善于此道的人应该把这方面的才能充分发挥。英国人赞赏故事不断的人,这种气氛有利于经商,能产生好的效果。商务会议刚开始时英国人相当正式,只会在交往过两三次之后,才称呼对方的名字。在此之后,他们变得非常随便(可以脱掉外套、卷起衣袖),直呼对方大名,并一直这样称呼下去。

英国人喜欢展示他们的家庭观念(尽管比拉丁人差一些),因而,在会议上或会议之间与他们讨论孩子、假期和回忆往事是很正常的。

英国人最怕自己被别人称老,这一点与我国截然不同。我们可以说"老张"、"老何",倒过来称"张老"、"何老",更表尊敬之意,后者还特别适用于称呼德高望重的老前辈。

英国人得到馈赠的礼品必定当面打开,无论礼轻礼重,都会热情赞美,同时表达谢意。英国民族个性中有保守的一面,所以不易接受新事物。例如,英商一旦习惯了我方某种品牌的商品,如果我方对其包装稍作改进,他们就可能坚决不接受。跟英国人交往,很多人会觉得他们傲慢、寡言少语,其实内向而含蓄的英国人寡言少语是出于对别人的尊重,怕影响别人,我们完全可以消除这层顾虑而主动与其交往。

(六) 与德国人交往

德国商业文化有三个基本特点:德国人对时间的运用持单一的延续性态度,比如他们在完成了一件事后才会开始进入另一件事;德国人深信他们是诚实和坦率的谈判者;德国人会直率公开地表明自己的反对意见。

与德国人进行交往时,应当注意到,德国是一个充满理性的国家。德国人做任何事情都一丝不苟,细心谨慎,他们会把每一个细节、每一步计划都设计得十分周密,并且一步一步地去完成它。

德国的沟通方式显得很特别,他们的准备工作往往做得十分充分,一切都尽量达到完美无缺。这与他们的民族性格是相符的。德国人不喜欢含糊其辞、躲躲闪闪。如果他们希望达成这笔交易,就会明确表示自己的意愿,愿意通过谈判来取得合作。在这之中,对于如何交易、谈判的实质问题、中心议题以及要达到一个什么样的目标,德国人都会加以详细考虑,并拟出一份完备的计划表,在谈判的过程中按照这份计划表一步步地去实现。

德国人在谈判中比较固执己见,不喜欢让步。例如,如果德国人在谈判中已经提出了产品的价格,那么这个价格往往难以改变,因为德国人是经过深思熟虑才提出的,他们会极力坚持自己的意见。

所以,与德国人打交道,必须要有充分准备,做好打一场攻坚战的思想准备。在实际的谈判过程中,最好在谈判的实质问题上先行一步,比如产品价格,抢在德国人之前谈出自己的意图,并表明立场,这也可算是对德国人的一种试探。德国人比较聪明,一旦进入实质性谈判,他们善于占据主动,并按自己的意愿把谈判引入最终阶段。

(七) 与阿拉伯人交往

阿拉伯人由于受地理、宗教、民俗等问题的影响,具有沙漠人的特点,即以宗教划派、以部族为群,比较保守,性情固执,有严重的家庭主义,不轻易相信别人;同时阿拉伯人喜欢结成紧密稳定的群体,性格豪爽粗犷,慷慨大方,热情好客,遇到能谈得投机的人,他们会很快将其视为朋友。阿拉伯人的人际距离较小，他们不仅喜欢拥挤在一起，而且还喜欢触摸，甚至可能会用鼻子嗅同伴的气味，如果拒绝吸入同伴的气味可能被认为是不礼貌的，因为他们总是有一种与人分享的欲望。

阿拉伯人的时间观念淡漠，他们有"远离钟表的人们"之称，不像欧洲人那样有精确的时间表，每一分钟都有自己该干的事情。和阿拉伯人打交道，必须要有谈判会被随时打断的心理准备。如果在阿拉伯人家谈生意过程中，突然闯进一帮朋友或亲戚，阿拉伯人会置交易不顾，而去热情接待朋友和亲戚。与阿拉伯人进行商业性质谈判，一定要特别耐心，因为他们不可能只通过一次交往或短暂的电话交谈就使生意谈成，常常是一拖再拖，慢慢进入商谈。

在阿拉伯人的眼里，最为重要的是名誉和忠诚。他们认为，一个人名誉的好坏是人生的一件大事，名誉差的人无论走到哪里都会受人鄙视、遭人白眼。并且，一旦名声败坏，要想补救就势必要付出巨大的代价。因此，跟阿拉伯人打交道不可操之过急，一定不要干出格的事情，必须先表现出诚意，以同样的尊重回报他们的尊重，赢得对方好感和信任，建立朋友关系，创造和谐氛围，才会使交易顺利进行。

绝大多数阿拉伯人信奉伊斯兰教，而伊斯兰教有很多规矩，因此，初次与阿拉伯人进行谈判时必须特别注意，要尊重他们的信仰，即使自己十分虔诚地信仰天主教，也不要在阿拉伯人面前表现出来。不尊重阿拉伯人的宗教信仰，其后果将是不可想象的。

另外，最好不要对阿拉伯人的私生活表示好奇。尽管阿拉伯人热情好客，但因阿拉伯人所信仰的伊斯兰教规矩很严，他们的日常生活明显地带有宗教色彩，稍有不慎，就会伤害他们的宗教感情。通常而言，这是一个话题的禁区。

不同的国家和民族对于颜色的喜好也不尽相同，在穿着打扮、馈赠礼品等的颜色选择上也应考虑外国友人的喜好和禁忌，见表 12-1：

表 12-1　不同国家对不同颜色的喜好和禁忌

国家与地区	喜好的颜色	讨厌的颜色
西欧的一些国家		红色
英国		红、白、蓝色
法国	灰色、白色、粉红	黑绿色、黄色
德国	鲜明的色彩	茶色、黑色、深蓝色
比利时		黑绿色、蓝色
瑞士、西班牙	各色相间的色组、浓淡相间的色组	黑色
挪威	红、蓝、绿色	
瑞典、意大利	绿色	（瑞典）黄蓝相间的色组
爱尔兰、奥地利	绿色	
荷兰	橙、蓝色	
日本	黑、紫、红色	绿色
新加坡	绿、红色	黄色

续表

国家与地区	喜好的颜色	讨厌的颜色
马来西亚	绿、红色	黄色
巴基斯坦	翠绿色	黄色
土耳其、突尼斯	绯红色、白色、绿色	花色
北非伊斯兰国家	绿色	蓝色
埃　及	绿色	蓝色
巴拉圭		绿色
埃塞俄比亚		淡黄色
巴西、秘鲁		紫黄色、暗茶色
伊　朗		蓝色
印　度	红色、橘黄色	
希　腊	蓝白相配	

资料来源　http://www.docin.com/p-185885404.html.

了解以上这些国家和民族的特点，我们就能初步把握：与不同国家的人进行谈判或进行日常交谈时，哪些话能说，哪些话不能说，哪些话可以多说，而哪些地方又是话题的禁区。这对于我们发表演讲和进行谈判都是十分必要的。千万不可讲那些不合场合、使人难堪甚至伤人感情的话，否则，我们所进行的演讲或谈判就必然出现我们所不希望出现的结果，达不到我们所要达到的目的。

[研读专栏]

世界各国的主要节日及风俗①

一、日本年节

日本年节，又称"御正月"，原指从中国传入的"春节"，但从明治时代起，已改在公历的元旦日。在年节，日本人一般都在12月15—28日期间，给亲朋好友、同事师长及于己有恩者寄送贺年卡，恭贺新年，感谢慰问。邮局也将在元旦日一起送给收信人。但如有人当年家中有过丧事，则会提前通知亲友：敬请在服丧之年免送贺年卡。日本人为了过年，从12月20日起开始捣年糕(除12月29日，因"9"发音与苦相同，故避讳)。各个公司、单位要举行忘年会和新年会，以忘掉旧年的辛苦和烦恼，迎接新年。除夕之夜，日本人按传统习惯，全家老少围坐一起吃团圆荞麦面，守岁听寺庙的子夜钟声(现在已由电视台播放)。年节日，日本人举家赴神社寺庙参拜，或去亲友家拜年，小孩可得到压岁钱。新年头三天，称作"三日贺"，喝"屠苏酒"，吃吉祥饭菜。这三日内，不动烟火，食物均已事先准备好。三日贺

① 李保东、王新华编著：《关系突破》，中国经济出版社2005年版，第288—295页。

后，初四商店开门，初五机关办事。

二、印度十胜节

印度教三大节日之一，是印度人最喜爱的节日之一，于每年九、十月份举行。“十胜节”是欢庆罗摩战胜十首魔王罗婆那的节日，一共要庆祝10天。前9天是到处搭台演戏，印度人称之为“罗摩哩啦”。从罗摩出生演起，一直演到胜利为止。最后一天是焚烧罗婆那的纸人，象征罗摩的彻底胜利。节日期间，印度全国街头到处是彩灯、彩旗，一片节日的喜庆气氛。每天晚上，到处鼓乐喧天，人们载歌载舞，前九天晚上，到处搭台演“罗摩哩啦”的戏。在第十天，庆祝活动达到高潮，在各地广场上，都要进行火攻三个恶魔巨型模拟纸像的活动，从中得出“善有善报，恶有恶报，正义战胜邪恶”的真理。

三、印度灯节

印度灯节是印度教的重要节日之一。在每年的10—11月间，即印历8月见不到月亮之后的第15天。一些印度人把它称作他们的新年，其庆祝活动达半个月之久(其中前十天为十胜节)。灯节来源于十胜节同一故事。说的是罗摩战胜了恶魔罗婆那，返回京城时，家家户户都在门外点灯，欢迎他凯旋，就此这天成了灯节，表明光明战胜了黑暗，并延续至今。

四、缅甸泼水节

缅甸泼水节是缅甸人的春节，也是缅甸特有的传统节日中最盛大、最热闹的一个节日。一般在每年公历4月(缅甸历1月)13日起到17日止。按照缅甸人民的风俗，水象征和平和幸福。缅甸人把泼水节看作是吉祥和幸福的象征，以洗尘消灾，祈求来年风调雨顺，五谷丰登，人畜兴旺，健康长寿。每当节日来临，举国欢欣若狂，男女老少都穿上盛装，载歌载舞，用清水泼洒对方，互祝幸福。此时，也正是青年男女谈情说爱的时候。假如遇到称心如意的人儿，就用圣水(用贝叶浸泡的水)迎头泼去，如果对方也乐意，双方便手拉手肩并肩地到幽静的地方约会，订下终身。

五、柬埔寨佛诞节

佛诞节是纪念佛祖释迦牟尼诞生、成道和涅槃的节日，定于每年佛历6月上旬15日举行。这个节日最早始于公元1855年的安东王朝时期。每逢这个日子，全国各个寺庙都修饰一新，晚上则灯火通明，香烟缭绕。从王室成员到平民百姓，都要到附近的寺庙进香拜佛，听僧侣讲解佛祖的生平和佛法经文。

六、巴基斯坦圣纪节

圣纪节是为了纪念伊斯兰教创始人、先知穆罕默德诞辰的节日，定于每年伊斯兰教历太阳年3月12日举行。每逢这一天，巴基斯坦全国各地都要举行隆重的纪念活动。人们身穿节日盛装，到附近的清真寺做礼拜，念《古兰经》，唱赞美诗，颂扬先知穆罕默德的功德。通常各地还要举行宗教性集会和盛大的游行。游行队伍抬着巨大的用纸做的清真寺模型，街上不时有人向游行队伍喷洒香水。路边还摆放着用于施舍的抓饭和甜食。夜间，城市里家家户户张灯结彩，灯火通明，到处洋溢着节日的气氛。这一天，全国放假一天。

七、巴基斯坦开斋节

伊斯兰教盛大节日之一，一般在伊斯兰教历9月29日或10月1日进行。开斋节，是阿拉伯语“尔德·菲土尔”的意译。我国新疆地区称“肉孜节”，“肉孜”是波斯语，意为“斋戒”。按伊斯兰教的《古兰经》明文规定：成年穆斯林每年都要守斋一月。斋戒是穆斯林的一项主要的宗教活动。斋月期间，穆斯林们在日出之前都要吃好封斋饭，日出以后至太阳西下，整个白天无论怎样饥渴，不准吃一点东西、喝一口水，平时抽烟的人也要暂时戒烟。此外，还要求穆斯林们在斋月期间克制一切私欲，断绝一切邪念，以示笃信真主安拉。但小孩和老弱病人可以不用守斋，妇女在经期中也不用守斋，但也要尽量节制饮食，决不能在公开场合吃喝。斋月的目的和意义，是控制个人的私欲，让人们尝试饥饿的滋味，不要挥霍无度。斋戒期满时，由阿訇登楼望月，寻看“新月”（月牙）和天象，确定开斋的时辰。见月即行开斋，次日为开斋节。如未见月，开斋顺延，但一般不超过三天。节日期间举行集体礼拜和庆祝活动。男女老少沐浴更衣，探亲访友。青年男女往往选择这一天举行婚礼，以增添欢乐的气氛。

八、巴基斯坦古尔邦节

又称“宰牲节”，是为纪念阿拉伯人先知易卜拉欣对真主的忠心而形成的伊斯兰节日，其隆重程度仅次于开斋节。时间一般是伊斯兰教历太阳年12月10日开始，持续3天。节日期间，穆斯林教徒沐浴盛装到附近清真寺做礼拜（时间比开斋节要短）。根据教规，凡经济独立的穆斯林都要在此期间宰牲献祭，可以一人宰一整只羊，也可以由7人合伙宰杀一头牛或用一峰骆驼献祭。献祭的东西应是自己最珍爱的，并分成三份，分别用于馈赠亲友、施舍穷人和留作自享。

九、菲律宾五月花节

又称圣克鲁斯节，在每年百花盛开喜庆丰收的时节，各地自定某一天分别庆祝该节日。在节日的黄昏，人们齐集教堂，由3岁至12岁的女孩向圣母献花环和撒花朵，然后开始丰富多彩的游行。游行队伍由一个铜管乐队领头，后跟一辆华丽的花车，车上坐着一位由最美丽的姑娘装扮的凯伦娜女皇，她身穿洁白长裙，手捧十字架，旁边有一个少年装扮成君士坦丁王子。花车后面是一些身穿高贵艳丽衣裙的姑娘，扮成“天使之后”、“花朵之后”和“公正之后”，还有一位“穆斯林公主”和一位身穿律师袍的姑娘。她们手捧鲜花和白色蜡烛，仪态优雅，美若天仙，身后还有一位丑陋但最长寿的“马塞沙拉”。群众跟在队伍后面,也手持点燃的蜡烛,齐唱由多种乐队伴奏的圣诗和民歌。游行结束后,众人被邀请到装扮凯伦娜女皇的姑娘家做客共进晚餐,饭后还有游戏和节目演出,类似的宴请每晚轮流在各家举行,目的是为了感谢神恩和庆祝丰收。

十、 圣诞节

圣诞节又称"耶稣圣诞瞻礼"、"主降生节",是基督教徒纪念耶稣诞生的节日。公元354年,罗马天主教会规定每年12月25日为圣诞节。从此,各国基督教徒和天主教徒就把这天作为盛大节日来庆祝。在欧洲、南北美洲、大洋洲和非洲,圣诞节不仅是宗教节日,也是民间的重大节日。每逢节日来临,已婚子女均从各地赶来与父母团聚,全家欢乐异常。没有子女的老人往往到亲友家里聚会。基督教徒去教堂作弥撒。庆祝圣诞节的传统活动有:扮演圣诞老人,摆圣诞树,送圣诞贺片,做圣诞食品,点圣诞蜡烛,烧圣诞柴,唱圣诞歌等。

十一、 复活节

基督教纪念耶稣复活的节日,亦称"耶稣复活瞻礼"、"主复活节"。据《圣经·新约》记载,耶稣在犹太教安息日(今星期六)的前一天被钉死在十字架上,死后第二日(即今星期日,基督教称"主日")复活。公元325年基督教尼西亚会议规定,每年春分月圆后第一个星期日为复活节。东正教因采用儒略历,复活节的具体日期比天主教、新教要迟两个星期。

在欧美国家,过复活节时,羊肉和火腿是基督教家庭的传统肉食,而兔子糖对孩子们则是必不可少的。基督教徒把羔羊看作是耶稣献身的象征,把猪看作是幸运的象征,把兔子看作是新生命的象征。

十二、 美国感恩节

美国感恩节是美国古老的节日,时间是每年11月的第四个星期四。它由移居北美大陆的第一批英国清教徒所创。1620年9月,有102名英国清教徒为摆脱宗教和政治上的迫害,乘"五月花"号木船,经过65天的海上漂泊,抵达美国马萨诸塞州的普利茅斯,饱受饥寒劳苦,第一个冬天就死了一半人。后来幸存者在当地印第安人的帮助下,学会了渔猎、种植等技艺,并获得了丰收。为庆祝丰收和增进同印第安人的友谊,他们准备了火鸡、南瓜等佳肴,邀请印第安人一起举行庆祝活动。他们连续三天白天设宴,进行摔跤、赛跑、射箭等体育比赛,夜晚则燃起篝火,载歌载舞。如此年复一年,逐渐形成了一年一度的感恩节。现在的感恩节,美国各地放假三天,举行化妆游行和文体娱乐活动。家家户户欢聚一堂,享用火鸡、南瓜馅饼等传统食品。成千上万的美国人还要到普利茅斯游览。

十三、 巴西狂欢节

巴西狂欢节是世界上最著名的狂欢节,巴西是世界公认的"狂欢节之乡"。庆祝活动以里约热内卢最为壮观。全城大街小巷装饰一新，马路两旁搭起牌楼和一排排临时看台。在持续三天的狂欢节中，不管白天黑夜，不分男女老幼，人们穿着节日盛装，有的戴着假面具，有的穿古装，有的画花脸，也有的男扮女装，穿旱冰鞋、踩高跷，以乐队为前导，在乐曲伴奏下，表演各种精彩节目。台上台下气氛交融，欢歌笑语不绝于耳，尤其是桑巴舞的旋律，更是响彻了大街小巷。相传，桑巴舞起源于非洲西海岸，传入巴西后，吸收了葡萄牙和印第安人的舞蹈艺术，演变为今日的桑巴舞。当你在狂欢节期间看巴西人跳桑巴舞时，你就会觉得在跳舞时似乎每一块肌肉都在随着桑巴紧张的旋律和铿锵的节奏而抖动，并且是那样的如醉如痴，沉浸在近乎疯狂的兴奋之中。难怪巴西人说："没有桑巴舞，就不存在狂欢节。"

十四、 美国母亲节

美国的"母亲节"是美国一位孤女安娜·嘉维斯创立的。在她历尽艰辛的努力下，终于得到美国总统威尔逊的签署同意。1913 年 5 月 10 日，美国国会通过决议，把每年 5 月的第二个星期天定为母亲节，以表示对所有母亲的崇敬和感激。

母亲节这天，家庭人员都要做各种使母亲欢愉的事情，并向她赠送各种礼物表示祝贺。节日里，许多城镇的青年聚集在一起，用康乃馨花献给前来参加聚会的母亲们。二次大战后，母亲节逐渐流行到世界其他一些地方，成为人们喜爱的节日之一。

十五、 美国父亲节

美国父亲节是纪念父亲的节日，时间是每年 6 月的第三个星期日。这一节日最早由华盛顿州斯坎一位姑娘(即后来的科德夫人)发起倡议，在当地牧师协会和青年基督教协会的支持下，1910 年 6 月 19 日，该州州长签署文件，确认每年 6 月的第三个星期日为全州父亲节。1972 年，尼克松总统签署了国会两院提案，正式将父亲节定为全国节日。现在每逢父亲节，美国人一般都要送给自己的父亲节日贺卡、礼物和一枝红玫瑰，对已故父亲则用白玫瑰纪念。纽约市还一年一度举行父亲授奖大会。会上宣布当年的"美国父亲"及在社会、文化、家庭方面有突出贡献的父亲，当选者被授予奖金，其夫人则得到一束红玫瑰。

十六、 愚人节

欧美各国的奇特节日，于每年 4 月 1 日进行。节日这天，人们可以随意说谎、造谣、互相欺骗、玩各种恶作剧。据记载，愚人节活动最早风行于法国。他们把愚人节受骗者叫"4 月的鱼"，意思是像小鱼一样容易上钩。这一风俗已有 800 多年的历史，至今仍在欧美一些国家流行。

十七、 情人节

又名"圣瓦伦丁节"。起源于古代罗马，于每年 2 月 14 日举行，现已成为欧美各国青年人喜爱的节日。关于“圣瓦伦丁节”名称的来源,说法不一。有的说是纪念一位叫瓦伦丁的基督教殉难者,他因带头反抗罗马统治者对基督教徒的迫害,被捕入狱,并在公元270年2月14日被处死。行刑前,瓦伦丁曾给典狱长的女儿写了一封信,表明了自己光明磊落的心迹和对她的一片情怀。自此以后,基督教徒便把2月14日定为“情人节”。有的说是纪念另一同名教徒,他因违背君王的意志,秘密为青年男女举行婚礼,而遭监禁致死,死后成了情人们的“守护神”。另一种说法,则上溯到古罗马的“牧神节”,为纪念牧神卢珀库的功绩,每年2月14日,人们总要举行游戏和舞会,而每个男青年则可在游戏中从一种“签筒”里抽出写有某个少女的签片,被抽中的姑娘将成为他的情人,这一天也就成了青年恋人的节日。在莎士比亚时代,情人节的一个重要风俗,就是在这天你看见的第一异性(年龄必须相仿)将成为你的情人。以后,情人节带着它的浪漫色彩,由欧洲人漂洋过海传到了美洲,在新的土地上生根、开花。每当节日来临,青年们就忙着挑选礼物赠给心爱的人。人们送得最多的礼物要数圣瓦伦丁贺节片,上面印有各种象征爱情的图案。

研读小结

不同的国家和民族,由于不同的历史、文化、宗教等因素,各有特殊的风俗习惯、节日和礼节。例如,伊斯兰教徒不吃猪肉,在斋月里日出之后,日落之前不能吃喝;有些佛教徒不吃荤;印度教徒不吃牛肉。某些国家如印度、印尼、马里、阿拉伯国家等,不能用左手与他人接触或用左手传递东西;在佛教国家不能随便摸小孩头顶;天主教徒忌讳十三这个数字。尤其是十三日星期五,遇上这种日子,一般不举行宴请活动。使用筷子进食的东方国家,用餐时不可用一双筷子来回传递,也不能把筷子插在饭碗中间。东南亚一些国家忌讳坐着跷大腿;伊朗称好不伸大拇指;保加利亚、尼泊尔等一些国家摇头表示称赞,点头表示不同意,等等。阿拉伯国家妇女比较守旧,到人家家里做客不要问女主人身体如何。对日本人送礼要注意花式,绿色被视为不吉祥,荷花是祭奠用的,礼品上不要有狐狸的图案,因为这种动物狡猾、贪婪;不要把菜汤和饭拌在一起吃,因为这是喂猫的方式;在婚礼上忌用离开、重复、多次等字眼,在喜庆场合忌用去、旧、坏了、完了等字眼。若不注意这些风俗,会使人误认为对他们不尊重或闹出笑话。新到一个国家或初次参加活动,应多了解、多观察,不懂或不会做的事,可仿效别人。

第二节 社交场合的人际传播

社交场合是指工作之余交往应酬的场合,通俗地讲就是人们下班后跟朋友、熟人在一起交际应酬的时间,比如宴会、舞会、音乐会、聚会、拜访,这是典型的社交①。下面分别介绍在这些不同的社交场合里,人际传播呈现的不同特点以及必须注意的方面。

---

① CCTV-10,《百家讲坛》栏目,《金正昆谈礼仪之服饰礼仪》。

一、宴会

宴会,通常是指以用餐为形式的社交聚会,一般是由机关、团体、组织或个人出于一定的目的出面组织的。宴会是开展社交活动的有效手段。宴会通过宾主欢聚一堂,品尝美酒佳肴,畅叙友谊,表达情感,沟通情感,增进了解。

宴会按照性质、场所、规模大小、重要程度、正规程度等,可以分为正式宴会和非正式宴会两种。正式宴会是指那种按一定的规格正经摆设的筵席,如国宴、公务商务宴会及婚宴、寿筵等均属于正式宴会。非正式宴会就是通常所说的便宴,一般是在家里举行,也有在餐馆或俱乐部举行的,适用于人们的日常友好交往,如老朋友和同事之间的聚会,其形式可以自由简便、随意,并且不局限于固定的程序。如家宴就是非正式宴会的一种,是在家中宴请客人的便宴,一般适用于关系较为亲近的人。

图 12-1 宴会餐厅

资料来源 http://www.nipic.com/show/1/45/74ba2da04af08cb0.html.

在当今这个社交活动频繁的社会,许多的人际交往、生意洽谈、事务交涉等,常通过餐饮宴会来促成。因此,无论一个人的身份地位如何都有参加宴会的机会。现代餐饮文化的发展表明宴会的主要目的不限于"吃东西",更主要的是文化、情感和信息的交流。因此,不管是参加正式宴会还是非正式宴会,要想成为一个受人欢迎、受人尊敬的客人,除了要注意仪表、准时赴会等基本礼仪之外,还应注意在宴会上的言谈举止。

首先,要注意在宴会上的言谈,尤其是在餐桌上时。孔子说:"食不言,寝不语。"尽管近几年来我们不像以前那样严格遵守"食不言"的规矩了,但是餐桌上的谈话仍有不少禁忌。例如,口中含着食物时不可以说话,必须等食物咽干净了再开口;谈话的内容也不可掉以轻心，应慎重地选择话题，免得说过之后让同桌的人食不下咽，倒尽胃口。

其次，用餐的动作一定要自然，姿势高雅。不要双肘弩张，撑在桌面上，这样既不雅观又妨碍别人进食。脚也应该平踏在自己的椅子前面，以免踢到别人。使用餐具和咀嚼时不宜出声，入口的食物也不可吐出来。当进餐遇到特殊情况时，宜妥善地处理，切勿惹人注意。例如，食物翻倒了，应赶快用手或餐具拾起置于盘子旁边，不要惊动他人。

二、舞会

舞会是最广泛、最受欢迎、最具娱乐性的一种社交聚会，在优美的音乐声中以自愿、轻松、愉快的双人共舞形式让人们享受着自我放松、健康身心的感觉；同时，舞会可用于与朋友联络感情，展示交际风采，是世界通用的典型社交场合。舞会可以作为一项单独活动，也可以作为聚会、宴请活动之后的余兴。作为组织者和参加者都必须了解舞会礼仪规范，才能达到舞会自娱和娱人的目的，产生应有的社交效果。

组织舞会要注意时间的选择、场地布置和邀请的客人等问题。舞会一般在晚上举行比较好，因为晚上有利于形成舞场的气氛；舞会场地大小应与参加的人数相当，尽量宽敞，还要注意地面干净、光滑，灯光柔和且有变化等。

图 12-2　交谊舞

资料来源　http://www.jk121.com/article/show_1160.html.

舞会除了跳舞陶冶身心之外，还可联络老朋友，结交新朋友，特别是异性朋友，因此又称交谊舞会。那么在舞会这样一种特殊的社交场合，该如何寻找合适的话题以结交新朋友？关键是要抓住舞会这一特定场合的特征，然后是舞伴的心理特征。首先，选择的话题最好和舞会这一环境的特殊气氛相协调，最起码不能反差太大。其次，要考虑舞伴的心理特征。根据不同的气氛和特征确定交谈的切入口，可以从以下几个方面来选择谈话切入口①。

首先，选择从跳舞本身说起。如从对方的舞姿、舞技开始，询问对方擅长和喜欢的舞蹈，以及学习跳舞时间的长短等。如果自己是一位舞场高手，还可以把自己有关舞蹈的知识悉数传授给对方。如果对方是初学者，则可以从教对方跳舞开始，帮助她或他矫正动作，进而逐渐引出话题。

其次，从介绍自己或赞美对方开始说起。在舞会上，向舞伴问这问那显然不太合适，但有时候又觉得很想交谈，则可以从介绍自己开始，讲述发生在自己身上一些有趣的事情，这样既可以调节沉闷的气氛，又可以让对方感受到自己的诚恳，使其放松紧张、戒备的心理，并自然而然地谈起其自身的个人情况。或者先赞美对方的着装或舞姿、舞技等，让对方获得一定程度的心理满足，再将话题深入引开去。

还有寻找话题的另一常用方法，是由舞会现场的其他人或物说起，这样至少可以保证不会无话可说。例如询问舞伴对舞会的主持人的印象，然后由对主持人的评价转入舞伴所喜欢的话题范围，或问问与舞伴同来朋友的身份、职业等。

当然，在舞会上一般不宜深谈和长谈。有意加深交往，可以询问联络方法，经同意后再联络，以促进双方友谊。

三、拜访

在社会交往活动中，我们免不了由于各种各样的原因去主动拜访他人，或与他人会面。拜访与我们常说的串门不同，串门多半指街坊好友之间的往来，想来就来，想谈就谈，比较随意。而拜访比串门要正式，其对象大多数是新结识的朋友、德高望重的长辈或有利益相关的人等。这是生活和工作中不可缺少的日常活动，也是社会交际的重要组成部分。因此，了解日常必不可少的生活和工作拜访礼仪是社会交往成功的第一步。

(一) 拜访时间

在拜访之前，要与对方约好见面时间，然后再去拜访，不要做不速之客。在西方人看来，对于没有预约的来客，拒之门外并不是失礼行为。正式的会见也应事先约定好时间，以便双方都做好必要的准备，安排好日程。一般情况下，私人拜访尽量避开用餐时间和睡觉时间则可。虽然拜访者是主动的一方，但预约拜访时间的主动权应该交给被访者，让对方决定时间，一是方便对方安排，二是这样显得尊重对方，可以用“您哪天有空”、“您什么时间方便一些”这一类的方式邀约。如果因事不得不取消拜访，应尽早通知对方与解释理由并求得对方谅解。

约定了时间，拜访的时间也不要太长，以 20 分钟到 1 个小时为限。宁愿和对方在兴趣甚浓时分手，不要拖到彼此都没有兴趣的时候不欢而散。如果发现对方有重要事

① 方舟主编：《社交语言现用现查》，中国青年出版社 2000 年版，第 421—422 页。

情，家中有客人或情绪不佳时，应主动提出告辞或改日再拜访，得到对方认可后，可改日再去。

（二）拜访的言语

拜访的目的主要是发展友谊和维系友谊，而并非为了结束友谊，所以在言语态度上要特别小心，尽量不要伤害对方的自尊心。如果有什么意见冲突之处，也要加以保留，有机会慢慢再谈；更忌讳的是暴躁、粗鲁、口出恶言，那就得到相反的效果了。

登门拜访时，我们应运用各种方法拉近与对方的感情距离。为了拉近双方的心理距离，可以与对方攀亲拉故。在一定场合和情景下，攀亲拉故可使陌生变得熟悉，疏远变得亲近，冷淡变得亲热，拒绝变成接纳，阻挠变成支持。善于攀亲拉故的人，容易与人产生共鸣，找到共同语言，也更容易得到帮助，与互话家常一样能缩短交流双方的心理距离。同时，拜访对方时要懂得利用寒暄。寒暄是人们之间尤其是陌生人见面的必要中介，能消除拜访双方的隔阂。

采访陈景润的湖北记者深谙此理。他们与数学家的夫人由昆寒暄的第一句话是："听说你是我们湖北人，怎么普通话说得这么好啊？"由昆喜悦地回答："是吗？我跟湖北人还是讲湖北话呢！"于是，双方都沉浸在"老乡"相识的愉快之中，话语自然多起来，气氛也轻松得多，这正是采访者所需要的。倘若语言生硬，由昆女士保持缄默，采访者怎么可能了解科学家的家庭生活呢？①

拜访对方可以在对方住处谈话，这就比在公共场所容易形成融洽的气氛，使双方都在一种无拘无束的环境里畅所欲言，并且比较容易接触到彼此的生活，给大家的友谊发展做了良好的准备。如果能够常到对方住处去拜访，由于所处环境较为亲切、有人情味，双方的关系会很快地密切起来。但也应注意不能亲切失度、过分随意，对于对方的私生活、经济问题等一些个人隐私方面的问题，则不应随便提及。

四、茶话会

以茶待客是我国传统的习惯和礼节。由于它方式简便，所以庆祝会、招待会、座谈会、纪念会等多种聚会都采用这种"茶话"的形式。

举办茶话会的时间，按照国际惯例，最佳时间段是下午四时左右。当然，实际操作中，可以根据与会者的方便与否以及当地人的生活习惯，也可以安排在上午十时左右或其他多数人方便的时段。茶话会的与会者名单一经确定，应立即以请柬的形式向对方提出正式邀请。按照惯例，茶话会的请柬应在半个月之前送达或寄达被邀请者手中，但对方对此可以不必答复。茶话会的选址一般有以下几种：主办单位的会议厅、宾馆的多功能厅、主办单位负责人的私家客厅、私家庭院或露天花园、包场的营业性茶楼或茶室。餐厅、歌厅、酒吧等处，均不宜用来举办茶话会。②茶话会要设座位、茶几或桌子，除每人一杯茶外，还可

---

① 楚庭南编著：《百分百社交艺术》，中国纺织出版社 2002 年版，第 77 页。

② 《茶话会礼仪》，http://wenku.baidu.com/view/ab19f1e8551810a6f524861f.html。

适当备些糖果、糕点、瓜子等。

茶话会不排座次，主宾可随意交谈，畅所欲言，并且不需要拘于情面。交谈要注意内容，可根据茶话会的不同主题，或表示祝贺、或交流思想、或畅叙友谊，不可离题太远，无的放矢。要随时注意对方的反应，把话题引到双方都感兴趣的问题上来。也要专心诚意地听别人讲话，不要随便打断，或显露出烦躁和心不在焉，更不要对别人的话妄加评论，或提一些对方难以回答的问题。言谈反映了一个人的修养和所受教育的程度，要注意文明礼貌。

茶话会在服饰方面没有什么严格规定或特殊要求，可根据喜好，选一身适合自己的服装。①

关于社交礼仪的内容，在“人际传播礼仪”一章中有详细介绍，本节主要着重于介绍场景的差异对社交场合人际传播的影响。

第三节　私密场合的人际传播

这里提到的私密场合主要是指除了公务场合及社交场合以外的、具有私下和隐秘性质的场合。例如，我们同家庭里其他成员、与亲戚朋友之间的关系以及在新兴的网络环境里与一些陌生人建立的关系，相比公务、商务及社交关系而言，这些关系属于较为私密的人际关系。私密场合下的人际关系为我们的生存提供了环境和意义，人们随着这些关系的发展而不断改变与成长。

一、家庭里的人际传播

人的一生中大部分时间都是在家庭中度过的，家庭关系的好坏，对人们的思想情绪、生活、工作影响很大。处理好家庭人际关系，不仅有利于家庭成员心情愉快的生活、工作和学习，而且有利于社会主义新型人际关系的建立和发展。一般来说，家庭是指由婚姻关系、血缘关系或收养关系组成的社会生活的基本单位。家庭对于我们绝大多数人来说，是最熟悉的组织传播情境，是最初的社会组织。家庭是社会的细胞，家庭是个小社会，家庭人际关系是人类社会中最普遍的一种人际关系。

斯文·瓦尔鲁斯(Sven Wehlroos)在《家庭传播》中说：“生活中最大的幸福和最深的满足，最强烈的感情和极度的内心平静，全都来自作为互亲互爱的家庭成员。”反之亦然，某些最大的痛苦也可能来自家庭关系。我们可以选择自己的朋友，但无法选择自己的家庭和家人；我们可以同大多数人增进或解除关系，但是与家庭成员则往往难以做到这一点。在家庭关系中，我们的选择和自由是受到很多限制的。在人际传播中，家庭关系具有其特殊的问题，也给人以特殊的满足。

家庭内部成员之间有着丰富多彩的交往并因此影响社会交往。家庭是人们情感生活

① 沙洒仪编著：《实用社交学》，科学技术文献出版社1993年版，第163页。

的源泉，是体现真情实意的人际关系的世界。这一情感世界主要由以下几种形式构成。

(一) 夫妻关系

夫妻关系，即男女双方以爱情为基础，依照法律程序建立起来的一种婚姻家庭关系。在所有人际关系中，夫妻关系所带来的牵连最多，夫妻关系是家庭里的核心关系，直接制约家庭交往的气氛和思想道德水平。一个和睦的家庭，必然有好的家庭气氛，有良好的夫妻关系：互相尊重、民主和平、相敬如宾、交谈语气委婉客气。

美国传播心理学家约翰·戈特曼(John Gottman)说，夫妻进行情感互动时，不注意处理一些不明显的分歧，或者不注意处理冲突时的交流方式，能较好处理关系变化的人大约只有千分之十左右。①

夫妻之间的最大威胁是缺乏交流，具备谈论自己所感受的、喜欢和憎恶的这种能力很重要。向配偶说出使自己沮丧和失望的东西以及自己的愿望是什么，在谈论问题时千万不要用尖刻的字眼。对夫妻关系来说，无忧无虑地表达自己的观点总比让压力越积越大要好得多。

夫妻之间的沟通也是一门艺术，夫妻相处时应该注意以下方面：以良好的沟通交流共建归属感，对可能造成的误会要尽可能地及时向对方解释清楚，要力求做到相互信任；当自己做错了事情时，应该主动地、幽默地承认自己错了，虚心地接受批评；双方因小事发生争执时，一方应主动撤离；生活中应该有精神寄托和共同的兴趣爱好，要会互相欣赏，经常向对方提出积极的建议，共同攀登新的目标；一起承担家务劳动，共同教育子女，支配好业余时间；家庭事务应该采取民主协商的形式，共同商议，不要独断专行；当一方因为工作、事业而不顺心的时候，应该把它说出来，另一方则要耐心地开导，使心中的压抑和不快能得到及时的宣泄；相互体贴，关心对方的衣食住行；一起享受天伦之乐，一家人应该多在一起游玩谈心，促进一家人的情感交流。

(二) 亲子关系

亲子关系主要是指由家庭婚姻关系派生出来的一种血缘关系。在亲子关系中，人们首先想到的就是母子之间的关系。母亲对子女的爱是无私、无畏、无怨、无悔的，也是充满柔情、温情、热情和激情的。只要儿女生活得幸福，她们甘愿放弃一切，几乎每个母亲都把自己的全部奉献给了孩子。

除了母子关系之外，家庭里的另一半就是父子关系。父亲与子女的关系不同于母亲。婴儿在出生的最初期，主要是由母亲照顾，父亲的作用是不明显的。当孩子逐渐长大时，父亲才开始显出他的重要性。他开始有计划有目的地让孩子认识世界，让孩子有自己的思想。他告诉孩子行为准则，指导孩子东闯西走地去拼搏去冒险。

母亲是儿女的养育者。父亲则是儿女的重要教育者，是儿女走向社会的导师。作为父母，除了工作与社会交际之外，应在家庭中对孩子有足够的重视，努力创造一个和谐温

① William Wilmot, *Relational Communication*, McGraw-Hill, 1995, P4.

馨的家庭环境。

首先，父母切莫工作和劳累过度，不要把工作带回家，或者周末也待在公司，以致没有时间与孩子谈心或聊天。应当适时地了解孩子的喜怒哀乐，并同孩子简单地谈谈自己的工作，使孩子对父母的工作情况与环境有所了解，以免不知道父母的去向。这样孩子能明白诸如职责、挫折、纪律和计划等问题，有利于培养孩子良好的品质和毅力。

其次，父母不要将工作、事业上的不满情绪带回家并迁怒于孩子，不要把孩子当成“出气筒”，因为孩子是需要安慰和爱抚的。假如父母只顾自己的感情，工作不顺心就迁怒于孩子，为了微不足道的事情滥加训斥，孩子会产生无人可亲近的感觉。

同时，父母不应外出太频繁。父母应该自问：每星期中是否经常在家同孩子一道吃饭，是否过问并检查了孩子的学习，是否与孩子共同度过了一个轻松愉快的夜晚。对孩子来说，父母外出，时间会显得很长，从而产生孤独和茫然感，对日后的身心成长非常不利，严重的甚至会形成心理问题。

此外，不要对孩子滥加指责。作为父母不应该说出让孩子丢脸的话，对孩子的言行要适当肯定，称赞其优点，不要全盘否定，以建立其自尊心。如果孩子实在应该受罚，也应该在私下或采取无损其尊严的方式。

正确认识和处理亲子关系，对于促进家庭的和睦，使两代人能够团结协作、心情舒畅的进行社会主义现代化建设具有重要意义。为了避免代际关系的紧张状态，合理、有效地处理好亲子关系的人际矛盾，就要正确认识两代人之间的不同心理特点，使之相互了解、相互体谅。对待两代人之间的不同看法、意见分歧，双方应互相包容，求大同、存小异，尽力避免伤害对方的自尊心。老年人在对待未成年子女上，特别应注意不能用棍棒来解决两代人之间的人际矛盾。

（三）兄弟姐妹关系

兄弟姐妹关系，即由夫妻关系派生出来的同辈子女之间的一种家庭人际关系，它是同辈人的一种横向血缘关系。兄弟姐妹之间的情谊是珍贵的，而建立在相互关心、相互照料、相互帮助基础上的兄弟姐妹情谊，就更是宝贵的。

兄弟姐妹生在同一个家庭，有着密切的血缘关系，彼此的年龄、出生环境、生活条件、家庭和社会影响具有相似性，但他们在人生的旅途上遇到的问题往往有所不同：有的成长比较顺利，有的则是充满了曲折和灾难；有的知礼懂事，有的觉悟很低，修养很差；有的能自立，有的则不会过日子，如此等等。为了能共同进步，除需父母的培养教育之外，加强兄弟姐妹之间的情谊也是十分重要的。一般说来，兄弟姐妹间的互相谦让、互相支持是处理好兄弟姐妹关系的先决条件。

兄弟姐妹生活在一起，联系比较密切，发生矛盾的机会也就多一些，磕磕碰碰闹别扭也是难以避免的，只要能处理妥当，不但不会影响兄弟姐妹的关系，反而会使彼此间的情谊日益深厚。一旦兄弟姐妹间产生了摩擦和矛盾，这就要从团结的愿望出发，重情谊、说道理、讲风格，特别要注意互相谦让、互相帮助、互相谅解。

兄弟姐妹长大成人以后，应该共同尊敬、赡养、扶助好双亲，切忌在赡养老人方面互相推托，更不应由此而引起兄弟不和。父母把子女抚养成人，付出了艰辛的劳动，花费了巨大的心血，为社会、为子孙后代尽了自己的责任。他们的劳动理应受到社会，特别是其子女的承认、尊重，使他们在子女的扶助下愉快地安度晚年。不尊重、不赡养老人的行为是不人道的，不仅应受到舆论的谴责，而且应受到法律的制裁。在家庭中碰到与物质利益有关的矛盾时，兄弟姐妹之间应在平等的基础上，互相谦让，协商解决，以便手足之情日久天长。

(四) 婆媳关系

婆媳关系是指已婚男人的母亲和妻子的关系，它是以儿子为中介产生的一种老年人和年轻人之间的两代关系。目前我国的家庭结构正在向一对夫妻和一个子女的核心家庭发展。但是，老人和儿子、媳妇在一起居住的婆媳式家庭仍会在一个相当长的时期内大量存在。婆媳关系是靠儿子的婚姻关系联结产生的，它既不是直接的血缘关系，也不是姻缘关系，其形成的因素是因为媳妇是儿子的妻子，婆婆是丈夫的母亲。由于婆媳之间在年龄、性格、心理和道德观念等方面存在较大的差异，因此婆媳间的人际传播更加错综复杂，婆媳关系不像夫妻关系、亲子关系以及兄弟姐妹间关系那样亲密和稳定。

在日常生活的婆媳交往中，很容易在教育子女、经济开支、担负家务劳动的多少等问题上发生意见分歧，引起人际冲突。处理好婆媳关系，已成为当前很重要的社会问题。婆媳关系和谐，不仅可以使婆婆将多年的生活经验传授给后一代，而且可以使后一代尽到赡养、扶助老人的义务，使我们的社会中老有所养，家庭和睦。处理好婆媳关系需要婆婆、媳妇和儿子的共同努力，并充分发挥好儿子的中介作用。①

儿子在调节婆媳关系时，要发挥好中介作用，就应当注意传播技巧：依靠母子深情，促使母亲关心、爱护、尊重媳妇；依靠夫妻感情，促使妻子敬母、爱母；把尊敬母亲和疼爱妻子摆在同样重要的位置，主动帮助妻子和母亲作好家务劳动；当婆媳发生人际冲突时，儿子可在二者间适当调节，充当“代母赔罪”或“代妻赔罪”的角色，尽量说服双方冷静，及时调节矛盾，避免冲突激化；在尊老、敬妻方面，严格要求自己，作出表率。

1. 婆婆在与媳妇的交流与沟通中应该注意的问题

婆婆对儿、媳应该一视同仁，把媳妇当作自己的亲生女儿一样对待，帮助媳妇搞好日常家务；对媳妇不要责备求全，而要多看其长处，不要计较媳妇的细枝末节，本着“大事清楚，小事糊涂”的态度，互谅互让来与媳妇相处；不说自己年轻时如何，时代在发展，现在的媳妇不能和几十年前的媳妇比，否则就会越比越不顺眼；不评说媳妇的兴趣爱好，不责怪媳妇“赶时髦”，时下的女性喜欢跳舞，穿超短裙、化妆，婆婆唠叨个没完，矛盾必然产生，所以婆婆应当看到这是新一代的正常爱好，不宜多指责；尽力为儿子、媳妇排忧，主动承担力所能及的家务劳动；当儿子、媳妇发生矛盾和分歧时，尽力劝说自己的儿子，促使家庭矛盾缓和；不要对日常小事耿耿于怀，不要对外人说媳妇的闲话，求大同、存小异。

---

① 王滨有等著：《简明人际关系学》，人民邮电出版社1990年版，第139—140页。

2. 媳妇在处理婆媳关系时应该掌握的技巧

首先,媳妇要了解分析婆婆的思想和性格,做到心中有数,相处就少一些“撞板”的事;尊重老人,把婆婆作为亲生母亲一样对待:如出差或旅游回来,给丈夫、孩子买了许多东西,却因为担心买的东西不合婆婆的意,而没有给婆婆买礼品,而如果给自己妈妈买东西时,就不会有这种担心;不计较日常生活中的小事,主动承担家务劳动,避免和婆婆公开冲突:如果家中由婆婆做饭,不论自己多忙,吃完饭也要赶快帮忙收拾碗筷;对婆婆尽量在生活上照顾,精神上安慰,平时主动和婆婆谈心,增强婆媳间的相互了解;入乡随俗,努力适应新的生活环境,如果实在想改变环境布置,购买大的家具用品,一定要先和婆婆商议,否则她会有一种被侵犯感;对婆婆的旧风俗、习惯,尽力帮助克服,树立好的家风,但不要求全责备,对外人不说婆婆的闲话。

其次,媳妇在和婆婆交谈时,尤其要注意:耐心倾听,老人心里的话,尽量让其说,媳妇要以最大的耐心和兴趣,满足婆婆倾诉的欲望;适时诱导,在适当的时机提问,诱导婆婆谈些更有趣、自己要听的事;谐趣调节,以幽默风趣的话进行调解,在活泼轻松的气氛中,使婆婆停止唠叨;虚心求教,对家务开支等敏感问题,应虚心向婆婆讨教,多尊重老人意见;坦诚相谈,如果因自己说某些话不妥而得罪了婆婆,就应坦诚地承认自己的不足,主动改善紧张关系;迂回出击,如果婆婆思想守旧,许多方面格格不入,媳妇可常带她逛逛繁华的大街,看看琳琅满目的商品;陪她去串门,看看人家添置的新家具家电等,这样,婆媳间很可能会说到一起去。

家庭中人际传播的类型与家庭人口的多少有密切关系,家庭人口越多,人际关系的种类就越多。在我国现阶段,由夫妻和未成年子女组成的“核心家庭”占很大的比例,家庭中的人际关系也较为简单,主要表现为以上几种。此外,在几代同堂的大家庭里,祖孙关系、妯娌关系、叔嫂关系、女婿和岳父母的关系等也是在传统型的家庭中不可避免的人际传播关系。只有从宽容和尊重的原则出发,互敬互爱,家庭关系才可能和睦持久。

(五)家庭中的传播障碍

在现实意义上,家庭堪称是一个微型社会,并受到许多与社会压力相同的压力的支配。家庭有效沟通的障碍包括很多类似我们在人际关系中遇到的问题,在家庭沟通中的防卫和干扰,也像在其他情境中的干扰一样发生。然而,家庭里人际传播所产生的一些特殊问题还远不止这些。

1. 家庭角色的固定

家庭角色提供了一种对我们的生活持续产生微妙影响的东西,即家庭成员把一个人仅看作一种角色,既不增加也不改变。孩子长到一定年龄时,父母仍未认同其地位变化,他们不断拒绝接受成长中孩子地位的变化,从而产生沟通障碍。

母亲经常会把已经离开学校或已成年并完全独立的子女依然看作害羞或具有依赖性

的小孩；兄长则会把已成为公司经理的小妹妹依然看作是需要呵护的家庭成员。这就不仅限制了这些家庭成员改变自己的可能性，还可能导致传播中断，导致错觉及不真实的假定。

2. 暧昧的期待

家庭问题的频繁发生，可能因为家庭成员并不对其他人陈述自己的角色期待，但又以为其他人都了解并同意自己未明确陈述的期待；或者是以为不论自己说什么，家庭的其他成员都会了解，例如，妹妹和姐姐达成协议，不管什么时候要穿姐姐的衣服，都要预先跟姐姐打招呼。妹妹穿了姐姐的衣服，姐姐责备妹妹违犯协议，而妹妹却认为自己在打开姐姐衣柜的时候就告诉了姐姐自己的意图。其实，即使是在同一个家庭里，成员的意图并不像我们想象的那样显而易见。瓦尔鲁斯(Wahlroos)甚至说："(在家庭里)失和的主要原因……只不过是所意识到的爱和家庭成员所怀的良好意图没有以使他人能够意识到的方式传递。"

3. 双重标准

当父母期望其孩子循规蹈矩或履行仪式化的行为规范而自己却不照办时，双重标准就出现了。父母常遵循一种"按我说的而不是照我做的那样去做"的思想。父母常常看不到存在于家庭习惯和角色中的双重标准，孩子们则会很快注意到要求他们遵从的许多家规并非总是适用于自己的父母。例如，父母要求孩子"不要随意打断别人讲话"，而自己却任意打断孩子的讲话。父母自己的所作所为与他们对自己孩子的要求之间常存在明显的差距。

在别的家庭成员之间也可能存在双重标准问题。例如，兄姐会要求或期望在规矩与仪式上与弟妹有所不同。男孩与女孩享有的优惠的差异也可能产生双重标准问题。对某个家庭成员来说被认为是正确的东西，对另一个成员就可能被认为是不适宜的。

4. 限制自由

限制自由就是在任何时候都极少有机会按自己的意愿行事。家庭生活可以摆脱孤独，但也限制了人们的自由，使人难以自由自在地生活。同别人一块生活可能会影响学习、吃饭、睡觉等，这些细小自由的限制，常常构成人与人之间的关系紧张的根源。例如，一个家庭成员下班后可能已经筋疲力尽，但一回家一大串新问题可能就呈现在眼前，负责家人的晚餐，孩子要求帮忙做没完成的家庭作业，朋友的邀请等等。这些要求与责任是家庭成员职责的一部分，但它们也可能引起紧张。

家庭中还有其他的许多问题，例如积蓄情绪以致使情绪负担逐渐膨胀的行为，占有行为以及防卫态度等等，都可能引起家庭中的传播障碍。家庭成员在进行沟通与交流时，一定要注意避免以上传播障碍的发生，从而改善家庭成员之间的关系，建立一个团结友好的家庭环境。

[研读专栏]

为什么互联网使用对亲子沟通会产生不同的影响[①]

不同家庭亲子沟通程度有很大不同。这些状态总结起来主要有零沟通、单向沟通和双向沟通。零沟通，指亲子双方几乎没有信息传递，更没有信息交换，零沟通状态下，父母和子女之间倾向于表现出情绪冷漠和互不关心；单向沟通，指只有一方向另一方传递信息，不存在另一方向的信息传递，没有另一方的反馈；双向沟通，指亲子双方的信息是相互传递的，彼此有反馈，良好的亲子沟通是双向沟通。

林珊和李瑞家里都有电脑，他们都喜欢上网，但是，互联网使用对他们和父母的亲子沟通产生的影响是如此不同：使用互联网以后，林珊和妈妈的亲子沟通从单向沟通逐渐变成双向沟通；李瑞和爸爸的亲子沟通从单向沟通向双向沟通改善，和妈妈的亲子沟通仍然是单向沟通。为什么会产生这样不同的影响？

著名的人类学家玛格丽特·米德在她的著作《文化与承诺》中对文化的传递方式做了深刻的解答。米德将整个人类的文化划分为三种基本类型：前喻文化、并喻文化和后喻文化。前喻文化是指晚辈主要向长辈学习，从长辈那里获得生活经验，长辈是学习楷模；并喻文化是指晚辈和长辈的学习都发生在同辈人之间，从父辈那里学习以往的经验，从同辈那里学习新的经验，同辈是学习楷模；后喻文化是指长辈反过来向晚辈学习，晚辈是学习楷模。

米德说："在前喻文化中，整个社会的变化十分迟缓微弱，以至于祖父母们决不会想到，尚在襁褓之中的新生的孙儿们的前途会和他们过去的生活有什么不同。长辈的过去就是每一新生时代的未来，他们已为新一代的生活奠定了根基。"社会发展缓慢，长辈们的生活经验完全可以应付生活的种种，生活经验的传递方式是由长辈传到晚辈，晚辈们只要沿着祖先的足迹就能够生活得很好，而且他们只会沿着祖先的足迹，社会发展的缓慢速度是前喻文化形成的主要原因，而疑问的缺乏和自我意识的缺乏是前喻文化得以保留的关键因素。

当社会发展的脚步加快，晚辈面对的是新的环境，长辈抚育后代的方式已经无法适应晚辈在新世界的成长需要，前喻文化崩溃，并喻文化形成。"在一切并喻文化中，长辈在某些方面仍然占据着统治地位，他们为晚辈的行为确立了应有的方式，界定了种种限制，年轻人相互间的学习是不能逾越这些行为的樊篱的。"晚辈仍从父辈那里学习以往的经验，在长辈的"指导"下和同辈人共同学习新的经验。

并喻文化是一个过渡文化。"并喻文化，作为一种文化形式，却只能维持十分短暂的时期。"社会发展在加速，远远超过从前的速度，变化甚至是顷刻间的。"当二次大战末期第一颗原子弹爆炸之时，还很少有人认识到整个人类将从此进入新的时代。""今天，却几乎在顷刻间发生了骤然的变化，因为世界上所有的人都置身于电子化的相互沟通的网络之中，任何一个地方的年轻人都能够共同分享长辈以往所没有的、今后也不会有的经验。与年轻人的经历相对应，年长的一代将无法再目睹年轻人的生活中出现的对一系列相继而来的变化的是深刻体验，这种体验在老一辈的经历是史无前例的"。电子革命后，人类

① 吴觉巧：《互联网使用对青少年与父母间亲子沟通的影响》，学位论文，兰州大学，2010年。

跨入信息社会,地球村的出现,这些变化都是无法忽视的,人类面临的处境是全新的,未来有许多未知,长辈们以更加快的速度丧失可以应对生活的经验,晚辈们则从电子化的相互沟通网络中获得新的经验,这个电子化的互相沟通网络简单地说就是指我们今天的互联网,一个不同于前喻文化和后喻文化的时代正在来临。

在前喻文化里,由于晚辈的生活经验是从长辈那里获得,米德在著作中提到生活在前喻文化的巴厘人:"在老年人和青年人的生活经验之间没有任何隔阂。"父亲和儿子的生活经验都是来自祖辈,他们的生活经验可以说是一样的,他们之间也就没有隔阂,他们的对话才能形成,他们的沟通是双向沟通。

在并喻文化里,晚辈仍从父辈那里学习以往的经验,并在长辈的"指导"下和同辈人共同学习新的经验,晚辈和长辈之间存在很多的共同经验,但是,面对新的变化,晚辈开始获得新的经验,与他们的父辈不同的经验,亲子之间的隔阂不可避免地开始产生,随着变化的增多,晚辈从父辈那获得的经验越来越少,从同辈那获得的经验越来越多,亲子之间的共同经验范围会不断缩小,隔阂不断增大,他们的沟通会从双向沟通走向单向沟通或者是零沟通。

在并喻文化向后喻文化过渡的时期,世界发生的变化是快速和巨大的,晚辈享受着电子革命的成果,通过大众传媒,尤其是通过互联网分享到全新的生活经验,他们获得的经验是长辈从前无法经历的,他们的生活经验不再来自父辈,而是新时代的互联网,就是米德所说的"电子化的相互沟通的网络",父辈的生活经验越来越无法应对现在的快速变化,更无法面对将来的新变化,晚辈对新技术、新变化的适应能力远远超过父辈,他们善于吸收新的经验,学习新的生活方式,他们掌握着互联网技术,运用互联网分享生活经验。如果父辈选择继续自己原来的生活,满足于过去的生活经验,拒绝学习新的经验,让晚辈自己去学习新的经验,或者是阻止晚辈,那么,他们就无法分享新的经验,无法拥有共同经验,只能把原先的隔膜变得更大,把彼此推到一个更加陌生的处境,双向沟通会变得更加遥远;如果父辈选择和晚辈一起面对新事物,学习互联网使用,让晚辈引导自己学习新的经验,那么,他们可以在学习中分享到共同的生活经验,减少隔膜,形成对话,良好的沟通才能展开,双向沟通才能进行,那么,在新的环境下,亲子共同学习互联网使用,分享共同经验,就成为改变亲子之间不良沟通的一个机会,最终,通过持续的双向沟通,亲子共同努力,使得后喻文化形成和发展,晚辈引导父辈走向未来。

在前喻文化时代,长辈和晚辈拥有共同经验,生活几乎没有隔阂,彼此的沟通也是比较顺畅的;在并喻文化时代,长辈和晚辈已经开始出现隔膜,彼此的沟通已经没有前喻文化时代那么顺畅;在并喻文化时代向后喻文化时代过渡的时期,长辈和晚辈将共同面临很多新状况,目前面临最突出的一个就是互联网的高速发展,晚辈对新技术的学习掌握很快,也很享受互联网带来的生活体验,晚辈获得生活经验的途径已不再是从长辈那里,而是新时代的互联网,长辈只有放下高姿态,虚心向晚辈学习,共同面对新事物,才能获得共同生活经验,才有对话的基础,才能缩小隔阂,最终形成良好的沟通,共同面对后喻文化的到来,促进后喻文化的发展。

也就是说,在互联网日益渗透家庭的时代,父母的学习态度是决定互联网使用对亲子沟通影响的关键,虚心向青少年学习新技术,共同和青少年一起接受互联网,对亲子沟通会起到促进作用。

研读小结

亲子关系是家庭关系中的一个重要部分，家庭中的亲子沟通对于整个家庭的和谐具有重要意义。

随着互联网的发展，两代人对互联网使用存在着明显差异，青少年对互联网的使用时间较长、程度较深，而父母则对使用互联网的态度褒贬不一，这对亲子沟通形成了影响。父母如果更倾向于向青少年学习，则两代人之间的隔阂一般会少一些；如果父母强烈阻止或坚决反对子女使用互联网，容易带来不良的亲子关系。两代人都应摆正心态，互相分享体验，积极沟通，营造良好的家庭氛围。

二、朋友间的人际传播

在漫长的人生旅程中，所有生活经历中最耐人寻味的是人与人之间的关系，而其中最广泛的关系要数朋友关系了。友谊是人与人之间的一种重要的情感依恋关系。人生在世，离不开朋友，少不了朋友的友谊，每个人都终其一生地寻找朋友和友情。多一个朋友，等于增加了一种信息源，多了一个保护层，多了一条生活之路、事业之路、快乐之路。

（一）朋友的概念

“朋友”是个难下定义的概念，常指广泛的亲密关系。亲密关系是表现为非常密切的交往、接触或联系的一种关系。“亲密的”这个词源于拉丁语，意思是“获得了解”和“最里面的”。①朋友关系不像父母叔伯、兄弟姐妹、亲属的血缘关系，各有其清晰的脉线、鲜明的印记。朋友多些含混、游荡的意味。

古人云：“人生得一知己足矣。”可见朋友的重要性。纯真的友谊不仅能使人获得上进的勇气，还能感到生活的快乐。朋友是我们人生不可缺少的伴侣，在朋友面前，我们渴望被认识、被寻找、被视为知己，共同分享真实的自我体验。

（二）朋友之间的沟通方式

人们寻求友谊出于许多原因，这些原因可能是单一的，也可能是多种原因的综合，其中有许多重叠部分。在朋友关系中，需要被满足得越多，关系所赖以支撑的基础就越牢固。我们寻求友谊有五个基本的原因或需要：爱、自尊、安全、自由、平等。在与朋友的交往过程中，许多人都不善于进行建设性的交谈和通过交谈有效地交流信息和增进情感。相关的研究显示，朋友交谈方面的问题在于三个方面：一是谈话不符合对方的兴趣或不能有效地促使对方参与交谈；二是过早地、过多地发表评论；三是不能做一个好的听众。正

① [美]理查德·L. 威瓦尔著：《交际技巧与方法——人际传播入门》，赵微、叶小刚等译，学苑出版社 1989 年版，第 318 页。

是因为人们在寻求友谊时某些需求以及交谈时问题的存在，使得我们在与朋友进行沟通时就一定要注意以下几个方面：

1. 寻找共同的话题

交朋友讲究的是志同道合，如果毫无共同语言，毫无共同目标，那就很难说到一块、走到一块去。因此，与朋友交谈时一定要寻找共同话题，尽量符合朋友的兴趣。如果在和朋友交谈时，不管朋友的兴趣，只管自顾自地长篇大论，这样的交谈就变成了一方的独白，根本起不到沟通信息、交流感情和增进友谊的作用；相反，还会降低朋友间的相互吸引力，淡化友谊。

其次，要避免过多地评论朋友的谈话。心理学家的研究发现，与友人谈话时最佳的反馈方式是作描述性的回答，或以简洁的语句复述对方的谈话，而不是评论。[①]评论会成为一种压力，使对方不能按照自己的真实想法继续谈话。另一方面，一般情况下，一个人不可能使自己所有的评论都符合对方的实际情况，并与对方的理解相吻合。过多的评论会伤害对方的情感，特别是否定性的评论，其结果常常是使对方感到别人正借此显示其高明。显然，这对友谊是有害无益的。

还要给予朋友更多积极的反馈，多赞美朋友。在和朋友交谈过程中，要全身心地聆听朋友谈话，有明确的目标定向，不断地获取信息，积极地倾听，并作出判断和反馈。善于发现朋友细小的长处，并对这些长处进行真诚的赞美，给予朋友较多的正面反馈。真诚地从小处赞美别人，不仅可以使朋友的优点发扬光大，还可以使自己获得更多的友情。

2. 相互信任

信任是友谊的桥梁。友谊既需要共同的志趣、爱好，又不可缺少相互信任。现在人们尤其是年轻人有了困难和心事，往往不愿告诉家人，而愿意向一两个知己好友倾诉，一吐为快。这时，朋友们也往往给他安慰，帮助他出主意、想办法，在这种信任之中，友谊日益牢固。若不信任朋友，满腹的心事无处倾诉，那会给自己造成巨大的心理压力，影响工作、学习和生活。一个人若是对自己的好朋友都不敢信任，那他就少了许多快乐。

另一方面，对于朋友的信任不可辜负。否则将失去朋友的信任，继而失去朋友。

3. 互帮互助增进友情

“路遥知马力，日久见人心。”平时可能人人都有很多的朋友，但真正的朋友在关键时刻才显露出来。在与朋友的交往中，比金钱更有价值的东西就是“雨中送伞、雪中送炭”的及时帮助。

一个人可以身无分文，但却不能没有朋友。一个人可以承受孤独，但不能远离友情。每个人的一生不可能任何事情都一帆风顺，一个人可能突然遭受巨大的变故，或是事业上

---

① 刘晓新、毕爱萍主编：《人际交往心理学》，首都师范大学出版社 2003 年版，第 132 页。

的挫折，或是生活中的打击，此时朋友的关心和热情的帮助，会让人感到无限温暖。朋友在互帮互助中，友情也会日益加深。

4. 礼尚往来情意更浓

真正的朋友重在精神上的沟通。但是，适当的互赠礼物可以增加朋友之间的联系，巩固加深友谊。例如一件小小的纪念品、一个小礼物、一张贺卡或一条短信就可使朋友领略到自己的深切情谊。朋友间的这些联系，不在于礼物的轻重，而在于所包含的深意。只要抓住时机，一件小小的礼物就会使朋友之间心心相印。当然，作为朋友，在收到对方的礼物后，一定不要忘记回赠礼物，注意礼尚往来。

在交友中还要注意一些细节问题。小事往往反映一个人对友谊的真实想法，注意小事有助于获得更牢固的友谊。和朋友相处时，不可因为对方是朋友就放纵自己，说话办事随心所欲，不顾及对方；也不可言而无信，过河拆桥，亲疏分级，斤斤计较，自命不凡，因为这样迟早会损害友谊。

良好的社会交往，应当是既能广交朋友，又能结交亲密的知心朋友。只重视小范围的亲密交往，或只忙于泛泛的一般交往，并非理想的交往结构。本章提到的三大类不同人际传播的场景，对人们的礼仪、言行等方面有不同的要求。原则上讲，公务场合与社交场合属于正式场合，总的要求是正规、讲究；私密场合一般偏向于非正式场合，人际传播过程中可以相对随意、自便。总之，人们应该根据不同场景选择具有不同特点的人际传播方式，以便更好地进行交流与互动。

[思考题]

1. 在公务场合的人际传播应当注意什么问题？
2. 接到面试通知后，准备面试有哪些步骤？应注意哪些细节问题？
3. 为什么与不同国家的人进行交往时要考虑该国人的个性特点和文化背景？
4. 舞会上如何开始话题与舞伴交谈？
5. 拜访时有哪些注意点？生活上的拜访和商务上的拜访有哪些异同？
6. 如何处理家庭中的人际关系？
7. 在跨国公司中，文化的差异通常是员工之间沟通交流不能准确致效的原因。在某跨国公司中，一位总经理（美国人）打算提拔一名被其直接上级推荐的表现良好、很有潜力的中国员工，于是问起他的职业规划以及他对公司的哪个职位有兴趣，而这名中国员工却只是泛泛地回答了一些公司的发展以及几个他本身感兴趣的部门的经理职责和他自身的能力，没有从正面回答总经理。面谈结束后，总经理认为这位员工优柔寡断，且没有明确目标，并不如其直接上级所推荐的那样，还埋怨其直接上级不够了解员工。

   请讨论这个案例中，为什么总经理和中国员工交谈之后会有这样的印象？双方有何改进之处？

第十三章
人际传播的发展趋势

◆ **学习目标**

学习完本章，你应该能够：

(1) 了解人际传播的新变化；

(2) 了解人际传播观念的变化；

(3) 了解新媒体时代人际传播的特点；

(4) 了解人际传播的新趋势；

(5) 了解网络时代人际传播存在的问题。

◆ **基本概念**

新媒体　现代化与理性化　多元化　开放化

第一节　人际传播的新变化

人际传播是由社会存在即社会的政治、经济、社会结构等所决定的。社会存在决定了社会意识，决定了人际传播双方的社会地位、价值思想观念，决定了传播的动机和内容，决定了调节和控制人际传播的各种规范。所以，不同的社会存在决定了不同的人际传播。本节主要探讨在新的社会环境下，人际传播出现的新变化。

一、社会环境的变化

人际传播是在一定的社会环境中进行的，随着社会环境的变化，人际传播也会产生相应的变化，因此研究社会环境对于理解人际传播的新变化有着十分重要的意义。

(一) 社会经济的快速发展

生产力决定生产关系，经济基础决定上层建筑。经济在社会发展中起着重要的决定性作用。纵观人类社会发展的历史，每一次经济高速发展的时期，都会引起社会的重大变革，同时也会引起媒体的巨大变革。经济的发展使得人们的物质生活发生变化，人们的生活水平得到提高，物质需求进一步得到满足，同时也开始追求更高的精神满足。

1. 经济的发展为新媒体的出现和发展提供了物质保障

任何媒体想要不断向前发展都离不开经济的支持，媒体技术的发展也需要强大的经济做后盾。改革开放以来，我国的经济不断发展，国际整体实力进一步提升。2011 年，我国国内生产总值(GDP)471 564 亿元，按可比价格计算，比上年增长 9.2%。全年城镇居民人均总收入 23 979 元。其中，城镇居民人均可支配收入 21 810 元，比上年名义增长 14.1%，扣除价格因素，实际增长 8.4%。农村居民人均纯收入 6 977 元，比上年名义增长 17.9%，扣除价格因素，实际增长 11.4%。

雄厚的经济实力为传媒产业发展奠定了强大的经济基础，为媒体的发展提供了充足的、现代化的基础设施，成为媒体发展的硬件支撑。其包括大型多种功能的转播车、功能多样化的计算机、数字编辑设备、通信运输平台等网络及网站发展必需的设备。

媒体技术的发展，使得人们之间的联系变得更加方便快捷，人际传播的形式也出现了一些新的变化。

2. 经济的发展使人们有更多时间追求精神满足

根据马斯洛需求层次理论，人类的需要是分层次的，由低到高分别是：生理需求、安全需求、社交需求、尊重需求和自我实现。这五种需求像阶梯一样从低到高，某一低层次的需要相对满足了，才会向高一层次的需要发展。

随着经济的发展，人们的物质生活水平不断得到提高，物质文化需求得到进一步满足。物质生活的满足为人们提供了更多的闲暇时间和精力去追求精神生活的满足。同时，人们的消费观念、消费方式等也随之发生了变化。人们手中的金钱也不再单纯地为生活必需品买单，更多的则是为了满足人们的精神世界。另外，人们对信息的需求也在不断增加，更多地通过大众媒体或人际交往主动地获取各种信息。因此，在人们追求精神生活的同时，必然对人际交往和人际传播有了进一步的需求。

3. 人际传播的社会环境更加和谐

在互联网时代，人们可以在网上自由发表自己的言论；同时，自媒体的出现也使人们不再只是消息的接受者，而可以成为消息的生产者，社会舆论环境变得更加宽松和开放。

自媒体在 2003 年由美国新闻学会媒体中心学者谢因波曼和克里斯威理斯提出，是指作为个人的传播者凭借网络数字技术的应用向不确定的受众传播信息的一种新兴媒体。自媒体基于 Web2.0 网络技术，包括博客、播客、微博等。

自媒体使得广大网民利用互联网表达自己的观点，建筑自己的网络世界，在网络上人们可以各抒己见，表现自我。

同时，许多政府网站、门户网站纷纷开办政务公开、嘉宾访谈等栏目，开通党和政府与公众直接对话的渠道——网上对话，加强了公众与政府部门的交流沟通，实现了公众的广泛参与。另一方面，一些政府部门在网站上开办“群众呼声”、“为民服务”等栏目，对民众的问题和意见加以整理，精心组织回复，也有利于缓解公众的消极情绪，化解潜在矛盾，降低压力，调节社会舆论。

在互联网时代，舆论环境更加宽松和谐，为人际传播的发展提供了更加和谐稳定的社会环境。

［研读专栏］

对马斯洛需要理论的再思考①

自美国人本主义心理学家马斯洛在1943年的《人类动机理论》一文中初次提出“需要层次理论”，并于1954年又对该理论做了进一步的发展和完善，人们对马斯洛需求理论的思考就从未停止过。众多的管理学和心理学教材将其列为经典内容。同时，也有一些学者喜欢用英雄模范的事例来驳斥该理论把各个层次看成是一种固定发展的次序。但我们从完整的而非断章取义的层面来看马斯洛需要层次理论，便可以发现马斯洛从来没有把人的需要层次看成是固定的由低级向高级发展的程序，相反，他不仅否认这一点，而且也把“英雄模范”(他称这类人为殉道者)视为次序颠倒的一种类型。他认为，当一种需要长期得到满足，特别是在儿童时期得到满足后，其价值就可能被低估，并有可能发展出一种能经受这种需要在未来遭到挫折的罕有力量，马斯洛将这种现象称为“功能自主”，并用此部分来解释次序颠倒的原因。

为此，我试图把一般的人按照不同的分类标准分成几大块，来分析不同类别的人需要层次的差异，而不是举一些特例来反驳马氏需要理论。

一、 马斯洛需要理论的基本内容

马斯洛在《人类动机理论》中指出，人的基本需要可以分为五类(如下图所示)，即生理、安全、情感、尊重和自我实现五种需要。这五种需要可以分为两级，其中生理上的需要、安全上的需要和感情上的需要都属于低一级的需要，这些需要通过外部条件就可以满足；而尊重的需要和自我实现的需要是高级需要，他们是通过内部因素才能满足的，而且一个人对尊重和自我实现的需要是无止境的。其基本假设为：(1)已经得到满足的需要不能产生激励作用，只有那些没有得到满足或是充分满足的需要才会产生激励作用；(2)一般来说，只有在较低层次的需求得到满足之后，较高层次的需求才会有足够的活力驱动行为。

马斯洛还提出“优势需要”的概念，即指那些在需要结构中处于主导地位的，对人行为的积极性影响最大的需要。人在某一时刻的行为往往是由其优势需要决定的，人的需要结构及优势需要的形成，是由其所处的具体的社会、生活环境和其个性等多个方面综合决定的。因而，同一时期不同的人往往具有不同的需要结构和优势需要。即使是同一个人，在不同的时期、不同的环境条件下，也会具有不同的需要结构和优势需要。这一点，在现

① 何一帆：《对马斯洛需要理论的再思考》，《新远见》2011年第1期，第117—123页。

代管理工作中，对我们深入了解被管理者的需要结构，掌握其优势需要，科学地激励组织成员都有其重要的意义。

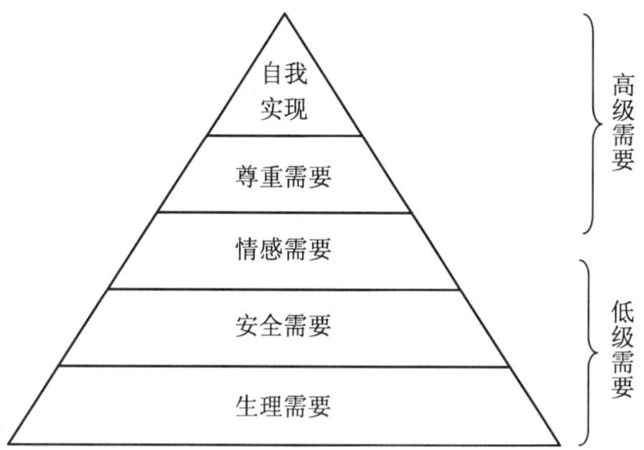

二、不同分类下人的需要差异

马斯洛需要五层次理论之所以被越来越多的人所熟知，与它本身凝练的归纳概括有直接关系。我们必须正视，该理论有一个很重要限定词为“一般来说”，所以其反应的情况都是“普遍的”、“一般的”。事实上，也没有什么能够反应所有状况的“万能理论”。在本文中，我试图从不同的年龄段，不同的受教育程度，不同的职业，不同的性别，不同的个性等多个方面为划分依据来分析人需要层次结构的特点。

(一) 不同的年龄段

按照年龄段来划分，可分为幼年、青少年、青年、中年、老年。在幼年时期生理需要占优势，随着年纪的增长高层次需要得到发展，到中青年期达到高峰，再到中老年时高层次需要逐渐减弱，呈现如下图所示分布曲线。

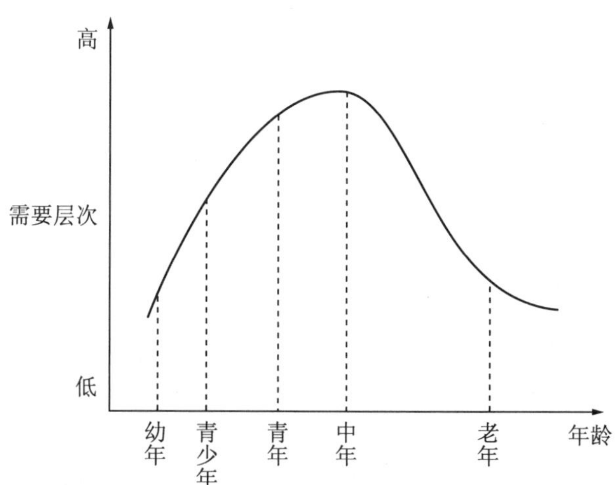

此外，在青少年期尊重需要成为人的主导需要，也就是我们常说的青春期叛逆阶段，这个年龄段的孩子渴望独立但又不可能独立，同时渴望成为一个真正的个体被父母和他人尊重，而且自尊心敏感又脆弱。所以对这个阶段的孩子要多采取对话的形式，使他感觉充分被尊重，从而激励其他行为。

青年阶段是情感需要和社交需要成为优势需要的阶段，处于该时期的人，正值工作精力的旺盛期，他们渴望融入工作团队，渴望融入社会，对人际关系敏感，并有意识的积累人脉关系，为今后的发展奠定人际基础。其具体表现为，即使自己省吃俭用，也要大方地请同事朋友吃饭等等。随着年龄的增长，经历的丰富，自我发展的需要越来越突显出来，对自己职业的规划、未来的发展越来越明晰，全身心地投入其中，表现为告别浮躁，告别无聊的聚会和没有质量的人际交往，正是在中青年这一时期，人的事业也发展到了顶峰。所以在青年人多的组织中，管理者应该创造良好的工作氛围，给予他们更多的发展机会，帮助他们形成自己的职业发展规划，从而可以充分地调动其工作积极性。

步入老年阶段，随着身体与精力的衰退，低层次的需要逐渐取代高层次的需要，生理的需要和感情的需要成为人的主导需要，表现为老年人渴望生活医疗有保障，渴望子女的陪伴。为此，满足老人的这些需要是首要选择。

(二) 不同的职业

我们把职业划分为三大块：一是技术型，二是管理型，三是艺术型。总的来说，这三种类型的工作对高层次的需要是递增的，也依次更容易获得高层次需要，如下图所示。

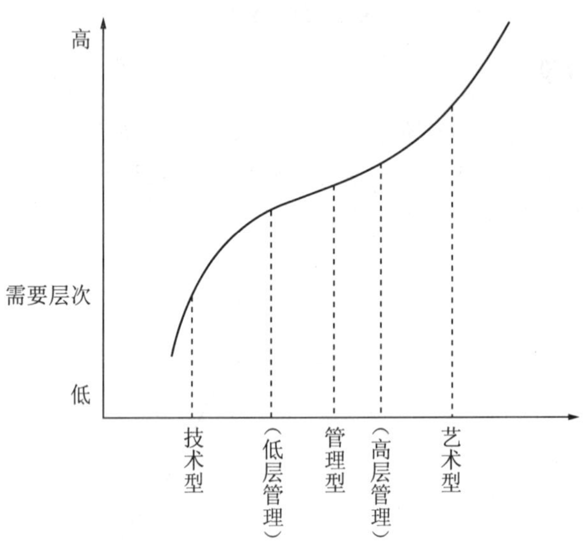

从事技术型工作的人，相对于从事管理工作的人来说，更多的是与机器打交道，评价其工作绩效是通过产品来实现的，技术的好坏直接影响着自己的收入和在组织中的威信，升职空间相对较小。所以，他们的注意力多集中于自己技术熟练程度，以及劳动与报酬的公平上，而非人际关系上。给予公平合理的报酬，是对从事技术型工作人员最大的激励。

管理型人才常常为做好协调工作要与人打交道，喜欢说服别人，他们对人际关系较为敏感，自我意识较强，谋求自己的更宽广的发展空间，其表现为：当遇到一个报酬较低而发展前景好的公司时，他们会选择暂时放弃一部分低层次的需要；当一个组织现阶段待遇优厚而不能给自己更好的发展空间时会选择跳槽。就从事管理工作的人来说，处于高管理层比处在较低管理层的人对高层次的需要更多，这是因为处在高层的管理者更多的从事一些有挑战性的工作，在工作中他们能够自我实现，而基层的管理人员多从事常规的工作，满足高层次的需要相对困难一些。此外，还发现，低层次的管理部门和小公司的管理人员比在大公司工作的管理人员更容易感到需要得到满足，这是相互比较的结果。

艺术型的人多为画家、音乐家、作家等，他们在完成自己的作品的过程中往往能达到忘我的境界，不在乎时间地点环境，只在乎灵感何时何地光临，感受不到饥饿与孤独，他们完全在自己的世界里获得充分的满足。这种感受也叫“高峰体验”，而这种体验相对来说是短暂的，但它带来的美好会让人回味无穷，提高其对低层次需要的忍耐力。

（三）不同的性格和气质

海伦·帕玛根据人们不同的核心价值观和注意力焦点及行为习惯的不同，把人的性格分为九种，称为“九型性格”，其中包括：(1)完美型；(2)助人型；(3)成就型；(4)艺术型；(5)智慧型；(6)忠诚型；(7)活跃型；(8)领袖型；(9)和平型。不同类型的人，需要层次也不尽相同。

(1)完美型的人对自己和别人都要求甚高，追求完美已成为这类人的习惯，原则性强，感情世界薄弱。也正是如此，完美型的人重视事情的结果，对尊重的需要和自己的实现的需要满足更为渴望。(2)助人型的人表现为爱帮助别人，逃避被帮助，深信我若帮助别人，别人就会爱我，渴望别人的爱和良好的人际关系使得他甘心迁就别人，让别人常觉得需要自己而忽略自己的感受。(3)成就型的人则争强好胜，以成就衡量自己的价值，注重自己的形象，恐惧表达自己的真实感情。这种人有强烈的自尊心，也渴望得到他人的尊重。(4)艺术型的人追求独特的自我，在自己的世界里自得其乐，也自怨自艾觉得自己不同于他人，其他人不会明白，又觉得其他人都拥有很多自己没有的东西，所以在现实的社交圈子里很难得到满足，自尊、敏感而脆弱，追求所谓的“自我实现”。(5)智慧型的人注重自己拥有的知识和思想，他们常常观察身边的事，却很少参与，总想跟身边的人和事保持一段距离，所以感情投入也很少，为此，他们更容易成为某方面的专家，追求自己的事业。(6)忠诚型的人喜欢为别人做事，尽心尽力，不喜欢受人注视，安于现状，不喜转换新环境，安全感对他们至关重要，“不求有功，但求无过”可能是对这类人最好的总结。(7)活跃型的人乐观向上，喜欢开开心心，不喜欢深受压力和束缚，同时也不喜欢竞争气氛浓的组织环境，有时为了使组织成员和睦、大家开心，会自行牺牲一部分自己的利益。这种人对感情和社会交往的需要更为丰富。(8)领袖型的人往往具有正义感，豪爽、不拘小节、自视甚高、遇强越强，“明知山有虎，偏向虎山行”来形容其做事风格再贴切不过了。这种人感于冒险追求自我实现甚至超自我实现。(9)和平型的人，为人和善不轻易宣泄自己的愤怒，与世无争，是一个很好的支持者和执行者。这种人对安全和人际交往的需要相对突出一点。为一目了然，制作以下表格。

"九型性格"人优势需要对比

性格	完美型	助人型	成就型	艺术型	智慧型	忠诚型	活跃型	领袖型	和平型
特征	求完美,讲原则,感情世界薄弱	乐助人,慷慨大方,能迁就	好胜心强,精力旺盛,自尊心强	求独特,我行我素,自尊敏感	重知识,遇事冷静,少感情	安于现状,不喜变化,尽心尽力	寻开心,喜和睦	正义感强,敢冒风险,果敢	求平和,善忍耐,爱调和
优势需要	尊重和自我实现需要	感情和人际交往需要	尊重的需要	尊重和自我实现的需要	自我实现的需要	安全的需要	感情和交往的需要	自我实现和超自我实现	安全和感情需要

同样的,根据希波利特对人气质的划分,可分为多血质、粘液质、胆汁质、抑郁质,也有其需要的差异,如下表所示。

不同气质人的优势需要比较

气　质	多　血　质	粘　液　质	胆　汁　质	抑　郁　质
特征	敏捷好动,善于交际,情绪起伏大	稳重,考虑问题全面,善于克制和忍耐,不积极主动	精力旺盛,容易冲动,积极主动,缺乏沉着冷静	小心谨慎,敏感自尊,优柔寡断
优势需要	尊重和人际交往的需要	安全的需要	自我实现的需要	安全和尊重的需要

所以,要在了解了不同性格和气质的人基础上,通过满足他们不同的优势需要来起到激励其行为的作用。

(四) 不同的性别

性别的差异导致男性与女性在一些需求上有先天的区别。"美国医学博士网"总结的典型男性性格:时常需要独处,喜欢得到肯定,迅速忘记不快,不善于捕捉细节、通过运动增进感情、喜欢模仿父亲。与此相对应的,女性更属于"群居动物",更容易对一件事耿耿于怀、有较强的忍耐力,情感丰富善于沟通、通过分享情感来拉近彼此的关系。此外,女性更容易放低姿态向男性学习,汲取男性的优点。

与女性相比,男性更容易追求自我实现的需要;同时,强烈的自尊心是他们前进的动力,所以尊重的需要和自我实现的需要是成年男性的主导需要。而看重感情和人际交往的女性,则更渴望感情和交往需要的满足。所以,男性领导都更容易通过自身的能力获得成功,而女性领导者更倾向运用良好的人际环境(借他人之力)取得成功。

此外,按照受教育程度来分,分为知识型人和非知识型人。一般来讲,知识型人比非知识性人对高层次需要有更强烈的诉求。

三、 需要理论的一些其他特征和规律

人的需要其实是一个复杂的矛盾系统,在阅读相关文献和自己的思考之下,我发现了人的需要理论还有以下规律,现呈现出来以待商榷。

(一) 边际替代率递减

低层次的需要不会因为满足而消失,有时个体为了满足高层次的需要而牺牲低层次的需要,但这个“牺牲”,是有一个“度”的,不会被完全替代,而且具有边际替代递减的规律。以生理需要和尊重需要为例,食物与地位替代关系在理论上是能让人得到相同的满足感的,随着越来越多的食物被地位所代替,它所能替代食物的量会越来越小,反之亦然。

(二) 对同一件事物不同阶段满足不同需要

人对同一件事物的认识不是一成不变的,而是随着思想的深刻和经历的丰富而有所改变的,因为对某一事物的认识发生了改变,该事物对自身的影响也就随之改变了。比如学习,在少年时期学习多数是一种安全的需要,因为学习不好会受到老师和父母的批评,担心受到责骂而好好学习;青少年时期,自尊心逐渐增强,学习好能得到老师的表扬、同学的喜爱,为了自尊和得到良好人际关系而好好学习;到了青年时期,学习越来越精和钻,研究性学习成为主要的学习方式,从学习中得到快乐与成就感,也为职业发展奠定良好的基础,这时的学习没有他人的敦促,完全是一种为自我实现的学习。

(三) 需要的可被创造性和可被激发性

事实表明,个人和组织中的事件确实能改变需要。组织中的习惯做法会强烈地影响许多高层次需要的产生并给予满足。例如,根据过去胜任工作而给予的晋升能够激发员工的尊重需要。而且,随着管理人员在组织中的发展,安全需要逐渐减弱,而社交、尊重和自我实现的需要则相应增强。此外,领导者的个人作风与追求也能激励下属产生高层次的需要。

(四) 低层需要与高层需要的统一性

实际上,马斯洛没意识到其需要层次理论中大部分高层次需要应该是包含低层次需要的,比如人们的社会交往需要其根本目的还是为了更安全地保障自己的生理需要,而自我实现需要随之而来则更是各项低层次需要的到来,所以说人们的基本需要与其高级需要往往是统一的,由此人们不仅可能在低层次需要的基础上去追求高层次需要,更可能在高层次需要的基础上去追求低层次需要,而这也就是人们会去除单纯的私念而去爱人类,以至爱自然的心理基础。

四、小结

无论是昨天还是今天,马氏的五层次需要理论的影响是广泛而深远的。从心理学的角度来看,马斯洛的需要理论是极具革命性的,这不仅仅因为它否定了行为主义心理学的研究方向和逻辑,而且还在于它抛弃了弗洛伊德心理学的假说,即心理学与医学一样,弗洛伊德将“天才”视为是一种和精神病态相关的不正常状况,但马斯洛的需要理论却认为这恰是人的本质与精髓的展开——自我实现,“天才”与普通人之间在根本上没有任何区别,每个人都是潜在的自我实现者。

知识主张的正确与否并没有一个绝对正确的标准，在这一类人里正确适用的，在另一类人里就不见得管用，正是基于此，我展开了以上的分析，得出了不同分类下需要的特点，以此来更细化的指导对人的认识，从而对“症”激励。

研读小结

马斯洛将人的基本需要分成生理、安全、情感、尊重和自我实现五类。五种需要像阶梯一样从低到高，按层次逐级递升。一般来说，只有在较低层次的需要得到满足之后，较高层次的需要才会有足够的活力驱动行为。

在不同的年龄段、不同的受教育程度、不同的职业、不同的性别、不同的个性的人们的需要层级结构的特点有所不同。因此，在人际交往中，要根据不同人群的不同需要的特质进行交流，以获得更好的交流效果。尤其是在企业管理中，管理者可以针对不同人群的特质制定激励制度，以有效地调动员工的积极性。

(二) 人际传播出现的新媒体环境

随着互联网的普及，Web2.0时代的到来，改变了人们的生活方式，也使得传统大众传播有了一定的变化，每个人不仅可以是参与者，也可以是生产者。新媒体环境下的媒体形态具有了新的变化和特点。郑治在《新媒介的新形态》一文中，从使用者的角度出发，对新媒体的形态做了这样的划分①：

1对1的对话媒介(即所谓对等的交流)：就是在新媒体交互中非常典型的“新人际交互”。具体的发生状况除了过去学者们比较注意的IM即时通讯、短信之外，还有社区私密对话、非开放状态的MSN对话、QQ对话、非群发状态的淘宝旺旺聊天等。

1对N的广播媒介：也就是所谓的演讲模式，除了传统的广播式媒介，新的媒介降低了广播的门槛，增加了广播媒介的种类。比如Blog可以在网络上让个人向大众进行文字式的广播，当然也得有人看才行。技术的发展，使得1对N的广播媒介有可能变成N个1对1的个性化对话，比如个人主页就是用户与网站的个性化对话媒介。

N对1的场式媒介：场式媒介是多个交流者共同作用于单个个体交流者的媒介。之所以叫“场式媒介”，是因为它非常像物理学中的场，由个体集体形成，反过来又对个体产生影响和约束。例如点击排行榜，是由多个点击者的点击结果共同形成，由于人类的从众心理，点击排行榜对个体具有很强的引导作用。其他的例子还有“看了本篇Blog的还看了其他哪些Blog”等等。

N对N的蛛网式媒介：即N个个体同时对N个个体交流的媒介，相互之间关系错综复杂，有点像N个蜘蛛趴在蜘蛛网的N个主线上。大家很熟悉的BBS、聊天室就是这样的媒介，新的有贴吧、圈子等。网络新媒介中N对N的蛛网式媒介，还有一些是N个交流者围绕某个内容的，比如评论某篇Blog、Tag某篇Blog、Digg某篇Blog等等。

---

① 郑治：《传媒边缘博客，新媒介的新形态》，http://ofblog.com/zhengzhi/2007/03/11/。

二、人际传播观念的变化

人际传播的观念是人们的一种意识形态，它同其他的观念一样是存在于人脑中的反映，是人类长期传播实践的产物，是个人价值观的重要组成部分。具体来说，它包括人际传播需求、动机、目的以及其他标准的总和。人际传播发展趋势是人际传播观念变化的反映，是在后者的指导下发展起来的。因此，我们先来研究人际传播观念的变化。

（一）现代化与理性化

当前我国处在一个比较特殊的改革时期，市场经济的观念对人们产生着越来越大的影响，但市场经济体制并不健全。经济发生变革的同时，包括社会文化在内的整个社会也发生了潜移默化的变化。社会由政治取向往经济取向的转变，唤起了人们的物质欲望，而可分配物质资源的短缺和利益分配机制的变化使人们的务实性及利益追求的理性主义被凸显出来。一些人将对理想的追求变为对自身物质利益的追逐，并用工具性的观点看待人与人之间的传播、交流、沟通及关系。功利成为目的，这种价值取向的转变成为当今较为明显的文化变迁。一些人越来越关心世俗生活，越来越关心物质利益，整个社会都在某种程度上日益被物欲文化所笼罩。这在人际传播方面有着突出的表现。

与此同时，人们不但从祖国传统文化中吸取人际传播思想的精粹，而且日益受到西方文化的渗透。传统的等级原则等人际交往观念正日益被西方社会文化中的平等、权力、自由意志、公平竞争、契约神圣、法律约束、个人主义等价值体系和观念形态所取代。这些进一步引起了人们的人际传播需求、动机和价值观的改变。具体来说，当前我国人际传播观念主要有以下一些变化：

1. 公平和竞争意识增强

我国实行的社会主义市场经济体制，使企业和个人的自主权扩大了，等级观念淡化，形成了平等观念和自主意识，追求人格的平等和独立；而随着人们整体生活水平的提高，政治上的平等意识开始上升。在家庭中，妇女从家庭走向社会，有了经济实力，家庭中的关系也朝着平等的方向发展；儒家文化传统中父子之间绝对的不平等关系虽然在不少家庭中仍占主导位置，但在现代社会也有一定的弱化。在组织中，人们也不再把自己完全托付给单位，不再仅仅依附于领导和他人，不再为“等级”所累，人们开始对人际关系有了自主选择的权利和意识，[①]一旦觉得不能再与领导或其他同事和谐相处，人们可以自主选择另外的工作单位，重新确定与选择自己的人际关系圈。

市场经济的竞争性，促进了人们的竞争意识、参与意识，迫使人们摆脱对他人和单位的依附，增强自我独立的能力。尤其是现代企业的发展，打破了人们原有的封闭圈，打破了过去那种集中过多、统得过死的体制，打破了人际传播与人际关系单调、死板的模式，丰

① 乐国安主编：《当前中国人际关系研究》，南开大学出版社 2002 年版，第 199 页。

富了人们的传播方式、交流手段及内容。

2. 商品意识增强

同时，市场经济发展使人们的商品意识不断增强，人们越来越重视金钱和物质，有的人甚至把钱财置于感情、友情之上，用物质化的东西来衡量彼此的感情。人们在人际交往中的功利意识明显增强，有不少人在实用主义人生观指导下，处理人际关系也以方便有用为原则：能够给自己带来好处、对自己有用的人才去交往；对自己没什么用的人则正眼不瞧。这种功利主义因素导致了人际关系中的感情因素削弱。

3. 以自我价值为重

在传统社会里，人际传播除了受到传者价值的推动，还受到血缘关系、姻缘关系、宗亲关系、人情、面子等因素的制约。整体主义是处理人己、群我等人际关系的主导原则，以群体或整体的一元来衡量人的价值，因而在人际交往和关系中不太关注人的个体价值。而在现代信息社会，人们的独立意识加强了，从对家庭、单位和他人的依附中解脱出来，开始对人际关系进行积极主动的选择，按自己的意志和需求进行交往，个体更加注重自身能力的确立与发挥。一部分人对自我的关注程度越来越高，只注重自我价值的实现，而对他人和整个社会则表现得比较冷漠。

4. 更加重视契约

封闭生活圈的突破，对外界的开放，使人们不得不面对一个个由“陌生人”组成的世界，显然，社会关系日趋复杂，单靠人情不足以维持彼此间权利和义务的平衡；同时，由于社会交换的频繁和竞争的激烈，社会流动日趋加剧，人们之间的关系也日益多元化、多层次化和开放化，单靠“君子协定”已无法保证社会交换和竞争的有序进行。因此，人们开始寻求有法律效应的文字契约来对其中一些关系加以保证和约束。在契约关系中，一方面是信用的保证，另一方面又有法律的支持。在法制社会里，原有的带有浓重封建色彩的“裙带关系”受到了约束和控制，法律为推动社会和谐有序的发展奠定了基础。

（二）对情感交流的渴望

现代人际传播中人的观念日益理性化、商品化、个人化、契约化，理性传播得到了空前的重视和发展，极大地提高了人际传播的效率，但与此同时，也造成了情感传播的缺失。在快节奏的社会生活中，虽然人们的交往增多，技术交流、信息交流明显增多，交往频率也加大，但相比之下，情感交流则相对减弱，人与人之间隔了一层面纱。人们的物质需求在较高水平上得到满足之后，他们追求的目标就转移到情感的满足和精神领域，看似自由实则孤独的人们对情感传播的渴望与日俱增。

三、网络技术的变化

在计算机技术、网络通讯技术高速发展的今天，电脑和网络正在以惊人的速度进入人类社会的各个角落。根据中国互联网信息中心(CNNIC)发布的《第29次中国互联网络发展状况统计报告》，截至2011年12月底，中国网民规模突破5亿，互联网普及率为38.3%。中国手机网民规模达到3.56亿，同比增长17.5%。2011年，我国政府扎实推进通信业转型发展，在互联网方面，积极推动宽带网络基础设施建设，加快发展新技术、新业态。截至2011年11月，我国互联网宽带接入用户达到1.55亿户，3G网络已经覆盖全国所有县城和大部分乡镇，硬件设施的不断完备为互联网深入普及提供了良好的外部环境。

在互联网快速普及的同时，互联网技术也呈现出日新月异的变化。互联网已经从Web1.0进入Web2.0时代。

World Wide Web，简称WWW，是英国人蒂姆·博纳斯·李(Tim BernerS Lee)于1989年在欧洲共同体的一个大型科研机构任职时发明的。通过Web，互联网上的资源可以在一个网页里比较直观的表示出来，而且资源之间在网页上可以互相链接①。这样，Web1.0就产生了。随着互联网相关技术的进步、网民数量的急剧增长，在互联网用户日益迫切和深化的个性独立和社会化需求下，互联网第二代服务，即Web2.0诞生了。Web2.0既是一种以技术创新为基础的应用，也是一种以应用为导向的技术创新。

Web1.0和Web2.0的区别，可以从两个方面来说：从传播的角度看，Web1.0的任务是将以前没有放在网上的信息，通过网络媒体经营者——门户网站的力量放到网上去；Web2.0的任务则是将根据每个用户对信息的不同需求，将信息有机组织起来，在这个组织的过程中继续深化，增添新的知识、新的信息，产生新的思想碰撞。从信息产生者角度看，Web1.0是以网站为主体把内容往网上搬，是靠内容获取受众，而Web2.0则是以受众为主，是以人为核心，旨在为用户提供更人性化的服务，是一次从核心内容到外部应用的革命。也就是说，受众不再仅仅是互联网的读者，不再仅仅是受众，同时他们也可以是互联网内容的制造者，可以是互联网信息的传播者。受众不再仅仅满足于在互联网上冲浪，同时也可以成为巨大波浪的制造者，受众由被动地接收信息到可以主动地发布信息，是Web2.0技术下的巨大变革，可以说，Web2.0真正做到了从人的需求出发，实现了“以人为本”。②

四、生活方式的变化

在网络时代，在科技飞速发展的背景下，人们的生活方式也悄然发生着改变。

(一) 购物方式更加多样

衣食住行是人们生活中必不可少的组成部分。在现代社会，购物在满足基本民生需

① 陈慧：《Web2.0及其典型应用研究》，学位论文，华东师范大学，2006年。

② 崔婧：《社交网站(SNS)：人际传播的延伸》，学位论文，河南大学，2010年。

求之外，也成为了人们娱乐休闲的一种方式。市场越来越细分，商品种类越来越多，人们的购物选择也越来越多样化。

另一方面，人们的购物方式也变得越来越多样化。从邮寄购物到电视购物，人们可以足不出户便购买到心仪的商品。而随着网络时代的到来，B2B、B2C甚至于C2C的电子商务模式越来越多地进入到人们的生活。足不出户，全国各地乃至世界各地的特产都可以在电脑面前，浏览浏览页面、点点鼠标，物品就能送至你的家中。而如今出现的电视购物与网络购物结合、网络购物与实体商店结合，甚至于网上以物易物等多种"购物"模式，则让这种选择变得更加丰富而透明。

在未来几十年内，购物方式会和如今在本地商场和超市这样的方式完全不同。

让我们来看看，将来人们在周末和假期中会如何疯狂购物吧。

1. 社交购物

近几年来，社交媒体正成为我们生活中非常重要的一部分，也难怪实体商店和在线商店都开始让自己的业务社交化。急着寻找要买的礼物？去流行的在线视觉社交网站Pinterest上去看看吧，可以浏览商品，并根据价格进行过滤。

很多传统的零售店都有Facebook页面和Twitter账户，在上面发布最新款和最热门的产品及折扣信息。社交团体网站Fancy根据用户"喜欢"的图像，为用户提供折扣价及优惠券。Fancy网上的"喜欢"和Facebook上的like(喜欢)、Pinterest上的pin(把喜欢的内容用图钉别在自己的首页上)功能相同。Fab.com，也是一个社交购物网站，有一个实时的获取内容接口，类似于Facebook的新闻获取接口，能提示你其他成员购买和喜欢的产品。

其他的社交购物网站如Karma，能帮你为Facebook的朋友购买礼物；Sneakpeeq网站能把你在Facebook上相中的东西都贴出来；Kaboodle网站为在线商店提供社交书签服务。

2. 位置，位置，还是位置

像ShopKick这样的应用程序(可以下载iPhone版，也可以下载Android版)让你有走进商店的冲动。如果你使用的是流行的基于位置的社交网络应用程序Foursquare，你很有可能找到几个在结账时可以打折的本地商店。名为Poorsquare的网站让你在一个地方就能轻松地对美国85个城市的打折信息进行分析。

一些公司如Groupon，LivingSocial，AT&T和Google都提供本地交易服务，鼓励你支持自己所在地的商户。很明显，你的位置将在购物体验中发挥越来越大的作用。

3. 虚拟试穿

我们敢打赌，在狭窄的、小房间里试衣并不是那么愉快。除非你是豪华、相当时尚精品店里的VIP客户，否则你没有多少选择。这也是我们为什么确信你会爱上虚拟试衣间以及能把你对时尚的激情放在指端的增强现实应用程序。

想在网上买副眼镜？不必去猜想哪副最适合你——使用eBay的时尚iPhone应用程

序(下载 eBay 时尚应用程序),它会把眼镜叠加到你脸部的照片上。

但是如果你想买的东西比一副眼镜大的多呢?

多亏微软的 Kinect 动作跟踪摄像技术,像 FaceCake Swive 和 KinectShop 这样的系统,能把衣服和配饰穿在屏幕中你的虚拟模型上,KinectShop 目前还只是原型,而 FaceCake Swiverl 从 2011 年就开始使用了。使用 FaceCake,你甚至可以选择虚拟试衣间的背景(在教堂或花园的背景下试穿婚纱)来提升你的购物体验。

4. 获得完美的、定制的衣服

厌倦了不适合你曲线的牛仔裤? 或躯干合适,但胳膊却太紧? 每个人的体型都是不同的,要想让衣服完美地适合你,有时你得修剪衣服。但是通过 3D 扫描技术,你要买的每件衣服都会适合你的尺寸。

像 Bodymetrics 和 FittedFashion 这样的公司,通过在高科技的摄影间里扫描你的身体,来获得最准确的测量值,所以能为你量身定做衣服。现在,这两家公司都把目标集中在制作完美的牛仔裤上,但他们也都计划把业务扩展到其他产品上。

5. 高科技的购物车和收银台

高科技可以让购物车在商场和超市里随处可见。天然有机食物零售商 Whole Foods 现在正在测试微软 Kinect 购物车的原型。这种购物车可以跟着你穿梭在过道中,只需用运动和声音来控制。在中国,有一家连锁超市使用了装有平板电脑的购物车,能引导购物者在商店过道的迷宫里穿梭。

回到美国,美国的东北部有几家超市使用了一种名为 Scan It 的设备。买家在购物时可以自由扫描所买物品的价格。不用在收银台排队的感觉真好,但如果商店能使用类似东芝的新型对象识别扫描仪这么先进的东西那就更妙了。只需把产品对准摄像头,通过辨别形状和颜色,即使没有条形码或 QR 码,这种扫描仪也能把产品识别出来。

6. 欢迎来到未来

我们还需要漫长的等待,才能让这些技术和我们日常生活紧密交织,让人无法想象这些产品发明之前,人们过着什么样的生活。改变可能让人害怕,但是对购物而言,这种改变不仅会给每个人带来便利,也会让你的每一次购物都贴近自己的所需所求。①

(二) 娱乐方式的改变

对于"60 后"、"70 后"而言,一提到推铁环、打陀螺、打弹弓等,总是会联想起童年的各种美好回忆。而对于"90 后"、"00 后"而言,大多数人不知道铁环、陀螺为何物。电视、电

① 参见 http://www.egouz.com/worldnews/topics/74.html。

子游戏、电脑、手机、mp3、mp4，一代又一代，不同的新鲜事物不断出现，孩子的玩具也越来越多。那些自己动手做的简易玩具早已淡出人们的生活。

另外，象棋、纸牌、麻将等休闲活动从现实生活中搬到了网络，传统的娱乐方式向着虚拟形态转变。例如QQ游戏、联众平台等操作简易的休闲游戏平台，让人们有了更加便捷的娱乐方式，即使是相隔很远的两个人，也可以通过网络进行隔空对弈。

(三) 阅读方式的改变

2008年，第五次中国国民阅读调查显示：我国网络阅读率首超纸质图书阅读率。2012年上海少年儿童微阅读现状调研显示，口袋书开始平淡，而开机化阅读兴起，借助网络、手机等技术手段的微阅读，已渐成少年儿童阅读的“新宠”。人们的阅读方式已经悄然发生改变，数字化阅读以日新月异的方式和速度在发展。网页阅读、手机阅读、电纸书、IPAD，人们的阅读方式不再局限于阅读纸质书籍，而是有了更加多样更加便捷的方式。

此外，人们的“阅读”也不只是依靠眼睛，“听”书也成为又一种新兴的“阅读”方式。很多网站提供MP3格式的语音图书下载，对于一些工作压力大、懒得费神读书，却又想了解书中内容的人，这种朗读版的图书很合他们的胃口。

(四) 交友方式的变化

在网络被广泛运用以前，人们的交友方式十分单一。20世纪90年代初期，笔友是当时非常流行的交友模式，各式各样的花式信纸和各种笔友征集信息，曾一度疯狂流行。

当互联网流行之后，交友方式变得更趋于个性化。各种社交网站或是社区论坛等为人们提供了丰富的交友方式，颇受广大网民的欢迎。人们通过线上的互动加深了解，通过线下的版聚或郊游进一步拉近距离。

网络，也使人们的相亲观念发生了改变。通过相亲类网站认识好友，举办各种交友嘉年华活动、举办宠物论坛联谊会，先让各家的宠物熟悉熟悉，然后再各自交流交流感情……一向耻于与传统“相亲”为伍的都市新人，把那种让人尴尬的“大眼瞪小眼”式对话，变成了一场集休闲、娱乐、恋爱、交友于一体的嘉年华派对。每一次的活动都是一个从网上发起到网下碰头的过程。网络这种便捷方式的介入，让现代人的相亲变得轻松活泼了许多。

第二节　人际传播的发展趋势

一、新媒体时代的新人际传播特点

网络聊天、网络视频、网络新闻、网络会议、网络购物，互联网自产生以来无时无刻地在改变着人们的生活。关于互联网的作用,美国的哲学博士、哈佛·贝克曼中心学者大卫·温伯格(David Weinberger)认为:“互联网教给我们这样一个道理,我们既能够成为庞大公共群体的一部分,还能够保持我们自己的个性面孔,但这又需要我们将更多时间花在公共生活上。”“今后可能的情况是,在真实世界中曾有过的那条公众与自我之间原本明显的界限,会一点一滴地逐渐销蚀殆尽……”“未来每个人都会拥有至少 15 个崇拜者,而博客(Blog)无疑是构建个人影响力的重要手段。”①

在互联网的日益发展和影响下,网络社区逐渐形成。谈到新媒体时代下的人际传播,首先不得不提到网络社区这一概念。郝华德·雷因哥德(Howard. Rheingold)在《网络社区》一书中,将网络社区界定为:一群主要媒介为计算机网络彼此沟通的人们,彼此有某种程度的认识、分享某种程度的知识和信息、相当程度如同对待友人般彼此关怀,所形成的团体。②网络社区证明,社会网络不仅存在于日常熟识的同事、亲友的联结之中,还存在于经由网络联结的陌生人群之间。

在网络社区中,人们借助计算机和互联网传递或交换信息、知识、意见、感情、愿望等。杨继红在《新媒体生存》一书中指出,人际传播在新媒体时代的定义就应该是“借助互联技术实现人与人之间的传播”。她因此提出了一种有别于传统人际传播的“新人际传播模式”:双向的、借助媒体的人际传播。人际传播与新人际传播的异同如表 13-1 所示。③

表 13-1 人际传播与新人际传播的异同

序号	人际传播	新人际传播
1	人际传播包含两个以上的参与者	新人际传播不一定同时包含两个以上的参与者,可以是非即时留言,如淘宝旺旺等
2	人际传播包含反馈	新人际传播不一定包含同步的反馈,有时候只是一种问询,如电子邮件、QQ 等
3	人际传播仅限于面对面的交流	新人际传播大多不是面对面的交流,如手机短信、MSN、QQ
4	人际传播不必是有意的	新人际传播一定都是有意的
5	人际传播都具有效果	新人际传播都具有效果
6	人际传播不一定使用语言文字	新人际传播不一定使用语言文字
7	人际传播受情景的影响	新人际传播受情绪影响
8	人际传播受噪音的干扰	新人际传播可能受信号强度的干扰、机器运行质量的干扰、网络畅通性的干扰……与场噪音毫无关系

资料来源 杨继红:《新媒体生存》,清华大学出版社 2008 年版,第 189 页。

在新媒体环境下,人际传播也呈现出一些新的特征,主要表现为:

① 邵培仁、李一峰:《从全民阅读时代到全民写作时代——论世界“参与新闻”运动》,《山东理工大学学报(社会科学版)》2007 年第 3 期。

② 王欢、郭玉锦:《网络社区及其交往特点》,《北京邮电大学学报(社会科学版)》2003 年第 4 期。

③ 杨继红:《新媒体生存》,清华大学出版社 2008 年版。

(一) 发送的信息可以永久储存并反向查询

无论是利用网络即时聊天工具还是用手机发送短信，发送的信息都可以被储存起来，只要用户不作专门的删除处理，这些聊天记录就会永久地储存在手机或电脑中。有些即时聊天工具还提供聊天记录上传服务，将聊天记录永久地储存在互联网虚拟世界中。

(二) 覆盖面广，复制信息能力强

新的人际传播打破了过去人际传播需要面对面地进行的局限，不仅限于一时一地。新的人际传播不一定同时包含两个以上的参与者，也不一定包含同步的反馈。利用网络留言、离线文件传输、发表博客日记等，互联网可以帮我们实现面对所有"不在场"的人的交互。新的人际传播像大众传播一样，跨越了时间和空间的障碍，可以同时向许多人传播信息。

(三) 分享体验，提供决策参照

传统的人际传播是我说你听、我传达你接受，而Web2.0时代的人际交互则是"我说给你、你复制给他、他上传给更多的交互者……信息在人际网络里增值和酵化……每一个参与交互的通过分享体验来提供决策参照"。例如豆瓣网，人们可以在网站上对书籍、电影、音乐等发表自己的评论，而这些评论也很可能会对他人的购书、购碟的行为产生影响。而另一方面，它也为以共同兴趣交友等提供了服务，因此，它更像一个集博客、交友、小组、收藏于一体的新型社区网络。

二、人际传播的新趋势

(一) 多元化

经济体制的变革极大地影响了人际间的传播与交往关系。在现阶段社会主义市场经济体制下，多种所有制成分并存，经济活动的领域也得以充分扩大，人们可以在一个更为广阔的背景下活动。此时的人际传播与人际交往无论在交往对象、交往内容与形式，还是交往的纽带、媒介上都出现了多元化的特征。

1. 交往对象的多元化

交往对象的多元化表现在如下方面：

首先，随着竞争的激烈，个人在选择职业的时候，是和企业进行双向选择的结果。人的一生中可能必须进行多次职业选择或者出于自己的意愿更换职业。在不同的职业中，

人们通过考察、咨询、接触，与不同职业的人以及不同地位的人都会有所接触，这就会使人际交往的层面越来越多，交往对象越来越广。

其次，随着人才交流、学术交流和经济交往等社会活动的不断增加，给人们主动参与和自愿组合各种人际关系创造了条件。一些学校还会让学生作为“交换生”去外国或外地的学校学习，以加强学术交流，加强彼此之间的联系。现代社会上各种自愿组合的群体、协会、社团也为人们提供了更多的社交场合，使人们可以在多层次、多方面实现自己的交际动机。在群体中获得多方面的技术和信息，掌握多种知识，满足自己的社交愿望。

2. 传播内容与形式的多元化

人际间的沟通与交流内容扩大到社会生活的各个方面，如经济、股市、技术、文化、家庭和爱好等都成为人际传播的重要内容，人与人之间的关系也因此而多元化。

从交往的形式来看，过去主要表现为管理、服从、顺应，彼此间的传播是上级下达命令、下级服从命令这种较为单一的形式。随着人们的自主权逐渐被人重视，上级对下级不再是颐指气使地命令，而在下达任务的时候会充分考虑到下级的自尊和意见等；被管理者对管理者的命令也不再是单纯的服从，而是可以提出自己的意见或建议，并可以和管理者平等地讨论，从下至上以及横向的沟通，网络已很普遍。

3. 传播纽带多元化

人际交往的纽带由一元向多元转变，从传统的单缘转向多缘。所谓“缘”即纽带或关系，在传统社会，人们的日常交往以“人情”作为维系人际关系的主要纽带，具有“缘”的单一性。经济的发展和改革开放的深入使人际关系打破了单一的模式，人际关系的交往形式和手段多样化了。更多的人渴望生活丰富多彩，渴望更多的人际交往，努力创造更多的机会，使自己能够自我尝试、自我锻炼，实现自我存在的价值，因而形成了以血缘、地缘，特别是以业缘、机缘或网缘为基础的层层相叠、环环相交的错综交叉的人际关系网，使得人际交往也由一元走向多元。

4. 传播媒介多元化

在网络媒体发达的现代社会，人与人之间更多地借助网络这一媒介进行间接传播。同时，现代信息社会的组织机构也发生了相应的变化，组织内的各种信息不再是上下传递，或是依赖于部门之间的电话，或是通过电子计算机综合起来传递，以提高工作效率。

尽管间接传播在人们生产生活上的用途越来越广，给人们的日常生活中提供的方便也很多，但是人们对直接传播的兴趣也十分浓厚。人毕竟是一种情感的动物，除了接收传播方的信息外，更希望与对方聚集在一起，面对面地进行人与人之间的直接交往与传播。

(二) 开放化

随着现代社会的快速发展,尤其是现代企业的发展已将人们原有的封闭圈打破,社会分工日趋精细,交通通讯迅猛发展,为拓宽人际交往的空间范围提供了便利条件。人口流动增大,人们为了开拓市场、了解信息,交往面越来越广。在这种情况下,旧有的人际关系发生深刻变化,人们交往欲大大增强。

人际传播的开放性表现在个人和集体交往的活动半径扩大了,突破了封闭状态和以前所固有的某种无形的界限,而且具有进一步开放发展的趋势。现代人在交往中已不再满足"人生得一知己足矣"的状况,而是除了注重感情的需求外,还希望在增加交往的过程中,不断寻找新的朋友,觅得新的发展机会。

就个人而言,个人交往突破了血缘关系的封闭性和男女交往的限制性,增加了业缘和公共关系等交往。人们走南闯北,突破地域限制,进行信息交流,人际关系迅速发展,横向联系不断扩大,个人交往日趋多样,交往频率明显增加。有的人拥有不同年龄、不同职业、不同地位的外地、外国朋友,形成了多层次的人际关系,并呈现出明显的开放性。可以说,只要具有交往需求和意愿的两个人都可以进行人际传播,互诉心肠,成为朋友。

人际关系由封闭型向开放型的转变,是个人社会化程度逐步提高的表现。人际关系越开放,个人的眼界就越开阔,适应能力和创造能力也就越强。随着社会主义市场经济的发展,人们进一步改变了狭隘的封闭观念,扩大了社会交往,建立起开放型的人际关系,以叩开事业成功的大门。①

(三) 理想化

传统的人际传播往往受到双方背景的影响,交流时要顾及各自的社会角色,遵从社会角色的行为规范,这些因素始终制约着人际传播的方式和进程。然而在网络社区中,互联网给所有人提供了一个相对平等自由的发言空间。网民有同等的机会表达心声,发表意见,而不必受到现实社区中社会地位、经济能力、权利地位等的一系列限制。

同时,网络的匿名性特征,使人们可以在网络中隐匿自己的真实身份,主动塑造一个全新的自我以及相应的人际关系,而不需要暴露太多的自我真实面貌。此外,非面对面和非即时的交流方式也常被网民们巧妙地用来与他人保持社会距离以取得更大的隐私空间。

另一方面,网络为大众营造了一个同时共享又彼此分离的宽松、自由的生活环境。在这种环境下,人们的心态更接近于"本我",更少了现实社会给人们身心造成的压力。由于网络社区的虚拟性,在一定程度上避免了因为相貌、身份、等级、利益等诸多因素导致的交往的局限,自由、平等的交流有可能改善现实社区人们虽居住在一起却未必平等的人际关系。网络社区最重要的功能在于它提供了人自由而全面发展的空间,在于它鼓励人们最

---

① 乐国安主编:《当前中国人际关系研究》,南开大学出版社 2002 年版,第 243 页。

大限度地挖掘自身的潜力展示其才华。①

三、网络时代人际传播存在的问题

（一）人际交往的表面化

在交往范围扩大、交往趋于开放的情况下，人与人之间的交流与互动也越来越流于表面，很少深入彼此内心最终成为知心朋友。

人际传播的开放性为人们的交往提供了条件，交往的机会增多，交际需求加大，交际面得以拓宽。尽管人们渴望交际，追求友谊，人际传播交往面也在不断扩大，但由于社会的复杂以及人们心理的微妙，彼此交际的时间缩短，导致了人际交往的深度趋于浅显，流于表面化，体现出流动性较大的特征，不如以往那么牢固、稳定。

这种人际交往的表面化，存在积极的方面，它可以拓宽人际交往的网络，扩大交友的范围。但人们在频繁变换交友对象的同时，往往感到人际之间的深入了解趋于困难，甚至感到人和人交往有一种被利用的感觉。有时还会因朋友的退出和远离而出现各种有害的不良心态，如浮躁心态、焦虑心态、迷茫心态、失落心态、逆反心态、怀旧心态和自危心态等。②由于一些现代人不能正确认识这种社会变革的社会利益矛盾冲突引发的现象，结果怨天尤人，哀伤不已，或走向另一极端，或封闭自我，拒绝交往。

（二）虚拟与现实的脱节

足不出户，便可以完成工作、购物、交友等各种活动，互联网在给人们生活带来方便的同时，也产生了一种新的文化——“宅文化”。所谓“宅文化”，是指一种现代流行的热衷于待在家里（“宅”）的文化浪潮，是一种在全球化发展形势下出现的亚文化现象。它是在现代政治经济形势下，以消费文化的一定发展水平为前提而出现的新文化现象。③

虽然网络可以方便地帮助人们实现即时的沟通和交流，但毕竟虚拟世界的人际传播还是不如现实生活中的人际传播实在、可靠。现实情况往往是，使用互联网频率越高的人，其现实社会网络人际关系范围就越小，或者没有很好的人际交往能力。因此，长期“宅”在网上，依赖网络进行人际交往而忽略了现实生活中的人际沟通，只会加剧人们在现实社会中的心理上的孤独感、寂寞感，从而使自己更加地封闭，更加不愿意接触社会。

另一方面，网络社区的在线互动是基于弱连带的社会关系建立的，传播者之间由于不能进行面对面的传播交流互动，而无法借助在线互动获得真实的社会支持和情感交流，在线社会关系因此也无法解决人们的孤独和压力问题。④有研究表明，网络社区用户的朋友关系亲密度与社区使用的频繁度关联并不大。大部分的网络社区都产生了线上和线下的

---

①　王欢、郭玉锦：《网络社区及其交往特点》，《北京邮电大学学报（社会科学版）》2003 年第 4 期。

②　舒安娜：《当代社会人际关系的新特点及其协调对策》，《郑州大学学报（哲学社会科学版）》1998 年第 3 期，第 42 页。

③④　崔婧：《社交网站（SNS）：人际传播的延伸》，学位论文，河南大学，2010 年。

分别，网络社区上相当一部分的朋友交往仅仅局限在线上，没有改变个体原有的人际关系范围和交流程度。

（三）信任危机

网络群体的出现，使人际关系呈现出前所未有的新形势，许多人倾向于接受这样一种观点，网络是人际交往引起的心理危机的最深厚、最丰富也是最理想的土壤。

在网络上，人们是以“符号”身份、对方“不在场”的情况下进行人际交往的，网民无法感受到交往对方作为一个现实的人的各种情感反应，加上网络的虚拟性使得其无法规范人们言论的真实性，甚至还公开承认或默许交往者的虚假言论，这种人际交往的虚幻特点使得很多网民抱着游戏般的心态参与网上交际，致使网上人际交往充满了怀疑性，网民之间的信任感远不如现实社会。这种网上的信任危机往往会迁移到现实社会，出现人际关系障碍，导致人们在现实人际交往中对交往对象的真诚性产生怀疑。而且由于网民在虚拟的网络人际传播中已经习惯于以虚假的身份和语言进行交往，这就必然延伸到现实的人际交往，在现实的人际交往中就会缺乏真诚性和真挚性，进而影响自己与他人良好关系的建立。

（四）个性的畸形发展

首先，从社交的角度说，虚拟性和匿名性是一种非常有用的机制，为人们“撒谎”和“说真话”同时提供了巨大的方便，人们在交往过程中较少承担到现实社会中的种种压力和责任，网络平台成为不少人宣泄感情、抚慰心灵的场所。但是有人在网络上强调言论自由和不受控制，人们可以伸缩自如地张扬自我，肆无忌惮地挑战社会权威，逃避法律惩罚和舆论谴责，这样就有可能导致青少年责任感的淡漠。在虚拟的网络世界里，人们无须囿于物理世界中的条条框框，更加沉迷于自己的虚拟角色，因而花费大量时间在网络之上。实际上，“网络成瘾症（Cyber Addiction、Computer Addiction 或 Internet Addiction）”已经不是一个少见的个别现象。2000 年 3 月美国斯坦福大学一项调查发现，全球约有 20 万网民患上“强迫型上瘾症”，或者说是“网络的病态使用（Patho-logical Internet Use）”。心理学家将之归为一种病。病因之一就是人们过分依赖于网络中的人际关系，从而失去了对现实生活的兴趣。

常见的网络成瘾症症状有：（1）上网后精神极度亢奋并乐此不疲，长时间使用网络以获得心理满足，上网后行为不能自制，或通过上网来逃避现实，并时常出现焦虑、忧郁、人际关系淡漠、情绪波动、烦躁不安等现象。（2）对家人和朋友隐瞒自己是“网虫”：上网时间每次都超过原来计划，甚至整夜地游荡在虚幻的环境中，而到白天工作时则昏昏欲睡，对现实生活无兴趣；不上网时手指会不停地运动，严重时全身打颤、痉挛、摔毁器物，甚至只是为了活下去才不得不吃饭和睡觉。（3）严重者可能因陷得太深而不能自拔，最终走上自杀的道路。

网络世界毕竟是一个“0”和“1”组成的虚拟世界，其内核缺少人性化，人们在互联网上更容易感觉到孤独和无助，也更容易远离社会群体。长时间的局部人格互动，不利于身心的健康发展，会造成某种人格缺失，更容易滋生阴暗的负面元素，如匿名者的恶毒谣言、不负责任的谩骂、发布虚假信息；病态者则会因对别人的骚扰和追踪、散布色情和暴力等等失范行为，最终成为网络犯罪。

其次，网络世界相对于现实社会来说是要完美得多的世界，人们在这里有许多现实生活中没有的自由，可以实现自己在现实生活中不能实现的梦想，可以寻觅到现实生活中所缺乏的志同道合的朋友。青少年对社会的认识本来就容易偏激、容易走极端，而网络世界这种虚幻的完美无缺，影响了他们对社会和他人的正确认识，强化了完美主义的倾向，让他们更容易对现实不满，愤世嫉俗。

再者，网络人际传播的间接性使人们视野扩大的同时，心灵也更为封闭。许多“网虫”都会有一种反常，即面对网络可以与其中的陌生伙伴侃侃而谈、自我吹捧，但真正见到其人时却不知所措，有时甚至认为与人见面会影响在网络上继续交往的兴趣与效果。久而久之，双方都不约而同地回避直接接触。究其主要原因，还是这些“网虫”对网络的过分依赖，他们只有通过媒介交往才能产生自如感，才可以充分发挥个体内在的智慧、幽默等交际潜力，因而渴望间接交往，对直接交往产生恐惧，并越来越成为一种深刻的习惯心理。从某种意义上说，网络给人与人的交往找到了一条间接化的途径，这既扩大了许多人的精神交往世界，又进一步限制了更多人的物质接触空间。

另外，青少年正处于同一性发展的关键时期，其个性发展还没有定型，对于自己是一个什么样的人还存在着迷惑。在这种时候，如果过分沉迷于网络世界中的伪装，就会影响他们自我同一性的发展，影响对自己的认识和理解。这可能导致他们更容易接受网络中虚幻的自己，却难以接受和面对现实中真实的自我。

（五）丧失判断力和自我意识

沉迷网络，会造成人们判断力的日益丧失。网络空间中浩如烟海的信息在计算机技术的帮助下，变得唾手可得。很多人在“粘贴复制”的环境中，越来越远离理性并逐渐失去判断力，成为“感觉党”和“粘贴族”。尤其当面对网络谣言，很多人习惯于不加甄别，就将之从自己手中传播开去，使得自己成为网络谣言的“二把手”。

沉迷网络，还会导致人们自我意识的丧失。一方面，人的自我意识常常是以他人对自己的认识为镜子的。但是在网络世界里，由于个人会扮演多种多样的角色，当他以各种不同的面目出现时，别人对他的认识也就难免失真。反过来，这些来自他人的各色评价会使个体对自己的认识更加混沌。另一方面，一个人在网络里把自己分成若干个角色时，也会带来角色冲突的迷惑。这些角色可能与他在物理世界中扮演的角色相冲突，严重的甚至可能导致“人格分裂”。如此这样，关于自我的认识也就很难正常建立起来。

总之，网络交往可能使人丧失自由。“任何自由都是相对的，当你在网络世界肆意妄为的时候，你的网络世界也随之变成一片蛮荒之地。”①

① 彭维：《网络中人际传播的特点》，《北京电力高等专科学校学报》2011年第28卷第7期，第149页。

(六) 人际传播的隐私问题

2009 年 3 月 30 日,瑞星公司发布的《网民隐私与社交网站(SNS)安全报告》称:"目前国内网民的个人隐私泄露情况已经相当严重,而造成这种情况的主要原因,已经从'木马病毒小规模窃取'逐步转变成商业公司有目的地收集,这些商业公司诱导网民泄露隐私,然后记录用户隐私并牟利,而一些社交网站则表现得尤为突出。"

人们在使用社交网站的同时,往往不经意间就泄露了个人的隐私。在流行的社交网站中,要求用户填写的个人资料包括性别、年龄、教育程度、工作情况、婚姻情况、真实照片、手机号码等。如果用户要使用网站的交友功能、游戏功能,通常还要提供更多的信息,包括 MSN 账号密码、QQ 账号密码、Outlook 邮箱通讯录。可以说,如果网民将这些信息全部填写完毕,那就几乎没有任何隐私可言。而相较于其他交流方式,在 SNS 中用户更倾向于表达真实的自我,因此更容易泄露自己的真实情况。在网络时代,人们的隐私保护问题更加值得关注。

[研读专栏]

开心网好友成倍增多之后的困惑①

"开心网"作为一种网络交友模式正在被年轻人所接纳,它提供了一种与陌生人交流的机会,将朋友的朋友发展成新的朋友。可是,当原来分属的各个圈子逐渐相通,朋友突然成倍增多之后,新的困惑出现了。

我的隐私岂不暴露无遗

小梁曾是开心网的忠实拥护者。

前不久,他还整天和同事、同学在开心网上布置房间,到处贴条,相互炒来炒去,玩得不亦乐乎。

他借机认识了同事的同学,也认识了同学的客户,自然,他的各路朋友也将他所属的每个圈子都摸了个透。小梁原本封闭的朋友圈、同事圈、同学圈都被打通了,他曾分门别类来往的人突然间彼此认识,这让他感到有些别扭。

比如说,同事张有一天和小梁共进午餐,她扑哧一笑,饶有兴味地看着小梁,把小梁弄得莫名其妙。

张说,没想到你啊,当初在学校还那么出风头呢!听说你演讲很棒,文章写得也不错,还次次比赛夺魁。小梁不禁问,你咋知道的?张笑笑:"还能是谁,你的同学王真啊,我们在开心网上认识了。"王真说的反正不是什么丑闻,张知道就知道了,小梁也没当回事。

可隔了几天,张又碰到小梁,这回她说的是王真爆的新料。

---

① http://news.163.com/09/0514/08/598U1KVL00012QEA.html,原载于《中国青年报》2009 年 5 月。

当是时，众同事在聊天，不知谁提起当初为啥来现在这个单位。小梁对单位早有不满，他随口说，其实我刚毕业时，有好几个选择，某某杂志社，还有什么机关，我都拒了，瞎了眼，来到这里。这时，张却插话："咦，王真说，那时你虽然有好几个工作机会，但只有这边解决户口，所以你……"小梁的脸色变了变，他突然意识到，两个以他为交集，原本并不认识的人突然间建立了联系，自然谈话间离不开他，王真和张究竟说了些什么，还有哪些张没说出来的，小梁想不出。他有点害怕，在不同的人面前，他展现的也是不同的面，这些人互相认识了，岂不让他那点儿隐私暴露无遗？

终于，张有一天在开水间打水时碰到小梁，她看四下无人，就问小梁，"你那官司怎么样了？"小梁愕然，前不久他买的二手房有些纠纷，闹上了法庭，到现在还没完。他可不想这点事弄得人尽皆知，尤其是同事，所以故意在单位里不说。小梁烦恼时曾和老同学王真提过，没承想王真和张一见如故，友谊发展迅速，什么话都说。

小梁有些烦恼，他向天上翻翻白眼——还有什么王真没和张说？

我就是喜欢给人找交集

小杨对开心网的交友模式赞不绝口。

在那里，她不仅和老朋友买卖奴隶、种瓜偷菜玩得开心，还借此认识了许多朋友的朋友，又给许多相互之间不认识的朋友搭了座桥。

其实小杨平日做得最多，也最喜欢的事便是当"中介"。

她常把自己两个毫无关系的朋友介绍在一起，比如朋友张说要租房，朋友李的MSN上恰好挂着"两室一厅，其中一室出租，有意者面谈"的签名档，小杨便马上打听房子的具体情况，再介绍朋友张和李认识。又比如拉拢单身异性朋友，或是介绍工作等，小杨乐在其中。

小杨还喜欢和初次见面的人找交集。

她会打听对方是什么行业、什么单位、什么学校毕业的，然后在脑中快速搜索，直至通过蛛丝马迹想到和对方之间或许有什么共同认识的人。小杨最喜欢提及某人的名字时，对方一拍巴掌，"原来你也认识他呀"，于是，小杨不仅有"世界真小"的慨叹，接下来无论谈事，还是闲聊，都自然亲密得多。

现在有了开心网，以上爱好，小杨都得到满足，不仅如此，她还突然间觉得自己的人脉扩大了。

圈子和圈子的交融，不仅在网上造成了友谊的一时缤纷，小杨还和这些新朋友，研究、探讨某个共同的朋友的趣闻、逸闻；爆笑之余，很快加深了解，直至发展在现实生活中，一起出游或饭局，一来二去，大家都成了熟人。

甚至于她的生活也得到便利。一日，小杨在开心网上看到新认识的朋友刘星，那是小杨同事的高中同学。刘星最近更新的日志显示，她又买了什么好牌子打折后狂便宜的衣服，小杨马上就又是评论，又是发站内短信给刘星，追踪狂打折的地方是哪座商城，下班后，直扑过去。

这也有利于她的工作。

小杨是做销售的，每日工作内容中不可回避的就是和陌生人打交道，而后说服对方相信自己，相信自己所代表的产品，现在她不仅突然间认识了一批人，还因为相互间有共同认识的人，不自觉地又比纯粹的陌生人显得可信得多，小杨借此机会还做成了几笔生意。

于是，通过开心网，小杨一边继续过去的“中介”活动，帮助朋友，给朋友们牵线，这让她觉得很快乐；一边她又在玩“打通圈子”的新游戏，发展着新朋友，过去“原来你也认识他呀”的慨叹和欣喜，也逐渐在鼠标的点击中实现，小杨在每一个朋友开心网上的好友名单中搜索着，看到隔着几个圈子有她认识的人，她就会心一笑。

我决定把朋友隔成一个个单间

小秦有点恨开心网。

前段时间，她装作一时兴起邀请了很多人进开心网，其中包括同事许。

小秦喜欢许，从看到他的第一眼起。那天在会议室，许代表部门发言，不卑不亢的态度，不疾不徐的语速，阳光洒在他的白衬衫上，当时还是实习生的小秦就觉得许是她的白马王子。

但许和小秦隔了好几个办公室，平日里只有在走廊擦肩而过，或是开大会时，两人才有机会见面，所有的接触也不过是点头或寒暄。

小秦不露痕迹地在开心网上邀请了许后，心中暗喜，终于有了机会。

她在开心网上贴自己的照片，展示各种风情；每天更新日记，显示她的文笔；和其他朋友、同事互动，表现出她的活泼、外向；各种投票和测试又体现出她是怎么样的人，小秦做的这一切都是给许看的。

她还给许的每篇日志留言、评论，为了不露痕迹，她甚至给所有朋友的日志都同等待遇。许开始出于礼貌回复小秦，后来便成了习惯，跟小秦也互动起来。在买卖奴隶等虚拟游戏中，小秦和许也逐渐有些虚拟的亲密动作。

于是，在走廊见面，许和小秦也不仅只是点头了，会开几句玩笑；开大会时，小秦也有足够的熟悉度，坐在许的旁边，谈谈“汽车拉力赛”。

这几日，小秦明显感觉到许对她殷勤许多，许加了她的QQ，和她漫无边际地聊天，小秦芳心大乱，却还强做镇定。谁知，许铺陈很久，问小秦：“你那朋友方有男朋友了没？”小秦迟疑，噼里啪啦打出字：“你怎么认识方的？”许回答：“开心网上啊，你的好友里。”

“你啥意思，想追她？”小秦再问，许却打出一个害羞的表情，稍后打出一个点头的表情。小秦如挨晴空霹雳般，颤抖着说：“虚拟世界，你还没见过她呢，怎么就惦记上了。”许的回答让小秦险些想去撞墙——“见过，开始不是一个圈子，没啥好谈，就只谈你，后来才谈别的，我觉得是时候向她表白了。”

小秦决定退出开心网，还决定以后把她的一个个圈子严格隔成一个个单间。

研读小结

网络在带给人们欢乐的同时也会给人们带来诸多烦恼。在社交网站上，有的人可以玩得开心，广交朋友，左右逢源；而有的人却深受其扰，失望退出。交友网站带来的，是人脉的广度。日常面对面的长久接触，带来的则是人际关系的深度。虚拟空间的人际交往并不能完全替代现实生活中的人际交往，把握好二者的协调才是网络时代的交往之道。

[思考题]

1. 当前中国的人际传播观念发生了哪些变化？
2. 谈谈你对中国人际传播趋势的看法？
3. 网络时代，人际传播存在哪些问题？
4. “每天家—办公室—家，能不出门就不出门，没有人打扰，也不用看人脸色，打开电脑，一切都有了……”现代人猛然发现，自己的生活似乎越来越和人们说的“宅一族”靠拢了。近年来，随着网络的普及以及生活压力的加大，许多国家越来越多的青年人更喜欢“宅”在家里，沉迷于自己个人的兴趣、爱好中。谈谈你对“宅文化”对现代人际传播有什么影响？结合本章所学知识，谈谈你的看法。

参 考 文 献

一、书籍

1. 胡正荣著:《传播学总论》,北京广播学院出版社,1997 年。
2. 郭庆光著:《传播学教程》,人民大学出版社,2004 年。
3. 吴格言著:《文化传播学》,中国物质出版社,2004 年。
4. 郑永廷编著:《人际传播学》,中国青年出版社,1987 年。
5. 段京肃、罗锐著:《基础传播学》,兰州大学出版社,1996 年。
6. 董天策著:《传播学导论》,四川大学出版社,1995 年。
7. 石庆生著:《传播学原理》,安徽大学出版社,2001 年。
8. 邵培仁著:《传播学导论》,浙江大学出版社,1997 年。
9. 张国良主编:《传播学原理》,复旦大学出版社(第一版),1995 年。
10. 周晓明著:《人类交流与传播》,上海文艺出版社,1990 年。
11. 王政挺著:《传播—文化与理解》,人民出版社,2004 年。
12. 李彬著:《传播学引论》,新华出版社,2003 年。
13. 居延安著:《信息・沟通・传播》,上海人民出版社,1986 年。
14. 戴元光、金冠军编著:《传播学通论》,上海交通大学出版社,2000 年。
15. 张迈曾编著:《传播学引论》,西安交通大学出版社,2002 年。
16. 钟文、余明阳著:《大众传播学》,湖南文艺出版社,1990 年。
17. 查尔斯・霍顿・库利著:《人类本性与社会秩序》,华夏出版社,1999 年。
18. 泰勒等著,朱进冬等译:《人际传播新论》,南京大学出版社,1992 年。
19. 周庆山著:《传播学概论》,北京大学出版社,2004 年。
20. 黄晓忠等编著:《传播学关键术语解读》,四川大学出版社,2005 年。
21. 卡西尔著:《人论》,上海译文出版社,1985 年。
22. 申凡、戚海龙著:《当代传播学》,华中科技大学出版社,2000 年。
23. 作者斯蒂芬・李特约翰:《人类传播理论》,清华大学出版社(第七版),2004 年。
24. 斯蒂芬・李特约翰著:《传播理论》,中国社会科学出版社(第五版),1999 年。
25. 丹尼尔・麦奎尔、[瑞典]斯文・温德尔著:《大众传播模式论》,上海译文出版社。
26. 熊源伟、余明阳著:《人际传播学》,中山大学出版社,1991 年。
27. [日]林进:《传播论》,东京:有斐阁(第一版),1994 年。
28. 戴元光、邵培仁著:《传播学原理与应用》,兰州大学出版社,1988 年。
29. 沃纳丁・赛弗林等著:《传播学的起源、研究与应用》,福建人民出版社,1985 年。
30. 洛克著:《人类理解论》(下册),商务印书馆,1987 年。

31. S. W. Littlejohn 著:《传播理论》,台北远流出版公司,1993 年。

32. 沃纳·塞佛林、小詹姆斯·坦卡德著:《传播理论:起源、方法与应用》,华夏出版社,2000 年。

33. [美]E. M. 罗杰斯著,殷晓荣译:《传播学史》,上海译文出版社,2005 年。

34. 时蓉华编著:《社会心理学》,华东师范大学出版社,1989 年。

35. 时蓉华著:《社会心理学》,浙江教育出版社,1998 年。

36. 主编侯均生:《西方社会学理论教程》,南开大学出版社,2005 年。

37. 编者乐安国等:《社会心理学理论》,兰州大学出版社,1997 年。

38. 作者 S. E. Taylor L. A. P. eplau D. O. Sears 等著:《社会心理学》(第十版),北京大学出版社,2004 年。

39. 编者章志光等:《社会心理学》,人民教育出版社,1996 年 4 月。

40. 编者孙晔等:《社会心理学》,科学出版社,1988 年 1 月。

41. 林秉贤著:《社会心理学》,群众出版社,1985 年。

42. 高玉祥、王仁欣、刘玉玲主编:《人际交往心理学》,中国社会科学出版社,1990 年。

43. C. L. 克莱恩科著:《人际交往和理解》,科学技术文献出版社,1989 年。

44. 杜加克斯·赖茨曼著:《八十年代社会心理学》,三联书店,1988 年。

45. 理查德·威瓦尔著:《交际技巧与方法》,学苑出版社,1989 年。

46. 皮特·科德著:《应用语言学导论》,上海外语教育出版社,1983 年。

47. 郭民良编著:《社会主义人际关系指要》,红旗出版社,1993 年。

48. 加克斯·赖茨曼著:《八十年代社会心理学》,三联书店,1988 年。

49. 奚洁人等编著:《简明人际关系学》,华东师范大学出版社,1991 年。

50. 沙道仪编著:《实用社交学》,科学技术文献出版社,1992 年。

51. 曹立安、孙奎贞、丁青、尹钢、苏甦编著:《现代人际心理学》,中国广播电视出版社,1990 年。

52. 郑全全、俞国良著:《人际关系心理学》,人民教育出版社,2002 年。

53. 王承璐著:《人际心理学》,上海人民出版社,1989 年。

54. 李春苗编著:《人际关系协调与冲突解决》,广东经济出版社,2001 年。

55. 赵国祥、赵俊峰主编:《社会心理学原理与应用》,河南大学出版社,1990 年。

56. [美]理查德·L. 威瓦尔著,赵微、叶小刚等译:《交际技巧与方法——人际传播入门》,学苑出版社,1989 年。

57. 董耀鹏著:《人的主体性初探》,北京图书馆出版社,1996 年。

58. 温泉信著:《角色:人的行为选择》,军事译文出版社,1992 年。

59. 周晓虹著:《现代社会心理学——多维视野中的社会行为研究》,上海人民出版社,1997 年。

60. 李元授主编:《交际心理学》,华中科技大学出版社(第一版),1997 年。

61. 严明:《跨文化交际理论研究》,黑龙江大学出版社,2009。

62. 迈克尔·E. 罗洛夫著:《人际传播——社会交换论》,上海译文出版社,1991 年。

63. 冯景国著:《人际、公共关系成功的逻辑艺术》,北京师范大学出版社,1990 年。

64. 孔汪周等著:《社会心理学新编》,辽宁人民出版社,1987 年。

65. 郑永廷编:《人际关系学》,中国青年出版社,1987 年。

66. 郭民良编:《社会主义人际关系指要》,红旗出版社,1993 年。

67. 刘晓新、毕爱萍主编:《人际交往心理学》,首都师范大学出版社,2003 年。

68. 金盛华、杨志芳、赵凯编著:《沟通人生——心理交往学》,山东教育出版社,1992 年。

69. 史克学、张喜琴著:《沟通人生——现代人际交往艺术》,中国国际广播出版社,2003 年。

70. 贺淑曼、聂振伟、金树湘等编著:《人际交往与人才发展》,世界图书出版公司,1999 年。

71. 商达编著:《购销人际交往》,中国经济出版社,1989 年。

72. [美]罗伯特·博尔顿博士著,葛雪蕾、朱丽译:《交互式听说训练》,新华出版社,2004 年。

73. 沈荟编著:《人际传播——学会与别人相处》,上海交通大学出版社,2003 年。

74. 李保东、王新华编著:《关系突破》,中国经济出版社,2005 年。

75. 佩内洛普·克鲁兹:《人际交往》,中国电影出版社,2003 年。

76. 弘韬主编:《你来我往有技巧》,中国工人出版社,1992 年。

77. 周向军著:《人际关系学(修订本)》,云南人民出版社,2002 年。

78. [美]阿兰·罗伊·麦克格尼斯著,李泽田、李龙泉译:《人际交往技巧》,外文出版社,1990 年。

79. 朱启臻、姚裕群、刘涛著:《打交道的学问——现代人际交往心理学》,科学普及出版社,1992 年。

80. 甘华鸣、李湘华著:《沟通(上)》,中国国际广播出版社,2001 年。

81. [美]桑德拉·黑贝尔斯、理查德·威沃尔二世著,李业昆译:《有效沟通》(第 7 版),华夏出版社,2005 年。

82. 佘丽琳编著:《人际交往心理学》,光明日报出版社,1989 年。

83. 王滨有、赵宗英主编:《简明人际关系学》,人民邮电出版社,1990 年。

84. 王健刚编著:《人生的交际艺术》,上海社会科学院出版社,1993 年。

85. 姚平著:《人际关系学概论》,陕西人民出版社,1987 年。

86. 安德鲁·弗拉瑞·阿克兰德著,管士光、高红译:《完美的人际关系》,湖南人民出版社,2000 年。

87. 朱祝霞、赵立颖编:《沟通其实很容易》,中国纺织出版社,2002 年。

88. [美]理查德·L. 威瓦尔著,赵微、叶小刚等译:《交际技巧与方法——人际传播入门》,学苑出版社出版,1989 年。

89. [美]唐·库什曼、杜·卡恩著,宋晓亮译:《人际沟通论》,知识出版社,1988 年。

90. 唐千齐编著:《谈判艺术与礼仪》,民主与建设出版社,1998 年。

91. 时代光华图书编辑部编:《有效沟通技巧》,中国社会科学出版社,2003 年。

92. 毕铭伟:《卡耐基口才与交际艺术》,中国纺织出版社,2003 年。

93. 楚庭南编著:《百分百沟通秘诀》,中国纺织出版社,2002 年。

94. 王刚编著:《交往中说与听的技巧》,《中国三峡出版社》,2004 年。

95. 王怡红著:《人与人的相遇——人际传播论》,人民出版社,2003 年。
96. 吴正平、邹统钎著:《现代饭店人际关系学》,广东旅游出版社,1996 年。
97. 贾启艾编著:《人际沟通》,东南大学出版社,2002 年。
98. 张向军编著:《人际交往与社交新观念》,南开大学出版社,1991 年。
99. 明山编著:《卡耐基社交训练大全》,华龄出版社,1998 年。
100. 吴薇、许秀清、李桂艳主编:《公关与社交礼仪》,吉林科学技术出版社,2001 年。
101. 谭敏、唐苓编著:《国际社交礼仪》,中信出版社,1990 年。
102. 谷敏、高云升:《社交礼仪》,中国农业出版社,1994 年。
103. 方舟主编:《社交语言现用现查》,中国青年出版社,2000 年。
104. 楚庭南编著:《百分百社交艺术》,中国纺织出版社,2002 年。
105. 龙海丽编著:《现代家庭全书(社交卷)》,京华出版社,2000 年。
106. 何苏六等:《网络媒体的策划与编辑》,北京广播学院出版社,2001 年。
107. 黄少华、陈文江主编:《重塑自我的游戏——网络空间的人际交往》,兰州大学出版社,2002 年。
108. 乐国安主编:《当前中国人际关系研究》,南开大学出版社,2002 年。
109. 姚纪纲著:《交往的世界——当代交往理论探索》,人民出版社,2002 年。
110. 张治库著:《人的存在与发展》,中央编译出版社,2005 年。
111. 巴雷特:《赛伯族状态:因特网的文化、政治和经济》,河北大学出版社,1999 年。
112. 刘文富:《网络政治》,商务印书馆,2002 年。
113. 李素霞:《交往手段革命与交往方式变迁》,人民出版社,2005 年。
114. 钱伟量著:《语言与实践》,社会科学文献出版社,2003 年。
115. 沙夫著:《语义学引论》,商务印书馆,1979 年。
116. 利奇著:《语义学》,上海外语教育出版社,1987 年。
117. [日]永井成男著:《符号学》,北树出版社,1989 年。
118. [日]永野为武著:《动物“语言”的秘密》,1972 年。
119. 索绪尔著:《普通语言学教程》,北京:商务印书馆,1982 年。
120. 萨丕尔著:《语言论》,商务印书馆,1985 年。
121. 葛本仪著:《语言学概论》,山东大学出版社,1999 年。
122. 胡壮麟主编:《语言学教程:修订版中译本》,北京大学出版社,2002 年。
123. 米德著:《心灵、自我与社会》,上海译文出版社,1992 年。
124. 黑龙江大学《外语学利》编辑部:《乔姆斯基语言理论介绍》,1982 年。
125. 钱伟量著:《语言与实践:实践唯物主义的语言哲学导论》,社会科学文献出版社,2003 年。
126. [英]特伦斯·霍克斯著:《结构主义和符号学》,上海译文出版社,1987 年。
127. 刘焕辉主编:《言语交际学》,江西教育出版社,1988 年。
128. 楚庭南编著:《百分百沟通秘诀》,中国纺织出版社,2002 年。
129. 沈荟编著:《人际传播——学会与别人相处》,上海交通大学出版社,2003 年。
130. 李家龙等编著:《人际沟通与谈判》,立信会计出版社,2005 年。
131. 朱祝霞、赵立颖编:《沟通其实很容易》,中国纺织出版社,2002 年。

132. 贾启艾编著:《人际沟通》,东南大学出版社,2000 年。
133. 毕继万著:《跨文化非语言交际》,外语教学与研究出版社,1991 年。
134. [美]萨姆瓦等著:《跨文化传通》,三联书社,1988 年。
135. 李杰群主编:《非语言交际概论》,北京大学出版社,2002 年。
136. 李中行、张利宾编:《非言语交流——人际交流的艺术》,同济大学出版社,1991 年。
137. 王怡红著:《人与人的相遇——人际传播论》,人民出版社,2003 年。
138. 李帛主编:《礼仪教程》,中国财政经济出版社,2001 年。
139. [美]埃米莉·波斯特著:《西方礼仪集萃》,生活·读书·新知三联书店,1991 年。
140. 韩英主编:《现代社交礼仪》,青岛出版社,2005 年。
141. 林晓娴编著:《规范礼仪必读》,中国商业出版社,2001 年。
142. 吴健民主编:《交流学十四讲》,浙江人民出版社,2004 年。
143. 毕继万:《跨文化非语言交际》,外语教学与研究出版社,1999 年。
144. 曹明逸著:《体验西方礼仪》,上海社会科学院出版社,2003 年。
145. 周裕新主编:《公关礼仪艺术》,同济大学出版社,2004 年。
146. 金正昆编著:《大学生礼仪》,北京:高等教育出版社,2000 年。
147. 马玉龙编著:《礼仪纵览》,北京:华文出版社,2001 年版。
148. 常建坤主编:《现代礼仪教程》,天津科学技术出版,2001 年。
149. 李莉主编:《实用礼仪教程》,中国人民出版社,2002 年。
150. 杜方智著:《礼仪教程》,湖南大学出版社,2000 年。
151. 张海鹰编著:《网络传播概论新编》,复旦大学出版社,2008 年。
152. 菲利普·科特勒、凯文·莱恩·凯勒、卢泰宏著:《营销管理 13 版·中国版》,中国人民大学出版社,2009 年。
153. 唐·舒尔茨,海蒂·舒尔茨:《整合营销传播——创造企业价值的五步关键步骤》,中国财经出版社,2005 年。
154. 理查德·韦斯特,林恩·H·特纳:《传播理论导引:分析与应用(第二版)》,中国人民大学出版社,2007 年。
155. 戴维·迈尔斯:《社会心理学(第八版)》,人民邮电出版社,2010 年。
156. 陈国明:《跨文化交际学(第 2 版)》,华东师范大学出版社,2009 年。
157. 德维托:《人际传播教程》,中国人民大学出版社,2011 年。
158. 彭凯平:《跨文化沟通心理学》,北京师范大学出版社,2009 年。
159. 杨海廷:《世界文化地理》,长春出版社,2008 年。
160. 关世杰:《跨文化交流学:提高涉外交流能力的学问》,北京大学出版社,1995 年。
161. 顾嘉祖,陆昇主编:《语言与文化》,上海外语教育出版社,2002 年。
162. 毕继万著:《跨文化非语言交际》,外语教学与研究出版社,1999 年。
163. 胡文仲主编:《文化与交际》,外语教学与研究出版社,1994 年。
164. 马丽主编:《沟通的艺术》,中国协和医科大学出版社,2004 年。
165. 云贵彬:《非语言交际与文化》,中国传媒大学出版社,2007 年。
166. 杨丹:《人际关系学》,武汉大学出版社,2010 年。
167. 德斯蒙德·莫里斯:《肢体语言—人体动作与姿势面面观》,文汇出版社,

2012 年。

168. 德维托:《人际传播教程(第 12 版)》,中国人民大学出版社,2011 年。

169. 张先亮:《交际文化学》,上海文艺出版社,2001 年。

170. 边一民:《公共关系案例评析》,浙江大学出版社,2004 年。

171. 牛静编著:《现代金融业服务礼仪》,中信出版社,2011 年。

172. 韩英主编:《现代社交礼仪》,青岛出版社,2005 年。

173. 姜红、侯新冬主编:《商务礼仪》,复旦大学出版社,2009 年。

174. 王家贵主编:《现代商务礼仪简明教程》,暨南大学出版社,2009 年。

175. 联合国贸易网络上海中心编:《如何与外国人打交道》,中国出版集团公司,世界图书出版公司,2009 年。

176. [美]朱迪思・鲍曼著:《商务新礼仪》,四川人民出版社,2009 年。

177. 船川淳志著,赵韵毅译:《为什么听不懂,为什么说不清》,中国人民大学出版社,2009 年。

178. 罗纳德・沃德华著,雷红波译:《社会语言学引论》,复旦大学出版社,2009 年。

179. 米尔顿・赖特,周智文译:《倾听和让人倾听:人际交往中的有效沟通心理学》,2009 年。

180. 林语堂:《说话的艺术》,陕西师范大学出版社,2009 年。

181. 余世维:《有效沟通:管理者的沟通艺术》,机械工业出版社,2006 年。

182. 曾仕强、刘君政:《人际关系与沟通》,清华大学出版社,2004 年。

183. 蔡康永:《蔡康永的说话之道》,沈阳出版社,2010 年。

184. 崔佳颖:《360 度高效沟通技巧:经理人沟通必备》,机械工业出版社,2009 年。

185. 傅敏编:《傅雷家书》,天津社会科学院出版社,2008 年。

186. 孙海芳:《社交礼仪中的心理学》,机械工业出版社,2010 年。

187. Behavior: A Functional Perspective, Patterson, M. Nonverbal, 1983.

188. Theory & Practice: Kinesics and Cross-cultural Understanding Morain, G, 1978

189. Richards, J, Platt, T, and Weber, H. Longman: Dictionary of Applied Linguistics, 1985.

190. EFRON, David: Race and Culture, Gesture, 1972.

191. Sarah Trenholm, Arthur Jensen, Interpersonal Communication, Oxford University Press, 2003.

192. Bruce E. Gronbeck, Kathleen German, Principles of Speech Communication, Longman, 1998.

193. William Wilmot, Relational Communication, McGraw-Hill, 1995, the Meaning of Meaning, Ogden & Richard, N. Y. 1923.

二、论文资料

1. 王怡红:《西方人际传播定义辨析》,载《新闻与传播研究》,1996(4)。

2. 董天策:《传播的划分与传播学分支学科建设》,《川东学刊》(综合版)第八卷,1998 年 10 月。

3. 王怡红:《通向理解传播的林中之路》,载《新闻与传播研究》,1998(2)。

4. 邵培仁:《论库利在传播研究史上的学术地位》,《杭州师范学院学报》(人文社会科学版),2001年5月期。

5. Charles Watkins, "An Analytic Model of Conflict," Speech Monographs 41 (1974):1—5.

6. 王衡、刘晓戈:《试析互联网中的人际传播》,《现代情报》,2002.11,第11期。

7. 彭兰:《网络中的人际传播》,《国际新闻界》/《网络时代》,2001.3。

8. 杨芳勇、孔令强:《走向市场经济时期的人际关系省察》,《开放时代》/《开放潮》。

9. 张志坚:《社会转型期的基本特征及人际关系的负面变化》,《新东方》/《东方评论》,1997.2。

10. 舒安娜:《当代社会人际关系的新特点及其协调对策》,《郑州大学学报》(哲学社会科学版),1998.3。

11. 石蓉蓉:《虚拟世界中的真实交流——试析网络人际传播》,研究生专论。

12. 茅丽娜:《从传统人际传播角度观瞻CMC人际传播》,《国际新闻界》,2000.3。

13. 《金正昆谈礼仪之服饰礼仪》,CCTV-10《百家讲坛》栏目,2005.5.6。

14. 胡春阳:《人际传播:学科与概念》,《国际新闻界》,2009年。

15. 薛可、陈晞、梁海:《微博Vs茶馆:对人际传播的回归与延伸》,《当代传播》,2011年第6期。

16. 陈力丹:《试论人际传播》,《西南民族大学学报》(人文社科版),2006/10总第182期。

17. 陈力丹:《试论人际关系与人际传播》,《国际新闻界》,2005。

18. 刘蒙之:《美国的人际传播研究及代表性理论》,《国际新闻界》,2009。

19. 王怡红:《中国大陆人际传播研究与问题探讨(1978—2008)》,《新闻与传播研究》,2008年10月。

20. 胡河宁:《组织中的人际传播:权力游戏与政治知觉》,《新闻传播与研究》,2008年3月。

21. 谢越:《谣言中的人际传播与大众传播——以谣盐事件实证研究为例》,《新闻与传播研究》,2012年1月(上半月)。

22. 张放:《网络人际传播效果研究的基本框架、主导范式与多学科传统》,《四川大学学报》(哲学社会科学版),2010年第2期总第167期。

23. 王依玲:《网络人际交往与网络社区归属感——对沿地方海发达城市网民的实证研究》,《新闻大学》,2011年第1期总第107期。

24. 周葆华:《城市新移民的媒体使用与人际交往——以"新上海人"抽样调查为例》,《新闻记者》,2010年。

25. 刘肖岑、桑标、张文新:《自利和自谦归因影响大学生人际交往的实验研究》,《新闻科学》,2007年。

26. 黄卓越:《"文化"的第三种定义》,《中国政法大学学报》,2012(01)。

27. 郭莲:《文化的定义与综述》,《中共中央党校学报》,2002(01)。

28. 李勤德:《中国区域文化简论》,《宁波大学学报》(人文科学版),1995(01)。

29. 熊仁芳:《关于人际距离的中日对比验收——以中日两国大学生为对象的调查报告》,《北京第二外国语学院学报》,2006(10)。

30. 寸红彬:《人际距离行为的文化差异——近体学初探》,《昆明理工大学学报》,2004(2)。

31. 曾剑平、陈安如:《空间语与文化》,《南昌航空工业学院学报》(社会科学版),2000(2)。

32. 吴觉巧:《互联网使用对青少年与父母间亲自沟通的影响》,兰州大学,2010。

三、网络资料

1.《传播概念的演变》,http://student.zjzk.cn

2.《人际传播媒介形态的变化》,梁小建著:《传播学论坛》,2005 年 4 月 http://www.chuanboxue.net/

3.《都市生活的现代性心理对人际传播的影响》,肖宇著:《传播学论坛》,http://www.chuanboxue.net/list.asp?unid=1231

4.《布鲁默,H.G》,http://www.xuas.com/

5.《戈夫曼对梅氏的影响》,http://student.zjzk.cn/

6. http://www.chimaeraconsulting.com/

7.《格伯纳的传播总模式》http://cache.baidu.com/

8.《QQ 人际传播探析》,蔡月亮著:《东南传播》,2006 年 01 期 http://www.chuanboxue.net/

9.《2004 年中国传播学研究综述》,明安香、姜飞著 http://www.mediaresearch.cn/

10.《传播学本土化研究的回顾与前瞻》,邵培仁著,来自于《中国新闻研究中心》网站 http://www.cddc.net/

11.《课程概况》,http://etsc.hnu.cn/

12.《模控空间(cyberspace)的空间特性:地方的移除(dis-place)或取代(re-place)》,黄厚铭,http://inf.cs.nthu.edu.tw/

13.《N 时代网梅社会化》,陈惠玲,http://mail.nhu.edu.tw/

14.《礼仪的涵义》,http://zhjyx.hfjy.net.cn

15.《服饰礼仪》,http://org.bjfsh.gov.cn/zf-wb/wmb/lycs/fsly.htm

16.《社交中的服饰礼仪》,http://news.upc.edu.cn

17.《法国喜爱香水的美丽来源》,http://www.newoo.com

18.《休闲装什么场合穿》,http://www.chinaliyi.cn/html/GengDuoLiYi/GeRenLiYi/6529.html

19.《十种打领带的方法》,http://www.enet.com.cn

20.《着装礼仪:领带的选择》,http://www.qncye.com/guanli/2008/0521/article_5768.html

21.《长丝巾,万般风情系出来(图解)》,http://fanchanqingchen.blog.163.com/blog/static/5070772220101261234171З/

22.《社交中的服饰礼仪》,http://news. upc. edu. cn

23.《香水礼仪》,http://blog. sina. com. cn/s/blog_6ede72e00100u5l4. html

24.《酒会礼仪:酒杯的拿法与敬酒》,http://www. 360doc. com/content/09/0317/21/58423_2839045. shtml

25.《吃西餐最讲究 6 个“M”》,http://www. jhchangkong. com/html/news/2011-10-9/161. html

26.《希尔顿永恒微笑的魅力》,http://www. marketing110. com/html/show-10-1077-1. html

27.《谦辞敬辞》,http://wenku. baidu. com/view/d6900b8371fe910ef12df8ff. html

28.《旧式书信常用祝颂、问候语》,http://ishare. iask. sina. com. cn/f/21931396. html

29.《书信的格式和用语》,http://wenku. baidu. com/view/55bf8ceb81c758f5f61f6769. html

30.《不同国家对不同颜色的喜好和禁忌》,http://www. docin. com/p-185885404. html

31.《茶话会礼仪》,http://wenku. baidu. com/view/ab19f1e8551810a6f524861f. html

图书在版编目(CIP)数据

人际传播学:新版/薛可,余明阳主编.—上海:
上海人民出版社,2012
思源教材系列/张国良主编
ISBN 978-7-208-11155-4

Ⅰ.①人… Ⅱ.①薛… ②余… Ⅲ.①传播学-高等
学校-教材 Ⅳ.①G206

中国版本图书馆 CIP 数据核字(2012)第 284629 号

责任编辑 郭立群
封面装帧 傅惟本

人际传播学(新版)
薛 可 余明阳 主编

出 版 上海人民出版社
(200001 上海福建中路 193 号)
发 行 上海人民出版社发行中心
印 刷 启东市人民印刷有限公司
开 本 787×1092 1/16
印 张 45
插 页 4
字 数 1,037,000
版 次 2012 年 12 月第 1 版
印 次 2021 年 8 月第 5 次印刷
ISBN 978-7-208-11155-4/G·1574
定 价 148.00 元

本书同时配有教学课件,选用本书做为教材的老师可来信来电索取。
联系电话:(021)34204265